Sous la direction
de Brice Parain

Histoire
de la philosophie

I vol. 2

Antiquité – Moyen Âge

Gallimard

Cette édition reprend l'intégralité des trois tomes de l'*Histoire de la philosophie*, ouvrage paru, sous la direction de Brice Parain (tome I) et d'Yvon Belaval (tomes II et III), dans l'Encyclopédie de la Pléiade.

Chaque tome est publié en deux volumes, dont la pagination est continue d'un volume à l'autre. Les tables des matières analytique et générale, les tableaux synchroniques, ainsi que les index de chaque tome (des noms; des titres) se trouvent donc en fin de chaque volume indiqué comme second (VOL. 2).

PYRRHON ET LE SCEPTICISME ANCIEN

DE Pyrrhon, fondateur du scepticisme, on ne sait presque rien qui ne soit pas douteux. À l'exception d'un poème dédié à Alexandre, il n'a rien écrit. Les traits qu'on prête à sa vie concourent à former une figure de sage, lointaine et légendaire. On rapporte qu'il débuta à Élis, sa ville natale, comme assez mauvais peintre; ses maîtres en philosophie auraient été Bryson, un socratique, ou encore Euclide de Mégare, puis Anaxarque qui venait d'Abdère et qu'il accompagna lors de la campagne d'Alexandre en Asie. C'est là qu'il fréquenta, au dire d'Apollodore et d'Antigone de Caryste, les sages indiens que les Grecs nommaient gymnosophistes, parce que ces sages vont tout nus. De retour à Élis, il fonda une école philosophique et y vécut le reste de son âge dans le respect et la considération de ses concitoyens; grâce à lui les philosophes furent exonérés de tout impôt. On dit encore qu'il exerça les fonctions de grand prêtre, mais peut-être ne s'agit-il là que d'une fable fondée sur le caractère sacerdotal des fonctions de sa sœur Philista qui était sage-femme. Peut-être se disputait-il avec elle, allant jusqu'à dire qu'on pouvait être indifférent à tout, et que se fâcher contre une femme ne saurait remettre l'impassibilité d'un homme en cause. Un jour qu'Anaxarque était tombé dans un marais, il avait renoncé à le secourir et son ami l'avait loué de son insensibilité. Toutes ces anecdotes concourent à tracer le portrait d'un sage détaché des biens du monde et pratiquant un absolu renoncement. Dans ses *Images,* son disciple Timon lui demande « comment il peut, mortel, vivre une vie tranquille et chez les hommes jouir, seul, du bonheur des dieux ». De nos jours, Brochard estime que peu d'hommes donnent une plus haute idée de l'humanité : il passe à ses yeux pour un « modèle de douceur » qui est « le dernier mot du scepticisme ».

Aristoclès (d'après Eusèbe, *Praep. ev.*, XIV, XVIII, 2) formule en ces termes sa doctrine :

Timon, son disciple, dit que celui qui veut jouir du bonheur doit considérer ces trois points. Premièrement, quelle est la véritable nature des choses? Deuxièmement, quelle doit être notre disposition (τρόπος) d'âme relativement à elles? Enfin, que résultera-t-il pour nous de ces dispositions? Il affirme que puisque les choses ne manifestent aucune différence entre elles et échappent également à la certitude et au jugement, les opinions que nous formons à leur endroit ne peuvent, pour ces raisons, nous révéler ni le vrai ni le faux. Aussi ne nous faut-il accorder nul crédit aux opinions mais demeurer sans opinions, sans penchants et sans nous laisser ébranler, nous bornant à dire de chaque chose qu'elle n'est pas plus ceci que cela, ou encore qu'elle est en même temps qu'elle n'est pas, ou bien enfin ni qu'elle est ni qu'elle n'est pas. Pour peu que nous connaissions ces dispositions, dit Timon, nous connaîtrons d'abord l' « aphasie » (c'est-à-dire que nous n'affirmerons rien), ensuite l' « ataraxie » (c'est-à-dire que nous ne connaîtrons aucun trouble).

Comme on voit, la préoccupation première ou la fin du scepticisme pyrrhonien, ainsi que le confirme encore Sextus Empiricus dans les *Hypotyposes pyrrhoniennes* (I, 25), est essentiellement morale, selon un eudémonisme inspiré d'Anaxarque. La quiétude et l'impassibilité définissent l'état d'âme que Pyrrhon se propose. Mais, pour atteindre l'impassibilité, il faut d'abord poser la question de savoir ce que sont les choses en elles-mêmes et par nature, ce qui ne revient pas à nier qu'elles aient une nature ou qu'elles puissent exister en soi, mais à reconnaître qu'elles sont toujours obscures (ἄδηλα) par nature, et que seules nous sont connues les représentations relatives à la situation (τρόπος) qui est la nôtre, c'est-à-dire les phénomènes (φαινόμενα) que le sens et le sensible concourent à engendrer. En effet, l'argument sceptique majeur, que reprendront ensuite Énésidème et Agrippa, et qu'il convient sûrement de faire remonter à Pyrrhon et à Timon, son disciple immédiat, revient à dire que toutes les choses sont relatives ou que toutes les représentations ou phénomènes sont des relatifs (Sextus Empiricus, *Hypotyposes,* I, 135). « Ainsi, puisque le sceptique établit que tout est relatif, il est évident que nous ne sommes pas capables de dire ce qu'est chaque objet en soi et dans sa pureté, mais seulement ce qu'est la représentation en tant que relative. » « Il s'ensuit qu'il nous faut suspendre notre jugement sur la nature effective des objets » (*ibid.*, I, 140). De là, en effet, naissent la quiétude, l'absence d'affection (apathie), une situation d'équilibre que décrit le silence d'une imagination qui ne sait plus ni affirmer ni nier touchant la nature de l'objet. « La non-assertion *(ἀφασία)* est l'état de notre âme qui nous pousse à ne rien affirmer non plus que nier » (Sextus Empiricus, *Hypotyposes,* I, 192).

L'attitude silencieuse n'est pas, chez le pyrrhonien, un moyen d'éviter l'erreur, ou l'expression de l'hésitation paresseuse; le silence ne fait que décrire l'état d'une âme où s'équilibrent représentations sensibles (phénomènes), conceptions intelligibles (noumènes), imaginations et opinions. C'est la raison, λόγος (*ibid.* I, 20), qui est trompeuse : le discours romprait l'immobilité de l'âme en trahissant son déséquilibre. Le premier livre des *Hypotyposes pyrrhoniennes* de Sextus Empiricus développera les modes par lesquels Énésidème s'efforce de prouver le caractère éminemment relatif des phénomènes. Comme on voit, le pyrrhonien prouve et s'efforce de douter. Il faut fonder sur une analyse de la perception sensible la conviction que ce que les choses sont en soi ne peut que demeurer à jamais inconnu. Au prix seulement de cette assurance qui fonde la défiance envers toute inclination dogmatique, se trouve conquise la quiétude de l'âme.

Mais il faut bien prendre garde que cette non-assertion ne signifie nullement que le sceptique demeure inactif et indifférent. Sextus Empiricus insiste mainte et mainte fois sur ce point :

Ceux qui reprochent aux sceptiques une vie végétative ne comprennent pas du tout en quoi le véritable scepticisme consiste. Il ne s'agit, pour le pyrrhonien, que de refuser de conformer ses actions à une doctrine philosophique ou à une opinion dogmatique qui pousseraient l'âme à préférer telle opinion à telle autre touchant la véritable nature supposée des choses. Car le sceptique prend l'expérience et la vie pour guide non philosophique (Sextus Empiricus, *Contre les moralistes,* 165).

La même chose est affirmée de Pyrrhon par Diogène Laërce (ἀκόλουθος δ'ἦν καὶ τῷ βίῳ, *Vies*, XI, 62) : il avait pris la vie pour guide. Un malheureux contresens du premier traducteur latin *(consentanea ad haec illi et vita erat)* a fait interpréter la formule comme signifiant que Pyrrhon accordait sa vie avec ses principes, alors qu'elle affirmait que l'expérience ou la vie lui servaient de règle de conduite. « Prendre la vie pour guide » reviendra de très nombreuses fois dans le principal recueil pyrrhonien *(Hypotyposes,* I, 22; II, 246; III, 2, 235, etc.). Ainsi le sceptique peut-il soutenir contre toute erreur répandue qu'il « se fie à ses représentations comme il se fie à la vie » *(ibid.,* I, 22), affirmant même que l'unanimité peut se faire sur certaines représentations *(ibid.,* III, 179, 254) : « Le feu dont la nature est d'échauffer donne à tout le monde la représentation *(φαινόμενον)* de l'échauffement; les représentations sont à tous également perceptibles. » Timon dira encore (Sextus Empiricus, *Contre les logiciens,* I, 30 et Diogène Laërce, *Vies,* IX, 105) : « Le phénomène l'emporte sur tout partout où il peut se présenter »; on reconnaît ici l'influence des cyrénaïques qui, bien que mettant en doute la conformité des impressions avec leur objet, se refusaient à prendre au sérieux autre chose que la représentation.

Ainsi convient-il d'accorder à l'*épochè* *(ἐποχή)* ou suspension du jugement la valeur très particulière que lui conféraient les pyrrhoniens. Bien loin d'être l'expression d'un nihilisme, elle est l'affirmation que l'équilibre de l'âme — ou plus exactement des représentations, des images et des opinions dans l'âme — doit conduire le sceptique à se retenir de juger dogmatiquement. Le scepticisme n'est qu'un refus de la métaphysique dogmatique qui prétend se prononcer sur ce que devrait être la chose en soi mais n'est pas perçu; il est l'expression d'un retour délibéré à l'expérience et à la vie.

Il est important de tenter maintenant de comprendre comment et sous le jeu de quelles influences a pu naître une telle philosophie, contemporaine des réactions aristotéliciennes et stoïciennes contre le platonisme. Bien que l'état des textes conservés n'autorise ici qu'à des conjectures, il convient de les formuler. D'abord, Pyrrhon est citoyen d'Élis. Il peut fort bien avoir connu dans sa jeunesse le sophiste Hippias, le plus illustre philosophe que cette cité ait connu avant lui. Or on sait qu'Hippias avait professé contre l'enseignement socratique et contre Platon un empirisme absolu. Il n'existe pas pour lui d'êtres intelligibles en dehors des manifestations sensibles des objets. Sans doute Hippias est-il même le premier à user du terme de composé (σύνολον, *Dissoi logoi*, 9, 3) dont se servira Aristote, de vingt ans plus jeune que Pyrrhon. S'il existe une tradition philosophique d'Élis, confirmée par le fait que c'est dans cette ville que Pyrrhon revient fonder son école, le père du scepticisme a donc été élevé dans l'empirisme.

Ensuite la rencontre d'Anaxarque doit avoir été déterminante. Anaxarque a subi au premier chef l'influence d'Abdère qui avait réuni Protagoras, Démocrite et son disciple Métrodore. Par Métrodore, Anaxarque a connu une critique de la connaissance sensible héritée de Démocrite qui la représente comme bâtarde, illégitime et conventionnelle. Mais auparavant et en même temps que celui-ci, Protagoras avait fondé une théorie de la perception bornant toute réalité à la réalité sensible et à la relation phénoménale. Les sensations sont des états du sujet, comme le répétera Démocrite, mais engendrés dans l'intervalle qui sépare le sens et le sensible, par la rencontre de ces deux éléments qui lui donnent naissance. Ainsi la blancheur perçue n'est pas la blancheur en soi, mais seulement la blancheur engendrée par la rencontre de l'œil et de l'objet blanc. Ce que nous appelons monde sensible peut bien se réduire en effet à des apparences ou représentations propres à chacun des sujets qui concourent à l'engendrer, au cours de leur rencontre avec les choses en soi destinées à demeurer inconnues en elles-mêmes, et qui ne sont que non saisies ou seulement vues à travers le rejeton qui constitue leur image phénoménale. Percevoir la vraie nature des choses n'est qu'une illusion dogmatique : il faudrait que la sensation fût science. On aurait donc tort d'affirmer dogmatiquement quoi que ce soit; chaque sens, chaque homme est mesure de toutes choses, c'est-à-dire de tout phénomène. Les Anciens, Cicéron et Sénèque, ne s'y étaient pas trompés, qui avaient fait de Protagoras un sceptique avant Pyrrhon.

Si l'on ajoute l'influence de l'école de Cyrène sur Anaxarque, avec la place que ces philosophes accordaient

à la recherche du bonheur et l'importance que d'après
Sextus Empiricus (*Contre les logiciens*, I, 191) ils reconnaissaient aux affections sensibles *(πάθη)* tenues pour les
seuls critères de la vérité, à cela près qu'elles ne sont
pas nécessairement conformes à l'objet qui les produit,
et que seule leur présence en tant qu'impression est
indiscutable, on voit comment Pyrrhon pouvait être
préparé à fonder le scepticisme. Est-il alors bien nécessaire
d'accorder à la rencontre des gymnosophistes l'importance
exotique qu'on lui concède généralement et de faire venir
d'Orient l'inspiration de cette philosophie? Elle peut
être au contraire essentiellement grecque : pour ces
consciences, l'invisible divin constituait la trame de
toutes choses, mais sa nature le destinait à demeurer
suprasensible et imperceptible. De là il n'y avait qu'un pas,
franchi par les maîtres d'Élis et d'Abdère et leur disciple
Anaxarque, pour refuser toute existence à ce qui n'était
pas empirique, et en tout cas pour nier qu'on pût affirmer
quoi que ce fût des réalités considérées absolument.
Alors il suffisait que le désir de connaître une félicité
comparable à celle des dieux s'insinuât au cœur de ces
hommes et que la psychologie leur apprît que la nature
des choses n'est jamais immédiatement et directement
perçue, pour qu'ils tirassent de la mise en doute du
contenu de leurs représentations le moyen de conquérir
l'impassibilité et la quiétude de l'âme. Cette recherche de
l'ataraxie s'accompagnait d'un mépris pour la science
et la prétention dogmatique; elle fut un pur acte de foi
subjectiviste dans la sensation, l'expérience et la vie.
Ainsi Pyrrhon ne fit que tirer les ultimes conséquences
d'une théorie empiriste de la perception, ajustée ensuite
à une psychologie individualiste du bonheur.

Timon de Phlionte, disciple et admirateur de Pyrrhon,
vint à Élis après un mariage qui avait mis fin à une fou-
gueuse jeunesse. Mais la sagesse de Pyrrhon fut impuissante à le retenir auprès de lui. À son maître il consacra
des poèmes : les *Silles* (ou *Regards louches*) qui paro-
diaient en trois chants Homère et voyaient s'affronter les
ombres des philosophes morts dont les Spectres n'étaient
évoqués que comme prétexte à des disputes injurieuses;
un autre poème, les *Indalmoi* (ou images), renferme le vers
que nous avons cité plus haut sur la suprématie des

phénomènes. Un dialogue, le *Python* (jeu de mots sur Pyrrhon) et deux traités, *Sur les sensations* et *Contre les physiciens,* que l'on confond parfois, constituent ses œuvres en prose. Les quelques citations que nous avons conservées font apparaître ce bouillant disciple comme un satiriste plein de verve et comme un physicien qui met précisément l'accent sur la théorie de la perception et de la sensation, qui sert de fondement au scepticisme. Après lui, l'école sceptique devait connaître une éclipse de près d'un siècle qui, même aux yeux des Anciens, passait pour mystérieuse. Une autre question, controversée elle aussi déjà dans l'Antiquité, est celle de savoir si les académiciens furent sceptiques ou trahirent au contraire, par excès de dogmatisme, l'enseignement pyrrhonien.

Jean-Paul DUMONT.

BIBLIOGRAPHIE

V. BROCHARD, *Les sceptiques grecs,* nouvelle édition, Paris, 1959.

V. BROCHARD, *Protagoras et Démocrite,* dans *Études de philosophie ancienne,* nouvelle édition, Paris, 1966.

C. J. DE VOGEL, *Greek Philosophy,* t. III, Leyde, 1964.

J.-P. DUMONT, *Les sceptiques grecs,* textes choisis et traduits, Paris, 1966.

S. G. ETHERIDGE, *Sextus Empiricus, Scepticism, Man and God,* Middletown (Connecticut), 1964.

R. HIRZEL, *Ursprung und Entwicklung der Pyrrhonischen Skepsis,* dans *Untersuchungen zu Ciceros philosophischen Schriften,* Leipzig, 1883.

K. JANAČEK, *Prolegomena to Sextus Empiricus,* Olomouc, 1950.

K. JANAČEK, *Sextus Empiricus : Indices,* Leipzig, 1962.

K. JANAČEK, *Zur Bilanz des griechischen Skeptizismus, Acta congressus internationalis habiti Brunae diebus 12-16 mensis aprilis MCMLXVI,* Prague, 1968.

P. NATORP, *Die Erfahrungslehre der Skeptiker und ihr Ursprung,* dans *Forschungen zur Geschichte des Erkenntnisproblems,* Berlin, 1884.

F. RAVAISSON, *Le scepticisme dans l'antiquité grecque, Rapport sur le concours pour le prix Victor Cousin 1884,* Paris, 1885.

L. ROBIN, *Pyrrhon et le scepticisme grec,* Paris, 1944.

L'ANCIEN STOÏCISME

PERMANENCE DU STOÏCISME

L E mouvement stoïcien, dans la pensée antique, s'étend
sur près de six siècles. Il prépare le néoplatonisme,
agit sur les courants gnostiques et hermétiques, et
fournit des éléments de doctrine et des modes d'expression à l'entreprise des apologistes et à l'élaboration de la
théologie chrétienne, bien au-delà de Clément d'Alexandrie, et jusqu'à saint Augustin. Il est comme redécou-
vert, en son inspiration fondamentale, dans la *Consolation*
de Boèce (525) qui, jointe aux écrits de Cicéron et,
surtout, de Sénèque, assurera sa présence tout au long du
Moyen âge occidental. La Renaissance (d'une manière qui
n'est pas sans analogie avec le partage qui s'opère alors
dans le platonisme, scindant celui-ci en un courant
mystique et un courant scientifique) fait revivre le
naturalisme stoïcien, principalement avec Pomponazzi et,
d'autre part, la réforme morale et la direction de conscience, avec Juste Lipse, Guillaume Du Vair et Charron ;
déjà le « pyrrhonisme » de Montaigne se nourrit de
thèmes stoïciens et, surtout, la tentative même des *Essais*
est impensable sans le stoïcisme de Sénèque et de Plutarque. Le « néo-stoïcisme », depuis le XVIe siècle, n'est pas
un courant parmi d'autres ; il exprime l'aspiration de l'âme
moderne, telle qu'elle se manifeste dans l'autonomie du
sujet moral et dans l'indépendance de la raison à l'égard
des traditions. Les idées de religion naturelle et de droit
naturel remontent au stoïcisme et, souvent, se réclament
de lui ; l'élaboration de la morale moderne, de Descartes
à Kant, en passant par Spinoza, emprunte beaucoup
au stoïcisme et, surtout, accepte continûment de se
définir par rapport à lui. Au-delà de ces grands noms, il y
a une présence stoïcienne dans la philosophie moderne et
contemporaine, comme il y en a dans la littérature
(Corneille, Vigny, Emerson) ; la logique des propositions,

à la recherche de ses antécédents historiques, a pu revendiquer la logique stoïcienne, opposée à la syllogistique d'Aristote.

Cette permanence du stoïcisme antique (irréductible à des survivances sporadiques ou des renaissances érudites) atteste, autant que l'époque de sa naissance, l'universalité de la doctrine.

L'ÉPOQUE HELLÉNISTIQUE ET LA TRANS-FORMATION DE LA PHILOSOPHIE

L'ancien stoïcisme s'élabore au cours de l'époque hellénistique, comprise entre la mort d'Alexandre et la conquête romaine. Pendant cette période, la civilisation hellénique se répand et s'impose chez les peuples méditerranéens, mais, par contrecoup, s'ouvre aux influences orientales et abandonne ce qu'elle avait de plus spécifiquement national, c'est-à-dire, en premier lieu, le lien entre la civilisation et la Cité. C'est l'époque où l'autonomie des États-Cités s'efface devant les empires massifs des successeurs d'Alexandre, jusqu'à ce que, en 146, la Grèce tout entière soit réduite en province romaine, sous le nom d'Achaïe. Privé de son cadre politique naturel, l'individu se découvre dans sa solitude; la question du bonheur individuel devient prépondérante, et le seul cadre où puisse s'insérer ce bonheur sera l'univers, réplique à la fois philosophique et religieuse du cosmopolitisme politique qui se prépare alors, jusqu'à ce que les Romains, véritables « diadoques » d'Alexandre, en recueillent l'héritage et réalisent son projet d'un empire universel.

Ces bouleversements politiques que, jusqu'à la fin de l'Empire romain, la philosophie antique a été incapable d'interpréter (à part quelques phrases de Polybe, il faudra attendre la *Civitas Dei,* pour trouver à nouveau, après Platon et Aristote, une philosophie de l'histoire) et qui isolent l'individu au point de susciter, paradoxalement, un individualisme comme moyen de défense contre l'universalisme abstrait et oppressif des empires, vont modifier profondément la philosophie, dans son but et dans son statut social.

On constate d'abord, visible déjà dans le développement de l'école d'Aristote, une sorte de positivisme en vertu duquel la philosophie se détourne des spéculations métaphysiques pour se consacrer aux recherches scientifiques, de plus en plus spécialisées. À côté des mathématiques, de l'astronomie, de la médecine, d'autres sciences se développent ou se créent : l'histoire naturelle, la géographie, l'histoire littéraire, la grammaire et la philologie. Antioche, Alexandrie, Pergame, avec leurs musées et leurs bibliothèques, sont alors les principaux centres de ces recherches. Il faut noter que les stoïciens, par opposition à certaines écoles socratiques et, surtout, aux épicuriens, réputés pour leur inculture, ne sont pas restés à l'écart de la science contemporaine. Leur doctrine des deux principes, actif et passif, généralise la théorie de l'être vivant de Dioclès de Caryste ; on a pu trouver des influences stoïciennes chez le médecin alexandrin Érasistrate ; la philologie de Pergame, avec Cratès de Mallos (en Cilicie), appliquera des idées stoïciennes à la critique homérique et soutiendra, contre les Alexandrins, la thèse de Chrysippe sur l'« anomalie » de la formation des langues. Ce sont Zénon et Chrysippe qui ont jeté les fondements de la grammaire scientifique et créé la terminologie grammaticale encore en usage aujourd'hui. On sait, enfin, combien l'idée stoïcienne du droit naturel a influencé la jurisprudence romaine dont l'élaboration systématique, d'autre part, est redevable, d'après le témoignage de Cicéron, à la dialectique stoïcienne.

En face de ces activités scientifiques où se déploie et se retire l'esprit de la recherche libre et désintéressée, la philosophie proprement dite semble bien mériter le nom de dogmatisme, traditionnel pour désigner les écoles hellénistiques, stoïcisme et épicurisme. De fait, ces dogmatismes ont à affronter, jusqu'à la fin de la période qui nous occupe ici, le scepticisme de la Nouvelle Académie ; or ce scepticisme a beau être placé en dehors d'eux : ils y trouvent, non seulement un stimulant qui les oblige constamment à se repenser eux-mêmes, mais comme la projection au-dehors d'une tendance philosophique qu'ils réprouvent sans doute, mais dont ils éprouvent en eux-mêmes la tentation (comme les « hérétiques » stoïciens pourraient l'attester) et qui, au delà de toutes les discussions entre les écoles, apparaît comme complémentaire du dogmatisme, pour recomposer, fût-ce dans la division et l'affrontement, l'unité vivante de ce qu'a été, avant eux, la philosophie. De plus, ces dogmatismes ne sont pas des créations *ex nihilo* : ils supposent un travail de recherche qui, en ce qui concerne le stoïcisme, se poursuit bien après la construction du système, renouvelle celui-ci et, souvent, oppose les membres de la même école. Il est seulement vrai de dire que la philosophie de cette période répond à un besoin tout nouveau de la part des usagers : peut-être même, en dépit de l'antécédent des sophistes, faut-il dire que c'est l'existence même d'un « public » non spécialisé qui constitue le fait nouveau. Les doctrines nouvelles essaient incontestablement de répondre à ce besoin, encore qu'il ne soit pas sûr qu'elles se réduisent à y répondre ; la constitution d'une doctrine (et toute l'histoire ultérieure du stoïcisme en apporterait, en l'espèce, la preuve) n'est d'ailleurs réductible à ce qui relève de son conditionnement. Mais il est vrai encore qu'en première approche, la transformation que subit alors la philosophie peut être caractérisée à partir des désirs, plus ou moins conscients, de ceux à qui elle s'adresse.

L'isolement de l'individu, son sentiment d'impuissance en face des fluctuations politiques et sociales, le déclin progressif de la Cité avec les valeurs qui y étaient traditionnellement liées, l'apparition des cultes orientaux qui viennent prendre la relève de la religion de la Cité font naître ce qui s'appelle souvent ingénument le désir du bonheur, mais qui est susceptible de bien des formes et qui, dans son fond, est surtout désir de stabilité, de sécurité et d'indépendance. Le cynisme, la seule des écoles socratiques qui garde alors sa vitalité, montre bien que ce désir, chez certains, trouvait à se satisfaire de l'indépendance toute nue, élevée sur la destruction critique de toutes les valeurs traditionnelles et dédaigneuse de toute « conception du monde ». Ailleurs, le désir du bonheur prend des traits religieux qui le rendent indiscernable d'une recherche du salut ; ailleurs encore (mais il est bien difficile, ici, de faire le départ entre ce que proposent les doctrines et ce que « demandent » leurs adeptes), ce désir requiert le fondement d'une certitude rationnelle et, à défaut d'un cadre politique, un système du monde.

S'il est vrai que « tout le monde désire vivre heureux, mais que, pour découvrir ce qui rend la vie heureuse, personne n'y voit clair » (Sénèque), tout le monde est, en droit, élève de la philosophie qui, seule, promet d'enseigner à y voir clair. Plusieurs conséquences en résultent. La philosophie, dans l'ancien stoïcisme, en tout cas, garde sans doute son caractère technique. Mais, destinée à s'adresser à un large public, elle ne tardera pas à se créer des formes d'expression nouvelles, en partie sous l'influence de la *diatribe* ou prédication cynique : la lettre, la consolation, l'entretien, formes littéraires qui répandront, plus tard, la « philosophie populaire ». Dès l'ancien stoïcisme, se développe la morale concrète, la direction de conscience *(parénétique),* la casuistique (les *Questions).* En retour, la philosophie connaît un rayonnement et exerce une action inconnus jusqu'alors; le stoïcisme, capable, plus tard, de soutenir « l'opposition sous les Césars », est reconnu, dès ses débuts, par les puissants du jour : Antigone Gonatas assiste aux leçons de Zénon et de Cléanthe; il fait venir à sa cour deux élèves de Zénon : Persée et Philonide; Sphérus, disciple de Cléanthe, devient, à Sparte, le maître et le conseiller du roi Cléomène et sera appelé, ensuite, à Alexandrie, auprès de Ptolémée Évergète.

Toutes les écoles affichent, si l'on peut dire, le même programme et la même prétention : définir la fin *(telos)* de la vie heureuse, et transmettre un art de vivre, qui conduise à cette fin. L'universalité prétendue de chacune des fins proposées renforce la rivalité entre les écoles, les place en compétition dans le recrutement des élèves et leur donne parfois des traits de sectarisme et d'intolérance (à quoi fera équilibre, plus tard, la tendance à l'éclectisme). Ce « dogmatisme » s'exerce à l'intérieur même des écoles : il s'agit d'enseigner un ensemble de dogmes qu'il ne faut certes pas accepter passivement, à la manière des *acousmatiques* pythagoriciens, mais s'assimiler de manière à les convertir en *science* et à les rendre inébranlables. Chrysippe disait ainsi à son maître Cléanthe « qu'il suffisait qu'on lui enseignât les dogmes et qu'il trouverait tout seul des démonstrations ».

Enfin, l'opposition entre ce que « tout le monde désire » et ce que la philosophie est seule à savoir enseigner implique, particulièrement dans le stoïcisme, la distinction tranchée entre les insensés et les sages (dont, d'ailleurs, aucun des maîtres du Portique n'a revendiqué le titre) et, d'autre part, cette solidarité idéale entre les sages, que Chrysippe formule d'une façon volontairement paradoxale : « Si un sage, n'importe où, tend le doigt avec sagesse, tous les sages de la terre en tireront profit. »

Ce mot de *sage,* que la mesure classique, en dernier lieu dans le *Phèdre* de Platon, avait jugé « excessif » d'appliquer à des mortels, devient un des termes favoris de l'époque. Les écoles ne se lassent pas de faire le portrait du sage; d'après les stoïciens, la philosophie est « la pratique de la technique convenable », entendons : convenable à nous faire acquérir la sagesse, elle-même définie comme « la science des choses divines et humaines ». Proposé ainsi comme le but même de l'initiation philosophique, cet idéal est, en droit, parfaitement accessible, encore que les stoïciens conviennent que le sage est plus rare que le phénix, et que certains se demandent si le sage a jamais existé. L'idéal peut paraître exorbitant; c'est qu'il est à l'exacte mesure des puissances, politiques ou cosmiques, dont l'homme se sent le jouet et dont il demande à la philosophie de le libérer. C'est cette demande même, à laquelle se mêlent confusément des aspirations religieuses, qui pourrait sembler excessive, et c'est bien cela qui explique que, chez Chrysippe surtout, la description du sage recourt à des paradoxes qui, d'autre part, doivent faire ressortir l'extrême et surprenante facilité de cette vie de sagesse, une fois qu'on y aurait accédé. Le paradoxe, plus profondément, vient de ce qu'un tel idéal exprime à la fois l'accomplissement et le dépassement de la condition humaine.

Le sage, ce n'est plus, comme aux origines de la pensée grecque, le législateur ou le politique, mais l'individu seul. Sans doute, on l'appelle : riche, noble, roi, conducteur du peuple, capable de rivaliser de félicité avec les dieux. Mais ce qu'on a en vue, ce n'est pas le pouvoir réel, la sagesse active, aux prises avec les choses; c'est l'autonomie, l'indépendance à l'égard des puissances capables d'y faire échec.

Cette indépendance ne peut être une victoire réelle, effective. N'ayant aucun pouvoir sur le monde et les hommes, le sage ne peut modifier le cours des choses; il

ne peut vaincre que l'action des choses sur lui et en lui, sa
ré-action, c'est-à-dire, dans la terminologie de l'école, ses
passions. L'autonomie, par où le sage parvient à résister
efficacement à la pression et à l'oppression des puissances
extérieures, sera donc l'indépendance à l'égard de ses
propres passions, l'*apatheia* : sur ce point, il y a accord
entre les stoïciens, les cyniques, Pyrrhon et, dans une
certaine mesure, Épicure.

L'idée de sagesse nous renvoie ainsi à la morale. Mais
elle déborde celle-ci chez les stoïciens (comme aussi chez
Épicure) par deux questions qu'elle entraîne : Quel est le
critère permettant au sage d'adopter, en face de toute
situation qui pourra se présenter, le meilleur parti, la
décision infaillible ? — Comment est fait l'univers où
devra s'insérer la vie du sage ? — La morale implique
ainsi la logique et la physique. En fin de compte, l'idéal du
sage nous renvoie à la division de la philosophie, à
l'organisation de l'enseignement, à l'école.

Ce n'est certes pas qu'il doive s'y confiner. Épictète,
plus tard, dira que l'initiation philosophique devra se
faire selon deux « thèmes » *(topoi)* : l'exercice théorique
(« les livres, les raisonnements ») et, « second thème »,
l'exercice pratique auquel on accède lorsque, ayant appris
quel est l'idéal du sage, on décide : « Je veux, moi aussi »,
être cet homme. Fort différent en cela du Jardin
d'Épicure, le Portique ne se referme pas, telle une maison
de retraite, sur lui-même, il n'est pas le havre où l'on
s'abrite contre les tempêtes de la vie, il n'a rien d'un
empire privé, construit à bon compte en marge du
monde et conquis, par la force de l'imagination, sur
celui-ci. Le sage stoïcien vivra au niveau de l'univers et
acceptera toutes les communautés naturelles, de la
famille à l'humanité, en passant par la Cité (« le sage
prendra part aux affaires publiques, si rien ne l'en empêche »). L'initiation scolaire, en cela même qu'elle est
théorique, est donc un simple exercice, une propédeutique, une préparation qui, à son tour, nous renvoie de
l'école à la vie.

Entre l'apprentissage de la philosophie et la vie de
sagesse, les rapports, cependant, ne se réduisent pas à
cette différence banale qu'il y aurait entre la théorie et la
pratique. Si la philosophie peut être une propédeutique,
c'est parce qu'elle participe déjà, dans son organisation et

dans son étude même, à la sagesse, laquelle, d'autre part, est incommensurable avec elle.

L'IDÉE DE TECHNIQUE

Ce rapport s'exprime, de la façon la plus formelle, dans le fait que la philosophie aussi bien que la sagesse soient appelées techniques. « La philosophie est la pratique de la technique convenable; la technique convenable, la seule et la plus haute, est la vertu » (c'est-à-dire, la sagesse). Et Sénèque nous rapporte que :

Certains des stoïciens, bien que la philosophie soit l'étude de la vertu et que l'une soit le but de ce dont l'autre est la visée, n'ont cependant pas estimé qu'on pût séparer l'une de l'autre : car il n'y a ni philosophie sans vertu, ni vertu sans philosophie. La philosophie est l'étude de la vertu, mais par la vertu même : la vertu ne peut exister sans l'étude d'elle-même, ni l'étude de la vertu sans la vertu.

Ce qui, dans l'esprit de Platon et d'Aristote, avait déprécié les techniques comme illibérales, c'était, entre autres, l'écart entre l'activité productrice et l'objet produit : l'activité, par rapport à son résultat, n'était douée que d'une finalité externe, instrumentale, servile. Or, depuis les cyniques, on revalorise ou, plus exactement, on découvre la valeur du travail en tant que tel. Pour Antisthène, l'idéal du sage est représenté par Héraclès, accomplissant ses « travaux »; dans cette idée de travail *(ponos)*, il y a également celle d'épreuve et même d'ascèse. Le stoïcisme prend aux cyniques cette idée que le travail renferme une valeur indépendante du résultat qu'il produit. Aussi bien, la formule qui définit la philosophie comme pratique de cette technique la plus haute qu'est la vertu, prend-elle un sens polémique. La philosophie n'est pas une occupation théorique. Elle ne s'achève.pas, comme le voulaient Platon et Aristote, dans la contemplation pure. La philosophie est bien une technique qui a pour but l'acquisition de la sagesse, mais celle-ci est elle-même une technique et ne saurait, à

titre de résultat, être séparée de l'activité qui l'aurait
produite.

Si la philosophie peut introduire à la sagesse, c'est
parce que, dès l'origine, elle en participe : comme elle, la
philosophie est pratique, et pratique d'une technique qui
porte sa fin dans cette pratique même. La nouveauté
de cette conception s'exprime dans des comparaisons
empruntées aux techniques :

Ce n'est pas à l'art de la navigation ou à celui de la médecine
[comparaisons socratiques] que, selon nous, la sagesse ressemble : c'est plutôt au jeu de l'acteur et à la danse, en ce sens
que c'est en elle-même que réside sa fin et qu'elle ne la cherche
pas en dehors d'elle-même, cette fin étant la réalisation de
l'art. Et pourtant, il y a aussi quelque différence entre ces
deux arts et la sagesse, par la raison que chez eux les actes
correctement accomplis ne contiennent pas, si corrects qu'ils
soient, toutes les parties dont ils se composent, au lieu que
dans la sagesse, ce que nous pourrions appeler les actions
droites [katorthomata] contiennent tout ce dont l'harmonie
constitue la vertu (Cicéron).

Plus significative encore est la critique d'une autre
comparaison, parfaitement traditionnelle, celle du tireur
à l'arc. Cette métaphore, dans l'*Éthique à Nicomaque,* avait
figuré la recherche du souverain bien et, dans *les Lois* de
Platon, avait servi à caractériser le législateur. Or, voici ce
qu'écrit Sénèque, dans la suite immédiate du texte qu'on
vient de citer :

Il n'en est pas ici comme de ceux qui, de loin, visent à
frapper quelque chose, le tireur en un endroit, le but en un
autre ; il n'en est pas non plus des chemins menant à la vertu
comme des chemins qui conduisent aux villes, situés, ceux-ci,
à l'extérieur : on arrive à la vertu par la vertu même ; philosophie et vertu sont indissolublement liées.

De ces textes, volontairement scolaires, plusieurs
idées se dégagent. Le refus de l'idéal contemplatif fait
concevoir la philosophie même comme une activité,
comme la pratique d'une technique, encore qu'elle ne
fasse que préfigurer l'activité véritable, réservée au sage.
C'est ainsi que les trois parties de la philosophie sont

qualifiées de « vertus », même celle qui, en apparence, est la plus irrémédiablement théorique : « La dialectique est une vertu qui en enveloppe plusieurs autres. » C'est comme si, d'emblée, la vie prenait possession de l'école. La pratique, fin de l'initiation scolaire, doit y être présente dès l'abord.

À l'inverse, la sagesse demeure liée à la philosophie : «La vertu ne peut exister sans l'étude d'elle-même.» Dans la sagesse, la philosophie atteint son terme et son achèvement, sans rien renier de ses origines. La sagesse stoïcienne n'est ni un don, ni un vague état d'âme, ni surtout, comme les modernes ont tendance à le croire, ne se réduit à la morale. Si les trois disciplines philosophiques peuvent être appelées des vertus, c'est précisément parce qu'il n'y a pas, dans le stoïcisme, de morale *stricto sensu*. S'il est l'agent moral par excellence, c'est parce que le sage est le seul à pratiquer les vertus dialectiques et à connaître la nature des choses. Il demeure philosophe. Ce lien que Sénèque déclare « indissoluble » pourra faire comprendre comment la philosophie peut être une propédeutique de la sagesse, alors qu'un abîme sépare l'élève et le sage. C'est parce que le terme est préfiguré dans le point de départ et, comme on le verra plus précisément, parce qu'il y a continuité entre le plus facile et le plus difficile.

Enfin, l'idée que la sagesse, dissemblable en cela à l'art de la danse, puisse tenir en une seule action accomplie avec *rectitude,* peut indiquer le sens de cette continuité et la transformation qui s'opère au terme de ce mouvement : comme par la matière de son savoir, le sage ne se distingue en rien du philosophe, de même le contenu matériel de ses actes ne diffère en rien de ceux qui s'offrent à l'activité des insensés; il y a seulement un changement, à la fois radical et inassignable, qui renouvelle toutes choses et qui permet de faire passer dans la matière la plus pauvre et la plus indifférente, la plénitude de la sagesse. Cette idée peut être rapprochée d'autres thèses, jugées « paradoxales » : l'entrée dans la sagesse se fait brusquement et instantanément, au point même d'échapper d'abord à la conscience du sujet; le bonheur du sage, même pendant un instant, vaut l'éternité de Zeus. De même, en physique : le moindre événement exprime la volonté indivise du destin; le mouvement n'est pas, comme chez Aristote, le passage de la puissance à l'acte : il est parfait à chaque instant de son parcours. D'un point de vue plus scolaire : la dépendance réciproque entre les trois parties de la philosophie préfigure, ici encore, la totalité de la sagesse, capable de s'exprimer intégralement dans le moindre fragment. Ou encore la thèse selon laquelle les vertus sont si étroitement liées entre elles qu'il est impossible d'en avoir une, sans avoir toutes les autres. D'où l'on voit assez que le rapport, formellement envisagé, entre sagesse et philosophie, implique déjà les thèses maîtresses du système et indique cette solidarité entre elles, sur laquelle les stoïciens ne cessent d'insister. Cette solidarité tient à des raisons profondes, et elle est donnée, en un sens, dès le départ de la démarche stoïcienne.

La fin *(telos)* de la vie, selon la formule déjà établie par Zénon, est « de vivre conformément à la nature, c'est-à-dire selon la vertu ». Ni cette formule même (qui a pu être suggérée à Zénon par son maître académicien Polémon), ni l'explication (depuis Antisthène, le cynisme, dont Zénon a reçu les leçons, place la vie heureuse dans la seule vertu) ne sont nouvelles. La nouveauté de la doctrine zénonienne vient, tout d'abord, du rapprochement même de ces deux doctrines, par où le naturalisme latitudinaire de Polémon est corrigé par le rigorisme de Cratès. Elle vient surtout de l'interprétation de l'idée de nature :

« Vivre selon la vertu » veut dire la même chose que « vivre selon l'expérience des événements qui arrivent selon la nature », comme dit Chrysippe au premier livre *Des fins*; car notre nature est partie de celle de l'univers; c'est pourquoi la fin s'énonce : « vivre en suivant la nature », c'est-à-dire selon sa propre nature et selon celle de l'univers, ne faisant rien de ce que défend la loi commune, c'est-à-dire la droite raison qui circule à travers toutes choses et qui est identique à Zeus, le chef du gouvernement de l'univers.

La fin de la vie humaine requiert ainsi la connaissance de l'univers; en termes scolaires : la morale devient solidaire de la physique. Mais ces deux disciplines sont, à leur tour, solidaires de la logique, capable de nous faire saisir cette « droite raison », en nous et hors de nous, et

d'accorder la raison en nous avec la raison universelle.
Ainsi, la formule de la fin implique, à elle seule, les liens
qui unissent les trois parties de la philosophie, et elle peut
faire comprendre pourquoi, dans un sens élargi, les trois
peuvent être appelées vertus : la physique, parce que
« celui qui entend vivre en accord avec la nature doit
chercher son point de départ dans l'ensemble du monde et
dans la façon dont il est administré »; la logique, « parce
qu'elle contient une méthode qui nous empêche de donner
notre assentiment au faux et d'être jamais dupes de
vraisemblances captieuses, et que, sur la question des
biens et des maux, elle nous permet de bien saisir et de
défendre ce que nous avons appris. Sans cette technique,
en effet, il n'est personne, selon les stoïciens, qui ne puisse
être détourné de la vérité et induit en erreur. »

Chacune des trois parties de la philosophie est donc
indispensable à l'acquisition de la sagesse, qui les contient
toutes : « Aucune partie n'est séparée des autres, comme
quelques-uns le disent, mais elles sont solidaires; aussi les
combinent-ils dans leur enseignement. D'autres commencent leurs leçons par la logique, passent ensuite à la
physique, pour terminer par la morale, par exemple
Zénon et Chrysippe. » De fait, cet ordre n'a qu'une
valeur pédagogique et nous savons que Chrysippe, pour
des raisons pédagogiques précisément, autant que
philosophiques, pratiquait « l'enseignement combiné »;
Plutarque qui nous rapporte, sur ce point, les « contradictions » de Chrysippe, conclut sévèrement : « Tout
ordre disparaît, si, dans chaque discipline, il faut se
référer à chacune des autres. » Dicté par la malveillance,
ce jugement est aussi exact que son considérant : l'ordre ne
peut être que provisoire, puisqu'il prépare à la sagesse qui
s'atteint d'un seul coup; et si les trois disciplines philosophiques se réfèrent les unes aux autres, c'est qu'elles
reproduisent, jusque dans leur structure, la solidarité qui
lie toutes choses, sur le plan du réel. Cette contexture du
système en rend l'exposé fort difficile et, plus encore,
ferait apparaître comme artificiel un résumé qui aligne-
rait, point par point, les thèses stoïciennes. Il a paru
préférable, ici, de montrer cette solidarité entre les trois
disciplines philosophiques, à l'aide de trois idées qui,
conjointement, commandent et déterminent autant la
structure d'ensemble que celle des parties. De ces trois

idées, la première, celle de totalité organique, convient
plus particulièrement à la physique; la deuxième, celle de
passage, à la morale; la troisième, celle de retour au
concret, à la logique.

L'IDÉE DE TOTALITÉ ORGANIQUE

Il est une thèse stoïcienne qui enseigne de la façon la
plus formelle et la plus paradoxale (puisqu'elle conteste
l'impénétrabilité) cette liaison et cette participation entre
les choses, c'est la doctrine du mélange total : deux corps
peuvent s'interpénétrer complètement, encore qu'ils
soient de dimensions différentes. Dans ce cas, le corps
plus petit « s'étend à travers » et à la dimension du corps
plus volumineux : « Rien ne s'oppose, écrit Chrysippe, à
ce qu'une goutte de vin se mélange à la mer. » Cette thèse
explique comment l'âme humaine s'étend à travers le
corps, comment la Raison universelle, « à la manière de la
sensibilité, pénètre à travers tous les êtres aériens, tous les
animaux et les plantes, enfin à travers la terre, à titre de
disposition ». Elle explique que « le monde est dans cet
état d'union à quoi l'obligent la *conspiration* et l'accord
entre les choses célestes et les choses terrestres ».

La cosmologie stoïcienne admet « deux principes dans
l'univers : l'agent et le patient. Le patient, c'est la substance sans qualité, la matière; l'agent, c'est la raison qui
est en elle, Dieu; car Dieu, qui est éternel, crée chaque
chose à travers toute la matière. » Les deux principes sont
d'essence corporelle, puisque les seules réalités reconnues
par les stoïciens sont des corps (et, doués d'une moindre
existence, les incorporels : le temps, le vide, le lieu et
l'*exprimable,* c'est-à-dire tout ce qu'exprime le langage,
au moyen de la voix qui, elle, est corporelle). Cette
dualité des principes interdit d'emblée de caractériser le
système comme monisme et comme matérialisme. Le
principe actif, c'est Dieu, identifié au feu héraclitéen, qui
est le *Logos* universel; c'est du spiritualisme aussi bien. Le
caractère corporel, d'autre part, commun aux deux
principes, ne sert nullement à réduire leur dualité : entre
l'agent et le patient, la Raison et la Matière, les souffles
vitaux *(pneumata)* et les corps, il y a un rapport de

tension *(tonos)* qui assure l'unité de chaque être et du monde composé par ces êtres, plus profondément que ne saurait le faire une simple communauté substantielle. Le système n'est moniste qu'au moment de la destruction du monde, c'est-à-dire quand le feu cosmique, lors de la conflagration universelle *(ekpyrosis),* a réduit toutes choses à lui-même et absorbé en lui toute la matière. C'est à ce moment aussi que le « spiritualisme » se trouve porté à son plus haut degré, puisque toute matérialité est ramenée à la Raison pure de Dieu « qui est incorruptible et non engendré, créateur de l'ordre des choses *(diakosmésis),* recueillant en lui-même toute substance, et l'engendrant inversement à partir de lui-même, selon des périodes de temps définies ». C'est cette alternance des périodes cosmiques qui fait passer d'un monisme spiritualiste à un dualisme vitaliste.

« La naissance du monde a lieu, lorsque, à partir du feu, la substance, par l'intermédiaire de l'air, se change en humidité, dont la partie épaisse et consistante fait la terre, tandis que ses parties subtiles deviennent de l'air et, se subtilisant encore plus, engendrent le feu ; ensuite, selon le mélange des éléments, viennent d'eux les plantes, les animaux, et les autres genres d'êtres. » Cette transmutation des éléments (dont l'évolutionnisme implicite est contredit par d'autres récits de type démiurgique ou même créationniste, selon lesquels le monde serait sorti, tout achevé, des mains du créateur) ne se fait pas entièrement aux dépens du feu originaire. Dieu, incorruptible et inengendré, garde sa *qualité propre,* après comme avant la formation du monde ; celui-ci, engendré et corruptible, est lui-même un « vivant raisonnable, doué d'une âme et intelligent ». Entre Dieu et le monde, il y a une différence certaine ; si, plus tard, le stoïcisme platonisant de Sénèque (et déjà de Cicéron) pourra parler de la divinité du monde, et accréditer ainsi l'interprétation d'un stoïcisme panthéiste, les fondateurs, en opposition, précisément, à Platon (et à Aristote), insistent sur la corruptibilité du monde (en faveur de laquelle Zénon allègue, entre autres, des observations d'ordre géologique), et réservent l'éternité et l'incorruptibilité à Dieu seul. Il faut souligner ce dualisme, encore que nos sources ne nous permettent guère d'entrevoir comment les stoïciens le conciliaient avec ce qui peut apparaître comme un monisme émanatiste.

Pareil dualisme se retrouve à l'intérieur même du monde. Comme Dieu, le monde est un individu, et chacun des êtres composant l'univers est un individu lui aussi. Cette conception, alors, est d'une grande nouveauté (elle sera reprise, en un sens, par Plotin, et, d'une manière peut-être plus conforme au stoïcisme, par Leibniz, dans son principe des indiscernables), puisqu'elle introduit l'intelligibilité dans le monde du devenir : chacune des *qualités propres* étant comme une transposition des idées platoniciennes. Or ces qualités assurent aux êtres à la fois leur individualité et leur cohésion. Fragments issus, selon certains textes, du feu originaire, ce sont des souffles *(pneumata)* ignés, mélangés de feu et d'air, qui agissent à la manière d'une force interne. Cette force, principe actif, est placée au centre du corps qu'elle parcourt jusqu'à la périphérie, pour revenir au centre; ce mouvement de va-et-vient crée une tension *(tonos)* dans le corps, et assure à celui-ci sa vitalité, son individualité et la cohésion de ses parties. Telle est, en particulier, la fonction de l'âme du monde : elle parcourt et contient le monde dans toutes ses parties et en empêche la dispersion dans le vide infini qui l'entoure.

Mais son rôle ne se borne pas là. De même que chaque *pneuma* individuel maintient dans le corps la cohésion et la sympathie des parties, de même l'âme du monde ramène à un système (les stoïciens sont les premiers à employer ce terme au sens objectif de système cosmique) toutes choses dont les composants sont en état « de conspiration et d'accord ».

De nouveau, on pourrait dire que le dualisme tend vers un monisme. Mais il n'est pas sûr que cette terminologie soit bien éclairante. Entre Dieu, reprenant, après chaque conflagration, « la substance tout entière » dans le feu spirituel, et l'univers, une fois constitué, le rapport est plutôt entre deux totalités, l'une à l'état de concentration, l'autre à l'état de déploiement (au point que ces totalités peuvent, chacune, indiquer un des deux sens où se prend le terme de « monde », lequel, dans un troisième sens, se dit « le composé de Dieu et de l'ordre cosmique, *diakos-mésis* »); entre l'agent et le patient, à tous les niveaux de l'univers, le rapport est bien moins entre deux termes disjoints qu'entre une unité vivante et sa propre puissance d'unification (comme, dans la théorie de la conciliation, l'être vivant « se perçoit lui-même », « s'approprie à lui-même », « vit en accord avec lui-même »); enfin, si, entre le monde et ses parties, il y a la solidarité d'un système, c'est parce que la qualité propre du monde ne supprime pas, mais conserve, au contraire, et même présuppose, les qualités propres de chacune de ses parties qui individualisent celles-ci et les différencient à l'infini. On parlerait plus justement d'une conciliation entre monisme et pluralisme ou, si l'on veut, d'un « holisme », respectueux de toute la diversité du réel.

Cette structure d'un tout diversifié se retrouve dans d'autres domaines. Ainsi, depuis Zénon, les stoïciens n'admettent qu'une cause unique, qui est Dieu, et Sénèque reproche aux autres philosophes, notamment à Platon et à Aristote, de recourir sans nécessité à une « foule de causes »; or, dit-il, « ce que nous recherchons à présent, c'est la cause première et générale ». Mais les stoïciens ne se sont jamais contentés de cette affirmation, trop « générale »; soucieux d'expliquer les phénomènes jusque dans leur détail et de fournir aux sciences positives, surtout à la médecine et à la jurisprudence, des instruments d'analyse, ils ont été amenés à pousser toujours plus loin les distinctions, et à encourir ainsi le reproche d'un aristotélicien : « C'est un essaim de causes, dont ils établissent la liste. » De même, le monothéisme fondamental se montre accueillant à l'égard du panthéon des religions populaires : chacune des divinités traditionnelles est interprétée (selon la méthode allégorique, qui remonte au delà des sophistes, mais qui doit aux stoïciens son perfectionnement et le rôle qu'elle sera appelée à jouer dans l'histoire de la pensée religieuse) comme une force cosmique particulière, émanée du *Logos* universel. De même, les stoïciens affirment l'unité de la vertu, mais en diversifient en même temps les modalités concrètes, au point, ici encore, d'encourir la critique d'admettre, selon Plutarque, « un essaim de vertus ». L'anthropologie stoïcienne enseigne (contre Platon et Aristote) l'unité de l'âme, qui a son siège dans le cœur. Cependant, empruntant le vocabulaire de leurs prédécesseurs, les stoïciens distinguent huit « parties » de l'âme : les cinq sens, le langage, le pouvoir générateur, enfin la partie directrice (hégémonique), c'est-à-dire la raison. Mais

celle-ci, à elle seule, constitue toute l'âme ; elle en est
« la source », selon l'expression de Sextus Empiricus,
dont les autres « parties » ne sont que des souffles émanés,
ou encore des « manières d'être » ou des « puissances ».

L'idée de la solidarité entre les êtres est au fond de la
thèse la plus connue et la plus critiquée du Portique : la
théorie du Destin. Théorie à la fois très simple, par l'idée
qu'elle formule, et complexe, par les arguments qu'elle
produit et qui mettent en œuvre les trois disciplines
philosophiques.

On peut dire que le destin est déjà posé avec l'alternance
des périodes cosmiques, au cours desquelles, selon une
régularité rigoureuse, les mêmes êtres naîtront et périront
et les mêmes événements se succéderont. Cette idée d'un
retour éternel, dont l'origine remonte à Héraclite et qui
reviendra dans la pensée de Nietzsche, exprime, dans le
stoïcisme, un optimisme confiant et assuré, à travers le
changement des périodes alternées, la stabilité des choses :
le décret de Zeus n'est pas arbitraire ; c'est parce qu'il est
pris en connaissance de cause, comme étant le meilleur,
qu'il doit se maintenir constant à travers les périodes.

Le destin, selon Chrysippe, se définit : « La raison
(logos) de l'univers, ou : La raison des choses administrées
dans le monde par la providence, ou : La raison selon
laquelle les événements passés se sont produits, les
événements présents se produisent, les événements à
venir se produiront. » Plutarque nous a conservé un
résumé scolaire des têtes de chapitres entre lesquelles
Chrysippe répartissait les preuves en faveur du destin :
1 — « Rien ne se produit sans cause, mais (tout arrive)
selon des causes antécédentes » ; 2 — « Notre monde est
administré selon la nature, il est animé d'un même
souffle et doué d'une sympathie à l'égard de lui-même » ;
3 — (à titre de témoignages ou d'indices) : la divination ;
l'acceptation des événements par le sage ; le principe que
toute proposition est vraie ou fausse.

Sans entrer ici dans le détail de l'argumentation (fort
difficile à reconstituer d'après les polémiques conservées,
qu'elle provoquait), on remarquera d'emblée la multiplicité d'aspects, religieux, scientifique, moral, logique, réunis
dans l'idée de destin. Le principe de causalité, admis dans
les sciences, est interprété comme la raison universelle
gouvernant le monde ; les vicissitudes humaines (qui se

placent, chez Platon et chez Aristote, dans le monde sublunaire, livré, en partie, à l'action du hasard, qui devient l'objet, sous les diadoques, d'un culte religieux) sont soumises à la causalité physique et intégrées dans la vie cosmique : le précepte moral de vivre conformément à la nature reçoit son fondement et sa justification du principe physique que « toutes choses se produisent selon le destin ». Comme celle du retour éternel, la doctrine du destin procède d'un optimisme profond et d'un sentiment de piété cosmique : le destin est expressément identifié à la providence, et témoigne de l'administration divine de l'univers.

Les deux premières preuves, principe de causalité et sympathie universelle, impliquent l'idée de solidarité, constante dans le système stoïcien, mais l'expriment de deux manières fort différentes : succession de l'enchaînement causal et simultanéité du concours des causes. La deuxième preuve apparaît d'abord comme l'application de la première à des causes en apparence lointaines ou inexistantes, par exemple à l'influence des climats sur les tempéraments. Mais, rapprochée d'autres textes, il semble qu'elle permette de comprendre comment le destin peut laisser intacte la liberté humaine. Le principe de causalité énonce seulement, on vient de le dire, que « tout arrive selon des causes antécédentes ». Il ne s'applique pas à ce que Chrysippe appelle les « causes principales et parfaites ». Ainsi, d'après l'exemple de l'école, l'impulsion donnée à un cylindre est cause antécédente du mouvement de rotation qui, lui, s'accomplit selon la forme du cylindre, c'est-à-dire conformément à sa nature qui, seule, en l'espèce, est cause principale et parfaite. De même, dans la vie morale, sont seuls soumis à la causalité antécédente (et externe) les événements qui nous adviennent, mais non pas la manière dont nous réagissons à ces événements et qui reste entièrement en notre pouvoir, puisqu'elle dépend de notre propre nature. Dans la terminologie de l'école : nous ne sommes pas maîtres des *représentations* que nous recevons de l'extérieur, mais nous sommes entièrement libres de leur donner (ou de leur refuser) notre *assentiment,* ou encore, libres dans notre « usage des représentations ». On voit alors que la première preuve ne concerne que les causes antécédentes (les événements), alors que la deuxième concerne les causes principales (les corps), qui, libres d'agir selon leur nature propre, sont accordées entre elles, de manière à contribuer, par leur concours spontané, à l'harmonie universelle.

Parmi les *indices* qui forment la troisième preuve, figure le principe dialectique, admis, depuis Platon et Aristote, par toutes les écoles (à l'exception de l'épicurienne), selon lequel toute proposition est ou vraie ou fausse. Ce principe, qu'Aristote avait refusé d'appliquer aux « futurs contingents », intervient alors constamment, grâce à l'impulsion donnée par les mégariques, dans le débat sur la liberté. Le détail de ces discussions, où, derrière des apparences parfois sophistiques, se formule, pour la première fois dans la pensée occidentale, le problème de la liberté, ne saurait être exposé et interprété ici. Bornons-nous à rappeler l'argumentation de Chrysippe : « S'il y a un mouvement sans cause, toute proposition ne sera pas ou vraie ou fausse; car ce qui n'aura pas de causes efficientes ne sera ni vrai ni faux; or toute proposition est ou vraie ou fausse; donc, le mouvement sans cause n'existe pas. S'il en est ainsi, tout ce qui arrive, arrive par des causes antécédentes; s'il en est ainsi, tout arrive par le destin. » Ce qu'il faut surtout retenir de ce texte, c'est la manière dont le principe dialectique et le principe de causalité se prêtent un mutuel appui : logique et physique, une fois de plus, sont rendues solidaires. On peut en dire autant au sujet du premier indice, celui qui allègue la divination.

L'attitude accueillante dont les stoïciens ont fait preuve à l'égard de la religion populaire, se manifeste particulièrement au sujet de la divination qui rencontre alors une faveur grandissante. Tout en combattant l'anthropocentrisme et le goût du merveilleux, au fond de ces pratiques, ils essaient, de Zénon à Posidonius (le seul Panétius, « sans oser déclarer la divination impossible, a dit qu'il restait dans le doute »), de la justifier, du point de vue religieux (ils en tirent argument pour prouver l'existence des dieux et l'action de la providence) et sur le plan scientifique. Bien plus qu'une complaisance à l'égard des croyances populaires, il faut y voir l'effort pour comprendre ce qui, au premier abord, peut sembler incompréhensible, mais qui est garanti par le *consensus gentium* et, par là, repose sur une *notion commune,*

c'est-à-dire, naturelle. Cet effort (qu'avec des réserves
inutiles à préciser on pourrait comparer à l'attitude de la
philosophie du xviie siècle à l'égard des miracles ou, plus
tard, avec la tentative bergsonienne d'interpréter scientifi-
quement le spiritisme) trouve un appui dans la structure
même de l'univers stoïcien. L'accord et la sympathie qui
joignent toutes les parties du monde se manifestent déjà
dans les correspondances entre les phénomènes célestes
(les phases de la Lune, le rapprochement ou l'éloignement
du Soleil) et terrestres (les marées, les changements de
saisons). Ces correspondances ne sont pas moins étonnantes que les rapports qui peuvent exister entre les
présages et les événements, dès l'instant qu'on est obligé
d'admettre le principe cosmique qui préside aux unes
comme aux autres : « cette liaison qui existe entre toutes
les parties du grand ensemble, ce concert, cette concordance, cette coopération ».

L'application concrète de ce principe requiert ce que
nous appellerions l'induction : « On a vu, dans des cas
presque innombrables, les mêmes présages précéder les
mêmes événements, et l'art divinatoire s'est constitué par
l'observation et l'enregistrement des faits. » La mantique,
à cet égard, procède comme la médecine qui, elle aussi,
conclut des signes (symptômes) à des événements passés
(causes cachées, que « prévoit » aussi le devin, par
exemple Tirésias, dans *Œdipe-Roi*) ou futurs (évolution de
la maladie). Les stoïciens se sont beaucoup intéressés à ces
techniques *séméiologiques,* et une partie de leur logique
s'efforce d'en faire la théorie. On sait, en effet, que, par
opposition à Platon et à Aristote, la logique stoïcienne
étudie les rapports, non pas entre des concepts, mais
entre des faits. Elle est amenée ainsi à établir une liste de
propositions composées, dont chacune énonce un tel
rapport et qui entrent, comme majeures, dans les syllogismes. La plus importante de ces propositions est l'hypothétique, dont l'exemple scolaire est : « S'il fait clair, il fait
jour », mais dont un autre exemple fait mieux comprendre
la portée séméiologique : « Si une femelle a du lait, elle a
enfanté », et dont les stoïciens ont énoncé le principe
général, fondement de toutes ces techniques d'interprétation des signes : « Si tel fait se produit, tel autre se
produira. »

Le dernier indice, « les sages se complaisent dans ce qui

arrive », formule l'accord entre la volonté humaine et la décision du destin. Il peut introduire la question de savoir comment parvenir à cet accord, comment insérer, dans cette vision d'un univers achevé, la conduite de la vie qui devra s'y conformer, question qui, elle-même, peut se spécifier en deux autres : comment s'effectue le passage à la perfection, et comment, à partir de là, peuvent être rejointes les tâches de la vie quotidienne, et retrouvées les choses singulières du concret ?

L'IDÉE DE PASSAGE

La sympathie qui unit les parties les plus éloignées de l'univers donne son fondement objectif à un procédé logique (que les stoïciens n'ont pas inventé, mais dont ils font un usage original) : le raisonnement composé (improprement appelé sorite). Il consiste à assurer le passage entre deux termes, fort éloignés l'un de l'autre, en établissant entre les deux une parfaite continuité, par la découverte de termes intermédiaires. Ce type de raisonnement donne l'expression la plus formelle de ces mouvements de passage (de portée à la fois objective et pédagogique) que les stoïciens effectuent entre un terme donné et un terme à atteindre, afin de faire accéder, à partir d'une donnée immédiate et facile, à une perfection qui paraît hors d'atteinte.

Ce mouvement se vérifie pour les trois parties du système, et permet d'ailleurs de comprendre le caractère purement polémique des étiquettes qu'on applique parfois au stoïcisme, en ne prenant en considération, à chaque fois, que le point de départ (naturalisme, sensualisme, matérialisme). Afin de parvenir à cette volonté tendue que réclame la sagesse, on part, en morale, de cette donnée naturelle, élémentaire et facile (si facile que même l'animal en est capable) qu'est la tendance. La logique, qui devra nous conduire aux « vertus dialectiques » et nous mettre en possession du critère, dont la juste application définit toute la vie du sage, part de cette connaissance aisée — parce que l'âme y demeure passive — qu'est la représentation. La physique, qui nous enseignera l'ensemble de la vie cosmique et nous fera connaître les dieux et la providence, pourtant invisibles, prend son départ dans la réalité la plus immédiate et la plus facile à connaître, les corps ; de ce « matérialisme », on va vers une conception du corps entièrement pénétrée du *Logos*. Et l'on a vu comment, lors de la conflagration, toute la matière du monde est reprise et absorbée dans le feu originaire qui est pure pensée. Indiquons seulement ces deux premiers mouvements où s'esquisse la formation de la sagesse.

Refusant (contre Épicure, mais aussi Platon et Aristote) le plaisir et la peine comme données primitives, les stoïciens attribuent à l'être vivant, dès sa naissance, la tendance à se conserver soi-même dans son état naturel, et c'est là son premier devoir. « Approprié », dans cet état (ou « concilié ») à lui-même, le vivant ne tardera pas à entrer en rapport avec les choses extérieures, il sera amené à choisir celles qui sont « conformes à sa nature », et à rejeter les autres. Ce choix, chez l'homme, se fait d'une façon de plus en plus réfléchie (car, chez lui, la raison, « tel un artisan, s'ajoute à la tendance ») et requiert, dans la vie en société, une technique de plus en plus parfaite, de manière qu'on puisse le dire « constant et en accord avec la nature ». Arrivé à ce niveau, l'homme comprend que la constance de ce choix, « l'ordre et pour ainsi dire la concorde » des choses et devoirs choisis, a bien plus de prix que les choses qui en font l'objet, en sorte que le souverain bien, finalement, consiste dans cet accord même. Tel est, très imparfaitement résumé, ce passage de la tendance à la sagesse : les tendances « nous recommandent » à la sagesse, et celle-ci, une fois atteinte, nous fait comprendre qu'elle seule est « conforme à la nature », et que les « biens » que poursuivait la tendance ne faisaient que préfigurer le bien véritable et nous préparer à le recevoir. Par ce mouvement de passage, il s'établit, entre les deux termes extrêmes, une continuité, par où la sagesse peut être dite aussi « naturelle » que les tendances initiales qu'elle dépasse ; la rectitude morale *(katorthoma)*, réservée au sage, s'exprime intégralement dans chacun des devoirs *(kathekonta)*, sans s'épuiser dans le contenu matériel d'aucun d'eux. Cette rectitude morale, de même que la tendance à la conservation de soi qui en fut l'origine, est accord avec soi et avec les choses, où l'infaillibilité de l'innocence originaire est remplacée par une droiture réfléchie et volontaire.

Cette droiture, qui comprend en elle la totalité des vertus, ne se sépare pas d'une sûreté de jugement, car « l'homme vertueux connaît théoriquement et pratique ce qui est à vouloir, ce qui est à supporter, ce en quoi il faut persévérer, ce qui est à distribuer »; or cette sûreté de juger qui, elle, enveloppe l'ensemble de la science, s'acquiert, elle aussi, à partir d'une donnée primitive et infaillible : la *représentation compréhensive*.

La connaissance, selon les stoïciens, part de l'image sensible (représentation), imprimée dans l'âme par « une chose existante... et en conformité avec cette chose, telle qu'elle ne pourrait venir d'une chose non existante ». Toute représentation a donc son fondement dans le réel; elle est dite compréhensive quand, sans comporter des erreurs d'interprétation, elle suscite dans l'âme, qui d'abord la subit passivement, cette ratification active qu'est l'assentiment, par lequel, touchant la chose en question, l'âme accède à la *compréhension*.

Ce fondement réel et cet accord de l'âme avec les choses subsistent à tous les niveaux de la connaissance. À partir de la sensation se forment les notions, puis l'expérience. « Parmi les notions, les unes se produisent naturellement et sans élaboration technique, les autres par l'enseignement et l'application; celles-ci portent uniquement le nom de notions, les autres s'appellent également prénotions (ou notions communes). » Ces prénotions, à partir des données sensibles, se présentent comme la conclusion d'un raisonnement spontané, commun à tous les hommes, et elles ont pour contenu l'existence des dieux et de la providence, ainsi que le juste et le bien. Elles contiennent donc, à l'état d'enveloppement, de *prénotions,* d'anticipations, l'ensemble de la morale et de la physique : la science ne consistera qu'à déployer ce contenu, à l'analyser en des notions de plus en plus précises, et à organiser celles-ci en une totalité systématique. Cette totalité, réservée au sage, est appelée vérité, et elle se distingue du vrai (par exemple, de la représentation compréhensive que pourrait avoir « un méchant ou un insensé ») par son caractère systématique, où toutes les notions s'appuient mutuellement et produisent un savoir total, inébranlable et constant, alors que le « vrai » ne donne qu'une connaissance isolée, fragile et passagère. Les différentes formules que les stoïciens donnent du « critère » (représentation compréhensive, prénotion, intelligence, etc.) se réfèrent toutes à cette conception d'une vérité inébranlable, parce que constituée en système.

L'IDÉE DE RETOUR AU CONCRET

De la représentation à la science, de la tendance à la sagesse, le passage nous conduit, à chaque fois, à une totalité organique, qui est à l'exacte mesure de cette totalité cosmique, à laquelle le sage devra conformer sa vie. Mais ces démarches philosophiques qui, dans l'aisance irrésistible de leur progression, peuvent s'interpréter comme une genèse idéale du sage, risqueraient de rester idéales, impossibles à effectuer et, d'autre part, de confondre la sagesse, une fois qu'elle serait supposée atteinte, avec la vie du grand Tout, et de perdre de vue la réalité humaine.

Le sens stoïcien du réel (de la pluralité infinie du réel qui subsiste intacte dans le monisme du système) prévoit et prévient ces deux objections et opère un retour au concret singulier, au cours d'une dernière démarche qui, à travers ses différentes applications, reste fondamentalement la même. C'est ce qu'il nous reste à montrer.

Déjà on a vu comment le monothéisme du *Logos* conserve et essaie de comprendre les traditions de la religion populaire; on a indiqué que la physique s'appuie sur les données de la médecine, de la biologie, de la géologie; que la logique rejoint les techniques médicale, mantique, judiciaire, et contribue au développement des recherches grammaticales et linguistiques. La morale, où s'exprime éminemment la visée stoïcienne d'enseigner un art de vivre, n'abolit, en définitive, aucun des devoirs traditionnels, ne rejette dans l'indifférence aucun des biens réputés tels par l'opinion commune, et reste aussi attentive à la faiblesse de l'élève qu'à la condition humaine du sage.

En plaçant le bien dans la seule rectitude morale, on risquait de rejeter comme « indifférentes » les « choses conformes à la nature », c'est-à-dire tout ce qui fournit un

contenu précis et concret aux « devoirs ». Pour prévenir
un tel « indifférentisme » (où aboutit « l'hérésie » d'Aris-
ton), l'école admet que ces choses ont une « valeur » qui
les rend dignes d'une « préférence » et d'un « choix ».
L'acte moral vise donc directement ces « choses ayant une
valeur », et pourtant, sa propre valeur n'est que dans la
visée même; car, dira Épictète, « les matières sont
indifférentes; c'est la manière d'en user qui ne l'est pas ».
Cette doctrine est illustrée par la comparaison avec
l'archer : son *but,* c'est la cible (les valeurs matérielles)
qu'il atteint ou qu'il manque, selon la faveur des circonstances; mais sa *fin* véritable et toujours atteinte, n'est que
dans cette visée même. Cette doctrine (qui, bien avant
Scheler, pose et résout le problème d'une conciliation
entre le formalisme en éthique et une éthique matérielle
des valeurs) explique que, dans le mouvement où se
constitue la morale stoïcienne, les choses extérieures et les
devoirs qui les prennent pour objet apparaissent à deux
endroits : d'abord, nous l'avons vu, pour faire comprendre que, bien que précieuses, ces choses ont bien
moins de prix que l'activité même du choix qui s'exerce
sur elles, c'est-à-dire cette harmonie résultant de
l'activité constante et accordée à la nature raisonnable qui
effectue ce choix; puis, dans un mouvement de retour,
pour offrir à la vertu parfaite une matière différenciée
(à titre de « préférables ») où elle puisse s'exercer et
s'employer sans risquer, désormais, d'en subir le prestige
et d'en rendre absolue la « valeur ».

Dans ce mouvement de retour sont retrouvés et
conservés tous les devoirs traditionnels, mais comme
authentifiés par l'esprit de droiture que le sage fait
pénétrer en chacun d'eux et qu'il sait faire passer dans le
moindre de ses actes. Or ces mêmes devoirs, à l'intention de tous ceux qui sont encore en route vers la sagesse,
sont codifiés et enseignés, à titre de *morale moyenne* (où
l'on peut reconnaître ce que nous appellerions morale
appliquée) : les passions, que l'idéal de sagesse exige
d'extirper, font l'objet d'analyses détaillées (les stoïciens,
à cet égard, sont les premiers à élaborer une pathologie
dont, jusque-là, on ne trouve des éléments que dans la
médecine et dans la rhétorique) et donnent lieu à des
techniques destinées à les guérir ou à en prévenir le
déchaînement (c'est cette idée même d'une théorie des

passions, autant que des éléments, que Descartes et
Spinoza doivent aux stoïciens).

Ce qu'on vient d'appeler mouvement de retour ne
ressemble en rien à la redescente du philosophe platonicien dans la Caverne. D'abord, parce que le monisme
stoïcien ne connaît qu'un univers homogène, dont toutes
les parties sont pénétrées par la même raison, univers
dont la morale comme la logique reproduisent et reflètent
la totalité organique (c'est à des fins d'exposition et de
pédagogie seulement que la philosophie retrace la genèse
de ce qui est et ne peut être donné que d'un seul coup).
Ensuite et surtout, parce que ce mouvement par où le
savoir théorique et systématique passe à son application
fragmentaire et concrète, ne signifie pas un appauvrissement, mais une actualisation. Le système de la vérité,
l'enchaînement réciproque des vertus resteraient abstraits et inefficaces, sans les occasions que leur apporte
sans cesse la vie quotidienne de s'éprouver et de se
confirmer dans tel jugement vrai, dans tel acte de vertu,
fragments qui actualisent et expriment, à chaque fois, le
système tout entier.

Ce mouvement d'actualisation et de retour au concret
singulier domine plus particulièrement la logique et, seul,
à notre avis, permettrait de l'interpréter correctement.
Notons seulement la théorie de l'application des prénotions à des cas d'espèce, la théorie des catégories, la
forme de jugement hypothétique donnée à la définition,
les recherches sur le raisonnement dont la conclusion
énonce un fait individuel, ou encore sur l'intervention du
temps dans la détermination du jugement vrai. Toute la
logique stoïcienne, jusque dans ses détails souvent jugés
sophistiques, témoigne d'un même souci fondamental et
permet de comprendre, sous sa forme la plus technique,
ce mouvement de retour à une réalité dont on n'était
jamais sorti.

Cléanthe avait dit que « les philosophes énoncent
peut-être des paradoxes, mais non pas des paralogismes ».
Le paradoxe fondamental de la philosophie stoïcienne est
de conserver intégralement les données du sens commun
et de leur faire subir, dans tous les domaines, une transmutation radicale qui en fait des manifestations de la
raison universelle. Il s'agit, sans toucher à la structure des

choses, d'en transformer le sens. L'idée de continuité, qui joue un si grand rôle, à la fois comme principe d'explication et comme procédé pédagogique, a surtout pour fonction de faire comprendre qu'à travers toutes les démarches de la pensée et de l'action, on garde constamment le contact avec les choses dont on paraît s'éloigner (impressions sensibles, tendances, biens) et qu'on retrouvera intactes dans leur contenu matériel, dans leur teneur littérale, et pourtant revêtues d'une signification entièrement nouvelle, une fois accomplie la conversion au *Logos*. Jamais, jusqu'alors, une doctrine n'avait fait voir à tel point comment la philosophie, répudiant tout « réformisme » (au sens hégélien du terme) et tout recours au « devoir-être » placé dans un « arrière-monde », parvient, par sa seule interprétation des choses, à les transformer entièrement, et comment la souveraineté de la raison humaine, sans tomber dans la révolte, théologique ou politique, parvient à s'affirmer en face du *Logos* universel et de la pression des choses. On comprend l'hostilité instinctive que ne cessera de provoquer, à partir des conceptions les plus diverses et les moins d'accord entre elles, une philosophie qui s'est imposée dès sa naissance, et qui demeure irréductible.

Victor GOLDSCHMIDT.

BIBLIOGRAPHIE

On trouve une bibliographie détaillée et systématique, établie par P. M. SCHUHL, à la fin du volume *les Stoïciens* (éd. de la Pléiade). Il suffira, ici, de noter les titres suivants :

J. ab ARNIM, *Stoicorum Veterum Fragmenta*, Lipsiae, 1905-1925 (éd. fondamentale des textes de l'ancien stoïcisme, qui ne nous sont parvenus, à l'exception de l'*Hymne* de Cléanthe, qu'à l'état de « fragments », c'est-à-dire sous forme de citations, faites par des écrivains postérieurs).

É. BRÉHIER, *La théorie des incorporels dans l'ancien stoïcisme*, Paris, 1928.

É. BRÉHIER, *Chrysippe et l'ancien stoïcisme*, Paris, 1951.

É. Bréhier, *Histoire de la philosophie*, t. I, fasc. 2, nouv. éd., Paris, 1961.

É. Bréhier, *Études de philosophie antique*, Paris, 1955.

É. Bréhier, *Préface* à A. Virieux-Reymond, *La logique et l'épistémologie des stoïciens*, Chambéry, s.d.

V. Brochard, *Études de philosophie ancienne et de philosophie moderne*, Paris, 1926.

P. Duhem, *Le système du monde de Platon à Copernic*, t. I et II, Paris, 1913.

V. Goldschmidt, *Le système stoïcien et l'idée de temps*, Paris, 1953.

V. Goldschmidt, *Chrysippe*, dans M. Merleau-Ponty, *Les philosophes célèbres*, Paris, 1956.

V. Goldschmidt, *La loi de Scheler*, dans *Actes du XIIe Congrès international de philosophie*, Florence, 1958.

L. Guillermit et J. Vuillemin, *Le sens du destin*, Neuchâtel, 1948.

A. Jagu, *Zénon de Cittium*, Paris, 1946.

B. Mates, *Stoic Logic*, Berkeley-Los Angeles, 1953; 2e éd., 1961.

M. Mignucci, *Il significato della logica stoica*, Bologne, 1965.

J. Moreau, *L'âme du monde de Platon aux stoïciens*, Paris, 1939.

M. Pohlenz, *Die Stoa*, Göttingen, 1948-1949.

G. Rodier, *Études de philosophie grecque*, Paris, 1926.

P. M. Schuhl, *Le Dominateur et les possibles*, Paris, 1960.

E. Zeller, *Die Philosophie der Griechen*, 3e partie, 1re section, 5e éd., Leipzig, 1923 (trad. angl., Londres, 1892).

ÉPICURE ET SON ÉCOLE

ÉPICURE naquit au début de l'an ~ 341, dans l'île de Samos où son père Néoclès résidait en qualité de colon athénien. Néoclès était aussi maître d'école, et il n'est pas impossible qu'il ait donné à son fils les premiers rudiments du savoir. En ~ 327, à l'âge de quatorze ans, Épicure fut envoyé à Théos, sur le proche rivage d'Asie, pour y suivre l'enseignement de Nausiphane, disciple de Démocrite, qui rassemblait autour de lui, selon le témoignage d'Épicure lui-même, la jeunesse la plus en vue, sinon la plus attachée à la recherche de la sagesse. Il y demeura jusqu'en ~ 323, date à laquelle il se rendit à Athènes pour y remplir ses obligations militaires. En ~ 322, libéré de l'armée, il ne put revenir à Samos d'où les colons athéniens venaient d'être chassés sur l'ordre de Perdicas qui avait rendu les terres à leurs anciens propriétaires. Néoclès s'était installé à Colophon, où Épicure put retrouver sa famille. Nous ne connaissons que peu de chose de sa vie entre ~ 322 et ~ 310 : on sait qu'en dehors de Colophon il vécut à Mytilène, puis à Lampsaque, jusqu'à ce qu'il allât s'installer, en ~ 306, à Athènes avec un groupe d'élèves et d'amis. C'est là qu'il fonda l'école du Jardin (χῆπος) et, sauf quelques brefs voyages en Ionie, il y demeura jusqu'à sa mort, en ~ 270. Son testament nous livre l'ultime témoignage d'une vie vouée au culte de l'amitié : l'une de ses dernières préoccupations, en effet, fut d'assurer une existence décente aux enfants orphelins de ses disciples et amis Métrodore et Polyainos, et à tous ceux qui avaient vieilli à ses côtés dans l'étude de la sagesse, et l'avaient aidé durant sa vie.

Il ne nous est parvenu que peu de chose de l'œuvre énorme d'Épicure (environ trois cents volumes). Diogène Laërce, dans le livre X de son œuvre, consacré à la vie d'Épicure, a transcrit trois lettres adressées respectivement à Hérodote, Pythoclès et Ménécée, qui constituent un résumé de tout son système. La première concerne principalement la physique et la gnoséologie; la seconde, la cosmologie, l'astronomie et la météorologie; la troisième, l'éthique. Nous trouvons en outre, dans ce livre X, un recueil de quarante *Maximes capitales,* de contenu éthique et gnoséologique pour la plupart, ainsi qu'une dizaine de fragments presque tous tirés des *Lettres.* D'autres fragments et des témoignages nous sont livrés par des auteurs anciens qui citent Épicure à des fins le plus souvent polémiques : Cicéron, Plutarque, Sextus Empiricus. Enfin, nous trouvons d'autres passages, extraits en majeure partie des *Lettres,* et cités dans un esprit tout différent, dans les *Lettres à Lucilius* de Sénèque. En 1888 fut publié un autre recueil de quatre-vingt-une sentences épicuriennes, découvert dans un manuscrit du Vatican. On en retrouve quelques-unes dans les *Maximes capitales* et dans la traduction de Sénèque. Certaines ne sont pas d'Épicure mais de ses élèves. Tous ces textes réunis ne forment qu'un ensemble assez maigre. Seule compensation à une si grande perte : la découverte des papyrus d'Herculanum, retrouvés dans les ruines d'une villa, peut-être celle des Pisons. Cette découverte eut lieu en 1752 mais l'étude organique de ces nouveaux textes n'a commencé que vers le milieu du XIXe siècle. On a identifié, dans la grande masse des œuvres de Philodème, des fragments de quelques-unes des œuvres perdues d'Épicure; mais en particulier les papyrus d'Herculanum nous ont restitué les fragments de neuf des trente-sept livres composant le grand traité d'Épicure *De la nature* ($\Pi\epsilon\rho\grave{\iota}\ \phi\acute{\upsilon}\sigma\epsilon\omega\varsigma$) : des livres II, XI, XIV, XV, XXVIII, et de quatre autres livres non identifiés.

GNOSÉOLOGIE OU « CANONIQUE »

Le fondement sur lequel Épicure édifia son système est la foi en la véridicité des sensations. La sensation est à la fois le moyen premier et principal de connaître la réalité et l'unique garantie que nous la connaissons telle qu'elle est. Épicure le démontre par l'argument suivant : celui qui soutient l'impossibilité de toute connaissance devra admettre qu'il ne connaît même pas le contenu de cette affirmation, position évidemment insoutenable.

Donc, s'il faut admettre qu'il existe un moyen de connaissance qui comporte aussi la possibilité de connaître la vérité, ce ne peut être que la sensation. Celle-ci est irrationnelle et ne possède point de mémoire; or le raisonnement et le souvenir conduisent parfois à l'erreur. Elle ne se produit qu'en réponse à une excitation extérieure, et, par là, son être est garanti contre l'absence possible d'un contenu réel. Pour démontrer la véridicité de la sensation, on se fonde principalement sur l'impossibilité de prouver qu'elle est erronée : deux sensations du même genre ne pourront se réfuter l'une l'autre, car toutes deux ont la même validité; d'autre part, une sensation ne pourra en réfuter une autre, car chacune dispose d'un champ d'action particulier, sans interférence possible avec celui de l'autre. On ne saurait confier le contrôle de la véridicité des sensations à la raison, puisque la raison elle-même dépend des sensations et s'exerce sur le matériel qu'elles lui fournissent.

Selon Épicure, les sensations ne peuvent naître que par le contact. Mais si cela pouvait s'appliquer au toucher et au goût, le processus devenait plus compliqué pour les autres sens. Pour la vue, l'ouïe, l'odorat, faute d'un contact direct, Épicure imaginait des émanations issues de l'objet et parvenant aux organes sensitifs. En ce qui concerne la vue, par exemple, Épicure partait d'un principe fondamental de sa physique : les atomes, même disposés en agrégats, n'interrompent point leur mouvement; et ce mouvement, par son martèlement intérieur ($\pi\acute{\alpha}\lambda\sigma\iota\varsigma$), amène certaines membranes à se détacher de la surface des corps dont elles proviennent. Ces membranes, ou simulacres ($\epsilon\emph{\mathaccent'\iota}\delta\omega\lambda\alpha$), se mouvant avec une extrême rapidité due à leur constitution ténue qui leur permet de traverser aisément l'espace, déterminent, par leur afflux régulier et ininterrompu, la sensation de la vue. Dans l'esprit même, la pensée est une vue, car d'autres simulacres, si subtils qu'ils ne peuvent impressionner les sens, y affluent directement.

Épicure reconnaissait, il est vrai, que les sens peuvent quelquefois nous fournir des sensations ne correspondant pas à la vérité : une tour carrée, vue de loin, nous paraît ronde, une rame semble brisée lorsqu'elle est plongée dans l'eau, et ainsi de suite pour toutes les illusions des sens que Lucrèce énumère au livre IV de son poème

En pareil cas, Épicure avait découvert un critère distinguant des autres les sensations dignes de foi : celui de l'évidence claire *(ἐνάργεια)*. Les sensations présentant ce caractère sont vraies sans aucun doute. Mais la diversité des sensations qu'un même objet peut susciter chez différents sujets, ou chez un même sujet à divers moments ou dans des conditions différentes, posait un problème. Épicure le résolvait en alléguant la disposition variable des atomes des organes sensitifs, et par suite des intervalles les séparant, selon les différentes personnes ou, chez la même personne, selon le temps et les circonstances.

Le premier degré de la connaissance, et premier critère de vérité, est donc bien la sensation. Il existe deux autres critères : les affections *(πάθη)*, c'est-à-dire le plaisir et la douleur, et les prolepses ou anticipations *(προλήψεις)*. Les affections sont du domaine de l'éthique, mais les anticipations sont encore étroitement liées à l'activité cognitive. C'est Diogène Laërce qui nous apprend en quoi elles consistent (X, 33). La prolepse est une espèce d'idée générale qui s'est formée en nous à la suite d'innombrables perceptions d'un même objet. C'est par des prolepses que nous pouvons reconnaître à quoi se réfère une sensation donnée. Une telle activité se situe évidemment à un niveau bien plus élevé que celui de la sensation. De plus, les prolepses sont toujours liées à un nom : il nous suffit de prononcer ce nom pour penser aussi l'objet que ce nom désigne. D'où il ressort clairement que la théorie du langage est étroitement liée à la doctrine de la prolepse.

Il était cependant nécessaire de posséder des critères de vérité établis une fois pour toutes, sans avoir à les soumettre continuellement à une analyse de leur contenu et de leur validité. Aussi Épicure établit-il un rapport immédiat entre les prolepses et les noms; en d'autres termes, il évite, par l'appel immédiat à l'expérience répétée, ce processus à l'infini que représentait la définition des concepts. Si l'on dit « homme », en faisant ainsi apparaître clairement le concept de la chose que désigne le mot après un nombre infini d'expériences de cet objet, toute définition devient inutile. Ainsi Épicure, en traitant le problème de l'origine du langage, distinguait-il, de façon non strictement chronologique, trois moments. Le premier est l'émission de sons sous l'impulsion de

sensations et d'images, dépendant entièrement du milieu
environnant. Il se distingue des autres avant tout qualita-
tivement : il est instinctif et passionnel, alors que la raison
et le calcul gouvernent les deux autres. C'est, en quelque
sorte, d'une impulsion naturelle que naît le langage,
mais c'est par accord et par convention qu'il s'enrichit
et se développe. Au cours de la seconde phase, un accord
s'établit entre les hommes qui vivent dans un même
milieu, sur l'usage de certains modes d'expression facili-
tant les rapports sociaux. La troisième phase voit l'introduction de mots nouveaux et d'expressions correspondant
à de nouvelles connaissances. Quand Épicure, donc,
recommandait de se référer toujours au premier sens de
chaque mot, à ce qui se trouve, disait-il, « sous les mots »
(À Hérodote, 37, 6), c'est à la doctrine de la prolepse
qu'il se référait. Dans le système épicurien, cette doctrine,
outre son intérêt purement gnoséologique, trouvait une
application cohérente dans la solution d'autres problèmes. D'un tel principe, par exemple, découlait la
preuve que le monde ne peut être considéré comme une
création divine : où les dieux auraient-ils pris l'idée du
monde, antérieurement à l'existence même du monde?

Les textes d'Épicure ne précisent pas le mécanisme de
la prolepse, mais il consistait probablement dans la
capacité que possède l'esprit de renouveler, sous l'impulsion des sens, ou sans cette impulsion (au cours des
rêves, par exemple), le mouvement particulier qui naît
des perceptions de toute espèce. L'esprit opère ainsi un
choix (ἐπιβολὴ τῆς διανοίας), élisant, dans la foule des
simulacres affluant continuellement à la perception, ceux
qui lui sont nécessaires à un moment donné.

C'est à ce stade du processus cognitif qu'apparaît la
première possibilité d'erreur (À Hérodote, 50-51). Il y a
un mouvement de l'esprit, lié à l'appréhension mais
distinct de celle-ci : l'esprit ajoute quelque chose à l'évidence des données dont il prend conscience, et qui lui
ont été fournies par les représentations. Certaines sources
nous révèlent qu'il s'agit là d'une interprétation de ces
données par l'esprit. Cette interprétation ou jugement peut
s'exercer sur deux types d'objets, d'une part ceux qui
attendent confirmation (τὸ προσμένον), c'est-à-dire les
objets qui, tout en relevant de l'expérience et du contrôle
direct des sens, ne se trouvent pas dans ces conditions

au moment où le jugement est donné; d'autre part les objets qui ne relèvent pas entièrement de l'expérience des sens, comme le vide, dont on doit admettre l'existence par le raisonnement, ou comme les phénomènes célestes, que les sens ne contrôlent qu'en partie (τὰ ἄδηλα). Les jugements sur la première catégorie d'objets peuvent être vérifiés ou non, et dans ce dernier cas ils sont faux; les jugements sur la deuxième catégorie peuvent n'être pas reconnus faux — et en ce cas ils sont vrais — ou être reconnus faux.

Les phénomènes considérés impliquent aussi l'activité de la partie intellective de l'âme, ce qui nous amène à la psychologie d'Épicure. La première donnée de fait est que l'âme est corporelle. Par conséquent, comme tous les corps existant dans la nature, en dehors des atomes, elle se résoudra en ses composants originels, les atomes, et sera mortelle. Elle comprend quatre éléments, dont trois sont des substances semblables à l'air, au vent et au feu. Le quatrième élément, dépourvu de nom, est le plus subtil et le plus mobile de tous. On peut diviser ces quatre éléments en deux groupes selon leur fonction : d'un côté les trois premiers, de l'autre le quatrième. Ils sont cependant en liaison étroite et forment, en fait, une seule nature. Par cette subdivision, Épicure pouvait expliquer les fonctions et l'activité de l'âme sans contredire son système atomiste et la réalité des faits. Les trois premiers éléments expliquent la diversité des réactions émotives selon que l'un ou l'autre prédomine (le feu dans la colère, le vent dans la peur, l'air dans le calme) et rendent compte ainsi de la diversité des tempéraments. Ils jouent en outre le rôle d'intermédiaires à travers lesquels le mouvement sensitif se transmet du quatrième élément aux atomes corporels. En effet, ce quatrième élément, que son extrême subtilité et, par suite, son extrême mobilité, rendent capable de percevoir dès l'abord le plus léger mouvement sensitif, ne peut le transmettre directement au corps. Enfin, cette subdivision de l'âme en quatre éléments permettait à Épicure de donner une explication des différentes attitudes et des capacités diverses de celle-ci sans être contraint de reconnaître un changement qualitatif incompatible avec les bases de son système.

En outre, l'âme tout entière est divisée en deux

parties : l'une (l'*anima* de Lucrèce) répandue dans tout
le corps et intimement liée à lui, rendant compte des
sensations et de la vie végétative; l'autre, la plus noble
(l'*animus*), enclose dans la poitrine, pure de tout mélange
avec des atomes corporels, rendant compte des douleurs
et des joies ainsi que de toutes les activités psychiques.
Cette dernière subdivision, liée à la théorie qui veut
que la sensation se produise dans l'organe qui lui est
destiné et non dans l'âme à travers l'organe, permettait
à Épicure de soutenir un principe de la plus haute importance pour son système éthique : il peut arriver que le
corps souffre d'une sensation douloureuse, mais l'âme
peut ignorer cette douleur. Il affirmait donc, comme
nous l'avons vu, que la connaissance n'est pas le fruit de
la sensation, au sens où les organes réservés à celle-ci
transmettraient à l'esprit les données qu'ils auraient
perçues. Mais l'esprit, par un mécanisme analogue à
celui de la prolepse, reçoit des sens, selon le type de
sensation éprouvée, une impulsion vers un mouvement
particulier, et ce mouvement le porte à choisir, parmi
les simulacres qui le frappent directement, ceux qui se
trouvent en harmonie avec la perception des sens. Ainsi,
seul l'objet perçu peut en même temps être pensé. C'est
à l'*animus* qu'incombe la forme la plus haute de l'activité
cognitive, celle que nous pourrions nommer spéculative :
il forme, pense et met en rapport toutes les images qui
concernent les réalités abstraites et ne tombent pas dans le
domaine des sens, ainsi que les concepts scientifiques.

Cependant l'*animus* n'est pas seulement activité cognitive, mais il est aussi activité volitive. En lui naissent les
mouvements de tout acte de volonté qui se transmettent
au corps par l'intermédiaire des éléments ignés, venteux,
aériformes. Le principe suivant lequel on ne peut vouloir
ce que l'on ne connaît pas s'applique également à la
naissance des mouvements volitifs, qui devront être
précédés d'un acte cognitif. Ce qui veut dire que tout
acte de volonté doit être précédé d'un acte de choix au
cours duquel l'esprit isole certains simulacres particuliers :
premier acte de volonté, qui pose un problème. Un
second problème, lié au précédent, concerne la liberté
du vouloir. Comme on ne peut admettre que l'afflux des
simulacres vers l'esprit détermine automatiquement la
volonté de l'homme — hypothèse qu'Épicure repoussait

avec la dernière énergie — il faut préserver d'une
manière ou de l'autre la liberté d'action. Épicure ne
pouvait évidemment résoudre le premier problème qu'en
reconnaissant à l'homme la capacité de déterminer les
ἐπιβολαί elles-mêmes. Dans un premier temps, on voit
se produire les incursions désordonnées des simulacres
dans l'esprit, provoquant une réaction tout aussi désordonnée de l'esprit. À partir du moment où l'une de ces
réactions se détermine, fût-ce par hasard, dans le sens
juste, conforme au but (τέλος) que l'homme s'est assigné,
voici qu'apparaît un élément certain, d'après lequel
l'homme peut régler progressivement jusqu'aux futures
réactions de l'âme (les ἐπιβολαί) dans le sens voulu.
À cela s'oppose parfois la constitution originelle de
l'âme, selon la diverse proportion des éléments qui la
composent, ou selon les circonstances, l'âge par exemple,
mais ce sont là des obstacles surmontables.

Quant au problème de la liberté, il est clair que dans
un système, comme celui d'Épicure, rigidement matérialiste, où l'âme elle-même est corporelle et où les actes et
attitudes ne consistent en rien autre qu'en mouvements
particuliers des atomes qui la composent, admettre un
principe de liberté dans l'activité humaine revient, en
termes de physique atomiste, à admettre un principe de
liberté dans le mouvement des atomes. Si l'on en était
resté à la conception de Démocrite, pour qui la seule
détermination du mouvement atomique provenait des
heurts entre atomes, c'est-à-dire d'une force extérieure,
il aurait été impossible de soustraire les événements du
monde au principe de la causalité nécessaire. Si Épicure
voulait sauver la liberté, il se voyait forcé à admettre
un principe causal qui ne présupposait rien d'autre que
lui-même. C'est pourquoi il postula la déclinaison
atomique (clinamen) ou possibilité, pour les atomes,
d'échapper spontanément à leur mouvement naturel de
chute vers le bas.

ÉTHIQUE

La doctrine éthique d'Épicure est fondée sur les
affections, à savoir le plaisir et la douleur. Il pose une

première distinction entre les affections de l'âme et celles
du corps. Autre principe fondamental : tous les plaisirs
et toutes les douleurs, sans distinction, y compris ceux
de l'âme, peuvent être ramenés aux plaisirs et douleurs
du corps, comme l'exigeaient les postulats matérialistes.
Cela ne signifie pas qu'Épicure dédaignait les plaisirs de
l'âme et ne savait pas en jouir : sa vie tout entière, et sa
mort, témoignent du contraire; mais il eut le courage
d'être cohérent. L'application la plus célèbre de ces
postulats se trouve peut-être dans la doctrine épicurienne
de l'amitié et de la vertu, entendues toutes deux, à
l'origine, en un sens strictement utilitaire.

De même qu'il n'hésitait pas à affirmer que tous les
plaisirs ont leur source dans les plaisirs du corps, de
même Épicure affirmait énergiquement que ce qu'il
entendait par plaisir n'était pas celui du vulgaire, mais
quelque chose de beaucoup plus modeste apparemment :
ne point éprouver de douleur dans le corps ni de bouleversement dans l'âme, à savoir un état purement négatif
aux yeux de la plupart des hommes. Mais si l'on partait
des postulats atomistes sur lesquels Épicure fondait sa
démonstration, il fallait admettre nécessairement que ce
qui existe doit, si rien ne vient le troubler, atteindre à la
perfection de son être. Ainsi le plaisir ne peut être conçu
comme quelque chose qui viendrait s'ajouter à l'être
pour le rendre parfait. Les premières formes de douleur,
qui sont aussi les plus redoutables, naissent donc du
manque de quelque chose d'indispensable à la plénitude
de l'être (douleurs κατ'ἔνδειαν) : avoir faim, soif,
froid. En l'absence de ces phénomènes, le corps jouit
du plaisir καταστηματική dû au parfait équilibre des
atomes qui le composent. De plus, cette doctrine atomiste
selon laquelle le corps, n'étant troublé par rien, jouit de
la plénitude de son être et connaît ainsi le plaisir, sugge-
rait aussi que ce plaisir, une fois atteint, connaisse son
plus haut degré de perfection, et n'admette pas de gradation, mais tout au plus une variation. De là, Épicure
affirmait que la durée n'augmente pas le plaisir, et qu'on
peut le goûter de façon pleine et entière en un jour comme
en cent ans. Comme il suffit de peu de chose pour connaître la félicité : ne pas avoir faim, soif, ou froid,
n'éprouver ni douleur du corps ni trouble de l'âme,
Épicure multipliait les recommandations de sobriété

qu'il était d'ailleurs le premier à mettre en pratique. Tel est donc le plaisir καταστηματική. Quant au plaisir cinétique, il concerne les sens et naît de tout mouvement exercé, sans les troubler, sur les atomes qui constituent les sens : ce plaisir n'est donc nécessaire en rien à la félicité.

Dans l'âme, les plaisirs et les douleurs affectent la partie intellective placée dans la poitrine. L'autre partie, mêlée aux atomes corporels, participe des plaisirs et douleurs du corps. Grâce à cette particularité, et au principe qui veut que la sensation se produise dans les organes qui lui sont destinés et leur demeure étroitement circonscrite, le sage épicurien peut tenir son âme à l'écart des douleurs du corps. L'âme peut en effet se détacher de ces douleurs en évoquant, par le souvenir, d'autres représentations. Le doux souvenir des biens dont il a joui constitue une large part de la joie du sage. Le témoignage le plus frappant de cette doctrine est la lettre qu'Épicure, sur son lit de mort, écrivit à Idoménée. Les douleurs du corps ne pourraient être plus grandes, mais il s'y oppose la béatitude de l'âme, que le souvenir ramène aux conversations avec les amis.

Le corps ne souffre et ne jouit que des douleurs et des plaisirs présents, car la chair n'a point de mémoire ni la possibilité de prévoir le futur. Mais l'âme, elle, se souvient et prévoit. Épicure affirme donc, à la différence des cyrénaïques, que les plaisirs et les douleurs de l'âme sont plus importants que ceux du corps. Comme ceux du corps, les plaisirs et les douleurs de l'âme se divisent en καταστηματική et cinétiques. Les premiers résident dans l'absence de tout trouble (ἀταραξία), état analogue à la bonace sur la mer. Le plaisir cinétique se compose de toutes les différentes joies particulières que l'âme peut éprouver.

Épicure distinguait trois catégories de désirs : les désirs naturels et nécessaires, comme celui de boire quand on a soif; les désirs naturels mais non nécessaires, qui varient un plaisir mais sont incapables de faire disparaître la douleur, comme le désir de nourritures recherchées; enfin, les désirs qui ne sont ni naturels ni nécessaires, nés d'opinions vides, comme celui de la richesse et des honneurs, et qui apportent plus de douleurs que de plaisirs. La condition du plaisir véritable et parfait est de ne manquer d'aucune des choses essentielles à la plénitude de l'être. Seuls les désirs du premier groupe doivent à tout prix être satisfaits, et ce sont aussi les plus faciles à satisfaire. C'est là un élément du quadruple remède (τετραφάρμακος) où toute la doctrine épicurienne du bonheur est résumée en quatre courtes propositions : la mort ne doit pas nous ébranler, le bien est facile à atteindre, il ne faut pas redouter la divinité, et le mal est facile à supporter. Nous examinerons plus loin la crainte des dieux. Quant à la crainte de la mort, Épicure la combattait par cette célèbre affirmation : Tant que nous sommes là, la mort ne s'y trouve pas; quand la mort est là, nous n'y sommes pas. Ajoutons à cela que le plaisir est parfait à tout instant où on le goûte, et que l'infinité du temps ne saurait rien ajouter à la plénitude d'un instant : dès lors, la dernière résistance que le vulgaire oppose à l'affirmation que la mort ne nous concerne pas tombe d'elle-même. En admettant même que la mort soit le néant, elle n'en est pas plus redoutable, car elle signifie alors la fin du plaisir. Ce désir de plaisir infini, qui entraîne la terreur de la mort, naît en l'homme d'une fausse interprétation des désirs de la chair, qui aspire à un plaisir durable, ne serait-ce que le plaisir καταστηματική d'Épicure. Mais la raison intervient alors pour fixer les limites de ce désir et dissiper tout crainte vaine.

Nous avons déjà analysé l'affirmation selon laquelle le bien est facile à atteindre. On trouve enfin, dans la quatrième maxime du Gnomologue du Vatican, l'explication du principe du τετραφάρμακος sur la douleur. Quand la douleur est très forte, elle est également très courte car elle entraîne la mort. Si elle dure longtemps, les sens s'émoussent et on ne la sent plus.

Passons au problème des dieux. Malgré les accusations d'hypocrisie que les Anciens lancèrent à plusieurs reprises contre Épicure, on ne peut douter qu'il crût vraiment aux dieux : les arguments qu'il emploie pour le prouver sont trop sérieux. Qu'il nourrît un sincère sentiment religieux, même sous une forme différente de celle où on l'entendait communément, cela ne fait pas non plus de doute. Ce que nous en savons s'accorde parfaitement avec l'ensemble de sa doctrine, et ce pro-

blème a été senti et approfondi par lui avec le même
sérieux que tant d'autres. Ne nous étonnons pas qu'il
ait su en donner une solution personnelle, en accord,
disions-nous, avec ses postulats initiaux.

La première preuve de l'existence des dieux, Épicure
la tirait d'une constatation de fait. L'homme porte en lui
la prolepse d'êtres heureux et immortels. Or, selon les
principes de la gnoséologie, il ne peut exister de prolepses
de ce qui n'existe pas. Donc, les dieux doivent exister.
D'autres sources (Cicéron, *De natura deorum*, I, 50 et 109)
font état d'un autre argument, celui de l'isonomie.
Étant donné que dans le monde (et dans tous les autres
mondes), les forces destructrices sont destinées à prévaloir — car les mondes sont voués à finir un jour ou
l'autre — il devient nécessaire de penser que dans
l'univers infini existent aussi des forces conservatrices,
c'est-à-dire des êtres non soumis à la mort. Et par l'effet
de cette même prolepse qui prouvait l'existence des
dieux, nous avons la connaissance qu'ils jouissent d'une
parfaite félicité. De par cette béatitude même, ils doivent
être absolument exempts de toutes les affections humaines,
propres aux êtres faibles qui ont besoin des autres êtres
et manifestent ce besoin par les sentiments : colère, haine,
bienveillance, amour, etc. Les dieux ne se soucient donc
point des hommes, et les opinions que la plupart se
forment sur les dieux sont absolument fausses lorsqu'ils
voient en eux quelqu'un qu'il faut prendre garde de ne
point offenser et qu'on peut apaiser, s'il est irrité, par des
sacrifices et des offrandes, quelqu'un qui se préoccupe
de gouverner le monde et de faire connaître aux hommes
sa volonté par des oracles ou autrement. Il est tout aussi
impossible de leur attribuer les occupations et préoccupations que leur imposait la religion astrale. Qu'étaient
donc les dieux pour Épicure ? D'eux proviennent des
simulacres si subtils qu'ils parviennent directement à
l'esprit : ils doivent donc avoir un corps, non un corps
humain sujet à la mort, mais seulement semblable à lui.
En quoi consistaient la ressemblance et la différence,
cela n'est pas précisé, mais il est certain que leur corps
devait être plus subtil que celui des hommes. Il fallait
donc soustraire complètement les dieux aux lois du monde
sublunaire : aussi Épicure leur assignait-il une place
dans les « métacosmes », espaces de l'univers séparant

les mondes, et où règnent les lois conservatrices postulées par l'isonomie, régions où les « éléments premiers » (les atomes) se conservent pour l'éternité (Philodème, *De dis*, III, XI, 2). C'est pourquoi le corps des dieux, bien qu'appauvri continuellement par l'émission de simulacres, remplace continuellement la matière qui le compose. Ils sont anthropomorphes, non seulement parce que c'est ainsi que les représente la prolepse, mais aussi parce que la forme humaine est la plus belle. Dans ces métacosmes les dieux, comblés de tous les biens par l'éternité, sachant que ces biens ne viendront jamais à leur manquer, éprouvent au plus haut degré, par vertu naturelle, les joies que l'homme ne conquiert qu'après un long et quotidien apprentissage de la sagesse : doux souvenir des biens passés, jouissance des biens présents, certitude confiante des biens futurs. L'homme n'aura jamais rien de mauvais à redouter d'une telle divinité, mais il ne devra pas en attendre non plus de bien, au moins au sens où l'entend le vulgaire. Cela ne signifie pas qu'il devra se comporter comme si les dieux n'existaient pas : en toute occasion solennelle, au cours des fêtes, des prières, il s'efforcera de contempler la joie éternelle des dieux avec une âme délivrée de toute crainte absurde et fausse, et la regardera comme un idéal à atteindre. Épicure résout ainsi le problème religieux d'une façon parfaitement cohérente avec son idéal de la philosophie, instrument pour conquérir la félicité.

PHYSIQUE

Dans la *Lettre à Hérodote* qui contient, avec le poème de Lucrèce, le plus ample traité de physique épicurienne que nous possédions, Épicure part du principe que rien ne naît de rien (38, 8) : tout ce qui naît suppose avant soi l'existence de quelque chose d'autre. De plus, si tout ce qui meurt ou est détruit finissait dans le néant, toutes les choses disparaîtraient, car dans l'infinité du temps tout aurait trouvé moyen de disparaître. Par conséquent tout a toujours été et sera toujours comme à présent. Deux réalités forment le tout; l'une est infinie en nombre (les corps) et l'autre en extension (le vide). L'existence des premiers est prouvée par l'expérience quotidienne, celle du vide par le mouvement des corps, qui ne pourrait avoir lieu si tout n'était que matière compacte. Les corps sont infinis, car s'ils étaient finis ils se perdraient et n'auraient jamais la possibilité de se rencontrer pour créer quelque chose. D'autre part, si l'espace était fini et les corps infinis, ceux-ci ne sauraient où reposer.

Les corps sont de deux espèces : les agrégats et les corps premiers. Les corps premiers sont indivisibles et immuables, car la division suppose le vide, et les atomes ne peuvent posséder en eux un vide qui les rendrait sujets à la destruction. Ils sont immuables parce que le changement, Aristote l'avait démontré, suppose la division à l'infini, et diviser un corps à l'infini revient à le détruire. Comme Aristote avait démontré que le mouvement spatial lui-même suppose la division, et qu'on ne pouvait nier le mouvement des atomes, Épicure les supposa divisés en parties, les « minimums ». Leur mouvement pouvait donc s'entendre non comme un phénomène en devenir mais, pour chaque minimum, un phénomène déjà advenu, un saut de minimum en minimum. Ces atomes possèdent un nombre de formes très élevé, mais pas infini cependant, car en ce cas le nombre des qualités sensibles qui en sont issues serait lui aussi infini. La limite du nombre des formes implique aussi celle de la grandeur. De toutes les qualités des corps dont nous avons l'expérience, les atomes ont seulement la forme, la grandeur et le poids. La présence de cette dernière qualité dans les atomes est non seulement en accord avec l'expérience, mais elle rend compte aussi de leur mouvement qu'Épicure supposait être une chute de haut en bas. Dans le vide où se meuvent éternellement les atomes, tous les corps ont une vitesse égale, les variations de la vitesse provenant du plus grand ou du plus petit nombre de chocs que subissent les corps en mouvement, en se heurtant les uns aux autres. C'est pourquoi, dans le vide, les atomes ont tous la même vitesse. Cependant, tant qu'ils tombent verticalement avec une égale vitesse, les atomes ne peuvent se heurter les uns aux autres pour produire quelque chose. Épicure dut donc leur prêter la capacité de décliner *(clinamen)*, en des temps et lieux indéterminés, de leur mouvement de chute rectiligne. Un tel principe, nous l'avons dit,

était d'une importance capitale pour briser la loi de la
nécessité naturelle et introduire un élément de liberté
dans les actions humaines. Sur le plan purement physique,
cette capacité de décliner servait à expliquer l'origine du
mouvement atomique créateur. Les atomes se heurtent et
rebondissent de manière à produire une sorte de tour-
billon d'où naissent les mondes avec tout leur contenu;
chaque monde se développe et croît grâce à l'apport continu de masses atomiques, jusqu'à ce qu'il ait atteint son
équilibre. Alors commence la décadence qui le conduira
plus ou moins vite à la destruction. Dans l'univers infini,
les mondes sont infinis et peuvent être semblables au
nôtre, ou différents de lui.

Les atomes, même compris dans un agrégat, fût-ce le
plus compact (la pierre) ou le plus subtil (la fumée) —
cette compacité variable dépendant de la forme même
des atomes, plus ou moins aptes à rester entremêlés —
n'interrompent pas leur mouvement, même si les effets
des chocs ne dépassent pas les limites de l'agrégat. Ainsi
le mouvement de ces corps agrégés dont nous avons
l'expérience, et les différences de vitesse d'un corps à
l'autre, s'expliquent par cette supposition : une certaine
quantité d'atomes d'un corps donné se meut dans la
même direction que ce corps, et la plus ou moins grande
vitesse d'un corps dépendra du nombre de ses atomes
qui se déplacent dans cette direction. Quand le corps
est au repos, c'est que les mouvements d'atomes, dans
toutes les directions, s'équilibrent. La vitesse des corps
agrégés dépend donc non seulement des chocs extérieurs, mais aussi et surtout des chocs internes.

De toutes les qualités des objets qui forment le monde
phénoménal, les atomes, nous l'avons dit, n'en possèdent
que trois : forme, grandeur et poids. Épicure divisait
ces qualités, ainsi que toutes celles des corps agrégés,
en deux catégories : celles qui accompagnent toujours
un corps et le caractérisent, et dont le corps ne pourrait
être privé sans perdre ses caractéristiques essentielles
(συμβεβηκότα), et les qualités qui peuvent accompagner
éventuellement un corps sans que leur présence ait
d'incidence sur ses caractères essentiels (συμπτώματα).
Les qualités de l'une ou de l'autre catégorie n'ont pas
de réalité en soi, mais on ne peut pas dire non plus
qu'elles n'aient pas d'existence, ou qu'elles ne soient

qu'une partie des corps auxquels elles s'intègrent. Elles représentent, soit des caractères qui font qu'un corps est ce qu'il est (première catégorie), soit des accidents (deuxième catégorie). Naturellement, l'appartenance de telle qualité à une catégorie, en certaines circonstances et dans certains agrégats, n'exclut pas qu'elle puisse appartenir à l'autre, en des circonstances et des agrégats différents. Ainsi, par exemple, la qualité de la chaleur selon qu'on la considère dans le feu ou dans l'eau.

Un type particulier de qualité accidentelle ($\sigma\acute{\upsilon}\mu\pi\tau\omega\mu\alpha$) est, selon Épicure, le temps. On ne doit pas le mettre, comme les autres qualités, en rapport direct avec la réalité des corps, mais plutôt avec d'autres événements qui nous sont donnés dans l'expérience quotidienne, comme l'alternance des jours et des nuits, l'absence ou la présence d'affections en nous, le mouvement ou le repos. Le temps, nous dit Sextus Empiricus dans son exposé de la pensée épicurienne (*Adv. math.*, X, 219), est donc un accident d'accidents ($\sigma\acute{\upsilon}\mu\pi\tau\omega\mu\alpha\ \sigma\upsilon\mu\pi\tau\omega\mu\acute{\alpha}\tau\omega\nu$).

L'ÉCOLE

De même que l'école épicurienne fut animée d'un esprit particulier du vivant d'Épicure, de même son activité, des siècles après la mort du philosophe, différa de celle de toutes les autres écoles philosophiques. On pourrait dire, et on l'a d'ailleurs dit, que la vie du Jardin fut sans surprises. La tradition connaît en effet, même si elle les connaît peu et mal, des polémistes épicuriens de grande valeur ; l'école s'enorgueillit d'un des plus grands génies poétiques qu'ait produit la culture antique : Lucrèce ; mais nous n'y trouvons pas de Chrysippe ou d'Arcésilas : pas de disciple qui ait ressenti la nécessité de modifier et de renouveler l'orientation doctrinale de l'école. Il ne suffit pas, pour expliquer cela, de dire que du début à la fin de sa longue existence, l'école épicurienne fut pénétrée et dominée par un esprit conservateur. La cause est ailleurs. D'abord, Épicure avait élaboré son système avec un si grand souci de cohérence et de logique qu'il était probablement impossible de le modifier en aucune de ses parties. Ensuite, la méthode épicurienne n'était pas seulement un système philosophique, elle était aussi une méthode de vie, fondée avant tout sur le respect et sur une vénération presque religieuse pour la personne d'Épicure, de sorte que personne n'aurait pu penser que sa théorie fût susceptible de développement, perfectionnement ou correction, au moins dans ses aspects essentiels. « Comporte-toi toujours comme si Épicure te voyait », telle était la maxime qu'il avait laissée. La vénération des sages et de leur mémoire était d'ailleurs un élément essentiel dans la voie de la félicité selon la doctrine. C'est pourquoi la tradition ne nous donne que peu de renseignements sur l'école d'Épicure, et ne nous livre pratiquement que des noms ; si nous parvenons à donner un visage et une âme à certains d'entre eux, c'est grâce à d'heureuses découvertes comme celle des papyrus d'Herculanum, ou de la longue inscription de Diogène d'Œnoanda, en Lycie.

Quand on parle d'école épicurienne, il faut distinguer la véritable école, celle d'Athènes (le Jardin), des différents centres épicuriens qui se formèrent hors de Grèce, parfois du vivant même d'Épicure, et continuèrent à vivre après sa mort dans le monde antique : en Asie Mineure (Lampsaque et Mytilène), en Égypte, en Italie (Naples).

Épicure rassembla ses premiers élèves, nous l'avons vu, au temps où il enseignait à Lampsaque et à Mytilène. C'est de Lampsaque que venait Métrodore qui, après avoir rencontré Épicure, ne le quitta plus, sauf pour une période de six mois. Sur les douze œuvres de Métrodore que nous cite Diogène Laërce, quelques-unes sont d'inspiration ouvertement polémique. L'une, entre autres, était dirigée contre son frère Timocrate qui, disciple d'Épicure, quitta l'école et se mit à l'attaquer par des libelles, répandant sur elle diverses calomnies. Métrodore joua aussi un grand rôle à l'occasion d'un fait qui marqua la vie de l'école : l'emprisonnement de Mithrès, puissant ami et protecteur des épicuriens auprès de Lysimaque. Après la mort du roi, Mithrès était tombé en disgrâce et avait été emprisonné ; Métrodore fut l'un de ceux qui s'employèrent le plus activement à aider l'ami en difficulté. Il avait épousé l'hétaïre Léontion, une des nombreuses femmes qui faisaient partie de l'école, avec les mêmes droits que les hommes. Métrodore mourut sept ans avant Épicure. Ce fut aussi le cas d'un autre élève de Lampsaque, Polyainos, grand mathématicien, qui abandonna sa science pour suivre la doctrine du Jardin. À la différence de Métrodore et d'autres élèves, il y a de fortes chances pour que Polyainos soit resté à Lampsaque où il prit en charge le plus jeune des épicuriens de cette époque, Pythoclès, qui devait mourir très tôt, peut-être vers ~ 290. Selon les papyrus d'Herculanum, l'école d'Eudoxe à Cyzique aurait exercé une certaine attirance sur Polyainos. En cette occasion, Épicure ne manqua pas d'intervenir, adressant des reproches, des avertissements, des encouragements à ses élèves. Peut-être pouvons-nous rapprocher de ces incertitudes et hésitations de Polyainos une œuvre de Démétrius Lacon (voir plus loin) intitulée *Contre les apories de Polyainos*.

Hermarque de Mytilène, lui aussi l'un des premiers élèves d'Épicure, au temps où celui-ci enseignait à Mytilène (donc vers ~ 310), devint scolarque à la mort d'Épicure. Il devait donc avoir atteint un âge fort avancé lorsqu'il fut appelé à remplir cette charge, et cette désignation récompense sans doute sa longue fidélité (Épicure dit dans son testament : « Il a vieilli avec moi dans la philosophie »). Des quatre titres d'œuvres que nous cite Diogène Laërce, trois sont certainement d'inspiration polémique.

Idoménée de Lampsaque est rappelé comme l'un des plus illustres personnages de la ville. Selon toute probabilité, c'était un de ces sympathisants de l'école qui ne faisaient pas réellement profession de philosophie. Homme politique et riche citoyen, c'est à lui que s'adressait Épicure, l'exhortant à ne pas donner trop d'importance aux occupations auxquelles il se consacrait, et n'hésitant pas à lui demander, comme à Mithrès, une aide financière pour l'école. C'est également à Idoménée qu'il adressa la lettre écrite sur son lit de mort, dans laquelle il lui recommandait les fils de Métrodore. Idoménée écrivit des ouvrages biographiques.

On connaît assez bien Colotès de Lampsaque, qui appartient lui aussi au groupe des premiers élèves d'Épicure, et qui lui était lié par une si vive affection et admiration qu'Épicure lui-même nous rapporte cet épisode curieux : un jour qu'il parlait, Colotès se jeta à ses pieds en un mouvement de vénération. Épicure

devait lui rendre ces sentiments car la tradition a conservé
les noms affectueux qu'il employait en s'adressant à
Colotès. Les papyrus nous ont restitué des fragments de
deux de ses œuvres polémiques contre le *Lysis* et l'*Euthy-
dème* de Platon. Mais la source d'information la plus riche
à son sujet est Plutarque, avec le *Contre Colotès,* polémique
contre celui-ci qui avait tenté de démontrer que si l'on
suivait les autres doctrines philosophiques, il n'était
même pas possible de vivre. Nous connaissons aussi
d'autres écrits de lui contre le *Gorgias* et *la République.*
De toute évidence, dans cette sorte de distribution des
tâches, au sein de l'école épicurienne, pour la lutte contre
les autres systèmes, Colotès se chargea de la polémique
contre Platon.

Parmi les plus anciens élèves d'Épicure, ses élèves
directs, le dernier est Polystrate, successeur de Hermarque
dans le scolarcat. Il est presque complètement inconnu.
Cependant les papyrus nous ont livré d'importants
passages d'une de ses œuvres contre le mépris injustifié
des opinions courantes, et quelques fragments d'une autre
sur la philosophie.

Après Polystrate, les figures des épicuriens du
~ IIe siècle sont de plus en plus évanescentes. Nous ne
savons rien de Dionysos ni de Basilide, qui succédèrent
à Polystrate, rien d'Apollodore, surnommé le tyran du
Jardin. De Démétrius Lacon, nous connaissons quelques
fragments retrouvés dans les papyrus d'Herculanum,
œuvres variées d'un savant aux intérêts aussi vastes que
divers : géométrie, grammaire, étude des textes d'Épicure.
Les philosophes du Jardin se livrèrent, au ~ IIe siècle,
à un travail critique sur le texte d'Épicure, et nous en
avons peut-être un témoignage dans les deux copies de
quelques livres du traité *De la nature (Περὶ φύσεως),* différentes par endroits, que nous ont transmises les papyrus.
Une autre figure intéressante de cette période est Philonide
de Laodicée, dont les papyrus nous donnent une biographie. Il vécut sous le règne de Démétrios Sôter, de
Syrie, vers le milieu du ~ IIe siècle. Il fut un protecteur
puissant de l'école auprès de ce monarque. Mathématicien, il donna une base scientifique aux doctrines épicuriennes, mais il fit aussi œuvre utile en recueillant et résumant des lettres d'Épicure, Hermarque, Métrodore, Polyainos. Ce travail a fourni la matière et le modèle des

nombreux recueils de lettres d'Épicure et de ses élèves qui circulèrent dans l'Antiquité, et que Sénèque utilisa peut-être.

Avec la venue en Italie de Syron et de Philodème de Gadara (ce dernier, élève de Démétrius Lacon), se constitua à Naples, vers les premières décennies du ~ Ier siècle, un centre très actif d'étude et de diffusion de l'épicurisme. Près de ce centre se formèrent Virgile et (peut-être) Horace. Philodème n'est qu'un penseur de second ordre, mais c'est, de tous les épicuriens, celui qui nous est le plus familier, car les papyrus nous ont livré des fragments d'un grand nombre de ses œuvres, de caractère historico-philosophique, et biographique (sur l'Académie, la Stoa, l'école épicurienne). D'autres concernent la morale pratique (écrits sur la richesse, l'adulation, les vices), la théologie et la religion (sur la piété, sur les dieux), l'esthétique, la critique littéraire (sur la poésie, la musique, la rhétorique).

Citons enfin l'intéressante figure d'un disciple enthousiaste d'Épicure : Diogène d'Œnoanda, IIe siècle. Sentant venir la mort, il voulut laisser sur une place publique, gravé dans la pierre, un message de sagesse épicurienne que tous puissent lire. L'inscription fut retrouvée en 1884. Elle expose les principaux problèmes de la physique et de l'éthique épicuriennes, et d'intéressants passages d'une correspondance, dont, peut-être, une lettre d'Épicure à sa mère.

Graziano Arrighetti.

BIBLIOGRAPHIE

Le recueil le plus célèbre de textes et de témoignages épicuriens est celui de :

H. Usener, *Epicurea*, Leipzig, 1887.

Deux éditions en constituent le nécessaire complément; celle de :

P. von der Muehll, *Epicurus, epistulae tres et ratae sententiae*, Leipzig, 1922, où le texte des trois *Lettres* et des *Maximes capitales* est meilleur, et l'on y trouve en outre les *Maximes* du *Gnomologue* du Vatican ; et celle de :

G. ARRIGHETTI, *Epicuro, Opere,* Turin, 1960, avec traduction italienne et notes, incluant aussi toutes les œuvres sûrement épicuriennes que les papyrus d'Herculanum nous ont transmises.

AUTRES OUVRAGES

C. BAILEY, *Epicurus, The Extant Remains,* Oxford, 1926.

C. BAILEY, *The Greek Atomists and Epicurus,* Oxford, 1928.

E. BIGNONE, *L'Aristotele perduto e la formazione filosofica di Epicuro,* Florence, 1936.

C. DIANO, *Epicuri ethica,* Florence, 1946.

C. DIANO, *La psicologie epicurea e la teoria delle passioni,* dans « Giornale critico della filosofia italiana », Florence, 1939-1941, 5-34 ; 1942, 5-49 ; 121-150.

A. J. FESTUGIÈRE, *Épicure et ses dieux,* Paris, 1946 ; trad. anglaise avec commentaires, Oxford, 1955.

K. KLEVE, *Gnosis Theon,* Oslo, 1963.

W. SCHMID, *Epikur,* dans *Reallexicon für Antike und Christentum,* t. V, Stuttgart, 1961.

L'ÉCOLE ÉPICURIENNE

W. CRÖNERT, *Kolotes und Menedemos,* Leipzig, 1906.

C. DIANO, *Lettere di Epicuro e dei suoi,* Florence, 1946.

C. DIANO, *Lettere di Epicuro agli amici di Lampsaco, a Pitocle e a Mitre,* dans « Studi italiani di filologia classica », Florence, 1948.

W. LIEBICH, *Aufbau, Absicht und Form der Pragmateiai Philodems,* Berlin, 1960.

R. PHILIPPSON, *Neues über Epikur und seine Schule,* dans « Nachrichten von der Gesellschaft der Wissenschaften zu Göttingen. Philologisch-historische Klasse », 1929-1930.

A. VOGLIANO, *Epicuri et Epicureorum scripta in Herculanensibus papyris servata,* Berlin, 1928.

LA PHILOSOPHIE EN GRÈCE ET À ROME DE ~ 130 À 250

LA PHILOSOPHIE SOUS LA RÉPUBLIQUE ROMAINE

L A période que nous allons étudier coïncide avec le développement et l'apogée de l'Empire romain. Certes elle ne comporte pas de grand génie créateur; mais on doit se garder de la négliger ou de la mépriser : elle a été créatrice par elle-même. D'une part, elle a préservé et maintenu à travers l'histoire les grandes doctrines grecques. D'autre part, elle reflète ce qui constitue proprement le génie romain : l'application de la spéculation à l'action, ou encore, si l'on veut, le refus du pragmatisme dans la recherche de l'efficacité. C'est ainsi que l'expansion de l'impérialisme se traduit non par un nationalisme étroit mais par l'universalisation du droit, que les querelles politiques conduisent leurs principaux acteurs, Cicéron ou Sénèque, à la méditation philosophique au lieu de les en écarter. Jamais peut-être ne s'est accomplie, à travers l'histoire, une si admirable rencontre de la philosophie et de l'action.

LES DRAMES POLITIQUES DES ANNÉES ~ 130

LES GRACQUES ET SCIPION

Les années qui suivent ~ 160 sont marquées, à Rome, à la fois par l'expansion d'un humanisme dont les sources sont nationales et hellénistiques, et par de grands bouleversements politiques qui se trouvent sans doute liés à cette évolution.

Térence vient d'écrire dans l'*Héautontimoroumenos* le vers fameux qui devait influencer par son humanisme universaliste toute la civilisation occidentale : « Je suis

homme et rien d'humain ne m'est étranger. » Caton
l'Ancien, tout en parlant latin, et en s'efforçant, mieux
que la plupart avant lui, de dégager l'originalité propre
de Rome, a connu, pratiqué la pensée grecque. La
tradition politique de Grande-Grèce semble vivante à
Rome depuis le temps de Pythagore, c'est-à-dire qu'elle
puise aux sources mêmes qui ont inspiré Platon ou
Aristote; on ne saurait trop insister sur ce point.

Cet héritage philosophique apporte sans doute des
doctrines fortes et stimulantes. Je pense en particulier au
moralisme social qu'implique et que développe vers ce
moment la notion de *uir bonus*, chère à Caton et qui vient
du socratisme, en particulier de Xénophon, dont *l'Économique* ne cessera d'exercer une grande influence sur les
agriculteurs romains. De même, à l'époque de Caton
et des Gracques, l'éloquence politique prend de l'importance à Rome. Dès lors, les Latins rencontrent les
problèmes de *la République* et du *Gorgias*. L'impérialisme
naissant favorise ou exaspère de tels débats idéologiques.
L'académicien Carnéade vient à Rome pour défendre
les intérêts d'Athènes en ~ 155 : date essentielle pour
l'histoire des idées. Devant Caton scandalisé, Carnéade
soutient le pour et le contre à propos de toutes les
valeurs morales chères à Rome, et en particulier des
rapports entre la nature et la justice : ainsi s'affirment les
deux grandes questions qui vont dominer l'histoire de
la pensée à Rome : y a-t-il une morale de l'action et du
droit ? Cette morale est-elle fondée sur une vérité ? Si
l'on ajoute que Carnéade était accompagné d'un stoïcien,
Diogène de Babylone, et d'un péripatéticien, on voit
que les principaux acteurs sont en place.

Ces débats d'idées se traduisent immédiatement en
débats politiques, ou plutôt sont liés à des crises. Autour
des Gracques, à partir de ~ 133, s'élabore une réflexion
concrète sur la démocratie dont l'importance historique
sera inestimable. Les principaux arguments de ces
penseurs nous ont été transmis par le livre I du *De
republica* de Cicéron : celui-ci situe son dialogue en ~ 129,
et l'on peut admettre que les doctrines qu'il prête à ses
personnages (Lelius, Scipion) et dont les sources grecques
sont très antérieures, ne présentent guère d'anachronismes.
Elles affirment que, puisque la *respublica* est, par définition,
la « chose du peuple », celui-ci doit la diriger. La *libertas*

devient alors la valeur suprême et l'on ne doit pas craindre les querelles d'ambition, puisque les citoyens ont tous les mêmes intérêts. D'autre part, nous savons par des historiens postérieurs (notamment Plutarque et Appien) que la philosophie des Gracques a aussi un aspect social; ils combattent le développement de l'esclavage qui favorise la grande propriété contre les petits exploitants agricoles. Leurs lois agraires, qui tendent à répartir la terre en lots inaliénables, peuvent avoir été influencées par l'égalitarisme platonicien. Ajoutons qu'on ne saurait nier l'influence de la philosophie sur la pensée des Gracques : l'un de leurs plus proches amis est le philosophe campanien Blossius de Cumes, qui finira sa vie auprès du roi Aristonicos de Pergame en essayant de lutter contre la conquête romaine. Blossius était stoïcien mais, bien sûr, il pouvait interpréter à sa manière les traditions philosophiques de son école.

C'est aussi à la tradition stoïcienne que se rattache l'un des plus grands Romains de ce temps, Scipion Émilien, le vainqueur de Carthage, assassiné à Rome en ~ 129, dont Cicéron fait le protagoniste de son *De republica*. Celui-ci apparaît comme le représentant le plus éclairé de l'aristocratie sénatoriale. Chez les Gracques, il semble avoir surtout critiqué une attitude de révolte sociale qui rompt l'unité du peuple, qui détruit la *concordia* et ruine l'État (voir *De officiis,* III). D'autre part, il a pris dans son entourage des penseurs qui ont essayé de mieux concevoir les rapports entre les différentes formes de constitution étudiées jadis par les Grecs. Le grand historien Polybe montre comment Rome a étendu sa domination sur le monde hellénique et fondé un empire universel à la manière stoïcienne. Au livre VI, il affirme que la constitution romaine représente le mélange — en quelque sorte idéal — des trois types connus de constitution, monarchie (représentée par les consuls), oligarchie (le sénat) et démocratie (élection populaire dans les comices). Cette insistance sur une constitution mixte triple semble se rattacher à la tradition aristotélicienne, à travers peut-être d'autres intermédiaires.

PANÉTIUS — CIVILISATION ET CITÉ

Panétius de Rhodes (Panaitios) est, avec Polybe, le
principal conseiller de Scipion Émilien.

Le destin de cet homme est caractéristique. C'est un
Grec (la plupart des grands stoïciens avant lui étaient
plutôt des Asiatiques; on s'aperçoit ainsi que l'influence
romaine, bien loin de s'opposer à la Grèce classique, lui
rend au contraire son rôle). Plus précisément, Panaitios
est un Rhodien de grande famille, né à Lindos après
~ 185. Son père, Nicagoras, avait été ambassadeur à
Rome en ~ 169, au moment où l'indépendance de l'île
était menacée. (Il a donc certainement connu Caton
l'Ancien, qui allait défendre les Rhodiens en ~ 167.)
Panétius a participé à la vie publique et militaire de sa
patrie. Puis, vers ~ 146, il a rejoint Polybe auprès de Scipion
Émilien, dont il est devenu le conseiller, et qu'il a vraisemblablement accompagné dans ses voyages autour de
la Méditerranée. Il a pris la direction de l'école stoïcienne,
succédant à Antipater, vers ~ 129, juste avant (ou juste
après) la mort d'Émilien, assassiné sans doute par des
ennemis politiques. On voit que Panétius reçut du sort
tous les moyens d'ouvrir la philosophie sur son temps;
ce n'est pas seulement un philosophe d'école; c'est,
dirions-nous aujourd'hui, le conseiller privé ou le chef
de cabinet d'un des principaux hommes d'État romains,
d'un des conquérants et des maîtres du monde. Il est
vrai, en ce sens, que l'action romaine vient donner une
signification nouvelle à la contemplation grecque; mais
il est significatif qu'elle ait recours à cette contemplation
pour s'éclairer.

Sur les problèmes religieux et métaphysiques Panétius
semble avoir apporté quelques innovations. Avec
certains de ses prédécesseurs du Portique (tel Boethos
de Sidon), il nie la conflagration universelle et croit à
l'éternité d'un monde que la Providence rend parfait,
et dont il apprécie en esthète la beauté. Mais il se défie de
la mantique, et nie l'immortalité de l'âme malgré l'admiration qu'il affiche pour Platon (il se voit contraint à
contester l'authenticité du *Phédon*).

En fait, son admiration pour Platon est surtout
fondée sur son socratisme. Dans un moment où le

stoïcisme est en conflit aigu avec l'Académie (Carnéade ne meurt qu'en ~ 129), Panétius a la sagesse de revenir aux sources et de montrer que les deux écoles peuvent s'unir dans leur admiration pour Socrate. Cette démarche est d'une grande importance historique; elle sera célébrée par Cicéron (De finibus, IV, 79, qui parle surtout du platonisme de Panétius) et semble à l'origine du grand effort conciliateur de la pensée romaine, laquelle se montrera de plus en plus sensible au scandale des querelles philosophiques. Les philosophes ne devraient-ils pas donner l'exemple de la concorde?

Panétius rejette l'abstraction. Cela se manifeste dans son anthropologie (où, naturellement, il développe peut-être l'enseignement de l'École) : il nuance l'intellectualisme de Chrysippe, souligne que le corps joue un rôle très important dans le composé humain, mais surtout il reconnaît en nous, à côté des impulsions de l'instinct premier (ὁρμή), des tendances fondamentales où s'associent nature et raison (ἀφορμαί). La raison développe ces tendances fondamentales de la nature, les discipline, et on aboutit aux vertus cardinales (sagesse, prudence pratique — φρόνησις — dont fait partie la tempérance — justice, courage, et avec lui la grandeur d'âme, si chère aux Romains, qui est supériorité dans le danger, et se distingue donc nettement de ce qu'Aristote désignait par le même nom).

L'étude de ces vertus permet de définir le devoir moyen (καθῆκον, officium). Notons que cette réflexion se présente de manière systématique et générale; il s'agit de construire l'homme. Panétius, ici encore, s'écarte des abstractions et des minuties de la casuistique. Il ne semble pas s'opposer aux notions classiques de τέλος et de κατόρθωμα. Mais il insiste sur le devoir moyen.

Il aboutit ainsi, lui aussi, à un humanisme. On en pourrait souligner les vertus d'équilibre puisqu'il tend à une sérénité morale faite de calme, de mesure, d'harmonie: l'εὐθυμία à laquelle Panétius consacre un ouvrage. Il écrit à Tubéron une lettre sur la résistance à la douleur dont s'inspirera l'auteur des Tusculanes (livre II). A propos de la vertu de moderatio, il formule (si l'on en croit le De officiis, I, 107 sqq., de Cicéron, qui le suit avec quelque liberté) une théorie de la convenance (decorum). Chaque homme a plusieurs rôles (personae) à jouer,

selon qu'il considère sa fonction d'homme en général
(*homo sum,* disait Térence) ou des fonctions particulières
dans la société. Chaque fonction comporte sa noblesse
(*dignitas*) et l'homme est *dignus* selon qu'il l'accomplit.
Tout individu a donc une *dignitas,* selon qu'il est homme.
Cicéron écrira dans le *De officiis* la phrase admirable :
« Tous les êtres humains, les meilleurs et les autres, méritent un certain respect » (*De officiis,* I, 99). Ainsi apparaît,
déjà pressentie peut-être par des stoïciens antérieurs,
la formulation complète d'un humanisme fondé sur la
« dignité humaine » — et même, à partir d'une théorie
des « rôles » qui annonce la sociologie moderne, la
première valorisation du mot « personne » (*persona,* rôle).

Mais cette conception de l'humain est liée à toute une
philosophie de la civilisation (*cultus,* dira Cicéron, par
opposition à *victus,* la vie matérielle). Cette philosophie
insiste d'abord sur la hiérarchie des devoirs qui lient
l'individu à autrui (selon qu'il agit dans sa famille, dans
sa patrie, dans l'univers). Cela influencera très fortement
l'universalisme rationaliste des philosophes du XVIIIe siècle (tel Montesquieu).

La pensée de Panétius nous intéresse aussi par sa
conception du travail humain. D'une part, l'auteur,
réfléchissant sur la nature de l'utile, dans son traité *Sur le
devoir,* montre que l'activité manuelle des hommes est
capable de compléter l'œuvre de la nature, de créer
comme une nouvelle nature. Cette conception du travail
humain esquisse, comme l'a signalé notamment P. M.
Schuhl, la « philosophie opérative » que Bacon devait
développer. D'autre part, le même passage du *De officiis*
(II, 13-15) de Cicéron (qui, en ses deux premiers livres,
s'inspire dans ses grandes lignes du traité de Panétius)
devait avoir, à long terme et de manière sans doute
indirecte, des conséquences d'extrême importance sur
la pensée des économistes du XIXe siècle. Relisons-le
en effet : « Il est clair que le profit et l'utilité que nous
retirons des choses inanimées n'auraient pu être atteints
autrement que par les bras et le travail des hommes »
(trad. Bréhier-Schuhl). Certes, ce n'est pas encore la
réduction marxiste des valeurs au travail humain.
Cependant Marx ou Proudhon devront indirectement
beaucoup à un tel texte.

Ajoutons que cet éloge du travail est lié à la glorification des techniques utiles (construction des routes, des aqueducs, etc.). On sait le rôle joué par Rome à cet égard dans la civilisation antique; elle reprenait en l'universalisant la tradition hellénistique de la science et de la politique. Panétius, philosophe grec, conseiller d'Émilien, est sans doute l'un des premiers animateurs, l'un des premiers responsables de cette tendance admirable.

LES SYNTHÈSES DU ~ Ier SIÈCLE
DOUTE — CONCORDE — LIBERTÉ

La période qui va des années ~ 100 à ~ 45 constitue l'une des époques les plus troublées de l'histoire romaine. 1º C'est le temps où disparaît la liberté républicaine. 2º C'est une période de guerre civile (la paix intérieure n'existe, de façon précaire, que très rarement). 3º Cela s'accompagne de troubles dans l'Empire, et d'une grave crise morale, liée à la fois à l'accroissement récent des richesses de Rome et à la mise en question de toutes ses valeurs par la guerre civile.

En présence de ces difficultés si pressantes, que peut valoir l'idéal préparé par Scipion? Dans cette confrontation décisive de la sagesse grecque et de l'histoire romaine, les contemporains de Cicéron auraient bien pu dire déjà : l'âge du fondamental recommence.

JUSQU'EN ~ 90 : LA RELIGION — LE DROIT
LA RHÉTORIQUE APRÈS PANÉTIUS

Panétius eut des disciples grecs comme Stratoclès et Hécaton, qui revient à la casuistique, insiste sur la grandeur d'âme. Mais surtout l'influence de Panétius reste sensible parmi les hommes d'État de ce temps. Rarement la culture a joué un si grand rôle, soit pour régler les questions, soit pour les soulever.

Par exemple Q. Mucius Scaevola le Pontife entreprend de préserver la tradition religieuse de la cité en établissant ce qu'on appellera une *tripertita theologia* — une théologie en trois parties (voir surtout saint Augustin, *Cité de Dieu*, IV, 27). Il y a la religion, souvent fictive, des poètes et des mythographes, celle des philosophes (dont la méthode est allégorique ou historique, lorsqu'ils voient dans les dieux d'anciens héros humains), et la théologie

civile, autrement dit la religion telle que l'ont instituée
les magistrats et les premiers citoyens. Scaevola ne fait
que reprendre ici, en s'inspirant de philosophes plus
récents, des préoccupations déjà vives à Rome au siècle
précédent, et qui avaient inspiré par exemple au poète
Ennius ses écrits sur Évhémère (dont la doctrine n'est
pas exactement la même).

Scaevola, avec d'autres, accomplit une grande œuvre
de juriste et contribue ainsi à fonder l'une des traditions
essentielles du génie romain. Gouvernant en ~ 94 la
province d'Asie, il applique à son administration la
distinction philosophique du *ius gentium* et des législations
particulières; il insiste sur le caractère moral du droit
romain. À cela se trouve jointe par d'autres une vaste
méditation sur l'équité dans laquelle les Romains associent
leur sens de la souplesse dans l'action à leur volonté de
rigueur éthique : double manière d'éviter toute rigidité.
C'est Térence déjà qui a prononcé la formule fameuse :
Summum ius summa iniuria. Et, de leur côté, les rhéteurs,
aidés par leur culture philosophique, ne cessent d'insister sur la différence qui existe entre l'esprit et la lettre.
Qu'on songe en particulier à la célèbre *Causa Curiana,*
plaidée en ~ 91, qui opposait l'intention d'un défunt et
le texte de son testament.

C'est au milieu de cette évolution idéologique que se
développe l'œuvre d'un autre grand stoïcien : Posidonius.

POSIDONIUS D'APAMÉE
STOÏCISME ET SCIENCE

Posidonius (Poseidonios) naît à Apamée en Syrie; il
meurt à quatre-vingt-quatre ans, entre ~ 50 et ~ 45.
Pendant la plus grande partie de sa vie, il s'est réfugié à
Rhodes où il a été haut magistrat. C'est alors le plus
célèbre des stoïciens et le plus important des savants
grecs. Il dirige deux ambassades à Rome, à ce qu'il
semble, en ~ 86, où il rencontre Marius mourant, et
en ~ 51, au temps de la puissance de Pompée. Cicéron
suit ses cours à Rhodes en ~ 78- ~ 77; Pompée vient
écouter ses conférences en ~ 67 et ~ 62, à l'aller et au
retour de ses guerres d'Asie. Mais ce citoyen du monde, ce
chercheur épris de science théorique, maintient plus

que Panétius son indépendance vis-à-vis de l'action romaine.

La critique, jusqu'à une époque récente, eut tendance à rendre Posidonius responsable d'un courant mystique qui se manifeste en réalité dans toute la philosophie de son temps, et auquel il essaie peut-être, de son côté, d'adapter le stoïcisme. Nous nous attacherons, ici encore, à n'évoquer que les points de doctrine qui sont expressément attribués à Posidonius par des auteurs sérieux.

Certains d'entre eux concernent le problème de la divination. Panétius niait le bien-fondé de cette science. Posidonius, si l'on en croit le livre I du *De diuinatione* de Cicéron, est revenu à la croyance traditionnelle des stoïciens et a défendu la mantique. Il distinguait trois types de divination : celle qui vient directement de Dieu, par la bouche d'un prophète inspiré; celle qui vient du destin, et qui est liée à l'observation astrologique; celle qui vient de la nature (les songes de l'âme dans le sommeil). Cette doctrine se rattache évidemment à une conception du monde; Zeus en est l'âme omnisciente; le destin est l'enchaînement causal de ces phénomènes, lequel obéit à des lois nécessaires dont on trouve l'expression dans le mouvement des astres. Très fidèle au stoïcisme traditionnel, Posidonius met en effet l'accent sur la cohérence du monde et sur les liaisons dynamiques qui existent en son sein. Le philosophe le définit comme le système du ciel, de la terre et des natures qui sont en eux, ou le système des dieux et des hommes et de tout ce qui arrive pour eux (Diogène Laërce, VII, 38).

Cette doctrine de la sympathie universelle est la plus solidement attestée chez notre auteur. On lui attribue aussi une anthropologie, qui se présente surtout comme une réflexion sur l'âme et les passions. Galien nous apprend à ce sujet les compléments qu'il apporte à l'intellectualisme de Chrysippe. Celui-ci affirmait que toutes les passions sont des erreurs, des jugements faux que porte l'âme sur les biens et les maux. Posidonius accepte sans doute cette formulation, qui est liée fondamentalement au rationalisme stoïcien; mais il cherche la cause d'un tel jugement. D'autre part, il observe que les passions ont des degrés : elles varient avec le temps, s'accroissent ou s'adoucissent. La même erreur sur le bien aboutit à des passions différentes, selon la complexion des individus. Bref, il y a un élément irrationnel qui entre dans les passions et qui dépend du corps, et du temps. Il en résulte que l'on peut se servir d'autre chose que la simple raison pour apaiser ces maladies de l'âme; il faut aussi employer des moyens irrationnels, tels que la musique qui charme et adoucit l'esprit, et le rend apte à la raison.

Il est certain que cette doctrine, sans contredire le monisme général du système, souligne l'existence d'un dualisme relatif dans l'être humain. En cela Posidonius se rapproche des tendances religieuses et platoniciennes qui s'affirment en son temps; il répond aussi aux inquiétudes morales de la civilisation romaine, si sensible au désordre des passions. C'est peut-être dans un esprit analogue qu'il médite sur la nature des démons — ces puissances divines qui gouvernent notre âme mais qui sont souvent contrariées par le corps. On sait que ces conceptions semblent venir notamment de Socrate; Cicéron (*De diuinatione,* I, 123) nous apprend qu'Antipater les avait reprises avant Posidonius.

Outre la psychologie et la cosmologie, notre auteur, en bon élève de Panétius, aborde les problèmes moraux que pose la civilisation. À la suite de Panétius, il se fait, contre les cyniques, le défenseur des sciences et des arts. Ce sont les dieux qui ont fait ce présent aux hommes pour assurer l'heureux développement de la société. C'est ainsi que les sages, qui gouvernaient, sont devenus successivement législateurs, bâtisseurs, qu'ils ont inventé les métaux, les arts agricoles, le moulin à blé, le four du potier. L'évocation de la législation montre bien que les arts manuels ne sont pas seuls concernés mais qu'ils sont unis par une sorte d'analogie aux *artes liberales,* aux sciences des hommes libres, dont la politique et la philosophie sont les plus éminentes.

Posidonius apparaît, après son maître Panétius, comme un défenseur des techniques, un laudateur de la philosophie opérative face à l'ascétisme cynique (dont témoignera Sénèque dans les lettres 88-90 à Lucilius qui sont à cet égard le principal document que nous ayons sur la doctrine de Posidonius).

On voit surtout que Posidonius se présente souvent comme un éducateur et un savant. Son esprit encyclopédique (commun à la plupart des philosophes de ce temps, sauf peut-être aux épicuriens) le conduit à voyager dans le monde romain, à écrire une grande œuvre géographique (noter ses critiques originales sur les mines d'Espagne, et leur personnel d'esclaves). Il prolonge l'histoire de Polybe dans une optique assez proche de celle de Pompée. Il traite devant ce Romain du problème de la rhétorique, réservant à celle-ci, après le rhéteur Hermagoras, les questions particulières et gardant pour la philosophie les problèmes généraux (Plutarque, *Pompée*, 42). Il semble avoir été l'un des derniers grands représentants de l'esprit mathématique qui avait poussé les savants de l'époque hellénistique à introduire partout l'art de la mesure. Il paraît avoir essayé, en géométrie, de concilier la tradition platonicienne et la dialectique stoïcienne (définition de la figure par sa limite, et non par son étendue, réflexions sur le théorème et l'axiome; voir Bréhier, *Études de philosophie antique*, pp. 117-130).

En résumé, il nous semble que Posidonius n'est pas le philosophe mystique dont on a souvent parlé. C'est plutôt, dans la tradition de Panétius, un stoïcien respectueux du monisme de son système, mais ouvert à son temps, et plus soucieux d'éducation que de dogmatisme. Cela l'entraîne à accueillir dans sa philosophie les grands courants de pensée de son époque. Mais c'est en eux — plutôt que chez ce maître — qu'on trouvera ce qu'il y a de plus vivant alors, et de plus neuf. Sans doute, il a essayé de défendre l'intégrité du stoïcisme contre les nouveaux courants religieux et philosophiques (nous pensons en particulier au néoplatonisme d'Antiochus d'Ascalon), mais il s'est trouvé ainsi conduit à mettre moins fortement l'accent sur la tradition cynique et même sur le socratisme de Panétius.

L'ÉPICURISME
ZÉNON DE SIDON — PHILODÈME — LUCRÈCE

Nous voyons qu'avec Posidonius le stoïcisme reprend rang parmi les autres doctrines philosophiques. Celles-ci, avant le ~ 1er siècle, existaient déjà dans Rome; mais elles sont moins bien connues (peut-être parce que leur transmission a été moins bien assurée par suite de l'influence des milieux traditionalistes ou, plus tard, de la polémique cicéronienne).

Cependant, au ∼ 1er siècle, si les épicuriens, comme l'a montré M. Momigliano, ne se rattachent exclusivement à aucun parti politique, ils prennent néanmoins une plus grande influence, profitant peut-être de la crise morale et idéologique qui pousse certains penseurs, sinon à rejeter le *mos maiorum,* du moins à le réformer, ou à en fournir une nouvelle interprétation.

L'épicurisme de ce temps nous est notamment révélé par la bibliothèque d'un lettré d'Herculanum dans laquelle on a retrouvé un grand nombre d'œuvres d'un de ses maîtres, Philodème de Gadara, qui connut Cicéron, qui eut pour disciple le consul Calpurnius Pison, et dont l'influence se prolongea sur les milieux épicuriens de Campanie jusqu'au temps de Virgile et d'Auguste. Ses écrits, rédigés en grec, concernent de nombreux sujets : science, littérature, religion, économie, politique.

En matière scientifique, Philodème compose un traité sur les signes où l'on voit les épicuriens Zénon de Sidon, Bromius et Demetrius Lacon dialoguer avec le stoïcien Denys; ils défendent leur méthode analytique, qui passe du visible à l'invisible en s'appuyant sur des observations répétées. Ainsi, dans son approche de la réalité, l'épicurisme se place résolument entre le stoïcisme, dont il rejette le formalisme dialectique, et le scepticisme académicien, dont il méconnaît le doute méthodique.

En ce qui concerne les arts, Philodème apporte un témoignage précieux. D'une part, dans ses ouvrages sur la musique et la poésie, il critique toute croyance en une « inspiration » religieuse. D'autre part, ainsi que l'attestent ses traités de rhétorique, il donne une place originale à la culture. Il s'interroge en effet sur la sophistique, c'est-à-dire la technique qui permet de s'exprimer brillamment sur tous sujets, et conclut, contrairement à la plupart des philosophes et même à Épicure, qu'elle constitue un art fondé sur des règles raisonnables; il y a une science de l'expression littéraire, qui vient compléter la sagesse philosophique et que l'on trouve chez le poète parfait ou l'orateur parfait. Cicéron arrive au même moment, et par d'autres voies, aux mêmes conclusions; on doit souligner l'importance décisive de ce fait, puisque cette idée d'un accord du fond et de la forme sur laquelle Aristote et Isocrate avaient autrefois médité, mais dont on s'était éloigné, va ouvrir le chemin à la grande tradition classique.

À cela ajoutons une réflexion sur la politique : Philodème (dans sa *Rhétorique*) affirme que la politique, à la différence de la sophistique, n'est pas un art. Autrement dit, l'homme d'État ne doit pas se contenter de ses lumières, mais recourir à la philosophie. D'une part, celle-ci n'hésite pas à « s'engager », lorsque la chose est utile (l'épicurisme, tout en préconisant le repos et l'abstention, rejoint ainsi les autres écoles, en affirmant que le philosophe est responsable du bonheur des hommes). Cette doctrine aboutit d'autre part à des conséquences originales, soit que Philodème exalte la franchise *(parrhesia)* du philosophe — celle-ci peut aller jusqu'à la colère, l'indignation dont usera plus tard la satire — soit encore que notre auteur, magnifiant les hommes providentiels, poètes, orateurs, rois homériques, accomplisse certains pas vers l'idéal monarchique.

Telle est l'œuvre de Philodème, assurément liée à l'histoire. Il nous reste à chercher si celle de Lucrèce nous donne le même reflet de l'épicurisme en ce temps.

On sait très peu de chose sur la vie de Titus Lucretius Carus. Mais la seule œuvre qui nous reste de lui — le *De natura rerum,* poème didactique en six chants — constitue l'un des chefs-d'œuvre de la littérature universelle, l'une des plus belles expressions de la sagesse latine. Or, précisément, le livre atteste une orgueilleuse réaction contre tous les tabous et les superstitions de la cité. Le Romain Lucrèce n'est pas servilement soumis à la tradition romaine.

Son œuvre pose aux modernes deux grands problèmes. Le premier, soulevé assez récemment par des philosophes d'inspiration marxiste (son éditeur G. Cogniot ou J. P. Sartre), concerne son matérialisme. On a voulu voir dans cette philosophie une première apparition du matérialisme dialectique. Et certes, il est vrai — comme C. Tresmontant l'a montré récemment (dans *les Idées maîtresses de la métaphysique chrétienne*) — que Marx ou Engels se référaient volontiers à la théorie de Lucrèce pour donner à concevoir la matière. Mais il reste à se demander si l'on doit pousser le rapprochement plus loin en affirmant, par exemple, que cette attitude méta-

physique est liée à toute une doctrine du progrès historique et de la lutte des classes. Pour répondre, il faut
naturellement se faire une idée de la position de Lucrèce
dans les débats politiques de son temps.

Le second problème concerne les rapports de Lucrèce
et d'Épicure. Nous avons perdu le grand traité *De la
nature* de cet auteur. Comme l'a souligné P. Boyancé
dans une monographie récente, il est vraisemblable que
l'écrivain latin s'en inspirait d'assez près. Dans ces
conditions, il est très difficile de déterminer en quels
points Lucrèce, qui ne cite jamais expressément de
philosophe postérieur à Épicure, fait preuve d'originalité.

Donc nous tenterons en premier lieu de préciser la
position politique de Lucrèce, afin de voir dans quelle
mesure on peut parler à son propos de révolte sociale.

Il convient de souligner d'abord, avec P. Boyancé, tout
ce qu'une telle formule peut comporter d'anachronique et
d'inexact. Pourtant elle ne doit pas nous détourner du
problème qui reste posé : quels sont les véritables rapports
de Lucrèce avec son temps ? En premier lieu, que nous
apprend sur ce point l'histoire de sa vie, telle que nous
la font connaître de brèves et douteuses indications de
Donat, de saint Jérôme, et une allusion contemporaine
de Cicéron ? Lucrèce vécut jusqu'à sa quarante-quatrième
année où il se suicida (après avoir, dit-on, absorbé un
philtre amoureux qui l'avait rendu fou). Il semble que
cette mort soit survenue vers ~ 54 ou ~ 53. L'éditeur du
poème paraît avoir été Cicéron, qui en fait effectivement
l'éloge à son frère dans une lettre de ~ 54 (II, 9, 3). Si l'on
songe qu'après cette date Cicéron n'a cessé de polémiquer
contre l'épicurisme, on est tenté d'admettre que l'édition
a dû précéder cette lettre ou l'accompagner de très près.
À cet égard, le compliment de Cicéron est significatif;
il dit que Lucrèce est bien un épicurien, mais qu'il doit
beaucoup non seulement au talent, mais aussi à l'art —
c'est-à-dire qu'il échappe au rigorisme des disciples de
stricte obédience, et qu'il admet, comme Philodème,
la valeur des beaux-arts. Remarquons aussi que Cicéron,
dans la même lettre, parle d'une traduction latine d'Empédocle qu'il attribue à un certain Sallustius (est-ce l'historien Salluste ?). Le rapprochement est frappant. Nous
n'avons ensuite rien d'autre; le silence se fait pour
longtemps autour de Lucrèce, ce qui est étrange, d'autant

plus que notre auteur est manifestement très connu;
Virgile le paraphrasera sans le nommer. On peut alléguer,
entre autres raisons, pour expliquer un . tel silence,
celle-ci : le suicide de Lucrèce (très vraisemblable étant
données les circonstances de sa vie) a pu détourner de
lui ceux qui, autrement, se seraient posés comme des
disciples.

Ceci nous conduit à parler du milieu dans lequel il
vécut. Nous savons d'une part qu'il a été très proche
de Cicéron (l'épicurien Atticus a pu servir d'intermédiaire). Mais surtout nous connaissons le personnage
auquel il a dédié son livre, un certain Memmius, dont
Cicéron parle précisément beaucoup pendant l'année
∼ 54, car il est alors candidat au consulat. Or, ce Memmius
est un homme très caractéristique de la Rome de ce temps;
c'est un lettré, ami de la culture grecque, et aussi de la
langue latine; il patronne le poète Catulle; c'est un
ambitieux qui cherche à gravir l'échelle des honneurs
en s'appuyant à la fois sur les deux chefs du parti populaire, Pompée et César. Il a rendu au premier des services
singuliers, lorsqu'il séduisait la femme de tel adversaire
politique. Plus tard, ayant été exilé après ∼ 52 pour avoir
usé de brigue dans sa campagne électorale et pour avoir
perdu les faveurs de Pompée en essayant aussi de séduire
son épouse Cornélia, il voudra enlever à l'école d'Épicure
les ruines de la maison du maître, pour y bâtir des
édifices luxueux. D'autre part, il est l'un des proches de
Curion, futur favori de César, ami de Cicéron et chef
brillant des jeunes mondains de Rome. Voilà l'étrange
disciple du philosophe : cet ambitieux, cet élégant ne
ressemble guère à un sage ni à un socialiste! En tout cas,
il est le témoin fidèle d'un état d'esprit et d'une manière
d'être très répandus chez les nobles de ce temps, chez
ceux qu'avait tentés Catilina, et dont Salluste décrira
la crise morale. C'est à cet homme que répond Lucrèce
pour le sauver par la philosophie.

Quand son œuvre paraît-elle ? Nous l'avons dit, selon
toute vraisemblance vers ∼ 54- ∼ 53 (l'introduction du
chant I a dû être rédigée à ce moment; elle glorifie,
en un texte célèbre, Vénus Genitrix « mère des Ennéades »,
dont César prétendait descendre; ce rapprochement d'un
ancien pompéien avec l'*imperator* des Gaules coïncide
dans le temps avec la manœuvre politique qu'esquisse

alors Cicéron déçu par Pompée, et pourrait contribuer
à expliquer l'aide apportée par l'orateur à la publication
du poème). Ajoutons que, dans cette introduction,
Vénus est chargée d'apaiser les fureurs de Mars. Quelle
que soit l'interprétation qu'on donne à l'expression
patriae tempore iniquo qui figure au vers 41 et qui a
donné lieu à controverse, il n'en reste pas moins que le
passage est dominé par la hantise de la guerre : or les
années ~ 54- ~ 53 ont coïncidé, comme l'a montré
P. Grimal, avec les désastres de Syrie, la première
révolte des Gaules, et l'obsession grandissante de la guerre
civile.

Telle est la situation de Lucrèce et de Memmius au
moment où paraît le poème. Ils ne sont entièrement
inféodés à aucun des chefs de l'heure. Mais ils vivent
la grave crise morale qui précède l'instant des décisions
extrêmes. De là une série d'options qui visent à rétablir
l'harmonie.

D'abord un problème concerne le *mos maiorum*. La
religion mythologique a échoué. Lucrèce la rend en
effet responsable de tous les malheurs. Attitude opposée,
notons-le, à celle des marxistes. Pour lui, la religion
n'est pas opium dispensé au peuple par des puissants qui
s'en servent pour conserver leurs privilèges; elle est
au contraire la cause même de la volonté de puissance,
de l'ambition d'honneurs ou d'argent. C'est parce qu'ils
craignent la mort que les vivants s'agitent, recherchent
les distinctions, le luxe, l'argent, méconnaissent le vrai
bonheur. Cette crainte de la mort est elle-même liée à la
crainte des dieux : contre cette dernière, la doctrine
épicurienne avec son atomisme fournit la seule argumentation efficace. On constate ainsi que Lucrèce se réfère à
l'épicurisme, par une sorte de détour ontologique, pour
guérir les vices de la cité de son temps.

Cela est vrai de diverses manières. En premier lieu,
Lucrèce condamne durement les illusions de l'amour
(IV, 1145 sqq.). Cela peut concerner aussi bien le mysticisme platonicien que les mythologies amoureuses qui
étaient en honneur chez la belle Clodia, ennemie de
Cicéron, et que nous connaissons précisément par
Catulle, ce protégé de Memmius. On voit que Lucrèce
s'adresse bien personnellement à son disciple, séducteur
célèbre chez les dames nobles. Il préconise, comme déjà

Épicure, à la fois la simplification et la libération de l'amour.

D'autre part, l'un des textes les plus connus du poème, au chant V (1009 sqq.), décrit la naissance et l'évolution de la civilisation technique. Nous ne connaissons guère sur ce sujet la doctrine d'Épicure. Il semble en fait que Lucrèce, tout en restant fidèle à son maître, reprend aussi la théorie de la civilisation telle qu'on la trouvait chez ses contemporains — un Posidonius par exemple — mais la dépouille de tout caractère religieux. Ce ne sont pas les sages, mais les rois, qui ont fondé la cité; les hommes ressemblent à l'origine non aux dieux, mais aux animaux, etc.

À cette doctrine se rattachent diverses questions qui reçoivent des solutions originales. D'abord y a-t-il un progrès de la civilisation technique ? Lucrèce répond en substance (et sans doute comme la plupart des sages de son temps) que le seul vrai progrès serait celui de la sagesse. Les arts sont bons dans la mesure où ils la servent. Cela fait suite aux observations concrètes des Romains de l'époque, devant l'afflux des richesses coloniales. Lucrèce ajoute que les arts ont été rendus nécessaires par l'affaiblissement progressif de la race humaine, suivant ainsi la doctrine d'Épicure sur le rôle primordial de la nécessité.

D'autre part, la théorie de la civilisation implique une doctrine de l'origine des cités (V, 1106 sqq). Ici intervient une différence décisive avec Cicéron. Ces communautés ne sont point réunies par un *consensus* d'inspiration divine, comme chez les stoïciens et Cicéron, puisque les dieux n'interviennent pas dans les affaires humaines. Elles naissent d'un pacte — *foedus* — dicté aux hommes par la nécessité. Cette conception est lourde de conséquences car elle risque de priver le droit d'une partie de sa valeur reconnue. Le *ius diuinum* ne vient plus fonder le *ius humanum,* qui est menacé de tomber non dans le conventionalisme de Calliclès, mais du moins dans l'utilitarisme.

Cela est très manifeste quand le poète étudie l'évolution des régimes politiques. Lorsque les rois primitifs ont été tués, la violence démagogique a succédé à leur pouvoir, puis les lois sont venues la tempérer. Lucrèce suit sans doute un schéma épicurien, mais il pense aussi

à l'histoire romaine, telle que l'avaient probablement
esquissée, bien avant lui, les précurseurs de Salluste et de
Tite-Live. À la chute des rois, en ~ 509, avait bientôt
succédé une lutte des classes (patriciens et plébéiens)
dont seul avait pu triompher l'établissement des institutions républicaines. Lucrèce néglige donc la distinction
des populaires et des aristocrates; dans une cité menacée,
divisée, ce qui est important pour lui, ce sont les lois
fondées sur la nécessité de conjurer la violence, ce que
Cicéron, dans le grand traité qu'il va rédiger, placera lui
aussi au-dessus de tout, et nommera *respublica* (dans le
cadre d'une doctrine très différente).

Certes, par bien des côtés, Lucrèce est proche des
populaires. Il condamne absolument le luxe. En attaquant
la religion, il menace certains des privilèges des nobles.
Par toutes ces tendances, il est proche d'un Salluste, ami
de César. Mais il ne réprouve rien tant que l'ambition
personnelle. Et quand on lit, au début de son livre, son
grand appel à Vénus — celle qui apaise Mars, la déesse
qui rend le calme aux militaires — on pense au très fort
désir de *concordia* qui domine les magistrats civils à
Rome et qu'attestent leurs monnaies, entre ~ 61 et ~ 54,
comme l'ont montré des recherches récentes (notamment,
cf. *De natura rerum,* III, 68 sqq.) Il est vrai que ce désir
de paix par la loi peut évidemment entrer en conflit avec
l'idéal de liberté. Auguste s'en souviendra.

L'œuvre de Lucrèce est donc étroitement liée aux
problèmes politiques de son temps, et les solutions qu'il
propose sont originales et adaptées à ce temps. Par là
même nous commençons à résoudre le second problème
que nous avions posé en débutant : quelle est l'originalité
de Lucrèce par rapport à Épicure ?

Certains commentateurs ont voulu la trouver dans
les défauts du style — l'un des plus beaux qui existent ! —
ou de la composition. En ce qui concerne cette dernière,
elle semble viser le platonisme connu à travers Épicure
et l'Académie (cf. Boyancé). Lucrèce procède du simple
au complexe en exposant sa théorie de l'atomisme (chants
I-II) puis son anthropologie (III-IV), enfin sa cosmologie
(V : l'homme dans l'histoire du monde; VI : les phénomènes météorologiques). Deux grands principes généraux
pénètrent admirablement la masse de l'ouvrage : il faut
illuminer ce qui est obscur par ce qui est clair; dans la

nature rien ne naît de rien. Lucrèce s'attache à tirer toutes
ses démonstrations de ces affirmations fondamentales et
simples, en évitant souvent de suivre Épicure dans des
points de doctrine plus abstraits ou complexes (par exemple
la théorie de la prolepse). Gêne sans doute d'un écrivain
romain devant l'abstrait, mais aussi goût d'une limpidité
grandiose, recherche de l'absolu.

L'on a remarqué à ce propos que les deux grands
principes que nous avons cités (et surtout le second)
sont empruntés à Empédocle, dont Lucrèce paraît
imiter aussi les procédés littéraires (Épicure aurait
été bien étonné de voir sa doctrine rendue illustre par un
de ces poètes, dont il avait dédaigné l'art). Certes,
Épicure lui-même, revenant aux physiciens présocratiques,
peut être à l'origine de ce fait. Mais on doit se rappeler
qu'un certain Sallustius publiait vers ~ 54 des *Empedoclea*
dans Rome. D'autre part Empédocle fournissait à
Lucrèce les moyens de concilier les traditions littéraires
de Rome et le rationalisme d'Épicure. Comme on l'a
remarqué à juste titre, Lucrèce est un poète archaïsant;
il n'imite pas les *Aratea* que Cicéron a publiés vingt ans
plus tôt. Empédocle avait employé la langue poétique
pour enseigner la sagesse; mais il avait ainsi proposé
une cosmologie qui, tout en ignorant l'atomisme,
annonçait par ses principes la pensée d'Épicure. On
peut donc admettre que Lucrèce s'est inspiré de la structure du poème empédocléen et de son style même
(il faut noter à ce propos le retour, très frappant, à
Homère) pour retrouver dans la pensée d'Épicure ce
qui était primitif et essentiel.

Un fait doit ici nous arrêter. Toute l'histoire du
monde était régie chez Empédocle par les alternances
de l'amour et de la haine qui exerçaient tour à tour
leur domination sur les éléments. Un seul texte évoque
cette doctrine chez notre auteur : c'est le prologue où
Vénus s'oppose à Mars (la guerre?). Mais Vénus est
aussi le plaisir épicurien, la source de la *uoluptas,* et
partout ailleurs c'est la dure nécessité (et non Mars)
qui semble régir le monde; cela pose le problème du
pessimisme de Lucrèce. Beaucoup d'auteurs y ont
vu la marque de son originalité, peut-être même le
signe d'un caractère angoissé, d'une prédisposition au
suicide.

On prétend par exemple que Lucrèce, plus qu'Épicure, a éprouvé la hantise des problèmes religieux. Cela est vrai probablement, mais nous avons vu en quel sens : l'inquiétude de Lucrèce est celle de Rome. Ce qu'il veut, c'est purifier le *mos maiorum,* le conduire vers plus de lumière. De là sa critique acharnée des superstitions. Comme Épicure, il veut, de Platon, garder le sens du sacré, non la théologie; les dieux, précisément parce qu'ils ne s'occupent pas du monde, sont libres. Il faut imiter leur détachement, en se purifiant comme eux de toute passion. Ainsi vécut Épicure, ce mortel divin. Si bien que plusieurs conceptions de la divinité se dégagent du poème, non pas opposées, mais complémentaires; les dieux sont les mensonges de la mythologie; ce sont aussi (comme le veulent les stoïciens) des allégories des grandes forces naturelles; un épicurien peut admettre cette doctrine qui exorcise les mythes de toute réalité objective. Ainsi Vénus, sans doute, au début du poème; une méthode analogue montre que c'est en cette vie que les âmes passionnées et coupables trouvent l'enfer (III, 975 sqq.); enfin, dans les intermondes existent les dieux véritables, qui sont mortels, comme tous les composés d'atomes, mais qui possèdent la parfaite sagesse. Ces dieux ne ressemblent pas à Mars ou à Cybèle, mais à Empédocle et à Épicure, leurs meilleurs imitateurs en ce monde. De cette manière, à travers la superstition qu'il détruit, Lucrèce retrouve le sacré; il ne renonce pas à la sérénité céleste. Il distingue piété et crainte des dieux.

Mais son anxiété paraît se manifester plus fortement encore dans sa réflexion sur la mort. Il fait accepter cette dernière en affirmant que la nature ne peut varier ses dons, et qu'elle nous apporte juste autant de bonheur qu'il en faut pour une vie limitée (III, 942 sqq.); enfin, il nie la beauté du monde, en même temps que son éternité (V, 39 sqq.). En tout cela, le ton — plutôt que la pensée même — s'écarte du bonheur d'Épicure. Faut-il pour autant parler de pessimisme? Non sans doute, car plusieurs textes fondamentaux nous démentiraient; c'est le véritable bonheur dans la lumière qu'Épicure a donné aux hommes (voir les préludes des différents chants). Mais Lucrèce, puissant en cela entre tous les penseurs antiques, a compris que ce bonheur ne serait pas ce qu'il est sans un renoncement total aux fausses consolations. La mort règne sur tout; il n'y a pas de dieux protecteurs, de survie personnelle; les maladies et les fléaux existent. Rien ne sert de le nier; il faut donc l'affirmer pleinement. Une fois que l'on reconnaît le règne absolu du hasard — ce qui est aux yeux de beaucoup d'hommes, à nos yeux parfois, le pire pessimisme — la raison peut s'exercer librement dans les limites qui sont les siennes et découvrir, au delà des angoisses de la passion, son pouvoir de sérénité.

On parle souvent des paradoxes stoïciens. Mais il existe, aussi grand, un paradoxe de Lucrèce, qui bâtit selon la leçon d'Épicure une philosophie du bonheur sur la connaissance du malheur. Cette observation nous permet de comprendre pourquoi le poème s'achève, étrangement, par une description de la peste d'Athènes, traduite de Thucydide (VI, 1136 sqq.). C'est sans raison nécessaire qu'on a supposé (en dernier lieu P. Boyancé) que ce passage ne constituait pas la véritable fin du *De natura rerum*. D'autre part, il n'est pas sûr qu'il ait une valeur symbolique et évoque, comme on l'a pensé, les maladies politiques de Rome. Il faut plutôt le prendre tel qu'il est comme l'ultime expression de l'optimisme héroïque de Lucrèce; ce n'est point sur un lit de roses qu'on prouve l'épicurisme; c'est au milieu de la peste invincible et absurde dont les médecins ne viennent pas à bout (triomphe-t-on du hasard?), mais qu'ils comprennent et limitent du moins par le pouvoir de la pensée.

Ce texte nous permettra de conclure. Il achève doublement de situer Lucrèce dans son temps et dans le nôtre. Dans son temps : il est significatif que ce poète finisse sur un texte historique, sur une traduction de Thucydide. Il se détache ainsi à l'avance de Cicéron, il annonce Salluste, Tacite, et la grande tradition romaine du pessimisme surmonté. Dans notre temps : ce n'est point aux marxistes qu'il fait songer mais, avec la philosophie du hasard, à la réflexion moderne sur l'absurde. Ne doit-on pas insister sur ce fait? Albert Camus, qui consacra à Épicure et à Lucrèce un chapitre dans *l'Homme révolté*, a voué l'un de ses plus grands livres à la description de la peste.

L'ACADÉMIE

PHILON — ANTIOCHUS

La complexité du mouvement philosophique à Rome nous oblige à divers retours en arrière; l'épicurisme, tel que nous l'avons étudié, reste vivace pendant tout le ~ 1er siècle. L'enseignement de Posidonius va à peu près de ~ 80 à ~ 50. On ne peut examiner le développement des deux doctrines. D'abord il faudrait renoncer à toute clarté; d'autre part, nous connaissons mal la chronologie respective des œuvres. C'est pour la même raison que nous devons maintenant étudier en elles-mêmes l'Académie et son histoire pendant cette période : nous serons ainsi conduits vers le troisième des maîtres à penser de la République romaine en ces temps : Cicéron.

L'Académie est très active dans les années ~ 90. Elle garde encore la vitalité que lui a donnée Carnéade jusqu'en ~ 129. Charmadas et Clitomaque, consultés par les plus nobles Romains, s'attachent à expliquer la difficile et audacieuse doctrine de leur maître. Tous deux se trouvent en présence des problèmes que posent les tendances apparemment contradictoires de l'enseignement de Carnéade.

Celui-ci peut en effet être interprété comme un scepticisme ou comme un dogmatisme. Scepticisme, puisqu'il s'agit d'une critique impitoyable de la représentation compréhensive, sur laquelle les stoïciens pensaient fonder le savoir; dogmatisme, peut-être, puisque, malgré tout, Carnéade était parvenu à un enseignement positif qui reposait non sur la certitude, mais sur le *pithanon*, le persuasif, le probable. Avait-on la possibilité (ou courait-on le risque) d'instituer en quelque sorte un dogmatisme du probable? Carnéade, grand maître dans l'art d'intriguer les intelligences, avait suscité la question lorsqu'il avait répété que le sage pouvait « donner son assentiment » au probable, après toute une série de contrôles méthodiques dont il indiquait les conditions. Autant dire qu'on pouvait fabriquer de la certitude avec de l'incertain, de la science avec de l'opinion.

Cette dernière formule apparaissait précisément inconcevable aux Anciens qui voyaient dans la science l'opposé même de l'opinion; pour nous, au contraire, cette manière de s'exprimer semble toute naturelle car nous mesurons la science moins à sa certitude qu'à sa rationalité. Montrer que l'opinion était pénétrable à la raison, qu'elle était rationnelle, tel fut sans doute le grand mérite de la Nouvelle Académie. L'on voit du même coup qu'elle se distinguait largement du scepticisme, puisqu'elle tendait à accroître, non à restreindre le champ de la connaissance rationnelle. Aussi les chercheurs modernes ont-ils peut-être manqué à l'exactitude quand ils ont lié pyrrhonisme et Académie. Ils suivaient ainsi non seulement les néopyrrhoniens (dont nous reparlerons) mais aussi certaines imputations de la polémique stoïcienne. En fait, comme l'a suggéré une étude récente d'A. Weische, la Nouvelle Académie doit davantage à l'esprit scientifique, tel qu'il s'était développé autour de Théophraste (voir *Métaphysique*). Utiliser l'expérience et l'analyser, suspendre provisoirement ses opinions, confronter les perceptions les unes avec les autres en évitant les préjugés métaphysiques, voilà ce que les péripatéticiens, ces naturalistes, savaient bien faire. Il est frappant que tous les maîtres de l'Académie affirment la dette qu'ils ont envers la méthode péripatéticienne. Philon de Larissa semble avoir remis en honneur certains des procédés de la rhétorique aristotélicienne; Antiochus d'Ascalon paraît s'être rapproché de Théophraste dans sa conception du bonheur. Tous ces hommes favorisent assurément la renaissance des études aristotéliciennes qui se produit alors. Non seulement on étudie les dialogues exotériques de l'« Aristote perdu », mais on met à jour la bibliothèque de Théophraste. Pendant la deuxième moitié du siècle, Andronicos de Rhodes publiera le *corpus* aristotélicien qui est à l'origine des textes que nous connaissons, et cela sera un grand événement dans l'histoire de la philosophie. Certes, il ne semble pas que Cicéron lui-même ait connu l'ensemble de ce *corpus*, que les penseurs étudient au début du règne d'Auguste. Mais l'orateur s'est associé au mouvement des études aristotéliciennes; il a connu de près l'enseignement esthétique de l'école et il a donné à son fils, pour maître de philosophie, un péripatéticien, Cratippe.

Les rapports entre l'Académie et la pensée renaissante d'Aristote, le développement qu'ils prennent, attestent

que les disciples de Carnéade attachent beaucoup d'importance au côté positif de leur enseignement. Du même
coup, ils se trouvent en difficulté pour maintenir son
aspect critique. Cela va entraîner, en fin de compte, un
renoncement dont se rendra responsable Antiochus
d'Ascalon.

Celui-ci semble avoir succédé à Philon de Larissa
comme scolarque vers les années ~ 85. Cicéron a connu
les deux hommes; Philon, qui s'était réfugié à Rome en
~ 87, ayant quitté l'Attique au moment de la guerre de
Mithridate, a été son maître; il a longuement suivi à
Athènes les cours d'Antiochus alors que, fuyant quelque
peu les syllaniens de Rome, il séjournait en cette ville
(~ 79). Ajoutons qu'Antiochus et son frère Aristus
semblent avoir exercé leur influence sur divers magistrats
romains, tels Lucullus, Brutus (on remarque qu'il s'agit
souvent de conservateurs).

En ~ 87, une dispute philosophique éclate entre
Antiochus et Philon, qui avait été son maître. Le disciple
rédige un ouvrage nommé *Sosus,* destiné à convaincre
Philon d'inconstance doctrinale. Mais Antiochus avait
déjà abandonné le plus clair de l'enseignement de
Carnéade. En fait, il semble que les deux hommes
cherchaient, en suivant des voies différentes, à insister
sur les aspects positifs de leur pensée. Il y a beaucoup de
vraisemblance pour qu'ils aient obéi, ce faisant, à l'esprit
du temps. Les Romains n'avaient ni oublié Carnéade,
ni pardonné à ce philosophe d'avoir paru ébranler, en
~ 155, le *mos maiorum;* ils demandaient désormais des
règles précises pour l'action, une interprétation féconde
de leurs coutumes. Il est donc bien vrai que les nécessités
pratiques ont joué un rôle déterminant dans l'évolution
de l'école; mais on doit insister sur ceci : les exigences
de la *praxis*, si elles sont incontestablement intervenues,
n'ont pas engendré un pragmatisme. Toute la querelle
d'Antiochus et de Philon est précisément remarquable
par un fait; ils posent en lui-même le problème du vrai,
sans le subordonner à rien d'autre (ni à la réussite, ni à
l'autorité, etc.). Telle est l'originalité de la pensée de ce
temps : elle naît de l'action, mais veut toujours la dominer,
pour la parfaire.

La démarche fondamentale d'Antiochus d'Ascalon
consiste dans l'abandon du doute généralisé qui caracté-

risait Carnéade. Partant d'une réflexion sur l'erreur (qui ne peut exister sans qu'existe aussi la vérité), il restaure les notions stoïciennes de représentation compréhensive et d'assentiment, sans lesquelles il ne voit pas comment le vrai pourrait être perçu. Nous connaissons cet aspect de son argumentation par les *Académiques,* I, 2, où Cicéron met sa doctrine dans la bouche de Lucullus.

Mais alors que reste-t-il de l'Académie dans la pensée d'Antiochus? Une méthode d'argumentation, et certaines affirmations historiques.

De Carnéade, il garde la *diuisio* des différents systèmes philosophiques que Cicéron expose, notamment en semblant se référer à Antiochus, dans le *De finibus,* V, 16 sqq., et qui est fondée sur une technique logique du classement; il définit abstraitement les divers systèmes possibles (celui qui admet pour souverain bien l'honnête, le plaisir, les biens naturels, etc.), puis il se demande s'ils ont été élaborés; il les confronte entre eux, et cherche à établir les résultats de cette confrontation. Cette technique de réflexion, qui fait en quelque sorte dialoguer les systèmes, suppose évidemment qu'on admet qu'ils manquent d'évidence au départ.

Mais Antiochus ajoute à cela une réflexion historique que Cicéron place dans la bouche de Varron (*Académiques,* II, 1). Celui-ci soutient que la véritable philosophie de l'Académie est celle des premiers successeurs de Platon, tels Xénocrate et Polémon, non d'Arcésilas ou de Carnéade. Cette Académie primitive donna d'après lui naissance à d'autres écoles. Au Lycée, sans doute. À la Nouvelle Académie, qui l'a trahie en évoluant vers le scepticisme; mais surtout dans une grande mesure au stoïcisme. Zénon, fondateur de cette secte, était un disciple de l'académicien Polémon auquel il a emprunté sa morale, son respect de la nature, sa division de la philosophie. Seulement Zénon qui, sur tous ces points, était substantiellement d'accord avec les péripatéticiens, a introduit, par excès de rigueur logique, un vocabulaire incompréhensible aux autres hommes, a nié que la gloire, ou des amis, fussent des biens, y a vu seulement des « préférables ». Antiochus (que Cicéron suivra au livre IV du *De finibus* comme le montre l'analogie avec *Académiques,* II, 1, 35 sqq.) fait une âpre critique du vocabulaire stoïcien. Il est convaincu qu'il suffira de revenir au langage commun pour voir que le débat entre le stoïcisme et l'Ancienne Académie n'était qu'une querelle de mots.

Il est évident qu'une telle démarche historique manque de rigueur scientifique : elle méconnaît les différences entre le platonisme et le stoïcisme, qui est un monisme et qui se défie beaucoup moins rigoureusement de l'expérience sensible. Antiochus, influencé sans doute par des disciples romains, semble avoir été surtout attentif aux coïncidences qui existent entre les éthiques des deux philosophies. Soulignons toutefois que notre vision des choses se trouve peut-être faussée par le fait que ces rapprochements nous apparaissent dans le *De finibus* où il est légitime de parler avant tout de morale. Dans les *Académiques,* Varron fait très clairement la distinction entre les deux physiques. En fait, Antiochus ne prétendait pas sans doute que le stoïcisme était sorti du platonisme. Mais en interprétant l'histoire selon sa méthode logique de *diuisio,* qu'il devait à Carnéade, il essayait de définir, par une sorte de classement chronologique, les grandes tendances de la philosophie de son temps. Ayant à la façon de Carnéade conçu tous les systèmes possibles, il tentait de voir dans quelle mesure ces systèmes avaient été approchés par les systèmes réels. Ainsi sans confondre ces derniers entre eux, il cherchait à mettre au point une méthode comparative applicable à l'histoire des idées.

Cette méthode le conduisait d'ailleurs à s'écarter des systèmes existants pour proposer une philosophie, dont tous les Anciens reconnurent l'originalité (sauf sans doute les disciples de Philon, qui affectaient de tenir Antiochus pour un pur stoïcien). Sa critique de la morale stoïcienne, s'appuyant sur un refus de la terminologie de Zénon, le poussait à valoriser des biens qu'il considérait comme secondaires ou « complémentaires » — biens du corps, comme la grâce ou la santé, biens extérieurs surtout, comme la gloire ou l'amitié, dans lesquels il voyait des manifestations de la vertu, seul bien suprême, s'engageant au-dehors dans l'action. Cette démarche était originale; elle réalisait en somme ce que les Romains traditionnels avaient toujours souhaité : l'extériorisation de la vertu. Ce qui inquiétait dans le stoïcisme, c'était sans doute l'autonomie absolue du sage, sa liberté totale

de jugement sur le monde extérieur, son droit au paradoxe. Antiochus plaçait la vertu dans les choses et la
rendait visible. Il est plus aisé de suivre l'appel de la
gloire que celui de la conscience. Mais Antiochus
ajoutait (dans un esprit platonicien) que cette gloire
n'avait de valeur que parce qu'elle participait à la vertu,
qu'elle en reflétait l'aveuglante lumière en la rendant
plus supportable aux yeux humains. S'il arrivait à la
pure vision du vrai, le sage ne verrait plus que la vertu;
les autres biens s'effaceraient comme les étoiles dans le
jour (V, 72). À côté de l'infini de la vertu, que valent
des biens limités? Autant que rien. Ainsi une théorie
platonisante de la vertu se joignait à des considérations
logiques tirées de la réflexion sur l'infini pour concilier,
de manière originale, la doctrine péripatéticienne des
biens naturels avec le souverain bien de Platon et du
stoïcisme, qui était l'*honestum* atteint par la sagesse
rationnelle.

On se rend compte assez nettement de ce que furent
les objections. Écartons d'abord celles des modernes, qui
traitent allégrement Antiochus de pâle éclectique. En
fait, nous entrevoyons qu'à ses yeux ce syncrétisme
était rendu nécessaire par le fait qu'il n'existait aucun
système parfait, ainsi que l'avait prouvé Carnéade.

En second lieu, les stoïciens (et sans doute les académiciens) dont Cicéron esquisse l'argumentation à la fin
du *De finibus,* reprochent à Antiochus de sacrifier la
cohérence du système stoïcien, en renonçant à la théorie
des préférables, que Zénon n'avait pas établie à la légère.
Notre auteur est accusé de revenir à Théophraste, qui
affirmait que le bonheur parfait implique la possession
non seulement de la vertu, mais aussi des biens naturels.
Antiochus, pour se défendre, recourait à sa théorie du
bien infini, qui efface sans les nier les biens limités.

Les principales objections portaient sur la théorie de
la connaissance. C'est ici qu'intervient probablement la
grande querelle avec Philon.

Celui-ci semble avoir essayé de maintenir les critiques
de Carnéade sur la représentation compréhensive, et de
montrer en même temps qu'avec cette doctrine il
pouvait encore rejoindre Antiochus sur le plan de
l'enseignement moral.

Antiochus lui reprochait d'anéantir en même temps que

l'évidence la possibilité de discerner ce qui n'était pas
évident pour distinguer le vrai et le faux. La réponse
figure dans les *Académiques*, I, 2, 111 : Philon affirme, et
c'est pour lui semble-t-il une conception fondamentale,
que nous discernons le vrai et le faux grâce aux apparences
probables *(species probandi)*, mais que nous n'avons pas de
signe pour les percevoir *(signum percipiendi)*. Autrement
dit, selon une formule qu'on retrouvera chez Sextus Empiricus *(Hypotyposes pyrrhoniennes,* I, 235), le vrai et le faux
existent de manière probable dans les choses. Philon, après
Carnéade, ne le nie pas, et même il le croit. Mais il n'est
jamais sûr de connaître lui-même, de percevoir distinctement ce vrai et ce faux. Dire que toute connaissance est
problématique, ce n'est pas refuser l'existence de la vérité,
c'est au contraire poser cette dernière comme hypothèse,
affirmer qu'elle existe sans la connaître encore.

Quel est alors le mode de connaissance par lequel
nous approchons cette vérité, et pressentons son existence ? Ici, nous sommes renseignés d'abord par un mot du
néoplatonicien Numenius (IIᵉ siècle) selon qui Philon,
après avoir longtemps prêché le doute de Carnéade,
finit par modifier son attitude, contraint par la cohérence
des impressions passives de son esprit (voir Eusèbe, *Préparation évangélique,* XIV, 9). Or nous trouvons dans les
Académiques (I, 2, 34) une formule qui reprend à peu
près cette expression et la développe ainsi : « La vérité
est l'objet d'une impression de notre âme et de notre
esprit *(impressum in animo atque mente)* mais ne peut être
ni perçue ni comprise *(neque tamen id percipi nec compre-
hendi posse)*. » On s'est interrogé sur la nature de cette
impression ; L. Robin, par exemple, ne sait s'il s'agit
d'une doctrine de l'innéité, de l'idée platonicienne ou
encore de l'intellect passif d'Aristote. Nous aurons à en
reparler à propos de Cicéron. Retenons simplement deux
conclusions sur le débat entre Philon et Antiochus.

Primo, les deux hommes s'opposent sur la morale.
Philon croit que la vertu suffit à donner le bonheur
(uita beata); Antiochus l'admet, mais ajoute, dans un
esprit péripatéticien, que les biens du corps et les biens
extérieurs sont nécessaires à la vie la plus heureuse
(uita beatissima); il ajoute que l'importance de ces biens
reste négligeable.

Secundo, Philon admet comme Antiochus que la

vérité existe, qu'elle constitue la matière de nos impressions ; mais il pense que ces impressions sont confuses, inadéquates. Quel que puisse être le bon usage du mot « assentiment » (les héritiers spirituels de Carnéade discutent beaucoup là-dessus), il faut que le sage suspende son jugement et se borne à donner des approbations mesurées à ce qui est probable.

Il faut donc souligner l'importance et l'intérêt de cette querelle. D'abord on doit constater la fécondité de la méthode d'Antiochus. Celle-ci, par son comparatisme historique, ouvre la voie au néoplatonisme, qui allait intégrer la dialectique et la morale stoïcienne dans une métaphysique de la transcendance. Certes, la démarche d'Antiochus reste gauche : néanmoins elle conduit vers les synthèses de Philon d'Alexandrie ou de Plotin.

D'autre part, le mérite de Philon de Larissa et de ses sectateurs fut de maintenir fermement que l'existence de la vérité était attestée réellement non par le dogmatisme mais par l'erreur même. C'est à travers le probable, non à travers de prétendues certitudes qu'on pose le vrai. Il faut donc accepter le paradoxe, tenir solidement les deux bouts de la chaîne, maintenir à la fois l'existence objective du vrai et la suspension de jugement, se garder en même temps du dogmatisme et du scepticisme. La sagesse est à ce prix.

CICÉRON — LA PHILOSOPHIE DE L'HUMANISME

On a beaucoup reproché à Cicéron d'avoir mal compris le sens des doctrines qu'il nous fait connaître ; on lui dénie à la fois l'originalité — la « recherche des sources » fait rage à son sujet — et la pénétration philosophique. Tout cela est injuste, et tient au fait qu'on ne s'interroge pas sur ses véritables buts, sur ses véritables innovations ; celles-ci n'apparaissent que dans le cadre de sa vie, et de la civilisation romaine. Nous retiendrons deux faits. D'abord Cicéron est un chevalier romain, c'est-à-dire un personnage issu de la riche bourgeoisie italienne, et un « homme nouveau » dans le Sénat. Cela favorise chez lui la liberté de l'esprit, le goût de l'étude, les tendances novatrices. On le verra suivre successivement les leçons de l'épicurien Phèdre, du stoïcien Diodote (qui vivra et mourra chez lui), de

Philon, d'Antiochus, de Posidonius. Il donnera pour
maître à son fils le péripatéticien Cratippe. Cela montre
qu'il se tient au courant du mouvement des idées de son
époque. Ensuite son œuvre philosophique est étroitement
liée à sa vie (~ 106- ~ 43). Elle se développe en trois
temps. D'abord il n'exprime sa pensée que dans l'action,
par des discours d'avocat ou d'homme d'État (notamment
en ~ 63, les *Catilinaires,* en ~ 56, le *Pro Sestio*). Ensuite, et
c'est déjà une grande hardiesse pour un magistrat, il écrit
des dialogues en étroite dépendance avec l'action
politique (*De l'orateur,* ~ 55 ; *De la république,* ~ 54- ~ 52).
Enfin, après la révolution césarienne, voyant la liberté
ruinée, éprouvant lui-même de grands malheurs familiaux
(mort de sa fille), il ressent le besoin de chercher le
courage dans un recours à la philosophie première, et
revient à l'étude des principes de la connaissance
(*Académiques*), de la morale (*Des termes des biens et des
maux; Tusculanes*), de la religion, de l'action pratique
et même de la rhétorique (dont il examine les fondements
dialectiques dans ses *Topiques*).

Ainsi l'originalité de cette œuvre tient peut-être à
ceci : l'orateur ne sépare pas la philosophie de la vie.
Ce retour aux principes, qu'il accomplit selon un ordre
méthodique, est en même temps la réponse qu'il donne
à des souffrances et à des angoisses personnelles. Bien
plus, ces angoisses se trouvent liées à celles de la patrie.
Action et contemplation, inquiétude intime et sens
du devoir collectif, autorité du magistrat et enseignement
philosophique, toutes ces formes si diverses et parfois
(apparemment) si opposées de l'activité humaine, se
trouvent réunies et embrassées avec une exceptionnelle
force de pensée dans la vie de Cicéron.

Les premières leçons de Cicéron concernent les
problèmes de la rhétorique, de la persuasion, de l'esthétique
littéraire. C'est en ces matières sans doute qu'il a exercé
la plus grande influence. Là est le sommet de son œuvre
philosophique; il est le plus grand théoricien de l'esthétique classique, dont il a formulé les principes, les lois,
le vocabulaire (que nous employons encore aujourd'hui).
Si notre époque méconnaît trop souvent cette grandeur,
c'est précisément qu'elle s'en est éloignée, soit que le
classicisme se soit affadi, soit qu'on y ait renoncé.

Nous ne pouvons ici qu'évoquer rapidement les

principaux aspects de cet enseignement philosophique.
Car il s'agit bien de philosophie. Le premier souci de
Cicéron est d'établir ce point; pour cela, il reprend dans
une grande mesure les théories de Posidonius ou de
Panétius sur la culture (en les complétant par celles
d'Isocrate). Mais il se montre plus original lorsqu'il
essaie de définir l'art oratoire. Il se trouve en présence
de deux tendances. Les rhéteurs disaient que l'éloquence
consiste à persuader (la définissant donc par son succès
pratique, éliminant du même coup la théorie, et le
désintéressement philosophique); les stoïciens répon-
daient qu'elle consiste à « bien parler », indépendamment
du résultat obtenu. Cicéron, au début du *De oratore*
(I, 45 sqq.), combine les deux définitions, disant en substance que l'éloquence consiste à parler d'une manière
correcte et belle et apte à persuader. Ainsi apparaît
la tendance fondamentale de sa pensée : réconcilier
l'efficacité et la vertu dans la beauté.

Une telle conciliation — le mot est important pour
Cicéron — ne peut se fonder que dans la vérité. Il n'y
a pas de beauté sans rigueur. C'est pourquoi Cicéron
développe deux aspects fondamentaux de l'éloquence.
Premièrement, il démontre après Aristote et sans doute
certains académiciens, qu'une bonne démonstration
oratoire doit s'appuyer, comme la démonstration philosophique, sur les règles de la dialectique. Il présente en
particulier une théorie originale des « thèses », questions
générales auxquelles il convient de rattacher toute discussion particulière (ou « hypothèse »). De même ses *Topiques*
(qui combinent probablement les enseignements de
Diodote, Cratippe, Philon, Antiochus) reprennent, en la
simplifiant à l'extrême et en l'unifiant, la dialectique
d'Aristote : Cicéron affirme ainsi, plus nettement que
personne avant lui, l'unité des méthodes de la pensée.
Les philosophes, les juristes, les hommes d'action,
cherchent la même vérité, et doivent le faire suivant les
mêmes lois. La rhétorique, comme la philosophie, est
l'école de l'universel. Deuxièmement, elle est aussi l'école
de la grandeur et du dépassement. Un des aspects le plus
souvent méconnus de l'enseignement de Cicéron en
rhétorique, est constitué par sa théorie des passions.
Certes, il s'attache méthodiquement à les réprimer par
l'ironie socratique. Il leur attribue aussi une place consi-

dérable dans l'éloquence, laquelle ne peut, sans véhémence, atteindre sa pleine splendeur. Cet enseignement,
s'il se concilie aisément avec la pensée d'Aristote et de
Théophraste, paraît aller contre le stoïcisme, qui prône
l'impassibilité. Cicéron s'en avisera dans les *Tusculanes*
lorsqu'il expliquera que l'orateur ne cède jamais à la
colère qu'il feint (IV, 55). Mais toute l'œuvre théorique
et pratique nous prouve que si l'orateur feint la colère,
il ne feint pas la douleur. Et surtout à cette véhémence
qu'il réclame, il donne d'autres fondements que la
passion; ce n'est pas la colère qui doit l'animer, mais la
générosité, le sens stoïcien de la solidarité humaine —
amor, ou plutôt *caritas generis humani.* C'est donc dans
les œuvres de rhétorique (*De oratore,* II, 206 sqq., etc.)
qu'on trouve cet aspect fondamental de la pensée
cicéronienne : l'éloge de la *misericordia,* de la compassion,
par lequel le grand orateur se distingue de la plupart des
penseurs de son temps, et les dépasse.

Cette recherche de la vérité, de la plénitude, de la
grandeur ne doit-elle pas nous surprendre chez un
disciple des académiciens ? Non, sans doute, et au
contraire, elle nous fait mieux comprendre comment
Philon et ses amis pouvaient prétendre se rattacher à
Platon. Le *De oratore,* puis en ~ 46, l'*Orator,* le *Brutus*
(étude historique de l'éloquence romaine), nous montrent
comment Cicéron cherchait la beauté. Il ne prétendait ni
la connaître entièrement, ni l'avoir trouvée. Mais il
affirmait d'autre part qu'elle ne pouvait résulter que de la
synthèse idéale de toutes les perfections particulières
que l'on observe dans le détail des choses (*Orator,* 7 sqq.;
101 sqq.). On pouvait donc la reconstruire en combinant,
en accordant entre elles par un grand effort de recherche,
de rigueur et d'harmonie ces perfections particulières.
Notre esprit est capable de pressentir, de préparer une
telle harmonie, sans jamais la réaliser pleinement. Il en
a en lui comme l'idée. La perfection totale existe assurément, ou peut exister, puisque les perfections particulières existent. Nous savons cela mais nous ne sommes
jamais sûrs, dans notre approche incertaine, d'avoir
réellement atteint cette perfection idéale. Tel est l'écart
entre la connaissance du vrai et sa perception, entre
l'idéal et la certitude. C'est pourquoi, dans le *De oratore*
(I, 94), on distingue entre l'orateur parfait et l'orateur

ordinaire; c'est pourquoi l'*Orator* commence par une longue description de l'orateur parfait, qui n'existe qu'en idée.

Sur tous ces points, l'enseignement de Cicéron apparaît comme très original. Il écarte les tendances favorables au réalisme cynique. Il aboutit à un effort admirable pour préserver ensemble toutes les exigences de la recherche de l'absolu — sens de l'idéal et sens de la relativité, amour du vrai et aptitude à douter, ferveur et sérénité. Cette formation si large allait aider Cicéron à développer le second aspect de sa pensée : la philosophie politique.

Le IIIᵉ livre du *De oratore* reprochait dans une certaine mesure aux successeurs de Socrate d'avoir séparé la théorie philosophique et l'action politique, qu'un Périclès (disciple d'Anaxagore) avait encore unies. Cicéron veut imiter Périclès. De là deux grands ouvrages : le *De Republica,* qui est le plus beau et le plus soigné de ses dialogues (hélas, sur six livres nous avons notamment perdu une grande partie des IIIᵉ, IVᵉ et Vᵉ) et le *De legibus,* qui est resté inachevé, et dont nous avons trois livres. Cette section de l'œuvre est tout aussi importante que celle qui concerne la rhétorique. Mais nous avons moins besoin de nous étendre sur elle, parce que nous l'avons déjà évoquée à propos de Panétius ou de Scipion Émilien.

Effectivement (comme l'indiquent les titres mêmes de ses ouvrages) Cicéron se rallie à une double tradition. D'une part, il défend dans un moment où les menaces de révolution rendent la chose plus nécessaire, les lois et la république traditionnelles. Il reprend la tradition d'Émilien qui est le personnage principal du premier dialogue. D'autre part, il donne à sa méditation le cadre même que Platon avait proposé lui aussi à ses recherches politiques. C'est indiquer l'importance du platonisme dans sa pensée.

Les deux tendances s'accordent aisément. En effet, des recherches récentes sur lesquelles nous reviendrons ont établi que le platonisme romain, dans cette période, est lié au courant de pensée pythagoricien, qui a été constamment très vivant dans les milieux aristocratiques et éclairés de la cité, particulièrement autour d'Émilien. Si l'on consulte l'ouvrage d'A. Delatte sur la politique pythagoricienne, on s'aperçoit que la façon dont Cicéron dispose les matières qu'il emprunte aux diverses philosophies coïncide très souvent avec les lignes générales des doctrines qu'on peut vraisemblablement attribuer à Aristoxène ou Archytas de Tarente. Nous ne prétendons pas que Cicéron suive directement ces auteurs, mais il obéit à des motifs semblables aux leurs lorsque lui aussi se rallie à Platon. Cela est particulièrement évident dans le livre VI du *De republica,* où Scipion Émilien se voit promettre en songe une immortalité astrale, parce qu'il a su mériter la plus haute gloire; il s'est rendu semblable aux dieux en veillant sur les hommes au lieu de s'écarter d'eux, et de fuir au ciel dès l'abord. Mais tout le reste de la pensée politique de Cicéron obéit aux mêmes impératifs : il affirme la primauté du droit devin sur le droit humain; au temps de Catilina (et toujours ensuite), il essaie ardemment de séparer les bons des méchants et de constituer la cité des gens de bien; il prône, dans son discours *Pro Sestio,* le gouvernement d'une élite éclairée; il insiste sur les valeurs d'équité, et critique au nom de la justice distributive l'application du droit strict; cela contribue, dans le même *Pro Sestio* (96 sqq.), à former sa théorie du « repos dans la dignité » qui corrige notamment la conception épicurienne de l'*otium.* Chaque homme doit faire respecter sa dignité — c'est-à-dire obtenir ce qui lui est dû en équité soit moralement, soit matériellement; mais il doit le faire sans troubler le repos de son âme et de l'État. Ainsi s'établira dans la justice l'équilibre entre l'action et la contemplation, entre la politique (où le parti populaire avait, semble t-il, pour slogan : « le repos avec la liberté ») et la morale individuelle.

Nos dernières remarques montrent que la tradition platonicienne et pythagoricienne ne fournit qu'un cadre général qu'il faut adapter aux exigences de la vie présente. C'est ici surtout que l'originalité de Cicéron va se manifester.

D'abord, dans l'élaboration de son dialogue, il met en œuvre cet éclectisme dont il avait trouvé certaines méthodes chez Philon et Antiochus. Si les lignes générales de sa pensée sont empruntées au platonisme, il doit au stoïcisme sa conception de la société (*consensus* naturel), son humanisme universaliste, sa conception du droit naturel (régi par la raison). Quand il parle d'équité, quand il cherche concrètement et historiquement les conditions d'équilibre interne des constitutions, il suit aussi peut-être les péripatéticiens. Ajoutons que les problèmes sont ici rendus complexes par les interférences entre doctrines; par exemple, au sujet du devoir d'engagement politique, Cicéron est fidèle à Dicéarque et Panétius (et sa théorie n'est pas très différente de celle de Philodème!).

L'originalité de l'orateur se manifeste enfin à propos des problèmes politiques précis de son temps. Nous soulignerons quatre points :

Cicéron insiste sur la *concordia*. Il comprend que l'action politique est impossible sans l'union des gens de bien — *consensus bonorum,* les deux mots sont philosophiques — et sans la recherche de la paix. Il essaie de montrer que cette union a des fondements sociologiques dans le peuple même de Rome; les différentes classes sociales ont intérêt à s'entendre : c'est la *concordia ordinum.* Ainsi la philosophie (et l'histoire) fonde dans la nature des choses l'accord des vrais démocrates et des vrais aristocrates. Tous ont également besoin de paix, de vertu, de raison. Cicéron arrive à cette conclusion par deux voies : d'abord, il reprend l'histoire de Rome, à la manière de Polybe, et en dégage les exigences. D'autre part, il aboutit au même résultat, dans ses discours, par l'analyse de la situation politique présente (voir *Pro Murena, Pro Sestio,* etc.).

Cicéron se trouve ainsi conduit à déclarer que l'État a besoin, parfois, d'un *princeps,* d'un « premier citoyen », d'un modérateur, qui exerce sur lui une autorité, sinon un pouvoir monarchique (voir surtout *De republica,* II, 51; Platon, *Politique,* 301 sq.). Certains (et Auguste d'abord) ont voulu voir là un renoncement à la liberté, et la justification du pouvoir impérial. En fait, il faut insister sur la distinction entre pouvoir et *auctoritas.* Qu'il soit dictateur, consul, ou comme semble l'indiquer le *De legibus* (III, 47), censeur et gardien des mœurs et des lois (à la manière du politique platonicien), le prince cicéronien n'a pas de pouvoirs extra-légaux. Il ne domine que par son prestige moral *(auctoritas)* qui le fait suivre du peuple et du sénat. Cicéron songe à son consulat, à sa lutte contre Catilina. Sa mort montrera que, pour l'immédiat, il cède à l'utopie. Mais l'histoire de l'Empire attestera la vérité profonde de sa doctrine; un prince ne peut vraiment régner que dans l'accord moral avec les citoyens. On ne peut gouverner sans instruire (voir *De republica,* IV et V, *fragm.*).

C'est précisément le troisième aspect original de la pensée politique de Cicéron. Il s'agit pour lui de soumettre la politique à la raison. À cet égard, il suit d'assez près les stoïciens dans leur conception du droit, ou de l'histoire. C'est pourquoi il critique les hommes de violence et de guerre qui, tel César, soumettent tout au hasard; c'est pourquoi il essaie de démontrer par une confrontation de la théorie et de l'histoire, que les lois romaines sont proches d'un idéal rationnel (*De republica,* II). De là une conception originale de certaines notions liées à la tradition romaine : *auctoritas, potestas, libertas.*

Enfin, Cicéron donne précisément une importance particulière à la philosophie de la liberté. Il la développe dans plusieurs sens. D'une part, il critique la fausse liberté du peuple qui se laisse inspirer des passions par les démagogues. D'autre part, il affirme que le *consensus* populaire étant la base de tout, l'un des buts fondamentaux de l'homme politique (et notamment du *princeps*) doit être d'obtenir en tout le consentement du peuple. Il ne l'obtiendra vraiment qu'en se faisant admirer et aimer. Il recourra pour cela à la propagande, à la persuasion, et surtout à la philosophie en donnant aux hommes — et même aux bêtes! trait pythagoricien? — le bonheur auquel ils ont vocation naturelle (voir *Ad Quintum fr.,* I, 1, 24 sq.). Enfin l'homme d'État lui-même, qui est plus éclairé que le peuple, n'acceptera jamais de renoncer à sa liberté et mourra pour elle à l'occasion. Sans doute il recherche la paix, mais la paix véritable; *pax est tranquilla libertas* (*Phil.,* II, 113) : Cicéron, dans les *Philippiques,* exprimera avec une force exceptionnelle les exigences de l'héroïsme stoïcien.

Grande, admirable doctrine, qui côtoyait hardiment l'impossible au nom de la raison, et sans se résigner à l'échec (comme l'avait fait Platon). Pourtant l'échec vint, accompagné d'autres souffrances. Cicéron se trouvait ainsi obligé de remettre en question toute sa philosophie. Il s'agissait d'abord de préciser sa philosophie de la connaissance.

Les trois ouvrages qui insistent sur ce point sont l'*Hortensius,* les *Académiques,* et d'une certaine manière la traduction du *Timée.* Nous avons déjà indiqué le contenu du second de ces ouvrages. Précisons simplement quelques points : Cicéron ne prend pas personnellement parti pour Antiochus, il se borne à la théorie de l'approbation, et semble revenir pour cela à Clitomaque, maître commun des deux philosophes rivaux (*Académiques,* I, 2, 98). D'autre part, dans cette démarche, il prétend, assez curieusement, suivre à la fois l'exemple des présocratiques — un Parménide, qui croyait à l'existence d'une vérité inconnaissable — et de Platon, dont il traduit le *Timée* et adopte partiellement la cosmologie et, en même temps, la théorie des Idées. Notons que rien ne l'oblige à interpréter la théorie des Idées dans le sens dogmatique. Le fait qu'elles existent ne prouve pas qu'elles puissent être parfaitement perçues ; nous en avons trouvé la preuve au début de l'*Orator,* à propos de l'orateur idéal. Antiochus ou d'autres philosophes de son temps semblent d'ailleurs avoir de leur côté suivi la philosophie de Platon pour restaurer une doctrine de l'innéité : dans le *De legibus* (I, 26 sqq.), le *De finibus* (V, 59) et ailleurs, Cicéron présente une théorie originale selon laquelle l'âme n'est plus, comme chez les stoïciens, une table rase présentant de simples tendances à la rationalité : elle possède de véritables connaissances innées, et retrouvées par une sorte de réminiscence. Quoi qu'il en soit de toutes ces nuances, elles se résument dans une attitude à la fois éclectique et passionnée d'idéal qui s'exprime admirablement dans les fragments épars que nous avons gardés de l'*Hortensius* et à la fin des *Tusculanes.* Cicéron éprouve fortement en lui-même cette contradiction de la condition humaine : il sent en lui le vrai, et il sent aussi qu'il ne peut le saisir. De là une double attitude à l'égard des différents systèmes philosophiques. D'abord aucun d'entre eux ne lui apparaît parfaitement vrai, puisqu'il ne trouve nulle part cette vérité parfaite ; mais il reconnaît des perfections particulières : il essaie, s'aidant parfois des démarches historiques d'un Antiochus ou (sans passer nécessairement par ce dernier) d'un Platon, de mettre ensemble ces perfections particulières en faisant dialoguer les systèmes pour ébaucher ainsi une construction parfaite, pour se rapprocher du système idéal.

Cet effort ne va pas sans maladresses, parce que Cicéron
ne comprend pas toujours absolument les doctrines
qu'il critique et qu'il essaie de concilier. Mais il faut
bien voir que son éclectisme n'obéit pas à un besoin
de facilité; bien au contraire au désir d'une rigueur
plus grande. C'est ici le second aspect de la philosophie
cicéronienne; elle n'apparaît jamais comme un pharisaïsme ou une exaltation du contentement de soi. Cicéron
affirme sans cesse que la vérité est au delà des systèmes,
et même de celui qu'il pourrait ébaucher. Telle est
l'originalité profonde de son *Hortensius,* pour autant
que nous puissions nous en rendre compte : Cicéron
s'attache à montrer que la sagesse est hors de la prise
des systèmes qui, tous, la cherchent. Il s'aperçoit du
même coup que l'aspiration à la philosophie n'est pas
nécessairement liée au succès de telle ou telle recherche,
et que donc tous les hommes sont égaux dans le désir
de la sagesse. Saint Augustin devait s'en souvenir dans
ses *Confessions* (III, 7 sq.) en rappelant que l'*Hortensius,*
œuvre païenne, avait contribué par son universalité
même à préparer sa propre conversion. L'auteur de
l'*Hortensius,* sans doute, s'inspirait des dialogues pro-
treptiques de l'Aristote perdu. Mais, avec l'Académie,
il avait poussé plus loin la réflexion sur cette inquiétude
du vrai qui ne peut qu'unir les hommes.

Cela étant, il est facile de dégager les lignes générales
de la philosophie morale de Cicéron. Il s'agit, nous
l'avons dit, d'une confrontation de systèmes faite dans
un esprit sceptique et comme expérimental au départ.
Dans le *De finibus,* au sujet du souverain bien, Cicéron
semble hésiter entre Antiochus et une attitude plus
critique; ne nous y trompons pas, il le fait exprès, et veut
présenter son œuvre comme un dialogue aporétique
(voir l'épilogue du livre V).

Dans les *Tusculanes,* il va tirer les conclusions du traité
précédent. Sa méthode change; elle devient pratique et
psychologique. À la recherche du bonheur, Cicéron
compose cinq dialogues successifs qui dégagent peu à
peu l'âme de toutes les passions (crainte de la mort; de la
douleur; chagrin; passions proprement dites; enfin
recherche du plaisir) et il la rend aussi concrètement
capable d'un bonheur qui ne doit rien au corps et aux
sens; c'est précisément le bonheur de l'âme qu'exaltait

Platon; c'est aussi le bonheur du sage stoïcien. Ce bonheur se confond non pas avec la jouissance, qui est passive, mais avec la liberté, qui exclut notamment toute soumission au corps. Ainsi notre auteur complète son investigation théorique par une sorte d'enquête psychologique portant sur son âme même; par une démarche concrète, il résout les apories de la réflexion théorique. Par ces deux voies — dialogue, expérience — il se rapproche de l'Idéal; remarquons aussi qu'en mettant le bonheur dans la seule vertu, il se détache dans une certaine mesure d'Antiochus. *Le Songe de Scipion,* comme les *Tusculanes,* montrent d'autre part que Cicéron, sous l'influence notamment du platonisme, méprise ce qu'il y a d'humain et de terrestre dans la gloire. Il agit, de plus en plus, par idéal, et sans aucun espoir de récompense, en ce monde où il pressent son échec.

Parmi les œuvres de morale pratique, certaines qui concernent la religion sont liées de fort près à la métaphysique et à ses principes. Il s'agit du *De fato,* du *De diuinatione,* du *De natura deorum.* Nous ne reviendrons pas sur le contenu de ces textes. Cicéron se borne à répéter dans l'ensemble les conclusions de Carnéade. L'existence de divinités providentielles lui apparaît moins vraie que probable. Néanmoins, il reprend (sous forme mythique) une théologie et une cosmologie platoniciennes dans leurs grandes lignes. Le Dieu suprême, exempt de toute *concretio mortalis,* est un premier moteur lui-même mouvant. Cette formulation, volontairement vague, pourrait unir les enseignements de Cléanthe et du platonisme. Cicéron évite soigneusement de s'abandonner aux spéculations plus subtiles qui divisaient les écoles. Au livre II du *De natura deorum,* il décrit la théorie stoïcienne du divin dans un esprit qui, malgré certaines différences, fait songer à Varron; au livre I, il a critiqué l'anthropomorphisme épicurien. Au livre II, P. Boyancé a montré (contre l'hypothèse posidonienne de Reinhardt) qu'il existe une parfaite cohérence entre les parties purement dialectiques et les arguments fondés sur l'observation et la description de la nature (qui sont confirmés et explicités par les syllogismes).

En ce qui concerne la morale pratique, Cicéron semble suivre d'assez près la tradition de Panétius. Il va

plus loin au livre III du *De officiis* à propos des rapports
de l'honnête et de l'utile, sur des points précis et concrets
(théorie du dol, de la guerre juste); au livre II, il a traité,
à propos de l'utile, du bon usage des richesses (le droit
de propriété est, comme tous les autres, subordonné à
l'intérêt général). L'influence de Cicéron restera grande
à cet égard. Nous n'avons pas à revenir autrement sur
son humanisme, et son « personnalisme », sauf pour
signaler deux points.

D'abord la notion d'humanité se confond chez
Cicéron avec la notion de culture. Pour bien « faire
l'homme » (comme dira Montaigne), il faut lui donner
une formation scientifique. Cette insistance sur l'éducation
est admirable. Elle se trouve associée à la notion d'ordre
(voir *De officiis*, I, 14). Toute éducation est à concevoir
comme un progrès vers la sagesse (voir *De finibus,* V).
Saint Augustin dans son *De ordine* reprendra fortement
cette doctrine qui unifie l'effort de la pensée humaine, non
dans la satisfaction statique, mais dans l'élan vers l'absolu.

En second lieu, que ce soit dans la *Consolation* (perdue)
qu'il s'adressait pour la mort de sa fille Tullia, dans ses
Tusculanes (III, IV) ou son traité de *l'Amitié,* ou dans ses
réflexions sur le fondement du droit, Cicéron met
l'accent, plus que tout autre penseur païen, sur la tendresse humaine — *amor, caritas, diligere.* C'est cet amour
qui forme le principal lien de la communauté humaine
(famille, patrie, univers). C'est lui donc qui constitue
la plus importante « recommandation de la nature ».
L'amour est le premier devoir de la raison. Cela justifie
la tendresse de cœur, et ce sens profond de la solidarité
humaine dans l'inquiétude et dans la faiblesse même,
qui représente l'un des aspects les plus émouvants, les
plus profonds du caractère de Cicéron, et de sa pensée.

Telle est cette œuvre, dans son unité. Nous voudrions
pour conclure souligner deux traits.

D'abord tout l'effort de Cicéron a porté sur l'établissement d'un langage philosophique. Si l'on excepte
le poème — assez limité — de Lucrèce, il était l'un des
premiers parmi les Romains à tenter de traduire et de
transposer le vocabulaire technique des Grecs. Or la
langue latine (pauvre en éléments d'articulation logique
et forgée plutôt pour l'expression des sentiments, de la
psychologie et de l'action politique) manquait de souplesse

à cet égard. Cicéron en a souffert. Mais cette situation l'a aussi contraint à mettre l'accent sur ce qui constituait, dans la philosophie, les « notions communes » accessibles à tous les hommes. Il a ainsi favorisé une réaction contre l'abstraction technique et montré un souci de simplicité linguistique qu'imiteront tous ceux qui, à diverses époques, se détourneront des scolastiques pour revenir à la philosophie du bon sens, par exemple un Descartes, un Pascal.

En second lieu, cette philosophie du langage est en même temps une philosophie de la compréhension. Le grand souci de Cicéron a été de dépasser l'esprit de système ; tout le poussait à cela, puisque le grand scandale idéologique de son temps était la division des philosophes. On peut dire que l'Arpinate, sensible comme ses contemporains à ce qu'avait d'indécent la rivalité des écoles, a tenté, non sans succès, de fonder, non pas un syncrétisme, mais une sorte d'œcuménisme philosophique. Il s'agissait de définir les méthodes d'arbitrage et de recherche qui rendraient possible le rapprochement des différents types de sagesse. Nous avons vu les trois principes de réponse que Cicéron a formulés :

Se rappeler à la fois que l'Idéal existe et que personne ne le détient entièrement.

En cas de conflit entre les philosophes, essayer de se replier historiquement sur les auteurs qui sont leurs sources communes : ainsi Platon avant Aristote et les stoïciens ; ainsi les sophistes avant les rhéteurs et les socratiques ; ainsi Clitomaque avant Antiochus et Philon.

En chaque doctrine particulière, chercher ce qui la rattache aux exigences générales de l'humain ; on s'apercevra qu'en fait — sinon en théorie ! — le bonheur est le même chez Épicure et chez Chrysippe. Seule sa formule théorique change d'un sage à l'autre (voir *Tusculanes*, V). Mais en pratique, tous s'attachent à la même vertu, et y trouvent avec le renoncement le même bonheur.

Par cette méthode plus que par tout autre aspect de sa pensée, Cicéron a été fécond. Il est l'un des premiers parmi les philosophes du bon sens, ce bon sens cher à Descartes, qui n'exclut ni la pensée de l'Idéal, ni le sentiment de l'inquiétude, mais qui les met à l'exacte mesure de l'homme. C'est en cela que Cicéron,

témoin héroïque de la grandeur et de la misère de la
raison humaine, nous apparaît comme le meilleur
représentant de cette sagesse romaine dont le mérite fut
de s'adapter universellement aux réalités.

ÉNÉSIDÈME — NIGIDIUS — VARRON
NÉOPYRRHONISME ET NÉOPYTHAGORISME

Les doctrines que nous allons examiner diffèrent
entre elles ; nous pouvons cependant signaler quelques
points communs. D'abord, elles appartiennent à des
hommes plus jeunes que Cicéron, ou qui lui survivront,
ou encore dont l'influence se manifestera après celle de
l'Arpinate. En somme, ils représentent un état un peu
plus récent de la pensée républicaine à Rome (avec
toutes les nuances qu'il convient d'apporter à cela,
puisqu'il s'agit en fait de contemporains). D'autre part
les deux écoles que nous allons étudier se ressemblent
en ceci : elles cherchent à revenir aux sources. Chacune
se réclame d'un penseur grec présocratique, et étranger
aux grandes écoles rationalistes qui se sont développées
après Platon. Ce retour aux sources semble, nous l'avons
vu, avoir été prôné par certains académiciens, par
Cicéron lui-même. Nous retrouverons ici la même
tendance et comprendrons mieux son sens. Ajoutons
enfin que ces doctrines, comme les précédentes et plus
encore peut-être, attestent la crise idéologique et morale
qui est liée au bouleversement des institutions et qui
concerne la théorie de la connaissance et la physique
comme l'éthique et la religion.

Énésidème est un Grec (peut-être un médecin) qui
semble avoir dédié des écrits à L. Aelius Tubéron, un
ami de Cicéron. Son œuvre est surtout célèbre par ses
« tropes » ou schémas d'argumentation (dix contre la
connaissance sensible, huit contre les signes, d'autres
contre la causalité et la démonstration) qui nous ont été
conservés principalement par Sextus Empiricus (*Hypotyposes pyrrhoniennes* I, 31, 185). Comme A. Weische l'a
montré récemment, ces tropes constituent surtout une
mise en forme de la vieille argumentation de Carnéade
contre les certitudes. C'est probablement ce qui explique
leur ressemblance avec certains textes de Philon d'Alexandrie (*De ebrietate,* 171 sq.) qui suit la tradition de l'Aca-

démie. Mais l'originalité d'Énésidème réside ailleurs ; ainsi que l'indique son influence sur Sextus Empiricus aussi bien qu'un texte de Photius (éd. Bekker, 170, 14), il a été le premier « néopyrrhonien », il a repris la tradition sceptique dont nous ne savons presque rien après Timon, et c'est en cela qu'il a rompu avec l'Académie. En effet, il a constaté — comme nous, quand nous lisons Cicéron — que tous les académiciens, antiochiens, ou philoniens, adhéraient pratiquement au contenu des principaux dogmes stoïciens. Ils ne disputaient que sur un point : l'assentiment. Or cette discussion, et les différentes réponses qui s'en dégageaient, étaient vaines, puisque de toute manière on adhérait au dogme. Énésidème, au lieu d'adopter cette attitude, préféra en chercher une autre, plus radicale. Il la trouva chez Pyrrhon, qui avait prétendu que l'indifférence sur toutes choses conduisait à la sérénité, à l'ataraxie.

Cette position comportait des avantages. Le pyrrhonisme devait plus tard s'accorder avec la méthode empirique de Sextus et des médecins antiques ; il devait répondre, au temps de Shakespeare et de Montaigne, à une certaine forme de l'inquiétude humaine. Et dans l'immédiat, une telle doctrine prétendait favoriser l'esprit de recherche. Qu'en était-il chez Énésidème lui-même ? Nous pouvons difficilement répondre ; nous savons seulement par Sextus que Pyrrhon n'était pas son seul maître et qu'il attribuait une certaine valeur à la pensée d'Héraclite (*loc. cit.*, 210, 235). Peut-être se rappelait-il que ce dernier, rejetant les certitudes de la raison, avait essayé de fonder toute connaissance sur l'existence, dans l'expérience, d'oppositions de contraires à propos des mêmes objets. À cette époque, Cicéron et les académiciens avaient aussi attiré l'attention sur les sophistes et leurs discours doubles (ici la théorie des contraires se rattachait à une réflexion sur le probable et le vrai).

La deuxième grande tendance que nous allons étudier fait au contraire la part grande à la métaphysique ainsi qu'à la science. Elle a beaucoup plus d'ampleur : il s'agit du néopythagorisme.

Comme nous l'avons déjà dit, l'influence historique de ce courant, immense dans la pensée antique, s'est exercée d'une manière directe et continue en Italie (Pythagore lui-même a pu rencontrer et utiliser certains éléments de la tradition italique : rappelons-nous l'insistance de Cicéron sur l'antériorité de Numa Pompilius et des institutions les plus originales de la monarchie romaine primitive). Au temps d'Archytas de Tarente, ce pythagorisme a commencé à introduire en Italie la pensée philosophique de Platon. Ensuite, dans tous les grands moments de l'histoire politique de Rome le pythagorisme reste présent, au temps de Sylla chez un Alexandre Polyhistor, au temps de Cicéron chez son ami Nigidius Figulus auquel il donne la parole dans le dialogue où se situe sa traduction du *Timée* de Platon. On suit les traces de ce pythagorisme à Rome chez Appius Claudius Caecus au ~ IVe siècle, chez Caton l'Ancien et son protégé Ennius peu après le temps d'Hannibal, puis dans l'entourage de Scipion Émilien.

Rappelons simplement d'un mot les principaux aspects de la doctrine. Les néopythagoriciens croient en une religion astrale (théologie, mantique, théorie de la grande année et de l'harmonie des sphères, immortalité des héros, métempsycose). Ils s'intéressent aux origines du langage, à l'étymologie, à son sens mystique (souvent révélé par la poésie, cette langue musicale, qui obéit à des proportions numériques). Leurs spéculations sur les nombres sont entrées en rapport avec le platonisme (cosmologie, théorie des Idées). Ils ont aussi une doctrine morale et politique, séparant strictement les bons des méchants, et affirmant la primauté d'un droit religieux dont tout dépend. Depuis le temps de Pythagore cette tendance s'oppose nettement aux oligarchies : elle tend soit à justifier une monarchie démocratique, fondée à la fois sur la nature et sur la religion (les traités apocryphes d'Ecphante, Diotogène et Sthénidas, qui datent peut-être du Ier siècle avant ou après l'ère chrétienne, vont dans ce sens), soit à introduire l'esprit de proportion dans des modèles de constitutions mixtes (le platonisme, puis la pensée de Cicéron, ont pu s'inspirer de ces vues).

L'ancien pythagorisme vient donc nourrir, en fonction des circonstances et de l'histoire des idées, des doctrines nouvelles où il se mêle aux grands courants de pensée. La synthèse la plus originale à cet égard est peut-être celle de Varron, haut magistrat romain qui fit ses premières armes avec Pompée et mourut à quatre-vingt-dix ans en ~ 27, juste au moment de l'avènement impérial

d'Auguste. Ce personnage, ancien élève d'Antiochus
d'Ascalon, dont Cicéron lui fait exposer la doctrine dans
les *Seconds Académiques,* fut en quelque sorte bibliothécaire d'État sous César, et se présente avant tout comme
le principal érudit de son temps. Son œuvre immense
ne nous est bien souvent connue que par fragments.
Dans les *Satires ménippées,* il est un des premiers à introduire à Rome les méthodes et le style d'expression des
cyniques. Dans les *Disciplinarum libri,* il met l'accent sur
le caractère universel et encyclopédique du savoir, dont
il définit les cycles éducatifs et les « disciplines libérales »
(grammaire, dialectique, rhétorique, géométrie, arithmétique, astrologie, musique, médecine, architecture).
Ces schémas influenceront profondément le Moyen âge
à travers saint Augustin. Varron, en même temps que
Cicéron, et sous l'influence des mêmes maîtres, platoniciens et péripatéticiens, défend l'idéal encyclopédique
d'Isocrate contre certains épicuriens; il y ajoute, avec
les aristotéliciens, une formation philosophique plus
poussée : dans son traité *De philosophia,* il appliquait les
techniques de la *diuisio* historique ébauchée par Carnéade,
et calculait qu'il existait deux cent quatre-vingt-huit
opinions différentes sur le Souverain Bien. L'œuvre
d'historien de Varron nous est connue, en particulier, à
travers *la Cité de Dieu.* Dans les *Antiquités divines* et les
Antiquités romaines, il esquissait d'une manière très originale une étude de la religion (institutions et mythes).
Il reprenait la tripartition théologique de Scaevola, en
faisant une meilleure place à l'interprétation philosophique
des mythes (allégorie, héroïsation, lois de Numa, culte
des statues).

Le traité de Varron que nous connaissons le mieux
est son *De lingua latina,* dont nous avons gardé une grande
partie et qui constitue la synthèse admirable des recherches que les grandes écoles philosophiques avaient
tentées sur l'étymologie et sur la grammaire. Entre les
tenants de l'origine naturelle du langage (surtout les
stoïciens, qui sont aussi anomalistes) et les tenants de
l'origine conventionnelle (souvent analogistes), Varron,
dans un esprit peut-être académicien, ne choisit pas
clairement. Il insiste, dans le même sens que Cicéron
et les grands classiques, sur une conception du bon
usage où s'accordent la *natura* représentée par le *consensus*

d'un peuple, la tradition et l'analogie, entendue comme *proportio* : le terme est pythagoricien, et l'on songe aux références à la même doctrine qui fournissaient, comme l'a signalé M. Goldschmidt, une solution aux problèmes du *Cratyle*.

On voit que Varron n'est pas seulement pythagoricien : il doit beaucoup à toutes les écoles. Comme les meilleurs penseurs de son temps, il pratique en historien un éclectisme méthodique. Il emprunte en même temps (ce qui est un peu paradoxal mais explicable, nous venons de le voir) au stoïcisme, au platonisme, au cynisme. Ainsi, dans le creuset de cette œuvre mieux qu'ailleurs, s'affirme à la fois la richesse et la complexité de la pensée romaine, avec toutes ses tendances dominantes. Le pythagorisme est l'une d'entre elles, l'une des plus fécondes : par son amour des poètes, il développe la vie et l'importance du langage; il influence en particulier un Virgile. Les théories pythagoriciennes de la royauté se prêtent admirablement à la monarchie impériale. Il n'est pas jusqu'aux conflits des métaphysiciens qui ne puissent trouver certaines solutions dans cette doctrine. On attribuait à Ecphante, en même temps que des théories politiques sur la monarchie, une cosmologie atomiste qui n'excluait pas les interventions des dieux dans les affaires humaines. Le Platon du *Timée* avait, lui aussi, admis la discontinuité de la matière. Ainsi devenait possible une certaine conciliation entre la croyance stoïcienne dans la Providence et l'atomisme des épicuriens et de Démocrite. C'est dans cet esprit, croyons-nous, qu'on doit interpréter les grands textes cosmologiques de poètes comme Virgile ou Ovide.

De même, c'est dans le cadre du pythagorisme platonisant que peut s'accomplir la synthèse entre les conceptions qui affirment la transcendance du divin, et celles qui admettent son immanence. Entre le monisme stoïcien et le dualisme (qu'aucune école n'adopte absolument), la métaphysique du *Timée* fournissait des rapprochements. Un contemporain de Plutarque, Moderatus de Gadès, semble avoir insisté sur leur caractère pythagoricien. Nicomaque de Gérasa a conçu une théologie arithmétique. Plutarque lui-même, dans sa *Psychogonie,* a développé des idées analogues à propos de la monade et de la dyade primitives. Mais ces réflexions sont vraisemblablement

assez anciennes dans le platonisme, peut-être aussi
anciennes que Platon lui-même. Elles semblent avoir été
présentes dans la doctrine d'Eudore d'Alexandrie, élève
d'Antiochus d'Ascalon, contemporain de Cicéron, éclectique inspiré surtout par les platoniciens, les stoïciens
et les péripatéticiens, qui guida vraisemblablement le
grand exégète juif Philon d'Alexandrie, dont l'œuvre
porte la trace de spéculations semblables.

Au terme de cette étude sur la pensée philosophique
à Rome à l'époque républicaine, nous pouvons donc
suggérer la conclusion suivante : cette évolution s'est faite
suivant des lois de pensée beaucoup plus rigoureuses
qu'on ne le croit généralement. La méthode carnéadienne
(adoptée notamment par Cicéron qui en donne le plus
bel exposé d'ensemble dans le *Lucullus*, 116-fin) a permis
la confrontation générale des systèmes. Celle-ci s'est
accomplie à Rome sous l'impulsion de deux tendances
complémentaires : la tradition nationale et italique vient
vivifier la philosophie en l'enracinant dans le sol latin;
en même temps l'universalisme stoïco-cynique aide Rome
à assumer sa vocation universelle et à préparer le passage
du règne de la cité à celui de l'Empire. Car l'Empire
commence et c'est son histoire que nous allons étudier
maintenant.

LA PHILOSOPHIE SOUS L'EMPIRE
JUSQU'À PLOTIN

La période que nous allons examiner se caractérise
par deux faits. D'une part, elle n'est pas plus que la
précédente créatrice en matière de philosophie. Elle
continue à exploiter, à décanter l'enseignement des
Grecs; ici encore, il faut voir selon quelles méthodes
et quelles lois. D'autre part, la nouvelle situation politique du monde pose des problèmes originaux, et cela
de plusieurs façons. Un régime monarchique et autoritaire
donne une urgence plus grande et un caractère plus
concret aux problèmes de la liberté. Un régime universaliste met à rude épreuve les cadres de pensée issus de la
cité traditionnelle, dont les structures avaient régi le
monde antique : ici s'accomplit la gestation du monde

moderne. Elle ne se fait pas d'une manière révolutionnaire ;
la grande crise qui va frapper toute cette civilisation
lorsqu'au IIIe siècle se lèvera la menace de la barbarie,
n'a pas encore éclaté. Mais les acteurs se mettent en
place et, comme il arrive, ce sont d'abord des individus
qui prennent une conscience prophétique des troubles
qui menacent la société. Il est remarquable que les grands
penseurs de ce temps occupent tous des postes privi-
légiés d'observation sociologique : Sénèque est précepteur
d'un prince, et provincial d'origine ; Plutarque est grec,
comme Épictète ; le premier est prêtre et le second
affranchi ; Marc Aurèle est empereur. Ces constatations
nous dictent le plan de notre exposé. Nous dégagerons
d'abord les tendances générales de la pensée de ce temps ;
puis nous montrerons comment elles s'expriment, se
combinent, se déploient dans les œuvres de quelques
grandes individualités.

LES MÉTHODES DE RÉFLEXION
DOXOGRAPHIE — LOGIQUE — PHILOSOPHIE

Nous ne connaissons guère que de nom les principaux
maîtres qui ont dirigé les écoles philosophiques pendant
la période qui nous occupe. Nous savons que l'épicurisme,
actif autour de Mécène, cet ami d'Auguste, a continué à
vivre ; au IIe siècle, il a pu, avec d'autres doctrines,
influencer Lucien, et il s'exprime dans la grande inscription où Diogène d'Oenoanda décrit sa lutte contre les
superstitions. La pensée péripatéticienne est présente
auprès d'Auguste avec le philosophe Athénodore ; elle
influence certains milieux alexandrins ; surtout, c'est
vers le début de notre ère que l'on commence à éditer les
œuvres ésotériques d'Aristote : ainsi s'ébauche le *corpus,*
tel que nous le connaissons. Le stoïcisme connaît la plus
grande gloire avec Épictète, Marc Aurèle ou d'abord
Sénèque, élève lui-même de plusieurs maîtres, dont
Sextus et Attale. Il faut aussi parler de Cornutus, qui fut
à ce moment l'un des maîtres du poète Perse. À côté du
stoïcisme, le cynisme est vivace : il est représenté par
exemple sous Néron et Vespasien par Musonius Rufus,
et par Dion de Pruse du temps de Vespasien à celui de
Trajan. Enfin l'école platonicienne reste active : à
Alexandrie, elle est représentée par cet ancien élève

d'Antiochus qui s'appelle Eudore; celui-ci, qui doit aussi beaucoup aux péripatéticiens, a dû influencer Arius Didyme, un éclectique qui est proche d'Auguste et se dit aussi stoïcien; l'école dite de Gaius exerce, à la fin du 1er siècle, une influence qui s'étendra pendant le siècle suivant et qui nous est connue par deux textes sur la pensée platonicienne (*Prologue* et *Epitome*) attribués respectivement à Albinos et Alkinoos (M. Giusta a récemment contesté l'identification du second au premier, que l'on acceptait ordinairement). Au IIe siècle, le platonisme s'épanouit dans l'œuvre philosophique attribuée à Apulée (*De Platone, De deo Socratis, De interpretatione*), mais aussi dans ses écrits plus littéraires (*Apologie; Métamorphoses*) où cette philosophie se trouve rapprochée de la religion isiaque (est-il nécessaire dans ces conditions de nier, comme on le fait souvent, l'attribution des œuvres philosophiques?). Le platonisme inspire aussi les conférences de vulgarisation présentées à la fin du IIe siècle dans un style oratoire par Maxime de Tyr.

Tout ce qui précède nous laisse sentir combien cette description des différentes sectes reste arbitraire. En réalité, les philosophes se définissent d'après la doctrine qui domine dans leurs œuvres; mais tous, à des degrés divers, sont éclectiques; ce sont les lois de cet éclectisme qu'il faut essayer de définir. Là est l'originalité de la philosophie en ce temps.

Le premier fait important que l'on doit signaler est le suivant : les doxographies prennent à ce moment une grande place, d'une part pour nous, qui accédons grâce à elles à la connaissance des doctrines, et d'autre part pour les contemporains : des hommes comme Arius Didyme, après Carnéade ou Cicéron (*Lucullus,* fin), s'attachent à formuler une problématique commune à laquelle les différentes écoles puissent se référer. Les doxographies, donc, ne constituent pas seulement des résumés destinés à la vulgarisation ou à la pédagogie : elles favorisent aussi la généralisation de la problématique. Les admirables travaux de Diels, repris récemment et développés à propos de l'éthique par de très importantes recherches de M. Giusta, montrent ainsi, grâce aux fragments que nous avons gardés d'Arius Didyme, à la tradition platonicienne connue en particulier par Plutarque, aux *placita* d'Aetius, comment l'éclectisme romain

de ce temps reprend des traditions de pensée issues
notamment des péripatéticiens. Ce que nous avons dit de
Cicéron nous a montré que cette influence se développe
depuis Carnéade, par des cheminements divers (Antiochus, Philon, Eudore, Arius Didyme, etc.). C'est dans
ce cadre de pensée qu'il faut désormais situer toute
recherche de *Quellenforschung* : un philosophe qui cite
directement une thèse attribuée à un autre système que le
sien peut se référer non à l'original mais à une doxographie conçue soit dans sa propre école soit chez les
sceptiques ou les éclectiques. Par exemple, en morale,
deux traditions doxographiques, l'une stoïcienne, qui
vient de Chrysippe, l'autre péripatéticienne, revue et
nuancée par Carnéade, ne cessent d'interférer. Nous
avons suggéré d'autre part que la tradition pythagoricienne peut apporter la conciliation dans les conflits
des métaphysiciens.

L'art de ramener les problèmes à des données simples
est à la base de la doxographie : il relève de la dialectique.
Celle-ci, nous l'avons vu, est vivante chez les platoniciens
de ce temps. Apulée va écrire un *De interpretatione,*
Galien traitera lui aussi de logique formelle. Les commentateurs qui ont étudié ces textes discutent pour savoir
si l'on peut déjà y trouver une logique de l'implication
analogue à celle des modernes. On y voit en tout cas,
sous l'autorité souvent invoquée de Platon, s'esquisser
certaines synthèses entre la logique des stoïciens et celle
d'Aristote, qui commence à être connue. Ainsi s'ébauchent
les structures de pensée qui plus tard domineront la
réflexion médiévale.

LA PHILOSOPHIE ET L'EMPIRE
PROBLÈMES POLITIQUES

La pensée politique se trouve bouleversée à Rome par
la transformation de l'État. Sans doute, là encore, des
créations originales ne sont pas nécessaires. Les monar-
chies hellénistiques ont déjà suscité chez les philosophes
des théories dont on trouve souvent la trace à Rome. Mais
d'autre part, la tradition originale de l'*urbs* repose sur la
notion républicaine et morale de liberté individuelle;
enfin, l'Empire réalise le premier l'unité juridique du

monde méditerranéen : il détruit ainsi les vieux cadres de la cité.

Le débat des philosophes avec l'Empire se situe d'abord sur le plan individuel. Quels sont les rapports entre la liberté personnelle et la liberté politique, qui a pratiquement disparu ? On connaît la réponse des stoïciens (et aussi d'autres philosophes comme les épicuriens, qui se rapprochent ainsi du Portique, d'une manière inattendue) : le sage se suffit à lui-même, et sa liberté ne dépend pas des circonstances; si le pouvoir politique l'accable, il peut toujours recourir au suicide. Nous ne pensons pas que ce repli sur la conscience de soi ait un caractère aussi formaliste que le prétendent certains hégéliens; l'œuvre d'Épictète nous le montrera. En fait, il s'agit pour ces philosophes d'établir une sorte de contrat avec le prince : ou bien il respectera dans son gouvernement leurs valeurs, et alors ils accepteront de lui apporter leur coopération; ou bien il les négligera et ils refuseront alors de participer à la vie publique. Cette attitude explique que des rapports difficiles aient existé pendant toute notre période entre le pouvoir impérial et l'*intelligentsia* philosophique; elle explique aussi le rôle important des sages auprès des milieux d'opposition auxquels ils fournissaient l'éthique d'une action et le langage d'un dialogue avec le prince. Les vraies questions, celles qu'on trouvera chez Musonius Rufus, chez Sénèque ou chez un historien comme Tacite, étaient dès lors les suivantes : quand le philosophe doit-il renoncer à la coopération, embrasser le repos *(otium)*, quand et comment a-t-il le droit de se révolter ? Il s'agit en somme d'une casuistique de la liberté individuelle.

Une seconde série de problèmes concernent l'organisation politique de l'État, sa constitution. On sait que Polybe et Cicéron avaient décrit la république romaine comme une constitution mixte triple. Nous avons dit que cette analyse se rattachait sans doute à la pensée d'Aristote pour qui la *politeia* idéale était mixte et triple. Il semble qu'Auguste ait repris cette tradition à son compte, en affectant de se présenter comme un *princeps* à la manière cicéronienne, et en laissant les penseurs de son temps — Arius Didyme ou Denys d'Halicarnasse — développer l'éloge de la constitution triple. Soulignons toutefois qu'Auguste a pu s'inspirer d'autres courants,

notamment de l'utilitarisme épicurien (dont son ami
Mécène devait lui rappeler les principes) et du pythagorisme : ces deux doctrines insistaient chacune à sa
façon sur le rôle des rois. De fait, en pratique, c'est bien
une monarchie autoritaire qu'a instituée Auguste.

Sous ses successeurs, l'équivoque qui avait marqué son
règne se défera peu à peu. Tacite (*Annales*, XVI, 33)
affirme ouvertement que tout se passe à Rome comme si
un seul gouvernait; il ajoute que la constitution mixte
n'existe sans doute nulle part et en tout cas ne saurait
maintenir durablement son équilibre. Dans ces conditions, Tacite se rallie à ce qu'Isocrate définissait déjà
comme une monarchie démocratique chargée de garantir
les libertés que ne saurait assurer le mélange des pouvoirs
(Jean Bodin s'inspirera beaucoup de cette pensée dans sa
défense de la monarchie).

Retenons bien que cette adhésion à un principat
autoritaire est inspirée à un historien par le pessimisme
qu'il a acquis en étudiant les institutions et les hommes.
Soulignons aussi qu'avec tous les historiens romains, et
conformément à une tradition hellénistique transmise
notamment par Posidonius, Tacite tire de sa méditation
une autre leçon : le machiavélisme échoue toujours. À
longue ou à brève échéance la violence se retourne toujours contre elle-même : tel est le véritable sens de
l'histoire ou de la notion de destin. Telle est la véritable
leçon qui se dégage par exemple de la vie de Tibère : il
a payé un faux libéralisme d'un véritable échec.

Ainsi pèse sur les historiens de ce temps la double
obsession des décadences et des expiations. Cependant,
ils demandent aux philosophies de les assurer contre
ces périls. Le platonisme leur apporte à la fois le sens de
l'idéal et de la relativité des progrès humains, l'épicurisme le sens de l'utile, l'aristotélisme le respect de la
société et le goût de la sociologie, le stoïcisme un approfondissement de la notion de droit naturel, le cynisme
(depuis les temps hellénistiques) combat les privilèges
des individus et les particularismes des cités : on comprend, en replaçant les idéologies dans le cadre de
l'histoire antique, que ces philosophies si diverses
puissent s'unir. Il ne s'agit pas d'un éclectisme aveugle,
mais de la grande œuvre historique de Rome : l'universalisation du droit par l'universalisation de la pensée.

Après avoir ainsi défini quelques-uns des principaux courants de la pensée philosophique dans les deux premiers siècles de l'Empire, nous allons montrer comment ils confluent chez quelques grands auteurs, ou dans certains mouvements de pensée.

LA NAISSANCE DU CHRISTIANISME
ET LA PHILOSOPHIE

Les remarques que nous avons formulées à propos du néopythagorisme ou des cosmogonies montrent que l'un des problèmes les plus importants qui se posent alors à la philosophie, issue des sagesses gréco-latines, est de répondre aux grands mouvements religieux qui brassent le monde antique au début de notre ère. Nous avons pu pressentir qu'une certaine interprétation de la tradition platonicienne allait d'une part favoriser le néoplatonisme et d'autre part nourrir l'hermétisme de la gnose. Mais ces doctrines dualistes et cosmologiques, ces religions de salut, parfois teintées de magie, ne constitueront leurs principaux écrits que plus tard, et à partir de la fin du Ier siècle. Nous n'avons donc pas à en traiter ici.

En revanche, un grand fait religieux survient sous le règne de Tibère : c'est le début du christianisme. Cela nous conduit à poser la question, fondamentale pour notre civilisation d'Occident, de ses rapports avec la philosophie. Des réponses divergentes ont été apportées. É. Bréhier, par exemple, a nié que le christianisme ait infléchi le développement de la philosophie : celle-ci serait restée entièrement autonome. D'autres chercheurs — citons en dernier lieu C. Tresmontant ou H. Duméry — ont adopté une attitude opposée : ils croient en l'existence d'une philosophie chrétienne.

Ici comme ailleurs, l'on ne peut répondre qu'en adoptant une attitude historique. Et alors la formulation des questions devient différente; il s'agit d'étudier la rencontre de l'idéologie impériale de Rome, qui constitue le principal support de la sagesse grecque, traditionnelle, et de la pensée juive. Autrement dit, nous allons observer le dialogue — ou l'affrontement — de deux grands universalismes. C'est ici que la pensée romaine, héritière de la sagesse hellénique, va se trouver mise à l'épreuve

dans ce qu'elle a d'essentiel : l'universalisme politique
et intellectuel.

LE JUDAÏSME ET LA SAGESSE

On doit d'abord souligner que, dans la diaspora, en
Égypte, et même en Palestine sans doute, les Juifs ne
sont pas restés indifférents à la sagesse hellénistique.
Ils ont été amenés depuis des siècles à la confronter avec
leur loi, avec la religion. Ne trouve-t-on pas dans
l'*Ecclésiaste* des traces d'épicurisme et de pyrrhonisme ?
La traduction en grec des livres saints par les Septante a
entraîné une hellénisation des concepts religieux dont
les conséquences seront importantes (traces de platonisme,
de socratisme dans le *Cantique,* par ex., I, 8 : la fiancée
doit « se connaître elle-même »). À la fin du ~ IIe siècle,
se sont multipliés les écrits qui appliquaient à
l'alliance judaïque les interprétations du rationalisme
païen. Citons les œuvres d'Aristobule, dont la date
soulève des contestations. La *Lettre d'Aristée* (dialogue
fictif des Septante avec le roi Ptolémée Philadelphe et ses
philosophes), la tragédie du Pseudo-Ézéchiel où Moïse
apparaît comme un sage, et au ~ Ier siècle, le IVe livre des
Maccabées et surtout la *Sagesse de Salomon* qui sera
admise dans la *Bible.* Ce dernier ouvrage est aussi important que beau. C'est à lui essentiellement que nous
nous référerons.

Son auteur use constamment de la philosophie grecque
pour universaliser et pour interpréter la loi d'Israël.
Il dépeint en stoïcien la sagesse de Dieu comme un
esprit ami des hommes et diffus en toutes choses
grâce à son extrême pureté; de même il définit
comme les stoïciens les vertus qu'on appellera cardinales. Il se rattache au platonisme par sa conception
de l'innéité, et de la préexistence de l'âme, et aussi
par cet amour qu'il voue à la sagesse pour sa beauté
(VII, 2). Une telle rencontre du platonisme et du stoïcisme, dans un milieu alexandrin, nous situe près
d'Antiochus l'Ascalonite.

Et il ne s'agit pas d'un placage gratuit. L'auteur tire
de la religion philosophique des conséquences essentielles
pour les Juifs et pour les Gentils. Devant tous, il souligne
que la sagesse, par son universalité même, échappe au

mystère, au secret, que chacun peut y accéder; il suffit qu'on la cherche, et on la trouvera assise devant la porte (*Sag.*, 12-14). Mais en face des païens, il analyse l'histoire juive pour montrer que celle-ci a été constamment régie par la sagesse de Dieu. Il montre (avec la *Lettre d'Aristée*) que la véritable royauté, pacifique, mystique, fondée sur l'alliance avec Dieu, trouve ses règles dans la *Bible*. Il insiste aussi sur le caractère cosmique de l'alliance : c'est le monde (*cosmos*) qui est représenté comme une parure (*cosmos* aussi) sur la robe du grand prêtre Aaron. Philon mettra vigoureusement l'accent sur cette idée. Ne pourrait-on découvrir ici une sorte de messianisme transfiguré par la philosophie? C'est la sagesse juive, un jour, qui, par sa douceur même, gouvernera le monde.

Déjà elle s'oppose à lui sur certains points : l'auteur de la *Sagesse* condamne durement le culte des statues (il est ici très loin des philosophes qui inspirent par exemple Varron). Surtout sa conception — très judaïque — de la toute-puissance divine le conduit à poser le problème de la liberté dans les termes mystérieux dont hérita le christianisme. La doctrine de la Sagesse postule à la fois la responsabilité de l'homme et la primauté absolue de la grâce divine (puisque la sagesse est à la fois liberté humaine et esprit divin : voir surtout VIII, 20 et IX en entier).

PHILON — L'ALLÉGORISME BIBLIQUE ET LA THÉOLOGIE NÉGATIVE

Nous assistons, dès ce livre essentiel, au mouvement par lequel l'universalisme juif essaie d'assumer l'universalisme antique, non sans le transformer quelque peu. L'aspect le plus outré de cette attitude se trouve lié au développement de la pensée néoplatonicienne à Rome, puisqu'il nous est transmis par Alexandre Polyhistor, citant Artapan et Eupolème. Certains Juifs n'ont-ils pas affirmé que Platon devait sa doctrine aux prophètes? Il s'agissait d'une sorte de « vol » commis par les philosophes. Ceux-ci avaient suivi les leçons de Pythagore et d'Orphée. Or ce dernier, d'après la légende, était l'élève (plutôt que le maître) de Musée. Nos exégètes prétendaient que le nom de ce personnage était une défor-

mation de celui de Moïse, de qui serait donc venue
toute la sagesse profane.

Cette fiction ne fait que traduire une expérience que
rencontrent encore les lecteurs modernes, lorsqu'ils
découvrent certaines affinités entre les deux sagesses.
Les Juifs de ce temps les constataient pratiquement; les
pythagoriciens semblent avoir influencé les règles de
vie des communautés esséniennes, dont la floraison
coïncide avec notre période.

Mais surtout, entre ~ 20 (peut-être exactement
~ 13) et à peu près 50, une personnalité exceptionnelle accomplit la synthèse de la tradition judaïque et de
la pensée grecque; c'est Philon d'Alexandrie. On s'est
beaucoup interrogé sur la nature et la portée de sa culture :
connaît-il l'hébreu ? est-il vraiment proche des milieux
sacerdotaux de sa nation ? ne trahit-il pas sa religion en
y introduisant des schémas de pensée tirés des mystères
grecs ? La recherche récente répond : Philon est un Juif
authentique qui, selon la tradition alexandrine, essaie
d'appliquer à l'interprétation de ses livres saints les
méthodes de la sagesse grecque. Il s'y trouve particulièrement aidé par le fait que, dans Alexandrie, en ce
temps, c'est l'éclectisme qui domine. Il semble, d'après
les plus récents travaux, que Philon a pu connaître les
milieux platoniciens et péripatéticiens et qu'il a fréquenté
des disciples d'Antiochus, ou du moins de l'Académie.
L'un des philosophes les plus originaux qui aient pu
l'inspirer est le platonicien Eudore, qui avait notamment
commenté une doctrine pythagoricienne selon laquelle
la monade et la dyade indéfinie ne sont pas primitives
mais engendrées par le premier Un. Nous allons trouver
ici une application admirable de cette démarche « œcuménique » que nous signalions chez Cicéron.

Cela s'accomplit d'abord sur le plan politique. Philon
appartient à l'une de ces familles orientales et puissantes
qui devaient jouer un rôle grandissant dans l'histoire
de l'Empire. Il est allié, par son frère Alexandre Lysimaque,
au roi Hérode Agrippa, et son neveu Tibère Alexandre,
ayant apostasié sa foi juive, est devenu procurateur de
Judée et préfet d'Égypte. C'est notamment par ce
personnage que Philon eut l'occasion d'approcher les
cercles philosophiques (paraphrasant même, sans les
adopter, les théories péripatéticiennes sur l'éternité du

monde). Mais l'influence politique de sa famille l'a obligé à jouer un rôle public, à protéger la communauté juive d'Alexandrie contre la persécution des Égyptiens (discours contre le gouverneur Flaccus) ou face aux nouvelles tendances de la religion impériale. Caligula voulait se faire bâtir une statue dans le temple de Jérusalem; Philon joue un rôle déterminant dans l'ambassade qui cherche à le dissuader. À cette occasion il séjourna à Rome; un Sénèque put le connaître à la cour. L'on voit ainsi qu'il se trouve placé au cœur d'un débat essentiel. L'antisémitisme est en train de naître à Rome, Philon le combat; la contestation survient à propos de la nature même du pouvoir impérial.

Sur la royauté Philon apporte une doctrine nuancée. Il développe le portrait du roi idéal que le *Livre de la sagesse* avait déjà esquissé : il s'agit d'un prêtre inspiré qui mène les hommes par la douceur et la raison. Tel Moïse. Mais on constate que le roi, ainsi conçu, est fort différent de « l'homme politique », lequel a pour modèle Joseph, qui traitait avec le pharaon, et qui était obligé à l'occasion de le faire par la ruse. Moïse, au contraire, s'est écarté du pharaon, a conduit son peuple loin de lui. Avec l'imitation de ces deux modèles, Philon concilie l'obligation pacifique d'obéir au principe de ce monde et celle, plus mystique, de préserver l'alliance avec le vrai Dieu. Cela risquait de ne pas satisfaire le totalitarisme romain.

La vocation de Philon est donc contemplative; sa culture, son esprit de prosélytisme l'amènent à donner des livres saints une interprétation philosophique, soit qu'il pose sur leurs versets des « questions » concernant la nature et la morale, soit surtout qu'il se livre à un commentaire allégorique du *Pentateuque*. Nous n'avons pas ici à exposer sa doctrine (elle est très complexe, et l'on en connaît mal l'évolution historique). Nous soulignerons seulement qu'il met au point, mieux que personne avant lui, les méthodes d'approche et d'échange entre la religion et la philosophie.

Il s'agit d'abord de typologie, d'allégorie. Philon montre un souci très éclairé d'interpréter la Loi et les textes saints dans la totalité de leurs aspects. Il scrute le sens historique, mais aussi le sens cosmologique (ou physique, comme disent les stoïciens), le sens moral et psychique et, par-dessus tout, le sens mystique — celui qui concerne les rapports intérieurs de l'âme avec Dieu. Certes, cette manière de procéder, qui s'inspire aussi bien de l'allégorisme juif que des méthodes philosophiques pour la lecture d'Homère, ne va pas sans favoriser l'imagination et l'arbitraire. Mais en cherchant dans chaque démarche humaine la trace du divin, elle favorise l'élaboration d'une anthropologie mystique. Tous les grands personnages bibliques deviennent des figures de la quête du divin. Abraham se marie deux fois; c'est qu'il épouse d'abord la sagesse profane (la culture libérale), puis la sagesse divine; il avait besoin de passer par l'une pour atteindre à l'autre. Isaac, dont le nom signifie « rire », n'épouse au contraire que Rebecca; c'est que Dieu lui a donné la vertu infuse, et il rencontre donc directement la sagesse sans passer par la science. La dispute de Moïse avec les Égyptiens symbolise celle du sage avec les épicuriens. Tous, Abraham, Jacob, Moïse, progressent vers Dieu, et pour cela ils partent au désert (l'allégorie rejoint ici l'expérience existentielle du Juif d'Alexandrie). Ils abandonnent « l'homme extérieur », ils apprennent qu'ils ne sont rien. Ensuite, ils s'intériorisent, ils éprouvent qu'ils sont des « microcosmes », à l'image de l'univers. Dieu apparaît à Abraham; où cela? en lui-même; il découvre qu'il a un guide. Dès lors il doit se détacher de « l'homme intérieur » lui-même aussi. Le véritable sens de la sortie d'Égypte est la purification de l'âme. La vertu royale est la patience — c'est-à-dire la soumission à Dieu; et l'on sait qu'Israël signifie : qui voit Dieu.

Mais qu'en est-il précisément de la connaissance de Dieu? C'est ici que les catégories intellectuelles de la philosophie antiochienne se trouvent utilisées pour interpréter l'expérience mystique et les données traditionnelles qui concernent la transcendance divine. Dieu existe mais il est ἀειδής, ἀκατάληπτος, autrement dit, il ne peut être connu par la représentation compréhensive. On ne connaît de lui que « son sillage », les traces qu'il laisse dans notre esprit et dans l'univers par l'entremise de son *logos,* lui-même incompréhensible, lieu des idées, modèles et archétypes des êtres, que l'on rapproche parfois des nombres pythagoriciens et qui, à leur tour, sont causes exemplaires de la création, lui impriment leurs sceaux, et permettent dans le monde sensible la différenciation des « genres ». Cette doctrine fait songer au *Timée* de Cicéron ou à la *Lettre* 65 de Sénèque. Elle laisse dans une certaine obscurité la nature mystérieuse du *logos*, « premier archange ». Mais elle fonde dans la sagesse antique ce que l'on a nommé depuis théologie négative. Dieu n'est pas connu en lui-même, mais son existence se révèle à travers l'aventure de l'âme en voie de purification, qui connaît successivement l'interdiction du péché, l'obéissance à la loi, le repentir et la miséricorde après la faute, la gratitude, enfin la pleine adhésion dans l'abandon à l'amour créateur. L'un des aspects les plus féconds de la pensée de Philon est sa doctrine du renouvellement infini des grâces, qui se substituent les unes aux autres pour un approfondissement sans fin de la vie spirituelle. Ainsi s'établit dans l'œuvre de Philon un dialogue entre l'immanence (nature stoïcienne) et la transcendance (idées platoniciennes) qui tend à réaliser l'espoir messianique d'Israël : l'accord de la création avec le Dieu unique.

DE PHILON À SAINT PAUL
LA PHILOSOPHIE ET LE MESSAGE ÉVANGÉLIQUE

Il n'est pas possible ici, et cela n'entre pas dans notre sujet, de traiter dans son ensemble la complexe question des rapports du message évangélique avec la philosophie. Néanmoins, dans la mesure où l'influence du judaïsme hellénistique est présente, nous pouvons esquisser quelques indications générales. Elles concerneront surtout l'œuvre de saint Paul (l'*Évangile de saint Jean* ne semble guère avoir été rédigé avant la fin du 1er siècle; il instituera la théologie chrétienne en posant les deux affirmations révolutionnaires : le *logos* était Dieu; le *logos* s'est fait chair).

En premier lieu, il est certain que saint Paul a reçu une teinture de philosophie. Cela faisait partie, en son temps, de l'éducation de tout homme cultivé. D'autre part l'essentiel de son apostolat s'est déroulé en pays grec. Effectivement on retrouve chez lui des notions philosophiques (peu nombreuses et souvent liées à la pensée juive). Il attaque par exemple les divinités païennes parce qu'elles ne sont pas incorruptibles —

comme elles devraient l'être de l'avis de Philon et du platonisme. Dans un texte célèbre (I *Cor.*, 13, 12), il dit que nous ne connaissons Dieu que dans un miroir; cela aussi est proche du platonisme et se rattache à la théologie de l'image divine (voir déjà *Sagesse*, VII, 25 sq.). D'autres thèmes nous rapprochent du stoïcisme; chez Paul, à la métaphore juive de l'arbre ou de la vigne se substitue celle de l'organisme, du corps mystique dont la tête est le Christ et dont tous les membres sont unis par une même finalité. Cela permet de développer l'idée (commune aux Juifs et aux Gentils) d'une parenté de l'homme avec Dieu. Saint Paul insiste également sur la notion de loi naturelle que les juifs connaissaient aussi sous le nom d'alliance noachique, mais dont nous savons l'importance pour la philosophie antique. Enfin, chez lui, comme plus tard chez saint Jean, une notion prend un relief exceptionnel : c'est l'*agapè,* la vertu de charité. Certes, l'emploi de ce terme semble nous écarter de la philosophie platonicienne, qui parle (voir notamment Philon) d'*éros* spiritualisé. Mais on s'aperçoit qu'au temps même de saint Paul, le stoïcien Musonius Rufus emploie à Rome des mots de la famille d'*agapè.* Et, de fait, ce terme désigne un type d'amour que la Grèce a mal connu — l'amour révérentiel de l'époux pour l'épouse, l'amour de prédilection, l'amour familial — ce que Cicéron et ses amis stoïciens appelaient non pas *amor,* mais *caritas;* ils usaient aussi du terme *diligere.* L'on s'aperçoit ici que la sagesse et la civilisation de Rome, et du Portique, se rapprochent de la tradition juive pour corriger ce que la civilisation grecque a d'insuffisant.

Nous voyons qu'il s'agit de la rencontre de deux sagesses, plutôt que de deux doctrines. Effectivement, bien souvent, du simple fait qu'il s'adresse à des Gentils et qu'il parle le grec — leur langage — saint Paul, sans adhérer à leurs croyances, à leur philosophie, se trouve conduit à utiliser leurs schémas de pensée, leur rhétorique, surtout lorsque cela présente quelque ressemblance avec les méthodes des rabbins juifs. Il se sert, comme Philon, de l'allégorie (*Gal.* 4, 21 sqq.), mais elle prend chez lui un sens nouveau, non plus mystique, mais historique : l'ancienne alliance préfigure la nouvelle. Il prépare, par son emploi du mot *typos,* la « typologie» qui jouera un si grand rôle chez les Pères de l'Église. Ceux-ci, quand ils le commenteront, ne pourront manquer de songer que, dès son temps, le terme désignait dans les traités *Topiques* la *nota*, la marque distinctive qui fait reconnaître une notion. Saint Paul a pu le savoir.

Cette attitude prend une importance toute particulière au début de l'*Épître aux Romains*, lorsque saint Paul décrit ses raisons de dépasser la stricte observance de la loi juive : il utilise, comme les rhéteurs de son temps, l'opposition entre l'esprit et la lettre, entre la nature, la loi, le droit divin. Sans doute, cette méthode s'apparente à celle qui était traditionnelle chez les interprètes juifs de la *Bible*. Mais il est tout à fait remarquable que ce texte universaliste s'adresse à des habitants de Rome, dont il épouse aussi les habitudes de pensée. De même, on peut interpréter dans ce sens le fameux acte de soumission aux pouvoirs établis (*Rom.*, 13); il faut obéir aux magistrats, dit Paul, parce qu'ils sont ministres de Dieu pour le bien. Telle est précisément — nous le savons par de nombreux textes, nous l'avons montré à propos de Scaevola — la justification que les Romains donnaient à leur empire; ils étaient *uiri boni,* autrement dit, ils respectaient le droit naturel.

Tout cela ne doit évidemment pas dissimuler les originalités du christianisme sur lesquelles saint Paul insiste lui-même, dans son dialogue avec les Grecs de Corinthe, lorsqu'il oppose à la sagesse païenne la folie de la croix. Nous évoquerons quelques traits importants : les chrétiens (après les esséniens) glorifient le travail. Paul se présente d'autre part comme l'ennemi des controverses : il refuse des querelles de mots « au nom de la charité ». Qu'il suffise d'annoncer le message de Dieu; les techniques de la discussion sont imprégnées d'orgueil : l'on doit donc en user avec précaution. Cette attitude oppose dans une grande mesure l'apôtre aux dialecticiens. Plus fondamentale dans l'ordre de la doctrine est l'insistance sur les vertus qu'on nommera théologales — la charité (I *Cor.*, 13 : elle est le seul moyen possible d'approcher la perfection en ce monde parce qu'elle ne passera jamais, alors que les autres charismes sont liés à l'imperfection de notre connaissance) — la foi (hors de l'œuvre de saint Paul, l'*Épître aux Hébreux,* qui ne s'embarrasse guère de catégories philosophiques et suit les méthodes traditionnelles de l'exégèse judaïque, la

glorifie magnifiquement, parlant d'Abraham en des termes
qui annoncent exactement Kierkegaard) — l'espérance,
enfin, que toute la sagesse antique condamnait, cherchant
à se placer soit dans l'éternel, soit dans la stabilité des
cycles de la religion astrale, soit dans la plénitude de
l'instant présent. Le christianisme vit dans l'avenir
de l'espérance eschatologique, dans le mystère historique
du dessein de Dieu, où chaque sacrifice, chaque souffrance,
prennent leur sens. Cela implique que le Christ est maître
des puissances célestes et cosmiques. Ajoutons enfin que
dans cette perspective historique s'esquisse la doctrine
de la « substitution » des justes souffrant pour les pécheurs,
dans laquelle certains modernes (L. Massignon, O. Cull-
mann) voient un aspect essentiel du christianisme.

Au delà de tout cela, il y a ce qu'on trouve uniquement
dans le Christ : la croix, l'esprit de miséricorde, l'esprit
d'enfance.

Nous pouvons conclure. Primo, dans l'ordre de
l'histoire, on constate ce fait paradoxal : la philosophie
n'est pas venue, comme on le prétend souvent, modifier
l'enseignement du Christ. Elle est présente dans la *Bible*
dès le *Livre de la sagesse,* et le Christ médite sur elle comme
sur le reste. Secundo, si l'on pense, avec les Anciens, que
la philosophie est méditation sur les choses humaines et
divines, et leurs causes, il est incontestable qu'une telle
méditation apparaît chez Philon et saint Paul; oui, il y a,
dès ce moment, une philosophie chrétienne. Et celle-ci,
précisément, est fondée sur le dialogue avec la sagesse
païenne, puisqu'elle naît de l'universalisme.

LES GRANDS PHILOSOPHES

SÉNÈQUE — LE PHILOSOPHE AU SERVICE DU TYRAN

La plus importante figure du 1er siècle est celle de
Sénèque, le dernier grand philosophe de langue romaine;
celui-ci, précisément, voulut agir, et fut le précepteur
et le ministre du plus haï des empereurs. Figure étrange,
souvent détestée dans l'Antiquité (où une tradition
aristocratique que combat Tacite l'accuse d'hypocrisie)
aussi bien que méconnue à l'époque moderne, où
l'on voit volontiers en lui un simple moraliste, et où
l'on affirme d'une façon assez contradictoire qu'il

infléchit la philosophie vers les problèmes de la vie
pratique et qu'il suit servilement Chrysippe, lequel
n'avait rien d'un simple moraliste. Il est certain que
Sénèque apparaît très fidèle à la tradition de l'ancien
stoïcisme (que les recherches historiques suscitées par les
académiciens et les néopéripatéticiens ont pu rendre
plus vivante). Il est vrai qu'il s'inspire aussi de la philosophie latine et cicéronienne (à propos notamment de la
gloire ou de l'espoir d'immortalité). Nous n'aurons pas
besoin ici de retracer le détail de sa doctrine. Nous
chercherons seulement, comme pour Lucrèce, ce qui fait
l'originalité et l'unité d'une œuvre dont notre maître
P. Grimal a pu souligner la grande valeur philosophique.
Et nous trouverons que cette unité, cette force, viennent
du destin même de l'écrivain.

Sénèque n'est pas un philosophe de profession, mais un
magistrat comme Cicéron, un homme d'action qui a connu,
de manière violente et variée, toutes les réalités de la vie.
Né au début du siècle, fils d'un rhéteur célèbre, il est
espagnol d'origine, et représente à Rome les provinces
occidentales dans le moment où elles prennent une influence décisive : c'est un citoyen du monde. Il a connu dans
sa jeunesse l'appel de la sagesse mystique — pythagorisme, influences égyptiennes, judaïsme, peut-être — et il
a failli être victime de Séjan, puis de Caligula. Son
ambition, ou son prestige, l'ont mêlé aux pires drames de
la cour ; ne l'a-t-on pas accusé, sous Claude, d'être
l'amant d'une princesse impériale, qui est morte, victime
de ce grief ? Lui ne fut qu'exilé en Corse d'où, sans
s'avouer coupable, il suppliait le pouvoir de le rappeler. C'est Agrippine qui le fit, après la chute de
Messaline. Il assista donc à la mort de Claude, puis Néron
le consulta avant de tuer Agrippine. C'est surtout vers ce
temps, entre 48 et 65, date de son propre suicide, qu'il
écrivit son œuvre philosophique tandis que croissait puis
déclinait son influence sur Néron, qui finit par exiger
sa mort.

On conçoit qu'un tel homme ait pu exprimer sa
prodigieuse expérience dans des tragédies qui sont
d'ailleurs fortement influencées par sa pensée théorique,
mais dont les rapports avec elle apparaissent très complexes ; on est plus surpris qu'elle ait suscité des traités de
philosophie. Et pourtant l'on a tort, si le rôle de la

philosophie est précisément de traduire et de juger
l'expérience humaine.

Sénèque a donc d'abord été le sénateur loyal de Néron
dont il avait été le maître de rhétorique et de philosophie.
Il semble avoir représenté la tendance la plus agissante,
la plus novatrice du stoïcisme. Certes (comme le montrent
certaines critiques qu'il adresse, à la fin de sa vie, à
Posidonius) il se défie un peu de la civilisation, du
progrès technique, des sciences et des arts. L'influence
des cyniques est très forte sur son œuvre (*Ad Lucilium,*
88 sqq.). Mais il paraît pourtant avoir favorisé, en
l'orientant vers des ouvrages utilitaires, vers l'agriculture
(dont parle alors Columelle), et en combattant le luxe dans
le même temps, le goût des grands travaux qui se mani-
festait chez Néron — cet *artifex* enthousiasmé par les
techniques de la Grèce et de l'Orient.

D'autre part, Sénèque écrit, au début du règne, un
traité *De la clémence,* et va développer un ouvrage *Sur la
colère* commencé peut-être antérieurement. Textes essentiels car ils transforment ou du moins approfondissent la
notion de principat; Sénèque affirme hautement le
caractère monarchique, souverain, de la domination
impériale. Le *De clementia* (que nous connaissons, il est
vrai, incomplètement) n'a plus de rapport avec le *De
republica* de Cicéron, dont Auguste et même Tibère
s'inspiraient encore. Sénèque revient à la royauté cosmique, telle que la concevaient sans doute les philosophes
de l'époque hellénistique. C'est en son nom qu'il prône
moins l'équité et la justice (comme jadis Cicéron) que
la clémence et la douceur. De même on voit clairement
qu'à l'idée d'un gouvernement par l'équilibre social,
il substitue celle d'une direction de conscience, d'une
pédagogie du prince : oui, Néron est un tyran. Il s'agit
d'en faire un bon tyran, par la philosophie.

Quel recul depuis Caton! Sénèque voyait le monde
régi non par un sénat, ni même par le conseil impérial,
mais par une cour, où on lui faisait des cadeaux sur les
biens de ceux qui tombaient dans les intrigues —
Britannicus par exemple. Et Sénèque écrivait le traité
De beneficiis, à la fois prudent (de là une casuistique que
l'auteur du *De officiis* avait ignorée) et courageux, puisque
son thème dominant, bien nouveau dans la philosophie
romaine, était l'humiliation par les bienfaits. Ce thème de

l'humiliation et de l'offense, liées à l'hypocrisie, a eu depuis la fortune que l'on sait.

Il vint un jour, en 62, où Sénèque rendit ses cadeaux à Néron, et déclara préférer la retraite et la pauvreté. Tacite décrit cette scène comme une conversion (*Annales*, XIV, 51 sqq.). Les œuvres de l'écrivain nous permettent de suivre ses crises intérieures. Humilité de l'homme qui se sent indigne de la sagesse qu'il prône lui-même *(De uita beata)* et surtout réflexion sur « l'engagement » politique. Car Sénèque, comparant sans cesse le philosophe au soldat, est le principal auteur de ce vocabulaire militaire qui devait séduire Péguy avant Sartre. Dans le *De constantia animi*, le *De tranquillitate animi*, le *De otio* enfin, il montre que le sage n'a droit au repos que lorsqu'il a épuisé toutes les chances de l'action, lorsqu'il a tout fait pour les autres hommes assiégés par le mal, lorsqu'il a conduit leurs sorties et couvert leur retraite. Ainsi se trouve réprimée (au nom de l'abnégation) la tendance à l'indifférence qui pourrait naître de la liberté intérieure : Sénèque dit que le philosophe au pouvoir est comme un crucifié sur lequel pèse le poids de tout un peuple attaché à lui (*De tranquillitate animi*, 10, 6), ne subsistant que par sa souffrance. Lorsqu'enfin tout est consommé, alors il peut se détacher des affaires humaines pour contempler le ciel — ce qui est encore une activité, une participation aux affaires divines. Au moment où il écrit le *De otio*, Sénèque vient précisément d'abandonner le service de Néron et cette abstention lui promet la mort, il ne l'ignore pas.

Mais il a su très tôt se préparer à la mort. Les stoïciens de ce temps ont tous médité sur le suicide qui peut être, quand tous les autres moyens sont épuisés, une forme suprême de liberté. Déjà les consolations qu'il rédigeait sous Tibère, Caligula et Claude, aidaient Sénèque à accepter le destin. Puis dans le *De breuitate uitae* (vers-49) il a médité sur le temps. Celui qui agit vraiment est délivré de l'espoir comme du regret, et trouve dans un instant de liberté une plénitude qui ressemble à l'éternité. Ici s'accomplit parfaitement l'effort de réflexion sur l'instant, et sur le passage du temps, que Lucrèce avait commencé à Rome, et qu'Horace avait continué, trouvant lui aussi dans la brièveté même de l'instant le moyen d'exalter à l'extrême sa liberté par son acceptation.

En 63 et 64 Sénèque rédige en même temps que les
Questions naturelles sa plus belle œuvre, les *Lettres à
Lucilius,* un de ses protégés, menacé comme lui par sa
propre retraite puisqu'il ne peut plus le défendre. Ces
lettres sont précieuses à plusieurs titres. D'abord elles
constituent le seul exemple authentique que nous ayons
gardé d'une correspondance philosophique dans l'Antiquité, et elles nous montrent selon quelle technique le
maître faisait progresser son disciple, l'exerçant avant de
l'instruire et lui révélant progressivement la complexité de
la doctrine. Il commençait par l'éthique, touchait ensuite
à la dialectique. Nous observons ici un second point
(qui annonce Épictète, et rappelle saint Paul). Sénèque
adopte vis-à-vis de la dialectique une attitude nuancée.
Déjà dans ses *Dialogues* (dont P. Grimal a montré les
règles de composition), il l'avait associée à la rhétorique
sans jamais la sacrifier. Il la connaît, respecte ses lois ;
mais il évite de s'appesantir sur ses problèmes particuliers,
parce qu'il veut, d'une part, éviter la curiosité gratuite, et
d'autre part, se défie des vaines controverses. Il aime
mieux revenir, en s'aidant de toute une rhétorique, aux
« notions communes » (*Ad Lucilium,* 120) et n'hésite
pas à ce propos, dans ses trente premières lettres, à
utiliser des pensées d'Épicure, qui lui paraissent en
concordance avec le stoïcisme. Ce rapprochement entre
les deux doctrines, qui s'esquissait déjà chez Horace,
est fondé sur une croyance très forte dans les données
naturelles de la raison.

Enfin, cette direction de conscience implique chez
celui qui la pratique une interrogation intense sur lui-
même. C'est en ce sens qu'il développe l'introspection
et la notion de vie intérieure — inspiré par ses maîtres
pythagoriciens, les Sextii, et peut-être aussi par le
judaïsme et sa conception de « l'homme intérieur ».
Mais cette méthode de pensée l'entraîne, d'une façon
très romaine, à une attitude ambiguë dans laquelle
l'héroïsme le dispute à l'humilité. Il éprouve et décrit
d'une manière originale ce sentiment de faiblesse,
d'insuffisance, d'insatisfaction qui conduit l'homme à une
sensation métaphysique — l'impression d'être perdu
dans un tunnel (*Ad Lucilium,* 57), la « nausée », le
dégoût de vivre (*De tranquillitate animi,* introd.). Car
enfin, il n'est rien sans la sagesse, et il sait qu'il n'est

pas sage. Peu de philosophes stoïciens ont médité autant
que Sénèque sur la situation du *proficiens* qui tend vers la
vertu sans la posséder; une des qualités morales qui
favorisent ce progrès est l'abnégation héroïque dont le
philosophe témoignera jusqu'à sa mort : « Aimer, c'est
avoir quelqu'un pour qui mourir » (*Ad Lucilium,* 9, 10).
Chez Sénèque la philosophie n'est pas la force, mais elle
n'est pas non plus la solitude.

Elle est amitié; elle est aussi dialogue avec la Providence. Dans un traité qu'il consacre à celle-ci et dédié
à Lucilius, Sénèque montre que c'est la douleur, par
l'épreuve qu'elle inflige à notre liberté, qui nous donne
l'occasion d'adhérer au décret divin et de confirmer la
Providence. De la sorte, la volonté fondée sur la
raison peut, par sa tension héroïque, nier le mal, mais
aussi — plus humblement — l'accepter. À l'orgueil
stoïcien, que condamneront Pascal, Descartes, Malebranche, vient se joindre ici comme une joie plus profonde, la résignation.

C'est ainsi que Sénèque pourra mourir d'une manière
conforme à son idéal. Nous aurons montré son originalité
si nous avons fait voir que toutes ces formules (repos
et inquiétude, préparation à la mort et hantise du
suicide, douceur, liberté, ascèse, austérité, courage) que
les modernes tiennent parfois pour des lieux communs,
désignaient en fait des problèmes concrets, particuliers,
que sa situation politique et son destin personnel posaient
à l'un des plus grands maîtres de ce qu'on appelle
aujourd'hui « l'humanisme tragique ».

DE MUSONIUS RUFUS À DION DE PRUSE

Du règne de Néron à celui de Trajan, Rome hésite.
C'est le temps où l'Empire prend peu à peu conscience
de ses périls et de sa vocation. Les philosophes l'y aident;
ils participent aux crises politiques comme à l'évolution
des idées sociales.

Musonius Rufus est un chevalier romain d'origine
toscane : c'est un des derniers grands penseurs d'origine
italienne. En tant que chevalier, il ne participe pas aux
plus hautes charges. Mais, à la manière des cyniques, dont
il imite la manière de vivre et utilise les moyens d'expression, il fait la morale au pouvoir, ou aux partis qui se

disputent la prédominance. Il prêche l'humanisme, la
philanthropia, la vraie liberté et le mépris des faux biens.
Au moment où les troupes de plusieurs empereurs
portent la guerre civile sur le Capitole, il essaie de
s'interposer, en vain, et Tacite parlera de son *intempestiua
sapientia* (condamnant ainsi non sa sagesse mais plutôt
les *tempora et mores,* comme aurait dit Cicéron).

Musonius a souvent déplu aux princes; il a connu
l'exil et même, si l'on en croit la légende, les travaux
forcés, le camp de concentration. Son enseignement,
oral, ne nous est guère connu que de seconde main
(notamment par Lucien). Mais son influence a été grande,
en particulier sur certains milieux sénatoriaux. Ceux-ci
avaient déjà commencé sous Claude une opposition
qu'inspirait souvent l'héroïsme stoïcien, et qui reste pour
les hommes une des sources inépuisables de l'esprit de
liberté. Sous Néron, il faut citer, plus encore que
Sénèque, la haute figure de Thrasea Paetus et celle de
son gendre Helvidius Priscus. Le premier tombera
victime de Néron, le second de Vespasien, et son fils,
Helvidius le Jeune, sera tué par Domitien. Sous Trajan
un accord souvent fragile existe entre le prince et l'*intelligentsia :* cela explique la double tendance de l'œuvre
de Tacite qui, à la fois, se rallie au régime et insiste
plus qu'aucun autre sur la grandeur et le rôle de l'opposition stoïcienne. Il cherche ainsi à concilier la fidélité
romaine envers un passé de liberté, et les exigences
nouvelles de l'unité de l'Empire. Hadrien, nourri
pourtant de pensée grecque (d'épicurisme surtout), fera
voir (sans doute à Tacite lui-même et à ses amis philosophes) ce que cette conciliation a de difficile. Mais il
préparera le règne de Marc Aurèle, il marquera de la
faveur à Épictète.

La grande œuvre politique de Trajan et surtout
d'Hadrien consiste à accentuer l'unité de l'Empire, à
élargir progressivement le don du droit de cité, non pas
de manière égalitaire mais d'après une éthique. Les
philosophes reçoivent ainsi un rôle nouveau, qui est de
définir cette éthique. Il en résulte que leur condition
change sensiblement. Ils ne sont plus seulement les
maîtres à penser qu'entretient à Rome tel ou tel grand
seigneur. Ils pratiquent souvent le métier de confé-
renciers itinérants qui adoptent à la fois l'éloquence des

rhéteurs et la liberté d'esprit des cyniques pour aller, dans les grands théâtres des cités grecques, exposer brillamment des idées qui, en fait, brisent le cadre de ces cités.

Parfois, ces orateurs se font prédicateurs errants : tel ce personnage légendaire, Apollonios de Tyane, qui semble avoir joué un rôle important dans l'avènement de Vespasien, qui s'est opposé à l'esprit traditionnel représenté notamment par le philosophe stoïcien Euphratès (plus tard victime d'Hadrien) et qui paraît avoir mis au service de la monarchie un syncrétisme mystique, platonicien et pythagoricien : il est, d'après la légende, allé retrouver chez les brahmanes de l'Inde un modèle de royauté qu'il devait en fait à Platon, et qu'il se refusait à reconnaître dans la tradition égyptienne. L'histoire de sa vie, répandue par Philostrate au début du IIIe siècle, plus de cent ans après sa mort, mêle le merveilleux à la politique; elle n'en est pas moins propre à illustrer beaucoup d'aspects du gouvernement des Sévères, qui règnent alors.

Un autre contemporain d'Apollonios s'était appelé Dion de Pruse, dit Bouche d'or (Chrysostome). Celui-là nous est mieux connu, et nous avons gardé ses discours. Il a exercé son métier depuis le temps de Vespasien jusqu'à celui de Trajan, où il a obtenu son plus grand succès. Von Arnim, suivant Thémistius, a essayé de distinguer dans son œuvre deux périodes, l'une « sophistique », où il pratiquerait volontiers l'éloquence d'apparat, l'autre cynique, qui suivrait une conversion à la philosophie. En fait, nous l'avons dit, l'éloquence de la « nouvelle sophistique » peut fort bien s'accommoder des nuances de l'éclectisme philosophique, aller du platonisme au cynisme. Dion se forge un personnage qui, par son style littéraire et par ses tendances morales, annonce curieusement celui de J.-J. Rousseau. Cela n'apparaît pas très nettement dans les *Discours sur la royauté,* où Dion, pensant aux princes, reprend les libertés de Diogène et insiste sur la *philanthropia* nécessaire aux monarques. Mais la ressemblance avec le citoyen de Genève est beaucoup plus nette dans la plus curieuse des œuvres de Dion, *l'Eubéenne* ou *le Chasseur.* Il y fait l'éloge d'un paysan qui, dans la Grèce en plein dépeuplement, s'était installé sans autorisation sur les

terres abandonnées d'une cité et y menait une vie
« naturelle » et communautaire, chassant, cultivant la
terre, accompagné de quelques proches dont les enfants
se mariaient entre eux. Cette critique de l'abus des
richesses va dans le sens de la tradition philosophique,
aussi bien cynique que platonicienne. Elle répond d'autre
part au souci de Trajan et d'Hadrien, qui luttaient contre
la grande propriété et la prédominance excessive des
cités.

PLUTARQUE — ROME ET LA GRÈCE
RÉCONCILIÉES PAR L'AMOUR

La figure de Plutarque, chère à Montaigne et à
Rousseau, apparaît comme une des plus attachantes de
l'Antiquité tardive. À peu près contemporain de Dion et
de Tacite, ce lettré de Chéronée en Béotie a été, au temps
de Trajan, le familier de certains grands seigneurs
romains tels Sosius Senecion, trois fois consul sous ce
prince, ami de Pline : c'est à Senecion que Plutarque dédie
notamment ses *Vies parallèles*. Après les années 100,
et sans doute jusqu'au début du règne d'Hadrien,
Plutarque exerce une profonde influence dans le monde
romain; il semble avoir administré la Béotie, puis, sur
ses vieux jours (Hadrien régnait-il déjà?), s'être vu
reconnaître par l'empereur « l'autorité d'un ancien
consul ». C'est au même moment qu'il devient prêtre
à Delphes dont Hadrien, épris d'hellénisme, va restaurer
l'influence et remettre l'oracle en honneur. Avec Plutarque donc, c'est la tradition grecque qui triomphe. Mais
cette tradition, auprès de Senecion, au siècle de Trajan,
s'est trouvée vivifiée par ce que le passé de Rome avait
de meilleur.

Certes, Plutarque (plus encore peut-être que les
penseurs dont nous venons de parler) apparaît tributaire
des faiblesses de son temps : le rationalisme décline. Dans
l'œuvre très vaste que nous avons conservée (cent un
traités; le catalogue — douteux — que Suidas attribue
à son fils Lamprias en compte deux cent vingt-sept et
ne cite que dix-huit des nôtres et quinze autres dont
parlent les Anciens), la dialectique et la logique tiennent
une faible place, ainsi que la géographie; la physique
est évoquée surtout pour aborder des questions de

philosophie générale (si les êtres non raisonnables usent de la raison) ou pour expliquer, en faisant appel aux solutions prônées par les différentes sectes, des « merveilles ». Les enquêtes systématiques d'un Aristote, d'un Posidonius, ou d'un Pline l'Ancien ont été abandonnées; la philosophie prend un caractère plus étroitement moral et religieux.

Néanmoins, dans ces limites, l'œuvre de Plutarque garde une grande valeur si l'on y voit, précisément, l'une des plus originales synthèses que l'Antiquité nous ait laissées sur ses propres traditions. Avec Plutarque, l'Antiquité elle-même se voit au passé.

Il s'agit d'abord des traditions philosophiques. Le dialogue de Plutarque avec les différentes sectes mérite d'être étudié dans ses méthodes et dans ses conclusions.

Nous l'avons dit, l'écrivain évite le plus souvent le style abstrait et technique de la philosophie (on lui a refusé, pour cette raison, certains traités, peut-être un peu systématiquement parfois). En fait, l'art de Plutarque imite de préférence la liberté de la parole spontanée, soit que, parlant aux princes ou parlant d'eux, dans les traités *Sur la Fortune de Rome* ou *Sur la Fortune d'Alexandre* par exemple, il use de la même langue que les sophistes et les rhéteurs, soit plutôt que, dans le dialogue tel qu'il le conçoit, il introduise toute la subtilité et l'art d'un causeur érudit et fin, mêlant à chaque instant plaisanteries, anecdotes, mythes, discussion, selon les lois de l'élégance, de la politesse et de la rigueur; ainsi le début des *Questions de table* est, avec certains passages du *De officiis* de Cicéron et des œuvres d'Horace, l'un des plus parfaits traités de l' « art de conférer » que les Anciens aient laissés comme modèles à Montaigne. Cette forme non moins élaborée que nonchalante s'adapte exactement aux exigences de la sagesse, telle que Plutarque la conçoit : le loisir savant de quelques prêtres grecs, promenant parmi les trésors de la Béotie ou de Delphes presque intacte des seigneurs venus du monde entier — notamment d'Égypte et d'Italie. Dans la cité d'Apollon, le goût du merveilleux s'unit à l'amour de la lumière et à la sérénité un peu désabusée qu'engendre un passé si grand, si révolu.

Cette ambiance explique les méthodes adoptées par Plutarque dans la discussion philosophique. Il recherche l'érudition; il pratique le dialogue; enfin la première des

Questions platoniciennes nous enseigne que, pour lui, l'imitation de Platon est liée à un certain rejet de l'esprit systématique; il se présente comme un éclectique. Cela étant, l'on n'est pas surpris de trouver en lui un adversaire des grands systèmes dogmatiques.

Aux stoïciens, dans deux traités (très précieux car ils comportent de nombreuses citations), il reproche d'une part leurs « contradictions », et d'autre part leurs erreurs sur les « notions communes ». Le premier reproche peut surprendre quiconque a observé l'admirable effort du Portique pour unifier le réel par la raison. Cicéron avait souligné la cohérence logique du stoïcisme (*De finibus*, V, fin). Mais Plutarque ne peut y trouver que des contradictions parce qu'il ne partage pas sa conception de l'être. Si le monisme disparaît, tout devient contradictoire dans cette doctrine. Or Plutarque, nous le verrons, professe un certain dualisme. Dès lors, c'est bien sur les « notions communes », c'est-à-dire sur l'intuition même des dogmes mentaux, qu'il peut affirmer son désaccord.

Il ne s'oppose pas moins aux épicuriens *(Il n'est pas possible de vivre heureux selon Épicure; Contre Colotès)*. Certes, dans sa réfutation, Plutarque ne saurait avoir recours, comme souvent Cicéron, au rationalisme stoïcien. Il admet, avec les péripatéticiens, une certaine métriopathie. Il croit à la valeur de la joie, mais de la joie spirituelle, telle que la concevaient les pythagoriciens dans leur interprétation du culte des Muses, et les platoniciens. Ce qu'il reproche aux épicuriens, c'est le caractère corporel de leur volupté, et il nie qu'une joie parfaite puisse exister sans le gage de l'immortalité.

Si l'on résume les différents aspects de cette polémique, on constate que Plutarque s'inspire de doctrines péripatéticiennes et platoniciennes qui se rattachent notamment aux courants de pensée que décrivait Cicéron. D'autre part, le pythagorisme tient, chez notre auteur, une grande place. En tout cela il suit une tradition complexe, à la fois grecque, orientale, italique. Le traité sur *le Démon de Socrate,* par sa mise en scène, atteste (de manière fictive ou non?) la rencontre, à Thèbes, au temps d'Épaminondas, de ces tendances; les chercheurs modernes, qui ont insisté tantôt sur l'une d'entre elles, tantôt sur l'autre, devraient tenir compte de ce phénomène de « diffusion ».

Il convient maintenant d'aborder la doctrine de Plutarque dans ses aspects constructifs. Le premier, nous l'avons dit, concerne la morale. Deux points doivent être soulignés. Plutarque est un platonicien ; son platonisme porte l'empreinte historique de la tradition romaine. À Platon (et souvent avant lui au pythagorisme) Plutarque doit sa conception de l'harmonie, de l'enthousiasme — qui intervient par exemple dans la musique ; il lui doit essentiellement sa doctrine de l'amour purificateur (tirée du *Banquet,* et liée à une démonologie).

Mais, précisément, le traité *De l'amour,* tout en affirmant l'indépendance de l'amour spirituel vis-à-vis des sexes et sans attester nécessairement l'influence de la législation et des mœurs romaines, se trouve du moins en accord avec ce qu'elles ont de plus austère pour condamner un certain platonisme lié au « vice grec », et pour soutenir que seul l'amour conjugal, grâce à la tendresse, la sagesse et l'honneur qu'il favorise, est capable de vaincre à la fois les sens et l'intérêt matériel, et de jouer son rôle spirituel et purificateur. Cela va de pair avec une noble exaltation des vertus féminines.

Cet enseignement moral (où la sérénité de Plutarque, son esprit d'harmonie, son sens de la décence et son humour savent s'exprimer) trouve naturellement sa plus grande originalité lorsqu'il aborde des problèmes d'actualité. Nous pensons à son attitude devant la domination romaine.

On découvre chez lui le même mélange de pessimisme et d'acceptation que chez Tacite — mais le pessimisme est bien plus imprégné de sérénité, bien moins amer. Traitant de l'exil, Plutarque a certes fait l'éloge de l'*otium,* du repos, dont le bannissement fournit l'occasion. Mais, à la fin de sa vie, il accepte d'être un des principaux conseillers de Trajan et d'Hadrien pour les affaires grecques ; il revêt (par devoir, dit-il, et peu de philosophes en son temps montrent le même goût des responsabilités) de hautes charges administratives. De là, ses traités *De l'administration* et *Si les vieillards doivent administrer les affaires publiques.* Depuis Xénophon et Cicéron la philosophie antique ne nous a rien laissé de plus concret et de plus simple. L'auteur justifie sobrement la domination romaine, enseigne aux Grecs l'art de régler leurs affaires entre eux — en évitant l'appel à Rome, ils retrouveront

ce que Cicéron nommait l'autonomie. Cela semble terre
à terre, mais se rattache en fait à une philosophie du
compromis — car tout le platonisme de Plutarque, c'est
cela — une philosophie du mélange entre le pur et l'impur,
l'absolu et le vécu. Les mêmes tendances expliquent un
traité sur les régimes politiques dont nous n'avons que
quelques pages. Plutarque affirme que d'après Platon le
meilleur régime est la monarchie. Il s'inspire sans doute
de *la République;* mais le philosophe de Chéronée, gardant
ses distances avec l'Empire, ajoute que le sage saura
s'accommoder de toutes les constitutions politiques.

Ce sens des relativités, joint à ce désir d'absolu,
explique l'importance de l'œuvre historique de Plutarque.
Bien sûr, le lecteur moderne reproche aux *Vies* leur
aspect anecdotique, l'usage quelque peu aveugle des
sources, la place abusive qui semble faite à l'événement
et à la psychologie de ses acteurs. Mais il faut voir que
tout cela se rattache à une philosophie.

Plutarque a médité sur la philosophie de l'histoire
dans ses traités *Sur la Fortune de Rome* et *Sur la Fortune
d'Alexandre,* dont la forme seule est oratoire (en parlant
d'Alexandre, Plutarque s'adresse peut-être à son imita-
teur Trajan; il s'agit donc d'une affaire fort sérieuse).
Sous les effets d'éloquence, on discerne plusieurs idées
très profondes. Premièrement, la Fortune joue un grand
rôle dans la fondation des empires : autrement dit, l'histoire
dépend des causes matérielles mais celles-ci sont aveugles
et obéissent aux lois du hasard ou de la nécessité. Dès lors,
quelle que soit la Fortune, elle ne peut prendre un sens
que par la vertu de ceux qui, comme Alexandre, s'en
servent, ou la combattent. C'est des hommes — et plus
précisément des grands hommes — que l'histoire aveugle
reçoit un sens, une raison. Or ces hommes doivent leur
raison à la sagesse philosophique. En dernière analyse,
c'est la sagesse seule qui donne un sens à l'histoire.
Précisons que nous nous plaçons au plan humain. Les
dieux ont sans doute tout disposé selon un ordre aussi
sage que mystérieux et le futur prêtre de Delphes sait
qu'on peut les interroger à ce sujet.

Retenons pour l'instant que ces données expliquent
à la fois le contenu des *Vies parallèles* et leur immense
retentissement; elles sont (plus encore que tout le reste
de l'historiographie antique) une exaltation du pouvoir

qu'exerce sur la matière des événements l'esprit servi par l'héroïsme. Plutarque présente à la postérité une galerie de héros qu'elle ne pourra oublier. Sans doute, le détail de l'enquête historique nous apparaît incertain ou malheureux. Mais la méthode est féconde. Plutarque, le platonicien épris d'absolu, a décidé de chercher dans le réel, dans l'histoire, les traces de l'idéal, de ce qui est exemplaire. Il passe donc une revue des héros. Caton, Brutus ont été grands; mais le premier s'est mis en colère, tous deux se sont suicidés : cela ne déplaît-il pas à Platon? Il est vrai qu'ailleurs Plutarque semble admettre le suicide. Les Grecs souvent l'emportent sur les Romains; cependant Cicéron, malgré les faiblesses de son caractère, l'emporte sur Démosthène parce qu'il sut joindre à l'éloquence plus de philosophie. Venant à son temps, Plutarque utilise, pour peindre Othon et Galba, des sources qui sont presque les mêmes que chez Tacite. Mais pour les interpréter, il cite Platon et ses observations sur les militaires. Une telle réflexion apparaît fort sensée dans l'Empire de cette époque.

Il y a, dans l'œuvre de notre auteur, une série de traités d'éducation. Comment l'élève doit-il écouter les poètes? Le disciple de Platon est gêné par la condamnation de la poésie. Il échappe à ces difficultés en enseignant aux éducateurs l'art de dégager des poèmes tragiques ce qu'on appellera plus tard le « sens moral », et aux historiens les moyens de chercher et de trouver le sublime (il aime Thucydide). Toute son œuvre historique et politique tend donc à une méditation sur la grandeur morale, jointe à la conscience des faiblesses de l'humaine condition. C'est ainsi qu'à travers Plutarque, Platon forme deux esprits aussi différents que Montaigne et Rousseau, et prépare aussi bien la réflexion moderne sur le sentiment tragique de la vie.

Si la partie la plus féconde des écrits de Plutarque concerne l'histoire et la morale, on doit ajouter que son originalité, dans son temps même, réside sans doute ailleurs. Les autres penseurs sont des magistrats romains, des sophistes, des orateurs; nous allons rencontrer un esclave et un empereur. Plutarque est un prêtre. C'est pour cela probablement qu'après avoir suivi l'enseignement d'un certain Ammonios, il s'est attaché de plus en plus au platonisme qui, parmi les philosophies

antiques, était une des plus religieuses. Cette attention
aux problèmes religieux se manifeste de diverses manières.

D'abord l'historien et le moraliste s'intéressent naturellement à l'intervention des dieux dans la trame des événements humains. De là une réflexion sur le destin et sur
les oracles auxquels le prêtre de Delphes avait des raisons
de prêter attention : le *Traité du destin,* peut-être apocryphe, mais en tout cas contemporain de Plutarque, nous
propose une théorie du destin conçu comme une législation de caractère général dans laquelle nous gardons
une certaine marge de liberté, et qui s'applique à trois
niveaux : Dieu, les divinités intermédiaires et astrales,
le monde sublunaire. Cela s'oppose au déterminisme
absolu et au monisme des stoïciens. Cette doctrine est
donnée pour platonicienne. À propos des oracles de
Delphes, Plutarque pose des questions. Pourquoi ont-ils
cessé de parler en vers ? Parce que le peuple est désormais
capable d'entendre le langage moins orné de la raison, qui
s'exprime en prose. À ce propos, les oracles (comme
dans les *Questions de table,* la musique) sont justifiés par
l'« enthousiasme » des inspirés à qui les démons, jouant
le rôle d'intermédiaires, viennent révéler les secrets des
dieux. Un peu plus tôt, Plutarque s'est demandé pourquoi
des oracles se sont tus. C'est que certains démons
(personnages créés par les dieux) meurent — ainsi « le
grand Pan » dans un texte fameux. Cette démonologie,
dont nous avons déjà vu l'importance dans la doctrine
de l'amour, se combine avec la réflexion sur le destin et
sur la justice pour aider le philosophe à prendre parfois
des décisions politiques. Le dialogue sur le *Démon de
Socrate* est, à cet égard, l'une des œuvres les plus curieuses
de l'Antiquité. Les personnages, dont l'un des plus
éminents est Épaminondas, sont des conjurés qui se
préparent à mettre fin, par un meurtre révolutionnaire,
au règne des tyrans de Thèbes. Leur conversation sur
la démonologie est interrompue à tout instant par les
messages de leurs complices et par leurs hésitations
avant d'agir. S'ils choisissent ce sujet d'entretien, c'est
qu'ils se demandent dans quelle mesure les démons,
intermédiaires des dieux, autorisent leur action. Une
série d'indices clairs, de coïncidences frappantes, jointe
à la garantie morale d'Épaminondas, qui prendra le
pouvoir après s'être toutefois abstenu d'agir, leur montre,

dans un esprit platonicien, que les exigences de la justice, jointes aux suggestions des démons qui régissent le monde terrestre, les autorisent à la révolte. Ces précautions religieuses, ainsi que cette audace, définissent la position de Plutarque devant le problème de la légitimité des révolutions (qui s'était posé aux Romains en 68 ou en 96).

Ainsi se trouve formulé, à propos de la religion et de l'histoire, le problème du mal et de la justice divine. Plutarque y répond dans un de ses dialogues les plus importants, *Sur les délais de la justice divine*. Cet ouvrage, lui aussi imprégné d'une conception platonicienne du destin et de l'humain, est dédié à l'un des amis de Thrasea Paetus, la grande victime de Néron. Il montre que la lenteur des châtiments est un répit laissé au repentir; les desseins des dieux dépassent la prévoyance humaine; les criminels, même s'ils semblent réussir, sont bientôt malheureux; et surtout on ne peut parler de leur bonheur si l'on croit, comme Plutarque, à l'immortalité de l'âme. De là une série de descriptions eschatologiques très détaillées qui, dans différentes œuvres, donnent sous forme mythique une préfiguration païenne des obsessions médiévales concernant l'enfer.

Cela n'empêche pas Plutarque de condamner la superstition et la crainte excessive des dieux. Sa religion, qui se veut éclairée, s'appuie d'une part sur une théologie et d'autre part sur une métaphysique. La théologie nous est enseignée dans le traité *Sur Isis et Osiris*. Plutarque se demande comment interpréter ce mythe égyptien. Il passe en revue les différents modes d'explication philosophique des mythes : évhémérisme (dont il se détourne), démonologie, allégories diverses. Cherchant comme toujours la conciliation, il se garde de rejeter les différentes solutions, sauf la première — pourtant concevable, voir 22 sqq. — mais il essaie de les faire entrer dans une synthèse d'ensemble. Osiris est en même temps l'esprit et le *logos* de l'âme du monde telle que Platon la concevait dans *les Lois* et le *Timée*. Isis est le principe féminin de fécondité qui s'unit par amour à Osiris pour différencier le chaos et fonder l'univers dans la beauté. Des forces mauvaises s'opposent à elle (dans la légende d'Isis, Typhon tue et dépèce Osiris). Cette doctrine métaphysique permet, d'après Plutarque, d'expliquer le mythe

égyptien, mais surtout de lui donner un fondement
ontologique tel qu'on devra retrouver les mêmes données
essentielles dans toute expérience du divin. Et c'est bien
ce qui se produit : le dualisme iranien (dont Plutarque
présente une assez longue description) oppose lui aussi
deux puissances, bonne et maléfique, qui correspondent
ontologiquement à l'unité et à la dyade pythagoriciennes, à l'amour et à la haine d'Empédocle, à Aphrodite et
à Arès dans la mythologie grecque, qui donnent un rôle
cosmique à l'Éros platonicien. Plutarque dit qu'il tient
de ses prédécesseurs une part de ce syncrétisme. On voit
en tout cas qu'il s'agit non pas d'un effort historique
ou sociologique pour définir l'origine des cultes, mais
d'une tentative philosophique pour abolir les différences
apparentes qui existent entre les religions et pour définir
certaines constantes de l'expérience religieuse; disons
qu'on arrive à concevoir la religion comme un dualisme
métaphysique surmonté, que l'on fonde ainsi syncrétisme
ou allégorisme dans l'idée de l'Unité divine.

Toute la doctrine repose donc sur une métaphysique
que nous expriment les dialogues delphiques *(Sur l'E de
Delphes; le Visage sur la face de la Lune)* et surtout le
traité sur *la Création de l'âme* (ou *Psychogonie*) dans le
Timée; Plutarque y affirme que la fondation du monde
à partir de la « matière » indifférenciée a été accomplie
par la monade divine qui, en s'unissant à ce monde, est
devenue sa nature et son âme, a introduit en lui ces
proportions numériques sur lesquelles, dans la tradition
du pythagorisme, méditaient Xénocrate, Speusippe, plus
tard Posidonius, Eudore et bien d'autres. Mais, selon une
tradition venue de Platon *(Politique,* 272 c; *Lois,* X, 896,
898 c), l'âme du monde n'est pas sans mélange. Dans sa
rencontre avec la matière indéfinie, elle se heurte à une
autre puissance animatrice : le principe du mouvement
dans la matière; celle-ci par elle-même serait pure
passivité. Mais elle obéit à la force irrationnelle de la
Nécessité qui l'anime et la meut. La création du monde,
c'est donc cette union de la sagesse divine avec le chaos
qu'anime la nécessité. On voit que cette doctrine (qui
s'inspire directement de la tradition platonicienne mais
s'en sert pour combattre notamment le monisme stoïcien
— comment comprendre le mal s'il n'est pas dans la
nature, s'il ne naît de rien?) insiste sur deux points :

d'abord la transcendance du divin : les traités delphiques (*De Pythiae oraculis,* 12) soulignent qu'Apollon est différent du Soleil, car il appartient à l'ordre de l'intelligible dont la lumière solaire ne fournit qu'une image sensible (on pense bien sûr à *la République*); ensuite cette doctrine de la transcendance ontologique du divin est immédiatement corrigée par une réflexion sur son immanence existentielle : en fait, il se révèle à nous dans la nature, où la matière et la nécessité participent à l'élaboration de ce mélange qui constitue notre âme. Car c'est le grand mot de Plutarque — tout, dans notre monde, est mélange. Il n'est rien de pur.

C'est ainsi que cet héritier de la sagesse grecque aboutit à un état de vie qui exclut à la fois la joie parfaite et le pessimisme — la sérénité *(euthumia)* à laquelle il consacre un traité. Et nous voyons où il a trouvé cette sérénité : dans l'art des belles proportions chères aux sculpteurs de colonnes et qui font aussi, Platon et Pythagore le savaient, les beaux compromis, les beaux mélanges. L'œuvre de Plutarque ne crée presque rien, elle marque sur divers points des reculs de la pensée. Mais il fallait en faire le tour, comme nous l'avons essayé rapidement, pour remarquer que son originalité unique est d'accorder ensemble presque toutes choses — le passé et le présent, la Grèce et Rome, la liberté et l'unité du monde, Isis et Vénus, la monade et la dyade, le pur et l'impur, le dogmatisme et l'ironie. Parmi tous les philosophes antiques Plutarque est, avec Cicéron, celui qui mérite au plus haut degré le nom de « médiateur ».

ÉPICTÈTE — LA LIBERTÉ DANS LES DEVOIRS D'ÉTAT

Épictète, né en Phrygie vers 50, a d'abord été l'esclave d'Épaphrodite, affranchi de Néron, grand personnage de sa cour et de celle des Flaviens. Affranchi à son tour, à l'occasion de l'exil des philosophes (sous Domitien, en 94?), il est parti à Nicopolis en Épire, et n'a plus voulu quitter cette cité jusqu'à sa mort — entre 125 et 130 — malgré la faveur des grands et des princes, notamment d'Hadrien, que son renom de philosophe lui avait attirée.

Il s'agit donc d'un destin exceptionnel, qui fait de

l'ancien esclave phrygien l'un des plus éminents penseurs de l'Empire. Sa condition servile a-t-elle déterminé sa pensée ? Non entièrement, sans doute. Au moment où il donnait les leçons que nous possédons (et que son élève Arrien, qui fit une carrière de soldat et d'écrivain sous Hadrien, Antonin et Marc Aurèle, nous a transmises sous la forme d'un bref *Manuel* et de huit livres d'*Entretiens* ou *Diatribes* dont nous avons gardé les quatre premiers), Épictète était déjà un affranchi qui enseignait à Nicopolis. Il jouissait de la liberté, et sa pensée se trouvait vivifiée et rendue plus libre encore par le contact de l'universalisme grec. Autant que l'esclave, on doit donc reconnaître en lui l'affranchi cosmopolite. Cependant, son passé servile a certainement exercé sur le cours de sa méditation une influence décisive : en tant qu'affranchi, Épictète reste privé de certains droits politiques ; en tant qu'esclave, il a connu l'absence de toute garantie juridique, cette solitude particulière des hommes que la société prive de protection. D'après certaines légendes, c'est à cause des tortures infligées par son maître qu'Épictète est devenu boiteux. Il lui avait fallu trouver en lui-même les secours qu'il ne pouvait espérer de sa condition sociale.

Cette situation historique explique l'exceptionnelle universalité de l'enseignement d'Épictète, en même temps que son efficacité immédiate. Nul philosophe n'a été aussi absolument réduit à lui-même, aussi nu, aussi ramené à sa pure humanité. D'autre part, et nous y reviendrons, cette simplicité allait trouver un grand rôle dans un monde dont les vieilles structures étaient devenues vainement complexes.

Épictète a été l'élève de Musonius Rufus, dont la pensée a dominé Rome au début du règne des Flaviens ; il est donc stoïcien. Mais, chez Musonius déjà, ce stoïcisme avait choisi de revenir à la source cynique, chère à Zénon et, depuis, à la tradition romaine. L'ancien esclave Épictète va naturellement accentuer encore cette tendance, puisque les maîtres du cynisme, Antisthène, Diogène, avaient tâté de l'esclavage et lui fournissaient des moyens d'assumer sa condition. Dans le cynisme comme dans le stoïcisme, son goût de la simplicité le poussera d'autre part à chercher avant tout le socratisme.

On voit donc que la pensée d'Épictète, comme toutes

les grandes pensées de l'époque impériale, naît non pas de découvertes originales mais plutôt d'une synthèse, fondée sur la culture, laquelle permet à la fois de revenir historiquement aux sources et de choisir entre elles selon les exigences du présent.

Ce retour à la tradition cynique explique d'abord un caractère de la pensée d'Épictète : son œuvre ne garde pas trace d'un enseignement de la physique, et il divise la philosophie en morale pratique, morale théorique et dialectique qui recherche et utilise les principes (c'est-à-dire théorie de la connaissance : voir *Manuel,* LII). Dans ces conditions l'on comprend que les leçons d'Épictète aient pris la forme de diatribes, autrement dit d'exhortations de caractère moral dans lesquelles les techniques éthiques de la persuasion et de l'entraînement spirituel s'appuient sur la démonstration des principes pour en faire l'application. La diatribe n'est pas, comme on l'a dit parfois, un genre littéraire vague, c'est une technique précise de pensée accordée exactement à une philosophie qui cherche à passer sans détour du principe à sa mise en œuvre existentielle. Du même coup, l'on perçoit mieux qu'en cherchant le passage le plus direct de la métaphysique à l'action, Épictète aboutit à une extrême simplification du stoïcisme qui, dans la présentation qu'il lui donne, apparaît vraiment comme la philosophie de l'immédiat et de l'universel.

Épictète se rallie exactement à l'intellectualisme de Chrysippe, mais il lui donne une formulation d'une clarté géniale. C'est la théorie du bon usage des représentations. Il s'agit pour le philosophe de rappeler à son disciple que celles-ci, prises en elles-mêmes, peuvent être vraies, fausses ou douteuses. Il convient donc de les soumettre à la règle du jugement qui, par un choix préalable et libre (προαίρεσις; voir I, 17, 26; II, 10; III, 22, 103; III, 23, 5, etc.), leur applique les prénotions grâce auxquelles, selon la doctrine stoïcienne la plus classique, notre âme est naturellement capable de distinguer les représentations compréhensives, de leur donner son assentiment, de juger. Tout le problème est donc d'accomplir correctement cette application des prénotions. L'on y parvient par l'éducation, dont Épictète souligne avec force la nécessité (notamment culture philosophique et enseignement de la dialectique, qui ne doit pas être pratiquée

pour elle-même, mais qu'il ne faut pas négliger puisqu'elle
est l'art de conduire correctement sa pensée, chose
essentielle pour juger; et il convient d'ajouter à cela
l'ascèse, l'entraînement moral qui purifie l'âme des
passions : celles-ci constitueraient en elle, comme l'avait
signalé Chrysippe, des sources d'erreur).

On voit la rigueur et la simplicité de cette doctrine.
Elle s'inspire avec précision du stoïcisme (psychologie
et théorie de la connaissance), mais aussi du cynisme et du
socratisme, dont procédait effectivement pour une bonne
part la philosophie du Portique; il s'agit avant tout de
se connaître soi-même afin de dénoncer ce qui est
préjugé ou opinion. En s'appuyant sur cette tradition de
pensée, Épictète peut faire face aux différentes philosophies qui, en son temps, sont susceptibles de mettre
sa doctrine en question.

Son stoïcisme lui permet d'abord de condamner chez
Épicure ce qui lui paraît contraire à la nature (en particulier la tendance à l'abstention qui trouve une expression
extrême dans le conseil donné au philosophe de ne pas
reconnaître ses enfants; voir *Entretiens,* I, 23), de même
qu'il reprend, bien sûr, la critique de la *uoluptas* comme
bien. Aux académiciens, il peut répondre d'abord qu'il
ne leur est pas inférieur en socratisme et, ensuite, selon la
tradition cynique, que le véritable critère (et en tout cas
le plus évident) est la réussite ou l'échec dans l'action.
Cette attitude existentielle et non dogmatique est, en fait,
propre à échapper à leurs objections (II, 20, 28 sqq.).

En même temps qu'il prend ainsi position vis-à-vis
des différents systèmes, Épictète est conduit, par sa
conception des notions communes, à une simplification
de la philosophie qui tend à exclure, par exemple en
matière religieuse, les fausses querelles. Pourquoi tant
de disputes entre Syriens, Égyptiens, et d'autres (les
Juifs peut-être), alors que leurs théories sur Dieu, dans
ce qu'elles ont de fondamental, sont opinion (II, II, 14)?
Par un effort pour confronter directement toute apparence
avec son principe, pour tout réduire à un jugement
d'existence, pour revenir à l'être sur lequel tout le monde
est d'accord par nature, Épictète pousse à l'extrême le
grand mouvement de simplification de la philosophie
que nous avions vu s'ébaucher au siècle de Cicéron, et
dans lequel s'accomplit — Cicéron après Chrysippe l'avait

déjà senti, voir *Tusculanes,* v — l'une des vocations du stoïcisme.

Cette théorie de la connaissance conduit directement, selon un mouvement manifeste dans le *Manuel,* à une morale. Celle-ci se fonde sur la distinction radicale de ce qui dépend de nous et de ce qui n'en dépend pas. En fait, ne dépend de l'homme que le bon usage des représentations. Celui-ci est entièrement libre, et se réduit à un assentiment donné à l'être tel qu'il est. Toute notre liberté consiste à dire : les choses sont ce qu'elles sont — et rien d'autre. Dès lors, la liberté se confond avec une acceptation totale de l'être.

Cette attitude entraîne d'abord des conséquences d'ordre théologique. Épictète qui, dans l'entourage d'Épaphrodite, a pu connaître des Juifs, des Syriens (11, 9, 20), des « Galiléens » (iv, 7, 6), réduit la religion à la notion commune de Providence d'un Dieu unique, d'un Dieu « père », qui donne à tout l'univers qu'il anime un ordre dans lequel nous sommes guidés par nos « démons » (i, 14, 12). Rien en ceci que de très conforme à certaine tradition stoïcienne et, plutôt que d'insister sur le mysticisme d'Épictète, il faut voir au contraire que son rationalisme et son monisme stoïcien le protègent contre les tentations dualistes. Dieu est avant tout pour lui le seul être vraiment libre puisqu'il n'a rien qui le limite, et que tout est en sa dépendance. Il en résulte que la tâche du philosophe est d'être son témoin, d'adorer sa volonté, de reconnaître qu'il lui doit tout : « Que peut faire un vieux boiteux comme moi sinon chanter Dieu ? » (i, 16, 20). On mesure ici l'injustice des critiques de Pascal condamnant chez Épictète la « superbe diabolique » de la raison. La tradition chrétienne, dans son ensemble, a été plus sage et a reconnu que chez notre auteur la raison n'est qu'adoration — mais libre adoration : « Homme... relève la tête comme un être délivré de l'esclavage; ose regarder Dieu en face et lui dire : « Use de moi à ta volonté, je suis d'accord avec toi, je suis à toi, je ne refuse rien. »

Cette doctrine de la liberté favorise, en vertu de l'imitation de la sérénité divine, une morale de l'acceptation. Il ne s'agit pas de changer l'être mais de lui donner assentiment. Il n'y a donc pas de problème du mal; le mal est une illusion, une erreur; « mourir est un mal » —

cela n'est pas une affirmation correcte. La seule correcte
se formule ainsi : « mourir est mourir. » De là, cette
remarque admirable : « Celui qui veut imiter Dieu ne
prétend pas à ne pas mourir, mais à mourir comme
mourrait un Dieu, à être malade comme le serait un
Dieu ». Ce Dieu, assurément, ferait un bon usage des
maladies (cf. II, 8, 28).

De là aussi une série de préceptes dont l'influence sera
immense dans l'histoire de la pensée occidentale. D'abord,
l'insistance sur la valeur de l'effort (*Manuel,* XLVII). Ensuite,
les méthodes de l'ascèse (voir, par exemple, III, 12) :
il s'agit, nous l'avons vu, de protéger l'âme contre les
passions par l'exercice, l'entraînement rationnel. Ici encore
le philosophe utilise largement la psychologie stoïcienne
(celui qui débute en philosophie essaiera de dompter ses
désirs pour découvrir et purifier en lui la tendance
fondamentale : ὁρμή). En tout état de cause, l'exercice est
l'art de créer des habitudes bonnes qui s'opposent aux
habitudes mauvaises, nées des passions. Puisque les
passions sont des jugements faux, il en résulte que l'ascèse
a une valeur éducative : elle forme la pensée en prévenant
ou en détruisant l'habitude de mal user des représentations — ce que Pascal appellera l'imagination, maîtresse
d'erreur. Au goût de l'effort et de l'ascèse s'ajoute enfin
la volonté de détachement (voir, par exemple, IV, 1,
De la liberté). Celui qui accepte tout ne s'attache excessive-
ment à aucun bien particulier. Ce serait manquer à la
règle du bon usage des représentations.

Acceptation, ascèse, détachement, ces trois données
fondamentales que dégage dans l'enseignement d'Épictète la rencontre du cynisme et du stoïcisme, nourriront
pendant le Moyen âge et jusqu'à l'époque moderne un
courant de pensée qui va de *l'Imitation de Jésus-Christ* à
Psichari en passant par Pascal et aussi par Montaigne.

Ajoutons que cette morale implique ce qu'Épictète
appelle « la souplesse » (*Manuel,* II : il faut avoir des
« réserves » d'humanité), et aussi la modestie. Il rejette
le pharisaïsme du sage, condamne (*Manuel,* XXXIII et
surtout *Entretiens,* III, 22) l'affectation de malpropreté ou
d'impolitesse à laquelle s'abandonnaient certains cyniques :
le philosophe, même s'il réprouve le luxe et les banquets,
doit bien se tenir à table, et son ascèse ne doit pas être
trop visible. Épictète cite un mot très beau d'un philo-

sophe contemporain, Apollonios : « Quand tu veux t'exercer pour toi-même, si un jour tu as soif par une grande chaleur, aspire une gorgée d'eau fraîche, crache-la, et n'en dis rien à personne. »

Ceci nous conduit à l'étude des « rapports » sociaux auxquels sont « proportionnés les devoirs » et, avec eux, des problèmes politiques tels que les présente Épictète. Tout de suite un fait majeur nous apparaît : sa philosophie est une philosophie de la liberté. Cela est à la fois paradoxal et compréhensible chez un ancien esclave. Faut-il parler de révolte? Faut-il voir ici une rupture du sage avec la société de son temps?

En premier lieu, il faut se rappeler qu'Épictète est l'élève de Musonius, l'admirateur d'Helvidius Priscus et de ses amis, la victime (vraisemblablement) d'un décret d'expulsion de Domitien. Sa protestation contre la servitude n'est pas uniquement celle d'un esclave mais, dans l'exaltation universelle et dépouillée de la liberté humaine, elle rejoint celle des nobles romains de son temps qui trouvaient dans la théorie stoïcienne du suicide un moyen admirable de concilier la justice avec la fidélité. Hegel a puisé chez Épictète et ses contemporains l'idée abstraite que le maître ne peut plus rien contre l'esclave si celui-ci dédaigne la vie. Mais cette idée s'inscrivait pour notre auteur dans un contexte historique précis qui donne à sa pensée toute son originalité.

Épictète (comme Dion et Plutarque) est un homme de culture grecque; c'est de surcroît un affranchi à qui sa condition interdit d'exercer officiellement les grands emplois politiques. Elle pourrait lui apporter en revanche la tentation de s'enrichir, de jouer les Trimalcion ou d'exercer sur les affaires une influence occulte. Son maître, l'affranchi Épaphrodite, ne lui avait-il pas donné l'exemple? Épictète est une âme trop exigeante pour l'imiter. Comme Antisthène ou Diogène, il puise dans sa condition le mépris fondamental de toutes les grandeurs d'établissement. Ni la richesse ni le pouvoir terrestre ne font partie des choses qui dépendent de l'homme : ce sont donc des formes de la servitude. Il y a là une critique des fonctions sociales dont on n'avait jamais eu l'équivalent à Rome, même chez Sénèque — qui disait qu'il faut remplir les charges autant que cela est possible. Épictète dirait plutôt : le moins possible.

Est-ce à dire que le philosophe, appliquant les maximes qui lui sont chères, cherchant le repos et le détachement à Nicopolis, méprise les autres hommes et se dérobe à la tâche que le devoir lui impose, dans la vie politique, de les protéger ? Non. Mais il sera pour eux un « observateur » et un messager (III, 22, 23), il les guidera et les protégera par l'éducation qu'il leur donne et par son amitié, non par la gestion des hautes charges. Épictète, dans un esprit bien conforme à sa condition, reprend ici la tradition de Diogène qui, sans même avoir eu des parents libres et après avoir été esclave, s'attribuait comme fonction la royauté (IV, 1, 151 sqq.; III, 24, 64 sqq.). Comme Hercule, le serviteur d'Eurysthée (III, 26, 32), ce mauvais roi, le philosophe est souvent un prince esclave qui dédaigne la puissance terrestre, et fait le bonheur des hommes par la grandeur de son âme (voir en particulier III, 22).

Il est évident qu'une telle attitude risque d'entraîner le sage dans une certaine opposition à l'égard de l'empereur. Plutarque louait la paix romaine; Épictète affirme qu'il n'y a de véritable paix que dans les cœurs, que le seul roi de l'univers est la Providence, et enfin il remarque, avec Musonius Rufus, que celle-ci s'est fort peu souciée (malgré ce qu'en disent des historiens) d'un prince comme Galba. Ainsi s'ébauche une rupture entre l'attitude philosophique et l'attitude politique, entre le sage et la cité : Diogène affirme qu'il est roi; il ne se marie pas, et dédaigne tous les préjugés sociaux.

Mais Épictète a un autre modèle : le Socrate du *Criton* et du *Phédon,* qui a fait le service militaire, qui s'est marié, et qui accepte une mort injuste pour respecter les lois. En s'inspirant de cet exemple, Épictète reconnaît que le sage, quoiqu'il préfère le repos et rejette toute ambition, peut se mettre au service de l'État, lorsque la situation l'exige et que l'honneur moral le permet (IV, 1, 159 sqq.).

Il s'agit en somme de l'ébauche d'une théorie des devoirs d'état qui sont très vigoureusement distingués de l'ambition personnelle. Cette doctrine répond à l'évolution contemporaine de l'Empire : c'est effectivement au temps d'Hadrien que les riches commencent à fuir les hautes fonctions que les empereurs exigent d'eux comme une sorte d'impôt : l'ambition traditionnelle de la noblesse a disparu; la Grèce s'est mêlée à Rome : on a donc besoin d'une philosophie de type universel, qui définisse une hiérarchie des devoirs humains, et sauvegarde la valeur des charges publiques tout en éliminant la notion d'ambition. La *philanthropia* de Dion, la loyauté socratique d'Épictète répondent à cette exigence.

Mais Épictète la dépasse par sa haute et précise conception de la liberté philosophique. Ce monde des devoirs et des charges serait méprisable sans liberté. Socrate a accepté d'être soldat, mais non d'exercer une charge « déshonorante » que les tyrans voulaient lui confier. Il faut estimer toute chose à son prix, ne se vendre que pour ce qu'on vaut. Épictète, dès ses premières *Diatribes*, propose une théorie des « rôles » qui rappelle le *De officiis* et son insistance sur la dignité humaine. Le philosophe doit se rappeler toujours qu'il est digne de liberté. Il accomplit son devoir d'état : mais ce devoir n'est pas la servitude, à laquelle un mauvais prince, Vespasien, voulait acculer Helvidius. Celui-ci répondit : « Fais ta tâche, je fais la mienne » (voir 1, 2, 19 sqq.).

C'est ainsi que l'œuvre d'Épictète, ancrée dans les réalités de sa vie, de son temps, de l'histoire romaine et universelle, aboutit à l'un des plus nobles et des plus parfaits retours au fondamental qu'ait accompli la philosophie. À l'homme il lègue, lui esclave, son expérience de la liberté absolue, qui réside dans le jugement; à Rome et au monde, sa conception d'un devoir d'état qui parfois méprise le pouvoir au nom de la fidélité même; au christianisme et à la postérité, sa philosophie de l'acceptation totale et du détachement. Toute son œuvre est fondée sur l'exercice de la grandeur d'âme, de la volonté, du courage, de l'honneur — c'est-à-dire des vertus héroïques. Mais le sage, s'il prend modèle sur des héros comme Hercule ou Ulysse, récuse en revanche la tragédie. Car sur le théâtre du monde (Épictète use volontiers de cette image chère à son temps; voir 1, 4, 26; II, 17, 19, sur Médée — « l'erreur d'une grande âme », etc.) il accepte librement de jouer son rôle. Et précisément parce qu'il l'accepte, il le joue dans une sérénité lucide qui est au delà de la tragédie.

MARC AURÈLE ET LES DEVOIRS DE L'EMPEREUR.

Après l'esclave philosophe, l'empereur stoïcien : l'histoire de la pensée romaine est richement pourvue en destins exceptionnels. Celui-ci nous apparaît d'autant plus remarquable qu'il s'accomplit dans des circonstances historiques exceptionnelles aussi : l'Empire est à son apogée. Mais il passe de l'offensive à la défensive. Marc Aurèle écrit son œuvre à la fin de sa vie, alors qu'il s'épuise à lutter contre les Germains dans des campagnes sans victoire décisive. L'empereur a connu toutes les déceptions d'une vie qui s'est écoulée au pouvoir — difficultés politiques, complots, révoltes, échec aussi des plus grands desseins — aujourd'hui même il doit sans doute se méfier de ceux qui songent à lui succéder, et d'abord de son fils Commode (le dernier livre des *Pensées* semble faire allusion à cette amertume).

Dès lors, il n'est pas étonnant que les *Pensées,* uniques en cela dans la littérature antique si l'on excepte Cicéron et Sénèque, nous donnent le portrait d'une âme et la description d'une vie intérieure. Certes, il ne s'agit pas d'un journal, l'auteur ne cite presque aucun nom et n'évoque pas explicitement des événements précis. Mais il intitule son ouvrage : *l'Empereur Antonin à lui-même.* C'est là essentiellement une sorte de diatribe (au sens technique du terme), mais alors que la diatribe était adressée par le maître à un disciple, ici nous avons un seul personnage, à la fois maître et disciple. La direction de conscience à la manière cynico-stoïque vient se confondre avec l'examen de conscience à la façon pythagoricienne.

Cela explique la complexité de l'œuvre. Certes, on y devine comme l'ébauche d'un plan. Le premier livre est une sorte de préface qui décrit la formation de l'auteur; le douzième et dernier s'achève sur une maxime qui concerne la nécessité de quitter le théâtre quand on a fini son rôle. Le livre VI (au milieu de la série II-XII) comporte, placée au centre de l'œuvre, une suite de citations de philosophes. Enfin les maximes les plus pratiques se groupent surtout de V à IX (sans être absentes ailleurs), alors que les premiers et les derniers livres insistent davantage sur les questions théoriques.

Ici comme chez Épictète, l'auteur semble partir des principes, et tendre à y revenir.

Mais cette tendance est comme dissimulée par le souci constant de joindre le principe à son application. Le but de Marc Aurèle n'est pas de développer harmonieusement un système philosophique (pour cela il suffirait de copier Chrysippe ou un autre) mais d'appliquer ce système dans chaque moment de sa vie consciente : il lui faut mettre les principes au contact de l'instant. De là ce conseil : « Cherche en tout la brièveté » (II, 51) et par conséquent l'usage systématique de la maxime. De là aussi les répétitions, le retour continuel et comme désordonné à un nombre limité de thèmes fondamentaux. Il s'agit de rattacher la diversité des états de conscience à l'unité de la sagesse ; ces états de conscience se présentent en désordre, selon les circonstances ; d'autre part, la répétition est d'autant plus nécessaire que cette méditation est un exercice méthodique destiné à assouplir l'âme et à lui donner, avec l'habitude de la lucidité, des procédés à toute épreuve pour combattre l'opinion, les représentations. La plus grande partie des maximes de Marc Aurèle se présentent comme des formules brèves que l'on peut apprendre par cœur pour se les remémorer dans les difficultés : « Aie ce précepte présent à l'esprit... » « Souviens-toi de cette méthode... » « Imprègne-toi de cette image... ».

Si l'on a reconnu le caractère méthodique d'une pensée à la fois systématique et accordée au temps dans son jaillissement on évitera de trop parler de l'incertitude, de l'inquiétude, de l'imprécision de la pensée de Marc Aurèle. En fait, cet empereur, grâce à la méthode de réflexion qu'il adopte, nous fait entrer dans la conscience d'un prince, témoin privilégié des tourments de son temps.

Car tel est le premier trait qui doit nous frapper : Marc Aurèle est avant tout un empereur. On a dit, avec déception, qu'il ne parlait pas de sa fonction. Cela n'est pas exact : il en parle sans cesse, mais il en parle de l'intérieur. Pour lui, sa fonction, c'est son rôle, son devoir, le contenu même de sa conscience. C'est seulement en rapprochant ses pensées des problèmes qui se posaient concrètement dans Rome à un empereur que l'on peut en saisir l'originalité.

Dion et les sophistes, après bien d'autres, avaient insisté
sur la philanthropie du prince; Marc Aurèle songe à
eux quand il s'interroge sur l'humain. Rome et l'histoire
des Césars avaient imposé, d'autre part, à tout prince
des tentations et des périls beaucoup moins vagues,
comme le montre assez l'œuvre de Tacite (assurément
connue de Marc Aurèle, cet admirateur d'Helvidius et de
Caton); le problème politique du « meilleur prince » se
confondait avec la question morale du *uir optimus*. Or les
empereurs depuis Tibère, Caligula, Néron, s'étaient
constamment trouvés acculés à divers vices : la cruauté
ou la colère, l'orgueil et le goût du luxe; mais aussi la
lâcheté devant la tâche écrasante, le désir de repos, du
renoncement — ainsi Tibère, à Capri, qui s'appuyait
sans doute sur des prétextes philosophiques — et encore
le scepticisme qui aboutit à un égal dédain de la vertu et
du vice — ainsi Vespasien. Un prince, confronté à
chaque instant avec les énormes problèmes de l'Empire,
risque de se laisser user par sa condition, d'arriver à
« l'imprégnation » (VI, 30) et de ne plus croire à rien
d'autre qu'à la nécessité d'être obéi : « Garde-toi de te
césariser », dit Marc Aurèle.

C'est dans cette perspective qu'il faut juger et comprendre l'éthique qu'il nous propose, au lieu de prétendre,
comme on l'a fait, que Marc Aurèle n'a pas su s'adapter
à son temps, faute, par exemple, d'avoir assez tenu
compte des conflits de classes et de l'évolution économique; en réalité, c'est précisément la situation de
l'Empire et son évolution historique qui ont déterminé
la pensée de notre auteur.

Dans une période où l'immensité de l'Empire risque
à tout instant de favoriser les divisions et les révoltes,
l'empereur doit en premier lieu s'exercer à cette vertu
que Sénèque déjà appelait « clémence » et qui aide à
surmonter bien des tentations : la colère d'abord. On
songe encore à Sénèque. C'est dans cet esprit que Marc
Aurèle trouve des formules si proches du christianisme :
« Si un homme est séparé d'un homme, il est séparé de la
société » (XI, 8). Et surtout : « Si tu le peux, instruis-le,
et si tu ne peux l'instruire, souviens-toi que la bienveillance a été donnée à l'homme pour ce cas » (IX, 11). De
là, au livre XI, la plus longue et la plus développée des
pensées, véritable exercice spirituel qui énumère métho-

diquement en neuf points toutes les raisons pour lesquelles on ne peut condamner autrui : celui-ci croit agir pour le bien; nous pouvons aussi nous tromper; son action n'atteint en nous que l'opinion que nous en avons; il est mortel. « Neuvièmement, la douceur est invincible si elle est véritable » (XI, 18).

Une clémence qui se fonde ainsi sur une sorte d'auto-critique écarte évidemment l'orgueil. Certes, Marc Aurèle croit à une hiérarchie cosmique des êtres; mais il ne la rattache jamais explicitement à sa propre condition : il ne dit jamais qu'il est un dieu; pour sa part, il n'est que « le vieux maître d'école » (X, 36), l'éducateur. C'est l'intelligence *(voῦς)* qui dans tout homme est divine (XII, 26). Sa méditation sur la philosophie lui permet de « voir les choses de haut », selon l'exemple platonicien du *Phèdre* et du *Phédon*. Cependant il souligne qu'il ne vit pas dans la cité platonicienne, mais dans le monde où le plus petit progrès a sa valeur (IX, 29). Du même coup il condamne, d'une façon originale, tous les abus du sentiment de supériorité; il critique, sans contrepartie, la fausse gloire; il stigmatise surtout ceux qui, dans l'action, se déclarent « philosophes » et prétendent tout régenter; lui-même se défend de tant d'indiscrétion. Cette critique de l'orgueil, dans un passage très remarquable, s'étend à l'empereur Tibère lui-même, ce prince stoïcien, qui était allé abriter à Capri son dédain du genre humain (voir XII, 27). Selon Marc Aurèle, le prince doit être plus humble; il place la politesse à un très haut rang; il accepte à l'occasion de se « faire aider » — allusion peut-être au partage des responsabilités de l'Empire avec son frère adoptif, qui préludait historiquement à d'autres mesures semblables prises par ses successeurs. Marc Aurèle insiste aussi, dans le livre I, sur le fait qu'il a eu des maîtres et qu'il a suivi leurs leçons (l'un d'entre eux, Sextus, était un neveu de Plutarque — il s'agit peut-être de l'Empirique; d'autres lui ont fait connaître l'œuvre d'Épictète).

La clémence compréhensive et l'humilité risquent de fortifier chez Marc Aurèle un vice opposé : le goût du renoncement. Tibère, précisément, ne suivait-il pas une tradition stoïcienne ou épicurienne en affectant de détester le pouvoir? Marc Aurèle ici encore s'appuie sur le triple enseignement du cynisme, du platonisme et du stoïcisme.

De Platon cette parole qu'il cite en VII, 45 : « Quand on s'est trouvé placé en position de supériorité, il faut courir le risque d'y rester. » Cela n'est pas toujours aisé : l'on mesure, en lisant les *Pensées,* la violence de cette tentation de l'*otium* à laquelle Épictète ou Tacite avaient plus ou moins cédé. L'empereur, qui doit donner l'exemple, et qui a besoin que ses sujets ne se dérobent pas aux exigences de leur fonction, proteste, au nom des nécessités du « métier d'homme », contre ceux qui veulent fuir à la plage ou à la campagne (voir IV, 3). Mais lui-même a peine à ne pas les suivre; il s'en défend en remarquant que le pouvoir est par lui-même une solitude : selon l'image platonicienne, le prince est un pâtre dans la montagne — et la montagne est encore dans la cité.

C'est ainsi que le pouvoir apparaît comme une forme du détachement. La tentation du luxe est très étrangère à Marc Aurèle; il sent trop qu'en lui obéissant, il se priverait de cette supériorité qui lui est nécessaire pour régner. S'il juge les hommes, il doit être le premier à se juger lui-même. Selon la tradition cynique, seuls un Socrate ou un Diogène peuvent être rois parce qu'ils se connaissent et qu'ils gouvernent leurs passions. Mais, de ce fait, la position du prince vis-à-vis des sujets devient tout aussi difficile que celle du sage vis-à-vis de la foule : il se trouve exposé à l'incompréhension, lui qui comprend les autres, à la haine, lui qui veut les aimer.

On sent que, toute sa vie, Marc Aurèle a lutté pour s'accoutumer à cette situation. Il trouve, bien sûr, d'excellents arguments chez Épictète, mais ils ne lui suffisent pas. Car ce prince est, parmi tous les philosophes antiques, celui qui a éprouvé le plus fortement la présence et la dignité de l'Autre. C'est sans doute qu'il est un chef et supporte mal de voir la haine ou l'erreur transformer ses sujets en esclaves, soumis ou révoltés : il ne voudrait pas des esclaves mais des élèves. Sa volonté de rester au pouvoir l'oblige à les combattre, avec la dureté que cela implique; il s'y résigne en alléguant l'intérêt général (argument très conforme à la philosophie et notamment au stoïcisme). Dans la révolte héroïque qui dresse parfois contre lui des persécutés, des philosophes, des chrétiens par exemple, il voit une exagération; il ne faut pas « jouer la tragédie ». Mais sa formule complète est : « Ni tragédien, ni proſtituée » (v, 28). Il faut aussi reſter pur; et cela oblige à certains risques.

Marc Aurèle rencontre ici la suprême tentation pour un roi : celle du suicide. L'empereur, qui rêve d'émigrer dans la sagesse comme aux îles des Bienheureux, ne l'exclut pas (x, 8). Le ſtoïcisme l'autorise, lorsque le sage ne peut plus être vertueux autrement. Mais le platonisme (qu'avait suivi l'auteur du *Songe de Scipion*) le condamne car le chef doit reſter au poſte que Dieu lui a assigné. Ceci conduit à une solution qui s'ébauche avec insiſtance dans les dernières pensées : « Qui t'empêche d'être bon et simple ? Décide seulement de cesser de vivre si tu ne dois pas être tel » (x, 32). Et encore : « Tel me méprisera... me haïra ? À lui de voir » (xi, 13). L'acceptation de la mort rend le machiavélisme inutile. Et l'on verra de la sorte si la vraie douceur eſt invincible.

On sait qu'au moment où il écrivit cela, il craignait sans doute son fils Commode. Quoi qu'il en soit, il ne s'abandonne pas à la triſtesse. L'extrême pessimisme rejoint plutôt l'espérance. Il s'agit moins de désespoir que d'un détachement fondé sur la lucidité : « S'il se trompe, l'inſtruire doucement et lui montrer son erreur. Si tu en es incapable, il faut t'en prendre à toi — ou même pas à toi » (x, 4). Tel eſt le seul scepticisme que l'aċtion ait appris à Marc Aurèle. Cela ne détruit en lui ni le goût des options précises ni le principe fondamental de l'amour envers les autres et envers leur dignité.

Options précises : le livre I nous le dit. Marc Aurèle opte pour la « royauté démocratique » (i, 14) qui donne à chacun « le droit de s'exprimer librement dans l'égalité ». À peu près seul parmi les écrivains politiques de son temps, il ne fait pas allusion aux corps intermédiaires, si ce n'eſt pour ſtigmatiser la dureté de cœur des patriciens (dont l'influence eſt effeċtivement en train de décroître). De la même façon, il rappelle avec triſtesse, dans une brève Pensée (x, 10), que sa propre guerre contre les Sarmates risque de n'être qu'un brigandage si l'on s'y abandonne avec complaisance.

Référence méthodique aux principes : ceux-ci, selon l'esprit du ſtoïcisme, sont contenus dans la loi. D'autre part, le fondement de l'aċtion, pour l'homme d'État, tient à la nature de l'homme, animal raisonnable et politique (ii, 16; x, 15, etc.), né pour protéger ses semblables, et pour imiter ainsi, dans le monde humain, la Providence de Dieu dans la cité universelle. L'on remarque ici l'importance attribuée à l'universel, alors que, précisément, la distinction entre les différents peuples s'atténue de plus en plus dans l'Empire. On observera surtout que cette conception du devoir politique dépasse et précise l'idéal autrefois proposé par Cicéron : le prince doit le bonheur à ses sujets. Marc Aurèle dit en substance que toute pensée politique doit se référer à l'universel. L'homme est pour lui une fin en tant qu'homme et sous le regard de Dieu — c'est-à-dire dans la perspective de la Providence universelle. En tant que particulier, il lui inspire la bienveillance et la sympathie mais bien souvent ses intérêts sont à ses yeux des « indifférents ». La grandeur et la misère de Marc Aurèle sont d'avoir conçu cette distinction. Car elle blesse et exalte en lui, en même temps, cette vertu qu'il célèbre avec les stoïciens et les platoniciens de son temps : la *philostorgia,* la tendresse humaine (II, 5 ; XI, 18 ; en I, 9, il nous dit que ce trait de caractère était très développé chez Sextus, par qui il a connu l'œuvre de Plutarque).

Il était nécessaire de définir d'abord l'expérience de Marc Aurèle, mais on voit maintenant que son destin l'aide à formuler un certain humanisme. Son anthropologie, en premier lieu, n'est pas sans subir l'influence du platonisme ambiant. Marc Aurèle distingue en nous trois parties : le corps, l'âme (porteuse de tendances) et l'esprit hégémonique (assimilé parfois au démon). Comme autrefois Posidonius, Marc Aurèle maintient, en bon stoïcien, la liberté de l'hégémonique. En revanche, avec la religiosité de son temps, il déprécie le corps, parle volontiers de ses maladies (crachements de sang guéris par Esculape, I, 17), cite Épictète : « une âme portant un cadavre » (IV, 41). Sa doctrine apparaît ici encore comme une victoire difficile sur le dualisme, comme un pessimisme surmonté.

Et il en va de même dans un aspect fondamental de sa pensée : sa conception du temps, de la vie, de la mort. Ici de nouveau le stoïcisme apparaît chez lui comme un idéal. Après Chrysippe et le Sénèque du *De breuitate uitae,* il cherche (comme l'ont établi les beaux travaux de V. Goldschmidt) à construire une philosophie de la présence, à montrer que dans un temps « incorporel »

ni l'avenir ni le passé n'ont de réalité, qu'il n'y a pas de
temps perdu pour le sage. Mais dans le stoïcisme classique,
cette philosophie de la durée vécue, de la plénitude de
liberté dans l'instant, conduit à un optimisme absolu.
Chez Marc Aurèle, elle se présente seulement dans le cadre
de son exercice spirituel, de son dialogue avec lui-même.
Elle est exhortation continuelle, non certitude. C'est
précisément la certitude qui manque : à plusieurs reprises
notre penseur se laisse aller à répéter la formule cynique :
tout est opinion (II, 15). Cela n'est guère stoïcien. Il en
résulte notamment que la cohérence rationnelle de
l'univers, qui fondait l'unité du système stoïcien et rendait
possible à chaque instant la sérénité d'un sage assuré de
concourir à l'œuvre de cette raison, se trouve mise en
doute. Marc Aurèle, obligé de tenir compte de ce doute,
procède à la manière de certains « douteurs » par un
raisonnement *in utramque partem :* ou bien l'univers est
régi par une raison et alors notre propre raison n'a
qu'à se reposer en elle; ou bien il est sans raison (fait
d'atomes ou soumis à la nécessité), et alors notre raison
se réjouit d'être du moins supérieure à ce hasard (voir
par exemple XII, 24; XII, 14, etc.). Dans les deux cas, il n'y
a de sérénité que dans l'instant pleinement vécu. Et
pour le prouver, Marc Aurèle se réfère (par un mouvement bien connu de nous) à deux philosophies divergentes et anciennes : Héraclite a montré que toutes
choses se transforment les unes dans les autres; l'épicurisme a parlé lui aussi de métamorphoses, et insisté sur
le fait que les combinaisons possibles des êtres sont en
nombre limité; il en résulte que le temps est une éternelle
répétition, soit dans le désordre du hasard, soit dans le
retour harmonieux des cycles éternels. Raison de plus
pour dire qu'un seul instant, d'une certaine manière, le
contient tout entier. (Qu'est-ce qu'une année au regard
de l'infini? Mais aussi qu'est-ce qu'un temps infini
apporte de neuf à une expérience humaine? Un homme,
dit Marc Aurèle, a tout connu à quarante ans. En
chaque instant de sa vie, il a pu accomplir pleinement
le projet de son âme.)

   C'est dans ce contexte que se situent la formule fameuse :
« Qu'est-ce que le vice? Ce que tu as vu souvent » (VII, 1),
et tant d'autres qui semblent attester le dégoût de la vie
et que l'on allègue pour prouver le pessimisme de

Marc Aurèle. Mais, s'il est vrai qu'elles témoignent de ses souffrances, elles doivent aussi être interprétées comme une démarche de libération. D'abord, la méthode qui consiste à s'habituer au mal pour s'en défaire a toujours été prônée par les moralistes (voir *Tusculanes*); l'habitude de la douleur est pour Marc Aurèle le contraire du désespoir (« Habitue-toi au lieu de désespérer », xii, 6). D'autre part, cette négation de l'événement (au sens moderne qu'on donne à ce mot) aboutit ici, comme c'est le cas chez Valéry bien que d'une autre manière, à l'exaltation de l'intellect et à la condamnation de l'histoire, trop complaisante envers la tragédie. Marc Aurèle semble s'opposer avec hardiesse aux vrais pessimistes : Tacite et une certaine tradition romaine. Il est vrai qu'il se demande parfois avec angoisse si son âme pourra jamais s'habituer à vivre dans la société des hommes (x, 1).

Ainsi, à chaque instant, nous avons vu l'empereur rencontrer les crises de son temps et en souffrir mais aussi essayer de les surmonter, dans la mesure de ses forces, qui ne vont pas plus loin que le présent. Sa philosophie, certes, se ressent de ses angoisses; mais on peut dire également qu'elle est faite pour les vaincre. Le cas de Marc Aurèle n'est pas aussi individuel qu'on pourrait le croire. Pour défendre l'Empire et lui-même, il a fait appel à toutes les ressources de son temps. Et c'est ce qui explique l'aspect que revêt le stoïcisme dans cette œuvre qui en est la suprême expression antique.

Il s'inscrit dans une synthèse. Il prend place à son rang dans une tradition. Ce que nous dit Marc Aurèle sur sa formation l'atteste : les maîtres qu'il a le plus aimés ne sont pas tous des stoïciens; Épictète en est un; mais en même temps c'est un esclave! Rusticus, l'empereur Antonin étaient des hommes d'action, Fronton, un rhéteur, Alexandre, un grammairien, et Severus (qui lui a fait connaître la tradition d'Helvidius, de Brutus, de Caton et qui est d'esprit démocratique, se rattache très précisément à l'école d'Antiochus d'Ascalon); et nous pressentons, malgré son silence, que l'empereur, guidé par son maître Fronton, a nécessairement lu les orateurs et les historiens romains; d'origine nîmoise par une partie de sa famille, il est sur bien des points — et au pessimisme près, nous l'avons dit — proche de Tacite, ce provincial austère, lié à la Narbonnaise. Ce que sa pensée veut rassembler, c'est donc, au prix de quelques renoncements, l'essentiel de la tradition romaine en un moment de crise — et aussi la tradition grecque : vertu, liberté, stoïcisme.

DE MARC AURÈLE AUX SÉVÈRES
LA MISE EN QUESTION DE LA PHILOSOPHIE
PAR LA PHILOSOPHIE

Dans le dernier tiers du iie siècle, l'Empire progresse encore vers l'universalisation, tout en éprouvant les premières crises qui vont mettre en péril sa cohésion interne et sa puissance extérieure. La mauvaise répartition des richesses, des droits, la mauvaise organisation de la production (esclavagisme et grande propriété), l'excès du luxe, de la consommation, parfois du bonheur dans les villes, la poussée du monde barbare dont l'anarchie devient moins complète, tout cet ensemble complexe de causes combinées contribue à préparer la désagrégation d'une société : elle mettra, notons-le bien, quatre siècles à s'accomplir.

Pour le moment, Rome prend conscience de ses suprêmes victoires. En 212, l'empereur Caracalla donne le droit de cité romaine à tous les habitants de l'Empire. On discute de la portée de cette décision sur le plan politique ; sa valeur idéologique est évidente : l'universalisation du droit est accomplie ; la cité cesse d'être la source des valeurs fondamentales. C'est sous les Sévères, au début du iiie siècle, que vivent de grands juristes comme Ulpien, qui est associé à la direction de l'Empire. Ainsi s'épanouit un mouvement de pensée qui fait la gloire de Rome, et qui aboutira plus tard au *Corpus iuris ciuilis*. Il faut bien retenir que cette œuvre admirable est née d'un dialogue constant entre la philosophie, l'histoire et l'action. De ce dialogue, les méthodes et les lois avaient été définies depuis longtemps par des hommes comme Scaevola et Cicéron.

C'est dans le même esprit à la fois philosophique, juridique, oratoire que le grand sophiste Aelius Aristide écrit, sous Marc Aurèle, l'*Éloge de Rome,* cité des civilisés et de leurs lois, assiégée par la barbarie : tous les grands thèmes de la pensée politique qui s'est développée sous l'Empire sont présents dans ce beau texte. Mais la civilisation qu'il nous décrit est déjà sur la défensive.

Selon la belle expression de H. G. Pflaum, Rome, sous Marc Aurèle, avait voulu, comme Faust, arrêter l'instant qui passe. Mais le temps continue.

La philosophie même montre que cela est inévitable. Elle le fait de trois façons. Les cyniques mettent plus que jamais en question les valeurs sociales, en particulier les grandeurs d'établissement et l'argent; les sceptiques critiquent de manière fondamentale la connaissance philosophique; la pensée religieuse et gnostique va dans le même sens pour d'autres raisons.

Les deux premiers courants confluent chez Lucien de Samosate, qui n'est pas à proprement parler un philosophe, parce que son esprit voltairien avant la lettre le conduit à critiquer la philosophie elle-même. Toutes les formes antiques de l'esprit critique convergent dans son art, ironie socratique, matérialisme épicurien, doute académicien, diatribe cynique, technique sophistique du lieu commun combinée avec le dépouillement de l'atticisme. Il faut bien voir que ces différentes tendances ne se combattent pas chez lui, mais s'accordent dans une très savante et très lucide recherche des exigences du bon sens, devant la montée des superstitions et de l'irrationnel.

Le troisième courant — critique religieuse de la connaissance philosophique — s'exprime dans les différentes doctrines gnostiques qui se multiplient à partir de la fin du Ier siècle. Nous n'avons pas à les étudier ici : il s'agit d'histoire religieuse. Retenons simplement deux points. Tous ces systèmes, aussi bien la gnose judéo-chrétienne que l'hermétisme païen, d'inspiration égyptienne, sont fondés sur l'idée que la sagesse repose sur une grâce et la vérité sur une révélation. Critiquant ensemble l'astrologie et le fatalisme philosophique qui pèse sur la pensée antique notamment depuis les stoïciens, ils affirment que les hommes n'obtiendront le salut qu'à la condition suivante : cette nécessité cosmique, cette loi du destin doit être vaincue par une intervention divine. Cette intervention est décrite dans de vastes récits qui présentent l'histoire métaphysique du monde.

Certes, les philosophes ne sont pas étrangers à de telles spéculations; depuis le temps de Platon ou de Pythagore, ils ont souvent dit quelle place ils accordaient à la révélation religieuse ou à la démonologie. Aussi voit-on sans étonnement que ces traditions de pensée sont en honneur. Nous avons dit le succès des conférences platoniciennes de Maxime de Tyr. Il faudrait parler aussi des Oracles chaldaïques. Signalons surtout le nom de Numenius d'Apamée, qui vécut à peu près dans notre période, et qui ne nous est connu que par des citations très imprécises. Il semble avoir distingué trois dieux : le bien suprême, la monade qui existe par soi; le démiurge qui crée le monde par sa pensée; le monde. En somme, comme l'a signalé E. G. Dodds, il s'agit peut-être des trois degrés du *nous,* continuellement en rapport les uns avec les autres : l'esprit dans son unité; l'esprit pensant, comme lieu des idées; ces idées enfin, incarnées selon la démarche de la raison discursive dans le monde sensible. On sait que Plotin adoptera des vues sensiblement différentes; il se peut que Numénius ait été plus que lui proche de la gnose. En tout cas cette progression de l'un aux idées et des idées au sensible nous fait surtout penser à Platon et aux problèmes du *Parménide,* qui ne cessent de captiver les penseurs comme le montre l'œuvre d'Alkinoos : il s'agit de définir les rapports de l'un et du multiple, de Dieu et de la pensée, de concevoir une théologie négative ou analogique. Au delà de Plotin, c'est Denys l'Aréopagite qui s'annonce, avec tous les problèmes de la scolastique médiévale.

Nous savons peu de chose de Numenius ou de son contemporain Ammonius. En revanche, nous avons quelques témoignages détaillés de la pensée philosophique au début du iiie siècle. Il faudrait pouvoir étudier en détail les *Vies et opinions des philosophes* de Diogène Laërce (neuf livres), le seul traité antique d'histoire de la philosophie que nous ayons gardé. On a insisté récemment sur l'intérêt méthodologique de ces ouvrages. Au delà des ragots et des anecdotes (qu'il faudrait d'ailleurs interpréter), on trouve ici l'aboutissement de ce grand effort doxographique qui a, nous l'avons dit, dominé notre période. Diogène doit beaucoup à l'éclectisme platonicien. Il distingue, non sans profondeur, deux grandes branches dans l'histoire de la philosophie : les Ioniens (Thalès) et les Italiques (Pythagore). Le socratisme (dont procèdent les trois grandes écoles de l'Académie, du Lycée, du Portique) n'est pas un commencement absolu. Socrate a eu un maître, Archélaos, « naturaliste » comme beaucoup d'autres « Ioniens ». Le dernier livre (IX) est consacré aux

philosophes isolés, qui donc ne dépendent pas de Socrate
et dont la rencontre est remarquable : citons Héraclite,
Xénophane, Démocrite, Pyrrhon, Épicure.

Deux écoles prennent, au moment qui nous occupe,
une expansion dont nous avons gardé des traces importantes : il s'agit de l'aristotélisme et du scepticisme.

ALEXANDRE D'APHRODISE — LA LOGIQUE D'ARISTOTE
AU SECOURS DU PLATONISME RELIGIEUX

Nous avons dit pour quelles raisons nos philosophes
religieux ont tendance à se détacher de la dialectique.
Cependant certains penseurs peuvent être sensibles aux
dangers que comporte une attitude aussi mystique. C'est
pourquoi l'on assiste, dans la même période, à une
renaissance très marquée des études aristotéliciennes;
mais cette renaissance s'accomplit de telle manière que
ses auteurs cherchent à favoriser le mouvement des idées
religieuses plutôt qu'à le combattre.

Nous avons gardé sous le nom d'Alexandre d'Aphrodise (à qui Septime Sévère confia une chaire de philosophie péripatéticienne au début du IIIᵉ siècle) une œuvre
très vaste. Elle comprend d'abord des commentaires
d'Aristote (*Premiers Analytiques* I; *Topiques; Météorologiques; De sensu; Métaphysique* Λ-E : le commentaire
jusqu'à N paraît soit apocryphe soit issu d'un remaniement
postérieur de l'œuvre d'Alexandre). D'autre part les
œuvres personnelles sont : des *Apories physiques* (d'une
authenticité variable) auxquelles s'ajoute un livre de
Problèmes moraux (de même caractère); un traité *Du destin;*
un traité *Du mélange;* un traité *De l'âme* dont nous avons
gardé deux livres, le second constituant un pot-pourri
de problèmes psychologiques (*De anima libri mantissa,*
éd. Bruns; ici aussi l'authenticité est souvent douteuse);
le premier forme un traité systématique très important.
Il faut y signaler un *De intellectu* où P. Moraux a distingué
certaines particularités de doctrine (mais cela suffit-il
pour refuser de l'attribuer à Alexandre?). On sait, de
plus, que notre auteur avait commenté d'autres ouvrages
d'Aristote (*Catégories; De interpretatione; Analytiques* I et II;
Physique; De caelo; De anima; De generatione et corruptione).

L'œuvre d'Alexandre n'a pas encore obtenu de nos
jours toutes les études qu'elle mérite. Elle a, en revanche,

exercé au Moyen âge une très importante influence sur la
connaissance et l'interprétation d'Aristote, dont notre
auteur est le premier grand commentateur avant Jean
Philopon ou Simplicius. Alexandre se situe dans cette
tradition aristotélicienne qui n'a cessé de se développer
au contact de l'Académie et qui, depuis la seconde
moitié du ~ Ier siècle et la publication, par Andronicos
de Rhodes, des écrits « ésotériques » du maître, s'est
quelque peu détournée des dialogues de l'« Aristote
perdu ». Alexandre sans doute les connaît encore pour
une grande part; il connaît aussi l'œuvre de Théophraste
et de ses successeurs; il est donc un des rares péripatéticiens qui connaissent dans leur ensemble l'œuvre de son
maître et la tradition de son école. Ce fait ajoute encore à
l'intérêt de ses travaux.

Naturellement notre auteur doit définir sa pensée par
rapport aux grands courants contemporains. Il s'agit de
prendre position vis-à-vis du stoïcisme. Dans un texte
très explicite (*De intellectu*, 113, 13 sqq.), Alexandre nous
dit qu'il condamne la conception d'un dieu et d'une
providence immanents au monde. Cette attention à la
transcendance nous fait naturellement penser au platonisme (nous savons par Cicéron et Plutarque que cette
école faisait bon ménage avec le Lycée) et surtout aux
tendances religieuses contemporaines d'Alexandre.

De fait, son œuvre apparaît beaucoup plus comme une
justification péripatéticienne de l'éthique en faveur à son
époque que comme une mise en question du monde
présent (grande différence avec Épictète ou Marc Aurèle).
En bon péripatéticien, Alexandre interprète la notion
d'instinct, nie l'autarcie de la vertu, limite la portée de la
providence divine, revient avec précision aux *Topiques*
pour évoquer, juger et dépasser la rhétorique contemporaine, distingue vie pratique et vie contemplative. C'est
précisément à partir de cette distinction que nous
signalerons chez lui deux problèmes fondamentaux : le
premier concerne la liberté vis-à-vis du destin (vie
pratique), le second l'âme et la connaissance.

Le traité *Du destin,* où l'auteur s'adresse à l'empereur
lui-même, prétend concilier la croyance à l'astrologie
(possible grâce à l'enchaînement, selon les causes
efficientes, des phénomènes matériels) et la foi dans la
liberté de l'esprit (celle-ci est naturelle). Pour arriver

à son résultat l'auteur fait appel à la dialectique aristotélicienne de la causalité. On voit qu'il aboutit à des conclusions moins sceptiques que celles de Cicéron.

Le traité *De l'âme* fournit à Alexandre l'occasion de formuler des thèses originales. D'une part, plus fortement qu'Aristote, il la distingue de l'esprit. Il adopte l'hylémorphisme du maître mais soutient que l'âme n'est que la forme d'un mélange des éléments (qui constitue le corps humain) et qu'elle se défait donc en même temps que ce mélange.

Dans l'âme, il fait une place très importante à l'esprit (comme les platoniciens) et cela le conduit à formuler une noétique originale (étudiée notamment par P. Moraux). Le problème est, en fait, de décrire en termes aristotéliciens cette genèse de la connaissance intellectuelle que les stoïciens avaient représentée comme un progrès allant de l'état de nature à la *perfecta ratio,* en passant par l'expérience sensible, l'éducation et la formation des habitudes, toutes choses qui permettaient, selon eux, l'apparition des notions communes, puis des sciences. Déjà, comme l'atteste le *De finibus,* V, les disciples d'Antiochus avaient voulu analyser ce processus en s'appuyant sur la doctrine péripatéticienne des *prima naturae.* Mais Alexandre, qui connaît le traité *De l'âme* d'Aristote et les commentaires qu'en avait faits Théophraste, va être amené à poser les questions en termes plus techniques.

Le problème est, en gros, le suivant : qu'est-ce qui est acte, qu'est-ce qui est puissance dans l'intellect ? Est-il pure réceptivité, ou pensée active, capable de distinguer par ses opérations les formes intelligibles de la matière sensible ? Les deux aspects existent assurément d'après la théorie péripatéticienne de la connaissance : comment donc passe-t-on de l'un à l'autre ? Les stoïciens avaient répondu : par le développement naturel des notions communes. Mais c'était admettre que ces notions étaient immanentes au sensible et nier par là même la transcendance de l'intellect. Aussi Alexandre se réfère-t-il à une autre solution qui s'inspire d'une distinction d'Aristote entre l'esprit agent et l'esprit réceptif, passif, en puissance.

Il y a quatre degrés du *nous :* le premier est celui de l'intellect matériel (hylique) ou en puissance. C'est à son sujet que le *De anima* présente la doctrine la plus curieuse (moins nettement présente dans le *De intellectu*) : cet

intellect ne pense pas vraiment; mais il est la faculté
capable d'abstraire; il peut distinguer les formes dans le
sensible; il est capable d'expérience. Nous avons donc un
intellect qui agit d'une certaine manière tout en restant en
puissance. Ceci a paru inconcevable du point de vue
logique : sans doute, mais c'est que la psychologie de
l'enfant avant l'éducation, ou de la perception avant le
concept est précisément inconcevable, puisqu'il s'agit en
quelque sorte d'une pensée avant la pensée; il faut
déjà avoir la puissance de penser pour apprendre à
penser.

À l'intellect en puissance succède, après l'éducation
et la formation des habitudes, l'intellect comme disposition — ἐν ἕξει — dont la formation coïncide en somme
avec celle des concepts. L'effort, l'éducation, l'habitude
nous permettent en effet de définir une collection de
concepts.

Lorsqu'enfin l'intellect comme disposition arrive à
se penser lui-même, on l'appelle intellect en acte.

Mais nous touchons ici l'une des grandes audaces
d'Alexandre. Cet intellect humain, dont il nous parle,
s'identifie avec ses objets. Or la plupart d'entre eux font
partie du sensible, et sont par là même périssables;
l'acte de connaissance ne se fait le plus souvent que par
l'intermédiaire du corps, de l'imagination sensible; il en
résulte que la faculté intellectuelle est elle-même mortelle.
Cela suscite le grand scandale des commentateurs
médiévaux, qui ont parlé du matérialisme d'Alexandre.
Mais celui-ci rejetterait une telle accusation, car il conçoit
un intellect agent ou poïétique qui est forme sans matière,
intelligible en acte, et qui se confond avec Dieu, pensée de
la pensée. Tous les intelligibles atteints par notre intellect
matériel sont mêlés de sensible, ont eux-mêmes quelque
chose de matériel; mais pour autant qu'il est actif et qu'il
rend le sensible intelligible, notre intellect en se per-
fectionnant pense l'intelligible actif; c'est même ainsi qu'il
dépasse la sensation passive; il est, dit profondément le
De intellectu (III, 14), « agent des formes qu'il reçoit ».
Cette action le fait passer de l'état d'intellect matériel à
l'état d'intellect comme disposition : d'où cette formule
(III, 30) : « Ce quelque chose intelligible par nature, se
trouve en qualité d'intellect dans le sujet pensant, il est
pensé de l'extérieur et est immortel et donne à l'intellect

matériel une disposition qui lui permet de penser les intelligibles en puissance » (trad. Moraux). On peut admirer cette belle doctrine de la perception qui ne recourt pas aux notions communes ou à la réminiscence, et qui montre que toute sensation, si passive soit-elle, dès lors qu'elle est perçue, implique un acte de pensée, et du même coup la pensée de la pensée : dans la moindre sensation la vision de Dieu est implicite.

Vision de Dieu ou vision en Dieu ? La question se pose. Nous avons lu que l'intellect poïétique vient de l'extérieur — θύραθεν. Comment cela peut-il se faire ? Certains prédécesseurs (ou contemporains) d'Alexandre avaient bâti à ce sujet une théorie que celui-ci rejette (s'agit-il d'Aristoclès, comme l'a pensé Zeller, corrigeant un « Aristote » des manuscrits ? P. Moraux a pu montrer sans peine ce que cette correction a d'arbitraire). Cette doctrine affirme que l'intellect agent existe à l'intérieur de la matière et qu'il utilise comme un instrument le feu qui se dégage du mélange corporel : dans cette hypothèse, c'est donc en réalité Dieu même qui pense en utilisant comme un instrument la faculté qui est en nous. Alexandre s'oppose à cette conception parce que, d'après elle, « la pensée ne dépend pas de notre libre détermination »; on retrouve ici les thèses défendues dans le traité *Du destin* — Alexandre nous dit expressément qu'il s'oppose aux stoïciens et à leur conception d'une Providence présente dans les choses les plus viles et déterminant jusqu'à la pensée. Comment donc faut-il entendre l'expression : intellect venu de l'extérieur ? Non pas au sens spatial mais en un sens ontologique : « il est séparé en lui-même, n'étant pas uni à la matière, et il est séparé de nous parce qu'il n'est pas pensé, non parce qu'il est parti ailleurs » (113, 22). Il suffit donc de faire effort pour penser vraiment, et cette séparation se trouvera abolie.

On voit, malgré les maladresses et les obscurités d'expression (inévitables dans une pensée si novatrice), la fécondité de cette doctrine. D'une part elle préserve avec force l'exigence de transcendance qui paraît alors si importante à beaucoup d'esprits religieux; mais d'autre part elle rétablit les droits de la philosophie de deux manières : d'abord elle fait accomplir des progrès décisifs à l'histoire de la philosophie en précisant et en développant l'art du commentaire; ensuite, par un retour à la logique et à la métaphysique d'Aristote, elle rétablit pleinement ce dialogue entre nature et pensée qui avait fait la grandeur de l'œuvre du Stagirite; saint Thomas devait y songer, et bien avant lui Plotin qui allait souvent utiliser les leçons d'Alexandre, et se servir de la doctrine d'Aristote pour concilier, dans le monde du sensible, les exigences de l'un et de l'esprit.

SEXTUS EMPIRICUS — LE PROBABILISME DÉPASSÉ PAR LE SCEPTICISME

La démarche historique et le souci de rigueur qui caractérisent, nous le voyons, certains penseurs, entre 160 et 230, n'aboutissent pas toujours à des solutions conciliatrices et complaisantes. Avec Sextus l'Empirique, nous assistons au contraire à une des mises en question les plus radicales que la philosophie ait eu à subir depuis les sophistes et jusqu'à notre époque. De fait, tous les courants qui ont suscité de telles mises en question convergent chez ce personnage qui est, d'abord, un habitant de l'Empire au IIe siècle, c'est-à-dire au temps des inquiétudes mystiques, de la défiance envers la raison, du doute moral; ensuite, un historien de la philosophie qui s'inspire d'Énésidème et à travers lui de Pyrrhon et de certains présocratiques; enfin, un homme de science, un médecin empirique et par là même un contempteur des doctrines métaphysiques.

Il faut insister sur ce dernier point. Nous avons vu qu'avec Galien la médecine s'orientait vers un éclectisme qui n'excluait pas la métaphysique et insistait au contraire sur la nécessité, pour tout chercheur, d'avoir une philosophie de la connaissance. Les empiriques niaient que la philosophie (telle que la constituaient la dialectique, la physique, la morale) pût fournir au savant une théorie utile de la connaissance. Ils prétendaient s'appuyer uniquement sur l'observation personnelle (autopsie), sur l'histoire (documentation sur les travaux et les observations de leurs prédécesseurs et de leurs collègues), et sur le passage du semblable au semblable (qui différait de l'induction en ce qu'il ne prétendait pas atteindre à l'universel ou à l'essence). Pour la même raison, les empiristes préféraient le terme « délimitation » ou « séparation » *(διαστολή)* à « définition » *(διορισμός)*.

À la définition qui atteint ce qui est caractéristique
(typos), ils préféraient l'esquisse approximative *(hypotyposis)*. L'un des principaux ouvrages de Sextus s'appelle
les *Hypotyposes pyrrhoniennes*. Notre auteur prétend donc
appliquer à la philosophie la méthode de l'empirisme
médical.

On pourrait objecter que celle-ci est inadéquate puisqu'elle utilise pour l'étude de la philosophie une démarche
qui lui est étrangère : on verrait dans cette œuvre un
exemple de l'incompréhension fréquente de l'homme de
science pour les questions philosophiques. Mais en fait
Sextus, malgré une verbosité parfois lassante, un formalisme qu'il faut savoir dépasser, échappe continuellement
à ce reproche grâce à sa technique de l'*historia :* les arguments qu'il emploie lui sont rarement personnels. Il
reproduit ceux d'autres philosophes dans leurs discussions, et montre qu'ils se sont réfutés soit mutuellement,
soit même personnellement (voir Platon et ses dialogues
aporétiques). Il s'agit donc à tout instant d'une réfutation
de la philosophie par elle-même.

Cela est manifeste dans le traité en deux parties, d'une
part contre les mathématiciens ou savants (grammairiens, rhéteurs, géomètres, arithméticiens, astronomes,
musiciens), d'autre part contre les dogmatiques (deux
livres contre les logiciens, deux contre les physiciens, un
contre les moralistes ; on reconnaît ici la tripartition de la
philosophie). Le contenu du traité *Contre les dogmatiques*
correspond, plus brièvement et avec un plan différent,
à celui des *Hypotyposes pyrrhoniennes*.

Il est facile de voir que l'argumentation de Sextus se
trouve en rapport étroit avec la crise intellectuelle et
morale de son temps. Son scepticisme méthodique vise
notamment les croyances favorites de ses contemporains,
par exemple la providence (comment la concevoir depuis
qu'Énésidème, dont Sextus nous fait connaître les
tropes, a ruiné la notion de causalité ?) ou l'éternité, ou
encore toutes les applications métaphysiques des opérations numériques (sur lesquelles s'appuyait souvent la
théologie arithmétique des pythagoriciens). De même en
morale, l'auteur s'attache à prouver que ces *consensus,* ces
opinions communes, sur quoi s'appuyait bien souvent
l'idée de nature, n'existent guère, et il établit un catalogue
des variations et des dépravations de la morale, qui

montre bien la grandeur et la misère de la civilisation impériale en ce temps — civilisation mondiale, civilisation qui unifie les conditions du bonheur, mais civilisation sans unité dans l'ordre de l'éthique. Le scepticisme traduit peut-être ce paradoxe d'un monde qui n'a en commun que la langue et les usages, non la pensée.

Depuis l'Antiquité, la philosophie de Sextus a fait l'objet d'interprétations diverses. Certains, depuis les dogmatiques que notre philosophe attaquait et qui essayaient de se défendre, jusqu'à Nietzsche, qui au contraire voit dans les sceptiques les vainqueurs du socratisme, ont insisté sur le caractère négatif d'un enseignement qui paraît utiliser la philosophie même pour condamner la philosophie. Il convient de signaler cet aspect historique de la tradition sceptique. Cependant, tout ce que nous avons dit en commençant atteste que nous souhaitons, pour bien comprendre Sextus, le replacer dans son temps. Les traits qui se dégagent alors sont sans doute bien différents.

Et d'abord peut-on préciser de quel temps il s'agit ? Comme nous l'avons dit, c'est la fin du IIᵉ, peut-être le début du IIIᵉ siècle. Suidas, en un texte obscur et controversé, identifie notre philosophe à Sextus de Chéronée, neveu de Plutarque, et l'un des maîtres les plus appréciés de Marc Aurèle qui en fait au début de ses *Pensées* (I, 9) un éloge fervent en nous signalant ce qu'il lui doit : « ... Découvrir avec intelligence et méthode les principes indispensables de la vie et les mettre en bon ordre, ne jamais présenter même une apparence de colère ou d'une autre passion, mais être à la fois impassible et très aimable... » (traduction Bréhier-Pépin). Nous verrons que tout cela peut convenir à l'Empirique. Avant de le montrer, il est permis de méditer un instant sur cette rencontre admirable : comme Énésidème jadis répondait à l'Académie, ainsi Sextus était neveu de Plutarque et voici qu'il donnait des leçons au stoïcien Marc Aurèle.

Qu'enseignait le sceptique ? Bien sûr, nous l'avons dit, à contester tout dogmatisme. Mais cette critique n'excluait ni la croyance ni la science : simplement elle fondait l'une et l'autre sur les représentations, les phénomènes rencontrés de manière inévitable, indiscutable, dans l'expérience, dans le vécu. Nous n'avons pas à revenir ici en détail sur l'esprit et la signification de cette doctrine : nous renvoyons à l'article qui a été consacré ici même au pyr-

rhonisme par J. P. Dumont auquel les présentes remarques
doivent beaucoup. Tout l'effort de Sextus tend ainsi à
devenir empirique : il ne l'a pas toujours été, il critiquait
d'abord l'empirisme au nom de l'enseignement des médecins méthodistes ; puis il a cherché à se rapprocher de plus
en plus de l'évidence phénoménale. Il annonce ainsi Hume
et Stuart Mill plutôt que Nietzsche. Déjà, son maître
Ménodote, héritier de la tradition d'Énésidème et de Carnéade, avait appliqué à la médecine les réflexions de ces
penseurs sur le caractère relatif de l'expérience ; Sextus lui-
même évolue de la méthode doxographique qu'il applique
surtout dans les *Hypotyposes* à une étude plus authentiquement empirique qui s'exprime, à propos de l'induction ou
de l'expérience, dans le *Contre les savants*. Les recherches
récentes (notamment les *Indices* de K. Janacek) ont montré
que, dans ce traité, les livres VII et suivants *(Contre les
dogmatiques)* ont été composés les premiers : ainsi l'œuvre
s'achève-t-elle dans la réflexion sur les arts libéraux, dans
l'expérience concrète de la vie, où l'*épochè* n'a même plus
à intervenir. Parti du débat avec les académiciens et les
dogmatiques, Sextus pousse plus loin qu'aucun autre le
grand rêve de Rome : renouer au nom de l'expérience
avec la tradition sophistique, en ce qu'elle a du moins de
désintéressé et de concret. Car il récuse, comme Socrate,
leur prétention d'enseigner une sagesse.

Il faut interpréter de la même façon les textes célèbres
sur la morale. On a dit que la suspension de jugement,
la règle de l'« aphasie » conduisaient l'Empirique à une
acceptation passive de la coutume établie. Mais, aux
dogmatiques qui lui adressaient déjà ce reproche, il avait
répondu : il n'était pas vrai qu'à la demande d'un tyran
il accepterait de dépecer son père ; au contraire, la suspension de jugement, en lui procurant la seule ataraxie véritable, le rendait capable de résister mieux qu'un autre. Et
la vie même, l'expérience morale lui en fournissaient des
raisons. Il nous suffit de citer ici un texte attribué par
Diogène Laërce aux disciples d'Énésidème :

... Nous ne recherchons ni n'évitons rien de ce qui est
autour de nous. En effet les choses qui sont autour de nous
n'existent pas, mais nous ne pouvons éviter celles qui arrivent
par nécessité, comme avoir faim, avoir soif, avoir mal, car le
discours est impuissant à les chasser...

Notons l'analogie de cette référence aux nécessités de la vie avec le texte de Marc Aurèle que nous avons cité, et continuons :

... Quant les dogmatiques disent que le sceptique pourra vivre sans chercher à éviter, si on le lui ordonnait, de dépecer son père, les sceptiques répondent que l'on pourra vivre [...] en suspendant son jugement sur les questions dogmatiques, mais non sur les questions vitales et sur les règles à observer. Ainsi préférons-nous quelque chose en suivant la coutume ou l'évitons-nous et observons les lois. La fin du scepticisme est pour certains l'absence de troubles, pour d'autres la bonne humeur. (*Vies,* IX, 106-108, trad. Dumont, *Les sceptiques grecs*, p. 37 sq.).

Il ne s'agit donc pas de suivre la coutume, mais d'en tenir compte, parce qu'elle fait partie de l'expérience vécue, de la confronter avec la loi et avec les exigences du cœur : c'est toujours le même effort, venu des sophistes, exalté par les Romains : pour dominer l'action, chercher l'équité dans le droit. Et cela suffit à la prudence.

L'ŒCUMÉNISME CIVILISATEUR

Ainsi vécut la philosophie à Rome. Il faudrait, en finissant, insister sur plusieurs points, dire, par exemple, que la synthèse plotinienne, où se résumera toute la sagesse antique, ne serait rien sans Rome, ou encore souligner que, depuis Cicéron, Rome a donné au monde une conception cohérente de l'humanisme, avec tout ce que cela implique — et qu'on retrouve chez tous les grands Romains : la *caritas generis humani,* le sens des droits et des devoirs politiques, l'esprit d'équité, l'esprit de mesure, de prudence et même de doute — ce ne sont pas les Romains qui ont fait de l'humanisme un système fermé, qui l'ont enfermé dans une autosatisfaction limitée : ils avaient trop le sens du réel et de l'idéal à la fois, de la contingence et de la transcendance. De là leur réussite œcuménique en quelque sorte, lorsqu'il a fallu obliger les sectes à dialoguer entre elles. De là leur réussite dans l'action et aussi, du même coup, leur dépassement de l'action.

Ballanche, voulant illustrer les paradoxes du progrès

humain, disait que le rôle historique de Rome n'avait pas été ce qu'on pourrait penser : elle avait semblé appelée, la première, à la domination du monde. Mais cette puissance universelle avait permis, en fait, l'universalisation de deux courants de pensée : l'humanisme et le christianisme. Nous n'avons rien montré d'autre en ces quelques pages. Si Rome a si profondément réussi dans l'action, si elle a pu être civilisatrice et non seulement dominatrice, c'est qu'elle n'a jamais subordonné le fondamental au transitoire, ni à la réussite immédiate la loyauté dans la pensée, *fides*. Au moment où nous nous arrêtons, la philosophie, avec Sextus, paraît se mettre elle-même en question. Mais elle porte en elle-même de quoi se préserver et se transcender. Plotin va venir, avec Origène : tous puiseront dans ce platonisme nuancé, dans ce stoïcisme ascétique et dans cet aristotélisme retrouvé, que nous avons vus renaître et s'unir dans Rome et dans Alexandrie

Alain MICHEL.

BIBLIOGRAPHIE

OUVRAGES GÉNÉRAUX

On consultera, bien sûr, l' « Année philologique », les histoires de la philosophie d'ÜBERWEG-PRACHTER et de BRÉHIER, la *Real-encyclopädie* de PAULY-WISSOWA, le *Reallexicon für Antike und Christentum,* les histoires de la religion romaine et antique de BAYET et NILSSON.

L'ensemble de la philosophie antique, particulièrement à l'époque romaine, a été abordé dans les derniers congrès de l'Association Guillaume Budé; on trouvera les rapports, avec des bibliographies abondantes, dans les *Actes :* 1953 : *le Platonisme à Rome* (P. BOYANCÉ); 1958 : *Cicéron* (P. BOYANCÉ); 1963 : *le Stoïcisme à Rome* (P. BOYANCÉ); 1968 : *l'Épicurisme à Rome* (P. GRIMAL).

Voir aussi les *Entretiens de la Fondation Hardt*, t. III, Genève, 1955-1957 : *Recherches sur la tradition platonicienne* (W. K. C. GUTHRIE, O. GIGON, W. THEILER, P. COURCELLE, J. H.

WASŽINK, H. I. MARROU, R. WALZER); t. V, 1957-1960 :
les Sources de Plotin (P. HADOT, H. C. PUECH, H. DÖRRIE,
V. CILENTO, R. HARDER, H. R. SCHWYZER, H. H. ARMSTRONG,
E. R. DODDS, W. THEILER, P. HENRY).

Enfin, on consultera, dans la « Bibliothèque de la Pléiade »,
les Stoïciens (E. BRÉHIER, P. M. SCHUHL, etc.).

OUVRAGES PARTICULIERS

V. d'AGOSTINO, *Studi sul neoŝtoicismo, Seneca, Plinio il Giovane,
Epitteto, Marco Aurelio,* 2ᵉ éd. rev. et augm., Turin, 1962.

J. M. ANDRÉ et P. AUBENQUE, *Sénèque,* Paris, 1964.

J. von ARNIM, *Leben und Werke des Dio von Prusa,* Berlin,
1898.

D. BABUT, *Plutarque et le ŝtoïcisme,* thèse d'État, Paris, à
paraître.

K. BARWICK, *Das rednerische Bildungsideal Ciceros,* Berlin,
1963.

J. BÉRANGER, *Recherches sur l'aspeĉt idéologique du principat,*
Bâle, 1953.

P. BOYANCÉ, *La religion aŝtrale de Platon à Cicéron,* « Revue
des études grecques », LXV, 1952, pp. 312-350.

P. BOYANCÉ, *Lucrèce et l'épicurisme,* Paris, 1963.

P. BOYANCÉ, *La religion de Virgile,* Paris, 1964.

K. BÜCHNER, *Cicero. Beŝtand und Wandel seiner geiŝtigen Welt,*
Heidelberg, 1964.

W. BURKERT, *Helleniŝtische Pseudopythagorica,* « Philologus »,
CV, 1961, pp. 16-43, 226-246.

W. BURKERT, *Cicero als Platoniker und Skeptiker, Zum Platon-
verständnis der neuen Akademie,* « Gymnasium », LXII, 1965,
pp. 175-200.

H. DAHLMAN, J. COLLART, F. DELLA CORTE, T. SCHRÖTER,
A. TRAGLIA, J. CARDAUNS et A. MICHEL, *Varron,* « Entretiens
de la Fondation Hardt », t. IX, Genève, 1963.

J. DANIÉLOU, *La théologie du Judéo-Chriŝtianisme,* Paris, t. I,
1957; t. II, 1961.

A. DELATTE, *Essai sur la politique pythagoricienne,* Paris, 1922.

L. DELATTE, *Les traités sur la royauté d'Ecphante, Diotogène
et Sthénidas,* Liège, 1942.

H. DIELS, *Doxographi graeci,* Berlin, 1879.

L. FERRERO, *Storia del Pitagorismo nel mondo romano (dalle
origini alle fine della repubblica),* Turin, 1955.

R. FLACELIÈRE, *Sagesse de Plutarque,* Paris, 1964.

G. Germain, *Épictète et la spiritualité stoïcienne*, Paris, 1964.

M. Giusta, *I dossografi di etica*, Turin, I, 1964; II, 1968.

V. Goldschmidt, *Le système stoïcien et l'idée de temps*, Paris, 1953.

A. Grilli, *Il problema della vita contemplativa nel mondo greco-romano*, Milan, 1953.

A. Grilli, *Studi paneziani*, « Studi italiani di filologia classica », XXIX, 1, 1957, pp. 31-97.

P. Grimal, *Sénèque, sa vie, son œuvre, sa philosophie*, Paris, 1948.

P. Grimal, *Commentaire du De constantia sapientis*, Paris, 1953.

P. Grimal, Édition du *De breuitate uitae*, Paris, 1959.

M. Laffranque, *Poseidonios d'Apamée*, Paris, 1964.

I. Lana, *Lucio Annaeo Seneca*, Turin, 1965.

E. Lepore, *Il princeps ciceroniano e gli ideali politici della tarda repubblica*, Naples, 1954.

Ph. Merlan, *From Platonism to Neoplatonism*, 2e éd., La Haye, 1960.

Ph. Merlan, *Monopsychism, Mysticism, Metaconsciousness. Problems of the Soul in the Neoaristotelian and Neoplatonic Tradition*, La Haye, 1963.

A. Michel, *Rhétorique et philosophie chez Cicéron. Essai sur les fondements philosophiques de l'art de persuader*, Paris, 1960.

A. Michel, *Tacite et le destin de l'Empire*, Paris, 1966 (sur la philosophie de l'époque impériale).

A. Michel, *Quelques aspects de l'interprétation philosophique dans la littérature romaine*, « Revue philosophique », 1966, pp. 79-103.

A. Michel, *L'épicurisme et la dialectique de Cicéron*, (sur les problèmes de la doxographie) à paraître dans les *Actes* du Congrès de l'Association Guillaume Budé, 1968, Paris.

A. Michel, *La pensée politique d'Auguste à Marc Aurèle*, (à paraître).

A. Momigliano, *Compte rendu* de : Ch. Wirszubski, *Libertas...*, « Journal of Roman Studies », XLI, 1951, pp. 146-153.

P. Moraux, *Alexandre d'Aphrodise, exégète de la poétique d'Aristote*, Liège, 1942.

J. Morau, *Épictète ou le secret de la liberté*, Paris, 1964.

C. Nicolet, *La pensée politique sous la république romaine*, Paris, 1964.

J. Pépin, *Les deux approches du christianisme*, Paris, 1961.

J. Pépin, *Théologie cosmique et théologie chrétienne*, Paris, 1964.

PHILON d'Alexandrie, *Œuvres complètes,* éditées sous la direction de P. MONDÉSERT, J. POUILLOUX et R. ARNALDEZ.

PHILON d'Alexandrie, *Actes* du Colloque organisé par le C.N.R.S., Lyon, 1966.

V. PÖSCHL, *Römischer Staat und griechisches Staatdenken bei Cicero. Untersuchungen zu Ciceros Schrift De Republica,* Berlin, 1936.

J. M. RIST, *The Neoplatonic One and Plato's Parmenides,* « Transact. American philological Association », XCIII, 1962, pp. 389-401.

P. M. SCHUHL, *Études panétiennes, tendances et impulsions,* « Revue philosophique », 1960, pp. 233-235.

M. SPANNEUT, *Epiktet,* dans *Reallexicon für Antike und Christentum,* V, 1961; 36, col. 599-640; 37, col. 641-681.

W. THEILER, *Die Vorbereitung des Neuplatonismus,* Berlin, 1930.

W. THEILER, *Marc Aurèle,* traduction allemande précédée d'une introduction, Hambourg, 1965.

M. THESLEFF, *An Introduction to the Pythagorean Writings of the Hellenistic Period,* Abo, 1961.

P. THILLET, *Alexandre d'Aphrodise, De fato ad imperatores,* version de Guillaume de Moerbecke, « Coll. Études de philosophie médiévale », LI, Paris, 1963.

W. TRILLITZSCH, *Senecas Beweisführung,* Berlin, 1962.

F. W. WALBANK, *A Historical Commentary on Polybius,* I-IV, Oxford, 1957.

A. WEISCHE, *Cicero und die neue Akademie,* Münster, 1961.

K. ZIEGLER, *Plutarchos,* dans *Real-encyclopädie* de PAULY-WISSOWA, XLI, 1951, col. 635-962.

LE NÉOPLATONISME

PLOTIN

LE MILIEU

D'APRÈS Porphyre, le biographe de Plotin, plusieurs auditeurs du maître tenaient que son enseignement n'était qu'une reproduction de celui de Nouménios. Ce que nous savons de ce penseur ne justifie pas cette opinion, mais permet de lui attribuer un rôle important dans la formation de Plotin. Nous n'avons de Nouménios que des fragments d'un traité *Du Bien* rapportés par Eusèbe de Césarée dans sa *Préparation évangélique,* des restes d'un ouvrage sur *l'Incorruptibilité de l'âme* cité par Jamblique. Enfin il aurait écrit un *Commentaire du mythe d'Er de la République* de Platon, que signale Proclos.

Vivant au IIᵉ siècle de notre ère à Apamée où les rencontres entre Orient et Occident étaient constantes, Nouménios veut retrouver chez Platon la sagesse orientale et particulièrement celle de Moïse. Ce qu'il faut noter ici, c'est une transcendance intransigeante du Dieu suprême, de qui procèdent les âmes, mais qui laisse au second dieu ou esprit démiurgique tout le soin de l'organisation du monde. C'est ensuite un dualisme ontologique qui s'exprime dans l'homme par la présence de deux âmes opposées. Une âme non raisonnable venant des régions de l'univers traversées au cours de la chute est en conflit avec une âme divine qui se définit par la seule pensée et s'unit à la divinité par la connaissance qu'elle en reçoit. C'est encore la plénitude divine infuse en cette âme, si nous en croyons le témoignage de Jamblique :

Il y en a qui définissent cette substance en sa totalité comme homœomère, identique et une, en sorte que, dans n'importe laquelle de ses parties, il y a tout l'ensemble, qui de même installent dans l'âme particulière le monde intelligible, les dieux, les démons, le Bien et toutes les réalités supérieures, et qui déclarent que tout se trouve pareillement en toutes, bien que, pour chacune, d'une manière appropriée à son essence. De cette opinion relèvent Nouménios sans conteste, Plotin aussi, bien qu'il ne la professe pas absolument; Amélios y incline sans s'y fixer; Porphyre, lui, est en doute à son sujet : tantôt il s'en sépare avec véhémence, tantôt il y adhère comme à une doctrine transmise depuis le commencement. Selon cette opinion donc, l'Âme ne diffère en rien de l'Intellect, des dieux et des genres supérieurs, du moins en ce qui regarde la substance totale de l'âme. (Jamblique, *De l'âme,* trad. A. J. Festugière, dans *la Révélation d'Hermès Trismégiste,* t. III, p. 184.)

Proclos reproche, sur la foi d'Amélios, une thèse semblable à Plotin, qui l'aurait livrée « dans des entretiens non écrits ». Mais nous trouvons dans *les Ennéades* de quoi en fonder l'essentiel. Et Plotin est probablement visé quand Proclos critique les penseurs coupables d'avoir placé dans les âmes, même humaines, le monde intelligible, et de nous rendre consubstantiels aux dieux. C'est, pour lui, détendre l'unité de l'âme en la partageant entre les divers ordres de réalité. Elle ne tiendrait plus alors sa détermination que de son action. Portant tout en elle, elle se particulariserait par ses démarches. Proclos comprend cette théorie plotinienne comme abolissant les différences ontologiques entre les âmes, et entre les âmes et les dieux (*In Tim.,* III, 246; I, 446.). Il admet bien que toute âme est « autoconstituante » (αὐθυπόστατος), mais l'autoconstitution n'est pas pour lui une action, elle est une procession-conversion intrinsèque. L'âme procède d'elle-même sous la motion de ses principes. Proclos concède bien à Plotin que l'âme atteint toute réalité en déployant les médiations que lui impose la présence du Bien. Mais, d'après lui, elle n'est pas pour autant le lieu des intelligibles, elle est seulement la plénitude des raisons, expressions des idées. Elle ne dispose pas des universels générateurs qui sont le privilège de la science divine.

Il est évident que Plotin ne connaît pas d'âme mauvaise à la façon de Nouménios et de Plutarque de Chéronée. Une réalité est mauvaise en tant qu'elle fait obstacle à l'âme. À la limite on a la matière. Mais on peut aussi appeler mauvais ou impur tout ordre inférieur dans la mesure où il résiste à l'ordre supérieur et le masque. En ce

sens, nous le verrons, l'intelligible lui-même serait frappé
d'une certaine impureté.

Autre différence entre Plotin et Nouménios relevée
récemment par E. R. Dodds (*Numenius and Ammonius*,
dans *les Sources de Plotin*, Genève, 1957), dans la doctrine
des trois hypostases. Plotin dégage l'Un de la Pensée de la
pensée aristotélicienne, renvoie le dieu d'Aristote à la
seconde hypostase, refuse de distinguer « un esprit en
repos » et « un esprit qui contemple ». Du même coup il
pose le mysticisme comme transcendant à la contemplation. Il donne la fonction démiurgique à l'âme et non à
l'esprit « calculateur » (διανοούμενος). Enfin, s'il est
permis de dire qu'un principe supérieur « se sert » d'un
inférieur, que l'Un pense dans l'esprit et que l'esprit crée
dans l'âme, Plotin retire à cette médiation tout caractère
de dépendance chez le plus élevé (voir Proclos, rapportant
que chez Nouménios il y a πρόσχρησις du dérivé par son
principe : *In Tim.*, III, 103).

Le P. Henry note une dernière différence entre Plotin
et Nouménios :

L'univers nouménien semble manquer de ce dynamisme
palpitant *(throbbing)* selon lequel chaque niveau de réalité est
essentiellement constitué par un écoulement graduel *(πρόοδος)*
à partir de l'Un, et une régression et conversion graduelle
(ἄνοδος, ἐπιστροφή) vers l'Un. Ce double dynamisme, en
lequel métaphysique et mystique coïncident, l'âme devenant
spirituellement ce qu'elle est ontologiquement, est le ressort
de l'existence.

Nous sommes encore moins bien renseignés sur Ammonios, le maître de Plotin à Alexandrie. Dodds a fait
valoir que les opinions que lui prêtent Hiéroclès *(De
Providentia et Fato)* et Némésios d'Émèse *(De natura
hominis)*, ne permettent pas de lui donner une physionomie originale. Ammonios admettait peut-être comme
Nouménios une âme fluide qui est ce qu'elle mérite d'être.
Mais il s'écartait de Nouménios s'il donnait au Principe
suprême la fonction créatrice, le gouvernement du monde
et la pensée.

« Ammonios ne semble pas avoir professé la doctrine de l'ἕν transcendant au νοῦς », écrit de son
côté Henri-Charles Puech *(les Sources de Plotin)*. Ce

qui manifesterait une influence aristotélicienne prédomi-
minante.

On ne peut établir qu'Ammonios ait été un pythagoricien (en raison du secret qu'il imposait à ses disciples),
ni un magicien, ni même un mystique. Mais certainement
ce n'était pas un pur spéculatif. C'était un maître de vie
spirituelle enseignant l'art de purifier l'âme et la méthode
pour s'unir à la divinité. Cette conception de la philosophie était d'ailleurs courante à cette époque :

Elle doit changer l'âme tout entière et donner naissance à
un genre de vie nouveau ; c'est l'affaire non pas de l'écolier,
mais de l'homme déjà mûr, capable de prendre une décision
qui donnera à sa vie une orientation nouvelle. L'entrée de
Plotin dans l'école d'Ammonius n'est donc pas une simple
adhésion à des doctrines platoniciennes, c'est plutôt, malgré
toutes les différences qui sautent aux yeux, l'équivalent de la
conversion de saint Augustin. (Émile Bréhier, introduction
aux *Ennéades*.)

Récapitulons les traits du milieu dans lequel le néoplatonisme va vivre sa grande période, de Plotin à
Damascios, du IIe au VIe siècle : reprise des grandes doctrines helléniques dans la lumière du platonisme, curiosité
intense pour les sagesses et religions orientales, recherche
du salut autant que de la vérité, tendance à poser une
procession intégrale, une transcendance intransigeante
alliée à une immanence mystique.

VIE ET ŒUVRES DE PLOTIN

Nous tenons ce que nous savons de la vie de Plotin
de la notice de Suidas et de la biographie rédigée par
Porphyre.

Plotin naît en 205 à Lycopolis (Assouan) en Égypte.
À vingt-huit ans, il se fait le disciple d'Ammonios, à
Alexandrie. À trente-neuf ans, désireux d'étudier sur
place la sagesse des Perses et des Indiens, il accompagne
dans son expédition contre le roi Sapor l'armée de l'empereur Gordien. Après la défaite et la mort de celui-ci, il
se réfugie à Antioche, puis s'installe à Rome où il ouvre
une école. Ce qui a fait dire que sa famille était d'origine

romaine. Il a des disciples fervents comme Amélios, Porphyre, le médecin Eustochios, des admirateurs comme le grammairien Longin. Parmi les auditeurs cultivés qui fréquentent ses cours, on trouve le sénateur Rogatianus qu'il exhorte à mener une vie de retraite et d'ascétisme. L'empereur Gallien et sa femme Salonina ont pour lui de la vénération.

Plotin mène une vie très austère, sa méditation est toujours tendue, mais son accueil est souriant et de bon conseil. Sa maison est pleine de jeunes gens dont il dirige l'éducation et souvent protège le patrimoine. Il a une connaissance peu commune des hommes. Devinant que Porphyre projette de se suicider, il lui conseille de voyager.

C'est pourquoi Porphyre n'assistera pas à la mort de son maître. D'ailleurs la maladie de celui-ci amène une dispersion de l'école. Plotin se retire en Campanie et y meurt en 270, disant à Eustochios : « Efforcez-vous de faire remonter le dieu qui est en vous au divin qui est dans le tout. »

Après dix ans d'enseignement, vers l'âge de cinquante ans, Plotin s'était mis à résumer par écrit ses leçons orales, en y insérant même les questions de ses auditeurs. Ce qui explique en partie le style abrupt, la composition désordonnée, mais riche de puissants raccourcis et d'improvisations incisives. Il avait légué ses notes à Porphyre qui, grâce à d'habiles découpages, obtint cinquante-quatre traités groupés en six neuvaines ou « ennéades ». Leur ordre n'est pas celui de la composition, mais une marche ascendante d'autant moins rigoureuse que Plotin parle un peu de tout à propos de chaque thème. C'est cette édition que nous avons intégralement. Elle aurait été publiée en 301. Perdue au Moyen âge, elle sera rendue à l'Occident par l'érudit florentin Marsile Ficin en 1492 (traduction latine) et 1580 (texte grec).

Amélios avait pris d'abondantes notes aux cours de son maître et il en avait envoyé des extraits à Longin. Le P. Henry avait fait d'abord l'hypothèse que ces notes, antérieures à l'édition porphyrienne, auraient formé la base du traité arabe connu au Moyen âge sous le nom de *Théologie* d'Aristote. Il estime aujourd'hui que ce traité ne dérive pas d'une source indépendante des *Ennéades* porphyriennes, mais lui apporte de précieux compléments. On

trouvera dans le tome II des œuvres de Plotin publiées par
Henry et Schwyzer les documents arabes qui se réfèrent
à Plotin (*Theologia Aristotelis, Epistola de scientia divina,
Dicta sapientis graeci*) distribués en regard des passages correspondants des *Ennéades*.

Le P. Henry a, par ailleurs, décelé les traces d'une édition nettement divergente de celle de Porphyre, qui aurait
pour origine le médecin Eustochios. C'est celle que cite
Eusèbe de Césarée dans sa *Préparation évangélique*.

LA GENÈSE DU PLOTINISME

Plotin présente toujours son enseignement comme un
commentaire de la doctrine de Platon. Mais cet effort
même l'amène à la prolonger et à la recréer. Se tenir aux
formules de Platon après sept siècles aurait été dire autre
chose que Platon, puisque le langage signifie en fonction
d'un milieu et d'une optique qui ne cessent de se transformer. En outre, il est impossible à un penseur du
IIIᵉ siècle d'ignorer l'aristotélisme, le stoïcisme, certaines
formes de gnosticisme et sans doute bien d'autres courants qui se croisent à ce carrefour qu'est Alexandrie.
Même s'il réfute ou redresse, il lui faut répondre à des
questions que Platon n'avait pas posées. Aussi peut-on
soutenir à la fois que le plotinisme est l'épanouissement
authentique du platonisme et qu'il est, à partir de celui-ci,
une véritable création.

Pour en juger, il ne suffit pas de faire la revue des
thèses. Il faut essayer d'en retrouver la genèse. Or celle-ci
ne se découvre pas dans le simple schéma des trois hypothèses : âme, esprit, un. Car chaque néoplatonicien
comprend à sa façon cette tradition d'école. Nous l'avons
vu pour Nouménios. L'originalité de Plotin est de l'intégrer dans son interprétation du *Parménide* de Platon ; c'est-
à-dire de la concevoir comme une effusion d'unité. Si l'Un
pur ne peut être posé, justement parce qu'il est le point
de départ mystique de toute position, l'être et l'esprit
se présentent comme la première scission de l'unité, et
l'âme comme le déploiement contenu de cette division.

Dans cette perspective, non seulement toute réalité
n'est qu'une expression de la simplicité absolue, mais
toute pensée et toute efficacité trouvent dans cette « solitude » leur centre original. La procession de l'univers

s'accomplit en chaque sujet pensant, et c'est ce qui le
constitue tel. Chacun part en soi-même de l'Un pur. Et ce
foyer est mystique, puisqu'il est la coïncidence de tous les
centres de diffusion et puisque cette coïncidence leur
communique une efficacité divine.

Pour Plotin, ce n'est pas là simple constatation tirée
des expériences dont Porphyre nous parle, et dont les
Ennéades portent la marque. C'est une nécessité ou une
condition de possibilité de toute affirmation. « L'être n'est
que la trace de l'Un *(τὸ εἶναι ἴχνος ἑνός)*. » « Pour que
l'être soit, il faut que l'Un ne soit pas être, mais que l'être
soit... pour ainsi dire son premier-né *(πρώτη οἶον
γέννησις.)* ». Et l'on ne trahirait pas la démarche plotinienne en disant que la pensée n'est que le déroulement
d'une extase.

Partant de l'unité, l'esprit ne s'est pas tenu à son point de
départ, mais à son insu il s'est multiplié, comme accablé par
une charge trop lourde, et il s'est déployé en voulant contenir
la totalité des êtres. Combien il eût été meilleur pour lui de
ne pas le vouloir. Car il s'est ainsi placé au second rang.
S'étant déployé comme un cercle, il est devenu figure, surface,
circonférence, centre et rayons... (III, 8, 8.)

On ne peut ni penser ni agir sans briser une simplicité
antérieure :

Il faut que celui qui agit ou bien agisse sur un autre ou bien
soit lui-même multiple, s'il veut agir en lui-même... La
pensée implique toujours une altérité... Il est impossible que
le pensant reste simple. (V, 3, 10.)

La pensée, et plus encore la conscience, ne peut être
pure présence, mais elle suppose un « contact prénoétique
antérieur à la naissance de l'esprit » *(θίξις... προνοοῦσα,
οὔπω νοῦ γεγονότος)*. On pourrait dire qu'elle n'est pas le
paradis, mais sa frange lumineuse en même temps que sa
mise à distance, condition de la clarté.

Il faut donc accepter cette vue qui a fait reculer
certains interprètes de Plotin. Il y a déjà une impureté au
niveau de la pensée et même dans la Pensée de la pensée
d'Aristote, parce qu'elle est essentiellement une détente
d'unité.

Cette contemplation harmonieuse et transparente que l'Alexandrin décrit souvent avec lyrisme est une béatitude si on la compare à la pauvreté et aux dissonances des sens. Mais quand on la réfère à la coïncidence qu'elle révèle, on découvre en elle de l'absence et de l'amertume. On ne parlera pas encore de chute, cette affection étant réservée à la puissance médiane de l'âme. Mais on aperçoit dans l'esprit les caractères qui sont l'origine de la chute : la « témérité » (τόλμα), l' « altérité primordiale » (πρώτη ἑτερότης). « L'esprit a eu la témérité (τολμήσας) de s'écarter en quelque sorte de l'Un. »

L'altérité primordiale est le principe de la matière intelligible, ou de l'infinité (ἀπειρία), qui correspond dans l'ordre noétique à l'indétermination corporelle. S'il en est ainsi, ce qu'on appelle « l'extase » (terme que Plotin n'emploie qu'une fois, dans VI, 9, 11, 23, et qui désigne mal le retour à la simplicité originelle ou ἅπλωσις) n'apparaît plus comme un étage ajouté à la contemplation et peut-être superflu, ni comme un démenti infligé à la rationalité hellénique. Elle en est au contraire la racine nourricière : πηγή νοῦ, ρίζα ψυχῆς, ψυχῆς κέντρον. Elle est un couronnement parce qu'elle est un point de départ, elle est la fin parce qu'elle est le principe : ἀρχὴ καὶ τέλος. Et les « accès » mystiques dont Porphyre fait mention sont les émergences de ce feu sous-jacent.

Dès lors, la façon dont on se représente souvent le rapport de la philosophie et de la mystique dans les *Ennéades* se renverse. Plotin n'est pas un philosophe qui serait parvenu par l'intensité de son ascèse et de sa méditation à une mystique de la raison. Il est d'abord un mystique qui a cherché un langage pour exprimer et médiatiser une présence et qui a cru le trouver dans la tradition platonicienne transmise par Ammonios. La mystique de Plotin n'est pas une conquête de sa philosophie, mais sa philosophie est la formalisation, la conscience critique du salut préalablement, ou mieux éternellement, donné.

Si la tâche de la philosophie n'est pas de procurer l'union divine, mais de la reconnaître comme prévenant et suscitant tout effort, la philosophie devient un circuit destiné à écarter tout ce qui empêche de référer les divers plans de l'âme à leur centre. Cela revient à tenir la philosophie pour une discipline de purification.

Cette manière de voir est classique dans l'école platoni-

cienne depuis le *Phédon*. Elle insère l'élucidation rationnelle dans un processus religieux, et elle dégage du même
coup la signification des initiations des mystères.

Il y a deux degrés de purification. Le plus élémentaire
consiste non à rejeter le sensible, mais à dégager le jugement des croyances inspirées par l'égocentrisme ou le
pragmatisme biologique. Le degré supérieur n'est pas le
rejet de toute pensée, mais la mise à distance des évidences
les plus précieuses. Ces deux degrés de négation forment
un seul processus total de décantation ou de libération,
qui va de l'empirisme vulgaire à la simplicité mystique
par la médiation de la sagesse. Ainsi s'expriment les
Ennéades :

De même que celui qui veut voir la nature intelligible ne
doit retenir aucune image du sensible pour contempler ce
qui est au-delà du sensible, ainsi celui qui désire contempler
ce qui est au-delà de l'intelligible doit abandonner l'intelligible entier... (v, 5, 6.)

La rencontre du Bien est réservée à ceux qui montent vers
la région supérieure, se tournent vers elle et dépouillent les
vêtements qu'ils ont endossés dans leur descente. Ainsi ceux
qui accèdent aux sanctuaires des temples se purifient, déposent
les vêtements qu'ils portaient et montent nus jusqu'à ce que,
ayant abandonné dans cette ascension tout ce qui est étranger
au dieu, on le voie seul par lui seul, absolu, simple et pur,
lui à qui tout est suspendu, vers qui tout regarde et en référence à qui tout existe, vit et pense. (1, 6, 7.)

Il y a dans les *Ennéades* d'autres figures de purification :
le décapage du dieu marin Glaucos, la recherche du
silence, l'éveil qui dissout les phantasmes nocturnes, le
retour d'Ulysse parmi les dangers et les séductions, la
lumière dégagée de ses déterminations, etc. Mais l'exercice cathartique le plus radical est bien « le jeu lourd de
réalité » (πραγματειώδης παιδιά) du *Parménide* de Platon,
selon l'exégèse de cette école.

C'est dans le *Commentaire* qu'en a fait Proclos que
nous trouverons l'exposé systématique de cette interprétation. Mais cet ouvrage plein de références est le fruit
d'une longue tradition sans cesse enrichie et peut-être
formée avant Plotin. Cet Un auquel on ne peut donner

aucun attribut, pas même l'être ni l'unité, qu'on ne peut
poser sans le retrancher, dont il n'y a ni pensée, ni science,
ni expérience, ni nom et dont pourtant on ne se passe point,
c'est le principe de la théologie négative et de la nuit
mystique. En voulant dégager son origine radicale, la
dialectique est amenée à se nier elle-même et à reconnaître
qu'elle n'est qu'un instrument de l'inspiration divine :

De même que les enthousiastes et les possédés iraient
jusqu'à savoir qu'ils ont en eux plus grand qu'eux-mêmes,
quand même ils ne sauraient pas ce que c'est, de même qu'ils
tirent de leurs mouvements et de leurs discours un certain
sentiment de celui qui les meut, en demeurant autres que lui,
ainsi pourrions-nous être en rapport avec l'Un. Quand nous
atteignons la pureté de l'esprit, nous pressentons qu'il en est
l'intimité même, celui qui donne à l'esprit l'essence et tout
ce qui appartient à cet ordre, alors que lui n'est rien
de tout cela, mais supérieur à ce que nous appelons l'être...
(v, 3, 14.)

Bien entendu, pour interpréter de cette façon les néga-
tions du *Parménide*, il a fallu les éclairer d'autres suggestions de Platon, selon lesquelles la pensée semble portée
par une emprise mystérieuse : la vision du Bien dans *la
République*, la découverte du Beau dans *le Banquet*, la folie
inspirée du *Phèdre*. N'oublions pas les curieuses confiden-
ces de la *Septième Lettre*. Parvenu à la fin de sa carrière,
Platon proclame qu'il n'a jamais rien écrit et qu'on ne
pourra jamais rien dire qui compte du foyer de ses recherches. Car celui-ci n'est pas matière de discours communicable, comme les objets des autres sciences. Mais après
une longue méditation, la lumière jaillit soudain (ἐξαί-
φνης) dans l'âme.

On aboutit ainsi à une disjonction entre l'ordre noétique et l'absolu. Le Principe n'est pas Vérité, comme le
croira saint Augustin. Il n'y a pas de vérité absolue, puisque toute intelligibilité est dérivée et frappée de relativité.
Si l'analyse régressive conduit à l'Un en usant de néga-
tions de plus en plus radicales, aucune dialectique descendante n'y prendra le départ. Celles que Platon esquisse
ne partent jamais du Bien, mais de genres qui se placent
infiniment au-dessous. La procession des néoplatoniciens
n'est aucunement une dialectique descendante cachée dans

la divinité. Elle en est l'impossibilité. Elle pose a priori
qu'entre le Principe et ses dérivations aucune déduction,
aucun processus logique n'est concevable, parce que le
Bien n'est plus Idée. À moins qu'on ne le nomme ainsi,
remarquera Proclos, parce qu'il remplit par rapport à
tous les êtres la fonction de principe qui est celle de chaque idée vis-à-vis de sa série.

Si tout sujet pensant part nécessairement de l'Un en
deçà de sa vie pensante, aucun n'est prisonnier de l'évidence et chacun, au contraire, se trouve foncièrement
affranchi de l'ordre noétique entier. Si les vérités éternelles surgissent en lui par une sorte de création comme
les médiations de son rapport à l'Un, il domine toute
nécessité. La présence féconde de l'Un est libératrice. C'est
pourquoi Plotin, dans son traité le plus « théologique »,
symbolise l'Un comme pure liberté, cause de soi, absolue
spontanéité. Ce ne sont que des figures, mais ce choix
est significatif. Le Principe est nommé par sa meilleure
fonction, c'est-à-dire par ce qu'il suscite en nous de
meilleur. L'antériorité mystique aboutit donc à faire de
l'esprit une liberté radicale et à le rendre capable d'une
critique que rien ne pourra limiter.

S'il est des philosophes qui visent l'absolu comme un
savoir intégral, la démarche plotinienne est tout autre.
Elle se garde d'identifier l'Un et le Tout. Pour elle,
aucune totalité ne se purifie complètement de sa
complexité. L'être est double, surtout s'il se pense. Et
cette dualité est grosse d'une diversification indéfinie.
Pour être simple ou absolu (deux termes qui correspondent au même mot grec ἁπλοῦς), l'Un doit être
affranchi du Tout :

C'est parce qu'aucun être n'est en l'Un que tous viennent
de lui. Pour que l'être soit, il faut que l'Un ne soit pas être,
mais générateur de l'être. Et l'être est pour ainsi dire son
premier-né. Étant parfait en ce qu'il ne cherche rien, ne
possède rien, n'a besoin de rien, l'Un est pour ainsi dire en
acte de sureffluence, et sa surabondance produit autre que lui.
(v, 2, 1.)

Lui qui est principe de l'essence ne l'a pas faite pour lui-
même, mais, l'ayant faite, il l'a laissée hors de lui, parce qu'il
n'a nullement besoin de l'être qu'il a fait. (vi, 8, 19.)

Ici apparaît un nouvel aspect de la procession. La surabondance du Principe exprime son indépendance et sa pureté inaltérable. Mais cette souveraine fécondité pourrait n'impliquer qu'une procession germinale qui ne se déploierait point dans la diversité des ordres et demeurerait toute concentrée autour de l'Un. Il faut donc ajouter que le dérivé doit engendrer à son tour par sa propre plénitude. Car une efficacité qui ne suscite pas d'autres efficacités manifeste la déficience de son pouvoir. Mais tout dérivé est aussi conversion vers son générateur et se constitue en se rapportant à lui. C'est la seconde raison qui amène le déroulement de la procession. Le procédant est trop parfait pour ne pas engendrer, mais trop imparfait dans sa dérivation pour que sa productivité soit aussi gratuite que celle de son Principe. Il va produire non seulement par libéralité, mais aussi pour tirer au clair la fécondation originelle qu'il a reçue du Bien. Il engendrera à son tour parce que, comblé par son générateur au delà de sa mesure, il veut posséder davantage cette plénitude. Tout l'ensemble des normes naîtra donc de la motion que le Bien infuse à l'esprit vers lui-même.

L'esprit tient de lui la puissance d'engendrer et de s'emplir de ses rejetons parce que le Principe lui donne ce que lui-même ne possède pas. De l'Un vient pour l'esprit le multiple. Car ne pouvant contenir la puissance qu'il en reçoit, il la fragmente et rend multiple son unité, afin de pouvoir la porter partie par partie. Tout ce que l'esprit engendre vient donc de la puissance du Bien et en porte la marque. (VI, 7, 15.)

Le déroulement de la procession s'effectue donc à l'intérieur d'une conversion. C'est un cycle qui, pour se refermer autour de son centre, émet des cercles de plus en plus larges. Mais ces circuits sont tous les médiations plus ou moins prochaines de la même exigence. De ce point de vue, la nécessité de la procession n'est rien d'autre que l'enchaînement des moyens qu'impose une fin irrécusable, ou celui des conditions qu'implique la référence à l'Inconditionné. Loin d'être un destin qui ne demanderait que l'acceptation, la nécessité exprime la spontanéité constituante de l'esprit.

POSITIONS PLOTINIENNES

À la lumière de cette orientation fondamentale, nous pouvons reprendre quelques-uns des problèmes les plus aigus du plotinisme.

PROCESSION ET NATURE

Il nous a semblé que la nécessité de la procession n'était qu'une médiation de la liberté. Si cette interprétation a été parfois méconnue, surtout avant Émile Bréhier, c'est qu'on s'est laissé abuser par des métaphores tirées des émanations de nature qui reviennent fréquemment dans les *Ennéades* : diffusions de chaleur, d'odeurs, de lumière, d'eau vive, etc. On a cru y voir l'exaltation d'un automatisme tout objectif contre une initiative personnelle. Cela d'autant plus nettement que l'Alexandrin critique sévèrement les images artisanales de la création.

Mais il faut se demander ce qui déplaît à Plotin dans ces images. Or c'est justement l'insuffisance de liberté et d'intériorité qu'elles illustrent. L'artisan tâtonne et calcule, il cerne son objet par approches externes. Il ne se donne ni ses possibles ni ses normes. Ce que l'auteur des *Ennéades* admire, au contraire, dans les productions de la nature, avant Bergson et Valéry, c'est l'indivisibilité d'une intuition génératrice qui se donne d'un seul coup fin, instruments et conditions, qui procède du centre à la périphérie et du tout aux parties. C'est l'inverse de la démarche analytique.

En effet, les productions de la nature, selon Plotin, ne s'opposent nullement à la spontanéité authentique de l'esprit. Le traité III, 8 dans sa première partie (1-8) s'attache à montrer que tout processus naturel est le résultat d'une contemplation et pour ainsi dire le travail d'une pensée en sommeil. Il y a évidemment une part de jeu dans ces lignes qui dispersent la contemplation dans les arbres et jusque dans la terre. L'auteur nous en avertit : παίζοντες. Mais ce qu'il veut faire ressortir avant tout, c'est que l'action de la nature n'est ni cursive ni réfléchie. Car la nature est riche et elle multiplie ce qu'elle possède déjà : διὰ τοῦτο ὅτι ἔχει καὶ ποιεῖ. Tandis que la pratique analytique et appliquée cherche à compenser une absence. Comme l'esprit dans son activité la plus haute et comme le mystique, la nature est silencieuse : σιωπῇ, ἡσυχῇ, ἀψοφητί. C'est dire qu'elle est supérieure aux détours et aux complications de la conscience, comme l'a montré P. M. Schuhl :

> Le silence éternel de la nature produit sur Plotin une impression profonde ; mais ce n'est pas une impression d'effroi ni d'inquiétude : l'absence de bruit s'associe chez lui à l'absence de peine et d'effort. C'est ainsi que la création des Formes se fait dans le silence et sans fatigue. Le silence cosmique est une marque de l'aisance avec laquelle l'Âme du Monde en assure la marche... (*Le silence dans la philosophie de Plotin,* dans *la Fabulation platonicienne,* Paris, 1947.)

Dans les métiers, au contraire, l'action est « un affaiblissement de la contemplation ». Mais justement cette action est peu efficace. Elle l'est moins que celle qui est « l'accompagnement » (παρακολούθημα) de la contemplation. Celle qui ne sort d'une pensée que pour y revenir en la renforçant. La tendance est donc d'identifier l'action à la contemplation, non pour escamoter l'action, mais pour donner à la contemplation la puissance créatrice.

On voit que sur ce point Bergson, dans une page bien connue des *Deux Sources,* n'est pas allé jusqu'au bout de la pensée de l'Alexandrin. Ce dernier ne méprise pas l'actif authentique, c'est-à-dire celui qui crée. Il démasque l'action qui se croit productive et libre, alors qu'elle n'est qu'agitation et servitude, parce qu'elle n'a pas son centre dans le recueillement spirituel. Et c'est précisément une expression saisissante de cette concentration créatrice que Plotin exalte dans les épanchements de la nature. S'il y fait voir de la nécessité, ce n'est pas pour ramener l'esprit à la nature, mais, au contraire, pour découvrir sous cette nécessité une spontanéité plus autonome que le calcul et le choix.

LE MOI ET SES NIVEAUX

Cette première réponse ne suffit pas à régler le problème du moi et de sa consistance dans le plotinisme.

La difficulté, c'est que, selon le platonisme, si le moi est un être authentique et éternel, il est un intelligible avant

d'être un esprit et une âme. Mais, dans l'interprétation
plotinienne, si le moi est une essence, il est toutes les
essences, puisque chacune contient implicitement toutes
les autres. Il est cette totalité saisie à travers une de ses
parties et donc dans une perspective particulière qui lui
permet d'être à la fois singulière et universelle. « Chacun
de nous est un monde intelligible » (ἐσμὲν ἕκαστος κόσ-
μος νοητός). Bien plus, chaque monde intelligible n'est pas
seulement un panorama objectif, mais aussi un sujet et un
regard, puisque, selon l'Alexandrin, noétique et ontologique sont strictement corrélatifs. Les idées ne sont pas
dans l'esprit, elles sont l'esprit même; mais en revanche
l'intelligible est toujours acte. De façon plus exacte,
l'éventail objectif et la visée subjective résultent d'un
éclatement ou d'un acte indivisible de division par lequel
chaque esprit se fait esprit à la fois universel et singulier.

L'essence plotinienne, comme l'idée platonicienne,
n'est pas le produit d'une abstraction, mais une loi de
genèse a priori, semblable à celle du mathématicien et de
l'artiste. Une telle idée peut être singulière comme celle
de l'artiste qui crée une œuvre originale et invente une
norme nouvelle de beauté. Son caractère fondamental est
la nécessité intelligible qui lie de l'intérieur tous les
aspects, même contrastants, d'un objet ou tous les
membres d'une série. Ainsi toute œuvre d'art digne de
ce nom est dominée par une loi qui rend le sensible
intelligible (une tache de couleur dans un tableau),
l'événement nécessaire (une dissonance dans une sym-
phonie), l'irrationnel rationnel (une colère au théâtre
devient une sorte de théorème).

Parce qu'une telle idée est une opération et non un
simple résultat, sa compréhension s'enrichit en même
temps que son extension. Se plaçant dans cette perspective
platonicienne, Lachièze-Rey disait que la loi de construction du triangle est plus pleine que celle de tel triangle,
puisqu'elle peut engendrer par détermination interne
toutes les positions de triangles particuliers. Le genre est
générateur de ses espèces et l'espèce de ses individus.

Dès lors, on ne peut plus regarder le monde intelligible
comme un système fini et fermé. Il faut plutôt se le représenter comme un acte qui se déploie et se diversifie en
chacun. Si on le prend du côté de sa diffusion, on y verra
une complexité illimitée d'idées articulées. C'est ainsi qu'il

apparaît chez Platon, encore que la procession déjà s'y esquisse. Mais si on remonte ce processus formateur, on trouvera une unité vivante toujours plus riche que le déroulement de ses déterminations, une intensité contenant de façon indivise l'extension indéfinie de ses structures. Et les conditions sont posées qui permettent aux esprits de communiquer en se distinguant.

Tous les êtres sont transparents et rien n'est ténébreux ni réfractaire, mais tout être est clair à tout être jusqu'en son intimité et il est tous les êtres. Car c'est de la lumière pour la lumière. Tout être, en effet, contient tout en lui-même et il voit tout en chaque autre. En sorte que tout est partout, tout être est tout, chacun est tout et infinie est l'irradiation... En chacun prédomine sa différence, bien que tout y transparaisse. (v, 8, 4.)

Mais chacun de nous n'est pas seulement un monde intelligible puisqu'en nous s'accomplit la procession des ordres inférieurs : « L'âme est plusieurs, elle est tout, et ce qui est en haut et ce qui est en bas jusqu'à contenir toute vie... » (III, 4, 3, 22-23). « L'âme est une nature unique en de multiples puissances... » (II, 9, 2, 6). Toujours présents en nous, ces divers niveaux sont ordinairement inconscients, sauf celui ou ceux que nous actualisons par notre initiative présente : ἔστιν ἕκαστος καθ'ὅν ἐνεργεῖ (VI, 7, 6, 17; cf. III, 4, 2; V, 1, 12).

Plotin ajoute : « Et pourtant chacun les possède tous et ne les possède pas ». Allusion au mode d'être « en puissance » de ces niveaux qui, dans le contexte plotinien, n'est ni plein éveil ni inertie, mais fonction en sommeil.

Les plans supérieurs du moi ne sont pas effacés par la procession ni la chute. Ils demeurent comme les principes toujours féconds des ordres subalternes. « L'antérieur ne périt pas dans son dérivé » (v, 2, 2, 29). La puissance supérieure de l'âme reste intacte dans la chute (voir I, 1, 9-13; II, 9, 2; thèse que Proclos critiquera : *In Alcibiadem*, 227; *Elementatio theologica*, 211.).

Réciproquement, les niveaux inférieurs ne sont pas annulés par l'ascension du moi. Même dans la coïncidence mystique, chacun reste marqué par sa différence intelligible, puisque c'est au niveau de l'esprit que le moi se singularise. Plotin nie d'ailleurs explicitement que l'individuation des âmes soit un effet de leur chute dans les corps. Cela s'opposerait à la thèse qui admet des intelligibles et des esprits individuels, et qui suspend les âmes à cette singularisation. Le nombre des âmes est cependant supérieur à celui des esprits.

Si le moi tenait tout entier dans l'extase, il ne se distinguerait plus de l'Un ni des autres esprits. S'il n'était que noétique, il serait pour ainsi dire enfermé dans sa loi singulière, comme on l'a dit parfois de la monade leibnizienne. Mais parce qu'il tire de son centre originel une médiation noétique, il se différencie spontanément dans son unité même et il surmonte sa dissemblance indissoluble. Dans l'indivision de la source, chaque ruisseau sait déjà vers quoi il court, de même que chaque centre secondaire est déjà caractérisé par l'élan de son rayon, sans cesser de coïncider avec le centre principal.

L'homme plotinien gagne à cela une curieuse complexité. Il n'est jamais tout entier dans ses limites. Il n'est pas seulement la totalité d'un ordre dans une partie, mais aussi tous les degrés selon lesquels cet universel s'exprime. Il est une totalité de totalités.

Par conséquent, l'homme le plus dégradé ne vit pas tout entier sous les déterminations empiriques. En tant qu'animal, il est une partie de l'univers et englouti par le tout. En tant qu'il est envoûté par ses passions, il est esclave. Même s'il s'agite beaucoup et joue de grands rôles, il ne fait rien de lui-même. Ce n'est pas lui, mais la passion qui pose les prémisses. Mais cette nécessité qui mène l'insensé a son origine dans l'intelligible et donc dans la loi que chaque esprit se donne en se constituant. Chacun est à la fois sujet et législateur, comme le moi kantien. Son salut consiste à se reconnaître lui-même. S'il y manque, il n'échappera pas pour autant à sa loi, il la subira en aveugle qui se bute aux objets et pâtit des chocs en retour de sa propre position. Le sage, au contraire, sait qu'il n'obéit qu'à lui-même. Il est autonome.

Plotin annonce encore Kant lorsqu'il refuse de faire une part au déterminisme dans notre histoire et dans l'expérience psychique, et une autre part à la liberté. Pour lui, tous les actes humains sont nécessaires mais, par le fait même, tous sont libres, puisque la trame qu'ils forment est sous-tendue par la même position de soi par soi. Les décisions empiriques sont des initiatives dans la mesure où elles expriment notre unique initiative préempirique. Non que celle-ci soit un passé qui assujettisse notre présent, puisque, n'étant pas temporelle mais éternelle, elle est également contemporaine de tous les instants de notre durée. Elle est le présent simultané qui enveloppe notre présent successif.

Ainsi, même dans l'état de déchéance, chaque sujet est à la fois mystique, noétique et empirique. Mais il n'est jamais tous ces ordres avec une égale intensité. Il est à la fois cursif et polyvalent.

HISTOIRE ET CYCLE

L'examen d'une troisième aporie nous servira de conclusion. Elle concerne la fonction de l'histoire dans l'univers plotinien. Elle serait bien amorcée par l'objection que faisait Jean Hyppolite à Mme Mossé-Bastide au cours de sa soutenance de thèse sur Bergson et Plotin : « Je vois bien qu'il y a chez Plotin temps et création. Mais je vois aussi que chez lui le temps n'est jamais créateur et la création jamais temporelle. » C'est peut-être le point sur lequel le néoplatonisme heurte le plus vivement la pensée moderne. Contre elle, semble-t-il, la pensée hellénique et néoplatonicienne préfère le schéma cyclique au linéaire.

Le mouvement représenté par la ligne droite est donné par les néoplatoniciens comme un signe de l'infériorité des corps et une marche vers la dispersion. Le nouveau est plutôt dissolution que genèse. Le mouvement circulaire, au contraire, qui est retour au point de départ et révolution autour d'un centre, serait le privilège de l'esprit et de l'âme. Le mouvement du ciel est cyclique parce qu'il est commandé par l'âme du monde et lui obéit parfaitement : « C'est un mouvement qui revient sur lui-même, mouvement de la conscience, de la réflexion et de la vie, qui ne sort jamais de lui-même. »

Chez Bergson, la conscience est caractérisée par sa durée créatrice. Selon Plotin, la présence de l'âme dans le cosmos fait qu'il ne s'y passe rien de foncièrement nouveau. Le mouvement circulaire est un mouvement sans devenir. Proclos soutiendra, dans son *Commentaire des Éléments d'Euclide,* que le symbole géométrique de l'esprit est le cercle. La raison en est que, dans la genèse du cercle, le point d'arrivée est identique au point de

départ qui est le centre. Une sphère est un centre qui se
détend et revient à lui-même. Car les rayons représentent
à la fois un élan hors du centre et une référence à ce même
point. Il y a là deux exigences qui, loin de s'annuler, se
compensent comme progression et régression pour composer un unique circuit. Proclos a pu trouver dans les
Ennéades la plupart des éléments de ce symbolisme qui
appartient à la tradition néopythagoricienne.

L'équilibre du cercle exprime bien celui de l'esprit
parce que, quel que soit l'écart du rayon, jamais il ne se
sépare de son centre générateur. Et sa fin n'est autre que
son principe. Or, selon le néoplatonisme, le centre de
chaque esprit est le centre universel. Dès lors, l'essentiel
est toujours présent et l'absolu ne peut jamais manquer.
Il ne vient pas à l'âme, puisqu'une âme ne peut être privée
de sa perfection que par sa présence insuffisante à elle-
même. Se sauver, c'est découvrir qu'on l'était déjà à son
insu. Notre effort n'est pas la cause de notre salut, mais le
signe d'une union divine toujours antérieure et préve-
nante.

Dans un tel contexte, le sens de l'histoire est de remonter au principe non historique de l'histoire. Le nouveau
ne peut plus être fondamental, puisque rien ne peut être
donné à l'esprit qui ne lui soit présent dans sa constitution
même. Le schéma cyclique veut donc exprimer l'inviola-
bilité du moi qui ne peut recevoir d'autre révélation que
celle de son point de départ méconnu ni d'autre communication que cette présence intemporelle, qui ne peut devenir que ce qu'il est déjà : οὐ γὰρ δύναται ἄλλο γενέσθαι
ἢ ἢ ἐστί (III, 4, 5, 29).

Cela signifie sans doute que le temps exigé par la perfection finale pour apparaître n'est pas la durée de sa réalisation, mais celle de sa manifestation comme loi du
processus entier. L'histoire n'est plus alors que la succession des médiations que cette fin se donne pour rendre
possible son émergence empirique. Selon le temps, le
parfait semble ou bien s'ajouter à l'imparfait ou bien
sortir de lui, comme la vie paraît surgir des minéraux, et
la conscience de la vie. En réalité, l'esprit ne sera jamais
rien dans l'homme ni dans l'univers s'il n'est premier,
parce que, dans un processus orienté, fin et principe
coïncident. L'esprit soutient le minéral et le parfait l'imparfait. Le sens du temps n'est à chercher dans l'avenir

que dans la mesure où celui-ci nous permet de le surmonter.

La logique du plotinisme invite donc à un renversement d'optique qui rétablisse sous l'ordre historique
d'apparition l'ordre effectif de constitution et transforme
l'aller en retour. Plotin dirait volontiers avec Bergson
qu' « il faut commencer par la perfection ».

PORPHYRE

L'auteur de la *Vie de Plotin,* éditeur des *Ennéades* et,
semble-t-il, disciple préféré du maître, est un sémite né à
Tyr vers 232-233. Il s'appelle Malchos, c'est-à-dire Basile
ou Porphyre pour les Grecs. Il suit d'abord les cours de
Longin, à Athènes. Et avant de se rendre à Rome en
263, il compose sa *Philosophie des oracles.* Car, dans ce qui
nous reste de cet ouvrage, on ne voit pas trace de
l'influence de Plotin qui dominera plus tard Porphyre.
Gustave Wolff a tenté, en 1856, de reconstituer la trame
de ce livre en réunissant les citations et informations que
fournissent Eusèbe dans sa *Préparation évangélique,* Augustin dans sa *Cité de Dieu* et quelques autres. Une première
partie aurait traité des dieux et de leur culte, une deuxième des démons, une troisième des héros. L'œuvre est
d'un païen fervent et éclectique. J. O. Meara a voulu identifier ce traité avec un autre de Porphyre, le *De regressu
animae* dont J. Bidez a recueilli les fragments dans *la Cité
de Dieu.* Cette hypothèse, qui ne tient pas compte de l'évolution discernable d'un recueil à l'autre, a été critiquée
par Pierre Hadot (« Revue des Études augustiniennes »,
VI, 1960).

Peut-être faut-il placer à la même époque (préploti-
nienne) la composition des *Questions homériques* et de
l'*Antre des Nymphes* où le Tyrien applique à Homère la
méthode allégorique et retrouve ainsi chez le poète la
métaphysique qui lui tient à cœur. Peut-être encore
écrit-il vers cette date son histoire de la philosophie dont
il nous reste la *Vie de Pythagore.*

Âgé de trente ans, Porphyre s'installe à Rome et devient
le disciple de Plotin qui avait alors cinquante-neuf ans.
Après avoir surmonté les résistances que suscitent d'abord

en lui certaines thèses de Plotin (comme l'identité de
l'esprit et des intelligibles), il remplit dans l'école pendant
six ans des fonctions si lourdes qu'il glisse à la neurasthé-
nie et songe à se suicider. Plotin lui conseille de voyager.
Il part pour la Sicile. Et c'est là qu'il compose son *Isagogé*
ou *Introduction aux Catégories d'Aristote,* qui sera traduit en
latin par Boèce et fera sa réputation au Moyen âge.

Il n'est pas certain que Porphyre ait été chrétien, puis
se soit écarté de ses premières croyances. Mais il s'engage
dans la réaction antichrétienne quand il compose son
traité *Contre les Chrétiens* qui sera détruit sur l'ordre de
Constantin, puis de Valentinien III et de Théodose II,
en 448. Nous pouvons nous en faire une idée à travers la
reconstitution de Pierre de Labriolle (dans *la Réaction
païenne,* 1948), appuyée sur des allusions et citations de
saint Jérôme et d'Eusèbe.

Ce n'est pas seulement sur le christianisme que Porphyre exerce l'esprit critique qu'il tient de Plotin. Il écrit
la *Lettre à Anébon,* prêtre égyptien, ensemble de questions
sur les dieux et les démons qui suscitera la *Réponse du
maître Abammon* ou le traité *Des mystères,* communément
attribué à Jamblique.

Il n'y a qu'un moyen de comprendre ce document [écrit
J. Bidez]. Porphyre a découvert chez son maître les éléments
de toute une philosophie religieuse. Il sent qu'il y a là de quoi
épurer et transformer les religions populaires. Il voudrait
intéresser à l'entreprise les dirigeants et les fidèles des mystères.
Il ne trouve rien de mieux que de les convier, par une lettre
ouverte, à une discussion courtoise. (*Vie de Porphyre,* Leipzig,
1913, pp. 86-87.)

Cependant Porphyre rédige encore plusieurs ouvrages
de religion et de spiritualité : un traité de *l'Abstinence de la
chair des animaux,* écrit pour ramener le Romain Castricius
au régime végétarien, la *Lettre à Marcelle,* veuve et mère
de sept enfants qu'il avait épousée tardivement, le *De
regressu animae.*

Ce qui délivre l'âme, c'est avant tout la sagesse. Celle-ci
est bien supérieure à tous les rites. Et, quoi que fasse le
sage, qu'il prie, sacrifie ou se taise, il est uni à la divinité.
« L'homme sage, même s'il se tient en silence *(σιγῶν),*
honore la divinité, tandis que l'inculte, même s'il prie et

sacrifie, souille le divin. Seul donc le sage est prêtre
(ἱερεύς), seul il est aimé de la divinité, seul il sait prier. »

Les initiations des mystères et les rites des théurges
chaldéens ne sont pourtant pas inutiles. Ils agissent, non
sur l'âme intellectuelle, mais sur une puissance intermédiaire entre le corps terrestre et l'âme supérieure. Porphyre appelle πνεῦμα, « souffle », cette fonction inférieure
psychique qui, attirée par les forces obscures du cosmos,
introduit dans l'âme une pesanteur. Le souffle est assailli
par les mauvais démons qui, à travers lui, obsèdent l'imagination. La théurgie agit précisément sur l'imagination
et sur ces démons qui errent dans le monde pour perdre
les âmes. Elle procure donc une purification de second
degré.

Nous avons de Porphyre un bref recueil intitulé Ἀφορμαὶ
πρὸς τὰ νοητά, *Sententiae ad intelligibilia ducentes* ou encore
Points de départ pour s'élever aux intelligibles. C'est une sorte
de compendium plotinien. La plupart des grands thèmes
des *Ennéades* y sont évoqués : caractères du corporel et de
l'incorporel, vertu cathartique, primat de l'Un, etc., mais
sans lien ni construction d'ensemble. Parfois Porphyre a
recopié plus ou moins librement le texte même du maître.
Plus souvent il le résume, soit de façon élémentaire, soit
avec vigueur. Par exemple, Porphyre présente avec bonheur l'enseignement des *Ennéades* sur l'unité et la multiplicité des âmes. Les corps n'amènent pas les âmes à se
distinguer les unes des autres, mais plutôt à s'isoler ou à se
fragmenter. Comme les sciences demeurent distinctes
dans une même âme, l'âme totale se diversifie en parties
sans perdre son unité. Mais chaque partie est totalement
âme et contient l'intégralité de la puissance psychique. Le
corps ne peut que paralyser celle-ci ou empêcher son plein
développement. « L'âme possède comme ordre une
infinie puissance (ἀπειροδύναμος), et n'importe lequel de
ses points est âme. Toutes les âmes sont une âme unique
et inversement l'âme totale est autre chose que toutes les
âmes. »

Il faut peut-être ajouter à cette œuvre étendue un *Commentaire du Parménide* que Pierre Hadot a cru reconnaître
dans les fragments publiés par Kroll, en 1892. Leur origine porphyrienne apparaîtrait dans l'identification de
l'Un pur à l'Être pur et à l'Intellect en repos (par un
retour au moyen platonisme et à Nouménios qui est une

tendance de Porphyre), et dans une attitude réservée vis-
à-vis des *Oracles chaldaïques* (recueil constitué au temps de
Marc Aurèle par Julien le théurge).

Revenu à Rome et ayant publié les *Ennéades* vers 301,
Porphyre serait mort vers 305.

JAMBLIQUE

Né à Chalcis en Syrie, il a été l'élève de Porphyre à la
fin du IIIᵉ siècle ou au début du IVᵉ. Il meurt vers 330.

Il se présente plutôt comme un pythagoricien (c'est-
à-dire un néopythagoricien) qu'un néoplatonicien. Mais la
frontière est difficile à tracer. Peut-être la plupart des
œuvres que nous avons de lui sont-elles les fragments d'un
grand recueil de doctrines pythagoriciennes en dix livres.
Le P. Saffrey identifierait le premier livre à la *Vie de
Pythagore,* le deuxième au *Protreptique* (introduction à la
philosophie en laquelle nous retrouverions des traces de
l'ouvrage perdu d'Aristote), le troisième au *De communi
mathematica scientia,* le quatrième au *In Nicomachi arithmeticam introductionem.* Des extraits du huitième qui traitait de
théologie se laisseraient apercevoir dans les *Theologoumena
arithmeticae.*

Nous avons chez Stobée (*Eclogae,* I, éd. Meineke,
Leipzig, 1860) des fragments d'un traité *De l'âme* que le
P. Festugière a réunis, ordonnés et traduits dans *la
Révélation d'Hermès Trismégiste,* III.

Enfin on attribue communément à Jamblique le traité
De mysteriis, qui est une longue réponse à la *Lettre à
Anébon.*

Le *De communi mathematica scientia,* le traité le mieux
composé et le plus dense des œuvres de Jamblique,
esquisse une théorie de l'âme à travers une analyse des
démarches et objets mathématiques. Si ceux-ci sont de
même niveau que l'âme caractérisée par la « raison dianoétique », leurs conditions sont celles de la vie psychique. Or les principes (ou les éléments) des mathématiques
sont ceux des intelligibles (un et multiple, πέρας et
ἄπειρον), mais en tant qu'ils procèdent jusqu'à une
structure moyenne entre l'indivisibilité des pures idées et
la division des corps. Il y a d'ailleurs plusieurs degrés dans

ce milieu lui-même : celui des nombres, celui des figures, celui des rapports. On voit même apparaître celui des mouvements célestes d'abord exclus. Ainsi on distinguera l'arithmétique, la géométrie, l'harmonie, l'astronomie. Si on veut définir l'âme, il faut se garder d'isoler « l'arithmogonie » ou « la schémagonie » comme l'a bien montré Philip Merlan *(From Platonism to Neoplatonism)*, mais considérer la genèse totale de cet ordre complexe.

C'est pourquoi il ne faut définir l'âme comme étant particulièrement ni la figure de ce qui est étendu en tous sens *(ἰδέαν τοῦ πάντη διαστατοῦ)* ni le nombre automoteur, ni rien d'autre du même genre. Mais il convient d'enchaîner les uns aux autres tous ces points de vue en tenant que, si l'âme est une idée nombre *(ἰδέας οὔσης ἀριθμίου)* et subsiste selon les nombres qui contiennent l'harmonie, on doit faire dépendre d'elle ensemble toutes les proportions qui sont commandées par la mathématique et lui subordonner toutes les correspondances. C'est pourquoi il y a une communauté de subsistance entre l'âme et les correspondances géométrique, arithmétique et harmonique réunies... L'âme possède, d'une part, le pouvoir de discerner *(τὸ κριτικόν)* les raisons mathématiques, d'autre part, le pouvoir générateur et producteur *(τὸ γεννητικόν τε καὶ ποιητικόν)* des mesures incorporelles elles-mêmes, auxquelles on peut intégrer la puissance génératrice des formes engagées dans la matière... En un mot, la notion de l'âme contient spontanément la totale plénitude des mathématiques. *(De communi mathematica scientia*, IX, pp. 40-42.)

Le *De mysteriis* est un document capital et pour l'histoire des religions et pour la philosophie de la religion. C'est un essai de justification rationnelle de la théurgie et des mystères jusqu'en leurs pratiques littérales. C'est en même temps une réaction contre une méthode de salut avant tout intellectualiste.

L'auteur se présente comme un simple interprète d'antiques traditions égyptiennes, chaldéennes et assyriennes, dans le sillage de Pythagore et de Platon. D'après elles, notre affirmation des dieux n'est pas sujette à discussion, car elle est fondée sur une « conjonction » *(συναφή)* ou une « connexion » *(συμπλοκή)* de notre être avec la divinité qui est antérieure à toute connaissance et qui suscite et investit tout ce que nous sommes. Aussi peu contestable est l'infériorité des âmes vis-à-vis des dieux. Il ne faut donc pas supposer que les pratiques destinées à attirer leurs bienfaits impliquent chez eux quelque passivité que ce soit. Les dieux ne subissent pas nos invocations, mais les provoquent. Ils ne sont pas confisqués ni mus par les rites, mais ils nous meuvent et se meuvent eux-mêmes à travers les signes prescrits par eux et porteurs de leur puissance. Et cela n'est pas vrai seulement des dieux supérieurs, mais aussi des démons bienveillants qui administrent telle ou telle portion du devenir.

L'efficacité des rites ne dépend pas de la connaissance que nous en avons, bien que celle-ci soit une condition nécessaire. Car l'opération « théophorique » n'est pas humaine, mais sans commune mesure avec notre sagesse, qui n'est plus qu'instrument à la disposition du dieu. Il ne s'agit pas de délivrer la puissance divine de notre âme, mais de la livrer à l'emprise divine. Notre âme, d'ailleurs, n'est pas toutes les essences ni tous les ordres. Elle a plutôt le privilège d'être en communication avec tous les êtres, même les extrêmes, et de se laisser assimiler à eux en sauvegardant sa différence.

Les âmes forment un réseau si étroit que toutes sont solidaires dans l'expiation de la faute d'une seule :

Qu'est-ce qui empêche que chacun soit jugé par les dieux et selon sa singularité et surtout en tenant compte de la parenté qui rassemble les âmes en un tout (μετὰ τῆς ὅλης συγγενείας τῶν ψυχῶν)? S'il est vrai, en effet, que la communauté d'une nature identique impose aux âmes avec ou sans corps une interconnexion unique pour la vie du monde et l'ordre universel, il est nécessaire de réclamer de toutes la restauration de la justice (καὶ τὴν ἔκτισιν τῆς δίκης ἀναγκαῖον ἀπαιτεῖσθαι ἀφ'ὅλων) et principalement quand la grandeur des injustices déjà commises par une seule âme dépasse la peine que peut accomplir une seule âme en conséquence de ses fautes (IV, 5).

Le livre V fournit une importante précision. Il faut distinguer deux degrés de culte correspondant à deux ordres de dieux, à deux niveaux de notre âme et même à deux genres de vie. Aux dieux qui ont de l'affinité avec la matière par la fonction qu'ils exercent dans le devenir doit être adressé un culte matériel (*ἔνυλον*), comme les sacrifices d'animaux. Ce culte est ordonné à la purification des corps. Mais aux dieux hypercosmiques il convient d'offrir des sacrifices spirituels, comme la vertu et la sagesse. Peu d'hommes sont capables de s'élever jusque-là. Plus rares encore ceux à qui il est donné de se tourner vers l'unité qui domine toute pluralité divine (v, 22).

Sur un ton encore plus solennel que dans les pages antérieures, le livre VIII nous rapporte une tradition qui accentue le caractère ineffable du Principe jusqu'à le placer au-delà de tout principe, dans le sens que suivra Damascios.

« Il y a un dieu unique, antérieur même au premier dieu et roi, demeurant immobile dans la solitude de son unité (*ἐν μονότητι τῆς ἑαυτοῦ ἑνότητος μένων*) ». De lui procède le dieu des dieux, « la monade issue de l'un » (*μονάς ἐκ τοῦ ἑνός*), « préessentielle » (*προούσιος*), principe des intelligibles et de la substantialité même.

« Quant au bien, ajoute le livre X, le bien divin est, d'après les Égyptiens, le dieu antérieur à toute conception, tandis que le bien humain est l'unité avec ce dieu. »

Il n'est pas sûr qu'il n'y ait, dans le *De mysteriis,* qu'un seul enseignement sur les dieux, les démons, la transfiguration de l'âme et le rôle qu'y joue la connaissance. Jamblique rapporte peut-être des traditions divergentes.

Nous trouvons une difficulté semblable d'un bout à l'autre de son œuvre. On s'est demandé si c'était bien le même auteur qui célébrait dans le *Protreptique* l'affranchissement du sage par la pensée, qui exposait dans les *Theologoumena* la genèse métamathématique des nombres, et qui se donnait tant de peine pour justifier une liturgie inextricable dans le *De mysteriis*. Cela tient sans doute à ce que le procédé de composition de Jamblique est celui du compilateur plus que celui du penseur. Mais à ce titre il nous apporte une précieuse information sur la complexité intellectuelle de son époque, et il va exercer une influence décisive sur l'évolution du néoplatonisme, qui désormais s'efforcera d'intégrer la théurgie. Il n'aura pas en vain reproché aux Grecs leur légèreté et leur inconstance, devant la gravité immobile de l'Orient.

SYRIANOS

Le peu que nous savons sur les philosophes qui vécurent entre Jamblique et Proclos nous porte l'écho des controverses entre néoaristotéliciens et néoplatoniciens. Après Théodose d'Asiné que cite souvent Proclos, nous trouvons Dexippe, auteur d'un *Commentaire sur les Catégories d'Aristote,* Themistius qui est aussi commentateur d'Aristote. Au milieu du IVe siècle se place la réaction antichrétienne menée par l'empereur Julien, mort en 363. C'est à ce mouvement qu'appartient ce catéchisme païen et ce manuel de philosophie inspiré du néoplatonisme qu'est le traité *Des dieux et du monde* de Saloustios. Il est plus élémentaire que ne seront plus tard les *Prolegomena ad Platonis philosophiam,* édités récemment par Westerink, à Amsterdam, traité dont l'auteur est inconnu, mais a subi l'influence de Proclos.

Viennent ensuite les maîtres immédiats de Proclos, Plutarque d'Athènes, fils de Nestorios, mort avant 435, et Syrianos, auquel Proclos succède vers 438. Il nous reste de Syrianos un commentaire néopythagoricien des livres *B, Γ, M, N,* de la *Métaphysique* d'Aristote et un *Commentaire de la Rhétorique d'Hermogène.* Proclos cite souvent avec admiration son maître Syrianos et lui attribue bien des thèses qu'il défend. C'est ainsi qu'il lui fait gloire d'avoir été le seul à découvrir le principe d'interprétation du *Parménide* selon lequel tout ce qui est nié dans la première hypothèse est affirmé dans la deuxième et détermine les ordres divins qui procèdent de l'Un.

PROCLOS

VIE

Notre principale source d'information est la biographie rédigée par Marinos, élève et successeur de Proclos. Mais cet ouvrage est composé selon le schéma hagiographique. Les faits sont distribués selon la division néoplatonicienne des vertus (naturelles, éthiques, politiques, cathartiques, contemplatives, théurgiques). Le merveilleux abonde, souvent stéréotypé.

Proclos est né probablement le 8 janvier 412, à Byzance. Mais ses parents étaient originaires de Xanthos, en Lycie. C'est là qu'il reçoit sa première formation. Il passe ensuite à Alexandrie où il étudie les lettres, le droit, les mathématiques, et où il est initié à la philosophie par la lecture des traités logiques d'Aristote. Voulant recevoir un enseignement philosophique plus approfondi, il se rend à Athènes où des maîtres réputés, Plutarque d'Athènes et Syrianos, maintiennent vivante la tradition néoplatonicienne. Sous leur conduite, le jeune Proclos achève l'étude d'Aristote et est introduit à la « mystagogie » de Platon. Ses maîtres apprécient tellement son zèle et sa pénétration d'esprit qu'ils le prennent chez eux et le destinent déjà à leur succéder. Il écrit en effet, à vingt-huit ans, son *Commentaire du Timée*.

Devenu professeur, Proclos appartient à ses élèves, à la composition de ses livres, et à sa méditation jusqu'à « la démesure ». Il donne cinq cours par jour, souvent quelques conférences supplémentaires, et trouve encore le temps d'écrire sept cents lignes. Il conseille efficacement les chefs de la cité, ce qui lui crée des ennemis et l'oblige à un exil momentané. Il en profite pour étudier sur place et restaurer les traditions religieuses d'Asie Mineure.

Il est curieux de tous les mythes et de tous les rites, même barbares, proclamant que le philosophe doit être « le commun hiérophante du monde entier » (Marinos, *Vie de Proclos,* XIX). Il pratique jusque dans sa vieillesse les jeûnes et abstinences, les purifications sous forme de bains de mer. Il est d'ailleurs, selon son biographe, comblé de manifestations divines, songes prémonitoires, apparitions, prodiges, guérisons dont il est le bénéficiaire ou qu'il obtient d'Asclépios pour la fille de Plutarque, Asclépigénia. Il appartient donc, contre Plotin, à l'école de Jamblique qui attache la plus haute importance à la théurgie, et il se fait, en face du christianisme montant, le défenseur des traditions antiques qu'il tentera d'unifier et d'interpréter.

Épuisé par le travail, Proclos meurt à Athènes le 17 avril 485, à l'âge de soixante-treize ans. (Marinos lui accorde soixante-quinze ans, mais nous rapporte que

Plutarque avait annoncé en songe à Proclos qu'il vivrait
soixante-dix ans. Ce qui revient au même, ajoute le biographe, parce que les cinq dernières années ont été des
années de langueur. Il est donc permis de s'en tenir à
l'horoscope pour déterminer la naissance de Proclos en
412.) Il est enseveli près du Lycabette, à côté de son
maître Syrianos.

ŒUVRES

Alors que nous avons intégralement l'œuvre de Platon
et celle de Plotin, plusieurs ouvrages de Proclos sont
perdus (par exemple, ses *Commentaires du Phédon,* du
Phèdre, du *Théétète*), et certains nous sont parvenus incomplets (par exemple, le *Commentaire du Parménide* et celui
de l'*Alcibiade*).

Ce que nous avons reste considérable. Nommons
d'abord les ouvrages non strictement philosophiques
comme l'*Institutio physica,* l'*Hypotyposis astronomicarum
positionum,* les *Hymnes,* la *Chrestomathie.* Il nous reste deux
théologies systématiques (les *Éléments de théologie,* la
Théologie platonicienne), six *Commentaires (Parménide, Timée,
Alcibiade, République, Cratyle, Éléments d'Euclide),* enfin
trois opuscules *(De decem dubitationibus circa Providentiam,
De Providentia et Fato, De malorum subsistentia).*

Pour la plupart de ces travaux, nous ignorons la date
de composition. Elle est d'autant plus difficile à déterminer que certains ont pu être repris et complétés par
l'auteur lui-même plusieurs années après la rédaction
primitive. D'après Marinos, le *Commentaire du Timée*
serait un ouvrage de jeunesse. Le plus récent éditeur des
trois opuscules, qui a retrouvé une grande partie du texte
grec, Boese, estime que ces traités ont été composés par
Proclos dans sa maturité, après ses *Commentaires* et avant
la *Théologie platonicienne.* On peut penser que ce dernier
ouvrage, qui se réfère au *Commentaire du Parménide,* est de
la dernière partie de la vie de Proclos. Mais il n'est pas
évident que les *Éléments de théologie,* malgré une certaine
simplification de la doctrine, remontent à la première
partie de cette vie.

Les *Éléments de théologie* sont un traité de taille moyenne,
fortement charpenté, extrêmement dépouillé et rédigé
more geometrico par thèses, démonstrations et corollaires,

dans le genre de l'*Éthique* de Spinoza. Une première partie (théorèmes 1 à 113) étudie les lois constituantes du réel. Une seconde (théorèmes 114 à 211) les met en œuvre pour former les ordres (hénades ou dieux, esprits, âmes). Le terme « éléments » signifie donc « fondements » et « composants ».

La *Théologie platonicienne* est la plus vaste synthèse que Proclos ait élaborée. Elle s'efforce d'intégrer les mythes antiques concernant les dieux dans l'interprétation néoplatonicienne du *Parménide*. Tout ce qui est nié de l'Un, dans la première hypothèse du célèbre « jeu » rapporté par Platon, devient autant d'affirmations dans la seconde. Ainsi, après avoir libéré la transcendance ineffable du Principe, nous composons, en partant de lui, des unités affectées de quelque caractère déterminé. Tels sont les dieux. Les catégories du *Parménide* platonicien (être, un et multiple, tout et parties, etc.) deviennent les degrés de la divine hiérarchie.

Les Commentaires appartiennent à un genre littéraire bien établi à l'époque de Proclos et régi par des lois strictes. Il caractérise un temps où l'on se tourne vers tel ou tel maître du passé considéré comme divinement inspiré. Proclos, comme ses devanciers, ne cherche que la fidélité à Platon. Il est d'autant plus curieux de constater que, devant les problèmes nouveaux, cette exigence même l'oblige à inventer à son insu.

Le *Commentaire du Parménide* est le plus important, parce que, comme nous l'avons vu, il découvre dans la méthode dialectique de ce dialogue la loi de la procession et la genèse de la métaphysique. Parménide essaie de poser l'Un ou de le faire être. Il met ainsi en évidence et que l'Un « s'arrache à l'être » comme antérieur à toute dialectique, et que l'unité réalisée est la forme de toute dérivation. Les êtres ne sont que les modes de l'unité. Mais l'unité non modalisée n'est rien pour l'esprit en ce sens qu'elle demeure pour lui un pur point de départ.

Le *Commentaire du Timée* décrit une cosmogonie à travers une psychogonie. Le Démiurge donne consistance et mouvement à l'univers par la médiation de l'âme. Celle-ci est, en effet, le moyen terme des extrêmes qui forment le cosmos ou, plus exactement, le milieu de leurs milieux. L'âme est le lien actif du monde. Aussi Proclos déclare-t-il après Jamblique qu'il faut disposer autour du *Timée* l'enseignement entier de Platon sur la nature, avant de le rapporter au *Parménide* avec l'ensemble des traités théologiques. Le *Parménide* est la consommation de la philosophie, tandis que l'*Alcibiade* en est le point de départ normal, parce qu'il invite à la connaissance de soi.

Le *Commentaire de l'Alcibiade* fait valoir, en effet, qu'il faut partir de l'âme pour étudier l'ordre universel. Car tous les caractères du cosmos sont en elle de façon déterminée (ce qui ne se rencontre pas dans les principes supérieurs), et de façon concentrée (ce qui ne se trouve pas dans les derniers effets). Il y a dans l'unité de l'âme autant d'éléments qu'il faut pour atteindre tous les ordres. Et il y a dans l'univers autant d'ordres que nécessaire pour exprimer tous les genres intelligibles. Même déchue, l'âme humaine n'est pas une tablette vierge de toute écriture, mais un plérôme de raisons. Elle a seulement besoin de se purifier. Et, pour qu'elle le fasse, il suffit de l'éveiller et de la stimuler par une judicieuse critique.

Le *Commentaire de la République* traite surtout des mythes d'Homère, mis en cause par Platon aux livres II et III de ce dialogue. Il faut reconnaître que certains mythes homériques ne conviennent pas à la formation des jeunes. Mais « leur valeur n'est pas éducative, elle est mystique ». Moyennant une interprétation symbolique, ils se révèlent chargés d'une vertu initiatique. Et ce sont les poètes qui transmettent cette motion de la divinité par l'intermédiaire des rhapsodes. Le poète est donc investi d'une fonction sacerdotale, et les poèmes d'Homère sont érigés en livres saints.

Le *Commentaire du Cratyle* n'est pas de la main de Proclos. Mais il porte suffisamment la marque de son style et de son tour de pensée pour qu'on l'attribue à un disciple fidèle. Celui-ci aura sans doute recueilli l'enseignement du maître sur les diverses origines et valeurs des mots, particulièrement des noms divins qui peuvent être les signes efficaces des consécrations divines.

Enfin le *Commentaire du premier livre des Éléments d'Euclide* est un des ouvrages les plus attachants de Proclos. Inspiré de la tradition néopythagoricienne et singulièrement du *De communi mathematica scientia* de Jamblique, il étudie l'âme à travers l'épistémologie mathématique.

Le problème de ce Commentaire et surtout du Prologue, c'est la supériorité des intelligibles opposée à l'initiative créatrice de l'âme qui éclate en mathématiques. L'âme n'est-elle que l'instrument des raisons dont elle est la plénitude ? D'après Proclos, l'illumination que l'âme reçoit des dieux ne lui fournit pas les raisons mathématiques (nombres, rapports, figures, etc.) à l'état déterminé et déployé. Aussi cette plénitude demeurerait-elle obscure si la raison dianoétique ne donnait à l'âme conscience d'elle-même et de ce qu'elle porte. Pour cela elle use d'un circuit. Elle projette dans l'imagination les richesses que l'âme reçoit dans l'indivision. Elle les étend dans la matière imaginative, sans leur donner encore l'extraposition et les incompatibilités du sensible. À travers ce mouvement d'expression, l'âme revient à elle-même et comprend la motion dont elle est issue. Elle comprend que la divinité ne lui donne la science et les objets mathématiques qu'en tant qu'elle suscite les lois génératrices par lesquelles l'âme fait procéder raisons et théorèmes.

Ce Commentaire esquisse donc une interprétation génétique des mathématiques en même temps qu'il met en lumière le pouvoir autoconstituant de l'âme qui se connaît et se pose en posant ses objets.

Les trois opuscules de Proclos ont pour objectif de répondre aux difficultés tirées du mal et de l'irrationnel contre la divinité. Le principe de la solution, c'est que la source universelle est au delà de l'être et de l'esprit. Elle est le Bien. Et celui-ci exige de se diffuser en exerçant son pouvoir déterminant (περατοποιόν) sur sa puissance infinitisante (ἀπειροποιόν). Incoordination et privations procèdent de cette puissance. D'ailleurs, ce n'est pas en pensant que la divinité agit, mais en exerçant une « activité antérieure à la pensée » (ἡ πρὸ νοῦ ἐνέργεια), la πρόνοια qui atteint le mal dans la mesure où il est entraîné par la communication du bien. Cette activité « prénoétique » ne coïncide pas avec la notion de Providence. Celle-ci désigne un Esprit ordonnateur, celle-là l'expansion du Bien supérieur à l'ordre comme à la pensée.

ENSEIGNEMENT

PROCLOS ET PLOTIN

On serait peut-être tenté d'accorder à Plotin le génie de l'invention, tandis qu'on attribuerait à Proclos le

talent de la systématisation. Bien des historiens ont cédé à
cette simplification, impressionnés qu'ils étaient par les
divisions compliquées qu'ils rencontraient chez Proclos.
Celui-ci est, en effet, un grand arrangeur d'idées qui, dans
un style et selon des méthodes classiques, déploie une
information considérable et construit sans hâte ses
propres thèses. Mais, d'une part, nous l'avons vu, Plotin
est déjà l'héritier d'une longue tradition, qu'il renouvelle
d'ailleurs vigoureusement. D'autre part, Proclos sait être
penseur original et pas seulement subtil quand il donne
les raisons de ses options. Et nul ne pourra le fréquenter
longtemps sans mieux comprendre Platon.

Il y a cependant de Proclos à Plotin une différence
d'optique que le Lycien éprouvait plus que nous-mêmes.
Pour nous, en effet, Plotin domine largement tous les
prédécesseurs néoplatoniciens de Proclos. Pour Proclos,
Plotin n'est qu'un membre de l'école parmi beaucoup
d'autres. Dans les abondantes revues historiques des
Commentaires, l'Alexandrin n'est pas le plus souvent cité
et il est moins loué que « le divin Jamblique » et que
Syrianos, le maître immédiat de Proclos. Il est même
fréquemment critiqué, parfois sans être expressément
nommé.

Quelques points de désaccord se dégagent nettement :
Selon Proclos, l'intelligible n'est pas de l'ordre de
l'esprit, mais le transcende (contre *Ennéades,* v, 5). Ce qui
n'empêche pas les intelligibles de Proclos d'exercer une
activité prénoétique.

La puissance supérieure de l'âme humaine n'est pas
consubstantielle aux dieux, ni immuablement établie au
niveau des dieux, ni imperturbablement fixée dans la
contemplation. L'âme humaine est tout entière sujette à
la chute (contre *Ennéades,* i, 1, 9-13; iv, 8, 8). Mais cette
âme jouit comme les dieux d'une autoconstitution éternelle et elle ne peut être privée ni de sa conversion substantielle ni de sa conversion vitale vers les principes
supérieurs, si l'on en croit les théorèmes 39, 191, 207 des
Éléments de théologie.

Enfin l'âme n'est pas tous les ordres (contre *Ennéades,*
iii, 4, 3). Si elle est tout, c'est selon son mode propre :
οἰκείως. Formée ni des meilleurs genres ni des pires,
l'âme est une médiation entre ces extrêmes. C'est dire
qu'elle est composée de genres moyens. Ce qui est

supérieur se trouve chez elle sous un mode inférieur, et ce qui est inférieur de façon supérieure : τὸ κρεῖσσον χειρόνως, τὸ χεῖρον κρεισσόνως. Proclos interprète plus strictement que Plotin le principe monadologique qui veut que chaque être exprime l'univers selon sa loi particulière. La théorie plotinienne est soupçonnée de faire éclater l'âme ou de la dissoudre parmi les multiples plans du réel.

Proclos semble donc refuser la thèse qu'Émile Bréhier estimait la plus séduisante des *Ennéades* : le moi n'est enfermé dans aucun ordre. La distance semble maintenant infranchissable entre l'homme et la divinité.

Mais ce retrait, en apparence sévère, doit être replacé dans un contexte qui en précise la portée. Tandis que chez Plotin le réel est divisé en ordres hiérarchisés de l'Un à la matière, une autre tendance se dessine dans l'œuvre de Proclos. Elle porte à considérer tous les ordres, même les derniers, comme des rayons immédiatement issus du centre universel. Tous deviennent des modes, non pas égaux, mais directs, de l'Un. Autrement dit, alors que, chez l'Alexandrin, la division est seulement ascendante ou descendante, chez le Lycien elle est compensée par une distribution circulaire. Telle est la théorie des séries, qui insère tout être ou tout caractère dans une chaîne dont l'origine est une autodétermination de l'unité. Cette origine qui est une communication plénière de l'Un, capable de se différencier et de s'exprimer selon la loi qu'elle s'est donnée, est appelée par Proclos, après Syrianos, hénade (ἑνάς).

Dans cette perspective, tout plonge dans l'Un et tout part de lui selon son mode propre. Procession et conversion s'accomplissent à l'intérieur de chaque série et au-dedans de chaque participant intrinsèque (αὐτοτελής) de chaque série. Aussi Proclos affirme-t-il que toute âme, même humaine, est autoconstituante (αὐθυπόστατος), qu'elle « procède d'elle-même » et « se convertit vers elle-même par essence ». Dès lors, chaque âme effectue en elle-même le processus entier qui va de son hénade à son hénade en passant par son complet développement. Le moi jouit d'une spontanéité interne qu'il puise dans sa racine hénadique et qui le garde d'être enfermé dans sa propre loi. Les théories des séries et des hénades remplissent chez Proclos une fonction analogue à celles de l'antériorité mystique et de la polyvalence cursive du moi chez Plotin.

À vrai dire, l'évolution qui s'est accompli dans ce domaine à l'intérieur du néoplatonisme grec se comprend fort bien. À partir du moment où l'on donnait, avec Plotin, un sens positif et constituant à l'infini ($\check{\alpha}\pi\epsilon\iota\rho o\nu$), déjà introduit par le *Philèbe* de Platon parmi les principes universels, la hiérarchie des ordres n'était plus aussi claire. Car on plaçait, dans les principes qui expriment immédiatement le Bien, un pouvoir d'incoordination supérieure : l'$\alpha\dot{\nu}\tau o\alpha\pi\epsilon\iota\rho\acute{\iota}\alpha$, l'infinité pure. Par là tout dualisme ontologique est écarté, mais du même coup cette exubérance qui résiste à la clarté et en est la condition sous-jacente, se trouve valorisée. La matière elle-même (et ce qu'elle forme) reçoit une sorte de prototype. On devine l'exaltation et la justification des puissances nocturnes qui peuvent surgir de là.

« Tout être authentique est formé de déterminant ($\pi\acute{\epsilon}\rho\alpha\tau o\varsigma$) et d'infini ($\dot{\alpha}\pi\epsilon\acute{\iota}\rho o\nu$). » Telle est la thèse par laquelle Proclos confère à la négation une fonction active d'un bout à l'autre du réel. Le caractère universel de cette division vient de ce que le Principe suprême, comme nous l'avons vu, ne peut s'épancher sans dérouler deux puissances antithétiques et complémentaires. Il s'ensuivra que le Démiurge qui personnifie les principes formateurs de l'âme détiendra un pouvoir générateur d'identité ($\tau\alpha\upsilon\tau o\pi o\iota\acute{o}\nu$) et un pouvoir générateur d'altérité ($\dot{\epsilon}\tau\epsilon\rho o\pi o\iota\acute{o}\nu$).

C'est donc en termes de genèse et de tension que nous devons concevoir ces composants de l'univers. Déterminant et infini ne sont pas d'abord des réalités données, mais des lois de réalisation qui s'équilibrent diversement dans leurs productions. L'une d'elles (l'exigence d'infini) s'identifie à la procession ou, mieux, à la progression, l'autre (l'exigence de structure) revient à la conversion ou à la régression vers les principes. Chacun des deux processus est inséparable de son opposé et le suppose nécessairement. Laissée à elle seule, la progression se dissiperait dans une incohérence inépuisable. Privée de son contraire, la régression ne serait plus qu'une identité stérile. Pour former la moindre figure définie, il faut compenser le mouvement de flux par celui de reflux. Dans son traité du cercle (*In Euclidem,* 154), Proclos écrit : « La circonférence est semblable à un centre qui s'est détendu *(οἶον κέντρον ἐστὶ διαστάν)*, elle converge vers lui, parce qu'elle aspire à être centrée *(κεντρωθῆναι)* en lui et à s'unifier dans ce mouvement. Ainsi le principe de la procession devient le terme de la conversion. »

On sait que les néopythagoriciens définissaient le nombre par la même combinaison de tensions contraires : « une progression *(προποδισμός)* du multiple à partir de l'unité, et une régression *(ἀναποδισμός)* qui s'achève à l'unité » (Théon de Smyrne, *Expositio rerum mathematicarum,* 18).

Cette interprétation semble d'autant mieux fondée que l'ordre de la procession, selon Proclos, n'amène pas l'altérité immédiatement après l'infinité, ni l'identité après le déterminant. C'est le mouvement qui, parti de l'infinité, produit l'altérité, en tant qu'il se confond avec la procession comme « mouvement substantiel ». Et c'est le repos qui engendre l'identité comme « permanence dans les causes », à quoi tend précisément la conversion. Cet ordre est celui de Platon dans *le Sophiste* et dans le *Parménide :* « Les êtres se font autres *(ἑτεροιούμενα)* par leur procession, tandis qu'ils se rendent identiques *(ταυτούμενα)* par leur conversion vers leur origine permanente, et c'est pourquoi le mouvement et le repos sont antérieurs à l'identité et à l'altérité. »

L'altérité agit comme un principe positif, puisqu' « elle contient la puissance de diversification et de division, ainsi que la cause des processions et des multiplications ». À ce titre, elle engendre « la dissemblance démiurgique » qui, avec « la ressemblance démiurgique », forme l'âme et le cosmos : « Il y a, dans le Démiurge, le semblable et le dissemblable à titre primordial *(πρώτως)* et, pour parler plus clairement, à titre fontal *(πηγαίως)* ».

À son tour la dissimilitude, après avoir imposé à l'âme « le cycle de l'autre », celui de l'opinion, aboutit au devenir où prédomine le principe matériel des corps, la fameuse « mer de la dissemblance ». La similitude, au contraire, infuse à l'âme « le cycle du même », celui de la science, et produit le mouvement régulier du ciel où prédomine le principe formel.

ἕν (Un)

μονάς	(unité)	δυάς	(dyade)
πέρας	(déterminant)	ἄπειρον	(infini)
στάσι	(repos)	κίνησις	(mouvement)
ταυτότης	(identité)	ἑτερότης	(altérité)
ὁμοιότης	(similitude)	ἀνομοιότης	(dissimilitude)
κύκλος ταὐτοῦ	(cycle du même)	κύκλος θατέρου	(cycle de l'autre)
οὐρανός	(ciel)	γένεσις	(devenir)
εἶδος	(forme)	ὕλη	(matière)

Proclos préfère souvent nommer les deux chefs de série « unité » et « dyade indéterminée ». Mais pour désigner les puissances de négation, il puise également dans le vocabulaire mythique et il parle de « Nuit », « Chaos », « Silence ». « Le Chaos est l'infini à titre primordial et exclusif et la source de toute infinité, intelligible, pensante, psychique, corporelle, matérielle. »

Il est piquant que le Chaos soit aussi divin que la lumière, au point d'être avec elle la première expression du Bien. Le *Commentaire de la République* parle de νοητὸν χάος, « chaos intelligible ».

Se référant à Homère, son interprète néoplatonicien aime symboliser ces oppositions de puissances et d'éléments qui constituent le monde par les guerres et les dissensions des dieux : combat des Titans contre Dionysos, lutte des Géants contre Zeus. Ou encore, suivant une tradition pythagoricienne, il recourt à l'opposition des sexes, assimilant le πέρας au pouvoir viril et l'ἄπειρον à la réceptivité féminine. Il rejoint par cette voie les hiérogamies homériques. Et il retrouve sa thèse selon laquelle il n'y a fécondité que par la conjonction de principes antithétiques.

Ainsi, comme l'a montré Mlle Clémence Ramnoux dans un livre qui éclaire cet aspect du néoplatonisme (*la Nuit et les enfants de la nuit dans la tradition grecque,* Paris, 1959), des puissances obscures et redoutables sont intégrées et exorcisées. Le mystère n'est plus l'exclusion violente de l'intelligibilité. Il peut la soutenir, la dilater, la multiplier. Ce qu'on prenait pour une dégradation ou pour une antithèse irrécupérable devient valeur et source de valeurs. On perçoit ce renversement dans les lignes suivantes du *Commentaire du Parménide* :

Partout la dyade est le principe et la mère de la multiplicité,
chez les dieux, chez les esprits, chez les âmes, chez les êtres
de la nature. La cause de la multiplicité est elle-même en
quelque façon multiplicité à titre de cause, comme l'un, qui
est cause de l'unité, est un à titre de cause. En un mot, la
dyade mérite son nom de dyade, mais elle n'est pas désertée
par l'un. Car tout ce qui suit l'Un participe à l'Un, en sorte
que la dyade est une en quelque façon. Et par conséquent la
dyade est unité *(évás)* et multiplicité. Unité en tant qu'elle
participe à l'Un, multiplicité en tant qu'elle est cause de la
multiplicité. Ces objectants affirment qu'elle n'est ni multiplicité ni unité. Nous disons au contraire qu'elle est à la fois
une et multiple, et que sa multiplicité est chargée d'unité et
que son unité est formatrice de dualité *(δυοποιόν).*

LA MATIÈRE

Proclos rattache la forme au πέρας et la matière à
l'ἄπειρον, ramenant l'hylémorphisme à son origine
platonicienne et lui restituant sa véritable universalité. Ainsi intégrée à la série de l'infini comme sa
limite inférieure, la matière procède de l'Un. Si, chez
Plotin, on a cru voir quelque hésitation sur ce point,
on ne trouve plus chez Proclos qu'une tranquille
affirmation :

Si, comme nous l'avons dit, la divinité fait subsister toute
infinité, elle fait subsister aussi la matière qui est l'ultime
infinité. Telle est la cause toute première et ineffable de la
matière. Et puisque Platon fait toujours subsister par les
causes intelligibles ce qui leur correspond chez les sensibles,
par exemple l'égal d'ici-bas par l'égal pur, et selon le même
procédé, le semblable, tous les animaux d'ici-bas et les végétaux, il va de soi qu'il tire l'infinité d'ici-bas de l'infinité toute
première, comme le déterminant d'ici-bas du déterminant
de là-haut. On a montré ailleurs que Platon a établi l'infinité
primordiale, celle qui précède les mixtes, à la cime des intelligibles, et de là-haut il étend son illumination jusqu'aux
derniers degrés, en sorte que, selon lui, la matière procède de
l'Un et de l'infinité antérieure à l'un-qui-est, ou, si l'on veut,
de l'un-qui-est en tant qu'il est en puissance. C'est pourquoi
la matière est bonne pour une part, même si elle est infinie,
très obscure et informe. (*In Timaeum*, 1, 385.)

Ces dernières lignes sont sans doute dirigées contre le pessimisme plotinien, pour lequel la matière est pour ainsi dire « le mal premier et le mal subsistant *(καθ'αὑτὸ κακόν)* », et l'origine de tout mal, même si l'Alexandrin reconnaît qu'elle est pure privation.

Pour l'auteur du *De malorum subsistentia,* il n'y a pas un prototype des maux qui s'oppose au prototype des biens. Le divin est présent à tous les êtres, parce que tout dérive de lui « directement » *(αὐτόθεν)* et demeure « enraciné en lui », même la matière et les corps. Bien plus, le mystère de la matière est l'expression privilégiée du mystère de l'Un parce qu'elle en est la réplique inversée. La matière est aussi indéterminée que le Bien est surdéterminé. D'après les *Éléments de théologie,* « la matière procède de l'Un seul » *(ἀπὸ μόνου πρόεισι τοῦ πρώτου),* parce qu'elle est infiniment simple et, de ce fait, appartient à l'épanchement le plus fondamental et le plus universel. Proclos rapporte même avec éloges une opinion que Jamblique tire d'Hermès Trismégiste et selon laquelle la divinité ferait sortir la matérialité de la substantialité *(ἐκ τῆς οὐσιότητος).*

Dieu découpe, dans sa propre substance, de la matérialité (= quantité) [commente le P. Festugière], après l'avoir privée de toutes les déterminations qui ressortissent à l'Un... Tout le problème est commandé par cette idée que, si l'on veut faire dériver de l'Un lui-même la multiplicité des êtres en tout ce qu'ils sont, matière aussi bien que forme, on doit nécessairement trouver dans l'Un une « puissance à la quantité, au multiple »... Cette doctrine n'est point sotte. (*La Révélation d'Hermès Trismégiste,* t. IV, Paris, 1951, p. 40.)

Si telle est la valeur de la matière, le corporel et le sensible sont bien plus que des reflets ambigus de la divinité. Les *Éléments de théologie* reprennent le vieil adage de Thalès : « Tout est plein de dieux. » Et cela signifie que les puissances divines descendent jusqu'aux dernières réalités, puisque, par exemple, non seulement les animaux et les plantes, mais les pierres mêmes contiennent à leur façon une vertu purificatrice. On devine que Proclos cherche à fonder la théurgie. Mais admettre celle-ci, c'est croire que les chiffres divins ont une efficacité indépendante de la contemplation et dévoilent des communica-

tions et manifestations supérieures des dieux. Les corps
ont leurs hénades ou chefs de série qui les portent
jusqu'au seuil du Bien. Ils sont des modes originaux
de l'unité.

Cela est si vrai qu'il existe, selon le Lycien, une forme
non empirique de la corporéité, « le véhicule » (ὄχημα)
qu'il reprend du *Timée*. Toute âme, même particulière,
est revêtue pour toujours d'une première tunique, qui
peut appeler d'autres enveloppes moins parfaites, qui est
indivisible et impassible, et qui insère l'âme dans les
différentes régions de l'univers. Ce corps primordial est
fait de lumière, médiation entre corps et esprit, et peut
ainsi se manifester. Il est pourvu d'une sensibilité une,
intérieure et inaltérable.

Toutes les réalités ou fonctions liées au corps et au
devenir bénéficient d'une transposition semblable. C'est
ainsi que Proclos prolonge certaines indications de Plotin
qui laissaient apercevoir un temps pur sous la durée
dispersée de la chute. Le temps n'est plus une simple
extériorisation de l'âme, mais le nombre d'un cycle que
l'esprit impose au mouvement connaturel à l'âme en
s'avançant vers elle, et dans lequel chaque âme particulière découpe la période qui lui convient. Aussi Proclos
parle-t-il de « temps noétique » (χρόνος νοερός), et se
plaît-il à faire dériver χρόνος de χορόνοος ou χορευῶν
νοῦς, « esprit se déployant en chœur » ou « esprit évoluant de façon chorale », se référant à la fameuse figure du
chœur qui rythme son mouvement par sa révolution
autour de son centre.

Nous avons vu, en analysant le *Commentaire des Éléments
d'Euclide,* que Proclos sublime les figures et les nombres
jusqu'à les faire remonter aux dieux dans leurs lois génératrices. Les expressions σχῆμα νοητόν, « figure intelligible »,
σχῆμα νοερόν, « figure noétique », nous font songer, non
sans raison, à « l'étendue intelligible » des cartésiens et au
célèbre attribut spinoziste, qui est une sorte de puissance
divine.

Proclos est donc moins soucieux de purifier l'âme du
sensible que de purifier et de transfigurer le sensible. À
vrai dire, chez Platon lui-même nous trouvons les deux
tendances. Elles ont passé, avec des fortunes diverses,
dans le néoplatonisme tout entier. Plotin opte de préférence
pour le plus sévère. Il fallait d'autant plus souligner qu'un

de ses principaux successeurs choisît systématiquement la solution opposée.

L'ORDRE DE LA PROCESSION

Le *Commentaire du Timée* loue Platon d'avoir donné au Démiurge les principes formateurs les plus fondamentaux, afin que la constitution de l'âme prenne le sens d'une constitution totale du cosmos. Les genres qui entrent dans la composition de l'âme sont ceux de l'univers. Les ordres que ces genres imposent à l'âme sont également ceux du tout. Et la loi selon laquelle procèdent ces ordres est celle de la procession entière :

Une cause plus totale commence à agir sur ses dérivés avant une subordonnée, elle demeure présente tant que celle-ci est présente et, quand la subordonnée n'agit plus, la cause plus efficace est encore présente et active... Il faut, par exemple, qu'il y ait d'abord un être, puis un vivant, enfin un homme. (*Elementatio theologica,* 70.)

Parmi les principes, le plus fondamental est le plus universel et le plus compréhensif. Car un principe dérivé ne peut que modaliser ou déterminer une fécondité antérieure. Jouant à l'intérieur d'une efficacité plus large, il la particularise et restreint. Il est donc plus complexe. La loi de complexité croissante aboutit à l'âme, parce que celle-ci implique tous les principes supérieurs (un, être, vie, pensée) et leur ajoute l'automotricité qu'elle communique aux corps. Au-dessus de l'âme qui est le dernier principe, la loi de la procession se retourne. Elle va vers des termes de plus en plus simples et de plus en plus universels. Mais cette simplicité n'est plus celle de la subordination causale, elle est celle de l'indétermination passive. Le terme dernier de cet appauvrissement est la matière qui est une sorte d'inversion de l'Un, parce que son extrême dénuement lui assure une extrême unité.

Chez les principes hyperpsychiques, toute addition est une soustraction parce qu'elle particularise, et toute négation enrichit parce qu'elle libère une efficacité plus large et plus profonde. Inversement, chaque négation est une perte de compréhension dans les niveaux hypopsychiques.

Soit le tableau suivant :

Surdétermination de l'Un

être

vie

esprit

âme (être ou substance — vie ou puissance — pensée ou activité — automotricité)

vie sensitive

nature

être

indétermination de la matière

On voit pourquoi l'âme est appelée « le milieu et le centre de tous les êtres ». Elle récapitule, dans son « auto-constitution » (αὐθυπόστατος), son « autovivification » (αὐτόζως) et sa connaissance de soi-même, le cycle de procession-conversion des principes.

Mais puisque chaque principe contient tout selon son mode propre, l'âme qui contient tous les principes contient tout de multiples façons. Or, chaque principe est caractérisé par une manière de produire, puisque tout pouvoir véritable agit « par son être même » (αὐτῷ τῷ εἶναι). Son opération est substantielle ou, si elle est celle d'une hénade, « antérieure à l'être » (αὐτῷ τῷ εἶναι, μᾶλλον δὲ προεῖναι), tout en étant de surabondance. Il ne faut pas entendre par là que la procession se déroule par automatisme aveugle, puisque la causalité par l'être signifie pour un esprit qu'il produit par sa pensée : ποιεῖ τῷ νοεῖν.

« La nature engendre ses dérivés selon son mode de nature (φυσικῶς), l'âme selon son mode d'âme (ψυχικῶς), l'esprit selon son mode pensant (νοερῶς). L'Un est donc la cause universelle selon son mode d'unité (καθ᾽ ἕνωσιν), et la procession qui part de lui est marquée du sceau de l'unité (ἐνοειδής) » (Théologie platonicienne).

C'est dire que la procession serait impossible si elle ne s'inaugurait par la plus parfaite des communications d'unité. Car il n'est pas permis au meilleur de faire autre chose que ce qui est le plus beau, affirme Proclos après le Timée. La procession est d'abord infusion d'unité non modalisée, et c'est à partir de là qu'elle déroule ses modes d'unité et ses modes de modes. Elle est tout entière suspendue à l'Un, et l'Un ne peut faire que de l'un, c'est-à-dire des dieux. « Unifier et déifier, c'est la même chose. »

Tout le reste sera donc le déploiement de cet épanchement primordial et total. Loin que l'unité mystique et la
divinisation soient conférées à des sujets déjà constitués
dans leur altérité, cette perfection est paradoxalement
donnée avant toute réalisation, et c'est elle qui tirera
d'elle-même réalisation et différences.

Il faut donc renverser la perspective commune, si on
veut entrer dans l'optique de Proclos, comme dans celle de
Plotin. Cela est possible parce qu'ici l'unité est infiniment
supérieure à l'être. Quand on dit que l'Un néoplatonicien
ne crée pas le monde parce qu'il ne fait qu'unifier, on se
trompe si l'on entend qu'il n'est qu'un démiurge ordonnateur, mais on a raison si l'on veut signifier qu'il est plus
que créateur. Car l'un engendre l'être, et la réciproque
n'est pas vraie. Créer serait poser du fini hors de soi. Le
Principe néoplatonicien communique son infinie simplicité. Et dans cette expansion, l'opération créatrice est
contenue comme l'être dans l'un. Bien que Proclos parle
souvent de l'Un comme cause d'une cause, il tend à
dépasser ici la causalité. L'Un ne pose que des ἐνάδες, des
« hénades », c'est-à-dire des unités qui, d'une part, jouissent de la simplicité pure, et, d'autre part, se donnent à
elles-mêmes les caractères sériels qui constitueront, de
proche en proche, l'infinie variété des choses. Or, les
hénades ne sont pas des productions, mais des « manifestations » (ἐκφάνσεις). Et elles l'emportent sur les
productions autant que « manifester » est supérieur à
« produire ».

En ce sens, la procession ne part pas de l'Un, mais des
dieux qui lui sont attachés comme des centres secondaires
au centre principal. Chaque série, et même chaque participant parfait de chaque série, tire de son dieu propre sa
propre procession. L'unité se réalise, l'être se vivifie, la
vie se pense. Enfin la pensée s'exprime par l'automotricité psychique qui s'étend jusqu'à la matière. Chacun de
ces degrés contient les principes supérieurs, et tous sont
des déterminations de l'unité et s'enracinent directement
en elle. « Nulle part la procession ne se passe de médiation
(ἄμεσος), mais elle s'effectue à travers les nombres appropriés à chaque monade et en continuité avec elle. »

Ce qu'on pourrait appeler « la loi de la procession »
assure donc et l'intériorité de chaque autoconstituant, et
l'interconnexion universelle.

DAMASCIOS

Né entre 480 et 490, il est à Alexandrie l'élève d'Ammonios, disciple de Proclos. Puis il se fixe à Athènes où il succède à Zénodote en 520, et rencontre Marinos et Isidore de Gaza. Mais en 529, Justinien ferme l'école d'Athènes et, en 532, confisque les biens des platoniciens. Ceux-ci se réfugient chez Chosroës, roi de Perse. En 533, Chosroës victorieux exige leur réintégration. Damascios s'installe en Égypte, où il meurt à une date que nous ignorons.

Nous avons, de Damascios, des fragments de la *Vie d'Isidore,* son maître, que nous a conservés Photius et qui nous introduisent dans les derniers cercles intellectuels païens d'Athènes et d'Alexandrie. Il faut lui attribuer un *Commentaire du Philèbe,* qu'on imputait jadis à Olympiodore et dont Westerink a donné récemment une édition critique. Damascios est encore probablement l'auteur de la plus grande partie du *Commentaire du Phédon* publié par Norvin sous le nom d'Olympiodore.

Son œuvre principale est le traité intitulé : Ἀπορίαι καὶ λύσεις περὶ τῶν πρώτων ἀρχῶν ou *Questions et solutions sur les premiers principes.* À ce titre, Ruelle a ajouté : *In Platonis Parmenidem,* précision tirée de la souscription finale du manuscrit de Venise. On peut se demander si l'on n'a pas accolé deux ouvrages primitivement distincts, les *Questions* et un *Commentaire du Parménide.* En réalité, le traité entier peut être considéré comme un *Commentaire du Parménide* dont la première partie serait un long prologue.

L'édition Ruelle, publiée chez Klincksieck en 1889, est malheureusement très imparfaite. Elle a besoin d'être reprise à partir du meilleur manuscrit, le Marcianus 246, qui est de la fin du IXe siècle. C'est le travail qu'a entrepris Mme Galpérine, et qui aboutira prochainement à une édition vraiment critique et à une étude d'ensemble sur Damascios. (J'exprime ici ma reconnaissance à Mme Galpérine qui m'a servi de guide dans l'établissement de cette notice en me faisant bénéficier de sa rare compétence sur Damascios.)

La réflexion de Damascios se présente souvent comme

une critique de Proclos. Elle lui objecte avant tout que l'Un doit être dépassé vers un Ineffable délié de tout rapport avec ce que nous pouvons connaître. D'une part, en effet, l'Un est le Principe des êtres et donc leur est relatif. D'autre part, s'il est caractérisé par l'unité, il n'est pas ineffable, mais tout au plus le sommet et la concentration extrême de l'intelligible. Il n'est donc pas absolu. La notion de principe absolu ou d'un absolu s'anéantit elle-même. L'absolu ne saurait être qu'un abîme de silence et de nuit (ce qui est encore trop dire), parce qu'il doit être un absolu d'indépendance. Nous ne posons et ne pensons que des relations, et c'est ce que signifie la première hypothèse du *Parménide*.

Une telle critique fait bien ressortir une difficulté du néoplatonisme et de toute théologie mystique. Elle est souveraine contre certaines facilités qui feraient apparaître l'un comme un attribut suprême, ce que Proclos avait exclu dans ses meilleurs moments. (Voir surtout le fragment de l'*In Parmenidem,* publié par Klibansky à Londres en 1953 : « *In fine et abnegationes abstulit... Silentio autem conclusit eam que de ipso theoriam.* ») Mais elle signifie peut-être un retour à Plotin par-delà Proclos, avec une conscience plus avertie des démarches impliquées dans cette option.

Une des préoccupations de Proclos était de maintenir chaque être dans son mode propre, en lui donnant d'ailleurs de tout contenir à sa façon. Damascios préfère la manière fluide de Plotin, plus sensible à la continuité d'un processus qu'aux déterminations qu'il constitue. Il insiste sur le fait que l'analyse est toujours seconde, que tout existe en chaque réalité, mais plutôt sous forme d'orientation. L'Ineffable lui-même est en nous et se manifeste dans une tension au terme de laquelle la pensée se supprime elle-même comme pensée en se recueillant au point où elle n'est pas encore née ou à celui où elle se consomme, en deçà ou au delà de toutes ses antithèses et donc de la négation elle-même : « S'il n'y a pas de lumière, il n'y a pas davantage d'ombre. » « La négation est un mode d'expression et le nié une réalité, tandis que le rien n'est même pas nié ni du tout exprimé ni connu d'aucune façon. En sorte qu'il n'est pas possible de manifester la négation. »

Au contraire, dès que nous nous efforçons de déterminer une réalité, nous sommes entraînés par une sorte de dialectique qui naît d'un éclatement et nous jette d'un extrême à l'autre. L'âme surtout nous apparaît comme une telle connexion d'opposés (éternité et temps, unité et multiplicité, être et devenir, etc.) que chaque terme de l'antitypie inclut l'autre en le repoussant :

C'est ainsi que l'âme est changeante par elle-même et donc toujours en changement et qu'elle détient, de ce fait, l'être perpétuel en se modifiant de quelque façon elle-même conformément à la spontanéité de changement qu'elle possède par essence, tantôt pour ainsi dire se concentrant davantage, tantôt moins... L'affirmation et la négation sont à la fois distinctes et jointes dans l'âme. (*Dubitationes,* II, p. 263.)

Damascios est peut-être le plus moderne des néoplatoniciens et il est le moins connu. La dureté des temps l'a privé de disciple. Dans les siècles qui suivent, le néoplatonisme ne compte aucune grande figure avant Jean Scot Érigène, qui restera d'ailleurs un isolé au Moyen âge.

Jean TROUILLARD.

BIBLIOGRAPHIE

PLOTIN

Éditions des Ennéades

É. BRÉHIER, *Plotin, Ennéades,* 7 vol. (texte grec et traduction française), Les Belles Lettres, Paris, 1924-1928.

M. FICINUS, *Plotini Opera* (traduction latine), Florence, 1492. (1re édition du texte grec), Basilae, 1580. Les deux textes ont été reproduits par Creuzer avec des corrections, 3 vol., Oxford, 1835; Paris, 1855.

P. HENRY et H. R. SCHWYZER, *Plotini Opera,* 2 vol. parus, Paris-Bruxelles, 1951-1959. Édition reprise avec des corrections à Oxford *(Classical texts),* 1964, 1 vol. paru.

Études sur Plotin

A. H. ARMSTRONG, *The Architecture of the Intelligible Universe in the Philosophy of Plotinus,* Cambridge, 1940.

R. Arnou, *Le désir de Dieu dans la philosophie de Plotin*, Paris, 1921 ; 2e éd., Rome, 1967.

É. Bréhier, *La philosophie de Plotin*, Paris, 1928.

É. Bréhier, *Études de philosophie antique*, Paris, 1955.

E. R. Dodds, W. Theiler, P. Hadot, H. C. Puech, H. Dörrie, V. Cilento, R. Harder, H. R. Schwyzer, A. H. Armstrong, P. Henry, *Les sources de Plotin*, Genève, 1957.

M. de Gandillac, *La sagesse de Plotin*, Paris, 1952.

J. Guitton, *Le temps et l'éternité chez Plotin et saint Augustin*, Paris, 1933.

P. Hadot, *Plotin ou la simplicité du regard*, Paris, 1963.

P. Henry, *Plotin et l'Occident*, Louvain, 1934.

W. R. Inge, *The Philosophy of Plotinus*, 2 vol., Londres, 1918.

P. O. Kristeller, *Der Begriff der Seele in der Ethik des Plotin*, Tübingen, 1929.

J. Moreau, *L'idée d'univers dans la pensée antique*, Turin, 1953.

J. Moreau, *L'un et les êtres selon Plotin*, « Giornale di Metafisica », 1956, p. 204-225.

R. M. Mosse-Bastide, *Bergson et Plotin*, Paris, 1959.

C. Rutten, *Les catégories du monde sensible dans les Ennéades de Plotin*, Paris, 1961.

R. Schaerer, *Le héros, le sage et l'événement*, Paris, 1964.

H. R. Schwyzer, *Plotinos*, dans *Paulys Realenzyklopedie der Klassischen Altertumswissenschaft*, vol. XXI, Stuttgart, 1951.

J. Trouillard, *La purification plotinienne*, Paris, 1955.

J. Trouillard, *La procession plotinienne*, Paris, 1955.

J. Trouillard, *Valeur critique de la mystique plotinienne*, « Revue philosophique de Louvain », août 1961, p. 431-444.

PORPHYRE

J. Bidez, *Vie de Porphyre le philosophe néoplatonicien* (avec fragments du *De regressu animae*), Leipzig, 1913.

H. Dörrie, J. H. Waszink, W. Theiler, P. H. Hadot, A. R. Sodano, J. Pépin, R. Walzer, *Porphyre*, Genève, 1966.

Porphyre, *Sur la manière dont l'embryon reçoit l'âme*, traduit par A. J. Festugière, dans *la Révélation d'Hermès Trismégiste* III, Paris, 1953.

P. H. Hadot, *Porphyre et Victorinus*, 2 vol., Paris, 1968.

P. H. Hadot, *Fragments d'un Commentaire de Porphyre sur le Parménide*, « Revue des Études grecques », LXXIV, juillet-décembre 1961.

P. de LABRIOLLE, *La Réaction païenne,* Paris, 1948.

PORPHYRE, *Opuscula selecta Historiae philosophiae fragmenta, Vita Pythagorae, De antro nympharum, De abstinentia, Ad Marcellam,* Nauck, Leipzig, 1886.

PORPHYRE, *Sententiae ad intelligibilia ducentes,* Mommert, Leipzig, 1907.

PORPHYRE, *Isagoge et in Aristotelis categorias Commentarium,* Busse, Berlin, 1887. (Traduction française de l'*Isagoge* par J. TRICOT, Paris, Vrin, 1947.)

PORPHYRE, *De philosophia ex oraculis haurienda,* Gustave Wolff, rééd. Olms, Hildesheim, 1962.

PORPHYRE, *Epistola ad Anebonem,* dans JAMBLICHI, *De mysteriis,* Parthey, Berlin, 1857.

PORPHYRE, *Symmikta Zetemata,* Dorrie, Munich, 1959.

JAMBLIQUE

J. BIDEZ, *Jamblique et son école,* Revue des Études grecques, 1919, p. 29-40.

JAMBLIQUE, *Protrepticus,* Pistelli, Leipzig, 1888.

JAMBLIQUE, *Theologoumena arithmeticae,* De Falco, Leipzig, 1922.

JAMBLIQUE, *In Nicomachi arithmeticam introductionem,* Pistelli, Leipzig, 1894.

JAMBLIQUE, *De communi mathematica scientia,* Festa, Leipzig, 1891.

JAMBLIQUE, *De vita Pythagorica,* dans *Diogène Laërce,* Paris, 1929.

JAMBLIQUE, *De mysteriis,* Parthey, Berlin, 1857 (avec traduction latine de Thomas GALEUS). Édition par le P. des PLACES, Paris, 1966.

JAMBLIQUE, *Les mystères des Égyptiens,* traduction française de l'ouvrage précédent par Pierre QUILLARD, Paris, 1948.

Ph. MERLAN, *From Platonism to Neoplatonism,* La Haye, 1953.

SYRIANOS

DEXIPPE, *In Aristotelis categorias,* Busse, Berlin, 1888.

SALOUSTIOS, *Des dieux et du monde,* G. Rochefort, Paris, 1960.

SYRIANOS, *In metaphysica commentaria,* Rabe, Berlin, 1902.

SYRIANOS, *In Hermogenem commentaria,* Rabe, Leipzig, 2 vol., 1892-1893.

THEMISTIOS, *Paraphrases Aristotelis,* Spengel, Leipzig, 1866. *Prolegomena ad Platonis philosophiam,* L. G. Westerink, Amsterdam, 1962.

PROCLOS

A. H. ARMSTRONG, R. A. MARKUS, *Christian Faith and Greek Philosophy,* Londres, 1960.

W. BEIERWALTES, *Proklos,* Francfort, 1965.

W. BEIERWALTES, *Der Begriff des « unum in nobis » bei Proklos,* dans *Miscellanea mediaevalia,* vol. 2, p. 255-266, Berlin, 1963.

A. BERGER, *Proclus, Exposition de sa doctrine,* Paris, 1840.

R. BEUTLER, *Proclos,* dans Pauly-Wissowa.

É. BRÉHIER, *L'idée de néant et le problème de l'origine radicale dans le néoplatonisme grec,* dans *Études de philosophie antique,* Paris, 1955.

A. J. FESTUGIÈRE, *La révélation d'Hermès Trismégiste,* 4 vol., Paris, 1944-1954.

A. J. FESTUGIÈRE, *Modes de composition des Commentaires de Proclus,* « Museum Helveticum », vol. 20, fasc. 2, 77-100, 1963.

O. VON FLESHENBERG, *Marinos von Neapolis und die neuplatonischen Tugendgrade,* Athènes, 1928.

P. LEVÊQUE, *Aurea catena Homeri,* Paris, 1959.

MARINOS, *Proclus,* Cousin, Paris, 1864.

PROCLOS, *Elementatio theologica,* E. R. Dodds, Oxford, 1933; 2e éd., 1963.

PROCLOS, *In Platonis theologiam,* Portus, Hambourg, 1618; nouv. éd. par H. D. SAFFREY, Ier vol., Paris, 1968.

PROCLOS, *In Timaeum,* Diehl, Leipzig, 3 vol., 1903-1906. Traduit par A. J. FESTUGIÈRE, Paris, 1966.

PROCLOS, *In Parmenidem,* Cousin, Paris, 1864. Édition d'un fragment de ce Commentaire par Klibansky, Londres, 1953.

PROCLOS, *In Alcibiadem,* Westerink, Amsterdam, 1954.

PROCLOS, *In Euclidem,* Friedlein, Leipzig, 1873.

PROCLOS, *In Rempublicam,* Kroll, Leipzig, 2 vol., 1899-1901.

PROCLOS, *In Cratylum,* Pasquali, Leipzig, 1908.

PROCLOS, *De decem dubitationibus circa Providentiam, De Providentia et Fato, De malorum subsistentia,* Boese *(Tria opuscula),* Berlin, 1960.

PROCLOS, *Eclogae e Proclo de philosophia chaldaïca,* Jahn, Halis Saxonum, 1891.

L. J. ROSAN, *The Philosophy of Proclus,* New York, 1949.

H. D. SAFFREY, *Vicissitudes de la tradition du Commentaire sur le Parménide de Proclus,* Philologus, vol. 105, fasc. 3-4, Wiesbaden, 1961.

J. TROUILLARD, *Agir par son être même,* « Revue des sciences religieuses », octobre 1958.

J. TROUILLARD, *La Monadologie de Proclus,* « Revue philosophique de Louvain », août 1959.

J. TROUILLARD, *Note sur* προούσιος *et* πρόνοια *chez Proclus,* « Revue des Études grecques », janvier-juin 1960.

J. TROUILLARD, *Convergence des définitions de l'âme chez Proclus,* « Revue des sciences philosophiques et théologiques », janvier 1961.

J. TROUILLARD, *Proclos, Éléments de théologie,* traduction, introduction et notes, Paris, 1965.

Th. WHITTAKER, *The Neo-platonists,* Cambridge, 1928; 4ᵉ éd., Hildesheim, 1961.

DAMASCIOS

DAMASCIOS, *Dubitationes et solutiones de primis principiis, in Platonis Parmenidem,* Ruelle, 2 vol., Paris, 1889. Traduction française de cette édition par CHAIGNET, Paris, 1898; nouv. éd. par M. C. GALPÉRINE, en préparation, Paris.

DAMASCIOS, *Lectures on the Philebus,* Westerink, Amsterdam, 1959.

DAMASCIOS, *Vita Isidori,* dans *Diogène Laërce,* Paris, 1929.

M. C. GALPÉRINE, *Le thème du mélange dans le stoïcisme et le néoplatonisme,* Actes du VIIᵉ Congrès de l'Association Guillaume Budé (Aix-en-Provence), Paris, 1964.

L. H. GRONDIJS, *Sur la terminologie dionysienne,* « Bulletin de l'Association Guillaume Budé », décembre 1959.

JULIEN le Théurge, *Oracles chaldaïques,* Kroll, Breslau, 1894; éd. des Places, en préparation, Paris.

OLYMPIODORE, *In Platonis Phaedonem Commentaria,* Norvin, Leipzig, 1913.

Ch. E. RUELLE, *Le philosophe Damascius, Étude sur sa vie et ses œuvres suivie de neuf morceaux inédits,* Paris, 1861.

LA PHILOSOPHIE GRECQUE
PATRISTIQUE ET BYZANTINE

Quand nous appelons grecque byzantine la philosophie dont nous allons nous occuper, nous désignons par là même qu'il s'agit encore de la pensée grecque, quoique sous une nouvelle forme; il s'agit, en effet, de la forme que la pensée grecque a prise pendant l'époque byzantine. Or cette forme s'est d'abord présentée comme grecque chrétienne; nous voilà donc obligés de remonter aux premiers temps du christianisme, pour suivre le cheminement de la pensée grecque qui donne droit à sa qualification de chrétienne d'abord, puis à celle de byzantine. Point n'est besoin, pour ce faire, de rechercher la part qui, dans les Évangiles même, est due à une influence de la pensée grecque : ce n'est pas par ce biais que nous aborderons notre sujet. On croyait, il n'y a pas longtemps, que l'hellénisme, mort dans sa lutte contre le christianisme, fut rappelé à la vie au temps de la Renaissance, et, depuis lors, redevint l'élément essentiel de notre civilisation. Ce cadre est loin de répondre aujourd'hui aux exigences de la vérité historique. C'est un fait, sans doute, qu'un certain hellénisme fut chose morte aux premiers siècles de notre ère, et qu'un autre hellénisme revit le jour à l'époque de la Renaissance; mais il est inexact de dire que l'hellénisme tout court est mort. Il continue sa vie en se laissant assimiler par les nouveaux courants d'idées qu'il façonne et hellénise, à son tour, par son esprit. C'est ainsi qu'il demeure, dès le début de notre ère, ce qu'il a toujours été, ce qu'il est aujourd'hui même, l'un des facteurs essentiels de notre civilisation, qui est, au fond, par excellence grecque et chrétienne. Il représente l'attitude responsable de l'esprit humain envers lui-même.

S'il en est ainsi, c'est à l'intérieur du christianisme que nous devons depuis lors chercher sa présence et son action. Ainsi la pensée, la raison grecque, puisque nous parlons de philosophie, absorbée par le christianisme dans un long travail d'assimilation, qui commence dès le IIe siècle, conserve à l'intérieur de celui-ci ses traits les plus caractéristiques; la soif de la vérité et sa recherche méthodique, la spéculation désintéressée, qui ne cède qu'à des raisons, la prédilection pour les choses de l'esprit, l'élan qui détourne du sensible, stimule l'esprit vers l'abstrait et le pousse à la contemplation intuitive. Ce qui est très significatif, c'est qu'il ne s'agit pas seulement d'une infiltration latente de cet esprit grec dans le monde chrétien, mais d'une incorporation voulue et recherchée par les chrétiens eux-mêmes. Qu'il nous suffise de rappeler que Clément d'Alexandrie, stoïcien devenu chrétien, ose poser que le christianisme compte deux Anciens Testaments, celui des Hébreux et la philosophie des Hellènes; et que l'apologète Justin, lui aussi païen, étudiant en philosophie avant d'être converti au christianisme, après avoir exposé sa théorie sur la révélation naturelle aboutit à la fameuse conclusion : «Tout ce qui fut dit de bien par tous, est nôtre. »

«Il n'y a qu'une seule différence, poursuit-il, entre chrétiens et païens, mais elle est capitale : alors que les premiers possèdent la vérité intégrale et totale, par suite de la révélation divine, les païens n'en possèdent que des germes. » Quoique cette doctrine considère l'hellénisme tantôt avec condescendance, tantôt avec dédain, elle ne manque pas de lui donner un premier et précieux droit d'accès à la doctrine chrétienne, de lui témoigner le respect qui est dû aux acquisitions rares de l'esprit humain; l'hellénisme est, au fond, considéré comme un stage préparatoire, mais nécessaire, de l'esprit, qui par ses propres ressources et ses lumières sut monter jusqu'à la vérité; il n'en a atteint que des germes mais combien précieux! Ils prouvent aux chrétiens eux-mêmes qu'ils sont dans la bonne voie. Cette doctrine de Justin constitue une première synthèse de la pensée chrétienne dans son effort pour concilier l'esprit humain avec le don et la grâce de Dieu.

L'homme a commencé par ses propres lumières naturelles à s'acheminer vers la vérité, mais son effort ne trouve son intégration que dans la révélation divine. Il y a dans cette synthèse la part de la voix de Dieu, qui fonde et sauve l'homme; celle-ci représente la substance et l'esprit du christianisme.

La connaissance, la contemplation de l'ἀγαθόν, de l'idée du bien, est la suprême leçon selon Platon; un état contemplatif est le terme de l'ascension par laquelle l'œil de l'âme trouve la place propre à son fonctionnement, voire à la contemplation des idées; la dialectique, toujours d'après Platon, ne donne pas à l'âme la vue, l'aptitude à voir, elle l'oriente seulement vers les idées, de façon à les voir. Nous retrouvons tout entier dans le christianisme, depuis Clément d'Alexandrie, cet élan contemplatif du platonisme, mais avec un fond nouveau qui confère, dès le début, à la pensée chrétienne une teinte profondément existentialiste, car le propre du christianisme est le salut de l'homme; il est vrai que ce salut s'effectue encore au moyen d'une connaissance, la connaissance de Dieu, qui prescrit à l'homme la norme de sa vie; mais la connaissance, cette fois, n'est plus une œuvre humaine. L'homme l'acquiert en prêtant foi à la vérité révélée. Et cette vérité, aux termes de l'Évangile même, brave la raison humaine. Pour y parvenir, pour la saisir et s'y attacher, l'homme n'a que la foi pour secours; seule la foi en Dieu le rend capable de dépasser sa raison et son intelligence, de se dépasser, afin d'entendre, d'une manière aussi pleine que possible, la voix de Dieu, sa volonté. Au terme de cette conversion, c'est la déification qui l'attend; l'homme sera déifié, autant qu'il est permis à sa nature, laquelle est à l'image et à la ressemblance de Dieu.

La bonne parole, la bonne nouvelle de l'Évangile se résume, en effet, en un appel qui demande à l'homme de se rénover. Comment se rénoverait-il? Sa rénovation présuppose une conversion totale. Non plus celle que demandait le platonisme, c'est-à-dire le fondement des critères de la connaissance dans l'abstrait, dans l'intelligible; cette démarche est une ascension qui, même quand elle atteint sa fin suprême, la connaissance du bien, de l'ἀγαθόν, et fonde en lui la conduite de l'homme et l'ordre de l'univers, ne laisse pas d'être faite par l'homme en tant qu'homme. Avec la pensée grecque, si objective soit-elle, c'est l'homme qui reste toujours, au fond, la mesure de toute chose et de lui-même. Vue de ce biais, la raison humaine engage l'homme dans une impasse.

L'homme est forcé de vivre au-dedans de sa nature; la raison est, pour lui, un guide qui l'aide à saisir et à accomplir sa nature. Même dans sa forme la plus élevée et la plus abstraite, la pensée contemplative de Platon, la raison humaine ne trouve pas en elle-même une base rationnelle qui permette à l'homme de sortir de cette impasse, de se dépasser. Or le christianisme juge ce dépassement indispensable, condition *sine qua non* du salut de l'homme. L'âme humaine ressent, en effet, d'une manière intense et impérieuse, et parce que l'homme est un être métaphysique, l'élan vers l'au-delà, vers une extrême et complète spiritualisation. Nous en trouvons une preuve saisissante dans les mythes philosophiques des dialogues de Platon. La recherche objective et rationnelle, en même temps qu'elle nourrit l'âme de vérité, l'assoiffe; plus elle la nourrit, plus elle la laisse altérée, parce que cette même recherche dialectique ouvre des horizons si vastes que la raison, à elle seule, ne peut pas les embrasser. C'est alors que Platon conduit l'âme à la pâture des mythes.

Ce qui est considéré comme accessoire chez Platon, devient primordial et fondamental dans le christianisme. On ne le présente plus à l'âme sous forme de mythe, mais sous forme de parole de Dieu; c'est la vérité révélée et intégrale qui embrasse tout et désaltère les aspirations les plus profondes de l'âme. Mais cette vérité ne s'adresse plus à la raison pour sa consécration et son acceptation; elle s'adresse à une autre précieuse force de l'âme, la force de croire, la foi, qui répond mieux que la raison à l'aspiration profonde de l'être de persévérer dans son être. C'est par la foi que l'homme réussit à se dépasser et à se mettre sous la tutelle de Dieu qui est esprit. La foi, en même temps qu'elle commande la contemplation qui mène l'âme au monde de l'au-delà, préside à l'acte, d'une manière beaucoup plus effective que la raison qui n'en donne que les moyens. Il est facile, selon ce qui précède, de comprendre pourquoi la place de la connaissance de l'être, qui avait le primat dans la pensée grecque, est prise dans le christianisme par l'idée du salut de l'être, de l'homme en particulier, et quels sont l'importance et le sens de ce changement. Il va sans dire que le salut de l'homme présuppose une prise de conscience de son être; plus encore, il présuppose que l'être humain a sa part divine en quelque sorte, que l'on doit découvrir au-dedans de soi et diriger de manière à devenir digne de la grâce de Dieu qui sauve. Sur ce problème capital, l'anthropologie chrétienne se base sur la solution donnée par l'Ancien

Testament, à savoir que l'homme fut créé à l'image de
Dieu et à sa ressemblance. Mais si le salut demande comme
point de départ un acte de connaissance, la prise de
conscience, ce n'est pas la connaissance qui sauve l'homme,
car elle n'a pas la force de déterminer l'acte; quoi qu'en
aient dit Socrate et Platon et les autres moralistes grecs, il
n'a pas été prouvé que la vertu est une connaissance.
C'est la foi, affirme le christianisme, qui sauve; car c'est
elle qui, en même temps qu'elle satisfait l'élan vers
l'absolu, détermine la volonté qui préside à l'acte. Les
chrétiens voient dans la foi la seule manière de connaître
à fond; la foi est la seule méthode permettant de trouver
les vérités premières. Ce n'est pas, disent-ils, la foi qui est
irrationnelle; irrationnelle est la raison, quand elle ne se
fonde pas sur la foi. Sous forme de paradoxe les chrétiens
avancent ici une pensée on ne peut plus profonde. Il n'y a
pas seulement, dans ces assises métaphysiques du christianisme, une nouvelle théorie de la connaissance, mais
une nouvelle théorie des valeurs en général, avec une
hiérarchie différente qui suppose une anthropologie
différente, laquelle à son tour découle d'une nouvelle
conception de Dieu. Que les chrétiens méprisent ou non
les connaissances humaines — les deux tendances se
font jour en Orient grec comme en Occident latin — la
seule science qui vaut pour eux, est celle qui connaît Dieu
et que Dieu communique.

Quoique si nettement opposées, la pensée grecque et la
pensée chrétienne présentent cependant d'étroites affinités, qui ont permis à Clément d'Alexandrie de considérer
la philosophie grecque comme une source féconde du
christianisme, un de ses Anciens Testaments, et ont rendu
possible leur collaboration et leur synthèse. Notons tout
d'abord que si elles diffèrent, en ce qui est le but suprême
— d'un côté connaissance de l'être, de l'autre salut de
l'être — l'une et l'autre poursuivent la vérité avec la
même ardeur; les apologètes et les Pères des premiers
siècles appellent la doctrine et la vie chrétiennes vraie
philosophie. Que si la vérité est acquise par un processus
qui semble, au premier abord, diamétralement opposé
— recherche méthodique et ascension dialectique d'une
part, révélation de la vérité et acceptation par la foi d'autre
part — la distance diminue et l'opposition s'affaiblit
quand nous examinons de près le sens que les chrétiens

donnent à la notion de foi. Il ne s'agit pas naturellement d'une foi aveugle; l'homme étant, selon le christianisme, un être rationnel et libre, la foi est un acte plein de raison, un acte qui remplit l'âme de lumière; par la foi l'âme ouvre sa porte à la lumière et la laisse pénétrer, illuminer les ténèbres et s'identifier à cette autre lumière qui jaillit de l'*homo interior*. La foi en la vérité révélée présuppose que l'âme a déjà résolu par l'affirmative le problème de l'existence de Dieu. Et ce Dieu qui dicte la vérité à l'esprit humain est un être tout esprit, tout lumière, il est la vérité même, il est le seul qui existe (ὁ ὤν).

Vers Dieu qui est un, qui est intelligence et vérité, la pensée grecque s'acheminait déjà depuis Platon; elle était donc suffisamment préparée à saisir la doctrine chrétienne et travailler au développement de sa théologie. Le propre de la vérité révélée, qui est la vérité intégrale, est, comme nous l'avons déjà dit, de braver la raison humaine, parce que cette vérité est la Parole et la Sagesse de Dieu, et que Dieu est dans sa substance l'incompréhensible, l'ineffable. L'étroitesse du rationalisme empêche communément de voir la profondeur de cette thèse. On l'accuse de constituer un abandon de la faculté de connaître, de la raison, qui est libre et autonome; elle doit, en effet, l'être pour produire un travail utile. Mais on ne se rend pas compte qu'en réalité, de tout temps, la raison humaine se base sur des vérités premières, qu'elle ne peut pas prouver; qu'à côté de sa faculté apodictique, qu'est la raison, l'esprit dispose d'une autre faculté plus profonde, la faculté intuitive. C'est à cette faculté intuitive de l'esprit que le christianisme donne au fond et d'une manière globale la dénomination de foi. Ce qui est saisi par intuition, étant premier, n'a pas, de l'aveu même d'Aristote, besoin d'être prouvé, ne peut même pas être prouvé.

Or l'ineffable et l'incompréhensible, est ce qu'on saisit par intuition, ce qu'on accepte comme fondement de sa pensée, ce sans quoi on ne peut pas penser, et pourtant ce qu'on ne peut pas prouver par des arguments rationnels. Nous l'acceptons justement parce que nous sentons, en même temps que sa présence, qu'il dépasse notre raison. Point de départ de notre pensée et terme désiré, mais inaccessible, la notion d'ineffable, familière à la pensée grecque depuis Platon, prend un nouveau sens métaphysique et mystique dans la théologie chrétienne et stimule l'esprit dans son effort pour saisir l'insaisissable. Parce que justement le christianisme voit la foi comme un acte tout spirituel, il ne défend pas au fidèle de l'expliciter. Bien au contraire, il l'y appelle. Si le fidèle veut être et rester fidèle, il ne mettra jamais en doute les vérités révélées. Mais pour ce faire, il est de son devoir de saisir, autant qu'il le peut, le sens, le contenu de ces vérités; il mettra donc au travail son esprit, sa raison surtout, pour mener à bien cette œuvre si difficile, d'expliciter à soi-même et aux autres les vérités révélées, de les bien interpréter.

Le fruit de ce travail qui se poursuit encore de nos jours, est le développement de la théologie, ou mieux de la philosophie chrétienne, dont l'objet est de scruter inlassablement et d'approfondir l'esprit du christianisme. C'est dans cette œuvre surtout que l'on voit d'une manière claire la part féconde de l'apport de la philosophie grecque. Car si le Nouveau Testament a offert le corps des vérités révélées, la philosophie grecque a été le riche arsenal où les Pères de l'Église ont puisé des thèses et des méthodes, des armes précieuses pour le développement et l'interprétation systématique de ce corps de vérités. Cet échange, bien entendu, n'alla pas sans une certaine christianisation des thèses et des méthodes grecques, et sans une certaine hellénisation de l'esprit chrétien.

C'est parce que, en dépit de différences essentielles, la pensée chrétienne découvre des affinités substantielles qui la lient à la philosophie païenne qu'elle fait siennes des thèses grecques, qu'elle se permet de compléter certains mouvements, qui avaient été seulement esquissés par la pensée grecque, et d'utiliser ses méthodes pour son propre développement. Quoi qu'il en soit, cet événement, la rencontre et la collaboration de la philosophie grecque avec la doctrine chrétienne, est capital pour l'humanité occidentale. Il inaugure, sur le plan de la métaphysique, la synthèse de ces deux grandes voies, la voie grecque et la voie chrétienne, qui s'est poursuivie jusqu'à nos jours et constitue la substance de notre civilisation.

LA PENSÉE GRECQUE CHRÉTIENNE

Jusqu'à la fin du IIe siècle, le grec fut la langue non seulement du Nouveau Testament mais de tous les écrits de la littérature chrétienne. Ces deux siècles constituent la période où les apôtres, les apologètes et les premiers Pères s'efforcent de fonder l'esprit du christianisme sur une base commune, œcuménique, une et la même pour tous. Cet effort se poursuivit avec la même ardeur au cours des siècles suivants; mais, comme tous les auteurs ne se servent plus de la même langue — outre la littérature latine, une littérature chrétienne des Arméniens, des Égyptiens (les coptes), des Syriens et d'autres commence à se développer — et n'appartiennent pas au même peuple, des nuances, des traits révélant des vues différentes sur certains problèmes essentiels s'accentuent de plus en plus. Ces différences, loin de rompre pour le moment l'unité de la tradition et de l'esprit chrétiens, permettent de suivre d'une manière objective, par l'examen de la littérature correspondante, la part de chaque région de la chrétienté dans l'œuvre commune de l'interprétation du dogme, du fondement et du développement de la pensée théologique, bref de l'organisation de la vie chrétienne. C'est dans ce sens que nous entendons par pensée grecque chrétienne celle qui fut développée dans l'Orient grec. Il va sans dire que la pensée que nous appelons pensée grecque byzantine, ou plus simplement pensée byzantine, est la suite immédiate de cette pensée.

Comme ces deux périodes de la pensée grecque ne se distinguent pas par des différences profondes d'orientation, on a généralement recours à l'histoire politique pour en fixer les dates. Ainsi l'on prend pour limite de la première période la date de la fondation de l'empire d'Orient par l'empereur Constantin, au début du IVe siècle, et pour limite de la seconde, le XVe siècle, ou plus exactement la date de la prise de Constantinople par les Turcs (1453).

L'édit de Milan (313) et la conversion de Constantin au christianisme ont créé, en effet, un nouvel état de choses. « Le christianisme et l'hellénisme païen se fondirent peu à peu en une unité et donnèrent naissance à une civilisation christiano-gréco-orientale, qui reçut le nom de byzantine. » (A. Vasiliev, *Histoire de l'Empire byzantin,* I, 52.) D'autre part, à partir de 1453, nous abordons une nouvelle période de l'histoire, de la civilisation et de la pensée grecques, la période néogrecque. Quoique ayant cherché, dans un autre ouvrage, *la Philosophie byzantine*, qui faisait suite à l'*Histoire de la philosophie* d'É. Bréhier, dans l'évolution de la pensée grecque chrétienne, le point marquant sa division en deux périodes, je préfère maintenant, pour l'unité du présent exposé, suivre la division ordinaire.

L'examen de la littérature grecque chrétienne prouve que, dès le début, la part de l'Orient grec dans l'élaboration de la pensée et de l'esprit chrétiens fut sans conteste dominante. Quant aux autres littératures chrétiennes, des traductions des textes grecs leur servent de fondement et constituent le point de départ des mouvements de pensée. Ainsi, parler de la pensée grecque chrétienne dans ses premiers temps, c'est parler de la base commune de tout le christianisme.

LE DANGER DE L'EXCLUSIVISME — JUSTIN

Nous avons remarqué ailleurs qu'un double besoin nécessita, à cette époque, l'exposition et le développement de la pensée chrétienne : il fallait approfondir la foi pour la concevoir, en saisir les vérités et le sens profond, la formuler d'une manière nette, précise, indubitable ; c'est ce besoin qui donna naissance à la théologie chrétienne. Il fallait encore défendre la foi contre les attaques de ses nombreux ennemis, voire de tout le monde civilisé d'alors sauf le petit nombre des chrétiens ; c'est ce besoin qui donna naissance à l'apologétique chrétienne. L'allure militante que cette double nécessité conférait à l'activité spirituelle des chrétiens risqua d'être, par son excès, un danger fatal à son développement. J'entends l'esprit d'exclusivisme, qui ne manqua pas de se manifester à l'intérieur de la communauté chrétienne, esprit qui faisait dénoncer, dans son ensemble, la civilisation païenne et s'obstinait à tenir le fidèle à l'écart, en dehors de la société d'alors, en dehors du passé de l'humanité. Oubliant que l'essentiel était de faire voir le nouvel homme dans la vie qu'il mène, les actes qu'il commet, les pensées qui l'inspirent, ces partisans de l'exclusivisme allaient, sans y penser, faire des chrétiens de farouches dénonciateurs des erreurs et des défauts des autres. Cet esprit de radicalisme présida à la fondation du premier monachisme et gagna la plupart des fidèles.

D'autres, heureusement, choisirent une attitude différente, qui arracha le christianisme à l'isolement et jeta les bases de l'humanisme chrétien. À la question de savoir si tous les hommes qui ont vécu avant Jésus-Christ doivent être considérés comme perdus, comme ennemis de Jésus, ils ne répondirent pas, comme les radicaux, par l'affirmative. Non, répond Justin, dont nous avons précédemment parlé, « ... Socrate et Héraclite, parmi les Grecs, et tous ceux qui ont vécu comme eux, Abraham et Ananias parmi les Barbares, tous ceux qui ont vécu suivant le *logos,* comme ceux qui le suivent aujourd'hui sont des chrétiens... » *(Apologie).* Ce mot de Justin rappelle par le fond celui d'Isocrate, qui reconnaissait comme Grecs ceux qui participaient à la culture grecque.

De même, Justin reconnaît comme chrétiens ceux qui vivent d'après le *logos.* Plus qu'Isocrate, qui parle seulement du présent, Justin remonte dans l'histoire et y trouve des liens solides, qui lient le passé au présent et donnent un sens, une suite, au cheminement de l'humanité vers la vérité. Sa théorie est donc en même temps l'ébauche d'une philosophie de l'histoire, où Justin, en vrai philosophe, se préoccupe seulement du fond, de l'essentiel. C'est parce que les radicaux voient une opposition absolue entre la connaissance rationnelle des Grecs et la vérité révélée, qu'ils condamnent tout le passé de l'humanité. C'est parce que Justin voit, dans la révélation des Écritures, l'intégration d'une autre révélation dont Dieu a gratifié l'homme — celle qu'il appelle naturelle — qu'il ne condamne pas la connaissance rationnelle, mais cherche à établir des relations qui permettent une synthèse, celle de la pensée grecque et de l'esprit chrétien. Par cette solution Justin a, le premier, ouvert les horizons de l'esprit d'humanisme qui caractérise la pensée et la vie chrétiennes.

PRINCIPAUX FOYERS DE LA PENSÉE CHRÉTIENNE

Un siècle plus tard, l'apport de l'école d'Alexandrie sera précieux pour cet esprit d'humanisme. Un des prin-

cipes de cette école, celui de la réduction de la foi à la
connaissance, à l'aide de la philosophie, fait de celle-ci
une propédeutique, une préparation à la connaissance
supérieure qui lui donne son vrai sens. C'est ainsi que,
petit à petit, la science et les connaissances humaines, les
arts en plus, acquièrent droit d'entrée dans la vie et dans
la sagesse chrétiennes. La question, bien entendu, reste
toujours ouverte; car il y aura toujours des partisans de la
tendance opposée, qui visent à maintenir dans un splen-
dide isolement la seule science, celle que Dieu communique, celle qui connaît Dieu, auxquels les autres répon-
dront, à leur tour, par un nouvel effort, présentant une
nouvelle synthèse de la pensée grecque et de la pensée
chrétienne, ou de la science et de la religion, comme on
dit aujourd'hui, et prouvant qu'elles ne sont pas incon-
ciliables.

Antioche, l'Asie Mineure occidentale et Alexandrie
furent les centres les plus notoires de la pensée grecque
chrétienne pendant les trois premiers siècles de notre ère.
C'est là que se sont discutés les grands problèmes que
soulevèrent la lutte contre le paganisme, l'expansion et
l'élaboration de l'esprit chrétien, et c'est là que se sont
formulées les premières solutions fondamentales. Notons,
pour Alexandrie, que cette ville, grand centre de recherche scientifique sous les Ptolémées, devient de plus en
plus, à partir du IIe siècle, un centre de pensées et d'inquiétudes métaphysiques, où se rencontrent, se touchent,
et même fusionnent, d'une part les divers courants de la
pensée grecque, de l'autre, ceux des peuples d'Orient.
Plotin, le fondateur du néoplatonisme, né en Égypte, est
contemporain d'Origène, né en Alexandrie, qui fut le
premier grand philosophe chrétien. Ces deux maîtres se
sont sans doute rencontrés dans les écoles et les bibliothèques d'Alexandrie, ils ont peut-être noué des relations
personnelles, certains même disent que tous deux furent,
pendant un certain temps, disciples de Pantainos. Les
systèmes de pensée philosophique qu'ils nous laissèrent
témoignent à quel point était féconde la vie spirituelle
d'Alexandrie à cette époque, et constituent les deux
grandes synthèses et voies que l'Orient grec put alors
élaborer pour calmer ses inquiétudes métaphysiques.
Quoique divergentes et, sur plus d'un point essentiel,
opposées, ces deux synthèses ont un trait commun; elles

expriment, toutes deux, l'élan de l'homme pour se dépasser ; c'est dans le dépassement de soi que Plotin cherche la perfection, et qu'Origène voit le salut de l'homme. Elles appellent toutes deux à une ascension par une conversion. Mais, suivant Plotin, au sommet de cette ascension, c'est par l'extase que l'intelligence qui s'est convertie communique avec l'Un, qui est Dieu.

Pour sa synthèse, hautement philosophique, Plotin s'inspire d'une géniale interprétation de la pensée de Platon, qu'il trouve le moyen de lier non pas dans l'esprit de l'éclectisme, mais d'une manière substantielle, organique, aux assises métaphysiques d'Aristote et du Portique, aux inquiétudes métaphysiques de son propre temps. C'est en se fondant avant tout sur la tradition philosophique des Hellènes, mais aussi en envisageant l'atmosphère spirituelle, les nouvelles aspirations et les tendances qui résultaient de la fusion des civilisations, qui depuis quelques siècles déjà, s'effectuait sous l'égide de l'hellénisme, que Plotin élabore son système. C'est en Hellène qu'il s'adresse aux Hellènes et au monde hellénisé, et cherche dans le plus grand don que l'Hellade fait au monde, la philosophie, c'est-à-dire l'exercice de l'intelligence, le remède aux nouvelles inquiétudes de l'âme, la voie qui mène à la perfection de l'homme. Mais, indice significatif des temps nouveaux, l'intelligence au moment de conduire l'homme au sommet de son ascension, ayant déjà tout fait pour rendre possible le dernier pas, laisse la place à une force nouvelle, mystique : l'extase.

Il est vrai que le mysticisme de Plotin, comme l'a bien noté Bergson dans *les Deux sources de la morale et de la religion,* reste fidèle à l'intellectualisme grec ; il est tout contemplatif, puisqu'il présuppose que « l'action est un affaiblissement de la contemplation ». Plotin, dit Bergson, « alla jusqu'à l'extase, un état où l'âme se sent ou croit se sentir en présence de Dieu, étant illuminée de sa lumière ; il ne franchit pas cette dernière étape pour arriver au point où, la contemplation venant s'abîmer dans l'action, la volonté humaine se confond avec la volonté divine ». Quoi qu'il en soit, Plotin, cet ennemi si décidé du christianisme, cède ainsi aux exigences de l'esprit de son temps, et, sans y avoir nullement pensé, devient un des fondateurs de la philosophie mystique chrétienne. Immense est, en effet, l'influence que sa pensée exerça sur la substance

mystique de l'esprit chrétien, l'aidant à se connaître, à se
développer, à se systématiser. Le mysticisme absolu, où,
selon le mot de Bergson, la volonté humaine se confond
avec la volonté divine, est le caractère essentiel de la pensée
d'Origène. Ici c'est avec la foi, qui est un acte plein de
mysticité, qu'on entre de plain-pied dans le mysticisme
absolu; la foi, non pas l'intelligence ni la contemplation,
est l'organe de la conversion. Et celle-ci n'est pas le but
final, obtenu par la seule contemplation, mais le point de
départ, ce sans quoi l'ascension n'a pas de sens, ce grâce
à quoi elle prend sa pleine signification. L'âme cherche,
dans la contemplation, l'intelligence de la vérité révélée;
c'est pourquoi son cheminement est interprétatif. Par ces
conceptions, Origène pose les bases de la spiritualité proprement orthodoxe, qui est d'ordre métaphysique. Plotin
interprète Platon, Origène interprète les textes des Testaments. De même que Plotin développe toute la richesse
de sa pensée dans son interprétation de Platon, de même
Origène étale toute celle de son génie dans une laborieuse
interprétation des Écritures. Tous deux sont des interprètes; leur manière et leurs textes sont différents, comme
l'est également le sens de leur contemplation. Celle de
Plotin est intellectuelle. Alors que la contemplation de
l'âme chrétienne, s'effectuant dans un être dont la volonté
s'est déjà confondue avec la volonté divine, n'est pas
séparée de l'action, elle est, au contraire, toute action et en
même temps tout esprit, c'est pourquoi elle est décisive;
elle mène l'âme au salut, alors que la connaissance, à elle
seule, n'y mène pas. Le grand privilège du christianisme,
pense Origène, est que sa doctrine ne sépare pas la théorie
de l'acte.

Nous avons là un autre trait essentiel de la spiritualité
orthodoxe. L'attitude d'Origène présuppose une nouvelle
anthropologie qui pose que l'homme est un être qui croit.
Conception qui confère, tant à la foi qu'à la raison, une
mysticité substantielle et profonde. La foi est mystique,
car, par son acceptation, l'homme se dépasse lui-même,
en tant que raison. Et la raison devient mystique, car elle
sert la foi en s'efforçant de rendre rationnel ce qui, par
principe, est irrationnel, impénétrable, comme étant
supérieur à la raison humaine et la bravant.

C'est à l'intérieur de cette double mysticité que la
grâce divine opère le salut de l'homme et sa divinisation.

Sous l'influence peut-être de la « conflagration univer-selle » des stoïciens, Origène finit par voir l'univers entier dans une marche vers la restitution (apocatastase); le diable même n'en est pas exempté. Sa restitution, dit Origène, est nécessaire, sinon le mal aurait une existence en soi et par soi, ce qui donnerait raison aux manichéens.

LE PROBLÈME DE L'INTERPRÉTATION DES ÉCRITURES

Voyons maintenant sous quelle forme se présente l'interprétation d'Origène. Rappelons d'abord que toute la pensée chrétienne, et pas seulement la sienne, est, par excellence, interprétative. Puisque la raison n'a pas à discuter la Révélation, son objet n'est autre que de parve-nir à son intelligence, à l'interpréter. C'est pourquoi les écrits des Pères de l'Orient grec sont en grande partie des commentaires des Écritures, et ceux qui ne le sont pas par la forme, le sont par le fond, puisque tout mouvement de leur pensée s'accroche aux Écritures et ne vise à être qu'une élaboration, une amplification de leur esprit. Les Pères de l'Église se sont vite aperçus qu'autant ce travail était fondamental, précieux et important, autant il était dur et difficile. L'interprétation est, en effet, un travail qui met en mouvement d'autres facultés d'esprit que la recherche scientifique et demande d'autres manières de procéder. Elle aspire pourtant à être objective au même titre que toute recherche scientifique. Or, dès que les Pères de l'Église se sont permis d'être les interprètes des Écritures, ils se sont trouvés dans une situation déconcertante, du fait que tous ne donnaient pas la même interprétation au même texte, à la même vérité de la doctrine chrétienne. Ils ont pleine conscience de l'iné-puisable richesse de la pensée contenue dans la Révéla-tion et ce qu'ils demandent aux interprètes, c'est de rester dans l'esprit des Écritures, de donner une interprétation chrétienne, d'être, en un mot, orthodoxes, c'est-à-dire de formuler des pensées exactes, droites et correctes. Donc le critère de l'interprétation est un rapport à la Révélation sous l'angle de la droiture.

Ce rapport est la mesure de l'orthodoxie. L'orthodoxie, en même temps qu'elle mesure les opinions formulées, est elle-même mesurée par la Révélation, qui reste la

mesure suprême. C'est à elle qu'on demande toujours la
lumière qui guide, mais c'est elle en même temps qu'on
essaie toujours de saisir et d'interpréter. Le rationaliste ne
se privera pas de dénoncer le cercle vicieux qu'implique
ce processus : c'est parce qu'il voit la forme et ne pénètre
pas jusqu'au fond, jusqu'à la substance de l'esprit du
christianisme, qui apparaît si lumineux justement dans
cette impasse de l'interprétation. Cet esprit veut faire
voir ici, comme partout ailleurs, que la pensée, la raison
humaine, est seulement dans la bonne voie quand elle se
laisse braver. Il prévient donc incessamment l'interprète
de ne pas rabaisser l'esprit du texte, de ne pas chercher à
le comprendre en l'humanisant, mais, bien au contraire,
de suivre dans son interprétation la pente qui mène au
sommet, celle qui permet de pénétrer les obscurités qui
enveloppent la lumière éclatante et surhumaine. Seule
l'interprétation qui n'oublie à aucun moment que le
texte qu'elle interprète est la parole de Dieu, parole ineffable pour l'homme, est fidèle et orthodoxe. Il s'ensuit que
l'interprétation des Écritures a ses propres critères, qu'on
doit respecter pour être dans la bonne voie, pour rester ou
devenir orthodoxe. L'Orient grec, si familiarisé depuis
des siècles avec l'exercice interprétatif, soit dans le
domaine des sciences littéraires, soit dans celui de la
philosophie — notamment la philosophie stoïcienne —
put le premier, dans le monde chrétien, saisir la particularité que présente l'interprétation des Écritures,
envisager et discuter les problèmes qu'elle soulève,
et ériger, par la solution qu'il donna, l'édifice de
l'orthodoxie.

Pour appartenir au domaine de la religion, l'orthodoxie
ne laisse pas d'être aussi une acquisition philosophique,
car elle trouve le moyen de lier la raison humaine au
noyau mystique de la foi, de fournir à la substance mystique de la religion une expression autant que possible
rationnelle et philosophique. Il est évident que ce travail
rentre dans la tradition de la philosophie grecque; aussi
bien n'est-il pas étonnant que les Pères grecs puisent
amplement, dans les philosophes et les savants grecs, le
matériau nécessaire. Il va sans dire qu'il ne s'agit pas de
simples emprunts, d'une reproduction littérale; bien au
contraire, ce matériau est le fruit d'un choix, dont on a
soin qu'il s'accorde avec les assises métaphysiques du

christianisme, et qui prend, dès lors, un nouveau sens :
« La foi, dit Clément d'Alexandrie, est greffée sur l'arbre
de la philosophie, et quand le vaccin est parfait, alors le
bourgeon de la foi se substitue à celui de l'arbre, il grandit
dans l'arbre et fait que celui-ci porte des fruits. » Voici
maintenant un exemple de la manière dont ce même auteur se sert de la philosophie : « Moïse, écrit-il (*Stromates,*
II, 2), convaincu que Dieu ne pourrait jamais être connu
par la sagesse humaine, s'écrie : « Présente-toi à moi ! »
et s'empresse de pénétrer dans l'obscurité d'où venait la
voix divine. »

Nous avons jusqu'ici la description de l'apparition de
Dieu à Moïse dans le buisson qui, bien qu'ardent, ne se
consumait pas. Après quoi Clément se demande ce qu'est
l'obscurité ; pour répondre à cette question, c'est-à-dire
pour interpréter le texte, il a recours au vocabulaire de la
philosophie grecque. « L'obscurité, dit-il, ce sont les
notions impénétrables et informes [dénuées de forme,
ἀειδεῖς] de l'être ; car Dieu, bien entendu, ne se trouve ni
dans l'obscurité, ni en aucun lieu ; il est par-delà le lieu, le
temps et les qualités des êtres. »

Nous pouvons déduire de ce qui précède, que l'interprétation représente l'effort constant pour passer de la
foi à la connaissance, pour donner une structure logique
à ce qui, de par sa nature, est impénétrable. Afin que cette
structure logique soit orthodoxe, il faut saisir la substance
religieuse en toute objectivité. Mais, se demanda-t-on,
cette substance religieuse, où la chercherons-nous ? Dans
l'esprit ou dans la lettre des Écritures ?

Il y eut de fervents partisans, tant de l'un que de
l'autre terme de l'alternative. L'école d'Alexandrie, que,
de simple école catéchétique, Pantainos éleva au rang
d'école de théologie, fut pour la première réponse : c'est
dans l'esprit des Écritures, soutint-elle, qu'on cherchera
la substance religieuse. Ce fut aux successeurs de Pantainos, à Clément et surtout à Origène, d'en fournir les
raisons. Selon Origène, le contenu des Écritures est triple :
charnel, psychique et spirituel. Le premier est le contenu
de la lettre, le second est son contenu moral, à savoir
l'aspect humain ; seul le troisième est mystique et prophétique. Les deux premiers sont faciles à saisir, au troisième
seul l'homme parfait peut parvenir. Il y a, dans cette
théorie, tout l'élan ascensionnel qui caractérise la pensée

théologique chrétienne, l'élan qui pousse l'homme constamment vers la source mystique de la religion, et ne veut pas s'en éloigner.

Si l'école d'Alexandrie, surtout Origène, proclame la liberté d'investigation, la réduction de la foi à la connaissance, à l'aide de la philosophie, ce n'est pas pour humaniser la foi. La liberté d'investigation n'a de sens qu'à l'intérieur de la Révélation; quant à la réduction de la foi à la connaissance, ayant lieu sous l'empire de la source mystique de la religion, elle garde toujours présente à l'esprit la distance qui sépare l'homme de Dieu. Ce ne sera donc pas de la lettre, ni de son contenu moral, en un mot de l'élément grammatico-historique du texte, que nous passerons à son élément spirituel et divin. C'est l'inverse qui aura lieu. En d'autres termes, on saisit d'emblée l'élément spirituel et divin du texte, et par là, c'est-à-dire d'en haut, les autres contenus s'illuminent et prennent tout leur sens. En langage platonicien, tout se passe comme dans la perception des idées, de l'idée du Bien surtout, perception immédiate qui révèle à la raison la substance de l'homme et de l'univers sensible. On n'y arrive pas en procédant par les degrés inférieurs.

Ce n'est pas que l'ascension de l'inférieur à ce qui lui est supérieur soit sans utilité. Elle aide l'âme et l'esprit à se purifier, mais il est impossible d'atteindre le but poursuivi par l'ascension continue, car cette ascension reste extérieure à l'esprit. L'élément spirituel et divin se saisit par lui-même et d'emblée. Cette attitude de l'école d'Alexandrie laisse à la pensée toute latitude de se sentir libre dans son investigation, puisqu'elle pose en somme que la pensée précède les symboles par lesquels elle s'exprime. Ainsi l'esprit, libéré de ses propres cristallisations, est emporté par un élan créateur en une investigation de plus en plus profonde, à l'intérieur de la Révélation. Si, dans sa recherche, il s'éloigne de la lettre du texte, ce n'est que parce qu'il s'approche de la parole de Dieu. C'est ainsi que pour Clément, et surtout pour Origène, l'interprétation des Écritures finit par s'identifier à une philosophie de l'homme et de la religion, à la théologie. C'est ce qui confère à leur œuvre un intérêt philosophique considérable. Il va sans dire que l'interprétation, comme tout travail de pensée, a ses propres méthodes.

Pour l'interprétation ainsi conçue, Origène juge que la

méthode appropriée est la méthode allégorique, vieille
méthode grecque, particulièrement employée par les
stoïciens et incorporée depuis longtemps dans la pensée
des Hébreux hellénisés. Les excès auxquels Origène lui-
même se laissa aller dans l'emploi de l'allégorie provo-
quèrent des critiques ardentes et parfois ironiques. Mais
ses rivaux, contemporains ou même postérieurs à lui, ne
virent, semble-t-il, que les points faibles de cette méthode.
Ils en parlèrent en techniciens, comme d'une méthode
scientifique. Il est certes difficile de soutenir que l'allégorie
soit une méthode scientifique. Mais il ne faut pas oublier
que l'interprétation des Écritures n'est pas un travail
scientifique comme un autre. Le but est de saisir la parole
de Dieu; c'est ce qui réclame un travail plutôt intuitif.

Pour ce travail profondément philosophique, l'allégorie peut être d'un précieux secours puisqu'elle permet
de voir, dans les mots, des symboles, qu'elle aide l'esprit
à dépasser leur contenu humain et à s'élancer vers l'élément divin, vers l'*homo interior*. D'un point de vue créateur, ces Alexandrins n'ont donc pas tort de se servir de
l'allégorie comme d'un instrument d'investigation.

Toutefois l'interprétation a aussi son aspect purement
scientifique, et qui exige que nous restions aussi près que
possible du texte, que nous en saisissions, à l'aide de la
grammaire et de l'histoire, le sens exact. C'est ce qui a
fait qu'un siècle plus tard, vers 260, Lucien d'Antioche,
fondateur de l'école d'Antioche, oppose à l'allégorie la
méthode grammatico-historique, dont Théodore de Mopsueste (350-428), disciple de la même école, élaborera la
méthode critique que l'on suit actuellement. C'est incontestablement un bon instrument scientifique permettant de
rechercher le sens premier et grammatical du texte, de le
restituer, s'il le faut, et d'éliminer les excès de l'allégorie
que les Antiochéens qualifient de contes de bonnes
femmes. Mais après un tel examen, l'essentiel reste à
faire; il s'agit de s'élever au-dessus de la théorie pour
saisir l'élément divin du texte.

C'est ici que les Antiochéens pèchent à leur tour, mais
par excès de rationalisme. En effet, comme le prouvent
leurs écrits, dans la théorie, c'est encore sur l'élément
moral et historique, c'est-à-dire sur le contenu humain
du texte, qu'ils mettent l'accent, transportant à l'intérieur
de la Révélation le rationalisme de leur méthode qui les

empêche de saisir le sens mystique de la religion. Rappelons que cette école d'Antioche compte parmi ses adeptes et disciples la plupart des grands hérétiques, tels Lucien d'Antioche, Arius, Diodore de Tarse, Théodore de Mopsueste, Nestorios, Eunomios. Plus tard Théodoret de Cyr, esprit lucide, tenta une synthèse des deux méthodes et sut éviter les excès aussi bien des allégoristes que des rationalistes.

Nous avons insisté un peu plus sur le problème de l'interprétation des Écritures parce qu'il forme la substance, le nœud de la pensée grecque chrétienne et, par suite, de la pensée chrétienne tout court. Ce problème soulève toutes les graves questions que la pensée chrétienne rencontra et rencontre encore dans son effort pour passer de la foi à l'intelligence de la Révélation, tels l'essence de la foi et de la raison, leurs relations, la nature de Dieu, la nature de l'homme, Dieu et l'homme, l'homme et Dieu, en un mot l'ensemble de la pensée théologique et anthropologique de l'esprit chrétien. Parlant de l'attitude interprétative des deux écoles, nous avons eu l'occasion d'exposer brièvement dans quel esprit la pensée grecque chrétienne, celle d'Origène surtout, s'efforce non seulement de fonder mais aussi d'élever son édifice. C'est cet édifice qu'auront à compléter et à prolonger les siècles qui suivront, plus particulièrement ceux de la pensée grecque byzantine. De nos jours, on a beaucoup discuté sur la question de savoir si ce que nous appelons philosophie chrétienne a une réalité, s'il existe vraiment une telle philosophie. La réponse que nous donne l'histoire est affirmative. Elle nous montre, en effet, qu'un grand nombre d'hommes de génie, tel Origène, quoique partant de la foi, se sont posé des problèmes essentiels; leurs réponses ont nourri et nourrissent encore la pensée philosophique de l'Occident. En dehors de l'intérêt proprement religieux qu'offre la pensée des Pères, elle ne laisse donc pas d'intéresser la philosophie, qui, elle aussi, se pose toujours le problème de l'homme en tant qu'être métaphysique, ou, plus exactement, ne laisse pas d'être une philosophie.

Pour résumer la pensée grecque chrétienne, il apparaît clairement de ce qui précède, que c'est à l'école d'Alexandrie que revient le mérite non seulement d'avoir fondé, mais aussi structuré à peu près définitivement la pensée métaphysique chrétienne. Elle a su sauvegarder la source et la substance mystique de la religion, éliminer tout anthropomorphisme, en gardant toujours présent à l'esprit l'incommensurable distance qui sépare l'homme de Dieu. Elle n'a pas craint cependant de proclamer la liberté de l'investigation à l'intérieur de la Révélation et la réduction de la foi à la connaissance à l'aide de la philosophie; elle a eu recours au rationalisme pour contribuer à formuler le dogme, quoique en lui-même le dogme soit jugé inaccessible. L'orthodoxie devait donc avoir pour souci d'éliminer tout subjectivisme, et d'orienter toujours l'esprit vers la lumière qui jaillit de la source mystique de la vérité.

ORTHODOXES ET HÉRÉTIQUES

L'effort interprétatif et la thèse de l'orthodoxie montrent à quel point le côté spéculatif prédomine dans les travaux de l'Orient grec. Ils n'en sont pas les seuls indices. Ainsi l'apparition précoce des doctrines hérétiques, dont le nombre augmente avec le temps, prouve aussi que cette région reste, au fond, fidèle à sa tradition intellectuelle. Clément d'Alexandrie n'hésite pas à déclarer que si l'on pouvait séparer le savoir du salut éternel et si on lui donnait à choisir entre les deux, il choisirait le savoir et non le salut éternel.

La longue lutte entre orthodoxes et hérétiques révèle, de part et d'autre, une vive curiosité, une logique et une dialectique approfondies, en somme toutes les facultés de l'esprit de recherche, orientées maintenant vers les questions métaphysiques que soulève l'intelligence de la Révélation. De cette lutte, qui présente un vif intérêt philosophique, comme de la substance de ce que représentent l'orthodoxie et les hérésies, nous aurons à parler dans la suite. Contentons-nous pour le moment, et cela pour justifier la désapprobation et la colère des orthodoxes à l'égard des hérétiques, d'expliquer à quel point et pour quelles raisons était déconcertante l'apparition d'hérésies au sein du christianisme. Saint Paul (*Épître aux Corinthiens,* I, 22 sq.) avait posé d'une manière aussi catégorique que possible, que le Christ crucifié que prêchent les chrétiens est scandale pour les juifs, qui demandent des miracles, et folie pour les Grecs, qui demandent la sagesse. D'autre part, la critique que les Pères adressent le plus souvent à la philosophie des païens, c'est que sur chaque question elle n'a pas une seule mais plusieurs réponses, qui s'annulent l'une l'autre. Or l'apparition des doctrines hérétiques ne montre-t-elle pas que la foi chrétienne, la foi dans le Christ surtout, est scandale et folie également pour des personnes qui se croyaient ses adeptes, et ne montre-t-elle pas, de plus, que toutes les fois que les chrétiens eux-mêmes veulent passer de la foi à l'intelligence du dogme, ils trouvent devant eux la raison humaine, cette même raison qu'ils veulent dépasser et qui les pousse dans les voies de la philosophie humaine, laquelle a des réponses et non pas une réponse, toujours la même ?

Voilà pourquoi les orthodoxes ont donné à leur lutte l'air dramatique, souvent même tragique, que nous savons. D'autres, tel Tertullien en Occident, condamneront d'une manière absolue la philosophie et le philosophe. « Il n'y a rien, dit Tertullien, de commun entre le philosophe et le chrétien, le disciple de la Grèce et le ciel, entre Athènes et Jérusalem, l'Académie et l'Église. » « Les philosophes, poursuit-il, sont les patriarches des hérétiques... » « En delà de la simple foi, tout est, ajoute-t-il, source de toute hérésie, nuisible, diabolique. » (*De praescr. haeretic.*, 7.)

Le partisan de l'isolement guette, comme nous le voyons, prêt à renverser l'édifice de l'humanisme chrétien. Le mérite des Pères est justement qu'ils ont su se faire aider de la philosophie pour approfondir la substance mystique de leur foi, sans pour cela être hérétiques.

LA PENSÉE GRECQUE BYZANTINE

CONSIDÉRATIONS GÉNÉRALES

La pensée byzantine couvre une durée de douze siècles. On reprochait naguère à la civilisation byzantine d'être statique, monotone, et par là sans intérêt particulier. Des études plus poussées, qui se multiplient de plus en plus dans tous les domaines de cette civilisation, montrent qu'on s'était mépris; au lieu de statique, elle apparaît en mouvement continuel de formation et de reformation ; au lieu de monotone, elle se laisse voir riche en variations et nuances. Cela vaut aussi pour sa pensée, qui est en mouvement ininterrompu. Il y a, dans l'Orient grec, non pas des siècles de silence, mais une longue série de petits ou grands maîtres — Pères ou simples anachorètes, ou savants du siècle — des centres florissants de vie spirituelle, des universités, qui se succèdent sans interruption et se distinguent par la même soif de réalisations spirituelles : ce sont là des faits qui ont donné au mouvement philosophique de Byzance une extrême complexité.

L'ampleur de son rayonnement est un témoin de plus de sa vitalité. Longtemps on loua Byzance pour le seul fait d'avoir conservé les richesses de l'hellénisme qui, « au moment voulu, à partir du XIIIe et surtout du XVe siècle, serviront à alimenter la pensée de l'Occident » (préface d'É. Bréhier à *la Philosophie byzantine,* de B. Tatakis). Mais celui qui sait garder les textes classiques, le fait parce qu'il estime trouver en eux des trésors qui lui sont utiles ; il s'en sert donc, et c'est parce qu'il s'en sert, qu'il les conserve. D'autre part, on ne découvre pas de trésors de ce genre, si l'on n'en possède pas soi-même. C'est la raison pour laquelle les Byzantins ont mis tant de soin à les préserver, et qu'ils les ont transmis aux autres peuples, en même temps que les leurs.

L'étude du rayonnement de la pensée byzantine ne fait que commencer ; nous pouvons quand même suivre cet événement dans ses grandes lignes. Ainsi, au IVe siècle, saint Augustin nous apprend qu'il connaît certaines œuvres de saint Grégoire de Nazianze par les traductions qu'en avait faites Rufin. Il se reporte maintes fois à cet auteur dont l'influence, sur lui, est manifeste. Nul n'ignore que la pensée de saint Augustin exprime essentiellement le mariage heureux de l'esprit chrétien avec le platonisme. Augustin, dit-on, s'est mis à l'œuvre après avoir lu Plotin en traduction latine. Or ce même fait, nous le rencontrons déjà, presque avec le même esprit et la même direction, dans l'œuvre des trois Pères cappadociens, saint Basile, saint Grégoire de Nazianze et saint Grégoire de Nysse, si bien que l'examen de l'œuvre de saint Augustin dans ses rapports avec celle des Pères cappadociens peut être fécond en résultats.

Saint Jérôme, au même siècle, auditeur de la prédication de Grégoire de Nazianze à Constantinople, se reconnaît comme son élève et déclare que les Latins n'ont pas son pareil. Nous retrouvons plus tard des vestiges de la pensée de Grégoire jusque chez saint Thomas d'Aquin, à travers Scot Érigène. Plus grande apparaît l'influence qu'exerça sur l'Occident latin la pensée de saint Grégoire de Nysse (R. Leys, *l'Image de Dieu chez saint Grégoire de Nysse;* J. Daniélou, *Platonisme et théologie mystique;* É. Gilson, *la Philosophie du Moyen âge*), surtout sur Scot Érigène. Le même saint Thomas, pour répondre aux averroïstes, refond son propre commentaire sur le *De anima* d'Aristote, en y insérant presque littéralement le commentaire du Byzantin Philopon sur le chapitre de la connaissance du même traité d'Aristote, traduit en latin par Guillaume de Moerbeke, en 1268. Ce commentaire de Philopon était précieux pour saint Thomas, car l'auteur y combat l'interprétation qu'Alexandre d'Aphrodise faisait d'Aristote, interprétation voisine de celle d'Averroës et des averroïstes. Les nombreuses traductions en latin du *De fide orthodoxa* de saint Jean Damascène, montrent que les Occidentaux trouvaient un grand intérêt dans cette première somme systématique de la pensée théologique. Cette œuvre byzantine exerça, en effet, par ses concepts précis, une influence considérable sur le développement de la scolastique occidentale. Le goût de l'intuition métaphysique, manifeste dans l'œuvre de Jean Scot Érigène (ixe siècle) est due à l'influence des Byzantins. Ce même auteur, par ses traductions des ouvrages du Pseudo-Denys et de Maxime le Confesseur, fut le propagateur, en Occident, de la spéculation mystique de Byzance. Scot étant reconnu comme le précurseur des mystiques allemands du xive siècle, nous avons en lui un fil conducteur qui mène de la philosophie mystique byzantine jusqu'à eux. À partir du xie siècle se dessine à Byzance, avec Psellos et ses disciples, un mouvement philosophique qui fait une part de plus en plus large à la sagesse du siècle, encourage la recherche proprement scientifique et s'oriente vers l'autonomie de la pensée philosophique. Ce mouvement finit par trouver en Pléthon (xve siècle) son représentant le plus authentique. La doctrine enseignée par Pléthon lui-même et par ses élèves byzantins, Manuel Chrysoloras et Bessarion, aux Italiens fut à la source du platonisme et de l'humanisme italiens de la Renaissance. Même des écrits sur la spiritualité monastique, de forme plus populaire et pratique, ne furent pas sans exercer leur influence. Telle *l'Échelle spirituelle (Scala Paradisi)* de Jean Climaque (VIᵉ siècle), dont les traductions latines — plus tard on trouve des traductions françaises et espagnoles — prouvent qu'elle était beaucoup lue en Occident.

Nul doute que des études plus poussées montreront que ce mouvement de la pensée byzantine vers l'Occident fut en réalité beaucoup plus riche que nous ne le croyons actuellement, et qu'il ne comprend pas seulement la pensée théologique, mais tous les courants d'idées qui se sont manifestés à Byzance. Photius (IXᵉ siècle) analyse dans ses traités sur les catégories, sur le genre et l'espèce *(Quaestiones amphilochianae),* les apories qui en découlent et s'efforce d'opérer une synthèse des thèses opposées, vivement discutées, de son temps, à Byzance. Ces thèses nous révèlent en leurs adeptes ceux qu'on appellera beaucoup plus tard, en Occident latin, nominalistes et réalistes. On peut donc se demander, à juste titre, si les Occidentaux ignoraient les discussions préalables des Byzantins. Comme le plus souvent, sinon toujours, Byzance devance l'Occident latin dans des mouvements de pensée analogues, l'examen minutieux des relations de ce dernier avec Byzance devient nécessaire si l'on souhaite mieux comprendre l'évolution de sa pensée.

Si riche que soit ce rayonnement de Byzance en Occident, il ne fut pas le seul. Il n'a pas moins d'importance dans les pays arabes. « Sans Byzance, dit Gelzer *(Byzantinische Kulturgeschichte),* les Arabes seraient restés presque des barbares, malgré leurs dons naturels, comme ils l'étaient à l'époque de Mohammed. Mais ils ont trouvé à Antioche, à Alexandrie, à Édesse, des livres grecs. » Suivant la coutume de son temps, c'est à cela que Gelzer limite le rôle de Byzance. Or il n'en est pas ainsi. La source la plus féconde d'où la pensée arabe prit son essor est l'alliance que les néoplatoniciens et les Byzantins, tels Philopon et Jean Damascène, avaient réalisée entre le platonisme et l'aristotélisme. Nous savons maintenant que les Arabes, outre les textes néoplatoniciens, possédaient des traductions d'œuvres de ces deux Byzantins. Notons aussi que Jean Damascène, originaire de Damas, a passé toute sa vie dans des régions appartenant aux Arabes. Rappelons également qu'au fond de la pensée arabe, on trouve toujours le problème de la conciliation de la foi et de la raison, problème que les Byzantins ont envisagé les premiers; or leurs textes étaient entre les mains des Arabes. Entre Byzantins et Arabes il n'y avait donc pas seulement hostilité; il y avait aussi un fructueux échange d'idées. Les Arabes d'ailleurs ne demandaient pas aux empereurs byzantins seulement des manuscrits grecs; ainsi, le calife al-Ma'mûn prie l'empereur Théophile de permettre à Léon le Mathématicien d'aller enseigner à Bagdad, avec une insistance qui montre, en même temps que le zèle des Arabes pour la science, l'autorité et le prestige de Byzance en matière culturelle.

Mentionnons enfin l'influence la plus forte et la plus profonde, qui s'exerça sur les peuples slaves, que Byzance n'a pas seulement convertis au christianisme; en leur transmettant son esprit et ses lumières, elle leur donna le fondement de leur civilisation, les façonna, et fut en somme, pour eux, la grande initiatrice.

La vitalité d'une civilisation se marque aussi bien par son rayonnement que par sa capacité de recevoir et d'assimiler. Ce mouvement inverse n'est pas étranger à Byzance. Les Byzantins ont étudié avec profit les idées et les sciences des Arabes, des Persans, des Indiens, des Chinois même. De même, à partir du XIVe siècle, la pensée de l'Occident latin commence à pénétrer à Byzance; des Byzantins, tels Démétrios Cydonès, Gennadios Scholarios, le premier patriarche de Constantinople sous les Turcs, et d'autres, se présentent comme des admirateurs de cet Occident — de saint Thomas en particulier, dont ils traduisent certaines œuvres — et se laissent influencer par son mouvement philosophique.

Ce qui précède montre, en même temps que la vitalité de la pensée byzantine, à quel point son étude est nécessaire pour mieux comprendre le cheminement et la formation de la pensée occidentale. Quant à l'évolution de la philosophie byzantine, ses traits caractéristiques et ses articulations nous permettent de la diviser en trois périodes.

Pendant une première période, de presque quatre siècles (IVe-VIIe), l'élan créateur hérité du IIIe siècle se poursuivit, riche en idées orthodoxes ou hérétiques, en divers courants de pensée; arrivé à son apogée, cet élan réussit à donner une expression décisive à l'orthodoxie.

Au cours de la deuxième période, qui comprend trois siècles (VIIIe-Xe), l'effort de recherche dans le domaine métaphysique, poursuivi depuis plusieurs siècles, débouche sur une systématisation qu'on croit définitive, celle que lui a donnée Jean Damascène. Avec elle, la scolastique byzantine connaît son meilleur moment. Cela n'empêche pas qu'à la même époque surgit le mouvement connu sous le nom d'iconoclasme, lequel, par son rationalisme intransigeant, remet en question, sous un autre biais cette fois, le problème de l'orthodoxie. Cette période se termine par l'apparition d'un mouvement humaniste, l'une des réactions que provoqua l'iconoclasme.

Vient ensuite la dernière période qui est la plus longue — elle dure cinq siècles (XIe-XVe) — et la plus riche, tant en mouvements philosophiques qu'en intérêts proprement scientifiques. À partir du XIe siècle, en même temps que se dessine un mouvement vers l'autonomie de la philosophie, qui mène de Psellos à Pléthon, nous avons un nouvel épanouissement de la théologie mystique avec Syméon le Nouveau Théologien. Au XIVe siècle un autre mouvement mystique, l'hésychasme, est l'occasion d'une longue lutte entre rationalistes et mystiques à laquelle succéda la querelle entre admirateurs de Platon et admirateurs d'Aristote. Cette très intéressante querelle se trouvait à son point culminant quand eut lieu la prise de Constantinople par les Turcs. Notons qu'à l'intérieur de chacune de ces périodes nous pouvons aisément distinguer les deux principaux foyers de l'esprit byzantin, toujours les mêmes : les milieux universitaires d'une part, les monastères de l'autre.

PREMIÈRE PÉRIODE DE LA PENSÉE BYZANTINE (IVe-VIIe SIÈCLES)

L'ÉLAN SPÉCULATIF

L'édit de Milan, nous l'avons dit, ouvre une nouvelle période de la vie et de la pensée chrétiennes. Le christianisme, vainqueur dans sa lutte contre le paganisme, scrute ses trésors et s'octroie l'ambition de créer une littérature qui se substituerait à la littérature païenne. Cet effort eut, en effet, pour résultat une riche floraison des lettres chrétiennes au IVe siècle, le siècle d'or de la littérature byzantine. Le paganisme à son tour déploie, à la même époque, un dernier effort sous les continuateurs de Plotin, Jamblique, Simplicius, Proclos, Damascios et d'autres, afin de se maintenir en vie.

Athènes continue d'être avec éclat le plus grand centre païen des études universitaires. Les autres centres encore florissants sont Antioche et Alexandrie; un nouveau foyer apparaît au IVe siècle, Constantinople, où l'empereur Constantin a fondé une université pour les « sciences du dehors ».

L'enseignement de savants remarquables, les sophistes rhéteurs, tel Libanios, a maintenu à la hauteur désirée la réputation de ces centres d'études pendant le IVe et le Ve siècle. De jeunes chrétiens, dont Basile et Grégoire de Nazianze, viennent à Athènes ou dans les autres villes parfaire leurs études; Grégoire gardera jusqu'à la fin de sa vie le bon souvenir d'Athènes et chantera avec reconnaissance son séjour dans cette ville d'or, comme il l'appelle. Mais l'effort du paganisme peu à peu se ralentit et s'affaiblit. Il aura perdu presque toute vitalité quand l'empereur Justinien procédera, en 529, à la fermeture des écoles philosophiques d'Athènes; c'était le coup de grâce, acte hostile au paganisme, mais non pas à l'hellénisme que le christianisme s'assimilait de plus en plus.

Pour ce qui est des foyers spirituels du christianisme, notons qu'Alexandrie et Antioche sont toujours parmi les plus florissants d'esprit chrétien, pendant les deux premiers siècles de cette période. Un nouveau centre très actif, et qui l'emporte sur tous les autres pendant près d'un siècle, le IVe, c'est la Cappadoce, patrie de trois grands Pères (Basile et les deux Grégoire), ainsi que de l'hérésiarque Eunomios. Citons également la ville de Gaza, en Palestine, où, pendant le Ve siècle, se manifestent la pensée et l'humanisme chrétiens. Toutefois c'est Constantinople qui, petit à petit, attire l'intérêt de l'Orient grec, absorbe l'un après l'autre les autres centres et devient, dès le VIe siècle, le grand foyer de l'esprit et de la vie chrétienne, centre unique pour plusieurs siècles, à partir du VIIe, après l'occupation de l'Égypte, de la Syrie et de la Palestine par les Arabes. En même temps des monastères en grand nombre, disséminés dans toutes les régions de l'empire, surtout en Égypte, en Palestine, en Syrie, en Mésopotamie, en Asie Mineure, acquièrent une importance grandissante en tant que foyers de la spiritualité contemplative, grâce à un effort assidu et émouvant pour vivre de la façon la plus belle et la plus parfaite le mystère du christianisme. Ils ont leur mot à dire sur tous les problèmes de la foi, de la vie sociale, souvent même de la vie politique; c'est pourquoi leur contribution à la formation de l'esprit chrétien est considérable.

L'orthodoxie, avons-nous dit, témoigne, à elle seule, à quel point l'aspect spéculatif prédomine dans la pensée de l'Orient grec. Le monde chrétien a pris sur lui de faire, dans le domaine de la vérité révélée, ce que les philosophes s'étaient efforcés de faire dans le domaine de la connaissance autonome. Quand É. Bréhier (préface de *la Philosophie byzantine,* de B. Tatakis) observe que la pensée byzantine a gardé de l'hellénisme « cette intuition du monde qui cherche la place occupée par l'homme dans un ordre universel, dont il est une partie », c'est à cette prédominance qu'il songe. Il faut cependant ajouter que la pensée byzantine ne cherche pas simplement la place occupée par l'homme dans l'ordre universel; elle cherche Dieu, pour saisir la nature que Dieu a conférée à l'homme et le rapport de l'homme avec Dieu. C'est pourquoi son intuition semble très éloignée des conceptions cosmologiques des philosophes, pour qui l'homme, au fond, est un objet. L'accent mis sur la subjectivité, sur les relations personnelles de l'homme — qui est à la recherche de son salut — avec Dieu — qui est une personne autant aimante qu'aimée — n'est donc pas faible en elle. Cette subjectivité, la spiritualité byzantine l'a inlassablement scrutée tant du côté métaphysique que du côté pratique; elle fut le sujet de prédilection de la contemplation des philosophes et de l'ascèse des anachorètes byzantins.

Quoi qu'il en soit, puisqu'on s'était permis de procéder à l'intelligence de la Révélation, il fallait être à même de donner une réponse à toute question. Mais la raison est téméraire; n'importe qui se permettait d'avoir une opinion, de poser n'importe quelle question, de porter son propre jugement sur les choses de la foi, même les plus sublimes, les plus ineffables. L'attachement aux choses de l'esprit était commun à tout le monde byzantin, de l'empereur jusqu'au dernier des paysans. Cet attachement, qui forme la base de la civilisation byzantine, donne une admirable unité à toutes ses manifestations. Or la témérité de la raison a menacé de vider cet attachement de son contenu substantiel, d'en faire une manie, une folie qui se passionne pour des discussions théologiques. « Ces gens, dit Grégoire de Nysse à propos de ces disputeurs qu'il flagelle, ne diffèrent en rien de ces vieux Athéniens qui n'avaient de temps que pour dire ou entendre les nouvelles du jour... »

Voici donc qu'après avoir envisagé les problèmes que souleva l'interprétation des Écritures, il s'agit de résoudre ceux que pose l'élan spéculatif. Il va sans dire que, sur ces problèmes aussi, la réponse orthodoxe sera différente de la réponse hérétique.

L'ATTITUDE DES CAPPADOCIENS

Les trois Cappadociens, saint Basile de Césarée, son frère saint Grégoire de Nysse, et saint Grégoire de Nazianze, le théologien, présentent un intérêt tout particulier pour la compréhension de ce que veut être l'esprit orthodoxe. Leurs études très poussées dans les écoles païennes leur ont permis de profiter, beaucoup plus que leurs devanciers, des trésors de la pensée grecque, et aussi de porter de tels jugements sur la pensée et la civilisation païennes que, depuis lors, cet héritage précieux, s'incorporant de plus en plus amplement à la vie chrétienne, en devient une partie indispensable. Les arguments par lesquels saint Grégoire de Nazianze réfute l'empereur Julien qui avait défendu aux chrétiens d'enseigner les lettres grecques, s'inspirent de l'idée que la culture grecque est un bien commun; personne, conclut-il, n'a le droit d'en priver qui que ce soit.

C'est ainsi [résume-t-il dans l'oraison funèbre de son grand ami saint Basile] que de la culture profane nous avons gardé ce qui est recherche et contemplation du vrai, mais ce qui conduit aux démons, et à l'erreur et à l'abîme de la ruine, nous l'avons écarté. Il n'est pourtant pas jusqu'à ces erreurs mêmes qui ne puissent nous inciter à la piété, en nous faisant comprendre le bien par le contraste du mal, en prêtant leur faiblesse à la force de notre doctrine... Le savoir n'est donc pas à condamner parce qu'il plaît à certains de le dire.

Ces « certains », ajoute-t-il, « sont des ignorants qui veulent, par ce subterfuge, éviter qu'on découvre leur manque de culture ». Ce texte précieux contient l'essentiel de l'attitude envers l'hellénisme, commune aux trois Cappadociens, et de ses critères. Également commune est leur désapprobation de cette même culture pour des raisons qui résultent des critères cités plus haut. Quelle que soit la valeur de la culture païenne, ce n'est pas à elle qu'on ira demander la vérité. « Fausse est, dit Grégoire de Nazianze, la sagesse qui dépend de la raison et charme par l'éloquence. » La sagesse du dehors, ajoute-t-il, « joue les ombres de la vérité dans l'habit et les décors de la philosophie, tandis que la nôtre, quoiqu'elle paraisse humble, est haute dans ce qui est caché et mène à Dieu ». Et, pour conclure : « Le philosophe chrétien se sert de l'habit et du décor des Grecs; quant à la vérité et à la hauteur, c'est à nous qu'il les prend. » Autant dire que les méthodes et l'argumentation de la philosophie du dehors se mettront au service de la vérité révélée.

Pour saisir le fond de leur attitude, il faut se rappeler que leurs contemporains, Aetius et Eunomios, les deux redoutables successeurs d'Arius, aboutirent par la position qu'ils prirent à l'égard de l'hellénisme, à sacrifier la Révélation à leur rationalisme. C'est ainsi qu'Eunomios pose le principe que, puisque Dieu est absolument simple, nous pouvons le connaître aussi parfaitement qu'il nous connaît lui-même. Ce n'est pas dans la vérité révélée qu'il puise la connaissance de cette simplicité absolue de la nature divine; encore moins la déduction, de cette simplicité, de la possibilité de la connaissance parfaite de Dieu. Tout ceci peut être un argument logique, ou encore philosophique, mais il est entièrement en dehors de la Révélation qui, dans la mesure où elle élève l'homme vers Dieu, lui fait voir que Dieu est l'insaisissable. Le chrétien orthodoxe ne verra dans les mots et les termes que des symboles, de simples métaphores. C'est par le moyen d'une symbolique bien élaborée que la spiritualité byzantine croit en général qu'elle atteint la vérité. Le chrétien ne se permettra nullement de se servir, au sujet de Dieu, des mots et des termes dans l'acception qu'ils ont pour la raison humaine, de crainte qu'il ne l'humanise. La place de cette crainte est prise, chez Eunomios et les autres hérétiques, par l'audace. En effet, les hérétiques hellé-

nisent non seulement quant à la forme mais aussi quant
au fond : à la place de la vérité révélée, ils ont mis la
philosophie, puisque c'est à la philosophie qu'ils demandent la vérité. C'est ce retour offensif de la philosophie à
l'intérieur du christianisme que les orthodoxes voient
dans les hérésies, et ils le jugent, avec raison, plus dangereux que le paganisme même et que la philosophie grecque. Car les hérétiques parlent au nom du christianisme,
mais dans un langage qui n'a rien à voir avec lui. L'hérésie, dit saint Grégoire de Nazianze, est un emploi inopportun et irréfléchi de la spéculation.

Eunomios emploie la même méthode pour réfuter le
dogme de la sainte Trinité. Il n'y a, dit-il, qu'un seul et
vrai Dieu, toujours et sous tous les points de vue identique à lui-même. Dieu est le Père, la seule substance en
soi. Eunomios voit une substance différente dans le Fils ;
celle-ci prend son être dans la première, mais vient après
elle, elle est pourtant supérieure à toutes les autres et les
devance. Suivant ce processus, Eunomios définit d'autres
degrés de la substance (Grégoire de Nysse, *Contra
Eunomios*). Le mystère de la sainte Trinité est examiné
dans une relation de cause à effet qui, dans l'esprit du
néoplatonisme, nous donne une série de dégradations de
l'un et de l'être.

Il est clair qu'Eunomios ne voit qu'une question philosophique dans le problème qu'il examine en philosophe,
non en philosophe chrétien. En introduisant dans la
question de la substance de Dieu des graduations du plus
et du moins, au lieu de rester dans le domaine de l'esprit
chrétien, Eunomios se transporte dans le domaine des
cosmologies où règne l'élément quantitatif ; il se sépare
d'une manière abrupte de la substance de la pensée chrétienne, où Dieu est esprit et on le voit soi-même en esprit.
« La substance, répond saint Grégoire de Nysse à Eunomios, n'est pas susceptible de graduations ; elle est ou elle
n'est pas ; il n'y a pas du plus et du moins en ce qui est la
substance. »

Dieu, donc, est ou n'est pas. On accepte son existence,
on y croit, en se fondant sur la Révélation ; après quoi
l'on essaie de comprendre les manifestations de cette
« une et seule substance », voire ses hypostases. Et celles-
ci, comment les comprend-on ? Tous les Pères de
Byzance sont unanimes à déclarer que le plus profond

mystère est celui de la Trinité, et que ce mystère est le nœud, la substance du christianisme. En le pénétrant on est près de Dieu, on saisit en même temps que le mystère du théanthrope (l'homme-Dieu) et celui du Logos (le Verbe), le lien mystérieux qui unit l'homme à Dieu et, illuminé par l'Esprit, on aspire à l'union avec Dieu. En un mot, avec la Trinité on est dans la vraie voie du salut. Nette est la conscience que les Pères ont de tout cela; ils sont au même point conscients des difficultés inextricables que suscite leur doctrine; ils la soutiennent quand même avec tout le zèle du croyant, avec toute la force qu'éveille en eux la conscience de sa valeur. Les trois Cappadociens furent les premiers à organiser toute leur pensée sur la notion de la Trinité.

L'âme [dit Grégoire de Nysse dans un passage important de son oraison catéchétique] acquiert une certaine compréhension de la doctrine au sujet de Dieu, elle ne peut pourtant pas éclaircir par la raison l'ineffable profondeur de ce mystère : de quelle manière, se demande-t-elle, une et la même chose est dénombrable et échappe en même temps au dénombrement; comment se voit-elle séparément et se conçoit-elle en même temps comme unité une; distincte en tant qu'hypostase, mais non divisible en tant que substance; au même moment où l'âme saisit la distinction des hypostases, voilà que l'unité de la nature l'empêche de procéder à une séparation. Mais c'est ainsi que, d'une part le pouvoir de la *monarchie* (de l'unité du principe) ne se scinde pas, se morcelant en des diverses divinités, et que, d'autre part, le dogme judaïque ne se vérifie pas. La vérité marche au travers de ces deux conceptions, tout en abolissant chacune d'elles et tout en acceptant de chacune ce qui est utile. Elle abolit le dogme du judaïsme par l'acceptation du Logos et par la foi en l'Esprit; elle fait disparaître l'erreur du polythéisme au moyen de l'unité de la substance divine, tout en gardant du premier la conception de l'unité de la nature de Dieu et du paganisme la distinction seulement en hypostases.

Voici ce que dit saint Grégoire de Nazianze :

Quoique une et indivisible la substance divine semble être soumise au besoin de la division. Comment verrons-nous cette division? De même que l'âme, qui est une substance intelligible, produit une multitude de concepts, sans être de ce fait divisée, ni appauvrie — elle devient, au contraire, plus riche — et de même que la parole reste inséparable de l'âme qui l'énonce, quoique se trouvant au même moment dans l'âme de ceux qui l'écoutent, espérant, plutôt que la division, leur union avec notre âme, de la même manière nous entendrons que le Fils et le Saint-Esprit ne sont jamais séparés du Père, comme la pensée ne se sépare pas de l'intelligence. Le divin [nous dit-il encore] est la nature première, et immobile, et efficiente; il est par-delà le temps et se tient en ces trois qui sont les plus grands : la cause (le Père), le créateur (le Fils) et celui qui confère la perfection (l'Esprit).

« Si le qualificatif Dieu désignait la personne, dit à son tour saint Grégoire de Nysse, comme nous l'appliquons à trois personnes, nous parlerions nécessairement de trois dieux; mais du moment qu'il désigne la substance, avouant une seule substance à la sainte Trinité, nous ne croyons qu'à un Dieu, puisque de cette une substance un est également le nom, Dieu. »

Il faut nous contenter de ces quelques bribes de la très riche et très féconde pensée que les trois Cappadociens ont développée, essayant d'éclaircir autant que possible la profondeur du mystère de la sainte Trinité, tout en ayant soin de nous mettre sans cesse en garde contre notre raison : en cette matière, dit saint Grégoire de Nysse avec une saisissante pénétration, « la vraie connaissance de ce que l'on cherche consiste au fait de voir en ne voyant pas; car ce que l'on cherche est au-dessus de toute connaissance, enveloppé de l'incompréhensibilité, comme d'une obscurité ».

À l'intérieur de la question de la Trinité l'hypostase du Logos (Verbe, Fils) présente des difficultés particulières, dues au fait de son incarnation. Ce point délicat et substantiel, scandale pour les Hébreux et stupidité pour les philosophes, donna naissance, à l'intérieur même du christianisme, aux plus graves hérésies.

La thèse orthodoxe, basée sur le prologue de l'*Évangile de saint Jean,* accepte que le Logos, intermédiaire entre Dieu et l'homme, est, d'une part, égal et consubstantiel au Père et, d'autre part, homme parfait. « Quand on parle du Verbe, dit saint Basile, ce n'est pas d'un son qui frappe l'air que l'on parle, mais de ce Verbe qui, dès le commen-

cement, était près de Dieu et était Dieu... Sa volonté, son
action sont pleinement conformes à ce que veut le Père,
sans que cela implique une infériorité ou une sujétion...
Quant à sa génération, elle n'est pas le fait de division ou
d'émanation ou de reproduction de la substance du Père ;
elle est une génération inénarrable. » « Ce n'est pas à la
manière de la parole humaine, dit aussi saint Grégoire de
Nysse, qu'il faut concevoir le Verbe. C'est un Verbe
éternellement vivant dans une hypostase et substance ; il
est par lui-même, non parce qu'il participe à la vie. » Il est
facile de voir, dans cette théorie sur la seconde hypostase,
que le Logos, tout en étant par l'incarnation le porte-
parole de Dieu sur terre, est en même temps conçu par la
contemplation comme la raison suprême des choses,
raison qui est la raison même de Dieu.

Il n'y a pas, pour le chrétien orthodoxe, cette bienheureuse contemplation d'idées comme chez Platon ; on
trouve, à sa place, la vue mystique de Dieu qui existe, qui
est « au delà de tout beau, au-dessus du bien », qui est
l'existence par excellence, le sujet primordial. Mais si la
connaissance de la substance de Dieu est inaccessible à
l'homme par la raison et l'intelligence, l'homme n'est pas
sans connaître Dieu ; il le connaît par le sentiment de
présence au-dedans de soi ; présence, dont Dieu gratifie
l'homme. C'est ce sentiment de présence qui constitue le
domaine de la vie mystique du chrétien, la substance de
l'esprit chrétien, ce avec quoi l'on est chrétien, sans quoi
on ne l'est pas. C'est l'attitude qui prédomine dans toute
la spiritualité byzantine. Il y a là l'effort le plus puissant
et le plus philosophique en même temps, par lequel les
Cappadociens — leur pensée à tous trois suit la même
direction — ont su tracer une ligne de démarcation entre
la pensée chrétienne et celle qui ne l'est pas. C'est donc
avec raison que Hans von Balthasar *(Présence et Pensée)*
définit la victoire de saint Basile, qui avait commencé la
lutte contre Eunomios, et de son frère Grégoire de Nysse,
comme la victoire la plus importante de la pensée chrétienne sur le conceptualisme de la philosophie grecque.
D'une part, nous avons le mystère du christianisme, qui se
manifeste par le sentiment de présence au-dedans de nous,
et sur lequel nous édifions notre vie mystique, qui nous
pousse à connaître Dieu comme une personne, à nous
connaître nous-mêmes comme fils de Dieu, doués d'un

esprit à l'image de celui de Dieu et d'une volonté qui veut
nous élever à sa ressemblance, nous faire agir suivant la
volonté divine, et par là nous sauver; d'autre part, nous
avons la connaissance humaine, autonome, fondée sur le
conceptualisme, œuvre de la raison et de l'intelligence.
Cette connaissance est, avec raison, jugée par les Pères en
dehors du mystère du christianisme. Est-elle en dehors du
mystère absolument? On ne peut pas répondre aisément
par l'affirmative, quand on pense, à l'exemple de Platon,
qu'au bout de l'ascension dialectique, qui mène d'une
raison à la raison, l'âme voit d'emblée les idées, et que
cette vue intuitive ne laisse pas d'être un mystère à sa
manière. Quoi qu'il en soit, ce qui précède nous laisse
voir qu'un abîme sépare les orthodoxes des hérétiques.
On a souvent dit des hérésies qu'elles constituent une
présentation plus philosophique du dogme. Qu'il y ait,
dans les grandes hérésies, un effort plus accentué et plus
systématique de rationalisation, on ne peut pas le nier, mais
cela ne signifie pas que les hérésies présentent un plus
grand intérêt philosophique. On peut, au contraire, leur
reprocher — c'est ce qu'en effet les orthodoxes n'ont pas
manqué de faire — d'appliquer de vieilles méthodes à
une matière nouvelle, comme l'était la Révélation : au
lieu du chemin de l'esprit, elles prennent celui de la raison.

C'est donc chez les orthodoxes qu'on doit chercher le
nouvel apport, ce qui enrichit l'héritage spirituel de
l'humanité, et le chercher dans leur effort pour rester
fidèles à la source mystique de leur foi, et pour l'explorer
par des moyens propres à sa mysticité. C'est dans cet
effort et avec lui qu'on saisit la profonde différence,
l'opposition même entre esprit et raison; on découvre les
richesses de l'esprit, on se voit esprit, dans un monde spirituel, porté par la grâce du Saint-Esprit aux sublimités
surhumaines. Il y a là la plus nette affirmation de l'idée
que l'homme est un être métaphysique. Nous saisissons
maintenant le sens de la parole de saint Grégoire de Nazianze, selon laquelle l'hérésie est un emploi inopportun et
irréfléchi de la spéculation. À cet emploi les orthodoxes
opposent la saine spéculation. Quelle est-elle? À quelle
compréhension du dogme conduit-elle le fidèle?

Tout d'abord, dit Grégoire de Nazianze, il faut que
nous philosophions « au-dedans de nos propres conditions ». En d'autres termes, la saine contemplation pré-

suppose la foi, elle en est le point de départ. Mais elle présuppose bien d'autres choses encore. « Philosopher au sujet de Dieu, poursuit saint Grégoire, n'est pas l'œuvre du premier venu; plus encore, on ne peut pas toujours le faire, ni philosopher de tout. C'est l'œuvre de quelques-uns, qui peut se faire de temps à autre et arriver jusqu'à un certain point ». Pas le premier venu, mais ceux qui sont purifiés, car « on ne peut pas toucher ce qui est pur, si on n'est pas soi-même pur ». Mot platonicien *(Phédon)*, mais dans l'acception de la purification spirituelle, non intellectuelle. De temps à autre, c'est-à-dire à des moments de loisir, car l'ascension de l'âme vers la contemplation ne porte pas de fruits, si l'on ne s'y consacre sérieusement, libéré de tout soin; quant à la direction de la contemplation, c'est vers les choses qui peuvent être atteintes, qu'on doit l'orienter. Tout être doué de raison, dit Grégoire, sent le désir de Dieu et de la première cause, quoiqu'il ne puisse pas les saisir. Quant à sa nature, à sa substance, Dieu est incompréhensible, insaisissable. L'homme n'arrivera à la compréhension de Dieu qu'au temps de l'apocatastase, quand l'image s'élèvera à l'archétype : « Nous serons alors, dit Grégoire, divins en entier, nous pourrons contenir Dieu en entier et seul Dieu; car ceci est la perfection vers laquelle nous nous empressons. »

Incompréhensible est Dieu, non seulement quant à sa nature, mais aussi quant à ses jugements. « Impossible, ajoute Grégoire, de donner un nom à Dieu; si on pouvait le nommer, cela signifierait que la raison peut saisir sa substance. De tous les prédicats que nous donnons à Dieu, seul le « celui qui est » semble être en quelque sorte un prédicat de substance. Mais Dieu, comprenant tout l'être en lui, est au-dessus même de l'être. » » C'est un message de la substance divine, avait déjà dit saint Basile de Césarée, que de sentir son incompréhensibilité. » Le divin, ajoute encore Grégoire, « est infini; l'infinité est la seule chose que nous pouvons comprendre à son sujet ». Remarquons que l'idée de l'infini, incompréhensible pour la pensée grecque, symbole de désordre, de non-être, devient compréhensible pour la pensée chrétienne, puisqu'il est une qualité spécifique de Dieu, qui est l'être. Saisissable par ce biais, Dieu nous attire vers lui, mais dans une montée qui est sans fin, puisque c'est dans l'infini que nous le cherchons.

De toute façon, et dans le meilleur des cas, l'homme, disent les deux Grégoire, ne voit Dieu que par-derrière, c'est-à-dire par ses œuvres, par ses qualités. Dans plusieurs écrits, surtout dans son traité *De la vie de Moyse,* saint Grégoire de Nysse a développé, avec une étonnante pénétration, les stades et les articulations de cette ascension vers Dieu, devenant ainsi le vrai fondateur de la philosophie mystique du christianisme.

Il est évident que cette théorie de la contemplation fonde toute la théologie et toute l'anthropologie orthodoxes. Elle s'insère dans la vérité révélée; en essayant de comprendre Dieu, elle trouve le moyen de donner expression aux richesses de pensée et de sentiment qu'évoque à l'esprit la foi en la Révélation. En essayant d'obtenir le salut de l'homme, elle pénètre la nature humaine, découvre en elle ce qui la lie à Dieu et assure son existence, voire son immortalité. L'âme, suivant Grégoire de Nysse, est la demeure de Dieu; pareille à une glace, elle reçoit telle quelle la splendeur de la beauté divine. En nous penchant sur l'âme pure, ce n'est pas notre propre image que nous allons y voir, c'est Dieu lui-même. Il ne s'agit pas, cependant, d'une attitude passive : afin d'être éclairée par la lumière du Bien, il faut que l'âme se tourne vers lui, de sa propre initiative. L'essence de l'homme est son libre arbitre. L'homme est libre de se perdre, libre de trouver son salut.

Cette essence fait de l'homme un être dramatique et tragique. Il n'est pas moins dramatique par sa faculté de contempler, puisqu'elle le mène aussi bien à l'erreur qu'à la vérité. Seule la foi peut remédier aux excès et du libre arbitre et de la contemplation. Elle montre que le libre arbitre est sain quand il réussit à identifier sa propre volonté à la volonté divine — il y a ici une autre ascension sans fin — et que la saine contemplation est, comme nous l'avons dit, celle qui a lieu au-dedans de la vérité révélée. Elle s'effectue donc au-dedans de la foi, c'est-à-dire qu'elle est mystique au départ et ne fait que révéler progressivement le fond mystique du christianisme à l'aide de la philosophie et de la dialectique. La contemplation est une voie par laquelle nous gagnons le salut, puisqu'elle nous élève, nous fait voir les choses les plus saintes, en reconduisant l'intelligence vers ce qui lui est proche, le divin. Mais elle n'est pas la seule voie du salut.

Si notre foi, dit Grégoire de Nazianze, ouvrait la voie du salut à un petit nombre seulement, elle serait la plus injuste. Notre foi, au contraire, est la bienfaitrice de tout le monde. Il ne faut donc pas, d'autant plus que la contemplation est une voie qui renferme des dangers, laisser de côté les autres voies, celles de la simple foi, qui nous fait recevoir en nous le Christ et montrer, par nos actes, la puissance de notre amour pour lui. Par l'amour de Dieu nous devenons ses amis et ses fils, non pas ses esclaves. Dieu que le fidèle cherche n'est pas, comme dans le cas de Platon et de Plotin, seulement un objet aimé; il est en même temps une personne aimante, il est l'amateur de celui qui le cherche et l'aime. Tel était le langage nouveau du christianisme.

Dans ce qui précède, nous avons essayé de marquer les traits essentiels de la pensée orthodoxe et de la pensée hérétique, afin d'en saisir la substance et l'intérêt philosophique. Ajoutons que les auteurs auxquels nous nous sommes reporté ne sont pas les seuls; le IVe siècle, très mouvementé, est aussi très riche en personnalités de valeur. Les Cappadociens sont les successeurs de saint Athanase d'Alexandrie, ce grand adversaire d'Arius dans le combat pour l'orthodoxie, et, vers la fin du siècle, ce sera à Cyrille d'Alexandrie et à saint Jean Chrysostome de poursuivre le même combat et de compléter la doctrine orthodoxe sur la sainte Trinité. On pourrait, de même, citer plusieurs noms du côté des hérétiques, celui d'Arius par exemple, d'Apollinaire et d'autres. La production littéraire de presque tous ces auteurs est abondante. La lutte entre orthodoxes et hérétiques se poursuivra pendant plusieurs siècles, ranimée chaque fois que se posera un nouveau problème. L'analyse des thèses « pour » ou « contre » montre qu'indépendamment de leur contenu dogmatique, elles présentent un intérêt philosophique, non seulement par leur argumentation, mais aussi par leur fond métaphysique. C'est au IVe siècle que revient le mérite d'avoir su définir, par sa réfutation des hérésies concernant la sainte Trinité, les traits essentiels de l'esprit de l'orthodoxie; cette synthèse du mystique et du rationnel constitue un apport nouveau et précieux pour la pensée occidentale.

LA MYSTIQUE DU PSEUDO-DENYS ET DE MAXIME

L'œuvre du Pseudo-Denys présente un autre aspect de la synthèse de l'esprit grec et de l'esprit chrétien, d'un intérêt tout particulier. L'auteur nous est inconnu. On suppose que, selon une vieille coutume, afin d'attirer l'attention du public, il publia ses œuvres sous le nom de Denys l'Aréopagite, premier évêque d'Athènes (1er siècle). L'analyse critique des textes prouve que ses écrits datent de la fin du ve siècle. Longue était déjà l'histoire du platonisme chrétien, et assez longue, depuis les deux Grégoire, celle du néoplatonisme. Or, le Pseudo-Denys opère, par ses écrits, une nouvelle assimilation du néoplatonisme. Quel en est l'intérêt ? Alors que le néoplatonisme, ou le platonisme des chrétiens, étaient jusque-là plutôt un phénomène de culture, né de dispositions d'esprit analogues, le Pseudo-Denys élabore une mystique chrétienne fondée sur les thèses plotiniennes qu'il prend soin d'accommoder au dogme chrétien. De plus, l'influence de Proclos, mort en 485, dont il fut peut-être l'élève, est manifeste dans son système. Nous avons donc affaire à une infiltration voulue, méditée et systématique, du néoplatonisme dans la mystique chrétienne. C'est ce qui est explicitement avoué par les sixième et septième lettres du Pseudo-Denys : Le sophiste Apollophane, y est-il dit en substance, m'insulte en m'appelant parricide, parce que j'emploie d'une manière impie les Grecs contre les Grecs. En d'autres termes, parce qu'il se sert du néoplatonisme non pas pour donner raison au paganisme, comme le faisaient les philosophes païens, mais pour fonder le christianisme, c'est-à-dire contre les Grecs. L'union mystique de l'âme avec Dieu, à laquelle aspire la mystique du Pseudo-Denys, s'opère à l'aide des deux hiérarchies, l'une terrestre dont le principe est Jésus, et l'autre céleste. L'auteur décrit en détail les degrés de chaque hiérarchie. Par hiérarchie, il entend « l'ornementation des êtres et leurs relations réciproques ». Le but de la hiérarchie terrestre est, dit-il, d'éveiller dans l'âme la disposition amoureuse pour Dieu et les choses divines; pour y arriver, il faudra aubadonner d'une manière définitive les contraires, afin de connaître les êtres en tant qu'êtres, de voir la vérité sacrée et la science, de participer à la perfection pleine de

Dieu, que confère l'Un, voire participer à l'Un lui-même. C'est là du pur langage néoplatonicien, au service de l'ascension de l'âme chrétienne. D'autre part, ce texte, avec celui de saint Basile précédemment cité, montre que la doctrine de la *docta ignorantia* ne fut pas développée pour la première fois par Nicolas de Cues (xve siècle).

À l'aide de sa structure néoplatonicienne, Denys procède au développement de la théologie, qu'il divise en théologie positive, qui s'occupe des noms et des qualités que nous attribuons à Dieu, et théologie négative, qui montre Dieu au-dessus de l'être et de la connaissance, inaccessible, au delà de toute affirmation, ou négation. En théologien, il se montre élève et continuateur des Cappadociens, surtout de saint Grégoire de Nysse.

L'orthodoxie ne fut pas sans s'inquiéter de la synthèse du Pseudo-Denys. À la place de sa propre intuition de Dieu et du monde, empreinte d'historicité, elle voit un système philosophique qui ne laisse pas assez de place à l'apparition historique de Jésus. Encore une fois, la philosophie menaçait de se substituer au christianisme. Or les orthodoxes ont une profonde conscience que leur foi déborde la philosophie, toute philosophie. Ce fut à Maxime le Confesseur, auteur ascétique, et poète, comme tous les vrais mystiques, premier bon commentateur et adepte du Pseudo-Denys, de parer à ce danger. Il suivit son maître seulement en ce qui concerne l'éloignement de Dieu et le retour, la conversion, l'absorption des créatures en Dieu; il insista particulièrement sur la restitution des créatures. D'autre part, guidé par sa certitude que la substance du christianisme, sa vérité et sa grandeur, était son historicité, il sut faire de nouveau, du Christ de l'Évangile, le centre de tout acte et de toute pensée chrétienne. Dans l'interprétation de Maxime, la mystique chrétienne du Pseudo-Denys voyagea en Occident et devint la source la plus précieuse du mysticisme chrétien; il en est de même de Byzance et des peuples slaves. Les nombreux écrits de Maxime — étonnant polygraphe — lecture favorite des moines, ne cessent, en transmettant leur néoplatonisme christianisé, d'inciter l'âme à scruter plus profondément les voies mystiques.

En Maxime, l'élan contemplatif des deux Grégoire trouve son digne continuateur, et son rénovateur; en effet la contemplation de saint Grégoire de Nazianze

prend souvent une teinte d'amertume et de pessimisme,
tandis que celle de Maxime apparaît toujours pleine de
confiance en la restitution de l'homme. Le surnom de
défenseur, Maxime le doit à sa lutte contre une nouvelle
hérésie christologique, le monothélisme, qui lui coûta la
vie et fit de lui un martyr.

Le monothélisme, descendant de l'arianisme, dans
l'intention de mieux fonder son impeccabilité, voit en
Jésus une seule volonté, la volonté divine. Leur rationalisme empêche de nouveau les hérétiques de voir qu'ils lui
sacrifient la base du christianisme, voire le Christ en tant
que Dieu-homme. Voilà donc remis en question le fond
mystique de l'historicité du christianisme. Maxime défen-
dit, par une riche argumentation, la thèse orthodoxe, qui
voit en Jésus « un Dieu parfait, un homme parfait...
consubstantiel au Père en ce qui est de la divinité, consubstantiel à l'homme, en ce qui est de l'humanité, puisque eut
lieu l'union des deux natures ». Les arguments pour ou
contre le monothélisme découlent de l'attitude que chaque
parti prend vis-à-vis de la question philosophique, qui
consiste à se demander si la volonté et l'opération sont
propres à la nature ou à la personne. Les monothélites
sont pour la personne, puisqu'ils admettent une seule
volonté et une opération en Jésus, qui a deux natures; ils
réduisent ainsi son âme humaine à un simple instrument,
mis en acte par l'impulsion de la divinité. Aucune place,
dans leur doctrine, pour le théanthrope (le Dieu-homme)
Jésus. Maxime, au contraire, puise ses arguments dans le
principe philosophique qui veut que l'opération et la
volonté reviennent à la nature et non à la personne.

LÉONCE DE BYZANCE

Un autre penseur de grande valeur, Léonce de Byzance,
(vers 475-542), dont l'argumentation fut reprise par
Maxime, s'est intéressé tout particulièrement au problème
christologique. Léonce se distingue surtout par la concision, la cohérence et la structure systématique et méthodique de ses recherches; l'élan philosophique ne lui
manque cependant pas. Sa dialectique savante lui permet
de constater que la confusion des hérétiques, leur impossibilité de saisir la nature de Jésus, provient de ce qu'ils
ne se donnent pas la peine d'établir, d'une manière précise

et indubitable, le sens des termes fondamentaux. C'est à quoi procède Léonce, avec une syllogistique dont les qualités font songer à Aristote. Mais, remarque-t-il, définir absolument les termes ne suffit pas; il ne faut pas oublier que tout terme peut être dit, soit absolument, soit relativement. Il faut donc prendre soin de donner au terme employé le sens exact et propre selon le point de vue auquel on se place. Son ouvrage, *Libri tres adversus Nestorianos et Eutychianos,* est un modèle de réfutation méthodique. L'attitude de Léonce est nettement nominaliste.

Notre philosophe fait preuve de la même perspicacité quand il examine l'âme. L'âme, dit-il, est, de par sa nature, susceptible d'affections; elle a des facultés affectives. Ses affections peuvent donc être déterminées, soit par le tempérament du corps auquel elle est unie, soit par les particularités de son entourage physique. Mais, étant donné que l'homme n'est pas simplement un être physique, l'âme peut aussi recevoir des affections divines, dues à sa propre nature. C'est alors que ses appétits et ses tendances sont tendus vers Dieu, pleins d'amour, et l'activité du vouloir marche de pair avec eux, alors que le calcul de la raison reçoit les impressions immatérielles et s'illumine intérieurement par l'opération unificatrice de la pensée. Quand, au contraire, l'âme souille ses facultés, elle se plonge dans le mal et dans l'ignorance. Elle est donc la cause unique de sa dégradation. Quant à l'attitude philosophique de Léonce, nous remarquons que, d'après lui, l'intelligence doit, pour saisir la vérité, s'arrêter aux grandes lignes, ne pas plonger dans l'abîme sans issue des détails; en un mot, elle doit rester philosophique, sinon la pensée se suicide; aux sceptiques, dit Léonce, de faire des subdivisions sans fin. Cette méthode vaut pour ce qui est susceptible d'être connu, non pour saisir l'ineffable et l'incompréhensible. Cela, dit Léonce, est l'œuvre de la foi seule et de la parole divine, qu'on saisit non pas par des mots prononcés, mais par une illumination intérieure à l'intelligence. Intelligence et illumination ont donc chacune leur part dans l'œuvre de la vérité.

QUELQUES AUTRES MOUVEMENTS

En dehors de ces esprits synthétiques, qui s'intéressent à l'ensemble de la problématique chrétienne, il y en a d'autres qui se consacrent à l'étude d'un ou de quelques problèmes seulement. Ainsi Énée de Gaza, dont le dialogue philosophique *Theophrastos* expose la doctrine chrétienne sur l'immortalité de l'âme et la résurrection du corps, et réfute les doctrines qui s'y opposent, telle l'idée platonicienne de la préexistence de l'âme. La littérature chrétienne avait déjà son *Phédon* dans le dialogue de saint Grégoire de Nysse sur *l'Âme et la résurrection*. Énée de Gaza reprend ce thème en le développant plus ample-ment. Examinant les qualités de l'âme, il met l'accent sur le libre arbitre, qu'il caractérise comme le plus grand signe d'immortalité que Dieu nous ait donné. Le libre arbitre, ajoute-t-il, peut faire de l'homme un dieu.

Un autre Gazéen, Zacharie, évêque de Mételin, s'intéresse à la création du monde, dans son dialogue *Ammonios,* où il réfute la thèse d'Ammonios, ou plus exactement la thèse de la philosophie grecque sur l'éter-nité du monde. Saint Basile avait déjà, dans ses discours sur l'*Hexaméron*, mis en lumière les profondes différences entre chrétiens et païens au sujet de la création du monde, et de son créateur. Cette question lui offrit maintes occasions de réfuter plusieurs doctrines philosophiques, notamment celle de Platon sur la matière incréée et sur le Dieu démiurge, qui ne crée pas mais confère simple-ment la forme et l'ordre aux êtres, et de développer la supériorité de la doctrine chrétienne.

La dissension entre les deux mondes sur cette question fondamentale continua jusqu'au VIe siècle. Ainsi, après saint Basile, c'est à Zacharie de réfuter les arguments nouveaux d'Ammonios et de Proclos en faveur de la thèse païenne. Finalement ce sera à Jean Philopon, esprit savant plutôt que philosophe, élève d'Ammonios Her-miae et commentateur d'Aristote, de présenter la plus ample et la plus systématique discussion et réfutation des doctrines païennes, en leur opposant les conceptions chrétiennes. Les deux ouvrages de Philopon concernent respectivement l'éternité du monde et la création du monde. Sans entrer dans le détail des arguments, pour ou contre, de cette intéressante discussion, nous noterons seulement qu'à part l'antithèse du christianisme, qui voit en Dieu une personne, et de la philosophie, qui y voit un principe expliquant la relation de la cause à l'effet, ce débat fournit aux chrétiens l'occasion de rendre manifeste le sens historique que leur conception confère au monde. Le monde, créé *ex nihilo* par Dieu, a une histoire, qui commence à partir de quelque moment et finira à un autre moment. Il y a donc lieu de chercher quel peut être le sens de cette histoire. Par le biais de l'historicité, l'homme est également mis en question.

Pour une autre raison, nous citerons encore Stéphane d'Alexandrie, élève de Philopon, lui aussi savant et commentateur d'Aristote. Il fut appelé par l'empereur Héraclée à Constantinople, pour enseigner au Pandidactirion (l'université) Platon, Aristote, la géométrie, l'arithmétique, la musique et l'astronomie. Ce fait, à lui seul, montre à quel point les éléments les plus nobles de la culture hellénique ne cessent de fusionner avec la tradition intellectuelle de Byzance. Si nous nous rappelons que le dernier paganisme, celui des philosophes, de Proclos et de Jamblique, était nourri de magie et de divination, alors que Philopon, dans *De la création du monde (De opificio mundi)*, rejette, au nom du christianisme, l'astrologie, parce qu'elle abolit tout ce qui découle de la croyance au libre arbitre, nous nous rendons mieux compte qu'à cette époque le christianisme offrait un terrain plus solide, non seulement pour la spéculation, mais aussi pour la recherche scientifique.

LA SPIRITUALITÉ MONASTIQUE

Avant de quitter cette période, il nous reste à dire un mot de la floraison que connut la spiritualité monastique. De veine toute populaire, une longue évolution la conduisit à la systématisation de sa pratique pieuse. L'intérêt qu'offre cet effort est d'ordre plutôt pratique. Il s'agit d'une ascèse permettant de conquérir la vertu et d'atteindre la perfection dès cette vie, des problèmes que soulève ce combat — en effet, le moine se considère comme un athlète — contre soi-même, contre le mal sous toutes ses formes, contre toute tentation; c'est donc la pénétration psychologique, indispensable à la réussite de cette démarche, qui fait l'intérêt de l'abondante littérature qu'elle a suscitée. Tant par ses écrits que par sa vie, saint Basile a grandement contribué à la réglementation de la vie du moine. Au vᵉ siècle, citons un chef-d'œuvre de spiritualité, l'ouvrage de Diadoque de Photiqué, *Cent chapitres sur la perfection;* au vıᵉ siècle, les *Vingt-quatre conférences* de saint Dorothée et, au vıгᵉ siècle, les traités ascétiques de Jean de Carpathos, fruits d'une rare expérience. Mais le chef-d'œuvre de cette littérature est *l'Échelle spirituelle* de Jean Climaque, abbé du Sinaï.

Considérant le monastère comme une école préparatoire à la vie future, Climaque offre au moine un guide pour parvenir à la perfection. Dans sa retraite complète, le moine aura pour compagnon fidèle la méditation assidue de la mort, la séparation de Dieu, de l'être. Les filles de cette méditation, ce sont les vertus, qui aident à persévérer dans l'être, à nous tenir près de Dieu, à nous acheminer vers lui. L'œuvre de Climaque est un fruit précieux de son expérience, car lui-même, comme il est écrit dans le *Ménologe* de l'Église grecque orthodoxe, « a mené la vie du solitaire pendant quarante ans dans un amour ardent, enflammé par le feu de l'amour divin et son chemin n'était que prière incessante, qu'amour inexplicable pour Dieu ».

La spiritualité monastique, jusqu'alors empirique, manifeste, dans l'œuvre d'Élie l'Ecdicos (vıгıᵉ siècle?), un élan spéculatif. « Toute âme brave, dit Ecdicos, doit... garder allumées, toute sa vie durant, deux lampes, celle de l'activité pratique et celle de la spéculation. » Mais, ajoute-t-il, ces deux lampes, sans le concours de la sagesse, ne mènent pas au but poursuivi. Le primat est toutefois donné, par Ecdicos, au spéculatif qui s'élève, par les raisons des choses, aux incorporels, et « c'est alors que le Verbe se laisse voir, le Verbe vers qui toute âme de mérite se hâte de s'évader ». Il y a, dans la pensée d'Ecdicos, un idéalisme d'inspiration nettement platonicienne.

DEUXIÈME PÉRIODE DE LA PENSÉE BYZANTINE
(VIIIᵉ, IXᵉ ET Xᵉ SIÈCLES)

Pendant cette période Byzance eut des moments très difficiles (attaques répétées des Arabes, des Bulgares, des Slaves, etc.; luttes intestines provoquées par le réformisme des empereurs isauriens) auxquels succédèrent le triomphe et la renaissance sous la dynastie macédonienne (ixe-xie siècle). L'orientation de cette renaissance est annoncée par la réorganisation de l'École supérieure de Constantinople par le césar Bardas (ixe siècle) : à l'enseignement du *trivium* et du *quadrivium* vient s'ajouter celui de la philosophie et des auteurs classiques, axé sur une forme d'humanisme. Cet humanisme se signale surtout par des travaux d'érudition, notamment de Photius (ixe siècle) ; le xe siècle est l'époque des encyclopédies, des anthologies et des lexiques, telle la *Souda*. C'est dans le domaine des arts que se manifeste la tendance créatrice de cet humanisme ; l'architecture et la peinture y trouvent leur expression la plus heureuse. Sans rien sacrifier de l'esprit métaphysique de leur art, les Byzantins ont su le marier avec l'idéal grec de l'harmonie. Ainsi donc la synthèse que les théologiens avaient élaborée, de la foi et de la raison, de l'esprit chrétien et de la pensée grecque, qui laissait intacte la source mystique du christianisme, s'élargit en synthèse de ce même esprit et de la foi, alliés à l'idéal grec de l'harmonie. Pendant cette période de gloire, de splendeur et de renaissance, le rayonnement de Byzance est très vif, tant vers l'Occident et les Arabes que vers les peuples slaves. C'est au ixe siècle que Méthode et Cyrille, deux moines grecs de Thessalonique, deviennent les apôtres des Slaves et propagent chez eux le christianisme et la civilisation byzantine.

LE SYSTÈME DE SAINT JEAN DAMASCÈNE

Saint Jean Damascène, originaire de Damas en Syrie, poète et théologien, grand défenseur de l'orthodoxie, surnommé, pour son éloquence, Chrysorrhoas (qui roule de l'or), a passé la plus grande partie de sa vie de moine et de prêtre dans le couvent de Saint-Sabbas, près de Jérusalem. Son œuvre capitale, intitulée *Source de la connaissance,* premier exposé systématique de la théologie chrétienne, est le fruit d'un effort de grande envergure. Venant après tant de théologiens de génie, Damascène sent que le moment est venu d'élaborer une synthèse définitive. Les qualités requises ne lui manquent pas ; il connaît bien les philosophes et la science grecque, et son élan créateur marche de pair avec un esprit de systématisation; c'est pourquoi ses œuvres se distinguent par la profondeur de pensée, par la clarté et la précision, l'amour des distinctions et des divisions, et par l'argumentation méthodique. Damascène veut faire, pour la science sacrée, ce qu'Aristote avait fait pour la science de son temps, c'est-à-dire une synthèse encyclopédique de la totalité du savoir sous le biais du dogme. Son intention est de rendre inutile la philosophie du dehors en lui substituant la théologie. Il va de soi que, dans son encyclopédie, la théologie est reine, et ses servantes sont la philosophie et les autres sciences. On a dit de lui qu'il n'était qu'un compilateur, un simple écho. Il est vrai que Damascène puise abondamment chez les Pères, ou chez les philosophes, souvent même sans nous en avertir, mais son rôle ne s'arrête pas là. Il possède une admirable faculté de synthèse qui lui permet de concentrer, en les unifiant, les voix multiples qui se sont fait entendre au cours des siècles, et de les ordonner de manière systématique; plus encore, en même temps qu'il puise chez les autres, il formule des conceptions personnelles sur tous les grands problèmes, qui font de lui un exégète remarquable. C'est pourquoi l'on reconnaît aujourd'hui qu'avec Damascène la scolastique byzantine trouve son expression la plus parfaite, et l'orthodoxie byzantine sa meilleure interprétation mystique en même temps que rationnelle, voire philosophique. Nous nous bornerons à quelques exemples de structure et de fond, pris à la source de la connaissance, pour en montrer la valeur. Ayant à faire l'exposé de la foi, Damascène se voit obligé de lui donner une longue introduction sur la dialectique, où il traite des formes élémentaires de la raison, de la manière dont on doit en user avec fruit, de la connaissance, de la philosophie, de l'être et plus particulièrement des cinq voix et des catégories. Dans cette dernière partie, nous voyons que si la dialectique est un simple instrument de la raison, le contenu que nous conférons aux termes employés est quand même source de vérité.

En effet, la plupart des Pères de l'Église orthodoxe se sont efforcés dès le début de souligner le nouveau sens qu'il fallait donner à certains termes de la dialectique traditionnelle, ou d'en créer d'autres, afin de ne pas trahir le fond de la doctrine chrétienne. C'est à ce précieux travail que peut se résumer l'apport philosophique de la pensée chrétienne; et c'est dans ce travail qu'ont excellé plusieurs Pères, tels saint Athanase, les trois Cappadociens, saint Cyrille d'Alexandrie, le Pseudo-Denys, Philopon, Léonce de Byzance, Anastase le Sinaïte et Maxime le confesseur, en un mot tous ceux qui ont développé la théorie orthodoxe au sujet de la Trinité, du Logos, du Théanthrope Jésus, de l'Esprit. Contrairement aux philosophes du dehors qui distinguent en général *ousie* (substance) de nature *(φύσις)*, appelant *ousie* l'être absolument et nature l'espèce spécialissime, les Pères posent l'identité de nature, *ousie,* forme, espèce; car être et exister, pensent-ils, sont identiques. C'est ce qui permet à Damascène de poser que l'être se divise en *ousie* (substance) et accident; non pas comme un genre en ses espèces, mais comme *vox aequivoca*. C'est dire que substance et accident sont des prédicats de l'être. Il s'ensuit que l'*ousie* n'est pas simplement l'élément commun qui se retrouve dans les individus — la nature humaine du Christ n'est pas l'*ousie* commune — mais elle possède, en outre, des notes individuantes, sans être pour cela une hypostase. Cela n'empêche pas l'*ousie* d'être commune à toutes les hypostases, qu'elle contient. *Ousie* est donc équivalent à nature, forme, espèce. Il s'ensuit encore que la nature, conçue comme la loi, ou la puissance conférée par le créateur d'après laquelle chaque chose se meut ou ne se meut pas, n'existe pas en elle-même, c'est-à-dire en dehors des individus. Elle peut cependant être saisie par la pensée : nous avons alors l'essence sans l'existence, à laquelle on n'arrive que par l'intervention des accidents. L'individu est donc le vrai réel. Nous nous trouvons ainsi aux antipodes du conceptualisme, puisque nous posons que la personne, l'existence concrète, l'hypostase, est au sommet. C'est l'hypostase qui fait subsister tout le reste, alors que l'élément commun, substance ou nature, ne subsiste que par et dans l'hypostase. Cette position présente de remarquables affinités avec celle que les mégariques, les cyniques et les stoïciens ont opposée à l'idéalisme de Platon et au conceptualisme d'Aristote.

L'attitude de Damascène, nettement nominaliste, fait donc consister la personne dans l'existence même. On voit ainsi d'une manière plus nette chez Damascène, que la notion d'existence est le pivot de la pensée orthodoxe, qui s'efforce non seulement d'en saisir le sens, mais aussi,

et avant tout, de la sauver. C'est pourquoi Damascène
estime que l'angoisse devient, après la chute de l'homme,
une passion constitutive de la nature humaine. Elle
exprime, au fond, le désir naturel d'exister. Il est naturel
qu'un être comme l'homme, tiré du néant à l'existence,
désire persévérer dans l'être, et qu'il craigne la perte,
perte totale dans ce cas, de son existence. C'est cette perte,
dit Damascène, qu'exprime l'angoisse, qui est le sixième
et suprême degré de la peur. L'angoisse, dit-il, est la
peur de la chute de l'existence. Le seul moyen de s'en
délivrer, c'est de se rapprocher autant que possible de
Dieu, qui, étant l'être, comprend en lui la totalité de
l'être. Ainsi se dessine d'une manière nette l'existentia-
lisme inhérent à la doctrine chrétienne, puisqu'elle aspire
au salut de l'existence personnelle de tout fidèle. Dans
tous les ouvrages de Damascène et dans toutes les questions qu'il traite, son argumentation philosophique est
presque toujours serrée, riche, et souvent originale.

Le mouvement connu sous le nom d'iconoclasme est
un mouvement très complexe de réformes et d'innovations que les empereurs isauriens ont voulu réaliser. Le
nom qu'il a pris montre que le culte des images en était
le pivot. C'est la question du culte, en effet, qui provoqua
des luttes intestines pendant plus d'un siècle et divisa le
peuple en deux camps, les iconoclastes, et les iconophiles,
qui se disputèrent la victoire non seulement à coups
d'arguments, qui ne manquent pas d'intérêt philosophique, mais aussi par les armes.

L'ICONOCLASME

Les iconoclastes dénoncent avec indignation les excès
idolâtriques de l'adoration des reliques et des images, et
veulent travailler à une purification du christianisme. Ils
appellent l'art des peintres art maudit, puisqu'il se permet
de représenter le monde surnaturel. Peindre le Christ, dit
l'empereur Constantin V, c'est circonscrire la nature
divine qui est incirconscriptible. Qu'il y ait eu ou non des
influences juives ou musulmanes, comme les iconophiles
l'ont reproché, probablement avec raison, aux iconoclastes, ce n'est pas là l'essentiel de la question. L'essentiel
est que le rationalisme trouve un nouveau moyen de se
retourner contre le mysticisme religieux, de remettre en

question le problème christologique et, cette fois, d'une manière paradoxale, d'attaquer également l'humanisme byzantin; car le culte des images ne laisse pas d'être, au fond, une certaine humanisation du surnaturel.

Saint Germain de Constantinople (633-733), réfutant les iconoclastes, distingue dans le culte, le culte absolu, réservé à Dieu seul, et le culte relatif, celui que reçoivent les images, simple moyen de nous élever à la latrie de Dieu seul. Il fait remarquer, en outre, qu'il ne faut pas conclure, de la similitude des attitudes extérieures que les fidèles, chrétiens ou païens, prennent devant les images, à la similitude du culte. Ce qui importe, c'est le sentiment intérieur qui dicte l'acte que nous accomplissons. De plus, ce n'est pas Dieu que l'on circonscrit par l'image : « Nous retraçons, dit saint Germain, la figure d'homme de Jésus et l'image de sa forme humaine selon la chair, et non de sa divinité incompréhensible et invisible. » Dans le même esprit, Damascène voit le culte des images comme une conséquence naturelle de la christologie orthodoxe et dénonce les iconoclastes comme des monophysites qui, empêchés par leur rationalisme, ne peuvent pas saisir le mystère de Dieu-homme. L'image, ajoute Damascène, n'a pas seulement une valeur pédagogique pour le commun des hommes; elle est une expression symbolique et mystique de l'ineffable, et une voie pour le saisir.

L'iconoclasme a offert l'occasion à un autre réfutateur, Nicéphore, de procéder à une analyse profonde et originale de la notion de tradition. Tout ce qui se fait, dit-il, dans l'Église, est tradition, l'Évangile y compris, puisque Jésus-Christ n'a rien écrit, mais il a déposé sa parole dans les âmes. Comme nous acceptons la parole de l'Évangile, de même nous acceptons les images, qui en sont l'histoire. Ce qui confère, ajoute-t-il, sa force à la tradition, ce n'est que la foi, la base certaine et sûre sur laquelle le chrétien fonde sa vie.

AUTRES MOUVEMENTS DE PENSÉE

Un autre écrit de saint Germain intitulé *Du terme de la vie,* en forme de dialogue entre un rationaliste et un fidèle, a pour but de prouver que la doctrine de la Providence divine ne va pas à l'encontre du libre arbitre de l'homme. La prédestination, dit Germain, est absolue; sans elle on ne peut pas poser l'omniscience divine. Mais cela ne veut pas dire que prescience et prédestination sont identiques. Ce qu'est à l'homme la vue des objets qui sont devant lui, la prescience de l'avenir l'est à Dieu. Il s'ensuit que l'homme, quoique prédestiné, ne cesse pas d'être libre et, par suite, responsable de ses actes. Le criminel n'est pas jugé par rapport à l'issue de ce qu'il a fait et qui est prédestiné, mais par rapport à la disposition dont il a fait preuve en commettant son crime.

La prédestination, dira Jean Damascène, est la sentence éternelle que Dieu a prononcée sur chacun, après avoir consulté sa prescience. Mais si Dieu prévoit, il ne prédétermine pas tout. De même que le médecin n'est pas la cause de la maladie qu'il a prévue, de même Dieu n'est pas la cause de ce qui adviendra; la prescience divine n'est qu'une prédestination antécédente; la cause de ce qui adviendra est notre libre arbitre.

Il nous reste à dire un mot du mouvement proprement humaniste du ixe siècle, précurseur de la renaissance de l'époque des Comnènes. Le césar Bardas, les empereurs Théophile, Léon VI le Sage et Constantin VII ont fait, du palais royal, un centre de savants et d'hommes de lettres, voulant contribuer à la création et au maintien d'une atmosphère intellectuelle. Il y a, parmi ces savants et ces hommes de lettres, des géomètres et des astronomes, des mathématiciens, des grammairiens, des médecins, des théologiens et des philosophes. Les membres de ce cercle cultivent l'esprit grec et manifestent quelques autres préoccupations que nous rencontrons pour la première fois à Byzance, résultats de l'étude des classiques : le sentiment d'appartenir au genre glorieux des Hellènes, et l'intérêt pour la philosophie et la science en tant que telles, et non en tant que servantes de la théologie.

Ce cercle trouva en Photius, savant de grande envergure, esprit universel, son plus grand représentant. En matière de philosophie, à en juger par ceux de ses traités qui nous sont conservés, c'est la dialectique et la logique qui intéressent Photius. Nous nous arrêterons à la solution qu'il propose pour clore les discussions entre les nominalistes et les réalistes de son temps, au sujet du genre et de l'espèce. Après avoir montré les inconvénients auxquels aboutit chacune des deux thèses, il pose que genre et espèce sont corporels sans être des corps; ils désignent la substance des sujets, mais eux ne se désignent pas; ils développent leur substance, mais ne la constituent pas. En éliminant le réalisme et le nominalisme dans leur forme absolue, Photius propose un compromis qui veut sauver l'essentiel des deux.

TROISIÈME PÉRIODE DE LA PENSÉE BYZANTINE
(XIᵉ-XVᵉ SIÈCLES)

Après un dernier éclat sous la dynastie des Comnènes, commence le déclin de l'Empire byzantin, sous les coups des invasions répétées des Croisés et des attaques des Turcs. La vie de l'esprit, au contraire, pendant ces longs siècles où l'Empire s'épuise et meurt, connaît une activité créatrice, qui finalement se manifeste par un mouvement de pleine renaissance dans tous les domaines. Les foyers les plus brillants de cette activité, en dehors de Constantinople, furent la ville de Nicée, où l'empereur Jean Vatatzès (1225-1253) fonda une école de philosophie, après la prise de Constantinople par les Croisés (1204); Trébizonde où les Comnènes fondèrent une académie; Thessalonique et Mistra.

Au XIᵉ siècle eut lieu un événement de la plus grande importance pour la chrétienté, le schisme définitif entre l'Occident latin et l'Orient grec. Nous assistons alors à la division entre catholiques et orthodoxes. L'Église devient désormais de plus en plus nationale.

Le grand idéal de l'orthodoxie, d'être, par sa vérité, le principe de l'unité de tous les chrétiens, se voit démenti par le schisme. Ce sera maintenant à l'amour pour les lettres et l'antiquité classiques, qui de plus en plus s'épanouit et se développe, de donner un nouveau principe d'unité au monde chrétien. Le programme d'études des écoles universitaires de cette époque, à Byzance, nous renseigne bien sur cette évolution. Ainsi, dans l'école de philosophie de Constantinople, au XIᵉ siècle, à l'époque où elle est dirigée par Michel Psellos, les étudiants devaient, avant d'aborder l'étude de la philosophie, suivre des cours de grammaire, au sens large du terme, et de poésie antique. Cet esprit pénétra même dans l'école patriarcale de Constantinople, où l'on enseignait, outre la théologie, la philosophie, les sciences et la littérature ancienne. De même que la pensée théologique, ce nouveau

mouvement n'a pas tardé à se propager dans l'Occident
latin. L'université de Constantinople du XIᵉ siècle a
servi de modèle aux institutions similaires de l'Occident.
De nombreux Occidentaux viennent à Constantinople
étudier non seulement le grec, mais aussi la méthode
et l'esprit de l'humanisme byzantin. D'autre part,
à mesure que nous nous approchons de la chute de
Constantinople, des savants hellénistes byzantins, de plus
en plus nombreux, vont eux-mêmes en Occident enseigner leur science.

LA THÉOLOGIE MYSTIQUE — L'HÉSYCHASME

Le courant de mysticisme spéculatif, poursuivi d'une
manière ininterrompue à travers toute l'époque byzantine, connut un développement particulièrement intense
et revêtit de nouvelles formes pendant cette troisième
période. Ses représentants les plus remarquables sont
Syméon le Nouveau Théologien, Grégoire Palamas et
Nicolas Cabasilas. On considère généralement Syméon
comme le théologien le plus original de Byzance; à juste
titre, et c'est peut-être là ce qu'ont voulu dire ceux qui
l'ont appelé « le nouveau théologien ». Son originalité
apparaît, en effet, dès que l'on examine ce que signifie,
par rapport à lui, le terme de théologien.

Syméon est le fils spirituel de Syméon l'Eulabès, lequel
parlait déjà, comme Paul de Latros, de la vision de la
lumière incréée. S'il est vrai que la théologie orientale est
une théologie de la lumière, ceci vaut surtout pour ces
derniers siècles, où la notion de la vision de la lumière
incréée est au centre de toute la théologie mystique.
Quant à Syméon, toute sa vie, toute son œuvre baignent
dans une vision continue, ininterrompue, de la lumière de
Dieu; il vit et il agit dans une communication incessante
avec Jésus. « Si Jésus, écrit-il, est la lumière de ce monde
et son Dieu, et si nous croyons qu'il ne peut être vu de
personne d'une manière ininterrompue, qui serait alors
plus incroyant que nous? » Nous avons donc affaire à
une théologie toute mystique, qui ne doit rien à la science
humaine — d'après son disciple et biographe Stéthatos,
Syméon était tout à fait ignorant des sciences profanes
(*Vie de Syméon le Nouveau Théologien*) — qui la juge même
nuisible à l'âme, qui ne veut nullement être une spécula-

tion intellectuelle, encore moins une connaissance rationnelle.

La connaissance, suivant la théologie mystique, ne doit
venir que de l'esprit; la science est inspirée, ou elle n'est
pas une science; ce n'est qu'une pseudo-connaissance, la
connaissance qui est fruit de l'étude. Cette théologie ne
s'occupe que de la vie intime du chrétien dans sa relation
immédiate et spirituelle avec Dieu. La communication
avec Dieu est possible, car la nature de l'homme et son
habitus sont altérables. Dès lors, tout fidèle qui reçoit la
grâce divine subit la belle transformation qui fait de lui
un dieu par la grâce. De cette possibilité d'union à Dieu,
qu'il croit commune à tous les chrétiens, Syméon se fait
l'infatigable et fervent prédicateur. Il n'a pas de méthode
à indiquer : selon lui, on y arrive par ses propres moyens;
c'est affaire d'expérience personnelle.

D'autre part, cette ascension vers Dieu n'a pas de
degrés; dès qu'on a reçu la visite du Saint-Esprit, on est
restauré, on subit la bonne altération. La perfection consiste à renoncer à toute connaissance intellectuelle, à
devenir une carte blanche et lisse, apte à recevoir les
apparitions du Saint-Esprit. C'est ainsi qu'on obtient
la mort de l'âme et la mort de l'intelligence; à la place de
l'âme de l'individu qu'on était, on aura maintenant une
âme douée des sens spirituels, capable non plus de raisonner mais de « voir » les raisons ultimes des êtres, les réalités surnaturelles, Dieu : on sera donc dans l'état où l'on
connaît et l'on voit par le fait même que l'on ne connaît
et que l'on ne voit plus. L'amour divin, dit Syméon, est
extatique, c'est-à-dire capable de réaliser le don de soi,
l'abandon. Au moment de l'illumination, Dieu embrasse
le moine, le comble de baisers. Cet amour de Dieu n'est,
bien entendu, que lumière, lumière inabordable. C'est
pourquoi tout ce qu'on voit, qu'on éprouve pendant les
moments de la bienheureuse expérience, est ineffable.
Après cette expérience mystique, l'homme ne revient
cependant pas à son état ordinaire; il se sent sanctifié,
déifié. Seul l'homme qui a joui de la vision de la lumière
divine est capable de théologiser, c'est-à-dire de faire le
récit de ce qu'il a vu à l'aide de la lumière divine, laquelle
nous unit à Dieu. Voilà ce qu'est la théologie, d'après
Syméon : celle où l'on n'est pas guidé par la raison, ou
l'intelligence, mais par les yeux spirituels, que la lumière

divine purifie et ouvre. La grande expérience passée, on
se sent vivre dans une vision constante, qui dure aussi
longtemps qu'on ne s'éloigne pas de Dieu. Et comme
cette vision met en acte toute l'activité de l'âme, elle ne
laisse pas l'homme dans la passivité du pur contemplatif,
mais fait de lui un sujet actif.

Pour la première fois, nous nous trouvons donc en
pleine vie mystique. Mystique, Syméon est aussi un grand
poète : son ouvrage le plus original, *les Amours des hymnes
divines,* est en grande partie composé en vers, et c'est là
une raison de plus pour que sa pensée échappe à toute
systématisation. Elle n'en est pas moins une profonde et
originale présentation de la mystique, cette quatrième
dimension de l'âme humaine. La théologie de Syméon
ne fut pas acceptée sans résistance par l'Église; Syméon
fut d'abord persécuté mais, de son vivant, finalement
jugé orthodoxe.

Il eut, entre autres disciples, Nicétas Stéthatos qui,
quoique fin lettré, n'a confiance ni en la science, ni en la
raison humaine. Persuadé d'être sous la conduite constante du Saint-Esprit, qui fait de lui un authentique
théologien, Stéthatos chante avec ardeur la vertu :
« Chose brûlante, écrit-il, est la vertu, capable d'animer
de son souffle les charbons du désir, et l'âme n'est plus
qu'un feu, capable aussi de donner des ailes à l'intelligence
pour l'enlever loin de la terre, au ciel, et l'homme tout
entier devient Dieu. » Cette vertu est l'impassibilité qui
assure le don de soi, et dont Nicétas expose les différents
degrés, autant de jalons sur le chemin qui mène à la perfection.

Avec Syméon et ses élèves, nous sommes dans le climat
de la pensée théologique qui prédomine pendant ces
derniers siècles. Chez Kallistos Kataphigiotis nous trouvons, au contraire, une fine et pénétrante dialectique qui
rappelle Élie l'Ecdicos et se rattache à l'élan contemplatif
de Denys, des anciens Pères, et même de Platon. Pour
l'homme, fils de Dieu, dit-il, la vie n'est autre chose que
l'acte de l'intelligence. L'intelligence, de par sa nature, se
meut seulement vers celui qui est, en vérité, infini
et indéfini. D'autre part, en tant que créature, l'intelligence aspire au repos, qu'elle ne peut trouver qu'en
Dieu, qui est l'un. Une fois en l'un, l'intelligence
n'a plus besoin de la parole, ni de la raison. Un silence

absolu la couvre : le silence qui exprime son unité.

Constantinople fut le centre de l'activité de Syméon. Les couvents du mont Athos furent le centre du mouvement de l'hésychasme (XIVe siècle). Les moines Nicéphore le Calabrais et Grégoire le Sinaïte importèrent l'hésychie au mont Athos. Ascètes enflammés par un zèle divin, ils suivent la théologie mystique de Syméon. L'union avec Dieu, pensent-ils, est immédiate et non progressive; elle s'effectue quand l'Esprit attire vers lui l'intelligence au fond du cœur, l'étrangle, et, de Babylone, la ramène à Sion. Seule l'opération du cœur, ajoutent-ils, nous mène à la vérité pure; en d'autres termes, c'est le sentiment de la grâce qui mène à la connaissance de la vérité. Mais, alors que Syméon pense que l'union avec Dieu est affaire d'expérience personnelle, Nicéphore et Grégoire procèdent à la détermination détaillée d'une méthode d'oraison, propre à l'hésychaste, qu'ils appellent la méthode scientifique de l'invocation ininterrompue de Jésus.

D'après eux, le moine en prière doit chercher le lieu du cœur, centre de toutes les puissances de l'âme; pour ce faire, il doit fixer son nombril, le menton appuyé sur la poitrine, et ralentir autant que possible sa respiration. Les moines qui persistaient dans ce genre de contemplation disaient qu'il leur arrivait d'apercevoir une grande lumière, qui était la gloire et la lumière incréée de Dieu, comme celle qui éblouit, au mont Thabor, les yeux des apôtres, au moment de la transfiguration du Christ.

Ce qui fait l'intérêt de ce mouvement, c'est le rôle de plus en plus grand attribué au cœur et au sentiment. Mais la méthode que nous venons d'exposer risque d'être une fausse mystique, une matérialisation même de la foi, puisqu'elle fait de l'oraison une mécanique. C'est ce qu'a dénoncé avec indignation, en 1340, le moine grec Barlaam le Calabrais, dans un pamphlet qui ouvrit la querelle hésychaste. Barlaam accuse les hésychastes de croire que la grâce divine est créée et que le divin est saisissable; de prétendre voir, avec des yeux corporels, une lumière divine non créée. Palamas, leur chef, ajoute-t-il, introduit le culte des deux dieux, puisqu'il distingue, dans la sainte Trinité, l'essence divine et la grâce ou opération divine. Comme nous le voyons, la querelle passe vite à la dogmatique. Barlaam, versé dans les deux langues, grecque et latine, est un bon connaisseur de la théologie occi-

dentale qui, avec Planude (XIIIᵉ siècle), avait d'ailleurs
commencé à pénétrer à Byzance. Ainsi quand Barlaam
avance, contre les hésychastes, que l'homme ne peut
d'aucune manière voir l'essence divine, qui est identique
à l'opération divine, et que nous percevons Dieu seulement dans ses manifestations (telle la lumière thaborique)
qui sont créées, il ne fait que s'inspirer de saint Thomas
d'Aquin, d'après lequel il n'y a pas de distinction réelle
entre l'essence divine et son opération. Ce n'est pas tout.
La contemplation du divin, soutient Barlaam, est une
science et une connaissance. Qui a connu, dit-il, la sagesse,
connaît Dieu et reste toujours avec lui nécessairement.
« C'est après avoir étudié Pythagore, Platon, Aristote,
que tu arriveras à la perception de la vérité. » Nous avons
là une attitude qui, commandée par l'humanisme de la
pensée grecque, ne veut se baser sur les arguments de
raison, s'opposant ainsi, d'une manière nette, à l'attitude
orthodoxe qui, de tout temps, aspirait à la synthèse du
mystique et du rationnel. Cette opposition devenait
maintenant plus aiguë, du fait que tous les chefs du parti
antipalamite sauf Grégoras, tels les deux frères Cydonès,
Manuel Calecas, Jean Cyparissiotis et Acindynos, étaient
aussi familiers que Barlaam avec la théologie latine, et
s'étaient déclarés pour l'union des deux églises. S'il en
est ainsi, nous avons dans la querelle hésychaste une
nouvelle forme du débat, si ancien dans l'Église grecque,
entre le mysticisme, tellement en honneur à cette
époque dans tout le monde chrétien, et le rationalisme. (Les mystiques allemands J. Eckhart et le bienheureux Tauler sont contemporains de Palamas et
s'expriment d'une manière analogue à la sienne et à celle
de Cabasilas.)

Nicéphore Grégoras, théologien subtil et fin dialecticien, voit aussi le danger du polythéisme dans la distinction que fait Palamas entre l'essence et l'opération divines.
Il lui reproche de renouveler la théorie platonicienne des
Idées, qui, entre Dieu et le monde créé, place les idées
formes, et oppose à la doctrine hésychaste l'identité, en
Dieu, de l'essence et de l'existence, qu'il croit être la
doctrine traditionnelle orthodoxe.

Ce fut à Grégoire Palamas de défendre le mysticisme.
La plus grande erreur grecque, dit-il, c'est de mettre
l'intelligence en dehors du corps, c'est-à-dire en dehors

du sentiment corporel. Nous autres, ajoute-t-il, nous savons que quand l'intelligence est dans le cœur, elle est dans son organe, dans sa trésorerie; c'est là que nous devons la rassembler, afin de la purifier. Ce n'est pas tout, il faut encore pousser l'intelligence au-dedans d'elle-même; c'est alors qu'elle retrouve sa propre substance, qu'elle peut se dépasser et converser avec Dieu. Seule la contemplation, qui dépasse les facultés intellectuelles, fournit, d'après Palamas, la preuve éclatante et que Dieu existe et qu'il est par-dessus tous les êtres. C'est seulement quand la lumière remplit notre cœur que le vrai homme va à son vrai travail, monte sur les montagnes éternelles, voit l'invisible et, dès lors, entre entièrement dans la région du miracle.

C'est par la grâce divine et non par l'intelligence, comme le veut Barlaam, qu'on arrive à la déification. D'après Palamas, celui qui participe à l'énergie divine « devient lui-même, en quelque sorte, lumière, il voit en pleine conscience ce qui reste caché à ceux qui n'ont pas reçu cette grâce » (Vingt-deux discours). Comment, se demande à son tour Palamas, peut-on concevoir une nature sans opération? L'essence divine, pense-t-il, est une réalité, une, simple, infinie, incompréhensible, transcendante. Mais il y a une infinité d'opérations divines, dont une est la lumière thaborique, et toutes jaillissent de l'essence divine, unies à elle d'une manière indissoluble. Comme nous le voyons, l'hésychasme nous plonge d'emblée dans l'atmosphère de la contemplation intuitive de la théologie mystique.

Le plus grand représentant, au XIVe siècle, de cette théologie est Nicolas Cabasilas. Dans son œuvre (surtout dans l'Interprétation de la liturgie et la Vie en Jésus), on respire la fraîcheur, la simplicité et l'optimisme des temps apostoliques. Pour suivre, dit Cabasilas, la loi de l'esprit, qui est l'amour de Dieu,

il n'est pas besoin de fatigues, ni de dépenses, ni de sueurs... il n'est pas non plus nécessaire que tu abandonnes ton travail, ou que tu te retires dans des endroits solitaires pour y mener un genre de vie étrange et porter un habit étrange. Il n'est pas besoin de faire tout cela. Tu peux rester chez toi et, sans rien perdre de tes biens, te trouver toujours dans la médita-tion de Dieu et de l'homme, dans celle de la parenté de

l'homme avec le divin et dans toute autre méditation de ce
genre...

Il n'est pas possible (ajoute-t-il) que Dieu ne soit pas avec
nous, puisqu'il est plus près de ceux qui l'appellent que ne
l'est leur propre cœur. Il viendra à nous, même si nous
sommes des méchants, car il est bon.

C'est là le nouveau ton, d'une piété tout intériorisée.
Mais Cabasilas, quoique si profondément dans l'esprit
de la théologie de Syméon, trouve le moyen d'opérer une
conciliation entre le mysticisme de la religion et la sagesse
de ce monde. Les saints, dit-il, sont des êtres incomplets :
« Car ils n'ont pas reçu en ce monde un bien humain,
qu'ils pouvaient recevoir, et toute chose qui ne peut pas
être en acte ce qu'elle est en puissance, est imparfaite... »
(*Lettre de Cabasilas à Synadinos,* dans O. Tafrali, *Thessalonique
au XIVe siècle.*) Ainsi Cabasilas, nourri lui-même par la
science — il a commenté le livre III de la *Syntaxe* de
Ptolémée — sut, dans un esprit idéaliste, découvrir
l'homme spirituel, non pas nécessairement dans l'anacho-
rète, mais dans l'excellence de la nature humaine, en
laquelle communie Dieu. C'est là le meilleur aboutissement
d'un mouvement qui, aux premiers siècles de notre ère,
est parti de l'ascétisme du corps.

VERS UNE PHILOSOPHIE AUTONOME

Un autre mouvement, parallèle à la théologie mystique,
s'épanouit en même temps qu'elle à Byzance, dans les
cercles universitaires. Avec Michel Psellos et ses élèves
(XIe et XIIe siècles), commence à se dessiner un mouvement philosophique, qui veut être de plus en plus indépendant, autonome; il dure jusqu'au XVe siècle, préside
à plusieurs courants d'idées et détermine l'éveil de l'esprit
scientifique. Ses derniers représentants sont Gémiste
Pléthon et Bessarion, les deux Byzantins qui ont fait
connaître Platon à l'Italie du XVe siècle et ont beaucoup
contribué à la renaissance de la philosophie platonicienne
en Occident latin. C'est d'ailleurs sous l'influence de
Pléthon que Cosme de Médicis conçut le projet de fonder
son Académie platonicienne.

ÉVEIL DE L'ESPRIT SCIENTIFIQUE

Nous venons de parler d'un éveil de l'esprit scientifique. Pendant ce même temps Byzance connaît, en effet, son plus intéressant mouvement scientifique. Le trait caractéristique de la science byzantine en général, est qu'elle est plutôt philologique qu'originale; elle commente la science grecque et les textes des philosophes pour se les assimiler. Cela ne veut pas dire qu'elle n'augmente en rien le bien scientifique, ni que l'originalité lui fasse entièrement défaut. Les savants byzantins, tout en s'efforçant de saisir, de commenter la science grecque, formulent çà et là des observations, des pensées et même des doctrines personnelles. Notons qu'un grand nombre de leurs traités, en particulier dans le domaine des sciences mathématiques, sont encore inédits. En tout cas, le plus grand mérite de la science byzantine semble être, d'une part, d'avoir cultivé la philologie dans un esprit scientifique — parmi les nombreux commentateurs qui étudient les textes philosophiques et autres, surtout ceux d'Aristote, il suffit de citer Philopon et Psellos, ainsi que Gennadios Scholarios, dont le copieux travail reste toujours utile à l'étude des classiques — et, d'autre part, d'avoir su, pour ce qui est des sciences physiques et mathématiques, se libérer des servitudes (astrologiques et néopythagoriciennes) de l'occultisme, et de s'être formé une saine conception de ce qui fait le fond de l'esprit scientifique. Ces deux points, plus affirmés pendant les cinq derniers siècles byzantins, avec le mouvement philosophique que Psellos inaugure, montrent que Byzance a vécu pendant ce temps, à sa propre manière, sa renaissance.

Ainsi, selon Théodore Mélitiniotis (xiv⁰ siècle), l'auteur du plus volumineux et du plus scientifique ouvrage astronomique de toute l'époque byzantine, la philosophie est le don le plus précieux que Dieu ait fait à l'homme :

Opération bienheureuse de l'intelligence, elle nous élève au-dessus des choses visibles, nous fait communiquer avec les choses de l'Olympe, et, ce qui est le plus important, nous rend capables d'imiter, dans la mesure du possible, Dieu. De la philosophie ainsi conçue, l'astronomie, en dehors de la

théologie, est le meilleur chapitre. Son objet est la seule
prévision des mouvements des corps célestes; toute autre
prévision dont s'honore l'astrologie est vaine.

D'une part, c'est la philosophie qui, loin d'être la
servante de la théologie, l'englobe, ainsi que les autres
sciences, et, d'autre part, nous avons une conception
nettement scientifique de l'astronomie et une nette condamnation de l'astrologie.

Plus explicite est Théodore Métochite, esprit de savant
et de philosophe. Le but des sciences physiques et mathématiques, écrit-il, est la recherche absolument exacte et
l'intelligence de la réalité. Mais les mathématiques sont
supérieures à la physique, parce qu'elles s'occupent de
faits plus précis, et, somme toute, illimités en nombre. De
plus leur objet est une matière qui n'est pas sujette aux
altérations et aux changements.

L'analyse de la notion de nombre l'amène à dire que
chaque nombre est conçu de la même manière par l'intelligence de tous les hommes, quoique désigné par des mots
différents (Théodore Métochite, *Miscellanées*). Le nombre
poursuit-il, dans un esprit pythagoricien, est la nature
primordiale de tous les êtres, le fondement de toute chose
incorporée dans la matière aussi bien que de la science
mathématique elle-même. Et, pour ne laisser aucun doute
sur la pureté scientifique de sa conception, il a soin d'ajouter que les mathématiques sont le produit de l'ultime
abstraction de la matière par l'intelligence. D'autre part,
certaines conceptions de Métochite font de lui un précurseur de l'esprit moderne : en effet, il juge l'utilité pratique des mathématiques, et surtout de la géométrie, égale
à leur valeur théorique. La mécanique doit tous ses progrès à l'arithmétique et à la géométrie, le travail de chaque
partie de la machine étant le résultat de démonstrations
géométriques. Ces démonstrations, auxquelles est due la
sûreté du fonctionnement de la machine, sont des modèles
de la contemplation immatérielle; loin de toute sensation,
la contemplation aboutit par elle-même à des résultats
plus sûrs pour la vie de tous les jours que ceux que nous
procure la sensation.

En somme Métochite ne voit aucun mal dans les applications pratiques des mathématiques : leur valeur théorique
n'en souffre pas, la vie humaine en profite. Ce n'est pas

seulement dans le domaine des mathématiques, mais aussi dans celui de toutes les sciences qui ont attiré leur attention, que les savants byzantins font le plus souvent preuve d'un esprit qui se veut scientifique.

Plus intéressant que le mouvement scientifique est le cheminement de la pensée philosophique vers son autonomie; nous allons essayer d'en retracer ici les grandes lignes.

MICHEL PSELLOS ET SES DISCIPLES

Michel Psellos (1018-1096) offre, à ce point de vue, le plus grand intérêt. Homme de lettres en même temps que savant et philosophe, son érudition étonnante, sa curiosité universelle, sa confiance en la science et en la raison, la hardiesse de sa pensée, un esprit large et ouvert, telles sont les qualités qui ont fait de lui un novateur, considéré comme une des personnalités les plus représentatives de Byzance, ainsi que son plus grand philosophe.

L'humanisme, qui s'était développé à Byzance depuis Photius, facilita son œuvre. Lui-même fut un brillant élève de Jean Mavropous d'Euchaita, excellent mélode, qui, dans une de ses épigrammes, prie Jésus d'épargner ses menaces à Platon et à Plutarque, car tous deux furent tout proches de la loi que lui-même vint prêcher, tant par la pensée que par l'âme.

Psellos sera l'interprète philosophique de cette admiration pour le grand Athénien et pour les Grecs, admiration qui gagnait de plus en plus la société byzantine. Si nous examinons son attitude envers l'héritage grec et envers la doctrine chrétienne, nous trouverons le fond de sa pensée, nous nous approcherons même de sa personnalité. En écrivain, il demande l'harmonie de la forme et du contenu : « Le soin du style, écrit-il, n'est aucunement un obstacle à la vertu. » L'étude assidue et patiente des classiques lui permet de saisir avec justesse le style propre à chacun : « Platon, dit-il, est un être divin, mais il est difficile à imiter; même ce qui chez lui paraît, à cause de sa clarté, facilement accessible, est haut et escarpé. » Mais quoique sa prédilection soit pour « la rhétorique qui plaisait à Platon », ayant puisé à toutes les sources, il se vante de s'être libéré de la vertu et de la forme du style propre à chacun. « Mon discours, dit-il, est orné des qualités de

tous; aussi les qualités particulières de tous s'amalgament
dans une forme. Il en résulte que je suis un, fait de
plusieurs; si quelqu'un lit, en effet, mes livres, il verra
sortir plusieurs hommes d'une seule racine. » Il en est de
même de sa pensée philosophique. Qu'on ne dise pas que
l'originalité est absente d'une telle démarche, car c'est son
universalité qui pousse Psellos à cet effort de synthèse.

Psellos demande, avons-nous dit, l'harmonie de la
forme et du contenu. En d'autres termes, il n'est pas pour
la seule philosophie. Pourtant toutes deux, philosophie et
rhétorique, prises ensemble, ne suffisent pas, selon lui, à
former un homme complet, si la science de la politique
ne s'y ajoute. C'est-à-dire que rhétorique et philosophie
ne sont pas une fin en soi, mais des moyens, des éléments
de la formation de l'homme. Il y a encore un autre degré,
qui est le degré suprême : « Rhéteurs et philosophes, Chaldéens et Égyptiens comparés à l'Écriture sainte, sont ce
qu'est le bronze comparé à l'or. » C'est dans cet esprit
que Psellos ordonna le programme d'études de l'université
de Constantinople, dont il fut le chef pendant plusieurs
années : après le *trivium,* les étudiants passaient au *quadrivium,* qui comprend les sciences énumérées au livre VI
de *la République* de Platon; de là, ils ne passaient pas à la
dialectique comme le voulait Platon, mais à la logique
d'Aristote, pour entrer ensuite dans la philosophie,
conçue comme complément de toutes les sciences. Le
cours de philosophie, dont la matière était empruntée à la
logique et à la physique d'Aristote, avait pour objectif
d'exposer les grandes lignes de la pensée philosophique;
il s'agissait, en somme, d'un stage préparatoire à la
métaphysique, laquelle s'inspirait de Proclos, de Plotin et
de Platon. Les doctrines métaphysiques étaient finalement rapportées à la théologie, philosophie première, et,
à la lumière de ces doctrines, les étudiants étaient appelés
à interpréter les textes théologiques.

L'importance que Psellos donne à la tradition hellénique, tout en prenant soin de nous avertir que, quoique
parfaite, celle-ci ne laisse pas d'être préchrétienne, est
manifeste. La pensée et la civilisation grecques ne forment donc, malgré leur perfection, qu'un stade préparatoire. Les philosophes grecs sont des précurseurs du
christianisme, des chrétiens inconscients; c'est ce qui
signifie que Psellos saisit la pensée humaine dans un che-

minement orienté, de par la nature de l'esprit, vers la perfection. Il va sans dire qu'une telle conception se fonde sur l'idée que la perfection suprême est contenue dans la doctrine chrétienne. Nous avons parlé de la pensée humaine, car finalement Psellos, esprit universel, comprend dans son examen tout le passé de l'humanité et cherche partout, même dans les sciences occultes, des éléments qui lui permettront de tenter une synthèse de tous les systèmes de pensée; il est certain qu'il en trouvera partout, du moment qu'il admet que tout mouvement de pensée montre, selon son point de vue, la direction de l'esprit vers la perfection. Unificatrice et universelle, la pensée de Psellos sait faire une large part à un rationalisme positif, sans pourtant se laisser captiver par lui.

Psellos reconnaît que le propre de l'homme, c'est qu'il lui suffit de se fonder sur ses propres ressources, à savoir la raison syllogistique et apodictique, pour saisir la vérité. C'est pourquoi toute espèce d'aberration, toute pratique magique et divinatoire lui inspirent une profonde aversion.

La raison est le seul moyen qui permette à l'homme de parvenir à l'explication des faits; et cette explication n'est que la recherche de la cause naturelle des faits. La chose est possible, car tout être est régi par des lois propres à sa nature, car chaque être, chaque fait, a sa cause.

Plus intéressante est la manière originale par laquelle Psellos relie son rationalisme à son christianisme. « Je sais, dit-il, que Dieu surveille tout, qu'il est le principe de tout; tout provient de lui et tout remonte à lui. Mais bien que sachant cela, je pense que la nature se trouve entre le créateur et les créatures; elle est comme la main de la cause première, qui, par son moyen, tout en restant elle-même immobile, régit les choses d'ici-bas. » Dieu est cause de toutes choses, et même du tremblement de terre, mais leur cause prochaine c'est la nature. Et, de celle-ci, il nous donne l'excellente définition que voici : « La nature [*physis*] est une force invisible aux yeux, saisie par l'intelligence, disséminée par Dieu dans tous les corps, principe du mouvement et du repos. »

Une autre distinction éclaire mieux encore la synthèse philosophique de Psellos qui s'efforce à la fois d'être et de ne pas être rationaliste. Si tout, dit-il, a sa cause, sa raison d'être, cela ne veut pas dire que toute cause soit connue

de nous. Tout le divin ne nous est pas abordable, et toute
la nature ne peut pas être saisie par la raison. Notre
ignorance a deux causes principales : l'une, c'est la nature
de l'objet, telle la substance de Dieu qui échappe à notre
raison, l'autre, c'est la nature de notre raison, qui ne travaille avec efficacité qu'à l'intérieur de certaines présuppositions. Certaines de ses conceptions méthodologiques
découlent de son rationalisme : « ... à mon avis, parmi
toutes les sciences, il faut s'en approprier une, comme un
foyer ami, puis se diriger vers les autres avec beaucoup de
pénétration, mais retourner toujours à la science qui a
servi de point de départ. Cette méthode ne me semble
surpasser en rien les facultés que nous avons reçues de la
nature. » Il faut encore, dit Psellos, être impartial, objectif,
et pour ce faire, on ne soumettra pas sa pensée à sa
volonté, mais on prendra parti selon la valeur de la chose
que l'on juge. Mais pour comprendre la valeur de cette
chose, pour que toute recherche aboutisse à une solution
scientifique, il faut se servir des moyens propres à chaque
science : une question de grammaire sera résolue par les
moyens de la science grammaticale ; la rapporter à des
hypothèses étrangères à la grammaire, c'est de l'absurdité.
Ajoutons encore que Psellos aime les raisonnements
« inductifs » aussi bien que les raisonnement « déductifs ».
Toutefois son rationalisme ne l'empêche pas de recourir
souvent à l'allégorie ; il se vante même d'en avoir développé le sens profond. Cette méthode lui permet de
vérifier son hypothèse selon laquelle l'Antiquité forme un
stade préparatoire au christianisme, et de voir les auteurs
grecs comme des prophètes du christianisme. En ce sens,
il pourra transposer maintes doctrines de Platon, de Plotin
et de Proclos dans la pensée chrétienne ; il pourra déchirer
« l'enveloppe profane et exhumer l'esprit qui y est caché
et qui luit comme une perle ».

De tous les philosophes, c'est Platon qui l'attire particulièrement : lui seul a découvert que tout ne revient pas
au raisonnement et à la démonstration ; il s'est élevé à
l'intelligence et il s'est finalement arrêté à l'Un. C'est
ainsi que Psellos sait se libérer de son rationalisme, pour
atteindre la fin ultime de toute l'activité spirituelle de
l'homme, à savoir la métaphysique et la théologie. Cette
dernière, Psellos nous dit qu'il l'étudie de préférence à la
philosophie profane, car il a voulu contribuer à compléter

la science divine. Sa contribution est, en effet, très valable. Sa philosophie répond, comme la théologie mystique, au besoin de la communion en Dieu, mais, de ce besoin, il s'efforce d'être un interprète philosophique, non mystique. Grâce à une richesse, une hardiesse de pensée comme on n'en avait pas encore connu à Byzance, Psellos sut présenter une synthèse philosophique nouvelle, tout en revenant à la tradition des Pères illustres de l'Église, et à la culture hellénique. La philosophie, dit Psellos, qui est la recherche de la vérité, ne fait que révéler à l'homme l'ordre que suit la nature par l'acte divin. Par un mouvement autonome de la pensée, Psellos réussit à présenter une philosophie chrétienne et orthodoxe, car, croit-il, ce n'est pas un dogme étranger à l'Église que de raisonner, ce n'est pas non plus une attitude étrange des philosophes, mais bien plutôt l'instrument unique de la vérité et le moyen de donner une réponse aux problèmes qu'on se pose.

Jean Italos, élève et successeur de Psellos à l'université de Constantinople, alla plus loin que son maître. Dans sa pensée, ce n'est plus l'effort d'assimilation de la pensée païenne à la doctrine chrétienne qui prédomine, mais bien plus l'orientation vers l'indépendance à l'égard du dogme. Ainsi, Italos ne voit pas dans les lettres profanes de simples éléments de formation intellectuelle, et la philosophie n'est pas, pour lui, soit un exercice de la raison, soit un stage préparatoire, une propédeutique, avant de pénétrer le mystère de la doctrine chrétienne, comme ce fut le cas de Psellos. Il n'hésite pas à considérer les lettres profanes comme des dépositaires de la vérité, et ose, sur plusieurs questions philosophiques, donner la préférence à la philosophie païenne et à la raison.

Nous n'entrerons pas dans le détail de la pensée d'Italos ni du mouvement philosophique et scientifique des trois derniers siècles. On a remarqué avec raison que la pensée de l'Occident latin tourne dans le même cercle d'idées que la pensée byzantine, pendant la période comprise entre le XIe et le XIIIe siècle. Psellos, Italos et Abélard se rencontrent sur plus d'un point. Ce n'est pas tout; il nous faut ajouter que l'opposition du réalisme et du nominalisme est, pour Byzance, une question ancienne. D'autre part, un élève d'Italos, Eustrate de Nicée, très connu comme commentateur d'Aristote, fut le premier à présen-

ter la pure méthode scolastique, fondée sur la logique et
l'argumentation d'Aristote, et à l'appliquer pour prouver
la doctrine chrétienne par des arguments de raison. (Voir
ses *Sept écrits théologiques* édités par A. Démétracopoulos,
Leipzig, 1866.) Par son œuvre, Eustrate se place au début
du mouvement qui amena en Occident, avec saint Thomas d'Aquin, la victoire définitive d'Aristote. La Renaissance apportera, au contraire, la victoire à Platon, le
Platon que les Italiens ont appris à connaître à l'école de
Psellos, de Pléthon et de Bessarion. Il est donc manifeste
que dans le même cercle d'idées où tourne la pensée de
l'Occident latin et de l'Orient grec jusqu'au xve siècle,
c'est presque toujours Byzance qui précède.

PLÉTHON

Avec Pléthon (xve siècle), nous assistons à la pleine
expansion de la nostalgie de l'Hellade et de l'amour de
Platon. Du nom de Georges Gémiste (« le rempli ») qu'il
portait, il se fit celui de Pléthon, qui a la même signification, mais ressemble à celui de Platon. Pléthon passa la
plus grande partie de sa vie à Mistra. Pourquoi ? « Nous
sommes des Hellènes », écrit-il dans son mémoire à l'empereur Manuel Paléologue; il ajoute dans la suite que le
Péloponnèse fut le berceau des plus nobles tribus qui, à
partir de là, ont donné naissance à la grande histoire de la
nation grecque. C'est là l'appel à une reprise de conscience
nationale, qui annonce et détermine l'avenir de la nation
grecque. Savant et philosophe, Pléthon rêve de jouer,
auprès des princes byzantins, le rôle que Platon rêvait de
jouer à la cour de Syracuse. Toute son œuvre vise, en
effet, à une réorganisation de la vie dans son ensemble.
Dans les deux mémoires qu'il soumit, l'un à l'empereur
Manuel et l'autre au despote de Mistra Théodore II, il
expose les réformes qu'il juge nécessaires à la renaissance
des Hellènes et de l'État byzantin.

Ses projets, fruit d'une étude attentive et profonde de
l'état social et politique de l'empire, font de lui un précurseur de bien des conceptions modernes. À chacun,
décide-t-il, appartient autant de terre qu'il en peut culti-
ver; le capital, comme coefficient de production, aura
droit au tiers du produit obtenu; un esprit d'humanité
régit ses vues sur les impôts et sur les châtiments; il est

partisan de la nationalisation de l'armée, de l'intensification du commerce national, de la défense et de l'encouragement de la production nationale. La base de sa pensée politique et sociale n'est pas l'égalité des droits, mais l'idée de la compétence administrative. Partant du principe selon lequel le bonheur et le salut d'un pays dépendent de la forme de l'État, il estime que la valeur des lois dépend des idées que nous nous faisons de la divinité. Trois de celles-ci sont fondamentales : que Dieu est un, qu'il prévoit tout, qu'il est parfait, juste, immuable, et source de tous les biens. Considérant ensuite que l'homme est composé d'âme et de corps, Pléthon pose que, suivant que les hommes se laissent maîtriser par l'âme ou par le corps, ils nous font voir que la fin de leur vie est la vertu ou la volupté.

Pléthon fonde donc ses projets de réformes politiques et sociales sur une métaphysique englobant l'essentiel de la religion qu'il va développer dans son traité *Des lois*. Cette religion ne sera pas le christianisme; Pléthon finit par éprouver de l'aversion pour lui, et cherche un nouveau principe d'union. Il veut fonder une nouvelle religion universelle. Au lieu de voir, comme Psellos, la pensée préchrétienne comme une préparation à la perfection que le christianisme représente, il voit dans le christianisme une décadence de la pensée, et cherche à s'appuyer sur la philosophie pour remonter aux sources qui, d'après lui, renferment la vérité absolue, et en tirer sa religion universelle. Ces sources sont Zoroastre, Platon, les néoplatoniciens, de Porphyre à Proclos. Par une sorte de romantisme, Pléthon veut que les sages des temps reculés aient vu juste, que le reste ne soit que décadence. Il est clair que son traité *Des lois* est l'expression de sa confiance absolue en la pensée philosophique. La philosophie, dit-il, dévoile à l'esprit, une fois libéré du dogme, la vérité nue, et oblige l'homme, tout homme, à l'accepter d'un commun consentement et avec un même esprit. On s'attend, après cela, à une construction philosophique nouvelle, originale; loin de là : Pléthon croit trouver le point d'appui, qu'il demande à la philosophie, dans la théorie néoplatonicienne des Idées qu'il illustre à l'aide des dieux et des mythes du paganisme. La notion de Dieu forme le centre de sa philosophie; quant à l'homme, il ne peut être connu que par son lien avec l'univers et par la place qu'il y occupe. L'inspiration de Pléthon est donc théologique plutôt que philosophique; de même, son anthropologie a un caractère manifestement cosmologique et théocratique.

Cependant Pléthon exerça une influence décisive sur le mouvement philosophique de son époque. Son petit ouvrage *De la différence entre Aristote et Platon* qu'il composa pour les auditeurs de ses conférences à Florence (1438), alluma une controverse vive et acerbe qui divisa les savants byzantins et italiens en platoniciens et aristotéliciens. La dispute se poursuivit tout au long du xve siècle et, d'une part, servit l'étude de Platon en Italie, d'autre part, ébranla l'édifice de la scolastique latine.

Nous espérons que l'exposé que nous avons donné de la pensée byzantine, quelque sommaire qu'il soit, rend manifeste la valeur de cette structure spirituelle et la continuité qui la lie à la pensée grecque. D'autre part, le fait que Byzance précède le mouvement spirituel de l'Occident et celui des Arabes, et l'influence qu'elle exerça sur les peuples slaves, confèrent à ses attaches avec les autres peuples, ainsi qu'à son rayonnement une importance toute particulière.

Notons pour conclure que, contrairement à ce qu'on pourrait croire, après le désastre qui a mis fin à l'histoire de Byzance, la Byzance spirituelle n'a pas péri. On peut suivre son cheminement dans l'histoire de tous les peuples orthodoxes, et plus particulièrement dans celle des Grecs modernes, héritiers directs des Grecs byzantins. La lumière de la philosophie ne s'est jamais entièrement éteinte en Grèce. La pensée byzantine a donné naissance à la pensée grecque moderne. Ainsi le mouvement de la pensée en Grèce se laisse voir, sans interruption brusque, depuis Homère jusqu'à nos jours. C'est là un fait unique et de grande importance pour l'étude du développement et de l'évolution de la pensée occidentale.

Basile TATAKIS.

BIBLIOGRAPHIE

N. ANDERS, *Érôs et Agapè* (trad. franç.), Paris, 1944-1952.

H. von BALTHASAR, *Présence et pensée. Essai sur la philosophie religieuse de Grégoire de Nysse*, Paris, 1942.

L. BRÉHIER, *La civilisation byzantine*, dans *la Philosophie et les sciences*, Paris, 1950.

É. GILSON, *L'esprit de la philosophie médiévale*, Paris, 1932.

R. LEYS, *L'image de Dieu chez saint Grégoire de Nysse*, Paris, 1951.

V. LOSSKY, *Essais sur la théologie mystique de l'Église d'Orient*, Paris, 1944.

J. PLAGNIEUX, *Saint Grégoire de Nazianze théologien*, Paris, 1951.

B. TATAKIS, *La philosophie byzantine*, 2ᵉ éd., Paris, 1959.

B. TATAKIS, *La contribution de la Cappadoce à la pensée chrétienne* (en grec), Athènes, 1960.

C. ZERVOS, *Un philosophe néoplatonicien du XIᵉ siècle, Michel Psellos*, Paris, 1920.

LA PHILOSOPHIE JUIVE
MÉDIÉVALE

Lorsque la pensée juive recommence enfin, dix siècles
après Philon d'Alexandrie, à s'exprimer en un
langage suffisamment semblable à celui d'Aristote et de
Platon pour qu'elle puisse prétendre à une place légitime
et incontestable dans l'histoire universelle de la philosophie, elle apparaît comme une sorte de contrepoint
de la philosophie arabe. Née à partir des bouillonnements
religieux provoqués par la cristallisation de l'Islam en
sectes désireuses de se justifier au regard d'une théologie
systématique; strictement limitée à l'aire géographique
musulmane, qui se recoupe avec la fraction *sephardite,*
c'est-à-dire méditerranéenne de la diaspora juive (la
fraction *ashkenazite* de cette diaspora, implantée en
Europe continentale, restant réfractaire aux formes
classiques, du moins, de la philosophie religieuse), la
philosophie juive épouse, du Xᵉ siècle jusqu'à l'aube de
la Renaissance, l'évolution générale de la philosophie
arabe dont il faut rappeler sommairement les traits
essentiels.

Elle est d'abord, dans les premiers siècles de l'Hégire,
strictement religieuse, et arrive à se formuler, par le
motazilisme et le kalâm, en une théologie moyenne,
se situant à égale distance de l'orthodoxie, fermée à toute
réflexion rationnelle, et de l'hérésie, influencée par les
courants judéo-chrétiens ou par la religion iranienne.
La mystique ascétique du soufisme complète très tôt les
discours théologiques du kalâm par un langage plus
intérieur et spirituel, où Platon et Plotin célèbrent une
partielle résurrection. Puis, du Xᵉ au XIIᵉ siècle, c'est,
avec al-Fârâbî, Avicenne (Ibn Sînâ) et Averroës (Ibn
Roshd), la lignée des véritables philosophes et de leurs
satellites, tous dévoués à Aristote, dont ils s'efforcent de
déceler la pensée authentique, et qu'ils essaient de concilier

avec Platon, d'une part, avec le *Coran* de l'autre, non
sans que leur entreprise soit parfois violemment
dénoncée au nom de la foi religieuse, qu'un al-Ghazâlî
(Algazel), par exemple, s'applique à vouloir restaurer, en
utilisant évidemment le langage philosophique, pour
ainsi « détruire les philosophes ». Phase par phase, la
pensée juive rend compte de ce mouvement. La secte
anti-talmudique du Karaïsme, qui n'accepte pour autorité
que celle de la *Bible,* et dont le développement s'est
précipité grâce à l'apparition de l'Islam, utilise les formu-
lations théologiques du kalâm, sans réussir toutefois
à faire déboucher cette théologie dans les vastes espaces
de la philosophie. Cette réussite, le judaïsme la devra
au grand adversaire des Karaïtes, le Gaon Saadia : dans
son œuvre, le kalâm se hausse au niveau d'une véritable
philosophie, cependant que Bahya Ibn Paqûda et Salomon
Ibn Gabirol, contemporains immédiats de Saadia,
développent une morale et une métaphysique mystiques
très proches du soufisme et du néoplatonisme. Annoncé
par Abraham Ibn Daûd, continué par toute une lignée de
penseurs, qui ne s'arrêtera qu'à l'aube de la Renaissance,
Maïmonide est, au XIIe siècle, le gigantesque « aristotélicien », digne parangon de ses prédécesseurs arabes,
tout de même qu'un demi-siècle auparavant, Juda
Hallévi a, comme al-Ghâzâlî, brillamment combattu en
philosophe contre la philosophie et pour l'expérience
religieuse. Ainsi, dans toute la gamme de ses nuances,
la philosophie juive médiévale est-elle liée à la philosophie
arabe et l'accompagne-t-elle dans son aventure.

Il ne faudrait point en déduire hâtivement qu'elle n'en
est qu'un sous-produit négligeable ou qu'une pâle copie.
Déjà Renan et Munk insistaient sur la remarquable
vitalité de la philosophie juive médiévale, sur la variété et
la richesse de ses nuances, qui rivalisent avec les pensées
philosophiques arabes et souvent les éclipsent. Ils ont
montré également, et les recherches les plus récentes
ont donné un relief accru à leurs thèses, que c'est précisément l'originalité de la pensée philosophique juive,
son élan propre, son infléchissement délibéré vers des
zones où les problèmes se posaient sous une forme
nouvelle, qui l'ont équipée pour servir de messager entre
la pensée musulmane et la pensée chrétienne. Ce n'est pas
en vertu d'une fidélité servile aux démarches et aux

systèmes des philosophes arabes, mais au contraire, par l'effet des distances qu'ils prenaient à leur égard et des transformations qu'ils leur faisaient subir, que les philosophes juifs ont, en fin de compte, contribué à jeter un pont entre l'Islam et la chrétienté. Le judaïsme reliait entre elles deux autres spiritualités, parce qu'il disposait de ressources créatrices suffisantes pour ne pas jouer le rôle d'une simple glace réfractrice, mais celui d'un cristal, susceptible d'attirer la curiosité et l'intérêt par le jeu de ses propres courbures et de ses reflets originaux.

Mais il faut aller plus loin et ne pas déceler seulement la spécificité de la philosophie juive médiévale dans sa manière de réagir à l'égard de l'Islam et dans sa capacité de féconder la chrétienté. Face à Ismaël et à Esaü, Israël certes conservait sa personnalité spirituelle, mais il la possédait également pour lui-même, et l'on ne saurait avoir une image correcte de la philosophie juive médiévale si l'on n'accepte de la détacher de son contexte non juif et de la cerner tout d'abord dans ses lignes et dans ses couleurs autonomes.

Elles sont caractéristiques du génie d'Israël, et nous les avons rencontrées déjà dans le passé biblique, distinguant la pensée juive dès ses origines. Il faut maintenant les décrire rapidement à l'époque de transition entre l'Antiquité et le Moyen âge, durant laquelle la pensée juive a élaboré une sorte de deuxième *Bible* : le *Talmud*.

LE TALMUD

Témoins d'une activité intellectuelle de plus de dix siècles (depuis le ~ IIe siècle jusqu'au IXe siècle de notre ère), dans des régions (Palestine romaine, puis arabe, Babylonie perse et arabe) où la philosophie classique avait droit de cité, le *Talmud* et ses satellites ne mentionnent sporadiquement la philosophie et les philosophes que pour s'en distinguer soigneusement, et la méthode de pensée talmudique dérive de principes auxquels la logique philosophique est étrangère. Il serait néanmoins erroné d'en déduire que la pensée talmudique est hétérogène à la philosophie. Elle prolonge, en réalité, la pensée biblique et prétend, comme celle-ci, à une contestation dialectique de la philosophie bien plus qu'à son dédain. Le *Talmud* comporte, en effet, deux centres de gravité : la *halakha,* code de vie et d'action, et l'*aggada,* doctrine intellectuelle et spirituelle. Que les deux soient intimement et inextricablement associées, qu'elles soient informées toutes deux par la méthode exégétique du *midrash,* cela est suffisamment révélateur d'un principe par lequel le *Talmud,* en le posant, s'oppose à la philosophie : le principe d'unité de la vie et de la pensée. Ce monisme, qui constitue le fond de l'anthropologie talmudique, recèle simultanément, par rapport à la philosophie, une négation et un défi. La légitimité d'une spéculation pure, telle que la stipule la logique philosophique, est niée par le *Talmud,* qui demande du même coup au philosophe d'accepter de ne jamais être autre chose qu'un homme-en-acte. Toute l'essence de la pensée talmudique se découvre à partir de ce monisme de la pensée et de l'acte. On ne peut pas saisir cette pensée à travers des systèmes, mais seulement à travers des hommes. La prodigalité des éléments biographiques et la parcimonie des thèmes systématisés sont les signes conjoints de l'originalité de la pensée talmudique : elle naît au fur et à mesure de la vie et de la parole des hommes, elle est gestation continue, tradition.

Pas de métaphysique, donc, dans le *Talmud,* au sens philosophique du terme, mais une ambivalence permanente du concret et de l'abstrait, de l'expérience mystique et de la spéculation. Les sciences de la *Merkaba* et du *Maasé Beréshit,* dans lesquelles on croit habituellement reconnaître la « métaphysique » talmudique, sont en réalité des gnoses actives, de douloureuses et exaltantes concomitances d'extases et de méditations, où l'Esprit et la Lettre restent volontairement unis. Nous retrouverons cette synthèse originale et typiquement juive dans la mystique médiévale; il suffit ici d'en indiquer la source talmudique.

Pas d'éthique non plus dans le *Talmud,* au sens doctrinal du terme, mais un « hasidisme » très proche de celui des *Psaumes,* de Qumran, des Évangiles, annonciateur du hasidisme juif ultérieur, culminant dans le renversement de l'optique normale et moyenne. Les règles d'or de la morale philosophique (ce qui est à moi, est à moi; ce qui est à toi, est à toi) sont dénoncées par le *Talmud*

comme des règles de Sodome. On met en garde contre
le bon ou le mauvais aloi des gens : le bien et le mal ne
sont que des étiquettes, et l'histoire passe à travers
l'insoupçonné, l'humble, le méprisé. La valeur est
soumise aux caprices de l'ironie : c'est le jongleur, et
non le dévot, qui est l'homme juste.

Pas de théologie, par voie de conséquence, car les
rapports entre l'homme et Dieu sont insérés, eux aussi,
dans la trame de l'insoupçonné. Au lendemain des
catastrophes de 70 et de 135 qui avaient anéanti le Temple,
Jérusalem et l'État juif, la pensée talmudique a su
reconquérir une vision optimiste et constructive de
l'histoire. Elle l'a fait en restant fidèle au schéma biblique,
en édifiant un pont sur l'abîme. Les relations entre Dieu
et le peuple juif ne sont nullement confortables et
bourgeoises dans la conception talmudique, et l'ignorance
théologique de Dieu, le refus volontaire de le définir, de
le connaître, au sens philosophique du terme, sont
absolus. Mais tout aussi absolue est la connaissance,
au sens biblique, que le peuple juif a de Dieu : connais-
sance-amour, fortifiée dans l'Alliance, qui est désormais
indéchirable, parce que Dieu est définitivement sur
terre, avec le peuple juif, dans son Exil, en tant que
Chekhina. Le concept de Chekhina, élaboré par la pensée
talmudique, est aussi important pour l'avenir du judaïsme
que le concept d'Homme-Dieu l'a été pour la naissance
du christianisme. Dans le christianisme, Dieu s'est fait
Homme. Dans le judaïsme talmudique, Dieu est le
compagnon du Juif-en-exil. Dès lors, l'universalité de
la vocation biblique est reconquise, mais elle l'est,
paradoxalement, à travers le rétrécissement absolu de la
Divinité sur Israël. La Rédemption biblique est désormais
orientée : elle passe à travers les quatre coudées de la
présence juive dans le monde. On voit combien cette
perspective assigne au judaïsme talmudique sa fonction
non philosophique. Le christianisme s'ouvrira très tôt
à la philosophie, parce que la Divinité-faite-Homme peut
assumer l'humanisme philosophique : elle s'adresse à
l'homme en ce qu'il a d'universel dans son essence. Le
judaïsme talmudique restera imperméable à la philosophie,
parce que la Divinité, compagne d'Israël dans sa souffrance, ne veut atteindre l'universel qu'à travers l'individualité irréductible du peuple juif.

La conséquence remarquable de cette orientation, c'est que la philosophie juive médiévale, pour lui être restée attachée, pour s'être développée à même la tradition talmudique juive, sera elle aussi essentiellement non philosophique. Dans ses expressions les plus authentiques, récupérant simultanément la pensée biblique et talmudique, elle sera, comme elles, contestation et limite de la philosophie, bien plus que philosophie véritable.

SAADIA GAON

En Saadia ben Joseph de Fayyoum (882-942), se reconnaissent d'un seul coup tous les traits caractéristiques de la philosophie juive médiévale. Cet érudit rabbin, né, élevé et éduqué en Égypte, qu'il quitta vers l'âge de trente ans pour s'établir, après un bref séjour en Palestine, à Bagdad où il dirigea l'une des plus anciennes et des plus célèbres académies talmudiques de Babylonie, n'est pas le premier en date de la lignée nouvelle des philosophes juifs, puisqu'il est notamment précédé par Isaac Israéli, de Kairouan. Il n'est pas davantage le fondateur d'un système ou d'une école : on ne saurait parler d'une pensée « saadienne » comme on parlera deux siècles plus tard d'une pensée « maïmonidienne ». Mais, par quelques lignes directrices de sa méthode, Saadia a tracé le chantier dans lequel la philosophie juive trouvera son outillage intellectuel; et surtout, par son tempérament spirituel et par sa personnalité, il réalise le type même et le modèle du « philosophe juif », apparaissant ainsi dans l'histoire comme une réincarnation de Philon d'Alexandrie et comme un précurseur de Maïmonide, de Moïse Mendelssohn et de Franz Rosenzweig.

Saadia, en effet, assume l'une de ces conditions ingrates qui, en informant les hautes destinées juives, les vouent au drame à la fois tragique et exaltant. Il porte le vieux titre de *Gaon,* qui commençait déjà, à son époque, à s'étioler, mais auquel il donne un éclat renouvelé, parce qu'il en accepte toutes les énormes responsabilités. Un Gaon, c'est à la fois le maître spirituel et le chef politique de la Diaspora juive orientale, l'arbitre

de la vie intérieure de la communauté et le ministre de
ses relations avec l'extérieur, le porte-parole des Juifs
devant Dieu et devant le Calife. Mais un Gaon, c'est
également le précieux maillon d'une tradition qui
commence avec Abraham et Moïse et que le Gaon a pour
mission de poursuivre et de prolonger. Comme le
Rabbi de l'époque talmudique qui précède immédiatement
celle du gaonat, le Gaon est l'objet d'un charisme : il
continue, lui aussi, la chaîne des prophètes bibliques et,
en lui, comme en les prophètes et les Rabbis, la Parole
divine, la Thora, veut et doit trouver un réceptacle
vivant, créateur, messianique. Car, dans la perspective
juive, bien nettement tracée depuis des siècles, le Messie
se réalise dans l'accomplissement de la Loi, de la Thora,
et les Docteurs de la Loi, préfigurés par les prophètes
bibliques, prolongés par le Gaon, sont les véritables
« inspirés » messianiques. Saadia revendique cette quadruple et difficile vocation, dont les plans se croisent
dans sa personne. Horizontalement, il est à la fois
juif et babylonien, comme Philon était juif et alexandrin,
comme Mendelssohn sera juif et allemand. Verticalement, il est à la fois serviteur et organe de Dieu, prêtre et
prophète, Juif de la Loi et relais du Messie, comme
l'était Rabbi Aquiba, comme le seront Maïmonide et
Nahman de Bratslav. La convergence de cette horizontale
et de cette verticale dans une seule et même personne
provoque évidemment une multiplicité d'attitudes qui,
réfléchies sur le plan de la pensée, risquent de faire
apparaître celle-ci comme une syncrèse chaotique et mal
dégrossie. Tout y est intimement associé : l'attachement
à une tradition génitale et les influences venues de
l'extérieur; la vie religieuse et la politique; la conduite des
affaires sociales et de celles de l'esprit et de l'âme;
l'intellectualisme rationnel et l'enthousiasme mystique.
Mais l'essence de la philosophie juive (et du philosophe
juif, car c'est encore l'un des aspects de cette syncrèse que
de ne pas tolérer une dissociation de la pensée et de
l'homme) ne peut être découverte qu'au prix de la reconnaissance du point névralgique par lequel tout ce chaos
se transforme soudain en organisme logique et nécessaire.
En Saadia, ce point est visible à l'œil nu : c'est son *gaonat,*
ou plutôt c'est son effort de réaliser, à travers le gaonat,
son fait-d'être-juif. Ailleurs, il faut soulever des voiles,

scruter les biographies et les œuvres, mais on finit toujours par déceler le secret essentiel de la philosophie juive en cet effort d'assumer l'être juif dans sa complexité et dans sa plénitude, effort dont Saadia fournit un éclairant exemple.

Complexité et plénitude de l'être juif de Saadia : elles se manifestent dans le contenu encyclopédique de son œuvre. Celle-ci était beaucoup plus ample que ce que l'histoire en a conservé. Nous ne possédons plus que des fragments de ce qui a dû constituer l'œuvre maîtresse de sa vie : la *Bible*, traduite en arabe et munie d'un commentaire exégétique et philosophique. Par contre, nous possédons un curieux commentaire du *Sefer Yetsira*, par lequel Saadia s'efforce de prêter un langage rationnel à cet opuscule mystique, dans lequel on peut voir l'un des tout premiers maillons de la chaîne des ouvrages majeurs de la tradition ésotérique juive, la Kabbale. Et nous possédons encore, de Saadia, un ouvrage apologétique qui a fait sa gloire : *le Livre des croyances et des opinions (Kitâb al-amânât w'al-i'tiqâdât)*, en hébreu, *Sefer ha-émunot vehadéot*. Le lecteur nourri de culture philosophique y retrouve avec délectation, en un exposé clair, disert et souvent convaincant, les arguments d'un accord entre les « croyances » religieuses et les « opinions » rationnelles, entre la foi et la science, entre la vérité révélée et la vérité naturelle. Le plan de l'ouvrage, sa tendance générale nettement harmonisatrice, la priorité assignée à la raison que l'on déclare capable de découvrir par elle-même la vérité révélée, les thèses fondamentales de la création du monde *ex nihilo* et de l'unité de Dieu malgré la multiplicité de ses attributs, dont les trois fondamentaux sont la Vie, la Puissance et la Sagesse, tout cela fait de l'ouvrage de Saadia un *vade-mecum* de la philosophie religieuse modérée, telle qu'elle était pratiquée par le kalâm musulman, et telle qu'elle sera reprise, sans changements notables, par la scolastique chrétienne du XIIIe siècle. L'ensemble a l'allure d'une vaste toile, sur laquelle l'artiste aurait marqué, au charbon, toutes les lignes et tous les tracés, sans les avoir ensuite suivis et remplis par le pinceau et les couleurs. Qualité ou défaut ? Désir de ne pas se noyer dans l'océan de la science médiévale ou impuissance à affronter cet océan ? Ni l'un ni l'autre, mais conséquence rigoureuse de la situation « horizontale » du juif Saadia, pour lequel la culture humaine ne peut être atteinte dans sa globalité qu'au prix d'un déchirement dialectique entre la civilisation juive et celle du dehors : la toile de fond d'une pensée juive conserve nécessairement la pâleur d'une ébauche, parce que cette pensée elle-même ne peut s'incarner intégralement que par une vie.

De là l'aspect apologétique et polémique de l'œuvre de Saadia : il trahit le souci profond de garantir la pureté de la vie juive contre les menaces des civilisations extérieures, sans que, pour autant, cette pureté doive être sauvegardée au prix de la fermeture du judaïsme sur soi-même. Périlleux effort horizontal, dans lequel nous avons reconnu l'une des composantes de l'esprit philosophique juif. De même que, sur ce plan, les caractères décisifs de la « philosophie juive » de Philon consistent dans le fait qu'il a écrit en grec et travaillé sur le texte grec de la *Bible,* et dans cet autre fait qu'il est allé défendre les Juifs d'Alexandrie auprès de Caligula à Rome, de même les options horizontales de la « philosophie juive » de Saadia apparaissent dans le fait qu'il a écrit en arabe et qu'il a traduit la *Bible* en arabe, et dans cet autre fait qu'il était l'infatigable défenseur du judaïsme rabbanite contre le Karaïsme et l'Islam du Xᵉ siècle en Orient. On retrouvera ainsi Mendelssohn écrivant en allemand, traduisant la *Bible* en allemand et luttant pour l'émancipation politique des Juifs en monde chrétien, au XVIIIᵉ siècle, en Europe occidentale.

Une donnée remarquable cimente l'attitude de ces trois philosophes juifs : c'est que la dialectique du lien qu'ils établissent entre la culture juive et la culture ambiante renferme en elle-même un potentiel philosophique. Cette dialectique est bien différente du « conflit des cultures », tel qu'il était familier à la pensée grecque et tel qu'il l'est resté à la pensée chrétienne. Pour la pensée grecque, en effet, le conflit des cultures se réduit à la rencontre antagoniste entre la culture individuelle et la culture universelle, entre le Moi cultivé — source suffisante de la connaissance du monde pour Delphes et pour Socrate — et le monde cultivé — dimension indispensable à la connaissance du Moi pour Aristote. Quant à la pensée chrétienne, et le problème ne se posait pas autrement pour l'Islam au Moyen âge, elle était douloureusement sensible à la divergence entre les vérités dogmatiques et les expériences vécues de la foi religieuse, d'une part, et le cadre séculier — la civilisation — dans lequel ces vérités et ces expériences étaient appelées à se manifester. Mais pour le christianisme, dès après Constantin, et pour l'Islam dès les origines, la charpente de ce cadre séculier, le corps temporel de la Chrétienté et de l'Islam, étaient édifiés, créés, animés par les chrétiens et les musulmans eux-mêmes, et si dans cet édifice bien des matériaux étaient d'origine étrangère — hellénique, romaine, païenne, orientale — si l'esprit d'Aristote ou de Plotin, de Caius ou de Galien était en lui plutôt que celui des Apôtres ou du Prophète, il n'en restait pas moins que ces matériaux avaient été « convertis » et que leur légitimité n'était pas contestée, pas plus que leur origine étrangère ne les rendait suspects.

Philosophiquement, c'était encore, comme chez les Grecs, la structure universelle du monde naturel contre laquelle se heurtait l'individu, mais cette fois-ci, un individu défini par ses inquiétudes religieuses et par les sursauts que provoque en lui une foi d'essence surnaturelle. Seule la destinée juive, sans ignorer complètement les variantes grecques, chrétiennes ou musulmanes du problème des cultures, a éprouvé celui-ci dans la forme aiguë d'une tension historique entre deux civilisations aussi complètes l'une que l'autre et prétendant chacune incarner et expliquer le monde dans sa généralité : la civilisation humaine cristallisée en tel point du temps et de l'espace, et la civilisation juive, implantée par le mouvement de la Diaspora en ce même point du temps et de l'espace. Ce que la Diaspora juive installait, en effet, dans telle ou telle région, en Égypte, à Rome, en Babylonie, ce n'étaient pas des individus, ayant chacun à résoudre le problème de son insertion politique et spirituelle dans l'univers ambiant, mais c'étaient les parties d'un peuple, disposant d'un organisme culturel complet, d'une entité politico-spirituelle, dont le miracle était qu'il pouvait vivre et s'épanouir sans disposer ni de terre, ni d'indépendance. Les commandements de la Loi, de la Thora, reliaient entre eux ces membres dispersés et fournissaient, autant qu'une terre ou qu'un État indépendant, à l'organisme entier le sentiment d'une vie commune et libre. Personne n'a su mieux résumer

cette situation unique que Saadia. « Notre peuple,
écrit-il, n'est peuple que par ses Lois », mais ses Lois
suffisent, inversement, à le fonder en tant que peuple.
Dès l'instant où ce peuple-loi est jeté dans la Diaspora,
son affrontement avec les autres peuples devient inéluctable, parce qu'il faut qu'il vive avec les autres peuples
tout en maintenant sa Loi. L'exil d'Israël est nécessairement dialogal, et la philosophie juive n'est autre chose
que l'affleurement logique de ce dialogue. Il faut,
évidemment, pour permettre cet affleurement, un minimum de coexistence pacifique entre les Juifs et les
peuples. Lorsque ceux-ci parquent ceux-là derrière les
murs infranchissables du ghetto, il n'y a plus de philosophie juive, parce que les prémisses élémentaires de son
apparition sont éliminées : comment une bouche bâillon-
née pourrait-elle dialoguer ? C'est à partir d'ici que l'on
peut comprendre la stérilité philosophique des Juifs du
Moyen âge chrétien : le ghetto imposé par l'Église, avec
une sévérité implacable, rendait impossible le dialogue
judéo-chrétien, et par voie de conséquence, l'affleurement
philosophique de la pensée juive. Il suffira que le ghetto
relâche son étreinte pour qu'avec Mendelssohn, le
judaïsme ashkenazite se mette à « philosopher » lui
aussi, comme le judaïsme sephardite avait pu le faire,
au Moyen âge, dans l'ambiance tolérante de l'Islam.
Sans doute le Moyen âge chrétien a-t-il connu les
controverses, les « disputations », les colloques. Mais
ces variantes du dialogue judéo-chrétien relèvent du
seul domaine de la théologie; elles ne méritent pas
d'être comprises comme un langage philosophique.
Celui-ci n'est authentique que lorsqu'il est mené librement,
à partir non pas d'une rivalité théologique, mais de la
situation existentielle, caractéristique du peuple-loi parmi
les peuples. Ni l'apologie, ni la polémique chez Philon,
Saadia ou Mendelssohn ne sont une réponse, arrachée
par la contrainte ou donnée à contrecœur : elles
naissent spontanément et constituent les moyens d'expression historique de la vocation horizontale de la Diaspora
juive. C'est le mérite essentiel de Saadia d'avoir réassumé
cette vocation et d'en avoir imposé, du même coup,
l'assomption au monde juif médiéval dans son ensemble.

SALOMON IBN GABIROL

Au début du XIe siècle, la philosophie juive connaît une importante migration géographique. Au lieu de faire école en Babylonie, la pensée de Saadia est transplantée par quelques-uns de ses disciples en Italie du Sud d'abord, puis en Espagne. C'est là, à Malaga, à Cordoue, à Séville, à Saragosse, dans cette Péninsule ibérique d'abord arabe, puis progressivement conquise par les rois chrétiens, que la philosophie juive va se déployer avec un éclat exceptionnel, durant cinq siècles, jusqu'en l'année 1492 où les souverains Très Catholiques, Ferdinand et Isabelle, expulseront tous les Juifs de leur royaume.

Dans le climat spirituel de l'Espagne arabe, déjà bien saturé de préoccupations philosophiques, sans toutefois qu'un Docteur juif ait encore essayé de suivre l'exemple de Saadia, c'est un poète qui met le mouvement en branle, d'une manière d'ailleurs très inattendue. Salomon Ibn Gabirol eut, en effet, une vie trop brève (il vécut entre 1020 et 1070, à Malaga) pour que ses contemporains aient pu connaître de lui autre chose que ses poèmes. Ceux-ci, il est vrai, étaient animés d'une pensée ardente, souvent mystique, toujours âpre et pessimiste. Mais alors même qu'ils s'agençaient, en métrique libre, dans les amples stances d'une méditation philosophique, ils ne cessaient jamais d'être essentiellement des cantiques et des prières. Le *Kétér Malkout (la Couronne royale)* d'Ibn Gabirol constitue le plus frappant exemple de cette poésie religieuse, dans laquelle les notions théologiques sont mises au service de l'adoration religieuse et débouchent sur une admirable confession des péchés et de l'humilité de l'auteur devant Dieu. Ibn Gabirol passait ainsi pour l'un de ces poètes liturgiques que la tradition synagogale connaissait depuis plusieurs siècles, et le fait que ses poèmes étaient écrits en hébreu confirmait, semble-t-il, que ce poète n'entendait pas poursuivre avec l'univers arabe le dialogue philosophique entrepris par Saadia.

Or, Salomon Ibn Gabirol travaillait à une authentique œuvre philosophique, qu'il rédigeait en arabe, mais que sa mort prématurée ne lui permit pas de conduire au-delà de quelques chapitres, *la Source de vie (Meqôr Hayyim)*. Le caractère purement métaphysique de ce fragment, dans lequel ne perçait à aucun moment la foi religieuse de l'auteur, fit qu'une traduction latine, très tôt entre-prise et qui circula rapidement auprès des théologiens et des philosophes chrétiens, fut imputée à un auteur musulman que l'on appelait tantôt Avicebron, tantôt Avencebrol, et que bientôt l'on finit par prendre pour un auteur chrétien. Il fallut attendre le XIXᵉ siècle pour que Salomon Munk découvre sous ce nom celui d'Aven-Gabirol, et identifie le texte du *Fons vitae* avec celui du *Meqôr Hayyim*. Munk put établir également qu'une traduction partielle de l'ouvrage d'Ibn Gabirol en hébreu avait été réalisée par un commentateur de Maïmonide, au XIIIᵉ siècle. Mais les grands philosophes juifs de l'époque espagnole ne semblent pas avoir eu connaissance de ce livre, qui était ainsi lu et apprécié par les Chrétiens alors qu'il menait, en milieu juif, une vie souterraine.

C'est que le *Fons vitae* renoue d'une part avec Plotin et s'inscrit d'autre part dans la ligne de la spéculation juive mystique. C'est ce double angle qui en explique l'aventure et sous lequel il convient de l'apprécier. La cosmologie d'Ibn Gabirol est, en effet, plotinienne en ce sens que le philosophe juif stipule l'existence, en toute substance, même dans les substances simples, à l'ex-ception de Dieu, d'une forme et d'une matière. Tout ce qui est créé comporte cette dualité interne, et entre les substances spirituelles, dans lesquelles la matière est spirituelle, et les substances corporelles dans lesquelles la forme est corporéisée, il y a différence de degré et non de nature. Les êtres sont ainsi tous imbriqués les uns dans les autres, et l'on reconnaît, sans difficulté, le caractère néo-platonicien de cet univers, où le rapport des choses entre elles est aperçu organi-quement. Mais Ibn Gabirol s'écarte de Plotin, de Platon et en général de tout émanatisme, lorsqu'il explique comment cet univers se rattache à Dieu. Ce n'est pas d'une Pensée suprême que l'univers dérive et émane, selon Ibn Gabirol, mais d'une volonté, très semblable à celle du Dieu biblique, créant et dirigeant le monde. Cette affirmation biblique en plein cœur du système néoplatonicien rendait la thèse du penseur juif féconde en monde chrétien. On avait, en effet, grâce à Gabirol, une possibilité de concilier la *Bible* et Plotin, et la pensée de Gabirol rejoignait ainsi ce que E. Gilson appelle le « complexe augustinien » de la pensée chrétienne médiévale.

Mais si la philosophie d'Ibn Gabirol ouvrait des voies à la pensée chrétienne, elle n'en restait pas moins juive. Seulement, pour retrouver une pensée juive à laquelle raccrocher celle d'Ibn Gabirol, il faut remonter jusqu'à Philon, la volonté jouant chez le philosophe espagnol, à peu de chose près, le rôle que joue le Logos chez le philosophe alexandrin. Il n'est pas établi toutefois qu'Ibn Gabirol ait connu l'œuvre de Philon ni qu'il l'ait utilisée. Il semble plus vraisemblable qu'il faille chercher les prémisses de la pensée d'Ibn Gabirol dans le *Sefer Yetsira,* le seul ouvrage juif qui soit d'ailleurs mentionné dans le *Fons vitae.* Saadia et Ibn Gabirol se présentent ainsi tous deux comme des exégètes du *Sefer Yetsira.* Mais si Saadia l'interprète en langage philosophique rationnel, Ibn Gabirol respecte son timbre gnostique et mystique. Et c'est à une véritable bifurcation de la philosophie juive que nous assistons là. Avec Saadia, la tradition juive mystique est englobée dans la réflexion philosophique, et nous la retrouverons en effet, en pleine clarté diurne, dans l'œuvre de Juda Hallévi et de Maïmonide. Avec Ibn Gabirol, au contraire, cette même tradition reste fidèle à ses affinités avec Platon, Philon et la gnose, et elle poursuit sa lente, souterraine mais tenace progression jusqu'au XIIIe siècle où soudain, par la publication du *Zohar,* elle va éclater, elle aussi, en plein jour. Mais l'un au moins des philosophes juifs médiévaux se situe au carrefour même de ces deux avenues : c'est Bahya Ibn Paqûda.

BAHYA IBN PAQÛDA

Malgré les érudites recherches dont elle a fait l'objet récemment, la vie de Bahya Ibn Paqûda reste une énigme : on ne peut que la situer vaguement dans le temps (XIe siècle) et dans l'espace (Espagne arabe), encore qu'il reste possible qu'elle se soit déroulée au Xe siècle

déjà, quelque part au Levant. Cependant, sur cet arrière-
plan confus se détache une personnalité que nous
connaissons mieux que celle de beaucoup de philosophes
juifs, à la biographie bien insérée dans des dates précises
et des lieux irréfutables. C'est que Bahya est l'un des
très rares auteurs juifs à livrer au lecteur un aperçu sur
les problèmes personnels qui l'ont conduit à écrire son
livre. Partout ailleurs, le penseur juif se cache derrière
sa pensée, et cette objectivation est d'autant plus délibérée
que le mouvement de la pensée tend vers la spiritualité
et la mystique. Tout se passe comme si, effrayés ou
éblouis par l'éclat de leur expérience subjective et intérieure, les mystiques juifs voulaient en garantir le secret
en l'insérant dans l'exposé abstrait et objectif d'une
théologie. Les historiens ont remarqué que la mystique
juive était caractérisée par sa pudeur, par le renoncement
volontaire à ces confessions autobiographiques qui font
le prix essentiel des mystiques religieuses médiévales.
Que serait la pensée d'une Thérèse d'Avila ou d'un
saint Jean de la Croix sans le récit qu'ils nous donnent de
leurs aventures spirituelles ? À cet égard, Bahya ibn
Paqûda tranche sur la tradition juive. Il introduit le
« Je » de la confession dans la trame de son livre, révélant
ainsi, à défaut de dates ou de faits permettant de localiser
sa vie dans l'histoire, les étapes et les progressions d'une
intense vie intérieure.

N'était cette autobiographie spirituelle, dont le filigrane sous-tend l'œuvre de Bahya, celle-ci ne serait
originale ni par sa conception, ni par sa portée philosophique. Elle tient en un seul livre : *Kitâb al-Hidâya ilâ
farâ'id al-qulûb* (*Introduction aux devoirs des cœurs,* en hébreu:
Hôbôt halebâbôt), qui se présente comme un court traité
de morale spirituelle. La terminologie talmudique et
celle du Kalâm sont d'accord pour distinguer entre les
devoirs moraux et religieux extérieurs, dont l'exécution
est confiée aux membres du corps humain, et les devoirs
intérieurs, qui sont le privilège du cœur. S'appliquant à
décrire ces devoirs intérieurs, dont Bahya déplore que
les Docteurs juifs n'aient pas eu jusqu'ici le souci de les
codifier et de les interroger sur leur contenu philosophique, l'auteur est amené en cours de route à discuter les
problèmes théologiques les plus universels. Il disserte
donc, avec aisance, mais sans apporter de modification

notable à la manière dont ces problèmes étaient étudiés alors dans le monde judéo-arabe, des preuves de l'existence de Dieu, de celles de la création *ex nihilo,* de la valeur respective des vérités révélées et des vérités rationnelles. Comme Saadia, Bahya est un concordiste : pour lui, révélation et raison se recouvrent; la *Bible* et la philosophie sont faites pour s'entendre, et l'*Introduction aux devoirs des cœurs* cherchent et trouvent leurs références tantôt chez l'une, tantôt chez l'autre.

Cependant, ces réflexions se plient rarement aux méthodes discursives de la dissertation. Elles choisissent, de préférence, le dialogue, l'exhortation ou encore l'avertissement, terme que Bahya a pu trouver dans le *Talmud* mais auquel il lui donne un sens très nouveau. L'avertissement est une sorte de coup de sonde dans l'âme, qu'elle éveille en la harcelant, en l'obligeant à la méditation consciente et au dialogue.

Ces moyens d'expression dramatique permettent à Bahya de dévoiler l'intimité de sa personne en même temps qu'ils l'incitent à hisser son expérience propre au niveau d'une connaissance générale. Car les dix Portiques du livre de Bahya n'apparaissent plus, dès lors, comme les chapitres d'un traité, mais comme les étapes d'une aventure vécue. Vécue d'abord par l'homme Bahya. Dès le préambule, ce docteur juif signale combien il est solitaire, et combien il souffre de sa solitude. Il écrit son livre en réaction contre son milieu, trop légaliste à son gré, afin que témoignage soit rendu qu'un juif au moins a lutté pour vivre, comme le veut l'authentique tradition juive, selon le cœur autant que selon le corps. Dans la suite, la vie solitaire de Bahya se manifeste constamment sous les formes d'une ascèse qui, sans aller jusqu'à la retraite monacale et au célibat, n'en rejette pas moins Bahya vers une vie bornée à son Moi. C'est dans les nuits surtout que Bahya sent son âme s'ouvrir. Alors, en ces heures propices à l'amour auquel s'adonnent les conjoints dans leur étreinte, Bahya devient l'Amant de Dieu : à genoux, prosterné, il passe des heures d'extase dans la prière silencieuse, atteignant ainsi le sommet vers lequel conduisent les exercices ascétiques de la journée, l'humilité, l'examen de conscience, la piété scrupuleuse.

Mais à cette expérience ascétique et mystique person-

nelle, Bahya donne un sens philosophique général.
Ce qu'il éprouve comme une tension inlassablement
répétée entre l'effort diurne de piété et l'accès nocturne
à l'Amour spirituel, lui paraît être la conséquence
logique de la condition duelle de l'âme humaine. Car
l'homme n'est pas seulement composé du corps et de
l'âme. L'âme elle-même comporte en elle deux forces
contradictoires; la force passionnelle, toute dévouée à
la conservation de l'homme et à son implantation dans
le monde, et la force rationnelle, étrangère au monde,
venue d'ailleurs, et s'appliquant à arracher l'homme à ce
monde pour le ramener vers la Source divine. Les
dialogues, les exhortations, les avertissements qui
jalonnent le livre de Bahya ne sont autre chose que des
affleurements de cette contradiction interne à l'âme :
ce sont les deux forces qui s'affrontent dans un dialogue
inéluctable et indéfiniment inachevé.

On voit qu'à l'inverse de la plupart des mystiques
médiévaux, Bahya ne méprise pas la Raison, ni ne
l'affecte d'un signe négatif. Il aperçoit, au contraire,
dans la raison l'un des éléments constitutifs du pouvoir
mystique de l'âme. Mais la raison n'est pas pour lui,
non plus, comme elle l'est pour les rationalistes médiévaux, une directrice lucide et parfaite de l'âme et de
l'esprit. Elle est lutte et combat; elle provoque plus
qu'elle ne dirige; elle est le défi de Dieu à la paresse
végétative de la créature. Cette conception hardie, qui
paraît plus proche de la Renaissance que du Moyen âge,
n'en est pas moins de son temps : le néoplatonisme
l'inspire dans ses images (la raison étrangère sur terre
et aspirant à revenir à ses sources) et le soufi musulman,
dans son éthique mystique (ascèse et abandon). Mais,
surtout, elle est typiquement juive, d'une lignée juive
que Bahya a voulu lucidement maintenir au moment où
elle risquait de se perdre. Bahya récupère, en effet, la
tradition hasidique juive, qui occupe une place remarquable dans le *Talmud* autant que dans la *Bible,* et dont
la communauté de Qumran a réalisé, on le sait aujourd'hui
grâce aux manuscrits de la Mer Morte, certains de ses
aspects les plus typiques : l'ascèse, la veillée nocturne
en prières et en méditations, en même temps qu'elle en
précisait la doctrine qui sait concilier l'expérience
religieuse la plus universelle avec le particularisme de

l'élection d'Israël. Malgré les apparences, le particulier l'emporte, dans le hasidisme, sur l'universel, et ni les Juifs de Qumran, ni Bahya n'ont ressenti et décrit la vocation du peuple juif autrement que dans la sainteté d'une séparation. Un continuateur de Bahya et d'Ibn Gabirol, Juda Hallévi, va donner à ce thème de l'élection d'Israël une grandiose expression philosophique.

JUDA HALLÉVI

La gloire de Juda Hallévi (1080-1145) n'est pas faite seulement de sa *Défense de la religion méprisée* (*Kitâb alhudjat w' aldâlil fi-naçr al-dîn aldalil,* appelée communément en hébreu : *Sefer Ha-Kouzari*) : comme Salomon Ibn Gabirol, il est avant tout poète, et ses poèmes, rédigés en hébreu mais coulés dans les moules sévères de la métrique arabe, sont, comme ceux d'Ibn Gabirol encore, de caractère philosophique. Mais en Juda Hallévi l'inspiration poétique l'emporte nettement sur la méditation philosophique. On ne se lasse pas d'admirer l'élan généreux et mystique de sa soif de Dieu et de son amour d'Israël et de Sion. Rivé à l'Occident, à Cordoue, son cœur est en Orient, à Jérusalem, et le moment viendra dans sa vie où, sacrifiant famille et biens, sécurité et aisance, bravant tempêtes et périls, il fera son « ascension » en Palestine, où ses traces se perdent, à peine a-t-il débarqué. Bien des Juifs modernes dans l'angoisse de leur conscience déchirée entre la tradition ancestrale et le monde moderne, se sont tournés vers lui : Henri Heine, en particulier, exprime dans certains de ses poèmes les plus émouvants, la nostalgie d'une pureté existentielle dont il se sentait frustré et qu'il voyait réalisée en Juda Hallévi.

Quant à la philosophie juive, elle doit à Juda Hallévi un dialogue brodé sur le thème de la conversion des Khazars au judaïsme. Cet important épisode historique a fait naître plusieurs légendes, dont l'une consiste dans la consultation par le roi des Khazars d'un prêtre chrétien, d'un théologien musulman et, finalement, d'un rabbin juif. Le *Kouzari* de Juda Hallévi passe rapidement sur les deux premiers entretiens : par le chrétien et le musulman, le roi des Khazars est en effet renvoyé aux sources juives du christianisme et de l'Islam. C'est la conversation entre le Khazar et le Maître juif qui fait l'objet du *Kouzari*. Il s'agit donc d'une apologie du judaïsme, mais jamais l'auteur n'oublie son point de départ et, dans sa pensée, le judaïsme reste organiquement lié aux autres options bibliques. Le *Kouzari* est ainsi l'un des rares ouvrages d'apologie religieuse, au Moyen âge, où l'on s'efforce de raisonner à même la source commune aux trois grandes confessions bibliques. La *Bible* invoquée par Juda Hallévi n'est pas simplement un livre de références, comme elle l'est pour la plupart des philosophes de son temps : elle est une force de pensée vivante, incarnée dans la présence et dans l'existence des communautés qui se réclament d'elle.

C'est cette conception initiale qui donne au *Kouzari* son allure particulière. Nous avons déjà dit que Juda Hallévi emboîte la position d'al-Ghazâlî. Comme son prédécesseur musulman, il se sert de la philosophie pour contester la philosophie et, bien loin de tenter l'accord entre la philosophie et la religion, il délimite le domaine propre à chacune et montre comment la religion seule peut atteindre l'absolu. Sa critique de la métaphysique est basée sur l'argument de la diversité des doctrines et des écoles, de la relativité donc des opinions philosophiques dont chacune détient une parcelle de vérité (et Juda Hallévi s'efforce de rendre justice au néo-platonisme autant qu'au péripatétisme) sans toutefois qu'aucune ne possède la vérité. Car celle-ci est transcendante à la démarche philosophique. Elle ne peut être acquise qu'au prix d'une rencontre prophétique avec Dieu, et jamais un philosophe n'est devenu prophète. Juda Hallévi établit ainsi explicitement, à partir d'une exégèse de l'alternance des Noms divins dans la *Bible* (celle-là même qui fournira à l'exégèse moderne le schéma des sources J et E) la distinction capitale entre le Dieu des philosophes et le Dieu d'Abraham, d'Isaac et de Jacob.

Mais ce n'est pas le seul point par lequel Juda Hallévi apparaît moins comme un épigone d'al-Ghazâlî que comme un précurseur juif de Pascal. Analysant, en effet, la notion de rencontre, et passant en revue les termes bibliques qui rendent compte de l'expérience prophétique,

Juda Hallévi estime que celui de « gustation » (d'après le *Psaume* 34, 9) est le plus approprié pour définir ce qui est, en fin de compte, ineffable en langage philosophique et ne peut qu'être vécu à titre d'expérience. Cette conception existentielle de l'expérience religieuse émerge, par moments pathétiques, dans le *Kouzari* de Juda Hallévi. On sent que l'auteur s'identifie avec le Maître juif lorsque celui-ci, acculé par le roi des Khazars dans certaines contradictions logiques entre la pensée et la vie, confesse qu'effectivement la pensée la plus élevée reste obscure tant que la vie ne peut pas lui prêter la lumière de ses expériences mystiques. Le voyage en Terre Sainte a constitué pour Juda Hallévi une de ces illuminations existentielles. Rêvée seulement à l'époque où il rédige le *Kouzari,* réalisée de telle sorte qu'elle constitue l'apogée de sa vie, cette « ascension » joue dans la pensée de Juda Hallévi le même rôle que la Nuit ardente dans celle de Blaise Pascal. Et il est remarquable que les deux philosophes, éloignés l'un de l'autre dans le temps et dans leur dimension spirituelle, aient trouvé, pour décrire leur extase, les accents suprêmes de la Joie.

Car Juda Hallévi est le philosophe de la Joie. Son mysticisme ne l'oriente pas vers l'ascèse, mais vers l'acceptation joyeuse des commandements de la Thora, de la Loi. Il faut évidemment que cette Loi soit, dès lors, sondée jusqu'à sa substance métaphysique, et Juda Hallévi est, en effet, le premier penseur juif à avoir élaboré une théologie de la Loi, comparable en densité et en richesse à la théologie paulinienne de la Foi. Pour Juda Hallévi, la Loi est essentiellement le lieu de la rencontre prophétique. Elle comporte donc deux dimensions, imbriquées l'une dans l'autre : celle de la Révélation, mouvement qui va de Dieu à l'homme, et celle de l'Observance, mouvement inverse qui va de l'homme à Dieu. Par la Révélation, chaque rite de la Loi est gorgé d'un contenu philosophique que Juda Hallévi s'applique à décrire, en s'inspirant d'ailleurs de la tradition mystique juive antérieure. Par l'Observance, chaque rite de la Loi est inséré dans un rythme harmonieux mais complexe, dont les pulsations animent le temps, l'espace et l'organisme humain. Ce rythme connaît des nœuds, ou selon l'expression même de Juda Hallévi, des

« cœurs », ramassant sur eux pour les organiser, les décanter, les vitaliser, les moments ou les actes épars de l'Observance. C'est dans ces « moments-cœurs » (les hautes Fêtes de l'année juive, par exemple) et dans ces « actes-cœurs » (les actes d'amour et de prière) que se réalisent les rencontres entre l'Observant et le Dieu révélé. Alors, toujours selon la terminologie de Juda Hallévi, la « chose divine » jaillit sur l'homme, et celui-ci devient prophète : il atteint l'Absolu.

Prophète, ou plutôt demi-prophète, car la théologie de la Loi est intégrée par Juda Hallévi dans une théologie de l'Histoire. Reprenant à ses sources l'histoire biblique, Juda Hallévi montre comment la Révélation a agi selon un processus organique : elle a, par éliminations successives des écorces et des déchets, choisi les noyaux et les graines. En Adam, elle n'a retenu que les Sethites; en Noé, que les Sémites; en Abraham, Isaac et Jacob, que les enfants d'Israël. Ceux-ci ont été finalement consacrés cœur de l'humanité au Sinaï, où Dieu leur a concédé, du même coup, la Loi, cœur de la Révélation, et la Terre Sainte, cœur du monde. Ainsi la chose divine est-elle indissolublement attachée à Israël, à la Loi et à la Terre Sainte, qui constituent, aux yeux de Juda Hallévi, une triade indéchirable. Seul Israël peut devenir prophète et il ne peut le devenir qu'à travers la Loi et la Terre. Privé de la Terre, Israël ne peut être que demi-prophète, et l'on retrouve ainsi, une fois de plus, l'importance de l'ascension vers la Terre dans la pensée de Juda Hallévi : elle devait lui permettre d'atteindre enfin à la plénitude de l'expérience prophétique, réservée aux seuls Juifs observant la Loi sur la Terre Sainte.

Une telle théologie pourrait paraître bien étroite si elle n'était travaillée à même les thèmes initiaux du *Kouzari,* que Juda Hallévi ne perd jamais de vue. Il s'agit moins, en effet, nous l'avons dit, d'opposer les communautés bibliques les unes aux autres que de les relier à leur source commune. Fidèle aux métaphores organiques qu'il emprunte aux prophètes bibliques, Juda Hallévi compare la vocation des religions bibliques à celle d'un arbre. Christianisme et Islam sont les branches aériennes, les fleurs et les fruits de la Révélation biblique : ils offrent, en vocation missionnaire et pacifique, aux peuples de l'humanité le parfum et le goût du message révélé. Mais ils ne tirent leur sève et leur substance que de la racine et du germe qui représentent Israël, et qui se retrouvent identiques, en nouveaux germes et en nouvelle puissance radicale, dans l'intimité inviolable du fruit. La tâche d'Israël n'est ainsi nullement orgueilleuse : elle est de modestie et de souffrance. Comme le germe déposé en terre, Israël doit connaître les souffrances désagrégeantes de l'Exil (celles du Serviteur souffrant du 53ᵉ chapitre d'Isaïe). Mais ces souffrances sont souterrainement créatrices : elles créent la sève, provoquant l'éclosion de la fleur et du fruit, et le germe pur se retrouve enfin dans l'épanouissement ultime de l'arbre. Messianisme de la souffrance : telle est la vocation d'Israël, et Juda Hallévi veut que le peuple juif l'appréhende dans la joie de son élection.

Ces thèses qui semblent transposer dans le judaïsme certains des éléments-force de la christologie paulinienne, Juda Hallévi en a trouvé l'ébauche dans la mystique juive, telle qu'elle s'était constituée dès avant le christianisme, et organisée à travers l'époque talmudique. Elles vont aboutir bientôt, au XIIIᵉ siècle, en Espagne, à une éclosion majestueuse, qui sera redevable, pour une grande part, à la pensée féconde de Juda Hallévi. On verra alors se développer un véritable système de pensée mystique qui, refusant de dialoguer avec la philosophie, prétendra la remplacer intégralement dans sa méthode et dans ses résultats. Mais avant que n'apparaisse au grand jour cette mystique juive, le dialogue juif avec la philosophie connaît un vigoureux renouveau dans la majestueuse et synthétique œuvre de Moïse Maïmonide.

MOÏSE MAÏMONIDE

Ce serait faire injure à Maïmonide que de le situer simplement dans le courant qui dirige la philosophie juive du kalâm et du néoplatonisme vers le péripatétisme pur. Ce sont de timides précurseurs, Joseph Ibn Zaddiq et Abraham Ibn Daûd, qui réalisent ce mouvement, auquel Maïmonide, tout au contraire, opposera le barrage de sa propre et militante pensée. L'envergure de l'homme (né à Cordoue en 1135, mort au Caire en 1204) est d'ailleurs telle qu'une insertion dans un épisode secondaire de la pensée juive s'avère impraticable. Sa culture encyclopédique, sa conscience morale, son rayonnement social font de ce philosophe, de ce médecin, de ce rabbin, un des grands Sages de l'humanité. Comme Saadia, Maïmonide a été un Gaon, du moins dans la signification spirituelle de ce titre : il a incarné, en son temps, la conscience religieuse et morale de la communauté juive et l'a marquée profondément de son empreinte, lui insufflant la sérénité de ceux qui connaissent le prix inégalable des valeurs prophétiques et messianiques d'Israël. On découvre dans sa philosophie le reflet de cette sagesse. Dépouillée de toute intention polémique, débarrassée des encombrements scolastiques, surgie des profondeurs authentiques de l'âme juive, la philosophie de Maïmonide renouvelle de fond en comble la pensée médiévale en renouant enfin, sans hésitations ni maldonnes, avec la pure pensée biblique et rabbinique. Car si Maïmonide est véritablement philosophe et s'il se considère comme un disciple d'Aristote, il transcende néanmoins l'autorité du Maître et la philosophie elle-même par quelqu'un et par quelque chose d'autre, qui sont Dieu et la révélation prophétique. Ceux-ci, le saisissant et l'installant dans la philosophie, lui demandent simultanément d'accepter cette philosophie, mais aussi de l'interroger, d'être philosophe mais aussi de savoir que l'être ne se réduit pas à une philosophie, de vivre la philosophie mais aussi d'expérimenter que les raisons de vivre philosophiquement viennent d'ailleurs et de plus haut que la philosophie elle-même.

C'est dans ce débordement de la philosophie qu'il faut apercevoir le mouvement caractéristique de la pensée maïmonidienne et les raisons de la séduction qu'elle a exercée sur les théologiens chrétiens : elle marque les limites de l'accord entre Aristote et la *Bible* plus qu'elle n'en établit l'accord lui-même. Elle sépare la théologie de la philosophie plus qu'elle ne les rapproche, sauvegardant ainsi l'expérience biblique, sans toutefois, comme le faisaient al-Ghazâlî et Juda Hallévi, l'isoler de l'expérience philosophique et l'opposer radicalement à elle. La *Bible* et la philosophie sont engrenées chez Maïmonide, elles dérivent des mêmes racines, tendent vers le même sommet. Mais dans cette marche commune, la philosophie joue le rôle de la route alors que la *Bible* dirige l'homme qui avance sur elle. Il n'y a pas d'autre route que celle de la philosophie, mais pour la franchir il n'y a rien d'autre que la *Bible*. Cette interrelation de la philosophie et de la *Bible,* grâce à laquelle, constamment, le but, qui est philosophique, peut être atteint, mais ne le peut qu'au moyen de la *Bible,* nous la découvrons dans les prémisses de la méthode de Maïmonide, dans les articulations apparentes de son système et, enfin, dans la signification ultime de sa doctrine, à laquelle Maïmonide s'est appliqué à donner l'allure d'un « secret ».

Les prémisses de la méthode de Maïmonide ne sont pas différentes de celles qu'ont élaborées Philon et Saadia. Pour que dialogue il y ait entre la philosophie et la *Bible,* il faut que celle-ci parle le langage philosophique. Aussi bien, toute la première partie du *Guide des Égarés,* qui en comporte trois, est-elle une sorte d'allégorisation de la terminologie biblique. Moins soucieux d'exégèse que ne l'avaient été Philon et Saadia, plus porté à la minutie lexicologique, Maïmonide dresse le catalogue, extrêmement dense, des possibilités de la sémantique biblique et codifie, en dernière instance, le sens philosophique des notions bibliques qui apparaissent, à première vue, rebelles à toute spéculation. Mais à cette codification du langage philosophique s'ajoute, chez Maïmonide, une « légalisation » plus importante encore, que n'avaient réalisée ni Philon ni Saadia. Reprenant à son compte les théories judéo-alexandrines des origines bibliques et juives de la philosophie grecque (Moïse, maître de Socrate, de Platon et d'Aristote), Maïmonide leur imprime le cachet de la tradition religieuse. Il ne se contente pas, en effet, de mentionner ces thèses historiques dans quelques passages de son *Guide.* Il les ratifie en incorporant la science philosophique biblique dans son *Code Mishné Thora :* celui-ci s'ouvre, en effet, par le *Livre de la Connaissance* qui comporte, en guise d'introduction à l'immense exposé systématique de la loi juive biblique et talmudique, le rappel des notions fondamentales de métaphysique, de cosmologie et d'éthique, suggérées à Maïmonide par l'appropriation philosophique de la *Bible.* Ainsi la philosophie entre-t-elle, avec Maïmonide, dans la *halakha*, ce domaine que le *Talmud* avait, semble-t-il, préservé de toute contamination philosophique, livrant la seule *aggada* à son emprise. Au fond, Maïmonide tire les conséquences de l'affirmation de Saadia, selon laquelle philosopher était un commandement de la Thora. Ce que Saadia se contentait de constater, Maïmonide le codifie : la route est libre maintenant pour la philosophie; le Juif prenant sur lui « le joug du royaume de Dieu », l'observance de la Loi, doit nécessairement emprunter la voie de la philosophie.

On peut, à la limite, considérer *le Guide des Égarés* (en arabe, *Dalâlat al-hâirîn,* en hébreu *Moré Neboukhim*) comme une sorte de commentaire du *Livre de la Connaissance* : le système de métaphysique, de cosmologie et d'éthique exposé dans celui-ci sous une forme dogmatique est repris dans celui-là au niveau d'une problématique; les thèses du *Livre de la Connaissance* sont ramenées par le *Guide* à leurs hypothèses et soumises à la discussion philosophique. Le *Guide* apparaît ainsi, en un premier sens, comme le chantier d'une enquête.

Celle-ci s'articule autour des grands thèmes de la physique, de l'éthique et de la métaphysique d'Aristote, dont elle accepte les affirmations jusqu'au moment où elles paraissent contredites par la *Bible*. Alors s'instaure le débat. Mais c'est un débat qui est conduit selon des méthodes variables, dominées, semble-t-il, par trois grands ordres de préoccupation, que l'on peut déceler, à titre exemplaire, dans la discussion à laquelle Maïmonide soumet les problèmes de la création, des fins de l'éthique et de la prophétie. Nulle part la pensée de Maïmonide n'est plus originale qu'ici, tant par rapport à ses prédécesseurs arabes qu'à ses prédécesseurs juifs, et nulle part elle ne montre avec plus d'évidence ses orientations profondes.

On sait que la physique péripatéticienne stipule l'éternité du monde : celle-ci constitue la toile de fond de la théorie du mouvement, lui-même agent universel des changements par lesquels les choses apparaissent douées d'une substance, d'une quantité, d'une qualité et d'un lieu, modalités qui sont autant de revêtements d'un monde qui lui-même est, a été depuis toujours et sera à tout jamais. À l'inverse, la *Bible* enseigne que le monde a été créé *ex nihilo*. Sur ce point le désaccord est total entre la *Bible* et la philosophie : il faut choisir, mais en vertu de quels critères ? Avant Maïmonide, les philosophes croyants tiraient argument soit du texte biblique, et de son interprétation, soit de l'examen du monde et de son agencement physique. On réduisait donc le conflit à ce qu'il paraissait, en effet, être extérieurement : un débat entre la « philosophie » biblique et la philosophie grecque. Maïmonide par un bond hardi de la pensée, transcende cette position du problème qui ne peut aboutir, selon lui, qu'à une équivalence des deux thèses, sans que l'une ou l'autre ait quelque chose de décisif pour soi. Ni la philosophie grecque ne peut apporter la preuve de l'éternité du monde : elle l'affirme sans la démontrer ; ni le texte biblique ne veut affirmer la création *ex nihilo* comme une réalité : elle la suggère, mais une exégèse allégorique pourrait interpréter le texte biblique dans le sens de la thèse grecque. Ce n'est donc qu'en vertu d'un critère extérieur à la foi biblique et à la philosophie grecque que le débat peut être tranché : ce critère, c'est la souveraineté de Dieu, sa transcendance par rapport à la nature. Le dynamisme divin est d'un autre ordre que le dynamisme naturel, et c'est ce dynamisme transnaturel qui rend concevable, vraisemblable, nécessaire, la création *ex nihilo*.

Cette première démarche de la méthode maïmonidienne est déjà suffisamment audacieuse, puisqu'elle met en garde contre les conclusions hâtives que le concordisme voudrait tirer de l'exégèse biblique. Celle-ci n'a plus l'autorité absolue que lui attribuaient jusqu'ici les philosophes croyants. Puisque le texte biblique est susceptible d'être interprété dans n'importe quel sens, ce n'est pas à lui que l'on demandera la formulation, et bien moins encore la solution des problèmes soulevés par la philosophie. Ni la lettre, ni l'esprit de la *Bible* ne fonderont désormais son autorité : celle-ci ne réside plus dans ce que la *Bible* dit ou signifie, mais dans Celui qui le lui fait dire ou signifier : la Révélation l'emporte, en fin de compte, sur l'intelligence de cette Révélation.

L'éthique de Maïmonide est presque intégralement conditionnée par cette option. On a souvent relevé combien elle était originale, édifiée à parts égales sur l'éthique biblique et sur l'éthique aristotélicienne, puis dépassant les deux par un bond vigoureux. De la *Bible* et de l'ensemble de la tradition éthique juive, Maïmonide retient la valeur absolue de l'effort, la supériorité morale de l'homme qui sait lutter en face des tentations, la haute fonction de l'ascèse, la signification éducative et promouvante de la *Thora*. Toute cette dialectique de la vertu et du péché, alimentée par la conception biblique d'un mal intérieur à la nature humaine et cosmique, tranche sur les perspectives aristotéliciennes de l'éthique de Maïmonide qui n'accorde de prix moral suprême qu'à l'effort spéculatif, à l'acquisition des vertus intellectuelles, à la connaissance philosophique, toutes perspectives qui, de leur côté, paraissent difficilement conciliables avec les fins de l'éthique biblique. Et Maïmonide réduit, en effet, ces fins à peu de chose : pas d'eschatologie dans son système, mais un messianisme purement terrestre, une cité humaine construite sur l'acquisition de connaissances provoquant un exercice spontané de la vertu; pas de résurrection, mais une immortalité acquise automatiquement par l'appropriation progressive des vérités spirituelles ultimes. C'est que le texte biblique et la pensée philosophique sont ici, comme pour le problème de la création, mis en équilibre et jugés par le dehors. L'éthique et l'eschatologie bibliques peuvent, en effet, être interprétées dans le sens aristotélicien à la lumière d'une exégèse allégorique, mais à elle seule la philosophie d'Aristote ne suffit pas à obliger l'interprète à avoir recours à cette exégèse. Tout se passe comme si le texte biblique et Aristote n'étaient que des compagnons provisoires de la pensée de Maïmonide : dans son cheminement, elle les utilise jusqu'au moment où elle peut se débarrasser d'eux, ayant atteint la hauteur qui lui permet de les dominer simultanément. Cette hauteur, elle ne vient encore à Maïmonide que de sa méthode d'exaltation de la Révélation par rapport au texte révélé. D'étape en étape, on sent que la péréquation avec la philosophie ne saurait s'établir, pour Maïmonide, au niveau du texte révélé, qu'il s'agisse de sa lettre ou de son esprit, la Révélation elle-même transcendant cette péréquation d'une manière que la doctrine maïmonidienne de l'inspiration prophétique illustre vivement.

En effet, dans la prophétologie de Maïmonide, la Révélation échappe à la philosophie, et la *Bible* reprend ainsi sa signification radicalement « non philosophique ». Rattachant le prophétisme au miracle, Maïmonide commence par les greffer tous deux sur le tronc aristotélicien. Les miracles sont insérés dans l'organisation générale du monde et s'expliquent à partir de la direction qu'une fois pour toutes Dieu a donné à l'univers en le créant. Quant aux prophètes, ils n'accèdent à l'inspiration qu'au sommet d'une préparation morale et intellectuelle. Les miracles sont donc « naturels » et tributaires de la physique, et la prophétie est une récompense de l'ascèse spirituelle des philosophes. Cependant, la ligne droite de ces perspectives rationnelles est soudainement brisée. Un « moment » miraculeux échappe à toute compréhension, à toute insertion, à toute adéquation : c'est le moment du Sinaï et de la Révélation de la Loi à Moïse. Ce moment trouble l'intelligence générale des choses par sa singularité. Il est unique (*Guide,* II, 35) et cette unicité le garantit perpétuellement contre toute saisie philosophique. De même l'élévation intellectuelle progressive est indispensable à la prophétie, mais elle ne la garantit aucunement. Dieu peut refuser la prophétie à l'homme parfait, et l'accès à la prophétie est ainsi conditionné par un élément inaccessible à l'effort éthique ou philosophique de l'homme (*Guide,* II, 36).

Avec cette théorie de la prophétie, nous touchons du doigt l'ultime phase de la méthode de Maïmonide : le passage de la pensée rationnelle à la pensée mystique. Qu'il y ait quelque chose de mystique dans le refus que Dieu oppose à l'effort ascensionnel du prophète, on ne saurait le nier. Car rien n'est précisé sur les raisons de ce refus : un geste arbitraire de Dieu met en question le bien-fondé et le sens de la progression morale et intellectuelle de l'homme. Comme le philosophe et le prophète sont obligés maintenant de se séparer! L'un est constamment exposé aux obscures menaces d'un échec, tandis que l'autre est victorieux, mais sans connaître les raisons de sa victoire. La seule « connaissance » qui leur soit commune est, on le voit, l'ignorance des causes de l'échec chez le philosophe, des causes de la victoire chez le prophète.

Mais cette connaissance-ignorance, connaissance toute négative et soustraite dans son opacité à la lumière rationnelle, ne dérive-t-elle pas de la manière même dont

Maïmonide parle de Dieu? Manière toute négative,
elle aussi, déniant la possibilité de définir positivement
l'essence de Dieu, ses attributs, ses manifestations;
invitant à s'approcher de Dieu par éliminations successives de ce qu'Il n'est pas, sans que jamais on puisse
espérer atteindre et comprendre ce qu'Il est. Cette
théorie a paru tellement audacieuse que les commentateurs anciens et modernes de Maïmonide s'ingénient à
l'affadir, les uns essayant de montrer qu'elle ne résume pas
le « fond » de la pensée maïmonidienne, les autres
l'interprétant à la manière d'un déisme inoffensif. Il faut
pourtant se rendre à l'évidence : fortement inspirée par
celles de Philon, de Plotin (du moins de ce qu'il pouvait
connaître d'elles) et par ce je ne sais quoi d'irréducti-
blement maïmonidien que Maïmonide lui-même, en de
nombreux passages de son œuvre, appelle son « secret »,
la « théologie » de Maïmonide est mystique. Entre Dieu
et l'homme, il y a le néant et l'abîme. De là, dans l'éthique
maïmonidienne, l'exigence de désintéressement absolu,
le sacrifice de tout recours à l'au-delà. Le messianisme
juif lui-même est installé par Maïmonide dans des
dimensions purement terrestres : il ne résoud rien quant
à l'ultime face à face de Dieu et de l'homme, par-dessus
l'abîme. Comment franchir cet abîme? Par l'acceptation
du néant, d'abord. La négativité de l'approche divine,
l'insaisissabilité de Dieu dans la perspective philosophique
ne sont que des images pour cet abandon de l'homme au
néant : c'est en progressant à travers le néant que l'homme
s'approche de Dieu. Ce dépouillement intérieur de
l'homme ne concerne pas uniquement la recherche
philosophique, mais aussi l'expérience religieuse. Celle-ci
doit également s'humilier et se vider, afin de s'ouvrir à
l'abîme : dans quelques-uns des chapitres les plus
remarquables du *Guide,* Maïmonide montre comment
toute prière doit être silence et comment toute observance
doit tendre vers quelque chose de plus élevé qui est
l'Amour. Par l'Amour, l'abîme entre Dieu et l'homme
peut être positivement franchi : sans rien perdre de son
austérité, la rencontre entre Dieu et l'homme s'instaure.
Grâce à l'Amour, le Silence sur les abîmes devient
dialogue. La place accordée par Maïmonide à l'Amour
est trop significative pour qu'on n'y découvre pas le
sceau de sa pensée : les admirables derniers chapitres du

Guide traitent de l'Amour et, dans le *Code*, le *Livre de la Connaissance* s'achève également par une description de l'Amour. Ainsi, a-t-on suggéré, Aristote et Platon se rejoignent-ils en Maïmonide. Nous dirons plutôt que Maïmonide a introduit en clé de voûte de son architecture philosophique la vieille identité biblique de l'amour-connaissance. Il a su reconstituer l'unité spirituelle juive dans l'ensemble de ses composantes. Saadia en avait restauré la vocation horizontale. Maïmonide lui redonne, en plus, sa vocation verticale. Avec Saadia, la philosophie juive rappelait au peuple juif qu'il est contemporain des soixante-dix nations du monde. Avec Maïmonide, la philosophie redit en outre au peuple juif qu'il est l'éternel contemporain de Dieu.

LA PHILOSOPHIE POST-MAÏMONIDIENNE

Dans l'histoire de la philosophie juive médiévale, Maïmonide joue un rôle semblable à celui de Kant dans la philosophie générale moderne : les penseurs qui lui sont postérieurs dans le temps ne sont que des épigones. Ils évoluent à l'intérieur du système élaboré par le Maître qui les a précédés et s'attachent, avec plus ou moins de vigueur intellectuelle, à combler des lacunes, à relever et à résoudre des contradictions, à clarifier des hypothèses, à raccorder enfin les thèses fondamentales à un contexte historique nouveau. On ne trouvera donc, après Maïmonide, aucun philosophe juif véritablement original : la pente qui, de Saadia à Maïmonide, s'était organiquement élaborée en ligne ascendante va s'infléchir maintenant vers la descente et, du XIIIe au XVIe siècle, la philosophie juive vivra des seules impulsions que Maïmonide lui aura définitivement données.

Que ces impulsions aient été elles-mêmes contrariées, dès le vivant de Maïmonide et dans les décennies qui suivirent sa mort, cela mérite d'être signalé à titre indicatif. En réaction contre la « philosophie » à laquelle Maïmonide donnait une consécration si remarquable, un mouvement intégriste, conservateur et clérical se déclenche, qui s'en prend parfois à la personnalité du Maître elle-même, plus souvent à sa pensée et, en fin de compte, à l'usage même de la philosophie dans le domaine de la réflexion religieuse. Cependant, ce mouvement n'est pas assez fort pour endiguer le courant philosophique juif, et l'immense majorité des maîtres de la pensée religieuse sephardite continuera à s'adresser à la philosophie pour lui demander de formuler les problèmes de la foi à leur niveau le plus élevé, sans toutefois, nous l'avons dit, que ce niveau puisse jamais prétendre égaler celui de la pensée de Maïmonide.

Si Gersonide (Lévi ben Gerson, 1288-1344) et Hasdaï Crescas (1340-1410) émergent parmi la foule des épigones de Maïmonide, c'est que leur pensée ne constitue pas un simple commentaire de celle du Maître. En effet, Gersonide met à profit la connaissance qu'il possède du système rigoureusement aristotélicien d'Averroës (Ibn Roshd), qui fut le grand contemporain arabe de Maïmonide. Les limites que Maïmonide marquait avec tant de vigueur entre la philosophie juive et le péripatétisme sont dès lors effacées. Les thèses les plus originales du *Guide des Égarés* sont incurvées vers l'accord plénier avec l'averroïsme et sa manière d'interpréter Aristote. Le dogme biblique de la création est susceptible d'interprétation philosophique et il n'est pas inconciliable avec l'affirmation aristotélicienne de l'éternité de la matière. La positivité des attributs divins n'entame nullement l'unité de Dieu, et la théologie négative de Maïmonide perd ainsi sa justification. De même, toute la première partie du *Guide* devient sans objet. Maïmonide y établissait, en effet, le principe d'homonymie de la terminologie biblique : les mêmes vocables ont un sens radicalement différent selon qu'ils désignent Dieu ou les créatures. Pour Gersonide, au contraire, les attributs divins et les attributs humains sont de même nature : Dieu les possède en propre, alors que les créatures ne les acquièrent que par participation à l'existence divine. L'éthique elle-même n'échappe pas, chez Gersonide, à cette conversion de la doctrine juive à l'averroïsme. À l'inverse de Maïmonide, qui pose avec une acuité peut-être exagérée le principe de la liberté morale de l'homme, Gersonide entoure cette liberté d'un réseau concentrique de déterminations, et le Dieu de Gersonide, trop transcendant pour connaître des accidents particuliers, plane dans une généralité fort aristotélicienne, dont il est à peine délié par la

révélation prophétique, que Gersonide attribue non pas
à Dieu lui-même, mais à l'une des Intelligences séparées
auxquelles Dieu a confié, depuis la création, le gouvernement du monde.

Gersonide ne s'est pas contenté d'exposer sa pensée
dans un traité de philosophie intitulé *les Guerres de l'Éternel
(Milhamot Adonaï)*. Il en a fait la trame de ses commentaires bibliques, qui se classent, après ceux de Philon,
parmi les plus « philosophiques » de la tradition exégétique juive. Cependant, esprit typiquement médiéval,
nourri de science profane autant que biblique, mathématicien, astronome et même ingénieur, Gersonide a toutes
les qualités et tous les défauts de la scolastique du
XIIIe siècle. Son œuvre est une encyclopédie, mais les articulations en sont trop épaisses pour ne pas voiler les
idées au profit de l'argumentation, pour ne pas sacrifier
le contenu au raisonnement.

Il en est tout autrement de Hasdaï Crescas, dont l'œuvre
philosophique, *la Lumière de l'Éternel (Or Adonaï)*, est
ouverte, aérée, riche d'intuitions plutôt que de rigueur
démonstrative. Il est vrai qu'avec Crescas, nous entrons
dans le XVe siècle. Dèjà le dogmatisme médiéval est en
train de céder aux premières effluves d'une pensée
bientôt libre. Au moment où la philosophie arabe
semble avoir déjà dit son dernier mot et où la philosophie
juive risque de s'enliser dans l'interprétation de la
pensée maïmonidienne, Crescas sait insuffler à la pensée
juive un contenu nouveau, moderne. Il est, déjà, à l'orée
de la Renaissance, ne serait-ce que par sa critique hardie
de la physique d'Aristote, sa réhabilitation des notions
de corps et d'espace. Il sait aussi conserver et faire
fructifier les notions non aristotéliciennes disséminées
dans la philosophie juive médiévale. Ramassant certaines
idées-force de Juda Hallévi et de Maïmonide, Crescas
aboutit à une théologie de la Bonté et de l'Amour.
Dieu cherche les hommes par un acte infini d'Amour,
et la *Thora*, la Loi révélée, n'est autre chose que l'offre
faite par Dieu à l'homme pour le rencontrer en un Amour
semblable. L'Amour que Maïmonide avait inscrit au
sommet des valeurs philosophiques se retrouve ici, mais
identifié, comme le voulait Juda Hallévi, avec l'accomplissement joyeux de la Loi. La prophétie et l'immortalité
ne sont pas, dès lors, des irruptions violentes de la

Divinité dans l'ordre humain ou des expériences rares et miraculeuses. Elles sont issues organiquement de la participation de Dieu et de l'homme dans l'Amour et dans la Loi.

Cette synthèse harmonieuse, mais nullement édulcorante, de la philosophie et de l'expérience religieuse rappelle, par bien des côtés, celle de Philon et annonce celle de Spinoza, qui reconnaîtra sa dette à l'égard de Crescas. Celui-ci reste le dernier philosophe original de la lignée du Moyen âge. Car le xve siècle juif ne verra plus à l'œuvre que des penseurs juifs mineurs, bien plus préoccupés de théologie que de philosophie. Un seul problème semble les fasciner, celui du dogme, que Maïmonide avait posé, assez accessoirement il est vrai, en l'articulant en treize articles fondamentaux. Si Joseph Albo (1370-1444) dans son *Livre des Principes (Sefer Iqqârîm)* et Isaac Abravanel (1437-1509) dans son *Fondement de la foi (Rosh Amana)* consacrent presque toute leur œuvre à ce problème, c'est qu'ils n'étaient plus confrontés avec l'univers musulman mais avec le monde chrétien. Déjà Gersonide vivait en Provence chrétienne, et Crescas avait été témoin de la première grande persécution des communautés aragonaises par l'Espagne chrétienne. Les deux écrivaient, d'ailleurs, en hébreu et non plus en arabe. Albo sera l'un des participants les plus actifs aux disputations théologiques instaurées en Espagne sous le règne de l'Inquisition, et Abravanel devra quitter l'Espagne pour se réfugier en Italie, lors de la tragique expulsion des Juifs en 1492. Rien d'étonnant dès lors à l'actualité du problème des dogmes juifs. Les contradicteurs chrétiens pouvaient difficilement admettre qu'une foi se justifiât sans dogmes, et il s'avérait nécessaire du côté juif de formuler certains dogmes, en sauvegardant néanmoins la liberté interne du judaïsme. Albo, Abravanel et quelques autres, parmi lesquels le marrane Profiat Duran, après son retour au judaïsme, entreprennent cette clarification du problème philosophique du dogme dans le judaïsme. Ils le font avec passion et bonne foi, sans toutefois aboutir à une solution, que le judaïsme ne formulera que bien plus tard, au xviiie siècle, avec Moïse Mendelssohn. La fascination exercée par ce problème a partiellement fourvoyé la pensée philosophique juive, qui ne se présenterait, à l'aube de la Renaissance, que sous un aspect très dogmatique, si elle n'avait été nourrie par un autre courant, beaucoup plus substantiel, qui s'annonçait depuis longtemps et qui, depuis le XIIIᵉ siècle, parallèlement donc à Maïmonide, exerçait sur les penseurs juifs une influence de plus en plus dominante : le courant mystique.

LA MYSTIQUE JUIVE MÉDIÉVALE

À l'origine de la mystique juive médiévale il y a un petit livre, le *Sefer Yetsira (Livre de la Création),* qui a joué un rôle infiniment supérieur à celui auquel semblait le destiner l'exiguïté de ses proportions et la pauvreté de son contenu. Les quelques pages de cet opuscule ne paraissent offrir, en effet, dans une langue très obscure, qu'une conciliation entre certaines vues néoplatoniciennes et le monothéisme hébraïque. Rédigé en pleine époque talmudique, vers le vᵉ ou le viiᵉ siècle, il aurait probablement passé inaperçu si son titre même ne lui avait assuré un intérêt qui ne cessera de grandir avec l'avènement de la pensée juive philosophique. Celle-ci ne rencontrait-elle pas, au centre de ses préoccupations, le problème de la création, dont l'affirmation biblique tranchait si nettement sur les propositions d'Aristote ou de Platon ? Et ne prétendait-elle pas, d'autre part, que les thèses bibliques étaient véritablement philosophiques, et que les Grecs n'avaient été que des interprètes plus ou moins fidèles de la philosophie première, enseignée par Moïse ? Le *Livre de la Création* devint dès lors le livre canonique de cette philosophie hébraïque primitive, mère de toutes les autres. On en attribua la rédaction à Abraham, dont la personnalité avait une envergure plus universelle que celle de Moïse et qui y aurait déposé la quintessence de toute sagesse humaine.

Nous avons vu que Saadia, en commentant le *Livre de la Création,* avait essayé d'en transposer le langage ésotérique au niveau rationnel du langage philosophique. Peine perdue. L'ouvrage conservait le prestige de son mystère et il allait exercer sur les penseurs juifs une véritable fascination. Dans notre description de l'histoire de la philosophie juive de Saadia jusqu'à Maïmonide,

nous l'avons vu émerger à tous les moments importants :
de l'ensemble de la littérature juive, le *Livre de la Création*
est le seul à être cité par Salomon Ibn Gabirol; Bahya
et Juda Hallévi s'y réfèrent souvent, et Maïmonide
y fait allusion avec un remarquable respect. Mais on
sent que les philosophes sont impuissants à absorber
toute la substance spirituelle de ce *Livre,* dont la face
philosophique n'arrivait pas à cacher l'autre face,
ésotérique et mystique, qui n'acceptait de se dévoiler
qu'aux seuls initiés. Ceux-ci interprétaient le *Livre de la
Création* à leur manière : ils y découvraient le secret
central et originel de toute la tradition, la Kabbale par
excellence, car ce terme, qui se colorera bientôt d'innombrables nuances mystico-magiques, ne signifie en hébreu
rien d'autre que : tradition. De cette Tradition, avec
majuscule, la philosophie, la théologie, l'exégèse, telles
qu'elles se pratiquaient couramment, n'étaient censées
être que de frêles rameaux; le tronc noueux de la science
ne pouvait se découvrir qu'en elle. Nous ne savons
presque rien de l'évolution de la Kabbale entre l'époque
de Saadia et celle de Maïmonide. Les philosophes ont été
les seuls à l'insérer ouvertement dans leurs préoccupations
et à lui accorder une place au grand soleil. Les Kabbalistes
proprement dits travaillaient alors dans l'ombre. C'est
à la fin du XIIᵉ siècle, au moment même où Maïmonide
composait ses grandes œuvres, que soudain, sous des
formes différentes, la Kabbale passe du stade oral à
l'expression scripturaire et que le *Livre de la Création*
devient source féconde d'une riche vie littéraire.

Plus connus par une compilation de leur éthique
piétiste (le *Sefer Hasidim*), les Hasidim rhénans de la
fin du XIIᵉ siècle et du XIIIᵉ siècle, parmi lesquels émergent
Samuel le Hasid et son fils Juda, sont également les
auteurs de toute une littérature mystique d'allure surtout
spéculative, mais où abondent aussi les percées sur une
vie spirituelle qui a dû être intense et ardente. Participant
au grand courant spiritualiste juif du hasidisme qui
englobe, entre autres, les Esséniens de l'Antiquité et les
Hasidim de la Pologne moderne, les Hasidim rhénans
mettent, comme Bahya Ibn Paqûda, l'accent sur la vie
intérieure, l'austérité morale, l'ascèse. Mais au lieu
d'insérer cette éthique dans les cadres de la philosophie
néoplatonicienne ou péripatéticienne, comme le fait

Bahya, ils l'intègrent à la Kabbale, qu'ils identifient avec, d'une part, la doctrine talmudique de la Merkaba et, d'autre part, avec le *Sefer Yetsira*. À celle-là ils empruntent la description austère des rapports entre l'Homme et le Dieu de la Souveraineté transcendante : toute la morale des Hasidim rhénans est imprégnée d'un sens absolu du désintéressement, et ils comparent le service de Dieu à celui du chevalier, placé au milieu de luttes mortelles par un Maître qui exige que le combat se fasse sans autre salaire que l'honneur. Quant au *Livre de la Création,* les Hasidim rhénans lui demandent de leur fournir une méthode extatique de la prière. Le *Livre de la Création* n'affirme-t-il pas, en effet, que les lettres de l'alphabet hébreu constituent le fondement et l'architecture spirituelle du monde? En associant cette thèse à certains principes de l'antique exégèse talmudique, basés sur la valeur numérique et la mutation des lettres, les Hasidim l'appliquent du même coup aux mots et aux lettres de la prière liturgique. Combinées en des associations toujours nouvelles, les lettres de la prière entraînent et élèvent l'esprit vers de véritables extases : alors, la communion s'établit entre l'homme et le monde, et la créature s'abîme dans la prosternation d'une prière qui n'est plus que silence; alors, disent les Hasidim rhénans, l'homme est comme s'il n'était plus, il s'anéantit à sa propre personne pour s'ouvrir au Secret divin.

Comment cette mystique spéculative et pratique, qui exercera une très forte influence sur Maître Eckart et ses disciples immédiats en Allemagne, Suso et Tauler, a-t-elle pu se développer dans le ghetto des Juifs de Worms et de Mayence? Comment des Juifs ashkenazites, si réfractaires, nous l'avons dit, à toute philosophie, ont-ils pu ainsi se métamorphoser en philosophes mystiques? La réponse ne fait pas de doute : l'émulation vient, en droite ligne, de la pensée maïmonidienne. Samuel le Hasid a effectué, en effet, nous dit-on, un voyage en Espagne. Il en a ramené la doctrine maïmonidienne, toute fraîche encore, mais interprétée, et c'est le fait remarquable, non pas dans une perspective philosophique rationnelle, mais au niveau de la mystique de la Kabbale. La transcendance divine et l'austérité éthique qui en dérive, l'extase conçue comme une communication soudaine et passagère avec Dieu, la prière silencieuse, ne sont-ce pas là des éléments

fondamentaux de la doctrine du *Guide des Égarés?*
Seulement, au lieu de les rattacher à Aristote, comme
Maïmonide l'indiquait à la surface, on les rattachait
maintenant à la Kabbale, à la Merkaba, au *Livre de la
Création,* à cette zone spirituelle à laquelle, semble-t-il,
Maïmonide faisait allusion lorsqu'il renvoyait le lecteur
au « secret » de son livre. Ce secret, c'était la Kabbale,
et c'est éclairé par la Kabbale que le *Guide des Égarés*
exerçait son influence sur les Hasidim de Rhénanie.
Cette hypothèse d'une interprétation mystique du *Guide*
de Maïmonide pourrait paraître hasardeuse, et on
hésiterait à s'y rallier, si, dès le xiiie siècle, un penseur
juif espagnol, Abraham Aboulafia, ne l'énonçait comme
une certitude inébranlable et n'en faisait le centre d'une
doctrine fascinante.

ABRAHAM ABOULAFIA

Né à Saragosse en 1240, Abraham Aboulafia meurt
vers 1290, après une existence aventureuse qui le mène
au Proche-Orient, en Grèce, en Italie. Son audience
manquée chez le pape en 1280 (il entre à Rome au moment
où Nicolas III meurt) donne le diapason de sa vie
vagabonde : il souhaitait se présenter au pape au nom des
Juifs et assumer ainsi le rôle que la tradition kabbalistique
attribue au Messie. À défaut de l'investiture messianique,
Aboulafia conquiert-il, du moins, l'inspiration prophétique. Comme Philon et Maïmonide, ce penseur place
l'expérience prophétique au-dessus de l'effort de spéculation, dont elle est le couronnement et la confirmation.
Plus que Philon et Maïmonide cependant, Aboulafia
fournit des descriptions détaillées de ses extases, et ses
œuvres, dont la plupart ne sont, à l'heure actuelle encore,
accessibles qu'en manuscrit, renferment en filigrane une
remarquable autobiographie spirituelle.
    La doctrine d'Aboulafia est qualifiée avec bonheur
de contrepoint mystique par l'historien qui l'a le mieux
étudiée, G. G. Scholem. Les exercices psychiques sur
l'assemblage et la permutation des lettres hébraïques, tels
que les pratiquaient les Hasidim rhénans, auxquels
Aboulafia voue une grande vénération, prennent chez

lui, en effet, l'allure d'harmonisations musicales. À partir du « dénouage de l'âme » qui s'ouvre aux thèmes initiaux, à travers les « sauts » qui font bondir d'un groupe de thèmes à un autre, et jusqu'à la contemplation finale où la personnalité se dédouble, et s'éprouve comme guidée et inspirée par un autre Moi, c'est une suite d'expériences musicales — arpèges, transpositions, canon et fugue — qui caractérise le « prophétisme » d'Aboulafia et de ses disciples. Mais cet ensemble spirituel, travaillé, on le voit, à même le *Sefer Yetsira,* dont il épouse la théorie du pouvoir mystique de l'alphabet, est agrafé par Aboulafia sur le *Guide des Égarés* de Maïmonide, dont Aboulafia utilise la terminologie philosophique et la doctrine rationnelle. Pour Aboulafia, Maïmonide était un initié prophétique, et le *Guide,* le témoin d'une pensée éminemment mystique. Aboulafia réalise ainsi l'opération inverse de celle de Saadia : celui-ci avait transposé le *Livre de la Création* en livre de philosophie; Aboulafia transmute le *Guide des Égarés* en œuvre mystique. L'osmose instaurée par Saadia, dans la pensée juive, entre la philosophie et la mystique, devient ainsi une solide synthèse, dans laquelle, à l'inverse de ce qui s'annonçait avec Saadia, c'est l'élément mystique, et non l'élément philosophique, qui est prédominant.

Cette synthèse annonçait une orientation nouvelle de la pensée juive. Si les Gersonide, les Albo et les Crescas poursuivent l'exploitation philosophico-rationnelle du *Guide des Égarés* de Maïmonide, une école issue d'Aboulafia pouvait en poursuivre l'appropriation mystique. Et Scholem remarque judicieusement que l'on aurait ainsi retrouvé dans le judaïsme la polarité de saint Thomas d'Aquin et de Maître Eckart, tous deux interprètes dévoués de Maïmonide, mais l'un sur le plan de la raison, et l'autre sur celui de la mystique. Si le judaïsme n'a pas connu cette évolution, c'est parce que, du vivant d'Aboulafia, un livre venait d'être publié en Espagne, le *Zohar,* qui allait rapidement éclipser toutes les productions mystiques antérieures et infléchir la pensée juive vers ses propres perspectives.

LE « ZOHAR »

On sait que le *Sefer Ha-Zohar (le Livre de la Splendeur)* est un pseudépigraphe, que son auteur présumé, Moïse de Léon (seconde moitié du XIIIᵉ siècle) attribue à l'un des Maîtres de la *Mishna* du IIᵉ siècle, Rabbi Siméon bar Yohay. Il ne faut pas oublier, cependant, que si le prestige du nom de ce Rabbi a puissamment contribué au succès de ce livre, celui-ci n'en est pas moins dû au fait que tout en contenant effectivement l'essentiel d'une tradition mystique juive millénaire, celle de la Merkaba, du *Sefer Yetsira* et de la mystique philosophique, le *Zohar* s'impose d'emblée comme un livre canonique : il est en effet un commentaire suivi sur la Thora et ne veut être autre chose que cela. Il prend ainsi naturellement sa place à côté de la *Bible* et du *Talmud,* ou plutôt à côté de la Thora et de la *Mishna :* celle-ci fournissait l'exégèse orale de celle-là ; le *Zohar* en livre l'exégèse mystique. Comme la *Mishna,* il est un revers de la *Thora,* il en constitue « une autre face », et cette indissoluble soudure à la Thora en assure le caractère sacré.

Cette simple constatation permet de mesurer le progrès immense que réalise le *Zohar* par rapport au *Sefer Yetsira.* Les lettres hébraïques, investies par le *Sefer Yetsira* d'un pouvoir mystique, ne sont plus, pour le *Zohar,* les lettres de l'alphabet mais celles de la Thora. C'est la Thora tout entière, dans sa structure formelle, dans sa lettre, qui devient esprit. Pour la première fois dans l'histoire de la pensée juive, la dualité paulinienne de la lettre et de l'esprit de la Loi est effectivement résorbée. Le *Zohar* ne se contente pas d'affirmer, comme le faisaient les Maîtres du *Talmud* et les philosophes, que la Thora littéraire avait aussi un sens spirituel : il fait surgir l'esprit à même la lettre, et situe l'une et l'autre dans une simultanéité indéchirable.

La fécondité exégétique de cette perspective dégagée par le *Zohar* est immense. Déjà Nahmanide (Moïse ben Nahman, 1194-1270) l'avait soupçonnée dans son *Commentaire de la Thora,* qui constitue, comme l'œuvre d'Abraham Aboulafia, un effort de synthèse entre la philosophie et la mystique, mais sur un plan plus exégétique qu'expérimental. À partir du *Zohar*, l'exégèse mystico-littérale de la Thora s'épanouira, dans le judaïsme, avec une vigueur exceptionnelle et le *Zohar* sera comme un soleil qui entraînera dans le sillage de sa méthode d'innombrables satellites.

Dès que l'on pénètre de la méthode du *Zohar* dans son contenu, on court le grand risque d'identifier celui-ci avec la théorie émanatiste des sphères dans laquelle se juxtaposent des débris de la pensée philonienne, du néoplatonisme et des éléments du *Sefer Yetsira*, hardiment transposés sur un plan nouveau (les *sefirot*, qui sont des nombres dans le *Sefer Yetsira*, deviennent des sphères dans le *Zohar*, et le terme *belima* qui revient comme un refrain dans le même *Sefer Yetsira*, est assimilé à la notion philosophique du néant). Or, cette théorie des sphères ne constitue qu'un aspect de la pensée du *Zohar*, dont un autre aspect plus riche et plus substantiel, recouvre une théologie de l'histoire. Renouant avec la *Bible* et le *Midrash*, reprenant à son compte, en en modifiant les métaphores, les thèses de Juda Hallévi, le *Zohar* aperçoit dans l'histoire biblique et juive le lieu d'un pathétique drame. Ce drame commence avec la Création et est vécu initialement en Dieu, qui se retire sur lui-même pour faire place au monde. Mais ce monde est incapable d'accueillir la Lumière divine qui le submerge : il se brise en d'infinis tessons, dont chacun contient néanmoins une étincelle de lumière divine. Avec la réparation de ces « vases brisés » s'achèvera le drame cosmique. Mais l'agent de cette réparation, c'est précisément Israël, dont l'exil n'a d'autre signification que d'éparpiller les hommes dans le temps et dans l'espace, afin qu'ils libèrent par l'observance des commandements de la Thora, les étincelles divines de leur propre exil et parachèvent ainsi la rédemption.

Par cette vaste perspective, qui sera prolongée et étoffée par une littérature se renouvelant de siècle en siècle, le *Zohar* non seulement inaugure une nouvelle phase de la pensée juive, il en scelle également une époque antérieure. La théologie de l'histoire développée par le *Zohar* est, en effet, prodigieusement synthétique. Elle insère dans un seul et même cadre les notions les plus fondamentales que des écoles de pensée juive,

souvent violemment opposées les unes aux autres,
avaient formulées et laissées souvent sans réponse.
Le triptyque biblique de la création, de la révélation et
de la rédemption; la théorie talmudique de l'Exil de
Dieu par l'Exil de la *Chekhina;* les problèmes philosophiques de la création, de l'origine du mal, du sens de
l'Exil d'Israël et de la signification de la Loi : tout
s'intègre à l'harmonieuse et séduisante architecture du
Zohar. L'homme juif y est interpellé dans la plénitude de
sa vocation : dans sa pensée spéculative, dans son pouvoir
mystique, dans l'humble pratique des exigences de la
Loi; dans la particularité juive aussi de son histoire et
dans la valeur universelle de cette histoire. C'est, à n'en
pas douter, cette saisie globale du judaïsme qui a fait
du *Zohar* le livre central de la mystique juive.

Mais c'est elle aussi qui, dans l'histoire de la pensée
juive, fait de la mystique l'héritière de la philosophie.
La Renaissance, en effet, si elle fait éclore, dès la fin du
xve siècle, un humanisme juif d'érudition philologique,
historique et esthétique, ne prolongera guère le penchant
philosophique, si prononcé durant tout le Moyen âge.
C'est que la pensée juive se cherche et s'exprime alors,
dans ses altitudes, au niveau d'une mystique directement
inspirée par le *Zohar.* Isaac Lourya en monde sepharad,
à Safed, en Palestine, et le Maharal en monde ashkenaz,
à Prague, en Bohême, forgeront au xvie siècle des systèmes
de pensée mystique d'une telle ampleur qu'ils tiendront
sous leur emprise, durant deux siècles, l'ensemble de la
pensée juive. Ni Descartes, ni Spinoza, ni Leibniz ne
modifieront en quoi que ce soit les certitudes mystiques
des penseurs juifs du xviie siècle et de la première moitié
du xviiie. Il faudra les bouleversements sociologiques de
la seconde moitié du xviiie siècle, l'ouverture du ghetto
en Allemagne sous la monarchie éclairée, pour que sur-
gisse avec Moïse Mendelssohn, annonçant et préparant
Kant, renouant avec les principes spirituels de Philon, de
Saadia et de Maïmonide, une philosophie juive à la fois
traditionnelle et novatrice, authentique et moderne.

André NEHER.

BIBLIOGRAPHIE

A. Chouraqui, traduction de Bahya Ibn Paqûda, *Introduction aux devoirs des cœurs,* Paris, 1950.

É. Gilson, *La philosophie au Moyen âge,* 3e éd., Paris, 1947.

I.-J. Guttmann, *La philosophie juive des origines à nos jours,* 2e éd., en hébreu, Jérusalem, 1953.

L.-G. Levy, *Maïmonide,* Paris, 1911.

S. Munk, *Mélanges de philosophie juive et arabe,* Paris, 1859.

A. Safran, *La Cabale,* Paris, 1960.

G. G. Scholem, *Les Grands courants de la mystique juive,* Paris, 1950.

G. Vajda, *Introduction à la pensée juive du Moyen âge,* Paris, 1947.

LA PHILOSOPHIE ISLAMIQUE
DES ORIGINES À LA MORT
D'AVERROËS

LES SOURCES DE MÉDITATION
PHILOSOPHIQUE EN ISLAM

L'EXÉGÈSE SPIRITUELLE DU QORÂN

C'EST une assertion assez courante en Occident, qu'il n'y a rien de mystique ni de philosophique dans le *Qorân,* et que philosophes et mystiques ne lui doivent rien. La question ne sera pas ici de discuter ce que les Occidentaux trouvent ou ne trouvent pas dans le *Qorân,* mais de savoir ce que les musulmans y ont trouvé en fait.

La philosophie islamique se présente avant tout comme l'œuvre de penseurs appartenant à une communauté religieuse caractérisée par l'expression qorânique Ahl al-Kitâb : un peuple possédant un Livre saint, c'est-à-dire un peuple dont la religion est fondée sur un livre « descendu du Ciel », un Livre révélé à un prophète et qui lui a été enseigné par ce prophète. Les « peuples du Livre », ce sont en propre les juifs, les chrétiens, les musulmans.

Toutes ces communautés ont en commun un problème, lequel leur est posé par le phénomène religieux fondamental qui leur est commun : le phénomène du Livre saint, règle de vie en ce monde et guide au delà de ce monde. La tâche première et dernière est de comprendre le sens vrai de ce livre. Mais le mode de comprendre est conditionné par le mode d'être de celui qui comprend; réciproquement, tout le comportement intérieur du croyant dérive de son mode de comprendre. La situation vécue est essentiellement une situation herméneutique, c'est-à-dire la situation où, pour le croyant, éclôt le sens vrai, lequel du même coup rend son existence vraie. Cette vérité du sens, corrélative de la vérité de l'être, vérité qui est réelle, réalité qui est vraie, c'est tout cela qui s'exprime dans un des termes clefs du vocabulaire philosophique : le mot *haqîqat*.

Ce terme de *haqîqat* désigne, entre autres fonctions multiples, le sens vrai des révélations divines, c'est-à-dire le sens qui, en étant la vérité, en est l'essence, et par conséquent en est le sens spirituel. D'où l'on peut dire que le phénomène du « Livre saint révélé » implique une anthropologie propre, voire un type de culture spirituelle déterminée, et partant aussi postule, en même temps qu'il stimule et oriente, un certain type de philosophie. Il y a quelque chose de commun dans les problèmes que la recherche du sens vrai en tant que sens spirituel a posés respectivement, en Chrétienté et en Islam, à l'herméneutique de la *Bible* et à l'herméneutique du *Qorân*. Mais il y a aussi de profondes différences. Analogies et différences seraient à analyser et à exprimer en termes de structure.

La première indication à relever, c'est l'absence, en Islam, du phénomène « Église ». Pas plus qu'il n'y a, en Islam, un clergé « détenteur des moyens de grâce », il n'y a de magistère dogmatique, ni autorité pontificale ni concile définissant des dogmes. Dès le IIe siècle en Chrétienté, avec la répression du mouvement montaniste, le magistère dogmatique de l'Église s'est substitué à l'inspiration prophétique, et d'une manière générale à la liberté d'une herméneutique spirituelle. D'autre part, l'éclosion et l'essor de la conscience chrétienne annoncent essentiellement l'éveil et la croissance de la conscience historique. La pensée chrétienne est centrée sur le fait advenu en l'an 1 de l'ère chrétienne; l'incarnation divine marque l'entrée de Dieu dans l'histoire. En conséquence, ce que la conscience religieuse thématisera avec une attention croissante, c'est le sens historique, identifié avec le sens littéral, le vrai sens des Écritures.

La conscience religieuse de l'Islam est centrée non pas sur un fait de l'histoire, mais sur un fait de la métahistoire (ce qui veut dire non pas posthistorique, mais transhistorique). Ce fait primordial, antérieur au temps de notre histoire empirique, c'est l'interrogation divine posée aux esprits des humains préexistant au monde terrestre : « Ne suis-je pas votre Seigneur? » (*Qorân*, 7/171). L'acclamation d'allégresse, qui répondit à cette question, conclut un pacte éternel de fidélité, et c'est la fidélité à ce pacte que, de période en période, sont venus rappeler aux hommes tous les prophètes ; leur succession forme le « cycle de la prophétie ». De ce qu'ont énoncé les prophètes, résulte la lettre des religions positives : la Loi divine, la *sharî'at*. La question est alors celle-ci : doit-on en rester à cette apparence littérale ? (Les philosophes n'auraient alors plus rien à faire ici.) Ou bien s'agit-il de comprendre le sens vrai, le sens spirituel, la *haqîqat* ?

La *haqîqat* ne peut être, comme telle, définie à la manière des dogmes par un magistère. Mais elle requiert des guides, des initiateurs qui y conduisent. Or, la prophétie est close ; il n'y aura plus de prophète. La question se pose alors : comment l'histoire religieuse de l'humanité continue-t-elle après le « Sceau des prophètes » ? Question et réponse constituent essentiellement le phénomène religieux de l'Islam shî'ite, lequel est fondé sur la prophétologie s'amplifiant en une imâmologie. C'est pourquoi nous commencerons par insister, dans la présente étude, sur la « philosophie prophétique » du shî'isme, qui a pour mission la persistance et la sauvegarde du sens spirituel des révélations divines, c'est-à-dire le sens caché ésotérique. De cette sauvegarde dépend l'existence d'un Islam spirituel.

Limitons-nous ici à quelques textes où l'enseignement des Imâms du shî'isme nous permet de comprendre comment herméneutique qorânique et méditation philosophique étaient appelées à se « substantier » l'une l'autre. Il y a, par exemple, cette déclaration du VIᵉ Imâm, Ja'far Sâdiq (mort en 148/765) :

Le Livre de Dieu comprend quatre choses : il y a l'expression énoncée *('ibârat)* ; il y a la portée allusive *(ishârat)* ; il y a les sens occultes, relatifs au monde supra-sensible *(latâ'if)* ; il y a les hautes doctrines spirituelles *(haqâ'iq)*. L'expression littérale est pour le commun des fidèles *('awâmm)*. La portée allusive concerne l'élite *(khawâss)*. Les significations occultes appartiennent aux Amis de Dieu *(Awliyâ,* voir ci-dessous). Les hautes doctrines spirituelles appartiennent aux prophètes *(anbiyâ,* pluriel de *nabî)*.

C'est au Prophète lui-même que remonte le *hadîth,* la tradition, qui est pour ainsi dire la charte de tous les ésotéristes :

Le *Qorân* a une apparence extérieure et une profondeur
cachée, un sens exotérique et un sens ésotérique; à son tour
ce sens ésotérique recèle un sens ésotérique (cette profondeur
a une profondeur, à l'image des Sphères célestes emboîtées
les unes dans les autres); ainsi de suite, jusqu'à sept sens
ésotériques (sept profondeurs de profondeur cachée).

Ce *hadîth* est fondamental pour le shî'isme, comme il le
sera ensuite pour le soufisme; chercher à l'expliciter, c'est
mettre en cause toute la doctrine shî'ite. Le *ta'lîm,* la fonction initiatrice dont est investi l'Imâm, ne peut pas être
comparé au magistère de l'autorité ecclésiastique dans le
christianisme. L'Imâm, comme « homme de Dieu », est
un inspiré; le *ta'lîm* se rapporte essentiellement aux
haqâ'iq (pluriel de *haqîqat*), c'est-à-dire à l'ésotérique
(bâtin). Finalement c'est la parousie du XIIe Imâm
(le Mahdî, l'Imâm caché, l'Imâm attendu) qui, à la fin de
notre *Aiôn,* apportera la pleine révélation de l'ésotérique
de toutes les révélations divines.

L'idée de l'ésotérique, qui est à l'origine même du
shî'isme et en est constitutive, fructifie en dehors des
milieux proprement shî'ites (on verra que plus d'un
problème est ainsi posé). Elle fructifie chez les mystiques,
les soufis, et elle fructifie chez les philosophes. L'intériorisation mystique tendra à revivre, dans l'articulation du
texte qorânique, le mystère de son énonciation originelle.

Il faut dire que le plus ancien commentaire spirituel du
Qorân est constitué par les enseignements donnés par les
Imâms du shî'isme, au cours de leurs entretiens avec leurs
disciples. Ce sont les principes de leur herméneutique
spirituelle qui ont été recueillis par les soufis. Les textes
du Ier et du VIe Imâm rapportés ci-dessus sont insérés en
bonne place dans la préface du grand commentaire
mystique où Rûzbehân Baqlî de Shîrâz (mort en 606/1209)
recueille, outre les témoignages de sa méditation personnelle, ceux de ses prédécesseurs (Jonayd, Solamî, etc.) Au
VIe/XIIe siècle, Rashîdoddîn Maybodî (mort en 520/1126)
compose un monumental commentaire comprenant le
tafsîr et le *ta'wîl* mystique (en persan). Avec le commentaire (les *Ta'wîlât*) composé par un insigne représentant de
l'école d'Ibn 'Arabî, 'Abdorrazzâq Kâshânî, ce sont là
trois des plus célèbres commentaires *'irfânî,* c'est-à-dire
explicitant la gnose mystique du *Qorân.*

Que représente le texte révélé dans une langue déterminée et à un moment déterminé, par rapport à la vérité éternelle qu'il annonce ? Et comment se représenter le processus de cette révélation ? Le contexte dans lequel le théosophe mystique (le philosophe *'irfânî*) se pose ces questions permet de pressentir comment peut lui apparaître la controverse tumultueuse, soulevée par la doctrine des mo'tazilites, qui agita la communauté islamique au IIIᵉ/IXᵉ siècle : le *Qorân* est-il créé ou incréé ?

Pour le théosophe mystique, il s'agit d'un faux problème ou d'un problème mal posé ; les deux termes de l'alternative — créé ou incréé — ne visent pas le même plan de réalité, tout dépend de l'aptitude à concevoir le vrai rapport entre l'un et l'autre : Parole de Dieu et parole humaine.

Les considérations qui précèdent mettent en lumière la technique du « comprendre » que postule l'exégèse du sens spirituel, celle que connote par excellence le terme de *ta'wîl*. Les shî'ites en général, plus particulièrement encore les ismaéliens, devaient être naturellement, dès l'origine, les grands maîtres en *ta'wîl*. Plus on accordera que la démarche du *ta'wîl* est insolite pour nos habitudes de pensée courantes, plus elle exige notre attention. Elle n'a rien d'artificiel, si on la considère dans le schéma du monde qui est le sien.

Le mot *ta'wîl* forme avec le mot *tanzîl* un couple de termes et de notions complémentaires et contrastantes. *Tanzîl* désigne en propre la religion positive, la lettre de la Révélation dictée par l'Ange au Prophète. C'est faire descendre cette Révélation depuis le monde supérieur. *Ta'wîl*, c'est inversement faire revenir, reconduire à l'origine, par conséquent revenir au sens vrai et originel d'un écrit. « C'est faire parvenir une chose à son origine. Celui qui pratique le *ta'wîl* est donc quelqu'un qui détourne l'énoncé de son apparence extérieure (exotérique, *zâhir*) et le fait retourner à sa vérité, sa *haqîqat*. » (Voir Kalâm-e Pîr.) Tel est le *ta'wîl* comme exégèse spirituelle intérieure, ou comme exégèse symbolique, ésotérique, etc. Bref, dans les trois couples de termes suivants (qu'il vaut mieux se rappeler en arabe, parce qu'ils comportent toujours plusieurs équivalents en français), *sharî'at* est avec *haqîqat*, *zâhir* avec *bâtin*, *tanzîl* avec *ta'wîl*, dans le rapport du symbole avec le symbolisé. Cette rigoureuse correspondance doit nous garantir contre la malheureuse confusion du symbole et de l'allégorie. L'allégorie est une figuration plus ou moins artificielle de généralités et d'abstractions qui sont parfaitement connaissables et exprimables par d'autres voies. Le symbole est l'unique expression possible du symbolisé, c'est-à-dire du signifié avec lequel il symbolise. Il n'est jamais déchiffré une fois pour toutes. La perception symbolique opère une transmutation des données immédiates (sensibles, littérales); elle les rend transparentes. Faute de la transparence ainsi réalisée, il est impossible de passer d'un plan à un autre. Réciproquement, sans une pluralité d'univers s'échelonnant en perspective ascendante, l'exégèse symbolique périt, faute de fonction et de sens. On y a fait allusion plus haut. Cette exégèse présuppose donc une théosophie où les mondes symbolisent les uns avec les autres : les univers suprasensibles et spirituels, le macrocosme ou *Homo maximus (Insân kabîr)*, le microcosme. Ce n'est pas seulement la théosophie ismaélienne mais Mollâ Sadrâ et son école qui ont admirablement développé cette philosophie des « formes symboliques ».

Il faut encore ajouter ceci. La démarche de pensée qu'accomplit le *ta'wîl,* le mode de perception qu'il présuppose, correspondent à un type général de philosophie et de culture spirituelle. Le *ta'wîl* met en œuvre la conscience imaginative, dont nous verrons les philosophes *ishrâqîyûn,* Mollâ Sadrâ notamment, démontrer avec force la fonction privilégiée et la valeur noétique.

Si brèves soient-elles, ces considérations, en situant le niveau auquel le texte qorânique est compris, peuvent faire pressentir ce que le *Qorân* apporte à la méditation philosophique en Islam.

Maintenant, si la qualité « prophétique » de cette philosophie est alimentée par cette source, son armature hérite de tout un passé auquel elle donnera une vie nouvelle et un développement original, et dont les œuvres essentielles lui furent transmises par le travail de plusieurs générations de traducteurs.

LES TRADUCTEURS

Il s'agit ici d'un phénomène culturel d'une importance capitale. On peut le définir comme ayant été l'assimilation par l'Islam, nouveau foyer de vie spirituelle de l'humanité, de tout l'apport des cultures qui l'avaient précédé à l'est et à l'ouest. Un circuit grandiose se dessine : l'Islam reçoit l'héritage grec (comprenant aussi bien les œuvres authentiques que les pseudépigraphes), et cet héritage, il le transmettra à l'Occident au xiie siècle, grâce au travail de l'école des traducteurs de Tolède. L'ampleur et les conséquences de ces traductions du grec en syriaque, du syriaque en arabe, de l'arabe en latin, sont à comparer avec celles des traductions du canon bouddhique moyaniste du sanskrit en chinois, ou avec celles des traductions du sanskrit en persan aux xvie et xviie siècles, sous l'impulsion de la réforme généreuse de Shâh Akbar.

Il y a lieu de distinguer deux foyers de travail. D'une part, l'œuvre propre des Syriens comprend le travail s'accomplissant parmi les populations araméennes de l'ouest et du sud de l'empire iranien sassanide. Le travail porte principalement sur la philosophie et la médecine. Mais, en outre, les positions assumées par les nestoriens aussi bien en christologie qu'en exégèse (l'influence d'Origène sur l'école d'Édesse) ne peuvent être ignorées, par exemple, dans un exposé des problèmes de l'imâmologie shî'ite. D'autre part existe ce que l'on peut appeler la tradition gréco-orientale, au nord et à l'est de l'empire sassanide, et dont les travaux portent principalement sur l'alchimie, l'astronomie, la philosophie et les sciences de la nature, y compris les « sciences secrètes » faisant corps avec cette *Weltanschauung*.

Pour comprendre le rôle qu'ont assumé les Syriens comme initiateurs des philosophes musulmans à la philosophie grecque, il faut avoir au moins brièvement présentes à l'esprit l'histoire et les vicissitudes de la culture de langue syriaque.

La célèbre « école des Perses », à Édesse, fut fondée au moment où l'empereur Jovien cédait aux Perses la ville de Nisibe (où, avec le nom de Probus, apparaît celui du premier traducteur d'œuvres philosophiques grecques en syriaque). En 489, l'empereur byzantin Zénon ferme l'école à cause de ses tendances nestoriennes. Maîtres et élèves restés fidèles au nestorianisme prirent refuge à Nisibe où ils fondèrent une nouvelle école, qui fut principalement un centre de philosophie et de théologie. En outre, dans le sud de l'empire iranien, le souverain sassanide Khosraw Anûsh-Rawân (521-579) fonda, à Gondé-Shâhpour, une école dont les maîtres furent en grande partie des Syriens. Si l'on tient compte qu'en 529 Justinien ferma l'école d'Athènes, et que sept des derniers philosophes néoplatoniciens prirent refuge en Iran, on a déjà un certain nombre des composantes de la situation philosophique et théologique du monde oriental à la veille de l'hégire (622).

Le grand nom qui domine cette période est celui de Sergius de Rash' Ayna (mort à Constantinople, en 536), dont l'activité fut intense. Outre un certain nombre d'œuvres personnelles, ce prêtre nestorien traduisit en syriaque une bonne partie des œuvres de Galien et des œuvres logiques d'Aristote. D'autre part, chez les écrivains syriaques monophysites (jacobites) de cette époque, il faut retenir les noms de Bûd (traducteur en syriaque de *Kalilah et Dimnah*) et d'Ahûdemmeh (mort en 575), puis les noms de Sévère Sebokht (mort en 667), Jacques d'Édesse, Georges, « évêque des Arabes » (mort en 724).

À la lumière de ces traductions gréco-syriaques, la grande entreprise de traductions formée dès le début du IIIe siècle de l'hégire, apparaît moins comme une innovation, que comme la continuation plus ample et plus méthodique d'un travail poursuivi antérieurement sous les mêmes préoccupations. Aussi bien, dès avant l'Islam, la péninsule arabe comptait-elle un grand nombre de médecins nestoriens, presque tous sortis de Gondé-Shâhpour.

Bagdad avait été fondée en 148/765. En 217/832, le khalife al-Ma'mûn fonda la « Maison de la sagesse » (Bayt al-hikma) dont il confia la direction à Yahya ibn Mâsûyeh (mort en 243/857), lequel eut pour successeur son élève, le célèbre et prolifique Honayn ibn Ishaq (194/809-260/873), né à Héra, d'une famille appartenant à la tribu arabe chrétienne des 'Ibâd. Honayn est sans doute le plus célèbre traducteur d'ouvrages grecs en syriaque et en arabe; il convient de mentionner, à côté du sien, le nom de son fils, Ishaq ibn Honayn (mort en 910), et celui de son neveu, Hobaysh ibn al-Hasan. Il y eut une véritable officine de traductions, avec une équipe traduisant ou adaptant le plus souvent du syriaque en arabe, beaucoup plus rarement du grec directement en arabe. Toute la terminologie technique de la théologie et de la philosophie en arabe s'élabora ainsi, au cours du iiie/ixe siècle. Il ne faut pas oublier cependant que mots et concepts vivront ensuite de leur vie propre en arabe.

D'autres noms de traducteurs à mentionner : Yahya ibn Batrîq (début du ixe siècle); 'Abdol-Masîh b.'Abdillah b. Nâ'ima al-Himsî (c'est-à-dire d'Émèse, première moitié du ixe siècle), collaborateur du philosophe al-Kindî (voir p. 1138), et traducteur de la *Sophistique* et de la *Physique* d'Aristote ainsi que de la célèbre *Théologie* dite d'Aristote; le grand nom de Qosta ibn Lûqâ (né vers 820, mort vers 912), originaire de Ba'albek, l'Héliopolis grecque en Syrie, de descendance grecque et chrétienne melkite. Philosophe et médecin, physicien et mathématicien, Qosta traduisit, entre autres, les commentaires d'Alexandre d'Aphrodise et de Jean Philopon sur la *Physique* d'Aristote, partiellement les commentaires sur le traité *De generatione et corruptione,* le traité *De placitis philosophorum,* du Pseudo-Plutarque. Parmi ses ouvrages personnels, son traité sur la *Différence entre l'âme et l'esprit* est particulièrement connu.

Mentionnons encore, au xe siècle, Abû Bishr Matta al-Qannay (mort en 940), le philosophe chrétien Yahya ibn Adî (mort en 974), son élève Abû Khayr ibn al-Khammâr (né en 942). Mais il faut encore mentionner tout spécialement l'importance de l'école des « Sabéens de Harran », établis dans le voisinage d'Édesse. Le Pseudo-Majrîtî abonde en indications précieuses sur leur religion astrale. Ils faisaient remonter leur ascendance spirituelle (comme plus tard Sohrawardî) à Hermès et à Agathodaimôn. Leurs doctrines se présentent comme associant l'ancienne religion astrale chaldéenne, les études mathématiques et astronomiques, la spiritualité néopythagoricienne et néoplatonicienne. Ils comptèrent des traducteurs très actifs, du viiie au xe siècle. Le nom le plus célèbre est celui de Thâbit ibn Qorra (826-901), grand dévot de la religion astrale, excellent auteur et traducteur d'ouvrages de mathématiques et d'astronomie.

D'une manière générale, le travail des traducteurs a concerné l'ensemble du corpus des œuvres d'Aristote, y compris certains commentaires d'Alexandre d'Aphrodise et de Themistius. Dire ce qui a été réellement connu du Platon authentique ne peut être discuté ici, mais on mentionnera dès maintenant que le philosophe al-Fârâbî a donné un remarquable exposé de la philosophie de Platon, caractérisant successivement chacun des dialogues (voir p. 1141). Il applique une méthode analogue à l'exposé de la philosophie d'Aristote.

Ce qu'il faut souligner, c'est l'influence considérable qu'ont exercée certains ouvrages pseudépigraphes. Il y a, en premier lieu, la célèbre *Théologie* dite d'Aristote qui est, on le sait, une paraphrase des trois dernières *Ennéades* de Plotin, fondée peut-être sur une version syriaque qui remonterait au VIe siècle, époque où le néoplatonisme florissait chez les nestoriens comme à la cour des Sassanides (à cette même époque appartiendrait le corpus des écrits attribués à Denys l'Aréopagite). Cet ouvrage, qui est à la base du néoplatonisme en Islam, explique, chez tant de philosophes, la volonté de montrer l'accord entre Aristote et Platon.

Le *Liber de pomo,* où Aristote mourant assume devant ses disciples l'enseignement de Socrate dans le *Phédon,* eut également une grande fortune (voir la version persane d'Afzaloddîn Kâshânî, contemporain de Nasîroddin Tûsî, au XIIIe siècle). Enfin, il faut encore mentionner un livre attribué également à Aristote, le *Livre sur le Bien pur* (traduit en latin, au XIIe siècle, par Gérard de Crémone, sous le titre de *Liber de causis* ou *Liber Aristotelis de expositione bonitatis purae*). C'est, en fait, un extrait de l'*Elementatio theologica* du néoplatonicien Proclus.

Impossible de mentionner ici les Pseudo-Platon, Pseudo-Plutarque, Pseudo-Ptolémée, Pseudo-Pythagore, qui furent les sources d'une vaste littérature concernant l'alchimie, l'astrologie, les propriétés naturelles. Pour s'y orienter, il convient de se reporter aux travaux de Julius Ruska et de Paul Kraus.

Mais si les Syriens furent les principaux médiateurs en philosophie et en médecine, ils ne furent pas les seuls médiateurs ; il n'y eut pas seulement un courant allant de la Mésopotamie vers la Perse. Il ne faut pas oublier l'influence que les savants perses (iraniens) eurent, déjà avant eux, à la cour des Abbassides, nommément pour l'astronomie et l'astrologie.

Nawbakht l'Iranien et Mash'allah le Juif assumèrent les premières responsabilités de l'école de Bagdad, avec Ibn Mâsûyeh. Abû Sahl ibn Nawbakht fut le directeur de la bibliothèque de Bagdad sous Harûn al-Rashîd, et le

traducteur d'œuvres astrologiques du pehlevi en arabe.
Tout ce chapitre des traductions du pehlevi (ou moyen
iranien) en arabe est d'une très grande importance (les
œuvres astrologiques du Babylonien Teukros et du
Romain Vettius Valens avaient été traduites en pehlevi).
L'un des plus célèbres traducteurs fut ici Ibn Moqaffa,
Iranien passé du zoroastrisme à l'Islam. Sont à mention-
ner un grand nombre de savants originaires du Taba-
restan, du Khorassan, bref de l'Iran nord-oriental et de ce
que l'on appelle l'« Iran extérieur », en Asie centrale :
'Omar ibn Farrokhan Tabarî; Fazl ibn Sahl de Sarakhsh;
Mohammad ibn Mûsâ Khwârezmî, père de l'algèbre dite
« arabe » (son traité d'algèbre date de 820 environ),
mais aussi loin d'être un « Arabe » que Khiva est loin de
La Mekke (La Mecque); Khâlid Marwarrûdî; Habash
Mervazî; Ahmad Farganî (Alfraganus des Latins au
Moyen âge); Abû Mash'ar Balkhî (Albumasar des Latins).

Avec Bactres et la Bactriane, l'on évoque l'action des
Barmakides (Barmécides) qui détermina la poussée de
l'iranisme à la cour des Abbassides, et l'avènement de
cette famille iranienne à la tête des affaires du califat (752-
804). Le nom de leur ancêtre, le Barmak, désignait la
dignité héréditaire du grand-prêtre dans le temple bouddhiste de Nawbahâr (sanscrit *nova vihâra*, « neuf-moutier »),
à Balkh, dont la légende fit ensuite un temple du Feu.
Tout ce que Balkh, la « mère des cités », avait reçu, au
cours des temps, de culture grecque, bouddhique, zoroastrienne, manichéenne, chrétienne nestorienne, y survi-
vait (détruite, elle fut reconstruite en 726 par le Barmak).
Bref, mathématique et astronomie, astrologie et alchimie,
médecine et minéralogie, et avec ces sciences toute une
littérature pseudépigraphique, eurent leurs foyers dans les
villes jalonnant la grande route de l'Orient, suivie jadis
par Alexandre. De ces villes, depuis le milieu du VIIIe siècle, astronomes et astrologues, médecins et alchimistes, se
mirent en marche vers le nouveau foyer de vie spirituelle
créé par l'Islam.

Il faut ajouter ce qui est à désigner sous le nom de
gnose. Il y a quelque chose de commun entre gnose
chrétienne de langue grecque, gnose juive, gnose islamique, celle du shî'isme et de l'ismaélisme. Plus encore,
nous connaissons maintenant des traces précises de
gnose chrétienne et de gnose manichéenne dans la gnose

islamique. Il convient enfin de ne pas omettre la persistance de doctrines théosophiques de l'ancienne Perse
zoroastrienne. Intégrées à la structure de la philosophie
ishrâqî par le génie de Sohrawardî, elles n'en disparaîtront
plus jusqu'à nos jours.

Tout cela nous permet d'envisager sous un jour nouveau la situation de la philosophie islamique. En fait, si
l'Islam n'était que la pure religion légalitaire de la *sharî'at,*
les philosophes n'y auraient pas leur place et y seraient en
porte à faux. C'est ce qu'au cours des siècles ils n'ont pas
manqué d'éprouver, dans leurs difficultés avec les docteurs
de la Loi. En revanche, si l'Islam intégral n'est pas la
simple religion légalitaire et exotérique, mais le dévoilement, la pénétration et la mise en acte d'une réalité
cachée, ésotérique *(bâtin)*, alors la situation de la philosophie et du philosophe prend un tout autre sens. On l'a
à peine envisagée jusqu'ici sous cet aspect.

Pour comprendre les conditions qui permirent à la
gnose de se perpétuer en Islam, il faut en revenir à ce que
l'on a indiqué dans le paragraphe précédent concernant
l'absence, en Islam, du phénomène « Église », d'une
institution telle que les conciles. Ce que connaissent ici
les « gnostiques », c'est la fidélité aux « hommes de Dieu »,
aux Imâms (les « guides »). C'est pourquoi il est nécessaire
que figure d'abord ici, pour la première fois peut-être
dans le schéma d'une histoire de la philosophie islamique,
un exposé de cette « philosophie prophétique » qui est la
forme très originale et la fructification spontanée de la
conscience islamique.

Un tel exposé ne peut être morcelé. Nous donnerons
donc ici une esquisse d'ensemble du shî'isme sous ses
deux formes principales.

LE SHÎ'ISME ET LA PHILOSOPHIE
PROPHÉTIQUE

OBSERVATIONS PRÉLIMINAIRES

Les indications esquissées précédemment, concernant
le *ta'wîl* du *Qorân* comme source de méditation philosophique, suggéraient déjà qu'il serait incomplet de ré-

duire le schéma de la vie spéculative et de la vie spirituelle, en Islam, aux philosophes hellénisants *(falâsifa)*, aux théologiens du *Kalâm* sunnite, aux soufis. Il est remarquable que dans les exposés généraux concernant la philosophie islamique, l'on n'ait pour ainsi dire jamais pris en considération le rôle et l'importance décisive de la pensée shî'ite pour l'essor de la philosophie en Islam.

Faute d'aborder l'étude de la théologie et de la philosophie du shî'isme par les grands textes qui s'étendent depuis les traditions des Imâms jusqu'aux commentaires qui en ont été donnés au cours des siècles, on s'est complu à des explications politiques et sociales, lesquelles ne s'attachent qu'à l'histoire extérieure, et aboutissent à dériver et à déduire causalement d'autre chose le phénomène religieux shî'ite, bref à le réduire à autre chose. Les textes remontant aux Imâms eux-mêmes nous montrent la conscience shî'ite essentiellement constituée par le souci d'atteindre le vrai sens des révélations divines, parce que de cette vérité dépend en fin de compte la vérité de l'existence humaine : le sens de ses origines et de ses destinées futures.

L'Islam est une religion prophétique; on a rappelé, dans les pages précédentes, la caractéristique d'une « communauté du Livre » *(ahl al-Kitâb)*, le phénomène du Livre saint. La pensée est essentiellement orientée tout d'abord sur le Dieu qui se révèle dans ce Livre, par le message de l'Ange dicté au Prophète qui le reçoit : l'unité et la transcendance de ce Dieu *(tawhîd)*. Tous, philosophes et mystiques, se sont fixés sur ce thème jusqu'au vertige. En second lieu, la pensée est orientée sur la personne qui reçoit et transmet ce message, en bref les conditions que cette réception présuppose. Toute méditation sur ces données propres conduit à une théologie et à une prophétologie, à une anthropologie et à une gnoséologie qui n'ont point leurs équivalents ailleurs. Il est certain que l'outillage conceptuel fourni par les traductions des philosophes grecs en arabe a influé sur la tournure prise par cette méditation. Mais il ne s'agit là que d'un phénomène partiel. Les ressources de la langue arabe développent des problèmes imprévus dans les textes grecs.

La pensée shî'ite a précisément alimenté, dès l'origine, la philosophie de type prophétique correspondant à une religion prophétique, car elle est orientée par l'attente, non pas de la révélation d'une nouvelle *sharî'at,* mais de la manifestation plénière de tous les sens cachés ou sens spirituels des révélations divines. L'attente de cette Manifestation est typifiée dans l'attente de la parousie de l' « Imâm caché » (l' « Imâm de ce temps », présentement caché, selon le shî'isme duodécimain). Au cycle de la prophétie désormais close, a succédé un nouveau cycle, le cycle de la *walâyat,* dont cette parousie sera le dénouement. Une philosophie prophétique est essentiellement eschatologique.

On pourrait repérer les lignes de force de la pensée shî'ite sous les deux désignations suivantes : le *bâtin* ou l'ésotérique; la *walâyat,* dont le sens apparaîtra ci-après.

Il faut tirer toutes les conséquences de l'option originelle décisive, déjà signalée, devant le dilemme suivant : la religion islamique se limite-t-elle à son interprétation légaliste et judiciaire, à la religion de la Loi, à l'exotérique *(zâhir)?* Là où il a été répondu par l'affirmative, il n'y a plus guère lieu de parler de philosophie. Ou bien ce *zâhir,* cet exotérique, dont on prétend se suffire pour régler les comportements de la vie pratique, n'est-il pas l'enveloppe d'autre chose, le *bâtin,* l'intérieur, l'ésotérique? Or le sens caché ne peut être transmis qu'à la façon d'une science qui est héritage spirituel *('ilm irthî).* C'est cet héritage spirituel que représente l'énorme *corpus* contenant l'enseignement traditionnel des Imâms du shî'isme comme « héritiers » des prophètes (vingt-six tomes en quatorze volumes in-folio, dans l'édition de Majlisî). Lorsque les shî'ites emploient, comme les sunnites, le mot *sunna* (tradition), il est entendu que, pour eux, cette *sunna* englobe cet enseignement intégral des Imâms.

Chacun des Imâms a été tour à tour le « Mainteneur du Livre » *(Qayyim al-Qorân),* explicitant et transmettant à ses disciples le sens caché des Révélations. Cet enseignement est à la source de l'ésotérisme en Islam, et il est paradoxal que l'on ait pu traiter de cet ésotérisme en faisant abstraction du shî'isme.

Le cycle de la prophétie est clos; Mohammad a été le « Sceau des prophètes » *(Khâtim al-anbiyâ'),* le dernier de ceux qui, avant lui, avaient apporté une *sharî'at* nouvelle à l'humanité (Adam, Noé, Abraham, Moïse, Jésus). Mais, pour le shî'isme, le terme final de la prophétie *(nobowwat)* a été le terme initial d'un nouveau cycle, le cycle de la *walâyat*. Le mot veut dire « amitié, protection ». Les *Awliyâ Allâh* (en persan, *Duftân-e-Khodâ*), ce sont les « Amis de Dieu » (et les « Aimés de Dieu »); au sens ftrict, ce sont les prophètes et les Imâms, comme élite de l'humanité à qui l'inspiration divine révèle les secrets divins. L' « amitié » dont Dieu les favorise fait d'eux les guides spirituels de l'humanité. L'idée de *walâyat* suggère donc essentiellement la direction initiatique de l'Imâm, initiant aux myftères de la doctrine; elle englobe, de part et d'autre, l'idée de connaissance *(ma'rifat)* et l'idée d'amour *(mahabbat)*, une connaissance qui eft par elle-même une connaissance salvifique. Sous cet aspect, le shî'isme eft bien la gnose de l'Islam.

Le cycle de la *walâyat* (nous emploierons désormais ce terme complexe sans le traduire) eft donc le cycle de l'Imâm succédant au prophète, c'eft-à-dire du *bâtin* succédant au *zâhir,* de la *haqîqat* succédant à la *sharî'at*. Il ne s'agit point là d'un magiftère dogmatique (pour le shî'isme duodécimain, l'Imâm eft actuellement invisible). Plutôt que de succession, il vaudrait d'ailleurs mieux parler de la simultanéité de la *sharî'at* et de la *haqîqat,* celle-ci s'ajoutant désormais à la première. Car le clivage entre les branches du shî'isme va précisément se produire là. Selon que l'on conserve l'équilibre entre la *sharî'at* et la *haqîqat,* la prophétie et l'imâmat, sans dissocier le *bâtin* du *zâhir,* on a la forme du shî'isme duodécimain, et dans une certaine mesure celle de l'ismaélisme fatimide; si le *bâtin* l'emporte au point d'effacer le *zâhir* et qu'en conséquence l'imâmat prenne la préséance sur la prophétie, on a l'ismaélisme réformé d'Alamût. Mais si le *bâtin* sans *zâhir,* avec ses conséquences, eft la forme de l'ultra-shî'isme, en revanche le *zâhir* sans *bâtin* eft la mutilation de l'Islam intégral, par un littéralisme qui rejette l'héritage transmis par le Prophète aux Imâms, héritage qui eft le *bâtin*.

Le développement des études ismaéliennes, les recherches récentes sur Haydar Amolî, théologien shî'ite du soufisme (VIIIe/XIVe siècle), conduisent à poser d'une manière nouvelle la queftion des rapports du shî'isme et du soufisme, queftion d'importance, car elle commande la perspective d'ensemble de la spiritualité islamique. Le soufisme eft par excellence l'effort d'intériorisation de la révélation qorânique, la rupture avec la religion purement légalitaire, le propos de revivre l'expérience intime du Prophète, en la nuit du Mi'râj; au terme, une expérimentation des conditions du *tawhîd* conduisant à la conscience que Dieu seul peut énoncer lui-même, par les lèvres de son fidèle, le mystère de son unité. Comme dépassement de l'interprétation purement judiciaire de la *sharî'at,* comme assomption du *bâtin,* il semblerait que shî'isme et soufisme fussent deux désignations d'une même chose. En fait, il y eut des soufis shî'ites dès l'origine : le groupe de Koufa, où un shî'ite du nom de 'Abdak fut même le premier à porter le nom de soufi. Et puis, nous voyons s'exprimer, dans les propos de quelques Imâms, une réprobation sévère à l'égard des soufis. La situation est complexe, il y aura lieu d'y revenir dans la troisième partie. Cependant nous pouvons dire dès maintenant sommairement que, d'une part, la réprobation des Imâms s'explique par l'élimination du shî'isme originel dans le soufisme sunnite et, d'autre part, que les traces d'un soufisme shî'ite ne se perdent pas — il s'agit même d'un soufisme ayant conscience d'être le vrai shî'isme — depuis Sa'doddîn Hamûyeh, au XIIIe siècle, jusqu'à nos jours, en Iran.

Quoi qu'il en soit, le combat spirituel mené par le shî'isme minoritaire pour l'Islam spirituel, et avec lui aussi, même si c'est en ordre dispersé, par les *falâsifa* et les soufis, contre la religion littéraliste de la Loi, est une constante qui domine toute l'histoire de la philosophie islamique. L'enjeu en est la sauvegarde du spirituel contre tous les périls de socialisation.

La nécessité d'exposer en quelques pages les phases et l'exégèse de ce combat nous oblige à une condensation extrême. Rappelons que le mot shî'isme (de l'arabe *shî'a,* groupe des adeptes) désigne l'ensemble de ceux qui se rallient à l'idée de l'imâmat, en la personne de 'Alî ibn Abî-Tâlib (cousin et gendre du Prophète par sa fille Fâtima) et de ses successeurs, comme inaugurant le cycle de la *walâyat* succédant au cycle de la prophétie (le shî'isme est la religion officielle de l'Iran depuis bientôt cinq siècles). Le mot *imâm* (ne pas confondre avec le mot *imân,* qui veut dire foi) désigne celui qui se tient ou marche en avant. C'est le guide. Il désigne couramment celui qui « guide » les gestes de la prière, à la mosquée; il est employé en bien des cas pour désigner un chef d'école

(Platon, par exemple, comme « imâm des philosophes »).
Mais du point de vue shî'ite, il ne s'agit là que d'un usage
métaphorique. En propre et au sens strict, le terme ne
s'applique qu'à ceux des membres de la maison du Prophète *(ahl al-bayt)* désignés comme les « impeccables »;
pour les shî'ites duodécimains, ce sont les « quatorze
Immaculés » *(ma'sûm)*, c'est-à-dire le Prophète, Fâtima sa
fille, et les douze Imâms.

On ne peut mentionner ici que les doctrines des deux
principales branches du shî'isme : le shî'isme duodécimain ou « imâmisme » tout court, et le shî'isme septimanien ou ismaélisme. De part et d'autre, le nombre exprime
un symbolisme parfaitement conscient. Tandis que l'imâmologie duodécimaine symbolise avec le ciel des douze
constellations zodiacales (comme avec les douze sources
jaillies du rocher frappé par le bâton de Moïse), l'imâmologie septimanienne de l'ismaélisme symbolise avec les
sept cieux planétaires et leurs astres mobiles. Il exprime
donc un rythme constant : chacun des six grands prophètes a eu ses douze Imâms, homologues les uns des
autres; la gnose ismaélienne reporte le nombre douze sur
les *hojjat* de l'Imâm. Pour l'imâmisme duodécimain, le
« plérome des Douze » est maintenant achevé. Le dernier
d'entre eux fut et reste le XIIe Imâm, l'Imâm de ce temps
(sâhib al-zamân); c'est l'Imâm « caché aux sens, mais présent au cœur », présent à la fois au passé et au futur. On
verra que l'idée de l' « Imâm caché » exprime, par
excellence, la religion du guide personnel invisible.

Jusqu'au VIe Imâm, Ja'far al-Sâdiq (mort en 148/765),
shî'ites duodécimains et ismaéliens vénèrent la même
lignée imâmique. Or c'est principalement, outre ce qui est
rapporté du Ier Imâm, autour de l'enseignement des IVe,
Ve et VIe Imâms ('Alî Zaynol-'Abidîn, mort en 95/714,
Mohammad al-Bâqir, mort en 115/733, Ja'far Sâdiq, mort
en 148/765) que se sont constitués les grands thèmes
de la gnose shî'ite. L'étude des origines du shî'isme ne
peut donc dissocier les deux branches. La cause prochaine
de leur séparation fut le décès prématuré du jeune Imâm
Isma'il, déjà investi par son père, Ja'far Sâdiq. Les adeptes
enthousiastes qui, groupés autour d'Isma'il, tendaient à
accentuer ce que l'on a appelé l'ultra-shî'isme se rallièrent
à son jeune fils, Mohammad ibn Isma'il. Du nom de leur
Imâm, ils furent appelés ismaéliens. D'autres, en revanche,

se rallièrent au nouvel Imâm investi par l'Imâm Ja'far,
c'est-à-dire à Mûsâ Kâzem, frère d'Isma'îl, comme VIIe
Imâm. D'Imâm en Imâm, ils reportèrent leur obédience
jusqu'au XIIe Imâm, Mohammad al-Mahdî, fils de l'Imâm
Hasan 'Askarî, mystérieusement disparu le jour même où
décédait son jeune père. Ce sont les shî'ites duodécimains.

LE SHÎ'ISME DUODÉCIMAIN

PÉRIODES ET SOURCES

Il ne peut être question ici d'établir un synchronisme
entre les œuvres qui illustrent la pensée se développant
dans les deux branches principales du shî'isme: imâmisme
duodécimain et ismaélisme septimanien. Aussi bien, vu
l'état des recherches, l'heure n'en est pas encore venue.
Tandis que l'ismaélisme connut dès le début du IVe/Xe
siècle, avec 'Obaydallâh al-Mahdî (296/909-322/933),
fondateur de la dynastie fâtimide en Égypte, un de ces
triomphes dans l'ordre temporel dont les conséquences
peuvent être fatales pour une doctrine spirituelle, le shî'-
isme duodécimain a traversé, de siècle en siècle, jusqu'à
l'avènement des Safavides en Iran, au XVIe siècle, les
épreuves, les vicissitudes et les persécutions d'une minorité religieuse. Mais cette minorité a survécu, grâce à sa
conscience irrémissible d'être le témoin du vrai Islam,
fidèle à l'enseignement des saints Imâms « dépositaires du
secret de l'Envoyé de Dieu ». L'enseignement intégral
des Imâms forme un *corpus* massif, la Somme à laquelle a
puisé la pensée shî'ite, de siècle en siècle, comme pensée
éclose de la religion prophétique elle-même, non pas le
fruit d'un apport extérieur. Et c'est pourquoi il importe
de la situer à un rang privilégié dans l'ensemble que l'on
désigne comme « philosophie islamique ». Quatre grandes
périodes peuvent être distinguées.

La première période est celle des saints Imâms et de
leurs disciples et familiers dont plusieurs déjà, tel Hishâm
ibn al-Hakam, jeune adepte passionné du VIe Imâm,
avaient composé des recueils de leurs enseignements,
outre leurs œuvres personnelles. Cette période va jusqu'à
la date qui marque la « grande occultation » *(al-ghaybat
al-kobrâ)* du XIIe Imâm (329/940). Cette date est en
même temps celle du décès de son dernier *nâ'ib* ou

représentant, 'Alî al-Samarrî, qui avait reçu de l'Imâm lui-même l'ordre de ne point se désigner de successeur.

Cette même année fut celle de la mort du grand théologien Mohammad ibn Ya'qûb Kolaynî qui, de Ray (Raghès) près de Téhéran, s'était rendu à Bagdad, où pendant vingt ans il travailla à recueillir aux sources mêmes les milliers de traditions (*hadîth* et *akhbâr*) qui constituent le plus ancien *corpus* méthodique des traditions shî'ites (édition de Téhéran, 1955, en huit volumes). Plusieurs autres noms seraient à nommer ici, dont celui d'Abû Ja'far Qommî (mort en 290/903), familier du XIe Imâm, Hasan'Askarî.

Une seconde période s'étend depuis la « grande occultation » du XIIe Imâm jusqu'à Nasîroddîn Tûsî (mort en 672/1274), philosophe et théologien shî'ite, mathématicien et astronome, contemporain de la première invasion mongole. Cette période est principalement marquée par l'élaboration des grandes sommes de traditions shî'ites duodécimaines dues à Ibn Bâbûyeh de Qomm (surnommé Shaykh Sadûq, mort en 381/991), un des plus grands noms des théologiens shî'ites de l'époque, auteur de quelque trois cents ouvrages; Shaykh Mofîd (mort en 413/1022), auteur également très prolifique; Mohammad b. Hasan Tûsî (mort en 460/1067-1068); Qotboddîn Sa'îd Râvendî (mort en 573/1177). C'est également l'époque des deux frères, Sayyed Sharif Râzî (mort en 406/1015) et Sayyed Mortazâ 'Alam al-Hodâ (mort en 436/1044), descendants du VIIe Imâm, Mûsâ Kâzem, et élèves de Shaykh Mofîd, tous deux auteurs de nombreux traités imâmites. Le premier est principalement connu comme compilateur de la *Nahj al-Balâgha*. C'est encore l'époque de Fazl Tabarsî (mort en 548/1155 ou 552/1157), auteur d'un célèbre et monumental *tafsîr* shî'ite (commentaire qorânique); Ibn Shahr-Ashûb (588/1192); Yahya ibn Batrîq (600/1204); Sayyed Razîoddîn 'Alî b. Tâ'ûs (mort en 664/1266), tous auteurs d'importants ouvrages d'imâmologie. Beaucoup d'autres noms seraient à nommer pour cette période qui vit, d'autre part, l'éclosion des grands traités systématiques ismaéliens, et celle des œuvres des philosophes dits hellénisants, d'al-Kindî à Sohrawardî (587/1191). Avec l'œuvre de Nasîr Tûsî achève de se constituer la philosophie shî'ite, dont la première ébauche systématique avait été donnée par Abû Ishaq Nawbakhtî (vers 350/961), dans un livre que devait commenter plus tard en détail 'Allâmeh Hillî (mort en 726/1326), élève de Nasîr Tûsî. Déjà les dates outrepassent ici la limite fixée à la première partie de la présente étude, avec la mort d'Averroës (1198). Les indications suivantes compléteront cependant le schéma d'ensemble que l'on ne peut morceler.

Une troisième période s'étend depuis Nasîr Tûsî jusqu'à la Renaissance safavide en Iran, qui vit éclore l'école d'Ispahan avec Mîr Dâmâd (1041/1631) et ses élèves. C'est une période extrêmement féconde qui justement prépare cette Renaissance. D'une part, il y a la continuation de l'école de Nasîr Tûsî, avec de grands noms tels que 'Allâmeh Hillî, Afzal Kâshânî. D'autre part, il se produit une convergence extraordinaire. D'un côté Ibn 'Arabî (mort en 638/1240) émigre d'Andalousie en Orient. D'un autre côté les disciples de Najm Kobrâ refluent d'Asie centrale en Iran et en Anatolie, devant la poussée mongole. La rencontre de ces deux écoles détermina un grand essor de la métaphysique du soufisme. Sa'doddîn Hamûyeh ou Hamûyî (650/1252), disciple de Najm Kobrâ et correspondant d'Ibn 'Arabî, est la grande figure du soufisme shî'ite duodécimain à l'époque. Son disciple 'Azîz Nasafî diffuse ses œuvres. 'Alâoddawleh Semnânî (736/1336) sera l'un des grands maîtres de l'exégèse « intérioriste ». En la personne de Sadroddîn Qonyawî se rencontrent l'influence d'Ibn 'Arabî et celle de Nasîr Tûsî. Le problème de la *walâyat* est abondamment discuté; il reconduit aux sources de la gnose shî'ite, telles que les remet en lumière un penseur shî'ite de premier plan, Haydar Amolî (VIIIᵉ/XIVᵉ siècle). Il est contemporain de Rajab Borsî (dont l'œuvre essentielle pour la gnose shî'ite est de 774/1372). On conjoindra ici les noms du grand shaykh soufî Shâh Ni'matollâh Walî (mort en 834/1431), auteur prolifique; de deux disciples shî'ites d'Ibn 'Arabî, Sâ'inoddîn Torkeh Ispahânî (830/1427), et Moh. ibn Abi Jomhûr Ahsâ'î (vers 901/1495); de Shams Moh. Lâhîjî (mort en 918/1506), commentateur du célèbre mystique d'Azerbaïdjan, Mahmûd Shabestarî (mort en 720/1317, à l'âge de trente-trois ans).

La quatrième période, annoncée ci-dessus comme celle de la Renaissance safavide et de l'école d'Ispahan, avec

Mîr Dâmâd (1041/1631), Mollâ Sadrâ Shîrâzî (1050/1640), leurs élèves et les élèves de leurs élèves (Ahmad 'Alawî, Mohsen Fayz, 'Abdorrazzâq Lâhîjî, Qâzî Sa'id Qommî, etc.), est un phénomène sans parallèle ailleurs en Islam, où l'on considère que la philosophie est close depuis Averroës. Les œuvres seront mentionnées avec leurs auteurs dans la troisième partie de cette étude. Elles nous conduisent jusqu'à l'époque qâdjâre, pendant laquelle éclôt l'importante école shaykhie à la suite de Shaykh Ahmad Ahsâ'î (mort en 1241/1826) et finalement jusqu'à nos jours où se dessine, autour de l'œuvre de Mollâ Sadrâ, une renaissance de la philosophie traditionnelle.

Nous avons cité plus haut comme une compilation qui fut l'œuvre de Sharîf Râzî (406/1015), l'ouvrage intitulé *Nahj al-Balâgha* (titre que l'on traduit couramment par *le Chemin de l'éloquence,* mais où il faut entendre l'idée d'efficacité, de maturité). Il s'agit du recueil considérable des *Logia* du Ier Imâm, 'Alî ibn Abî Tâlib (prônes, entretiens, lettres, etc.). Après le *Qorân* et les *hadîth* du Prophète, c'est l'ouvrage le plus important, non seulement pour la vie religieuse du shî'isme en général, mais pour sa pensée philosophique. Ce sont les textes des Imâms explicités par les commentaires des grands penseurs shî'ites tels que Mollâ Sadrâ Shîrâzî, Mîr Dâmâd, Haydar Amolî, qui nous permettent d'entrevoir l'essence du shî'isme et c'est là le problème qui nous est posé.

L'ÉSOTÉRISME

Que le shî'isme, en son essence, soit l'ésotérisme de l'Islam, c'est la constatation qui découle des textes mêmes, avant tout de l'enseignement des Imâms. Il y a, par exemple, le sens donné au verset qorânique 33/72 : « Nous avons proposé le dépôt de nos secrets *(al-amâna)* aux Cieux, à la Terre et aux montagnes; tous ont refusé de l'assumer, tous ont tremblé de le recevoir. Mais l'homme accepta de s'en charger; c'est un violent et un inconscient. » Le sens de ce verset grandiose, qui fonde pour la pensée islamique le thème *De dignitate hominis,* ne fait pas de doute pour les commentateurs shî'ites. Le verset fait allusion aux « secrets divins », à l'ésotérique de la prophétie que les saints Imâms ont transmis à leurs adeptes. Le

VIᵉ Imâm, Ja'far Sâdiq, déclarait : « Notre cause est un secret *(sirr)* dans un secret, le secret de quelque chose qui reste voilé, un secret que seul un autre secret peut enseigner; c'est un secret sur un secret qui se suffit d'un secret. »

On pourrait multiplier les citations de semblables propos. Ils témoignent admirablement de l'éthos du shî'isme, de sa conscience d'être l'ésotérisme de l'Islam, et il est impossible, historiquement, de remonter plus haut que l'enseignement des Imâms, pour atteindre aux sources de l'Islam ésotérique. D'où, les shî'ites au sens vrai, ce sont ceux qui assument les secrets des Imâms. En revanche, tous ceux qui ont prétendu ou prétendent limiter l'enseignement des Imâms à l'exotérique, à des questions de droit et de rituel, ceux-là mutilent ce qui fait l'essence du shî'isme. L'affirmation de l'ésotérique ne signifie pas l'abolition pure et simple de la *sharî'at,* de la lettre et de l'exotérique *(zâhir)*; elle veut dire que, privée de la réalité spirituelle *(haqîqat)* et de l'ésotérique *(bâtin)*, la religions positive est opacité et servitude.

LA PROPHÉTOLOGIE

Les données les plus anciennes pour l'établissement de la prophétologie islamique sont contenues dans l'enseignement des Imâms. Vu ce qui la motive, on peut dire que le milieu shî'ite était, en propre, le milieu où la prophétologie était appelée à éclore, à être méditée, à se développer. Or, plus que toute autre forme de pensée qui se soit fait place en Islam, c'est une « philosophie prophétique » qui correspond par essence au sentiment d'une religion prophétique, parce que la « science divine » est incommunicable; ce n'est pas une « science » au sens ordinaire du mot, il n'appartient qu'à un prophète de la communiquer. Les conditions de cette communication, celles de la fructification de son contenu après que la prophétie est close, forment l'objet propre d'une philosophie prophétique. L'idée en fait corps avec l'idée même du shî'isme, et c'est pourquoi celui-ci ne saurait plus être absent d'une histoire de la philosophie islamique.

La prophétologie shî'ite ne procède nullement d'une simple sociologie positive; c'est le destin spirituel de l'homme qui est engagé. La thèse shî'ite niant (contre les

karramiyens et les ash'arites) la possibilité de voir Dieu
en ce monde et dans l'au-delà, est solidaire du développement, chez les Imâms eux-mêmes, d'une science du cœur,
d'une connaissance par le cœur (ma'rifat qalbîya) qui,
englobant toutes les puissances rationnelles et suprara-
tionnelles, esquisse déjà la gnoséologie propre à une
philosophie prophétique. D'une part, alors, la nécessité
de la prophétie signifie la nécessité qu'il y ait de ces hommes inspirés, des surhumains, dont on ira jusqu'à dire,
sans que cela implique l'idée d'une incarnation, « homme
divin ou seigneur divin sous forme humaine » (insân
rabbânî, rabb insânî). D'autre part, la prophétologie shî'ite
se différenciera nettement des écoles primitives de la
pensée islamique sunnite. Les ash'arites, rejetant toute
idée de tartîb, c'est-à-dire toute structure hiérarchisée du
monde avec des causes médiatrices, ruinaient le fondement même de la prophétie. De leur côté, les mo'tazilites
extrémistes (Râwendî) faisaient cette objection : ou bien
la prophétie est d'accord avec la raison, ou bien elle ne
l'est pas. Dans le premier cas, elle est superflue, dans le
second cas elle est à rejeter. Le rationalisme mo'tazilite ne
pouvait pressentir le niveau d'être et de conscience où
son dilemme se trouve volatilisé.

Ce médiateur, dont la prophétologie shî'ite montre la
nécessité, est désigné techniquement par le terme de
hojjat (la preuve, le garant de Dieu pour les hommes).
Cependant l'idée et la fonction débordent les limites d'une
époque ; la présence du hojjat doit être continue, même
s'il s'agit d'une présence invisible, ignorée de la masse des
hommes. Si donc le terme est appliqué au Prophète, il
l'est ensuite, et même plus particulièrement, aux Imâms.
L'idée du hojjat implique donc déjà l'indissociabilité
de la prophétologie et de l'imâmologie ; et, parce qu'elle
déborde les temps, elle s'origine à une réalité métaphysique dont la vision nous reconduit au thème gnostique de
l'anthrôpos céleste. Un enseignement de l'Imâm Ja'far
énonce :

La forme humaine est le suprême témoignage par lequel
Dieu atteste sa Création. Elle est le Livre qu'il a écrit de sa
main. Elle est le Temple qu'il a édifié par sa sagesse. Elle est
le rassemblement des Formes de tous les univers. Elle est le
compendium des connaissances écloses de la Tabula secreta

(Lawh mahfûz). Elle est le témoin visible répondant pour tout l'invisible *(ghayb)*. Elle est la garante, la preuve contre tout négateur. Elle est la Voie droite jetée entre le paradis et l'enfer.

Tel est le thème que la prophétologie shî'ite a explicité. Cette Forme humaine en sa gloire prééternelle est appelée l'Adam au sens vrai et réel *(Adam haqîqî)*, *Homo maximus (Insân kabîr)*, Esprit suprême, Première Intelligence, Calame suprême, Khalife suprême, Pôle des pôles. Cet *anthrôpos* céleste est investi et détenteur de la prophétie éternelle *(nobowwat bâqiya)*, de la prophétie primordiale essentielle *(n. aslîya haqîqîya)*, celle qui éclôt, dès avant les temps, dans le Plérome céleste. Aussi est-il la *Haqîqat mohammadîya*, la Réalité mohammadienne éternelle, la lumière de gloire mohammadienne, le Logos mohammadien.

Maintenant, cette Réalité prophétique éternelle est une bi-unité. Elle a deux « dimensions » : extérieure ou exotérique, intérieure ou ésotérique. La *walâyat*, c'est précisément l'ésotérique de cette prophétie *(nobowwat)* éternelle. De même que la « dimension » exotérique eut sa manifestation terrestre finale en la personne du prophète Mohammad, de même il fallait que sa « dimension » ésotérique eût son épiphanie terrestre. Elle l'eut en la personne de celui qui, de tous les humains, fut le plus proche du Prophète : 'Alî ibn Abî Tâlib, le Ier Imâm.

Entre la personne du Prophète et celle de l'Imâm il y a, avant leur parenté terrestre, un rapport spirituel *(nisbat ma'nawîya)* fondé en leur préexistence même : « Moi et 'Alî, nous sommes une seule et même Lumière. » Il y a enfin cette déclaration d'une portée décisive : « 'Alî a été missionné secrètement avec chaque prophète; avec moi il a été missionné à découvert. » Cette dernière déclaration ajoute aux précédentes toute la précision souhaitable. L'imâmat mohammadien, comme ésotérisme de l'Islam, est *eo ipso* l'ésotérisme de toutes les religions prophétiques antérieures.

Par les très brèves indications données ici s'éclaire le travail des penseurs shî'ites sur les catégories de la prophétie et de la *walâyat*. Il y a une prophétie absolue *(n. motlaqa)*, commune ou générale, et il y a une prophétie restreinte ou particulière *(moqayyada)*. La première est celle qui est propre à la Réalité mohammadienne absolue, intégrale et primordiale, de la prééternité à la postéternité. La seconde est constituée par les réalités partielles de la première, c'est-à-dire les épiphanies particulières de la prophétie qu'ont été chacun des *nabîs* ou prophètes dont le Prophète de l'Islam fut le Sceau, étant par là même l'épiphanie de la *Haqîqat mohammadîya*. De même, pour la *walâyat* qui est l'ésotérique de la prophétie éternelle : il y a une *walâyat* absolue et générale, et il y a une *walâyat* restreinte et particulière. De même que la prophétie respective de chacun des prophètes est une réalité et épiphanie partielle *(mazhar)* de la prophétie absolue, de même la *walâyat* de tous les *awliyâ* (les amis de Dieu, les hommes de Dieu) est chaque fois une réalité et épiphanie partielle de la *walâyat* absolue dont le Sceau est le premier imâm, tandis que le sceau de la *walâyat* mohammadienne est le Mahdî, le XIIe Imâm (l' « Imâm caché »). L'imâmat mohammadien, c'est-à-dire le plérome des Douze, est ainsi le Sceau *(khâtim)* de la *walâyat*. L'ensemble des *nabîs* est, envers le Sceau de la prophétie, dans le même rapport que lui-même envers le Sceau des *Awliyâ*.

On comprend ainsi que l'essence *(haqîqat)* du « Sceau des prophètes » et celle du « Sceau des *Awliyâ* » soit une seule et même essence, considérée quant à l'exotérique (la prophétie) et quant à l'ésotérique (la *walâyat*). La situation présente est celle-ci. Tout le monde, en Islam, professe unanimement que le cycle de la prophétie a été clos avec Mohammad, le Sceau des prophètes. Mais pour le shî'isme, avec la clôture du cycle de la prophétie a commencé le cycle de la *walâyat*, celui de l'initiation spirituelle. En fait, on le précisera plus loin, ce qui, selon les auteurs shî'ites, a été clos, c'est la « prophétie législatrice ». Quant à la prophétie tout court, elle désigne l'état spirituel de ceux qui, avant l'Islam, s'appelaient *nabîs*, mais que l'on désigne désormais comme les *awliyâ;* le nom a changé, la chose demeure. Là est la vision caractéristique de l'Islam shî'ite, en qui fermente ainsi l'attente d'un avenir auquel il demeure ouvert. Cette conception repose sur une classification des prophètes, elle-même fondée sur la gnoséologie prophétique enseignée par les Imâms eux-mêmes. Elle détermine, d'autre part, un ordre de préséance entre *walî, nabî* et *rasûl,* dont la compréhension diffère selon le shî'isme duodécimain et selon l'ismaélisme.

L'IMÂMOLOGIE

L'idée de l'Imâm est postulée par le double aspect de la « Réalité mohammadienne éternelle » décrite ci-dessus, et impliquant, entre autres, qu'au cycle de la prophétie succède le cycle de la *walâyat.* Le premier thème sur lequel insistent longuement les propos des Imâms, c'est la nécessité, postérieurement au Prophète énonciateur, d'un « Mainteneur du Livre » *(Qayyim al-Qorân).* Ce thème donne lieu à des dialogues très animés dans l'entourage des Imâms, voire à des discussions avec certains mo'-tazilites. La thèse que l'on oppose aux adversaires est que le texte du *Qorân* à lui seul ne suffit pas, car il a des sens cachés, des profondeurs ésotériques, des contradictions apparentes. Ce n'est pas un livre dont la science puisse être assumée par la philosophie commune. Il faut « reconduire » *(ta'wîl)* le texte au plan où son sens est vrai. Ce n'est pas l'affaire de la dialectique, du *kalâm;* on ne construit pas ce sens vrai à coups de syllogismes. Il faut un homme qui soit à la fois un héritier spirituel et un inspiré, qui possède l'ésotérique *(bâtin)* et l'exotérique *(zâhir).* C'est lui le *Hojjat* de Dieu, le Mainteneur du Livre, l'Imâm ou le Guide. L'effort de la pensée s'appliquera donc à considérer ce qui fait l'essence de l'Imâm en la personne des douze Imâms. Et, de ce fait, la première question qui va se poser est celle-ci : qui, après le Prophète, pouvait revendiquer la qualité de « Mainteneur du Livre » ?

Les témoignages sont unanimes. Un des plus célèbres compagnons du Prophète, 'Abdollah ibn 'Abbâs, rapporte l'impression profonde éprouvée par tous ceux qui entendaient 'Alî commenter la *Fâtiha* (la première sourate du *Qorân*). Et il y a ce témoignage du Ier Imâm lui-même :

Pas un verset du *Qorân* n'est descendu sur (n'a été révélé à) l'Envoyé de Dieu, sans qu'ensuite il ne me le dictât et ne me le fit réciter. Je l'écrivais de ma main, et il m'en enseignait le *tafsîr* (l'explication littérale) et le *ta'wîl* (l'exégèse spirituelle), le *nâsikh* (verset abrogeant) et le *mansûkh* (verset abrogé), le *mohkam* et le *motashâbih* (le ferme et l'ambigu), le particulier

et le général. Et il priait Dieu d'agrandir ma compréhension
et ma mémoire. Ensuite il posait sa main sur ma poitrine et
demandait à Dieu de remplir mon cœur de connaissance et
de compréhension, de jugement et de lumière.

Et c'est précisément au motif du cœur que recourent
nos textes pour faire comprendre la fonction de l'Imâm :
il est, pour la communauté spirituelle, ce que le cœur est
pour l'organisme humain.

Le Ier Imâm est qualifié comme fondement de l'imâmat. Mais la représentation shî'ite ne peut en dissocier les
autres Figures qui forment ensemble le plérome de l'imâmat, parce que la loi du nombre douze, chiffre symbolique
d'une totalité, est constante à toutes les périodes du cycle
de la prophétie. Comme le dit Haydar Amolî : « Tous les
Imâms sont une seule et même Lumière *(nûr)*, une seule
et même Essence *(haqîqat, οὐσία)*, exemplifiée en douze
personnes. »

Cette conception se fonde sur toute une métaphysique
de l'imâmologie qui a pris des développements considérables, d'une part dans la théosophie ismaélienne, et
d'autre part au sein du shî'isme duodécimain, particulièrement dans l'école shaykhie. Les prémisses en sont fournies
par les textes mêmes des imâms. Pour en comprendre la
portée, il faut se rappeler également que si l'imâmologie
s'est trouvée placée devant les mêmes problèmes que la
christologie, ce fut toujours pour incliner à des solutions
qui, rejetées par le christianisme officiel, se rapprochent
pour autant des conceptions gnostiques. Quand est envisagé le rapport de *Lâhût* (divinité) et *Nâsût* (humanité)
dans la personne des Imâms, il ne s'agit jamais de quelque
chose comme une union hypostatique des deux natures.
Les Imâms sont des épiphanies divines, des théophanies.
Le lexique technique *(zohûr, mazhar)* réfère toujours à la
comparaison avec le phénomène du miroir : l'image qui
se montre le miroir n'est pas incarnée dans (ni
immanente à) la substance du miroir.

Les qualifications que reçoivent les Imâms ne se comprennent en effet que si on les considère comme des
figures de lumière, entités précosmiques. Ces qualifications ont été affirmées par eux-mêmes au temps de leur
épiphanie terrestre. Kolaynî a recueilli un bon nombre de
leurs témoignages dans sa volumineuse compilation.

Et puisqu'ils sont tous une même Essence, une même Lumière, ce qui est dit de l'Imâm en général se rapporte à chacun des Douze. Tels qu'ils apparaissent sur le plan de l'histoire, ils se succèdent ainsi : I. Alî, Émir des croyants (mort en 40/661). II. al-Hasan al-Mojtabâ (49/669). III. al-Hosayn Sayyed al-shohadâ' (61/680). IV. 'Alî Zaynol-'Abidîn (92/711). V. Mohammad al-Bâqir (115/733). VI. Ja'far al-Sâdiq (148/765). VII. Mûsâ al-Kâzim (183/799). VIII. 'Alî Rezâ (203/818). IX. Mohammad Javâd al-Taqî (220/835). X. 'Alî al-Naqî (254/868). XI. al-Hasan al-'Askarî (260/874). XII. Mohammad al-Mahdî, *al-Qâ'im, al-Hojjat.* Tous ont répété qu'ils étaient les héritiers des connaissances de l'Envoyé de Dieu et de tous les prophètes antérieurs. Le sens de cette qualité d'héritier, la gnoséologie va nous le montrer. Ce qui précède nous permet déjà de ruiner un préjugé ou malentendu. Jamais l'ascendance charnelle remontant au Prophète n'a suffi à faire un Imâm (il y faut, en outre, *nass* et *'ismat,* l'investiture et l'impeccabilité). Ce n'est pas de leur parenté terrestre avec le Prophète, sans plus, que résulte leur imâmat. Il faut plutôt dire, inversement, que c'est leur parenté terrestre qui résulte et est le signe de leur unité pléromatique avec le Prophète.

D'autre part, il y a lieu de constater brièvement ici que la notion de *walâyat* a si bien ses origines dans le shî'isme même, qu'elle en apparaît indissociable. Elle en fut pourtant dissociée, et c'est là toute l'histoire du soufisme non shî'ite dont, on l'a dit, les origines ne sont pas encore parfaitement élucidées. La *walâyat* perd alors son support, sa source et sa cohérence; on transfère au Prophète ce qui se rapportait à l'Imâm. Une fois la *walâyat* ainsi déracinée de l'imâmologie, une autre conséquence grave se produira. Passeront pour héritiers des prophètes et du Prophète, les « quatre imâms » fondateurs des quatre rites juridiques (hanbalite, hanéfite, malékite, shafi'ite) de l'Islam sunnite. Le lien organique, la bipolarité de la *sharî'at* et de la *haqîqat,* se trouvait rompu, et par là même consolidée la religion légalitaire, l'interprétation purement juridique de l'Islam. On peut saisir là, à sa source, un phénomène de laïcisation et de socialisation tout à fait caractéristique. Le *bâtin* isolé du *zâhir,* voire rejeté, c'est aussi toute la situation des philosophes et des mystiques qui se trouvait en porte à faux, engagée dans une

voie de plus en plus « compromettante ». De ce phénomène, non analysé jusqu'ici, donne une parfaite idée la
protestation de tous ceux des shî'ites (Haydar Amolî en
tête) qui, comprenant fort bien la cause première de la
réduction de l'Islam à une religion purement légalitaire,
dénient aux « quatre imâms » la qualité d'héritiers du Prophète. Pour la première raison que leur science, étant toute
exotérique, n'a nullement la nature d'une science qui est
héritage spirituel (*'ilm irthî*). Pour la seconde raison que
la *walâyat* fait précisément des Imâms les héritiers du
bâtin. La gnoséologie shî'ite nous permet de comprendre
l'enjeu et la gravité de la situation.

LA GNOSÉOLOGIE

Il y a un lien essentiel entre la gnoséologie d'une philosophie prophétique et le phénomène du Livre saint
« descendu du Ciel ». Pour une réflexion philosophique
s'exerçant au sein d'une communauté de *ahl al-Kitâb*, le
thème de l'inspiration prophétique doit être un thème
privilégié. La philosophie prophétique éclose en Islam
shî'ite y trouve sa tonalité propre, en même temps que
son orientation diffère profondément de l'orientation de
la philosophie chrétienne, centrée sur le fait de l'Incarnation comme entrée du divin dans l'histoire et la chronologie.

Les *hadîth* qui, dans le corpus de Kolaynî, nous transmettent particulièrement la doctrine gnoséologique des
Ve, VIe et VIIe Imâms, posent une classification des degrés de la connaissance et des personnes prophétiques en
fonction des degrés de la médiation de l'Ange. Ce lien
entre la gnoséologie et l'angélologie permettra aux philosophes (*falâsif*) d'identifier l'Ange de la Connaissance et
l'Ange de la Révélation. Mais ce serait complètement se
méprendre que de voir dans cette identification du
'*Aql* (Intelligence) et du *Rûh* (Esprit), Νοῦς et Πνεῦμα,
une rationalisation de l'Esprit.

Quatre catégories sont énumérées, décrites et expli-
quées par les Imâms. Premièrement, le prophète ou *nabî*
qui n'est prophète que pour lui-même. Il ne lui incombe
pas de proclamer le message qu'il a reçu de Dieu, parce
que c'est un message tout personnel. Ensuite, le *nabî* qui
a des visions et entend la voix de l'Ange en songe, mais

ne voit pas l'Ange à l'état de veille, et n'est également envoyé vers personne. À ces deux catégories de nabîs tout court s'ajoute celle du prophète qui a la vision ou la perception de la voix de l'Ange non seulement en songe mais à l'état de veille. Il peut être envoyé vers un groupe plus ou moins nombreux. Enfin, dans la catégorie des prophètes-envoyés, se distingue la catégorie des six (ou sept) grands prophètes (Adam, Noé, Abraham, Moïse, David, Jésus, Mohammad), envoyés avec la mission *(risâlat)* d'énoncer une *sharî'at*, une Loi divine nouvelle, abrogeant la précédente; c'est, en propre, la *nobowwat al-tashrî'* ou prophétie législatrice (voir plus haut).

Il convient ici de noter que le mot *walî* (ami et aimé de Dieu) ne fut employé pour aucun des *awliyâ* des périodes de la prophétie antérieures à la mission du prophète de l'Islam. Ils étaient dénommés simplement *anbiyâ'* (pluriel de *nabî*), des prophètes (que l'on pense ici aux Beni ha-Nebi'im de la *Bible*). Depuis l'Islam, on ne peut plus employer le terme *nabî*, on dit *awliyâ*.

Une autre remarque : les catégories de la gnoséologie prophétique sont établies en fonction de la médiation visible, audible ou invisible de l'Ange, c'est-à-dire en fonction de la conscience que peut en prendre le sujet. La mission de l'Envoyé implique la vision de l'Ange à l'état de veille (vision dont la modalité sera expliquée par un mode de perception différent de la perception sensible). C'est elle que l'on désigne en propre comme *wahy* (communication divine). Pour les autres catégories, on parle de *ilhâm* (inspiration), comportant différents degrés, et de *kashf*, dévoilement mystique. Un *hadîth* énonce que « l'Imâm entend la voix de l'Ange, mais n'en a pas la vision, ni en songe ni à l'état de veille ».

Ces différents modes de connaissance supérieure, de hiérognose, ont longuement retenu l'attention de nos auteurs. Leur sens ne s'entend qu'à la condition de les rattacher à l'ensemble de la prophétologie. C'est pourquoi on mutilerait un aperçu de la théosophie shî'ite si l'on n'indiquait pas brièvement comment nos penseurs ont, dans leurs commentaires, développé la gnoséologie instaurée par les Imâms. Mollâ Sadrâ est ici le grand maître. La doctrine élaborée par lui en marge du texte des Imâms présente toute connaissance vraie comme étant une épiphanie ou une théophanie. C'est que le cœur (l'organe

subtil de lumière, *latîfa nûrânîya,* support de l'intelligence)
a, par disposition foncière, capacité d'accueillir la réalité
spirituelle (les *haqâ'iq*) de tous les cognoscibles.

L'idée de la connaissance comme étant une épiphanie
dont l'organe de perception a son siège dans le cœur, conduit à établir deux séries parallèles dont les termes respectifs sont homologues. Du côté de la vision extérieure
(basar al-zâhir), il y a l'œil, la faculté de la vue, la perception *(idrâk),* le soleil. Du côté de la vision intérieure
(basîrat al-bâtin), il y a le cœur *(qalb),* l'intelligence
('aql), la connaissance *('ilm),* l'Ange (l'Esprit saint,
l'Intelligence agente). Sans l'illumination du soleil, l'œil
ne peut voir. Sans l'illumination de l'Ange-Intelligence,
l'intellect humain ne peut connaître (la théorie avicennienne s'intègre ici à la gnoséologie prophétique). On
donne à cet Ange-Intelligence le nom de Calame
(Qalam), parce qu'il est la cause intermédiaire entre Dieu et
l'homme pour l'actualisation de la connaissance dans le
cœur, comme le calame (la plume) est intermédiaire entre
l'écrivain et le papier sur lequel il écrit ou dessine. Il n'y
a donc pas à passer de l'ordre sensible à l'ordre suprasensible, en se demandant si le passage est légitime. Il n'y a
pas non plus abstraction à partir du sensible. Il s'agit de
deux aspects, à deux plans différents, d'un même processus.

À la gnoséologie prophétique ressortit aussi bien ce
qui est du domaine habituel du philosophe que tout ce
qui concerne la hiérognose : les modes de connaissance
supérieure, perceptions du suprasensible, aperceptions
visionnaires. Mollâ Sadrâ, explicitant les postulats de
cette gnoséologie, fait apparaître entre celle-ci et celle
de l'*Ishrâq* une convergence essentielle, en ce sens que
l'authentification des visions prophétiques et des perceptions du suprasensible postule que l'on reconnaisse, entre
la perception sensible et l'intellection pure de l'intelligible,
une tierce faculté de connaissance. Telle est la raison de
l'importance reconnue à la conscience imaginative et à la
perception imaginative comme organe de perception
d'un monde qui lui est propre, le *mundus imaginalis*
(*'âlam al-mithâl),* en même temps qu'à l'encontre de la
tendance générale des philosophes, on en fait une faculté
psychospirituelle pure, indépendante de l'organisme
physique périssable. Il y aura lieu d'y revenir à propos de

Sohrawardî et de Mollâ Sadrâ. Pour le moment, relevons le fait que c'est la prophétologie des Imâms qui implique la nécessité de la triade des univers (sensible, « imaginal », intelligible) en correspondance avec la triade de l'anthropologie (corps, âme, esprit).

Enfin, c'est cette gnoséologie qui explique la continuation, jusqu'au jour de la Résurrection, de cette « prophétie secrète, ésotérique » *(nobowwat bâtinîya)* dont la terre des hommes ne pourrait être privée sans périr. Car seule une hiérohistoire détient le secret d'une philosophie prophétique qui n'est pas une dialectique de l'Esprit, mais une épiphanie de l'Esprit saint.

HIÉROHISTOIRE ET MÉTAHISTOIRE

On donne ici le nom de hiérohistoire aux représentations impliquées dans l'idée de cycles *(dawr,* pluriel *adwâr)* de la prophétie et de la *walâyat,* comme à une histoire qui ne consiste pas dans l'observation, l'enregistrement ou la critique des faits empiriques, mais qui résulte d'un mode de perception qui dépasse la matérialité des faits empiriques, à savoir cette perception du suprasensible, dont les degrés nous ont été indiqués précédemment dans la gnoséologie. Il y a corrélation entre hiérognose et hiérohistoire. Les faits perçus ainsi ont, certes, la réalité d'événements, mais non pas d'événements ayant la réalité du monde et des personnes physiques, ceux qui en général remplissent nos livres d'histoire, parce que c'est avec eux que l'on « fait de l'histoire ». Ce sont des faits spirituels au sens strict du mot. Ils s'accomplissent dans la métahistoire (par exemple, le jour du *Covenant* entre Dieu et la race humaine), ou bien ils transparaissent dans le cours des choses de ce monde, y constituant l'invisible de l'événement et l'événement invisible qui échappe à la perception empirique profane, parce que présupposant cette « perception théophanique » qui seule peut saisir un *mazhar,* une forme théophanique. Les prophètes et les Imâms ne sont perçus comme tels qu'au plan d'une hiérohistoire, une histoire sacrale. Le cycle total de cette hiérohistoire (les périodes prophétiques et le cycle postprophétique de l'imâmat ou de la *walâyat)* présente une structure qui n'est pas celle d'une évolution quelconque, mais qui reconduit aux origines. La hiérohistoire envisage donc d'abord ce en quoi consiste la « descente », pour décrire la « remontée », la fermeture du cycle.

Comme l'explique Mollâ Sadrâ, en explicitant l'enseignement des Imâms, ce qui est « descendu » (s'est épiphanisé) dans le cœur du Prophète, ce sont tout d'abord les *haqâ'iq,* les vérités et réalités spirituelles du *Qorân,* avant la forme visible du texte, faite des mots et des lettres. Ces réalités spirituelles, ce sont elles la « Lumière du Verbe » *(Nûr al-Kalâm)* qui était déjà présente avant que l'Ange se manifestât sous une forme visible et « dictât » le texte du Livre. La vérité spirituelle était déjà là, et c'est cela justement la *walâyat* du Prophète, laquelle est, dans sa personne, antérieure à la mission prophétique, puisque celle-ci la présuppose.

Ce qui a été dit précédemment concernant le rapport entre le Prophète et la « Réalité mohammadienne » éternelle *(Haqîqat mohammadîya),* l'*anthrôpos* céleste dont il est le *mazhar,* la forme épiphanique, postule qu'il ne puisse s'agir d'une entrée dans l'histoire, d'une historicisation du divin, comme l'implique l'idée chrétienne de l'Incarnation.

La fonction épiphanique *(mazharîya)* postule que toujours soient distingués d'une part les attributs de la *Haqîqat* éternelle dont la Manifestation ne se produit que pour le cœur, et d'autre part ceux de l'apparence extérieure, visible pour tout le monde, croyants ou non. C'est pourquoi nous avons déjà signalé que, si leur prophétologie et leur imâmologie mirent les penseurs shî'ites devant des problèmes analogues à ceux de la christologie, l'idée de la *mazharîya* (comme fonction d'un miroir où l'image se montre sans s'incarner) les conduisit toujours à des solutions différentes de celles du dogme chrétien officiel. Or c'est à cette réalité suprasensible « transparaissant » à travers son *mazhar,* que se rapporte ici l'idée des cycles, et parce qu'il y a un cycle, il y a aussi deux limites auxquelles réfère chacun des événements de l'histoire spirituelle. Ces deux limites sont le seuil de la métahistoire (ou transhistoire); c'est cette métahistoire qui donne un sens à l'histoire, parce qu'elle fait de celle-ci une hiérohistoire; sans métahistoire, c'est-à-dire sans antériorité « dans le Ciel » et sans une eschatologie, il est absurde de parler d'un « sens de l'histoire ».

Nous avons relevé, dès le début, que si la conscience de l'homme chrétien est fixée sur certains faits datables pour lui dans l'histoire (Incarnation, Rédemption), la conscience du *mu'min,* du fidèle, celle qu'il a de son origine et de l'avenir dont dépend le sens de sa vie présente, est fixée sur des faits réels, mais qui appartiennent à la métahistoire. Le sens de son origine, il le perçoit dans l'interrogation posée par Dieu, le « Jour du *Covenant* », à l'humanité adamique, avant que celle-ci ait été transférée au plan terrestre. Aucune chronologie ne peut fixer la date de ce « Jour du *Covenant* », lequel se passe dans le temps de la préexistence des âmes généralement professée dans le shî'isme. L'autre limite pour le shî'ite, qu'il soit un penseur ou un simple croyant, est celle de la parousie de l'Imâm présentement caché (l'Imâm-Mahdî, dont l'idée shî'ite diffère profondément de celle du Mahdî dans le reste de l'Islam). Le temps présent, dont l'Imâm caché est le dénominateur, est le temps de son occultation *(ghaybat);* par là même « son temps » est affecté d'un autre signe que le temps qui est pour nous celui de l'histoire. Seule en peut parler une philosophie prophétique, parce qu'elle est essentiellement eschatologique.

Le point sur lequel tout le monde s'accorde, c'est que le prophète de l'Islam a été le Sceau de la prophétie; il n'y aura plus de prophète après lui; plus exactement, il n'y aura plus d'Envoyé chargé d'annoncer une *sharî'at,* une Loi divine, aux hommes. Mais alors le dilemme est celui-ci : ou bien la conscience religieuse, de génération en génération, se concentre sur ce passé prophétique désormais clos, et cela parce qu'elle perçoit uniquement dans le Livre un code de vie morale et sociale, et parce que le « temps de la prophétie » *(zamân al-nobowwat)* s'est refermé sur ce sens littéral tout exotérique; ou bien ce passé prophétique reste en lui-même à venir, parce que le texte du Livre recèle un sens caché, un sens spirituel; celui-ci postule alors une initiation spirituelle; elle fut le ministère des Imâms. Au cycle de la prophétie *(dâ'irat al-nobowwat)* succède le cycle de la *walâyat;* l'idée de cette succession reste fondamentalement shî'ite.

Ce qui continue, en Islam, sous le nom de *walâyat,* est en fait une prophétie ésotérique *(n. bâtinîya),* dont l'humanité terrestre ne pourrait d'ailleurs être privée sans s'effondrer. Il va sans dire qu'aux yeux de l'orthodoxie sunnite, cette affirmation apparaît révolutionnaire (voir, plus loin, le sens du procès de Sohrawardî).

Sur cette intuition fondamentale, la prophétologie shi'ite a développé le schéma d'une hiérohistoire grandiose, où l'on découvre le pressentiment d'une « théologie générale de l'histoire des religions ». La prophétie absolue, essentielle et primordiale, appartient à l'Esprit suprême (*anthrôpos* céleste, Première Intelligence, Réalité mohammadienne éternelle) que Dieu missionne d'abord vers l'Âme universelle avant de la missionner vers les âmes individuelles, pour leur notifier les Noms et Attributs divins *(nobowwat al-ta'rîf)*. Le thème, chez nos penseurs d'Islam, apparaît comme une amplification du thème du *Verus Propheta,* le vrai Prophète qui, dans la prophétologie judéo-chrétienne, celle des Ébionites, « se hâte de prophète en prophète jusqu'au lieu de son repos ». Ici le « lieu de son repos » est le dernier prophète, le prophète de l'Islam.

On se représente la totalité de cette prophétie comme un cercle dont la ligne est constituée par une suite de points, chacun représentant un prophète, un moment partiel de la prophétie. Le point initial du cycle de la prophétie sur terre fut l'existence de l'Adam terrestre. De nabî en nabî (la tradition en compte cent vingt-quatre mille), d'Envoyé en Envoyé (on en compte trois cent treize), de grand prophète en grand prophète (il y en eut six, sinon sept), le cycle progresse jusqu'à l'existence de Jésus qui fut le dernier grand prophète partiel. Avec la venue de Mohammad, le cercle est constitué et clos. Comme *Khâtim* (Sceau qui récapitule tous les prophètes antérieurs), Mohammad est l'épiphanie de la Réalité prophétique éternelle, Esprit suprême, *anthrôpos* céleste. L'Esprit suprême s'épiphanise en lui par l'essence même de la prophétie. Maintenant, la *walâyat* étant l'ésotérique ou l'« intérieur » de la prophétie, et comme telle la qualification constitutive de l'imâmat, le schéma de la hiérohistoire doit englober, dans leur totalité, la prophétologie et l'imâmologie. Le terme final du cycle de la prophétie a coïncidé avec le terme initial du cycle de la *walâyat.*

Nous savons désormais que ce qui, en Islam, s'appelle *walâyat,* s'appelait, au cours des périodes antérieures de la prophétie, *nobowwat* sans plus (c'est-à-dire sans la mission d'Envoyé). De même que Mohammad eut ses douze

Imâms, de même chacun des six (ou des cinq) grands
prophètes envoyés avant lui (Adam, Noé, Abraham,
Moïse, David, Jésus) a eu ses douze Imâms ou *awsiyâ*
(héritiers spirituels). Les douze Imâms du Christ ne sont
pas exactement ceux que nous appelons les douze apôtres;
ce furent les douze qui assumèrent la transmission du
message prophétique jusqu'à la suscitation du dernier
prophète.

L'ensemble de cette hiérohistoire est d'une cohérence
parfaite, l'imâmat mohammadien étant dans les personnes
qui exemplifient sur terre le plérome des Douze, l'achèvement des religions prophétiques qu'il reconduit à leur
intériorité. Le shî'isme, comme ésotérisme de l'Islam,
parachève tous les ésotérismes. Le seuil de la prophétie
législatrice est fermé; le seuil de la *walâyat* reste ouvert
jusqu'au jour de la Résurrection.

L'IMÂM CACHÉ ET L'ESCHATOLOGIE

Ce thème dans lequel culminent l'imâmologie et sa
hiérohistoire est un thème de prédilection pour la philosophie prophétique. Sans doute l'idée de l'Imâm caché
fut-elle projetée successivement sur plusieurs Imâms,
mais elle ne pouvait se constituer définitivement qu'autour de la personne du Douzième, avec qui s'achève le
plérome de l'imâmat. La littérature le concernant, en
persan et en arabe, est considérable. (Ont recueilli les
sources : Saffâr Qommî, mort en 290/903, narrateur-
témoin du XIe Imâm; Kolaynî et son élève No'mânî,
IVe/Xe siècle; Ibn Bâbûyeh, mort en 381/991, qui tenait
ses informations d'un témoin contemporain, Hasan ibn
Mokteb; Shaykh Mofîd, mort en 413/1022; Moh. b. Hasan
Tûsî, mort en 460/1067-1068. Les principales traditions
sont recueillies dans le volume XIII de l'*Encyclopédie* de
Majlisî.) De nos jours encore paraissent fréquemment, en
Iran, des livres sur ce sujet : *Elzâm al-Nâsib,* de Shaykh 'Alî
Yazdî; *al-Kitâb al-'abqarî,* de 'Allâmeh Nahâvandî, etc. De
tout cela, seules quelques pages ont été traduites en français.

Devant nous limiter ici à l'essentiel, nous rappelons
que le XIe Imâm, Hasan 'Askarî, retenu plus ou moins
prisonnier par la police abbasside dans le camp de Samarra
(à quelque cent kilomètres au nord de Bagdad), y mourut
à l'âge de vingt-huit ans, en 260/874. Ce jour-là même

disparaissait son jeune fils, alors âgé de cinq ans ou un peu plus, et commença ce que l'on appelle l'occultation mineure *(ghaybat soghrâ)*. Cette simultanéité est riche de sens pour le sentiment mystique. L'Imâm Hasan 'Askarî se propose aux siens comme le symbole de leur tâche spirituelle. L'enfant de son âme devient invisible dès qu'il quitte ce monde, et c'est de cet enfant que l'âme de ses adeptes doit enfanter la parousie, c'est-à-dire le « retour au présent ».

L'occultation du XIIe Imâm s'accomplit en deux fois. L'occultation mineure dura soixante-dix ans, pendant lesquels l'Imâm caché eut successivement quatre *nâ'ib* ou représentants, par qui ses shî'ites pouvaient communiquer avec lui. Au dernier d'entre eux, 'Alî Samarrî, il ordonna, dans une dernière lettre, de ne point se choisir de successeur, car maintenant était venu le temps de la Grande Occultation *(ghaybat kobrâ)*. Les dernières paroles de son dernier *nâ'ib* (330/942) furent : « Désormais l'affaire n'appartient plus qu'à Dieu. » Dès lors commence l'histoire secrète du XIIe Imâm. Sans doute ne relève-t-elle pas de ce que nous appelons l'historicité des faits matériels. Cependant elle domine la conscience shî'ite depuis plus de dix siècles; elle est l'histoire même de cette conscience. Le dernier message de l'Imâm l'a mise en garde contre toute imposture, tout prétexte tendant à mettre fin à son attente eschatologique, à l'imminence de l'Attendu (ce fut le drame du bâbisme et du behaïsme).

L'idée de l'Imâm caché a conduit les maîtres de l'école shaykhie à approfondir le sens et le mode de cette présence invisible. C'est en quelque sorte une phénoménologie de la *ghaybat* que le shaykhisme a esquissée. Une figure comme celle du XIIe Imâm n'apparaît ni ne disparaît selon les lois de l'historicité matérielle. C'est un être surnaturel qui typifie les mêmes aspirations profondes que celles auxquelles correspondit, dans un certain christianisme, l'idée d'une pure *caro spiritualis Christi*. Il dépend des hommes que l'Imâm juge s'il peut leur apparaître ou non. Son apparition est le sens même de leur rénovation, et là finalement est le sens profond de l'idée shî'ite de l'occultation et de la parousie. Celle-ci n'est pas un événement qui puisse surgir soudain un beau jour, c'est quelque chose qui advient de jour en jour dans la conscience des shî'ites fidèles. Ici donc c'est l'ésotérisme qui brise l'immobilisme si souvent reproché à l'Islam légalitaire.

Comme on le sait, le prophète Mohammad fut, comme l'avait été Mani, identifié avec le Paraclet. Mais, parce qu'il y a homologie entre le Sceau de la prophétie et le Sceau de la *walâyat*, l'imâmologie maintient l'idée du Paraclet comme vision à venir. Plusieurs auteurs shî'ites (entre autres Kamâl Kâshânî et Haydar Amolî) identifient expressément le XIIe Imâm, l'Imâm attendu, avec le Paraclet dont la venue est annoncée dans l'*Évangile de saint Jean* auquel ils réfèrent. Cela justement parce que l'avènement de l'Imâm-Paraclet inaugurera le règne du pur sens spirituel des révélations divines, c'est-à-dire la religion en vérité qui est la *walâyat* éternelle. C'est pourquoi le règne de l'Imâm prélude à la Grande Résurrection *(Qîyâmat al-Qiyâmât)*. La résurrection des morts, comme le dit Shams Lâhîjî, est la condition qui permettra que soient enfin réalisés le but et le fruit de l'existentiation des êtres.

On vient de signaler l'identification établie par les penseurs shî'ites entre l'Imâm attendu et le Paraclet. Cette identification décèle une convergence frappante entre l'idée profonde du shî'isme et l'ensemble des tendances philosophiques qui, en Occident, depuis les joachimites du XIIIe siècle jusqu'à nos jours, ont été guidées par l'idée paraclétique et ont conduit à penser et à œuvrer en vue du règne de l'Esprit saint. Cessant de passer inaperçu, le fait pourrait avoir de grandes conséquences. Maintenant, une esquisse de la pensée shî'ite serait incomplète si, à côté de l'imâmisme duodécimain, elle ne marquait pas la place de l'ismaélisme et de la gnose ismaélienne.

L'ISMAÉLISME

PÉRIODES ET SOURCES - LE PROTO-ISMAÉLISME

Quelques décennies plus tôt, il eût été très difficile d'écrire ce chapitre, tant la vérité de l'ismaélisme disparaissait sous la trame d'un affreux « roman noir » dont les responsables seront évoqués plus loin à propos d'Alamût. La séparation entre les deux principales branches du shî'isme, imâmisme duodécimain d'une part, ismaélisme septimanien d'autre part, s'accomplit lorsque le VIe Imâm, Ja'far Sâdiq, grande figure entre toutes, quitte ce

monde (148/765). Son fils aîné, l'Imâm Isma'îl, était
décédé prématurément avant lui. L'investiture de l'imâmat revenait-elle au fils de celui-ci, ou bien l'Imâm Ja'far
avait-il le droit, usant de sa prérogative comme il le fit, de
reporter l'investiture sur un autre de ses propres fils,
Mûsâ Kâzem, frère cadet d'Isma'îl ? En fait, ces questions
de personnes sont dominées par quelque chose de plus
profond : la perception d'une structure transcendante
dont les figures terrestres des Imâms exemplifient la
typologie. Celle-ci départage les shî'ites duodécimains
et les shî'ites septimaniens.

Autour du jeune Imâm Isma'îl, éponyme de l'ismaélisme, s'était constitué un groupe de disciples enthousiastes dont les tendances peuvent être qualifiées d'« ultra-
shî'ites », en ce sens qu'elles les portaient à tirer les
conséquences radicales des prémisses de la gnose shî'ite
exposées ci-dessus : l'épiphanie divine dans l'imâmologie;
la certitude qu'à toute chose extérieure ou exotérique
correspond une réalité intérieure, ésotérique; l'accent
mis sur la *Qiyâmat* (résurrection spirituelle) au détriment
de l'observance de la *sharî'at* (la loi, le rituel). On reconnaîtra le même esprit dans l'ismaélisme réformé d'Alamût. Autour de tout cela s'est nouée la tragédie qui eut
pour centre la pathétique figure d'Abû'l-Khattâb et de
ses compagnons, amis de l'Imâm Isma'îl, et désavoués,
extérieurement du moins, par l'Imâm Ja'far qui en eut le
cœur déchiré.

De cette fermentation spirituelle du IIe/VIIIe siècle il
ne nous reste que peu de textes; ils suffisent à nous faire
pressentir le lien entre la gnose antique et la gnose ismaélienne. Le plus ancien, intitulé *Omm al-Kitâb* (« l'archétype du Livre »), nous est conservé en un persan archaï-
que; que celui-ci soit le texte original ou une version de
l'arabe, il reflète en tout cas fidèlement les idées qui
avaient cours en ces milieux où prenait forme la gnose
shî'ite. Le livre se présente comme un entretien entre le
Ve Imâm, Mohammad al-Bâqir (mort en 115/733), et trois
de ses disciples (des *roshaniyân,* des « êtres de lumière »).
Il contient, dès le début, une réminiscence très nette des
Évangiles de l'Enfance (faisant déjà comprendre comment l'imâmologie sera l'homologue d'une christologie
gnostique). Autres motifs dominants : la science mystique
des lettres (le *jafr*), particulièrement goûtée déjà dans

l'école de Marc le Gnostique; les groupes de cinq, le pentadisme qui domine une cosmologie où l'on retrouve des traces très nettes du manichéisme, et d'où l'analyse dégage un kathénothéisme d'un extrême intérêt.

Malheureusement, entre les textes où s'exprime ce que l'on peut appeler le proto-ismaélisme et la période triomphale où l'avènement de la dynastie fâtimide au Caire (269/909), avec 'Obaydallâh al-Mahdî, passe pour réaliser sur terre l'espoir ismaélien du royaume de Dieu, il nous est très difficile de suivre la transition. Entre la mort de l'Imâm Mohammad, fils de l'Imâm Isma'îl, et le fondateur de la dynastie fâtimide, se place la période obscure de trois Imâms cachés (*mastûr* : ne pas confondre avec la notion de la *ghaybat* du XIIe Imâm, chez les imâmites duodécimains). Signalons seulement que la tradition ismaélienne regarde le second de ces Imâms cachés, l'Imâm Ahmad, arrière-petit-fils de l'Imâm Isma'îl, comme ayant patronné la rédaction de l'Encyclopédie des Ikhwân al-Safâ, et comme étant l'auteur de la *Risâlat al-Jâmi'a,* c'est-à-dire de la synthèse qui récapitule le contenu de l'Encyclopédie du point de vue de l'ésotérisme ismaélien. On peut citer également un auteur yéménite, Ja'far ibn Mansûr al-Yaman, qui déjà nous conduit au milieu du IVe/Xe siècle.

Au terme de cette période obscure, nous constatons l'éclosion de grandes œuvres systématiques, en possession d'une technique parfaite et d'un lexique philosophique précis, sans que l'on puisse déterminer dans quelles conditions elles ont été préparées. Plus nettement encore que chez les shî'ites duodécimains, les grands noms parmi ces maîtres de la pensée ismaélienne, hormis celui de Qâdî No'mân (mort en 363/974), sont des noms iraniens : Abû Hâtim Râzî (mort en 322/933), dont les célèbres controverses avec son compatriote, le médecin philosophe Rhazès, seront évoquées plus loin; Abû Ya'qûb Sejestânî (IVe/Xe siècle), penseur profond, auteur d'une vingtaine d'ouvrages écrits dans une langue concise et difficile; Ahmad ibn Ibrâhîm Nîshâpûrî (Ve/XIe siècle); Hamîdoddîn Kermânî (mort vers 408/1017), auteur prolifique et d'une profondeur remarquable (étant un *dâ'î* du khalife fâtimide al-Hâkim, il écrivit également plusieurs traités de controverse avec les Druzes, « frères séparés » de l'ismaélisme); Mo'ayyad Shîrâzî (mort en 470/1077), auteur également prolifique en arabe et en persan, titulaire du haut grade de *bâb* (seuil) dans la hiérarchie ésotérique; le célèbre Nâsir-e Khosraw (mort entre 465/1072 et 470/1077), dont les œuvres nombreuses sont toutes en persan.

On rappellera ci-dessous comment, en conséquence de la décision prise par le VIIIᵉ khalife fâtimide, al-Mostansir bi'llâh, relativement à son successeur, sa mort (487/1094) entraîne la scission de la communauté ismaélienne en deux branches. D'une part, celle dite des ismaéliens « orientaux », c'est-à-dire celle des ismaéliens de Perse, eut pour principal centre la « commanderie » d'Alamût (dans les montagnes au sud-ouest de la mer Caspienne). Ce sont ceux que, dans l'Inde, on appelle aujourd'hui les Khojas; ils reconnaissent pour chef l'Aghâ-Khân. D'autre part, il y eut la branche dite des ismaéliens « occidentaux » (c'est-à-dire ceux de l'Égypte et du Yémen) qui reconnurent l'imâmat d'al-Mosta'lî, second fils d'al-Mostansir, et continuèrent l'ancienne tradition fâtimide. Ils reconnaissent comme dernier Imâm fâtimide Abû'l-Qâsim al-Tayyib, fils du Xᵉ khalife fâtimide, al-Amir bi-ahkamil-lâh (mort en 524/1130); c'était le XXIᵉ Imâm dans la lignée imâmique depuis 'Alî ibn Abî-Tâlib (trois heptades). Mais il disparut tout enfant et, en fait, les ismaéliens de cette branche (ceux que l'on appelle dans l'Inde les Bohras) professent, comme les shî'ites duodécimains, la nécessité de l'occultation de l'Imâm, avec ses implications métaphysiques. Ils donnent leur obédience à un *dâ'î* ou grand-prêtre, qui est simplement le représentant de l'Imâm invisible.

Le sort de la littérature de l'ismaélisme d'Alamût sera rappelé plus loin. Quant à celle des ismaéliens « occidentaux », fidèles à l'ancienne tradition fâtimide, elle est représentée par un certain nombre d'œuvres monumentales, produites particulièrement au Yémen jusque vers la fin du XVIᵉ siècle (lorsque la résidence du grand *dâ'î* fut transférée en Inde). Cette philosophie yéménite a été, bien entendu, totalement absente jusqu'ici de nos histoires de la philosophie, pour la bonne raison que ses trésors ont été gardés longtemps sous le sceau du secret le plus strict (on rappelle que le Yémen appartient, officiellement, à la branche zaydite du shî'isme, qui ne peut être étudiée ici). Plusieurs de ces ismaéliens du Yémen ont été des auteurs prolifiques : Sayyid-nâ Ibrâhim ibn al-Hâmidî, IIe *dâ'î* (mort à San'a en 557/1162); Sayyid-nâ Hâtim ibn Ibrâhîm, IIIe *dâ'î* (mort en 596/1199); Sayyid-nâ' Alî ibn Mohammad, Ve *dâ'î* (mort en 612/1215), dont, sur un ensemble de vingt grands ouvrages, se détache la monumentale réplique aux attaques de Ghazâlî; Sayyid-nâ Hosayn ibn 'Alî, VIIIe *dâ'î* (mort en 667/1268), le seul dont un traité ait été jusqu'ici traduit en français (voir Bibliographie). Toute cette période yéménite atteint son point culminant dans l'œuvre de Sayyid-nâ Idrîs 'Imâdoddîn, XIXe *dâ'î* au Yémen (mort en 872/1468). Bien que ces trois derniers noms nous réfèrent à des dates postérieures à celle que s'est fixée pour limite la première partie de la présente étude, ils étaient à signaler ici.

L'ISMAÉLISME FÂTIMIDE

La dialectique du tawhîd

Pour comprendre ce qui fait l'originalité profonde de la doctrine ismaélienne comme forme par excellence de la gnose en Islam, et ce qui la différencie des philosophes hellénisants, il faut considérer son intuition initiale. Les anciens gnostiques recouraient à des désignations purement négatives, afin de préserver l'Abîme divin de toute assimilation avec quelque chose de dérivé : Inconnaissable, Non-nommable, Ineffable, Abîme. Ces expressions ont leurs équivalents dans la terminologie ismaélienne : le Principe ou Originateur *(Mobdi')*, le Mystère des mystères *(Ghayb al-ghoyûb)*, « celui que ne peut atteindre la hardiesse des pensées ». On ne peut lui attribuer ni noms ni attributs ni qualifications, ni l'être ni le non-être. Le Principe est Super-être; il n'est pas; il fait être, il est le faire-être. L'ismaélisme, en ce sens, a réellement poursuivi une « philosophie première ». Tout ce que les philosophes avicenniens énoncent concernant l'Être nécessaire, le Premier Être *(al-Haqq al-awwal)*, doit, en fait, être décalé pour être vrai; leur métaphysique commence par se donner de l'être, et partant ne commence qu'avec le fait-être. La métaphysique ismaélienne s'exhausse au niveau du faire-être; antérieurement à l'être, il y a la mise de l'être à l'impératif, le KN *(Esto !)* originateur. Au delà même de l'Un, il y a l'Unifique *(mowahhid)*, celui qui

monadise toutes les monades. Le *tawhîd* prend alors
l'aspect d'une monadologie; en même temps qu'il dégage
cet unifique de tous les uns qu'il unifie, c'est en eux et par
eux qu'il l'affirme.

Le *tawhîd*, l'affirmation de l'Unique, doit donc éviter
le double piège du *ta'tîl* (agnosticisme) et du *tashbîh*
(assimilation du manifesté à sa manifestation). D'où la
dialectique de la double négativité : le Principe est non-
être et non non-être ; non dans le temps et non non-
dans-le-temps, etc. Chaque négation n'est vraie qu'à la
condition d'être niée elle-même. La vérité est dans la simultanéité de cette double négation. Ce *tawhîd* ésotérique
apparaît, dans son énoncé, assez éloigné du monothéisme
courant des théologiens. Pour le comprendre, il faut
donner toute son importance à la notion de *hadd*, limite,
degré. La notion est caractéristique en ce qu'elle noue le
lien entre la conception « monadologique » du *tawhîd* et le
hiérarchisme fondamental de l'ontologie ismaélienne.
Cette notion établit une corrélation étroite entre l'acte
du *tawhîd* (reconnaître l'Unique) et le *tawahhod*, processus
constitutif d'une unité, monadisation d'une monade.
Autrement dit, le *shirk* qui désintègre la divinité parce qu'il
la pluralise, est *eo ipso* la propre désintégration de la monade
humaine qui n'arrive pas à se constituer en une unité
vraie, faute de connaître le *hadd* dont elle est le *mahdûd,*
c'est-à-dire la limite par laquelle elle est délimitée à son
rang dans l'être. La question est alors celle-ci : à quelle
limite, quel *hadd*, éclôt, depuis le Super-Être, la révélation
de l'être ? En d'autres termes, comment se constitue le
premier *hadd* qui est le Premier Être, c'est-à-dire quelle est
la limite où la divinité se lève de son abîme d'incognosci-
bilité absolue, la limite à laquelle elle se révèle comme une
personne, telle qu'une relation personnelle de connaissance et d'amour devienne possible avec elle ? Comment, à
la suite de la primordiale épiphanie divine, éclosent alors
tous les *hodûd ?* (On traduit souvent ce mot par « grades »
ou « dignitaires » des hiérarchies ésotériques célestes et
terrestres. Ce n'est pas inexact, mais en dissimule l'aspect
métaphysique.) Poser ces questions, c'est s'interroger sur
la naissance éternelle du Plérome.

Le drame dans le Ciel et la naissance du Temps

Si la communauté ismaélienne se désigne elle-même comme la *da'wat*, la « convocation » au *tawhîd* ésotérique, c'est que cette convocation (ou « proclamation », *kérygma*) commença « dans le Ciel » par l'appel que la Ire Intelligence adressa, dès avant les temps, à toutes les Formes de lumière du plérome archangélique. Cette *da'wat* « dans le Ciel » est la Convocation éternelle dont la « Convocation ismaélienne » n'est que la forme terrestre, propre à la période mohammadienne du cycle actuel de la prophétie. Sur terre, c'est-à-dire dans le monde phénoménal, elle commença d'exister avec l'Adam initial, bien avant même l'Adam de notre cycle. Tandis que la IIe Intelligence (le Ier Émané) acquiesçait à cet appel, la IIIe Intelligence, procédant de la dyade des deux premières, lui opposa une négation et un refus. Or cette IIIe Intelligence était l'*Adam rûhânî*, l'Adam spirituel céleste, l'ange-archétype de l'humanité; en sa personne, l'imagination métaphysique ismaélienne configure en symboles la hiérohistoire des origines humaines.

L'Adam spirituel, donc, s'immobilise dans un vertige d'éblouissement devant lui-même; il refuse la « limite » (le *hadd*) qui le précède (la IIe Intelligence), parce qu'il ne voit pas que, si ce *hadd* « limite » son champ d'horizon, il réfère aussi au delà. Il croit pouvoir atteindre le Principe inaccessible sans cette « limite » intermédiaire, parce que, méconnaissant le mystère du *Deus revelatus* en la Ire Intelligence, il pense que ce serait identifier celle-ci avec la déité absolue, le Principe *(Mobdi')*. Pour fuir cette idolâtrie, il s'érige lui-même en absolu et succombe à la pire idolâtrie métaphysique. Quand enfin il s'arrache à cette stupeur, en quelque sorte comme un archange Michel remportant sur soi-même sa victoire, il rejette loin de lui l'ombre démoniaque d'Iblis (Satan, Ahriman) dans le monde inférieur, où elle reparaîtra de cycle en cycle d'occultation. Mais alors il se voit « dépassé », « mis en retard » *(takhallof)*, retombé en arrière de lui-même. De IIIe, il est devenu Xe Intelligence. Cet intervalle mesure le temps de sa stupeur qu'il lui faudra rédimer. Il correspond à l'émanation de sept autres Intelligences, qui sont appelées les « Sept Chérubins » ou les « Sept Verbes divins », et qui

aident l'Ange-Adam à revenir à lui-même. Les Sept
indiquent la distance idéale de sa déchéance. Le temps,
c'est son retard sur lui-même; il est littéralement vrai de
dire ici que le temps est « l'éternité retardée ». C'est pourquoi sept périodes rythment le cycle de la prophétie, sept
Imâms rythment chaque période de ce cycle. Ce sont ici
les racines métaphysiques du shî'isme septimanien ou
ismaélien : le nombre sept chiffre le retard d'éternité dans
le Plérome, retard que le IIIe Ange, devenu Xe, doit
reconquérir pour les siens et avec l'aide des siens.

Chaque Intelligence archangélique du Plérome contient elle-même un plérome de Formes de lumière innombrables. Toutes celles composant le plérome de l'Adam
céleste s'immobilisèrent avec lui dans le même retard.
À son tour, il leur fit entendre la *da'wat*, la « convocation » éternelle. Mais la plupart, à des degrés divers
d'obstination et de fureur, le repoussèrent et lui dénièrent
même le droit de leur lancer cet appel. Et cette dénégation
enténébra le fond essentiel de leur être qui avait été
pure incandescence. L'Ange-Adam comprit que, s'ils
demeuraient dans le monde spirituel pur, jamais ils
ne se délivreraient de leurs Ténèbres. C'est pourquoi il
se fit le démiurge du cosmos physique, comme instrument par lequel les Formes jadis de lumière trouveraient
leur salut.

Le temps cyclique : hiérohistoire et hiérarchies

Cet *anthrôpos* terrestre est désigné comme l'Adam primordial intégral *(Adam al-awwal al-kollî)*, le *pananthrôpos*.
Il faut donc le distinguer à la fois de son archétype céleste,
l'Adam spirituel, le IIIe Ange devenu Xe, et de l'Adam
partiel *(joz'î)* qui inaugura notre cycle actuel. Il est
caractérisé comme la « personnification physique du
Plérome primordial ». Il n'a rien à voir, certes, avec
l'homme primitif de nos paléontologies philosophantes.

Cet Adam terrestre initial est à la fois la forme épiphanique *(mazhar)* et le Voile de l'Adam céleste; il en est
la pensée initiale, il est le terme de sa connaissance, la
substance de son action, le projet recueillant l'irradiation
de ses lumières. Comme l'Adam de la prophétologie
judéo-chrétienne, il est ἀναμάρτητος (le terme a son
équivalent exact dans l'arabe *ma'sûm*), immunisé de toute

impureté, de tout péché, et ce privilège, il l'a transmis à tous les saints Imâms, de cycle en cycle. Son cycle fut un cycle d'épiphanie *(dawr-kashf)*, une ère de félicité où la condition humaine, jusque dans ses particularités physiques, était encore celle d'une humanité paradisiaque. Les humains percevaient les réalités spirituelles *(haqâ'iq)* directement, non pas sous le voile des symboles. Le premier Adam instaura en ce monde la « Noble Convocation » *(da'wat sharîfa)*; c'est lui qui institua la hiérarchie du hiérocosmos *('alam al-Dîn)*, symbolisant avec celle du Plérome comme avec celle du macrocosme. Il dispersa douze de ses vingt-sept compagnons (douze *dâ'î*) dans les douze *jazîra* de la Terre, et établit devant lui douze *hojjat*, l'élite de ses compagnons. Bref, il fut le fondateur de cette hiérarchie ésotérique permanente, ininterrompue de cycle en cycle, de période en période de chaque cycle, jusqu'à l'Islam et depuis l'Islam.

Lorsqu'il eut investi son successeur, le premier Adam fut transféré au Plérome où il succéda au Xe Ange (l'Adam céleste), qui lui-même (et, avec lui, toute la hiérarchie des Intelligences) s'éleva à un rang supérieur à son rang précédent. Ce mouvement ascensionnel ne cessera pas jusqu'à ce que le IIIe Ange-Intelligence que son égarement, en l'immobilisant, rétrograda au rang de X^e, ait regagné le cercle du IIe Émané ou IIe Intelligence. Ainsi en fut-il pour chacun des Imâms succédant à l'Adam initial en ce premier cycle d'épiphanie. A ce cycle d'épiphanie succéda un cycle d'occultation *(dawr al-satr)*; à celui-ci un nouveau cycle d'épiphanie; ainsi de suite, les cycles alternant en une succession vertigineuse, jusqu'à l'ultime Résurrection des Résurrections *(Qiyâmat al-Qiyâmât)*, laquelle achèvera la consommation de notre *Aiôn*, la restauration de l'humanité et de son Ange en leur état initial. Certains propos des saints Imâms vont jusqu'à évaluer le Grand Cycle *(kawr a'zam)* à trois cent soixante mille fois trois cent soixante mille ans.

Bien que la signification plénière de la hiérarchie ésotérique tout au long des périodes de l'ismaélisme nous pose encore des problèmes, la structure en est parfaitement esquissée déjà par Hamîd Kermânî (mort vers 408/1017). Il y a la hiérarchie céleste (les *hodûd* d'en haut) et il y a la hiérarchie terrestre (les *hodûd* d'en bas), symbolisant l'une avec l'autre. L'ensemble de chacune forme dix grades s'articulant en une triade (degrés supérieurs) et une heptade.

Il y a sur terre le *Nâtiq,* c'est-à-dire le prophète énonciateur d'une *sharî'at,* Loi divine communiquée par l'Ange (voir plus haut). C'est la lettre du texte énoncé sous forme exotérique *(zâhir)* comme code de la religion positive. Le *Nâtiq* est l'homologue terrestre de la Iʳᵉ Intelligence (celle qui inaugura la *da'wat* « dans le Ciel »).

Il y a le *Wasî,* l'Imâm héritier spirituel direct du prophète, celui qui est le fondement *(Asâs)* de l'imâmat et premier Imâm d'une période. Comme dépositaire du secret de la révélation prophétique, sa fonction propre est le *ta'wîl,* l'exégèse ésotérique qui « reconduit » l'exotérique au sens caché, à son archétype *(asl).*

Il y a l'Imâm successeur du *Asâs,* perpétuant au cours du cycle l'équilibre de l'ésotérique et de l'exotérique, dont la connexion est indispensable. C'est pourquoi il y aura, à chaque période, une heptade ou plusieurs heptades d'Imâms, typifiant l'intervalle de « retard », le temps que l'Adam céleste doit rédimer, avec l'aide des siens, pour regagner son rang.

Quant aux sept autres grades, chacun est respectivement l'homologue de l'une des autres Formes de lumière ou Intelligences du Plérôme : le *Bâb* ou « seuil » de l'Imâm; le *Hojjat* ou la Preuve, le Garant (qui prend une signification toute spéciale dans l'ismaélisme d'Alamût); trois degrés de *dâ'î* ou prédicateur (littéralement, « convocateur »), et deux grades inférieurs : le licencié majeur *(ma'dhûn motlaq)* qui peut recevoir l'engagement du nouvel adepte; le licencié mineur *(ma'dhûn mahsûr)* qui attire les néophytes.

Telle se présente la structure verticale de la hiérarchie ésotérique qui, selon nos auteurs, permane de cycle en cycle. Cette forme du hiérocosmos dans l'espace a son isomorphe dans sa forme dans le temps, laquelle est celle de la hiérohistoire.

Imâmologie et eschatologie

On comprend mieux le sens de l'imâmologie, et avec elle l'éthos eschatologique qui domine toute conscience shî'ite, si l'on se souvient de ce qui a déjà été indiqué ici,

à savoir que l'imâmologie ismaélienne, comme l'imâmologie shî'ite en général, s'est trouvée placée devant des
problèmes analogues à ceux qui assaillirent la christologie,
au cours des premiers siècles de notre ère.

Lorsqu'ils parlent du *nâsût* ou humanité de l'Imâm, le
souci des auteurs ismaéliens est de suggérer que le corps
de l'Imâm n'est pas un corps de chair, constitué comme
celui des autres humains. Ce corps résulte de toute une
alchimie cosmique opérant sur les « corps éthériques »
(nafs rîhîya, « l'âme d'effluve ») des adeptes fidèles. Ces
restes « éthériques » s'élèvent de Ciel en Ciel, puis redes-
cendent purifiés, invisibles à la perception optique, avec
les irradiations lunaires, et se déposent comme une rosée
céleste à la surface d'une eau pure ou de quelques fruits.
Eau et fruits sont consommés par l'Imâm du moment et
par son épouse, et la rosée céleste devient le germe du
corps subtil du nouvel Imâm. Simple enveloppe ou gaine
(ghilâf), on le désigne comme *jism kâfûrî,* corps qui a la
subtilité et la blancheur du camphre ; c'est ce corps qui
constitue l'humanité *(nâsût)* de l'Imâm. Si l'on peut parler
ici de « docétisme », ce n'est nullement qu'il s'agisse d'un
« phantasme », mais de l'effort pour imaginer et concevoir, comme dans une christologie gnostique, une *caro
spiritualis.* C'est pourquoi l'union de *nâsût* (humanité) et
de *lâhût* (divinité) dans la personne des Imâms, n'aboutit
jamais à l'idée d'une « union hypostatique des deux
natures », avec toutes les conséquences philosophiques,
historiques et sociales de ce concept.

Quant à ce que la gnose ismaélienne entend par la
divinité *(lâhût)* de l'Imâm, il faut, pour le comprendre,
partir de ce qu'elle se représente comme la « naissance
spirituelle » *(wilâdat rûhânîya),* et là même on perçoit
une nette réminiscence de gnose manichéenne.

Dès qu'il est « investi » *(nass),* le jeune Imâm devient
le support du Temple de Lumière constitué par l'ensemble
des *hodûd.* Son imâmat, sa « divinité », c'est ce *corpus
mysticum* constitué de toutes les Formes de lumière de ses
adeptes. Ainsi qu'il en fut pour l'Adam initial, chacun des
Imâms qui se succèdent en chacune des périodes du cycle,
a son propre « Temple de Lumière sacro-saint » *(Haykal
nûrânî qodsânî)* ainsi constitué. Tous les Imâms ensemble
forment le « Sublime Temple de Lumière » *(H. n. a'zam),*
en quelque sorte la coupole du Temple de Lumière.

Lorsqu'un Imâm émigre de ce monde, son Temple de Lumière s'élève avec lui dans l'enceinte du Xe Ange (l'Adam spirituel, *anthrôpos* céleste), et tous attendent, rassemblés dans cette enceinte, la surrection du *Qâ'im,* l'Imâm résurrecteur clôturant le Cycle, pour s'élever avec lui lors de son avènement comme successeur du Xe Ange.

À chaque Grande Résurrection *(Qiyâmat al-Qiyâmât)* clôturant un cycle d'occultation ou un cycle d'épiphanie, le dernier Imâm, le *Qâ'im,* entraînant avec lui tout le temple mystique des *hodûd,* s'élève au Plérome où il prend la succession du Xe Ange, l'Adam spirituel, comme démiurge du monde naturel. Le Xe Ange lui-même s'élève alors d'un rang dans le Plérome qu'il entraîne également tout entier dans cette ascension. Chaque Grande Résurrection, chaque accomplissement d'un cycle, permet ainsi à l'Ange de l'humanité de se rapprocher, avec tous les siens, de son rang et de leur rang originel. C'est ainsi que la succession des cycles et des millénaires rédime le temps, cette « éternité retardée » par l'enténèbrement momentané de l'Ange. Ainsi se prépare le dénouement du « drame dans le Ciel ». Cosmogonie et sotériologie sont deux aspects du même processus conduisant à ce dénouement. La production du cosmos a pour sens et pour fin d'en faire un organe par lequel l'Adam céleste regagne le rang perdu.

Quant à la forme ténébreuse des négateurs maléfiques, elle s'élève, lors de leur *exitus,* vers la région désignée en astronomie comme « la tête et la queue du Dragon » (les points auxquels l'orbite de la Lune coupe celle du Soleil), région de ténèbres où tournoie la *massa perditionis* de tous les démons de l'humanité, masse des pensées et des projets maléfiques conspirant à produire les catastrophes qui ébranlent le monde des hommes.

L'ISMAÉLISME RÉFORMÉ D'ALAMÛT

Périodes et sources

Nous n'avons pas à insister ici sur le « roman noir » qui, en l'absence de textes authentiques, a obscurci si longtemps le nom de l'ismaélisme, et particulièrement la mémoire d'Alamût. Les responsables sont sans doute, en premier lieu, l'imagination des Croisés et celle de Marco

Polo. Mais au XIXᵉ siècle encore, un homme de lettres et orientaliste autrichien, von Hammer-Purgstall, projetant sur les malheureux ismaéliens son obsession des «sociétés secrètes», les soupçonna de tous les crimes qu'en Europe les uns attribuent aux francs-maçons, les autres aux jésuites; il en résulta cette *Geschichte der Assassinen* (1818) qui passa longtemps pour sérieuse. À son tour, S. de Sacy, dans son *Exposé de la religion des Druzes* (1838) soutint avec passion son explication étymologique du mot « assassins » par le mot *hashshâshîn* (ceux qui font usage du hachisch). Tout cela procède du zèle habituel à accuser les minorités religieuses ou philosophiques des pires dépravations morales. Ces fantaisies n'ont plus d'excuse, depuis l'impulsion donnée aux études ismaéliennes par W. Ivanow et la *Ismaili Society* de Karachi (anciennement à Bombay).

Comme on l'a rapidement évoqué ci-dessus, le khalife fâtimide du Caire, Mostansir Bi'llâh, ayant transféré l'investiture de l'imâmat de son fils aîné Nizâr à son jeune fils Mosta'lî, il arriva qu'à sa mort (487/1094) les uns donnèrent leur allégeance à Mosta'lî (ce sont ceux qui continuèrent la *da'wat* fâtimide et que l'on appelle aussi les *mosta'liyân*), tandis que les autres restèrent fidèles à l'Imâm Nizâr (lequel périt assassiné avec son fils au Caire, en 489/1096). Ces derniers sont appelés *nizârî;* ce sont les ismaéliens « orientaux », ceux de l'Iran. Ici encore, sous l'histoire extérieure et les questions de personnes, agissent les motifs essentiels, l'enjeu spirituel.

D'autre part, il y eut la forte personnalité de Hasan Sabbâh (mort en 518/1124), qu'il faut apprendre à connaître dans les textes ismaéliens eux-mêmes, tant elle a été défigurée par ailleurs. Son rôle fut prépondérant dans l'organisation des « commanderies » ismaéliennes en Iran. Que des adeptes dévoués aient réussi ou non à conduire en sécurité le petit-fils de l'Imâm Nizâr au château fort d'Alamût (dans les montagnes au sud-ouest de la mer Caspienne), on ne tranche pas ici la question. Car, en tout état de cause, un fait demeure, et il est d'une portée spirituelle exceptionnelle.

Ce fait dominant fut l'initiative prise par l'Imâm Hasan *'alâ dhikri-hi's-salâm* (on le distingue en faisant toujours suivre son nom de cette salutation), nouveau grand-maître *(khodâvand)* d'Alamût (né en 520/1126), grand-

maître en 557/1162, mort en 561/1166). Le 17 Ramazan
559 (8 août 1164), l'Imâm proclame la Grande Résurrection *(Qiyâmat al-Qiyâmât)* devant tous les adeptes
rassemblés sur la haute terrasse d'Alamût. Le protocole
nous en a été conservé. Ce qu'impliquait la proclamation,
ce n'était rien de moins que l'avènement d'un pur Islam
spirituel, libéré de tout esprit légalitaire, de toute servitude de la Loi, une religion personnelle de la Résurrection qui est naissance spirituelle, parce qu'elle fait découvrir et vivre le sens spirituel des révélations prophétiques.

Le château fort d'Alamût, comme les autres commanderies ismaéliennes en Iran, fut détruit par les Mongols
(654/1256). L'événement ne signifia nullement la fin de
l'ismaélisme réformé d'Alamût; celui-ci ne fit que rentrer
dans la clandestinité en prenant le manteau (la *khirqa*) du
soufisme. Son action sur le soufisme, et en général sur la
spiritualité iranienne, présuppose des affinités foncières
qui font envisager sous un jour nouveau le problème
même des origines et du sens du soufisme. Aussi bien les
ismaéliens regardent-ils comme étant des leurs un bon
nombre de maîtres du soufisme, à commencer par Sanâ'î
(vers 545/1151) et 'Attâr (vers 627/1230); Jalâloddîn
Rûmî (672/1273), envers qui Shams Tabrîzî assuma le
rôle du *hojjat;* 'Azîz Nasafî (VIIe/XIIIe siècle), Qâsim-e
Anwârî (837/1434), etc.

Les questions posées par là sont toutes récentes; elles
résultent de la remise au jour, grâce principalement au
labeur de W. Ivanow, de ce qui a survécu de la littérature
alamûtî, toute de langue persane (on sait que la bibliothèque d'Alamût fut entièrement détruite par les Mongols).
Cependant on doit rattacher à cette littérature celle, en
langue arabe, des ismaéliens de Syrie qui, avec la forte
personnalité de leur chef, Rashîdoddîn Sinân (1140-1192)
eurent un lien direct avec Alamût (on sait aussi qu'une
tragique méprise des Templiers fit échouer un accord
déjà conclu entre ces « Templiers de l'Islam » et le roi de
Jérusalem). Quant aux œuvres persanes issues d'Alamût,
nommons principalement le grand livre des *Tasawworât,*
attribué à Nasîr Tûsî (mort en 672/1274), et qu'il n'y a
aucune raison décisive de lui contester; les œuvres, aux
XVe et XVIe siècles, de Sayyed Sohrâb Walî Badakhshânî,
Abû Ishâq Qohestânî, Khayr-Khwâh Heratî, auteur
prolifique. Tous nous ont conservé des fragments beau-

coup plus anciens, notamment les « Quatre Chapitres »
de Hasan Sabbâh lui-même.

Il est remarquable de constater comment un auteur
shî'ite duodécimain de l'envergure de Haydar Amolî
(VIIIe/XIVe siècle) prend conscience, sans polémique, de
la différence essentielle qui le sépare des ismaéliens. Il la
formule en termes qui ne font rien d'autre qu'expliciter
les conséquences de la Grande Résurrection proclamée
à Alamût. Tandis que la gnose shî'ite duodécimaine
s'efforce de conserver la simultanéité et l'équilibre de *zâhir*
et *bâtin,* en revanche, pour la gnose ismaélienne, toute
apparence extérieure, tout exotérique *(zâhir),* ayant un
sens caché, intérieur, une réalité ésotérique *(bâtin),* et
celle-ci étant supérieure à celle-là, puisque de sa compréhension dépend le progrès spirituel de l'adepte, l'exotérique est donc une coquille qu'il faut briser une fois pour
toutes. C'est cela même qu'accomplit le *ta'wîl,* l'exégèse
ismaélienne « reconduisant » les données de la *sharî'at* à
leur vérité gnostique *(haqîqat),* compréhension du sens
vrai de la révélation littérale ou *tanzîl,* religion positive.
Si l'adepte fidèle agit en accord avec le sens spirituel, les
obligations de la *sharî'at* sont abolies pour lui.

Or, le guide pour ce sens spirituel, voire celui dont la
personne même est ce sens, parce qu'elle est la manifestation terrestre d'une théophanie primordiale, c'est l'Imâm.
La conséquence en est la préséance de l'Imâm et de
l'imâmat, qui est éternel, sur le prophète et la mission
prophétique, qui est temporaire.

Le concept de l'Imâm

L'adamologie ismaélienne a été esquissée ci-dessus :
d'une part l'Adam partiel, qui inaugura notre cycle, fut le
premier prophète de ce cycle d'occultation ; d'autre part,
l'Adam initial, le *pananthrôpos,* image terrestre de l'*anthrô-*
pos céleste, inaugurant à l'origine le premier cycle
d'épiphanie, avait été le Ier Imâm et le fondateur de l'imâmat, comme religion permanente de l'humanité. À cette
intuition s'origine l'insistance ismaélienne sur le thème de
l'Imâm comme « homme de Dieu » (*Mard-e Khodâ,* en
persan, cf. l'*anthrôpos tou Theou,* chez Philon), comme
Face de Dieu, Homme Parfait *(anthrôpos teleios).* « Celui
qui n'aura pas compris qui, en son temps, était l'Homme

parfait, celui-là restera un étranger. C'est en ce sens qu'il
a été dit : Celui qui m'a vu, celui-là a vu Dieu. » Nous
avons remarqué déjà que semblable réminiscence de
l'*Évangile de saint Jean* (14/9), confirmée par d'autres,
s'insère fort bien dans la structure qui fait de l'imâmologie,
en théologie shî'ite, quelque chose comme l'homologue
d'une christologie en théologie chrétienne.

Ce concept de l'Imâm est solidaire de toute la philosophie de l'homme. Parce que la Forme humaine est
« l'image de la Forme divine », elle est investie par excellence de la fonction théophanique. Elle assume par là
même une fonction de salut cosmique, parce que le retour
à l'outre-monde, le monde des entités spirituelles, est le
passage à un état d'existence où tout prend forme d'une
réalité humaine, puisque seul l'être humain possède le
langage, le *logos*. C'est donc par l'intermédiaire de l'homme
que les choses retrouvent la voie de leur origine. Mais
cette forme humaine parfaite, théophanie éclose dès la
prééternité, c'est elle précisément l'Imâm. Dire que
l'Imâm est l'Homme de Dieu, l'Homme Parfait, c'est le
reconnaître comme étant l'organe suprême de la sotériologie. Aussi bien celle-ci est-elle conditionnée par le
tahqîq, la réalisation du sens vrai de tous les exotériques,
conditionnée elle-même par le *ta'wîl* qui est le ministère de
l'Imâm. Cette imâmologie vise essentiellement, ici encore,
non pas la figure empirique de tel ou tel Imâm, mais la
réalité et l'essence d'un Imâm éternel, dont chaque
Imâm individuellement est l'exemplification terrestre.
C'est à cet Imâm éternel qu'est rapportée l'expression
qorânique *Mawlâ-nâ,* « notre seigneur », dont il est dit
que toujours il exista, existe et existera. Toutes les variations de son Apparaître sont relatives à la perception des
hommes. Dans le plérome divin *('âlam-e Khodâ),* ces muta-
tions n'existent pas.

Une première conséquence : c'est que la connaissance
de l'Imâm, Homme parfait, est la seule connaissance de
Dieu qui soit possible à l'homme, puisque l'Imâm est la
théophanie initiale. Dans la sentence citée ci-dessus,
comme dans toutes les autres semblables, c'est l'Imâm
éternel qui parle. « Les prophètes passent et changent.
Nous sommes, nous, des Hommes éternels. » Parce que
l'imâmat est la théophanie primordiale, révélation de
l'Abîme divin et guide vers cette Révélation, l'Imâm est

le *hojjat* suprême, le garant qui répond pour la divinité inconnaissable.

L'Imâm éternel comme théophanie rend seul possible une ontologie : étant le révélé, il est l'être comme tel. Il est la Personne absolue, la Face divine éternelle (*Tchahreh-ye Khodâ,* en persan), le suprême attribut divin qui est le Nom suprême de Dieu. En sa forme terrestre, il est l'épiphanie du Verbe suprême (*mazhar-e Kalimeh-ye a'lâ),* le Porte-vérité de chaque temps (*Mohiqq-e waqt),* manifestation de l'Homme Éternel manifestant la Face de Dieu.

Une seconde conséquence, c'est que la connaissance de soi, chez l'homme, présuppose la connaissance de l'Imâm. S'enchaînant à ce propos du IVe Imâm : « La connaissance de Dieu est la connaissance de l'Imâm », nos textes répètent : « Celui qui meurt sans avoir connu son Imâm, meurt de la mort des inconscients. » Et la raison en est donnée, cette fois, dans la précision apportée à la maxime que répètent tous les spirituels de l'Islam : « Celui qui se connaît soi-même connaît son seigneur, c'est-à-dire connaît son Imâm. » C'est la connaissance promise par le Ier Imâm : « Sois mon fidèle, et je te rendrai semblable à moi comme Salmân. » De ces textes il ressort que connaissance de Dieu, connaissance de l'Imâm, connaissance de soi sont les aspects d'une seule et même connaissance fondamentale libératrice, d'une même gnose.

Imâmologie et philosophie de la résurrection

On peut parler d'un décalage radical. De toutes manières, la hiérarchie des *hodûd* marque leur degré de proximité respective par rapport à l'Imâm. Mais désormais, le sens de cette hiérarchie tendra à s'intérioriser, les « limites » marquant plutôt les degrés de la « conformation avec l'Imâm », comme autant de degrés dans la progression de la connaissance intérieure.

Pour la théosophie shî'ite duodécimaine, le missionnement du prophète de l'Islam marqua l'heure du plein midi (équilibre entre *zâhir* et *bâtin).* Aussitôt après commença le déclin vers le soir, la rentrée dans la nuit de l'ésotérisme, le cycle de la *walâyat* pure. Pour la théosophie ismaélienne, l'entrée de la *haqîqat,* de la pure religion spirituelle, dans la nuit de l'ésotérisme, a commencé, non

pas avec Mohammad, le Sceau des prophètes, mais déjà
avec le premier prophète, avec Adam, initiateur de notre
présent cycle d'occultation, c'est-à-dire dès les débuts de
l'humanité actuelle. C'est à cette catastrophe radicale que
le pessimisme ismaélien fait face avec toute sa philosophie
de la Résurrection, voire son insurrection contre la
sharî'at.

Les six grandes périodes de la « prophétie législatrice »
sont toujours comprises comme étant l'*hexaémeron*, les
« six jours » de la création du cosmos religieux (le hiérocosmos), chaque « jour » étant un « millénaire ». Mais en
fait, les six « jours » sont la nuit de la religion divine
(shab-e Dîn), la nuit de l'Imâm, puisque, pendant ces six
jours, la Loi littérale des prophètes législateurs, la *sharî'at,*
est le voile cachant la réalité, le soleil de l'Imâm. Comme
le soleil est suppléé par la lune éclairant la nuit, l'Imâm est
suppléé par celui qui est son *hojjat,* sa preuve, son garant
(son *Salmân*). La connaissance de l'Imâm en sa vraie
Essence ne sera manifestée qu'au septième jour, au lendemain donc de l'*hexaémeron* qui dure encore. Seul, ce
septième jour aura vraiment la nature du jour, celui où se
montrera le soleil (le *Yawm al-Qiyâmat,* jour de la Résurrection).

Ismaélisme et soufisme

Les textes de la tradition ismaélienne d'Alamût nous
montrent à la fois comment l'imâmologie fructifie en
expérience mystique, et comment elle est la présupposition
d'une telle expérience. La coalescence de l'ismaélisme et
du soufisme, postérieurement à Alamût, nous réfère au
problème encore obscur des origines. Si l'on admet, avec
les spirituels shî'ites, que le soufisme sunnite est quelque
chose qui s'est séparé du shî'isme à un moment donné, en
reportant sur le Prophète seul les attributs de l'Imâm (et
en faisant ainsi de la *walâyat* une imâmologie sans Imâm),
l'ismaélisme d'Alamût ne fait que restaurer l'ancien ordre
des choses; d'où son importance pour tout le soufisme shî'ite à partir de cette époque, et pour l'aire culturelle de langue persane dans son ensemble.

À sa limite, l'expérience mystique des soufis réfère à
une métaphysique qui déroute aussi bien la dialectique
des philosophes purs et simples que celle des théologiens

du *Kalâm*. Ce que l'on vient de lire fera comprendre qu'il y a, en Islam, une autre forme encore de métaphysique, sans laquelle on ne s'expliquera peut-être pas comment le soufisme a commencé et évolué. Cette autre forme, c'est essentiellement la gnose shî'ite remontant aux Imâms eux-mêmes. On a tenté d'en montrer ici, pour la première fois, croyons-nous, l'originalité unique, en tant que configurant la philosophie prophétique répondant aux exigences d'une religion prophétique. Parce qu'elle est essentiellement l'explication du sens spirituel caché, elle est eschatologique; et parce qu'elle est eschatologique, elle reste ouverte à l'avenir.

Avec les théologiens dialectiques du *Kalâm* sunnite, nous pénétrons dans un « climat » tout autre.

LE KALÂM SUNNITE

LES MO'TAZILITES

LES ORIGINES

Le mot arabe *kalâm* veut dire parole, discours; le mot *motakallim* désigne celui qui parle, l'orateur (en grammaire, la première personne). Il n'est pas possible de retracer ici l'évolution par laquelle le mot *kalâm* finit par signifier la théologie tout court, et le mot *motakallimûn* (ceux qui s'occupent de la science du *Kalâm*, *'ilm al-Kalâm*) les « théologiens ». La science du *Kalâm*, comme théologie scolastique de l'Islam, finit par désigner plus spécialement une théologie professant un atomisme qui, tout en rappelant celui de Démocrite et d'Épicure, en diffère par tout son contexte.

Le *Kalâm* se caractérise comme une dialectique rationnelle pure, opérant sur les concepts théologiques. Il n'y est question ni de gnose mystique *('irfân)*, ni de cette « science du cœur » dont les Imâms du shî'isme ont été les premiers à parler. En outre, comme l'ont souligné les philosophes al-Fârâbî, Averroës, aussi bien que Mollâ Sadrâ Shîrâzî, les *motakallimûn* sont surtout des apologistes, s'attachant non pas tant à une vérité démontrée ou démontrable, qu'à soutenir, avec toutes les ressources de leur dialectique théologique, les articles de leur credo

religieux traditionnel. Ceux que l'on appelle les mo'tazilites sont regardés comme ayant été les plus anciens
motakallimûn. Ils forment, sans aucun doute, une école
de pensée religieuse spéculative de première importance,
leur effort procédant des données religieuses fondamentales de l'Islam.

Sous le nom de mo'tazilites, on désigne un groupe de
penseurs musulmans qui se forma, dès la première moitié
du IIe siècle de l'hégire, dans la ville de Basra. Leur
mouvement prit une expansion si rapide que se trouva
désignée sous leur nom une bonne partie de l'élite musulmane cultivée. La capitale de l'Empire abbasside, Bagdad,
devint, sous plusieurs règnes, le centre de leur école, et
leur doctrine s'imposa même, un moment, comme doctrine
officielle.

Plusieurs explications ont été données de leur nom.
L'hérésiographe al-Baghdâdî, par exemple, considère que
la désignation de mo'tazilite vient de ce que cette secte
s'est « séparée » de la communauté musulmane à cause de
sa conception du « péché » et du « pécheur » (l'usage de
ces deux mots n'implique naturellement pas ici la notion
spécifiquement chrétienne du péché avec ses implications). Le péché est, en effet, considéré par les mo'tazilites comme un état intermédiaire entre la foi *(îmân)* et
l'infidélité *(kofr)*. Shahrastânî expose une autre opinion :
Wâsil ibn 'Atâ' (mort en 131/748), le fondateur de l'école
mo'tazilite, était en opposition avec son maître Hasan
Basrî (mort en 110/728) sur la question des péchés graves.
Ayant exprimé publiquement son point de vue, il quitta
le cercle de Hasan Basrî; ses partisans formèrent, autour
de la colonne de la Grande Mosquée, un nouveau groupe
où Wâsil ibn 'Atâ' enseignait sa doctrine. Hasan Basrî
s'écria alors : « Wâsil s'est séparé de nous *(i'tazala
'annâ)*. » Depuis lors on désigna Wâsil et ses disciples
sous le nom de mo'tazilites, les « séparés », les « sécession-
nistes ».

De ces diverses opinions, on recueille une double
impression. D'une part, le terme de mo'tazilite serait
appliqué aux adeptes de la doctrine par leurs adversaires.
Or cette désignation porte en elle-même une désapprobation : ceux qui se sont séparés, ont fait sécession.
D'autre part, la cause première du mo'tazilisme serait
une option d'ordre « politique ». En réalité, si l'on

réfléchit sérieusement, tant sur la doctrine mo'tazilite que sur l'option en question, on doit convenir que ni l'une ni l'autre n'ont leur raison suffisante dans la « politique ».

Quant au nom de mo'tazilites, il n'est guère concevable que ce nom leur ait été appliqué uniquement par leurs adversaires. Car ce nom, ils l'ont porté eux-mêmes avec fierté au cours de l'histoire, non point comme un nom impliquant leur condamnation. Dès lors, ce nom n'avait-il pas pour eux une autre signification? Leur doctrine est centrée sur deux principes : à l'égard de Dieu, principe de la transcendance et de l'Unité absolue; à l'égard de l'homme, principe de la liberté individuelle entraînant la responsabilité immédiate de nos actes. Ces deux principes, ils considèrent, à tort ou à raison, qu'ils sont les seuls à les défendre et à les développer (en fait, les shî'ites s'accordent parfaitement avec eux sur le principe de la responsabilité humaine).

D'autre part, les événements politiques survenus dans la communauté musulmane, quelle que soit leur gravité, ne peuvent être considérés comme la raison suffisante de l'apparition du mo'tazilisme. Certes l'investiture de Abû Bakr comme khalife de la communauté musulmane en lieu et place de 'Alî ibn Abî-Tâlib, l'assassinat de 'Othmân, IIIe khalife, le fractionnement de la communauté musulmane en plusieurs camps, à la suite de la lutte sanglante entre Mo'awîa et 'Alî, tous ces événements ont contraint les musulmans, sans excepter les penseurs, à prendre parti devant les problèmes posés.

Mais là encore, l'enjeu de ces luttes dépasse infiniment ce que nous qualifions couramment de « politique ». L'investiture de l'Imâm légitime de la communauté est-elle une question purement sociale, l'Imâm étant soumis au vote de la communauté musulmane et responsable devant elle? Ou bien la fonction de l'Imâm a-t-elle une signification métaphysique, liée intimement à la destinée de la communauté jusqu'au delà de ce monde, et ne pouvant, par là même, dépendre du vote d'une majorité quelconque? C'est l'essence de l'Islam shî'ite qui est en cause. Quant à ceux qui se sont rebellés contre l'Imâm investi, quel est leur statut théologique et juridique, indépendamment de leur souci de justice? Il ne s'agit pas de théorie mais d'une réalité existentielle concrète. Les

mo'tazilites avaient à apporter une solution conforme à
leur pensée.

D'autres facteurs interviennent encore dans l'élaboration de leur pensée. Il y a leur réaction et leur attitude
générale à l'égard des groupes non musulmans établis
au sein de la société musulmane. Il s'agit des mazdéens en
Irak, des chrétiens et des juifs en Syrie. H. S. Nyberg
considère avec raison qu'un des facteurs déterminants de
la pensée des mo'tazilites serait leur lutte contre le dualisme de certaines sectes iraniennes qui s'étaient répandues
à Koufa et à Basra. D'autres témoignages (celui du
Kitâb al-aghânî notamment) le confirment : Wâsil ibn 'Atâ'
et 'Amr ibn 'Obayd, les deux grandes figures du mo'tazilisme naissant, assistaient souvent à des séances organisées dans la demeure d'un notable de Azd, au cours
desquelles les assistants exposaient et défendaient la
doctrine dualiste de l'ancien Iran.

Les mo'tazilites étaient également attentifs à certaines
idées juives et chrétiennes. On peut considérer à bon
droit que la conception mo'tazilite de l'Unité divine ait
été motivée, en partie, comme une réaction contre certains
aspects du dogme chrétien de la Trinité. Les mo'tazilites
dénient, en effet, tout attribut à l'Essence divine; ils
dénient aux attributs toute réalité positive distincte de
l'Essence une, car si l'on affirmait le contraire, on se
trouverait, selon eux, en présence non plus même d'une
divinité trine, mais d'une divinité multiple, les attributs
divins étant illimités.

De même, leur doctrine affirmant le *Qorân* créé peut
être considérée comme une opposition au dogme chrétien
de l'Incarnation. En effet, selon eux, dire que le *Qorân* est
la Parole divine incréée qui se manifeste dans le temps
sous la forme d'un discours en arabe, cela équivaut à dire
ce que disent les chrétiens concernant l'Incarnation, à
savoir que le Christ est la Parole divine incréée, manifestée dans le temps sous la forme d'un être humain. Cela,
parce que la différence entre le dogme du *Qorân* incréé et
le dogme de l'Incarnation consiste non pas tant dans la
nature de la Parole divine elle-même que dans la modalité
de sa manifestation : tandis que pour le christianisme la
Parole s'est faite chair dans le Christ, ici cette même
Parole s'est faite énonciation dans le *Qorân*.

LA DOCTRINE

Il est difficile de parler d'emblée d'une doctrine mo'tazilite, si l'on veut rendre compte de la richesse et de la
diversité de ses multiples formes, et sauvegarder ce qui
revient à chacun de ses penseurs. Cependant il y a cinq
thèses acceptées par tout mo'tazilite, et personne ne saurait être un membre de l'école sans y adhérer. De ces
cinq thèses, les deux premières concernent la divinité; la
troisième a un aspect eschatologique; la quatrième et la
cinquième concernent la théologie morale. Nous en
donnerons ici une rapide esquisse.

Le *tawhîd* (l'Unité divine). C'est le dogme fondamental
de l'Islam. Les mo'tazilites ne l'ont donc pas « inventé »,
mais ils se sont distingués par les explications qu'ils en
donnent, et l'application qu'ils font de ces dernières à
d'autres domaines de la théologie. Les mo'tazilites
aimaient à se désigner eux-mêmes comme les « hommes
du *tawhîd* » *(ahl al-Tawhîd)*. Al-Ash'arî (dans *Maqâlât
al-Islâmiyîn*) expose ainsi la conception mo'tazilite du
tawhîd :

Dieu est unique, nul n'est semblable à lui; il n'est ni corps,
ni individu, ni substance, ni accident. Il est au delà du temps.
Il ne peut habiter dans un lieu ou dans un être; il n'est l'objet
d'aucun des attributs ou des qualifications créaturelles. Il n'est
ni conditionné ni déterminé, ni engendrant ni engendré. Il
est au delà de la perception des sens. Les yeux ne le voient
pas, le regard ne l'atteint pas, les imaginations ne le comprennent pas. Il est une chose, mais non comme les autres
choses; il est omniscient, tout-puissant, mais son omniscience
et sa toute-puissance ne sont comparables à rien de créé. Il a
créé le monde sans un archétype préétabli et sans auxiliaire.

Cette conception de l'Être divin et de son unité est
statique, non dynamique; elle est limitée ontologiquement au plan de l'être inconditionné, elle ne s'étend pas à
celui du non-inconditionné. Elle a pour résultat la
négation des attributs divins, l'affirmation du *Qorân* créé,
la négation de toute possibilité de la vision de Dieu dans
l'au-delà. Ces graves conséquences ont joué un rôle
considérable dans la pensée dogmatique de l'Islam;

elles ont conduit la communauté à prendre conscience des valeurs religieuses fondamentales.

La justice divine *(al-'adl)*. Pour traiter de la justice divine, les mo'tazilites traitent de la responsabilité et de la liberté humaine (on a déjà signalé leur accord avec les shî'ites sur ce point). Ils signifient par là que le principe de la justice divine implique la liberté et la responsabilité de l'homme, ou bien encore, que notre liberté et notre responsabilité découlent du principe même de la justice divine. Sinon, l'idée de récompense ou de châtiment dans l'au-delà est vidée de son sens, et l'idée de la justice divine privée de son fondement. Cependant, comment est-il possible de concilier l'idée de la liberté humaine et le fait, pour l'homme, d'être maître de son destin, avec certains passages qorâniques qui affirment le contraire, par exemple lorsque le *Qorân* déclare expressément que tout ce qui nous arrive est selon la *mashî'a* divine, ou que tout ce que nous faisons est écrit dans un registre céleste ? À cela les mo'tazilites répondent que la *mashî'a* divine (on pourrait traduire le « Vouloir divin foncier ») qui englobe toutes choses, ce ne sont ni ses actes de volonté *(irâda)* ni ses actes de commandement *(amr)*, mais le dessein éternel et le génie créateur de Dieu, lesquels sont deux aspects de sa connaissance infinie. De même, l'affirmation qorânique que « toute chose est inscrite dans un registre céleste » exprime métaphoriquement la connaissance divine elle-même. Celle-ci ne s'oppose pas à la liberté humaine, son objet étant l'être, non pas l'acte comme dans le cas de la volonté et du commandement.

Il y a plus. En affirmant la liberté humaine, les mo'tazilites déclarent que ce principe ne découle pas seulement de notre idée de la justice divine, mais, de plus et surtout, est en plein accord avec le *Qorân* lui-même, lorsque celui-ci affirme expressément que toute âme est responsable quant à ce qu'elle acquiert : « Celui qui fait le bien le fait pour soi-même; celui qui fait le mal le fait contre soi-même. » Ce verset et beaucoup d'autres affirment la liberté humaine. Enfin, tous les musulmans admettent que Dieu leur a imposé des obligations d'ordre culturel, moral, social, etc. Comment concevoir l'idée d'obligation sans admettre que l'homme est libre, maître de ses actes ?

Les promesses dans l'au-delà *(Wa'd* et *wa'îd)*. Que Dieu

ait promis à ses fidèles une récompense et menacé les
infidèles de châtiment, c'est une thèse admise par toutes
les sectes et doctrines islamiques; mais les mo'tazilites lient
cet article de foi à leur conception de la justice divine
et de la liberté humaine. La justice divine postule que ne
soient pas traités de la même façon celui qui reste fidèle et
celui qui commet l'infidélité. Quant à l'homme, la liberté,
une fois admise, implique qu'il soit responsable de ses
actes, dans le bien comme dans le mal. Ainsi l'idée de la
grâce divine ne passe que très discrètement dans l'enseignement mo'tazilite; celle de la justice y occupe une
place prépondérante.

La situation intermédiaire *(al-manzila bayn al-manzila-*
tayn). C'est cette thèse, on l'a rappelé ci-dessus, qui
provoqua la rupture, la « séparation » entre Wâsil ibn
'Atâ', fondateur de l'école mo'tazilite, et son maître
Hasan Basrî; le désaccord portait sur la conception du
« péché ». La thèse mo'tazilite situe celui-ci par rapport à
la foi et à l'infidélité; elle détermine, théologiquement et
juridiquement, la situation du « pécheur » comme distincte à la fois de celle du musulman et de celle du
non-musulman. En accord avec l'ensemble des théologiens et des canonistes de l'Islam, les mo'tazilites distinguent deux sortes de péchés : *saghâ'ir* (fautes légères) et
kabâ'ir (fautes graves). Ceux de la première catégorie
n'entraînent pas l'exclusion du cercle des croyants, pour
autant que le pécheur ne récidive pas. Quant à ceux de la
seconde catégorie, ils se divisent également en deux
espèces : *kofr* (l'infidélité) et les autres. Ces derniers, selon
les mo'tazilites, excluent le musulman de la communauté,
sans qu'il ait à être considéré pour autant comme un *kâfir*
(infidèle au sens absolu). Le pécheur se trouve donc dans
une situation intermédiaire qui n'est ni celle du croyant,
ni celle du non-croyant. Cette thèse de l'« entre-deux »
comportait, elle aussi, ses difficultés.

L'impératif moral *(al-amr bi'l-ma'rûf).* La dernière des
cinq thèses mo'tazilites essentielles concerne la vie de la
communauté; elle vise la mise en pratique des principes
de la justice et de la liberté dans les comportements
sociaux. Pour les mo'tazilites, la justice ne consiste pas
seulement à éviter personnellement le mal et l'injustice;
c'est aussi une action de l'ensemble de la communauté
pour créer une atmosphère d'égalité et d'harmonie sociale,

grâce à laquelle chaque individu puisse réaliser ses possibilités. De même, la liberté et la responsabilité humaines ne se limitent pas au seul exercice des différentes facultés de l'individu; elles s'étendent, ou doivent s'étendre, à l'ensemble de la communauté. Aussi bien est-ce un principe fréquemment énoncé dans le Livre saint de l'Islam. Mais l'ingéniosité de l'école mo'tazilite fut de fonder le principe de l'action morale et sociale sur le principe théologique de la justice et de la liberté de l'homme.

ABÛ'L-HASAN AL-ASH'ARÎ

VIE ET ŒUVRES D'AL-ASH'ARÎ

Abû'l-Hasan 'Alî ibn Isma'îl al-Ash'arî est né à Basra, en l'an 260/873. Il adhéra dès sa jeunesse à l'école mo'tazilite, dont il étudia les doctrines auprès de l'un des maîtres les plus représentatifs de la secte à l'époque, al-Jobbâ'î (mort en 303/917). Jusqu'à l'âge de quarante ans, il suivit l'enseignement de l'école, et pendant toute cette période il prit part à la défense des doctrines mo'tazilites, rédigeant lui-même à cette fin un bon nombre d'ouvrages. Puis, au témoignage de ses biographes, voici que parvenu à l'âge de quarante ans, Ash'arî s'enferme chez lui pour une retraite qui ne dure pas moins de deux semaines. Il en sort pour faire irruption dans la Grande Mosquée de Basra, à l'heure de la réunion pour la Prière. Là, il proclame à voix haute :

Celui qui me connaît, me connaît. À celui qui ne me connaît pas, je vais me faire connaître. Je suis 'Ali ibn Isma'il al-Ash'arî. Naguère j'ai professé la doctrine mo'tazilite, croyant au *Qorân* créé, niant la vision divine dans l'au-delà, déniant à Dieu tout attribut et toute qualification positive... Soyez tous témoins que maintenant je renie cette doctrine et que je l'abandonne définitivement.

Nombreuses sont les raisons par lesquelles les biographes ont expliqué ce revirement spectaculaire. Il semble que la cause principale doive en être recherchée à la fois en lui-même et dans la situation extérieure, c'est-à-dire dans la division de la communauté musul-

mane sunnite partagée, à cette époque, entre deux
extrémismes.

Ash'arî a écrit de nombreux ouvrages durant sa
période mo'tazilite comme après sa conversion. D'après
ses propres dires, il n'aurait pas composé moins de
quatre-vingt-dix ouvrages englobant la quasi-totalité du
savoir théologique de l'époque. Il a écrit un commentaire
du *Qorân*. Il a composé un recueil traitant de la *sharî'at;* un
recueil de *hadîth* et de récits; des traités contre les matérialistes, les kharijites, et, après sa conversion, des ouvrages
de critique contre les mo'tazilites. Parmi ceux de ses
ouvrages qui nous sont parvenus, il en est deux qui ont
une importance particulière.

Dans le premier, *Maqâlât al-Islâmîyîn,* Ash'arî expose
avec précision et objectivité toutes les doctrines connues
de son temps. Ce traité peut être considéré comme l'une
des sommes les plus importantes de l'histoire des dogmes,
voire comme le premier du genre dans l'histoire des
doctrines et des dogmes en Islam. Quant au second
ouvrage, *Kitâb al-Ibâna,* il expose strictement la doctrine
de l'Islam sunnite. Ash'arî mourut à Bagdad en 324/935,
après une vie admirablement remplie.

LA DOCTRINE D'AL-ASH'ARÎ

Les tendances du système

Deux tendances apparemment contradictoires, en
réalité complémentaires, dominent le système d'al-
Ash'arî. D'une part, il semble si proche de telle ou telle
école juridique de l'Islam, que l'on a pu affirmer tantôt
qu'il était shafi'ite, tantôt qu'il était malékite ou hanbalite.
D'autre part, il observe une réserve manifeste, son souci
intime étant avant tout de concilier les différentes écoles
du sunnisme, toutes étant d'accord à ses yeux quant aux
principes, et ne divergeant qu'en matière d'applications.

Ash'arî prend position contre les mo'tazilites, et cela
pour deux motifs essentiels.

Donner une valeur absolue à la raison, cela aboutit non
point à soutenir la religion, comme le prétendent les
mo'tazilites, mais à la supprimer, en substituant purement et simplement la raison à la foi. D'autre part, le

ghayb (l'invisible, le myſtère) dépasse toute démonſtration rationnelle.

Le syſtème de pensée d'al-Ash'arî eſt marqué par le souci de concilier deux extrêmes. Cette tendance apparaît dans presque toutes les solutions proposées par lui, et c'eſt par là que sa pensée et sa doĉtrine ont trouvé une si large audience en Islam sunnite, pendant plusieurs siècles. Nous prendrons ici comme exemple la position que prend Ash'arî devant trois grands problèmes théologiques : le problème des Attributs divins, le problème du *Qorân,* le problème de la liberté humaine.

Les Attributs divins. On a vu que les mo'tazilites professaient que Dieu eſt privé de tout attribut positif, en ce sens que toute qualification divine doit être comprise comme étant l'essence elle-même. En revanche, les littéraliſtes, par leur conception naïve des Attributs divins, aboutissaient à se représenter la divinité comme un complexe de noms et de qualifications à côté de l'essence divine elle-même. L'attitude des mo'tazilites eſt connue dans l'hiſtoire des dogmes sous le nom de *ta'tîl,* c'eſt-à-dire qu'elle consiſte à priver Dieu de toute aĉtivité opérante, et aboutit finalement à l'agnoſticisme (à remarquer que le sens de la racine *'tl,* d'où vient *ta'tîl,* eſt appliqué dans l'ancien usage arabe au puits sans eaux et à la femme privée de parure). À l'opposé, l'attitude des littéraliſtes extrémiſtes eſt connue sous le nom de *tashbîh* (anthropomorphisme). Nous avons déjà rencontré ces deux termes dans un autre contexte.

La solution proposée par al-Ash'arî admet que l'Être divin possède réellement les Attributs et les Noms mentionnés dans le *Qorân.* En tant que ces Noms et Attributs ont une réalité positive, ils sont diſtinĉts de l'essence, mais n'ont cependant ni exiſtence ni réalité en dehors d'elle.

Le dogme du *Qorân* incréé. Les mo'tazilites professent que le *Qorân* eſt la Parole divine créée, sans diſtinguer entre la Parole en tant qu'attribut divin éternel, et l'énonciation arabe qui la représente dans le *Qorân.* Les littéraliſtes opposent un refus catégorique à cette manière de voir, mais ils confondent, pour leur part, la Parole divine et l'énonciation humaine manifeſtée dans le temps. Plus grave encore, certains parmi eux considèrent que le *Qorân* eſt éternel non seulement quant à son contenu et quant aux mots qui le composent, mais aussi quant à tout ce qui le constitue matériellement, par exemple les pages, l'encre, la reliure, etc.

Entre ces deux extrêmes intervient la solution d'al-Ash'arî. Il considère que la nature de la parole, qu'elle soit humaine ou divine, ne se limite pas, comme le considèrent les mo'tazilites, à ce qui est prononcé et composé de sons et de mots articulés; elle est aussi discours de l'âme *(hadîth nafsî)*, et par là elle est extérieure à la manifestation verbale *(hadîth lafzî)*. Lorsqu'il déclare que le *Qorân* est éternel, il entend par là l'attribut divin du *kalâm* subsistant éternellement en Dieu et, en tant que tel, exempt de toute articulation verbale et sonore. Mais le *Qorân* est aussi composé de mots. Il est écrit. Sous cet aspect, le *Qorân* est un fait temporel créé, à l'encontre de ce que pensent les littéralistes. Mais comment, dans un seul fait tel que le *Qorân,* peuvent coïncider ces deux aspects antinomiques, l'un créé, l'autre incréé? Ici encore, Ash'arî conseille au croyant de pratiquer son fameux principe : « Avoir la foi sans demander comment. »

La liberté humaine. Pour résoudre ce problème, Ash'arî recourt non pas à la notion de *qodra* (puissance créatrice) au sens mo'tazilite, mais à la notion de *kasb* (acquisition). Ici, de nouveau, il lui faut trouver une solution entre deux extrêmes : les mo'tazilites, partisans de la *qodra,* et les fatalistes, partisans du *jabr.* Ash'arî considère, non sans raison, que la thèse mo'tazilite introduit une sorte de dualisme par rapport à l'activité divine. En effet, selon les mo'tazilites, l'homme n'est pas seulement libre et responsable; il possède en outre la *qodra,* c'est-à-dire la puissance créatrice, la faculté de créer ses propres œuvres. Pour échapper au risque d'instituer une autre puissance créatrice à côté de la puissance divine, tout en conférant à l'homme une liberté qui le rende responsable de ses actes, Ash'arî attribue à l'homme non pas la *qodra,* la création de ses œuvres, mais le *kasb,* l'« acquisition » de ses œuvres. Il admet la distinction que font les mo'tazilites entre les deux sortes d'action chez l'homme : action contrainte et action libre. Il admet également leur thèse que l'homme a parfaitement conscience de la différence. Mais il considère la *qodra,* la puissance créatrice des actes humains, comme extérieure à l'homme; elle ne lui est pas immanente. Aussi, dans chaque acte libre de l'homme, Ash'arî distingue-t-il l'acte de création qui est la part de Dieu, et l'acte d'acquisition qui est la part de l'homme. Toute la liberté de l'homme consiste dans cette « co-incidence » entre Dieu « créateur » et l'homme « acquéreur ».

Dans toutes les solutions qu'il propose, Ash'arî n'obéit pas tellement à des soucis spéculatifs et rationnels qu'à des motifs spirituels et religieux. Ce qu'il cherche avant tout, c'est à donner un sens à la foi en Dieu, en un Dieu dont les qualifications ne sont pas vaines, car il est à la fois essence et attribut, et qui peut être par conséquent l'objet de l'adoration et de l'amour du fidèle. Que son effort soit jugé comme une réussite ou, au contraire, faute d'armature métaphysique suffisante, comme un échec, c'est encore ce que cherche al-Ash'arî, avec une parfaite probité, en soutenant la simultanéité des deux aspects du *Qorân,* créé et incréé : la jonction mystérieuse et miraculeuse entre l'éternel et l'éphémère.

L'ASH'ARISME

Les vicissitudes de l'école ash'arite

L'école ash'arite, formée au milieu du IVe/Xe siècle par les disciples directs d'al-Ash'arî, dérive son nom de celui du maître (en arabe on dit les *ash'arîya* ou *ashâ'ira*). Pendant plusieurs siècles cette école a dominé presque totalement l'Islam sunnite; à certaines époques et en certaines régions, l'ash'arisme fut même identifié purement et simplement avec le sunnisme.

Vers la fin de sa vie, Abû'l-Hasan al-Ash'arî avait vu se grouper autour de lui de nombreux disciples qui admiraient sa vie exemplaire, sa pensée imprégnée des valeurs religieuses et son souci d'en assurer la sauvegarde. Ils trouvaient en lui un refuge à la fois contre le littéralisme étroit des hommes du *hadîth,* et contre le rationalisme excessif des mo'tazilites. C'est ainsi que l'ash'arisme commença de prendre forme du vivant même du maître.

Mais à peine l'ash'arisme eut-il affirmé son existence et pris une figure distincte, à côté des autres écoles du moment, qu'il devint une cible pour toutes les attaques. Les mo'tazilites accusaient l'école ash'arite de flatter la masse par son opportunisme, et formulaient contre elle le reproche toujours facile de « syncrétisme ». De même

les littéralistes, et à leur tête les hanbalites, s'étonnaient
de voir ce nouveau venu qui, tout en ayant la prétention
d'échapper au piège de l'*i'tizâl,* n'avait pas le courage de
revenir purement et simplement aux sources, à savoir le
texte révélé littéral et la tradition primitive, telle qu'elle
est reconnue de l'Islam sunnite.

Par ailleurs, au moment même où Ash'arî prend conscience, à Basra et à Bagdad, des problèmes qu'affronte
l'Islam, et leur cherche une solution, un autre penseur,
formé également dans le sunnisme, Abû Mansûr al-
Matorîdî (mort en 333/944) à Samarcande, dans l'Orient
du monde islamique, pressent, lui aussi, les mêmes
problèmes et vise le même but. Ses propres disciples considèrent l'effort de l'école ash'arite comme une réforme
manquée; ils en critiquent le conservatisme et le confor-
misme. L'effort de l'ash'arisme s'arrêtant à mi-chemin, les
disciples de Matorîdî prétendent opérer eux-mêmes le
renouveau, et restaurer le sunnisme intégral.

Malgré toutes les critiques dressées contre l'ash'arisme
naissant, l'école se développe et prend de l'extension; le
temps aidant, elle devient le porte-parole de l'orthodoxie
sunnite dans une grande partie de l'univers islamique.
Mais, au milieu du Ve/XIe siècle, le mouvement subit un
temps d'arrêt et de difficulté. Les princes iraniens de la
dynastie des Bouyides sont les véritables maîtres de
l'Empire abbasside. Or, ce sont des shî'ites; ils favorisent
une sorte de synthèse entre la pensée mo'tazilite et
certains aspects de la pensée shî'ite. Mais, dès que les
princes turcs seldjoukides, d'appartenance sunnite,
prennent le pouvoir, la situation change. L'ash'arisme
reprend sa place privilégiée dans la société musulmane
sunnite; l'école reçoit même l'appui des autorités officielles, particulièrement celui du célèbre vizir seldjoukide
Nizâm al-Molk (mort en 485/1093).

Nizâm al-Molk fonde les deux grandes universités de
Bagdad et de Nishâpour. L'enseignement qui y est
dispensé est l'ash'arisme, lequel devient alors la doctrine
officielle de l'Empire abbasside. C'est à cette époque que
ses représentants deviennent les porte-parole de la
doctrine sunnite elle-même. Forts de cette situation, les
ash'arites passent à l'attaque contre les sectes et doctrines
non conformes à leur « orthodoxie », non seulement sur
le plan idéologique pur, mais sur le plan politique, pour

autant que leurs adversaires représentent une opinion que favorise un État ou un gouvernement hostile au khalifat abbasside. L'offensive que Ghazâlî a entreprise contre les « bâtiniens » (c'est-à-dire contre l'ésotérisme ismaélien) et contre les philosophes (voir ci-dessous), vise en même temps le pouvoir fâtimide du Caire, parce que celui-ci protégeait les philosophes et faisait sienne la doctrine bâtinienne.

Au viie/xiiie siècle, l'ash'arisme rencontre dans la personne d'Ibn Taymîya, et de son disciple Ibn al-Qayyim al-Jawzîya, tous deux de Damas, des adversaires de taille. Ibn Taymîya, en effet, le père du mouvement salafite à travers les siècles, conteste à l'ash'arisme la validité de sa réforme sunnite. Il proclame une réforme intégrale du sunnisme basée principalement sur la valeur absolue du texte littéral de la Révélation et de la Tradition des Compagnons du Prophète (de cette « Tradition » est évidemment exclu le corpus des traditions théologiques remontant aux Imâms du shî'isme). Malgré la valeur d'Ibn Taymîya et la force incisive de sa critique, l'ash'arisme conserve son rang prédominant dans l'Islam sunnite jusqu'à nos jours. La renaissance de l'Islam sunnite, quels que soient les éléments divers (mo'tazilisme et salafisme par exemple) convergeant dans la conscience musulmane, ne peut que favoriser cette prépondérance de l'ash'arisme.

Parmi les grandes figures que l'école ash'arite a produites au cours des temps, on doit nommer : Abû Bakr al-Baqillânî (mort en 403/1013), auteur du *Kitâb al-Tawhîd* qui est le premier essai de doter l'ash'arisme d'un vrai système doctrinal; Ibn Fûrak (Abû Bakr Moham. ibn al-Hasan, mort en 400/1015); Abû Ishaq al-Isfarâ'inî (mort en 418/1027); 'Abd al-Qâhir ibn Tâhir al-Baghdâdî (mort en 429/1037); Abû Ja'far Ahmad ibn Moh. al-Samnânî (mort en 444/1052); Imâm al-Haramayn al-Jowaynî (mort en 478/1085), dont l'ouvrage, *Kitâb al-Irshâd,* est considéré comme la forme achevée de l'ash'arisme; le célèbre Ghazâlî (mort en 505/1111); Ibn Tûmart (mort vers 524/1030); Shahrastânî (mort en 548/1153); Fakhroddîn Râzî (mort en 606/1210); 'Adod al-Dîn Ijî (mort vers 756/1355); Jorjânî (mort en 816/1413); Sanoussî (mort en 895/1490).

L'atomisme

On a vu précédemment comment la gnose ismaélienne articulait l'idée d'Émanation avec le principe de l'Instauration créatrice *(ibdâ')*. L'émanatisme proprement dit est représenté par excellence, en Islam, par les philosophes hellénisants (voir ci-dessous). Ces derniers comprennent le fait de la création, tel qu'ils le méditent dans la Révélation qorânique, à la lumière de cette idée fondamentale. Ils considèrent la multiplicité des mondes et des phénomènes comme procédant de l'Un absolu; Dieu se trouve au sommet de la Manifestation; tous les êtres, constituant cette même Manifestation, sont liés organiquement, depuis la Première Intelligence jusqu'à la matière inanimée.

D'autres écoles de pensée, notamment les mo'tazilites, se réfèrent, pour expliquer la création et les rapports entre Dieu et le monde, à l'idée d'une causalité universelle. Les phénomènes de la création sont, selon eux, soumis à un ensemble de causes qui s'élèvent graduellement depuis les causes secondes régissant le monde de la matière, jusqu'aux causes premières et jusqu'à la cause des causes.

Les ash'arites n'ont été satisfaits ni par l'idée de l'Émanation mise en œuvre par les philosophes, ni par l'idée de la causalité universelle admise par les mo'tazilites. Telle que les ash'arites la comprennent, la conception émanatiste exclut l'idée qu'ils se font de la liberté et de la volonté comme caractérisant l'essence de l'Être divin. Il leur apparaît que l'émanatisme aboutit à identifier le principe et la manifestation, soit sur le plan de l'essence, soit sur le plan de l'existence.

Dans l'idée mo'tazilite de la causalité universelle, les ash'arites voient une sorte de déterminisme (la cause étant liée ontologiquement à son effet, et réciproquement), et ce déterminisme est pour eux incompatible avec l'idée fondamentale du *Qorân* affirmant, avec la toute-puissance, la liberté divine absolue.

L'idée de la création du monde, et par voie de conséquence la relation qu'il convient de se représenter entre Dieu et l'univers, les ash'arites ont pensé en trouver la base et la justification dans leur théorie de l'indivisibilité de la matière ou atomisme. Certes, la théorie de ce nom était déjà connue chez les penseurs de la Grèce et de l'Inde; mais les ash'arites l'ont développée selon leurs préoccupations propres pour sauvegarder, par les conséquences qu'ils en déduisaient, leur idée de la toute-puissance et leur idée de la création.

L'argumentation ash'arite peut être indiquée très brièvement comme suit. Une fois admis que la matière est indivisible, on aboutit à l'affirmation d'un principe transcendant qui donne à cette matière, et à tous les êtres composés, leur détermination et leur spécification. Dès lors aussi, l'idée de l'indivisibilité de la matière porte en elle-même une autre conséquence, à savoir la récurrence de la création. Selon la conception ash'arite l'univers est en expansion continue, et seule la Main divine lui conserve son unité, sa cohésion et sa durée, bien que la faiblesse de nos sens et de notre raison ne nous permette pas de percevoir qu'il en est ainsi.

La raison et la foi

Outre le problème qu'il résout par sa cosmologie atomiste, l'ash'arisme fait face à un second problème qui se pose à lui en termes caractéristiques, comme le problème des rapports entre la raison et la foi. Il y confirme sa vocation qui l'oppose aux extrêmes : d'un côté les mo'tazilites qui ne veulent reconnaître que la raison et le rationnel, de l'autre les littéralistes qui ne veulent pas en entendre parler. Les mo'tazilites exilent la foi religieuse, parce que l'individu conscient n'en a plus besoin; à l'extrême opposé, les littéralistes exilent la raison, sous prétexte qu'elle n'est d'aucune utilité en matière religieuse, où seule la foi est requise. Mais alors pourquoi le *Qorân* incite-t-il au raisonnement et à la spéculation? Pourquoi invite-t-il notre intelligence à s'exercer sur les objets proprement religieux, l'existence divine, la providence divine, la révélation, etc.?

Entre les deux extrêmes, l'ash'arisme a tenté de frayer la voie moyenne, s'efforçant de circonscrire le domaine propre à l'intelligence rationnelle et le domaine réservé à la foi.

Dans le combat livré ainsi par l'ash'arisme, il y a quelque chose de pathétique, car on peut se demander s'il disposait des armes suffisantes pour le mener à bien. Si l'on compare avec la philosophie prophétique de la gnose shî'ite exposée ici précédemment, la situation révèle un puissant contraste. En faisant face simultanément aux mo'tazilites et aux littéralistes, l'ash'arisme reste en fait sur leur propre terrain. Et sur ce terrain, il serait difficile que se lèvent les perspectives ascendantes du *ta'wîl*, et que s'ouvre un passage menant du *zâhir* au *bâtin*. C'est le contraste entre la dialectique rationnelle du *kalâm* et ce que nous avons appris à connaître comme *hikmat ilâhîya (theosophia)*, *'irfân* (gnose mystique), *ma'rifat qalbîya* (connaissance du cœur), bref cette forme de conscience pour laquelle toute connaissance reconduit à un acte de connaissance de soi. En réfléchissant à la solution donnée par al-Ash'arî au dilemme du *Qorân* incréé ou créé, on a l'impression que son effort s'arrête prématurément.

Si l'ash'arisme a survécu à tant d'attaques et de critiques, il faut admettre que la conscience de l'Islam sunnite s'est reconnue en lui. Et c'est bien là le symptôme le plus aigu d'une situation qui conduit à se demander si la philosophie devait jamais s'y trouver « chez elle » ou bien y rester en porte à faux. Le mo'tazilisme est contemporain des Imâms du shî'isme (dont les disciples eurent plus d'une discussion avec les maîtres mo'tazilites). Ash'arî est né l'année même où commence l'« occultation mineure » du XIIe Imâm (260/873). Il meurt à Bagdad quelques années seulement avant Kolaynî, le grand théologien shî'ite, qui précisément travailla à Bagdad pendant vingt ans. Les noms des deux maîtres pourraient être pris comme le symbole des conditions très différentes que l'avenir réservait à la philosophie respectivement en Islam shî'ite et en Islam sunnite.

PHILOSOPHIE ET SCIENCES DE LA NATURE

L'HERMÉTISME

On a rappelé ci-dessus que les Sabéens de Harran faisaient remonter leur ascendance à Hermès et à Agathodaimôn. Leur plus célèbre docteur, Thâbit ibn Qorra (mort en 288/901), avait écrit en syriaque et traduit lui-même en arabe un livre des *Institutions d'Hermès*. Pour les manichéens, Hermès était l'un des cinq grands prophètes ayant précédé Mani. De la prophétologie manichéenne, le personnage d'Hermès est passé dans la prophétologie islamique, où il est identifié avec Idrîs et Hénoch (Okhnokh).

Il n'est nullement surprenant que les premiers musulmans qui « hermétisèrent » aient été des shî'ites. D'une part, en effet, la prophétologie shî'ite prévoit spontanément la catégorie prophétique à laquelle appartient Hermès. D'autre part la gnoséologie shî'ite prévoit également le mode de connaissance commun aux simples *nabîs* antérieurs à l'Islam (tel Hermès), aux Imâms et aux *awliyâ* en général pendant le cycle de la *walâyat* succédant au cycle de la prophétie législatrice.

En revanche, les sunnites (au témoignage de Shahrâstanî) dénonçaient, dans l'hermétisme des Sabéens, une religion incompatible avec l'Islam, puisqu'elle peut se passer de prophète (de prophète-législateur d'une *sharî'at*, s'entend) : l'ascension de l'esprit au Ciel, telle qu'Hermès y initie ses adeptes, dispenserait de croire à la descente d'un Ange révélant au prophète le texte divin. On s'explique comment et pourquoi, en pénétrant par la porte du shî'isme, l'hermétisme put être reconnu en Islam avant que la syllogistique et la métaphysique d'Aristote y aient fait leur entrée. Le fait souligne encore les raisons de l'attitude shî'ite et ses conséquences pour l'avenir de la philosophie en Islam, tandis que, du côté sunnite, on dénonçait indistinctement tant l'attitude shî'ite qu'ismaélienne et hermétiste, comme foncièrement hostile à la prophétie et ruinant l'Islam légalitaire de la *sharî'at*.

Le philosophe iranien Sarakhshî (mort en 286/899), élève du philosophe al-Kindî, était shî'ite ou passait pour tel. Il avait écrit un ouvrage (aujourd'hui perdu) sur la religion des Sabéens. Son maître, al-Kindî, avait lu également ce qu'Hermès enseignait à son fils (référence implicite, sans doute, au *Poimandrès*) concernant le mystère de la transcendance divine, et il affirmait qu'un philosophe musulman comme lui n'aurait pu mieux dire. Malheureusement les Sabéens n'avaient pas de « Livre » apporté par un prophète-législateur, un Livre qui aurait pu les faire reconnaître officiellement comme Ahl al-Kitâb. Ils durent peu à peu se convertir à l'Islam. Leur dernier chef connu, Hakaym ibn 'Isâ ibn Marwân, mourut en 333/944. Leur influence n'en a pas moins laissé

des traces ineffaçables. Par l'intermédiaire de Dhû-l-Nûn
Misrî (mort en 245/859), Égyptien à la fois alchimiste et
mystique, quelque chose en pénètre dans le soufisme
(Kharrâz, 286/899; Hallâj, 309/922). Les néoplatoniciens
de l'Islam qui opèrent la synthèse de la spéculation philosophique et de l'expérience spirituelle, se réclament
expressément d'une chaîne d'initiation *(isnâd)* remontant
à Hermès : ainsi firent Sohrawardî (587/1191), Ibn Sab'în
(mort en 669/1270). Au VIIᵉ/XIIIᵉ siècle, un philosophe
iranien shî'ite, Afzâl Kâshânî, traduit en persan un traité
hermétiste (voir ci-dessous). Hermès ne cesse de figurer
dans la hiérohistoire des prophètes (cf., en Iran, Majlisî,
Ashkevarî, au XVIIᵉ siècle).

Pour caractériser la pensée hermétiste et tout ce qui en
Islam en subit l'influence, on relèvera, avec L. Massignon
(voir Bibliographie), les signes suivants : il y a, en
théologie, la conviction que, si la divinité ineffable est
inaccessible au syllogisme, il en procède des Émanations,
et qu'elle peut être atteinte par notre prière, par un effort
d'ascèse et de conjuration. Il y a une idée du temps
cyclique solidaire d'une conception astrologique hermétiste. « Il y a une physique synthétique qui, bien loin
d'opposer le monde sublunaire au Ciel empyrée (et les
quatre Éléments corruptibles à la quintessence), affirme
l'unité de l'univers. » D'où le principe et la science des
correspondances, fondées sur la sympathie de toutes
choses. Il y a l'usage de ce que L. Massignon appelle les
« séries causales anomalistiques », c'est-à-dire la tendance
à toujours considérer non pas la loi générale, mais
l'individualité des cas, même aberrants.

Il est impossible de relever ici les titres des ouvrages
figurant dans la tradition hermétiste en Islam : traités
attribués à Hermès, à des disciples (Ostanès, Zozime, etc.),
traductions (le *Livre de Kratès*, le *Livre de l'Ami*), les
ouvrages d'Ibn Wahshîya ou ceux qui lui sont attribués
(entre autres la fameuse *Agriculture nabatéenne*, peut-être
l'œuvre d'un shî'ite de famille vizirale, Abû Tâlib Ahmad
ibn al-Zayyat, mort vers 340/951). Cependant il faut
mentionner spécialement le nom de deux grands ouvrages
hermétistes arabes : le *Livre du secret de la Création et
technique de la Nature (sirr al-khalîqa)* fut produit sous le
khalife Ma'mûn (mort en 218/833) par un musulman
anonyme, et mis par lui sous le nom d'Apollonios de

Tyane. C'est ce traité qui se termine par la célèbre
« Table d'émeraude », *Tabula smaragdina*. (Il est à rapprocher du *Livre des trésors,* encyclopédie de sciences
naturelles, produit à la même époque par Job d'Édesse,
médecin nestorien à la cour abbasside.) *Le But du sage*
(*Ghâyat al-Hakîm,* faussement attribué à Maslama Majrîtî,
mort en 398/1007) est un traité qui contient, outre de
précieuses informations sur les liturgies astrales des
Sabéens, tout un enseignement sur la « Nature Parfaite »,
attribué à Socrate.

Le thème de la Nature Parfaite *(al-tibâ' al-tâmm)* est
l'un des plus attachants de toute cette littérature. La
Nature Parfaite est l'« entité spirituelle » *(rûhânîyat)*,
l'« Ange du philosophe », son guide personnel qui l'initie
personnellement à la sagesse. Elle est, en somme, un
autre nom de *Daênâ, l'alter ego* céleste, Figure de lumière à
la ressemblance de l'âme qui, dans le zoroastrisme et
dans le manichéisme, apparaît à l'élu au moment de son
exitus. La vision qu'Hermès eut de sa Nature Parfaite est
commentée par Sohrawardî, et après lui par toute l'école
ishrâqî, jusque chez Mollâ Sadrâ et les élèves de ses
élèves.

JÂBIR IBN HAYYÂN ET L'ALCHIMIE

L'œuvre immense portée sous le nom de Jâbir ibn
Hayyân, est hermétiste, elle aussi, par un certain nombre
de ses sources. On ne peut que référer ici au monumental
travail que lui a consacré le regretté Paul Kraus et qui
restera pour longtemps le guide des études jâbiriennes.
Décider de l'auteur du corpus jâbirien est une question
redoutable. Berthelot, surtout préoccupé par le Jâbir (ou
Geber) latin, et les documents étant alors inaccessibles,
avait abouti à des dénégations sommaires et infondées.
Holmyard, en revanche, avait accumulé une masse
d'arguments pertinents en faveur de la tradition : Jâbir
avait réellement vécu au IIᵉ/VIIIᵉ siècle, avait bien été
l'élève du VIᵉ Imâm, l'Imâm Ja'far, et était bien l'auteur
de la volumineuse collection d'environ trois mille traités
qui lui sont attribués. Ruska avait cherché une voie
moyenne : excluant l'influence directe de l'Imâm (cette
exclusion fait fi un peu arbitrairement d'une tradition
shî'ite constante), mais admettant une tradition ayant ses

centres en Iran. De ses recherches et critiques prudentes,
Paul Kraus concluait à une pluralité d'auteurs : autour
d'un noyau primitif, plusieurs collections s'étaient
constituées dans un ordre que l'on peut approximative-
ment restituer. Il en datait l'éclosion aux alentours des
IIIe/IXe-IVe/Xe siècles, non pas au IIe/VIIIe siècle.

Les recherches de Paul Kraus ont tendu à montrer que
la théorie jâbirienne de la Balance *(mîzân)* « a représenté
au Moyen âge la tentative la plus rigoureuse pour fonder
un système quantitatif de sciences naturelles ». La
légitimité de cette proposition eût apparu sous son vrai
jour, si, hélas, la disparition tragique de Paul Kraus ne
l'eût empêché d'achever son œuvre. Il restait encore à
réaliser le projet de montrer les liens de l'alchimie de
Jâbir avec la philosophie religieuse de l'ismaélisme. Car la
science « quantitative » jâbirienne n'est pas simplement un
chapitre de l'histoire primitive des sciences, telle qu'on
entend de nos jours le mot « sciences ». C'est toute une
Weltanschauung. La science de la Balance tend à englober
toutes les données de la connaissance humaine.

Le propos de la « science de la Balance », c'est de
découvrir dans chaque corps le rapport qui existe entre le
manifesté et le caché (le *zâhir* et le *bâtin,* l'exotérique et
l'ésotérique). L'opération alchimique se présente ainsi,
nous l'avons dit, comme le cas par excellence du *ta'-
wîl* (l'exégèse spirituelle) : occulter l'apparent, faire
apparaître l'occulté. C'est la transmutation de l'Âme
revenant à elle-même qui va conditionner la transmutation des corps : l'Âme est le lieu même de cette transmutation. L'opération alchimique s'annonce donc comme
une opération psycho-spirituelle par excellence, non pas
du tout que les textes alchimiques soient une « allégorie de
l'Âme », mais parce que les phases de l'opération réellement accomplie sur une matière réellement donnée
symbolisent avec les phases du retour de l'Âme à elle-
même.

Les mesures si complexes, les chiffres parfois colossaux
établis minutieusement par Jâbir, n'ont pas de sens pour
un laboratoire de nos jours. La science de la Balance
ayant pour principe et fin de mesurer le désir de l'Âme du
monde incorporé à chaque substance, il est difficile
d'y voir une anticipation de la science quantitative
moderne; en revanche, elle pourrait être regardée

comme une anticipation de cette « énergétique de l'âme » qui sollicite de nos jours tout un ensemble de recherches. La Balance de Jâbir était alors la seule « algèbre » qui pût noter le degré d'« énergie spirituelle » de l'Âme incorporée aux Natures, puis s'en libérant par le ministère de l'alchimiste qui, en libérant les Natures, libérait aussi sa propre âme.

Jâbir regardait la « Balance des lettres » comme la plus parfaite de toutes. Les gnostiques en Islam ont amplifié une théorie de la gnose antique considérant que les lettres de l'alphabet, étant à la base de la Création, représentent la matérialisation de la Parole divine (cf. Marc le Gnostique et, ci-dessus, le gnostique shî'ite Moghîra). L'Imâm Ja'far est regardé unanimement comme l'initiateur de la « science des lettres ». Les mystiques sunnites l'ont eux-mêmes empruntée aux shî'ites, dès la seconde moitié du IIIe/IXe siècle. Ibn 'Arabî et son école en font un grand usage. Chez les ismaéliens, les spéculations sur le Nom divin correspondent à celles de la gnose juive sur le tétragramme.

C'est de cette « Balance des lettres » que Jâbir fait particulièrement état dans le traité qu'il intitule le *Livre du Glorieux* (*Kitâb al-Mâjid,* voir Bibliographie), traité qui, si abstrus soit-il, nous révèle au mieux le lien de sa doctrine alchimique avec la gnose ismaélienne, et nous fait entrevoir peut-être le secret de sa personne. Le *Livre du Glorieux* énonce que le comprendre, lui, ce livre, et comprendre ainsi l'ordre même de tout le corpus, c'est être tel que Jâbir lui-même. Ailleurs, sous le symbole de la langue himyarite (sud-arabique) et d'un mystérieux shaykh qui la lui apprit, il dit à son lecteur : « En lisant le *Livre de la morphologie,* tu connaîtras la préséance de ce shaykh, ainsi que ta propre préséance, ô lecteur. Dieu sait que tu es lui. » Le personnage de Jâbir n'est ni un mythe ni une légende; mais Jâbir est plus que son personnage historique. Le Glorieux est l'archétype; y eût-il plusieurs rédacteurs du corpus, chacun avait à reprendre, authentiquement sous le nom de Jâbir, la geste de l'archétype.

Cette geste est celle de l'alchimie dont on ne peut jalonner ici la voie que par l'énoncé de quelques noms. Mo'ayyadoddîn Hosayn Toghrâ'î, célèbre poète et écrivain alchimiste d'Ispahan (exécuté en 515/1121); Mohyiddîn Ahmad Bûnî (mort en 622/1225), qui avait étudié deux cents ouvrages jâbiriens; l'émir égyptien Aydamûr Jildakî (mort en 743/1342 ou 762/1360) réfère fréquemment à Jâbir. En Iran, au xve siècle, un maître du soufisme à Kerman, Shâh Ni'matollah Walî, annote de sa main son propre exemplaire d'un livre de Jildakî, *Nihâyat al-tâlib*. Aux confins des xviiie et xixe siècles, les maîtres de la renaissance du soufisme iranien, Nûr 'Ali-Shâh et Mozaffar 'Ali-Shâh, expriment à leur tour en notations alchimiques les phases de l'union mystique. Dans l'école shaykhie, enfin, les représentations alchimiques sont liées à la doctrine théosophique du « corps de résurrection ».

L'ENCYCLOPÉDIE DES « IKHWÂN AL-SAFÂ »

Il est devenu traditionnel de traduire le titre que se donne cette société de pensée qui eut son centre à Basra, par « les Frères de la Pureté et les Amis de la Fidélité ». (On a fait des objections contre le terme de « pureté », pourtant c'est bien le sens du mot; il ne signifie pas « chasteté », mais s'oppose à *kadûra,* impureté, opacité. À lire leur texte, on comprend que ce sont « les Frères au cœur pur et les Fidèles à toute épreuve ».) Ils se donnent, dans leur encyclopédie, comme une confrérie dont les membres taisent leurs noms. On s'accorde à dater du ive/xe siècle l'état du texte tel qu'il nous est parvenu. En outre, par certains philosophes et historiens (Tawhîdî, Ibn al-Qiftî, Shahrazûrî), nous connaissons les noms de quelques collaborateurs de l'œuvre : Abû Soleymân Bostî, Moqaddasî, 'Alî ibn Harûn Zanjânî, Moham. ibn Ahmad Nahrjûrî (ou Mehrjânî), 'Awfî.

Il s'agit, en fait, non pas simplement d'un groupe de sympathisants shî'ites, mais d'une société de pensée ismaélienne caractérisée, bien que la rédaction très prudente ne laisse reconnaître la chose qu'à « celui qui sait ». L'entreprise vise, certes, un but de propagande, mais le mot « populaire » serait déplacé ici, car le contenu ne l'est pas. Si des copies de l'œuvre étaient à l'époque discrètement distribuées dans les mosquées, c'est que, selon la pédagogie ismaélienne, il s'agit d'éveiller quiconque en est capable à la connaissance qu'il y a quelque chose au-dessus de la religion légalitaire littérale, la *sharî'at,* laquelle n'est une médecine excellente que pour les âmes faibles et malades; il s'agit de conduire quicon-

que y est appelé à la pure religion spirituelle gnostique.
C'est une entreprise de libération spirituelle, certes, ce
qui ne veut pas dire rationalisme ou agnosticisme.

L'encyclopédie des Frères de Basra tend donc à
englober toutes les connaissances et à donner leur sens
aux efforts de la race humaine. Elle se présente comme
constituée de cinquante et un traités (les éditions actuelles
en donnent un cinquante-deuxième, qui paraît avoir été
ajouté après coup : le véritable cinquante-deuxième traité
est signalé ci-dessous). Les traités sont groupés en
quatre grandes divisions : quatorze traitent de propédeutique, de mathématique et de logique; dix-sept traitent
de la philosophie naturelle, y compris la psychologie; dix
traitent de métaphysique; dix (ou onze, avec le traité
additif) traitent de mystique et de questions astrologiques.
Certaines données de provenance islamique se greffent sur
les données grecques concernant les propriétés de chaque
nombre.

On retrouve chez les Frères la tendance, déjà prononcée
chez Jâbir ibn Hayyân, à élever le principe de la Balance
au rang d'un principe métaphysique. Chaque discipline et
chaque technique ont leurs balances à elles *(mawâzîn)*, et
la « Balance suprême » est celle qui est mentionnée dans le
Qorân (21/48, au jour de la Résurrection). Le terme de
Balance prend bien alors sa résonance spécifiquement
shî'ite et ismaélienne.

Les Frères indiquent la constitution idéale de leur
Ordre. Elle comprend quatre grades et l'organisation de
cette hiérarchie est uniquement fondée sur l'aptitude
intérieure et le rang spirituel, dans un contexte où sont
exposés « le rituel et le calendrier des philosophes ».
C'est une combinaison typique de conceptions sabéennes
et de conceptions ismaéliennes. On y apprend que les
Frères, comme leurs prédécesseurs, sont exposés aux
vicissitudes et aux persécutions qui visent les hommes
de Dieu pendant un « cycle d'occultation » *(dawr al-satr)*.

Aussi bien n'y a-t-il plus aucun doute sur leurs
attaches ismaéliennes, lorsqu'on lit le grand *Traité
récapitulatif (al-Risâlat al-Jâmi'a)* qui est le véritable
cinquante-deuxième traité de l'encyclopédie. La tradition
ismaélienne constante attribue ce traité au second des trois
« Imâms secrets » (ou clandestins, *Imâm mastûr*), intermédiaires entre Mohammad ibn Isma'il (fils de l'Imâm

Ismâ'il, éponyme des ismaéliens) et 'Obaydallâh, fondateur de la dynastie fâtimide (né en 260/874, voir p. 1087).

Quant à l'attitude de l'orthodoxie sunnite à l'égard des
Frères et de leur encyclopédie, il suffit de rappeler que
le khalife Mostanjid, en 545/1150, ordonna que l'on en
brûlât tous les exemplaires des bibliothèques publiques et
privées (avec les ouvrages d'Avicenne). L'œuvre survécut
pourtant; elle fut traduite en persan et en turc. Elle eut
une influence énorme sur tous les penseurs et mystiques de
l'Islam.

RHAZÈS (RÂZÎ), MÉDECIN ET PHILOSOPHE

Médecin réputé, philosophe très personnel, Mohammad ibn Zakariyâ Râzî est né vers 250/864 à Ray (à une
douzaine de kilomètres au sud de l'actuel Téhéran). Il
voyagea beaucoup; on sait qu'il fut directeur de l'hôpital
de Ray et exerça les mêmes fonctions à Bagdad. C'est à
Ray qu'il est mort en 313/925 ou 320/932. Autant pour
rappeler cette origine (Ray = Ragha de l'*Avesta,* Raghès ou
Rhagès des Grecs) que pour le distinguer des nombreux
autres « Râzî » (originaires de Ray), on préfère le désigner
ici sous le nom de Rhazès qu'il doit aux traductions latines
médiévales de ses ouvrages médicaux, et sous lequel il fut
célèbre dans tout l'Occident au Moyen âge. Son œuvre
scientifique a été longtemps la seule connue; elle concerne
principalement la médecine et l'alchimie. Quant à son
œuvre philosophique (Rhazès passait pour pythagoricien),
elle fut considérée longtemps comme entièrement perdue.
En fait, c'est grâce à la connaissance progressive des
ouvrages ismaéliens que le labeur de Paul Kraus put la
reconstituer (onze extraits d'ouvrages réunis par lui en un
volume, Le Caire, 1939).

Il est en effet remarquable que les auteurs ismaéliens
ont tous été en polémique avec lui, à commencer par son
contemporain et compatriote Abû Hâtim Râzî. Il y eut
ensuite des polémiques posthumes. À chercher les raisons
de cette opposition, on en trouve un premier symptôme
dans la conception que Rhazès se fait de l'alchimie. Qu'il
connût ou non Jâbir, sa conception est différente. Si l'on a
présente à l'esprit la connexion de l'alchimie jâbirienne
avec la gnose ismaélienne, on pressent que chez Rhazès
l'ignorance de la « science de la Balance » doit impliquer la

méconnaissance, sinon l'hostilité, à l'égard du principe fondamental du *ta'wîl,* dont on a rappelé ci-dessus que l'opération alchimique était une application éminente. On s'explique alors la tendance générale, chez Rhazès, à refuser les explications ésotériques et symboliques des phénomènes de la Nature. Ce sont deux types de perception du monde qui s'affrontent. Mais tant il est vrai qu'un auteur n'épuise jamais la signification de sa propre œuvre, les efforts n'ont pas manqué (chez le Pseudo-Majrîtî, par exemple, dans son livre *Rotbat al-hakîm*) pour faire se rejoindre l'alchimie de Jâbir et celle de Rhazès.

On peut retenir comme principaux thèmes à propos desquels les ismaéliens attaquent les positions de Rhazès : le temps, la Nature, l'Âme, la prophétie.

En philosophie de la Nature, plus exactement quant à cette science traditionnellement désignée comme « science des propriétés naturelles des choses », dans l'exorde du livre qu'il y consacre, Rhazès déclare que les philosophes physiciens ont dit des choses excellentes : « Toutefois ils n'ont rien dit concernant la propriété naturelle elle-même ; ils ont simplement constaté qu'elle existe. Personne n'a traité de l'agent causal, ni mis en évidence les raisons, le pourquoi. C'est que la cause n'est point objet connaissable ». C'est cet aveu d'impuissance que relève avec fougue le théosophe ismaélien Moham. Sorkh de Nîshâpur : « On peut, écrit-il, faire confiance à Rhazès quant à la médecine ; pour le reste, il est impossible de le suivre. » La conception qu'il lui oppose rejoint celle de Nâsir-e Khosraw, et c'est toute la théosophie ismaélienne de la Nature.

Ce qu'il y a au fond ici, ce sont deux conceptions différentes de l'Âme et de l'histoire gnostique de l'Âme. Le pessimisme de Rhazès est autre que le pessimisme ismaélien. Le drame de l'Âme, Rhazès l'a configuré dans une histoire symbolique qui a consacré sa réputation d'être un crypto-manichéen, et qui présente indéniablement une réminiscence gnostique précise. L'Âme eut l'ardent désir de compénétrer ce monde, sans prévoir qu'elle ébranlerait la Matière en mouvements tumultueux et désordonnés, et serait frustrée de son but. Ainsi l'Âme du monde devient la misérable captive de ce monde. Alors, de la substance de sa propre divinité, le Créateur envoie l'Intelligence (*'Aql,* le *Noûs*) pour réveiller l'âme

en léthargie et lui montrer que ce n'est pas ici sa
patrie. D'où la mission des philosophes et la délivrance
des âmes par la philosophie, puisque c'est par celle-ci
que l'Âme apprend à connaître le monde qui est le
sien.

Pour comprendre la réponse des ismaéliens, souvent
véhémente, à cette gnose de Rhazès, il faut avoir en la
pensée leur propre gnose, celle qui « raconte » le triomphe
remporté sur lui-même par le IIIᵉ Ange du Plérome,
l'Ange de l'humanité, devenu le dixième par son erreur et
démiurge de ce monde physique pour aider les siens à se
délivrer. La Nature, pour l'ismaélien, est le *speculum
animae*. L'Âme a besoin de la Nature comme de son
organe propre, pour se connaître soi-même et atteindre à
soi-même.

Rhazès en appelle à la mission des philosophes, pour
réveiller les âmes plongées dans la léthargie. L'ismaélien
répond que réveiller ces âmes-là est au-dessus du pouvoir
des philosophes. Il y faut la parole des prophètes. Est-ce
que la troupe des philosophes n'a pas été le plus souvent
ignorée de la masse, bafouée par les pouvoirs ?

Rhazès proclame avec fougue un « égalitarisme »
irréductible. Tous les humains sont égaux ; il est impensable que Dieu en ait distingué quelques-uns pour
leur confier la mission prophétique. Celle-ci ne peut donc
avoir que des conséquences désastreuses : les guerres et les
tueries déchaînées au nom des dogmes et des vaines
croyances. L'ismaélien répond que précisément il s'agit de
conduire les hommes au-delà de la lettre des dogmes. Si
les hommes étaient capables d'accepter et de comprendre
l'exégèse spirituelle ésotérique *(ta'wîl),* ils verraient que
les religions se dressent chacune à son rang, sans antagonisme.

L'extrême intérêt de cette « disputation », c'est que
l'opposition en jeu n'est pas une banale opposition entre
rationalisme, philosophie et théologie au sens courant ou
confessionnel du mot. C'est une opposition bien plus
radicale entre un esprit religieux ésotérique, initiatique, et
une volonté hostile à tout ce que cet esprit implique.
L'antagonisme entre Rhazès et les ismaéliens est un des
grands moments de la pensée en Islam.

LA PHILOSOPHIE DU LANGAGE

Il y a maintenant, dans l'ensemble de la pensée islamique, un domaine aussi original qu'attachant, où nous retrouvons à l'œuvre les lignes de force étudiées jusqu'ici. Dès avant l'ère de l'hégire, Syriens et Perses avaient étudié l'herméneutique (*Peri hermeneias*) d'Aristote, revue par les stoïciens et les néoplatoniciens. L'amitié d'Ibn al-Moqaffa, le célèbre converti du mazdéisme, pour le grammairien Khalîl (mort en 791) avait rendu accessible à celui-ci tout ce qui existait en pehlevi (moyen iranien) concernant la grammaire et la logique. Cependant la structure propre des langues sémitiques offrait à la méditation philosophique des thèmes nouveaux et inépuisables. La tradition arabe fait remonter la science grammaticale au Ier Imâm du shî'isme, 'Alî ibn Abî Tâlib. En fait, l'œuvre de Sîbûyeh (les Arabes vocalisent Sibawaih), qui était un élève de Khalîl, nous présente un système grammatical complet et achevé, que l'on a pu comparer au *Canon* d'Avicenne pour la médecine. Il est remarquable que ce soit un Iranien qui ait mené à bien cet édifice de la grammaire arabe (Sibûyeh, mort en 169/786, a son mémorial à Shirâz, dans le Fârs, c'est-à-dire la Perside).

Les premiers développements restent pour nous dans l'obscurité. Ce qui importe pour l'histoire de la philosophie, c'est de savoir comment, sur cette base, va se développer, pendant tout le IIIe/IXe siècle, le travail des écoles de Basra et de Koufa. Dans leur antagonisme, ce sont vraiment deux philosophies, deux perceptions de l'univers, qui s'affrontent en profondeur.

Pour l'école de Basra, le langage est un miroir qui réfléchit fidèlement les phénomènes, les objets et les concepts. On doit donc y observer les mêmes lois que dans la pensée, dans la nature et dans la vie. Sans séparer la morphologie de la syntaxe, les grammairiens arabes soumirent tout le langage, au même titre que la nature, la logique et la société, à des lois d'une validité universelle; partout les mêmes lois sont à l'œuvre.

Bien entendu, la langue vivante parlée, avec sa diversité foisonnante, résiste à cette téléologie universelle et commet des dissonances. C'est pourquoi la reconstruction

d'un schéma grammatical était une tâche très complexe;
il fallait rendre compte de l'irrégularité des choses.
L'observation s'attachait avant tout à dégager les formes
fondamentales (le paradigme, le schéma, *asl*).

En opposition caractérisée avec cette superbe rigueur,
l'école de Koufa va développer un type de science du
langage conforme à ce type de science shi'ite analysé plus
haut, manifestant un goût prononcé pour les séries
« anomalistiques ». Aussi bien Koufa était-elle alors, par
excellence, le lieu où fermentait le levain shi'ite. Pour
l'école de Koufa, la tradition, avec toute sa richesse et sa
variété, vaut comme la première et la principale source de
la grammaire. L'école admet aussi la loi d'analogie, mais à
condition qu'elle n'exige pas le sacrifice de formes
attestées dans la tradition. C'est pourquoi l'on a pu dire
que, comparé au système rigoureux de l'école de Basra,
celui des grammairiens de Koufa n'en était pas un.
C'est plutôt une somme de décisions particulières,
prononcées devant chaque cas, parce que chaque cas
devient un cas d'espèce. Les grammairiens de Basra
rejetaient toute forme dont l'anomalie ne pouvait être
motivée rationnellement. Ceux de Koufa n'avaient pas à
faire ce choix dans la tradition qu'ils accueillaient comme
source de la grammaire. Toute forme rencontrée dans la
vieille langue arabe préislamique et dans la littérature, du
simple fait qu'elle attestait son existence, pouvait être
reconnue comme fondée et ayant valeur normative.
Chaque exception devient un *asl*, ou plutôt la notion
d'exception perd son sens.

Gotthold Weil (dont on vient de résumer les pertinentes
analyses) proposait de comparer l'opposition entre les
écoles de Basra et de Koufa avec l'opposition entre l'école
d'Alexandrie et celle de Pergame, la lutte entre les « analogistes » et les « anomalistes ». En Islam, l'enjeu de la
lutte était grave; non seulement elle affectait les décisions
du droit, de la science canonique, mais en pouvait
dépendre l'interprétation d'un passage du *Qorân,* d'une
tradition religieuse. Que l'esprit de l'école de Basra ait
finalement prévalu, c'est le symptôme de quelque chose
qui dépasse de beaucoup le simple domaine de la philosophie du langage.

Il serait d'ailleurs incomplet de ne considérer celle-ci,
en Islam et à l'époque, que dans les deux écoles en ques-

tion. La « Balance des lettres » chez Jâbir, dont on a signalé ci-dessus le principe, représente sous un autre aspect, et par l'influence qu'elle a eue, un élément essentiel de cette philosophie du langage. Cet autre aspect, c'est celui par lequel la théorie jâbirienne montre son affiliation à la tradition gnostique de l'Islam, elle-même tributaire à la fois de la gnose antique et de la tradition néopythagoricienne. Dans le vieux traité persan *Omm al-Kitâb*, les figures et l'ordre des lettres sont un indice de la hiérarchie des êtres célestes et des Imâms du shî'isme (un même sens était attaché aux lettres énigmatiques mises en armature à la clef de certaines sourates du *Qorân*). Aussi bien toute la tradition regarde-t-elle l'Imâm Ja'far comme initiateur de la science des lettres, le *jafr*. Or la science des lettres, le *jafr,* repose essentiellement sur la permutation. Précisément, la permutation des racines arabes était pratiquée dans les premiers cercles shî'ites gnostiques, et c'est leur enseignement que prolonge la doctrine de la Balance.

C'est pourquoi, sous son aspect gnostique même, la Balance jâbirienne des lettres comme philosophie du langage reconduit aux préoccupations des grammairiens philosophes évoqués ci-dessus. C'est ce qu'a encore admirablement montré le regretté Paul Kraus, dans les considérations que l'on résume ici. Ce que nous connaissons de la transmission de la philosophie grecque aux penseurs de l'Islam, nous permet de rattacher directement sur ce point les spéculations de Jâbir à celles de Platon. Paul Kraus a montré ce qu'il y avait de commun entre la Balance jâbirienne d'une part, comportant l'analyse des mots du langage, et d'autre part le *Cratyle* (où la philosophie du langage que Platon fait exposer par Socrate repose sur des principes semblables à ceux de Jâbir) et le *Timée* (comparant les éléments physiques aux syllabes des lettres).

Il faut tenir compte qu'étant donné l'état des « racines rigides et abstraites » en sémitique, la dissection des mots s'y opère plus facilement qu'en grec (l'écriture arabe ne notant que les consonnes, la syllabe n'y a plus le rôle intermédiaire entre la lettre et le mot, à la façon de la syllabe grecque étroitement liée à la notation de la voyelle). Il en résulte que la plupart des racines obtenues par permutation existent réellement, et c'est ainsi que les spéculations de Jâbir rejoignent celles-là mêmes des grammairiens arabes qui tentèrent « d'élever le principe de la permutation des lettres au rang d'une nouvelle discipline linguistique, seule apte à élucider la parenté étymologique des mots. » C'est cet effort qui aboutit à ce que l'on appelle l' « étymologie supérieure » *(ishtiqâq akbar)*, c'est-à-dire « la théorie qui réunit en une seule et même signification toutes les permutations possibles d'une racine unique ». Elle fut l'œuvre d'Ibn Jinnî (mort en 392/1001), philologue en même temps que théologien et philosophe, qui a profondément transformé l'édifice de la langue arabe.

Ces spéculations, facilitées par la structure des langues sémitiques, ont eu une telle importance dans la pensée théosophique et mystique des siècles qui suivirent, qu'il importait de marquer ici quand et comment les bases en ont été jetées. Aussi bien, les problèmes relatifs à l'écriture et au langage ont-ils retenu l'attention d'éminents philosophes. Ahmad ibn Tayyib Sarakhshî, le disciple d'al-Kindî déjà nommé ici, inventa un alphabet phonétique de quarante lettres pour servir à la transcription des langues étrangères (persan, syriaque, grec). Fârâbî, qui étudia la grammaire avec le philologue Ibn al-Sarrâj, établit le lien entre la linguistique *('ilm al-lisân)* et la logique. On voit apparaître, chez Abû Hamza Ispahânî, le terme de « philosophes grammairiens » *(falâsifat al-nahwîyîn)* servant à désigner ces philosophes pour qui la logique devient une sorte de grammaire internationale. Tous ces efforts, suscités par la complexité linguistique de la civilisation musulmane, sont un aspect original et essentiel, trop peu observé, de la philosophie en Islam.

BÎRÛNÎ

Au cours des IVe/Xe et Ve/XIe siècles, qui furent un âge d'or pour les mathématiques et les sciences naturelles en Islam, une des figures les plus saillantes est celle de Abû Rayhân Mohammad ibn Ahmâd Bîrûnî (ou Bêrûnî, selon la vocalisation ancienne). Ses ouvrages inestimables, aussi bien en histoire qu'en religion comparée, chronologie, mathématiques et astronomie, furent réputés en Orient et en Occident. Il appartenait à ce que l'on a appelé l' « Iran extérieur », étant né en 362/973, près de

la ville de Khwârezm (Khorasmia) où il passa la première
partie de sa vie. Plus tard, ses voyages le conduisirent à
Gorgan et en d'autres cités de l'Iran. Après la conquête
de Khwârezm par Mahmûd de Ghazna, Bîrûnî, ayant été
attaché à la personne de celui-ci, l'accompagna dans sa
conquête de l'Inde. Abû Rayhân retourna plus tard à
Ghazna où il passa le reste de sa vie vouée à l'étude, et
mourut en 421/1030.

L'équipée sanglante de Mahmûd dans l'Inde eut du
moins, si l'on peut dire, cette contrepartie que le savant,
entraîné à sa suite, y accumula les matériaux d'un chef-
d'œuvre. Le grand livre de Bîrûnî sur l'Inde est sans
pareil en Islam, à l'époque. Ouvrage de première main, il
est resté la source de ce qui fut écrit ensuite sur les religions et philosophies de l'Inde (l'auteur y met en relief
l'harmonie qu'il constate entre la philosophie platonico-
pythagoricienne, la sagesse indienne et certaines conceptions du soufisme en Islam).

Comme œuvres d'une importance capitale, il nous faut
encore citer ici la *Chronologie des anciens peuples,* qui reste
une œuvre unique; l'énorme traité de mathématiques,
astronomie et astrologie, rédigé par lui en arabe et en
persan à la fin de sa vie *(Kitâb al-Tafhîm,* édition Homâyî,
Téhéran, 1940). Son *Kitâb al-jamâhir* est le plus ancien
traité de minéralogie rédigé en arabe; là encore, Bîrûnî
fait preuve d'une documentation extraordinaire englobant la littérature minéralogique de la Grèce et de l'Inde
aussi bien que celle de l'Iran et de l'Islam. Le *Kitâb al-
Tahdîd,* sur la géographie, est à mentionner, avec le monumental *Qânûn al-Mas'ûdî* qui est, pour la cosmographie et
la chronologie, le pendant de ce que le *Qânûn* d'Avicenne
est pour la médecine. Il faut mentionner encore un traité
de pharmacologie *(Kitâb al-Saydalâ),* quelques traités de
moindre étendue, ainsi qu'un échange de questions et de
réponses avec Avicenne sur les principes de la philosophie naturelle des péripatéticiens. Plusieurs autres de ses
œuvres, parmi lesquelles des traités philosophiques, sont
malheureusement perdues.

La correspondance échangée avec Avicenne atteste que
Bîrûnî ne fut pas seulement le fondateur de la géodésie, un
mathématicien et astronome accompli, un géographe et
un linguiste, mais également un philosophe.

Il faut également relever, chez Bîrûnî, une « philosophie de l'histoire » qui apparaît à l'arrière-fond de plusieurs de ses œuvres. Sa conviction était qu'au cours de chaque période l'humanité se laisse entraîner à une corruption et à un matérialisme allant toujours en s'aggravant, jusqu'à ce qu'un grand désastre détruise la civilisation et que Dieu envoie un nouveau prophète, pour inaugurer une nouvelle période de l'histoire. Il y a, entre cette conception et celle professée à la même époque par la gnose ismaélienne, une relation évidente qu'il reste à approfondir.

KHWÂREZMÎ

Il nous faut au moins mentionner ici un compatriote et contemporain de Bîrûnî, à savoir Mohammad ibn Yûsof Kâtib Khwârezmî (mort en 387/997), célèbre par une vaste encyclopédie intitulée *Mafâtih al-'olûm* (*les Clefs des sciences,* édition Van Vloten, Leyde, 1895). Elle est divisée en deux grandes parties : la première traite des sciences islamiques (le droit canonique, le *kalâm* ou dialectique, la grammaire, l'écriture, la prosodie, les traditions). La seconde traite successivement de la logique, de la philosophie, de la médecine, de l'arithmétique, de la géométrie, de l'astronomie de la musique et de la chimie.

IBN AL-HAYTHAM

Au début du ve/xie siècle, nous rencontrons l'un des plus considérables mathématiciens et physiciens de tout le Moyen âge : Abû ' Alî Mohammad ibn al-Hasan ibn al-Haytham (l'Alhazen des scolastiques latins) surnommé *Ptolemaeus secundus*. Il était né à Basra, passa la plus grande partie de sa vie au Caire, et mourut en 430/1038, à l'âge de soixante-seize ans.

Son rôle fut considérable en physique céleste et en astronomie, en optique et en science de la perspective. Ses présuppositions philosophiques seraient à dégager systématiquement; aussi bien avait-il également une grande culture philosophique, ayant lu attentivement Aristote et Galien (son œuvre philosophique est malheureusement perdue, ou bien inédite comme le *Kitâb thamarat al-hikma, le Fruit de la philosophie*).

Ibn al-Haytham fut le premier à introduire, dans les

considérations astronomiques pures, le concept aristotélicien de Sphères célestes. L'extrême intérêt de la situation,
c'est que d'une part le problème se posait à Ibn al-Haytham en termes de physique céleste (comme physique
essentiellement qualitative), à la suite du Ptolémée des
Hypotheses planetarum, lequel, lui aussi, recourait à une
physique céleste déduite de la nature de la substance qui
forme le Ciel, et ne faisait que substituer sa propre physique à celle du *De caelo* d'Aristote. Mais d'autre part, une
physique céleste ptoléméenne satisfaisant à la théorie des
épicycles et des concentriques, ruinait purement et simplement la physique céleste d'Aristote. Celle-ci postule, en
effet, un système de Sphères homocentriques ayant pour
centre commun le centre de la Terre.

Là où, en Islam, on prétendit s'en tenir à la physique
péripatéticienne, ou bien prôner la restauration du péripatétisme pur, il ne put y avoir qu'une lutte très vive
contre les doctrines ptoléméennes. Ce fut le cas en Andalousie, où cette lutte produisit le système d'al-Bitrôgî
(Alpetragius des Latins) exauçant les vœux d'Averroës,
et qui, jusqu'au XVIᵉ siècle, tentera de se substituer au
système de Ptolémée.

La connexion avec la théorie des êtres spirituels se
laisse percevoir dans le rôle joué par le traité d'optique
d'Ibn al-Haytham que tout le Moyen âge latin a lu sous
le nom de *Perspective* d'Alhazen (*Opticae thesaurus*, en sept
livres, plus le traité *De crepusculis*, sur les réfractions atmos-
phériques, 1ʳᵉ édition, 1542). Ibn al-Haytham est regardé
comme étant l'auteur de la solution du problème consistant à trouver le point de réflexion sur un miroir sphérique, le lieu de l'objet et celui de l'œil étant donnés. En
tout cas, sa théorie de la perception optique impliquant un
processus qui ne peut être attribué simplement à l'activité
des facultés de perception sensible, eut une influence
considérable. On a pu dire qu'en Occident, les hiérarchies
de Denys l'Aréopagite et l'optique d'Ibn al-Haytham, la
théorie des illuminations hiérarchiques et la métaphysique
de la lumière, avaient partie liée (É. Gilson). On peut
faire la même observation à propos de la « théosophie
orientale » de Sohrawardî, articulée essentiellement sur une
métaphysique de la lumière et un système des hiérarchies
angéliques provenant à la fois du néoplatonisme tardif
et de la théosophie mazdéenne de l'ancienne Perse.

SHÂHMARDÂN RÂZÎ

Aux confins des ve/xie et vi^e/xiie siècles, Shâhmardân ibn Abî'l-Khayr Râzî (c'est-à-dire originaire de Ray) fut un des grands astronomes et physiciens de l'Iran. Il vécut principalement dans le Nord-Est, à Gorgan et Astarâbâd. On signale de lui deux ouvrages : *le Jardin des astronomes (Rawdat al-monajjimîn)* et une intéressante encyclopédie de sciences naturelles en langue persane *(Nozhat-nâmeh 'alâ'î)* où l'on trouve, entre autres, une longue biographie de Jâbir ibn Hayyân.

LES PHILOSOPHES HELLÉNISANTS

PRÉAMBULE

Il s'agit du groupe des *falâsifa* (pluriel de *faylasûf*, transcription arabe du grec *philosophos*), auxquels il est arrivé que l'on veuille limiter le rôle de la philosophie en Islam. Qu'une telle limitation soit parfaitement abusive et procède d'une idée préconçue, ce qui précède nous dispense d'y insister. Il est difficile de tracer les limites exactes entre l'emploi du terme *falsafa* (philosophie) et celui du terme *hikmat ilâhîya (theo-sophia)*. Mais il semble que, depuis Sohrawardî, on préfère de plus en plus ce dernier terme pour désigner la doctrine du sage complet, à la fois philosophe et mystique.

Quant aux *falâsifa*, on se rappellera qu'ils disposaient en arabe d'un ensemble d'œuvres d'Aristote et de ses commentateurs, de textes de Platon et de Galien. Cependant, avec des ouvrages comme la *Théologie* dite d'Aristote ou le *Livre sur le Bien Pur* (voir p. 1057), nos penseurs se trouvaient en présence d'un Aristote, en fait, néoplatonicien. Il y aura, certes, une réaction « péripatéticienne » en Andalousie, sous la conduite d'Averroës; elle avait à faire front à la fois contre le néoplatonisme avicennien et contre la critique théologique de Ghazâlî. Mais son péripatétisme n'était pas lui-même absolument pur. En tout cas, c'est en Occident que fructifia l'averroïsme, tandis qu'en Orient, nommément en Iran, l'inspiration néoplatonicienne resta fondamentale.

AL-KINDÎ ET SES ÉLÈVES

Abû Yûsof ibn Ishaq al-Kindî est le premier de ce groupe de philosophes dont les œuvres ont survécu au moins en partie. Il était né à Kufa vers 185/796, d'une famille aristocratique arabe de la tribu de Kindah, en Arabie du Sud, ce qui lui valut son surnom honorifique de « philosophe des Arabes ». Son père était gouverneur de Basra où il passa lui-même toute son enfance et reçut sa première éducation. Il vint ensuite à Bagdad où il jouit du patronage des khalifes abbassides al-Ma'mûn et al-Mo'tasim (218/833-227/842). Le fils de ce dernier, le prince Ahmad, fut l'ami et le mécène d'al-Kindî qui lui dédia plusieurs de ses traités. Mais pendant le khalifat d'al-Motawakkil (232/847-247/861), al-Kindî tomba en disgrâce comme ses amis mo'tazilites. Il mourut solitaire à Bagdad, vers 260/873.

Notre philosophe se trouva mêlé, à Bagdad, au mouvement scientifique favorisé par les traductions des textes grecs en arabe. Lui-même ne saurait être considéré comme un traducteur des textes antiques, mais aristocrate fortuné, il fit travailler pour lui de nombreux collaborateurs et traducteurs chrétiens; souvent il « retouchait » les traductions pour les termes arabes qui avaient embarrassé ces derniers. C'est ainsi que fut traduite pour lui la célèbre *Théologie* dite d'Aristote, par 'Abdol-Masîh al-Himsî (c'est-à-dire d'Émèse, voir p. 1056); ce livre eut une profonde influence sur sa pensée. Furent en outre traduites pour lui la *Géographie* de Ptolémée et une partie de la *Métaphysique* d'Aristote, par Eustathios. Plus de deux cent soixante titres d'ouvrages sont portés sous le nom d'al-Kindî dans le *Catalogue (Fihrist)* d'Ibn al-Nadîm; la plupart, hélas! ont été perdus.

On connaissait principalement de lui, en Occident, quelques traités traduits en latin au Moyen âge : *Tractatus de erroribus philosophorum, De quinque essentiis* (matière, forme, mouvement, espace, temps), *De somno et visione, De intellectu.* Par chance, il y a quelques années à Istanbul, fut retrouvée une trentaine de ses traités dont une partie, depuis lors, a été éditée, notamment le traité *Sur la philosophie première,* le traité *Sur la classification des livres d'Aristote,* et l'original arabe du traité *Sur l'intellect* qui eut une

importance particulière pour la gnoséologie de ses successeurs.

Il illustre bien ce type de philosophe à l'esprit universel,
qui devait être celui de Fârâbî, d'Avicenne, de Nasîr
Tûsî et de tant d'autres.

Tout en entretenant des relations étroites avec les
mo'tazilites qui, avant le règne de Motawakkil, avaient les
faveurs de la cour abbasside, al-Kindî ne faisait pas partie
de leur groupe; son propos était tout autre que celui des
dialecticiens du *kalâm*. Il était guidé par le sentiment d'un
accord fondamental entre la recherche philosophique et la
révélation prophétique. Son propos s'accorde avec celui
de cette philosophie prophétique esquissée ci-dessus, et
dont on a dit qu'elle est l'expression philosophique authentique d'une religion prophétique telle que l'Islam. Al-
Kindî est persuadé que des doctrines telles que la création
du monde *ex nihilo,* la résurrection corporelle et la prophétie, n'ont point pour source ni pour garante la dialectique
rationnelle. C'est pourquoi sa gnoséologie distingue entre
une science humaine *('ilm insânî)* comprenant la logique,
le *quadrivium* et la philosophie, et une science divine
('ilm ilâhî) qui n'est révélée qu'aux prophètes.

S'il fut influencé par la *Théologie* dite d'Aristote, al-
Kindî le fut aussi par Alexandre d'Aphrodise, dont le
commentaire sur le livre *De anima* lui inspira, dans son
propre traité *De intellectu (Fî'l-'aql),* la quadruple division
de l'intellect qui devait avoir ensuite une influence considérable, poser bien des problèmes et recevoir des
solutions diverses chez les philosophes musulmans comme chez les philosophes chrétiens. Il fut aussi, dans une
certaine mesure, sous l'influence néopythagoricienne,
quant à l'importance qu'il attacha aux mathématiques.
Et si l'Occident latin le connut comme philosophe par
les quelques traités ci-dessus, on le connaissait aussi
comme mathématicien et maître en astrologie.

Il eut des collaborateurs (on les a évoqués ci-dessus) et
il eut des disciples. Deux Bactriens : Abû Mash'ar Balkhi,
l'astrologue bien connu, et Abû Zayd Balkhî, philosophe
libre penseur, qui ne craignit pas le scandale en soutenant
que les Noms divins que l'on rencontre dans le *Qorân*
sont empruntés au syriaque!

Le plus célèbre de ses élèves philosophes fut Ahmad ibn
Tayyib Sarakhshî (c'est-à-dire originaire de Sarakhsh,

dans le Khorassân, à l'actuelle frontière entre l'Iran et le Turkestan russe). Né vers 218/833, mort en 286/899, Sarakhshî est une figure attachante; ses œuvres, aujourd'hui perdues, sont connues par les nombreuses citations qui en sont faites ici et là. On a signalé ci-dessus son invention d'un alphabet phonétique, longuement rapportée par Hamza Ispahânî. On lui doit, sur les appellations qui servent à désigner les stoïciens en arabe, une information d'autant plus précieuse que le souvenir des stoïciens est un peu flou dans la tradition islamique.

AL-FÂRÂBÎ

Abû Nasr Mohammad ibn Moham. ibn Tarkhân ibn Uzalagh al-Fârâbî naquit à Wâsij, près de Fârâb, en Transoxiane, en 259/872, un an donc environ avant le décès d'al-Kindî à Bagdad. D'une famille de notables, son père avait exercé un commandement militaire à la cour des Samanides. Mais, comme celle de son prédécesseur al-Kindî dont il suivait les exemples, sa biographie est peu connue dans le détail. Jeune encore, il vint à Bagdad où il eut comme premier précepteur un chrétien, Yohanna ibn Haylam. Puis il y étudia la logique, la grammaire, la philosophie, la musique, les mathématiques et les sciences. Qu'il comprît le turc et le persan, cela ressort de ses œuvres (la légende veut qu'en plus de l'arabe, il ait été à même de comprendre soixante-dix langues). Progressivement il acquit cette maîtrise qui lui valut le surnom de *Magister secundus* (Aristote étant le *Magister primus*), et le fait regarder comme le premier grand philosophe musulman. Et tout indique, conformément à une opinion courante en Iran, que ce grand philosophe était shî'ite. En effet, on le voit, en 330/941, quitter Bagdad pour Alep où il jouit de la protection de la dynastie shî'ite des Hamdânides, Sayfoddawleh Hamdânî ayant pour lui une extrême vénération. Cette protection shî'ite spéciale n'est pas un hasard. Elle prend tout son sens, si l'on relève dans la « philosophie prophétique » de Fârâbî ce qu'elle a de commun avec celle qui, fondée sur l'enseignement des Imâms du shî'isme, a été exposée ci-dessus. Après son séjour à Alep, Fârâbî fit encore quelques voyages, alla jusqu'au Caire, et mourut à Damas en 339/950, à l'âge de quatre-vingts ans.

Ce grand philosophe, esprit profondément religieux et mystique, vivait dans la plus grande simplicité et portait même le vêtement des soufis. Nature essentiellement contemplative, il se tenait à l'écart des mondanités. En revanche, il aimait participer aux séances de musique, étant lui-même un exécutant remarquable. Il a laissé un grand livre *Sur la musique* qui atteste ses connaissances mathématiques, et qui est sans doute l'exposé le plus important de la théorie musicale au Moyen âge. Et ce n'est pas par un optimisme superficiel que le philosophe musicien cherchait et percevait l'accord entre Platon et Aristote (celui de la *Théologie*), comme il le percevait entre la philosophie et la religion prophétique. Il semble que le sentiment profond du *Magister secundus* procéda de cette idée que la sagesse avait commencé par exister chez les Chaldéens, en Mésopotamie; de là, s'était transférée en Égypte, puis en Grèce, où elle avait été mise à temps par écrit; et que lui incombait, à lui, la tâche de ramener cette sagesse dans le pays qui avait été son foyer.

Ses œuvres très nombreuses comprennent (ou comprenaient) des commentaires sur le corpus aristotélicien : l'*Organon*, la *Physique*, la *Météorologie*, la *Métaphysique*, l'*Éthique à Nicomaque*, maintenant perdus. On ne peut citer que quelques-unes de ses principales œuvres : le grand traité sur l'*Accord entre les doctrines des deux sages, Platon et Aristote*; le traité sur l'*Objet des différents livres de la Métaphysique d'Aristote*; l'analyse des dialogues de Platon; le traité *De ce que l'on doit savoir avant d'apprendre la philosophie*, introduction à la philosophie d'Aristote; le traité *De scientiis* (*Ihsâ' al-'olûm*) qui eut une très grande influence sur la théorie de la classification des sciences dans la scolastique occidentale; le traité *De intellectu et intellecto*, signalé ci-dessous; les *Gemmes de la sagesse* (*Fosûs al-hikam*), qui a été le plus longuement étudié en Orient. Enfin le groupe des traités concernant ce qu'il est convenu d'appeler la « philosophie politique » de Fârâbî, avant tout le *Traité sur les opinions des membres de la Cité parfaite (ou de la Cité idéale)*; le *Livre du gouvernement de la Cité*; le *Livre de l'atteinte à la félicité*; un commentaire sur les *Lois* de Platon.

On ne peut ici que faire ressortir trois points de sa doctrine philosophique. En premier lieu, on lui doit la thèse qui pose une distinction non seulement logique mais métaphysique entre l'essence et l'existence chez les êtres créés. L'existence n'est pas un caractère constitutif de l'essence; elle est un prédicat, un accident de celle-ci. On a pu dire que cette thèse faisait date dans l'histoire de la métaphysique. Avicenne, Sohrawardî, tant d'autres, professeront à leur tour une métaphysique des essences. Il faudra attendre jusqu'à Mollâ Sadrâ Shîrâzî, au XVIIᵉ siècle, pour que se produise un retournement décisif de la situation. Mollâ Sadrâ affirmera la préséance de l'exister et donnera une version « existentielle » de la métaphysique de l'*Ishrâq*. À cette prise de position concernant l'être s'origine la distinction entre l'Être nécessairement être et l'être possible qui ne peut exister par soi-même, parce que son existence et sa non-existence sont indifférentes, mais qui se transforme en être nécessaire, du fait que son existence est posée par un autre, précisément par l'Être Nécessaire. Cette thèse, qui aura une si grande importance chez Avicenne, fut exposée tout d'abord, mais de façon plus concise, par Fârâbî.

La même observation est à faire pour une seconde doctrine caractéristique qui est la théorie de l'Intelligence et de la procession des Intelligences, commandée, chez Fârâbî, par le principe : « *Ex Uno non fit nisi unum.* »

Les premières essences divines, les astres-dieux chez Aristote, deviennent, chez Fârâbî, des « Intelligences séparées ». Est-ce Avicenne le premier qui leur donnera le nom d' « Anges », éveillant la suspicion d'un Ghazâlî qui n'y retrouve pas exactement l'image de l'ange qorânique? Ces formes archangéliques créatrices ruinent-elles le monothéisme? Sans doute, s'il s'agit de la version exotérique du monothéisme et de la dogmatique qui la soutient. En revanche, les penseurs ésotériques et mystiques ont inlassablement montré que, sous sa forme exotérique, le monothéisme tombe précisément dans l'idolâtrie métaphysique qu'il prétend fuir.

Néanmoins, la figure du Xᵉ Ange (l'Adam céleste) de l'ismaélisme correspond parfaitement à la Xᵉ Intelligence qui, ici, chez nos philosophes, s'appelle l'Intelligence agente (*'Aql fa''âl*). Cette correspondance nous fait mieux comprendre finalement le rôle de celle-ci dans la prophétologie de Fârâbî, parce qu'aussi bien dans toute sa théorie de l'Intelligence comme dans celle du Sage-prophète, Fârâbî est quelque chose de plus qu'un « philo-

sophe hellénisant ». Une comparaison proposée par lui a
fait fortune ; tout le monde l'a répétée ensuite : « L'Intelligence agente est pour l'intellect possible de l'homme ce
que le soleil est pour l'œil, lequel reste vision en puissance,
tant qu'il est dans les ténèbres. »

Et tel nous apparaît encore ce philosophe hellénisant
sur un troisième point : sa théorie du prophétisme qui est
le couronnement de son œuvre. Sa théorie de la « Cité
parfaite » porte une empreinte grecque par son inspiration platonicienne, mais elle répond aux aspirations philosophiques et mystiques d'un philosophe de l'Islam. On en
parle souvent comme de la « politique » de Fârâbî. En
fait, Fârâbî n'était nullement ce que nous appelons aujourd'hui un « homme d'action » ; il ne connut jamais de
près les affaires publiques. Sa « politique » repose sur
l'ensemble de sa cosmologie et de sa psychologie ; elle en
est inséparable. D'où, sa notion de la « Cité parfaite »
embrasse toute la terre habitée par les hommes, l'οἰκου-
μένη. Elle n'est pas un programme politique « actuel ».
Sa philosophie dite politique peut encore mieux être désignée comme une philosophie prophétique.

Si la figure qui la domine, celle du chef de la Cité idéale,
le prophète, l'Imâm, révèle, de même que le dénouement
de la théorie dans l'outre-monde, l'inspiration mystique
de Fârâbî, on peut encore dire plus. Sa prophétologie
présente certains traits essentiels qui lui sont communs
avec la philosophie prophétique du shî'isme.

D'autre part, l'on a vu la prophétologie shî'ite culminer
dans une gnoséologie discriminant le mode de connaissance chez le prophète et chez l'Imâm. Semblablement,
chez Fârâbî, l'Imâm-prophète, le chef de la Cité parfaite,
doit avoir atteint au degré suprême de la félicité humaine
consistant à s'unir avec l'Intelligence agente. De cette
union découlent en effet toute révélation prophétique et
toute inspiration. Comme on l'a déjà signalé, il ne s'agit
pas là d'une fusion unitive ou d'une identification
(ittihâd), mais d'une atteinte et d'une rejonction *(ittisâl)*.
Il importe alors de bien marquer ceci : à l'inverse du Sage
de Platon qui doit redescendre de la contemplation des
intelligibles pour s'occuper des affaires publiques, le Sage
de Fârâbî doit s'unir aux êtres spirituels ; sa fonction
principale est même d'entraîner les citoyens vers ce but,
parce que de cette union dépend la félicité absolue. La

Cité idéale entrevue par Fârâbî est plutôt celle des « saints des derniers jours »; elle correspond à un état de choses qui, selon l'eschatologie shî'ite, sera réalisé sur terre lors de la parousie de l'Imâm caché, préparant la Résurrection. Peut-on alors donner à la « politique » de Fârâbî le sens que nous donnons à ce mot?

En revanche, il est exact de dire à propos du « prince » auquel Fârâbî confère toutes les vertus humaines et philosophiques, qu'il est un « Platon revêtu du manteau de prophète de Mohammad ». Pour Fârâbî, le sage s'unit avec l'Intelligence agente par la méditation spéculative; le prophète s'unit à elle par l'Imagination, et elle est la source du prophétisme et des révélations prophétiques. Cette conception n'est possible que parce que l'archange mohammadien, Gabriel, l'Esprit saint, est identifié avec l'Intelligence agente. Comme on l'a déjà remarqué ici, ce n'est nullement là une rationalisation de l'Esprit saint, mais plutôt l'inverse. L'identification de l'Ange de la Connaissance et de l'Ange de la Révélation est l'exigence même d'une philosophie prophétique; toute la doctrine de Fârâbî est orientée en ce sens. C'est pourquoi il serait insuffisant de dire qu'il a donné une base philosophique à la Révélation, comme il serait inexact de dire qu'il a placé le philosophe au-dessus du prophète.

On ne connaît qu'un petit nombre d'élèves d'al-Fârâbî. On cite principalement le nom d'Abû Zakarîyâ Yahya ibn 'Adî (mort en 364/974), philosophe chrétien jacobite déjà nommé ici parmi les traducteurs d'œuvres d'Aristote. Il existe une correspondance philosophique intéressante entre Yahya ibn 'Adî et un philosophe juif de Mossoul, Ibn Abî Sa'îd al-Mawsilî. Fârâbî a trouvé sa véritable postérité spirituelle en Avicenne qui le reconnaît comme son maître. Il eut de l'influence en Andalousie (surtout sur Ibn Bâjja, voir ci-dessous) comme il en eut sur Sohrawardî. Cette influence est également sensible, on l'a dit déjà, chez Mollâ Sadrâ Shîrâzî.

ABÛ'L-HASAN AL-'AMIRÎ

Abû'l-Hasan Moham. ibn Yûsof al-'Amirî est resté peu connu jusqu'ici en Occident. Cet Iranien du Khorassan fut pourtant, dans la lignée des philosophes étudiés au cours de ce chapitre, une importante figure entre Fârâbî

et Avicenne. Il était né à Nishâpour. Il eut pour maître
un autre grand khorassanien, Abû Yazîd Ahmad ibn
Sahl Balkhî. Il reçut une formation complète en philosophie et métaphysique, commenta quelques textes
d'Aristote et échangea toute une correspondance philosophique avec Avicenne (formant le *Livre des quatorze
questions,* avec les réponses d'Avicenne). Il fit deux voyages
à Bagdad (avant 360/970 et en 364/974) où il fut, paraît-il,
consterné par les mœurs des Bagdadiens. Il revint en
Iran, passa cinq années à Ray, protégé par le vizir
Ibn al-'Amîd et tout occupé par sa tâche d'enseignement.
Puis il regagna son pays natal, où il mourut.

Il eut beaucoup de disciples et d'amis, par exemple
Abû'l-Qâsim Kâtib, qui était très lié avec Ibn Hindû;
Ibn Maskûyeh, qui le cite dans *Jâvidân Kharad,* et tout
particulièrement Abû Hayyân Tawhîdî, qui le cite à
maintes reprises. Avicenne le cite également dans son
Kitâb al-Najât, mais avec une certaine réserve sur ses
capacités philosophiques. Pourtant, celles de ses œuvres
qui ont survécu, aussi bien que ses appréciations des
autres philosophes, le montrent comme non dépourvu
d'originalité : traité sur la félicité *(sa'âda),* chapitres
(fosûl) sur des questions métaphysiques *(ma'âlim ilâhîya),*
traités sur la perception optique *(ibsâr),* sur la notion
d'éternité *(abad),* sur les excellences de l'Islam, sur la
prédestination et le libre arbitre *(jabr* et *qadar),* un ouvrage
en persan *(Farrokh-Nâmeh).* Dans les *fosûl,* il traite de
l'union de l'intellect, de l'intellection et de l'intelligé en
termes qui, semble-t-il, inspireront Afzal Kâshânî (VIIᵉ/
XIIIᵉ siècle), contemporain de Nasîroddîn Tûsî.

Tawhîdî nous fait connaître un certain nombre d'entretiens et de débats auxquels prit part notre Abû'l-
Hasan. On relève ici un entretien avec Mânî le mazdéen
(Mânî al-Mâjûsî, à ne pas confondre, bien entendu,
avec le prophète du manichéisme), au cours duquel notre
philosophe se montre un bon platonicien (« Toute chose
sensible est une ombre de l'intelligible ... l'Intelligence est
le khalife de Dieu en ce monde »). Il semble enfin qu'en
philosophie « politique », Abû'l-Hasan 'Amirî soit particulièrement influencé par les œuvres iraniennes traduites
du pehlevi par Ibn Moqaffa, et professe une doctrine moins
influencée par l'hellénisme platonicien que celle de Fârâbî.

On doit encore signaler ici un philosophe qui n'est

connu que par un opuscule sur l'âme, Bakr Ibn al-Qâsim
al-Mawsilî (c'est-à-dire de Mossoul). Vivant à l'époque
effervescente où les chrétiens commentent Aristote à
Bagdad, où Fârâbî élabore une doctrine aux durables
conséquences, tandis que Rhazès fait scandale avec la
sienne, Bakr semble échapper à tous ces courants. Il cite
uniquement, parmi les auteurs de la période islamique, le
philosophe sabéen Thâbit ibn Qorra; ce choix exclusif
atteste l'influence considérable exercée par le philosophe
sabéen de Harran.

AVICENNE ET L'AVICENNISME

Abû 'Alî Hosayn ibn 'Abdillah Ibn Sînâ est né à Afsha-
na, dans le voisinage de Boukhara, au mois de safar 370/
août 980. (Lorsque certaines de ses œuvres furent traduites en latin, au XIIe siècle, la prononciation espagnole de
son nom, « Aben » ou « Aven Sînâ », a conduit à la forme
« Avicenne » sous laquelle il est universellement connu
en Occident.) Son père était un haut fonctionnaire
du gouvernement samanide. Grâce à son autobiographie, complétée par son *famulus* et fidèle disciple Jûzjânî,
nous connaissons les détails les plus importants de sa
vie.

Ce fut un enfant extraordinairement précoce. Son éducation fut encyclopédique, englobant la grammaire et la
géométrie, la physique et la médecine, la jurisprudence et
la théologie. Sa réputation était telle qu'à l'âge de dix-
sept ans il fut appelé par le prince samanide Nûh ibn
Mansûr, et réussit à le guérir. La *Métaphysique* d'Aristote
lui opposait cependant un obstacle insurmontable; quarante fois il la relut sans la comprendre. C'est grâce à un
traité de Fârâbî, rencontré par hasard, que « les écailles
lui tombèrent des yeux ». On enregistre avec plaisir l'aveu
de cette reconnaissance. À dix-huit ans, il avait à peu près
fait le tour de toutes les connaissances; il ne lui restait qu'à
les approfondir. Après la mort de son père, il se met à
voyager à travers le Khorassan; jamais cet Iranien de
Transoxiane ne franchira les limites du monde iranien. Il
réside d'abord à Gorgan (au sud-est de la mer Caspienne)
où l'amitié du prince, Abû Mohammad Shîrâzî, lui permet d'ouvrir un cours public, et il commence à rédiger
son grand canon *(Qânûn)* de médecine qui, en Orient

jusqu'à nos jours et en Occident pendant plusieurs siècles, resta la base des études médicales.

Après un séjour à Ray, Avicenne passe à Qazwin puis à Hamadan (dans l'Ouest de l'Iran). Une première fois, le prince de Hamadan, Shamsoddawleh (*Sol regni,* dans la traduction latine), le charge du vizirat, mais le philosophe rencontre les pires difficultés avec les militaires et se démet de sa charge. Une seconde fois, il accepte de la reprendre, sur la prière du prince qu'il avait traité et guéri. Son disciple Jûzjânî choisit juste ce moment pour lui demander de composer un commentaire des œuvres d'Aristote.

À la mort du prince, Avicenne correspond secrètement avec le prince d'Ispahan, 'Alâoddawleh; cette imprudence lui valut un emprisonnement pendant lequel il composa le premier de ses *Récits mystiques,* le *Récit de Hayy ibn Yaqzân.* Il réussit à s'échapper, gagne Ispahan, devient un familier du prince, et de nouveau son « équipe » suit le même programme épuisant qu'à Hamadan. En 421/1030 (sept ans avant la mort d'Avicenne), Mas'ûd, fils de Mahmûd de Ghazna, s'empare d'Ispahan. Les bagages du shaykh sont pillés. Ainsi disparaît l'énorme encyclopédie qu'il avait intitulée *Kitâb al-Insâf* (le *Livre du jugement impartial,* vingt-huit mille questions en vingt volumes), où il confrontait les difficultés surgies à la lecture des philosophes, avec sa propre philosophie personnelle désignée comme « philosophie orientale » *(hikmat mashriqîya).*

De celle-ci n'ont subsisté que quelques fragments (soit échappés au pillage, soit reconstitués par l'auteur), entre autres : une partie du commentaire de la *Théologie* dite d'Aristote, le commentaire du livre *lambda* de la *Métaphysique,* les notes en marge du *De anima,* et peut-être les « cahiers » connus sous le titre de *Logique des Orientaux.* Ayant accompagné son prince dans une expédition contre Hamadan, Avicenne est pris de malaise, se soigne trop énergiquement, et succombe en pleine force à l'âge de cinquante-sept ans, en 428/1037, à proximité de Hamadan.

Si l'on pense combien la vie d'Avicenne fut chargée d'événements et encombrée de charges publiques, on admirera l'étendue de son œuvre. La bibliographie établie par M. Yahya Mahdavi compte deux cent quarante-deux titres. Son œuvre, qui marqua d'une si profonde empreinte l'Occident médiéval et l'Orient jusqu'à nos jours, couvre tout le champ de la philosophie et des sciences cultivées à l'époque. Avicenne réalisa par excellence le type médiéval de l'homme universel.

Obligé de nous limiter ici à un très bref aperçu, nous prendrons comme centre de perspective la théorie avicennienne de la connaissance parce que, sous son aspect issu d'une théorie générale des Intelligences hiérarchiques, elle se présente comme une angélologie, et parce que cette dernière fonde aussi bien la cosmologie qu'elle situe l'anthropologie. On a signalé précédemment que la métaphysique de l'essence était instaurée dès l'œuvre de Fârâbî, et avec elle la division de l'être en être nécessairement être par soi-même, et être nécessaire par un autre. À son tour, l'univers avicennien ne comporte pas ce que l'on appelle la contingence du possible. Tant que le possible reste en puissance, c'est qu'il ne peut pas être. Si quelque possible est actualisé dans l'être, c'est que son existence est rendue nécessaire par sa cause. Dès lors il ne peut pas ne pas être. À son tour, sa cause est nécessitée par sa propre cause, ainsi de suite.

Il s'ensuit que l'idée « orthodoxe » de Création est dans la nécessité, elle aussi, de subir une altération radicale. Il ne peut s'agir d'un coup d'État volontaire dans la pré-éternité ; il ne peut s'agir que d'une nécessité divine. La Création consiste dans l'acte même de la pensée divine se pensant soi-même, et cette connaissance que l'Être divin a éternellement de soi-même n'est autre que la Ire Émanation, le Ier *Noûs* ou Ire Intelligence. Ce premier effet unique de l'énergie créatrice, identique à la pensée divine, assure la transition de l'Un au Multiple, en satisfaisant au principe : De l'Un ne peut procéder que l'Un.

À partir de cette Ire Intelligence, la pluralité de l'être va procéder, exactement comme dans le système de Fârâbî, d'une série d'actes de contemplation qui font en quelque sorte de la cosmologie une phénoménologie de la conscience angélique. La Ire Intelligence contemple son Principe ; elle se contemple soi-même comme nécessitée par le Principe qui la nécessite dans l'être ; elle contemple le pur possible de son propre être en soi, considéré fictivement comme en dehors de son Principe. De sa première contemplation procède la IIe Intelligence ; de la seconde contemplation, l'Âme motrice du premier Ciel (la Sphère

des Sphères); de la troisième contemplation, le corps
éthérique, supra-élémentaire de ce premier Ciel, lequel
procède ainsi de la dimension inférieure (dimension
d'ombre, de non-être) de la Iʳᵉ Intelligence. Cette triple
contemplation inſtauratrice de l'être se répète d'Intelligence en Intelligence, jusqu'à ce que soit complète la
double hiérarchie : celle des Dix Intelligences chérubiniques *(Karûbîyûn, Angeli intellectuales)* et celle des Âmes
céleſtes *(Angeli caeleſtes),* lesquelles n'ont point de facultés
sensibles, mais possèdent l'Imagination à l'état pur, c'eſt-
à-dire libérée des sens, et dont le désir aspirant à l'Intelligence dont elles procèdent communique à chacun des
Cieux leur mouvement propre. Les révolutions cosmiques
auxquelles s'origine tout mouvement, sont donc l'effet
d'une aspiration d'amour toujours inassouvie. C'eſt cette
théorie des Âmes céleſtes et conséquemment celle d'une
imagination indépendante des sens corporels qu'Averroës
rejeta avec véhémence. En revanche, elle fructifia chez les
avicenniens iraniens; on a indiqué ci-dessus comment et
pourquoi la gnoséologie prophétique avait poſtulé l'idée
d'une Imagination purement spirituelle.

La Xᵉ Intelligence n'a plus la force de produire à son
tour une autre Intelligence unique et une autre Âme unique. À partir d'elle, l'Émanation explose, pour ainsi dire,
dans la multitude des âmes humaines, tandis que de sa
dimension d'ombre procède la matière sublunaire. C'eſt
elle qui eſt désignée comme l'Intelligence agente ou active
('Aql fa''âl), celle dont émanent nos âmes, et dont l'illumination *(ishrâq)* projette les Idées ou formes de la connaissance sur celles des âmes qui ont acquis l'aptitude à se
tourner vers elle. L'intellect humain n'a ni le rôle ni le
pouvoir d'abſtraire l'intelligible du sensible. Toute connaissance et toute réminiscence sont une émanation et une
illumination provenant de l'Ange. Aussi bien l'intellect
humain a-t-il la nature de l'ange en puissance. De ſtruc-
ture duelle, intellect pratique et intellect contemplatif, ses
deux « faces » sont désignées comme « anges terreſtres ».
Là même eſt le secret de la deſtinée des âmes. Des quatre
états de l'intellect contemplatif, celui qui correspond à
l'intimité avec l'Ange qui eſt l'Intelligence active ou
agente, eſt désigné comme « intellect saint » *('aql qodsî).* À
son sommet, il eſt le cas privilégié de l'esprit de prophétie.

Sur ces bases, on comprend comment le projet de

« philosophie orientale » s'articule à l'ensemble du système préalablement fondé. Malheureusement il ne reste de cette « philosophie orientale » que les esquisses et allusions signalées ci-dessus.

D'autre part, il y a la trilogie des *Récits mystiques* auxquels Avicenne a confié le secret de son expérience personnelle, offrant ainsi le cas assez rare d'un philosophe prenant parfaitement conscience de lui-même, et parvenant (comme Sohrawardî ensuite) à configurer ses propres symboles. Les trois récits ont pour thème le voyage vers un Orient mystique, introuvable sur nos cartes, mais dont l'idée émerge déjà dans la gnose.

La figure et le rôle de l'Ange qui est l'« Intelligence agente » permettent de comprendre les destinées ultérieures de l'avicennisme. C'est à cause de cette Intelligence que fut mis en échec ce que l'on a appelé l'« avicennisme latin ». Elle alarma le monothéisme orthodoxe, lequel pressentit fort bien que, loin d'être immobilisé et ordonné sous la conduite de cet Ange à une fin métaphysiquement inférieure, le philosophe serait entraîné par elle vers d'imprévisibles au-delà, en tout cas par-delà les dogmes établis, puisque le rapport immédiat et personnel avec un être spirituel du Plérome ne prédisposait pas particulièrement le philosophe à s'incliner devant le Magistère d'ici-bas. L'avicennisme ne fructifia qu'au prix d'une altération radicale qui en changea le sens et la structure (dans cet « augustinisme avicennisant » si bien dénommé et analysé par É. Gilson). C'est dans la direction d'Albert le Grand (celle de son disciple Ulrich de Strasbourg, celle des précurseurs des mystiques rhénans) qu'il resterait à suivre les effets de l'avicennisme.

Mais, tandis que la crue de l'averroïsme devait submerger les effets de l'avicennisme en chrétienté, tout autres en furent les destinées en Orient. Ni l'averroïsme n'y fut connu, ni la critique de Ghazâlî reconnue comme ayant la signification fatale que souvent lui ont donnée nos historiens de la philosophie. Avicenne eut d'excellents disciples directs. Tout d'abord le fidèle Jûzjânî qui donna une version et un commentaire, en persan, du *Récit de Hayy ibn Yaqzân;* Hosayn ibn Zayla d'Ispahan (mort en 440/1048) qui en donna un commentaire en arabe; un bon zoroastrien au nom typiquement iranien, Bahmanyâr ibn Marzobân (dont l'œuvre importante est encore inédite).

Mais on peut dire, sans paradoxe, que le successeur d'Avicenne, ce fut Sohrawardî, non pas en ce sens qu'il incorpora à ses propres livres certains éléments de la métaphysique avicennienne, mais en ce sens qu'il assuma à son tour le projet de « philosophie orientale », projet que, selon lui, Avicenne ne pouvait, de toutes façons, mener à bonne fin, car il ignorait les vraies « sources orientales ». Ce projet, Sohrawardî le réalisera en ressuscitant la philosophie ou la théosophie de la Lumière de l'ancienne Perse.

C'est cet avicennisme sohrawardien qui connut un magnifique essor dans l'école d'Ispahan à partir du XVIᵉ siècle, et dont les effets sont restés vivants en Iran shî'ite jusqu'à nos jours. Nous avons encore rappelé, en tête de ce chapitre, quelques-uns des grands noms qui sont malheureusement restés absents jusqu'ici de nos histoires de la philosophie. Ajoutons que Sayyed Ahmad 'Alawî, élève et gendre de Mîr Dâmâd (mort en 1040/1631), écrivit un commentaire sur le *Shifâ,* s'amplifiant aux proportions d'une œuvre personnelle aussi volumineuse que le *Shifâ* lui-même. Il l'intitule *la Clef du Shifâ,* et s'y réfère expressément à la « philosophie orientale » mentionnée par Avicenne en tête de son livre.

Tandis que la pensée philosophique, partout ailleurs dans le monde de l'Islam, est tombée en sommeil, ces maîtres de l'avicennisme iranien conduisent l'Islam shî'ite à sa plus haute conscience philosophique.

IBN MASKÛYEH — IBN FÂTIK — IBN HINDÛ

Contemporain de Bîrûnî et d'Avicenne, Ahmad ibn Moham. ibn Ya'qûb Maskûyeh naquit à Ray et mourut à Ispahan (421/1030). Il semble (d'après Mîr Dâmâd et Nûrollâh Shoshtarî) que la conversion de sa famille à l'Islam ne remontait pas au delà de son grand-père Maskûyeh. Ahmad-e Maskûyeh (comme on le désigne couramment en persan, tandis que les Arabes vocalisent Miskawaih) fut un certain temps, dans sa jeunesse, bibliothécaire d'Ibn al-'Amîd, le vizir déjà nommé ici, puis le *famulus* et trésorier du souverain daylamide 'Alâoddawleh (pour qui il composa un de ses traités en persan). Tout indique qu'il était shî'ite : son admission dans l'intimité des daylamides, l'éloge que fait de lui Nasîr Tûsî, enfin certains passages de ses livres.

De la vingtaine d'ouvrages qu'il a laissés, on ne cite ici que les plus célèbres. Il y a son traité de philosophie morale, *De la réforme des mœurs (Tahdhîb al-akhlâq)* qui a été plusieurs fois réédité au Caire et à Téhéran. Et il y a l'ouvrage qui porte l'intitulation persane caractéristique *Jâvidân Kharad (la Sagesse éternelle)*. Une tradition légendaire s'y rattache. Un traité de ce nom aurait été composé par le roi Hûshang, un des rois légendaires de l'arché-histoire iranienne, ou par quelque sage de son temps.

De son côté, un disciple d'Ibn al-Haytham, Ibn Fâtik (ve/xie siècle), a composé un important florilège de « paroles de sagesse » attribuées à des sages de l'Antiquité. L'ouvrage fut traduit en latin, en français, en espagnol, en provençal, en anglais.

Il faut également mentionner ici 'Alî ibn Hindû (de Ray, lui aussi, mort en 420/1029), autre contemporain et compatriote de Maskûyeh. Ibn Hindû a laissé également un florilège de sentences spirituelles des Sages grecs. À ce propos, l'on ne fait que citer ici, et par anticipation, la grande *Histoire des philosophes* de Jamâloddîn Ibn al-Qiftî (mort en 646/1248).

ABÛ'L-BARAKÂT AL-BAGHDÂDÎ

Originale et attachante personnalité dont l'œuvre a été particulièrement étudiée par S. Pinès, Hibat Allah 'Alî ibn Malkâ Abû'l-Barakât al-Baghdâdî vécut jusqu'à un âge très avancé (quatre-vingts ou quatre-vingt-dix ans) et mourut peu après 560/1164. D'origine juive, il se convertit tardivement à l'Islam pour des raisons assez complexes, puisque les biographes musulmans donnent quatre versions différentes de cette conversion. Son surnom de Awhad al-zamân (l'unique en son temps) atteste suffisamment sa réputation. Ce qu'il illustre par excellence, c'est le type de philosophe personnel. Il professe que les anciens Sages philosophes n'ont donné qu'un enseignement oral, par crainte que leurs doctrines n'atteignent les personnes incapables de les comprendre. Elles ne furent mises par écrit que plus tard, mais en langage chiffré, symbolique (il y a une idée de ce genre chez Sohrawardî). L'histoire de la philosophie se réduit donc à un processus de corruption et de mésinterprétation de la tradition ancienne, et la dégradation est allée en s'aggravant jusqu'à l'époque d'Abû'l-Barakât.

Ainsi notre philosophe a parfaitement conscience de produire des doctrines indépendantes de la tradition des philosophes, parce qu'elles sont le fruit de ses propres recherches. C'est pourquoi S. Pinès a proposé pour le titre de son principal ouvrage philosophique *Kitâb al-mo'tabar*, cette traduction très heureuse : *le Livre de ce qui est établi par réflexion personnelle*. Ce grand ouvrage est né de notes personnelles accumulées au cours d'une longue existence.

ABÛ HÂMID GHAZÂLÎ ET LA CRITIQUE DE LA PHILOSOPHIE

Tout en se gardant de certaines hyperboles, on admettra volontiers que ce Khorassanien ait été l'une des plus fortes personnalités, l'une des têtes les mieux organisées qui aient paru en Islam, comme l'atteste aussi bien le surnom honorifique qu'il partage avec quelques autres, de Hojjat al-Islam (la preuve, le garant de l'Islam). Abû Hâmid Mohammad Ghazâlî naquit en 450/1059 à Ghazâleh, bourgade des environs de Tûs (patrie du poète Ferdawsî) dans le Khorassan. Lui-même et son frère Ahmad, dont il sera question plus loin comme soufi, étaient encore de jeunes enfants lorsqu'ils perdirent leur père. Mais avant de mourir, celui-ci les avait confiés à la tutelle d'un ami, un sage soufi, dont ils reçurent leur première éducation. Ensuite le jeune Abû Hâmid se rendit à Nîshâpour qui était alors, dans le Khorassan, un des centres intellectuels les plus importants du monde islamique. C'est là qu'il fit la connaissance du maître de l'école ash'arite de son temps, Imâm al-Haramayn, dont il devint le disciple.

À la mort de celui-ci (478/1085), il entre en relation avec le célèbre vizir seldjoukide Nizâm al-Molk, fondateur de l'université de Bagdad (Madrasa Nizâmîya); Ghazâlî y sera nommé professeur en 484/1091. Cette période marque une étape décisive dans sa vie; il y trouva le milieu favorable à l'épanouissement et au rayonnement de sa personnalité, et approfondit ses connaissances philosophiques. Deux ouvrages appartiennent à cette époque de sa vie. Il y a tout d'abord le livre sur *les Intentions des philosophes (Maqâsid al-falâsifa)*, qui eut un sort si curieux en Occident. Traduit en latin (en 1145, à Tolède, par Dominicus Gundissalinus) sous le titre de *Logica et philosophia Algazelis Arabis*, mais privé de l'introduction et de la conclusion dans lesquelles Ghazâlî déclarait son propos (exposer les doctrines des philosophes pour les réfuter ensuite), l'ouvrage fit passer Ghazâlî auprès de nos scolastiques latins pour un philosophe collègue de Fârâbî et d'Avicenne, et le fit englober dans la polémique contre les philosophes « arabes ».

L'autre ouvrage datant de la même période est la célèbre et violente attaque contre les philosophes dont on dira quelques mots ci-dessous, mais, maintenant que nous connaissons un peu mieux la continuité de la pensée philosophique et spirituelle en Islam, il apparaîtrait ridicule de dire de cette critique, comme il le fut dit au siècle dernier, qu'elle porta à la philosophie un coup dont elle ne put se relever en Orient.

La trente-sixième année de sa vie marque pour Ghazâlî un tournant décisif. C'est à ce moment-là que le problème de la certitude intellectuelle se posa à sa conscience avec une telle acuité qu'il entraîna une crise intérieure très grave, bouleversant son activité professionnelle et sa vie familiale. En 488/1095, il abandonne l'université et sa famille, sacrifiant tout à la recherche de la certitude intérieure, garante de la Vérité. On imagine à quel point cette décision de Ghazâlî, alors recteur de l'université Nizâmîya, porte-parole de la doctrine ash'arite qui s'identifiait alors avec l'orthodoxie même de l'Islam sunnite, dut frapper les esprits.

Il quitte Bagdad, s'engage dans la voie étroite conduisant à la certitude. Pendant dix ans, revêtu de l'habit des soufis, il pèlerinera, solitaire, à travers le monde musulman. Ses voyages le conduisent à Damas et à Jérusalem (avant qu'elle ne fût prise par les Croisés), à Alexandrie et au Caire, à La Mekke et à Médine; il consacre tout son temps à la méditation et aux pratiques spirituelles des soufis. La crise surmontée et les doutes abolis, il revient dans son pays natal, enseigne encore quelques années à Nîshâpour, et meurt à Tûs en 501/1111 (le 19 décembre), à cinquante-deux ans, plus jeune encore qu'Avicenne.

Ghazâlî a donc affronté dans toute son ampleur le

problème de la connaissance et de la certitude personnelle. Mais fut-il seul, entre tous les penseurs musulmans, à la recherche d'une certitude expérimentale dans la connaissance intérieure ? C'est un thème essentiel chez Sohrawardî (qui semble à peu près tout ignorer de Ghazâlî), et déjà Avicenne et Abû'l-Barakât avaient affronté le problème de la conscience de soi et de ses implications.

Mais ce qui rend pathétique cette recherche chez Ghazâlî, c'est le drame dans lequel elle jeta sa vie. Lorsqu'il s'exprime sur la vraie connaissance, cela sonne avec toute l'authenticité du témoignage personnel. L'attitude négative de Ghazâlî à l'égard des philosophes atteint à une véhémence qui surprend chez une âme aussi haute. Sans doute est-ce son tourment intérieur qui se révèle dans l'aspect polémique de son œuvre. Cette polémique n'absorbe pas moins de quatre ouvrages, dans lesquels il se tourne successivement contre les ismaéliens, contre les chrétiens, contre les soi-disant libertins, enfin contre les philosophes.

L'idée qui inspire le livre de polémique contre les ismaéliens (les « bâtiniens », c'est-à-dire les ésotéristes) semble mêlée d'un peu trop près aux préoccupations du pouvoir, on veut dire les préoccupations du khalife abbasside al-Mostazhir, soucieux de faire valoir sa légitimité contre toute prétention fâtimide (d'où le titre : *Kitâb al-Mostazhirî*). L'ouvrage a été partiellement édité et analysé par I. Goldziher (1916). Comme, à l'époque, aucun des grands textes ismaéliens, arabes ou persans n'était encore connu, l'éditeur se trouvait très à l'aise pour abonder dans le sens de Ghazâlî. La situation est différente aujourd'hui. Nous connaissons même un grand traité dans lequel un *dâ'î* ismaélien répondit à Ghazâlî.

On est frappé de voir Ghazâlî déployer une dialectique acharnée contre une pensée qui est essentiellement herméneutique. Le processus du *ta'wîl* ismaélien (l'exégèse ésotérique) lui échappe, aussi bien que l'idée d'une science qui est transmise (tradition) comme un héritage spirituel (*'ilm irthî*) à ses héritiers. Il ne veut voir qu'une « religion d'autorité » là où il y a initiation à une doctrine (*tâ'lîm*), à un sens caché qui ne se construit ni ne se démontre à coups de syllogismes, et qui requiert un guide inspiré, l'Imâm. C'est le sens même de l'imâmat shî'ite qui lui échappe, et, avec son fondement métaphysique, ce qui conditionne la « naissance spirituelle » (wilâdat rûhânîya).

Le livre de polémique contre les chrétiens veut être une « réfutation courtoise (radd jamîl) de la divinité de Jésus », pour laquelle l'auteur prend appui sur les déclarations expresses des Évangiles.

Un autre livre de polémique (en persan cette fois), composé sans doute après le retour de Ghazâlî à Nîshâpour, s'en prend aux « libertins » (Ibâhîya), catégorie très large dans laquelle rentrent les soufis anomiens, les philosophes errants, les « hérétiques » de toute sorte. En fait, ces ouvrages n'eurent que peu d'écho. Ils ne peuvent se comparer en importance avec l'entreprise tentée par Ghazâlî dans son grand livre contre les philosophes, qu'il intitule Tahâfot al-falâsifa (Autodestruction des philosophes). Ici tout particulièrement éclate le paradoxe d'un Ghazâlî qui, si convaincu de l'inaptitude de la raison à atteindre la certitude, a du moins la certitude de détruire, à coups de dialectique rationnelle, les certitudes des philosophes. Averroës fut parfaitement conscient de cette autonégation : admise l'impuissance totale de la raison, cette impuissance s'étend à sa propre négation, celle qu'elle dirige contre elle-même. C'est pourquoi Averroës répliquera par la négation de la négation et écrira une Autodestruction de l'autodestruction (Tahâfot al-tahâfot).

Tout l'effort de Ghazâlî est de démontrer aux philosophes que la démonstration philosophique ne démontre rien; malheureusement il est encore contraint de le démontrer précisément par une démonstration philosophique. Pour les philosophes, un être spirituel est un être qui se connaît soi-même et connaît qu'il connaît; les sens corporels organiques en sont incapables. Certes, répond Ghazâlî, mais il pourrait y avoir un miracle.

Là même est le fond de sa pensée; le « fer de lance » de sa critique est la négation ash'arite de la causalité, et, par là, de l'idée avicennienne fondant l'existence des possibles inaptes à être par eux-mêmes, sur la nécessité du Principe qui compense leur non-être (et cette idée avicennienne stimulera la piété d'un philosophe comme Mîr Dâmâd, au XVIIe siècle, jusqu'à l'extase). Pour Ghazâlî, tous les processus naturels représentent un ordre fixé par la volonté divine, que celle-ci peut rompre à tout moment. Toute idée même d'une norme intérieure à un être, d'une nécessité interne, est exclue. Enfin, les philosophes se trompent, estime Ghazâlî, lorsqu'ils nient la résurrection corporelle, la réalité littérale du paradis et de l'enfer, et n'admettent un devenir posthume (un « retour » à l'outre-monde, *ma'âd*) que pour l'entité spirituelle qui est l'âme.

Il serait faux de dire que la philosophie, après Ghazâlî, dut se transporter à l'occident de l'Islam, comme il serait faux de dire que la philosophie ne s'est pas relevée du coup qu'il lui aurait porté. Elle est bel et bien restée en Orient, et elle fut si peu ébranlée qu'il y eut des avicenniens jusqu'à nos jours.

Après Ghazâlî, Shahrastânî (547/1153) à son tour, aussi bien dans son admirable histoire des religions *(Kitâb al-milal)* que dans un livre, encore inédit, contre les philosophes *(Masâri' al-falâsifa)* et dans son traité de dogmatique *(Nihâyat al-Iqdâm)*, renouvellera, en bon *motakallim*, l'attaque contre les philosophes hellénisants, nommément Avicenne. Il s'attirera une monumentale réplique du grand philosophe shî'ite Nasîroddîn Tûsî (mort en 672/1274), prenant la défense d'Avicenne.

LE SOUFISME

REMARQUES PRÉLIMINAIRES

L'étymologie généralement retenue fait dériver le mot « soufi » de l'arabe *sûf* qui veut dire « laine ». Ce mot ferait allusion à la coutume des soufis de se distinguer en portant des vêtements et un manteau de laine blanche (la *khirqa*). Le mot ne contiendrait donc étymologiquement aucune référence à la doctrine spirituelle qui distingue les soufis en Islam; l'usage n'en est pas moins séculaire. Le terme « soufis » désigne l'ensemble des mystiques et des spirituels qui font profession de *tasawwof*. Ce mot *tasawwof* est le nom verbal de la cinquième forme dérivée de la racine *swf;* il signifie « faire profession de soufisme », et on l'emploie pour parler du soufisme tout court. Une autre explication, à première vue plus satisfaisante, considère le mot comme une transcription du grec σοφός, sage. Bien qu'elle n'ait pas rencontré, en général, l'agrément des orientalistes, Bîrûnî, au IVe/Xe siècle, en faisait état. Quoi qu'il en puisse être, on doit tenir compte de l'extrême habileté des grammairiens arabes en général à découvrir une étymologie sémitique pour un mot d'importation étrangère.

Le soufisme, comme témoin de la religion mystique en Islam, est un phénomène spirituel d'une importance inappréciable. C'est essentiellement la fructification du message spirituel du Prophète, l'effort pour en revivre personnellement les modalités, par une introspection du contenu de la Révélation qorânique. Le *mi'râj*, l'« assomption extatique » au cours de laquelle le Prophète fut initié aux secrets divins, reste le prototype de l'expérience que se sont efforcés d'atteindre, tour à tour, tous les soufis. Le soufisme est une protestation éclatante, un témoignage irrémissible de l'Islam spirituel contre toute tendance à réduire l'Islam à la religion légalitaire et littéraliste. Il a été amené à développer dans le détail la technique d'une ascèse spirituelle dont les degrés, les progrès et les atteintes sollicitent toute une métaphysique désignée sous le nom de *'irfân*. La polarité de la *sharî'at* et de la *haqîqat* est donc essentielle à sa vie et à sa doctrine; plus complètement dit : la triade formée par la *sharî'at* (donnée littérale de la Révélation), la *tarîqat* (voie mystique), la *haqîqat* (la vérité spirituelle comme réalisation personnelle).

C'est dire, d'une part, toutes les difficultés qu'eut à affronter le soufisme, au cours des siècles, de la part de l'Islam officiel. Mais c'est, d'autre part, se poser la question de savoir si la polarité de la *sharî'at* et de la *haqîqat* à laquelle conduit la *tarîqat* est bien une innovation qui lui est propre, ou bien si elle n'est pas déjà essentielle à un Islam qui, sans porter le nom de soufisme, ne laisse pas moins d'être l'Islam spirituel. Or, les allusions qui seront faites ci-dessous à la doctrine de quelques-uns des grands maîtres du soufisme, nous remettent en présence des positions essentielles du shî'isme et de sa « philosophie prophétique ». Cette constatation fait naître une question d'importance majeure, qui ne peut être bien posée qu'à la condition d'avoir une connaissance approfondie du monde spirituel shî'ite, car le « phénomène du soufisme » n'apparaît pas exactement de la même façon selon qu'il est vécu en Iran shî'ite ou bien dans l'Islam sunnite, lequel est de beaucoup le plus familier jusqu'ici aux orientalistes.

En fait, et numériquement à travers les siècles, la très grande majorité des soufis se trouve dans le monde sunnite. Plus encore, dans le monde shî'ite, on constate souvent à l'égard du soufisme une réticence confinant à la réprobation, et cela non pas seulement de la part des Mollas officiels, représentant la religion légalitaire, mais de la part des spirituels qui dérivent leur doctrine de l'enseignement des Imâms et qui, tout en usant du vocabulaire du soufisme et professant la même métaphysique théosophique, ne font nullement cependant profession de soufisme et observent à son égard la plus grande réserve.

Une précision instructive : ce sont les membres d'un groupe de spirituels shî'ites de Koufa, aux confins des IIe et IIIe siècles de l'hégire, qui auraient été les premiers à être désignés sous le nom de soufis; parmi eux un certain 'Abdak, comme nous en informe un texte de 'Ayn al-Qozât Hamadânî (mort en 525/1131) : « Les pèlerins sur la voie de Dieu, aux époques précédentes et dans les premières générations, n'étaient pas distingués sous le nom de soufisme (tasawwof). Soufi est un mot qui ne se répandit qu'au IIIe (= IXe) siècle, et le premier qui fut désigné par ce nom à Bagdad fut 'Abdak le soufi (mort en 210/825). » Cela n'empêche point que nous connaissions, du VIIIe Imâm, 'Alî Rezâ (mort en 213/818), dont 'Abdak fut contemporain, des propos sévères à l'égard du soufisme, et à partir de la fin du IIIe/IXe siècle, il semble que se perde la trace du soufisme shî'ite jusqu'à l'apparition de Sa'doddîn Hamûyeh, au VIIe/XIIIe siècle (mort en 650/1252), et des autres maîtres du soufisme shî'ite (Haydar Amolî, Shâh Ni'matollâh Walî, etc.) qui se succèdent jusqu'à la Renaissance safavide.

Que la réprobation des Imâms ait entraîné la disparition pure et simple du soufisme shî'ite, on ne peut l'affirmer. Car deux faits subsistent : d'une part, l'existence au grand jour du soufisme shî'ite, du XIIIe siècle jusqu'à nos jours; d'autre part, le fait que l'arbre généalogique de la plupart des *tarîqat* ou congrégations soufies a pour point de départ l'un des Imâms. Mais pour saisir l'ensemble du phénomène, il importe d'observer toutes les variantes. Il y a, parallèlement aux *tarîqat* ou confréries sunnites, des

tarîqat soufies shî'ites pourvues d'une organisation
extérieure (dans l'Iran actuel, celle des Shâh-Ni'matollahis
aux multiples ramifications, celle des Zahabis, etc.). Mais
il est également nécessaire de parler de multiples *tarîqat*
n'ayant, dans le shî'isme, aucune organisation extérieure,
ni même de dénomination. Leur existence est purement
spirituelle, en ce sens qu'il s'agit d'une initiation personnelle conférée par un shaykh, dont le nom est parfois
conservé, quand il s'agit de telle ou telle personnalité,
mais le plus souvent il n'en reste aucune trace écrite. Il y a
enfin le cas des Owaysis, dont la désignation dérive du
nom du Yéménite Oways al-Qaranî, un des tout premiers
shî'ites, qui connut le Prophète et fut connu de lui, sans
qu'ils se fussent jamais rencontrés. On nomme ainsi
ceux qui n'ont pas eu de maître humain, extérieur et
visible, mais ont tout reçu d'un guide spirituel personnel.
C'est là précisément le sens de la dévotion aux Imâms et ce
à quoi elle prédispose. Certains Owaysis sont connus
nommément; il y en eut dans le sunnisme; ils sont
innombrables dans le shî'isme.

Ces observations faites, on doit convenir qu'une
histoire du soufisme en Islam, dans son lien avec les
autres manifestations spirituelles analysées dans la
présente étude, offre une tâche d'une complexité redoutable. Il est possible, certes, de distinguer de grandes
périodes. Les pieux ascètes de Mésopotamie qui prirent le
nom de soufis nous conduisent à ce que l'on a appelé
l'école de Bagdad; parallèlement il y a l'école du Khorassan.
La doctrine des quelques maîtres évoqués ci-dessous
annonce déjà ce qui pourra être désigné plus tard comme
la « métaphysique du soufisme ». Mais précisément les
grands thèmes qui seront signalés ne feront que nous
référer à ceux que nous avons appris à connaître dans le
shî'isme : la polarité de la *sharî'at* et de la *haqîqat,* du
zâhir et du *bâtin,* l'idée du cycle de la *walâyat* succédant,
dans la hiérohistoire, au cycle de la prophétie. L'idée du
Qotb (le pôle mystique) dans le soufisme sunnite n'est rien
d'autre qu'un transfert de l'idée shî'ite de l'Imâm, et la
hiérarchie mystique ésotérique dont le pôle est le sommet
continue, en tout cas, de présupposer l'idée de l'Imâm.
Autant de faits qui rendront la question posée ici plus
urgente encore, lorsque la deuxième partie de cette étude
abordera les périodes ultérieures du shî'isme, avant tout la

doctrine et l'influence de l'école d'Ibn 'Arabî (mort en 1240).

Malheureusement, la place strictement limitée ici ne nous permet pas de discuter les aspects envisagés par certaines explications générales du soufisme : influence du néoplatonisme, de la gnose, de la mystique indienne, etc. Nous ne pourrons même mentionner que quelques très grandes figures du soufisme. Il y aura donc beaucoup d'absents, c'est-à-dire beaucoup de maîtres du soufisme qui ne pourront être caractérisés ici, à commencer par Khwâjeh 'Abdollah Ansârî de Hérat (396/1006 - 481/1088) dont le neuf centième anniversaire de la mort était récemment célébré à Kaboul (été 1381/1962).

ABÛ YAZÎD BASTÂMÎ

Abû Yazîd Tayfûr ibn 'Isâ ibn Sorûshân Bastâmî avait une ascendance mazdéenne encore toute proche, puisque son grand-père, Sorûshân, était un zoroastrien converti à l'Islam. Abû Yazîd passera la plus grande partie de sa vie dans sa ville natale, Bastâm (non Bistâm), dans le Nord-Est de l'Iran, où il mourut aux environs de 234 ou 261/874. Il est à juste titre considéré comme l'un des plus grands mystiques que l'Islam ait produits au long des siècles. L'essentiel de son expérience spirituelle nous a été transmis sous forme de récits, de maximes et de paradoxes que recueillirent ses disciples directs ou quelques-uns de ses visiteurs : leur ensemble est d'une portée métaphysique et spirituelle inappréciable. Ces maximes sont connues dans l'histoire spirituelle de l'Islam sous le nom technique de *shatahât*. Ce dernier terme est difficile à traduire; il implique l'idée d'un choc qui renverse; nous traduirons par « paradoxes », « outrances », « propos extatiques ».

Parmi les disciples directs d'Abû Yazîd Bastâmî, il faut mentionner principalement son neveu Abû Mûsâ 'Isâ ibn Adam (fils de son frère aîné), par l'intermédiaire duquel Jonayd, le célèbre maître de Bagdad, prit connaissance des propos d'Abû Yazîd, les traduisit en arabe en les accompagnant d'un commentaire qui a été conservé en partie (dans le *Kitâb al-Loma'* de Sarrâj). Parmi ses visiteurs, on peut citer Abû Mûsâ Dabîlî (de Dabîl, en Arménie), Abû Ishaq Ibn Harawî (disciple d'Ibn Adham), le célèbre soufi iranien Ahmad ibn Khezrâyeh, qui rendit

visite à Abû Yazîd pendant le pèlerinage de ce dernier à
La Mekke. La source la plus complète et la plus importante sur la vie et les propos d'Abû Yazîd reste
cependant le *Livre de la lumière sur les propos d'Abû Yazîd
Tayfûr (Kitâb al-Nûr fî kalimât A.Y.T.)*, œuvre de
Moham. Sahlajî (mort en 476/1084; édition A. Badawî,
Le Caire, 1949). Il faut ajouter le recueil de sentences
insérées par Rûzbehân Baqlî Shîrâzî et accompagnées
d'un commentaire très personnel, dans la grande Somme
qu'il consacre aux *shatahât* des soufis en général (l'édition
du texte persan est en cours).

Un aspect essentiel de la doctrine de ce grand soufi
iranien, telle qu'elle apparaît dans ses récits et maximes,
c'est une conscience approfondie de la triple condition de
l'être sous la forme de Moi *(anâ'îya)*, la forme de Toi
(antîya), la forme de Lui *(howîya*, l'ipséité, le Soi). Dans
cette gradation de la conscience de l'être, le divin et
l'humain s'unifient et se réciproquent dans un acte
transcendant d'adoration et d'amour. Il y a des traits
fulgurants dans la manière dont Abû Yazîd décrit les
étapes parcourues jusqu'au sommet de la réalisation
spirituelle.

JONAYD

D'origine iranienne, né à Nahâvand, Jonayd (Abû'l-
Qâsim ibn Moh. ibn al-Jonayd al-Khazzâz) résida toute sa
vie en Iraq, plus précisément à Bagdad, où il mourut en
l'an 297/909. Dans cette ville il reçut l'enseignement
traditionnel de l'un des plus grands savants de l'époque,
Abû Thawr al-Kalbî, et fut initié à la mystique par son
oncle, Sarî al-Saqâtî, et par quelques autres maîtres du
soufisme, tels qu'al-Hârith al-Mohâsibî, Moh. ibn 'Alî
al-Qassâb, etc. De son vivant comme après sa mort, son
influence marqua profondément le soufisme. Sa personnalité, ses prédications et ses écrits le mettent au premier
rang du soufisme que l'on désigne comme « l'école de
Bagdad ». Aussi bien est-il désigné sous le surnom de
Shaykh al-Tâ'ifa (le maître du groupe des soufis).

Une quinzaine de traités de Jonayd ont survécu, dont
une partie est constituée par la correspondance qu'il
échangea avec quelques grands soufis parmi ses contemporains : le *Traité de l'Unité divine (Kitâb al-Tawhîd)*, du

double point de vue de la théologie et de la mystique; le
Livre de l'absorption mystique (Kitâb al-fanâ') où l'auteur
étudie les conditions qui mènent à l'état de surexistence
(baqâ'); les *Règles de conduite pour celui qui ne peut se passer
de Dieu (Adâb al-moftaqir ilâ Allâh)*; la *Médecine des
esprits (Dawâ'al-arwâh)*, etc.

Quant à l'enseignement de ce grand maître, deux points
sont à relever ici. En premier lieu, nous relevons que la
spiritualité de Jonayd est conditionnée par la polarité
de la *sharî'at* (la lettre de la Loi divine, changeant de
prophète en prophète) et de la *haqîqat* (la vérité spirituelle permanente). Jonayd s'oppose à l'extrémisme de
certains soufis qui, de la suprématie ontologique de
la *haqîqat* sur la *sharî'at,* concluent à l'inutilité et à
l'abrogation de celle-ci, dès que l'accès à la *haqîqat* a permis
de la dépasser.

Un second point essentiel de la doctrine de Jonayd se
révèle dans la doctrine du *tawhîd,* comme fondement de
l'expérience d'union mystique.

HÂKIM TIRMIDHÎ

Hâkim Tirmidhî, ou Termezî selon la prononciation
persane (Abû 'Abdillah Moh. ibn 'Alî al-Hasan ou
al-Hosayn), vécut dans le courant du IIIe/IXe siècle. On ne
connaît ni les dates exactes de sa naissance et de sa mort, ni
même les grandes lignes de la biographie extérieure de
cet Iranien de Bactriane. Tout ce que l'on sait de lui se
réduit, en gros, au nom de certains de ses maîtres et au
récit de son exil de Termez, sa ville natale. On sait aussi
que c'est à Nishâpour qu'il continua ses études. En
revanche, Tirmidhî nous a laissé quelques informations
précieuses concernant sa biographie intérieure et son
évolution spirituelle (autobiographie découverte récemment par Hellmut Ritter). Il est, en outre, l'auteur de
nombreux traités conservés en grande partie.

La doctrine spirituelle de Tirmidhî est fondée essentiellement sur la notion de *walâyat* (amitié divine, intimité
avec Dieu, initiation spirituelle).

AL-HALLÂJ

Hallâj est certainement l'une des plus éminentes personnalités représentatives du soufisme. Son nom et sa réputation ont franchi le cercle restreint de l'élite spirituelle musulmane, si retentissante fut la tragédie de son emprisonnement et de son procès à Bagdad, suivis de son martyre en témoin de l'Islam mystique. Sa célébrité est maintenant répandue en Occident, grâce aux travaux de L. Massignon qui se fit son éditeur et son interprète. Nous référons donc à ces travaux, pour nous limiter ici à l'esquisse d'une biographie qui est déjà tout un enseignement.

Abû 'Abdillah al-Hosayn ibn Mansûr al-Hallâj, petit-fils, lui aussi, d'un zoroastrien, naquit à Tûr, dans la province du Fârs (Sud-Ouest de l'Iran) à proximité du bourg de Beiza, en 244/857. Tout jeune encore, il reçut l'enseignement du célèbre soufi Sahl al-Tostarî, qu'il accompagna ensuite dans son exil à Basra. En 262/876, Hallâj part pour Bagdad où il devient l'élève de 'Amr ibn Othmân al-Makkî, l'un des plus grands maîtres spirituels de l'époque. Il reste auprès de lui pendant environ dix-huit mois, au cours desquels il épouse la fille de l'un de ses disciples. En 264/877, Hallâj fait la connaissance de Jonayd et pratique, sous sa direction, les exercices de la vie spirituelle. Jonayd le revêtira de sa propre main de la *khirqa* (le manteau de soufi). Mais en 282/896, au retour de son premier pèlerinage à La Mekke, Hallâj rompt ses relations avec Jonayd et la plupart des maîtres soufis de Bagdad. Puis il se rend à Tostar (Sud-Ouest de l'Iran) où il restera pendant quatre ans. Cette période est marquée par un désaccord croissant avec les traditionalistes et les juristes.

Les rapports deviennent tellement tendus qu'environ quatre ans plus tard, Hallâj rejette le vêtement de soufi pour se mêler au peuple et lui prêcher la vie spirituelle. On dit qu'il entretenait de bons rapports avec le célèbre médecin-philosophe Rhazès (Râzî, voir ci-dessus), avec le réformateur « socialiste » Abû Sa'îd Jannâbi, voire avec certaines autorités officielles telles que le prince Hasan Ibn 'Alî al-Rawdî. Hallâj parcourt les provinces iraniennes, du Khouzestan (sud-ouest) au Khorassan (nord-est); il pratique la vie spirituelle sans tenir compte des conventions établies, exhortant sans cesse le peuple à mener une vie intérieure. Au bout de cinq ans, en 291/905, Hallâj accomplit son deuxième pèlerinage à La Mekke, puis se rend dans des régions lointaines : dans l'Inde, au Turkestan, voire aux frontières de la Chine. Il sut gagner la sympathie de tous. On le dénommait l'« intercesseur » et beaucoup se convertirent à l'Islam grâce à ce rayonnement.

En 294/908, Hallâj va pour la troisième fois à La Mekke. Il y reste deux ans, puis revient s'installer définitivement à Bagdad pour se consacrer à la prédication publique ; il choisit toujours des thèmes d'une grande portée spirituelle et métaphysique. Il expose sa doctrine. Il affirme que le but final, non seulement pour le soufi mais pour tous les êtres, est l'union avec Dieu, union qui se réalise par l'amour, lequel exige une action divine transformante, portant un être à sa condition suprême. Ces sublimes pensées ne tardent pas à susciter autour de lui des oppositions diverses. Il y a l'opposition des docteurs de la Loi, il y a l'opposition des politiciens, il y a la réserve de certains soufis.

Les canonistes lui reprochent sa doctrine de l'union mystique qui, disent-ils, en confondant le divin et l'humain, aboutit à une sorte de panthéisme. Les politiciens l'accusent de semer le trouble dans les esprits et le traitent d'agitateur. Quant aux soufis, ils gardent la réserve sur son cas, parce qu'ils considèrent que Hallâj commet une imprudence en divulguant publiquement les secrets divins à des gens qui ne sont préparés ni à les recevoir ni à les comprendre. Tel est aussi le jugement des shî'ites, des ésotéristes en général, à son égard : Hallâj a commis la faute de rompre publiquement la « discipline de l'arcane ». Finalement, juristes et politiciens intriguèrent pour obtenir contre lui une *fatwâ* (sentence) ; ils l'obtinrent du grand juriste de Bagdad, Ibn Dâwûd Ispahânî, prononçant que la doctrine de Hallâj était fausse, mettait en péril le dogme de l'Islam et rendait légitime sa condamnation à mort.

Deux fois arrêté par la police abbasside, Hallâj fut emprisonné en 301/915 et traduit devant le vizir Ibn 'Isâ. Celui-ci, homme pieux et libéral, s'opposa à son exécution. Ce ne fut qu'un répit. Hallâj fut gardé en prison pendant huit ans et sept mois. Les choses se précipitèrent avec l'arrivée au pouvoir d'un nouveau vizir, Hâmid, adversaire acharné de Hallâj et de ses disciples. Les ennemis de ceux-ci revinrent à la charge et réclamèrent une nouvelle *fatwâ* de condamnation du cadi Abû 'Omar ibn Yûsof qui accéda à leur demande. Cette fois la sentence fut exécutée et Hallâj fut mis à mort le 24 Dhû'l-Qa'da 309/27 mars 922.

AHMAD GHAZÂLÎ ET LE « PUR AMOUR »

La première sentence rendue contre Hallâj a fait apparaître ci-dessus le nom du juriste Ibn Dâwûd Ispahânî, et dans cette circonstance se montre la tragédie profonde des âmes. Car Ibn Dâwûd Ispahânî, d'ascendance iranienne comme son nom l'indique (il est mort en 297/909, à l'âge de quarante-deux ans), est par ailleurs l'auteur d'un livre qui est à la fois le chef-d'œuvre et la somme de la théorie platonicienne de l'amour en langue arabe (le *Kitâb al-Zohra,* le *Livre de Vénus,* titre qu'on lit aussi *Kitâb al-Zahra,* le *Livre de la fleur*). C'est une ample rhapsodie mêlée de vers et de prose qui célèbre l'idéal d'amour platonique typifié dans l'amour 'odhrite.

Hallâj, lui aussi, prêchait la doctrine de l'amour. Pourtant Ibn Dâwûd l'a condamné. Pour comprendre la tragédie, il faut méditer toute une situation d'ensemble qui se précise chez les mystiques post-hallâjiens, nommément chez Ahmad Ghazâlî et chez Rûzbehân Baqlî de Shîrâz (mort en 606/1209), lequel fut à la fois un « platonicien » et l'interprète, l'amplificateur plutôt, de Hallâj. Et ce qu'il faudrait évoquer ici, c'est la lignée de ces « Fidèles d'amour » qui trouvent en Rûzbehân leur modèle accompli. La tri-unité amour-amant-aimé devient le secret du *tawhîd* ésotérique. La tragédie d'un Ibn Dâwûd Ispahânî fut d'avoir été dans l'impossibilité de pressentir ce secret, et de vivre cette tri-union. Ahmad Ghazâlî et Farîd 'Attâr sauront que si l'amant se contemple dans l'aimé, réciproquement l'aimé ne peut se contempler soi-même et sa propre beauté que dans le regard de l'amant qui le contemple. Dans la doctrine du pur amour d'Ahmad Ghazâlî, l'amant et l'aimé se transsubstantient dans l'unité de la pure substance de l'amour.

Ahmad Ghazâlî (mort en 520/1126 à Qazwîn, Iran)

était le frère du grand théologien Abû Hâmid Ghazâlî
(voir ci-dessus), sur lequel il réussit peut-être à exercer
quelque influence, mais « ne réussit pas à lui communiquer cette passion de l'amour pur, du désir sans consolation qui brûle en ses ouvrages » (L. Massignon). Un petit
livre, véritable bréviaire d'amour rédigé en un persan
concis et difficile, qu'Ahmad Ghazâlî a intitulé *les Intuitions des fidèles d'amour (Sawânih al-'oshshâq)*, a exercé une
influence considérable. Composition rhapsodique, succession de brefs chapitres n'ayant entre eux qu'un lien
assez lâche, le livre met en œuvre une psychologie extrêmement subtile. Comme l'a écrit Hellmut Ritter, à qui
l'on doit l'édition du précieux texte, « on trouverait
difficilement un ouvrage où l'analyse psychologique
atteigne une telle intensité ».

Du nom d'Ahmad Ghazâlî ne peut être séparé celui de
son disciple préféré, 'Ayn al-Qozât Hamadânî, qui
mourut exécuté à l'âge de trente-trois ans (525/1131); son
tragique destin est à l'exemple de celui de Hallâj, et
préfigure celui de Sohrawardî, Shaykh al-Ishrâq. 'Ayn
al-Qozât était à la fois juriste et mystique, philosophe et
mathématicien. Un de ses traités *(Tamhîdât)*, particulièrement riche d'enseignements sur le thème de l'amour
mystique et développant la doctrine d'Ahmad Ghazâlî, a
été encore longuement commenté par un soufi de l'Inde,
au xvᵉ siècle, Sayyed Mohammad Hosaynî Gisûdârâz.
« La souveraineté de la Gloire divine a resplendi. Alors
le calame a subsisté, mais l'écrivain a disparu. » « Dieu
est trop transcendant pour que le connaissent les prophètes, *a fortiori* les autres. »

On ne peut omettre de mentionner ici Majdûd ibn
Adam Sanâ'î (mort vers 545/1151), fondateur du poème
didactique soufi en persan. Son œuvre la plus intéressante,
un long poème intitulé *la Marche des hommes vers leur
Retour (Sayr al-'ibâd ilâ'l-Ma'âd)*, décrit, sous la forme
d'un récit à la première personne, une pérégrination à
travers le cosmos des néoplatoniciens de l'Islam.

SOHRAWARDÎ ET LA PHILOSOPHIE DE LA LUMIÈRE

LA RESTAURATION DE LA SAGESSE DE L'ANCIENNE PERSE

Nos études récentes nous mettent à même d'apprécier maintenant à sa juste mesure l'importance de l'œuvre de Shihâboddîn Yahyâ Sohrawardî, désigné couramment comme « shaykh al-Ishrâq ». La figure de Sohrawardî (qu'il ne faut pas confondre avec ses homonymes soufis, 'Omar et Abû'l-Najîb Sohrawardî) reste parée pour nous des séductions de la jeunesse, puisque son tragique destin l'arracha, à la fleur de l'âge, à ses vastes projets : il avait trente-six ans (trente-huit années lunaires). Il était né en 549/1155, au nord-ouest de l'Iran, dans l'ancienne Médie, à Sohraward, ville encore florissante au moment de la tourmente mongole. Tout jeune, il étudia d'abord à Marâgheh, en Azerbaïdjan, puis il vint à Ispahan, au centre de l'Iran, où il dut retrouver bien vivante la tradition avicennienne. Il passa ensuite quelques années dans le Sud-Est de l'Anatolie, où il reçut le meilleur accueil chez plusieurs princes seldjoukides de Roum. Finalement, il se rendit en Syrie, d'où il ne devait pas revenir. Les docteurs de la Loi lui intentèrent un procès dont le sens apparaîtra au terme de cette notice. Rien ne put le sauver de la vindicte du fanatique personnage que fut Salâhaddîn, le Saladin des Croisés, pas même l'amitié du fils de celui-ci, al-Mâlik al-Zahir, gouverneur d'Alep, qui devint plus tard l'ami intime d'Ibn 'Arabî. Notre jeune shaykh mourut de façon mystérieuse dans la citadelle d'Alep, le 29 juillet 1191. Les biographes le désignent couramment comme le shaykh *maqtûl* (assassiné, mis à mort). Ses disciples préfèrent dire *shaykh shahîd,* le shaykh martyr.

Pour saisir d'emblée l'intention de son œuvre, il faut être attentif au leitmotiv énoncé dans l'intitulation de son livre principal : *Kitâb Hikmat al-Ishrâq,* une « théosophie orientale » qui sera poursuivie délibérément comme une résurrection de la sagesse de l'ancienne Perse. Les grandes figures qui dominent la doctrine sont celles d'Hermès, de Platon et de Zoroastre-Zarathoustra. D'une part, donc, il y a la sagesse hermétiste, d'autre part, la conjonction entre Platon et Zoroastre qui, en Occident, s'établira à l'aube de la Renaissance, chez le philosophe byzantin Gémiste Pléthon.

Sadrâ Shîrâzî parle de Sohrawardî comme du « chef de l'école des Orientaux *(Mashriqîyûn)*, résurrecteur des doctrines des Sages de la Perse concernant les principes de la Lumière et des Ténèbres ». Ces Orientaux sont en même temps caractérisés comme des platoniciens. Sharîf Jorjânî définit les *Ishrâqîyûn* ou *Mashriqîyûn* comme les « philosophes dont le chef est Platon ». Abû 'l-Qâsim Kâzerûnî (mort en 1014/1606) déclare : « De même que Fârâbî rénova la philosophie des péripatéticiens, et pour cette raison mérita d'être appelé *Magister secundus,* de même Sohrawardî ressuscita et rénova la philosophie des *Ishrâqîyûn* en de nombreux livres et traités. » Très tôt, le contraste a été acquis entre Orientaux *(Ishrâqîyûn)* et péripatéticiens *(Mashshâ'ûn)*. Le terme de « platoniciens de Perse » désignera donc au mieux cette école dont une des caractéristiques sera d'interpréter les archétypes platoniciens en termes d'angélologie zoroastrienne.

Cette pensée directrice, Sohrawardî la développe en une œuvre assez vaste (quarante-neuf titres), si l'on pense à la brièveté de sa vie. Le noyau en est formé par une grande trilogie dogmatique, trois traités en trois livres chacun, comprenant la Logique, la Physique, la Métaphysique. Toutes les questions du programme péripatéticien y sont traitées. S'il arrive qu'au cours de ces traités éclate çà et là la pensée profonde de l'auteur, c'est toujours en référence au livre auquel ceux-là introduisent, le livre qui recèle son secret, *Kitâb Hikmat al-Ishrâq*. Autour de la tétralogie formée par ce dernier et les trois précédents, s'organise tout un ensemble d'*opera minora,* œuvres didactiques de moindre étendue, en arabe et en persan. Cet ensemble est complété par le cycle caractéristique des récits symboliques auxquels il a déjà été fait allusion; ils sont pour la plupart rédigés en persan et, conformément au plan de la pédagogie spirituelle du shaykh, fournissent quelques-uns des thèmes essentiels de méditation préparatoire. Le tout est couronné par une sorte de « Livre d'heures », composé de psaumes et d'invocations aux êtres de lumière.

La confession extatique de Sohrawardî nous réfère à

l'une des notions fondamentales du zoroastrisme : le *Xvarnah*, la lumière de Gloire (en persan, *Khorreh*). C'est à partir d'ici qu'il faut tenter de ressaisir brièvement la notion d'*ishrâq*, la structure du monde qu'elle ordonne, la forme de spiritualité qu'elle détermine.

L'ORIENT DES LUMIÈRES (ISHRÂQ)

En rassemblant les indications données par Sohrawardî et ses commentateurs immédiats, on constate que la notion d'*ishrâq* (nom verbal signifiant la splendeur, l'illumination du soleil à son lever) se montre sous un triple aspect.

On peut entendre la sagesse, la théosophie, dont l'*ishrâq* est la source comme étant à la fois l'illumination et la révélation *(zohûr)* de l'être, et l'acte de la conscience qui, en le dévoilant *(kashf)*, l'amène à apparaître (en fait un *phainomenon*). De même, donc, que dans le monde sensible le terme désigne la splendeur du matin, le premier éclat de l'astre, de même il désigne au Ciel intelligible de l'âme, l'instant épiphanique de la connaissance.

En conséquence, on entendra par philosophie ou théosophie orientale, une doctrine fondée sur la Présence du philosophe à l'apparition matutinale des Lumières intelligibles, à l'effusion de leurs aurores sur les âmes en état d'esseulement de leur corps. Il s'agit donc d'une philosophie qui postule vision intérieure et expérience mystique, d'une connaissance qui, s'originant à l'Orient des pures Intelligences, est une connaissance « orientale ».

On peut encore entendre ce dernier terme comme désignant la théosophie des Orientaux *(Ishrâqîyûn-Mashriqîyûn)*, ce qui veut dire celle des sages de l'ancienne Perse, non pas seulement en raison de leur localisation à la surface terrestre, mais parce que leur connaissance était orientale en ce sens qu'elle était fondée sur la révélation intérieure *(kashf)* et la vision mystique *(moshâhadat)*. Aussi bien telle était aussi, selon les *Ishrâqîyûn,* la connaissance des anciens sages grecs, à l'exception des disciples d'Aristote qui s'appuyaient uniquement sur le raisonnement discursif et l'argumentation logique.

L'*Ishrâq,* cette « splendeur aurorale », nous réfère au Flamboiement primordial qui en est la Source, et dont Sohrawardî atteste avoir eu la vision qui lui dévoila

l'authentique « Source orientale ». C'est la « Lumière de
Gloire » que l'*Avesta* désigne comme *Xvarnah* (persan,
Khorreh, ou, sous la forme parsie, *Farr, Farreh*). Sa fonction est primordiale dans la cosmologie et l'anthropologie
du mazdéisme. Elle est la majesté flamboyante des êtres
de lumière; elle est aussi l'énergie qui cohère l'être de
chaque être, son Feu vital, son « ange personnel » et son
destin (le mot a été traduit en grec à la fois par *Δόξα* et
par *Tυχή*). Elle se présente chez Sohrawardî comme
l'irradiation éternelle de la Lumière des Lumières *(Nûr
al-anwâr)*; sa force souveraine, en illuminant la totalité de
l'être-lumière, procédant d'elle, la lui rend éternellement
présente *(tasallot ishrâqî)*. C'est précisément l'idée de cette
force victorieuse, de cette « victorialité » (persan, *pêrozîh*)
qui explique le nom par lequel Sohrawardî désigne les
lumières souveraines : *Anwâr qâhira*, Lumières « victo-
riales », dominatrices, archangéliques (« michaëliennes »,
cf. Michel comme *angelus victor*).

Par cette « victorialité » de la Lumière des Lumières
procède d'elle l'être de lumière qui est le premier archange, et que notre shaykh désigne sous son nom zoroastrien
de *Bahman* (Vohu Manah, le premier des *Amahraspands* ou
archanges zoroastriens). La relation éternellement éclose
entre la Lumière des Lumières et le Premier Émané est
la relation archétypique du premier Aimé et du premier
Amant. Cette relation s'exemplifiera à tous les degrés
de la procession de l'être, ordonnant par couples tous
les êtres.

LA HIÉRARCHIE DES UNIVERS

L'angélologie sohrawardienne se révèle comme bouleversant profondément le schéma du monde (physique,
astronomique et métaphysique) reçu depuis Fârâbî et
Avicenne. Ce n'est plus l'orbe de la Lune qui, comme dans
le péripatétisme, marque la limite entre le monde céleste
et le monde matériel en devenir. C'est le Ciel des Fixes qui
symbolise la limite entre l'univers angélique de la
Lumière et de l'Esprit *(Rûhâbâd)*, et l'univers matériel et
obscur des *barzakh*. Ce mot typique signifie dans l'eschatologie l'entre-deux, et en cosmologie l'intermonde (le
mundus imaginalis). Dans la philosophie sohrawardienne
de l'*Ishrâq*, il prend un sens plus général; il désigne en géné-

ral tout ce qui est corps, tout ce qui est écran et intervalle,
et qui par soi-même est Nuit et Ténèbres.

Le concept que connote le terme de *barzakh* est donc
fondamental pour toute la physique de Sohrawardî. Le
barzakh est Ténèbre pure; il pourrait exister comme tel,
même si la Lumière s'en retirait. Ce n'est donc pas même
une Lumière en puissance, une virtualité au sens aristotélicien; il est à l'égard de la Lumière négativité pure (la
négativité ahrimanienne telle que la comprend Sohrawardî). Sa physique est, certes, dominée par le schéma
de la cosmologie mazdéenne partageant l'univers de
l'être en *mênôk* (céleste, subtil) et *getîk* (terrestre, dense),
mais son interprétation est plutôt d'inspiration manichéenne. Cette perception du monde comporte structurel-
lement, chez Sohrawardî, une métaphysique qui est une
métaphysique des essences; l'exister n'est qu'une manière
de considérer *(i'tibâr)* l'essence, la quiddité, mais ne lui
ajoute rien *in concreto*.

Le schéma des univers s'ordonne en conséquence selon
un quadruple plan. Il y a, premièrement, le monde des
pures Intelligences (les Lumières archangéliques des
deux premiers Ordres, Intelligences chérubiniques, les
« Mères », et Intelligences-archétypes); c'est le monde du
Jabarût. En second lieu, le monde des Lumières régissant
un corps (une « forteresse », *sîsîya*), monde des Âmes
célestes et des Âmes humaines; c'est le monde du *Malakût*.
En troisième lieu, le double *barzakh* constitué par les
Sphères célestes et le monde des Éléments sublunaires;
c'est le monde du *Molk*. Enfin, le *mundus imaginalis ('âlam
al-mithâl)*. C'est le monde intermédiaire entre le monde
intelligible des êtres de pure Lumière et le monde sensible; l'organe qui le perçoit en propre est l'Imagination
active. Ce n'est pas le monde des Idées platoniciennes
(Mothol Iflâtûnîya), mais le monde des Formes et Images
« en suspens » *(mothol mo'allaqa)*; l'expression veut dire
qu'elles ne sont pas immanentes à un substrat matériel
(comme la couleur rouge, par exemple, est immanente à
un corps rouge), mais elles ont des « lieux épipha-
niques » *(mazâhir)* où elles se manifestent comme
l'image « en suspens » dans un miroir. C'est un monde
où se retrouvent toute la richesse et la variété du monde
sensible, mais à l'état subtil, un monde de Formes et
Images subsistantes, autonomes, qui est le seuil du

Malakût. Là sont les cités mystiques de Jâbalqâ, Jâbarsâ et Hûrqalyâ.

Sohrawardî est bien le premier, semble-t-il, à avoir fondé l'ontologie de cet intermonde, et le thème en sera repris et amplifié par tous les gnostiques et mystiques de l'Islam. Son importance est, en effet, capitale. Il est au premier plan de la perspective qui s'ouvre au devenir posthume de l'être humain.

L'EXIL OCCIDENTAL

C'est sur la perspective de l'intermonde qu'il faut situer le sens et la fonction des récits symboliques d'initiation spirituelle composés par Sohrawardî. Leur dramaturgie s'accomplit en effet dans le *'âlam al-mithâl.* Le mystique y ressaisit le drame de son histoire personnelle au plan d'un monde suprasensible qui est celui des événements de l'âme, parce que l'auteur, en configurant ses propres symboles, retrouve spontanément le sens des symboles des révélations divines. Il ne s'agit pas d'une suite d'« allégories », mais de la hiérohistoire secrète, invisible aux sens extérieurs, s'accomplissant dans le *Malakût,* « avec lequel symbolisent » les événements extérieurs et fugitifs.

Celui de ces récits qui en fait entendre le plus clairement la note fondamentale, s'intitule *Récit de l'exil occidental (Qissat al-ghorbat al-gharbîya).* La théosophie « orientale » doit en effet amener le gnostique à prendre conscience de son « exil occidental », conscience de ce qu'est en réalité le monde du *barzakh* comme « Occident » opposé à l' « Orient des Lumières ». Le récit forme donc une initiation reconduisant le mystique à son origine, à son Orient.

La grande affaire qui préoccupe le gnostique « oriental », est de savoir comment l'exilé peut retourner chez lui. Le théosophe *ishrâqî* est essentiellement un homme qui ne sépare ni n'isole l'une de l'autre la recherche philosophique et la réalisation spirituelle. Le livre qui est le vademecum des philosophes « orientaux » (le *Kitâb Hikmat al-Ishrâq*) débute par une réforme de la logique, pour s'achever sur une sorte de mémento d'extase. Et c'est aussi le plan de beaucoup d'autres livres semblables.

Si on prétend limiter l'Islam à la religion extérieure,

légalitaire et littéraliste, l'effort à la fois réformateur et
créateur de Sohrawardî est une « insurrection ». C'est le
seul aspect que certains historiens ont vu dans le cas de
Sohrawardî comme dans le cas des ismaéliens et de tous
les gnostiques shî'ites, comme dans le cas d'Ibn 'Arabî et
de son école. En revanche, si l'Islam intégral est l'Islam
spirituel (englobant la *sharî'at*, la *tarîqat* et la *haqîqat*),
alors l'effort généreux de Sohrawardî se situe au sommet
de cette spiritualité et est alimenté par elle. C'est le sens
spirituel de la Révélation qorânique qui explique et
transfigure les révélations prophétiques et sagesses antérieures, comme manifestant leur sens caché. Or cet Islam
spirituel intégral, c'est cela même que fut le shî'isme dès
les origines. Il y a donc un accord préétabli, sinon mieux
encore, entre théosophes *ishrâqîyûn* et théosophes shî'ites.
L'effort de Sohrawardî conjoint la philosophie et le
soufisme; l'effort de Haydar Amolî, au VIIIe/XIVe siècle
(comme déjà l'ismaélisme après Alamût), fait se rejoindre
shî'ites et soufis devenus oublieux de leurs origines et de
leur vocation.

Lors du procès de Sohrawardî, la thèse incriminée qui
entraîna sa condamnation fut d'avoir professé que Dieu
peut en tout temps, maintenant encore, créer un prophète.
Même s'il ne s'agissait pas d'un prophète-législateur mais
de la *n. bâtinîya,* la thèse décelait au moins un crypto-
shî'isme. Ainsi, par l'œuvre de sa vie et par sa mort en
martyr de la philosophie prophétique, Sohrawardî vécut
jusqu'au bout la tragédie de l' « exil occidental ».

LES ISHRÂQÎYÛN

Les *Ishrâqîyûn* forment la postérité spirituelle de Sohrawardî; elle s'étend, en Iran du moins, jusqu'à nos jours.
Le premier en date est Shamsoddîn Shahrazûrî, qui se
signale par sa dévotion envers la personne du shaykh al-
Ishrâq. Un paradoxe veut que la biographie de ce penseur à qui l'on doit une *Histoire des philosophes,* soit à peu
près complètement inconnue. Nous savons que lorsque
Sohrawardî fut emprisonné dans la citadelle d'Alep, un
jeune disciple du nom de Shams lui tint compagnie. Mais
il est impossible de dire qu'il s'agit du même personnage,
surtout si l'on admet que Shahrazûrî, comme il semble,
ne mourut qu'au cours du dernier tiers du VIIe/XIIIe siècle.

Quoi qu'il en puisse être, nous devons à Shahrazûrî deux commentaires prenant l'importance d'amplifications personnelles : le premier eſt le commentaire du *Livre des Élucidations (Talwîhat)* de Sohrawardî, le second un commentaire du *Livre de la théosophie orientale (Kitâb Hikmat al-Ishrâq)*. Il semble bien que Shahrazûrî ait été largement mis à profit par deux de ses successeurs : Ibn Kammûna (mort en 683/1284), dans son commentaire du premier de ces ouvrages, et Qotboddin Shîrâzî, dans son commentaire du second (terminé en 694/1295).

On doit à Shahrazûrî trois autres ouvrages : une *Hiſtoire des philosophes,* comprenant les philosophes antérieurs à l'Islam et les philosophes de l'Islam (la biographie de Sohrawardî qui y figure eſt la plus complète que nous ayons); un *Livre des symboles (Kitâb al-romûz)* où l'auteur insiſte sur certains motifs néopythagoriciens; une immense encyclopédie philosophique et théologique, récapitulant l'enseignement de ses devanciers, et intitulée *Traités de l'arbre divin et des secrets théosophiques (Rasâ 'il al-shajarat al-ilâhîya wal'l-asrâr al-rabbânîya)*. Ikhwan al-Safâ, Avicenne, Sohrawardî, y sont abondamment cités. Elle fut achevée en 680/1281 (donc quelque quatre-vingt-dix ans après la mort de Sohrawardî; il en exiſte six ou sept manuscrits, comprenant plus d'un millier de pages in-folio).

Sohrawardî avait vu très loin. Il se représentait quelque chose comme un « Ordre des *Ishrâqîyûn* », groupés autour de son livre essentiel *(Hikmat al-Ishrâq)*. Transposant l'expression qorânique *Ahl al-Kitâb* (communauté ayant un Livre révélé du Ciel, voir plus haut) il désigne l'« Ordre des *Ishrâqîyûn*» comme *Ahl hadhâ'l-Kitâb* (communauté groupée autour du présent livre, c'eſt-à-dire le *Livre de la théosophie orientale)*.

Il y eut en effet, tout au long des siècles, ceux que la pensée du shaykh al-Ishrâq influença à un degré ou à un autre, et ceux qui furent des *Ishrâqîyûn* tout en professant une doctrine enrichie d'apports successifs.

Aux confins de nos xve et xvie siècles se produit un essor extraordinaire. Les œuvres de Sohrawardî sont amplement commentées. Jalâl Dawwânî (mort en 907/1501) et Ghiyâthoddîn Mansûr Shîrâzî (mort en 949/1542) commentent le *Livre des Temples de la Lumière*. Wadûd Tabrîzî commente le *Livre des tablettes dédiées à 'Imâdoddîn*

(930/1524). Le prologue et la seconde partie (la plus importante) du grand *Livre de la théosophie orientale* sont traduits et amplifiés en persan, ainsi que le commentaire de Qotb Shîrâzî, par un soufi de l'Inde, Mohammad Sharîf Ibn Harawî (l'œuvre est datée de 1008/1600). Mîr Dâmâd (mort en 1041/1631), le grand maître de l'école d'Ispahan, prend comme « nom de plume » Ishrâq. Son célèbre disciple, Mollâ Sadrâ Shîrâzî (mort en 1050/1640) donne toute une série de leçons très personnelles sur le *Livre de la théosophie orientale;* le recueil en forme un ouvrage considérable.

À cette même époque, la pieuse et généreuse initiative de l'empereur mongol Akbar (mort en 1605) suscita un courant d'échanges spirituels intenses entre l'Inde et l'Iran, avec de multiples allées et venues de philosophes et de soufis. Tous les collaborateurs d'Akbar sont imprégnés des doctrines de l'*Ishrâq*. C'est dans ce « climat » que naît la grande entreprise de traductions du sanskrit en persan (*Upanishads, Bhagavad-Gîtâ,* etc.). Fut également mêlé à la grande tentative et au grand rêve religieux d'Akbar tout un groupe de zoroastriens de Shîrâz et des environs, qui, en compagnie de leur grand-prêtre, Azar Kayvân, émigrèrent dans l'Inde aux confins des XVIe et XVIIe siècles.

Ces quelques lignes suffiront à suggérer l'influence extraordinaire de l'œuvre de Sohrawardî au cours des siècles. Son influence aujourd'hui, en Iran, est inséparable de celle des penseurs shî'ites qui l'ont assimilée, avant tout celle de Mollâ Sadrâ et de ses continuateurs. Aujourd'hui l'on est rarement un *ishrâqî* sans être, à un degré ou l'autre, de l'école de Mollâ Sadrâ Shîrâzî. Ainsi l' « avenir » de Sohrawardî en Iran est lié au renouveau de la métaphysique traditionnelle qui se dessine autour de l'œuvre du maître de Shîrâz.

EN ANDALOUSIE

Nous atteignons maintenant une région tout autre du monde islamique, celle de son extrême pénétration en Occident. Le « climat » culturel y diffère de celui que nous avons rencontré en Orient, nommément en Iran. Il faudrait le replacer dans le contexte historique des vicissi-

tudes de l'Islam dans la péninsule ibérique. On ne peut
pas même esquisser ici cette histoire; on doit se limiter à
signaler quelques noms et quelques œuvres de première
grandeur. Ce simple aperçu permettra d'entrevoir avec
quelle facilité les idées et les hommes circulaient d'un
bout à l'autre du Dâr al-Islâm.

IBN MASARRA ET L'ÉCOLE D'ALMERÍA

L'importance de cette école tient au double fait qu'elle
représente, à l'extrémité occidentale du monde islamique,
cet Islam ésotérique que nous avons déjà appris à connaître en Orient, et que son influence fut considérable. Du
fait de cette école, nous constatons, à l'une et l'autre
extrémité géographique de l'ésotérisme islamique, le rôle
dévolu à l'enseignement d'un Empédocle transfiguré en
héraut de la théosophie prophétique. D'autre part,
Asin Palacios se plaisait à voir, dans les disciples d'Ibn
Masarra, les continuateurs de la gnose de Priscillien
(ıve siècle).

D'après les biographes, Ibn Masarra, né en 269/883,
n'était pas de race arabe. Son père, passionné de spéculation théologique et ayant fréquenté en Orient les cercles
mo'tazilites et ésotériques, s'attacha à transmettre à son
fils les traits de sa propre physionomie spirituelle.
Malheureusement il mourut, en accomplissant son
pèlerinage à La Mekke, dès 286/899. À la mort de son
père, Ibn Masarra avait à peine dix-sept ans; il était
pourtant déjà entouré de disciples. Il se retira avec eux
dans un ermitage qu'il possédait dans la Sierra de Cordoue.
Très vite les soupçons du petit peuple s'aggravèrent
à son égard. De plus, la situation politique de l'émirat de
Cordoue était alors des plus critiques. Ibn Masarra
préféra s'exiler en compagnie de deux disciples de
prédilection.

Il va jusqu'à Médine et La Mekke, prenant contact
avec les écoles orientales. Il ne revient dans sa patrie que
sous 'Abd al-Rahman III, dont la politique était plus
libérale. Il élabora toute une philosophie et une méthode
de vie spirituelle. Malheureusement nous ne connaissons
ni le nombre de ses livres ni leur titre exact. Deux seulement peuvent être cités avec certitude : un *Livre de
l'explication pénétrante (Kitâb al-tabsira)* qui contenait sans

doute la clef de son système ésotérique, et un *Livre des lettres (Kitâb al-horûf)* traitant de cette algèbre mystique déjà signalée ici. Le maître mourut entouré de ses disciples, dans son ermitage de la Sierra, en 319/931 (le 20 octobre), à peine âgé de cinquante ans.

La reconstitution du système d'Ibn Masarra a été menée à bien par le patient labeur du grand arabisant espagnol Miguel Asin Palacios. La tâche était double. D'une part la doctrine d'Empédocle s'est présentée à Asin Palacios comme l'axe autour duquel grouper les doctrines masarriennes les plus caractéristiques. D'autre part, il fallait reconstituer le système d'Ibn Masarra à l'aide des longues citations qui en sont faites principalement chez Ibn 'Arabî.

Les doctrines qui lui sont attribuées ressortissent principalement aux thèmes suivants : précellence et ésotérisme de la philosophie et de la psychologie (conduisant à la rencontre de la *rûhânîya,* la personne ou réalité spirituelle de l'être caché); absolue simplicité, ineffabilité, mobile immobilité de l'Être premier; théorie de l'Émanation; les catégories d'âmes; les âmes individuelles comme émanations de l'Âme du monde; leur préexistence et leur rédemption. L'ensemble est d'une très grande richesse à la fois gnostique et néoplatonicienne.

Le seul point sur lequel on puisse insister ici est la théorie de l'Émanation hiérarchique des cinq substances : l'Élément primordial ou *Materia prima,* qui est la première des réalités intelligibles (à ne pas confondre avec la matière corporelle universelle); l'Intelligence; l'Âme; la Nature; la Matière seconde. Si l'on se réfère à la hiérarchie plotinienne (l'Un, l'Intelligence, l'Âme, la Nature, la Matière), on s'aperçoit immédiatement de la différence entre Plotin et le néo-Empédocle islamique. La première des hypostases plotiniennes, l'Un, a été éliminée du schéma et remplacée par l'Élément premier ou *Materia prima.*

La doctrine d'une matière intelligible primordiale eut une influence considérable. On ne la retrouve pas seulement chez le philosophe juif Salomon Ibn Gabirol (mort entre 1058 et 1070), mais dans l'œuvre d'Ibn 'Arabî qui justement permit à Asin Palacios la reconstitution partielle de celle d'Ibn Masarra. Le théorème métaphy-

sique des cinq substances ou principes de l'être chez le
néo-Empédocle et Ibn Masarra, a pour corollaire, chez
Ibn 'Arabî, la hiérarchie descendante des cinq significations du terme de « matière » : matière spirituelle commune à l'incréé et au créaturel (*haqîqat al-haqâ'iq*, essence
des essences); matière spirituelle commune à tous les
êtres créés, spirituels et corporels *(Nafas al-Rahman);*
matière commune à tout corps, céleste ou sublunaire;
matière physique (la nôtre), commune à tout corps
sublunaire; matière artificielle commune à toutes les
figures accidentelles. Finalement l'idée d'une « matière
spirituelle » (cf. la *spissitudo spiritualis* de Henry More)
aura une importance fondamentale dans l'eschatologie de
Mollâ Sadrâ Shîrâzî et de l'école d'Ispahan.

L'attestation la plus probante de l'esprit mystique d'Ibn
Masarra agissant au sein du soufisme espagnol, est
l'énorme influence exercée par le foyer ésotérique de
l'école d'Almeria. Après la mort d'Isma'il al-Ro'aynî, et
au début du vie/xiie siècle, en pleine domination almoravide, Almeria devint comme la métropole de tous les
soufis espagnols. Abû'l-'Abbâs ibn al-'Arîf composa une
nouvelle règle de vie spirituelle *(tarîqa)* fondée sur la
théosophie d'Ibn Masarra. Trois grands disciples la
répandirent : Abû Bakr al-Mallorquin à Grenade, Ibn
Barrajân à Séville, et Ibn Qasyî qui organise les adeptes
de l'école masarrienne, dans les Algarbes (au Sud du
Portugal), en une sorte de milice religieuse portant le nom
mystique de *Muridîn*. Doctrine théosophique et organisation présentent des traits significatifs en commun avec
celles de l'ismaélisme. Pendant dix ans, Ibn Qasyî règne en
Imâm souverain dans les Algarbes. Il meurt en 546/1151.

IBN HAZM DE CORDOUE

À Cordoue appartient également l'une des personnalités les plus marquantes de l'Islam d'Andalousie aux
xe et xie siècles, personnalité complexe dont les aspects
multiples sont projetés dans son œuvre. Il y a Ibn Hazm le
poète; il y a Ibn Hazm le penseur, le théologien, historien
critique des religions et des écoles philosophiques et
théologiques; il y a le moraliste; il y a le juriste. C'est le
platonicien et l'historien des religions qui nous intéressent
essentiellement ici. Abû Mohammad 'Alî Ibn Hazm

naquit en 383/994, d'une famille jouissant d'un haut rang
social. Son père étant le vizir du calife al-Mansûr, le
jeune Ibn Hazm put facilement recevoir l'enseignement
des plus célèbres maîtres de Cordoue dans toutes les
disciplines : le *hadîth*, l'histoire, la philosophie, le droit, la
médecine, la littérature.

Malheureusement, en 403/1013 (avril), la révolte
grondant contre la souveraineté des Omeyyades, Ibn
Hazm est expulsé de Cordoue, ses biens sont confisqués.
Nous le voyons ainsi, lors de sa vingtième année, entièrement engagé dans la politique, prenant rang parmi les plus
fidèles soutiens de la dynastie omeyyade. Il se réfugie à
Almeria, prend la tête du mouvement en faveur du
prince 'Abd al-Rahman IV, prétendant légitime au
khalifat, contre Ibn Hammûd. Mais le prince est tué au
cours d'un combat où son armée est mise en déroute,
tandis qu'Ibn Hazm est fait prisonnier. On lui rendra
cependant la liberté.

Nullement découragé, Ibn Hazm se réfugie à Shâtiba
(Xativa). Là il trouve assez de sécurité et de paix pour
écrire son admirable livre d'amour, *le Collier de la colombe
(Tawq al-Hammâma)*. Il reste toujours fidèle à la cause des
nobles Omeyyades, comme seule dynastie légitime. Il est
le plus ferme soutien du prince 'Abd al-Rahman V qui
réussit à monter sur le trône, sous le nom d'al-Mostazhir,
en 414/1023, et Ibn Hazm devient son vizir. Pour peu de
temps, hélas! Deux mois plus tard, en février de la même
année, al-Mostazhir est tué, et Ibn Hazm de nouveau banni
de Cordoue. Tout espoir d'une restauration omeyyade est
désormais perdu. Ibn Hazm renonce à toute activité
politique et se consacre désormais à la science. Il quittera
ce monde en 454/1063.

Par le livre qu'il intitule *le Collier de la colombe*, Ibn
Hazm prend rang parmi les adeptes de ce platonisme de
l'Islam où il a pour illustre prédécesseur Mohammad ibn
Dâwûd Ispahânî (mort en 297/909), dont nous avons
signalé ci-dessus l'admirable *Kitâb al-Zohra*. Il est probable que dans la bibliothèque du château de Xativa, Ibn
Hazm disposa d'une copie du livre d'Ibn Dâwûd Ispahânî. Il réfère expressément au passage du livre où Ibn
Dâwûd fait allusion au mythe platonicien du *Banquet* :
« Certains adeptes de la philosophie ont pensé que Dieu
créa chaque esprit en lui donnant une forme sphérique;

ensuite il le scinda en deux parts, plaçant chaque moitié
dans un corps. » Le secret de l'amour est la réunion de ces
deux membres dans leur totalité initiale. L'idée de la
préexistence des âmes est d'ailleurs affirmée expressément
par un *hadîth* du Prophète.

Quant à la cause pour laquelle le plus souvent éclôt
l'amour, l'analyse qu'en donne Ibn Hazm présente une
nette réminiscence du *Phèdre* de Platon. Cette cause,

c'est une forme extérieurement *(zâhir)* belle, parce que
l'âme est belle et désire passionnément tout ce qui est beau,
et incline vers les images parfaites. Si elle voit une telle image,
elle se fixe sur elle ; et si elle discerne ensuite dans cette image
quelque chose de sa propre nature, elle en subit l'irrésistible
attirance, et l'amour au sens vrai se produit. Mais, si elle ne
discerne pas au delà de l'image quelque chose de sa propre
nature, son affection ne va pas au delà de la forme.

On doit à l'arabisant A. R. Nykl à la fois la première
édition du texte arabe du livre d'Ibn Dâwûd, et la
première traduction en langue occidentale (anglais) du
livre d'Ibn Hazm. Une question d'un intérêt que l'on peut
dire passionnant a été également traitée par A. R. Nykl,
à savoir l'étroite ressemblance entre la théorie de l'amour
chez Ibn Hazm et certaines idées qui apparaissent dans
la « Gaie Science » chez Guillaume IX d'Aquitaine,
et en général, jusqu'à la croisade contre les Albigeois,
dans les principaux thèmes du répertoire des troubadours.
On ne peut que signaler ici le problème. La portée en est
très vaste (géographiquement, typologiquement, spirituellement), car il ne s'agit pas seulement de questions de
forme et de thématisation, mais de quelque chose de
commun entre les *fedeli d'amore* et la religion d'amour
professée par certains soufis.

Le livre d'Ibn Hazm sur *les Caractères et les comportements
(Kitâb al-akhlâq wa'l-siyar)*, traduit en espagnol par
Asin Palacios, est un ouvrage qui, lui aussi, ressortit plus
ou moins au « journal » personnel. L'auteur y consigne,
sans aucun plan préétabli, ses observations, méditations et
jugements sur les hommes et sur la vie. C'est un livre
éminemment révélateur de l'homme et de la société
andalouse au ve/xie siècle.

Comme canoniste, Ibn Hazm se signale par un livre

(*Kitâb al-Ibtâl,* partiellement édité par I. Goldziher) où il traite des cinq sources reconnues par les différentes écoles pour établir une décision juridique. Dans un autre livre, *Kitâb al-mohallâ,* il critique les principes de l'école shâfi'ite. Mais l'œuvre de beaucoup la plus importante du théologien Ibn Hazm est son traité sur les religions et les écoles de pensée (*Kitâb-al-fisal wa'l-nihal,* édition du Caire, 1321/1923, traduit en espagnol également par Asin Palacios). L'œuvre volumineuse est considérée à juste titre comme le premier traité d'histoire comparée des religions qui ait été écrit tant en arabe que dans une autre langue. Le maître de Cordoue y donne toute la mesure de son génie et de ses vastes connaissances. Il y expose, avec les diverses religions, les différentes attitudes de l'esprit humain en présence du fait religieux, aussi bien celle du sceptique qui met en doute toutes les valeurs sacrées, que celle du simple croyant de souche populaire.

IBN BÂJJA (AVEMPACE) DE SARAGOSSE

Avec Abû Bakr Mohammad ibn Yahyâ ibn al-Sâyigh ibn Bâjja (Aven Bâddja, Avempace de nos scolastiques latins) nous nous transférons, du moins pour un court moment, dans le Nord de la péninsule. Par sa profondeur de pensée, son influence sur Averroës et sur Albert le Grand, ce philosophe, dont la courte existence fut traversée de tribulations, mérite une attention particulière. Il était né à Saragosse, à la fin du Ve/XIe siècle, mais en 512/1118 Saragosse est prise par Alphonse Ier d'Aragon. C'est pourquoi l'on retrouve, la même année, Ibn Bâjja réfugié à Séville, où il exerce la médecine, puis à Grenade. Il se rend ensuite au Maroc, est tenu en haute estime à la cour de Fès, où il aurait même rempli les fonctions de vizir. Mais en 533/1138, les médecins de Fès décidèrent, dit-on, de se débarrasser par le poison de ce concurrent jeune et envié.

On cite d'Ibn Bâjja plusieurs commentaires de traités d'Aristote *(Physique, Météorologiques, De generatione, Histoire des animaux).* Ses principaux écrits philosophiques sont restés inachevés, comme le signale expressément Ibn Tofayl (voir p. 1186) en rendant hommage à sa profondeur d'esprit et en déplorant son destin malheureux.

Enfin, le traité qui lui valut sa réputation et qui s'intitulait le *Régime du solitaire (Tadbîr al-motawahhid)*.

On note également ses connaissances étendues en médecine, en mathématique et en astronomie. C'est ainsi que par son intérêt pour l'astronomie, il se trouva mêlé à la lutte contre les conceptions de Ptolémée. Pendant tout le XIIᵉ siècle, les philosophes les plus éminents de l'Espagne islamique, Ibn Bâjja, Ibn Tofayl, Averroës, prirent part à la lutte antiptoléméenne, laquelle finit par produire le système d'al-Bitrôgî (Alpetragius des Latins); celui-ci aura, jusqu'au XVIᵉ siècle, ses défenseurs contre le système de Ptolémée. C'est par le grand philosophe juif Moïse Maïmonide (mort en 1204) que l'on connaît la substance d'un traité d'astronomie composé par Ibn Bâjja. Pour des raisons pertinentes, une fois admises, bien entendu, les lois du mouvement définies par la physique péripatéticienne, Ibn Bâjja y prend position contre les épicycles et propose ses propres hypothèses. Elles auront de l'influence sur Ibn Tofayl, dans la mesure où celui-ci, au témoignage d'Averroës et d'al-Bitrogî lui-même, s'intéressa aussi à l'astronomie.

S. Munk a donné jadis une longue analyse de l'œuvre majeure d'Ibn Bâjja, dont l'original, resté inachevé, n'a été retrouvé que récemment par Asin Palacios. Heureusement, le philosophe juif Moïse de Narbonne (XIVᵉ siècle), l'avait lui-même analysée et longuement citée dans son commentaire en hébreu sur le *Hayy ibn Yaqzân* d'Ibn Tofayl. Des seize chapitres subsistants de l'œuvre, d'une densité vraiment peu commune, on ne peut extraire ici (non sans difficulté) que quelques thèses essentielles. L'idée directrice en peut être décrite comme un *itinerarium* menant l'homme-esprit à se conjoindre avec l'Intelligence agente.

Tout d'abord, l'auteur s'explique sur les deux mots du titre : le *Régime du solitaire*. Qui dit régime *(tadbîr)* dit « plusieurs actions disposées selon un certain plan et pour un certain but ». Or « le concours réglé d'actions, demandant la réflexion, ne peut se trouver que chez l'homme seul. Le régime du solitaire doit être l'image du régime politique de l'État parfait, de l'État modèle. » Ici se fait sentir, avec l'influence de Fârâbî, l'affinité avec Abû'l-Barakât Baghdâdî.

Ces solitaires, ce sont des hommes qui, ayant atteint à

l'union avec l'Intelligence active, peuvent alors former un
État parfait où il n'y ait besoin ni de médecins, parce que
les citoyens ne se nourriront que de la manière la plus
convenable, ni de juges, puisque chaque individu aura
atteint la plus grande perfection dont un être humain soit
capable.

Pour expliquer sur quoi est fondé le régime de ces
solitaires, il faut tout d'abord classer les actions humaines
en fonction des formes auxquelles elles visent, et corol-
lairement déterminer les fins de ces actions en fonction des
formes auxquelles respectivement elles visent. D'où Ibn
Bâjja développe, avec une vigueur spéculative extraordinaire, une théorie des formes spirituelles que l'on ne
peut évoquer ici qu'allusivement. En résumant à l'extrême, on dira qu'elle distingue entre les formes intelligibles qui ont à être abstraites d'une matière, et les formes
intelligibles qui, étant essentiellement en elles-mêmes
séparées de la matière, sont perçues sans avoir à être
abstraites d'une matière.

Plus encore : « Il y a des êtres qui sont de pures formes
sans matière, des formes qui n'ont jamais été dans une
matière. » D'où ces êtres, quand on les pense, n'ont pas à
devenir, mais sont déjà des choses intelligibles pures, tels
qu'ils l'étaient avant d'être pensés par cet intellect sans
avoir à être abstraits d'une matière. L'intellect, étant en
acte, les trouve eux-mêmes séparés de toute matière et en
acte ; il les pense tels qu'ils existent en eux-mêmes,
c'est-à-dire comme des choses intelligibles et immatérielles ; leur existence ne subit aucun changement.

Maintenant, chacune des formes qui se trouvent
aujourd'hui *in concreto* immanentes à leur matière, existe
dans et pour l'Intelligence agente comme une unique
Forme séparée, immatérielle, sans, bien entendu, qu'elles
aient dû être abstraites par elle de leur matière respective,
mais tel qu'il en est pour l'intellect en acte. C'est pourquoi
justement l'homme, en ce qui fait son essence, est ce qu'il
y a de plus proche de l'Intelligence agente, car à son tour,
on vient de le voir, l'intellect acquis est capable, par
lui-même, du même mouvement que l'intellect en acte
pour se penser soi-même. Alors éclôt « la véritable
conception intelligible, c'est-à-dire la perception de l'être
qui, par son essence même, est intellect en acte, sans
avoir eu besoin, ni maintenant ni auparavant, de quelque

chose qui le fît sortir de l'état de puissance ». On a
là même ce qui définit l'Intelligence agente séparée
(*'Aql fa' 'âl*) comme active et toujours en acte de s'intel-
liger soi-même, et tel est le terme de tous les mouvements.

Ce bref résumé suffira peut-être à faire pressentir la
profondeur de pensée du philosophe de Saragosse. Ibn
Bâjja se signale, par sa rigueur admirable, entre tous les
philosophes qui ont esquissé comme lui, en Islam,
quelque chose comme une phénoménologie de l'Esprit.
L'œuvre est inachevée; elle s'arrête avec son chapitre XVI.
Averroës, non sans raison, la trouvait obscure, et nous ne
saurons jamais comment, de ce chapitre culminant, Ibn
Bâjja eût conclu son *Régime du solitaire*.

IBN AL-SÎD DE BADAJOZ

Ce philosophe contemporain d'Ibn Bâjja a été redécou-
vert par Asin Palacios, après avoir longtemps passé, par la
faute des biographes, pour un grammairien et un philologue. Sa vie se situe dans la période critique de transition
entre le règne des petites dynasties locales et l'invasion
almoravide. Né en 444/1052 à Badajoz (en Estrémadure,
d'où son surnom al-Batalyûsî, c'est-à-dire de Badajoz), il
fut obligé par la situation de chercher un refuge à Valence,
puis à Albarracin où il remplit les fonctions de secrétaire
à la petite cour de l'émir 'Abd al-Malik ibn Razin (1058-
1102), enfin à Tolède où il se fixa plusieurs années. Mais
il dut s'enfuir en 1118, lors de la prise de la ville par les
chrétiens. Il mourut en 521/1127, ayant consacré ses
dernières années à la rédaction de ses œuvres et à la
direction de ses disciples.

Des onze ouvrages mentionnés par Asin, on n'insiste
ici que sur le dernier, le *Livre des cercles*, qui vaut à notre
auteur de prendre rang parmi les philosophes. Longtemps
le livre ne fut connu que chez les philosophes juifs, parce
que déjà le célèbre Moïse ibn Tibbon (1240-1283) en
avait donné une version en hébreu, initiative qui témoigne
de l'estime dans laquelle il tenait l'œuvre d'Ibn al-Sîd. On
peut dire de celle-ci qu'elle reflète admirablement l'état
des connaissances et des problèmes philosophiques en
Espagne musulmane. Déjà, dans son *Livre des questions*,
Ibn al-Sîd avait été amené à prendre une position typique
de ce qui se passe lorsque, l'ésotérisme (celui de l'école

d'Almeria, par exemple) étant laissé à l'écart, religion et
philosophie tâchent de s'accommoder de leur tête-à-tête.
Pour notre philosophe, religion et philosophie ne diffèrent
ni quant à leur objet ni quant à la fin de leurs doctrines
respectives : elles cherchent et enseignent la même vérité
par des méthodes différentes et en s'adressant à des facultés
différentes chez l'homme.

C'est de cette philosophie qu'Ibn al-Sid donne un
exposé dans le *Livre des cercles*. Une philosophie émanatiste,
certes, mais qui, à la différence de celle des avicenniens, ne
se contente pas de reproduire la hiérarchie des hypostases
plotiniennes comme principes premiers ; elle la systématise
avec des arguments d'ordre mathématique, ce qui donne
à tout le système, comme l'a relevé Asin, une certaine
résonance néopythagoricienne.

IBN TOFAYL DE CADIX

Ce philosophe a déjà été nommé ci-dessus, à propos
de la lutte des péripatéticiens contre l'astronomie de
Ptolémée ; Averroès et al-Bitrôgi reconnaissaient sa compétence. Abû Bakr Mohammad ibn 'Abd al-Malik Ibn
Tofayl était né à Cadix (Wâdi-Ash), dans la province de
Grenade, et dans les premières années de notre XIIᵉ siècle.
Il fut, comme tous ses confrères, un savant encyclopédique,
médecin, mathématicien et astronome, philosophe et
poète. Il exerça les fonctions de secrétaire auprès du
gouverneur de Grenade, puis passa au Maroc où il fut
l'ami intime, le vizir et le médecin du second souverain
de la dynastie des Almohades, Abû Ya'qûb Yûsof (1163-
1184). Peu d'autres détails extérieurs sont connus sur
sa vie. On signale cependant qu'il fit confier à son
ami Averroès le soin d'entreprendre, sur le désir du
souverain, une analyse des œuvres d'Aristote. Averroès
a même laissé un récit circonstancié de la première
entrevue avec le souverain. Ibn Tofayl mourut au
Maroc, en 580/1185.

Nos scolastiques latins, pour qui le nom d'Abû Bakr
était devenu Abûbacer, ne l'ont connu que par une
critique d'Averroès (*De anima,* V) reprochant à Ibn
Tofayl d'identifier l'intellect possible de l'homme avec
l'imagination. Ibn Tofayl professait que l'imagination,
convenablement exercée, a l'aptitude à recevoir les

intelligibles, sans qu'il soit nécessaire de supposer encore un autre intellect.

Mais c'est surtout à ce « roman philosophique » intitulé *Hayy ibn Yaqzân,* resté inconnu des scolastiques latins, qu'Ibn Tofayl dut ensuite sa célébrité. L'ouvrage fut traduit en plusieurs langues : en hébreu d'abord, par Moïse de Narbonne, au XIVe siècle ; en latin, au XVIIe siècle, par E. Pococke, sous le titre de *Philosophus autodidactus.*

De nombreuses opinions ont été exprimées quant à la signification du récit et l'intention profonde d'Ibn Tofayl. Il n'y a pas à les recenser ici, car le propre des symboles est de receler des sens inépuisables ; à chaque lecteur d'extraire sa vérité. Il est faux d'y chercher un roman à la *Robinson Crusoé.* Tout épisode extérieur doit être compris ici sur le plan spirituel. Il s'agit de l'autobiographie spirituelle du philosophe, et l'intention d'Ibn Tofayl concorde avec celle d'Avicenne comme avec celle de tous ses confrères.

La pédagogie qui conduit à la pleine conscience des choses n'est pas l'œuvre d'un maître humain extérieur. Elle est l'illumination de l'Intelligence agente, mais celle-ci n'illumine le philosophe qu'à la condition qu'il se dépouille de toutes les ambitions profanes et mondaines, et vive, au milieu même du monde, la vie du solitaire selon le cœur d'Ibn Bâjja. Solitaire, car le sens dernier du récit d'Ibn Tofayl semble être celui-ci : le philosophe peut comprendre l'homme religieux, mais la réciproque n'est pas vraie ; l'homme religieux tout court ne peut pas comprendre le philosophe.

AVERROËS ET L'AVERROÏSME

En prononçant le nom d'Averroës, on évoque une puissante personnalité, certes, et un philosophe authentique dont tout le monde en Occident a, peu ou prou, entendu parler. Le malheur est justement que l'optique occidentale ait ici manqué de perspective. Comme nous l'avons déjà déploré, on a répété et recopié qu'Averroës était le plus grand nom, le plus éminent représentant de ce que l'on appelait la « philosophie arabe », et qu'avec lui, celle-ci avait atteint son apogée et sa fin. On perdait ainsi de vue ce qui se passait en Orient, où précisément l'œuvre d'Averroës passa autant dire inaperçue. Ni Nasîr

Tûsî, ni Mîr Dâmâd, ni Mollâ Sadrâ, ni Hâdî Sabzavârî n'ont soupçonné le rôle et la signification que nos manuels attribuent à la polémique Averroës-Ghazâlî. En les leur expliquant on aurait provoqué leur étonnement, comme on provoque aujourd'hui celui de leurs successeurs.

Abû'l-Walîd Mohammad ibn Ahmad ibn Mohammad ibn Roshd (Aven Roshd, devenu Averroës pour les Latins) est né à Cordoue en 520/1126. Son aïeul et son père avaient été des juristes célèbres, investis de la dignité de juge suprême *(qâdî al-qodât)* et personnages politiques influents. Le jeune Averroës reçut, bien entendu, une formation complète : théologie et droit *(fiqh),* poésie, médecine, mathématiques, astronomie et philosophie. En 548/1153 il est au Maroc, puis en 565/1169-1170, on le trouve qâdî de Séville. Il achève cette année-là son *Commentaire sur le Traité des animaux* et son *Commentaire moyen sur la Physique;* ce fut dans sa vie une période de productivité intense. En 570/1174, il achève ses *Commentaires moyens sur la Rhétorique et sur la Métaphysique,* et tombe gravement malade. Guéri, il reprend les voyages auxquels l'obligeaient ses fonctions. En 574/1178, il est au Maroc, d'où il date le traité traduit plus tard en latin sous le titre *Sermo de substantia orbis,* et en 578/1182 le souverain almohade, Abû Ya'qûb Yûsof (à qui il avait été présenté par Ibn Tofayl), le nomme son médecin, puis lui confère la dignité de qâdî de Cordoue. Averroës jouit de la même faveur auprès du successeur du souverain, Abû Yûsof Ya'qûb al-Mansûr.

Mais déjà à cette époque, bien qu'il observe extérieurement toutes les prescriptions de la *sharî'at,* ses opinions philosophiques lui attirent les soupçons des docteurs de la Loi. Il semble qu'en avançant en âge Averroës se soit retiré des affaires publiques pour se vouer entièrement à ses travaux philosophiques. Cependant ses ennemis réussirent à le perdre dans l'esprit d'al-Mansûr qui, lors de son passage à Cordoue en 1195, l'avait encore comblé d'honneurs. Il fut mis en résidence surveillée à Lucena (Elisâna), près de Cordoue, où il eut à subir les affronts, les satires, les attaques des « orthodoxes », théologiens et populace. S'il est vrai qu'al-Mansûr le rappela au Maroc, ce ne fut pas pour lui rendre sa faveur, car c'est autant dire dans un état de réclusion que le philosophe mourut, sans avoir revu l'Andalousie, le 9 Safar 595/10 décembre 1198, à l'âge de soixante-douze ans. Ses restes mortels furent transférés à Cordoue. Ibn 'Arabî, qui tout jeune avait connu Averroës, assista aux funérailles et en a laissé une relation pathétique.

L'œuvre d'Averroës est considérable; on ne peut entrer ici dans le détail. Il a écrit des commentaires sur la plupart des ouvrages d'Aristote, le but de sa vie de philosophe ayant été de restaurer la pensée d'Aristote dans ce qu'il estimait en être l'authenticité. Outre ses commentaires, il a écrit un certain nombre d'autres œuvres d'importance majeure.

Avant tout l'on nommera le *Tahâfot al-tahâfot,* monumentale réplique aux critiques par lesquelles Ghazâlî pensait ruiner la philosophie. L'ouvrage est maintenant parfaitement accessible même aux philosophes non orientalistes, grâce à la traduction de M. Simon van den Berg (voir Bibliographie), enrichie de notes dévoilant le détail des références, implications et allusions. Averroës y suit pas à pas le texte de Ghazâlî et le réfute au fur et à mesure, prenant parfois un malin plaisir, en référant à ses autres livres, à le mettre en flagrante contradiction avec lui-même. On ne peut en outre signaler ici que les dissertations de physique réunies (dans les éditions latines) sous le titre de *Sermo de substantia orbis;* deux traités sur le problème central, pour nos philosophes, de la conjonction de l'Intelligence agente séparée (c'est-à-dire immatérielle) avec l'intellect humain; trois traités concernant l'accord de la religion avec la philosophie.

On relèvera, avec S. Munk, que si un bon nombre des œuvres d'Averroës sont venues jusqu'à nous, on en est redevable aux philosophes juifs. Les copies arabes en furent toujours très rares, car l'acharnement avec lequel les Almohades traquèrent la philosophie et les philosophes en empêcha la multiplication et la diffusion. En revanche, les savants rabbins de l'Espagne chrétienne et de la Provence les recueillirent, en firent des versions en hébreu, voire des copies de l'original arabe en caractères hébreux. Quant à l'averroïsme latin, les origines en remontent aux traductions latines des commentaires d'Averroës sur Aristote établies par Michel Scot, probablement pendant son séjour à Palerme (1228-1235), en qualité d'astrologue de la cour de l'empereur Frédéric II Hohenstaufen.

Il suffit de se reporter au début de la présente étude pour constater qu'Averroës n'est pas le premier en Islam à affirmer que le texte du Livre divin révélé par le Prophète comporte une lettre exotérique *(zâhir)* et un ou plusieurs sens ésotériques *(bâtin).* Comme tous les ésotéristes, Averroës a la ferme certitude que l'on provoquerait les pires catastrophes psychologiques et sociales en dévoilant intempestivement aux ignorants et aux faibles le sens ésotérique des prescriptions et des enseignements de la religion. Nonobstant cette réserve, il sait qu'il s'agit toujours d'une même vérité se présentant à des plans d'interprétation et de compréhension différents. Il était donc abusif d'attribuer à Averroës lui-même l'idée qu'il pût y avoir là deux vérités contradictoires, la fameuse doctrine de la « double vérité » qui fut, en fait, l'œuvre de l'averroïsme politique latin.

Vérité ésotérique et vérité exotérique ne sont nullement deux vérités contradictoires. Plus précisément dit, on ne peut étudier et apprécier le *ta'wîl,* pratiqué par Averroës, sans connaître comment il fut mis en œuvre ailleurs, chez un Avicenne, chez un Sohrawardî, dans le soufisme et dans le shî'isme, par excellence dans l'ismaélisme. Il y a quelque chose de commun de part et d'autre, certes, mais aussi des différences fondamentales dans la mise en œuvre du *ta'wîl,* celles-là mêmes qui font que la situation du philosophe Averroës et de l'averroïsme en Occident n'est pas celle de l'ésotérisme en Islam oriental.

La comparaison technique et détaillée reste à faire. Sur un point essentiel, elle dégagerait non seulement les motifs mais les conséquences de la cosmologie d'Averroës, en tant que cette cosmologie aboutit à détruire la seconde hiérarchie de l'angélologie avicennienne, celle des *Angeli* ou *Animae caelestes.*

Parce que son propos est de restaurer une cosmologie qui soit dans le pur esprit d'Aristote, Averroës reproche à Avicenne son schéma triadique qui interpose l'*Anima caelestis* entre la pure Intelligence séparée et l'orbe céleste (voir p. 1148). Le moteur de chaque orbe est une vertu, une énergie finie, acquérant une puissance infinie par le désir qui le meut vers un être qui n'est ni un corps, ni une puissance subsistant dans un corps, mais une Intelligence séparée (immatérielle), laquelle meut ce désir comme en étant la cause finale. C'est par homonymie, pure métaphore selon Averroès, que l'on peut donner le nom d'âme à cette énergie motrice, à ce désir qui est un acte d'intellection pure. Ce qui motive cette critique, c'est une prise de position fondamentale contre l'émanatisme avicennien, contre l'idée d'une procession successive des Intelligences à partir de l'Un. Car il y a encore quelque chose qui apparente l'idée d'émanation à l'idée de création. Or, cette idée de création est inintelligible pour un péripatéticien de stricte observance; pour lui, il n'y a pas de cause créatrice.

S'il existe une hiérarchie dans la cosmologie, c'est parce que le moteur de chaque orbe désire non seulement l'Intelligence particulière à son Ciel, mais désire également l'Intelligence suprême. Celle-ci peut alors en être dite la cause, non point comme cause émanatrice, mais au sens où « ce qui est compris » (intelligé) est cause de « ce qui le comprend », c'est-à-dire comme cause finale. De même que toute substance intelligente et intelligible peut en ce sens être cause de plusieurs êtres, puisque chacun de ces êtres le comprend à sa manière, de même le *Primum movens* le peut-il être, puisque de Ciel en Ciel le moteur de chaque orbe le comprend différemment, c'est-à-dire à sa manière propre. Ainsi donc il n'y a ni création ni procession successive; il y a simultanéité dans un commencement éternel.

Averroès maintient, en accord avec Alexandre d'Aphrodise, l'idée d'une Intelligence séparée, mais refuse, contrairement à lui, l'idée que l'intelligence humaine en puissance soit une simple disposition liée à la complexion organique. C'est pourquoi averroïsme et alexandrisme vont départager les esprits en Occident, comme si le premier représentait une idée religieuse, et le second l'incrédulité. Pour la première des deux thèses, Averroès sera accablé d'injures (lui, le péripatéticien!) par les anti-platoniciens de la Renaissance (Georges Valla, Pomponazzi). Mais, après tout, ceux-ci ne prolongeaient-ils pas le refus opposé par Duns Scot, rejetant l'idée que l'Intelligence agente soit une substance séparée, divine et immortelle, qui se peut conjoindre à nous par l'Imagination, et d'une manière générale le refus déjà opposé à l'avicennisme latin et à son idée de l'Intelligence agente?

D'autre part, cette intelligence humaine en puissance, dont l'indépendance à l'égard de la complexion organique est affirmée contre Alexandre d'Aphrodise, n'est pas pour autant celle de l'individu personnel. À celui-ci, en tant que tel, ne reste qu'une disposition à recevoir les intelligibles, et cette disposition disparaîtra avec l'existence du corps. Tandis que Mollâ Sadrâ Shîrâzî, par exemple, avicennien *ishrâqî,* démontre encore avec force que le principe d'individuation est dans la forme, Averroës accepte que la matière soit le principe d'individuation. Dès lors, l'individuel s'identifie au corruptible, l'immortalité ne peut être que générique. Tout ce que l'on peut dire, c'est qu'il y a de l'éternité dans l'individu, mais ce qu'il y a d'« éternisable » en lui appartient totalement à la seule Intelligence agente, non pas à l'individu.

TRANSITION

Tandis que l'avicennisme, en Occident pour une courte durée, en Iran jusqu'à nos jours, tendait à fructifier en vie mystique, l'averroïsme latin aboutissait à l'averroïsme politique de Jean de Jandun et de Marsile de Padoue (xive siècle). De ce point de vue, les noms d'Avicenne et d'Averroës pourraient être pris comme les symboles des destinées spirituelles respectives qui attendaient l'Orient et l'Occident, sans que la divergence de celles-ci soit imputable au seul averroïsme.

Les solutions données au problème de l'Intelligence agente, nous l'avons déjà relevé, sont hautement significatives. Lorsque saint Thomas d'Aquin, par exemple, accorde à chaque individu un intellect agent, mais sans que cet intellect soit une entité spirituelle « séparée », du même coup se trouve brisée la relation immédiate de l'individu avec le monde divin, telle qu'elle était fondée par la doctrine avicennienne de l'Intelligence agente, celle-ci identifiée avec l'Esprit saint ou l'Ange de la Révélation. Une fois brisée cette relation qui, sans intermédiaire terrestre, établissait l'autonomie de l'individualité spirituelle, l'autorité de l'Église se substitue à la norme personnelle de *Hayy ibn Yaqzân.* Au lieu que la norme religieuse, en tant qu'initiation essentiellement individuelle, signifiât liberté, c'est désormais contre elle,

parce que socialisée, que se dresseront les insurrections
de l'esprit et de l'âme. Il arrivera que cette norme, une
fois socialisée, cesse d'être religieuse, vire du monothéisme au monisme, de l'idée d'Incarnation divine à
celle d'Incarnation sociale. Alors, ici surtout, il faut être
attentif aux différences.

S'il convient d'insister sur le fait que la religion
islamique est dépourvue des organes d'un magistère
dogmatique, c'est parce qu'elle ne peut léguer l'idée ni
la chose à la société laïcisée qui prendrait sa suite, comme
il arrive là où, pour une « orthodoxie » laïcisée, le
« déviationnisme » se substitue à l'« hérésie ». En chrétienté, ce fut la philosophie qui mena la lutte contre le
Magistère, lequel avait peut-être bien préparé les armes
qui se retournèrent contre lui. En revanche, ce n'est pas
quelque chose comme un averroïsme politique qui pouvait conduire les Spirituels de l'Islam à se libérer d'une
orthodoxie opprimante, du littéralisme légalitaire de la
sharî'at, mais cette voie du *ta'wîl* dont il faudrait analyser
toutes les implications dans l'ésotérisme islamique en
général, pour en situer les analogues en Occident.

En citant ce mot d'Averroës : « O hommes! je ne dis
pas que cette science que vous nommez science divine
soit fausse, mais je dis que, moi, je suis sachant de science
humaine », on a pu dire que c'était là tout Averroës et
que « l'humanité nouvelle qui s'est épanouie à la
Renaissance est sortie de là » (Quadri). Peut-être. Dans
ce cas, il serait vrai pour autant de dire que quelque
chose a fini avec Averroës, un quelque chose qui ne
pouvait plus vivre en Islam, mais qui devait orienter la
pensée européenne, à savoir cet averroïsme latin qui
récapitule tout ce que l'on désigna jadis sous le nom
d'« arabisme » (ce terme a pris de nos jours une tout
autre signification). En revanche, si la carrière du péripatétisme averroïste était terminée en Islam occidental,
la méditation philosophique avait encore une longue
carrière devant elle en Orient, nommément en Iran.

En s'arrêtant à la mort d'Averroës, la première partie
de cette étude n'est pas en synchronisme avec les divisions
généralement adoptées pour l'histoire de la philosophie
occidentale, où le xve siècle est considéré comme un
« tournant décisif ». Mais cette périodisation familière à
l'Occident n'est pas transposable dans le calendrier de

l'ère islamique. L'état des choses, tel que nous le laissons
à la fin du VIᵉ/XIIᵉ siècle, est marqué, d'une part, en
Islam occidental par la mort d'Averroës (595/1198),
d'autre part, en Orient par celle de Sohrawardî (587/1191).
Mais déjà, à ce moment, Ibn 'Arabî est entré en scène,
et l'influence de son œuvre colossale sera décisive. C'est
pourquoi la dernière décennie de notre XIIᵉ siècle nous
montre la naissance d'une ligne de partage, de part et
d'autre de laquelle se développeront, en Occident chrétien, l'alexandrisme et l'averroïsme politique; en Orient
islamique, nommément en Iran, la théosophie de la
Lumière, celle de Sohrawardî, dont l'influence, se conju-
guant avec celle d'Ibn 'Arabî, se perpétue jusqu'à nos
jours.

Il est déplorable que la philosophie islamique ait été
si longtemps absente de nos histoires générales de la
philosophie, ou du moins qu'elle y ait été uniquement
considérée sous l'angle de ce qui fut connu de nos scolastiques latins. Comme nous l'avons annoncé au début, il
nous reste, pour achever la présente étude, à considérer
deux périodes : l'une conduira, à travers la « métaphysique
du soufisme », depuis Ibn 'Arabî jusqu'à la Renaissance
safavide en Iran; l'autre, depuis celle-ci jusqu'à nos
jours. Nous serons alors amenés à nous poser cette
question : quel est, dans le monde islamique, l'avenir
de la métaphysique traditionnelle? Et, partant, quel est
son sens pour le monde tout court?

Henry Corbin.

(Avec la collaboration de
Sayyed Hosseïn Nasr et Osman Yahia).

BIBLIOGRAPHIE

M. Alonso, *Teologia de Averroes (Estudios y documentos)*,
Madrid-Grenade, 1947.

R. Arnaldez, *Grammaire et théologie chez Ibn Hazm de
Cordoue*, Paris, 1956.

M. Asin Palacios, *Ibn Masarra y su escuela, origenes de la
filosofia hispano-musulmana*, Madrid, 1914; 2ᵉ éd., Madrid, 1946
(in *Obras escogidas* I).

A. Baumstark, *Aristoteles bei den Syrern vom V. bis VIII. Jahrh.*, Leipzig, 1900.

H. Corbin, *Histoire de la philosophie islamique*, vol. I : *Des origines jusqu'à la mort d'Averroës (1198)* (Collection « Idées », 38). Paris, 1964. (Cet ouvrage est une version développée du texte présenté ici; on y trouvera une bibliographie plus complète jusqu'à cette date.)

H. Corbin, *Avicenne et le récit visionnaire*; t. I : *Étude sur le cycle des récits avicenniens*; t. II : *Le récit de Hayy ibn Yaqzân*, texte, trad. et annot. (Bibliothèque iranienne, vol. 4 et 5), Paris, 1954.

H. Corbin, *Avicenna and the Visionary Recital*, traduit par Willard R. Trask (Bollingen Series LXVI), New York, 1960.

H. Corbin, *L'imagination créatrice dans le soufisme d'Ibn 'Arabî*, Paris, 1958.

H. Corbin, *Terre céleste et corps de résurrection : de l'Iran mazdéen à l'Iran shî'ite*, Paris, 1961. (Textes de onze auteurs traduits pour la première fois.)

H. Corbin, *Trilogie ismaélienne* : 1. Abû Ya'qûb Sejestânî, *Le Livre des Sources* (ive/xe siècle); 2. Sayyid-nâ al-Hosayn ibn 'Alî, *Cosmogonie et eschatologie* (viie/xiiie siècle); 3. *Symboles choisis de la « Roseraie du Mystère »* de Mahmûd Shabestarî (viiie/xive siècle), (Bibliothèque iranienne, vol. 9), Paris, 1961.

H. Corbin, *Le « Livre du Glorieux » de Jâbir ibn Hayyân* (Eranos-Jahrbuch, XVIII), Zürich, 1950.

F. Dieterici, *al-Fârâbî's philosophische Abhandlungen*, Leyde, 1892.

F. Dieterici, *al-Fârâbî's Abhandlung « Der Musterstaat »*, Leyde, 1900.

al-Farabius, *De Platonis philosophia*, éd. F. Rosenthal et R. Walzer (Plato Arabus, vol. III), Londini, 1943.

L. Gardet et M. M. Anawati, *Introduction à la théologie musulmane*, Paris, 1948.

L. Gauthier, *Ibn Thofaïl, sa vie, ses œuvres*, Paris, 1909.

A. M. Goichon, *Lexique de la langue philosophique d'Ibn Sinâ (Avicenne)*, Paris, 1938.

J. N. Hollister, *The Shî'a of India*, Londres, 1953. (Aperçu sommaire, historique et doctrinal, sur le shî'isme duodécimain et l'ismaélisme.)

W. Ivanow, *Ismaili Literature, a Bibliographical Survey*, Téhéran, 1963.

W. IVANOW, *Kâlâmi Pîr, a Treatise on Ismaili Doctrine* (texte persan et trad. anglaise), Bombay, 1935.

G. JABRE, *La notion de certitude selon Ghazâlî, dans ses origines psychologiques et historiques*, Paris, 1958.

ABU'L-HOSAYN AL-KHAYYAT, *Kitâb al-Intisâr, Le Livre du triomphe et de la réfutation d'Ibn al-Râwandî l'hérétique* (éd. et trad. par A. N. NADER), Beyrouth, 1957.

P. KRAUS, *Jâbir ibn Hayyân, contribution à l'histoire des idées scientifiques dans l'Islam* (Mémoires de l'Institut d'Égypte, vol. 44 et 45), Le Caire, 1942-1943.

R. J. MAC-CARTHY, *The Theology of al-Ash'arî*, Beyrouth, 1953.

I. MADKOUR, *L'Organon d'Aristote dans le monde arabe*, Paris, 1934.

I. MADKOUR, *La place d'al-Fârâbî dans l'école philosophique musulmane*, Paris, 1934.

MAJRÎTÎ (Pseudo-) « *Picatrix* », *das Ziel des Weisen, translated into German from the Arabic by Hellmut Ritter and Martin Plessner*, Londres, 1962.

L. MASSIGNON, *Salmân Pâk et les prémices spirituelles de l'Islam iranien* (Publication de la Société des Études iraniennes, 7), Paris, 1934.

L. MASSIGNON, *Inventaire de la littérature hermétique arabe* (Appendice III à Festugière, *La Révélation d'Hermès Trismégiste*, vol. I). Paris, 1944.

S. MUNK, *Mélanges de philosophie juive et arabe*, Paris, 1859; nouv. éd., Paris, 1955.

S. H. NASR, *Introduction to Islamic Cosmological Doctrines*, Cambridge (Massachusetts), 1963.

S. H. NASR, *Three Muslim Sages* (Avicenne, Sohrawardî, Ibn 'Arabî), Cambridge (Massachusetts), 1963.

R. A. NICHOLSON, *Studies in Islamic Mysticism*, Cambridge, 1921.

S. PINÈS, *Beiträge zur islamischen Atomenlehre*, Berlin, 1936.

E. RENAN, *Averroës et l'averroïsme*, Paris, 1852; 8e éd., Paris, 1925.

H. RITTER, *Das Meer der Seele. Mensch, Welt und Gott in den Geschichten des Fariduddin 'Attâr*, Leyde, 1955.

SOHRAWARDÎ, SHAYKH AL-ISHRÂQ, *Opera metaphysica et mystica*, vol. I et II, éd. H. Corbin, Istanbul, 1945; Téhéran-Paris, 1952.

R. STROTHMANN, *Die Zwölfer-Schî'a. Zwei religionsgeschichtliche Charakterbilder aus der Mongolenzeit* (Nasîroddîn Tûsî et Radîoddîn Tâ'ûsî), Leipzig, 1926.

R. Strothmann, *Gnosis-Texte der Ismailiten*, Göttingen, 1943.

I. Tkatsch, *Die arabische Übersetzung der Poetik des Aristoteles und die Grundlage der Kritik des griechischen Textes*, Vienne, 1928-1932.

S. Van den Berg, *Averroes' Tahâfut al-Tahâfut (The Incoherence of The Incoherence)*, traduit de l'arabe avec une introduction et des notes (Unesco Collection of Great Works, Arabic series), 2 vol., Oxford, 1954.

LA PHILOSOPHIE MÉDIÉVALE
EN OCCIDENT

Comme toute pensée, celle des médiévaux dépend étroitement des conditions historiques qui la sollicitent, la nourrissent, voire la structurent. Pour la saisir avec une précision suffisante, il faudrait l'y replacer, à chaque moment particulier de cette étude. On n'a malheureusement pu satisfaire ici à cette exigence dernière (ou première) de la compréhension : les travaux détaillés qui permettraient cette mise en place sont encore en trop petit nombre. On s'est donc limité aux analyses doctrinales. Cela dit, on ne cherchera pas à condenser en une formule l'essence de la philosophie médiévale; au moins faut-il caractériser autrement que par la chronologie ce qu'on peut entendre par là. La variété des époques et des esprits rendrait la chose impossible, si un trait constant du régime mental ne permettait de schématiser l'allure de cette philosophie. Le Moyen âge (avec la période patristique qu'on y rattache) vit, spirituellement et intellectuellement, de textes. Textes sacrés : le christianisme est une religion révélée. Textes des « saints », c'est-à-dire des écrivains des premiers siècles dont l'autorité est unanimement acceptée; il s'y joindra des auteurs plus récents, de moindre poids, mais encore vénérables, propres à nourrir une méditation et à fournir des arguments. Textes antiques, progressivement retrouvés, avec leur accompagnement de commentaires (œuvres, le plus souvent, de païens, ou d'infidèles). Dans ces divers livres est contenu un savoir qu'il faut s'approprier et transmettre. Quand au XIIIᵉ siècle les universités règlent le programme des « lectures » (c'est-à-dire des commentaires) des textes sacrés et profanes, cette codification ne fait que prolonger et parfaire un long usage. Or, dans l'Écriture, assortie des œuvres des Pères de l'Église, s'exprime une sagesse complète, que les écrivains chrétiens des premiers siècles

notamment appellent volontiers une *philosophie,* opposée
ou au moins préférée à la sagesse des païens. Plus les
travaux de ces derniers seront connus, plus on tendra
à leur réserver le nom de *philosophes,* distingués des
saints; et tout naturellement on s'est toujours interrogé
sur la valeur de leur enseignement. Le platonisme et le
néoplatonisme, à qui les Pères avaient emprunté de
nombreux thèmes, poseront moins de problèmes que
l'aristotélisme, davantage préoccupé du terrestre, et qui
est apparu d'abord comme un ennemi de la foi. On
voit dès lors que les médiévaux se mettront et se remet-
tront inlassablement à la même tâche : confronter les
doctrines qui leur sont proposées. Doctrines des saints
d'abord, qui ne sont pas toujours accordées : il s'agira
de montrer qu'il y a entre eux diversité, sans opposition
(diversi, non adversi). Mais le plus difficile, et ce qui
nous retiendra, ce sera le rapport à établir entre le contenu
de la foi et celui de la philosophie antique; certains
refuseront le compromis; d'autres chercheront une
conciliation : on verra, selon les époques, de nombreuses
nuances dans chacune de ces deux attitudes principales.

Ainsi le sens de l'expression « philosophie médiévale »
est essentiellement problématique, si l'on cherche à
l'interpréter dans l'horizon des médiévaux eux-mêmes.
En outre, ceux-ci sont des théologiens, dans leur immense
majorité. L'historien de la philosophie devra donc
chercher à dégager de leurs écrits des concepts, des
structures, des méthodes qui, liés étroitement à une
intention et à un contenu théologiques, en sont toutefois
relativement indépendants. Sous cet adverbe — *relativement* — se cache toute l'originalité et toute la difficulté
de la tâche, aussi diverse que les auteurs qu'il faut
étudier. Retenons ce point, sans assumer la gageure d'en
donner une formule unique. Rappelons-nous aussi que
cette situation de la philosophie médiévale tient étroitement à une forme de la culture : culture fondée sur des
écrits, sacrés et profanes, objets de respect et d'attention.

Ici, toutefois, il faut préciser. À prendre à la lettre
ce qu'on vient de lire, on pourrait voir dans le Moyen
âge un temps de stérilité livresque. Mais les plus vigoureux de ses penseurs ont été aussi occupés du réel que
ceux de n'importe quelle autre époque. L'idée de signification a trop d'importance pour l'esprit médiéval, pour

qu'il ne cherche pas inlassablement la vie derrière les textes. Toute la tradition des Pères lui enseigne que l'Écriture signifie des choses qui elles-mêmes en signifient d'autres — surnaturelles, intérieures, futures. Sa réflexion toujours reprise sur la grammaire et la logique le ramène sans cesse à étudier le rapport entre les mots et les choses. Les livres sont lus au contact et en fonction de l'expérience. Mystiques et spirituels se tiennent au plus près de la *Bible,* dont leurs écrits sont imbus. La métaphysique des philosophes est appelée à prendre place dans une théologie vivifiée par la méditation. Leur psychologie, leur morale, leur politique, servent à éclairer le donné humain. On sait que les médiévaux ont un art consommé de faire dire à « l'autorité » moins ce qu'elle signifie objectivement que ce qui leur convient : c'est bien l'inverse d'un respect superstitieux du texte. Celui-ci est invoqué pour servir une vérité qu'il n'épuise pas, mais qu'il peut contribuer à faire atteindre. L'écrit est un chemin vers la sagesse, bien loin que la sagesse se termine à la connaissance de l'écrit. Même si son contenu doit être dépassé, celui-ci reste un préliminaire indispensable, le premier moment d'une pédagogie et d'une réflexion. Cela est vrai même dans le domaine de la science, où le Moyen âge a accompli un gros travail sans se juger autorisé à se passer des Anciens : un Oresme, par exemple, prend occasion d'un commentaire d'Aristote pour affirmer que la Terre se meut. L'esprit médiéval manifestera son épuisement quand il se contentera de se retourner vers ses propres œuvres, dans un effort encore vif, mais condamné. Au temps de sa pleine vigueur, il savait lier le sens du réel et du présent à la connaissance de principes d'intelligibilité reçus du passé.

À LA FIN DU MONDE ANTIQUE

LES APOLOGISTES LATINS

TERTULLIEN

Il est le premier dans la brillante série des écrivains chrétiens d'Afrique. Né à Carthage vers 160, converti au christianisme vers 190, ordonné prêtre, quoique marié, quelques années après, il adhère au montanisme en 213, pour en fonder plus tard une secte dissidente. Il meurt vers 240, ayant écrit une trentaine d'ouvrages où se reflètent et s'expriment sa culture et son caractère. Sa culture : celle d'un juriste et d'un rhéteur, donc d'un homme rompu à toutes les formes d'argumentation, avec beaucoup d'érudition et de sens littéraire. Son caractère : celui d'un homme passionné, entier, qui suit sa propre logique jusqu'au bout, avec une intransigeance qui lui fait condamner le théâtre et les jeux, le service militaire, beaucoup de métiers et de fonctions, et critiquer aussi bien la coquetterie des femmes que le comportement du clergé. Tout cela soutenu par un style plein d'envolées lyriques, de violences, de jeux d'esprit, d'antithèses, qui n'empêchent pas la clarté et la pénétration dans la façon de poser les problèmes. Ses conversions successives témoignent d'un goût de l'absolu jamais satisfait.

Il vient au christianisme vers la trentaine, après avoir été déçu par les doctrines païennes; il estime donc avoir rencontré la sagesse : il lui faut condamner, après les avoir éprouvés, tous les philosophes, qui n'ont pas réussi à savoir même une faible part de ce que sait le moindre chrétien. Il oppose Athènes et Jérusalem, l'Académie et l'Église. La gnose, dont il refuse le principe même : l'effort pour amalgamer philosophie et christianisme, montre clairement par le fait que les hérétiques naissent des philosophes : Valentin, des platoniciens; Marcion, des stoïciens. Les épicuriens nient l'immortalité de l'âme; toutes les sectes, la résurrection; Zénon divinise la matière, et Héraclite, le feu : on peut donc dire que les philosophes sont les patriarches des hérétiques. Platon leur fournit « leurs épices »; Aristote a inventé les règles de la dialectique, l'art de diviser les concepts : les instruments mêmes de l'hérésie. La « règle de la foi », c'est-à-dire le résumé des articles principaux de la foi chrétienne, se suffit : la véritable science, et complète, est d'ignorer tout ce qui la contredit; il ne peut y avoir de compromis avec la philosophie.

C'est là une position difficile à tenir. Si Tertullien ne fait pas de concessions à la sagesse païenne, il intègre pourtant à sa doctrine des éléments de la physique stoïcienne. Tout ce qui est, est corps, et Dieu lui-même —

le plus subtil, le plus éclatant de tous; il est esprit, mais
un esprit est un corps. Sa nature est la raison *(ratio)*,
identique au Bien. Il a créé le monde par son Verbe,
substance spirituelle qu'il a engendrée de soi; Tertullien
évoque ici lui-même le logos stoïcien. L'âme est elle
aussi corporelle; elle est coextensive au corps, se nourrit
de sa nourriture, agit sur lui, ce qu'elle ne pourrait faire
si elle était incorporelle; elle ne serait alors en effet
qu'un accident de ce corps. C'est d'ailleurs un être
complet, « homme intérieur », avec ses organes, dont
l'intellect. Elle est immortelle, puisque venue de Dieu,
mais elle est transmise des parents aux enfants à la
conception; cela permet de comprendre la ressemblance
héréditaire des caractères, mais aussi la transmission du
péché originel et de la ressemblance à Dieu, qui fait que
« l'âme est naturellement chrétienne » *(anima naturaliter
christiana)*.

On peut se demander comment la recherche théologique peut se concilier avec le refus absolu de toute philosophie. Difficulté qu'expriment en sens inverse et que
soulignent les lignes fameuses, qu'on a pu rapprocher
de textes de Kierkegaard, où Tertullien proclame que
la mort du fils de Dieu est très croyable, puisque insensée
(prorsus credibile est, quia ineptum est); sa résurrection,
certaine, puisque impossible *(certum est, quia impossibile
est)*. Il introduit donc de la réflexion au cœur d'une foi
dont le contenu est garanti par son absurdité; et en
même temps il affirme que « tout ce qui est divin est
rationnel », que « Dieu, qui a tout fondé, a tout prévu,
disposé, ordonné par raison ». Ce paradoxe s'éclaire si
l'on se rappelle que pour Tertullien le christianisme est
une sagesse (« sagesse de l'école du ciel ») qui s'oppose
aux sagesses humaines, et qui ne peut le faire qu'en
les niant (thème paulinien de la folie de Dieu, plus sage
que les hommes). On voit apparaître ici la dialectique de
la foi et de l'intelligence, classique chez les penseurs
médiévaux, et en germe dans un verset d'Isaïe cité plusieurs fois par Tertullien (« Si vous ne croyez, vous ne
comprendrez pas ») : la foi ne peut être qu'un donné,
puisqu'elle se pose en antithèse à la sagesse humaine;
mais cela n'exclut pas que son contenu puisse être exploré
à la lumière de ce qu'elle a d'abord surmonté : cette
entreprise n'a rien d'une gnose. Aussi bien Tertullien a

joué un grand rôle dans la formation du vocabulaire de la théologie latine; en ce domaine technique comme en celui, plus central, qu'on vient de désigner, l'importance de son apport ne peut guère se mesurer.

MINUCIUS FELIX

Minucius Felix — encore un Africain, mais qui vit surtout à Rome — est un avocat converti au christianisme. Lactance le place avant Tertullien; saint Jérôme, après. On tend à penser actuellement que c'est le premier qui a raison. Il faudrait alors dater de peu d'années avant 200 l'*Octavius,* un dialogue apologétique constitué de deux discours qui se répondent point par point, et qui a pour personnages un chrétien qui donne son nom à l'œuvre, un païen nommé Caecilius Natalis, et Minucius lui-même, qui en est l'arbitre. Moins génial que Tertullien, mais plus nuancé, plus soucieux de comprendre ces païens dont il a été avant de plaider contre eux la vérité du christianisme, il construit une apologie capable de toucher des lettrés occupés de philosophie. Aussi la religion qu'il expose est-elle présentée sous son aspect philosophique beaucoup plus que sous sa forme dogmatique : non qu'il place le christianisme au niveau de la sagesse antique, mais il veut montrer qu'en lui sont réalisés les idéaux païens rendus accessibles à tous : à Caecilius qui, nourri d'académisme cicéronien, reproche à la religion nouvelle sa prétention à détenir une vérité absolue, et à la communiquer même aux illettrés, Octavius répond que la vérité n'est pas nécessairement réservée à quelques-uns. D'autre part, Caecilius estime que dans l'incertitude où l'on est touchant les choses supraterrestres, il est plus sûr de ne pas hasarder de jugement personnel, de se fier à la tradition des ancêtres : donc, de garder la religion de Rome. Si l'on veut philosopher, qu'on s'en tienne à l'humain, et qu'on mette la sagesse, avec Socrate et l'Académie, à savoir qu'on ne sait rien. La réponse d'Octavius s'articule à cette doctrine : ayant montré qu'il y a contradiction entre le scepticisme et la religion traditionnelle, il approuve le programme de connaissance de soi, mais nie qu'on puisse connaître l'homme sans connaître Dieu. Ainsi, le socratisme débouche sur une manière de théologie philosophique. De l'unité de l'ordre naturel, on conclut à l'unité d'un Dieu, infini, tout-puissant, éternel. Nul ne peut en avoir une connaissance complète, sinon lui-même. Les philosophes ont connu quelque chose de cette unité : Aristote a conçu son unité dans la puissance; Épicure lui-même a compris que l'unité était de la nature des dieux. Les stoïciens ont parlé de la providence. Platon, dans le *Timée*, présente un Dieu qui pense et produit le monde. Il y a donc déjà chez les philosophes les idées qu'exprime le christianisme; ou encore, les chrétiens sont des philosophes. Ce Dieu unique est tout près de nous, et même en nous *(ubique non tantum nobis proximus, sed infusus); nous vivons non seulement sous ses yeux (in oculis ejus),* mais en son sein *(in sinu).* Quant au destin *(fatum),* il n'est autre que ce que Dieu a dit *(fatus est)* de chacun de nous. Minucius s'attache aussi à d'autres points du christianisme : résurrection des corps aussi bien que des âmes, critique de la métempsychose, supériorité morale des chrétiens sur les païens, etc. Mais l'essentiel est de voir comment pour lui sa religion s'oppose victorieusement aux philosophies païennes, non en les terrassant, mais en montrant que le meilleur de leur contenu se retrouve en elle, et qu'en somme la sagesse humaine correctement entendue et purifiée doit mener au christianisme. C'est bien à un exposé des « préambules de la foi » qu'est consacré ce dialogue; à la fin Caecilius, convaincu par Octavius, déclare qu'il veut être instruit d'autres points de la religion. Cet artifice littéraire montre bien le sens de l'œuvre, qui ne veut pas absorber la foi dans la philosophie, mais indiquer la transition de l'une à l'autre; il n'est pas sans intérêt de noter que sur plusieurs points le texte de l'*Octavius* correspond, parfois jusque dans les mots, à des passages de l'Écriture, qu'il ne cite pas. Tout cela veut signifier que le christianisme répond aux postulations de la sagesse antique, qu'il peut, seul, les satisfaire pleinement, et au-delà.

ARNOBE

L'apologie d'Arnobe a cette particularité d'être l'œuvre d'un écrivain qui n'était pas encore chrétien, ou au moins reconnu tel, au moment qu'il l'écrivit : cet orateur de Sicca (Le Kef), connu dans sa ville, qu'il ne quitta jamais, pour ses succès professionnels et sa dévotion au paganisme, se convertit en 296 (il était né vers 260, et mourut vers 327). Comme l'évêque ne le croyait pas sincère, il entreprit de prouver son attachement au christianisme en écrivant sept livres *Contre les nations* (*Adversus gentes,* ou *Adversus nationes*). Il connaissait encore peu sa nouvelle religion, vers laquelle il avait été attiré par les récits des miracles et des martyres, le dégoût des croyances païennes, enfin par des songes. Son travail est donc consacré beaucoup moins à un exposé de la foi chrétienne qu'à une dialectique de l'ignorance et de la foi qui l'a fait comparer à Montaigne. On trouve en effet dans l'*Adversus gentes* bien des thèmes qu'on retrouvera dans l'*Apologie de Raimond Sebond :* énumération des énigmes, également inévitables et insolubles, auxquelles se heurte l'homme; réflexions sur la multiplicité des opinions, qui exclut tout savoir ferme, et laisse au moins une place à la foi chrétienne; réduction à l'extrême de la distance entre l'homme et la bête. Car l'âme humaine n'a pas le caractère quasi divin que le platonisme invite à lui attribuer. Par toute sa vie organique, l'homme est un animal; il est certes doué de raison, mais l'usage qu'il en fait est si mauvais qu'il ne peut guère y fonder sa supériorité; et d'ailleurs les animaux sont ingénieux. Les hommes acquièrent leurs connaissances par une expérience longue et pénible, poursuivie tout au cours de l'histoire, collective comme individuelle. Toute connaissance en effet passe par les sens; ici encore Arnobe s'oppose à Platon, et refuse toute valeur à la démonstration de l'innéité du savoir qu'on trouve dans le *Ménon;* dans le plus pur style sensualiste, il lui oppose le cas d'un enfant qui, placé dès sa naissance dans des conditions telles qu'il ne percevrait nul changement dans son milieu ni dans ses aliments, et qu'il n'entendrait nul langage, ne pourrait acquérir aucune idée. Arnobe s'efforce donc de faire admettre la foi par le détour du scepticisme. Le contenu positif de cette foi se ramène à la croyance innée en Dieu (la seule idée innée qu'on puisse avoir) : bêtes et plantes, si elles pouvaient parler, le proclameraient maître de l'univers; d'autre part, les miracles du Christ prouvent qu'on doit suivre son enseignement. Être chrétien, c'est adorer le souverain roi et accepter la doctrine du Christ, qui, enseignant le monothéisme, donne le principe d'explication de tout

ce qui est. Interprété par Arnobe, au moins comme il
le développe dans son apologie, cet enseignement est
assez loin du christianisme authentique. Certes Dieu est
infini, éternel, et incorporel (cette dernière idée ne se
trouve pas chez Tertullien); l'immortalité de l'âme est
garantie par la bonté et la toute-puissance de ce Dieu,
et attestée par le désir de l'âme d'échapper à l'anéantisse-
ment aussi bien que par la nécessité de récompenser les
bons et de punir les méchants. Mais les âmes sont entre
la vie et la mort : elles gagnent l'immortalité si elles
croient au Christ, elles sont réduites au néant si elles
ignorent Dieu. L'âme est l'œuvre d'un être intermédiaire,
inférieur à Dieu en dignité et en puissance, car il existe
des dieux subordonnés au Dieu suprême, et il semble
que pour Arnobe le Christ soit l'un d'eux.

On voit que le ressort de cette apologie, c'est finalement
l'expérience vécue d'un homme instruit dans la culture
antique, païen dévot, comme il le dit lui-même, soucieux
de religion et de vérité, et que le christianisme a conquis.
Faisant retour sur ses croyances abandonnées, ce converti
éprouve vivement la faiblesse de l'intelligence humaine,
en contraste avec l'immensité du contenu de la révélation :
c'est ce choc qu'il s'efforce de communiquer à son lecteur,
sans bien mesurer peut-être ce que la force négative de
l'irrationnel a de dangereux pour la doctrine même qu'il
veut défendre; il est vrai qu'il la réduit pratiquement
à la croyance au Christ, et qu'en dernière analyse, il
place un homme démuni en face de la foi nue.

LACTANCE

Il est le dernier des apologistes : il a vu le triomphe
de l'Église assuré par Constantin, qui lui confia l'éducation
de son fils Crispus (vers 316) : retour de fortune après
la perte de sa chaire de rhétorique (306). C'était un
Africain, né en Numidie vers 250; il fut élève d'Arnobe,
bien qu'il ne le nomme pas parmi ses prédécesseurs
(Tertullien, Minucius Felix, Cyprien). Il part pour l'Asie
Mineure en 290, se convertit au christianisme vers 300.
De ses livres on n'a conservé que ceux de sa période
chrétienne : des ouvrages apologétiques, dont le principal
est les *Institutions divines* (entre 307 et 311), et un pamphlet
(*De mortibus persecutorum*). Son caractère et son esprit,

son style même le plus souvent, sont assez ternes. Il n'a rien d'un génie, mais il a au moins cherché à donner un exposé systématique de la doctrine et de la vision du monde chrétiennes. C'est le premier en Occident à avoir tenté cela, il faut lui en tenir compte ; et il a plus d'ordre que Tertullien. Mais il est fort peu philosophe : on a dit de lui que c'était « un homme de lettres égaré dans la théologie » ; rhéteur et latin, on comprend qu'il ait mis dans sa synthèse fort peu de métaphysique, et beaucoup de morale.

Il oppose au christianisme les philosophies et les religions païennes — d'accord en cela avec Tertullien, et au contraire de Minucius Felix. Pour faire apparaître la vérité, il faut montrer que la philosophie est « vide et fausse ». Si elle recherche la sagesse, elle n'est donc pas la sagesse. Aucune de ses trois parties n'est satisfaisante : la dialectique est inutile ; la physique et la morale sont exposées de façons contradictoires par les diverses écoles. Quant au scepticisme, qui en montre l'inanité, il se détruit lui-même. C'est que « la nature mortelle ne peut recevoir la science si elle ne lui vient de l'extérieur » *(mortalis natura non capit scientiam nisi quae veniat extrinsecus)* : c'est pourquoi la philosophie ne peut être savoir, mais seulement opinion. Il faut se tourner vers le Donateur de la sagesse, c'est-à-dire s'adresser à la religion pour y trouver le souverain bien, qui ne saurait être dans le plaisir, comme le pensent les épicuriens — car le plaisir est commun aux hommes et aux bêtes — ni, comme le veulent les stoïciens, dans la vertu, qui est seulement un chemin vers le souverain bien. Or, seul le christianisme unit religion et sagesse, que les païens séparaient : leur culte était insensé, et ne pouvait satisfaire les philosophes ; leur philosophie ne constituait pas un rapport entre l'homme et Dieu. Chez les chrétiens, le prêtre est philosophe, le philosophe est prêtre. « On ne peut recevoir une religion sans sagesse, ni approuver une sagesse sans religion. » Cette synthèse est garantie par un Dieu unique, source commune de ces deux termes. Le christianisme ainsi présenté est donc avant tout une éthique complète : on retrouve ici encore ce souci moralisant, qui est si caractéristique de la rhétorique latine. Il convient de noter que Lactance faisait le plus grand cas de Cicéron et des textes théologiques attribués à Hermès Trismégiste,

et que sa critique de la sagesse païenne ne l'empêche
pas de lier à la morale chrétienne certains résultats de
la morale antique — dans son énumération des vertus,
il compte la justice avec la charité, la chasteté, la pénitence.
Mais, si la connaissance de l'homme est un des deux
grands thèmes de la morale, l'autre est la connaissance
d'un Dieu législateur, du but qu'il marque à l'homme,
et des moyens d'y parvenir. Cette connaissance a son
histoire : au début, on ignorait moins qu'à présent le
souverain bien. Puis les démons ont introduit, avec le
polythéisme, les ténèbres *(ablata ex oculis veritate)*,
l'on s'est mis à le chercher sur terre, mis à part le peuple
juif, au sein duquel a eu lieu l'Incarnation, qui a permis
de faire briller la vérité.

Dans des passages dont certains ont contesté l'authenticité, mais qui concordent avec d'autres que tous admettent, Lactance explique l'origine du mal par un dualisme
intérieur à la création (ce qui distingue sa thèse du
manichéisme). Dieu aurait créé un esprit d'abord bon,
qui se serait perverti. Cela expliquerait la lutte des
contraires dans le monde, et fonderait la possibilité de
la morale, qui suppose une tension, une lutte entre le
bien et le mal :

Il a fait d'abord les deux sources des choses opposées et qui
se combattent — deux esprits, un bon, un mauvais, dont l'un
est comme la droite de Dieu, l'autre comme sa gauche — pour
qu'ils aient en leur pouvoir les contraires, dont le mélange
et l'équilibre constituent le monde et tout ce qui s'y trouve...
En outre, avant de faire un homme à qui il proposerait de
vivre vertueusement pour obtenir l'immortalité, il a fait le
bien et le mal, pour que la vertu puisse être.

C'est peut-être là ce qu'il y a de plus original dans sa
doctrine. Pour le reste, son mérite est moindre. C'est
une belle entreprise que celle d'exposer intégralement
le christianisme; mais préciser qu'on entend le faire
ornate copioseque, c'est donner à son programme une
allure plus littéraire que philosophique. D'autres que
Lactance sauront unir la profondeur à l'éclat de la forme.

Considérons d'ensemble ce groupe assez homogène
des premiers apologistes. Nous constatons d'abord qu'ils
sont tous de même origine et de même formation : c'est
un fait d'histoire intellectuelle qui mérite d'être signalé.

Les premiers penseurs chrétiens d'expression latine sont des Africains, et leur culture est à base de rhétorique. Les deux traits se retrouveront chez Marius Victorinus, chez saint Augustin. La localisation géographique témoigne de la vivacité des échanges d'idées dans la Numidie et l'Afrique au cours des premiers siècles de l'ère chrétienne. Quant à la forme de pensée oratoire et moralisante, elle est caractéristique de la « fin de la culture antique » (H. I. Marrou) : la spéculation chrétienne à son début a été formée par une pédagogie païenne, qu'elle l'accepte ou non. En outre, nos quatre apologistes se répartissent deux à deux dans le temps : entre les deux groupes, un hiatus d'une quarantaine d'années (saint Cyprien, un autre Africain, est mort en 258), qui sépare à peu près la persécution de Valérien de celle de Dioclétien. Or, entre Tertullien et Arnobe d'une part, Minucius Felix et Lactance de l'autre, une parenté se révèle, par-dessus la distance historique. Ces deux groupes d'apologistes comprennent chacun un homme de la rupture et un homme de la continuité : les uns s'efforcent de briser avec la philosophie, les autres de l'assimiler. Contraste qui, dès l'origine, définit les deux attitudes possibles des penseurs médiévaux devant leur double héritage, sacré et profane.

LA GRANDE PÉRIODE
DE LA PATRISTIQUE LATINE

Comme les précédents, les auteurs qu'on va voir maintenant sont des apologistes : ils ont écrit eux aussi contre les païens, contre les hérétiques. Mais dans l'ensemble l'allure de leurs œuvres n'est pas la même : soit qu'elles embrassent un contenu plus vaste (Hilaire, Ambroise), soit qu'elles fassent plus grand usage de la philosophie (Marius Victorinus), soit qu'elles présentent à la fois ces deux caractères (Augustin).

HILAIRE DE POITIERS

Né dans cette ville vers 315 ou 320, il se convertit vers 345 ; c'est la réflexion morale sur la béatitude qui le mène au christianisme, à travers la rencontre du texte de l'*Exode* où Dieu révèle son nom à Moïse (*Ego sum*

qui sum) et la lecture du prologue de l'*Évangile de saint Jean* :
il trouve dans la doctrine chrétienne du salut de quoi
répondre à ses problèmes. Évêque de Poitiers vers 350,
il entre en lutte contre l'arianisme (alors doctrine d'État)
et est exilé en Phrygie ; il y passe trois ans à apprendre le
grec, à se familiariser avec la littérature chrétienne
écrite en cette langue, à composer son grand traité
De la Trinité, ou *De la foi,* contre les ariens. Revenu à
Poitiers en 360, il y fonde le monastère de Ligugé, et
meurt en 367 ou 368. Son contact avec la pensée grecque
ne paraît pas avoir influé sur sa théologie, ni sur son
exégèse, dont la méthode était déjà déterminée avant
son exil. Son initiative principale, celle au moins qui
aura le plus de fortune dans l'histoire de la pensée
médiévale, est d'avoir désigné l'être comme la propriété
fondamentale de Dieu ; de là découlent immutabilité,
éternité, simplicité, densité ontologique absolue. Grabmann note que saint Hilaire ouvre la série des théologiens
scolastiques, par son dessein de « parler de Dieu avec
les mots de Dieu », en soutenant la pensée par des analogies tirées du monde sensible (*De Trinitate,* I, 19).

AMBROISE

Autre ecrivain foncièrement moraliste, et qu'une vaste
lecture et une étude approfondie des écrivains grecs
chrétiens n'ont pas converti à la métaphysique : Ambroise
(333-397), administrateur, fils d'administrateur, juriste de
formation, et qui, gouverneur d'Émilie et de Ligurie
en 370, est réclamé comme évêque par le peuple de Milan
alors qu'il n'est pas même baptisé (374). Gardant ses
distances à l'égard de la philosophie, il écrit surtout
des ouvrages de dogme, de discipline, de commentaires
scripturaires (il donne une grande importance à l'interprétation allégorique). Il travaille aussi à reprendre la
morale antique, en appliquant à l'attitude de l'homme
en face de Dieu la notion cicéronienne de devoir,
officium (*De officiis ministrorum,* 386) ; il met le christianisme
en connexion avec le stoïcisme, en liant vertu et vie
éternelle : « Là où la vertu est parfaite, la récompense
est pleine » (*Ibi plenitudo praemii, ubi virtutum perfectio*).
Toutefois, il paraît démontré qu'il a connu suffisamment
le néoplatonisme pour se référer « textuellement à quatre

traités de Plotin » dans deux au moins de ses sermons
(P. Courcelle) : ce qui donne un plus grand relief à l'influence qu'il a exercée sur la conversion d'Augustin.
D'autre part, sur le plan théologique, il se rencontre
avec saint Hilaire pour voir dans l'être, interprété comme
« être toujours », le propre de Dieu — à qui convient en
conséquence le nom d'essence *(essentia)*. On voit ainsi
s'amorcer une ligne doctrinale qui se continuera avec
saint Augustin, mais hors de laquelle se placera Marius
Victorinus.

MARIUS VICTORINUS AFER

Personnage de première grandeur dans l'histoire de
la pensée chrétienne, né en Afrique vers 280, il enseigne
la rhétorique à Rome avec un tel succès que de son
vivant même on lui élève une statue sur le Forum.
Païen, il se convertit déjà vieux (355) et peu après écrit
un certain nombre de traités contre l'arianisme; de
l'*Adversus Arium,* le plus long, P. Hadot montre qu'il
faut y distinguer plusieurs traités de dates différentes
(357-363). Mais Victorinus avait aussi composé une
œuvre de traducteur et de commentateur, à la fois
importante et significative. Il s'est occupé en effet de
grammaire; de rhétorique : commentaires de Cicéron;
de logique : traductions de Porphyre, d'Aristote *(Catégories, Interprétation),* commentaires des *Topiques* de
Cicéron, ouvrages originaux sur le syllogisme et la
définition; de philosophie : commentaires de dialogues
de Cicéron, et une traduction de « livres des platoniciens »
(Plotin, Porphyre), que lira Augustin. On peut donc
voir en lui un initiateur de l'Occident chrétien à la
logique aristotélicienne et au néoplatonisme : s'il n'est
pas le seul canal par où passèrent ces influences, il est
plus qu'un précurseur de Boèce, car il a aussi été le premier à intégrer une métaphysique grecque à des spéculations théologiques : on découvre de plus en plus de traces
de son influence directe sur la pensée médiévale; il a
également contribué à créer la langue de la théologie.

Sa spéculation trinitaire s'amorce par un échange de
lettres avec l'arien Candidus. Celui-ci conserve l'axiome
fondamental de l'« arianisme dialectique » : Dieu est
inengendré — ce qui entraîne que le Fils n'est pas Dieu,

car il serait un inengendré engendré. Il y ajoute un
second principe : Dieu n'est pas non plus « engendrant »,
car génération implique changement. Il est sans relation;
être, mais non substance : la première substance, c'est
le Fils. Sur ce dernier point, Victorinus pourrait ne pas
être loin de Candidus; mais il n'admet pas que le Fils
soit créé; il est bien engendré. Pour placer sa thèse dans
une perspective métaphysique cohérente, il dresse un
tableau (inspiré de Platon et des néoplatoniciens) des
non-existants et des existants. Des premiers, il y a quatre
modes : Dieu d'abord, non-existant au-dessus de tous
les existants; les non-existants « absolument privés de
l'existence »; ceux qui, différant d'autre chose, sont pour
autant dits non-existants; enfin ceux qui ne sont pas,
mais peuvent être. Des existants, quatre modes encore :
les « véritablement existants », ou « intelligibles » : ce
sont les existants supracélestes (esprit, *nous,* âme, connaissance..., vertu...; au-dessus : existentialité, vitalité...;
au-dessus encore : « l'un et seul existant »); les « seulement existants », ou « intellectuels » : les âmes intellectuelles, qui connaissent les « véritablement existants »
et les « seulement existants » quand l'intellect entre en
elles; les « non véritablement non-existants » : le monde
sensible et l'âme incarnée; enfin le non-existant, « apparence illusoire, fantôme d'image » : la matière seule.
Le Père est le non-existant au-dessus des existants (car
c'est lui qui les cause); le Fils, « l'un et seul existant ».
Le Père a en soi la forme non manifestée du Fils, qui
inversement est la forme, c'est-à-dire la révélation, du
Père. Il en reçoit donc l'être, sans qu'on puisse dire qu'il
soit créé. Père et Fils sont consubstantiels comme l'être
et son agir; le Fils est mouvement de Dieu, manifestation
du Père : c'est en cela qu'il existe, l'existence étant, selon
une idée d'origine stoïcienne, le terme de la détermination
de la substance (P. Hadot). Père et Fils sont donc bien
l'un dans l'autre, mais le Père « ne semble pas exister
parce qu'il est au-dessus de tout », alors que le Fils est
mouvement vers l'extérieur, vie, *logos,* et que l'Esprit
est, dans ce même mouvement qui manifeste le Père,
retour vers l'intérieur : la Trinité, ainsi déployée par
deux dédoublements, est une « double dyade » (P. Hadot),
et les deuxième et troisième Personnes s'interprètent
selon le schéma néoplatonicien de la procession (Fils)

et de la conversion (Esprit). Le même processus définit l'« économie » de la création et du salut : le Fils, qui est Logos, communique l'existence aux mondes intelligible et sensible, s'incarne et meurt — terme de ce mouvement vers l'extérieur — puis l'Esprit, qui est Sagesse, détermine le mouvement de remontée à Dieu. On voit ainsi la métaphysique néoplatonicienne structurer vigoureusement une théologie. Victorinus n'ignore rien de l'usage de la philosophie, dont s'étaient armés déjà *les* adversaires ariens; au besoin, il utilise contre eux les *Catégories* d'Aristote, pour montrer que le concept de « substance semblable » n'a pas de sens. Saint Jérôme remarque qu'il écrit *more dialectico,* et que ses livres sont « très obscurs » : cela décrit assez bien, quoique de l'extérieur, l'aspect le plus neuf de son œuvre.

SAINT AUGUSTIN

Il est malaisé de traiter brièvement de la doctrine de saint Augustin (354-430), qui couronne et dépasse de très haut la lignée des rhéteurs africains convertis au christianisme. Au cours de sa carrière fort occupée, il a trouvé le temps d'écrire une quantité d'ouvrages, souvent suscités par des circonstances qui exigeaient qu'il intervînt (par exemple, pour combattre des hérésies); mais souvent aussi la rédaction en fut gênée par ses multiples charges; un long intervalle sépare parfois la mise en chantier d'une œuvre et son achèvement. Au total, le résultat est impressionnant : on a compté plus de deux cents lettres, plus de cinq cents sermons (et on ne les a pas tous conservés), et cent treize traités, certains fort longs. Citons, parmi eux, d'abord les ouvrages plus proprement philosophiques composés après la conversion : *Contra Academicos, De vita beata, De ordine* (386), les *Soliloquia,* le *De immortalitate animae* (387), le *De musica* (387-391); puis le *De quantitate animae* (387-388), *De Genesi contra Manichaeos* (388-390), *De diversis quaestionibus LXXXIII* (389-396); de grands ensembles exégétiques : *De Genesi ad litteram* (deux œuvres portent ce titre), *Enarrationes in Psalmos* (à partir de 391), *In Joannis Evangelium* (416-417); des études sur des points fondamentaux de la foi chrétienne, ses principes, son enseignement : *De utilitate credendi* (391-392), *De doctrina christiana* (397), *De Trinitate*

(400-416), *De Civitate Dei* (413-426); enfin (pour arrêter
là l'énumération), *les Confessions* (400), où palpitent une
pensée et une sensibilité toutes vives, et les *Retractationes*
(426-427), dans lesquelles saint Augustin, à la fin de sa
vie, reprend ses ouvrages et les corrige.

Tout se tient dans cette œuvre immense : on y est
toujours ramené au rapport, ou même au dialogue, de
l'homme avec Dieu, constamment repris, infiniment
varié; ce qui veut dire entre autres choses qu'il n'y a
pas chez lui de démarcation entre la philosophie et la
théologie; tout relève d'une sagesse qui est indivisiblement l'une et l'autre. On le voit à la fois soucieux de
faits et de normes perçus ensemble : la norme lue dans
le fait, ou atteinte par une dialectique subtile et hardie;
et le centre de tout n'est pas une idée abstraite, mais
Jésus-Christ, Verbe de Dieu incarné. La pensée d'Augustin n'est pas séparable de la vie d'Augustin, intérieure
ou sociale : elle se développe dans les polémiques et les
sermons d'Hippone (à partir de 395), mais elle se forme
d'abord à travers les écarts et les inquiétudes d'une
jeunesse dont *les Confessions* font un récit prenant et
sinueux. Ce livre nous montre comment la liberté, la
doctrine de salut et de vérité, se dégagent, par approfon-
dissements et oppositions, du péché et de l'erreur: l'éternel
apparaît au travers de l'incomplet et du changeant. L'histoire des expériences doctrinales d'Augustin peut nous
ouvrir une voie d'accès à sa pensée. Il s'éveille à la philosophie, à dix-huit ans, en lisant l'*Hortensius* (aujourd'hui
perdu) de Cicéron; sa recherche de la sagesse l'éloigne
du christianisme, auquel ne le rattachait qu'un lien ténu,
et dans son désir d'une doctrine à la fois religieuse et
rationnelle, d'une gnose en somme, il devient manichéen.
Il le reste neuf ans; il est détourné du manichéisme par
des scandales, des déceptions d'ordre intellectuel (la doctrine n'était pas aussi rationnelle qu'il l'avait cru). Il passe
alors par une phase sceptique, inquiète et brève, et subit
finalement l'influence encore diffuse, mais pénétrante, du
néoplatonisme chrétien diffusé par les sermons d'Ambroise, qu'il écoute par curiosité littéraire; car il est alors
à Milan (384). Enfin (386), c'est la conversion; il lit d'abord
des livres de « platoniciens » (Plotin, Porphyre) traduits
par Marius Victorinus; sur le conseil du prêtre Simplicien,
il les compare aux *Épîtres* de saint Paul, au prologue de

l'*Évangile de saint Jean* : il y trouve que le *logos* plotinien s'est incarné, que la sagesse entière est contenue dans la foi au Christ rédempteur; pour en déployer toute la richesse il faut, à l'inverse du programme manichéen, croire d'abord. Augustin est chrétien; à la fin de l'été, il décide de quitter le monde (on connaît la scène du jardin de Milan : la voix d'enfant entendue — « Prends, lis » — le livre de saint Paul ouvert sur un verset d'exhortation au renoncement). La suite de son histoire est longue, mais sans rupture. Arrêtons-nous à ce point où la sagesse se révèle comme une intelligence de la foi; il sera commode d'en situer les thèmes centraux par rapport aux doctrines successivement traversées par Augustin : en face du manichéisme, apparaîtra une ontologie de l'essence; en face du scepticisme, une théorie de l'illumination; et comme dépassement du néoplatonisme, une théologie de la foi et de l'histoire. Ou encore : une découverte de l'être à partir de l'existence, de l'intelligible à partir du sensible, et une dialectique du transitoire et de l'éternel.

Les créatures passent, et frustrent l'amour qu'on leur porte : le bien réel se pose comme éternel. En termes philosophiques, ce qui devient n'est pas réellement : le changement ne prend un sens qu'en fonction d'une plénitude d'être, d'une essence — ou encore d'une « vérité qui est vraiment ». L'ontologie et l'expérience, affective et intellectuelle, se garantissent l'une l'autre. La connaissance d'un Dieu éternel n'est jamais absente de l'âme, hors des cas de perversité majeure; et la vie de l'âme est en fait une quête de Dieu, par conversion du dehors au dedans, et à travers l'effort vers les biens, les vérités, la connaissance intérieure de soi : *ab exterioribus ad interiora, ab interioribus ad superiora.* Saint Augustin, quand il veut prouver l'existence de Dieu, décrit et analyse de tels itinéraires, qui sont en fait des cheminements de l'amour. L'amour peut se définir comme un « poids », comme la force qui nous pousse vers notre bien; il est le moteur de tout mouvement (du désir ou de l'esprit). S'il atteint son objet dernier, au-delà des objets périssables, c'est la béatitude : « Tu nous as faits dirigés vers Toi *(fecisti nos ad Te),* et notre cœur est sans repos jusqu'à ce qu'il se repose en Toi » (*Confessions,* I, 1, 1); le problème philosophique du Souverain Bien trouve ici une solution inspirée par la foi chrétienne et structurée par le platonisme. Elle a pour corollaire une répartition des biens entre les fins et les moyens, ou plus précisément entre ce dont il faut jouir et ce dont il faut user *(uti et frui)* : il faut user de toute chose en vue de jouir de la Béatitude, qui est Dieu : *solo Deo fruendum* (voir *De doctrina christiana*, I, xxxiii). C'est la règle de l'action. Jouir de ce dont il ne faut qu'user, cela « gêne notre course, parfois même la dévie » : l'amour des biens inférieurs nous sépare du bien véritable, nous détourne de l'être pour nous attacher au moindre être. Une métaphysique de l'essence, qu'on peut voir se dessiner à travers les réussites comme les déceptions de l'existence concrète, fonde donc un ordre de l'action en désignant, au cœur des êtres imparfaits, une pesanteur qui les fait tendre vers Dieu. Mais cette distinction de divers ordres d'être permet d'autre part de résoudre le problème du mal mieux que ne le font les manichéens : il y a, du bien parfait au moindre bien, puis au mal, perte de densité ontologique. Le mal s'oppose à l'être; pris strictement, il n'est pas; bien loin qu'il soit un antagoniste de Dieu, il n'est que néant; on ne peut donc dire que Dieu en soit la cause : l'Être n'est pas la cause du rien, et le mouvement par lequel on s'en détourne pour lui préférer un inférieur n'est pas de lui. Ce qui est de lui en revanche, c'est le don, restaurateur de la nature humaine déchue, qui substitue en nous la délectation du bien à celle du mal et rectifie ainsi l'orientation d'un amour dévoyé; à cette description on a reconnu la grâce, dont ce n'est pas le lieu de soulever l'inextricable problème, mais dont il fallait marquer la place. L'attrait du Bien, thème majeur du platonisme, est donc conservé, mais aussi transformé puisque de ce Bien à l'âme le rapport est personnel. L'homme n'est plus en face d'une idée, mais du créateur et restaurateur de sa nature; car ce rapport personnel est aussi historique, l'être de l'homme ne peut être concrètement pensé à part des états successifs de l'humanité : avant la chute, après la chute; avant, puis après, la rédemption, œuvre du Logos qui a pris chair.

De même que tous les biens « sont par Dieu », le Verbe divin est d'autre part au principe de toute vérité : on ne peut séparer l'être, le bien, le vrai, et Dieu. Il est significatif qu'aussitôt après sa conversion Augustin ait écrit le *Contra Academicos* : c'était liquider définitivement la crise sceptique déjà résolue en fait, marquer le lien et la rupture avec la philosophie cicéronienne, et témoigner qu'on n'atteint pas la sagesse, si l'on désespère de la vérité. Cette réfutation dialectique des académiciens fait remarquer, entre autres arguments, que la perception même de l'apparence peut fournir un point d'appui à la certitude — car je suis au moins certain que cette apparence, je la perçois : ici, comme dans deux ou trois autres textes de même veine, c'est une première forme du cogito cartésien, on l'a souvent noté. C'est donc une façon de se fonder sur la seule intériorité : mouvement familier à saint Augustin, que celui qui permet d'associer la connaissance de soi à la connaissance de Dieu. On en a vu un exemple plus haut ; on en peut rapprocher d'autres formules (« Dieu et l'âme, rien de plus » ; « que je me connaisse, que je te connaisse »). De même, *les Confessions* montrent qu'on trouve la vérité en explorant la « mémoire », identifiée, dans une perspective platonisante, à l'esprit dans toute son amplitude et sa profondeur, ouvert à l'illumination et gardien, dans ses « vastes palais », du trésor des pensées. De même encore le *De magistro* montre que tout enseignement fait appel à des idées présentes déjà chez l'élève, et que finalement l'accord des esprits suppose un « maître intérieur » que chacun consulte : la sagesse éternelle de Dieu, qui est le Christ. C'est toujours la même union intime du platonisme et du christianisme, et on la retrouve dans la façon dont Augustin conçoit le lien de l'âme et du corps : « L'homme est une âme raisonnable servie par un corps terrestre. » Cette prééminence de l'âme se voit par exemple dans la perception, où c'est déjà elle qui sent, par l'intermédiaire de ce corps auquel elle est jointe d'une façon mystérieuse, l'un et l'autre étant une substance (elle l'anime par une « attention vitale »). Entendre un rythme, le percevoir comme tel, c'est mettre en rapport des « nombres sonores » et des nombres intérieurs, qui les « jugent » : ici encore, l'analyse nous mène du dehors au dedans, et du dedans en haut. Car les lois des nombres sont fondées en Dieu. Nombres, idées, règlent l'ordre des choses ; ils ne sont pas des créatures, mais des participations de la Sagesse éternelle par laquelle Dieu a créé le monde, et qui est identique à lui.

Les idées sont des formes originaires *(formae principales)*, les raisons, stables et immuables, des choses ; elles-mêmes ne sont pas formées, et ainsi sont éternelles, se comportent toujours de la même façon ; elles sont contenues dans l'intelligence divine. Comme elles ne naissent ni ne meurent, on dit que tout ce qui peut naître et mourir, tout ce qui naît et meurt, est formé selon elles. L'âme ne peut les voir, sinon celle qui est rationnelle, par cette part d'elle-même qui fait son excellence — l'esprit, la raison —, qui est comme sa face ou son œil intérieur et intelligible *(De diversis quaestionibus LXXXIII* 46, 1-2).

Connaître, c'est donc se tourner vers les idées ; inversement, c'est sur les idées que se fondent à la fois les natures des choses, et les jugements vrais qu'on porte sur elles. Dans cette vérité, les âmes communient ; et ici se présente un problème, car il est difficile de savoir ce qu'Augustin pense exactement de la pluralité des âmes : leur participation à une « sagesse souveraine », aussi bien qu'au péché originel qui fait de toute l'humanité une « masse de perdition », semble les enfermer toutes dans une certaine unité. Un texte du *De quantitate animae* exprime une grande hésitation : on ne peut dire que l'âme soit unique, ni qu'il y en ait « à la fois une seule et beaucoup », ni seulement qu'il y en ait beaucoup. La question reste donc indéterminée, et sera l'occasion d'une controverse à l'époque carolingienne. Quoi qu'il en soit, on aperçoit la façon dont Augustin dépasse les difficultés sceptiques : certes, par une montée dialectique du sensible à l'intelligible, d'inspiration platonicienne, avec peut-être ici et là un accent pré-cartésien. Mais cette démarche philosophique est analytiquement détachée d'un mouvement plus ample, plus total, qui est celui de la foi au Verbe incarné ; ici encore c'est de l'attitude concrète d'un homme qu'il s'agit. Disons, pour retrouver un fil directeur déjà saisi, qu'on voit se transposer dans un climat chrétien le précepte de Platon : « Se tourner vers la vérité avec toute son âme. »

Que les idées divines soient les archétypes des créatures, cela implique une certaine impression de l'image de Dieu dans les choses, donc réciproquement la possibilité, pour l'homme, de remonter de l'image au modèle. D'autre part, l'Écriture sainte enseigne que Dieu est à l'œuvre dans l'histoire. Trois nouvelles séries, ou directions, de rapports entre l'immuable et le changeant, qu'Augustin s'attache à décrire. « Au commencement, Dieu créa le ciel et la terre » (*Genèse, 1, 1*) : voilà ce qu'enseigne la révélation, et ce qu'il s'agit de comprendre; retenons les grandes lignes de l'interprétation d'Augustin. Le monde n'a pas été créé dans le temps, puisque temps implique changement, et que seules changent les choses créées, Dieu restant toujours le même; monde et temps commencent ensemble. On ne peut dire non plus que le monde soit coéternel à Dieu, tout en étant son œuvre, car l'éternité n'est pas un temps infiniment prolongé, perpétuel : c'est une absolue permanence, alors que le temps, par essence, se divise et s'abolit toujours et n'a de durée que si on le rapporte à la mémoire, à l'âme qui, par une « distension », permet de retenir le passé et d'anticiper l'avenir. Pour comprendre au mieux le texte de la *Genèse,* il est préférable d'interpréter le mot *principium* comme désignant le Verbe, principe de toutes choses, et de bien voir que l'histoire des six jours détaillée par le livre sacré ne doit pas être prise à la lettre : le monde a été créé en une seule fois. Le ciel, c'est la matière spirituelle dont sont faits les anges; la terre, c'est la matière nue dont tout l'être consiste dans la mutabilité, et que Dieu informe au moyen des idées contenues dans son intelligence. Les choses, faites de matière, doivent d'être ce qu'elles sont à cet acte divin qui leur confère une existence stable. Celles qui ont été formées lors de la création contenaient des germes destinés à se développer dans la suite du temps : les « raisons séminales »; ainsi on peut dire que l'univers entier, avec tout son avenir, a vraiment été créé « d'un coup » *(simul);* cela implique en outre que tout ce qui nous semble activité causale des créatures n'en est pas une : là où elles nous paraissent agir (dans la génération, l'agriculture, l'art médical...), il y a seulement développement des raisons séminales sous l'opération divine. Tenant de Dieu leur essence, les choses lui ressemblent par leur participation à ses idées, et plus fondamentalement, par participation à cette ressemblance absolue et parfaite qu'est le Fils à l'égard du Père : on retrouve ici la liaison entre la théorie de la création et la doctrine chrétienne du Verbe. Ce que les créatures ont d'être, d'unité, de beauté, de vérité, leur vient de Dieu, est ressemblance à Dieu, et nous

permet donc de connaître Dieu; ainsi, le monde est tel,
par son origine et sa structure, qu'on peut à travers lui
s'élever à son créateur : ainsi se justifie, dans la perspective
augustinienne, cette indication fournie par saint Paul
(*Romains,* 1, 20).

Mais ce passage des choses à Dieu peut s'entendre
de deux façons. D'abord selon une dialectique ascendante,
où les choses, « interrogées », répondent chacune : « Je
ne suis pas Dieu », et toutes : « C'est lui qui nous a faites »;
elles en retiennent une certaine image, mais nous conduisent à le chercher ailleurs qu'en elles (*Confessions,* X,
VI, 8-10). Ou, selon le célèbre itinéraire mystique de
« l'extase d'Ostie », on s'élève des corps au ciel, puis
à l'âme, jusqu'à « la région de la fécondité inépuisable »;
mais pour parvenir à ce point extrême, il faut que les
créatures — « tout ce qui est transitoire » — « se taisent »
après avoir « tourné notre oreille vers celui qui les a
faites » (*ibid.,* IX, x, 24-25). Selon cette première
démarche, les choses s'effacent donc successivement pour
laisser place à une intuition ontologique pure. Mais,
suivant une seconde voie, on peut chercher dans l'univers
créé des images qui permettent de se faire quelque idée
éloignée de la nature divine : recherche d'intention plus
dogmatique, ou théologique, dont on a un exemple dans
les pages du *De Trinitate* (livres IX et x) où Augustin
trouve dans la structure et l'activité de l'âme humaine
une certaine analogie des rapports trinitaires.

Il y a deux choses : l'âme et son amour, quand elle s'aime;
deux encore : l'âme et sa connaissance, quand elle se connaît.
Donc l'âme elle-même, son amour, sa connaissance, sont trois
choses, et ces trois sont une; et quand elles sont parfaites,
elles sont égales.

Il y a là une trinité, dont les termes ne se confondent
pas, bien qu'ils soient chacun en soi, et chacun dans les
autres pris tous les deux, ou un à un — et réciproquement. À côté de cette première trinité — *mens,
notitia, amor* — on peut en citer une autre : *memoria,
intelligentia, voluntas.* À elles trois, elles ne font aussi
qu'une vie, qu'une âme, donc une seule substance;
« quand on dit que la mémoire est vie, âme, substance,
on la considère en elle-même; mais quand on dit qu'elle

est mémoire, on la considère dans sa relation à quelque chose »; de même pour l'intelligence et la volonté. Ces trois sont donc relatives les unes aux autres, et en même temps ne font qu'une, et se contiennent mutuellement : chacune en chacune, et toutes en chacune. On trouve donc dans l'homme « une image inadéquate mais une image tout de même, de Dieu, Père, Fils et Esprit saint ». Il y en a d'autres, mais ces deux exemples suffiront à montrer comment l'analyse précise de certaines natures créées peut donner quelque connaissance des choses divines.

En 410, Rome est prise et pillée par les Wisigoths d'Alaric : la polémique antichrétienne interprète cet événement comme la suite de l'abandon des mœurs et des divinités traditionnelles. Augustin est conduit à examiner les problèmes de l'histoire des sociétés et de son rapport à l'ordre providentiel; il compose sa *Cité de Dieu,* où il cherche à montrer comment les événements qui consternaient ses contemporains prennent sens dans un ensemble plus vaste, fondé en dernière analyse sur la prédestination divine. L'histoire ne devient intelligible que si l'on sait y distinguer deux *cités.* Une cité a pour principe d'union un amour commun aux hommes qui la composent. Dès lors, on peut en désigner deux, opposées par leurs fins respectives : « Deux amours ont constitué deux cités : l'amour de Dieu jusqu'au mépris de soi, l'amour de soi jusqu'au mépris de Dieu. »

Leurs fondateurs sont Abel et Caïn. Non qu'ils soient à l'origine de deux sociétés visiblement séparées; car il s'agit là de cités « mystiques », définies par la prédestination de leurs membres : soit à la béatitude, soit à la damnation. D'où leurs noms de « cité de Dieu » et de « cité du diable », qu'on peut appeler encore Jérusalem (« Vision de paix ») et Babylone (« Confusion »). On peut aussi bien les distinguer selon un principe déjà rencontré : les citoyens de la première usent du monde pour jouir de Dieu; ceux de la seconde usent de Dieu, ou de leurs dieux, pour jouir du monde. L'Église se donne pour objet de constituer la première, et la Rome corrompue appartient à la seconde. Mais on ne peut dire qui des hommes appartient à l'une et qui appartient à l'autre; bien qu'irréductibles l'une à l'autre, elles sont enchevêtrées *(perplexae);* des hommes prédestinés à la béatitude ne sont pas de l'Église (tel saint Paul avant sa conversion), et des membres de l'Église sont prédestinés à la damnation. On doit remarquer toutefois que l'Église, comme auparavant le peuple d'Israël, a pour fonction d'affirmer et de maintenir l'unité de doctrine, la vérité de la foi, principe d'un amour ordonné, tandis que les sociétés païennes se désintéressent de la vérité, et tolèrent des sectes qui se contredisent. À partir de ce dernier point surtout, on pressent comment par la suite la doctrine augustinienne des deux cités sera le prétexte de théories politiques qui affirmeront la prééminence du pouvoir spirituel sur le temporel, ou tendront à identifier Église et Cité de Dieu d'une part, État et Cité du diable de l'autre. En fait, saint Augustin n'a parlé que de cités spirituelles, et n'a pas donné comme réalisable en ce monde la paix de la Cité de Dieu, qui est comme en voyage sur la terre. Ici apparaît l'« ambivalence du temps » (H. I. Marrou) : celui-ci, par nature, est dégradation, si on le compare à l'immuable; mais d'autre part, il reçoit de la grâce et de la prédestination divines la valeur positive d'une préparation à l'éternité. L'histoire est ainsi comparable à une mélodie réglée par Dieu, dont les événements se succèdent comme autant de notes jusqu'à la consommation finale. Augustin intègre la conception platonicienne d'un temps qui est non-être à la vision chrétienne d'une histoire qui a un sens : les faits de l'Ancien Testament signifient les faits et l'enseignement du Nouveau, et Dieu se sert de l'histoire comme un architecte qui utilise, pour construire un édifice, « des échafaudages destinés à disparaître ».

L'œuvre d'Augustin domine la culture médiévale. Son ampleur, sa profondeur, le nombre et l'importance des sujets traités, et même des suggestions moins développées, le bonheur constant de l'expression, l'imposent irrésistiblement à l'attention de tous. Son autorité sera d'un très grand poids, parfois même encombrante. Nul ne pourra s'occuper d'une question déjà étudiée par saint Augustin — et à laquelle n'a-t-il pas touché? — sans avoir à se mettre en règle avec lui, d'une façon ou d'une autre. En philosophie, cette autorité, à partir du XIII\ :sup:`e` siècle, est loin d'être indiscutée; mais son influence est large, plus ou moins composée, de façons fort diverses, avec d'autres courants, issus de Platon, d'Avicenne,

voire d'Aristote. Elle s'est exercée plus universellement
sur la formation de l'esprit scolastique; des textes et
des exemples augustiniens sont garants de deux principes
fondamentaux de la spéculation médiévale : liaison de
la foi et du savoir (« comprends pour croire, crois pour
comprendre »), usage de la dialectique en théologie.
Enfin, en dehors des querelles philosophiques et de
l'abstraction des méthodes, saint Augustin a toujours été
considéré comme un maître de spiritualité; au IXe siècle,
Godescalc l'appelle « le premier maître, après les Apôtres,
de toutes les Églises »; Dante le place en un des points
remarquables de la rose céleste (*Paradis*, XXXII, 35). Ce
qui fait sa grandeur, ce n'est pas tant d'avoir élaboré un
système et des concepts : l'un reste inachevé, les autres
sont parfois imprécis. C'est d'avoir fait servir les principales intuitions du platonisme à l'élaboration d'une
sagesse, dont ses successeurs pourront s'inspirer sans
être nécessairement tenus d'en conserver l'armature
théorique.

DE L'ANTIQUITÉ AU MOYEN ÂGE

Saint Augustin meurt dans Hippone assiégée par les
Vandales; l'Empire d'Occident, devenu chrétien, est en
train de s'effondrer; il en résulte de nouvelles conditions
pour la pensée; la culture antique va céder la place à
autre chose. On a vu que la réflexion chrétienne s'était
approfondie au contact de sources grecques; on peut
suivre l'agonie de l'hellénisme en Occident, et remarquer
quelques coïncidences entre ses derniers retours de
flamme et l'apparition d'auteurs originaux. L'Afrique
ne donnera plus rien dans le domaine philosophique,
mais en Gaule, le déclin de la culture grecque est interrompu par une renaissance vers le dernier tiers du Ve siècle — et c'est Claudien Mamert — avant la retombée
définitive. En Italie, mouvement à peu près parallèle :
le rapprochement de souverains ostrogoths et de l'empereur byzantin favorise un retour de l'hellénisme, juste
assez pour que Boèce et Cassiodore puissent préparer
l'avenir intellectuel de l'Occident. Ensuite, le germe
recueilli ne sera plus guère que conservé, en attendant
de plus brillants destins.

FAUSTE DE RIEZ

À toute règle, son exception; cela confère à l'histoire
la richesse de l'imprévisible. S'il est vrai qu'en se détour-
nant des sources grecques l'Occident barbare perd la
fécondité rationnelle, il faut faire la part de l'invention
individuelle. Fauste de Riez en témoigne. Ce personnage,
bien que cultivé, n'est pas de profession un penseur :
abbé de Lérins, puis évêque de Riez en 452, mort vers
les dernières années du siècle, il consacre son activité
à des polémiques anti-augustiniennes et anti-ariennes
(celles-ci lui vaudront l'exil en 478). Sa doctrine de la
grâce le fera classer parmi les « semi-pélagiens » : la
faute originelle n'a pas fait disparaître entièrement le
libre arbitre, le péché ne rend pas l'homme incapable
de vertu, mais seulement de perfection; de même la loi
naturelle n'en est pas effacée, elle nous reste présente.
La grâce vient concourir aux premiers efforts de la
volonté qui lutte pour se dégager : telle est la doctrine
que Fauste développe au nom du concile d'Arles (475)
où son influence avait été prépondérante. Mais il montre
surtout sa vigueur dialectique dans son traité *Contre
l'opinion qui reconnaît d'autres êtres incorporels que Dieu.* La
quantité est, comme la qualité, le fait des seules créatures;
incorporalité implique omniprésence; si l'âme est
incorporelle, elle est Dieu, ou une partie de Dieu. Mais
les âmes sont limitées, puisqu'elles restent impénétrables
les unes aux autres. D'autre part, penser l'absent, ce
n'est pas sortir de soi pour lui être réellement présent,
c'est percevoir des images enfermées dans « les arcanes de
la pensée ». Ces séparations, qui restent infranchissables,
et le fait que l'âme n'ait pas toujours été, prouvent qu'elle
n'est pas incorporelle : « tout ce que limite un commencement, un espace, est corps »; l'âme est, dans le corps
auquel elle est jointe, un corps plus ténu. Les anges aussi
sont matériels, puisque, n'étant pas Dieu, ils ne sont pas
omniprésents. Cette réflexion peut bien nous ramener,
par ses résultats, à des thèses antérieures et « dépassées »
(Tertullien, Hilaire) : elle témoigne d'abord d'une belle
intrépidité déductive, marque d'un tempérament philosophique éveillé par une intuition simple : celle de la
distance des âmes entre elles, des âmes à Dieu.

LA PHILOSOPHIE MÉDIÉVALE 1225

Contre la doctrine de Fauste, Claudien Mamert, prêtre
de l'église de Vienne (mort vers 473), écrit son *De statu
animae*, en trois livres. On y trouve des essais de réfutation
dialectique, des développements inspirés d'Augustin, des
thèmes néoplatoniciens. Exemple du premier genre :
l'homme est composé d'une âme et d'un corps; si l'âme
est corporelle, cela veut dire aussi bien qu'elle n'a pas de
corps, en étant un elle-même, ou que le corps n'a pas
d'âme (car dans les deux cas, on ne parlerait que d'un
corps qui aurait un corps). Autre argument : comment
une âme corporelle pourrait-elle contempler Dieu, qui
ne l'est pas?

Ce qui prouve que l'âme n'est pas un corps, c'est l'étendue de sa mémoire, sa capacité de saisir l'intelligible, sa
ressemblance à Dieu. Elle est substance, douée de qualité,
mais non de quantité, sinon en un sens métaphorique (sa
grandeur est dans sa vertu, son intelligence). Son incorporalité est encore impliquée par son unité, car mémoire,
intelligence et volonté ne sont pas en elle des parties : elle
est tout entière dans chacun de ces aspects d'elle-même.
Elle ressemble à Dieu en ce qu'elle n'a ni corps ni quantité; en tant qu'elle est qualifiée et se meut dans le temps,
elle en diffère et ressemble au corps (qui en outre se
meut dans l'espace, ce qu'elle ne fait pas). La distance
entre les âmes est indépendante de l'espace : deux amis
éloignés l'un de l'autre restent proches; entre Lazare
et le mauvais riche, dont parle l'Évangile, la différence
n'est pas à chercher dans le lieu; le « chaos infranchissable » qui les sépare, c'est le fait que l'un ne peut plus
pécher, ni l'autre se repentir : l'« état immuable » de
chacun.

Le néoplatonisme de Claudien, ses connaissances précises de Platon et des pythagoriciens, lui viennent de Porphyre, lu directement en grec (P. Courcelle). Il croit que
Platon a pénétré le secret de la Trinité, qu'il nous dit
composée d'un Dieu père, de son esprit, par lequel il crée
(*mens paterna; ars sive consilium*), et de l'amour mutuel qui
les unit; il y a donc un accord certain entre la pensée
païenne et la vérité chrétienne. On le trouve encore dans
la conception platonicienne d'une âme incorporelle, dans

l'idée que le corps trouble la connaissance, dans l'exhortation à le fuir pour retourner à Dieu. Claudien, « *philosophe chrétien* au sens plein du mot » (E. L. Fortin), se rattache donc très consciemment à Platon, dans son opposition à Fauste, dont il compare les partisans aux épicuriens et aux cyniques. Il va même très loin dans son optimisme concordiste : marque d'un enthousiasme un peu hâtif, mais plein de sève. À la thèse de Fauste il a opposé une autre thèse, plus chaleureuse peut-être; mais il n'en a pas vraiment réfuté le principe : c'est au fond le même trait de son caractère intellectuel qu'on retrouve ici.

BOÈCE

Boèce (Manlius Severinus Boethius) occupe une place à part dans l'histoire de la pensée chrétienne : c'est « le dernier Romain, le premier scolastique » (M. Grabmann). C'est un médiéval déjà; il naît (vers 470) près d'un siècle après la division de l'Empire, peu avant la déposition du dernier empereur d'Occident; il est consul et « maître du palais » du roi goth Théodoric, qui le fait exécuter, accusé de magie et de conspiration, vers 525. Son œuvre comprend des commentaires d'œuvres logiques classiques, des opuscules de théologie qui n'ont pas la même allure que les traités d'Augustin, ce représentant de « la fin de la culture antique ». Pourtant, par d'autres côtés, c'est un Ancien, nourri du néoplatonisme alexandrin qu'il avait sans doute puisé à la source même, pendant sa jeunesse, en écoutant les leçons d'Ammonius (P. Courcelle). Les médiévaux invoquent souvent l'« autorité » de Boèce; ils ne le considèrent pas comme un des leurs. Dans l'œuvre de celui qu'Abélard appelle « le plus grand des philosophes latins », ils ont trouvé ample matière à instructions et à commentaires, et en ont reçu toute une part du savoir antique : comme dit encore Abélard, « il a transmis, en langue latine, presque toutes les disciplines des arts libéraux, dans ses écrits, ses traductions, ses commentaires même ». C'est sans doute beaucoup dire; mais l'ambition de Boèce était d'enrichir la culture latine du meilleur de l'hellénisme; il se proposait d'exposer les quatre sciences fondamentales, de traduire et commenter l'œuvre entière de Platon et d'Aristote, enfin de montrer, au delà des différences, leur accord profond. Il n'a pu accomplir qu'une mince partie de ce programme. Il nous reste de lui un *De arithmetica* et un *De musica* authentiques, mais on sait qu'il avait écrit aussi sur la géométrie et l'astronomie, couvrant ainsi le champ de ce qu'il appelait déjà le *quadrivium;* tout cela, en utilisant des auteurs grecs. Puis il a traduit l'*Introduction (Isagoge)* de Porphyre à l'*Organon* d'Aristote, et sans doute tous les traités qui composent l'*Organon* lui-même; les médiévaux n'ont guère connu que ses traductions et ses commentaires de l'*Isagoge* (deux commentaires dont le premier, en forme de dialogue, utilise la traduction de Marius Victorinus), des *Catégories,* du *De interpretatione* (deux commentaires). Il a composé des ouvrages personnels sur le syllogisme (catégorique, hypothétique), la division, les lieux de la rhétorique (il a aussi commenté les *Topiques* de Cicéron). Voilà pour son travail d'introduction didactique au savoir grec, dans lequel il a cherché délibérément à éclipser Victorinus. Mais en outre il a écrit plusieurs opuscules théologiques, et, dans sa prison, une méditation philosophique et poétique : la *Consolation de la philosophie.* Il a donc fait entrer dans la culture médiévale, non seulement des éléments de la pensée grecque, mais aussi des idées qui lui sont plus personnelles.

Ses commentaires de Porphyre, d'Aristote, ont fourni le modèle d'une explication précise, minutieuse, scolaire même, qui ne s'interdit pourtant pas les longues digressions : genre appelé à un grand avenir dans l'enseignement médiéval. Outre cet apport formel, il faut faire remonter à Boèce l'occasion d'un problème souvent débattu au Moyen âge, et où l'on a voulu voir au siècle dernier le centre même de la pensée scolastique : le fameux problème des « universaux » (*universalia :* termes universels). Porphyre ayant dit dans l'*Isagoge* qu'il ne convenait pas de discuter, dans un ouvrage élémentaire, si les genres et les espèces existaient réellement ou non, Boèce dans son commentaire a jugé bon d'en traiter. La solution qu'il propose est inspirée d'Aristote : un genre, par exemple, est commun à une pluralité d'espèces; il ne peut donc être, en soi, un : toutes ses espèces l'ont, en même temps, tout entier; de même pour une espèce à l'égard des individus. Or, ce qui est, est parce qu'il est un : genres, espèces, ne peuvent donc « être ». Un universel ne peut non plus être multiple, car il unifie ceux qui lui sont

subordonnés : sinon on remonterait indéfiniment dans
la série des genres sans rencontrer jamais de genre
suprême. Ni un, ni multiple, il n'est donc en aucune
façon. L'idée qu'on en a est-elle donc vide ? Non, car
elle n'est pas le produit d'une « conjonction » sans
répondant réel, comme l'idée du centaure. Pensant un
genre, on pense « par division et abstraction » : on sépare
dans la pensée ce qui est uni dans la chose. Concluons
que les universaux « subsistent joints aux sensibles, mais
sont pensés à part des corps »; ou encore « le même sujet
est universel quand on le pense, singulier quand on le
perçoit dans les choses en qui il a son être ». Boèce
rappelle d'ailleurs que pour Platon les genres et les espèces
subsistent à part des corps, et qu'il n'a lui-même soutenu
la thèse aristotélicienne que parce qu'il commente une
introduction à la logique d'Aristote. Il laisse donc le
champ libre au « réalisme », aussi bien qu'au « nominalisme », comme on dira plus tard; d'autant plus que
son exposé de l'abstraction ne contient nulle référence
à la théorie de l'intellect qui la fonde chez Aristote.

Avec la *Consolation,* Boèce se révèle grand écrivain; il
y fait alterner les pages de prose — une prose ferme et
dense — avec des poèmes de mètres variés, de haute
qualité eux aussi. Dans cette œuvre, le platonisme règne.
Après des développements, dans le genre classique de
la diatribe, sur l'inconstance de la fortune et l'insuffisance
des richesses, des honneurs, du pouvoir, des plaisirs,
on passe par approfondissement au souverain bien et
au plan supérieur d'où apparaît l'ordre des choses et la
bonté divine. Comment concilier les injustes caprices du
hasard avec le fait que Dieu gouverne le monde ? Destin et
providence ne se confondent pas, bien que l'un dépende
de l'autre; le plan divin déroulé dans le temps, c'est le
destin (« disposition inhérente aux choses mobiles, par
laquelle la Providence les enchaîne, chacune à sa place »);
unifié dans la vue qu'en a l'intelligence divine, c'est
la providence (« la loi divine même qui réside dans le
principe souverain de tout, et qui ordonne toutes
choses »). Ce qui dépend du destin dépend donc de la
providence; en se rapprochant de Dieu on échappe au
destin, comme on se soustrait au mouvement d'un cercle
si l'on se rapproche du centre. Il n'y a pas de hasard;
rien n'échappe à l'ordre des causes qui dépend de la

providence. Pourtant, la liberté subsiste, d'autant plus
que l'âme se maintient dans la contemplation de l'intelligence divine, et d'autant moins qu'elle s'attache au corps.
Le libre arbitre n'est pas contradictoire avec la prescience
de Dieu, pour qui il n'y a pas de futur, car il est éternel;
ce qui arrivera, il le voit dès maintenant comme présent;
or, la perception d'un événement ne confère nulle nécessité à cet événement; c'est pourquoi Dieu peut prévoir
un acte libre, sans lui ôter sa liberté. On peut donc être
sûr que le gouvernement divin est juste, puisque tout lui
est présent et que les volontés restent libres; il est certain
que les bons seront récompensés et les méchants punis;
il faut prier et accepter avec confiance ce qui nous
advient.

Telle est la conclusion de l'ouvrage. Mais on y trouve
d'autres thèmes, qui la préparent ou l'éclairent : celui du
Créateur, qui gouverne le monde par sa loi immuable, qui
porte en lui la forme « sans envie » du bien suprême, « enchaîne les éléments par les nombres », place une âme au
centre du monde, et en crée d'autres d'essence inférieure
(livre 3, poésie 9; ce texte sera souvent commenté tout au
long du Moyen âge); celui des quatre types de connaissance : sens, imagination, raison, intelligence, qui saisissent
respectivement la forme jointe à la matière, la forme sans
matière, l'espèce et la « forme simple » (idée); celui de la
perpétuité du monde : saint Thomas s'en souviendra,
quand il voudra démontrer qu'elle est philosophiquement possible. On y lit aussi des définitions qui seront
reprises par la suite, notamment par saint Thomas encore :
définition de l'éternité (« possession entièrement simultanée et parfaite d'une vie interminable »), de la béatitude
(« état qui doit sa perfection à la réunion de tous les
biens »). La *Consolation,* étudiée inlassablement du IXe au
XVe siècle, sera une des sources principales du platonisme
médiéval. (On la goûtera bien après la fin du Moyen
âge : elle sera, sous les Plombs, la lecture de Casanova.)
On disputera amplement des passages où se reflètent des
perspectives purement platoniciennes : car la note chrétienne y est extrêmement discrète, sa consonance à la
sagesse antique s'y montre sans s'y expliciter. On peut
donc ajouter aux autres titres de Boèce celui d'avoir été
le premier chrétien qui ait élaboré une morale purement
rationnelle.

Quant aux *Opuscules théologiques* si brefs qu'ils soient, leur influence sera aussi très grande, car la logique et la métaphysique y sont employées avec beaucoup de précision et de fermeté. Ainsi, dans le *De Trinitate,* on trouve une division de la philosophie spéculative en trois parties : naturelle, qui procède *rationaliter;* mathématique *(disciplinabiliter);* théologique *(intellectualiter);* distinction légèrement différente de celle que propose le début du premier commentaire sur Porphyre, selon lequel les objets de philosophie spéculative sont les *intellectibilia,* hors de la matière; les *intelligibilia,* intellectibles tombés dans le corps; les *naturalia* enfin. On relève encore dans le *De Trinitate* une définition de la substance divine comme « forme sans matière, qui est quelque chose d'un *(unum),* et ce qu'elle est », alors que les autres « ne sont pas ce qu'elles sont »; une approche logique de la théologie : Boèce fait la revue des dix prédicaments énumérés par Aristote, pour montrer qu'on ne peut les attribuer à Dieu, et consacre un développement spécial à la relation qui permet d'exprimer les rapports des Personnes. Le *Quomodo substantiae bonae sint... (Liber de hebdomadibus)* donne un exemple d'axiomatisation de la théologie : « comme on a coutume de le faire en mathématique et même dans les autres disciplines, j'ai posé d'abord des termes et des règles d'où je puisse tirer tout ce qui suit »; il contient en outre la distinction entre l'*esse* et le *quod est;* l'*esse* « n'est pas encore » (il est antérieur au sujet déterminé), mais le *quod est* « est et subsiste quand il a reçu la forme d'être »; le *quod est* peut participer de quelque chose, non l'*esse;* tout *quod est,* en tant qu'il est, participe de l'*esse.* On a donc là une distinction entre l'être et l'étant, l'*existence* et la *substance* (P. Hadot). *Esse* et *id quod est* sont une même chose dans ce qui est simple, non dans ce qui est composé. Cette métaphysique abstraite fournira aux médiévaux une occasion de recherche et un modèle de rigueur. Le *Liber de persona et duabus naturis* propose, avec des analyses des concepts désignés par son titre, une définition de la personne destinée elle aussi à un grand succès : « Une personne est une substance individuelle d'une nature rationnelle. » Il est pratiquement impossible de mesurer l'influence qu'exerceront ces œuvres; elle opère dans des domaines différents, et de façons très diverses :

à travers des commentaires ou des traités, par ensembles doctrinaux ou par propositions isolées, voire comme exemple ou comme incitation à la recherche; elle a véhiculé la logique d'Aristote et une part de la cosmologie et de la théologie platoniciennes. On a rangé Boèce parmi ceux qui ont fondé le Moyen âge; il serait peut-être plus juste de dire qu'il n'a pas cessé de s'y survivre.

CASSIODORE

Moins éclatante, l'influence de Cassiodore reste grande. Lui aussi, comme d'autres (Symmaque, Denis le Petit), a voulu faire connaître à ses contemporains la production de la pensée grecque. Comme Boèce, il a suivi une carrière politique (consul, préfet du prétoire, secrétaire et ministre du roi Théodoric), mais l'a terminée moins tragiquement; il finit ses jours vers 580, extrêmement vieux, au monastère de Vivarium (en Calabre) qu'il avait fondé vers 555, et qui commença d'ailleurs à péricliter après sa mort. Mais les livres qu'il y avait réunis, ou plutôt les copies qui en ont été faites, ont transmis à l'Occident une partie d'un dépôt précieux. Cassiodore entend mettre la culture au service de la connaissance de l'Écriture; d'où le programme d'études qu'il propose à ses moines, et qu'il a consigné dans ses *Institutiones divinarum et saecularium litterarum*. Reprenant la tradition, déjà bien installée dans la culture latine, des sept arts libéraux, il marque avec netteté la distinction entre les trois « arts » proprement dits (grammaire, rhétorique, dialectique) et les quatre « disciplines » (arithmétique, musique, géométrie, astronomie) : un art a un objet contingent, une discipline traite de choses qui ne peuvent se produire autrement qu'elles ne font. Au total il divise la philosophie en théorique *(inspectiva)* et pratique *(actualis);* la première se subdivise en naturelle, « doctrinale » (les quatre sciences du *quadrivium*), divine (théologie) : on pense au classement donné par Boèce au début du *De Trinitate;* la philosophie pratique comprend la morale, l'économique, la civile. P. Courcelle a montré que ce tableau correspond exactement à celui d'Ammonius, à qui remonte aussi la distinction entre l'art et la discipline. Cassiodore ajoute à ce cycle l'histoire, la géographie, les sciences naturelles. Dans la bibliographie et les extraits qui constituent le

livre II des *Institutiones,* qui traite du savoir profane,
les œuvres grecques tiennent une large place : la culture
latine ne suffisait pas. Il en est autrement pour les études
sacrées (livre I); encore Cassiodore attache-t-il une grande
importance à Origène, dont la bibliothèque de Vivarium
possèdait un bon nombre d'œuvres, en traduction. L'effort
de ce grand travailleur (auteur aussi d'un *De anima*
inspiré d'Augustin et de Claudien Mamert) a été déjoué
en partie par les circonstances; le recours aux sources
grecques qu'il mentionnait était devenu impossible, tant
la connaissance de la langue était raréfiée; ce qui n'avait
pas été traduit ne devait l'être que bien plus tard : c'est
le cas notamment des écrits scientifiques; les moines de
Cassiodore étaient trop ignorants pour profiter de ses
directives, et ils n'étaient pas les seuls. D'autre part, le
fonds de Vivarium ne s'est pas transmis intégralement,
et il semble qu'on en ait gardé ou copié davantage de
littérature sacrée que de profane : autrement dit, plus
d'auteurs latins que de grecs. Le projet d'insuffler à
l'Occident la science et la vigueur originale de l'hellénisme n'a donc pas vraiment réussi. Nous sommes à la
fin du VIᵉ siècle, au seuil d'une période sombre. Il
faudra plusieurs siècles pour retrouver seulement ce
qu'on connaissait au temps de Cassiodore ou de Boèce,
pour reconstituer péniblement une culture, avant de
pouvoir en élargir l'horizon.

ESSOR, DÉCLIN, REPRISE
(VIIᵉ — Xᵉ SIÈCLES)

LES DÉBUTS DE LA CULTURE MÉDIÉVALE

ISIDORE

La différence des temps et des savoirs apparaît dans
tout son relief si l'on compare Cassiodore et Isidore
(né vers 560, mort en 636; évêque de Séville avant 601).
L'un et l'autre rassemblent la science profane pour la
mettre au service de la science sacrée : mais alors que
Cassiodore propose des lectures, Isidore fournit des
résultats, des définitions, détachés de leur contexte :
culture en miettes, ou si l'on veut en comprimés, c'est-à-

dire négation de la culture active. Ce n'est pas qu'Isidore
ait été un autodidacte, qui n'aurait pas su digérer ses
lectures : il a étudié, dans sa jeunesse, dans un monastère
de Séville ou des environs. Mais, vivant, selon l'expression de J. Fontaine, « le drame d'une culture
solitaire », il choisit d'offrir à son public les fiches qu'il
a accumulées; il l'en avertit d'ailleurs : « Ne croyez pas
lire mes pensées, vous relirez celles des anciens » (*Lector
non nostra leget sed veterum releget*). Il a énormément écrit,
sur l'exégèse, la doctrine et la discipline chrétiennes,
l'histoire, les sciences... Retenons trois ouvrages, significatifs à des titres divers : les *Sentences,* les *Différences,*
les *Étymologies.* Les *Sentences* sont un recueil de textes,
empruntés surtout des écrits d'Augustin et de Grégoire
le Grand, et groupés en trois livres : le premier concerne
le dogme, les deux autres la morale. Si l'on excepte les
Sentences, beaucoup moins ordonnées, de Prosper
d'Aquitaine, mort vers 463, c'est le premier ouvrage d'un
genre qui aura une importance majeure dans l'enseignement médiéval; peu après Isidore, Samuel Tajus, évêque
de Saragosse, en composera un à son tour : cela devait
donc répondre à un besoin du milieu ecclésiastique.
Les *Différences* sont divisées en deux livres (« différences de mots », au nombre de six cent dix; « différences de
choses », cent soixante-dix). Le premier est un répertoire
alphabétique de mots de sens voisins; voici le premier
article, à titre d'exemple : *Inter aptum et utile; aptum ad
tempus, utile ad perpetuum.* On y trouve la distinction entre
animus et *anima,* ce qui peut être de conséquence pour la
psychologie; et aussi entre *sum* (verbe) et *suum* (pronom),
ce qui surprend et inquiète. Le second livre est ordonné
systématiquement : on y trouve la matière d'une théologie
(différence entre Dieu et Seigneur; Trinité et Unité; Père,
Fils et Esprit), d'une psychologie *(animus* et *anima,* de
nouveau; *anima* et *spiritus),* d'une morale dogmatique et
philosophique (foi, espérance, charité; science et sagesse;
les quatre vices...). Un corps doctrinal complet, ou plutôt
son résumé, on dirait volontiers son formulaire, passe
ainsi à travers un lexique doublé d'un aide-mémoire.

   Quant aux *Étymologies,* appelées aussi *Origines des choses,*
c'est le grand ouvrage d'Isidore, celui auquel il tenait le
plus; il l'a achevé en 630 seulement, parce qu'on l'en
pressait, et après y avoir longtemps travaillé. Il comprend

vingt livres, qui traitent du savoir entier, ainsi réparti : I,
grammaire; II, dialectique et rhétorique; III, les quatre
disciplines mathématiques; IV, médecine; V, lois et temps
(le droit, et les six âges du monde); VI, livres et offices
ecclésiastiques; VII, Dieu, les anges, les ordres des fidèles;
VIII, l'Église et les sectes; IX, langues, nations, royaumes,
armée, citoyens, rapports de parenté; X, un lexique; XI,
l'homme et les monstres; XII, les animaux; XIII, le monde
et ses parties; XIV, la terre et ses parties; XV, édifices, communications; XVI, pierres et métaux; XVII, agronomie;
XVIII, la guerre et les jeux; XIX, navires, bâtiments, vêtements; XX, alimentation, instruments domestiques et rus-
tiques. Arts libéraux, théologie, droit, histoire, sciences
naturelles, sciences sociales, technique; l'accumulation des
encyclopédies latines, du droit romain, de la culture hellénistique, des sciences sacrées : tout y est; mais toujours
sous forme de définitions. Par exemple le livre III ne contient pas de démonstrations, mais seulement une liste des
termes utilisés par les spécialistes du *quadrivium,* expliqués
en quelques lignes au plus. Certes, on pouvait trouver
dans ce vaste recueil de quoi réfléchir sur certains sujets
importants : sur la différence du droit naturel et du droit
civil, par exemple; ou sur la philosophie, définie comme
« connaissance des choses humaines et divines, jointe au
souci de vivre bien », et divisée, classiquement, en physique, morale et logique, ou encore (voir Cassiodore) en
inspectiva et *actualis.* On pouvait y retrouver la distinction
entre l'art et la discipline, y apprendre les diverses formes
du syllogisme, distinguer avec Varron la dialectique, qui,
comparable au poing fermé, « resserre les mots », tandis
que la rhétorique, dont l'image est la main ouverte, les
développe. Très importantes toutefois pour qui veut concevoir l'esprit de la méthode d'Isidore, apparentée à la
lexicographie, sont les considérations sur l'étymologie
(I, 29) : elle est, bien sûr, l'origine des mots. Or, dit
Isidore, « quand on voit d'où vient un nom, on comprend
plus vite son sens. *Donc* l'étude d'une chose est plus aisée,
quand on connaît l'étymologie ».

On a souligné ce *donc,* car il témoigne d'une confiance
solide en la valeur rationnelle du langage, en la parenté
entre les mots et les choses : corollaire à peu près nécessaire d'une connaissance livresque, d'autant plus précieuse que plus menacée par la décadence de la culture;

mais conception garantie, d'un autre côté, par la signification morale et mystique des noms bibliques, sur
lesquels Isidore a aussi écrit. L'étymologie est soit
« naturelle », soit arbitraire (secundum naturam, secundum
placitum). Il y en a plusieurs classes; les trois premières
sont surtout intéressantes (les autres étant grammaticales : dérivations, etc.) : étymologie tirée de la cause;
par exemple, reges a regendo, id est a recte agendo (rois de
régir, c'est-à-dire de bien agir); tirée de l'origine : homo,
quia sit ex humo (homme, parce qu'il vient de l'humus);
tirée des contraires : a lavando, lutum (boue, de laver). Ces
fantaisies ne sont pas dénuées de sens, elles supposent,
comme on vient de le remarquer, toute une théorie et
une pratique du langage : on peut méditer sur les mots,
on est sûr d'en tirer des leçons. C'est le point extrême
d'une culture qui finit par ériger la grammaire en méthode
universelle du savoir (J. Fontaine) : on aura l'occasion
de revoir ce phénomène. L'œuvre d'Isidore marque à ce
titre un moment important de l'histoire des idées, même
indépendamment de sa grande diffusion au Moyen âge
(il était très facile de la consulter pour en tirer, sur
n'importe quel sujet, des formules définitives; il nous
reste environ un millier de manuscrits des Étymologies).
Dès le milieu du VIIe siècle (VIIIe concile de Tolède, 653),
Isidore est considéré comme Docteur par l'église de
Séville : fait significatif, qui montre qu'à cette époque la
compilation était prisée haut. C'est sans doute aussi ce
qu'il fallait, ce qui, pouvant être compris, pouvait avoir
quelque fécondité.

ALDHELM — BONIFACE — BÈDE

   Cassiodore, Isidore, ne faisaient que mettre en pratique des directives de saint Augustin. Dans le livre II
du De doctrina christiana, celui-ci explique pourquoi et
comment les sciences profanes doivent servir à la compréhension de l'Écriture. Il faut d'abord connaître les
langues, pour dissiper certaines obscurités du texte,
lever les ambiguïtés des traductions, ou les confronter :
en un mot, pour comprendre les « signes propres »,
c'est-à-dire les mots, utilisés par les auteurs des livres
saints. Mais les choses exprimées par ces mots sont
elles-mêmes des signes, par une sorte de « transfert »

(signa translata) : elles expriment des « secrets », selon
une « similitude ». Pour les pénétrer, il est donc utile de
connaître l'ensemble des sciences : celles qui traitent des
« natures des animaux, des pierres, des herbes »; les
propriétés des nombres, la musique; l'histoire, l'astronomie (soigneusement distinguée de l'astrologie); les
arts mécaniques; enfin, la dialectique, science de la
dispute, qui permet de distinguer le vrai du faux, et
qui, « instituée par Dieu, est de toujours dans la raison
des choses »; ajoutons-y l'éloquence, qui sert l'expression
plus que la compréhension. Bref, le chrétien doit
reprendre aux païens, comme à d'injustes possesseurs,
toutes les vérités qu'ils ont découvertes : ainsi, le peuple
d'Israël emportait les richesses des Égyptiens dont il
quittait le pays. L'autorité de saint Augustin couvrait
donc la pratique des sciences profanes, même si elle
leur ôtait leur autonomie. On conçoit que le programme
fixé par le grand Docteur pouvait recouper celui du
trivium et du *quadrivium,* complété par les sciences
historiques et naturelles : c'est précisément ce qu'on
trouve dans les *Institutiones* et les *Etymologiae.* On va voir
le même germe tomber dans un terrain vierge, avec
l'installation de la culture chrétienne en Angleterre.

C'est en 596 que Grégoire Ier (Grégoire le Grand)
envoie le moine Augustin évangéliser « la Bretagne »;
c'est donc à un double titre que ce pape a sa place dans
l'histoire de la pensée médiévale : parce qu'il a laissé,
dans ses *Moralia in Job* principalement, des textes qui
ont été souvent utilisés par la suite; et parce que son
initiative missionnaire a déterminé la naissance en
Angleterre d'une culture qui devait par la suite rayonner
sur le continent, et se trouver à l'origine de la
« renaissance carolingienne ».

Augustin, devenu le premier évêque de Cantorbéry,
s'efforce de développer l'enseignement nécessaire à la formation d'un clergé recruté sur place. Il meurt en 604. On
sait par Bède qu'au milieu du VIIe siècle, le Grec Théodore
et l'Africain Hadrien, envoyés par le pape, enseignent certains éléments des arts libéraux (métrique, astronomie), et
le comput. Il est probable que, concurremment à ces
influences continentales, les moines irlandais ont contribué à cet effort intellectuel. Aldhelm (né vers 639,
mort en 709), qui étudie à Malmesbury d'abord, à

Cantorbéry ensuite, y apprend des éléments de grammaire, de rhétorique, d'arithmétique, d'astronomie, et même de droit romain; il cite fréquemment, dans ses ouvrages, plusieurs classiques latins; sa prose est volontiers obscure, mais ses vers sont d'un humaniste. Il considère toutefois — fidèle à l'esprit d'Augustin, de Cassiodore, d'Isidore — que les études profanes sont au service des études sacrées. Saint Boniface (Winifrid), l'apôtre de la Germanie d'où il était originaire et où il devait être martyrisé en 758, est instruit en Angleterre; il a laissé notamment des écrits sur la grammaire. Le plus grand nom de cette époque est celui de Bède (673-735), formé au monastère de Jarrow (fondé, et enrichi d'une importante bibliothèque, par Benoît Biscop, qui avait secondé Théodore et Hadrien). Il a écrit sur les arts libéraux (métrique, orthographe, rhétorique, chronologie, comput); on lui doit encore une encyclopédie *(De rerum natura)*, des homélies, de caractère allégorique, et une importante *Histoire ecclésiastique du peuple anglais*. Ce premier grand représentant de l'humanisme monastique meurt cent trente ans après l'arrivée des envoyés de Grégoire en Angleterre; sa vie et son œuvre témoignent d'une implantation vigoureuse, dans ce pays, de la culture latine, telle qu'elle avait survécu à la dure période des « âges noirs ». Quelques dizaines d'années plus tard, cette culture allait se réinstaller sur le continent, grâce à un clerc formé à l'école cathédrale d'York, et né vers le moment où mourait Bède.

L'ÂGE CAROLINGIEN

Charlemagne, roi des Francs depuis 768, éprouvait le besoin de réorganiser l'enseignement dans ses États; sous les Mérovingiens, les écoles étaient tombées dans une décadence complète : les prêtres étaient ignorants, au point de ne pas comprendre le latin des prières et des sacrements les plus communs; les livres manquaient. Or, Charles entendait avoir un clergé de meilleur aloi, et une noblesse, des fonctionnaires, assez instruits pour assurer la bonne marche d'un État centralisé : la nécessité politique et administrative se conjuguait avec un amour des lettres et une piété sincères pour lui faire désirer un renouveau de la culture. Or, le seul pays capable de fournir le personnel et le matériel nécessaires à ce dessein était l'Angleterre. Certes Charles avait fait appel à des Italiens : Pierre de Pise, Paul Diacre (Paul Warnefried), Paulin d'Aquilée. Mais, ne s'étant pas fixés à la cour franque, leur influence n'avait pu être bien forte. On peut en dire autant de deux Espagnols réfugiés en France : Agobard et Théodulfe, devenus respectivement archevêque de Lyon et évêque d'Orléans. Il en va autrement avec Alcuin (né vers 730, mort en 804); celui-ci se donne vraiment à la tâche qu'il a acceptée, même s'il passe quelques années à circuler entre la France et l'Angleterre (York, où il a étudié et dont il a dirigé l'école, lui restera toujours chère). De 793 à sa mort, il reste sur le continent, d'abord auprès du roi, puis dans son abbaye de Saint-Martin de Tours. Mêlé de plus ou moins près aux affaires politiques et religieuses, son rôle essentiel est d'avoir enseigné, fait venir d'Angleterre des livres classiques, rédigé des manuels, fondé des écoles annexées aux cathédrales — d'avoir, selon ses mots, « construit en France une nouvelle Athènes », où les sept dons du Saint-Esprit viendraient se joindre aux sept arts. Formule ambitieuse si l'on veut la juger à la lettre, mais témoignage d'un idéal qui force le respect, si l'on songe à la difficulté de l'entreprise et si, à la misère intellectuelle des temps précédents, on compare les productions du ix⁰ siècle. Aucune œuvre de premier ordre — à une exception près — ne s'y détache, mais plusieurs auteurs ne manquent pas d'intérêt; l'abondance et la qualité d'ensemble de leurs travaux, succédant à une telle obscurité, a fait parler de « renaissance carolingienne ». On peut bien contester la propriété de cette expression, en faisant remarquer que cette « renaissance » a une origine utilitaire, ou encore que la diffusion de l'enseignement est demeurée restreinte (J. Le Goff). On peut noter aussi que, dès les temps barbares, des « expériences » culturelles avaient eu lieu, diverses, dispersées, insuffisantes, mais réelles — et qu'en ce sens l'œuvre des contemporains de Charlemagne a été « un aboutissement brillant plus qu'un point de départ » (P. Riché). Il reste plusieurs traits, ou faits, qui sont positifs : la législation scolaire a étendu la culture à tous les évêchés et monastères; l'appétit intellectuel a été excité, le roi lui-même donnant l'exemple (il avait constitué une « Académie palatine », composée de lettrés de son entourage; il ne faut pas la confondre avec l'« École palatine », destinée à instruire les fils des nobles); les livres se sont multipliés; les progrès des communications ont favorisé la circulation des livres et des idées; surtout, c'est après le règne de Charlemagne que la floraison intellectuelle a été la plus brillante : signe que le goût pour la culture n'a pas été un feu de paille soufflé par quelques hommes, fussent-ils groupés autour d'un monarque, et destiné à s'éteindre avec le règne; le travail d'Alcuin était allé en profondeur, assez pour porter fruit à longue échéance. Il faudra les guerres et les invasions du Xᵉ siècle pour contrarier ce développement.

L'enseignement est dispensé dans les écoles des cathédrales et dans celles des cloîtres; celles-ci étaient ouvertes à un double public : les intérieures, aux moines et aux novices; les extérieures, aux jeunes gens étrangers aux monastères; en 817, ces dernières sont fermées, ce qui limite l'extension de la culture (il faudra attendre le développement des écoles cathédrales, corrélatif de celui des villes, pour qu'elle s'élargisse vraiment). Mais il faut avouer qu'à côté de l'époque précédente, le progrès reste grand. En gros, on peut distinguer trois niveaux d'études : au plus bas, on apprend à lire, à écrire, on s'initie aux rudiments du latin, à la *Bible*, à la liturgie. Le second degré est celui des arts libéraux, et de la lecture plus ou moins ample d'un nombre plus ou moins grand d'auteurs païens et chrétiens (il y a évidemment de grandes différences d'une école à l'autre : non seulement il n'y a pas de « programme » unique, mais les ressources en matériel — livres — et en personnel — professeurs — sont très inégales). Au plus haut se place l'étude de l'Écriture, considérée dans ses divers sens (littéral et spirituel, celui-ci plus ou moins subdivisé selon les auteurs), et expliquée de tous les points de vue : grammatical, historique, théologique; il est clair que pour ce travail, des auteurs comme Isidore étaient précieux, puisque leur intention avait été précisément de compiler tous les renseignements utiles à la compréhension du texte sacré.

À travers la diversité de ses représentants, l'époque carolingienne est caractérisée par deux ou trois traits bien marqués. D'abord, on s'efforce de renouer avec un passé déjà lointain : en politique, Charlemagne entreprend de reſtaurer l'Empire; par-dessus la décadence mérovingienne saint Boniface veut retrouver l'Église antique; dans l'ordre intelleftuel, on veut réapprendre la langue et le ſtyle classiques. Dans tous les domaines, ce besoin de retourner aux sources s'exprime par un grand reſpeft pour les écrits anciens, qui lui-même détermine la composition de dossiers, d'extraits, de collections de tous genres : juridiques, patriſtiques, etc. Dans les nombreuses controverses du temps, on voit les adversaires s'opposer de volumineuses compilations, que parfois garnissent à peine, de loin en loin, quelques lignes de commentaire personnel, voire simplement de liaison. Le besoin de conſtituer des recueils d'homélies à l'usage des prêtres n'eſt pas étranger à cette habitude, ni sans doute le désir d'extraire le meilleur de livres encore rares, qu'il aurait été long de copier tous intégralement.

Que trouve-t-on dans ces colleftions, qui rappellent les *Sentences* d'Isidore? En patriſtique, peu de Pères grecs, bien davantage de latins, et avant tout Auguſtin; la connaissance de leurs œuvres, découpées comme on a dit, et celle — intégrale — de la *Bible,* conſtituaient le fonds, souvent le tout, de la culture théologique. Pour le savoir profane, on disposait entre autres des œuvres d'Isidore; des *Noces de Mercure et de Philologie* de Martianus Capella, résumé des septs arts. Pour la grammaire en particulier, de Donat, de Priscien surtout. Ici apparaît un autre caraftère remarquable : l'importance de ce premier art du *trivium* pour les esprits de ce temps. La reconquête du patrimoine classique supposait d'abord celle de la langue; on était tenté de demander à ce savoir préalable une technique de pensée, des moyens de raisonnement, qu'on ne pouvait trouver dans la dialeftique, fort insuffisamment connue : on trouvait parfois dans les bibliothèques les œuvres de Boèce, voire d'Ariſtote; mais on connaissait surtout les *Dix Catégories,* traité très élémentaire attribué à saint Auguſtin, et les *Étymologies* d'Isidore. C'eſt avec ces moyens encore rudimentaires — des morceaux choisis, de la grammaire, fort peu de logique — que l'on pense au IXe siècle. Les meilleurs, ou bien en sauront davantage, ou bien auront assez de vigueur pour en tirer quelque chose d'original. Il faut

maintenant énumérer les plus grands noms de cette
période.

ALCUIN

Alcuin a écrit un certain nombre de manuels sur les matières du *trivium* : *De grammatica, De orthographia, De dialectica* (on y relève l'influence d'Isidore, de Cassiodore, des
Dix Catégories du Pseudo-Augustin, et, source plus intéressante, des *Différences topiques* de Boèce), et un *Dialogue
sur la rhétorique et les vertus*. En outre, un traité de l'âme
(De animae ratione), qui est plutôt un livre de morale;
il y suit scrupuleusement saint Augustin, mais ne dit
rien de l'arrière-plan métaphysique de ses thèses. Il
s'inspire du même auteur, ainsi que de Boèce et de
Marius Victorinus (P. Hadot), dans son *De Trinitate*.
Aucun de ces ouvrages ne renouvelle les questions qu'il
touche. Il est toutefois intéressant d'y lire que pour
Alcuin le savoir profane est une condition du savoir
sacré; les sept colonnes de la maison que se bâtit la
Sagesse (*Proverbes*, 9, 1) peuvent représenter les sept arts
libéraux *(De grammatica)*. Alcuin consacre un chapitre
du *De Trinitate* (1,15) à étudier la façon dont l'Écriture
parle de Dieu selon les diverses catégories : certaines
en sont dites proprement (substance, quantité, qualité,
action), une autre, à titre relatif (relation), les autres
enfin, par métaphore *translative* (position, avoir, lieu,
temps, passion). On est ici au carrefour de l'explication
grammaticale des textes et de l'interprétation philosophique de la révélation, et ce passage demanderait
un plus long commentaire. Il peut donner une idée de la
façon dont Alcuin s'essayait à la théologie. On en a un
autre exemple dans une lettre à Charlemagne, où il se demande ce qu'est la mort. Est-elle une substance ? Si oui,
elle est créée, toute substance étant soit Dieu, soit une
créature. Or, on ne voit pas que la mort soit nommée
dans le récit que fait la *Genèse* des six jours de la création;
elle n'est donc pas une créature, ni donc une substance.
Elle est une absence, comme les ténèbres sont une absence
de lumière. Ailleurs, il pose la question du néant :
« Qu'est-ce qui est et n'est pas ? — Le rien *(nihil)*.—
Comment peut-il être et n'être pas ? — Il est nominalement, non réellement *(nomine est, et re non est)*. »

FRÉDÉGISE

Il faut, à propos de ce dernier passage, évoquer Frédégise (mort en 834), qui fut élève d'Alcuin, lui succéda comme abbé de Saint-Martin de Tours, et fut encore chancelier de Louis le Pieux. Il soutint, paraît-il, que les âmes préexistaient aux corps. Mais surtout on a conservé de lui une lettre curieuse *(De nihilo et tenebris)*, où il se demande d'abord si le néant est quelque chose ou non ? Si l'on répond : il me semble qu'il (n') est *rien,* « la négation contraint à dire qu'il est quelque chose, car dire : il me semble qu'il (n') est rien *(videtur mihi nihil esse)* revient à dire : il me semble que rien est quelque chose ». C'est l'ambiguïté de la phrase latine qui explique cette conclusion : *nihil esse* peut signifier « n'être rien », ou « rien *être* », au sens fort du verbe. Mais Frédégise ne se contente pas de cette « preuve » : il annonce qu'il va la confirmer par la raison et par l'autorité divine. Tout nom défini signifie quelque chose : homme, pierre, bois; or, *rien* est un nom défini, les grammairiens l'affirment; il signifie donc quelque chose de déterminé, donc quelque chose qui est. En outre *rien* est « un son signifiant », et toute signification se réfère à ce qu'elle signifie, à quelque chose qui ne peut ne pas être. En outre, toute signification est signification de ce qui est : le mot *rien* signifie donc une chose existante. Quant à la preuve par autorité, elle consiste à rappeler que Dieu a créé *de rien* la terre, l'eau, etc. Les créatures « premières et principales » viennent donc de *rien;* c'est donc là « quelque chose de grand et de noble », puisque des réalités si grandes et si nobles, et que nous ne pouvons comprendre, « en tirent leur origine et leur génération ».

Une telle spéculation se fonde sur la grammaire : le premier argument repose sur une construction ambiguë; le second contient une référence explicite aux grammairiens, et une autre, implicite, à ce qu'il y a de plus grammatical dans les traités logiques d'Aristote : la définition du nom et du verbe au début du *De interpretatione* (Frédégise emploie l'expression *vox significativa,* qu'il tient très probablement de la traduction de Boèce). Alcuin se contentait de dire que *rien* était *nomine,* et non *re;* en bon augustinien, il définissait le mal et le néant par une absence;

Frédégise n'admet pas qu'un nom ne signifie pas une chose; ce radicalisme grammatical se retrouve, et se confirme par un argument théologique, dans la seconde partie de la lettre, consacrée aux ténèbres. Les arguments y sont de trois sortes. D'abord une analyse du verset de la *Genèse* (1, 2) : « Les ténèbres étaient sur la face de l'abîme. » Le propre du verbe *être,* c'est de « montrer une substance »; le texte biblique prouve donc que les ténèbres « sont en quelque manière ». Deuxième argument : l'*Exode* (x, 21) parle de ténèbres « palpables » étendues sur l'Égypte : elles n'étaient donc pas rien. Enfin, Dieu, en divisant la lumière d'avec les ténèbres, a appelé la lumière, *jour,* et les ténèbres, *nuit* (*Genèse,* 1, 4-5). Si le mot *jour* signifie quelque chose, il doit en être de même du mot *nuit.* Dieu aurait-il attribué un nom aux ténèbres, si ce dernier mot lui-même ne signifiait rien? Il a donné des noms à tout ce qu'il a fait; il n'a laissé nulle chose sans nom, ni imposé de nom à ce qui n'existe pas. Dans cet entrelacs de grammaire et d'exégèse, le nœud central est cette garantie divine apportée au langage, dont les lois acquièrent ainsi une sorte d'éternité; on peut imaginer que dans cette métaphysique encore abrupte, les mots jouent le même rôle que les idées dans les platonismes chrétiens. On voit d'un coup la spéculation grammaticale gagner une singulière ampleur, comme chaque fois qu'un théologien ou un philosophe a tenté d'enraciner en Dieu la science, quelle qu'elle fût, que sa culture lui offrait.

SMARAGDE

Également préoccupé de grammaire, mais d'une façon différente, est Smaragde, abbé de Saint-Mihiel-sur-Meuse vers 819 : la question n'est pas tant pour lui de savoir comment cet art peut être utile à la connaissance de l'Écriture, que d'observer la réciproque, et d'arbitrer les contradictions qui peuvent se présenter entre Donat et les auteurs sacrés. Il y a bien des rapports subtils entre les deux domaines; les parties du discours sont huit, et huit est le nombre qui exprime la plénitude de l'histoire sacrée (les six jours de la création, le repos divin, la consommation finale). Mais on s'aperçoit aussi que le vocabulaire et la syntaxe de la *Bible* ne suivent pas toujours les règles posées par les grammairiens (Augustin déjà avait éprouvé, dans sa jeunesse, du dégoût pour le style biblique : qu'à un abbé du ixe siècle se pose, fût-ce en termes différents, la même difficulté qu'à un professeur de rhétorique du ive, c'est une preuve que le contact est repris avec le classicisme). Or, l'autorité du Saint-Esprit doit l'emporter sur celle de Donat; la norme véritable de la latinité est donnée par l'Écriture, qui au surplus a enrichi le langage, soit de mots nouveaux (hébreux), soit de sens nouveaux attribués à des mots déjà connus (ainsi pour le mot *verbum*). Pour Smaragde, les arts libéraux doivent entrer complètement dans la mouvance de la doctrine sacrée : non seulement la servir, mais encore y plier leurs règles propres; c'est aussi ce qu'avait dit Grégoire, à propos de la grammaire déjà, dans la préface de ses *Moralia in Job*.

RABAN MAUR

Né vers 784 à Mayence dont il devint évêque en 847, et mort en 856, Raban Maur transmit à l'Allemagne le mouvement lancé par Alcuin, qui avait été son maître : on l'a appelé « le premier précepteur de la Germanie ». Comme Alcuin — et Cassiodore, et Isidore, et d'abord Augustin — il intègre les arts libéraux au programme d'études du clerc, objet de son *De institutione clericorum* (819). Lui-même a composé une grammaire, un traité du comput, un *De anima;* peut-être faut-il lui attribuer des gloses sur l'*Isagoge* de Porphyre et le *De interpretatione*. Il a aussi commenté presque toute l'Écriture, selon une méthode principalement allégorique. Enfin, il a écrit une encyclopédie intitulée *Des natures des choses et propriétés des mots, et du sens mystique des choses* (*De rerum naturis et verborum proprietatibus et de mystica rerum significatione*). Par son titre et son contenu, cette œuvre rappelle Isidore et Augustin. Raban y enseigne que l'étymologie des noms permet de connaître la nature de ce qu'ils expriment; d'autre part, le principal intérêt des choses est dans l'enseignement moral et mystique qu'on en peut tirer. On voit ici la limite de la conception augustinienne de la science : si l'intérêt des choses tient à leur signification, rien ne porte plus, une fois notée cette signification, à étudier davantage les natures et leurs lois.

CANDIDE DE FULDA — LOUP DE FERRIÈRES

Parmi les élèves de Raban Maur, il faut citer Candide de Fulda et Loup de Ferrières. Le premier — Bruun de son vrai nom — après un séjour à la cour de Charlemagne, succède en 822 à Raban à la tête de l'école de Fulda, où il avait reçu sa première formation. Il est l'auteur des *Dicta Candidi;* il s'y demande notamment, comme Alcuin, à quelles conditions on peut appliquer à Dieu les prédicaments. Il est aussi le premier médiéval à avoir élaboré une preuve dialectique de l'existence de Dieu. Il part d'un principe philosophique : le monde est organisé hiérarchiquement selon trois degrés discernables : on constate en effet que certains êtres sont, simplement; que d'autres sont et vivent; que d'autres enfin — les hommes — sont, vivent et connaissent. De ce principe il rapproche une expérience : l'homme n'est pas tout-puissant, il est incapable de faire tout ce qu'il souhaiterait. On doit donc poser au-dessus de l'homme un être tout-puissant, de qui il tienne ce qu'il a. Ce raisonnement peut se rattacher à une preuve de même allure que Cicéron attribue à Chrysippe (*De natura deorum,* II, 6); on peut penser aussi à la conception augustinienne des degrés d'être. De toute façon, il y a là, dans la première moitié du IXe siècle, une réflexion sur la structure métaphysique de l'univers qui est très intéressante.

Loup de Ferrières (Servatus Lupus, Servat Loup), abbé de Ferrières, dans le diocèse de Sens, de 842 à sa mort (862), a étudié la théologie à Fulda, et s'est aussi essayé dans ce domaine. Son *Liber de tribus quaestionibus* traite du libre arbitre, de la prédestination, de l'Eucharistie : Loup se détourne donc du genre encyclopédique et lui préfère celui des monographies à limites précises. Dans sa critique des pélagiens, il est amené à faire celle du stoïcisme et de sa doctrine de l'autonomie. Il avait pu la connaître par Cicéron, dont il était admirateur. Sa correspondance, avec Eginhard (l'historien de Charlemagne) et d'autres, est celle d'un humaniste; il s'intéresse à d'autres classiques que Cicéron : Horace, Virgile; à des érudits et des philosophes : Aulu-Gelle, Macrobe; à Boèce dont il cherche le commentaire sur les *Topiques* de Cicéron, et dont il lit l'*Arithmétique*. Il n'ignore pas la critique textuelle. Sa correspondance témoigne des vicissitudes de la recherche à son époque : de Fulda, il écrit, vers 830, qu'on s'éloigne des études; dix ans plus tard, il se réjouit de voir « renaître la sagesse » : le règne de Charles le Chauve (à partir de 840), succédant à une période de luttes intestines, compte en effet beaucoup d'esprits brillants. Parmi les correspondants mêmes de Loup, il y a Probus, Irlandais, prêtre de Mayence (mort en 869), qui souhaite que Cicéron et Virgile entrent au paradis.

Nommons aussi le prêtre Hadoard, qui, bibliothécaire d'un monastère, fait des extraits de Cicéron; la plus grande partie des œuvres philosophiques y est représentée. Le goût des belles-lettres est donc loin d'être étranger à ce temps, même s'il n'est pas aussi largement répandu, ni satisfait par autant de textes, qu'il le sera plus tard : sa vigueur n'est pas moindre, chez ceux qu'il anime, que chez les « renaissants » du XIIᵉ et du XVIᵉ siècle.

PASCHASE RATBERT

Plus austère se révèle Paschase Ratbert (mort abbé de Corbie en 860), qui connaît bien Cicéron et Sénèque, mais critique ceux qui s'occupent de commenter des ouvrages de philosophie païenne tels que les *Académiques*, ou *le Songe de Scipion*. Lui-même s'est consacré à l'exégèse de l'Écriture (il a laissé un commentaire sur l'*Évangile de saint Matthieu* auquel il a travaillé toute sa vie), à la biographie *(Vita Adalhardi, Epitaphium Arsenii)*, surtout à la théologie : *De corpore et sanguine Domini* (831), *De fide, spe et charitate*. C'est donc le genre monographique qu'il pratique lui aussi. Il s'inspire avant tout de saint Augustin. Dans l'histoire de la théologie, son traité de l'Eucharistie marque une date, par l'effort synthétique et spéculatif qu'il implique : il annonce la scolastique. Dans l'immédiat, il donna lieu à une controverse où furent engagés, outre Raban Maur, deux autres auteurs originaux : Ratramne et Godescalc.

RATRAMNE

Le premier, moine de Corbie, mort après 868, a été mêlé à diverses polémiques de son temps; il écrit sur l'Eucharistie *(De corpore et sanguine Domini)*, sur la prédestination *(De praedestinatione)*, sur la procession de l'Esprit, dont l'Occident et l'Orient disputaient *(Contra Graecorum opposita)*, sur l'âme *(De quantitate animae)*, qu'il montre n'être ni localisée ni circonscrite. Un trait de son esprit est la résistance au réalisme (pris ici comme une attitude mentale d'ensemble); il nie, contre Paschase, que le corps du Christ soit matériellement présent sur l'autel; il y est à titre spirituel. On a récemment retrouvé et étudié (Dom C. Lambot, Ph. Delhaye) un *De anima* écrit par Ratramne à la demande de son ancien abbé Odon, devenu évêque de Beauvais, contre un moine anonyme qui avait soutenu qu'il existait une âme universelle. Se fondant sur un texte énigmatique du *De quantitate animae*, de saint Augustin, cet inconnu repousse à la fois la pluralité et l'unité absolue des âmes; mais il pense que les âmes particulières participent d'une âme universelle réelle, comme d'une espèce subsistante. Il invoque au surplus à l'appui de sa thèse un texte platonisant de Boèce, tiré du traité *De l'incarnation du Christ*. Ratramne refuse de croire qu'Augustin parle d'autre chose que du concept d'âme, qui, suivant qu'on le considère en soi ou dans son rapport aux individus à qui on l'attribue, a des sens différents, et n'est donc à la fois ni un, ni un et multiple, ni multiple. Il ajoute que la doctrine de l'unité de l'âme est contraire à la foi. Au surplus pourrait-on, dans cette hypothèse, maintenir l'originalité irréductible des personnes? Comment encore concevoir que l'âme puisse être à la fois une et plusieurs, sans contradiction? S'il y a unité de plusieurs âmes, elle est purement morale, spirituelle, non pas substantielle. Enfin, une espèce n'existe pas vraiment : elle n'est, comme le dit Boèce dans son commentaire sur Porphyre, qu'une ressemblance perçue par l'esprit, entre des individus, seuls réellement existants. Ici, Ratramne, qui a mal compris le sens historique des hésitations d'Augustin et du néoplatonisme de Boèce, est en avance sur le plan philosophique, en préludant au conceptualisme qui prévaudra plus tard (Ph. Delhaye).

GODESCALC

C'est un personnage fort curieux, à la fois original et bien représentatif de son siècle, que le moine Godescalc; fils d'un comte saxon, « offert » encore enfant (vers 822) à l'abbaye de Fulda, alors sous Raban Maur, il obtient d'en sortir en 829, et commence une existence errante qui le mène à Corbie, à Orbais (dans le diocèse de Soissons), à Rome, en Italie du Nord, dans les Balkans... À partir de 840, il commence à soutenir, à propos de la prédestination, des thèses qui lui valent d'être deux fois condamné et fouetté (848, 849), et emprisonné au monastère de Hautvillers, près de Reims, où il reste de 849 à sa mort (entre 866 et 870). Aussi lettré qu'on pouvait l'être à son époque, il a écrit sur la théologie et sur la grammaire; la fougue de son style, d'ailleurs volontiers contourné, reflète celle de son esprit. Sa doctrine de la prédestination est celle d'un augustinien extrémiste : les méchants sont prédestinés à la mort comme les bons à la vie *(gemina praedestinatio)*; le libre arbitre est éteint par le péché. Dieu n'a pas voulu sauver tous les hommes mais rien que les élus, pour lesquels seuls le Christ est mort. Contre lui, Godescalc trouva Hincmar, archevêque de Reims, alerté par Raban, et Jean Scot, dont le traité sur la double prédestination fut d'ailleurs mal accueilli à cause de son caractère dialectique; au contraire Ratramne, Loup de Ferrières, Florus de Lyon, furent du côté du moine d'Orbais; ce sont là seulement les plus importants des auteurs mêlés à la querelle, qui fut longue. Impliqué, on le sait, dans la dispute eucharistique, où il prit parti contre Paschase Ratbert, Godescalc soutint encore, de sa prison, une autre controverse avec Hincmar, plus intéressante peut-être que la première; si les débats sur la prédestination sont une constante de l'histoire du christianisme (le janséniste C. Mauguin devait publier au XVIIe siècle un texte de Godescalc), une question qui ne prend sens qu'à une époque déterminée peut retenir davantage l'historien de la culture. C'est le cas de la querelle sur la *trina deitas:* Hincmar pensait que cette formule, d'origine liturgique, impliquait une tripartition de la divinité, une négation de l'unité de Dieu; Godescalc, d'accord avec Ratramne, soutenait à l'inverse que

la refuser, c'était nier le dogme de la Trinité. Dispute de
mots, mais d'autant plus significative : pour des esprits
imprégnés de grammaire, la pensée est intimement
apparentée aux mots, est juste ou fausse, orthodoxe ou
hérétique, ni plus ni moins que les termes qui l'expriment.
L'argumentation de Hincmar consiste à peu près en une
accumulation de textes patristiques. Celle de Godescalc
est plus subtile; on l'y voit amplement muni de textes,
scripturaires et patristiques, peu instruit de logique
(quand d'aventure il forme un syllogisme, il l'annonce
par plusieurs lignes d'explications solennelles et alam-
biquées), mais très attentif au langage. Par exemple :
Dieu est un; on en a la preuve en ce qu'il est dit *lux,*
pax, et que ces deux mots, les grammairiens l'enseignent,
ne peuvent se mettre au pluriel. Ou encore : la perfection
d'une qualité s'exprime par un substantif abstrait, comme
l'explique saint Jérôme dans un commentaire biblique
(*perfectus homo = humanitas*); l'histoire sacrée nous
présente des triades de personnages qui sont, dirions-
nous en des termes qui ne sont pas ceux de Godescalc,
des archétypes personnels : ainsi, Adam, Ève, Abel,
distincts l'un de l'autre par leur sexe et le mode de leur
venue au monde; Pierre, Paul, Jean, saints éminents
morts de façons différentes. Chacun d'eux peut être dit
humanitas, et chacune des triades, qui rassemble trois
types de perfection relative, *humanitas triplex et una,* mais
non *humanitas trina et una : triplex* exprime une simple
réunion, *trina,* une communauté telle que la Trinité n'est
pas plus qu'une seule des Personnes; ainsi l'exige la
perfection absolue, propre à la divinité. L'interprétation
du mot *triplex* est elle-même appuyée sur un texte biblique.

Ne nous étonnons pas trop de tels raisonnements; ils
ne sont pas le fait d'un esprit inculte — Godescalc sait
beaucoup de choses — mais d'un grammairien que la
familiarité avec les textes révélés, le souci d'exactitude
théologique puisé chez son maître Augustin, et la pratique des controverses, ont rendu sensible à la valeur
des formules. On peut le rapprocher de Frédégise :
l'un et l'autre perçoivent dans les mots tout le poids de
la réalité; et leur spéculation reporte dans la sphère de la
grammaire un réalisme spontané que l'ignorance de la
philosophie empêchait de trouver sa voie normale,
qui eût été le platonisme; Godescalc a appris d'Augustin

à méditer sur les vestiges sensibles des choses spirituelles,
et sa réflexion sur le sens des substantifs abstraits semble
la transposition d'une métaphysique des essences. On
se condamne à mal comprendre la pensée médiévale,
et spécialement la carolingienne, si l'on n'est pas très
attentif aux conceptions du langage, explicites ou implicites, qui la sous-tendent.

JEAN SCOT ÉRIGÈNE

Le maître de la renaissance carolingienne était venu
d'Angleterre; c'est d'Irlande que lui vint le plus génial de
ses penseurs, Jean Scot Érigène. On ne sait pas la date
exacte de sa naissance; elle doit se placer dans le premier
quart du IXe siècle. Comme beaucoup de ses compatriotes,
il vient sur le continent où probablement il complète les
connaissances qu'il a acquises dans son île. Il arrive à la
cour de Charles le Chauve vers 846-847, enseigne à l'école
palatine; il y commente notamment les *Noces de Mercure
et de Philologie,* de Martianus Capella; dans cet exposé des
sept arts libéraux, il fait la plus belle part à la dialectique.
Il est prié par Hincmar de donner son avis sur la prédestination, à l'occasion de la querelle qui s'émeut autour
de Godescalc : en 851, il donne son *De praedestinatione.*
Plaçant le problème dans le champ dialectique, il entreprend de montrer notamment qu'en Dieu, qui est simple,
ne peut s'enraciner de prédestination double, comme le
voulait Godescalc; que Dieu ne peut ni prévoir les péchés
ni préparer à l'avance leurs peines, car péché et peine ne
sont que néant; que l'enfer est purement intérieur, et consiste en remords. La méthode et le fond de l'ouvrage firent
scandale : Hincmar n'avait pas à se féliciter d'avoir cherché
un allié aussi compromettant; le *De praedestinatione* fut
condamné au synode de Valence (855), puis un peu plus
tard au synode de Langres.

Peu encouragé par cet essai dans le métier de contro-
versiste, l'Érigène se tourne vers la traduction : il développe sa connaissance du grec et s'attaque aux ouvrages
de théologie attribués à Denys l'Aréopagite qui, pensait-
on, avait été converti par saint Paul, et avait reçu de lui
la révélation des mystères auxquels l'apôtre avait été introduit au cours de ses extases. Ces textes datent en réalité
du début du VIe siècle. L'empereur Michel le Bègue en

avait envoyé une copie, en 827, à Louis le Pieux, qui chargea Hilduin d'en faire la version en latin. Hilduin, qui était abbé de Saint-Denis, écrivit en outre une *Passio sanctissimi Dionysii,* où il affirmait que l'Aréopagite était aussi le fondateur de cette célèbre abbaye. Sa traduction apparut insuffisante, trop obscure, et Charles le Chauve chargea Jean d'en procurer une nouvelle. Celui-ci s'en acquitta entre 860 et 862; il travaillait sur une copie défectueuse d'un texte en soi difficile, et lui-même n'avait pas du grec une connaissance bien poussée. Pourtant, en s'aidant de ce qu'avait fait son prédécesseur, il réussit à rendre Denys plus accessible aux Latins. Il traduisit en outre (vers 862-864) les *Ambigua* de Maxime le Confesseur (éclaircissements sur Denys et Grégoire de Nazianze) et le *De hominis opificio* de Grégoire de Nysse. Entre 862 et 866, il écrit les cinq livres du *De divisione naturae,* ou *Perifision,* son œuvre capitale. Plus tard, il entreprend de commenter Denys, inaugurant la série des « commentaires dionysiens » qui seront de première importance dans l'histoire de la théologie médiévale; mais il ne nous reste que son « exposition » de la *Hiérarchie céleste;* celles des autres œuvres sont perdues, à moins qu'elles n'aient jamais été composées. Enfin, il compose un commentaire et une *Homélie sur l'Évangile de saint Jean.* La date de sa mort est inconnue. Elle est probablement voisine de 870. Une légende tardive veut qu'il ait été appelé en Angleterre par le roi Alfred, et qu'il ait été tué à coups de stylets par ses élèves; d'autres disent : martyrisé. Rien de tout cela n'est fondé.

Jean Scot Érigène doit le caractère de sa pensée à son contact avec les Grecs, et à la prédilection qu'il leur porte. Son cas rappelle en cela ceux de Marius Victorinus et de Boèce. La théologie de Denys, les principes exégétiques d'Origène, influent profondément sur sa pensée, plus encore que la doctrine de saint Augustin, que pourtant il a utilisée largement. C'est un système complet qu'il expose dans le *De divisione naturae,* une description de l'univers, indivisiblement théologique et philosophique; les méandres du développement, voire son désordre, expriment à leur façon ce qu'il y a de total et de complexe dans son intuition du double mouvement de la « nature » : descente et remontée dont le point de départ et d'arrivée est le même, Dieu. Mais avant d'en décrire les grandes lignes, il faut se demander sur quelles bases Jean Scot construit son vaste édifice.

Il nous dit, dans son *Homélie sur l'Évangile de saint Jean*, que « la lumière éternelle se manifeste au monde de deux façons : par l'Écriture, par la créature ». C'est là déjà fixer deux points importants : l'idée d'abord que tout ce qu'on rencontre, choses et textes sacrés, est également une révélation de Dieu, en même temps qu'un voile qui le cache, « les deux vêtements du Christ » ; d'où la seconde idée, qu'une lecture correcte de ce double message exige que l'on comprenne, puis dépasse, le sens immédiat, destiné à nous faire passer à l'esprit de l'Écriture et à la raison de la créature. C'est ainsi que « nul n'entre au ciel, sinon par la philosophie » ; car vraie philosophie et vraie religion se confondent : elles consistent toutes deux en une recherche de la sagesse, qu'on atteint en scrutant la double donnée, scripturaire et sensible, où Dieu se montre et se cache. En fait, c'est surtout sur l'Écriture que Jean Scot se fonde. Cela se comprend, si l'on songe que pour lui comme pour la tradition patristique, la foi vient d'abord ; lui aussi cite le texte fameux d'Isaïe (« si vous ne croyez pas, vous ne comprendrez pas »), et pense qu'il faut s'efforcer de comprendre ce qu'on croit : « Le salut des âmes fidèles consiste uniquement à croire ce qui est dit en vérité du principe de toutes choses, et à comprendre ce qui est cru en vérité. »

En termes plus concis, voici la méthode : « prendre la parole divine pour point de départ du raisonnement (*ratiocinationis exordium ex divinis eloquiis assumendum esse*) ».

Pour ce travail, on peut s'aider des explications qui ont déjà été fournies par les Pères ; la variété de leurs interprétations ne doit pas nous étonner, car l'Écriture a des significations aussi nombreuses que les nuances de la queue du paon. Toutefois, il est permis de choisir, et pour choisir, il faut raisonner ; c'est en ce sens, et en ce sens seulement, qu'Érigène fait passer la raison avant l'autorité : la raison est naturellement antérieure aux autorités humaines, qui doivent en être approuvées, alors que l'inverse n'est pas vrai ; au reste vraie autorité et droite raison ne peuvent se contredire, car elles viennent d'une même source : la sagesse divine. Celle-ci est donc à l'origine de toute lumière ; dans l'Écriture, elle nous instruit principalement par l'*allégorie* cachée derrière

l'*histoire;* car l'histoire signifie une réalité plus profonde :
qu'Abraham ait eu deux fils, l'un né de la femme libre,
l'autre de l'esclave, c'est un fait historique; mais il faut
percevoir à travers lui la comparaison entre l'Ancien
Testament et le Nouveau. Puisqu'il y a consonance entre
l'Écriture et les choses, on peut comparer la première
au monde, et aux quatre éléments les quatre enseignements qu'on y trouve; autour de l'histoire, qui correspond
à la terre, se distribuent concentriquement la morale,
comparable à l'eau; la science de la nature, à l'air; la
contemplation, au feu. Les trois sens non littéraux, qui
sont classés selon la division platonicienne des sciences
(éthique, physique, théologie), sont, pris tous ensemble,
l'objet de la contemplation, ou spéculation, ou *theoria,*
ou *consideratio rationis.* Pris un à un, ils sont hiérarchiquement ordonnés, et c'est la connaissance du dernier, ou
« contemplation théologique », qui est vraiment la sagesse,
le point le plus haut où puisse atteindre l'esprit; les autres
sont encore de l'ordre de la science.

Telles étant les prémisses et les sources de la pensée
érigénienne, comment celle-ci se développe-t-elle? Le
titre même du *De divisione naturae* l'indique en partie :
la division est une des quatre opérations de la dialectique,
les autres étant la résolution, la définition et la démonstration. Les deux dernières, utilisées dans le *De praedestinatione,*
s'effacent ici devant les deux autres, qui définissent le
double mouvement concret par lequel les créatures
descendent du créateur (division) et y remontent (résolution, ou analyse : c'est-à-dire en somme retour du causé
à sa condition). Or, cet aller-et-retour donne son sens
réel à la répartition de la nature en quatre « espèces »,
que Jean Scot expose tout au début de son œuvre :
1, celle qui crée et n'est pas créée; 2, celle qui est créée et
crée; 3, celle qui est créée et ne crée pas; 4, celle qui ne
crée ni n'est créée. Les trois premières correspondent
respectivement à Dieu (dont Scot précise qu'il ne fait
pas partie de l'univers créé, mais qu'il en est la source :
c'est pourquoi il est nommé ici); aux « causes primordiales » (les Idées); aux « essences intelligibles et célestes,
visibles et terrestres ». La quatrième est identique à la
première, mais prise maintenant comme terme du retour
de toutes choses à leur principe.

Que pouvons-nous savoir et dire de Dieu? Rien de

vraiment propre, puisqu'il dépasse toute intelligence.
Pourtant l'Écriture en parle; le *De praedestinatione* distingue, parmi les mots dont elle se sert, ceux qui sont
« quasi propres » (*il est;* essence, vérité, vertu, etc.) et
ceux qui sont « transposés » (par exemple, ceux qui
semblent attribuer un corps à Dieu : « le bras du
Seigneur », « l'œil du Seigneur »...). Le *De divisione naturae*
n'insiste guère plus que sur ceux de la seconde espèce,
qui signifient par transposition, figure, métaphore,
symbole... Ce changement est lié à l'étude de Denys par
Jean Scot et à la découverte de la « théologie négative »,
qui corrige ce que la théologie affirmative a d'insuffisant,
et même d'illusoire. La revue des dix prédicaments,
genres suprêmes de l'attribution, montre qu'aucun d'eux
ne peut convenir à Dieu, qui surpasse tout jugement :
tout ce qui nous reste, c'est de remonter à lui, puisqu'il
est cause, à partir du contenu des catégories. Il faut alors
rétablir la vérité en juxtaposant à notre affirmation la
négation symétrique, qui ne la contredit pas, car c'est
une négation qui exprime une excellence, et non un
défaut. Soit par exemple le jugement : Dieu est essence;
il faut comprendre qu'on ne peut l'énoncer que selon
une certaine transposition du sens des termes, donc qu'il
n'est pas vrai à la rigueur; d'où résulte la négation :
Dieu n'est pas essence. Est-ce dire que Dieu soit, pour
ainsi dire, privé de ce qu'on en nie? Pas du tout; le vrai
moyen de tenir ensemble la vérité de ces deux jugements,
c'est de les fondre en un troisième : Dieu est superessentiel. Ainsi on exprime sa situation propre, au-dessus de
la négation pure comme de la limitation que supposent
tous nos mots. Jean Scot attache une grande importance
à ce dépassement de la contradiction, exprimé par le
préfixe *super :* il regrette que la langue latine se prête
mal à son utilisation systématique; toutefois, ce terme :
superessentiel, et d'autres de même formation, lui ont paru
irremplaçables; leur présence dans un écrit du temps
témoigne que son auteur a subi l'influence érigénienne.

Donc, si l'on attribue l'être à tout ce que nous sentons
et pensons, il faut attribuer à Dieu le *non-être* (c'est le
premier des cinq sens de cette expression, les quatre autres
sont : le non-être d'une essence comparée à une essence
inférieure : l'ange n'est pas homme; le non-être de ce
qui est encore virtuel; celui qu'on attribue à la matière

et au corps, par opposition aux choses spirituelles, qui
sont véritablement : c'est le sens des philosophes; enfin,
le non-être qu'on attribue à l'homme pécheur, par opposition à l'être de la nature humaine restaurée par la grâce).
De ce Dieu ainsi désigné, l'Écriture nous enseigne qu'il
est Trinité; constant dans sa préférence des Grecs, Jean
Scot la formule dans leurs termes, (trois substances, une
essence) plutôt que dans ceux des Latins (une substance,
trois personnes); il admet d'ailleurs qu'ils s'équivalent, la
foi étant la même. Cette Trinité a des vestiges dans les
créatures. Ainsi, on peut y remonter en partant de la
structure générale du monde, dont Dieu est cause : l'être
des choses nous permet de concevoir que Dieu est, de le
poser comme essence, et c'est le Père; la division de la
nature en espèces, genres... nous montre qu'il est sage :
la Sagesse divine est le Fils; le mouvement universel témoigne que Dieu vit, donc qu'il est Esprit. Ainsi encore
on trouve en l'homme une analogie de la Trinité : l'intellect humain crée d'une certaine façon, par sa raison, ce
qu'il perçoit, ou pense; puis le recueille dans le sens intérieur, qui le dépose dans la mémoire : *intellectus, ratio* (ou
ars), *sensus,* reflètent dans leurs activités la vie trinitaire (on
voit clairement dans le principe de cette analogie l'influence de saint Augustin, aussi bien que dans la théorie
de la perception qu'elle suppose : c'est l'âme qui sent;
mais elle porte aussi la marque d'Érigène, qui pousse à
l'extrême la spiritualisation du monde matériel, comme
on le verra plus loin). Les attributs de Dieu — science,
création, etc. — expriment diversement son essence
simple et une : donc, Dieu connaît par son être même,
et sa connaissance est cause de l'être des créatures. Il
en résulte qu'il ne connaît pas ce qui n'est pas : le mal,
le contradictoire, ce qui n'est pas encore produit. Il
ignore même ce qu'il est : cette non-science de Dieu
doit être comprise en liaison avec son non-être, car elle
vient de ce que sa superessence échappe aux cadres des
catégories : « Dieu ignore quelle chose il est, car il n'est
pas quelque chose » *(Deus nescit se quid est, quia non est
quid)*. De sa création résultent les Idées primordiales
(nature créée, qui crée) et les choses (nature créée, qui
ne crée pas); les unes et les autres sortent du non-être :
les secondes du non-être absolu; les premières, du non-
être qui est la superessence divine. Mais on sait d'autre

part que la création des choses est une manifestation de
Dieu (« théophanie ») : on peut donc dire que Dieu se
crée en créant, puisque ainsi il se manifeste. Cette présence
particulière de Dieu au monde explique qu'on puisse
dire qu'il est à la fois, pour l'univers, principe, *medium,*
et fin de son être; ou, avec saint Paul, qu'en lui nous
avons vie, mouvement et être : nous sommes en lui par
la raison de notre essence, nous y mouvons par la raison
de notre vertu, y vivons selon la raison de notre immortalité; et ces trois raisons préexistent en lui. On voit donc
qu'il n'y a là nul panthéisme, mais rapport réciproque
de manifestation et de participation; le second est suggéré
par la préexistence qu'on vient d'évoquer, et se développe
dans la doctrine des causes primordiales.

Celles-ci sont les prototypes des choses créées; elles-
mêmes ne le sont pas, dans la mesure où le nom de créature s'applique proprement à ce qui a un commencement
dans le temps. Elles sont pourtant différentes de Dieu,
et même plus précisément du Verbe dans lequel il les
forme : le Verbe est absolument coéternel à Dieu, et
les « exemplaires primordiaux » ne le sont « pas entièrement » *(non omnino).* En un sens donc on peut dire que le
Verbe est le prototype des choses, mais d'un autre côté,
étant Dieu engendré, non créé, il n'est pas un avec ce
que Dieu produit en lui : les Idées (appelées aussi, de
noms traduits du grec, prédestinations, prédéfinitions,
volontés divines, et encore espèces, ou formes). Celles-ci
forment en effet le deuxième genre de la nature : créée,
qui crée. Toutefois, dans la mesure où elles s'identifient
au Verbe, elles ne forment qu'une seule réalité, que
l'esprit pourrait développer en un nombre infini, et
ranger dans un ordre quelconque : tant est riche cette
unité. Jean Scot énumère quelques-unes de ces formes
primordiales : bonté, essence *(ousia),* vie, sagesse, vérité,
intelligence, raison, vertu, justice, salut, grandeur, toute-
puissance, éternité, paix... Cette liste paraît prélevée sur
la liste dionysienne des noms divins, ce qui pose par
un autre biais la difficulté déjà signalée : les Idées, en
tant qu'on peut voir en elles les raisons selon lesquelles
se structure la causalité divine, sont et ne sont pas identiques au Verbe, Sagesse et Art de Dieu. Il paraît cependant que c'est la différence qu'il faut plutôt retenir, car
elles sont aussi bien des théophanies, des modes d'appa-

raître de Dieu, alors que l'essence divine elle-même
échappe aux prises de tout intellect, même angélique.

Au troisième rang, ce sont encore des théophanies
qui se placent : les choses créées, qui ne créent pas. En
effet elles participent des causes primordiales, qui elles
mêmes sont des manifestations de Dieu; et nous savons
que la nature signifie, comme l'Écriture. D'autre part,
ce rapport de participation qui rattache les choses à
leurs exemplaires donne son sens plein au schéma
hiérarchique selon lequel s'étage l'ensemble de ce qui
est : la participation est en effet « une distribution des
donations divines, du haut en bas, aux ordres inférieurs
par l'intermédiaire des supérieurs ». On sait aussi que
les créatures d'un certain rang ne sont pas, si on les
compare à celles d'un rang plus élevé : il faut donc
dire que les créatures qui doivent leur existence à la
descente, degré par degré, de l'influence divine, gardent
bien quelque être, mais non substantiel, moindre que celui
des Idées; ce sont au vrai des « images transitoires »,
des « résultats des choses qui existent vraiment ». À
l'intérieur même de cette sphère du créé non créant, il
y a un ordre descendant qui va de l'ange, esprit pur,
à l'homme, puis au monde matériel. L'homme a une
place particulière, car sa nature est mixte, et d'autre
part il est cause de ce qui lui est inférieur; il est donc
de toutes les créatures le moyen terme *(medietas)*, l'union
(adunatio), la conclusion *(conclusio)*, la fabrique *(officina)*;
c'est encore un « microcosme ». Que signifient ces caractères? D'une part, l'homme a, en commun avec l'ange,
l'intellect; avec l'animal, le sens, et la vie avec les semences; son bien propre est la raison. D'autre part, il est
la cause, ou l'occasion plutôt, du monde matériel, qui
lui est hiérarchiquement subordonné. Les choses sensibles
sont constituées d'éléments intelligibles — forme, nature,
quantité, qualités, etc. — donc d'incorporels, étalés dans
la matière par suite de la faute originelle. La création
décrite par la *Genèse* est en soi un déploiement théophanique, purement intelligible. Mais par le péché l'homme
a entraîné dans sa chute ce monde spirituel, qui s'est
matérialisé. Cette catastrophe a d'ailleurs été instantanée :
la faute de l'homme a précédé la tentation, car pour y
succomber il fallait qu'il se fût d'abord « tourné vers
soi »; d'autre part, le récit biblique laisse entendre que

le péché a suivi immédiatement la création de l'homme;
et Dieu, prévoyant ce fait, avait « concréé les conséquences du péché en l'homme et avec l'homme ». L'ordre
ici n'est donc pas historique, mais si l'on veut, logique :
on ne peut dire qu'un état purement spirituel ait précédé
dans le temps l'état actuel de l'homme. Pourtant, ce
dernier état est bien la conséquence du péché. Comme
toute la substance du genre humain était en Adam, la
volonté et le péché de l'un ont été la volonté et le péché
de tous : ce qui explique la permanence des conséquences
ontologiques et morales de la chute du premier homme.

Mais après la descente, vient la remontée : après la
division, l'analyse. Ce mouvement est l'œuvre de la nature
et de la grâce, qu'on peut appeler, si on les rapporte à Dieu
qui les confère, respectivement *datio* et *donatio*. Il y a
en effet une tendance du non-être à l'être (aux deuxième,
quatrième et cinquième sens de ce couple de contraires) :
Jean Scot appelle *informitas* ce désir de la créature de
retrouver sa forme. La remontée sera donc un passage
du matériel au spirituel, du créé à l'exemplaire. Pour
l'homme, la mort marque le point extrême de l'éloignement, et le premier du retour (on se rappelle que chez
Marius Victorinus la mort du Fils marque le point
extrême du mouvement divin vers l'extérieur, et le début
du retour rédempteur : c'est le même schème néoplatonicien qu'on retrouve ici). Puis viendra la résurrection
des corps, où disparaîtra, comme l'enseigne l'Évangile,
la distinction des sexes, qui n'avait de raison d'être qu'en
fonction des conséquences de la chute. Puis le corps
devenant vie; la vie, sens; le sens, raison, et la raison,
pensée, le corporel aura achevé de se résorber dans le
spirituel dont il était descendu. Cette âme rentrera à son
tour dans sa cause primordiale, donc dans le Verbe où
les Idées sont contenues. Avec l'homme le monde
sensible réintégrera sa raison première, et « il n'y aura
plus que Dieu seul, qui sera tout en tout ». Mais cette
réintégration de la créature au créateur n'est pas la même
chose que la béatitude, œuvre de la seule grâce. Tous
les hommes, bons ou méchants, verront leur nature
restaurée; mais aux bons sera réservée la « déification »,
en trois stades : science des intelligibles; sagesse, point
ultime où la créature peut parvenir dans son mouvement
vers la vérité; enfin, absorption de la pensée dans la

lumière ténébreuse de Dieu qui n'apparaîtra pas lui-
même, mais en autant de théophanies qu'il y aura de
bienheureux. La nature ne se perdra pas en Dieu : il
en sera comme de l'air illuminé, qui disparaît dans la
lumière sans cesser d'être de l'air. Puisque d'autre
part le terme du mouvement de retour est aussi une
réunion aux causes primordiales, il y a peut-être là un
moyen de comprendre comment les Idées peuvent être
intimement unies au Verbe sans lui être identiques.
Quant aux damnés, ils n'auront évidemment point de
part à cette déification. Il n'y aura pas pour eux d'enfer
matériel, la matière s'étant résorbée dans la « résolution »
de la création ; d'autre part, le même mouvement de retour
aura éliminé tout mal de la nature, intégralement restaurée. Toutefois, ils encourront bien un supplice éternel,
puisqu'ils ignoreront toujours la vérité, étant perpétuellement dans « la privation et l'absence du Christ » :
l'idée d'une spiritualisation intégrale des choses est ainsi
compatible avec le texte de l'Écriture. Le chaos qui
séparera les élus des damnés sera d'ordre intérieur :
on se rappelle que Claudien Mamert avait soutenu une
idée analogue.

La pensée de Scot Érigène suscita d'emblée méfiance
et enthousiasme : la doctrine du *De praedestinatione* avait
de quoi étonner ses contemporains, par son parti pris
dialectique ; plus encore celle du *De divisione naturae,* qui
faisait entrer d'un coup en Occident les plus hardies
spéculations des Grecs. Mais on a pu aussi relever son
influence dès la fin du IXe siècle, même si l'on ne distingue
pas d'école érigénienne à proprement parler ; sans doute
cette pensée était-elle trop neuve, trop forte, pour trouver
d'emblée une postérité. Au début du XIIe siècle, la *Clavis
physicae* d'Honorius Augustodunensis reprend le *De divisione naturae ;* on trouve encore la trace de Jean Scot chez
plusieurs autres auteurs, parmi lesquels Isaac de l'Étoile,
Anselme de Laon, Alain de Lille, Hugues de Saint-Victor.
Amaury de Bène le compromit : le *De divisione* fut condamné en 1225 par le pape Honorius III ; beaucoup
d'exemplaires en furent alors brûlés ; non pas tous, puisque
nous connaissons cette œuvre de première main, et intégralement. Mais son action directe sur le Moyen âge avait
cessé. On n'en peut dire autant des traités de Denys,
toujours largement répandus et passionnément étudiés ; il

est vrai que d'autres traducteurs en ont donné leurs versions : Jean Sarrazin vers 1167, Robert Grossetteste entre 1239 et 1243. Mais, au temps même des grands scolastiques, celle de Jean Scot sera encore en honneur.

HEIRIC D'AUXERRE

Parmi les témoins de l'action immédiate de la pensée érigénienne, il faut compter d'abord Heiric d'Auxerre (841-876) : formé à l'école bénédictine d'Auxerre, puis à Ferrières sous Servat Loup, il fut initié à l'érigénisme, à Laon, par l'Irlandais Élie; après avoir étudié la théologie à Soissons, il retourne à Auxerre pour y être maître à son tour. À l'enseignement reçu à Ferrières il doit sa bonne connaissance de la grammaire et des auteurs classiques. Lui-même écrit en vers une *Vie de saint Germain,* dont le prologue parle de l'afflux, sur le continent, de ces maîtres irlandais qu'il avait pu connaître à Laon. Il glose les *Dix Catégories* attribuées à saint Augustin, peut-être aussi le *De dialectica* attribué au même, l'*Isagoge* de Porphyre et le *De interpretatione* d'Aristote. Dans les premières de ces gloses, celles qu'on peut lui imputer avec le plus d'apparence, on trouve une définition du mot « nature » qui révèle l'influence de Jean Scot :

On appelle nature tout ce qui est, visible ou invisible, sensible ou intelligible, créant ou créé. Donc, *nature* est le nom générique *(generale nomen)* de toutes choses : de celles qui sont, et de celles qui ne sont pas. On dit que ne sont pas celles qu'on ne peut percevoir ni comprendre *(nec sentiri, nec intelligi);* non qu'elles ne soient pas, mais elles sont telles qu'elles surpassent toute pensée du corps et de l'âme. C'est pourquoi Dieu est dit *nature,* parce qu'il fait tout naître, et toute créature est dite *nature,* parce qu'elle naît.

D'autres textes attribués à Heiric sont de tendance nominaliste avant la lettre. Dans l'un, on nous dit que les noms de qualité ne désignent aucune chose :

Si l'on dit *blanc, noir,* absolument, et sans une substance propre et déterminée qui contienne [le blanc ou le noir], on ne peut montrer par là une chose déterminée — à moins de dire *homme blanc,* ou *cheval blanc,* et de même avec *noir.*

On nous explique dans un autre que les espèces, les
genres, et enfin le genre le plus général, résultent d'une
opération de l'esprit, qui ne pourrait autrement retenir
tous les noms des choses singulières :

> Les noms propres sont innombrables, nul entendement, nulle
> mémoire, ne peut les connaître ; l'*espèce* les rassemble tous en
> un seul faisceau (*omnia coarctata species comprehendit*) et forme
> le premier degré, le plus vaste... Mais à leur tour les noms
> d'espèces sont innombrables, on ne peut les embrasser tous :
> d'où résulte la constitution d'un degré plus étroit, celui du
> *genre*... De nouveau ces genres, bloqués en un seul nom,
> forment le troisième degré, le plus resserré, le plus étroit,
> puisqu'il consiste en un seul nom : *essence (ousia)*.

Certes, cela ne fait que résumer un passage du traité
des *Dix Catégories* attribué à saint Augustin ; le mot
ousia s'y trouve déjà, mais pour un disciple de Jean Scot
il devait avoir une résonance particulière. Que ces textes
viennent ou non d'Heiric, ils montrent que le réalisme
ontologique de Jean Scot pouvait se combiner à un
nominalisme logique : on en trouve un témoignage
encore plus net dans un commentaire anonyme des *Dix
Catégories* qui est de la même époque ; l'auteur y décrit
la génération ascendante des espèces et des genres de
la même façon que l'œuvre qu'il explique, et termine
sur un rappel de la définition érigénienne de la nature :

> C'est par des degrés, par des sortes d'ascensions qu'on va de
> l'espèce au genre, du genre au plus général... Au premier
> degré on dit *homme, cheval, lion, taureau*... Le deuxième, c'est
> *animal*, qui désigne l'homme, le cheval, etc. Au troisième
> degré, je dis *ousia*, le nom le plus ample de toutes les choses,
> visibles ou invisibles, et par qui est embrassé tout ce qui est,
> et au-delà ce qui n'est pas.

L'habitude de la réflexion philosophique n'était pas
assez enracinée pour qu'on s'avisât de mettre en question,
l'une à partir de l'autre, des autorités également presti-
gieuses.

REMI

À Heiric succéda son élève Remi (841-908), maître
à Paris après l'avoir été à Auxerre, puis à Reims (dont

il restaure les écoles en 893, avec Hucbald de Saint-
Amand, glossateur de l'*Isagoge* et auteur d'une *Harmonica
institutio*). Son œuvre est toute de commentaires : sur
la *Genèse*, sur les *Psaumes* (il s'inspire d'Ambroise pour
le premier, d'Augustin pour le second); sur des grammairiens (Donat, Priscien) et des poètes, païens (Térence,
Juvénal) ou chrétiens (Prudence, Sedulius), ainsi que sur
les *Disticha Catonis* (recueil de sentences morales, datant
du IIe siècle environ, largement utilisé dans l'enseignement
médiéval). Il glosa aussi la *Dialectique* attribuée à saint
Augustin, les *Noces* de Martianus Capella, ainsi que la
Consolation et les *Opuscules théologiques* de Boèce. Remi est
donc un bon exemple de ces maîtres du Moyen âge dont
l'activité tourne tout entière autour du *trivium* et de la
science sacrée : de tous Abélard sera le plus génial. Son
commentaire sur Martianus témoigne de l'influence de
Jean Scot; le genre y est défini comme « ce qui rassemble,
c'est-à-dire allie et embrasse, une multiplicité de formes,
c'est-à-dire d'espèces » (*genus est complexio, id est adlectio et
comprehensio multarum formarum, id est specierum*). Cela
pourrait impliquer une conception psychologique, ou
nominaliste, s'il ne disait aussi que l'espèce, *homme* par
exemple, est une « division substantielle » (*partitio substan-
tialis*) du genre, et en même temps « l'unité substantielle
de beaucoup d'hommes ». Les rapports d'espèce à genre
sont des rapports de participation, puisque le genre
suprême est l'*essentia* : or, « tout ce qui est consiste en une
participation » de l'essence, qui « descend, à travers les
genres et les espèces, jusqu'à l'espèce la plus spéciale
(*speciem specialissimam*) que les Grecs appellent *atome*
(*atomos*), c'est-à-dire individuel, insécable; par exemple,
Cicéron ». L'individu est défini comme le degré inférieur
de la hiérarchie des termes universels, et toute existence
par une participation du genre suprême : nous sommes
bien ici dans un climat réaliste. Remi se demande encore
quel est le mode d'existence des accidents, avant qu'ils
soient unis à la substance individuelle (la position même
de la question implique un présupposé réaliste) : par
exemple, la rhétorique, accident de l'âme, avant qu'elle
soit unie à la substance de Cicéron. Il répond qu'elle résidait, en puissance, dans la nature humaine en général, mais
inconsciente, ignorée, en suite du péché d'Adam; l'étude
la ramène à la mémoire : voilà donc la théorie platoni-

cienne de la réminiscence intégrée à l'histoire chrétienne de la chute. Remi avait un répondant en Boèce, dont il commente la *Consolation* entre 902 et 908 (il a été établi par H. Silvestre que là encore Remi s'inspire de Jean Scot) : on sait que cet écrit, où l'inspiration chrétienne reste sous-jacente, s'exprime systématiquement en termes de philosophie platonicienne. Remi s'attache à mettre au jour toutes les connexions entre le platonisme et le christianisme, jusque dans le détail des expressions et des métaphores de Boèce — ce qui dépasse sans doute l'intention de celui-ci, même si l'esprit général de la glose ne trahit pas celui du texte, quoi qu'on en ait dit. Quelques années plus tard, Bovo, abbé de Corvey, en Saxe, de 900 à 919, compose, en utilisant Macrobe et Virgile, un commentaire de la fameuse poésie 9 du livre 3 de la *Consolation,* hymne platonisant au « semeur de la terre et du ciel » : il s'efforce, au contraire de Remi, de séparer les expressions acceptables par un chrétien de celles qui ne le sont pas : méthode dont la sagacité critique supérieure a pour envers une interprétation trop littérale du poème.

ALMANNE

Citons enfin Almanne (mort en 889), moins proche de Jean Scot que les deux précédents, bien qu'il lui soit aussi redevable. C'est à Hautvillers, le monastère où Godescalc vécut sa longue captivité, qu'il fit ses premières études. Il est vraisemblable qu'il étudia, à Laon, le grec et la philosophie érigénienne, dont certains thèmes, mêlés à d'autres plus étrangers, mais d'esprit voisin, apparaissent dans une lettre écrite à Sigebod, archevêque de Narbonne, en lui envoyant un traité de liturgie allégorique (sur les rites de la dédicace d'une église). On y lit que Dieu est superessentiel; que le monde et l'homme sont composés de « quatre genres », qui sont les quatre éléments. En l'homme on peut distinguer un extérieur et un intérieur, chacune de ces deux parties étant elle-même divisée en trois : au corps appartiennent la « matière formée », le mouvement vital, et le « quintuple sens »; à l'âme, le sens intérieur qui règle les images, la raison, et l'*animus,* faculté directrice, par laquelle l'homme parvient au *spiritus,* qui est la vie divine de l'esprit. On

peut encore voir dans l'âme deux parties : l'une sensible
— elle s'appelle *aesthesis* — qui la rapproche du corps ;
l'autre supérieure, susceptible d'être illuminée et vivifiée
par le *spiritus,* et qui reçoit le nom d'*endelechia,* interprété
comme signifiant l'intériorité *(endon),* en même temps
que la perfection *(elikia) ;* cette erreur d'étymologie
remonte à Jean Scot.

Avec les disciples de l'Érigène, on atteint la fin du
IXe siècle et le début du Xe. La vigueur de la « renaissance
carolingienne » s'est manifestée, ou plutôt s'est surpassée
elle-même, dans l'apparition d'un ample système qui
lui apportait la richesse de la pensée grecque. Poids trop
lourd pour elle : Almanne, Heiric, Remi, si distingués
soient-ils, restent bien au-dessous de leur maître. Mais
les conditions d'une assimilation meilleure commencent
à faire défaut : l'âge carolingien s'achève dans le désordre,
une époque âpre commence.

LE Xe SIÈCLE

Cette époque, à vrai dire, est « ambivalente » (R. S.
Lopez) : l'ombre et la lumière y contrastent, et, les
années passant, c'est la seconde qui progressivement
l'emporte. À la désintégration de l'empire de Charlemagne, consommée sous Charles le Chauve, succèdent
d'autres démantèlements : les guerres entre les États
issus de ce vaste ensemble, les invasions normandes et
leurs ravages, qui ne cessent qu'avec la cession de la
Normandie à Rollon (911), entraînent l'insécurité, et
l'affaiblissement du pouvoir. À l'Est, en lutte avec les
envahisseurs hongrois, l'Empire ottonien rappelle,
mais n'égale pas, l'Empire carolingien. La féodalité
apparaît, s'installe, consacre le morcellement. À cette
nouvelle configuration sociale correspond un mode de
vie extrêmement rude, qui rappelle la dureté mérovingienne : chez les seigneurs plus ou moins puissants,
nul sens de l'universel ne dispute la place au sentiment
immédiat de l'intérêt personnel, âprement poursuivi et
satisfait. Du règne de la violence, de l'indigence intellectuelle, résultent une continuelle inquiétude, l'instabilité
nerveuse, l'émotivité, et aussi le culte des valeurs frustes,
la brutalité, le mépris de l'homme pour la femme, du
guerrier pour le clerc, du seigneur pour le peuple ;

l'attitude la plus positive (quand elle est réellement observée) est encore la loyauté au seigneur et aux compagnons, mais ce rapport purement personnel trahit à sa façon l'étroitesse des vues morales, comme en témoigne encore la sorte de morale de bande où il s'exprime. Plus tard l'idéal du « chevalier » s'épurera quelque peu, quelques essais seront tentés pour humaniser les relations guerrières. La société ecclésiastique est elle aussi d'un niveau médiocre. La religion est fortement teintée de superstition; les ordalies se multiplient, réglées par une véritable liturgie : il y a par exemple un cérémonial de la bénédiction, par le prêtre, de l'eau bouillante destinée à l'administration de la preuve judiciaire. La vie religieuse tend à se définir par les rites, les obligations et les interdits; le sens du péché, à faire place à la crainte de la sanction canonique et sociale (ainsi, l'interdit jeté sur une paroisse entière); le lien mystique à l'Église, à se transformer en l'appartenance à une société fermée, perçue à travers les images guerrières de la milice de Dieu, ou de sa citadelle, opposées à celles de Satan. Tous ces traits, qui nous apparaissent comme ceux d'une mentalité régressive, crispée sur l'angoisse et la violence, permettent de comprendre le faible niveau de la vie intellectuelle au Xe siècle. Celle-ci se maintient toutefois dans les écoles épiscopales, dans les cloîtres; le mouvement clunisien (Cluny est fondé en 910) lui sera favorable à cause de l'accroissement de force qu'il apporte à l'ordre bénédictin. La place éminente, quasi exclusive, qu'elle fait à la liturgie, l'amour de la « maison de Dieu », la prédilection pour une architecture conçue pour laisser entrer et librement jouer la lumière, peuvent s'interpréter comme une réaction spirituelle contre l'épaisseur brute de l'époque. Sur le plan économique, le développement de la puissance et de la propriété foncière des monastères, le souci de dégager les moines du travail de la terre, pour leur permettre de consacrer leur temps à l'office, déterminent une sorte de politique agricole et de grandes entreprises de défrichement. Elles concourent avec l'apparition de divers progrès techniques (charrue à roues et à versoir, extension de l'usage des moulins à eau); tout cela favorise l'essor de la population des campagnes, et en conséquence la mise en valeur de terres incultes, le développement de la circulation et du commerce (surtout en Italie : ce pays est alors en tête du progrès économique). La situation juridique et pratique des personnes s'améliore; indice riche de plusieurs sens, le mot *servus* tend à être remplacé par les noms dont on désigne certains peuples païens *(Sclavi, Sarraceni)*. De la fin du IXe siècle jusqu'au début du XIIe, on constate d'abord une chute profonde de la civilisation, de la morale et de la culture, puis une lente remontée, perceptible dans le courant même du Xe siècle. C'est le moment encore où les médecins de Salerne commencent à être renommés. Mais l'histoire des idées philosophiques ne peut mettre sur cette courbe que de rares points.

ABBON

Les noms d'Abbon de Fleury, de Gerbert d'Aurillac, de Notker Labeo et de quelques autres, témoignent qu'en des lieux divers de l'Occident la tradition des études s'est maintenue plus ou moins vivace tout au long de la période sombre. Abbon, mort en 1004, était un moine de Cluny; de 986 à 988, il séjourne à l'abbaye de Ramsey, au nord de Cambridge; il y avait été appelé pour restaurer les études dans le royaume anglo-saxon. Il dirige ensuite l'école du cloître de Fleury-sur-Loire (Saint-Benoît-sur-Loire). Il a écrit sur la grammaire *(Quaestiones grammaticae)*. Il a été le premier, avec Gerbert, à étudier les traités de Boèce sur le syllogisme; il a, dit un contemporain, « dénoué très clairement certains nœuds des syllogismes dialectiques ». Cela constitue un progrès important dans l'histoire de la logique. Mais Abbon s'intéresse aussi aux arts du *quadrivium;* il commente le *Calculus* de Victorinus d'Aquitaine. Il mêle les données et les remarques philosophiques, astronomiques, physiques, il cite abondamment les auteurs classiques; il donne une théorie spéculative des nombres, qui en développe les propriétés métaphysiques, et y joint des considérations, inspirées de Boèce, sur la quantité et sur les relatifs. C'est vers son époque que la science mathématique arabe commence à se répandre, introduisant en Occident un système de notation des nombres plus clair que l'ancien, plus commode pour le calcul, et l'usage de l'astrolabe. Mais Abbon n'en parle pas. Il s'est pourtant occupé d'astronomie, écrivant un *Comput,* un traité *Sur le cours du Soleil, de la Lune, des planètes,* et compilant un catalogue d'étoiles, d'après le Latin Hyginus. De la logique, des sciences mathématiques : cela ne nous fait pas sortir du domaine qui était déjà celui des carolingiens, mais l'attention se porte sur des points différents : la grammaire, qu'Abbon cultive, ne prévaut pas chez lui sur les autres arts comme elle le faisait chez beaucoup d'auteurs du IXe siècle.

GERBERT

Le renom de Gerbert qui, devenu pape sous le nom de Sylvestre II, mourut presque en même temps qu'Abbon (1003), éclipse celui du maître de Fleury. Il représente « l'envol des écoles cathédrales », et l'autre « l'apogée des écoles abbatiales », écrit A. Van de Vyver; pour le même auteur, Abbon a plus de justesse et de méthode, Gerbert, plus de brillant. Il étudie d'abord au cloître d'Aurillac, réformé par Odon de Cluny (qui fut élève de Remi d'Auxerre, à Paris, à la fin du IXe siècle). Il va ensuite chercher un savoir neuf en Espagne, où il s'initie à la science arabe. En 972, il enseigne à l'école de Reims; il devient abbé de Bobbio en 982, archevêque de Reims en 991, et en 998, un an avant d'accéder à la papauté, archevêque de Ravenne. Ses contemporains voyaient en lui « l'homme le plus savant après Boèce », mais il s'est aussi mêlé de politique; il est devenu pape grâce à l'empereur Otton III, qui l'avait appelé auprès de lui en 997; tous deux avaient de grands desseins : restaurer l'Empire, réformer l'Église ...; Otton mourut en 1002, à vingt et un ans. C'est par sa connaissance des arts libéraux que Gerbert doit nous retenir. Bon connaisseur des écrivains classiques, il fonde sur leur lecture l'enseignement de la rhétorique; il utilise ainsi Virgile, Stace, Térence, Juvénal, Perse, Horace, Lucain; il recueille des manuscrits des œuvres de Cicéron. Un passage de l'historien Richer nous apprend qu'il enseignait la dialectique en expliquant les meilleurs textes de la *logica vetus : Isagoge* de Porphyre, dans les deux traductions de Marius Victorinus et de Boèce; *Catégories, Interprétation; Topiques* « traduits par Cicéron », et leur commentaire par Boèce; de celui-ci, les *Différences topiques,* les

traités *Des syllogismes catégoriques, Des syllogismes hypothé-
tiques, De la division;* enfin, les *Définitions* de Marius
Victorinus.

Il a lui-même consacré un ouvrage à une difficulté
logique : le *De rationali et ratione uti.* On lit dans Porphyre
que « le rationnel use de la raison »; mais, dans une
proposition, le prédicat doit être « plus grand » que le
sujet, ce qui n'est pas le cas ici, car il peut y avoir rationalité sans usage effectif de la raison. Après une assez
longue préparation dialectique, Gerbert résout le problème en posant une distinction entre les intellectibles,
les intelligibles, et les êtres naturels :

Le rationnel ou pour parler plus universellement les genres
et les espèces, les différences, les propres et les accidents...
sont, dans les intellectibles, formes des choses. Dans les intelligibles, ils sont soit des passions, soit des actes. Car dans l'âme,
ils sont des passions, au moment où ils sont pensés, car toute
pensée *(intellectus)* est une passion de l'âme. Quand une
étude exacte et parfaite les fait passer à l'état de science, ils
sont des actes de l'âme, car toute science est un acte de l'âme.
Il faut donc considérer le *rationnel* de diverses façons, suivant
qu'il est dans l'espèce sempiternelle de l'homme — soit dans
les intellectibles, soit dans les intelligibles — ou qu'il est dans
les êtres naturels. Là sont les formes ou les actes sempiternels,
ici la puissance qui peut passer à l'acte... Puis donc que la différence rationnelle est présente substantiellement à Cicéron ou
à l'homme, et que le fait d'user de la raison l'est accidentelle-
ment, on est justifié à dire qu'*user de la raison* se prédique de
rationnel, comme un accident de son sujet...

Gerbert ajoute qu'*user de la raison* se range sous la catégorie du faire, ce qui prouve une seconde fois que c'est
bien un accident. Il précise encore que la proposition
initiale doit, pour être vraie, se prendre en un sens
particulier (« quelque rationnel use de la raison »);
prise universellement, elle est fausse, comme on l'a vu
par la position même du problème. Cet opuscule est
intéressant, parce qu'il joint des remarques minutieuses
de technique logique à des perspectives plus amples. Le
texte qu'on en a tiré est vraiment à un carrefour d'influences : on y retrouve Boèce (distinction de trois plans
de l'être), Augustin ou peut-être Jean Scot (présence

en Dieu des formes des choses), Aristote (puissance et acte, la pensée comme passion de l'âme).

Plus remarquable encore que ses connaissances en matière de *trivium* est la compétence de Gerbert dans les disciplines mathématiques. Déjà instruit dans la plupart d'entre elles, il s'est longtemps préoccupé d'en achever le cycle en apprenant la musique. Il en sait plus que son contemporain Abbon; de même pour l'astronomie : il construit et utilise des sphères célestes; il se sert, pour observer les étoiles, d'hémisphères percés de trous; il a connu l'astrolabe, puisqu'il a voyagé en Espagne; les Arabes possédaient cet instrument. Il a appris d'eux leur numération, et s'est occupé également des règles du calcul sur l'abaque. Gerbert, pour la variété et la profondeur de ses connaissances, dépasse son temps; à défaut de ce qu'on en sait par l'histoire et par ses œuvres, on pourrait l'inférer de la légende, qui veut qu'il ait été sorcier.

LE RENOUVEAU DE LA CULTURE

Un Abbon, un Gerbert, montrent que des centres de culture s'étaient maintenus sur la Loire et en Auvergne. Ne quittons pas la France sans passer par Chartres, dont l'école cathédrale deviendra si florissante qu'au xiie siècle on y verra tout un groupe de penseurs de premier ordre. L'élan lui est donné, à la fin du xe siècle, par un élève de Gerbert, Fulbert (mort en 1028); il y enseigne la logique en utilisant le même *corpus* que Gerbert, auquel il joint le *De rationali et ratione uti;* il faut y voir autre chose qu'un hommage d'un disciple à son maître; car on trouve dans ce petit livre, groupés autour de la question initiale, toute une série de problèmes annexes; on conçoit qu'un maître de logique ait pu en faire un grand usage, pour montrer comment s'appliquent à un problème particulier les concepts et les règles définis dans les textes fondamentaux d'Aristote, de Porphyre et de Boèce.

Le renouveau de la culture se manifeste aussi hors de France, en Italie, où la grammaire est spécialement à l'honneur, et en pays germaniques : Adalbold d'Utrecht (mort en 1026) commente la *Consolation* de Boèce, tandis qu'à l'abbaye de Gandersheim la religieuse

Hrotsvita écrit des pièces de théâtre d'inspiration chrétienne, à la manière de Térence. Notker Labeo (Notker le Lippu), abbé de Saint-Gall, mort en 1026, traduit en allemand, et commente, des ouvrages d'Aristote *(Catégories, Interprétation),* de Boèce *(Consolation, De Trinitate);* Martianus Capella, les *Disticha Catonis,* les *Bucoliques* de Virgile, l'*Andrienne* de Térence, les *Psaumes.* Il écrit aussi sur la rhétorique et la musique. Il rédige, ou fait rédiger, de petits résumés de logique, un *Traité des arts* (libéraux) composé d'extraits d'Alcuin. Son commentaire de Martianus Capella s'inspire de celui de Remi d'Auxerre. Ainsi, le xiᵉ siècle commençant renoue avec la tradition et les auteurs carolingiens, reprend l'étude des classiques de la littérature et de la logique. Sur ce dernier point, il marque même un progrès : on sait qu'avec Abbon et Gerbert les monographies de Boèce sortent de l'oubli. Elles se répandent vite; on n'en trouve pas de trace avant la fin du xᵉ siècle, mais on enregistre leur présence, au xiᵉ siècle, dans les bibliothèques de nombreuses écoles, claustrales ou cathédrales : Fleury, Chartres, Saint-Amand, Cluny; le Mont-Cassin; Freising, Saint-Emmeram, Ratisbonne, Saint-Gall ... (A. Van de Vyver). Ce qu'on peut discerner de spéculation théologique au xᵉ siècle est dans la voie du réalisme : ainsi, l'auteur d'un fragment publié par V. Cousin se demande quelle différence il y a entre « notre être et ce qui est *in forma* » (entendons par là ce qui est objet de perception). Il explique que :

En Dieu notre être est simple; mais ce qui est et apparaît *in forma,* encore qu'il procède de l'être de Dieu, qui est notre être, est pourtant composé, non pas simple; il participe ainsi des accidents, du moment qu'il consiste dans une forme à qui la matière sert de sujet. Mais notre être lui-même n'admet nul accident, puisqu'il est en Dieu; que, pour ainsi dire, il est Dieu lui-même, à qui rien ne survient d'extrinsèque, en qui c'est la même chose que l'être et l'étant *(idem ei est esse quod est ens).* Il en va bien autrement pour nous. Donc, plus nous nous éloignons de cet être dans la mutabilité même de la création, plus notre être composé est dissemblable de son être simple.

Ce texte encore maladroit traduit pourtant un effort de réflexion métaphysique : on y discerne la double influence

de Jean Scot (avec sa doctrine des causes primordiales),
et de Boèce (composition des êtres créés, simplicité de
Dieu, en qui l'*esse* et le *quod est* sont identiques). Nulle
tentative d'ailleurs pour concilier ces deux philosophies,
dont la différence semble rester inaperçue.

On voit donc la culture reprendre son essor, progresser
la dialectique, et la tradition platonisante se maintenir et
même se préciser (un anonyme du Xe siècle rapproche du
Timée, traduit par Chalcidius, le mètre 9 du livre 3 de la
Consolation de Boèce, et l'interprète entièrement en s'inspirant de Platon). Plusieurs conditions intellectuelles
sont ainsi réunies, qui favoriseront un développement
rapide de la pensée, et de vives controverses. Disons une
fois encore que ce renouveau de la pensée est lié à l'essor
des écoles cathédrales, dépendant lui-même de l'importance croissante des villes : celles-ci, depuis la fin du Xe siècle, se développent, se réveillant et se multipliant. C'est
là, plus encore que le cadre, le sol vivifiant sur lequel va
apparaître et croître la renaissance des XIe et XIIe siècles.

RENAISSANCE (XIe — XIIe SIÈCLES)

LA DIALECTIQUE ET LA FOI

Le renouveau de l'étude, le développement de l'instruction des laïcs, en Italie notamment, l'intérêt porté à des
disciplines séculières telles que le droit, la médecine,
font se relâcher le lien entre la science sacrée et les arts
profanes. Ceux-ci commencent à s'émanciper, on ne les
cultive plus uniquement dans le but de mieux comprendre
la *sacra pagina* (l'Écriture). Le goût de la dialectique pour
elle-même devient plus vif — assez pour que, par un
renversement du pour au contre, son application au
dogme devienne inquiétante. Des auteurs de l'époque
(Manégold de Lautenbach, Pierre Damien) se plaignent
qu'on aille chercher dans les traités de logique des syllogismes qui sont en contradiction avec la révélation chrétienne; par exemple, le célèbre argument rhétorique tiré
du *De inventione* de Cicéron (que Marius Victorinus
encore païen avait commenté) : « si elle a enfanté, elle
a couché avec un homme » *(si peperit, cum viro concubuit),*

s'oppose à la foi en la conception virginale du Christ.
On en forme d'autres sur le même modèle : « si du bois
brûle, il se consume », et pourtant Moïse a vu un buisson
brûler sans se consumer. On donne la forme d'une
consécution nécessaire à l'énoncé de lois naturelles que
les miracles ont suspendues; mais le même argument
peut servir au dialecticien pour nier les miracles, ou au
croyant pour refuser la dialectique : on verra des exemples
de ces deux mouvements symétriques. Nous assistons ici
à une scène qui se répète fréquemment dans l'histoire,
sous les différences d'acteurs et de langages : l'essor ou
le renouveau d'une science, la passion pour une discipline profane, entrent en conflit avec la foi. Un Otloh
de Saint-Emmeram avoue avoir douté longtemps de la
vérité de l'Écriture. Il y avait donc autre chose qu'un
pur jeu intellectuel dans cette multiplication des difficultés dialectiques opposées à la croyance traditionnelle.
Abélard, au siècle suivant, estimera nécessaire de lutter
avec leurs propres armes contre les « pseudo-dialecticiens » qui combattent, au nom de la logique, le dogme
de la Trinité : le XIe siècle fait plus qu'amorcer ces
conflits, dont l'origine est à chercher ici dans la pratique,
nouvelle, de la dialectique.

ANSELME DE BESATE

Un exemple de cette pratique est fourni par le curieux
personnage d'Anselme de Besate. De famille lombarde,
il apprit les arts à Parme, sous un certain Drogo, « fleur
et honneur de l'Italie », écrit-il. Il fut surnommé le Péripatéticien : petit fait significatif de l'autonomie acquise
par les disciplines profanes; voici qu'un chrétien, et
même un clerc (Anselme appartint à l'église de Milan,
on ne sait à quel titre), reçoit un nom philosophique,
parce qu'il se consacre à l'art inventé par un païen.
Anselme n'a pas attaqué la foi; mais il fait de la dialectique pour la dialectique. De ville en ville, à travers
l'Italie, la Bourgogne, l'Allemagne, il va, disputant,
argumentant. Il a de lui-même une idée très favorable;
celle qu'en ont eue ses contemporains semble l'avoir
été moins. Vers 1050, il écrit sa *Rhetorimachia,* dont le
titre indique assez l'objet : il s'agit de l'application des
lois de la dispute à des sujets fantaisistes. L'étymologie

de ce nom doit nous rappeler qu'il y a, dès Cicéron, et encore dans les résumés d'Isidore, d'Alcuin, une étroite liaison entre la rhétorique, art du plaidoyer, et la dialectique; mais c'est à la seconde que va la préférence d'Anselme. Toutefois il s'attache à des raisonnements sans contenu sérieux. Pierre Damien le taxera, lui et ses pareils, d'infantilisme (*scholaris infantiae naeniae* : « billevesées d'une enfance écolière »).

GÉRARD DE CZANAD

Contre une telle frivolité, plusieurs rappellent la hiérarchie traditionnelle : la foi, la connaissance de l'Écriture, valent incomparablement plus que la virtuosité dialectique. Tel le Vénitien Gérard qui, après avoir étudié les arts libéraux en Italie et en France, mené quelque temps une vie érémitique et fait un pèlerinage en Terre sainte, mourut en 1046 évêque de Czanad, où il avait fondé une école qui devint célèbre. On y enseignait, outre la théologie, le droit et les arts libéraux; ce qui montre que Gérard ne méprisait pas le savoir profane. Au reste, écrit-il :

Dieu est Sagesse : il est, de sa nature, non seulement sage, mais supersage *(supersapiens);* de lui vient toute sagesse... Il faut donc dire que la science des arts vient de lui, est déposée en lui.

Mais il note aussi, reprenant ou retrouvant un antique argument (on l'a déjà vu chez Tertullien), que toute la sagesse païenne est bien inférieure à la foi chrétienne. Les philosophes ont erré, se sont contredits. En savoir, en éloquence, les apôtres surpassent les maîtres antiques :

Aucun doute, le divin Céphas est plus profond qu'Aristote, Paul plus éloquent que tous les orateurs humains, Jean plus haut que tout le ciel, Jacques plus vif que Plaute.

Les philosophes ont traité de physique, d'éthique, de logique, mais le chrétien les connaît toutes trois dans leur vérité :

Cette physique dont nous parlons, c'est l'immense Père de qui naît le Fils éternel... L'éthique, ce même Fils... La logique, le très saint Esprit qui procède du Père et du Fils.·

Dieu se fait connaître par le moyen du monde qu'il a créé (c'est le texte fameux de saint Paul : *Romains*, 1, 20), il nous rend donc philosophes, en nous en proposant le spectacle, mieux que ne fait l'étude des arts libéraux : « le ciel au lieu de la grammaire, la terre au lieu de la rhétorique, le soleil, la lune, les étoiles, au lieu de la dialectique... »

Pour Gérard de Czanad, les arts ne sont pas mauvais; simplement, le fruit qu'on en tire pèse comme rien en face de la vraie sagesse.

OTLOH

Même état d'esprit chez Otloh (1010-1070), moine de Saint-Emmeram à Ratisbonne, maître à l'école claustrale, théologien, poète et historien; il connaît les arts libéraux, les pratique, mais les estime peu au regard de la foi. Dans son *Liber de tentationibus suis et scriptis,* la première auto-biographie qui ait été écrite au Moyen âge, il nous dit avoir eu des doutes au sujet de la vérité de l'Écriture, de l'existence de Dieu. Les ayant heureusement dépassés, il pense qu'il y a beaucoup de superfluités dans la science du monde. Platon, Aristote, Cicéron sont suspects, et Boèce lui-même, qui goûtait assez les auteurs païens pour écrire « notre Lucain ». La philosophie n'a d'ailleurs aucun intérêt pour un moine. Notons qu'Otloh, par son exemple et involontairement, jette le doute sur cette idée : voulant en théologien définir le mot « personne » sans utiliser le texte de Boèce, il prétend qu'il « peut être dit pour nommer ou montrer n'importe quelle chose », de sorte qu'il l'emploie aussi bien pour désigner l'être divin, que chacune des trois parties d'un cours d'eau : source, ruisseau, étang, ou que chacun des deux groupes où se divise l'ensemble des fidèles : clercs et laïcs. Mais ce qu'il veut principalement condamner, c'est sans doute l'attitude qui consiste à juger les textes sacrés selon les normes de la science profane :

J'appelle savants ceux qui sont instruits en la sainte Écriture plutôt qu'en la dialectique; car j'ai trouvé des dialecticiens assez naïfs pour juger qu'il fallait soumettre toutes les paroles de l'Écriture sainte à l'autorité de la dialectique, et je les ai souvent entendu accorder plus de confiance à Boèce qu'aux auteurs sacrés.

Les arts gardent leur valeur, pourvu qu'on ne les mette pas au-dessus de la révélation, et qu'on s'en serve sans s'y adonner; car pour Otloh l'histoire de la culture a un sens providentiel, et on peut en inférer la façon dont un chrétien doit se comporter en matière de science : Dieu a voulu que les arts libéraux fussent inventés par les païens, pour épargner aux fidèles, qui vaquent au culte divin, la peine de rechercher une science si vaste : maintenant qu'elle est trouvée, qu'ils y prennent ce qu'il leur faut et qu'ils négligent le reste.

MANÉGOLD DE LAUTENBACH

On trouve chez Manégold de Lautenbach (mort vers 1103) des thèses voisines de celles de Gérard et d'Otloh. Il écrit son *Opuscule contre Wolfhelm de Cologne* pour montrer que la doctrine de Macrobe est en désaccord avec le christianisme, contrairement à ce que pensait Wolfhelm : si toute une portion de la zone habitable de la terre est entièrement séparée de la nôtre, comme le dit Macrobe, il faut admettre que la rédemption ne vaut que pour une partie de l'humanité; d'autre part, l'astronomie est entièrement inutile à qui cherche la vie éternelle. La philosophie de Pythagore, qui enseigne la transmigration des âmes, celle de Platon, pour qui l'âme est faite d'une double essence, ne sont pas plus acceptables, ni la logique d'Aristote. La foi ne saurait se soumettre aux règles de la dialectique; elle peut en faire usage, mais c'est à elle de régler ses propres démarches : « Que je lise ou que j'écrive, je m'attache à suivre ce qu'ont dit les saints plutôt que les maximes de Platon, d'Aristote, et même de Boèce. »

Toute la physique des philosophes s'écroule devant le miracle, l'enfantement de la Vierge, la résurrection de Lazare. Manégold accepte toutefois de Macrobe la doctrine des trois plans des vertus, que l'homme atteint successivement au cours de l'ascension morale : vertus politiques, vertus purificatrices, vertus purifiées. On voit donc que, dans l'ensemble, ce qui intéresse Manégold, qu'il l'accepte ou le rejette, dans le savoir antique, c'est bien moins la technique dialectique, ou les arts en général, que la philosophie au sens complet du mot : science et sagesse. La première est sans grande utilité; et la seconde ne vaut que dans la mesure où elle rejoint quelque enseignement de la foi.

BÉRENGER DE TOURS

On peut donc déterminer deux tendances qui s'affrontent au cours du XIᵉ siècle : l'une va à subordonner la foi à la dialectique, l'autre à rejeter tout usage des arts libéraux. Mieux qu'en les quelques personnages qu'on a déjà cités, elles s'incarnent respectivement en Bérenger de Tours et Pierre Damien. Le premier dirige l'école de Saint-Martin de Tours, est archidiacre à Angers (1040) et meurt en 1088. Il écrit un traité sur l'Eucharistie (*De sacra cena adversus Lanfrancum,* après 1073); par deux fois il est condamné pour hérésie, à propos des mêmes thèses, qui consistent à nier que le pain et le vin consacrés sur l'autel se transforment réellement au corps et au sang du Christ. On se rappelle qu'une controverse sur le même sujet avait opposé des auteurs de l'époque carolingienne. Mais la perspective n'est pas la même : Bérenger soumet délibérément le problème à l'épreuve de la dialectique. Certes, il ne néglige pas de citer des autorités : Lanfranc lui ayant reproché de ne pas le faire, il répond que c'est là pure calomnie; mais il ajoute qu'il vaut mieux user de la raison, parce qu'on obtient ainsi une vue claire des choses : *quia in evidenti res est.* Il défend sa méthode par un argument théologique : recourir à la dialectique, c'est recourir à la raison; or, c'est à sa raison que l'homme doit d'être à l'image de Dieu; ne pas s'en servir, c'est pour l'homme abandonner ce qui fait son honneur, s'interdire de se rénover de jour en jour à l'image de Dieu. Il cite saint Augustin, qui a écrit :

La dialectique est l'art des arts, la discipline des disciplines; elle sait apprendre, elle sait instruire; elle veut rendre les hommes sages, et le fait *(De ordine,* II, XIII, *38).*

Pour soutenir que le pain de l'autel ne cesse pas d'être pain, ce pain que les gens perçoivent en même temps que ses accidents, il use d'une distinction qui vient probablement de Boèce :

En tout composé de matière et de forme, il faut distinguer le fait qu'il est, et le fait qu'il est quelque chose; il ne peut être quelque chose s'il n'est pas, ou en d'autres termes : ce qui n'est pas selon le sujet ne peut être selon l'accident.

Il est donc faux de dire que les accidents du pain peuvent subsister si leur sujet disparaît; à la consécration celui-ci reçoit une forme nouvelle qui s'ajoute à celles qu'il avait déjà, c'est la forme du corps du Christ bienheureux; il n'y a pas là génération. On peut exprimer la même doctrine en s'aidant de la dialectique pure : une proposition disparaît si l'on retranche une de ses parties, sujet ou prédicat. Dire « le pain est le corps du Christ » en entendant par là que ce pain n'existe plus, c'est donc détruire la proposition au moment qu'on la prononce; c'est se contredire, c'est ne plus rien affirmer.

PIERRE DAMIEN

Pour Bérenger, on peut donc se fier aux rapports des mots et des phrases; ils rendent un compte fidèle de la réalité, même quand il s'agit d'institutions divines. On trouve une attitude rigoureusement opposée chez Pierre Damien. Né à Ravenne en 1007, il étudie dans sa ville natale et à Faenza, puis, comme Anselme de Besate, à Parme, où il fonde une école. Vers 1035, il se fait ermite, en 1057 il devient évêque d'Ostie, et meurt en 1072. Occupé d'action, d'institutions et de réformes monastiques, il s'intéresse surtout à l'effort spirituel, à l'exemple des saints moines, ignorants des arts libéraux. Ceux-ci sont des œuvres de la sagesse païenne, adoratrice des démons; le moine doit en connaître juste assez pour comprendre ce qu'il lit. Aller au-delà est inutile et dangereux. Il semble que les laïcs n'aient même pas droit, dans l'esprit de Pierre Damien, à ce minimum de culture : il se réjouit de n'avoir pas trouvé d'école au monastère du Mont-Cassin; entendons, d'école extérieure : voilà donc le savoir réduit à l'extrême, dans son extension sociale aussi bien que son programme. Ces rigoureuses restrictions ont leur fondement dans l'Écriture et dans l'histoire sacrée. Dieu n'a pas besoin de la grammaire; « pour répandre les semences de la foi, il a envoyé des pêcheurs et des simples, non des philosophes et des orateurs. » Les moines qui se font grammairiens manquent à leur destination, car ils méprisent la règle de

Benoît et font leur bonheur d'obéir à celles de Donat. Le
premier grammairien de l'histoire, c'est le démon, qui,
en s'adressant à Adam et à Ève pour les tenter, a décliné
le mot « dieu » au pluriel : *Eritis sicut dii,* « Vous serez
comme des dieux » (*Genèse,* III, 5). Il y a donc une parenté
entre l'idolâtrie et la grammaire — et plus généralement
le désir du savoir :

Donc, frère, tu veux apprendre la grammaire ? Apprends à
décliner *dieu* au pluriel! Le maître d'artifice *(artifex doctor),* en
posant le premier fondement de l'art de désobéir, introduit
une règle de déclinaison inouïe au monde, pour faire aussi
adorer plusieurs dieux. Et méditant de faire entrer les bataillons
de tous les vices, il a mis à la tête de l'armée le désir de la
science *(De la sainte simplicité,* I).

La dialectique est à son tour rejetée dans le *De divina
omnipotentia (De la toute-puissance divine,* 1067), où Pierre
Damien affirme que Dieu peut tout, et même, quoi qu'en
ait dit saint Jérôme, faire que ce qui a été fait ne l'ait pas
été *(ut quae facta sunt, facta non fuerint).* Si on lui refuse
ce pouvoir sur les faits passés, il faut le lui refuser aussi
sur les présents et les futurs, les règles de la consécution
du discours valant également dans ces trois cas. C'est
d'autant plus vrai dans ce cas particulier que Dieu
« enferme dans le sein de sa prévision » tout ce que les
siècles déroulent : sous son regard, tout est présent. La
toute-puissance de Dieu ne souffre pas d'exceptions; si
l'on veut lui appliquer les règles de l'art du discours, on
est amené à la lui retirer tout entière. La vertu divine a
souvent brisé les syllogismes des dialecticiens, comme en
témoignent les miracles relatés par l'Écriture (le buisson
ardent qui ne se consume pas, le bâton d'Aaron qui fleurit).
On admettra que la nature ne puisse faire coexister deux
contraires dans le même sujet, mais on refusera de mettre
en Dieu la même impossibilité : « Celui qui a donné son
origine à la nature, suspend facilement, quand il le veut,
la nécessité naturelle... Car la nature des choses a elle-
même sa nature : la volonté de Dieu. »
Celle-ci a imposé aux choses des lois qui surprennent :
le feu, qui est rouge, fait blanchir la pierre quand il la
chauffe à l'extrême, et d'autre part il noircit le bois. Il y
a donc pour Pierre Damien deux domaines superposés :
celui de la nature, qui a des lois voulues par Dieu,

toujours révocables par lui; au-dessus, celui de la volonté divine, que rien ne borne, même pas le principe de contra-diction, assimilé à une loi des choses. Nulle loi ne vaut pour Dieu. Quel sens faut-il alors donner à notre question initiale : Dieu peut-il agir en sorte que ce qui a été fait ne l'ait pas été? Elle ne traite ni de « la puissance de la majesté divine », ni de « l'efficace ou la matière des choses »; elle touche seulement à la connaissance de la dialectique, elle s'occupe « du mode et de l'ordre du discours, de la consécution des mots; elle n'a pas sa place dans les sacrements de l'Église, elle est discutée dans les écoles par les jeunes élèves ». Toute vouée aux mots, la dialectique est sans intérêt : car tout est subordonné au spirituel.

Pierre Damien, pour expliquer quel doit être le rapport des arts libéraux à l'étude de l'Écriture, reprend des images bibliques classiques : après Origène et saint Jérôme, celle de la captive que l'Israélite ne peut épouser qu'après lui avoir fait couper les cheveux et les ongles (voir *Deutéronome,* XXI, 10-13); après saint Augustin, celle des trésors des Égyptiens que le peuple de Dieu emporte avec lui (voir *Exode,* XII, 35-36). Il leur en ajoute une qui aura du succès : la science profane, dit-il, ne doit pas, si on l'utilise pour étudier les textes sacrés, « s'arroger le magistère, mais accepter de servir, se soumettre comme une servante à sa maîtresse ». On a un exemple de ce « service » dans le *De divina omnipotentia,* où Pierre Damien utilise sans les citer les pages consacrées par Aristote au problème des futurs contingents (J. Isaac) : il ne demande pas à la philosophie d'élaborer positivement les prémisses d'une solution, mais seulement de fournir, sur un point spécial, un argument précis. Dans le même esprit, il repousse Platon, Pythagore et Euclide, qui s'occupent d'astronomie et de géométrie; il n'accepte la science des choses que dans la mesure où elle peut fournir une base à des moralisations allégoriques, selon une méthode qu'on a déjà relevée à propos du *De doctrina christiana* de saint Augustin. La doctrine de Pierre Damien est si radicale, si extrême, qu'il semble difficile d'aller plus loin dans sa voie : les arts du *trivium* n'ont pas d'objet solide, l'ordre de la nature peut toujours être bouleversé par Dieu, qui n'accepte même pas de régler son action sur le principe de contradiction. On est bien,

comme on l'annonçait, au plus loin de la position
occupée par Bérenger. Une opposition aussi parfaite est
une joie pour l'esprit, qui est tout disposé à admettre
qu'avec Lanfranc, et surtout Anselme de Cantorbéry, on
va assister à sa résolution dialectique. Les choses sont
moins simples.

LANFRANC

Né à Pavie en 1005, Lanfranc étudie le droit à Bologne,
puis les arts libéraux. Il voyage en France, parvient en
Normandie, fonde une école à Avranches. En 1042 il
entre au monastère du Bec, récemment fondé; il y dirige
l'école, qui acquiert un grand renom (c'est là qu'apprend le droit le futur grand canoniste Yves de Chartres).
En 1070, il devient archevêque de Cantorbéry, et meurt
en 1089. Son attitude envers les arts, et spécialement
la dialectique, dans leur rapport à la science sacrée, est
moins tranchée que celle d'un Bérenger ou d'un Pierre
Damien. Moine, Lanfranc se rapproche du second quand
il exprime son regret d'avoir « usé sa jeunesse » dans
l'étude des « lettres séculières », et quand il refuse le
principe même de la méthode de Bérenger :

Le juste, qui vit de la foi, ne cherche pas à scruter à l'aide
d'arguments, à concevoir par la raison, la façon dont le pain
devient chair. Il aime mieux ajouter foi aux mystères célestes,
qu'oublier la foi et travailler vainement à comprendre ce qui
ne peut être compris.

Pourtant il ne va pas jusqu'à condamner radicalement
la dialectique; simplement, il lui préfère l'enseignement
de la tradition, mais il use de l'art quand il ne peut
faire autrement :

Tu abandonnes les autorités sacrées [écrit-il à Bérenger]
et te réfugies dans la dialectique. Certes, au moment d'entendre parler du mystère de la foi, et de répondre ce qui doit
convenir au sujet, je préférerais entendre, et fournir en réponse,
des autorités sacrées plutôt que des raisons dialectiques.

Mais il examine en technicien l'argumentation de son
adversaire, et lui reproche d'avoir formé un syllogisme
dont les deux prémisses sont particulières : on ne peut

en tirer aucune conclusion. En fait, dit-il, annonçant une
distinction que fera aussi Abélard, et qui se trouvait en
germe dans les mises en garde de saint Augustin contre
les sophismes, il y a un bon et un mauvais usage de la
dialectique; un esprit avisé ne s'y trompe pas :

> À ceux dont l'intelligence est simple, il semble que la dialec-
> tique évacue la croix, c'est-à-dire la mort du Christ : car Dieu
> est immortel, et le Christ est Dieu, donc il est immortel; et
> s'il est immortel, il n'a pu mourir. Ainsi encore pour l'enfante-
> ment de la Vierge et quelques autres mystères. Mais pour ceux
> dont la vue est pénétrante, la dialectique ne combat pas les
> mystères de Dieu, mais, quand le sujet le réclame, et si l'on
> s'en sert avec rigueur, elle les soutient et les confirme.

Saint Paul ne critique pas « l'art de disputer », mais
« l'usage pervers qu'en font les disputants » : il lui
arrive de construire des syllogismes. Quant à Lanfranc
lui-même, Sigebert de Gembloux le loue d'avoir utilisé
la dialectique, dans son commentaire de saint Paul, partout où le texte lui en fournissait l'occasion. En définitive, on le voit sollicité par des tendances contraires :
sa méfiance à l'égard de l'intempérance logique, dont
l'exemple de Bérenger montre où elle peut conduire, et
sa vocation monastique, avec ce qu'elle implique de préférence pour l'Écriture et la pure sagesse, l'éloignent de
la dialectique; d'un autre côté, et même s'il le regrette,
il a pratiqué cet art, il en connaît la valeur — soit pour
l'explication des auteurs sacrés, soit pour la réfutation
des hérétiques; et saint Augustin l'appuie de son autorité :
Lanfranc évoque les éloges qu'il fait de la dialectique
« dans plusieurs de ses écrits, et surtout dans le *De doctrina christiana* ». Il se propose de lever cette difficulté en
usant de la dialectique sans le montrer, pour en tirer le
bénéfice sans avoir à s'en reprocher l'ostentation :

> Dieu m'est témoin, et ma conscience, qu'en traitant de
> sciences sacrées *(in tractatu divinarum litterarum)* je ne désire-
> rais ni proposer des questions dialectiques ou leurs solutions,
> ni y répondre si l'on m'en propose. Pourtant, quand l'objet
> de la dispute peut être expliqué plus clairement par les règles
> de cet art, autant que je le peux je dissimule l'art par des
> substitutions de formules, de peur de paraître m'y fier davan-
> tage qu'à la vérité et à l'autorité des saints Pères...

Cette façon de faire peut surprendre, mais elle est significative d'un moment de l'histoire où même un esprit pénétrant pouvait ou devait hésiter à user de la logique en matière de foi.

SAINT ANSELME

L'abbaye du Bec avait été fondée, peu avant que Lanfranc y entrât, par le chevalier normand Herluin — d'où son nom actuel de Bec-Hellouin. À quelques années près, elle est contemporaine de celui qui devait en devenir l'illustration principale : Anselme, né à Aoste en 1033 ou en 1034; après de brillantes études, quelque temps de voyages, il se fixe au Bec, en devient prieur en 1063, abbé en 1078. Il est nommé archevêque de Cantorbéry en 1093, ce qui lui vaut beaucoup de tracas (il est pris notamment dans la querelle des investitures qui oppose le roi d'Angleterre Henri Beauclerc et le pape Pascal II). Il meurt en 1109. On sait très généralement qu'Anselme a construit une preuve de l'existence de Dieu qu'on dit volontiers que Descartes a reprise ou retrouvée; on cite parfois le quatrain (d'un comique involontaire) que Sully Prudhomme lui a consacré. Il est légitime de mettre ce point en valeur, car l'argument anselmien occupe une place de première importance dans la métaphysique et son histoire, en lui-même et dans ses avatars (avec Descartes, Leibniz, Hegel), aussi bien qu'à travers les critiques que saint Thomas et Kant ont élevées contre lui. Mais y réduire la pensée de saint Anselme, ce n'est pas seulement la résumer très incomplètement; c'est encore s'interdire de comprendre le sens même de cette démarche où l'on accepte de la limiter. L'abbé du Bec a composé, avant le *Proslogion* où est consigné son fameux argument, un *Monologion* qui traite déjà de l'existence de Dieu; il a écrit aussi, par la suite, une trilogie qui groupe deux textes plutôt philosophiques *(De veritate, De libero arbitrio)* et un autre plus précisément théologique *(De casu diaboli);* en outre, un *De concordia,* qui porte sur le rapport de la prescience et de la grâce divines avec le libre arbitre, et quelques autres ouvrages de théologie, en particulier le *Cur Deus homo.*

À vrai dire, en caractérisant ainsi les œuvres de saint Anselme, on se sert de catégories qui ne sont pas les siennes; il médite librement sur le donné de sa foi, en usant de *raisons (rationes)* dont la nature apparaît diversement aux meilleurs historiens. Ce genre de réflexion est évidemment indépendant des distinctions futures que rendront possibles et nécessaires l'accroissement des connaissances en logique, le développement de la métaphysique, l'opposition des doctrines et des points de vue. Anselme doit instruire ses moines dans la foi qui leur est commune à tous, et son effort pour leur donner, et d'abord se donner, une certaine « intelligence » de cette foi, retrouve le programme augustinien : « savoir et comprendre ce que nous croyons. » Il y a chez lui une sorte de tension abstraite qui n'est pas chez son maître, un besoin de concentration dialectique, mais l'objet de sa recherche est le même : ce logicien ne médite pas sur un « Dieu des philosophes », il va d'emblée au Dieu un et trine de la révélation chrétienne. Placés, dit-il, entre la foi et la vision, il estime que « l'intelligence que nous atteignons en cette vie est intermédiaire »; les modes d'approche diffèrent, mais leurs termes, non. Autre particularité de la démarche d'Anselme : il nous expose le mouvement réel d'un esprit au travail, qui rencontre sur son chemin telle idée, telle difficulté, telle impossibilité de poursuivre; ou bien, ce sont des prières, des élévations; ou encore, des dialogues : autant de descriptions, ou d'évocations, d'une recherche concrète présentée dans son rapport effectif à autrui ou dans sa propre aventure spéculative. Ces deux traits ne peuvent être isolés l'un de l'autre; si les écrits d'Anselme ignorent la distinction entre la philosophie et la théologie, si à propos du *Proslogion* on a parlé de « gnosticisme chrétien » (É. Gilson), c'est qu'ils ne se séparent pas de la vie et de la tâche d'un abbé bénédictin, doué d'une profondeur exceptionnelle, à une époque où les cloîtres étaient encore, pour peu de temps, les principaux centres de pensée.

Le prologue du *Monologion* décrit bien l'esprit des œuvres de saint Anselme : cette œuvre, dit l'auteur, reprend des exposés oraux que ses moines lui ont demandé de consigner par écrit; il annonce qu'il ne se fondera pas sur l'autorité de l'Écriture, mais uniquement sur « la nécessité de la raison » et « l'évidence de la vérité »; toutefois, il a relu son travail sans rien y trouver qui ne fût en accord avec les écrits des Pères, particulière-

ment de saint Augustin ; enfin, son ouvrage a la forme
d'une *disputatio* (d'une méditation, dirions-nous en nous
souvenant de Descartes) ; il retrace la démarche de quelqu'un qui agite les questions en lui-même, et découvre
pas à pas la vérité. Le traité lui-même (le plus long de
ceux de saint Anselme) commence par énoncer trois
preuves de l'existence de Dieu. La première part de
l'expérience des biens particuliers, objets de nos désirs ;
ils nous invitent tout naturellement à chercher un Bien
par lequel soit bon tout ce qui est bon ; comme les
choses sont inégalement bonnes, le plus ou le moins
qu'on leur reconnaît dans cet ordre implique qu'elles
n'ont pas chacune un principe particulier de bonté,
mais qu'elles participent toutes d'un même Bien, par
lequel tout le reste soit bon, et qui soit bon par lui-même.
On peut dans les mêmes conditions parler d'une grandeur
suprême par laquelle soit grand tout ce qui l'est — en
prenant *grand,* non au sens spatial, mais au sens où l'on
parle, par exemple, d'une grande sagesse. Deuxième
preuve : après le principe de ce qui est bon, de ce qui est
grand, on peut considérer le principe de ce qui *est,*
simplement. Rien n'est, sinon par quelque chose qui
est à son tour soit un, soit multiple. S'il y a multiplicité
de principes, ou ils viennent eux-mêmes d'un autre, ou
chacun existe par soi, ou ils se causent mutuellement.
Dans la première hypothèse, on a le principe unique qu'on
cherchait ; dans la deuxième, il faut reconnaître, à ces
principes qui existent par soi, une force qui les fait
exister par eux-mêmes, et c'est là le principe unique.
Enfin, la troisième hypothèse n'est pas rationnelle, car
elle revient à poser que quelque chose vient de ce qui
l'engendre. On aboutit donc de toute façon à un principe
qui existe par soi, qui, comme tel, est au sommet de tout,
et est donc aussi Bien suprême et Grandeur suprême.
Troisième preuve : les *natures* sont inégales en dignité ;
du bois au cheval et à l'homme, il y a une gradation.
Mais ces degrés ne pourraient être en nombre infini
sans qu'il y ait une multitude infinie de natures, ce qui
est absurde. Il y en a donc une qui n'est inférieure à
aucune. Y aurait-il à ce sommet plusieurs êtres égaux ?
S'ils sont égaux par leur essence, qui ne peut alors être
qu'unique, ils ne sont pas réellement plusieurs, mais un ;
et s'ils sont égaux par quelque chose d'autre, c'est cela

la nature suprême. Ainsi, Anselme parvient à traiter de l'existence de Dieu sans citer un seul texte de l'Écriture, et l'on pourrait voir dans le *Monologion* un ouvrage purement philosophique, si peu après ne s'introduisait une division de l'être en être par soi et être par autrui, qui conduit à poser que Dieu dit les choses en soi-même avant de les créer; première apparition du Verbe, qui ici n'exprime pas encore Dieu, mais les choses. Après avoir longuement exposé les « propriétés de la substance suprême », Anselme revient au Verbe, pour montrer qu'il ne peut se situer entre le créateur et le créé; il est donc Dieu, et s'identifie au Verbe par lequel Dieu se dit lui-même; la spéculation sur la Trinité s'enracine donc dans la spéculation sur l'essence divine, et procède par les mêmes « raisons nécessaires ». Ensuite se présente à la méditation l'amour mutuel du Père et du Fils; l'examen des rapports trinitaires débouche finalement sur de l'inexplicable, qui doit néanmoins être cru, puisque c'est le raisonnement seul qui nous a menés jusqu'ici. Puis Anselme utilise, sur le modèle augustinien, la similitude de l'âme raisonnable, « miroir et image » de Dieu, pour passer ensuite à l'amour, l'espérance et la foi, avant de récapituler tout son traité en montrant qu'il a bien argumenté sur « le seul vrai Dieu, trine et un ». On voit donc que cette œuvre est à la fois rationnelle et théologique, sans que l'Écriture y soit jamais invoquée, et qu'elle s'articule en un *moment spéculatif,* un *moment réflexif* (retour sur l'âme humaine) et un *moment pratique* (P. Vignaux, à qui nous devons l'ensemble de cette interprétation du *Monologion*). Il est impossible, et c'est là l'originalité de saint Anselme, de la faire entrer dans des cadres étrangers; désignons-la simplement, avec son auteur, comme « un exemple de méditation sur la raison de la foi » *(exemplum meditandi de ratione fidei)*.

C'est ainsi que le *Monologion* est caractérisé à la première ligne du *Proslogion,* qui s'en donne comme un prolongement. Saint Anselme raconte qu'il a cherché un argument unique qui prouverait l'existence de Dieu sans avoir besoin d'aucun autre : obsédé longtemps par cette pensée, il allait y renoncer quand brusquement s'est présenté à lui ce qu'il désespérait de trouver. Il en a fait la matière de cet opuscule, qu'il intitule « la foi en quête d'intellection » *(fides quaerens intellectum)*. Le premier·cha-

pitre nous met dans un climat assez différent de celui du
Monologion; il est occupé par une méditation sur la recherche de Dieu, sur le sort misérable de l'homme, fait
pour voir Dieu, et qui ne le voit pas; c'est aussi une
prière, qui se termine par un clair énoncé de programme
et de méthode :

> Je ne tente pas, Seigneur, de m'enfoncer dans ta profondeur,
> car je n'y compare nullement mon intelligence, mais je désire
> concevoir quelque peu ta vérité, que mon cœur croit et aime.
> Je ne cherche pas à comprendre pour croire; je crois pour
> comprendre. Car je crois aussi que, si je ne crois pas, je ne
> comprendrai pas.

L'argument commence par déterminer le contenu de
cette foi : Dieu est « quelque chose de tel qu'on ne peut
rien concevoir de plus grand » *(aliquid quo nihil majus
cogitari possit),* et par poser en regard, dans le pur style
des disputes dialectiques, la thèse de l'incroyant, exprimée
par un texte biblique : « l'insensé a dit dans son cœur :
Dieu n'est pas » *(Psaumes,* XIII, 1). Pourtant, poursuit
Anselme, l'insensé, quand il entend ma définition de Dieu,
comprend ce qu'il entend, l'a dans son intelligence. Mais
ce qui est tel, qu'on ne puisse rien concevoir de plus
grand, ne saurait être uniquement dans l'intelligence :
car s'il était seulement là, on pourrait penser qu'il pourrait
être aussi en réalité — ce qui est plus; or, pensant cela,
on concevrait quelque chose de plus grand que cet être
qu'on a d'abord posé comme tel qu'on ne puisse rien
concevoir de plus grand : ce qui est impossible, et prouve
sans l'ombre d'un doute que quelque chose de tel qu'on
ne puisse rien concevoir de plus grand existe dans l'intelligence et en réalité. Il y a contradiction à concevoir
comme n'existant pas ce qui est tel, qu'on ne puisse rien
concevoir de plus grand. On ne peut pas penser
que Dieu n'est pas, si l'on pense correctement ce
qu'est Dieu : c'est ce que n'a pas fait l'insensé. Il
y a deux façons de penser une chose, selon qu'on
pense le mot qui la signifie, ou qu'on pense cela même
qu'est la chose. Selon le mot *(secundum vocem),* on peut
bien dire que le feu est de l'eau, mais selon la chose
(secundum rem), on ne peut le penser; de même, si l'on
comprend ce qu'est Dieu, on ne peut penser qu'il ne
soit pas; l'insensé n'a fait que le dire, en donnant aux

mots une signification nulle ou étrangère à la vraie.
Et la preuve (qui occupe les chapitres II à IV du *Proslogion*) s'achève sur une action de grâces où l'on voit se
lier l'aspect spirituel et l'aspect rationnel de la méditation
d'Anselme :

Merci, mon bon Seigneur; ce que tu m'avais donné de
croire, ton illumination me l'a fait comprendre : si maintenant
je ne voulais pas croire que tu es, je ne pourrais pas ne pas le
comprendre.

Les vingt-deux autres chapitres sont consacrés à un
examen des perfections divines; contrairement à ce qui
se passe pour le *Monologion,* on y trouve des citations
scripturaires, bien qu'elles ne soient pas très nombreuses.
Quel est le sens de cette nouvelle preuve de l'existence de Dieu, tel au moins qu'on peut le saisir dans le
texte du seul *Proslogion* ? On y voit beaucoup moins de
métaphysique que dans celles du *Monologion;* la seule
trace qu'on en trouve, c'est la comparaison entre ce qui
est seulement pensé, et ce qui en outre existe. On n'a
ici que de la dialectique pure : la pensée ne peut nier
l'existence de Dieu sans se trahir elle-même; elle a accepté
une définition telle, qu'elle lui interdit d'avance toute
négation — sauf dans les mots, qui peuvent tout souffrir.
Il s'agit donc seulement de montrer que l'insensé, qui
est l'opposant en cette dispute, se contredit. Là se manifeste la grande confiance d'Anselme en la logique : s'il
est contradictoire de nier que quelque chose soit, ce
quelque chose est. Lorsqu'il parle de la *vérité* de l'existence divine, il semble bien, au moins en ce passage,
que ce soit la vérité logique qui désigne et garantit
pour nous la vérité ontologique : pris en lui-même,
l'argument repose sur la seule loi du raisonnement, ou
plus exactement de la discussion, qui fait résulter la vérité
d'une proposition de l'absurdité de la contradictoire.
Quant à la formule qui sert à désigner Dieu, et en
laquelle se trouve le ressort dialectique que la négation
de l'insensé déclenche, elle n'est ni un nom biblique, ni
une définition philosophique : elle est construite de
manière à exprimer l'attitude de la pensée en face de
l'essence divine, donnée seulement, parce qu'ici cela
suffit, comme un *aliquid.* D'autre part, elle est fournie
d'avance par la foi, alors que le *Monologion* se mettait

par méthode « à la place de quelqu'un qui cherche ce qu'il ignore ». Enfin, Anselme, avant de commencer sa démonstration, prie Dieu de « renouveler » et « réformer » en lui son image, pour lui permettre de le trouver. Les conditions de possibilité concrète et de validité logique de l'argument du *Proslogion,* telles qu'elles résultent du seul texte, sont donc l'assistance divine, la foi, et l'art formel du raisonnement.

Ce qu'il peut contenir de métaphysique implicite, ou plutôt future, commence à se révéler à travers la *Défense de l'insensé (Liber pro insipiente)* écrite par Gaunilon, moine de Marmoutier. Mais là encore il faut noter que cette critique se dégage à peine du terrain de la dialectique : si Hegel a pu voir en Gaunilon un Kant médiéval, c'est qu'il avait pour lui les yeux d'un philosophe plutôt que d'un historien; la formule conserve un intérêt, celui d'attirer l'attention sur des perspectives doctrinales qui restent inaperçues de ceux qui les jalonnent.

Donc, Gaunilon refuse d'abord d'admettre qu'on ne puisse penser que Dieu n'existe pas : le fait même de l'incroyance le montre; s'il faut prouver que Dieu existe, c'est qu'à certains son existence apparaît fausse ou douteuse; dès lors, on ne peut se contenter de la preuve que propose Anselme. D'ailleurs, comment pourrais-je penser Dieu? Je ne le connais pas en lui-même, je ne peux rien en conjecturer à partir de quelque chose de semblable à lui, puisque rien ne lui ressemble; nulle notion générique ou spécifique ne peut me servir ici; lorsque j'entends nommer « un être plus grand que tout ce qu'on peut penser », je ne pense finalement qu'un mot, qui n'a aucune chance de me faire concevoir la vérité de la chose. On pose que la nature suprême existe, parce que si elle n'existait pas tout ce qui est réel serait plus grand qu'elle, alors que Dieu est conçu comme ce qui est plus grand que tout : cela ne porte pas, car précisément on doute de cette existence divine; on n'en a pas vraiment d'idée, puisqu'on s'efforce de l'imaginer, comme on fait pour toute chose qu'on ignore, et dont on a seulement entendu parler. Il faut donc d'abord me prouver que « cet être plus grand » est réellement quelque part, pour que l'argument anselmien soit convaincant. Sinon, autant vaudrait prouver l'existence de « l'île perdue » qui regorge de délices et vaut mieux que toute autre terre, en disant que

si elle n'était pas, n'importe quelle terre réelle lui serait
supérieure, alors que j'ai conçu cette île comme meilleure
que toute autre. On ne peut mettre l'insensé en contradiction avec lui-même, puisqu'il n'a jamais admis qu'un
être plus grand que tous autres existe en réalité; il faudrait
d'abord lui faire admettre cette existence. Accordons que
l'inexistence de Dieu ne puisse être comprise *(intelligi)*,
mais au moins elle peut être pensée *(cogitari)*, comme
c'est le cas des choses fausses. Puis-je ou non penser
l'inexistence de ce dont je suis certain ? C'est une question;
mais si oui, je peux bien douter de l'existence de Dieu;
si non, être au-dessus du doute n'est pas propre à
Dieu.

On voit comment se justifie l'interprétation philosophique de l'écrit de Gaunilon; il a compris qu'on ne
saurait proprement penser ce dont on ne peut former
de concept; il refuse de comparer aux choses réelles ce
dont l'existence est en question, il ne l'admettrait que si
cette existence était prouvée. Il est loisible d'évoquer ici
les thèmes de la *Dialectique transcendantale*. Mais il est au
moins aussi judicieux de remarquer (avec M. Dal Pra)
que Gaunilon est sur la voie d'un affranchissement de la
logique; il décèle, à travers le fait de l'incroyance et
les diverses façons de signifier qu'ont les mots, une certaine divergence entre le langage, la pensée et le réel, et
c'est cela qui lui fait refuser la contrainte dialectique
qu'Anselme voyait dans son argument. Celui-ci, dans
l'*Apologie* qu'il compose en réponse à Gaunilon, reprend,
développe, détaille sa preuve. Deux points nous retien-
dront : d'abord il remarque que « l'être tel qu'on n'en
puisse concevoir de plus grand » est un cas unique, le
seul pour lequel vaille son argument; il est propre à
Dieu de ne pouvoir même pas être *pensé* comme inexistant
(et non seulement *compris* comme tel, ainsi que le voulait
Gaunilon) : on retrouve ici l'esprit même de la réponse de
Hegel à la critique kantienne de la preuve ontologique.
En second lieu, Anselme précise que « ce qui est tel qu'on
ne puisse rien concevoir de plus grand » n'a pas le même
sens que « plus grand que tout » : la première formule
seule implique l'impossibilité de la non-existence. En
d'autres termes, nous dirions qu'elle ne signifie pas un
concept, mais qu'elle règle le mouvement de la pensée
selon une nécessité dialectique pure; ce que l'avant-

dernier chapitre de l'*Apologie* exprime encore : on peut
dire *ineffable,* sans pouvoir dire ce qui l'est; de même on
peut penser l'*inconcevable,* bien qu'on ne puisse concevoir
ce qui l'est; « ainsi, quand on dit : ce qui est tel qu'on ne
puisse rien concevoir de plus grand, sans doute on
peut penser et comprendre ce qu'on entend, même
si la chose telle qu'on ne puisse rien concevoir de
plus grand ne peut être pensée ni comprise. » Cette
réponse à Gaunilon témoigne d'une belle vigueur logique, et en même temps fait apparaître encore plus
clairement la position d'Anselme : sa preuve se situe,
selon sa nature même, hors de tout concept, non seulement parce que son objet ne peut être représenté,
mais aussi parce que la rigueur de la formule suffit à
emporter la conviction, comme s'il y avait conformité
entre l'impossibilité de concevoir l'essence divine, et la
nécessité pour l'esprit d'en poser l'existence sous la contrainte d'une dialectique qui n'a pour contenu que son
propre mouvement.

Une telle confiance en l'enchaînement formel suppose
qu'on voie dans les propositions autre chose qu'un
assemblage de mots; l'énonciation vraie, dit saint
Anselme dans le *De veritate,* est « doublement droite » :
d'abord parce qu'elle est « ce que doit être » une énonciation régulière, ensuite parce qu'elle exprime l'être de
ce qui est, ou le non-être de ce qui n'est pas; sa rectitude
est donc dans l'accomplissement de sa fin, c'est-à-dire
dans sa fidélité au réel. La même notion de rectitude
sert à définir la vérité de l'opinion, de la volonté, de
l'action, de la perception, et finalement celle de l'essence
des choses; c'est en tous les cas la conformité à une
norme. Être vraie, pour une chose, c'est « être ce qu'elle
est dans la suprême Vérité ». Tout ce qui est vrai a donc
finalement son fondement dans l'essence divine, dont
la vérité radicale éclate dans l'argument du *Proslogion :*
« tu es si vraiment, Seigneur, mon Dieu, que tu ne peux
même pas être pensé comme n'étant pas. » On voit plus
clairement pourquoi les objections de Gaunilon ne pouvaient entamer la confiance d'Anselme en sa preuve :
celui-ci ne conçoit pas qu'on puisse se dérober à la conséquence nécessaire d'un énoncé, lorsque la foi en garantit
la vérité, et qu'il s'agit de Dieu; c'est pourquoi, au début
de son *Apologie,* il en appelle « à la foi et à la conscience »

de son adversaire « comme à son plus ferme argument ». Ainsi l'on retrouve la liaison, déjà remarquée, entre la foi et la *ratio,* garantie par une conception théologique de la vérité. Lorsque Anselme médite sans invoquer d'autorités, il use d'une autre méthode que Lanfranc, mais il reste du même côté, puisque sa méditation est fondée sur l'enseignement de l'Église, et qu'il fait remarquer son accord avec les écrits de saint Augustin. Il donne droit de cité à la dialectique dans la théologie, mais d'une tout autre façon que Bérenger. Il ne fond pas non plus l'un dans l'autre le raisonnement et la foi; il met le premier au service de la seconde; il accomplit, d'une façon bien à lui, et avec une profondeur nouvelle, le projet de saint Augustin, et prépare d'autres développements de la pensée médiévale.

LE DÉVELOPPEMENT DE LA DIALECTIQUE

C'est au XIe siècle que commence à prendre corps le nominalisme, doctrine qui refuse l'existence réelle aux termes universels — ou « universaux » *(universalia)* — tels notamment que les genres et les espèces; c'est là une des réponses possibles à la question évoquée par Porphyre au début de son *Isagoge,* comme on l'a vu à propos de Boèce. La lignée nominaliste, qui va jusqu'aux maîtres de Luther, en passant par Guillaume d'Occam, est déjà florissante au début de la seconde moitié du XIIe siècle, où Godefroy de Saint-Victor fait état de deux groupes de maîtres : les *reales* et les *nominales;* Jean de Salisbury, à la même époque, cite de nombreuses solutions données alors au problème de Porphyre, mais la division en partisans et adversaires du réalisme persiste pour l'essentiel à travers cette variété. Parmi les seconds, le plus grand est Abélard, qui fut élève de Roscelin; Roscelin appartient lui-même à un courant encore mal connu. À vrai dire, si l'on voulait en chercher la première origine, il faudrait remonter jusqu'à tels textes de Heiric d'Auxerre qu'on a évoqués plus haut, voire aux *Dix catégories* attribuées à saint Augustin, et à quelques pages de Boèce (notamment aux premières de son commentaire des *Catégories*). Il faudrait citer également un commentaire de l'*Isagoge* attribué à Raban, où l'auteur mentionne une opinion selon laquelle Porphyre aurait traité de cinq

« voix » *(voces)*, et non de choses ; l'argument principal
de cette thèse se retrouvera constamment par la suite :
puisque l'universel est défini comme un prédicat, il ne
peut être qu'un mot ; car une chose ne peut en aucune
façon être un prédicat. Toutefois, Heiric, le Pseudo-
Raban, ne se donnent nullement comme nominalistes :
le mot lui-même n'existait pas encore, et d'autre part
leurs réflexions sur les genres restent au niveau de la
pure dialectique ; ils ne se posent pas encore les problèmes
d'ordre philosophique qui se développeront plus tard
à ce propos, et qui ont donné occasion à Victor Cousin
de prétendre — abusivement — que la philosophie
médiévale tout entière se ramenait à la question des
universaux. Se les posait-on, ces problèmes, au XIᵉ siècle ? Il est difficile de le savoir. Des textes de l'époque
nous apprennent que certains maîtres exposaient la
dialectique *in re,* d'autres *in voce,* selon qu'ils voyaient dans
les genres et les espèces des choses ou des mots. Parmi les
premiers, Odon de Cambrai (pour qui l'individu est
constitué par des accidents qui s'ajoutent à l'espèce) ;
parmi les seconds, Raimbert de Lille. Herman de Tournai,
qui en fait le parallèle, précise qu'Odon suivait « Boèce
et les docteurs antiques », Raimbert au contraire se
rattachant aux « modernes » ; le réalisme apparaissait
donc comme la doctrine traditionnelle, remise en question
par des novateurs. L. M. De Rijk a récemment édité
la *Dialectique* de Garland le Computiste (né vers 1015,
mort à la fin du siècle) ; lui aussi expose la dialectique *in
voce;* mais on ne trouve pas chez lui de polémique contre
ceux qui l'exposaient *in re.* Citons encore, dans la même
ligne que Raimbert et Garland, un certain Jean « le
Sophiste », contemporain de Lanfranc, qui semble avoir
joué le rôle d'un chef d'école ; il eut pour élèves Robert
de Paris, Roscelin de Compiègne, Arnulf de Laon. On
ne sait rien d'autre de Jean, de Robert, d'Arnulf, non
plus que de Raimbert ; on est un peu mieux renseigné
sur Roscelin.

ROSCELIN

Il naît au milieu du XIᵉ siècle ; après avoir étudié dans
sa province d'origine (évêché de Soissons, archevêché de
Reims), il enseigne à Compiègne, sa ville natale, puis

à Tours, Loches (où il a pour élève Abélard), Besançon, où il meurt vers 1120, peut-être un peu après. On a peu de chose de lui; presque tout ce qu'on sait de son enseignement nous vient d'adversaires (comme saint Anselme, et Abélard, qui s'est détaché de son maître). Il est certain qu'il a soutenu la thèse nominaliste, ou plus précisément la « doctrine des *voces* » *(sententia vocum)*, pour conserver l'expression d'Otto de Freising, dont le témoignage est corroboré par Abélard et Jean de Salisbury : genres et espèces sont des mots *(voces)*, ou des « souffles », des « émissions de voix » *(flatus vocis)*. Ils ne peuvent être des choses, car seuls sont des choses les individus; un homme particulier est réel, le mot « homme » qui le désigne est réel, mais l'espèce « homme » n'a aucune réalité. En outre, si l'on en croit Abélard, Roscelin estimait que les parties d'un tout n'ont pas d'existence réelle : seul existe proprement le tout; ce tout change de nature et de nom si on lui soustrait une partie, comme le dit Roscelin lui-même dans une lettre à Abélard. Il semble donc qu'à son interprétation de la logique corresponde une intuition philosophique que l'on retrouvera chez Abélard et Guillaume d'Occam : celle de la réalité exclusive et indécomposable de l'individu.

Abordant la théologie trinitaire sous cette perspective, Roscelin est amené à privilégier les Personnes par rapport à l'essence : si l'on dit que les trois Personnes sont une seule chose, il faut admettre que le Père et l'Esprit se sont incarnés avec le Fils; il vaut donc mieux parler de trois *choses,* identiques par le pouvoir et le vouloir. Roscelin s'écarte de la terminologie traditionnelle des Latins et adopte celle des Grecs, en parlant de « trois substances » : il ne semble pas qu'il soit allé plus loin, et notamment qu'il ait prétendu que seul l'usage empêchait de dire qu'il y ait trois dieux. Pourtant saint Anselme l'en accuse, et rattache cette hérésie qu'il lui prête à son nominalisme : s'il ne comprend pas, dit-il, que plusieurs hommes sont un seul homme dans l'espèce, comment comprendrait-il que les trois Personnes divines sont un seul Dieu ? Et s'il ne fait pas de distinction entre un cheval et sa couleur, comment distinguera-t-il un seul Dieu de ses relations multiples (qui constituent les Personnes) ? Dans le même passage, quelques lignes plus haut, saint Anselme critiquait ensemble « les dialecti-

ciens de notre temps, ou plutôt les hérétiques de la
dialectique, qui estiment que les substances universelles
ne sont que des souffles de voix, qui ne peuvent comprendre que la couleur soit autre chose que le corps,
ni la sagesse d'un homme autre chose que son âme ».
Ainsi l'accident n'a pas plus de réalité que l'universel :
seules existent les substances individuelles; la pensée de
Roscelin, pour autant qu'on la connaisse, présente donc
une cohérence certaine. Comme ses thèses sur la Trinité
(et aussi sur l'Incarnation) ont inquiété ses contemporains,
et parce qu'elles concordaient avec son nominalisme,
on comprend que par la suite Abélard ait cru devoir les
critiquer de toute la puissance de sa dialectique.

Roscelin marque, ou symbolise, un certain nombre de
changements dans l'histoire de la pensée médiévale.
On a vu que c'était le premier des nominalistes dont on
connaisse autre chose que le nom; le fait d'avoir été le
maître d'Abélard suffirait d'ailleurs à attirer l'attention
sur lui comme sur la cause, au moins occasionnelle, d'un
grand événement philosophique. D'autre part, c'est un
Français; beaucoup de ceux qu'on a cités, parmi les
auteurs du XIe siècle, sont des Italiens : Anselme de Besate,
Gérard de Czanad, Pierre Damien, Lanfranc; saint Anselme est Valdotain. Enfin, on peut voir en lui un des
premiers témoins d'une mutation pédagogique : l'enseignement ne se donne plus exclusivement, ou presque
exclusivement, dans les cloîtres. On l'a déjà remarqué à
propos de Gerbert; mais aux XIe et XIIe siècles, le développement des villes a pour conséquence celui des écoles
urbaines, qui croissent en nombre et en importance. Non
que les cloîtres n'aient plus rien à donner; mais de plus
en plus les maîtres des cloîtres perdent en influence au
profit de ceux des écoles cathédrales; Chartres, Paris,
Orléans, seront des foyers de culture rayonnants. Déjà,
à la fin du XIe siècle, au début du XIIe, on repère certains
centres que les étudiants fréquentent de préférence, parce
qu'y brille tel ou tel maître, telle ou telle école; ce sont
comme des étapes sur le chemin du savoir, et ils vont de
l'une à l'autre. Sans chercher à les énumérer, il suffira
d'en trouver quelques exemples dans le récit des études
d'Abélard.

ABÉLARD

Ce grand homme est célèbre; pourtant en général on connaît mal sa vie, et on en est excusable, car le détail en est fort complexe. Il naît en 1079 au Pallet, près de Nantes, d'une famille noble; fils aîné, il abandonne ses privilèges à un cadet, préférant, dit-il, « le giron de Minerve à la cour de Mars »; c'est surtout à la dialectique qu'il s'attache. Il « parcourt les provinces » pour chercher l'enseignement des maîtres les plus réputés : il écoute Roscelin à Loches, Thierry à Chartres, peut-être Ulger à Angers. Enfin, à Paris, il devient auditeur de Guillaume de Champeaux, maître à l'école cathédrale, et qui professait le réalisme; il soutient contre lui des discussions où le maître n'est pas le plus fort, et doit quitter l'école; il se rend à Melun, puis à Corbeil, enseignant à son tour; revenu, un peu plus tard, à l'école de Guillaume, il reprend ses disputes, force, nous dit-il, son maître à renoncer à sa doctrine, et attire à lui ses élèves, à Melun d'abord, puis à Paris, où il s'établit sur la Montagne Sainte-Geneviève. Quelques années plus tard, il va étudier la théologie sous Anselme de Laon; déçu par lui, il s'absente des cours, et entreprend, sur un défi de ses condisciples, de commenter Ézéchiel avec le seul secours des « textes des saints » et de la dialectique. Anselme lui interdit d'enseigner dans son école sans son autorisation (ce qui montre que l'exercice de l'enseignement urbain était déjà codifié). Il retourne à Paris; c'est maintenant à l'école de Notre-Dame que les étudiants vont l'écouter. Son renom est immense. Puis vient l'épisode célèbre : la liaison avec

> la tres sage Héloïs
> Pour qui fust chastré et puys moyne
> Pierre Esbaillard à Sainct Denys.

Cette fin cruelle survient en 1119. Ses confrères de Saint-Denis, à qui il reproche leur relâchement, lui conseillent de reprendre l'enseignement; il s'établit en Champagne, à Maisoncelle; les étudiants affluent : trois mille, dit-on. Il devient de plus en plus insupportable aux autres maîtres. En 1121, un concile réuni à Soissons condamne son *Traité de l'unité et de la Trinité divines*. Revenu à Saint-

Denis, il entreprend cette fois de prouver aux moines que leur couvent n'a pas été fondé, comme on le pensait, par Denys l'Aréopagite, le converti de saint Paul, à qui on attribuait des écrits mystiques célèbres; persécuté, il s'enfuit à Provins, où le comte de Champagne Thibaud lui permet de s'installer au prieuré de Saint-Ayoul. Puis, sur le territoire de Troyes, il fonde l'oratoire du Paraclet, et très vite est entouré d'étudiants. Vaguement inquiet, il songe à partir chez les « idolâtres »; finalement, en 1125, il accepte de partir en Bretagne, à Saint-Gildas-de-Rhuys, dont les moines l'ont élu abbé. Il veut les réformer, ils le prennent en haine, cherchant à l'assassiner; il s'enfuit. Pendant son abbatiat, il avait fait quelques séjours à Paris, et donné le Paraclet à Héloïse, d'abord moniale à Argenteuil, pour qu'elle y fonde un monastère dont elle devient abbesse. En 1136, Jean de Salisbury est à Paris au nombre des auditeurs d'Abélard. En 1140, celui-ci est de nouveau condamné, à Sens, pour son *Introduction à la théologie,* sur l'initiative de Guillaume de Saint-Thierry et de saint Bernard; il veut en appeler au pape, prend, déjà malade, le chemin de Rome. Il s'arrête à Cluny, y est reçu par l'abbé Pierre le Vénérable, qui, le voyant de plus en plus faible, l'envoie au monastère clunisien de Saint-Marcel, à Chalon-sur-Saône, où il meurt en 1142.

Son œuvre logique est abondante; il a glosé à plusieurs reprises tout ou partie du corpus logique qu'on désignera un peu plus tard du nom de *logica vetus* (quand la découverte d'écrits d'Aristote jusque-là inconnus fera parler de *logica nova*). Il nous en reste des gloses littérales, datant du début de son enseignement, sur Porphyre, les *Catégories,* l'*Interprétation,* le *De divisionibus* de Boèce; des gloses plus développées, désignées souvent sous le nom de *Logica ingredientibus,* ou de *Gloses de Milan* (du nom de la ville où le premier manuscrit connu fut découvert) : sur Porphyre, les *Catégories,* l'*Interprétation,* et les *Différences topiques* de Boèce; enfin, des gloses sur Porphyre, datant probablement de son dernier enseignement (*Logica nostrorum petitioni,* ou *Gloses de Lunel*). Abélard a écrit en outre, pour les fils de son frère Dagobert, une *Dialectique* presque intégralement conservée (il manque le début); elle a sans doute été commencée en 1118, et remaniée jusqu'en 1137. En théologie, il a laissé : le

Traité de l'unité et de la Trinité divines condamné en 1121;
la *Théologie chrétienne*, composée peu après ce traité, qui
le reprend et l'étoffe; l'*Introduction à la théologie*, condamnée en 1140, qui reprend la précédente. En outre,
le *Sic et non (Oui et non)*, vers 1122, et plusieurs commentaires de textes sacrés (notamment sur l'*Épître aux
Romains*, en cinq livres). Enfin, l'*Éthique, ou Connais-toi
toi-même (Ethica sive Scito te ipsum)*, et un *Dialogue entre
un philosophe, un juif et un chrétien,* composé à Cluny.

Comme logicien, Abélard est sans égal en son temps.
Il a fourni au nominalisme ses arguments les plus forts,
dans la célèbre discussion qui ouvre ses deuxièmes gloses
sur Porphyre. Méthodiquement, il divise le réalisme en ses
espèces, et de chacune il montre qu'on ne peut l'accepter;
ses examens sont d'une extrême minutie critique; on ne
peut ici en garder que l'essentiel. Les universaux, se
demande-t-on, sont-ils des choses ou des mots? Les
textes d'Aristote, de Porphyre, de Boèce, n'étant pas
décisifs, il faut examiner les diverses doctrines soutenues
à ce propos. Parmi celles qui en font des choses, une
première prétend qu'il existe « une substance essentiellement la même dans les choses, qui diffèrent par leurs
formes »; c'est donc là une « essence matérielle »; par
exemple, l'homme est une même substance en Platon et
en Socrate, qui diffèrent l'un de l'autre par des accidents.
Ainsi, dans une même cire on peut modeler l'image d'un
homme et celle d'un bœuf; toutefois, alors que les deux
morceaux de cire restent séparés, la substance universelle
est tout entière dans chacun des individus. Mais, si l'on
admet tout cela, on est conduit à dire que l'animal
rationnel est le même que l'animal irrationnel, si bien que
les contraires coexisteraient. Autre argument : dans cette
hypothèse, l'individu est, comme tel, constitué par des
accidents, qui lui sont donc antérieurs; il ne peut alors
en être le sujet, car le sujet doit venir avant les accidents;
il n'y a donc pas d'accidents dans des substances individuelles qui en seraient les sujets; et comment alors y en
aurait-il dans les universelles? Pour échapper à cette
dernière critique, le réalisme se transforme; certains de
ses tenants enseignent que les individus sont des choses
distinctes personnellement dans leur essence, et non seulement par leurs formes; mais ils conservent l'idée d'une
chose universelle : « des hommes singuliers, qui en soi

diffèrent, sont quelque chose d'identique dans l'homme
(*idem sunt in homine*) : c'est-à-dire qu'ils ne diffèrent pas
dans la nature de l'humanité. » Cette clause donne son
nom à la thèse : c'est celle de l'*indifférence,* qui d'ailleurs
se subdivise en deux; pour certains, la chose universelle
est un ensemble (une *collectio*) : l'homme universel, c'est
« tous les hommes pris ensemble »; pour d'autres, la
même chose est en même temps individu, espèce, genre.
À la première de ces deux nouvelles formes du réalisme
Abélard oppose une objection fondamentale : admettons
que l'universel soit une *collectio;* il faut se souvenir qu'il
doit être un prédicat, d'après sa définition même; cette
collection se prédiquera-t-elle par parties, ou tout entière ?
Et il retourne de diverses manières, souvent avec beaucoup
de subtilité, les difficultés que de toutes façons on rencontre, et qui forcent à abandonner la doctrine de la
collectio. Contre la seconde, il développe une critique
essentielle : il est difficile de concevoir la distinction entre
Socrate comme Socrate et Socrate comme homme, qui
sont une seule chose, mais diffèrent selon la prédication.
Comment d'autre part deux hommes peuvent-ils « se
rencontrer dans l'homme »? Puisque tous les hommes
sont radicalement distincts, ils ne peuvent « se rencontrer »
ni dans l'un des deux, ni dans un troisième. Et si l'on
prend négativement ce rapport, en posant que « se
rencontrer dans » équivaut à « ne pas différer dans »,
il faudra dire que Socrate et Platon « se rencontrent dans
la pierre », car « ils ne diffèrent pas dans la pierre »,
puisqu'ils ne sont une pierre ni l'un ni l'autre. On voit
que tous ces divers arguments (comme ceux qu'on a dû
passer sous silence) ont le même ressort : l'universel est un
prédicat, et, quelque subtilité que l'on apporte, on ne
pourra jamais rendre vraisemblable qu'une chose puisse
être un prédicat; une chose ne peut se séparer d'elle-
même, se diviser, se répandre en plusieurs autres (on
retrouve ici l'intuition première du nominalisme, qui
était déjà celle de Roscelin). Une fois réfuté le réalisme,
sous toutes ses formes, Abélard conclut : « reste que les
universaux soient des mots *(voces).* » Abélard conserve
ici le vocabulaire de son maître; plus tard, dans les *Gloses
de Lunel,* il en changera, appelant *vox* l'émission de voix,
et *sermo* le mot signifiant; la *vox* est alors une chose, et le
seul objet qui intéresse le logicien est le *sermo.* C'est par

ce dernier terme que Jean de Salisbury caractérisera la doctrine d'Abélard, par opposition à celle de Roscelin. Mais toujours, pour Abélard, est universel un mot prédicable de plusieurs — qu'il soit espèce, comme *homme*, ou genre, comme *animal*. On est donc ici sur le plan du langage, le domaine naturel du logicien.

Mais on ne peut se borner au point de vue, strictement grammatical, de la seule correction formelle des propositions : un grammairien n'a rien à reprocher à une phrase comme « l'homme est une pierre », mais le dialecticien, si. D'où le problème de l'« imposition des universaux » et de son fondement : qu'est-ce qui permet de dire que Socrate et Platon sont des hommes, étant admis que l'homme, comme espèce, n'est pas une chose ? Ce qui fonde cette imposition, c'est, dit Abélard, que Socrate et Platon « se rencontrent », non pas « en l'homme » comme le veulent les réalistes, mais « dans l'être-homme » *(in esse hominem)*, c'est-à-dire dans un certain état, qui n'est pas une chose, mais définit une *nature*. À cela se rattache une doctrine de la signification et une théorie de la connaissance dont on trouve des éléments en divers endroits des œuvres d'Abélard. Les mots signifient à la fois des choses et des intellections *(intellectus)*; signifier, c'est pour un mot « engendrer une intellection » dans l'âme de l'auditeur, pour l'instruire sur les choses (toutefois les phrases ne disent pas des choses, mais « une manière d'être des choses »). L'intellection est une action de l'âme, indépendante de la sensation (je peux penser à une tour sans la voir), mais qui « se dirige vers une forme », une « chose imaginaire et feinte », qui est « un rien » *(nihil)*. D'où l'on peut dresser un tableau des trois degrés de la connaissance : d'abord la sensation *(sensus)*, qui « touche légèrement l'objet »; puis l'imagination *(imaginatio)*, qui est soit une application de l'esprit à une chose actuellement perçue, soit une perception d'une chose absente; enfin l'intellection, qui est le fait de considérer rationnellement la nature d'une chose, ou une de ses propriétés. On aperçoit à travers tout cela une tendance empiriste (liée à la préoccupation de l'individuel), qui s'affirme dans la comparaison du nom universel et du nom singulier; le premier s'applique à « l'image commune et confuse d'une multiplicité »; le second, à « une forme propre et singulière ». De ce qu'ils ne per-

çoivent pas, les hommes ont une opinion plutôt qu'une
intelligence : les « formes » que nous pensons sont toutes
différentes des idées divines, qui précèdent et règlent
la création. Pour obtenir la « forme commune » du lion,
par exemple, nous laissons ce qui est propre aux lions
particuliers; on comprend qu'il ne nous reste que quelque
chose de « commun et confus ». Abélard ne connaissait
pas les textes d'Aristote sur l'abstraction, il ne pouvait
lire à ce propos que quelques passages très sommaires
de Boèce; mais il faut convenir que ce qu'il nous en
dit est cohérent avec sa doctrine de l'universel et de la
chose individuelle.

Son empirisme implicite n'empêche pas Abélard d'avoir
une doctrine très ferme de la démonstration, grâce à ses
profondes analyses du langage, et peut-être aussi au fond
d'augustinisme qui perce à travers les quelques lignes
qu'il consacre aux idées divines. Sans entrer dans le
détail technique de sa théorie de la preuve, notons une
double opposition. D'abord, entre la proposition catégorique, qui énonce un fait, et la conséquence hypothétique
(si est homo, est animal), qui exprime une liaison « éternelle »; la première n'est vraie que si existe ce sur quoi
elle porte, alors que la seconde l'est inconditionnellement
— pour autant que le rapport qu'elle pose est conforme
à la vérité des « natures ». Ensuite, on distingue l'argumentation topique, ou rhétorique, du syllogisme : la
première a pour pivot un *lieu,* c'est-à-dire un mot qui
désigne une chose, et pour ressort une *maxime,* ou expression générale d'un rapport (soit la phrase : « Socrate est
animal, parce qu'il est homme »; le lieu, c'est *homme,*
espèce d'*animal;* la maxime « le genre s'attribue à tout ce
à quoi s'attribue l'espèce »); une telle argumentation
est contingente, parce qu'elle repose sur une relation
entre des choses et que les choses peuvent ne pas exister.
Quant au syllogisme, il est d'un autre ordre : celui de la
nécessité formelle; Abélard s'attache à montrer que le
syllogisme ne tire pas sa force d'un lieu; on n'est plus
devant des rapports de choses, mais d'énoncés : le conséquent est contenu déjà dans l'antécédent, et c'est ce qui
garantit la vérité de cette forme de raisonnement.

En théologie, Abélard reste un dialecticien. Il cite à
plusieurs reprises l'éloge que saint Augustin faisait de
la dialectique; l'art de la pratiquer est, selon lui, un talent

inné, un don venu de Dieu, qu'il faut faire servir à sa gloire. Le Christ est le Verbe divin, c'est-à-dire en grec, le *logos;* or, de *logos* vient « logique », comme « chrétien » vient de « Christ » : pratiquer la logique, c'est en quelque manière se réclamer du Christ, de la suprême Sagesse — ou *sophia,* d'où vient le nom des philosophes. Ces subtilités étymologiques ne sont pas des jeux d'esprit : Abélard sait bien que l'origine des noms enferme quelque arbitraire, et il a écrit des pages pénétrantes sur les ambiguïtés et les gauchissements des significations des mots; mais il garde quelque chose de la conception médiévale du langage qu'on a vu s'affirmer, sous son aspect le plus radical, chez Isidore de Séville. Il s'y fonde d'autant plus volontiers ici qu'il raisonne sur des noms divins transmis par une révélation, et que d'autre part il veut persuader ses lecteurs d'une idée à laquelle il tient fort; dialecticien consommé, il est aussi croyant sincère (il n'a rien du « rationaliste », voire du « libre penseur », que certains ont cru voir en lui) : il est persuadé que son art peut rendre les plus grands services à sa foi, en la libérant des critiques hâtives qu'on lui oppose, et en levant certaines difficultés posées par les énoncés où elle s'exprime. D'où son effort pour dégager des lois d'interprétation des textes — c'est l'objet du prologue du *Sic et non,* et pour mettre le dogme de la Trinité, et tout particulièrement les formules qui l'énoncent, sous une lumière telle que les adversaires de la foi ne puissent plus rien y objecter.

Le *Sic et non* est un recueil de textes, tiré des Pères, sur plus de cent questions qui relèvent de la « doctrine sacrée »; ces textes sont choisis de telle sorte qu'ils paraissent contradictoires entre eux. Il s'agit là, dit Abélard dans son prologue, d'exercer l'esprit des débutants. Il faut savoir résoudre les oppositions entre autorités en étudiant le sens des mots : les mêmes termes, employés par des auteurs différents, peuvent signifier des choses différentes. En outre, s'il y a contradiction réelle, il faut savoir dresser une hiérarchie des autorités, savoir faire la critique des traducteurs et des copistes. Enfin, il faut se souvenir que la clef de la sagesse, c'est une interrogation continuelle : Aristote et l'Évangile sont d'accord sur ce point. Il est manifeste que ces diverses considérations se fondent sur le contenu ou la pratique de la logique : théorie de la signification, usage de la dispute dialectique et de la *question* méthodique (c'est vers cette époque, et déjà dans l'école d'Anselme de Laon, que la technique de la *quaestio* commence à s'élaborer).

Quant aux traités, ce n'est pas le lieu d'en analyser la doctrine. Il faut toutefois noter que le premier tout entier, et la plus grande partie des deux autres, sont consacrés à une réfutation des « pseudo-dialecticiens », et notamment de Roscelin, qui voyaient des contradictions dans la formulation traditionnelle du dogme trinitaire. En logicien, Abélard s'attache à énumérer leurs objections dans toute leur rigueur formelle, et à les réfuter dans les mêmes conditions en s'aidant d'une analyse précise de certains mots-clés (notamment des mots *même* et *divers*). Son but est de montrer que les propositions qui énoncent les rapports entre les Personnes et l'essence divines ne sont pas contradictoires. Il est amené, du même mouvement, à proposer certaines « similitudes » tirées des objets sensibles : par exemple, dans une statue de cire, il y a à la fois, sous divers rapports, identité et différence entre la cire et la statue, de même qu'il y a identité d'essence et diversité personnelle entre le Père et le Fils. Guillaume de Saint-Thierry, saint Bernard, qui ont critiqué ces analogies, n'ont pas vu qu'Abélard ne cherchait pas à rendre rationnel le mystère, mais à fournir des sortes de modèles logiques pour établir la non-contradiction des énoncés qui l'expriment; car il répète souvent, dans ces trois traités, que Dieu est incompréhensible et indicible, et qu'il cherche seulement à répondre à des objections dialectiques en s'appuyant sur une dialectique meilleure. À la fin de ses deuxième et troisième *Théologie,* Abélard va plus loin, et raisonne sur l'unité, la puissance, et la sagesse de Dieu; mais il annonce expressément qu'il n'utilise plus de « raisons nécessaires », mais des « raisons de convenance vraisemblables » *(honestissimae ac verisimiles rationes)* — d'ailleurs préférables, puisque l'honnête, le bon, est ce qu'on cherche pour lui-même. Il ne se prive pas pourtant d'user de la dialectique : ainsi, pour montrer l'accord entre la prescience divine et le libre arbitre, il utilise brillamment le chapitre ix du *De interpretatione* (sur les futurs contingents); pour établir que Dieu ne peut faire que ce qu'il fait, quand il le fait, comme il le fait, sans que cela réduise sa toute-puissance, il raisonne avec virtuosité sur les conversions des propositions modales. En morale enfin, Abélard se montre encore logicien : il distingue entre le sens large et le sens strict du mot « péché ». Cette analyse sémantique est au service d'une conception originale de la faute, et en général de la moralité : sans nier qu'il y ait un critère objectif de l'intention bonne (c'est la volonté de Dieu), Abélard voit le propre du péché dans le consentement au mal; plus profondément que le vice, la concupiscence, le désir, il cherche au plus intérieur de l'homme, et trouve la cause de la transgression dans ce qui ressemble le moins à une chose — un simple mouvement d'abandon.

Le *Dialogue*, commencé à Cluny et interrompu par la mort, ne fait pas à la logique la grande place que lui laissent les autres œuvres. Un juif et un chrétien plaident chacun la cause de sa religion devant un philosophe nourri de sagesse antique — cette sagesse dont les diverses *Théologie* se plaisaient déjà à montrer la parenté, parfois même la conformité, avec la vérité chrétienne. Indépendamment de la comparaison entre la Loi mosaïque et l'Évangile, confrontés à la sagesse naturelle, on trouve dans ces pages des développements sur la morale antique telle qu'Abélard pouvait la connaître à travers ses lectures des auteurs latins, principalement de Cicéron. Notons un détail curieux : le philosophe, fidèle d'une loi naturelle, assez nettement teintée de stoïcisme, n'est pas un personnage purement abstrait : c'est un fils d'Ismaël, il appartient à un peuple où les garçons sont circoncis à douze ans. Il semble donc qu'Abélard ait chargé un musulman de défendre la cause de la philosophie. Il aurait donc su ce qu'ignorait l'auteur de la *Chanson de Roland* (et bien d'autres vers la même époque) : les musulmans ne sont pas des idolâtres. Connaissait-il l'existence, en terre d'Islam, de philosophes attachés à la sagesse aristotélicienne ? Averroës n'avait qu'une quinzaine d'années quand le *Dialogue* fut écrit, mais son maître Ibn Bâjja était mort en 1138. Or, les idées circulaient, d'Islam en chrétienté, depuis la seconde moitié du XIᵉ siècle et c'est un peu avant 1130 que commence la grande entreprise de traduction des œuvres arabes en latin. Pierre le Vénérable s'intéressait à l'Islam; cet intérêt était déjà ancien à Cluny. Il n'est pas impossible qu'Abélard ait eu quelques échos de la philosophie des musulmans d'Espagne; il resterait à l'établir.

L'œuvre d'Abélard marque une étape importante dans l'histoire de la pensée médiévale; non que « le Péripatéticien du Pallet», comme le nommaient ses contemporains, soit devenu un « auteur», dont on commente les livres et cite les textes; l'école née de son enseignement théologique ne lui a guère survécu. Mais, excellent professeur au témoignage de Jean de Salisbury, avidement écouté par des étudiants enthousiastes (dont certains ont joué par la suite des rôles de premier plan, notamment Roland Bandinelli, devenu le pape Alexandre III), il a profondément influé sur la culture du XIIe siècle. Il a donné des préceptes et des modèles de critique textuelle, d'un traitement méthodique de la théologie qui n'est plus celui de saint Anselme, et fait la plus large place au traitement dialectique des énoncés de foi. Malgré les inquiétudes et les indignations, cette leçon ne sera pas perdue. Sur le plan des idées profanes, Abélard a agi comme maître de logique, et comme l'initiateur d'un nominalisme assez original pour faire de lui l'auteur de « la première œuvre de langue latine où des idées philosophiques neuves aient été proposées» (É. Gilson). Les autres maîtres qui ont cherché ailleurs la solution du problème des universaux pâlissent auprès de lui, mais il ne faut pas en conclure qu'ils ont tous été des médiocres.

GUILLAUME DE CHAMPEAUX

Ainsi, Guillaume de Champeaux occupe une place de premier plan dans l'histoire intellectuelle et spirituelle de cette époque. Bien qu'il ait été le maître d'Abélard, il est de la même génération; il n'a guère qu'une dizaine d'années de plus que son turbulent élève; lui aussi a été auditeur d'Anselme, à Laon, et de Roscelin, à Compiègne; il avait d'abord, à Paris, écouté Manégold de Lautenbach. Maître à l'école cathédrale de Paris, il la quitte en 1108 pour se retirer, avec quelques disciples, à l'ermitage de Saint-Victor, au pied de la Montagne Sainte-Geneviève; Abélard affirme qu'il y a été poussé par le dépit d'avoir dû renoncer à enseigner le réalisme, mais le désir de mener une vie religieuse plus complète a dû avoir sa part dans ce retrait. Il transforme Saint-Victor en un monastère de chanoines réguliers, y reprend son enseignement; événement significatif de l'esprit de l'époque, où plusieurs cherchent à briser la contradiction entre la vie monastique et la vie urbaine et intellectuelle (J. Châtillon). C'est donc de lui que sort l'école de Saint-Victor, fort importante au XIIᵉ siècle; il y transporte, en lui donnant un regain de vigueur, la tradition théologique d'Anselme de Laon. En 1113, il devient évêque de Châlons-sur-Marne, et meurt en 1121. Dans le domaine de la dialectique, il professe deux doctrines successives. Selon la première, l'universel est une *chose,* essentiellement la même, présente à la fois dans tous les individus; si l'on privait ces derniers de leurs accidents, ou formes, toute différence entre les choses s'abolirait, elles seraient réduites à leur matière universelle commune. On a reconnu la première des thèses critiquées par Abélard; signalons que celui-ci, dans les *Gloses de Lunel* (ses troisièmes gloses sur Porphyre), trouve un argument nouveau, tiré de la théologie : si les formes fondent seules les différences individuelles, il y a identité entre la substance divine, qui ne reçoit pas d'accidents, et la substance universelle, premier des prédicaments; c'est là une « détestable hérésie ».

La position sur laquelle Guillaume se replie après ses discussions malheureuses avec Abélard lui est offerte par la théorie de l'indifférence : chez deux hommes, Pierre et Paul, l'humanité n'est pas identique, mais semblable, c'est-à-dire non différente. Abélard qui, on le sait, a également refusé cette façon de concevoir l'universel, emploie à son propos (dans les *Gloses de Lunel*) le mot de *status :* les individus de même espèce participent d'un même « état ». Pourtant cette doctrine n'est pas très loin du nominalisme abélardien, qui postule l'existence de natures, fondements de l'imposition des noms; les deuxièmes gloses sur Porphyre posent même explicitement une équivalence entre « l'être-homme » et « l'état d'homme » *(status hominis),* en précisant que « ce n'est pas là une chose ». L'impression de proximité entre la seconde thèse de Guillaume et celle d'Abélard se renforce, si l'on songe que le texte évoqué plus haut (sur l'humanité semblable chez Pierre et chez Paul) est tiré d'un contexte théologique : Guillaume, à propos de la Trinité, y médite sur l'identique et le divers, comme fait Abélard dans ses œuvres théologiques. On peut conclure de tout cela, ou bien qu'Abélard

est de mauvaise foi (car on ne peut lui refuser la pénétration); ou bien qu'il percevait, entre la doctrine de son
maître et la sienne, des différences que nous ne saisissons
pas, à cause du manque de textes (ou peut-être parce
que nous ne parvenons pas à nous placer exactement
dans les perspectives dialectiques de l'époque).

Dans son analyse de « l'homme intérieur », Guillaume
distingue « deux natures, l'âme et l'esprit, c'est-à-dire
la sensibilité *(sensualitas)* et la raison »; de la raison
relèvent la contemplation de l'essence divine, l'attention
aux choses célestes et spirituelles, et la conduite « raisonnable et honnête » à l'égard de la vie sensible et des
choses terrestres. Ce dernier degré de la raison est le plus
haut de la sensibilité; le deuxième est un mixte de
« disposition correcte des choses temporelles » et de
participation aux délectations de la chair. Quant au
troisième, c'est l'immersion complète dans les voluptés
terrestres. D'autre part, la connaissance est le fait de
l'âme qui, après la sensation, « rentre en soi-même et
pense »; ici encore, trois degrés : la vision *(visus)*, qui
porte sur les individus et part des données des sens;
puis, la raison *(ratio)*, « quand l'âme considère universellement les individus, examinant par exemple ce qu'est
l'homme universel, le genre animal, le corps universel,
la substance universelle »; enfin, l'intellection *(intellectus)*,
« quand elle médite sur Dieu et les essences invisibles ».
Cette intrication de la psychologie et de la spiritualité se
retrouve, sous des formes diverses, chez d'autres auteurs
du XIIᵉ siècle, mystiques, théologiens, spirituels; elle
relève de la tradition augustinienne, que n'est pas encore
venue heurter la découverte des traités d'Aristote sur
l'âme et la physiologie. Guillaume de Champeaux ne
méprise nullement ce qu'il connaît de la philosophie
antique : ses réflexions sur l'universel en sont une preuve,
et aussi le fait qu'il utilise les pages d'Aristote sur les
futurs contingents, lorsqu'il veut expliquer les rapports
entre la prescience divine et la liberté humaine. Il nous
apparaît donc comme un esprit vaste, savant, soucieux
à la fois de philosophie et de vie sainte, de vie sociale
et de méditation : un bon exemple de toute une classe de
penseurs médiévaux.

LE PROBLÈME DES UNIVERSAUX

Par cet auteur, aussi bien que par les discussions d'Abélard, on voit que le problème des universaux suscitait bien des recherches subtiles, qui mettaient en jeu la spéculation métaphysique et l'analyse de la connaissance. On peut encore avoir une idée de ce foisonnement d'opinions en consultant le *Metalogicon* de Jean de Salisbury, composé au début de la seconde moitié du siècle : le chapitre XVII du deuxième livre passe en revue les différentes doctrines de l'universel enseignées, ou connues encore, à cette époque. On y voit cités Roscelin, qui place les universaux dans les *voces* — opinion presque entièrement disparue, dit l'auteur — et Abélard, initiateur de la doctrine des *sermones* (terme emprunté à son dernier enseignement, dont les *Gloses de Lunel* donnent une idée et que Jean de Salisbury avait pu suivre à Paris en 1136); il a eu beaucoup de sectateurs, on peut leur reprocher de faire parfois violence au texte d'Aristote pour le plier à leur exégèse. Selon une autre thèse, les genres et les espèces sont des intellections, ou notions (*intellectus, notiones;* Abélard cite aussi une conception voisine dans les *Gloses de Lunel*, et l'admet dans la mesure où elle identifie les universaux aux « formes exemplaires » présentes dans l'intelligence divine). Quant à ceux « qui s'attachent aux choses », ils sont nombreux : parmi eux Gautier de Mortagne (maître de rhétorique sur la Montagne Sainte-Geneviève de 1126 à 1144; meurt, évêque de Laon, en 1174); il distingue, dans un même individu, des états *(status)* différents : Platon, en tant que Platon, est individu; en tant qu'homme, espèce; en tant qu'animal, « genre subalterne »; en tant que substance, « genre généralissime »; plus personne, ajoute Jean de Salisbury, ne soutient maintenant cette opinion. Les disciples de Bernard de Chartres, et plus lointainement de Platon, posent l'existence d'idées; Gilbert de La Porrée attribue l'universalité aux « formes originaires » *(formae nativae)* : on retrouvera plus tard ces deux Chartrains. Josselin de Soissons (évêque de cette ville de 1125 à 1151) interprète l'universel comme une collection : l'universalité est dans le groupe, non dans l'individu (cette thèse est développée dans un traité *Sur les genres et les espèces* attribué à Abélard par V. Cousin : l'espèce est la collection complète des êtres singuliers qui ont telle nature; dans l'individu, l'espèce est comparable à une matière dont l'individualité serait la forme, et elles sont liées de telle sorte que cette matière n'est pas réellement commune à tous les individus : chacun a la sienne). Certains enfin, ne trouvant pas dans la langue latine de terme qui leur convienne, se servent du mot *maneries;* qu'entendent-ils par là, c'est ce que Jean de Salisbury avoue ne pas comprendre. Lui-même estime la question des universaux mal posée, et d'abord incongrue; puisque Porphyre a déclaré qu'il ne l'examinerait pas, il est inutile de s'y attarder, et surtout comme le font certains maîtres qui trouvent moyen de faire entrer toute la matière de leur enseignement dans l'explication de quelques lignes d'un traité introductif (on sait que l'*Isagoge* n'était, dans l'esprit de Porphyre, qu'une sorte d'avant-propos à l'*Organon* d'Aristote). À quoi correspond, chez Jean de Salisbury, cette critique de méthode, on le verra plus tard; il nous a fourni son témoignage sur la querelle des universaux; pour le retrouver lui-même, il convient de retracer d'abord l'histoire de l'école chartraine.

LA SCIENCE — L'ÉCOLE DE CHARTRES

La passion pour la logique n'est qu'un aspect de la débordante activité philosophique du XIIe siècle; il faut y joindre les spéculations de philosophie naturelle que l'école de Chartres a spécialement favorisées — école épiscopale elle aussi, école de ville, qui d'autre part doit beaucoup à Fulbert, lui-même élève de Gerbert, qui lui avait transmis son goût de la science. Cette nouveauté fera craquer les cadres du *quadrivium,* comme on le verra; elle implique un intérêt particulier pour ce qu'on connaissait alors du platonisme (le *Timée,* partiellement; Macrobe), puisque Aristote n'était encore représenté que par sa logique. Elle suppose aussi que le fonds scientifique venu de l'Antiquité avait été conservé, étudié, accru.

On sait de quoi disposait, essentiellement, le Xe siècle finissant : pour les mathématiques, Boèce; pour les sciences naturelles, l'encyclopédie de Pline; en outre, les compilations de Cassiodore, d'Isidore de Séville et le travail et l'exemple de Bède, qui avait fourni un effort assez remarquable d'intelligence scientifique de ses sources. On a vu Gerbert rapporter d'Espagne quelques éléments de la science arabe; ainsi commençait à s'introduire en Occident le résultat des recherches grecques et orientales. Les Arabes avaient connu la science grecque soit en textes originaux, soit à travers des traductions en syriaque datant des VIᵉ et VIIᵉ siècles. Au Xᵉ siècle, il ne leur restait plus guère à découvrir de cet héritage, auquel se joignaient des apports orientaux (indiens particulièrement). De leur travail d'assimilation et de traduction, et de leur effort propre, a résulté tout un ensemble de connaissances qui a commencé à se répandre vers l'Ouest à la faveur des relations commerciales d'abord (au IXᵉ siècle, des villes italiennes se mettent à faire du commerce avec la Sicile et le Proche-Orient). La présence des musulmans en Espagne a été aussi fort heureuse pour le progrès culturel du monde chrétien : au Xᵉ siècle, on y traduit des ouvrages d'astronomie; nous retrouvons encore ici Gerbert, qui en profite.

Le XIᵉ siècle, puis le XIIᵉ, ont donc à leur disposition un lot croissant d'œuvres scientifiques : leur étude relance une recherche qui au vrai ne s'était jamais totalement arrêtée; les progrès des connaissances, surtout pratiques, à travers le haut Moyen âge, n'est nullement négligeable. Citons quelques exemples : en mécanique, invention de la manivelle; le moulin à eau, répandu depuis le IVᵉ siècle, donne occasion de perfectionner les mécanismes de transmission du mouvement (au XIIᵉ siècle, on sait construire judicieusement les engrenages). L'architecture s'est développée, essayant plusieurs sortes de voûtes, cherchant à résoudre les problèmes posés par leur pesée sur les murs, compliqués par le besoin de pratiquer des ouvertures; c'est l'architecture clunisienne, amie de la lumière, qui invente l'arc d'ogive. On a des traités de chimie pratique qui datent du VIIIᵉ siècle, du Xᵉ : il y est question des couleurs, de la verrerie, du traitement des métaux; les recettes qui y sont contenues ne sont pas contaminées d'alchimie, comme c'est le cas chez les Arabes (c'est au XIᵉ siècle seulement qu'on parle de transmutation des métaux). Le premier exposé sur la fonte des cloches date du début du XIIᵉ siècle. La botanique s'enrichit d'observations nouvelles, comme en témoigne un *herbarium* anglais du XIe siècle. À la même époque, on assiste à un progrès spectaculaire de la médecine, dont le centre est l'école de Salerne : fondée depuis un siècle ou deux, elle doit à sa situation géographique de pouvoir assimiler la première la science, antique et nouvelle, des Byzantins et des Arabes. On y pratique des dissections d'animaux destinées à aider la connaissance du corps humain (*Anatomia porci,* début du XIIe siècle).

Certes, toute cette science n'est pas « positive » : on y trouve beaucoup de superstitions; on renforce les cures médicales par des incantations; aux remèdes végétaux et minéraux on joint des applications de telle ou telle partie d'organismes animaux. Lorsque l'évêque de Rennes Marbode (1035-1123) dresse un catalogue des gemmes, il parle surtout de leurs vertus occultes (médicales, physiques, magiques, divinatoires). Pourtant, si mêlé qu'il soit, ce mouvement scientifique ne pouvait qu'accoutumer les esprits aux constances naturelles : outre que l'étude des mathématiques et de l'astronomie n'avait pas cessé (avant 1054, l'Allemand Hermann le Contrefait — *Contractus* — écrit sur l'abaque et l'astrolabe), les progrès de la mécanique et de l'observation anatomique, botanique, médicale, préparaient le terrain à des conceptions neuves. On les verra s'épanouir avec l'école de Chartres, dans la sphère philosophique; mais, comme l'a remarqué le P. Chenu, le XIIe siècle, dans tous les domaines, est caractérisé par une « découverte de la nature ». Dans l'ordre scientifique, c'est la médecine et les mathématiques (pures et appliquées) qui en ont été les ferments les plus actifs : ils ont été préparés par les travaux de deux précurseurs, Constantin l'Africain et Adélard de Bath.

CONSTANTIN L'AFRICAIN

Né à Carthage vers 1015, Constantin étudie le *trivium* et le *quadrivium,* puis s'intéresse particulièrement à la médecine. Il voyage en Orient, s'y instruit dans son art, y rassemble des manuscrits dont une partie, dit-on, se perd dans un naufrage. Il se fixe à Salerne, siège de la fameuse école de médecine; on ne sait trop dans quelle mesure il a influé sur ses doctrines et son développement. Enfin, il se fait moine au Mont-Cassin, où il meurt en 1087; c'est là qu'il a rédigé toutes ses œuvres. Celles-ci

sont des traductions pour l'essentiel, et peut-être pour
la totalité, car certains traités, présentés comme originaux
par Constantin, se sont révélés par la suite être des adapta-
tions d'ouvrages arabes ou grecs. Quoi qu'il en soit,
ces travaux qui font connaître de nombreuses œuvres
d'Hippocrate, de Galien, et de divers médecins arabes,
seront abondamment cités aux XIIᵉ et XIIIᵉ siècles, et
marquent donc une date dans l'histoire de la médecine
occidentale. Ils sont relativement dégagés des superstic-
tions de l'époque, des préoccupations astrologiques et
alchimiques; il est rare que Constantin préconise des
traitements incantatoires, sauf pour des maladies mysté-
rieuses comme l'épilepsie, la folie; il préfère des médicaments tirés de la nature, choisis selon leurs degrés de
sécheresse ou d'humidité, de chaleur ou de froid. Un
de ses traités est consacré à l'évaluation de ces degrés
dans les divers aliments et médicaments. Un autre porte
sur les maladies de l'estomac; un autre encore, sur la
mélancolie : on y trouve décrites celle des savants, celle
que provoquent les deuils et les catastrophes, celle qu'engendre l'angoisse du salut... Même si le mérite de Constantin n'est finalement que d'avoir servi de médiateur
entre la science orientale et l'Occident, cela suffit à lui
assurer une place non négligeable dans l'histoire intellectuelle du Moyen âge.

ADÉLARD DE BATH

L'Anglais Adélard, né vers 1070, étudie à Tours,
enseigne à Laon, voyage en Italie (Salerne), en Sicile, et,
dit-il, en Grèce, au Proche-Orient (Syrie, Palestine). Son
œuvre illustre bien l'ensemble d'intérêts et d'influences
qui caractérise l'éveil du XIIᵉ siècle à la philosophie de
la nature. En premier lieu, il traduit des ouvrages de
mathématiques et d'astronomie : entre autres divers traités
d'al-Khwarizmi, les *Éléments* d'Euclide (vers 1120-1130),
peut être l'*Almageste* de Ptolémée; il écrit lui-même
sur l'astrolabe et les règles du calcul sur l'abaque,
enrichit d'un supplément la *Mappae clavicula,* ouvrage du
VIIIᵉ siècle consacré aux couleurs. Dans un dialogue sur
diverses questions de sciences naturelles (*Quaestiones naturales,* entre 1105 et 1110), il affirme nettement, contre
une conception purement mystique du monde, que les

choses sont soumises à des lois précises, déterminables :
c'est bien la volonté du Créateur qui fait pousser les
herbes, mais il faut tenir compte de la « raison naturelle »
selon laquelle s'accomplit cette croissance : « la nature
n'est ni confuse, ni dépourvue d'ordre. » Voilà donc un
premier aspect de sa pensée : consistance de la nature,
valeur de la science. Une autre de ses œuvres le montre
attentif au problème logique et métaphysique de l'universel, et sensible à l'influence platonicienne : il s'agit
du traité, mêlé de vers et de prose, sur le modèle de la
Consolation de Boèce, qu'il intitule *Du même et du divers*
(*De eodem et diverso,* composé entre 1105 et 1110). « Si
l'on considère les choses, dit-il, c'est à la même essence
qu'on attribue les noms de genre, d'espèce et d'individu,
mais selon des aspects divers *(respectu diverso).* » Une
chose est revêtue d'un certain nombre de « formes » —
individuelles, spécifiques, génériques; en montant de
l'individu à l'espèce, puis de l'espèce au genre, on
« oublie » à chaque fois les formes caractéristiques du
degré que l'on quitte. De ce point de vue, les universaux
ont un sens purement psychologique, et comme méthodologique (nous est-il interdit de rapprocher cette doctrine
d'une perception scientifique des choses, qui analyse un
objet selon ses diverses propriétés, systématiquement
distribuées ?). Aristote a donc raison : « les universaux
ne sont que les sensibles, examinés avec plus de pénétration. » Mais, d'un autre point de vue, Platon dit vrai; ils
existent bien séparément dans la pensée divine. En
outre, le Créateur a doué l'âme d'un entendement *(mens,
noys),* où l'on peut trouver la vérité dans la mesure où
l'on échappe « au tumulte extérieur »; le corps, « prison
d'argile et de boue » (Macrobe), prive l'entendement
d'une bonne part de sa capacité de connaître, mais ne
la lui ôte pas entièrement. La géométrie consiste à « faire
jaillir ce que l'âme possédait, dès son principe, dans le
trésor de sa divinité ». C'est l'opinion qui vient des sens,
non pas la science. Donc, d'un côté, conception aristotélicienne de la primauté d'existence de l'individu; de
l'autre, noyau doctrinal d'inspiration platonicienne : idées
divines, réminiscence, rôle perturbateur du corps. Dans
les *Questions naturelles,* même dualité : Platon et Aristote
sont tous deux présentés comme les autorités les plus
hautes. Adélard en cela peut se souvenir de Boèce,

peut-être aussi des Arabes (F. Bliemetzrieder). De toutes
façons, ici comme chez Abélard on voit une tendance
à concilier deux des courants principaux de la pensée
antique. Mais chez Adélard de Bath la jonction du platonisme et de l'intérêt pour la nature nous oriente déjà
vers l'esprit chartrain.

BERNARD DE CHARTRES

Le premier grand nom de la lignée chartraine est celui
de Bernard : *magister scholae* au cours des années 1114-
1119, il devient chancelier de l'école en 1119, le reste
jusqu'en 1126, et meurt peu après. Il ne nous reste rien
de lui, mais Jean de Salisbury en parle à plusieurs reprises
dans son *Metalogicon;* les renseignements qu'il nous donne
permettent de retracer les grandes lignes d'une doctrine
d'inspiration très consciemment platonicienne. Bernard
avait, comme tous les maîtres de quelque envergure, sa
solution du problème des universaux. Pour lui, les
genres et les espèces sont des idées; et il définit l'idée
d'après Sénèque : c'est un exemplaire éternel de ce qui
est produit naturellement. Les universaux ainsi compris
ne sont pas soumis à la corruption, ni au mouvement,
comme les « choses singulières » : on peut donc dire
qu'ils *sont* vraiment, puisque, Boèce le dit, des choses
qui n'augmentent ni ne diminuent, on dit qu'elles sont.
Ainsi les quantités, qualités, relations, etc., qu'on trouve
dans le corps, semblent changer, mais restent immuables
dans leur nature; de même, les individus passent, les
espèces demeurent. On peut dire encore que les idées
sont des « formes exemplaires », les « raisons premières
des choses », stables et perpétuelles : le monde corporel
pourrait périr tout entier, elles ne passeraient pas; elles
constituent « le nombre de toutes les choses », de sorte
que, selon saint Augustin, même si tout ce qui est
temporel venait à disparaître, le nombre des choses ne
serait ni diminué ni augmenté.

Noble doctrine, dit Jean de Salisbury, connue des philosophes « qui regardent en haut »; mais, ajoute-t-il avec
sagacité, cela est bien loin de la pensée d'Aristote; Bernard
et ses disciples, en voulant l'accorder avec celle de Platon,
se sont donné bien du mal pour réconcilier des morts qui
ne se sont pas entendus pendant leur vie. Enregistrons

cette remarque, qui pose déjà devant l'esprit médiéval un
problème qu'il retrouvera souvent par la suite. De ces
formes exemplaires viennent des formes qui entrent dans
la matière et constituent le corps : c'est là une doctrine de
Boèce, que Bernard de Chartres reprend à son compte
à peu près exactement dans quatre vers que Jean rapporte :

Le *ce qui est* auquel j'attribue l'être n'est pas le composé de
deux parties qui comprend la forme engagée dans la matière ;
le *ce qui est* auquel j'attribue l'être, consiste en une seule de ces
parties ; l'une se nomme en grec *idea,* l'autre *yle* (matière)
(traduction d'É. Gilson).

Mais l'idée, si on peut la dire éternelle, de l'éternité de
la providence en qui Dieu a tout fait d'un coup et à la
fois, n'a pas la coéternité, réservée aux trois Personnes
divines : elle est « comme un effet », d'ailleurs intérieur
à Dieu, et ne requérant pas de cause étrangère. Quant
à la matière, elle résulte d'une création ; Bernard sur
ce point est d'accord avec les Pères. On voit ainsi quelle
est la structure de l'univers pour celui que Jean de
Salisbury appelle « le plus parfait des platoniciens de
notre temps » ; nuancé par Boèce et saint Augustin, avec
un souvenir de la doctrine érigénienne des idées créées,
le platonisme de Bernard de Chartres est le fruit d'une
longue tradition, et comme d'une maturation dans un
climat chrétien. Bernard est d'ailleurs très conscient de
la croissance historique du vrai : « la vérité est fille du
temps », dit-il après Aulu-Gelle (cette phrase sera reprise
par Érasme, puis Rabelais) ; et l'on a cité souvent son
allégorie du progrès intellectuel : « Nous sommes des
nains montés sur les épaules de géants : nous voyons plus
qu'eux, et de plus loin ; ce n'est pas tellement que notre
regard soit perçant, ni élevée notre taille ; mais leur stature
gigantesque nous élève, nous exhausse. »

Ce sens de la belle citation, de l'image frappante, nous
montre un autre trait de Bernard de Chartres : c'était
un grammairien, c'est-à-dire qu'il expliquait les auteurs
anciens ; il savait faire apprécier à ses auditeurs la construction et la beauté des pages qu'il commentait, selon une
méthode que Jean de Salisbury expose longuement ; si
Bernard a été un platonicien parfait, il a été aussi, toujours
selon le même auteur, « la source de savoir littéraire la

plus abondante des temps modernes ». Il faut noter qu'un
tel enseignement n'avait rien d'une critique impression-
niste : il reposait sur de solides assises rhétoriques et
grammaticales, au sens le plus technique du mot. La
réflexion sur la grammaire conduit Bernard à la faire
entrer dans sa philosophie; ce n'est pas la première fois
que nous assistons à des faits de ce genre; mais Bernard,
plus instruit qu'on ne l'était à l'âge carolingien, cherche
des correspondances entre le langage et les choses dans
le détail de leurs structures respectives. D'où la comparaison, presque aussi célèbre que celle des nains et des
géants, qui rapproche de la dérivation des mots *(verba
denominativa)* les trois états de l'idée, et s'enveloppe elle-
même d'une image ingénieuse et hardie :

Bernard de Chartres disait [c'est encore Jean de Salisbury
qui parle] que *blancheur (albedo)* signifie une fille vierge;
blanchit (albet), la même, entrant dans la chambre ou étendue
sur le lit; *blanc (album)*, la même, mais déflorée. Car *blancheur...*
signifie la qualité même, c'est-à-dire une espèce de la couleur...
Blanchit, la même quant au sens principal, bien qu'elle admette
d'être participée par une chose individuelle... *Blanc* signifie la
même qualité, mais infuse et mêlée à la substance...

Vision platonicienne du monde, spéculation grammaticale (on a retranché les précisions techniques), imprégnation de la sensibilité antique : la physionomie mentale
de Bernard se dessine toute à travers ces quelques lignes.

GILBERT DE LA PORRÉE

Plus sévère, mais aussi plus profond, apparaît Gilbert;
né à Poitiers vers 1080, Gilbert reçoit l'enseignement
de Bernard de Chartres, Guillaume de Champeaux,
Abélard, Anselme de Laon; maître lui-même à Chartres,
puis à Paris (où il enseigne la dialectique et la théologie),
il devient évêque de Poitiers en 1141 ou 1142 et meurt
en 1154. Contemporain d'Abélard, son élève puis son
ami, il éveille lui aussi la méfiance de saint Bernard et,
en général, de ce qu'on pourrait appeler le parti conservateur en théologie : en 1148, ses doctrines touchant la
nature divine, la Trinité, l'Incarnation, sont attaquées
devant le concile de Reims; mais il n'est pas condamné.

Son tour d'esprit, son style philosophique, sont toutefois
bien différents de ceux d'Abélard : il laisse peu d'écrits,
d'une concision qui ne ménage guère le lecteur; sa
doctrine, qu'il expose principalement dans ses commentaires des opuscules théologiques de Boèce, se distingue
par sa rigueur abstraite, et se fonde sur une connaissance
précise et approfondie de la dialectique. Cette logique
qui débouche sur la métaphysique apparaît à l'état pur
dans le traité *Des six principes (De sex principiis)*, que
les médiévaux, à partir d'Albert le Grand au moins,
attribuent constamment à Gilbert, et qui, étudié comme
classique à la Faculté des Arts, a fait l'objet de nombreux
commentaires. Les catégories dont Aristote a dressé la
liste y sont réparties en deux groupes : d'une part, celui
des « formes inhérentes », qui tiennent à la substance
prise en elle-même (substance, quantité, qualité, relation);
d'autre part, celui des « formes adventices » *(formae
assistentes)*, qui lui sont plus extérieures (situation, lieu,
temps, action, passion, *habitus*). La relation est agrégée
au premier groupe, parce que la possibilité d'être mise
en rapport avec un terme étranger est un caractère
essentiel de toute substance. Mais, comme on l'a dit,
c'est à propos des textes théologiques de Boèce que
Gilbert expose ses conceptions les plus importantes
touchant les choses, leur nature, et la connaissance qu'on
en peut avoir. À la suite de son auteur, il distingue trois
classes de sciences, dont chacune a ses « raisons » propres.
La science naturelle considère la chose sensible telle que
le sens la perçoit. La mathématique abstrait de la chose
sensible la forme qui la fait être ce qu'elle est. Nous
restons encore ici au niveau des composés, alors que
la théologie étudie leurs principes (qui, eux, sont simples) :
le Créateur, l'idée exemplaire de chaque être et la matière
première, que Gilbert appelle *hyle,* tout comme Bernard
de Chartres (et avant lui Chalcidius, dans sa traduction
du *Timée,* qui a été une des sources principales de la
pensée chartraine).

Si l'on passe de ces cadres généraux du savoir à leur
contenu, on voit Gilbert user constamment, dans ses
analyses, de plusieurs couples de concepts; citons-en
trois, les plus importants. D'abord le couple *quod est –
quo est* (ou *id quod – id quo*), hérité lui aussi de Boèce,
qui distinguait, on l'a vu, le *quod est* et l'*esse*. Le *quod est,*

c'est ce qui est. Le *quo est,* ou *id quo,* le « ce par quoi »,
c'est ce qui fait que ce qui est, est tel ou tel — *homme,*
ou *blanc.* « Autre est le *quod est,* autre le *quo est* » — ce
qui ne signifie pas, on le verra, que ce soient là deux
substances. Le *quod est* est l'objet de la science naturelle,
il est connu par sa cause *(causa);* le *quo est,* c'est la « puissance de faire » *(potestas efficiendi)* qu'étudie la « mathématique »; on voit déjà ici percer une idée fondamentale
de Gilbert : l'efficace de la forme. Or, cette dualité de
l'*id quod* et de l'*id quo,* déjà impliquée par la théorie
grammaticale du nom (qui signifie, selon Priscien, « une
substance avec une qualité »), ne se rencontre plus
lorsqu'on traite de l'être divin; en règle absolument
générale, tout ce qu'on dit de lui ne peut certes que se
plier à l'usage du langage humain, mais est transposé
« selon une certaine proportion de raison ».

Deuxième couple de concepts : substance – subsistance. Est substance, ce qui « se tient sous » des accidents;
est subsistance, ce qui peut être ce qu'il est, abstraction
faite de tout accident; par exemple, la substance elle-
même, mais aussi, et c'est le plus important, les genres
et les espèces, qui ne « se tiennent sous » nuls accidents,
mais pour cette raison même ne sont pas des substances.
Si l'on s'interroge sur leur être, il faut répondre que « les
choses subsistantes [les substances] sont l'être des subsistances ». Ce n'est donc pas dans l'universel qu'il faut
chercher l'être de ce qui existe, ni même dans son individualité — car c'est là encore une subsistance, aussi bien
que l'espèce. On voit que la substance peut être exprimée
par la formule *id quod,* la subsistance, par l'*id quo,* mais
que l'attribution à la substance de l'être de la subsistance
nous met hors du plan de l'abstraction « mathématique »
de la forme, selon les règles générales de la pensée et
du discours, pour nous faire passer au plan d'une analyse
déjà métaphysique.

Troisième couple, qui met en jeu maintenant le rapport
du créé au créateur : essence – subsistance. C'est là un
principe de distinction qui vaut en théologie; on sait ce
qu'est la subsistance, elle définit ce qu'est une chose; quant
à l'essence, elle rend raison de l'être, qu'on a déjà vu mis
en cause à propos du rapport de la substance à la subsistance.

Un exemple de Gilbert permet de mieux comprendre

tout cela : « par l'essence de son principe, un corps
*est; par sa corporéité (corporalitate), un corps est quelque
chose.*»

De l'*essentia* divine vient l'*esse* des substances, qui est
lui-même celui des subsistances. Tout être découle donc
de l'être de Dieu. Mais cela ne signifie nullement que
Dieu informe les choses créées : les idées elles-mêmes
ne le font pas. « Substances pures », elles sont les modèles
(*exempla*) des formes qui s'unissent à la matière pour
constituer les choses sensibles. Ces formes sont appelées
« formes natives » (*formae nativae,* formes originaires); on
peut dire, selon la loi de dérivation des noms, que ce
sont des « natures », « être des subsistants engendrés,
insérées (*insita*) en eux de telle sorte qu'elles y demeurent
toujours, ou qu'en les quittant elles les détruisent ». C'est
en elles qu'il faut chercher l'universel :

Tel [dit Jean de Salisbury] attribue l'universalité aux formes
natives, avec Gilbert, évêque de Poitiers, et se met en peine
de leur conformité : or, la forme native est la copie d'un
original; elle ne réside pas dans l'entendement de Dieu, elle
est inhérente aux choses créées; en grec on l'appelle *idos;* elle
est à l'égard de l'idée *(idea)* ce qu'un portrait *(exemplum)* est
au modèle *(exemplar);* sensible dans la chose sensible, l'entendement la conçoit insensible; singulière dans les êtres singuliers, universelle dans tous.

Solution, il faut le dire, qui ne fait guère que démarquer
les sommaires indications de Boèce (dans son commentaire de l'*Isagoge*); mais Gilbert s'intéresse peu à la
psychologie de la connaissance; ce qui lui importe, c'est
bien davantage l'origine de cette forme native qui se
retrouve dans les êtres de même espèce — c'est la
« conformité », ou comme il dit, cette *deductio conformativa*
qui les fait résulter de leur modèle. Malgré ce que ce
mot, « déduction », semble impliquer de dynamique, on
ne trouve pas chez lui cette sorte d'histoire métaphysique
des formes que racontait Bernard de Chartres : il est
bien plutôt question de rapports de ressemblance, de
participation; son formalisme, ou, si l'on préfère, son
réalisme, s'exprime en termes de structures plutôt que de
processus; il analyse bien plus qu'il ne « déduit ». Sa
méthode, d'autre part, consiste à tendre sur les choses, pour

en lire le sens métaphysique, un réseau de relations précises
entre des termes opposés et complémentaires : on a pu
constater plus haut des recoupements entre ses couples
de concepts. Cet extrême effort de rigueur le rend
souvent difficile à suivre; de fait, beaucoup de ses
contemporains se sont mépris sur le sens de sa théologie,
l'ont accusé par exemple de poser une divinité distincte
de Dieu lui-même; bien que Gilbert affirme expressément
qu'en Dieu *quod est* et *quo est* sont identiques, l'allure
générale de sa pensée a pu donner le change sur le contenu
réel de sa doctrine. Mais en revanche il a eu des disciples :
l'école porrétaine a joué un rôle plus brillant que celle
d'Abélard; on retrouvera ce courant, quand il recevra
l'affluent avicennien; on en reconnaîtra plus tard, non
pas le détail, mais le mouvement général, dans la métaphysique scotiste.

THIERRY DE CHARTRES

Quand Gilbert de La Porrée devient évêque de Poitiers,
Thierry de Chartres, frère de Bernard, lui succède à la
chancellerie de l'école. Il enseignait à Paris depuis 1134;
avant cette date, il était à Chartres. Il avait assisté en
1121 au concile de Soissons, qui examinait la première
Théologie d'Abélard; favorable à l'accusé, il avait rappelé
au légat pontifical un article du *Symbole* de saint Athanase
que celui-ci avait apparemment oublié. Grande était sa
renommée, grande aussi l'importance de son enseignement. Son *Heptateuchon* en rassemble la matière; on y
trouve, au moins par fragments, la plus grande partie
des traités de l'*Organon* d'Aristote qui étaient jusque-là
restés inconnus *(Premiers Analytiques, Topiques, Réfutations sophistiques)* : une épitaphe récemment découverte
confirme que c'est lui qui a introduit en France le premier
et le troisième de ces ouvrages; elle lui attribue en outre
le mérite d'avoir rendu le *trivium* et le *quadrivium* accessibles à tous. Thierry, commentateur de l'Écriture et
de Boèce (début de la *Genèse, De Trinitate*) s'est en effet
intéressé aussi aux mathématiques : il les a vraisemblablement enseignées à Abélard (sans succès d'ailleurs). En
1143, Hermann le Dalmate lui envoie sa traduction du
Planisphère de Ptolémée, et l'appelle « l'ancre première
et souveraine de la philosophie seconde » (c'est-à-dire

du *quadrivium,* le second des groupes dans lesquels étaient traditionnellement répartis les sept arts).

C'est aux mathématiques qu'il demande une méthode pour approfondir et exprimer la théologie, ou, comme il dit, la *sagesse,* « compréhension de la vérité des choses qui sont, c'est-à-dire des choses immuables » — entendons par là Dieu et les formes qui sont dans sa pensée. Boèce a défini la forme divine comme l'être même, et il faut rapprocher cette idée de l'enseignement même de l'Écriture : « Celui qui est m'a envoyé » (*Exode,* III, 14). Une chose n'est que dans la mesure où elle participe de cette « forme d'être ». Mais d'autre part « l'unité est la divinité même », et la méditation sur l'unité va permettre de rendre compte du rapport de la créature à Dieu, et tout d'abord d'exprimer la Trinité divine. L'unité, appliquée à elle-même, engendre l'unité, c'est-à-dire « l'égalité de l'unité » ; en d'autres termes, du Père, unité engendrante, vient le Fils, image parfaite de l'unité, unité engendrée. La loi selon laquelle tout être répugne à la division et s'attache à sa propre unité se trouve déjà en Dieu : c'est, entre l'unité et l'égalité, l'amour mutuel qu'est l'Esprit saint, qui ne peut être, à l'égard des deux termes dont il procède, ni inégal, ni différent. Mais on sait (c'est un axiome de Boèce) qu'un être n'est que parce qu'il est un ; on en tire que « l'unité est l'être premier et unique de toutes choses » ; ou encore « l'unité est, pour chaque chose, forme d'être *(forma essendi)* ». Toute chose est donc par Dieu comme par sa forme : « Comme un objet *(aliquid)* est lumineux par la lumière et chaud par la chaleur, ainsi toutes choses reçoivent leur être de la divinité. »

Ainsi, « l'entité est double » : ce peut être d'une part « l'essence même qui est forme d'être, et vraiment Dieu » ; de l'autre « l'être qui participe de l'essence par laquelle il a l'être ». Celui-ci est créé, lié à la matière ; participation et matérialité le distinguent de Dieu (quoi qu'on en ait pensé, la doctrine de Thierry n'est pas un panthéisme) :

Bien que la forme divine soit toutes les formes, parce qu'elle est la perfection et l'intégrité de toutes choses, on n'en peut conclure que la forme divine soit (par exemple) l'humanité. Car la divinité ne peut entrer dans la matière *(immateriari).*

Mais cette participation des choses à la divinité est aussi bien participation à l'unité; on revient aux mathématiques, avec la dérivation des nombres à partir de l'unité : « la création des nombres est la création des choses »; ils sont « les existences des créatures ». On entre ici, avec la matière, intermédiaire entre rien et quelque chose (Platon), dans le domaine de la dualité, ou de la multiplicité primordiale (c'est même, au vrai, à partir de cette dualité constatée dans les choses que l'esprit peut s'élever, par une sorte de régression analytique, jusqu'à l'unité originaire qui est Dieu). À la trinité divine correspondent les trois principes du créé : la matière, rapportée plus spécialement à l'action du Père (puisque l'altérité sort de l'unité); la forme, à celle du Fils (car forme implique intégrité, mesure, « égalité d'être »); enfin l'esprit créé, lien des choses, rapporté à l'action de l'Esprit saint. Les formes des choses sont des images des formes vraies, qui résident dans l'intelligence divine, et qui, à vrai dire, n'en font qu'une, car elles tiennent de la forme divine, en qui il ne peut y avoir de pluralité. Les philosophes anciens ont pressenti quelque chose de la subsistance des formes dans le Fils, puisqu'on trouve chez eux les expressions d'« entendement de la divinité », de « providence », de « sagesse du Créateur ».

Mais les chrétiens connaissent, par la *Genèse,* le récit des six jours de la création. Thierry, en le commentant, laisse de côté toute interprétation allégorique, pour se limiter strictement à une explication « selon la physique », « selon les raisons des physiciens »; trait remarquable de l'esprit chartrain, qui rappelle celui d'Adélard de Bath : les créatures ne sont pas seulement symboles de réalités supérieures, elles ont leurs lois propres, une certaine consistance qui mérite d'être étudiée en elle-même et pour elle-même. L'explication de l'ordre des six jours est à chercher dans la nature des éléments : c'est leur ensemble qui a été créé, d'un seul coup, au commencement, et que l'Écriture désigne par les noms de « ciel et terre »; il n'y a pas d'antériorité temporelle de la matière informe. De ces éléments, les deux plus grossiers — la terre et l'eau — se sont disposés au centre, les deux plus légers — l'air et le feu — au-dessus. Ce n'est pas que chaque élément soit composé de particules différentes de celles qui composent les autres : c'est par leur mouvement que le feu et l'air sont légers, et c'est ce même mouvement qui presse l'eau et la terre et leur donne leur consistance, en même temps qu'il y trouve son centre et son appui. Or, ces rapports mécaniques des éléments rendent claires, non seulement leurs localisations respectives, mais encore l'apparition progressive des diverses choses telle qu'on la trouve racontée par Moïse, *philosophus divinus* (noter le rapprochement de ces deux mots dont, au XIIᵉ siècle, le premier désigne habituellement les philosophes antiques, et le second les théologiens). Le feu est source de lumière; il est aussi source de chaleur, et donc cause des vapeurs, qui, montant, viennent s'établir au-dessus de l'air. Cette diminution de la masse de l'eau laisse affleurer la terre, qui échauffée à son tour produit les végétaux. Des vapeurs se forment ensuite les astres, qui par leur mouvement accroissent la chaleur jusqu'au point où elle fait naître des animaux : poissons, puis oiseaux, puis animaux terrestres, dont l'homme. Ainsi est achevé l'ensemble de la création, dont les productions ultérieures s'expliquent par les germes, ou « raisons séminales » (expression augustinienne), déposés par Dieu dans les éléments pendant ces six jours. Ainsi Thierry procède en mathématicien lorsqu'il médite sur la vie divine et sur le rapport de la créature à Dieu, rapport qui fonde à la fois sur le concept de dualité une structure et une origine. Quand il commente le récit biblique de la création, il construit, ou exploite, une physique mécaniste. Certes, on trouve avant lui, notamment chez saint Augustin, des réflexions sur le nombre des choses, des textes qui définissent le Père comme unité et le Fils comme égalité. Mais ici le *quadrivium* est vraiment utilisé selon ses principes propres, et toutes ses ressources; Thierry indique même qu'on peut parvenir à la connaissance du Créateur à l'aide de « quatre genres de raisons, qui sont les démonstrations arithmétiques, musicales, géométriques et astronomiques ». Dans ce qui nous reste de lui il n'est question que des premières, mais elles suffisent à assurer l'originalité d'un auteur qui a su lier la métaphysique de Boèce à la spéculation mathématique, retrouvant ainsi un des aspects du platonisme.

CLAREMBAUD D'ARRAS

Avec Thierry de Chartres, il faut ranger Clarembaud d'Arras, son élève ainsi que celui de Hugues de Saint-Victor; il fut prévôt à Arras en 1152, puis archidiacre en 1160; mort après 1170; auteur d'un commentaire du *De Trinitate* de Boèce écrit après 1153. On retrouve chez lui bien des thèmes hérités de Thierry. La philosophie spéculative a pour parties la physique, qui traite des formes engagées dans la matière, et connues par la raison; la mathématique, qui étudie les formes abstraites de la matière; la théologie enfin porte sur les formes pures; c'est par l'« intellectibilité » *(intellectibilitas)* qu'on connaît Dieu et l'essence des choses. Si d'un certain point de vue la théologie est une partie de la philosophie, on peut dire aussi qu'elle en est l'exercice le plus accompli : *theologizare est philosophari*. Dieu est forme, donc acte, et acte absolu, alors qu'à l'inverse la matière est puissance absolue; entre-deux, les êtres dont la forme est un acte relatif : l'acte d'une « possibilité ». L'actualité absolue de Dieu implique sa nécessité, son immutabilité, son éternité. Comme pour Thierry, le texte de l'*Exode* (« je suis celui qui suis ») signifie pour Clarembaud que Dieu est « forme d'être », être pur : d'où résulte qu'il est pure unité, par la liaison nécessaire de l'être et de l'un. Partout où il y a quelque chose, il y a forme — forme d'être : donc Dieu est partout — sans que cette idée enferme plus de panthéisme que la doctrine de Thierry de Chartres, puisque c'est ici encore le concept de *forma essendi* qui fait le centre de la doctrine, et que Dieu est appelé « forme créatrice » *(opifex forma)*. Les formes des choses ont leur origine dans les idées divines, d'où dérive la multiplicité des êtres : l'altérité vient de l'unité. Cette conception de l'idée est solidaire d'un réalisme sans concession, puisqu'il refuse la thèse de Gilbert de La Porrée et en général celles qu'Abélard range sous le titre de l'« indifférence » : « Bien que des docteurs fameux aient répandu l'idée que les hommes singuliers sont hommes par des humanités singulières, nous avons tenu à montrer qu'il y a une seule et même humanité, par laquelle les hommes singuliers sont hommes. »

BERNARD SILVESTRE

Proche de l'esprit chartrain, bien qu'on ne puisse dire qu'il ait appartenu à l'école, est Bernard Silvestre (Bernardus Silvestris, Bernard de Tours), longtemps confondu par les historiens avec Bernard de Chartres. Il a dédié à Thierry une œuvre allégorique, mêlée de prose et de vers, intitulée *De l'univers, ou Mégacosme et Microcosme (De mundi universitate, sive Megacosmus et Microcosmus)*. Il la résume ainsi :

Dans le premier livre de cette œuvre, appelé Mégacosme, Nature, comme en larmes, se plaint à Noys, c'est-à-dire à la providence de Dieu, de la confusion de la matière première, c'est-à-dire Hylè, et lui demande de mieux achever le monde. Noys touchée par ses prières acquiesce volontiers à sa demande et sépare l'un de l'autre les quatre éléments. Ainsi le premier livre décrit l'appareil des éléments *(ornatus elementorum)*. Au livre second, appelé Microcosme, Noys parle à Nature, se glorifie de l'achèvement du monde, et promet de façonner l'homme pour compléter son œuvre. Et Physis forme l'homme avec ce qui reste des quatre éléments.

On trouve dans cette œuvre des souvenirs du *Timée,* de son commentaire par Chalcidius, des livres hermétiques, et aussi de Boèce. Les deux principes du monde sont l'unité — Dieu — et le divers — la matière; la divinité limite et figure la matière. Les idées sont des « formes exemplaires », fondement originaire de toutes choses, « notions éternelles », dans la raison divine, des genres, des espèces, et des individus; elles sont dites aussi « images de la vie vivante, monde intelligible, connaissance prédéfinie des choses »; ce ne sont pas elles qui se mêlent à Hylè, mais des copies. On retrouve, dans cette métaphysique poétique, au moins les deux premières Personnes de la Trinité chrétienne, ou leurs équivalents néoplatoniciens : Tagathon (le Bien), « divinité suprême », de qui naît Noys, « intellect de Dieu »; quant à Endelecheia (l'entéléchie d'Aristote : activité efficace), intermédiaire entre Noys et le monde sensible, elle est l'âme du monde; on ne saurait dire qu'elle corresponde au Saint-Esprit; le problème de cette équivalence s'est posé vivement aux philosophes du XIIᵉ siècle, découvreurs du platonisme : à Abélard, par exemple, et comme on le verra, à Guillaume de Conches. Quoi qu'il en soit de cette question, chez Bernard Silvestre c'est Endelecheia qui « informe » Nature, le principe qui construit les corps et donne sa loi à Imarménè (le destin), qui règle la succession des choses sensibles dans le temps; comme chez Boèce et chez Hermès, ce destin est ordonné par la Providence. À propos de ce livre, on retrouve un problème analogue à celui que pose la *Consolation* de Boèce; l'un comme l'autre ont pu être considérés comme des œuvres purement philosophiques en leur fond, c'est-à-dire païennes. Bien que les conditions historiques ne soient pas les mêmes pour les deux auteurs, on peut redire du second ce qu'on a dit du premier; ce n'est nullement renoncer au christianisme que d'en écarter l'expression traditionnelle pour construire, avec d'autres images et un autre vocabulaire, une œuvre qui en retrouve certains thèmes, et manifester ainsi l'accord entre la foi chrétienne et une philosophie. Aussi bien, É. Gilson a montré que le *De mundi universitate* peut être lu comme un commentaire philosophique de la *Genèse*, à laquelle il fait, en plusieurs endroits, des allusions implicites. Ce qu'on peut admettre toutefois, c'est que l'auteur est plus sensible aux ressemblances qu'aux différences entre les deux doctrines qu'il cherche à combiner : sa conception optimiste des rapports entre le platonisme et le christianisme est à l'origine des divergences entre les historiens qui ont cherché à déterminer le sens dernier de son œuvre.

GUILLAUME DE CONCHES

Il travaille, comme Bernard Silvestre, à faire entrer dans l'orbite chrétienne la philosophie platonicienne de la nature; mais, bien qu'il ait eu une profonde connaissance des lettres — il a glosé Juvénal, Priscien, et Jean de Salisbury a vu en lui « le grammairien le plus richement doué après Bernard de Chartres » — c'est à partir des sciences qu'il s'y est efforcé. Né à Conches en Normandie, à la fin du XIᵉ siècle, élève de Bernard de Chartres, il enseigne soit à Chartres, soit à Paris, jusque vers 1140; retourné en Normandie, il devient précepteur de Henri Plantagenêt, fils du duc Geoffroy, et meurt après 1154. Son œuvre comprend des gloses sur la *Consolation* de Boèce, sur Macrobe, sur Priscien (E. Jeauneau), sur le *Timée;* entre temps il écrit sa *Philosophia mundi,* dans la tradition des encyclopédistes du haut Moyen âge; enfin, après son retour en Normandie, il compose, sous la forme d'un dialogue avec le duc Geoffroy Plantagenêt, le *Dragmaticon,* où il donne l'expression la plus mûre, la plus complète, de sa pensée. À cette liste on joint d'ordinaire une compilation de maximes morales tirées des auteurs païens, le *Moralium dogma philosophorum;* mais cette attribution a été vivement contestée, surtout en ces dernières années. En philosophie les sources principales de Guillaume sont des auteurs platoniciens : Macrobe, Boèce, le *Timée* traduit et expliqué par Chalcidius. Dans l'ordre scientifique, il recueille, outre les données fournies par ces auteurs, l'enseignement des œuvres médicales traduites par Constantin l'Africain : notamment Galien, avec l'*Introduction (Isagoge ad tegni Galeni)* de « Johannitius » (Abû Zaïd Hunain) et les *Pantegni* de 'Alî ibn 'Abbas. L'effort pour assimiler et faire tenir ensemble des principes et des données assez divers n'aboutit pas à une synthèse parfaitement claire, mais au moins Guillaume de Conches a contribué, plus peut-être qu'aucun autre Chartrain, à former l'idée de nature.

On trouvera dans sa psychologie de la pensée un exemple de conflit, ou tout au moins d'insuffisance d'accord, entre des éléments d'origines différentes. Il adopte d'une part la classification boétienne : sens, imagination, raison *(ratio)*, intelligence *(intellectus, intelligentia);* la raison, appuyée sur l'imagination et le sens, distingue les propriétés et les différences des corps, et son travail prépare celui de l'intelligence, qui perçoit les incorporels. Ainsi, la raison constate que des corps se meuvent, et qu'ils sont pesants; l'intelligence rapporte ce mouvement à l'action d'un esprit, et, sachant qu'un esprit répugne à la pesanteur, forme l'idée d'une sagesse créatrice qui joint l'esprit et le corps pour constituer un vivant. De la même façon, et en général, l'observation qu'il y a dans le monde réunion d'éléments divers, et un ordre constant *(quotidiana dispositio),* permet à l'intelligence de prouver l'existence de Dieu. On a déjà rencontré d'autres cas de cette psychologie, traditionnelle aux premiers siècles du Moyen âge, qui dispose sur une même ligne ascendante la perception sensible et la spéculation métaphysique. D'autre part, analysant le travail intellectuel, Guillaume distingue encore trois adjuvants de la raison et de l'intelligence : *l'ingenium*, ou vivacité d'esprit, la mémoire, et l'opinion, vraie ou fausse, que dans le premier cas la raison ratifie et dépasse. Mais l'enseignement des médecins arabes le conduit encore à localiser dans le cerveau les diverses « forces » de l'âme; et il range, de l'avant à l'arrière, le sens et l'imagination, la raison, la mémoire; ou encore, l'intellect, la raison et la mémoire. Il est clair que ces diverses descriptions ne concordent pas : on a cité ce fait, parce qu'il est caractéristique des difficultés que rencontre à cette époque la pensée occidentale, qui ne veut renoncer ni au savoir traditionnel, ni à la science nouvellement acquise, et ne sait comment les accorder dans un ensemble cohérent.

Comme Thierry de Chartres, Guillaume remonte analytiquement de la création à la Trinité; mais ce n'est plus un passage de la dualité à l'unité inspiré de la mathématique, c'est une réflexion sur les causes du monde. La cause efficiente en est la puissance divine; la cause formelle, la sagesse; la cause finale, la bonté : ainsi l'on rejoint la doctrine d'une Trinité composée d'un Père, d'un Fils, d'un Esprit. Dans le Fils, ou Sagesse, réside le « monde archétype » du platonisme, où se trouvent, d'après la formule du *Timée*, « les sources des vivants intelligibles »; le monde en est « l'image ». De même, les gloses sur Boèce, les gloses sur le *Timée*, la *Philosophia mundi*, assimilent au Saint-Esprit l'âme du monde décrite par Platon : « divine et bienfaisante, concorde à qui toutes choses doivent d'être, de se mouvoir, de croître, de sentir, de vivre, de connaître ». Mais Guillaume renonce par la suite à cette assimilation; outre les critiques qu'elle lui avait values, il lui fallait tenir compte du texte de Platon, selon qui l'âme du monde est composée — ce qui ne peut être le cas du Saint-Esprit — et qui n'en parle qu'après avoir parlé de la cause finale du monde. D'autre part, reste la difficulté de faire coïncider, dans l'homme, l'action de l'âme individuelle et celle de l'âme du monde; celle-ci « opère dans les planètes le mouvement, dans les plantes la végétation, dans les animaux le sens, dans l'homme la raison... mais elle n'exerce pas toutes les puissances ». Ici encore, on voit un essai de synthèse ou de concordisme, qui bute sur certaines résistances conceptuelles.

Derrière ces échecs partiels s'affirme un mouvement spéculatif fécond, puisqu'il conduit Guillaume à voir, dans les choses, l'activité de la « nature ». Certes, le monde sensible est l'image du monde archétype, et c'est bien l'action divine qui est à l'origine de tout ce qu'on y trouve. Mais cette action est comme relayée par une autre. Dieu fait toutes choses « par l'opération de la nature des choses, qui est l'instrument de l'opération divine »; cette nature a ses lois et sa force spécifique : « Dieu peut, d'un tronc d'arbre, faire un veau; mais l'a-t-il jamais fait ? » Ainsi l'ordre naturel est nettement distingué de l'action divine directe. Nouveauté mal comprise des mystiques : Guillaume de Saint-Thierry accuse Guillaume de Conches de « suivre la doctrine de ces sots philosophes pour qui il n'y a rien que des corps et des choses corporelles, pas d'autre dieu dans le monde que le concours des éléments et le principe régulateur de la nature (*temperaturam naturae*), et pour qui l'âme dans le corps est cela même ». Lecteur des traductions de Constantin, Guillaume de Conches y avait trouvé une interprétation médicale de la vie, inspirée des Anciens; il y avait rencontré aussi le concept d'atomes indivisibles doués chacun de deux qualités (chaud-sec, froid-humide, etc.), et avait fait sienne cette combinaison de la physique d'Aristote avec celle de Démocrite. Ces atomes, qu'il appelle éléments, sont le résultat direct et originaire de la création, opérée de telle sorte que dès le début des lois naturelles y ont été instituées : il n'y a pas eu de chaos primitif; à partir de là, les successions naturelles se poursuivent d'une façon réglée :

L'œuvre du Créateur, c'est d'avoir créé de rien, au commencement, tous les éléments, ou de faire quelque chose en dépit de la nature..., ce qui arrive souvent. L'œuvre de la nature, c'est que les semblables naissent des semblables : les hommes, des hommes, les ânes, des ânes.

Guillaume ajoute : « Je ne retire rien à Dieu »; puisque la nature est suspendue à l'institution divine, elle peut avoir son action propre sans que cela limite la puissance du Créateur. Cette idée, déjà formulée par Adélard de Bath, va à faire des objets du monde autre chose que des allégories, ou l'expression sensible de rapports numériques éternels, et à leur donner une consistance qui, sans être absolument une opacité, engage l'esprit à s'en occuper pour eux-mêmes. En cela, Guillaume de Conches est peut-être le plus hardi des Chartrains, et celui dont la philosophie anticipe le plus nettement l'avenir.

JEAN DE SALISBURY

L'histoire de la grande époque de Chartres, marquée surtout par la vigueur spéculative, s'achève sur un mode moins grandiose, mais très attachant, avec l'œuvre d'un lettré un peu désabusé. Jean de Salisbury naît en Angleterre entre 1110 et 1120; de 1136 à 1148, il fait ses études en France, puis retourne dans son pays, où il se lie notamment avec Thomas Becket, dont il écrira la vie; il meurt en 1180, évêque de Chartres depuis 1176. L'esprit et la culture du XIIe siècle lui ont été transmis par leurs plus brillants représentants : Abélard, Robert de Melun, Guillaume de Conches, Gilbert de La Porrée, etc. Au savoir logique et théologique, il joint une vaste connaissance des auteurs classiques. Son maître est Cicéron; c'est à son exemple qu'il conduit sa pensée prudente et sérieuse, exprimée dans un style pur et élégant. Ses deux principales œuvres sont le *Policraticus* (où il affirme que le roi doit méditer journellement la loi de Dieu, et être soumis aux prêtres), et le *Metalogicon,* qui traite de logique et de philosophie. Jean de Salisbury se tient également éloigné d'une conception purement utilitaire des études, et d'un esprit de complication qui noie les choses les plus simples dans une obscurité artificielle. La première attitude est celle d'un personnage — réel ou imaginaire? — qu'il désigne du nom de Cornificius, et dont il fait un portrait physique et moral peu engageant; c'est à la fois un sophiste et un mauvais maître, qui donne à ses auditeurs une formation hâtive, sans bases solides, uniquement conçue pour un profit rapide. Les historiens qui ont tenté de l'identifier parviennent à des résultats discordants.

Mais Jean de Salisbury critique également les maîtres qui ne savent pas graduer les difficultés, et accablent d'emblée les jeunes étudiants sous les problèmes les plus difficiles; il loue Abélard de n'être pas tombé dans ce travers. On a vu qu'il jugeait oiseuses les discussions sans fin sur les universaux; il estime que la seule attitude sage consiste à laisser de côté la question de leur nature, et à se contenter de décrire la façon dont on les connaît. L'analyse psychologique nous montre en eux des produits de la raison, abstraits des choses singulières. Cette modestie, opposée à l'intempérance spéculative de beaucoup de contemporains, est un des aspects de l'académisme mitigé que Jean professe dans les matières « douteuses pour le sage » : il faut entendre par là tout ce dont ni le sens, ni la raison, ni la foi, ne nous donnent une connaissance incontestable; n'ayons pas l'espérance illusoire de pouvoir résoudre bien des questions de philosophie, de morale, de géographie..., qui tourmentent vainement les savants. Toutefois, bien qu'on sache qu'elles restent sans réponse, il faut s'en instruire, car c'est l'ignorance qui conduit à trancher dogmatiquement les problèmes qui dépassent notre portée. N'imaginons pas non plus que de la dialectique seule on puisse tirer un savoir suffisant : laissée à elle-même, elle « gît exsangue et stérile »; mais elle s'applique à toutes les disciplines — physique, morale — qui lui fournissent une matière. Le *Metalogicon* expose longuement l'ordre et le contenu des traités qui constituent le corpus logique, récemment complété par la redécouverte des *Analytiques Premiers* et *Seconds,* des *Topiques,* des *Réfutations sophistiques.* Jean de Salisbury insiste surtout sur les *Topiques* et la technique de la discussion. Conscient de la valeur des sources originales, il critique l'usage des livres modernes de dialectique, préférés par certains aux traités d'Aristote, et le recours exclusif aux œuvres de Boèce; il admet qu'il est malaisé de comprendre les *Seconds Analytiques;* c'est qu'ils traitent de la démonstration, dont bien peu, mis à part les mathématiciens, ont la pratique; d'autre part, le texte en est difficile, et les traductions, peu sûres. Ces remarques nous donnent quelque idée de ce qu'était à l'époque l'enseignement de la logique : de son exercice comme de ses instruments.

On a vu que pour Jean de Salisbury l'universel est un produit de la raison : cette définition a pour arrière-plan toute une psychologie qu'on trouve exposée vers la fin du *Metalogicon*. Très complexe, elle mêle des éléments empruntés à Aristote, à Cicéron, à Chalcidius, aussi bien qu'à saint Augustin. Retenons-en que la raison est une « puissance de nature spirituelle », et propre à l'homme, par laquelle l'âme, mise en mouvement par les sensations et éveillée par la prudence, s'efforce d'apprécier sainement les choses. D'origine divine, elle n'est pourtant pas la plus haute activité de l'âme; elle est dépassée par l'*intellectus,* qui « atteint ce qu'elle cherche » : les « causes divines » des « raisons éternelles ». À son tour, il prépare le passage au degré suprême, celui de la sagesse, qui goûte en Dieu ce que la raison a examiné, et l'*intellectus,* recueilli; de sorte que finalement la sagesse, avec l'aide de la grâce, « découle des sensations comme de sa source ». On voit ici se lier à la tradition spirituelle héritée des Pères un souci d'analyse génétique objective appris d'Aristote. Au confluent de ces divers apports, la pensée de Jean de Salisbury reçoit encore le courant du platonisme chartrain : cela se manifeste dans la définition qu'il donne de la nature, « force génératrice, semée en toutes choses, qui leur permet de faire et de pâtir »; mère de toutes choses, elle crée la substance et en même temps les accidents qui l'informent. On peut donc voir, en cet auteur qui sait joindre la force à la délicatesse, même à la bonhomie, une synthèse de plusieurs des éléments, anciens et nouveaux, qui caractérisent le XIIe siècle; il y met une note qui lui est propre, cette sobriété teintée de scepticisme que suscitent chez certains esprits, plus subtils que créateurs, l'abondance des connaissances assimilées et le spectacle des conflits spéculatifs.

À travers les œuvres des principaux Chartrains, et quelques travaux anonymes dont les historiens s'attachent à déterminer les affinités particulières avec la doctrine de tel ou tel maître, on constate la présence constante de plusieurs traits qui les font se ressembler — d'un certain air de famille dans ces physionomies si vigoureusement individualisées. L'école de Chartres a formé des humanistes, de grands et fins connaisseurs des lettres classiques, hostiles à toute vulgarisation du savoir comme à toute spécialisation déformante : contre l'énigmatique Cornificius, qui se moquait des vrais savants, taillait au vif dans les programmes d'études et en un tour de main

faisait des médecins ou des juristes sans véritable fonds,
se sont dressés, outre Jean de Salisbury, Thierry de
Chartres, et Guillaume de Conches, et Gilbert de La
Porrée, qui conseillait ironiquement aux Cornificiens
d'apprendre la boulangerie, art facile à acquérir et
rémunérateur; à leurs côtés, notons-le en passant, Abélard participait au bon combat. Littérature et sciences
exactes — *trivium* et *quadrivium* — les Chartrains approfondissent toutes les disciplines. Ils se rattachent ainsi à
la grande tradition antique, autant et plus que les Latins,
pratiques plutôt que spéculatifs; ils participent, par leur
goût pour les sciences mathématiques, de l'esprit platonicien, dont ils retrouvent d'autre part les grandioses
perspectives — métaphysiques, cosmologiques — à travers quelques vers de Virgile, les méditations de Boèce,
le commentaire de Macrobe sur *le Songe de Scipion*. Du
philosophe lui-même ils ne connaissaient, on l'a vu,
qu'un fragment du *Timée*. Mais, esprits perspicaces,
nourris de textes peu nombreux, certes, mais denses,
ils vont assez au fond pour qu'on puisse voir en eux
d'authentiques platoniciens. C'est là leur second trait
commun, qu'on retrouve dans le mathématisme d'un
Thierry de Chartres comme dans le réalisme d'un Bernard
ou d'un Gilbert; et Guillaume vénérait assez Platon pour
chercher un sens chrétien, ou du moins acceptable pour
le christianisme, dans toutes les phrases du *Timée;* là
où il paraît y avoir désaccord, c'est, pense le philosophe
de Conches, que Platon s'est exprimé sous le couvert
d'une expression figurée *(integumentum)*. Or, la doctrine
des idées, la réflexion sur les nombres, peuvent conduire
à faire refluer toute réalité stable hors du monde sensible,
dans le monde archétype : cette tentation, bien nette
chez un Augustin, les Chartrains y ont échappé grâce
aux sciences naturelles, spécialement grâce à la médecine
grecque et arabe qui devenait depuis quelques décades
accessible à l'Occident, et dont l'influence conspirait avec
l'éveil d'un intérêt neuf, tout autour d'eux, pour la
nature — ses formes, ses lois, les moyens d'agir sur elle.
Ainsi lesté par la préoccupation du sensible, leur platonisme, tout en gardant ses vastes échappées, ne risquait
pas de perdre terre; le concept de nature pouvait commencer à s'y former, assez précis déjà pour permettre d'interpréter à neuf une notion augustinienne : il arrive aux

Chartrains de comparer aux raisons séminales « les forces occultes insérées dans la matière » qui rendent raison de l'ordre naturel.

Goût pour les lettres, platonisme, invention de la nature : voilà les caractères généraux de l'esprit de Chartres. Les différences individuelles demeurent, mais ce sont variations sur un thème commun, original et bien reconnaissable.

LA MYSTIQUE SPÉCULATIVE

La philosophie n'est pas la mystique, mais on ne saurait écrire l'histoire de l'une sans se référer à l'histoire de l'autre; il y a entre elles des échanges d'attitudes, de concepts, de procédés, aussi bien que des oppositions qui ont tout autant de signification philosophique. Sans entrer dans les détails spéciaux, il faut donner une idée de la « mystique spéculative » du XIIᵉ siècle; plus particulièrement, du courant bénédictin et cistercien, représenté ici par Bernard de Clairvaux et Guillaume de Saint-Thierry, et du courant victorin, par Hugues et Richard de Saint-Victor.

BERNARD DE CLAIRVAUX

Saint Bernard est né à Fontaines-lès-Dijon, en 1090; entré en 1112 à Cîteaux, où en 1098 Robert de Molesmes s'était établi avec quelques disciples pour y reprendre à neuf l'observance rigoureuse de la règle bénédictine, il fonde Clairvaux en 1115; il meurt en 1153, après une vie d'ascèse et d'action. Son œuvre est avant tout celle d'un théologien mystique, c'est-à-dire qu'elle est consacrée à analyser les moyens et la structure de l'union de l'âme à Dieu (*Des degrés de l'humilité et de l'orgueil, De l'amour de Dieu, Sermons sur le Cantique des Cantiques*, etc.). Si l'on cherche à en dégager ce qui touche de plus près à l'objet du philosophe, on y remarque d'abord une invitation à la connaissance de soi, condition du progrès spirituel : se connaître, c'est à la fois connaître sa dignité, qui est d'être libre, et savoir que cette dignité nous vient de Dieu. Créé par Dieu « à son image et à sa ressemblance », mais exilé par le péché dans la « région de la dissemblance », l'homme n'y conserve plus que l'*image*, c'est-à-dire la « liberté de nécessité » (le libre arbitre); il y a

perdu la *ressemblance,* qui consiste en la « liberté de péché »
et la « liberté de misère ». L'itinéraire spirituel fixé par
saint Benoît dans sa règle, repensé et surtout revécu par
Bernard dans une lumière originale, doit conduire le
moine jusqu'au point ultime où, la raison étant redressée
par le Verbe, et la volonté par l'Esprit, il parviendra à
l'union mystique : il est alors « déifié », c'est-à-dire que
tout sentiment humain se fond et s'écoule dans la
volonté de Dieu, sans que la substance de l'homme
disparaisse; ainsi la goutte d'eau semble se perdre dans
le vin, le fer rougi se transformer en feu, l'air illuminé en
lumière (Jean Scot Érigène avait déjà emprunté à
Maxime les comparaisons qu'on retrouve ici). Tout
tendu vers ces dépassements mystiques, attentif à soutenir toute institution qui en favorise la préparation et
à combattre toute nouveauté qui lui semble dérange-
ment d'un ordre providentiel ou fruit détestable du
sens propre, Bernard ne pouvait voir favorablement
le mouvement théologique et philosophique de son
époque. Il oppose l'« école du Christ » au « vain bavar-
dage des philosophes ». Non qu'il soit un ennemi de
principe de la science profane; mais il n'a pas plus d'estime pour le savoir désintéressé que pour celui auquel
incite un sentiment bas :

Il en est qui veulent savoir à la seule fin de savoir; c'est là
curiosité honteuse. Il en est qui veulent savoir pour être
connus : honteuse vanité... Il en est qui veulent savoir afin de
vendre la science, par exemple contre de l'argent, contre des
honneurs : c'est une quête honteuse. Mais il en est qui veulent
savoir pour édifier, et c'est charité. Et encore, qui veulent
savoir pour s'édifier, ce qui est prudence.

Tout doit donc s'ordonner à la « science des saints »,
qui a pour thème fondamental « Jésus, et Jésus crucifié ».
C'est de ce point de vue qu'il faut se placer, si l'on veut
saisir sous son meilleur jour l'incompréhension hostile de saint Bernard devant les travaux d'Abélard, de
Gilbert de La Porrée; il voyait dans ces efforts intellectuels des obstacles sur le chemin de la réforme intérieure,
plutôt que des moyens qui la favorisent; et il est tout à
fait étranger au désir d'élaborer des conceptions théologiques neuves : s'il a lui-même profondément renouvelé

la théologie mystique, c'est comme sans le vouloir, et en prenant grand soin de ne rien avancer qui n'ait déjà été dit par quelque saint. Le respect de la tradition a chez lui pour envers un conservatisme politique et doctrinal qui l'a conduit à résister de tout son poids aux nouveautés de son siècle, même aux plus fécondes. D'autre part, Abélard, Gilbert de La Porrée, lui ont conseillé, à des moments différents, d'étudier la dialectique : Bernard était « fort lettré », dit Jean de Salisbury, mais sa culture était surtout littéraire et rhétorique; si l'on compare les critiques parallèles que Guillaume de Saint-Thierry et lui ont formulées contre la théologie d'Abélard, on constate que le premier l'emporte de beaucoup sur le second en pénétration philosophique. La dialectique de saint Bernard est inséparable de son contenu, qui est affectif, spirituel : elle est mouvement de l'âme, exprimé dans un style merveilleusement éloquent. Elle n'a rien de commun avec la rigueur abstraite des lecteurs d'Aristote.

GUILLAUME DE SAINT-THIERRY

Né à Liège vers 1085, il étudie la théologie à Laon, où, aux leçons d'Anselme, il a pour condisciple et ami Abélard, dont plus tard il critiquera les thèses. Abbé du monastère clunisien de Saint-Thierry à partir de 1119, il prie longtemps saint Bernard de l'admettre dans une des maisons touchées par sa réforme; en 1135, enfin, il entre, comme simple moine, au monastère cistercien de Signy, où il meurt en 1148. Sa vie et son œuvre sont entièrement vouées à la mystique et à la spiritualité, mais il a un sens philosophique très sûr : dans sa critique d'Abélard, il atteint sans faillir les points faibles de la doctrine, beaucoup plus nettement que saint Bernard. D'autre part, il a vu clairement combien la théologie pouvait s'enrichir au contact de celle des Pères grecs *(orientale lumen)*, dont les écrits commencent à se répandre en Occident dès la fin du XIe siècle; il s'en est largement inspiré, et a eu le courage de persévérer dans cette attitude quand, un peu plus tard, l'opinion est devenue hostile à l'hellénisme. S'il se méfie des « nouveautés », s'il attaque Abélard et Guillaume de Conches, ce n'est pas qu'il ignore ou méprise la philosophie, mais pour lui elle doit s'absorber dans la sagesse théologique. Il connaît, outre les Pères, les écrivains classiques, Platon ; mais toute sa culture, il la met au service de la méditation spirituelle. On trouve un bon exemple de cette méthode dans son traité *De la nature du corps et de l'âme,* où dès les premières lignes le « connais-toi toi-même » antique est rapproché d'un verset du *Cantique des Cantiques* (1, 7) : « si tu ne te connais pas, sors », et est entraîné ainsi dans un courant religieux. La première partie, qui traite du corps, utilise les ouvrages médicaux traduits par Constantin ; la seconde, où il est question de l'âme, s'inspire des Grecs (Grégoire de Nysse, Origène) aussi bien que des Latins (Augustin, Claudien Mamert, Cassiodore). L'étude du corps et de l'âme permet de se hausser à la connaissance de leur auteur : l'harmonie géométrique et physiologique de l'organisme est soulignée. Quant à l'âme, dont le corps est l'instrument, Guillaume l'appelle ici soit *animus,* soit *anima.* L'esprit, voué à la connaissance, offre plusieurs analogies avec Dieu ; il est un dans la variété de ses actes, inconnaissable en son fond, raisonnable, libre. Mais le péché le fait entrer dans la « dissemblance ». Quant à la situation misérable de l'homme, qui semble moins bien traité par la nature que les autres vivants, elle fournit à sa raison une occasion de s'exercer. Incorporelle, subtile, simple, l'âme est en cela proche de Dieu. Guillaume reprend l'analogie augustinienne entre la mémoire, l'intelligence et la volonté d'une part, les trois Personnes de la Trinité de l'autre ; mais il développe cette idée jusqu'à dire que la Trinité est la « forme formatrice » de l'âme. La fin de l'âme, c'est l'union à Dieu à laquelle elle parvient en gravissant sept degrés d'activité, qui sont : l'animation du corps ; la sensation ; la mémoire ; l'effort vers Dieu, qui est le Bien ; la joie de se libérer des souillures ; l'appétit de connaître Dieu — et cet appétit est déjà vision ; enfin, la contemplation de la vérité, qui est au-delà de ce que l'âme peut par elle-même. Le traité se termine par la description de l'ascension et de la déchéance de l'homme. Physiologie, psychologie, morale, spiritualité, on trouve de tout dans cet ouvrage, qui n'est pourtant pas un fouillis d'éléments disparates ; tout s'y tient, et l'on ne saurait donner une meilleure idée de cette méthode qu'en répétant ce que dit Pascal de « l'ordre de la charité » qui « consiste princi-

palement à la digression sur chaque point qu'on rapporte
à la fin, pour la montrer toujours ».

Quant à la mystique de Guillaume de Saint-Thierry,
elle tourne toute autour de la doctrine de *l'amour-intellection* (J.-M. Déchanet) : *amor ipse intellectus est*. Non
que l'un et l'autre se confondent. Mais toute connaissance, sensible ou intellectuelle, suppose une ressemblance de nature entre le connaissant et le connu, qui
permet à celui-là de rencontrer celui-ci, et de s'y conformer pour le connaître. Or, l'esprit, fait à l'image de
Dieu, le connaît de mieux en mieux à mesure qu'il lui
devient plus semblable, mais sans parvenir, même dans le
ciel, à dépasser le « comment il est » pour arriver à la
vision de « ce qu'il est » — sauf toutefois pour « le
sens de l'amour illuminé ». L'amour peut en effet être
assimilé à un sens intérieur, à un « intellect plus
pur », et, en ce qui touche Dieu, « le sens de l'esprit
est l'amour » (ici se rejoignent les deux influences de
saint Grégoire et d'Origène). C'est que l'amour se transportant dans son objet, et tendant à croître sans cesse
par d'incessants échanges, atteint cet objet lui-même, et
donne à l'intelligence de le connaître. Cette analyse psychologique et métaphysique trouve bien entendu sa raison
dernière dans la théologie, puisque cette vision mystique
de Dieu se réalise par une infusion de l'Esprit, Amour
incréé, connaissance réciproque et unité du Père et du
Fils. Ici encore la pensée de Guillaume nous apparaît dans
toute sa vigueur : vision spirituelle très haute, exprimée
dans un système conceptuel solidement lié.

ISAAC DE STELLA

Cistercien lui aussi est Isaac de Stella, ou de l'Étoile,
abbé du monastère de ce nom, près de Poitiers, de 1147
à 1169. Il est l'auteur d'une *Lettre sur l'âme,* adressée à
Alcher de Clairvaux *(Epistola ad quemdam familiarem
suum de anima),* et de *Sermons,* où l'on trouve des traces
évidentes de l'influence de Boèce. Par exemple à propos
de la structure de l'être : « tout ce qui est, est parce
qu'il a reçu la forme d'être, et subsiste de façon à
être ceci ou cela, c'est-à-dire à être contenu dans une
espèce. »

Même remarque à propos de la classification des scien-

ces et des activités de l'âme qui leur sont spécialement
accordées : à la physique, le sens et l'imagination; à la
mathématique, la raison; à la théologie, l'intelligence. (On
observera un décalage par rapport à la classification de
Boèce qui, suivi en cela par Guillaume de Conches,
voit dans la physique la sphère propre de la raison; au
contraire, il y a accord entre Isaac et Gilbert de La
Porrée, pour qui la science naturelle a pour objet la
chose telle qu'elle est perçue, et la mathématique, le *quo
est*.) On y a fait remarquer encore des thèmes dionysiens, et l'idée d'une vertu qui « s'épanouit en joie »
(R. Javelet).

La *Lettre sur l'âme*, très élaborée, a été beaucoup lue;
elle contient une psychologie complète, avec des arrière-
plans théologiques et des prolongements mystiques. Des
trois réalités — Dieu, l'âme, le corps — la mieux connue
est Dieu, la moins connue est le corps. Entre les deux,
l'âme qui, puisqu'elle est faite à l'image de la Sagesse
divine, ressemble d'une certaine façon à toutes choses :
un philosophe a pu la définir comme *omnium similitudo*.
Par son sommet, elle est proche de Dieu, et sa partie
inférieure, l'imagination, touche la partie supérieure du
corps, qui est la sensibilité. Si on l'analyse selon ses activités, on discerne en elle le rationnel, le concupiscible,
l'irascible : sous ces deux derniers chefs se rangent les
réactions affectives (joie et espoir sous le concupiscible,
tristesse et crainte sous l'irascible). Quant à la rationalité,
ou « sens de l'âme » *(sensus animae)*, elle comprend divers
degrés : le sens corporel, l'imagination, la raison, l'intellect *(intellectus)*, l'intelligence *(intelligentia)* (c'est encore
ici une adaptation de la doctrine de Boèce). L'imagination
reproduit les images sensibles en l'absence des corps perçus par le sens. La raison « perçoit les formes incorporelles
des choses corporelles » : c'est l'abstraction, qui ne consiste pas en une action, mais en une façon de voir *(non
actione, sed consideratione)*. La raison voit ainsi ce qui n'est
pas un corps tout en n'existant que dans le corps : par
exemple, la nature corporelle elle-même; son objet, c'est
donc, généralement parlant, « les natures des choses corporelles : formes, différences, propres, accidents; tout cela
est incorporel, mais ne subsiste pas hors des corps, sinon
par la raison » (on a reconnu la liste des « universaux »,
les formes étant les genres et les espèces; et d'autre

part, la substance des remarques de Boèce sur le problème de leur existence). L'intellect « perçoit les formes
des choses incorporelles », c'est-à-dire des esprits créés.
Enfin, l'intelligence « discerne autant qu'il est permis à
sa nature le seul suprêmement et purement incorporel »
(ipsum solum summe et pure incorporeum). « Elle remonte
à la source même de la lumière qui illumine l'âme,
pour la trouver et la considérer dans sa propre clarté » ;
ce rayonnement de Dieu dans l'âme, Isaac l'appelle,
comme Jean Scot Érigène, théophanie : « comme les
images *(phantasiae)* s'élèvent dans l'imagination, les
théophanies descendent dans l'intelligence. »

Isaac de Stella, s'il n'a pas construit de doctrine originale,
a du moins choisi et repensé quelques thèmes que lui fournissaient saint Augustin, Boèce et Jean Scot. C'est ce qui
le distingue de l'auteur d'un traité *De l'esprit et de l'âme
(De spiritu et anima)* ; cet auteur est probablement Alcher
de Clairvaux, qui ferait ainsi réponse à la *Lettre* d'Isaac.
Mais lui se contente de rassembler ce qu'il trouve chez
de nombreux auteurs : Lactance, Macrobe, Augustin,
Cassiodore, Isidore, Alcuin, Raban Maur, Bède, Hugues
de Saint-Victor, Isaac Stella, etc. Cette compilation a
toutefois été utile à ses contemporains et à ses successeurs, en leur fournissant une quantité de renseignements et en leur offrant des théories variées. Elle fut
attribuée à saint Augustin par Alexandre de Halès
et Albert le Grand, à Hugues de Saint-Victor par
Vincent de Beauvais ; ces erreurs prouvent au moins le
cas qu'on en faisait. Mais saint Thomas, qui sait qu'elle
n'était pas d'Augustin, mais « d'un certain cistercien »,
pense « qu'il ne faut guère s'occuper de ce qu'on y
trouve ».

HUGUES DE SAINT-VICTOR

Guillaume de Champeaux avait fondé Saint-Victor,
monastère de chanoines réguliers, soumis à la règle
dite de saint Augustin ; il avait été lui-même le premier
maître de ce centre de théologie et de mystique promis à
un grand rayonnement. Après lui, vient Hugues, né
dans les dernières années du XIe siècle (en Saxe, en Lor-
raine, ou en Flandre : les historiens en disputent) ; maître
à Saint-Victor en 1125, il en dirige l'école à partir de

1133, et meurt en 1141. Il a joui d'un grand renom
auprès de ses contemporains, qui le louent à la fois de
sa science et de sa religion, comme auprès de la postérité :
on l'appellera « le nouvel Augustin », et saint Bonaventure verra en lui un théologien complet : spéculatif,
moraliste, mystique. Son œuvre abondante comprend des
écrits mystiques, exégétiques, théologiques, ainsi qu'une
géométrie et une grammaire; ses deux ouvrages principaux sont le *Didascalicon,* et le *De sacramentis christianae
fidei,* composé de 1136 à 1141; c'est déjà, pour le contenu,
la méthode, l'organisation d'ensemble, une « somme » (le
mot y est), un des premiers témoins d'un genre qui sera
tellement pratiqué par la suite. Quant à la *Somme des
sentences (Summa sententiarum)* qui lui a été longtemps
attribuée, elle reproduit sans doute un premier enseignement de Hugues, consigné par ses auditeurs, et contaminé
par des apports doctrinaux étrangers (R. Baron). Un
trait capital de la pensée de Hugues de Saint-Victor, et
le fond notamment du *Didascalicon,* c'est la volonté de
faire graviter la totalité de la science profane autour de
la science sacrée : « Tous les arts de la nature sont au
service de la science divine; la sagesse inférieure, correctement ordonnée, conduit à la supérieure »; cela revient à
prendre une attitude exactement opposée à celle de Pierre
Damien, par exemple : « Apprends tout, tu verras ensuite
que rien n'est superflu; une science réduite *(coarctata
scientia)* n'a rien qui plaise. »

 Loin de creuser un fossé entre la *divinitas* (nous dirions :
théologie) et les « arts », Hugues pense que la connaissance de ceux-ci s'oriente vers la méditation de la parole
divine, qui elle-même trouve son accomplissement dans
la contemplation. Certes, à strictement parler, la science
du « lecteur des arts » n'est pas nécessaire à la sagesse
de « l'homme intérieur », mais il est normal qu'elle y
tende; ces diverses activités intellectuelles et spirituelles
doivent être traversées par une visée unique; à tous les
niveaux l'amour est requis. Ce n'est pas une juxtaposition
du profane au sacré que propose Hugues, mais un
programme organique.

Un autre intérêt du *Didascalicon,* c'est de présenter
une classification des sciences très neuve, qui brise le
cadre des sept arts tout en leur réservant une place
importante. La philosophie se divise en quatre branches :

théorique, pratique, mécanique, logique. La première se subdivise en trois (conformément au schéma de Boèce) : théologie, mathématique (qui comprend les quatre disciplines du *quadrivium*), physique. La philosophie pratique a trois parties : morale personnelle, morale privée, morale publique; la mécanique, sept : art textile, technique *(armatura, quasi instrumentalis dicitur scientia)*, commerce *(navigatio)*, agriculture, chasse, médecine, théâtre (les trois premières techniques pourvoient aux besoins extérieurs du corps; les quatre autres, aux besoins intérieurs). Quant à la logique, elle comprend la grammaire et l'art du raisonnement : nécessaire, ou probable (dialectique, rhétorique), ou sophistique. L'ordre de ce tableau est systématique, non pédagogique; les deux premières sciences qu'il faut apprendre sont la logique et la mathématique : la logique parce qu'elle comprend la grammaire, et qu' « on ne peut connaître la nature des choses si l'on ignore leurs noms »; parce qu'elle enseigne aussi à raisonner; et la mathématique, parce que l'expérience étant trompeuse, il faut d'abord s'occuper de la « vérité rationnelle indiscutable » avant de passer à l'étude des choses; c'est une sorte de propédeutique à la physique, d'autant que l'objet du *quadrivium* est l'extérieur des choses, ou forme (nombres, pour l'arithmétique; proportions, pour la musique; dimensions, pour la géométrie; mouvements, pour l'astronomie), alors que la physique s'occupe de leur *nature* interne. Il faut noter aussi l'introduction des arts mécaniques dans l'ensemble du savoir : ils sont éloignés de la véritable sagesse, mais ils en retiennent quelque chose dans la mesure où ils manifestent une activité à quelque degré spirituelle. En outre, ils prennent sens dans l'histoire de l'homme, car ils sont des tentatives pour remédier à l'état de misère dans lequel la chute l'a plongé. Donc si Hugues cite les techniques dans son programme encyclopédique, c'est qu'il se détourne de la conception classique de la science, pour qui seule la théorie a de la dignité, et tire les conséquences de l'idée chrétienne selon laquelle les conduites de l'homme se situent dans une histoire. Et si l'étude de cette histoire n'a pas sa place parmi les subdivisions de la philosophie, c'est qu'elle fait partie de la *divinitas* : car elle se rattache à la connaissance de l'Écriture. On voit mieux peut-être par là de quelle manière le savoir profane se distingue du sacré, et comment l'organisation du premier dépend organiquement du contenu du second.

Si l'on reprend maintenant l'idée d'un ordre méthodique dans l'acquisition du savoir, il faut dire que les sept arts libéraux, qui sont le meilleur de la science profane, doivent être assimilés avant la science de l'Écriture. En effet, le *trivium* traite de la signification des mots, et l'explication d'un texte doit d'abord porter sur la *lettre* (explication grammaticale), puis sur le *sens* (signification la plus extérieure de la lettre). Mais il faut ensuite passer à un troisième degré, celui de la doctrine *(sententia)*, ou d'une « intelligence plus profonde ». Car, dans l'Écriture, les choses signifiées par les mots ont elles-mêmes une signification. Mais précisément le *quadrivium* s'occupe des choses; il faut donc en posséder les disciplines si l'on veut approfondir la science sacrée. Les arts sont donc « au service de la sagesse », dans l'enseignement scripturaire *(lectio divina);* le *trivium* sert à la connaissance de l' « histoire », le *quadrivium,* et aussi la physique, à celle de l' « allégorie ».

Mais on sait qu'au delà de la connaissance de l'Écriture, il y a la contemplation, à laquelle elle prépare. Si, quittant le point de vue des sciences, nous passons aux diverses manières de considérer les choses, nous trouvons la distinction entre « l'œil de la chair », par lequel l'âme considère les choses extérieures; l' « œil de la raison », qui voit ce qu'elles sont en elles-mêmes; l' « œil de la contemplation », qui se tourne vers Dieu. Mais la contemplation est obscurcie par le péché, la raison est douteuse; la foi est donc nécessaire, qui est « certitude des choses absentes, au-dessus de l'opinion, au-dessous de la science ». Il est pourtant possible de parvenir à des connaissances rationnelles sûres. Ainsi, nul ne peut douter de sa propre existence; et l'homme, cherchant à savoir ce qu'il est vraiment, s'aperçoit qu'il n'est rien de visible, comprend qu'il est quelque chose de différent de sa chair, bien qu'il y soit « comme infus et mêlé ». On a souvent fait remarquer que Hugues, lorsqu'il raisonne ainsi, semble annoncer Descartes; l'un et l'autre, on le sait, ont eu en saint Augustin un prédécesseur. Le maître victorin est évidemment plus près de l'auteur des *Soliloques* que de celui des *Méditations*. Pour lui la sagesse la plus haute n'est pas la philosophie, mais la contemplation que préparent l'expérience de l'insuffisance des choses, la méditation de l'Écriture, et qui s'achève dans l'union mystique : dans le triple silence de la bouche, de l'esprit et de la raison, et le triple sommeil de la raison encore, de la mémoire et de la volonté. Le même auteur qui écrit cela a composé une *Grammaire et traité des arts mécaniques,* tout aussi bien que donné les règles de l'exégèse; la marque du génie de Hugues, c'est précisément d'avoir fait tenir sous un même regard, et dans la pratique d'une même vie, ce qu'on ne voit d'ordinaire que dissocié.

RICHARD DE SAINT-VICTOR

Le dernier grand victorin est Richard, mort prieur en 1173. Dante le place au Ciel du Soleil, dans un groupe de douze bienheureux, tous docteurs en la science sacrée : Thomas d'Aquin, qui est des leurs et les énumère, présente comme un contemplatif *Riccardo, che a considerar fu più che viro (Paradiso,* x, 131-132).

Mais ce mystique pour qui l'amour est le cœur de la vie trinitaire, la condition de la réalisation de l'homme, l'organe principal de la contemplation, est très soucieux d'intelligence de la foi. Dans le prologue de son *De Trinitate,* rencontrant, comme tout théologien, le fameux verset d'Isaïe (VII, 9) : « Si vous ne croyez pas, vous ne comprendrez pas », il l'interprète de façon très significative comme un encouragement à chercher une intelligibilité plus grande, avec le secours de la révélation divine, de ce qu'on est obligé de croire; faute de quoi, ce que nous croyons paraît irrationnel *(contra rationem):*

L'intelligence de ces choses, cette autorité ne nous la refuse pas en général, mais conditionnellement, quand on nous dit : Si vous ne croyez pas, vous ne comprendrez pas. Ceux-là donc dont les sens (spirituels) sont exercés ne doivent pas désespérer de comprendre de tels objets, pourvu qu'ils se sentent fermes en la foi.

Un peu plus loin, et toujours à propos du même texte, il précise ce programme :

Dans cette connaissance, il faut entrer par la foi, et ne pas s'arrêter aussitôt à l'entrée; au contraire, il faut aller de suite, par l'intelligence, plus au centre, plus au fond, s'appliquer de tout son zèle et de toute son attention, pour progresser tous les jours dans l'intelligence de ce que nous tenons par la foi.

C'est dans cette intelligence parfaite qu'on trouve l'avancement spirituel et les joies mystiques : Richard parle de « vie spirituelle », d'« utilité suprême », de « suprême plaisir », « suprêmes richesses, délices éternelles, douceur ultime, infinie délectation ». Plus nettement que saint Anselme, auquel on ne peut s'empêcher de penser, il fait coïncider l'accomplissement de la connaissance et la satisfaction du sentiment. D'où le double caractère de son œuvre, où se rencontrent sans s'opposer l'effort dialectique et la spéculation mystique. Sous la première rubrique, on rangera sa recherche de preuves de l'existence de Dieu ; de telles preuves, précise-t-il, doivent partir de l'expérience (cela est intéressant du point de vue philosophique, parce qu'assez nouveau à l'époque, encore que saint Anselme ait déjà suivi cette méthode dans le *Monologion*). Ainsi (pour prendre un seul exemple) nous voyons autour de nous des choses qui passent et se succèdent : elles ne peuvent donc être par soi. Il doit donc y avoir quelque chose d'éternel et par soi, qui les fonde ; supposons le contraire : il faut admettre alors qu'il y a eu un temps où rien n'était, où donc « rien n'était futur », puisqu'il n'y avait rien pour donner, ou pouvoir donner, l'origine de l'être à soi-même ou aux autres. Mais l'expérience des choses existantes montre la fausseté de cette hypothèse.

En outre, on doit chercher des « raisons nécessaires » de la Trinité ; « je crois, dit-il, sans doute aucun, que pour expliquer quoi que ce soit de ce qui est nécessairement, il y a des arguments non seulement probables, mais nécessaires, bien qu'ils puissent nous échapper malgré notre application ». Dès le début du *De Trinitate,* une sorte de combinatoire métaphysique permet d'assigner leurs places aux Personnes divines dans l'ensemble de l'être : tout ce qui est ou peut être, est de toute éternité, ou a commencé dans le temps ; derechef, il a l'être par soi ou par un autre. D'où quatre éventualités, dont l'une est impossible : qu'un être soit par soi et temporellement ; les trois autres correspondent à la créature, qui est par un autre et temporellement, et aux Personnes divines; le Père d'abord, qui est éternellement et par soi, le Fils et l'Esprit ensuite, qui sont éternellement et par un autre. On peut remarquer aussi que toute nature est féconde, et qu'il serait inconcevable que Dieu ne le fût pas.

Mais Richard n'est pas qu'un dialecticien : à propos de la Trinité, le second aspect de sa pensée se manifeste aussi. L'amour, a-t-on dit, en occupe le centre. Étant plénitude de bonté, de félicité, de gloire, Dieu doit être amour suprême, et communiquer ce qu'il a. Il lui faut un autre à aimer, et cet amour ne serait pas ordonné s'il avait pour objet quelque chose qui ne fût pas suprêmement aimable; la plénitude de la charité divine exige donc « une personne égale à la personne » *(persona personae condigna)* : la seconde personne est Dieu. L'amour mutuel de ces deux personnes serait incomplet si une troisième ne le partageait pas. Du Père émane un flot d'amour *(affluentia amoris)*, que le Fils reçoit et propage, que l'Esprit reçoit; ainsi l'amour du Père est gratuit; celui du Fils est dû au Père, mais gratuit à l'égard de l'Esprit; celui de l'Esprit, entièrement dû. C'est pour cela que, selon l'Apôtre, « la charité de Dieu a été répandue dans nos cœurs par l'Esprit » : l'amour de la créature pour son Dieu ne peut être qu'un amour dû.

À traiter de cet amour, de ses effets, de son rôle, Richard a consacré des écrits mystiques que ce n'est pas le lieu d'analyser. Notons seulement le thème de la liberté perdue par l'homme pécheur, égaré dans la « région de la dissemblance », et qui doit premièrement sortir d'Égypte, sortir ensuite du désert (c'est-à-dire renoncer au monde, puis à soi-même), et « remettre en ordre son amour » *(reordinatio caritatis,* figurée symboliquement par le passage du Jourdain). Dans *les Quatre degrés de la violente charité,* Richard décrit avec beaucoup d'acuité les formes de plus en plus intenses de l'amour — celui qui blesse, celui qui lie, celui qui languit, celui qui défaille. Quant à la contemplation, il y discerne trois degrés : l'âme d'abord se dilate, puis s'élève, puis « passe dans l'autre », s'aliène *(dilatatio mentis, sublevatio mentis, alienatio mentis).* À ce troisième stade, appelé aussi extase *(excessus mentis),* « l'homme, conduit hors de soi, contemple la lumière de la Sagesse suprême, sans voile, sans l'ombre des figures, non plus enfin dans un miroir et par énigme, mais pour ainsi dire dans la vérité simple ».

ACHARD — GAUTHIER — GODEFROY — THOMAS GALLUS

Contemporain de Richard (il est mort en 1171), le second abbé de Saint-Victor, Achard, est actuellement l'objet de publications et de recherches diverses dont certaines sont encore inédites (Mlle M.-T. d'Alverny, J. Châtillon). Il y a lieu de croire qu'il est l'auteur de traités théologiques où s'affirme une philosophie des formes assez vigoureuse pour qu'au xive siècle Jean de Ripa ait pu l'attribuer à saint Anselme. Son tour d'esprit est donc bien différent de celui de Gauthier, prieur de Saint-Victor, mort après 1180, surtout connu pour son opposition à la théologie nouvelle; il est l'auteur d'une violente critique qui a pour titre *Contre les quatre laby-rinthes de la France,* où il attaque Abélard, Pierre Lombard, Pierre de Poitiers, Gilbert de La Porrée. Il leur reproche d'être « enflés d'un même vent aristotélique », de traiter des mystères de la foi « avec la légèreté propre aux écoles » *(scholastica levitate).* On y retrouve le principe classique des adversaires de la philosophie, tel qu'un Pierre Damien l'avait formulé, avec certes plus de génie dans sa critique : « la vérité des choses réprouve les règles fausses des philosophes » — et cette opposition va jusqu'à l'imprécation : « que ta grammaire tourne à ta perdition! » Toute la virulence du courant antidialec-ticien qui traverse le xiie siècle se ramasse en Gauthier, sans être compensé, pour autant qu'on le sache, par l'ampleur des perspectives mystiques. Il s'en prend aussi bien à Jean Damascène, dont l'œuvre avait été tra-duite en latin vers le milieu du siècle : acharné à défendre la tradition, à la lettre et sans nuances, il oppose « la Trinité d'Augustin à la fausse Trinité de Jean Damas-cène » (ou, comme il dit ailleurs, de ce « je ne sais quel Jean Damascène »), tout comme il distingue le Christ des dialecticiens de celui des chrétiens. Le pamphlet de Gauthier fait peu d'honneur à son auteur, mais il montre que l'appétit de renouvellement qui caractérise son époque n'allait pas sans inquiéter ou irriter tel ou tel esprit chagrin et réactionnaire.

L'esprit de « l'humanisme chrétien » (P. Delhaye), qui

animait déjà l'œuvre de Hugues, éclate au contraire dans le *Microcosme* de Godefroy de Saint-Victor (mort en 1194). Sans rien devoir à Chartres, comme on l'a prétendu, cet auteur est sensible à la dignité de la nature humaine, à l'harmonie entre l'homme et l'univers. Surtout, il s'attache à montrer que la nature et la grâce sont distinctes et faites pour collaborer, de même qu'il marque la différence entre le point de vue philosophique et le point de vue théologique. En cela, on voit chez lui s'amorcer un mouvement qui prendra toute son ampleur au siècle suivant. Godefroy est aussi l'auteur d'un poème (*Fons philosophiae*) qui contient des renseignements intéressants sur le milieu scolaire parisien au XIIe siècle — programmes, livres, maîtres — et sur la façon dont on concevait à Saint-Victor les rapports entre la philosophie, la théologie et la vie religieuse.

L'époque glorieuse de cette école n'aurait pas survécu au siècle si elle n'avait formé Thomas Gallus, qui y fait profession au début du XIIIe siècle; plus que par sa fondation du monastère des chanoines réguliers de Saint-André de Verceil, en Italie, où il meurt en 1246, après en avoir été le prieur, puis l'abbé, il est célèbre par ses traductions et ses commentaires des écrits du Pseudo-Denys l'Aréopagite. Sa pensée commence à être mieux connue; elle se place au carrefour de celles de Denys et de Richard (R. Javelet); d'autre part, son œuvre a eu beaucoup de succès et d'influence (par exemple, auprès des franciscains : saint Bonaventure, François de Meyronnes, et encore aux XIVe et XVe siècles, auprès des chartreux et de l'école mystique anglaise).

NOUVEAUTÉS CULTURELLES

On n'aurait qu'une vue insuffisante du XIIe siècle si l'on se contentait d'en énumérer les plus grands noms, groupés selon les écoles ou les lignées; on ignorerait les conditions et les matériaux des œuvres qui les ont rendus célèbres. On sait par exemple que les Chartrains ont profité de l'intérêt nouveau pour les sciences, et lui ont donné un sens philosophique; la pensée d'un Guillaume de Saint-Thierry doit beaucoup aux Pères grecs — au rayonnement sur l'Occident de *l'orientale lumen*. Il convient de citer encore trois faits culturels sans lesquels

on ne percevrait pas la vraie physionomie de ce siècle,
ni ne comprendrait les suivants; ce sont les progrès de la
logique, la constitution d'une théologie systématique,
l'afflux de textes philosophiques nouveaux traduits de
l'arabe et du grec.

LES PROGRÈS DE LA LOGIQUE

Abélard, le plus grand logicien du siècle, ne disposait
pas, on le sait, de tout l'*Organon*. Pourtant sa *Dialectique*
porte quelques traces de la lecture des *Premiers Analytiques,* et il dit avoir eu entre les mains les *Réfutations
sophistiques*. On ne sait pas encore avec précision l'histoire
des traductions des œuvres logiques d'Aristote, et de
leur circulation. En gros, le XIIe siècle, en son premier
tiers, usait largement de la *logica vetus* (*Isagoge* de Porphyre,
Catégories et *Interprétation* d'Aristote, commentaires et
monographies de Boèce); mais il avait aussi, moins
répandues, des traductions des *Premiers Analytiques,* des
Topiques, des *Réfutations sophistiques;* certaines étaient
l'œuvre de Boèce. La lecture des chroniqueurs, des
philosophes, l'inspection des catalogues des bibliothèques,
montrent qu'entre 1120 et 1160, à peu près, apparaît
toute la *logica nova* — l'ensemble des traités de l'*Organon*
encore inconnus ou rares. Jacques de Venise paraît
avoir joué là un rôle important — de traducteur, de
reviseur ou de commentateur : en 1128 il aurait déjà
« traduit », d'après un contemporain, les *Topiques,* les
Analytiques Premiers et *Seconds,* les *Réfutations*. Toujours
est-il qu'un Jean de Salisbury, par exemple, connaît la
logique entière d'Aristote, en disserte, en distingue les
traductions. Outre Abélard, le XIIe siècle a ses logiciens,
dont le plus célèbre est Adam du Petit Pont, et l'importance croissante prise par la dialectique se manifeste
encore dans la naissance d'une discipline nouvelle : la
« grammaire spéculative », plus qu'en germe déjà chez
Abélard, mais dont le protagoniste est Pierre Hélie. Elle
consiste en une interprétation logique des faits grammaticaux : analyse de la signification du nom, dont Priscien
enseignait qu'il désigne « une substance avec une qualité »;
du verbe, qui ajoute une dimension temporelle (« consignification du temps »); classement des « modes de signifier », etc. Les auteurs classiques — Aristote, Priscien,

Boèce — avaient fourni déjà quelques indications sur
ces thèmes, mais le XIIᵉ siècle les met en valeur, les
développe et les systématise; moins toutefois que ne le
fera le XIIIᵉ. La grammaire ainsi entendue va s'introduire
dans la théologie : la théorie du verbe sera invoquée
quand on traitera de l'objet de la foi — un en lui-même,
mais perçu selon les temps au futur ou au passé; par
exemple, l'Incarnation, à venir pour les hommes de
l'ancienne Loi, déjà survenue pour les chrétiens; à
propos des noms divins, on fera appel à la théorie du
nom substantif. Dialectique et grammaire spéculative
prises comme instruments de la théologie : c'est là une
nouveauté qui inquiétera certains, rappelons-nous Gauthier de Saint-Victor.

VERS UNE THÉOLOGIE SYSTÉMATIQUE

Le goût de la clarté qu'ont eu si fort les esprits du
XIIᵉ siècle se révèle encore dans la constitution de Sommes
de sentences. Il s'agissait là d'ordonner un vieil héritage,
de systématiser une tradition. Depuis l'âge carolingien au
plus tard, on constituait volontiers des extraits d'auteurs
révérés, groupés le plus souvent soit selon l'ordre des
Écritures, soit en fonction des diverses questions de
doctrines; ces dossiers facilitaient beaucoup l'enseignement. À ces textes s'ajoutaient naturellement des gloses
destinées à en éclairer le sens. D'autre part, il convenait
de les accorder lorsqu'ils exprimaient des doctrines
différentes (on se souvient du *Sic et non* d'Abélard). Les
maîtres en doctrine sacrée étaient donc finalement en
présence d'un ensemble riche, mais souvent difficile à
manier; il fallait le mettre en ordre, comme le faisaient
de leur côté les canonistes qui se heurtaient à des problèmes de même genre. D'où la constitution de recueils
de textes « authentiques » (Pères, conciles), agencés
selon un plan précis, qui permette de présenter de façon
ordonnée les diverses doctrines (*sententiae,* « sentences »),
les diverses solutions des questions théologiques.
Nombreux sont les « sommistes » au XIIᵉ siècle, et ce
n'est pas le lieu de les énumérer. Mais il faut citer Pierre
Lombard (mort en 1160), le plus important, dont la
Somme deviendra au XIIIᵉ siècle un livre fondamental
pour l'enseignement de la théologie; tous les penseurs

médiévaux ont étudié et commenté « le Maître des Sentences », comme on l'appelait, se sont réglés sur le plan de son œuvre ; de là sortirent les « Sommes théologiques », et quand Luther commencera à raisonner sur la sanctification, ce sera encore « en marge des Sentences ».

Les deux premiers faits — développement de la dialectique, construction de Sommes de sentences — concernent la méthode de la pensée et de l'enseignement. Le troisième en modifie considérablement le contenu. Malgré toutes les querelles logiques, et même théologiques, le XIIᵉ siècle suit Platon : la tradition dont il se nourrit en a repris plusieurs thèmes, et, en l'absence de toute connaissance précise de la philosophie d'Aristote, les quelques bribes qu'on en trouve éparses dans les commentaires de Boèce ne peuvent aucunement faire équilibre au platonisme du même Boèce tel qu'il s'exprime dans la *Consolation* et d'une certaine façon dans ses opuscules théologiques ; encore moins à celui qui affleure partout dans les textes d'Augustin. Abélard a beau être nominaliste, il ne refuse pas l'existence aux universaux si l'on entend par ce mot les idées divines ; la logique d'Aristote, conçue d'ailleurs par son auteur comme un simple instrument de la philosophie, n'a rien qui puisse y contredire. D'autre part, une doctrine de la connaissance pour qui l'abstraction consiste simplement à diriger l'attention sur tel ou tel aspect de l'objet, peut mettre en continuité la connaissance sensible et l'illumination par l'intelligible ; on en a rencontré bien des exemples. Et la prestigieuse physique du *Timée* s'accommodait de quelques concepts empruntés à celle d'Aristote — forme et matière, substance et accident, etc. C'est elle qui donnera sa structure théorique au concept de nature, construit principalement dans l'école de Chartres, et sur lequel cristallisent plusieurs tendances du siècle — curiosité scientifique, sens des lois des choses, intuition d'un univers ample mais bien construit — toutes appelées à éclore par une ouverture neuve au monde (progrès des échanges et des villes, des voyages plus ou moins lointains, développement des techniques largement améliorées). Les seuls problèmes qui se posaient là étaient d'ordre théologique ; mais le démiurge et les Idées acceptaient de se fondre dans un Dieu tout-puissant qui crée le monde par son Verbe. L'âme du monde ne pouvait être l'Esprit saint, mais elle s'intégrait à la Nature. Restait la question de cette Nature elle-même et de la matière : comment la foi en la création pouvait-elle s'accommoder ici avec la philosophie ? Or voici que dans la seconde moitié du siècle les éléments d'une réponse sont fournis par des données nouvelles : le néoplatonisme s'introduit en Occident plus largement qu'il ne l'avait jamais fait, grâce à l'activité intense des orientalistes.

LES TRADUCTIONS

Ce n'était pas la première fois qu'on faisait passer en latin des textes arabes; dès le xᵉ siècle, on avait traduit en Espagne des traités de mathématiques et d'astronomie; Gerbert en avait profité; à la fin du xiᵉ siècle, Tolède reconquise par les chrétiens était devenue un centre d'études islamiques, grâce à l'archevêque Raimond. C'est là que travaille, entre 1130 et 1150, Dominicus Gundissalinus (Gondisalvi), archidiacre de Ségovie, aidé d'un juif nommé Johannes Avendeath (Ibn Daoud), dont on ne sait pas bien s'il faut ou non l'identifier avec un autre traducteur nommé Jean d'Espagne (Johannes Hispalensis). Pierre le Vénérable, voyageant en Espagne en 1141 pour visiter les maisons qui dépendaient de Cluny, et préoccupé d'apologétique et de croisade, encourage la traduction de textes arabes relatifs à l'Islam; il contribue ainsi à dissiper l'ignorance profonde dans laquelle était encore l'Occident à ce sujet. Il a à sa disposition toute une équipe : Pierre de Tolède, Robert l'Anglais, Hermann le Dalmate (Hermann de Carinthie). Citons encore Gérard de Crémone (mort en 1187), qui fait un travail considérable; les Anglais Alfred de Sareshel (Alfredus Anglicus) et Daniel de Morley, tous deux à Tolède. En Angleterre même, Walcher, prieur de Malvern, Lorrain émigré en 1091, est à l'origine d'une école de traducteurs; parmi eux on compte Roger de Hereford et surtout Adélard de Bath; il se peut que ce groupe ait influé sur l'école franciscaine d'Oxford, par l'intermédiaire de Robert Grosseteste, qui appartint à la maison de William de Vere, évêque de Hereford dans la dernière décade du xiiᵉ siècle. Notons encore la présence en Angleterre, en 1158-1159, du juif tolédan

Abraham ben Ezra. Il ne faut pas oublier, bien que
moins actif, le centre de Salerne; ni non plus quelques
isolés, tels que Platon de Tivoli à Barcelone, et le
Pisan Stéphane, qui, après avoir fait des études à Salerne
et en Sicile, est en 1127 à Antioche, et traduit des œuvres
médicales. Tout ce travail, à travers le siècle et l'Europe,
ne se fait pas toujours dans des conditions faciles.
Certains traducteurs savent eux-mêmes l'arabe, mais la
plupart, non; ils se font alors aider soit d'un juif, soit
plus rarement d'un musulman, qui transpose le texte
oralement en langue vulgaire; de là il est rendu en latin.
Cela fait donc une traduction à deux degrés; et s'il s'agit
d'œuvres antiques traduites jadis en arabe sur une traduction du grec en syriaque, on en compte quatre. D'autre
part le truchement que s'adjoignait le clerc latin n'était
pas nécessairement au fait des matières qu'il traduisait;
on usait souvent de la méthode du mot-à-mot. Mais ces
traductions, avec leurs défauts, étaient extrêmement précieuses : à travers elles passaient une quantité d'idées.

Que traduisait-on ? Des œuvres très diverses. Autour
de Pierre le Vénérable, qui s'intéresse aux questions
religieuses (il écrit lui-même un traité *Contra sectam
Saracenorum*), des textes religieux, notamment le *Coran*.
Mais Robert l'Anglais, Hermann le Dalmate, traduisent
aussi des ouvrages de géométrie, d'astronomie — ce qui
nous laisse dans la tradition scientifique des premiers
traducteurs. Le plus important pour nous, c'est le passage
en latin d'œuvres philosophiques grecques et arabes :
Gérard de Crémone en traduit d'Aristote (les *Seconds
Analytiques,* la *Physique,* *Du Ciel,* *De la génération et de la
corruption,* les livres I-III des *Météores*), d'Alexandre
d'Aphrodise *(Du temps, Du sens, De l'intellect),* le traité
pseudo-aristotélicien *Du monde,* le *Liber de causis,* des
traités d'al-Kindî *(De l'intellect, Des cinq essences).* Grâce
à Jean d'Espagne, les Latins peuvent lire la *Logique*
d'Avicenne; grâce à Gundissalinus, aidé du Juif Salomon,
d'autres parties de son encyclopédie *al-Shifâ* (la *Guérison,*
transposé en *Sufficientia);* en outre, des textes d'Algazel
(al-Ghazâlî), du philosophe juif Avicebron (Ibn Gabirol).
Gérard de Crémone traduit le *De scientiis* d'al-Fârâbî,
dont on connaît aussi le *De intellectu et intellecto,* etc.

Mettons à part les textes d'Aristote traduits par Gérard
de Crémone, auxquels on pourrait ajouter le livre IV des

Météores traduit directement du grec par Henri Aristippe (mort en 1162), le début de la *Métaphysique* et le traité *De l'âme* : bien qu'ils amorcent un mouvement qui bouleversera le XIIIᵉ siècle, ils pèsent encore peu en face de l'ensemble constitué par les livres néoplatoniciens, arabes et hébreux. On peut parler d'un ensemble, car malgré les différences et même les oppositions de leurs auteurs entre eux, ils participent tous d'un même courant : celui de l'aristotélisme arabe, c'est-à-dire d'un aristotélisme repensé dans un esprit néoplatonicien par des philosophes qui étaient en même temps des croyants. Leurs nouveaux lecteurs chrétiens trouvaient notamment chez eux une ou deux grandes thèses, ou plutôt un ou deux schèmes métaphysiques, dans lesquels pouvaient se couler leurs présupposés platoniciens : tout ce qui n'est pas Dieu pouvait s'interpréter comme le résultat d'une descente, d'une émanation à partir de la cause première, alors qu'un mouvement de même allure rendait compte de la connaissance dans un style qui pouvait faire penser à l'illumination augustinienne. Cascade d'être, de degré en degré ; descente d'intelligibles jusqu'à l'entendement humain ; « donations de formes », comme disent à peu près les interprètes d'Algazel : la physique et la noétique, la théologie de la création et celle du Verbe, semblent trouver, dans cette grandiose perspective, les unes leur garantie théorique, les autres leur correspondance philosophique. Encore une fois, ces thèmes étaient diversement modulés par les auteurs nouvellement traduits, mais l'unité d'un style de pensée ne pouvait passer inaperçue, d'autant moins que le néoplatonisme, d'où tout cela procède, se flattait de réconcilier Platon et Aristote ; que les Arabes, abusés par leur écriture, confondaient Platon et Plotin ; que les œuvres de tel penseur passaient sous le nom de tel autre : une sagesse unique, alimentée à des sources différentes mais souterrainement conjointes, se déversait sur l'Occident latin et chrétien, ravi d'y trouver des harmoniques à Augustin et à Denys.

Parmi les œuvres qu'on a énumérées, il faut faire une place à part au *Liber de causis* : son sort et son contenu sont également significatifs. Il est constitué de trente-deux propositions apparentées à l'*Elementatio theologica* du néoplatonicien Proclus (Vᵉ siècle) ; mais on l'a pris pour une œuvre d'Aristote, d'où son autre titre : *Liber Aristotelis de*

expositione bonitatis purae, ou encore *Liber bonitatis purae.*
Son succès fut très grand; en 1255, il est sur la liste des
livres à commenter à la Faculté des Arts de Paris. Albert
le Grand pense qu'il s'agit d'une compilation faite par
un juif nommé David, mais il y trouve la conclusion et le
couronnement de l'œuvre d'Aristote. Thomas d'Aquin
le premier y reconnaît la pensée de Proclus. La doctrine
qu'on y trouve entre tout naturellement dans le schéma
qu'on a tenté de dégager plus haut : la cause première,
cause de toutes les autres, est au sommet de leur hiérarchie, on la nomme Bien et Un. Au-dessous, l'être, qui
est « la première des choses créées », fait de fini et d'infini,
intelligence pure pleine de toutes les formes intelligibles.
Il en découle d'autres intelligences; elles en reçoivent des
formes intelligibles, qu'elles transmettent à leur tour à
d'autres; une âme, c'est l'une de ces formes qui rencontre
la matière. Si la cause première crée directement la
première intelligence, c'est à travers elle qu'elle crée les
âmes et les natures. Son mode d'action est tel qu'elle
existe en toutes choses, mais différemment, selon la
capacité de chacune. On a donc une force créatrice unique
et suprême, relayée par des intermédiaires. D'autre part,
toute intelligence et toute âme peuvent connaître les
intelligibles, et sont en même temps pleines de tous les
sensibles, c'est-à-dire de leurs formes : dans cette sorte
d'échelle métaphysique, l'inférieur est contenu dans le
supérieur.

Au contact de tous ces textes et des idées qu'ils
véhiculent, la pensée de l'Occident se renouvelle : elle
ne se sent pas dépaysée, puisqu'elle reste dans la sphère
du platonisme, mais elle prend de nouveaux départs.
C'est le traducteur Gundissalinus qui nous offre le
premier exemple de cette attitude : il compose divers
traités qui portent la marque des influences orientales et
néoplatoniciennes. Sa *Division de la philosophie,* où il
élargit le tableau traditionnel d'une manière qui n'est
pas sans rappeler celle de Hugues de Saint-Victor, porte
la marque d'al-Fârâbî. C'est à Ibn Gabirol et Avicenne
que renvoie la *Procession du monde (De processione mundi);*
cherchant une définition précise de la création qui
satisfasse aux données de la foi, il trouve celle-ci : « sortie
de la forme *(exitus formae)* à partir de la sagesse et de la
volonté du Créateur »; et il en décrit la structure :

Ainsi se déroule la constitution de l'univers : de l'être-rien (*nihil esse*) à l'être-possible ; de l'être-possible à l'être-en-acte, de l'être-en-acte à l'être-corporel et l'être-incorporel ; tout cela d'un coup, non pas dans le temps.

Influence d'Avicenne encore dans le traité *De l'immortalité de l'âme*. Quant au *De l'unité*, il s'inspire d'Ibn Gabirol, mais a été très vite attribué à Boèce ; certaines de ses formules rappellent en effet étrangement la pensée, la lettre même de cet auteur : « l'unité est ce par quoi chaque chose est une, et est ce qu'elle est » ; « tout ce qui est, est parce qu'il est un ». La métaphysique plotinienne de l'Un, passée chez Boèce d'une part, chez Ibn Gabirol de l'autre, se retrouve comme au confluent de ces deux dernières sources : les lecteurs de Gundissalinus étaient en quelque façon justifiés de lire son traité à travers ce qu'ils connaissaient de longue date ; s'ils commettaient une erreur d'ordre historique, leur interprétation était philosophiquement saine. La pensée de Boèce se retrouve encore dans le *De anima*, juxtaposée plutôt qu'articulée à celle d'Avicenne : Gundissalinus suit très fidèlement ce dernier pour tout ce qui touche les preuves de l'existence de l'âme, sa définition, son rapport à ses facultés ; il va jusqu'à admettre avec le philosophe musulman un intellect agent séparé, qui imprime « les espèces des formes » dans notre intellect en puissance. Mais c'est en réalité de Dieu qu'il entend parler ici, et pour traiter de la connaissance de l'intelligible, il emprunte à Boèce sa théorie de l'*intelligentia,* instrument de la sagesse qui est aussi contact mystique. Voici donc la liaison établie, ou tout au moins tentée, entre le cœur même de la vie religieuse et la spéculation philosophique inspirée de la pensée gréco-arabe.

Dans un traité qu'il semble difficile d'attribuer à Gundissalinus, puisqu'il utilise le *De causis,* traduit assez tard, le *Livre sur les substances premières et secondes, et le flux de l'être,* le schème des émanations et de l'illumination est exposé sous des patronages chrétiens aussi bien que sous celui d'Avicenne. De Dieu, qui est l'Un, émanent l'Intellect et le Verbe, puis les idées exemplaires, causes premières des choses, « coéternelles à Dieu, mais pas absolument » : l'auteur inconnu s'inspire ici de Jean

Scot Érigène. Les intelligences qui suivent l'intelligence
première, la plus haute des créatures, en procèdent de la
façon que décrit Avicenne, mais elles ont aussi des traits
des hiérarchies angéliques de Denys. Quant à la théorie
de la connaissance exposée dans ce traité, elle utilise
les concepts avicenniens : un intellect en puissance,
ténébreux, est illuminé par l'intellect agent, séparé, et qui
contient « une multitude de formes »; mais cela est
rapproché de l'enseignement de saint Augustin, pour qui
« la raison est la vue de l'âme », et ne peut connaître que si
Dieu l'éclaire. La doctrine de ce traité est un cas particulièrement frappant de cette jonction entre la tradition
la plus ancienne et l'apport philosophique le plus neuf,
pour les esprits du milieu du XIIᵉ siècle; et plus précisément d'un « complexe d'idées » qui a été très heureusement nommé « l'augustinisme avicennisant » (É. Gilson).
Mais d'autre part on y a reconnu (M. H. Vicaire) des
affinités certaines avec l'esprit commun à plusieurs
théologiens, disciples de Gilbert de La Porrée, et dont
la doctrine se développait à partir du thème de l'unité
originaire, identique à Dieu, qui communique à toute
chose son *esse*, l'être pur et simple, distinct de l'*esse
aliquid* selon lequel une créature est ceci ou cela. Cette
intrication des influences est bien caractéristique d'une
époque où l'on cherche à assimiler et à coordonner des
doctrines apparentées sans doute, mais pourtant différentes
dans leurs inspirations propres et leurs conséquences.
D'autre part, l'auteur de l'opuscule cherche à se maintenir
sur un plan strictement philosophique, au point d'évincer
parfois tel thème augustinien que son développement
semblait devoir appeler (ainsi, la référence au Verbe
divin comme lieu des idées). Par là, il se rattache à un
courant où l'on trouve avant lui saint Anselme et Richard
de Saint-Victor, pour qui on peut raisonner sur les
choses divines sans en appeler aux autorités théologiques.
Courant qui va se tarir; ce traité offre pour ainsi dire
deux perspectives historiques différentes selon qu'on
considère sa méthode ou ses sources. C'est à ce titre
un document d'une rare importance. On peut citer
encore un curieux petit traité en forme de sermon, sur
les Pérégrinations de l'âme dans l'autre monde, édité et étudié
par Mlle M. T. d'Alverny. Ce texte, de la fin du XIIᵉ siècle,
porte des traces du *Liber de causis,* d'Avicenne, d'Algazel,

et d'Ibn Gabirol, et révèle aussi des influences gnostiques. L'auteur anonyme a lui aussi juxtaposé des matériaux de provenances diverses, et sa construction n'est pas d'une orthodoxie bien sûre. Il est intéressant de le voir citer à la fin « les législateurs justes, très sages, soucieux de sauver les autres, sur lesquels est descendue la lumière de Dieu et sa connaissance, et son Verbe est sur leur langue; comme Moïse, Mahomet, et le Christ, qui fut plus puissant que ces deux-là et dont la parole eut plus de valeur ». Ce n'est pas le thème des « trois imposteurs », c'en est même plutôt l'inverse, mais il s'apparente à celui des « trois anneaux » (voir Lessing, *Nathan le Sage*) tel au moins qu'on le trouve dans les *Gesta Romanorum*.

L'ŒUVRE D'ALAIN DE LILLE

Si, négligeant l'ordre historique, on se proposait d'étudier analytiquement les divers aspects de la culture du XIIᵉ siècle, on serait bien avisé de prendre comme point de départ l'œuvre d'Alain de Lille, le « Docteur universel », qui, né vers 1128, et maître en théologie, meurt en 1203 retiré à Cîteaux. Héritier ou contemporain des principaux maîtres de l'époque, de ses principales acquisitions, on les retrouve presque toutes chez lui. D'autre part, les causes et les motifs de ses travaux sont en rapport étroit avec la conjoncture historique : importance des villes et du ministère des prédicateurs (*Ars praedicandi*); inquiétudes suscitées par les « hérétiques » — cathares et vaudois, juifs et musulmans — contre lesquels il compose le *De fide catholica contra haereticos* et le *De arte catholicae fidei* (un moment attribué à Nicolas d'Amiens, disciple de Gilbert de la Porrée, et restitué à Alain), et encore la somme *Quoniam homines,* récemment retrouvée, où il insiste, à la suite de Denys, expressément cité, sur ce qu'il y a d'inconnaissable et d'ineffable dans l'objet de la « science céleste », et sur les erreurs où tombent ceux qui n'en tiennent pas compte. Plusieurs courants platoniciens confluent en la pensée d'Alain (Boèce et Gilbert, Denys, le *Liber de causis*), et il reprend le thème chartrain de la nature (*Anticlaudianus, De planctu naturae*). L'intérêt pour la logique et son application à la théologie, fortifié par l'influence de Boèce, éclate dans ses *Regulae de sacra theologia*. Enfin,

Alain de Lille est un poète, et le goût de la forme belle est un des traits du XIIᵉ siècle.

Dans l'ordre de la méthode, les *Regulae* et le *De arte catholicae fidei* ouvraient une voie intéressante, abandonnée par la suite : celle d'une organisation géométrique de la théologie. Boèce avait déjà donné un exemple de ce procédé, dans son opuscule consacré à la bonté des substances (*Quomodo substantiae in eo quod sint bonae sint, cum non sint substantialia bona,* appelé plus brièvement *De hebdomadibus,* d'un mot de la première phrase); il avait, « comme on fait en mathématiques et dans les autres sciences », « placé en tête » de son traité « des termes et des règles » à partir desquels il pût déduire la suite. Alain est soucieux de rigueur, car il veut réfuter définitivement les hérétiques (on retrouve ici l'intention apologétique); il veut donc donner à la théologie des « maximes » comme en ont la dialectique, la rhétorique, la morale, la physique, l'arithmétique, la musique. Ces maximes doivent être ordonnées : la plus universelle doit être une « conception commune de l'esprit », un axiome, dirions-nous, évident par soi. Cet axiome est celui-ci : « la monade est ce par quoi toute chose est une »; ce thème de la monade, de l'unité, témoigne de l'influence du *Liber de causis.* On aura à revenir sur cette direction doctrinale. Le *De arte catholicae fidei* procède du même esprit que les *Regulae;* le raisonnement se fonde sur des définitions, des postulats (qui énoncent les vérités indémontrables), des axiomes. En outre, l'organisation d'ensemble de ce traité bénéficie des efforts des théologiens antérieurs, par exemple Anselme de Laon et surtout Pierre Lombard, pour ordonner le contenu de la *sacra doctrina :* Alain y étudie successivement Dieu, le monde, les anges et les hommes, le Rédempteur, les sacrements, la résurrection; de même, au début de la somme *Quoniam homines,* il annonce qu'il étudiera « la création de la créature, et sa recréation ». Précisons qu'avec tout son appétit de clarté mathématique, Alain de Lille ne pense pas que les articles de la foi soient démontrables; mais il veut fournir des « raisons probables », telles que l'esprit soit incliné à y acquiescer par l'ordre systématique qu'il leur donne; puisque les hérétiques ne sont pas convaincus par l'autorité de l'Écriture, il faut essayer de les persuader en faisant appel à leur raison.

L'existence même de Dieu n'est pas objet de science :
« nous présumons qu'il est, car la raison nous y induit;
nous ne savons pas qu'il est, nous le croyons », écrit
Alain, justement dans l'*Ars fidei*. C'est en ce sens que le
premier argument en faveur de son existence doit être
compris, bien qu'il soit déduit géométriquement : il faut
poser un Dieu, cause suprême et unique parce que « rien
n'est cause de soi ». Ailleurs on en trouve un second, à
partir du mouvement : « tout muable suggère *(insinuat)*
un immuable, tout mobile suggère un être en repos »;
la formulation même de l'argument est significative d'une
méthode. Significative d'une doctrine est l'autre forme
qu'il prend : « de l'unité indivisible procède toute pluralité, qui est divisible; de même du Créateur invariable
procède tout ce qui varie. » Le parallélisme institué entre
l'un et l'immuable d'une part, le multiple et le changeant
de l'autre, nous oriente vers une synthèse de la métaphysique de l'un et de la métaphysique de l'essence, et
plus généralement vers une fusion d'influences où l'on
retrouve le néo-platonisme transmis à travers des textes
arabes, Augustin, Boèce, Jean Scot, aussi bien que
Gilbert de La Porrée et des écrits hermétiques (ou pseudo-
hermétiques). Pour Alain, Dieu est « vraiment un, ou
unité », et l'on se rappelle la règle I, avec sa définition de
la monade. En outre, il n'*a* pas d'être, parce qu'il l'*est* :
« de ce qui est l'être *(esse)*, il n'y a nul être. De Dieu, qui
est l'être de toutes choses, il n'y a pas d'être, parce que
pour être il ne participe d'aucun. »

On peut encore dire qu'il est « forme simple sans sujet
matériel », ou « forme sans forme » *(forma informis),*
« forme formalissime », « forme des formes ». Ou encore,
substance : « la première substance est appelée *ousia;*
elle est substance des substances. » Enfin, principe et fin
auxquels se rattache toute créature, il peut être dit
« sphère intelligible dont le centre est partout, la circonférence nulle part » (cette formule, célèbre surtout pour
être dans Rabelais et Pascal, se trouve dans le *Livre des
vingt-quatre philosophes,* écrit pseudo-hermétique composé
au XIIe siècle).

Mais la foi chrétienne enseigne que Dieu est Trinité :
on a vu avec Anselme, Thierry de Chartres, Richard de
Saint-Victor, qu'aux XIe et XIIe siècles les « raisons »
apportées à la croyance en un Dieu trine vont du même

pas que celles qui rejoignent la croyance en un Dieu un.
Alain de Lille suit la même voie. Il rappelle saint Anselme
quand, raisonnant sur la Sagesse de Dieu, il établit les
rapports entre le Père et le Fils, auxquels s'ajoute en tiers
l'Amour. Il n'est pas loin de Thierry quand il médite sur
les propriétés de l'unité : « on enseigne en arithmétique
que l'unité s'engendre elle-même. Or, entre l'unité
engendrante et l'engendrée on trouve une égalité. »
Enfin, l'analyse de l'être créé nous montre en lui la
matière, la forme, et leur union : « effet trine dans un seul
et même créateur »; ici l'on pense à Gundissalinus, qui
dans son *De processione mundi* proposait la même induction,
comme aussi, d'ailleurs, Thierry de Chartres. Alain ne
dédaigne pas non plus d'invoquer les écrits des philosophes, où l'on trouve déjà, estime-t-il, quelques traces
de la croyance en la Trinité; par exemple, ce livre hermétique d'où il a tiré la métaphore de la sphère intelligible,
et où il est dit que « la monade engendre la monade et
réfléchit en soi sa propre ardeur ». Ainsi s'affirme de
diverses façons la liaison en Dieu de l'un et du trine,
l'*unité* étant propre à l'ordre « supercéleste » de l'être,
comme l'*altérité* l'est au céleste (les anges) et la *pluralité*
au « subcéleste » (le monde sensible).

Dieu a tout créé, « aussi bien les sujets des propriétés
que les propriétés des sujets »; entendons par là la
matière aussi bien que les formes; on peut, comme on
vient de le voir, rapporter au Père la création de la
matière, au Fils celle de la forme, à l'Esprit l'union des
deux. Ce schéma austère, Alain l'enveloppe dans une
forme poétique. La matière c'est d'abord « l'antique
chaos », la *silva* qui « souhaitait une forme meilleure,
parure de son visage, et déplorait sa confusion ». Comparable à un architecte, Dieu y met de l'ordre, « établit
des lois » dans ce domaine du « conflit », y met l'harmonie
d'une « union pacifique », la « paix de l'amitié ». Dans
l'œuvre de création et d'ordination des choses, Dieu se
donne comme auxiliaire Nature, « vicaire de Dieu »,
son « élève », à la fois fécondité (« principe originel de
tout ce qui naît ») et force de cohésion (« lien du monde,
stable nœud... »), et ainsi « reine de la région du monde »;
se conformant au vouloir divin, qui entend instaurer la
stabilité et l'éternité dans le mouvant et le temporel,
elle fait naître le semblable du semblable, comme on

frappe des pièces de monnaie à une même effigie. Elle est aussi à la source de la morale, et ici Alain retrouve l'inspiration complète du *Timée,* qui liait la justice cosmique et la justice humaine. Contre le manichéisme des cathares, Alain réhabilite la chair : elle n'est pas mauvaise, mais viciée, et n'en vient pas moins de Dieu. L'élaboration du concept médiéval de nature touche ici à son terme; elle est « règle du monde » physique et éthique, et, principe d'ordre, résulte de l'institution d'un Dieu qui est unité.

Dans sa description de la vie de l'âme, Alain puise aussi à des sources diverses. Comme l'auteur du *De spiritu et anima,* qu'il croit être saint Augustin, il dispose hiérarchiquement cinq degrés de connaissance : sens, imagination, raison, intellect, intelligence. La raison est la « puissance par laquelle l'âme saisit l'inhérence d'une propriété dans un sujet »; c'est elle encore qui distingue le bien du mal. Par l'intellect l'âme « saisit les choses invisibles »; par cette compréhension « l'homme devient esprit ». Enfin l'intelligence « contemple les choses divines » et c'est par elle que s'opère l'« extase », la « métamorphose », « apothéose ou déification », « lorsque l'homme est ravi à la contemplation des choses divines ». Ces trois degrés supérieurs de la connaissance peuvent aussi être mis en parallèle avec les trois méthodes différentes que décrit Boèce : *in naturalibus rationaliter, in mathematicis disciplinaliter, in divinis intellectualiter.* On peut encore déterminer trois parties de l'âme : la sagesse, la magnanimité (ou volonté), le plaisir; ou encore, la rationalité, l'irascibilité, la concupiscence; elles sont logées respectivement dans la tête, le cœur et les reins. La première est servie par l'intuition *(potentia ingenialis),* le raisonnement *(potestas logistica),* la mémoire *(virtus recordativa);* ces trois facultés sont logées dans la tête, respectivement en avant, au milieu, en arrière. Ici c'est à Platon d'abord, à la médecine grecque et arabe ensuite, qu'il faut penser. Quand il vient à traiter de la liaison de l'âme et du corps, qui sont l'un et l'autre une substance, Alain est embarrassé; il l'avoue, et use de métaphores; il y a entre eux mariage, union conjugale *(conjugium, connubium, copula maritalis).* On peut dire encore que leur lien est le nombre, l'harmonie; ou bien, d'un point de vue moins métaphysique, que c'est l'« esprit physique » *(spiritus physicus)*, substance plus subtile que l'air et moins que le feu, corporelle comme le corps, mobile comme l'âme, qui est aussi médiatrice entre le sens et l'imagination (de même que chez Isaac de Stella le *phantasticum*, degré inférieur de l'âme, est voisin du *spiritus corporeus*, qui est la partie la plus subtile de l'organisme). La doctrine d'Alain de Lille, ici comme en d'autres matières, n'a pu atteindre son point de cohérence; c'est plutôt un ensemble de tentatives, poursuivies selon diverses méthodes et à l'aide de concepts divers. Parfois, Alain tourne autour d'un centre qu'il n'atteint pas, même philosophiquement, et sur lequel il prend des perspectives diverses dont il ne peut faire un système : ainsi dans sa doctrine de Dieu; ou bien il recueille et achève des essais antérieurs : quand il traite de la nature; ou encore, il tente une voie que les hasards de l'histoire feront déserter : c'est le cas de sa méthode géométrique appliquée à la théologie. Génie de premier ordre, il eût tout réduit à l'unité, ou poussé jusqu'au bout un choix initial; il n'en est pas un; c'est à cela qu'il doit de représenter la richesse, l'ardeur, la curiosité multiple du XIIᵉ siècle.

ÉPANOUISSEMENT (XIIIᵉ SIÈCLE)

CONDITIONS DES SYNTHÈSES SCOLASTIQUES
PREMIERS ESSAIS

C'est en 1200 que les diverses écoles cathédrales de Paris se fondent en un seul corps, avec l'approbation du roi de France Philippe Auguste et du pape Innocent III; en 1215 seront fixés les statuts de cette université (le mot viendra plus tard, mais ce qu'il désigne étant déjà là, on peut bien en user dès maintenant). Certes, les écoles parisiennes étaient florissantes et célèbres depuis une centaine d'années, et leurs activités avaient commencé de se codifier au cours du XIIᵉ siècle. Mais, d'un autre côté, l'Université de Paris jouera un grand rôle dans l'histoire culturelle du Moyen âge : il faut donc noter ici sa naissance officielle, sans oublier toutefois que d'autres centres intellectuels auront aussi leur importance; citons simplement Oxford, pour nous en tenir à ce qui concerne directement l'histoire de la philosophie.

Mais l'Université de Paris, fondée, protégée et surveillée par les papes, prend au Moyen âge une importance primordiale, et devient le centre de la culture chrétienne : n'en retenons pour preuve que le grand nombre des étudiants étrangers qui s'y pressent, des maîtres étrangers qui y enseignent. Les études y sont organisées de façon précise : leur premier degré est constitué par celle des arts libéraux; le maître ès arts est âgé d'au moins vingt et un ans, et a derrière lui au moins six ans d'études. Le maître en théologie doit l'avoir étudiée huit ans, et avoir au moins trente-quatre ans. Le premier était d'abord bachelier, puis licencié. Le second devait être successivement « bachelier biblique », « bachelier sententiaire », « bachelier formé »; puis il passait sa licence et pouvait enseigner la théologie. L'étudiant écoutait des « leçons » et participait à des « disputes ». La leçon était la lecture commentée d'un texte : d'un classique de la grammaire, de la logique, etc., à la Faculté des Arts; à la Faculté de Théologie, on expliquait l'Écriture et les *Sentences* de Pierre Lombard, dont le concile de Latran (1215) avait approuvé le texte. La dispute consistait à opposer, dans un débat présidé par un maître, les solutions diverses qu'on pouvait apporter à une question donnée; à la fin, le maître classait les arguments, et donnait sa « détermination » de la question : c'est-à-dire sa conclusion, sa solution. Deux fois par an, vers Noël et vers Pâques, les maîtres participaient à des débats sur des sujets quelconques, au gré des interlocuteurs; c'était là une épreuve redoutable, à laquelle les plus grands seuls se prêtaient régulièrement. Ces divers procédés et exercices donnent naissance tout naturellement à des genres d'écrits particuliers : « les commentaires des sentences » et les « sommes de théologie »; les « questions disputées »; les « questions quodlibétales », ou « quodlibets ». Tout cela résulte des méthodes de l'enseignement; dans ces cadres, on avait toutes facilités pour exposer ses doctrines propres — anciennes ou nouvelles, orthodoxes ou non. À partir du début du XIVe siècle, les choses changent quelque peu : les maîtres auront tendance à choisir, dans les quatre livres des *Sentences,* ce qui convient le mieux à l'exposé de leurs thèses, à négliger certaines des « distinctions » du Lom-

bard et à gonfler parfois démesurément le développement
des autres (les « distinctions » sont comme les chapitres
des livres ; dans chacune le maître pose des « questions »,
comme il le juge opportun ; chaque question comprend
plusieurs articles ; l'article contient l'examen d'un des
aspects du problème soulevé par la question : il énonce
et explique les arguments pour et contre, les discute,
justifie la solution choisie ; l'inépuisable subtilité des
penseurs des xive et xve siècles y multipliera les subdivisions).

Ces méthodes précises et fermes constituent une
réponse particulièrement bien adaptée au problème
majeur que le xiiie siècle naissant hérite du xiie finissant :
devant l'immense accroissement des connaissances profanes et des besoins de l'enseignement, il faut trouver
une règle, un principe d'organisation de la science sacrée
(n'oublions pas que tout savoir s'oriente en dernière
instance vers la théologie). D'où la structure hiérarchisée
de l'université, et l'imposition d'un ordre didactique.
Les méditations à la manière d'Anselme, et même les
traités comme en rédigeait Abélard, ne conviennent plus
guère. Mais la lecture des *Topiques* et des *Analytiques,*
où l'on apprend ce qu'est une démonstration, et le travail
de classement accompli par Pierre Lombard, donnent
de quoi résoudre les difficultés nouvelles : avec elles, le
xiie siècle a apporté leurs remèdes. Mais l'équilibre ne
s'obtient pas sans peine, ni sans conflits.

Peu d'années après le début du siècle, un concile
(1210), puis le légat Robert de Courson (en 1215),
prononcent à Paris des condamnations qui atteignent
deux hérétiques, et par contrecoup deux doctrines :
celles de Jean Scot Érigène et d'Aristote. Les œuvres de
ce dernier commençaient à être plus largement connues,
assorties de leurs commentaires d'origine grecque et
arabe. La réflexion sur la philosophie d'Aristote, les
prises de position à son égard, animeront toute la
spéculation du xiiie siècle et distingueront les doctrines
et les courants de pensée — qu'à un extrême on lui
fasse la part la plus petite possible, comme le feront
les maîtres fidèles à l'augustinisme, ou qu'à l'autre on
l'accepte dans sa totalité avec le sens que lui avait donné
Averroës, comme ce fut, avec des nuances qu'il faudra
préciser, le cas de certains maîtres ès arts. Au début du

siècle, la réaction est négative : les autorités religieuses permettent d'enseigner (de lire) la logique, mais non la métaphysique ni la physique du philosophe grec. Il apparaît qu'il avait été compromis par l'usage qu'en avait fait David de Dinant, l'un des deux hérétiques condamnés, comme Jean Scot avait été compromis par l'autre : Amaury de Bène (mort en 1206 ou 1207).

Ces deux maîtres sont assez mal connus et semblent avoir été pour une part des dialecticiens à l'ancienne mode — comme l'avait été un Bérenger de Tours, avec en outre, chez David, une connaissance directe d'Aristote, et chez Amaury, ou tout au moins chez ses disciples, des implications religieuses qui les rapprochent de Joachim de Flore (mort en 1202), qui annonçait la venue du règne de l'Esprit, après celui du Père (avant l'Incarnation) et celui du Fils. Amaury et David ont soutenu tous deux des thèses « panthéistes », mais de contenus bien différents. Pour le premier « tout est un, parce que tout ce qui est, est Dieu » : thème qui peut avoir une saveur érigénienne, mais qui provient aussi de textes scripturaires dialectiquement exploités. Ainsi, argumentaient les amauriciens, saint Paul dit que Dieu sera tout en toutes choses; mais il n'y a pas de changement en Dieu : il est donc tout ce qu'il sera, et est (dès à présent) tout en toutes choses. D'autres conclusions sortaient de là : Dieu est partout, donc en tout lieu *(in omni loco)*, donc en quelque lieu que ce soit *(alicubi)*, et pierre dans la pierre. De même, il est toujours, donc dans le temps. Cette idée d'une présence universelle de Dieu lui-même peut inspirer une sorte de joie mystique, de saveur quasi spinoziste — « qui connaît que Dieu est en lui ne doit pas pleurer, mais rire » — mais entraîner aussi des conséquences morales fâcheuses : puisque Dieu opère tout en tous, celui qui le sait ne peut pécher. C'est pour leur relâchement autant que pour leur doctrine que les amauriciens ont été condamnés au bûcher et à la réclusion; quant à leur maître, ses restes furent exhumés et dispersés. On ne sait de quelle façon exactement l'autorité de l'Érigène était invoquée par Amaury; toujours est-il que son crédit au Moyen âge fut à peu près définitivement détruit par cette condamnation.

DAVID DE DINANT

David de Dinant savait le grec; il avait été en Grèce, y avait lu des traités d'Aristote; il semble avoir été un esprit plus vigoureux qu'Amaury de Bène. Il fut aussi mieux traité : le concile de Latran (1215) renouvelle la condamnation d'Amaury, non celle de David; on n'a pas connaissance qu'il lui soit arrivé rien de fâcheux à lui-même; il est vrai qu'il avait la faveur du pape. Sa pensée a été reconstituée par le P. Théry, et la publication récente de fragments inédits semble confirmer le bien-fondé de cette reconstruction. Son système devait s'articuler de la façon suivante. À la base, une distinction de l'être et du paraître : les formes ne sont que des apparences d'être, de même que les diversités dont elles sont causes. Les différences ne sont qu'accidentelles, et ne modifient pas la substance de l'être. Il ne reste donc que la matière qui ait un être véritable. D'autre part, il faut distinguer trois principes : celui des substances spirituelles, qui est Dieu; celui des âmes : le *noys* (entendement); celui des corps : la *hylè* (matière). Or, ces trois « indivisibles » sont identiques. Le Noys et la matière première sont une même chose, parce qu'il ne peut y avoir de genre commun dont ils participeraient l'un et l'autre, et qu'ils ont tous deux la même fonction : être le principe matériel de substances qui n'en sont que des transformations. Dieu d'autre part est hors de tout genre : c'est dire qu'il n'est déterminé par aucun acte, donc qu'il est puissance, et cela en tant même qu'être premier. Il est donc identique à la matière première, qui comme lui en outre n'a ni principe ni fin, existe partout, toujours, et par soi-même. Enfin, le Noys connaît Dieu et la matière; il ne peut le faire à travers une « espèce », une forme, puisque ni la matière ni Dieu n'en ont. C'est donc par un contact substantiel; il y a donc identité entre eux. Le panthéisme de David revient ainsi à faire refluer tout l'être dans trois principes dont on montre ensuite qu'ils ne sont qu'une seule chose, le fond essentiel de tout ce qui nous semble exister, et qui n'est qu'apparence. Ce monisme n'est pas sans rappeler, au moins par sa structure, certaines implications du réalisme dégagées par Abélard. Or, d'autre part, David de Dinant, bon connaisseur de l'œuvre d'Aristote, utilisait largement la *Physique* et la *Métaphysique*, peut-être le *De anima* : d'où la méfiance des autorités à l'égard de ces traités d'Aristote. Albert le Grand, par la suite, travaillera à montrer que le péripatétisme correctement entendu ne mène nullement au panthéisme, et même en éloigne : manœuvre doctrinale caractéristique, sur laquelle on aura à revenir. Notons déjà que le XIIIᵉ siècle s'ouvre par la condamnation officielle d'une certaine interprétation de l'aristotélisme.

GUILLAUME D'AUXERRE

En 1228, le pape Grégoire IX enjoint aux théologiens de ne pas mêler à leur discipline « le ferment de la science mondaine ». Aristote, interdit à Paris depuis 1215, est cependant expliqué à Toulouse (où le comte Raymond VII avait fondé une université en 1229), et sa pensée s'infiltre de plus en plus dans l'enseignement parisien lui-même. Devant cette avance irrésistible, nouvelle tentative du pape en 1231 : on n'aura pas le droit de commenter la *Physique* d'Aristote tant qu'elle n'aura pas été expurgée de ses erreurs par une commission nommée tout exprès, et dont fait partie notamment Guillaume d'Auxerre, maître en théologie à Paris, archidiacre de Beauvais (il meurt la même année). Pour avoir été chargé de cette étrange besogne, qui n'aboutit pas, Guillaume devait présenter les garanties à la fois d'une doctrine sûre et d'une science étendue. Dans son commentaire de l'*Anticlaudianus* d'Alain de Lille, et dans sa *Somme* sur les quatre livres des *Sentences* (dite *Summa aurea,* et fort prisée de ses contemporains), il utilise Aristote : *Physique, De la génération et de la corruption, Métaphysique, De l'âme, Éthique.* Il est donc bien instruit de la nouvelle littérature philosophique. D'un autre côté, il connaît Avicenne, lui emprunte une preuve de l'existence de Dieu (nécessité d'une cause première), et l'idée que l'essence, en tant que telle, est indifférente à la singularité et à l'universalité ; mais il réagit aussi, semble-t-il, contre un courant avicenniste latin selon lequel de l'un ne peut sortir immédiatement que de l'un : Dieu, dit Guillaume, n'est pas « unipotent », mais « omnipotent ». Les choses viennent immédiatement de Dieu, mais à travers son vouloir, non par une nécessité de sa nature : autre opposition à Avicenne. Adroit à

distinguer dans une philosophie donnée ce qui est
théologiquement acceptable de ce qui ne l'est pas,
Guillaume est moins soucieux d'ajuster ce qu'il emprunte
à des sources différentes : à la preuve avicennienne, déjà
évoquée, de l'existence de Dieu, il en juxtapose d'autres
inspirées de Gundissalinus (« flux des choses » à partir
de Dieu), de Boèce (par le Bien suprême), de saint
Anselme (Dieu prouvé par son idée).

PHILIPPE LE CHANCELIER

Philippe le Chancelier, mort en 1236, auteur d'une
Somme des questions théologiques, ou *Summa de Bono,* connaît
bien, lui aussi, Aristote : il utilise les mêmes traités que
Guillaume d'Auxerre, et en outre le *De caelo* et le *De mundo*
traduits d'une version arabe; il cite encore le *Livre des
causes.* Sa lecture du *De anima* d'Aristote ne l'a pas
conduit à renoncer à une doctrine d'inspiration augustinienne : l'âme est pour lui une substance incorporelle
capable de mouvoir un corps, et de recevoir les illuminations du Premier; elle saisit la vérité intelligible tout
comme le font les anges, et se connaît directement elle-
même comme substance séparée. Forme et substance à
la fois, perfection du corps, elle lui est liée par l'esprit.
Elle est en elle-même composée de forme et de matière,
car on peut admettre, avec Ibn Gabirol, une matière
et une forme spirituelles; cette composition s'infère de
ce qu'il y a en elle un intellect possible (d'ailleurs incorruptible) et un intellect agent; et encore, de ce qu'en l'âme
le *quod est* est différent du *quo est.* On voit dans cette
psychologie des éléments venus de sources aussi différentes qu'Aristote et le Boèce des opuscules théologiques;
mais ils sont intégrés, plus ou moins heureusement, dans
un ensemble où l'augustinisme prédomine.

GUILLAUME D'AUVERGNE

Plus forte, mais complexe aussi, est la doctrine de
Guillaume d'Auvergne (né en 1180 à Aurillac, évêque
de Paris en 1228, mort en 1249). Il connaît les Arabes
et Aristote, qu'il interprète parfois à travers leurs doctrines. Il travaille à réfuter les erreurs de ces philosophes,

mais aussi il les utilise, en rattachant parfois leurs thèses à des thèmes traditionnels. De là résulte un ensemble théorique où s'expriment, avec les difficultés intellectuelles de l'époque, les efforts qu'un esprit original pouvait tenter pour les résoudre. Au carrefour de la voie suivie par Gilbert de La Porrée et de celle d'Avicenne, Guillaume distingue deux sens de l'être : l'être signifié par la définition, et l'être qu'on attribue à n'importe quelle chose, pourvu qu'elle soit. Le second, qui est l'existence, s'ajoute au premier, qui est l'essence, comme un *quo est* à un *quod est*. Dans la créature, il y a une réelle distinction entre ces deux termes, au point que le premier est « comme un accident » du second — cela vient tout droit d'Avicenne; mais, contrairement à ce qui se passe chez le philosophe musulman, l'être (existentiel) de la créature vient directement de Dieu « par qui toutes choses sont » : c'est là refuser les intermédiaires que la cosmologie et la métaphysique arabes interposent entre le Premier et les créatures. Mis à part ce point, d'ailleurs capital en théologie, Guillaume nous propose un schéma très proche de celui d'Avicenne : en face de Dieu, « source première de l'être », l'être potentiel, qui « par essence, n'est pas »; du premier au second, un ruissellement d'existence : « l'abondance et l'énergie (*affluentia et vehementia*) de l'être premier et originel emplit la possibilité de l'univers, influant plus ou moins à raison de la capacité des réceptacles ». L'être possible, où *quod est* et *quo est* sont séparés, requiert donc, comme cause de son existence, un être nécessaire par soi, qui par essence possède l'existence, dont l'essence soit la même chose que l'existence. Alors que l'existence n'entre dans la définition d'aucune créature, parce qu'on peut la concevoir comme n'existant pas, la situation est toute différente dans le cas unique de Dieu : en lui l'existence est si bien identifiée à l'essence qu'il n'en a pas d'autre, en ce sens que si l'on demande ce qu'il est, la seule réponse possible sera de citer le texte de l'*Exode*, où Dieu se nomme lui-même « Celui qui est ». On a ici un cas très intéressant de rencontre entre la réflexion sur le texte sacré et l'usage d'une métaphysique non chrétienne : car il y a bien des affinités philosophiques entre le nom biblique *Qui est*, l'identité en Dieu du *quod est* et du *quo est*, de l'essence et de l'existence, et sa nécessité par soi; mais ce dernier concept

est avicennien : ce qui se révèle d'une autre façon lorsque
Guillaume dit que Dieu nous est connu « dès les premières appréhensions » *(ex primis apprehensionibus)* comme
étant, non comme « Dieu et Seigneur »; cela aussi
rappelle Avicenne, pour qui l'être est l'objet premier
de l'entendement.

Si Dieu confère l'être aux créatures, ce n'est pas,
comme pour Avicenne, selon un processus nécessaire
et éternel : le monde est créé dans le temps, et résulte
d'un libre vouloir divin. D'autre part, on l'a vu, nul
intermédiaire ne vient relayer la causalité créatrice; les
intelligences séparées de l'univers gréco-arabe ne sont
même plus motrices des sphères, par leurs âmes dont
chacune serait habitée par le désir de l'intelligence
supérieure : loin d'être ébloui par cette grandiose cosmologie, Guillaume évoque à son propos les ânes qui
font tourner les roues des moulins. Il admet toutefois
une âme du premier ciel, qu'il assimile à l'âme du monde
de Platon, et qui est le principe moteur unique de toutes
les sphères : sa vertu se transmet à elles, de proche en
proche, à la façon dont la propriété de l'aimant se transmet
à une aiguille qui le touche et peut ainsi en attirer une
autre, puis de celle-ci à une troisième, etc. Mais cette
âme motrice n'influe nullement sur les générations et les
affaires humaines : là encore c'est une thèse d'Avicenne
qui est refusée. De toutes les façons, dans tous les
domaines, Guillaume élimine le plus qu'il peut tout ce
qui pourrait se placer entre le Créateur et la créature.
Il élimine même de celle-ci sa propre nature, en tant
qu'elle serait principe d'opération : les natures en réalité
« sont comme des voies, des fenêtres » par lesquelles
passe la causalité divine; on ne les appelle des causes
que si l'on prend ce mot « un peu improprement ». En
cela, Guillaume est non seulement opposé à l'aristotélisme, mais encore en retrait — du point de vue d'une
philosophie de la nature — par rapport aux Chartrains :
c'est à une lignée augustinienne qu'il se rattache ici,
à celle qui passe par Pierre Damien. Comme il a lu les
nouveaux auteurs, il évoque Ibn Gabirol, pour qui une
volonté suprême est à la racine de toutes choses : on
retrouve ici l'opposition, notée un peu plus haut, au
nécessitarisme d'Avicenne.

Dans sa théorie de la connaissance, Guillaume d'Auver-

gne reste fidèle à ses deux axiomes : rien entre la créature
et Dieu, nulle efficace dans la nature. L'âme est absolument simple, indivisible : c'est par son essence qu'elle
connaît et veut, non par des facultés, des puissances,
qui seraient à son égard comme les parties d'un tout,
fût-ce à titre simplement virtuel. Il ne faut donc pas y
distinguer deux intellects, l'un actif, l'autre passif, comme
font les « sectateurs d'Aristote ». Le premier particulièrement est une pure fiction. Disons donc que l'âme est,
par essence, « intellect matériel »; celui-ci n'est pas,
comme le veut Alexandre d'Aphrodise, forme du corps,
et périssant avec lui. Il n'est pas non plus simplement
passif : il a en puissance les formes intelligibles qui lui
apparaissent sous l'action des objets extérieurs d'une
part, de l'illumination divine de l'autre. Chaque chose
sensible se présente à lui avec ses « formes individuantes »,
dont l'abstraction la « dénude »; l'intellect se met ainsi
en condition de recevoir les formes intelligibles. Celles-
ci ne viennent pas d'un intellect agent créé, mais du
Créateur lui-même, « miroir des premiers intelligibles »,
« livre de l'intellect » (formule empruntée à Ibn Gabirol),
où celui-ci déchiffre les règles universelles de la vérité
et de la moralité *(regulae veritatis, honestatis)*. Ainsi l'âme
humaine est « à l'horizon de deux mondes » — le sensible
et l'intelligible, ce dernier identique à Dieu, « miroir
étroitement joint aux intellects humains, tout près d'eux,
naturellement en face d'eux ». Présence qui toutefois ne
suffit pas pour qu'il y ait connaissance (toujours le refus
d'un jeu naturel, ou quasi naturel) : pour que le Créateur
nous soit visible, c'est-à-dire pour que nous percevions
les principes et les règles, il faut qu'il le veuille; il faut
de sa part une « illumination volontaire » *(voluntaria
illuxio)*. Dieu est donc expressément comparé à l'intellect
agent d'Aristote, tel qu'Avicenne l'avait interprété; mais
ce « soleil intelligible des âmes » ne les éclaire que
parce qu'il le veut bien. Ici comme dans le reste de sa
doctrine, Guillaume d'Auvergne met les concepts les
plus nouvellement acquis par la culture occidentale au
service d'une doctrine fort étrangère à celle pour laquelle
ils avaient été originellement formés. S'il paraissait possible de joindre l'augustinisme avec l'aristotélisme, c'est
parce que cette philosophie arrivait, présentée par
Avicenne, tout imprégnée de néoplatonisme. L'« augus-

tinisme avicennisant » qui s'était constitué au XIIᵉ siècle
se développait, enrichi d'éléments métaphysiques et
cosmologiques qui le contredisaient d'autant moins
qu'on se réservait la possibilité d'y faire un choix : le
cas de Guillaume d'Auvergne est sur ce point significatif.
Et il y aura après lui bien des augustiniens qui tenteront
de le rester tout en faisant un plus large accueil à la
philosophie d'Aristote.

ADAM PULCHRAE MULIERIS

Dans le *Memoriale rerum difficilium,* ou *Liber de intelli-
gentiis,* œuvre d'Adam Pulchrae Mulieris (Adam Bellefemme ?), un contemporain parisien de Guillaume
d'Auvergne, on retrouve l'influence d'Augustin, théologien de l'illumination, et qui a enseigné, après l'Écriture,
que Dieu est lumière. Mais Adam s'inspire aussi des
philosophes qui ont dressé des tableaux de l'écoulement
hiérarchique de l'être et de la connaissance. Il construit
une métaphysique où la participation à l'être divin
s'exprime en termes de luminosité. Au sommet, une
substance infinie, qui est intelligence, antérieure à tout
le reste qui se définit par rapport à elle, premier connaissable, cause de toute existence. C'est Dieu, qui est
lumière. D'elle-même, elle se diffuse (comme le Bien de
Denys), se multiplie : de sorte qu'elle est vie, car la vie
a elle aussi ces caractères. Ainsi, « toute chose retient
autant de l'être divin, qu'elle a de lumière »; dans la
même mesure elle a la vie. Entre Dieu et la matière, où
la lumière disparaît, on voit donc s'étager les intelligences
séparées, les âmes humaines, les corps qui vivent pour
autant qu'ils ont de chaleur (elle-même un effet de la
lumière). On retrouvera chez Robert Grosseteste des
spéculations de cet ordre, et le thème de la lumière sera
cher aux franciscains. On peut goûter la beauté d'une
imagination métaphysique qui sait choisir une représentation particulièrement frappante de l'expansion de l'être,
autorisée d'ailleurs par l'Écriture, et recommandée à
l'intellect par une science précise : beaucoup de traités
d'optique venaient d'être traduits de l'arabe.

LES PREMIERS MAÎTRES FRANCISCAINS

Vers 1230, les ordres mendiants récemment fondés prennent pied à l'Université de Paris : le premier maître dominicain est Roland de Crémone, qui enseigne pendant que les maîtres séculiers poursuivent une grève qui a pour objet de défendre l'autonomie de l'université (1229-1231). D'autre part, en 1236, Alexandre de Halès, maître en théologie, entre dans l'ordre franciscain sans abandonner sa chaire. Ainsi, Prêcheurs et Mineurs sont installés au centre intellectuel du monde chrétien, et c'est parmi eux qu'on trouvera les plus brillants représentants de l'enseignement parisien. Sauf quelques exceptions, les séculiers n'y joueront plus qu'un rôle de second plan; ils s'y résignent mal : un peu après le milieu du siècle, une vive querelle les opposera aux réguliers; Guillaume de Saint-Amour mènera contre eux l'offensive, et le pape devra intervenir pour les maintenir dans leurs chaires, expressément confiées par lui à Thomas d'Aquin, des Frères Prêcheurs, et à Bonaventure, des Frères Mineurs; mais l'université attendra un an avant de les recevoir parmi les maîtres (1257).

ALEXANDRE DE HALÈS

Les plus célèbres des prédécesseurs de Bonaventure sont Alexandre de Halès, déjà cité, et Jean de La Rochelle. Le premier est un Anglais, né un peu avant 1186; maître en théologie à Paris en 1220, il est un des premiers à commenter les *Sentences* de Pierre Lombard; il meurt en 1245. On a sous son nom un *Commentaire des Sentences,* qui est authentique, et une *Somme,* qui ne l'est pas, du moins pas entièrement. Comme d'autre part son *Commentaire* est fort résumé, il est difficile de se faire une idée précise de sa doctrine; toutefois, saint Bonaventure affirme l'avoir suivie, et c'est une bonne référence. Dans son *Commentaire,* qui date de 1220-1225, Alexandre utilise à peu près toute l'œuvre d'Aristote : logique, métaphysique, psychologie, sciences naturelles; il cite aussi le *Liber de causis,* qu'il attribue au même Aristote, sans soupçonner, semble-t-il, que cela puisse faire difficulté. Il donne aussi une large place à des auteurs qui ont, à

des degrés divers, des affinités avec le platonisme :
auteurs anciens, comme Augustin, Boèce, Denys ; auteurs
récents, comme saint Anselme, saint Bernard, Gilbert
de La Porrée, Guillaume de Conches, Richard de Saint-
Victor, Alain de Lille. Sa méthode annonce celle de saint
Thomas : posant nettement chaque question, il énumère
plusieurs objections à la thèse qu'il entend adopter, leur
oppose une autorité théologique, justifie sa réponse,
réfute les objections ; ainsi fait-il souvent, sinon toujours.
Quant à la *Somme* qu'on lui attribue, œuvre immense,
« plus lourde qu'un cheval », dira Roger Bacon, elle
est composée de morceaux empruntés à plusieurs auteurs
franciscains : Alexandre lui-même, mais aussi Jean de
La Rochelle, Bonaventure, etc. ; cela, Roger Bacon encore
le savait déjà. Cette marqueterie offre au moins l'intérêt
de refléter l'esprit de la première école franciscaine :
elle témoigne d'une fidélité délibérée au platonisme et
à l'augustinisme, bien que l'œuvre entière d'Aristote y
soit exploitée. On y trouve plusieurs thèmes caractéristiques : identification du monde intelligible à la raison
divine ; idée, empruntée à Ibn Gabirol, que toute créature,
fût-ce l'âme humaine et l'ange, est composée de matière
et de forme (il y a donc une matière spirituelle) ; distinction
de l'intellect agent et de l'intellect possible, qui sont
« deux différences dans l'âme rationnelle » ; position d'un
« intellect matériel », qui, intermédiaire entre l'imagination et l'intellect possible, est le point où la représentation
singulière fournie par les sens devient apte à être universalisée ; nécessité d'un « agent premier » pour donner
les « intelligibles qui sont au-dessus de l'intellect ».

JEAN DE LA ROCHELLE

Jean de La Rochelle meurt en 1245, quelques mois
avant Alexandre de Halès ; on a de lui des œuvres théologiques *(Somme des vertus; Somme des vices; Somme des
articles de foi)* et une *Somme de l'âme* où il met à contribution l'enseignement d'Augustin (auquel il attribue le
De spiritu et anima d'Alcher de Clairvaux), aussi bien
que celui d'Avicenne, et, à travers Gundissalinus, de
divers philosophes juifs et arabes. Les âmes humaines,
non plus que les anges, ne sont pas constituées de matière
et de forme : leur composition est de *quod est* et de *quo*

est. Pour prouver que l'âme est spirituelle, Jean de La Rochelle nous invite à supposer un homme qui serait créé d'un seul coup, et n'aurait aucune impression sensible, ni des objets extérieurs, ni de son corps : il ne laisserait pas de se concevoir lui-même comme un esprit; cette expérience mentale, qui fait penser à Descartes, vient directement d'Avicenne. En fait, l'âme est jointe à un corps, et cela est de son essence : il ne faut pas dire avec Platon que c'est pour elle un châtiment, ni une déchéance. Elle est à la fois la forme du corps, et une substance intellectuelle, incorporelle, susceptible d'illumination : ainsi il faut tenir à la fois la doctrine d'Aristote d'une part, celles d'Augustin et d'Avicenne de l'autre. De même, la théorie de la connaissance que développe Jean de La Rochelle dépend aussi bien de l'augustinisme que de l'aristotélisme (il cite souvent le *De anima*). Une créature raisonnable, ange ou homme, ne peut connaître si elle n'est illuminée par Dieu; mais l'ange reçoit cette lumière en même temps que son être; l'âme, non : il lui faut acquérir progressivement l'usage de l'intelligence, comme l'expérience le montre. Mais d'autre part il faut distinguer deux faces de l'âme; par l'une elle est tournée vers les êtres spirituels, par l'autre vers les êtres corporels. Il faut tenir compte de tout cela si l'on veut décrire correctement et complètement les opérations et les aspects de la connaissance.

La connaissance sensible suppose une certaine liaison (*colligatio*) entre le corps et l'âme, qui permet au premier d'agir en quelque façon sur la seconde. Fidèle à la tradition psychologique exprimée notamment par Alcher de Clairvaux — c'est-à-dire, pour lui comme pour ses contemporains, par Augustin — Jean de La Rochelle répartit entre les trois premières puissances de l'âme les divisions principales de la connaissance des choses corporelles : le sens perçoit les formes dans la matière, l'imagination les en sépare, la raison en abstrait la nature, les différences, les accidents propres. Il convient de noter que sens, imagination et raison ont bien le même objet : c'est déjà la nature qui est perçue dans le corps; le corps est singulier, mais elle, non : dans le corps même elle est déjà un universel; l'universel est donc « contenu dans le singulier » et « s'identifie d'une certaine manière avec lui ».

Quand il s'agit de détailler le processus de l'abstraction, Jean de La Rochelle suit de près Aristote et Avicenne. Il pose un « sens commun », qui centralise et juge les données des divers sens externes; il est une « puissance sensitive interne » qui se divise en plusieurs autres. D'abord la fantaisie, ou sens commun proprement dit, qui accueille les formes reçues par les sens; elle est même capable de les retenir pour en faire de nouvelles, comme le montre l'expérience du bâton qui, si on le fait tourner rapidement, nous fait voir un cercle (Avicenne) : d'où le nom de « sens formel » qu'on peut encore donner à la fantaisie. Après la fantaisie vient l'imagination : c'est en somme la puissance sensitive interne prise en tant qu'elle retient les formes sensibles. Puis l'imaginative, ou excogitative, qui sous l'influence de la puissance animale ou de la raison, compose et divise les formes retenues par l'imagination. Puis l'estimative, qui appréhende des représentations immatérielles liées au sensible : c'est par elle que l'agneau perçoit l'ennemi dans le loup, ou qu'à la vue d'une pomme nous savons si elle est ou non bonne à manger. Enfin vient la mémoire, et c'est maintenant à l'activité de l'intellect qu'il faut passer. Celui-ci connaît l'abstrait; mais, alors que certaines formes sont abstraites par nature (ce sont celles des êtres spirituels), d'autres le sont à la suite d'une « considération » de l'intellect qui dégage du sensible les formes universelles et immatérielles. Considération, et non pas action : c'est la vision, en plusieurs étapes, de l'objet présenté par les facultés inférieures comme plus ou moins dégagé de la matière, selon le processus qu'on vient de résumer. Quant aux formes pures, elles sont connues par une vue de l'intellect, qui est la connaissance supérieure; par formes pures il faut entendre l'image de Dieu en nous, l'âme, ses puissances et ses vertus, les anges.

Dans l'intellect il faut distinguer l'intellect matériel et l'intellect séparable, et dans celui-ci à son tour l'intellect possible et l'intellect agent. L'intellect matériel est uni à la puissance sensible, et la relie à l'intellect séparable; résultant de l'union de l'âme et du corps, il ne lui survit pas. L'intellect possible reçoit de l'intellect agent les formes que celui-ci tire de l'intellect matériel : c'est donc en lui que se développe le savoir, selon quatre degrés dont la description et les noms sont empruntés encore à Avicenne. À un premier moment, l'intellect possible est comparable à la matière première, et peut être appelé intellect matériel (dans un sens évidemment différent de celui qu'on a vu plus haut); puis il connaît les principes premiers, connus de soi: c'est l'*intellectus in habitu;* lorsque, outre ces principes, il en possède les conclusions, mais qu'il ne s'en occupe pas actuellement, on le nomme *intellectus adeptus;* enfin, s'il use de ses dispositions, il passe alors vraiment à l'acte, et on l'appelle *intellectus accommodatus.*

L'intellect possible est d'ailleurs une activité : doctrine qu'on retrouvera dans l'école franciscaine, et d'abord chez saint Bonaventure. Actué par l'intellect agent, il se tourne vers la nature de l'objet, vers les premières propositions qui en résultent, vers leurs conclusions : « par l'induction il recueille la forme universelle...; par le syllogisme se parfait l'opération de l'intellect possible... » Même sous celui de ces aspects qui se rapproche le plus de la passivité, l'intellect conserve donc une activité; il n'est nullement passif à l'égard des puissances inférieures, et cela est à mettre au compte de l'influence augustinienne.

Pour que l'homme puisse connaître les êtres placés au-dessous de lui (les sensibles), ou l'âme, son intellect agent, qui est en lui, suffit. Pour ce qui touche à la connaissance des essences angéliques et de l'essence divine, il en va autrement : il faut que s'y substituent, respectivement, les anges et Dieu lui-même; ces deux aspects de la connaissance supérieure correspondent aux deux derniers termes du tableau psychologique dressé par le Pseudo-Augustin : *intellectus* et *intelligentia.* Il y a donc connaissance directe des êtres non sensibles; mais les forces humaines doivent alors être relayées par d'autres, l'âme doit être illuminée d'en haut par ces êtres eux-mêmes.

SAINT BONAVENTURE

Le « Docteur Séraphique », saint Bonaventure, de son vrai nom Jean Fidanza, est le premier des très grands penseurs franciscains; s'il a trouvé le temps de composer une œuvre ample et profonde, la plus grande part de sa vie a été consacrée aux soins de son ordre. Né un peu avant 1220 près de Viterbe, il entre chez les Frères Mineurs à l'âge d'environ vingt-cinq ans. Il suit à Paris

les leçons d'Alexandre de Halès, devient licencié en 1253,
enseigne, toujours à Paris, de 1253 à 1257; admis comme
docteur en 1257, le même jour que Thomas d'Aquin,
il n'enseigne pourtant plus, car il avait été élu général
de l'ordre franciscain au début de la même année. Il le
reste jusqu'en 1273, date à laquelle, nommé cardinal et
évêque d'Albano par Grégoire X, il doit résigner sa
charge. Il meurt peu après (15 juillet 1274), à la fin du
concile général de Lyon, auquel il avait activement
participé. Citons, parmi ses œuvres principales, son
commentaire des *Sentences,* qui date de son enseignement
parisien, ses *Questions sur la science du Christ,* son *Itinéraire
de l'âme à Dieu,* etc.

À la racine de sa méditation, il y a la volonté de penser
l'idéal proposé par saint François (dont il a écrit deux
biographies), de faire passer sur le plan de la doctrine,
sans leur laisser rien perdre de leur saveur vivante,
l'ouverture à Dieu et la prière continuelle, la contemplation qui s'achève en extase, la lecture des spectacles
naturels comme d'autant de textes qui parlent des choses
divines. Pour accomplir cette transposition, Bonaventure
dispose d'un savoir étendu, au courant des dernières
acquisitions de son siècle : on a relevé dans son commentaire des *Sentences* plus de mille citations d'Aristote,
tirées de toute l'œuvre du philosophe grec. Il a une idée
précise de la façon dont un maître en science sacrée doit
conduire une démonstration, pour qu'elle soit correcte
et convaincante : il doit procéder successivement « selon
la foi, selon la raison, selon l'expérience sensible ». Rien
donc chez lui d'une pensée vague, ni même mal instruite.
Mais en même temps il établit une hiérarchie rigoureuse
entre les divers savoirs : il est imprudent de n'être que
philosophe, ou comme il dit énergiquement, « descendre
à la philosophie, c'est le plus grand péril ». On voit
par l'expérience que les philosophes ont erré, certains
cependant moins que d'autres. De Platon et d'Aristote,
le premier s'intéresse davantage à l'au-delà, le second
ne s'occupe que des choses naturelles (c'est ainsi, notons-
le en passant, que Raphaël les peindra dans son *École
d'Athènes*); c'est pour cela qu'il a ignoré ou nié des vérités
aussi essentielles que l'existence des idées exemplaires,
de la providence de Dieu, des fins du monde — ignorance
ou négation dont résultent à leur tour les trois erreurs

majeures qui se retrouveront chez Averroës : monde
éternel, unité de l'intellect agent, absence de récompenses
et de punitions après la mort. Platon et ses disciples
étaient sur un meilleur chemin, mais ils s'y sont arrêtés;
n'étant pas éclairés par la foi, ils n'ont notamment rien
dit de suffisant sur la véritable béatitude et les moyens
d'y parvenir. Ni les uns ni les autres ne peuvent rien
nous apprendre de vrai sur Dieu et sur son Fils, qui est
à la fois *ratio essendi* et *ratio cognoscendi* de toutes choses.
Croire qu'on peut connaître le Créateur à la lumière
de la philosophie est d'un sot : autant chercher à « voir
le soleil avec des chandelles ». La connaissance philosophique ne donne tout ce qu'elle peut qu'à la condition d'être
précédée et soutenue par la foi : on la traverse quand
on passe de la foi à la contemplation, ou à la théologie,
mais on ne saurait s'y tenir comme à quelque chose de
consistant et sûr par soi-même. La chute originelle a
détourné l'homme du divin, le fait s'intéresser surtout
aux choses sensibles, et Aristote illustre au mieux cette
situation qui est présentement la nôtre. Laissée à elle-
même, la raison, malgré ses efforts, fait faillite, mais elle
a un rôle à jouer si on l'intègre à une spéculation dont
la source est ailleurs.

Ce n'est pas que l'homme ne puisse naturellement
connaître l'existence de Dieu : saint Jean Damascène
nous apprend que cette connaissance est « insérée naturellement » en chaque mortel. Notre désir de la sagesse,
du bonheur, de la paix, atteste en nous quelque connaissance innée de Dieu, qui est au suprême degré sagesse,
bonheur et paix : intelligible, image d'un Dieu lui-même
intelligible par soi, l'âme en est « capable par assimilation », bien qu'elle ne puisse le « comprendre », puisqu'il
est infini. En outre, la vue des créatures permet de
remonter à l'existence de Dieu, qui est leur cause : on
passera ainsi du par-autrui au par-soi, du composé au
simple, du mobile au stable, du relatif à l'absolu...
Autant d'expériences qui nous remettent en présence
de ce Dieu dont l'idée est déjà présente en nous — si
présente que saint Bonaventure reprend à son compte
le raisonnement de saint Anselme : on ne peut penser
à l'être premier, à l'être simple donc parfait, et en même
temps penser qu'il ne soit pas. Sa vérité s'impose de tout
son poids à notre esprit :

Si grande est la vérité de l'être divin, qu'on ne peut penser qu'il ne soit pas, en consentant à ce jugement *(tanta est veritas divini esse, quod cum assensu non potest cogitari non esse)*.

Ou encore :

Si Dieu est Dieu, Dieu est; mais l'antécédent est si vrai qu'on ne peut penser qu'il ne le soit pas; donc *Dieu est* est indubitablement vrai.

De même, toute vérité implique une vérité première qui en est la cause et d'une certaine façon s'y montre comme la « lumière première » dans toute action de l'intellect : « de toute proposition, affirmative ou négative, il suit que Dieu est. »

Ces divers raisonnements, on le voit, sont moins des preuves physiques ou métaphysiques, que des façons de traduire en termes de logique, de monnayer conceptuellement si l'on veut, un fait fondamental, qui est la présence de Dieu à l'âme « selon la vérité et l'intimité » :

Car seul Dieu, à cause de son absolue simplicité, se glisse dans l'âme de telle sorte qu'il y est selon la vérité, et plus intérieur à l'âme qu'elle ne l'est à soi-même.

Or, si la philosophie d'Aristote nous détourne du divin, si celle de Platon est impuissante à nous y mener, ce n'est sans doute pas par la philosophie que nous retrouvons et explicitons cette connaissance de l'existence de Dieu, pour naturelle qu'elle soit : il faut bien admettre que c'est la foi qui nous y a rendus sensibles.

Encore bien plus pour ce qui touche la doctrine des Idées, où les philosophes se sont fourvoyés : Aristote en les niant, et Platon en ignorant ce qu'a su saint Augustin, la génération du Verbe divin :

L'accès à ces choses, c'est de connaître le Verbe incarné, racine de l'intelligence de toutes choses; qui n'a pas cet accès ne peut entrer. Les philosophes jugent impossible ce qui est suprêmement vrai, parce que l'accès leur en est fermé.

C'est toujours le même échec de la philosophie, laissée à elle-même, à rendre intelligible le fond et l'origine des choses. La foi en la Trinité enseigne que le Père, en se pensant, engendre son Fils, qui est sa ressemblance, et y exprime ainsi toute l'infinité de son pouvoir : le

Fils, ou Verbe, est donc l'exemplaire des choses, le lieu de la totalité des possibles; c'est en ce Verbe qu'il faut placer les Idées dont Platon avait vu qu'il était nécessaire de poser l'existence. Il peut à son tour être exprimé par des choses qui lui ressemblent, quoique de loin, et c'est la création : le Fils, « art » du Père, est ainsi le principe de l'existence des choses et celui de la connaissance qu'on en a. La philosophie se fonde et se parfait en se laissant éclairer et distancer par la lumière de la foi, venue de Dieu. Pas plus qu'ils n'avaient réussi à constituer une doctrine correcte des Idées, les philosophes n'ont pu concevoir la création : ainsi Platon, qui met à l'origine du monde trois principes coéternels, Dieu, la matière, l'Idée; ainsi Aristote, qui échappait aux difficultés de cette thèse platonicienne en posant un monde éternel; ainsi encore, à un autre point de vue, les philosophes arabes, selon qui de l'unité de Dieu ne peut provenir immédiatement qu'une créature unique, de sorte que pour eux la création, d'ailleurs éternelle, s'opère comme graduellement, à travers une série d'intermédiaires étagés entre la cause première et notre monde. Or, Platon a tort de supposer qu'il ait jamais pu subsister de matière sans forme; mais Aristote et les Arabes ont tort de parler d'un monde éternel : l'idée d'une créature éternelle est contradictoire. En fait, l'expression même de production *ex nihilo* pose la succession d'un non-être et d'un être : la préposition *ex* ne peut avoir qu'un sens temporel, puisqu'il est hors de question qu'elle exprime la production à partir d'une matière. En outre, si le monde est éternel, il s'est écoulé depuis sa création une infinité d'événements, notamment de révolutions célestes, ce qui nous jette dans quantité de difficultés qui tiennent toutes aux propriétés de l'infini. Notons la dernière : le monde étant fait pour l'homme, s'il est éternel, il y a eu des hommes de toute éternité; il y a donc actuellement un nombre infini d'âmes, ce qui est impossible, car il ne peut y avoir d'infini actuel, Aristote en est le garant. D'autre part, Dieu étant simple est tout en acte, donc infiniment puissant; il crée donc sans intermédiaire la totalité des créatures; sa simplicité même, qui pour les Arabes rendait nécessaire l'existence d'une hiérarchie d'intelligences et de sphères entre lui et notre monde, est au contraire la raison qui nous conduit à la refuser.

Si cet univers exprime les Idées, il reste inintelligible
à qui cherche à le comprendre en lui-même, sans le
référer à son modèle : « on ne peut parvenir à la connaissance de la créature, si on ne passe par ce par quoi elle a
été faite. » Être « vestige » du Créateur, ce n'est pas, pour
la créature, quelque chose d'adventice, de second, un
« accident », pour employer, avec saint Bonaventure, le
vocabulaire philosophique : c'est son essence même, et ce
rapport des choses à Dieu donne lieu à une étude détaillée.
Selon qu'une créature le représente plus ou moins lointainement, ou selon qu'on considère en elle un mode de
représentation plus ou moins lointain sans préjudice
d'un autre plus proche, on dira qu'elle est *ombre, vestige,*
ou *image;* ombre en tant qu'elle est rapportée à Dieu
généralement; vestige, si on la rapporte à Dieu comme
à sa cause; image, si Dieu est en outre son objet : c'est
le cas de l'âme raisonnable. Celle-ci est image de Dieu,
saint Augustin l'a amplement montré, par les trois
puissances qui la constituent : mémoire, intellect, volonté.
Mais elle doit du même coup se connaître et se vouloir
comme image de Dieu, sous peine de se dégrader en
simple vestige. Tournée vers elle-même et, mieux encore,
vers Dieu, elle conserve sa dignité. Ajoutons au vestige
et à l'image la *similitude,* conférée par la grâce, et ces
trois derniers degrés de ressemblance à Dieu s'étageront
ainsi : « la créature est comparée à Dieu sous la raison
de vestige en tant qu'à un principe, sous la raison d'image
en tant qu'à un objet, sous la raison de similitude en tant
qu'à un don. »

Voici, pour fixer les idées, comment une créature
quelconque est vestige de Dieu à un double titre :

Il n'y a pas de créature qui n'ait mesure, nombre et inclination; en cela on remarque un vestige, et une sagesse s'y
manifeste comme le pied dans sa trace *(sicut pes in vestigio):*
ce vestige (cette trace) conduit à cette sagesse où est le mode
sans mode, le nombre sans nombre, l'ordre sans ordre.
Mais dans la substance il y a un vestige plus haut qui représente
l'essence divine. Car toute substance créée a matière, forme
et composition : principe originel ou fondement, complément
formel, et lien; elle a substance, vertu et opération. En cela
est représenté le mystère de la Trinité : le Père, qui est origine;
le Fils, qui est image; l'Esprit saint, qui est liaison.

S'il en est ainsi, on s'explique la beauté des créatures, mais on voit en même temps qu'on aurait tort de s'y arrêter : elles doivent nous conduire à celui dont elles sont les traces, car elles peuvent être considérées « comme choses ou comme signes ». Exactement, remarquons-le, comme les événements racontés par la *Bible* sont à la fois choses et signes; c'est pourquoi la comparaison du livre vient tout naturellement sous la plume de saint Bonaventure : « le monde créé est comme un livre où se lit la Trinité qui l'a façonné »; rappelons encore qu'à saint François d'Assise, toute la nature parlait de Dieu. De même donc que sous le sens littéral de l'Écriture on doit chercher plusieurs sens spirituels, il faut, en considérant les choses, en étudiant les sciences qui en traitent, découvrir les allégories qu'elles renferment : « le monde entier est comme un miroir plein de clartés qui nous rendent présente la sagesse divine, et comme un charbon qui répand de la lumière. »

Si l'astronomie nous enseigne que la Terre est dans le monde en son point le plus bas, qui est le centre, cela doit nous rappeler le Fils de Dieu qui s'est abaissé à y venir. Il est devenu ainsi, par sa crucifixion et sa descente aux enfers, le centre de la Terre, donc le centre du monde. Et ce centre, c'est aussi celui de l'humilité : « l'humilité de la croix ».

Si l'on considère la constitution métaphysique des créatures, on dira que toutes, même les âmes et les anges, sont composées de matière et de forme. La matière n'est pas, de soi, corporelle ou spirituelle : c'est la forme qui lui est jointe qui lui confère d'être l'une ou l'autre. Il n'y a donc pas plus de forme sans matière que de matière sans forme. Ce n'est ni l'une ni l'autre qui fonde l'individuation, c'est leur conjonction : sans matière, l'individu n'aurait pas sa situation unique dans le temps et l'espace; mais il doit à sa forme d'être une essence à part. L'individualité, c'est la substance même, totale, et non un seul de ses composants. Si la matière n'a pas de propriété individuante, elle est toutefois le réceptacle des « raisons séminales », c'est-à-dire de formes en germe, non encore développées, qui deviendront formes sous l'action des causes appropriées. La raison séminale « peut être forme, et devient forme, comme le bouton de rose devient une rose ». Cette notion d'origine augustinienne permet de

maintenir que la cause qui fait se développer la raison
séminale opère réellement quelque chose, à l'encontre
de ce que soutenait Avicenne, pour qui toute production
de forme relevait directement d'un agent supérieur; et
en même temps, de réduire cette opération de la cause
seconde, de l'empêcher d'apparaître comme une sorte
de création, puisqu'il n'y a pas de différence d'essence
entre la forme actualisée et sa raison séminale.

L'âme humaine, on vient de le voir, est composée
de matière et de forme. Existant par autrui, il lui faut bien
être en quelque façon réceptrice, c'est-à-dire avoir une
matière; d'autre part, comment pourrait-elle être forme
pure, puisqu'elle est appelée à développer ses propriétés, et que, outre le corps, elle se vivifie elle-même?
Pour tout cela, il faut en elle un principe de réception,
c'est-à-dire une matière. Enfin, puisqu'elle peut exister
à part, c'est qu'elle est une substance — donc à la fois
matière et forme. Mais de cette existence à part il ne faut
pas conclure que l'âme n'est pas en même temps forme du
corps : outre sa propre matière, elle peut en informer
une autre; et complémentairement, les déterminations
organiques du corps sont disposées à accueillir l'âme,
qui accomplira ses possibilités. Or, la complexion corporelle se décrit comme un étagement de proportions et
d'équilibres (éléments, mixtes, organes, etc.), auquel se
superpose la forme de l'âme : c'est là la célèbre doctrine
franciscaine de la pluralité des formes, qui fera l'objet
de vives controverses avec les thomistes, qui tiennent
pour l'unicité de la forme dans tout composé. L'âme
humaine comporte quatre puissances : la végétative,
la sensitive, et la raisonnable qui se dédouble en intellect
et en volonté; distinctes de l'âme en tant qu'elles sont ses
puissances, elles sont pourtant « une essence, parce
qu'elles s'enracinent en une essence et y adhèrent si
bien de l'intérieur qu'on ne peut les ranger sous un autre
genre ». Dans la sensation, l'« espèce sensible » agit sur
l'organe, mais aussi sur les facultés de sentir — et
ici saint Bonaventure ne suit pas saint Augustin, pour
qui rien de corporel ne peut agir sur l'âme; mais — et ici
c'est Aristote qu'il ne suit plus — l'âme réagit, et juge
le contenu de la sensation : elle lui assigne une classe
propre, opère des comparaisons, combine des impressions; c'est le sens commun qui est ici à l'œuvre, tandis

que la « vertu imaginative » conserve les espèces sensibles, et que la mémoire, plus active, sait les évoquer.

La connaissance intellectuelle est l'œuvre des deux intellects : le possible et l'agent, qui non seulement appartiennent à la même âme, mais encore sont étroitement liés l'un à l'autre dans leur activité même; il n'y a pas d'intellect agent purement agent, ni d'intellect possible purement passif. C'est sans doute que pour Bonaventure l'abstraction n'est pas le dégagement d'une espèce intelligible à partir de l'espèce sensible, mais un jugement opéré sur cette dernière : car l'universel n'est pas en puissance dans le singulier, il est « recueilli », « rassemblé » *(colligitur)* en nous. Le jugement est l'œuvre de l'intellect possible, dans lequel l'intellect agent imprime la connaissance acquise. Mais s'il en est ainsi, il doit y avoir, présente à l'esprit, une règle qui fonde ce jugement : d'où la nécessité d'une illumination divine. L'intellect possible ne devient pas savant par l'action de l'intellect agent — qui à proprement parler n'abstrait pas — mais sous l'influence de celui « qui en acte sait toutes choses ». D'autre part, pour qu'il y ait connaissance certaine — *cognitio certitudinalis* — il faut que le connu soit immuable, et le connaissant, infaillible. Nulle de ces deux conditions ne peut être satisfaite « tant que nous sommes en cette vie ». Pourtant nous avons des certitudes qui, pour être partielles, n'en sont pas moins évidentes : il faut donc qu'elles nous viennent d'ailleurs, de plus haut; non d'une intelligence placée entre Dieu et nous, car on sait que la hiérarchie des Arabes est à rejeter, mais de Dieu lui-même; on retrouve ici une idée empruntée de la première *Épître* de saint Jacques (1, 17), qui est constamment évoquée au Moyen âge par les tenants des doctrines de l'illumination : « toute libéralité excellente, tout don parfait vient d'en-haut, descendant du Père des lumières. » Nous connaissons donc « dans la lumière des raisons éternelles ». Est-ce à dire que « l'évidence de la lumière éternelle » soit « seule la cause totale de notre connaissance » ? Non, car dans ce cas la « connaissance de science » ne différerait pas de la « connaissance de sagesse », ni la connaissance qu'on a en ce monde de celle qu'on aura « dans la patrie ». La connaissance naturelle doit être distinguée de la connaissance par grâce; en outre, l'exemple du platonisme, pour qui

la science est science des Idées, doit être médité : il conduit au scepticisme; historiquement, la première Académie engendre la nouvelle, comme saint Augustin l'avait
bien vu. Il serait insuffisant, inversement, de dire qu'il
s'agit là d'une simple influence de la raison éternelle,
sans que nous l'atteignions elle-même : saint Augustin
en est garant. D'autre part, il semblerait qu'il n'y ait
d'influence divine que la générale (concours apporté à
toute créature) et la spéciale (grâce) : pourtant ici le
mode d'action du Christ — qui est le Verbe — n'est ni l'un
ni l'autre de ces deux, mais un troisième, « qui tient le
milieu »; il n'y a pas de difficulté de principe à désigner
un moyen terme entre le général et le spécial puisque
l'âme humaine a sa place à part, en tant qu'image, entre
le vestige et la similitude : il faut bien qu'un concours
divin approprié y corresponde (P. Vignaux, dans un
cours inédit). Donc, dans la connaissance certaine, Dieu
est objet et meut la raison : puisque ce qui définit précisément la créature comme image, c'est qu'elle peut
« être référée à Dieu comme à son objet ». Elle atteint
donc bien les raisons éternelles — non en tant qu'elles
lui apportent le repos (c'est-à-dire l'extase de la sagesse
mystique, ou la béatitude), mais en tant qu'elles la
meuvent. Elles ne sont pas perçues distinctement; pour
notre connaissance sont donc requises, en outre, « la
lumière créée des principes » et « les similitudes des
choses connues » : saint Bonaventure n'oublie pas le
fait concret de la connaissance; les raisons éternelles
en sont la source, et non l'objet le plus connu de soi. Et la
connaissance de tel objet particulier, spécialement des
contingents, n'est pas constituée toute par les raisons
éternelles. Il n'y a donc pas, dans tout cela, intuition,
mais « contuition » *(contuitus)* de la lumière divine, de
Dieu illuminateur : il n'est pas vu directement, mais
impliqué dans l'expérience de son effet, c'est-à-dire de
la connaissance certaine; c'est là « une lumière inaccessible, et pourtant très proche de l'âme, plus encore que
celle-ci ne l'est à soi-même ».

Les idées divines agissent également sur l'âme dans
l'ordre de l'action : « la lumière exemplaire imprime »
en elle la connaissance des vertus — présente même chez
l'homme injuste, qui pourtant ne peut les expérimenter
en lui (preuve supplémentaire que le savoir des règles

éternelles ne nous vient pas de nous-mêmes). Et de
même qu'il y a dans l'intellect une aptitude à acquérir
les sciences, qui est la marque de l'ouvrier divin, il y a
dans la volonté une inclination à acquérir les vertus
morales, dans la pratique desquelles l'âme cultivera sa
conformité à Dieu. Quant à leur valeur méritoire pour
le salut, c'est une tout autre chose : elles n'y peuvent
suffire, il y faut un don divin. Mais la grâce peut aussi
« faire germer » les vertus morales elles-mêmes, se comporter à leur égard « comme leur principe originel ».
De sorte que si l'on prend dans toute son ampleur
l'édifice de la vie morale, on le verra organisé autour de la
charité, qui est « racine, forme et fin des vertus ». De
même, en somme, que la pensée entière de saint Bonaventure est commandée par sa vie religieuse, et que la forte
structure philosophique de sa doctrine est animée et
régie par le désir de formuler une sagesse dont la pratique
a pour couronnement l'extase.

L'INSPIRATION SCIENTIFIQUE

Le XIIIᵉ siècle voit se développer en Angleterre un
remarquable mouvement intellectuel, caractérisé principalement par l'importance accordée aux sciences, surtout aux mathématiques. Ce trait, joint à une inspiration
platonicienne vivace, n'est pas sans rappeler l'école
chartraine. Ce n'était d'ailleurs pas une nouveauté dans
ce pays : on se rappelle que l'Anglais Adélard de Bath avait
traduit des œuvres scientifiques grecques et arabes, et en
avait composé de personnelles. L'intérêt porté aux langues,
aux traductions, persiste vers la fin du XIIᵉ siècle, avec
les travaux de Daniel de Morley. Dans le même esprit,
les œuvres scientifiques d'Aristote ne resteront pas longtemps inconnues à Oxford, bien que Paris ait eu sur ce
point une légère avance. Alexandre Neckham (1157-1217)
allie curieusement l'intérêt pour ces nouvelles sources
à une tendance à interpréter allégoriquement la nature,
dans un goût déjà vieillissant ; esprit en somme ambigu,
dont Roger Bacon dit que « sur beaucoup de sujets il a
écrit des choses vraies et utiles ; pourtant on ne peut ni ne
doit le mettre à juste titre au nombre des *auteurs* » — c'est-
à-dire, dans la terminologie médiévale, de ceux dont
l'*autorité* peut être invoquée légitimement à l'appui d'une

thèse. Plus important est son contemporain Alfred de
Sareshel (Alfredus Anglicus) qui, ayant appris l'arabe
en Espagne, a laissé des traductions, et un traité sur le
mouvement du cœur. Lui aussi utilise Aristote; il serait
le premier à avoir repris sa définition de l'âme comme
« perfection première d'un corps organique ayant la vie
en puissance ». Rompant avec la tradition qui, à la suite
de Platon, la plaçait dans le cerveau, il la met dans le
cœur — ici encore il suit Aristote. Quant à l'intellect,
il n'use d'aucun organe corporel (Aristote toujours),
mais comme il est joint à l'âme on peut dire que lui aussi
est logé dans le cœur.

Citons encore John Blund qui, à une date incertaine,
compose des questions sur le *De anima;* le franciscain
Barthélemy l'Anglais, qui écrit vers 1250 une encyclopédie
sur les *Propriétés des choses;* et Adam de Buckfield (peut-
être le même qu'Adam de Bouchermefort), qui enseigne
à la Faculté des Arts d'Oxford en 1243; il commente
presque toute l'œuvre d'Aristote (sauf la logique, la morale
et le traité *Des animaux*). Il connaît et utilise Avicenne,
Algazel, Averroës, et demande à la théorie aristotélicienne de l'intellect agent séparé de quoi expliquer
l'origine de l'âme intellective, « divine et créée, venant de
l'extérieur ».

ROBERT GROSSETESTE

Mais tous ces maîtres s'effacent devant une personnalité de premier ordre : celle de Robert Grosseteste, né en
1175, dans le Suffolk. Il enseigne à Oxford; évêque de
Lincoln en 1235, il meurt en 1253. Son œuvre est abondante
et variée; c'est celle d'un homme du XIIᵉ siècle, dans la
mesure où elle consiste essentiellement en commentaires
et en traités brefs; un grand nombre de ces traités sont
consacrés aux sciences : astronomie, météorologie, optique, physique. Mais Grosseteste s'est occupé de métaphysique, de noétique. C'est d'autre part un traducteur,
un des meilleurs hellénistes du Moyen âge; outre des
œuvres morales d'Aristote, il a traduit et commenté des
textes du Pseudo-Denys. Platonisme, intérêt pour les
sciences : deux traits dont on a dit qu'ils étaient caractéristiques des maîtres anglais du XIIIᵉ siècle, et qu'on
retrouve ici chez Robert Grosseteste. Il a une vue claire

des doctrines, ne se fait pas d'illusions sur ce qu'on peut attendre d'Aristote : il critique « certains modernes » qui, dans leur « étonnant aveuglement », veulent faire un catholique de cet hérétique, ce qui va contre Aristote lui-même et ses commentateurs; ce sont des présomptueux qui pensent le comprendre mieux, à travers des traductions déformées *(ex littera latina corrupta)*, que des philosophes païens et chrétiens qui connaissaient bien l'original grec. Qu'ils prennent garde, en consumant leur temps et leur intelligence à le faire catholique, de ne pas devenir eux-mêmes hérétiques!

Lui ne se juge pas tenu à un tel concordisme; d'après Roger Bacon, il aurait enseigné que l'intellect agent, c'est Dieu; bien que l'œuvre écrite ne semble pas contenir cette identification, c'est un témoignage dont on n'a guère de raison de douter; la doctrine de l'illumination développée par Robert Grosseteste n'y contredit d'ailleurs pas. La vérité d'une chose, c'est « sa conformité à sa raison dans le Verbe éternel » : on ne peut donc « voir une vérité créée que dans la lumière de la Vérité suprême », où l'on constatera cette conformité. C'est de la même façon qu'on ne peut voir un corps dans sa seule couleur, s'il n'est pas éclairé d'une lumière extérieure. Le monde archétype est constitué en Dieu par les Idées, « causes de l'existence des genres et des espèces et de la connaissance qu'il est possible d'en avoir » (É. Gilson). Comment sont-elles visibles? De diverses façons; pour un intellect pur, il n'y a pas de question. D'autre part, une intelligence séparée, un ange, peut servir de moyen terme entre Dieu et l'homme. En méditant sur les corps célestes, l'intellect atteint directement l'incorruptible (cette idée d'un privilège épistémologique de l'astronomie, il est curieux de le noter au passage, se retrouvera chez Auguste Comte, dans un contexte philosophique évidemment tout autre). Enfin, il est possible de saisir directement, dans une chose, sa forme, « comme la lumière est vue en elle-même » : on retrouvera une transposition de cette idée dans la méthodologie de Grosseteste.

Quel est dans tout cela le rôle des sens? Il ne faut pas le méconnaître, ni négliger le principe aristotélicien : un sens de moins, une science de moins. Car le péché originel a obscurci l'âme, l'a rendue incapable de connaître par une simple illumination venue d'en haut; sa science com-

mence par les sens, qui lui donnent occasion de tirer
d'elle-même, par des procédés appropriés, sa connaissance
des choses (on reconnaît ici un thème platonicien).

On voit qu'il n'y a guère de place dans cette doctrine
pour un intellect agent qui serait une partie de l'âme, et
que si un tel intellect doit être dit cause de la connaissance,
il est naturel de l'identifier à Dieu. L'esprit tel que le décrit
Grosseteste est un simple récepteur de l'illumination, plus
ou moins sensible selon qu'il est plus ou moins purifié,
dégagé du péché. Son savoir est homogène à celui d'une
âme libérée du corps :

La partie supérieure de l'âme humaine, qu'on appelle intelligence, n'est pas l'acte d'un corps, elle n'a pas besoin, dans
son opération propre, d'un instrument corporel : si elle n'était
couverte et alourdie par la masse du corps, elle aurait, par une
irradiation reçue de la lumière d'en haut, une science complète,
sans aide du corps, telle qu'on l'aura quand l'âme sera dépouillée du corps, et comme l'ont peut-être certains qui sont
délivrés de l'amour et des phantasmes des choses corporelles.

Grosseteste a une doctrine précise de la science, et
de la méthode qui y conduit. Il distingue la connaissance
du fait *(quia)* de celle de la cause *(propter quid)*, et les
types de raisonnement qui correspondent à cette division : « on appelle syllogisme-*quia* celui qui montre
par l'effet, et syllogisme-*propter quid* celui qui montre
par la cause. » Le travail du savant se fait donc en
deux temps : d'abord une analyse qui le conduit des
« ensembles universels confus » aux « espèces plus déterminées », des « ensembles intégraux confusément perçus »
à leurs parties; puis une déduction qui fait retrouver
les effets à partir des causes. En présence de plusieurs
cas d'un phénomène, on en classe les principes ou les
éléments par ressemblance ou différence, on note les
attributs communs, jusqu'à ce qu'on parvienne à la
« formule commune » : c'est la « résolution »; la « composition » va ensuite du général au particulier, qui en apparaît déduit. Si plusieurs hypothèses paraissent également
probables, il importe de monter des expériences qui
montrent clairement laquelle est vraie, lesquelles sont
fausses (c'est en somme l'expérience cruciale). Il ne faut
pas perdre de vue deux principes fondamentaux : « les

choses de même nature produisent les mêmes opérations selon leur nature ; la nature agit selon le plus court chemin possible. »

Dans le détail de ses recherches, le savant devra chercher le *propter quid* dans la mathématique, plus universelle que les autres sciences, et qui contient donc la raison de leurs effets — qu'elle ne connaît pas en eux-mêmes, à cause précisément de son universalité supérieure :

Les mathématiciens connaissent le *propter quid* de la conclusion de la science inférieure ; ils n'en savent pourtant pas le *quia,* parce qu'ils ne connaissent pas la cause de la conclusion en elle-même, mais dans l'universel.

D'où la formule qui pour un lecteur moderne évoque Galilée : « toutes les causes des effets naturels doivent être exprimées au moyen de lignes, d'angles, de figures. » Cela ne veut pas dire que la physique soit absorbée par la géométrie, car il faut toujours tenir compte du caractère spécial de chaque genre de phénomène ; ainsi, en optique, « la cause de l'égalité des deux angles (d'incidence et de réflexion) n'est pas un moyen terme emprunté de la géométrie : sa cause, c'est la nature du rayonnement qui s'engendre lui-même » ; la géométrie donne seulement la raison intelligible de l'effet.

Toute cette méthodologie suppose que Grosseteste a réfléchi sur une science déjà mathématisée : c'est l'optique, qui offre un cas particulièrement net, donc un modèle, d'une interprétation géométrique d'effets naturels. Robert Grosseteste s'est attaché à cette science, a étudié la réflexion, la réfraction, l'arc-en-ciel. Pour lui d'ailleurs, elle est la clef de la physique entière, car son objet, la *lux,* est plus que la lumière sensible : c'est la première forme corporelle ; à partir de ses propriétés on peut expliquer la constitution du monde :

Au principe du temps, la lumière, qui est la première forme dans la matière première créée, se multipliant elle-même par elle-même de tous côtés à l'infini, s'étendant également dans toutes les directions, étendait la matière, qu'elle entraînait avec elle sans pouvoir l'abandonner, jusqu'à former une masse égale à la machine du monde.

Autrement dit, un point lumineux créé par Dieu s'est diffusé de façon à former une sphère de rayon fini (ce qui

n'est pas contradictoire avec la « multiplication infinie »
de la lumière : ce qui n'a pas de dimensions est dépassé
infiniment par ce qui est étendu). À partir de là, Grosseteste s'attache à rendre compte de l'ensemble de l'univers,
en réglant toujours ses déductions sur les propriétés
de la lumière : la *lux,* en parvenant à la limite de son
pouvoir de diffusion (c'est-à-dire là où elle ne peut plus
se raréfier sans disparaître), détermine ainsi le firmament,
limite du monde, qui renvoie à son tour une lumière
(lumen), laquelle engendre les sphères célestes et celles
des éléments.

Avec un sens remarquable des conditions de la science
et de la démonstration, Grosseteste, nourri de mathématique et d'optique, témoigne qu'au cœur du Moyen âge,
il était possible de constituer une physique originale —
précise dans le détail de sa méthode, hardie et claire dans
le choix d'une hypothèse cosmologique fondamentale.
Dans l'ordre de l'histoire de la culture, il faut attribuer
à son influence le haut niveau de l'enseignement des
sciences à Oxford : l'université, l'école franciscaine dont
il fut le premier maître, garderont sa marque.

On a attribué à Robert Grosseteste une *Somme de
philosophie* qui est en réalité plus récente, comme on peut
l'inférer de la date de certaines œuvres d'Albert le Grand,
qu'on y voit citées. C'est une sorte d'encyclopédie,
divisée en dix-neuf livres, dont les traits les plus mar-
quants sont l'intérêt que porte aux sciences de la nature
son auteur inconnu, et son accord d'ensemble avec les
thèses communes à la première école franciscaine. Sur
plusieurs points il s'oppose nettement à Thomas d'Aquin :
pas de distinction réelle entre l'essence et l'existence,
individuation par la forme substantielle, matière première
commune aux êtres corporels et spirituels, innéité
de la connaissance des choses naturelles et des principes. Les idées se répartissent sur trois plans : au
sommet, l'« idée originaire » *(idea originalis)* qui résulte
« de la conversion ou du retour sur soi-même de
l'intellect incréé »; puis les « idées des choses à faire »
par la Volonté incréée, qu'on peut appeler « théories »;
enfin, les « théophanies » que le Bien suprême produit,
et que reçoivent les créatures intelligentes; les noms
qui désignent les idées des deux derniers plans traduisent
une influence dionysienne. Le premier livre de cette

Somme contient, avec une histoire de la philosophie, une intéressante répartition des « auteurs » en diverses classes. D'un côté, les philosophes, comme Platon, Aristote, Averroës, Avicenne, Boèce ; parmi les modernes, Alexandre (de Halès) et Albert de Cologne, mais ces derniers ne sont pas vraiment des « autorités ». Puis, les « théosophes », c'est-à-dire les auteurs inspirés des livres saints. Enfin, les théologiens, qui ont pour tâche d'expliquer la théosophie (on retrouve l'idée, si vivante encore au XIIIᵉ siècle, que la théologie est d'abord et au fond un commentaire de la *sacra pagina*) ; ces derniers se groupent eux-mêmes en trois ordres : les saints, tels que Denys, Ambroise, Jérôme, Augustin ; ceux dont la doctrine, vraie aussi, est moins nettement approuvée par les papes : ainsi Origène, Anselme, Bernard, Hugues et Richard de Saint-Victor ; enfin des écrivains comme Pierre Lombard, Gilbert de La Porrée, Guillaume d'Auxerre, et en général les « faiseurs de sommes » *(summarum confectores)*. Leur travail consiste à lier la philosophie à la théosophie, pour en éclairer et défendre l'enseignement en face des incroyants. Ces remarques valent d'être retenues du point de vue de la méthode de la théologie : on peut, pour fixer un point de référence, penser ici à Abélard, qui montre que la dialectique sert à défendre le contenu de la foi contre ceux qui l'attaquent, et qui, dans le prologue du *Sic et non,* esquisse une hiérarchie des « auteurs ». Cet intérêt pour les sources et leurs valeurs relatives est, on le sait, un des aspects principaux de la pensée médiévale.

Citons ici encore trois auteurs d'encyclopédies, dont le premier seul est un Anglais : Bartholomaeus Anglicus, franciscain, qui vers 1250 achève son *De proprietatibus rerum ;* les dominicains Thomas de Cantimpré, auteur d'un *De natura rerum* (vers 1240), et Vincent de Beauvais (mort en 1264), auteur d'un *Miroir du monde (Speculum mundi),* divisé en trois parties : *Miroir doctrinal, Miroir historique, Miroir de la Nature,* auxquelles on ajoutera, au début du XIVᵉ siècle, un *Miroir moral.*

ADAM DE MARSH — THOMAS D'YORK

On sait peu de chose d'Adam de Marsh, le premier maître franciscain de la Faculté de Théologie d'Oxford, où il semble avoir enseigné vers 1247-1250; il serait mort dix ou vingt ans plus tard. Roger Bacon le loue pour ses connaissances en mathématiques. Il est peut-être l'auteur d'un commentaire sur Denys attribué à Pierre d'Espagne (F. Ruello). Thomas d'York, son élève et son troisième successeur, mort vers 1260, est l'auteur d'un ouvrage en six livres intitulé *Sapientiale,* qui contient une métaphysique de l'être et de la création. Il utilise beaucoup d'auteurs, notamment des philosophes arabes et juifs, ainsi que des chrétiens, soit anciens (Augustin), soit plus récents (Anselme), soit presque contemporains (Guillaume d'Auvergne). Il distingue trois sens du mot *matière,* qui désigne soit une pure potentialité, présente dans toutes les substances créées; soit la matière d'Aristote, siège de la privation, et qui reçoit la forme; soit la matière des corps célestes, où il n'y a pas de privation, mais qui est en puissance dans la mesure où ces corps se meuvent. Les formes qui sont conférées à la matière viennent des intelligences pures, que Thomas, à la suite des Arabes, nomme « donneurs de formes ». La connaissance humaine suit deux voies : constitution de l'universel à partir des images sensibles, produit d'une sorte d'induction (« colligation »), et « influence et réception de la part du Premier »; et, ajoute Thomas, « cette connaissance est plus certaine que l'autre, c'est la voie qui court d'idée en idée, qui ne procède pas d'un enseignement du dehors, mais seulement d'une illumination intérieure ». Érudit et soucieux de mettre tout son savoir au service de la vérité, il énumère dix-huit preuves de l'existence de Dieu. Bien qu'instruit des doctrines d'Albert le Grand et de Thomas d'Aquin, il reste fidèle à l'augustinisme.

RICHARD DE CORNOUAILLES

Le successeur de Thomas d'York fut Richard de Cornouailles (Ricardus Rufus), qui commenta les *Sentences* à Oxford de 1250 à 1253, à Paris de 1253 à 1255, et retourna à Oxford en 1256. Roger Bacon l'estimait peu : il fut, dit-il, « en grand renom chez la sotte multitude, mais les sages le jugeaient insensé ». Sa doctrine est mal connue; il ne semble pas s'être beaucoup aventuré à discuter les théories et à choisir entre elles :

il laisse volontiers sans conclusion les oppositions qu'il rapporte.

ROGER BACON

On connaît beaucoup mieux Roger Bacon, personnage étonnant, aussi ancré, de fait et de volonté, dans la tradition, qu'il anticipe l'avenir et tend fort consciemment vers le progrès; aussi attentif à situer l'illumination mystique qu'à prêcher la réorganisation de la chrétienté et à décrire les machines merveilleuses qui changeront profondément les conditions de la vie. Son existence est aussi agitée que sa pensée est alerte : né dans le Dorsetshire vers 1210-1214, il étudie à Oxford sous Robert Grosseteste et Adam de Marsh, passe quelques années à Paris, retourne à Oxford, y enseigne de 1251 à 1257; il entre dans l'ordre franciscain, revient à Paris; diverses tracasseries l'y obsèdent, mais de 1265 à 1268 il a quelque répit : c'est alors le pontificat de son protecteur Guy Foulques (Clément IV). Il vit encore en 1292. Cet homme tourmenté, susceptible, de faible santé, a laissé notamment des commentaires d'Aristote, les éléments d'une encyclopédie, et des ouvrages où il traite de la réforme de la théologie : l'*Opus majus,* écrit pour Clément IV, et auquel il faut joindre l'*Opus minus* et l'*Opus tertium.*

Roger Bacon développe un certain nombre de doctrines qui se rattachent très naturellement à la tradition franciscaine. Pour lui, la matière est une substance commune à tous les êtres composés — ce qui ne signifie pas qu'elle y soit intégralement la même, de sorte que tous ne seraient qu'un en elle : mais simplement qu'il y a une même essence matérielle dans des êtres réellement différents. La matière est apparentée à la contingence dont participent tous les êtres qui ne sont pas Dieu, et se répartit en trois espèces : matière des êtres spirituels (affranchis de la quantité et du changement), des corps célestes (soumis au mouvement), des corps sublunaires (qui se meuvent et changent); la matière de chaque substance est donc qualifiée par la forme de cette substance. En elle réside une aspiration à la perfection, à l'acte, comparable au germe appelé à devenir un arbre : c'est la raison séminale; la rencontre de sa tendance

avec un agent extérieur approprié rend compte de la
venue d'une forme à la matière. Les formes d'un être
composé déterminent autant de matières, et l'ensemble
constitue une hiérarchie unifiée par la forme supérieure,
sans que les inférieures cessent d'exister ni d'opérer,
sans non plus que le tout se dissolve en une pluralité
de substances. En l'homme, l'âme végétative et l'âme
sensitive sont deux de ces formes, tirées de la potentialité de la matière; au contraire, l'âme intellective est
directement créée par Dieu. Elle est donc une substance
individuelle, qui a sa matière et sa forme propres; mais
il est aussi de son essence d'être l'acte d'un corps : dualité
qui permet d'affirmer qu'elle est immortelle, comme
l'enseigne la foi, et de conserver la philosophie de l'âme
élaborée par Aristote. Cette âme est douée d'un intellect,
et ici on peut se demander si l'intellect agent lui est
extérieur ou non (car pour l'intellect possible, il est hors
de doute que c'est une partie de l'âme). Dans ses commentaires d'Aristote, Bacon se pose la question : l'intellect
agent est-il une puissance de l'âme ou une substance
séparée? Les théologiens, dit-il, adoptent la seconde
solution; quant à la première, il l'attribue curieusement
à Averroës.

Considéré comme partie de l'âme, l'intellect agent est
« une partie de l'intellect élevée à la contemplation des
choses d'en haut »; il « connaît par des exemplaires qui
lui sont innés, bien que confus », et qu'il « fait rayonner
sur les images *(phantasmata)* » de l'intellect possible. Celui-
ci, à la différence de l'autre, connaît par l'entremise des
sens, et c'est « l'autre partie de l'intellect ou de la raison,
la raison qui se penche vers les choses d'en bas ». Il y a
ici concours de la psychologie aristotélicienne et de la
doctrine augustinienne des deux raisons, la supérieure et
l'inférieure. Mais plus tard, la perspective change : l'intellect agent, c'est Dieu « qui illumine l'âme des hommes
en toute sagesse ». Il faut dire alors que l'homme a seulement un intellect possible. Il ne faut pas suivre Avicenne,
quand il dit que notre âme est éclairée par la dernière des
intelligences séparées : elle l'est par Dieu lui-même; mais,
hors ce point, et sur le principe de l'illumination, on peut
admettre la doctrine de ce philosophe, « le principal commentateur d'Aristote, et le plus grand de ses imitateurs ».
Roger Bacon se range clairement, comme l'a montré

É. Gilson, parmi les tenants de l' « augustinisme avicennisant ».

Mais c'est aussi un élève de Robert Grosseteste; il
lui doit notamment sa doctrine de la « multiplication des
espèces », avec la physique géométrique qu'elle postule
(l'espèce, ou vertu, est un pouvoir qui émane d'un être,
le premier effet de cet être pris comme cause). On sait
comment se diffuse la lumière, qui est pour Grosseteste
la forme première de la matière. Tout événement physique
peut se concevoir sur ce modèle : la diffusion d'une
activité qui se propage selon des lignes, des angles, des
figures, d'après les lois de la géométrie; ainsi fait, par
exemple, le son. Ajoutons que la multiplication des
espèces exige un milieu plein pour se produire, et qu'il
lui faut un certain temps (contrairement à ce qu'enseignait Grosseteste) : une force finie ne peut produire un
résultat en un seul instant.

Ces divers éléments doctrinaux, par où Roger Bacon
apparaît simplement comme un membre de tel ou tel
groupe, s'intègrent à une conception d'ensemble large
et originale qui révèle un esprit de grande classe. Elle
s'organise selon deux lignes de force, qui sont une théorie
de l'illumination et une théorie de la science, et en
fonction d'un programme de réforme théologique et
sociale.

On sait que Dieu illumine les esprits, dont il est le
véritable intellect agent. Cette illumination a une dimension mystique; par là on peut voir, sans s'arrêter au détail,
que les diverses connaissances dont l'homme est capable
ont entre elles une parenté profonde, qu'elles tiennent de
leur source commune. Mais le savoir philosophique lui-
même a été transmis intégralement par Dieu : « la sagesse
de la philosophie a été tout entière révélée par Dieu et
donnée aux philosophes. » Il l'a donnée d'abord aux
patriarches, entièrement; après une période de décadence,
elle l'a été une seconde fois à Salomon. Mais les mêmes
causes ramenant les mêmes effets, les péchés des hommes
l'ont à nouveau obscurcie. Elle a donc encore été révélée
deux fois, mais imparfaitement : à Thalès et à ses successeurs, surtout à Aristote; enfin à Avicenne, qui a restauré
la philosophie aristotélicienne. Donc, d'un certain point
de vue, le savoir est derrière nous, historiquement : c'est,
dirions-nous, l'âge d'or de la philosophie, que le temps

des patriarches et celui de Salomon. En conclurons-nous
que le progrès est impossible ? Certainement pas, puisqu'il
nous faut retrouver la sagesse perdue, ou tout au moins
bien diminuée. Et même les dépositaires de la première
révélation n'ont reçu que les principes fondamentaux du
savoir : c'est pour pouvoir en développer les conséquences
qu'ils ont eu en outre le privilège de vivre si longtemps,
comme le raconte l'Écriture.

Il faut donc travailler pour découvrir la vérité. Dans
quelles directions ? Bacon a eu sous les yeux un modèle
incomparable; il fait en ces termes l'éloge de Robert
Grosseteste :

Personne n'a su les sciences, sinon le seigneur Robert,
évêque de Lincoln, à cause de la longueur de sa vie et de son
expérience, à cause de son amour de l'étude et de son application; et parce qu'il a su la mathématique et la perspective
[l'optique], il a pu aussi tout savoir; en outre, il a eu des langues une connaissance si étendue, qu'il a pu comprendre les
saints, les philosophes, les sages anciens.

Mathématiques et langues, voilà donc le programme
de base, les clés du savoir; cette idée se retrouve souvent,
sous une forme ou sous une autre, dans les écrits de Roger
Bacon. On comprend aisément qu'il en soit ainsi : on
connaît les choses par la géométrie, puisque la propagation des espèces en suit les lois (« par les lignes, les angles,
les figures, selon lesquels la nature se plaît à opérer »);
et puisque la philosophie a été révélée, parfaitement ou
imparfaitement, à des hommes qui ne parlaient ni
n'écrivaient le latin, on est bien obligé d'apprendre les
langues dans lesquelles ils s'exprimaient; il y a ainsi
quatre langues philosophiques : l'hébreu, le chaldéen,
le grec, l'arabe. Si Grosseteste est le type du géomètre,
Boèce est celui du traducteur; voilà les deux grands
hommes sur lesquels il faut se régler. Car les traductions
modernes dont disposent actuellement les Latins sont
fort mauvaises, il vaudrait mieux n'en pas avoir, tant elles
sont altérées : on n'y peut guère puiser que des erreurs.
En effet, dit Bacon, non sans exagération, nos traducteurs,
Gérard de Crémone, Michel Scot, Alfred l'Anglais
(Alfred de Sareshel), Hermann l'Allemand, Guillaume
le Flamand (Guillaume de Moerbeke, le collaborateur

de saint Thomas), font tant d'erreurs qu'on ne saurait assez s'en étonner. C'est qu'ils ne sont pas assez préoccupés de vivre saintement (noter ici la liaison entre la pureté du cœur et la clarté de l'intelligence : on sait que l'illumination est une). En outre, ils ignorent et les sciences dont traitent les œuvres qu'ils traduisent, et la langue dans laquelle elles sont écrites, et même le latin : ils ne savent pas former des néologismes quand il le faudrait, et leurs traductions sont pleines de mots empruntés du langage vulgaire.

Remarquons la causticité, l'agressivité même de Roger Bacon, et son injustice : on s'explique que ses rapports avec ses collègues aient été tendus — particulièrement avec les maîtres parisiens et les dominicains, à qui il préfère bien haut les Oxoniens et les franciscains. Leur irritation peut se comprendre; elle s'est même transmise jusqu'au XXe siècle.

Comment se développera la science? Si la forme primitive de sa révélation s'est perdue, elle subsiste toutefois, à l'état enveloppé, dans l'Écriture sainte. Et Bacon de donner ici l'exemple de l'arc-en-ciel, objet d'étude privilégié, déjà examiné par Grosseteste (et d'autres). Il a pour cause matérielle les nuages, pour cause efficiente les rayons concourants du soleil (réfléchis et réfractés), qui ont assez de force pour dissiper violemment l'eau, comme le montre l'expérience. Mais la cause finale, elle nous est donnée par la *Genèse* (IX) : Dieu a fait l'arc-en-ciel pour sceller la fin du déluge, donc pour éliminer une quantité excessive d'eau. Connaissant la destination de ce phénomène, on l'explique ainsi complètement, car la cause efficiente tire son sens de la cause finale. Quant au détail de la première, on sait qu'on ne peut le saisir sans les mathématiques. Ainsi l'on atteint le but de la connaissance, qui est « le repos de l'esprit dans la vue de la vérité ». Voir : c'est là l'idéal de la science, déjà lisible, comme un filigrane imaginatif, sous la doctrine de l'illumination. C'est lui qui s'exprime encore dans l'importance que Bacon donne à l'expérience : sans elle, le raisonnement ne suffit pas; on aura beau me prouver que le feu brûle, je ne le saurai pas tant que je ne l'aurai pas constaté, soit en y plaçant un objet combustible, soit même en y portant la main. C'est pourquoi la dialectique, bien qu'utile, ne doit pas jouer ce rôle

prééminent qu'on lui attribue à Paris. Elle dépend
d'ailleurs des mathématiques, car son noyau, c'est la
théorie de la preuve développée dans les *Seconds Analytiques*. Les mathématiques relèvent de l'expérience :
lire les nombres, voir les figures, ce n'est pas là du
raisonnement abstrait. Faire la science de la nature, c'est
examiner les phénomènes, en saisir la loi numérique
ou géométrique (ce peut être aussi en faire l'interprétation spirituelle, dans le style de la physique allégorique).
C'est encore provoquer ou faire varier les phénomènes,
en s'aidant de l'habileté manuelle et de l'ingéniosité :
ici Roger Bacon invoque l'exemple de Pierre de Mari-
court, auteur d'un traité de l'aimant longtemps étudié;
mais on a aussi des détails pittoresques sur divers moyens
qu'il utilisait lui-même pour observer les rayons lumineux : à travers un urinal de verre empli d'eau, entre
ses cils clignés, sous le bord de son capuchon rabattu
jusqu'à ses yeux, à travers de l'eau qu'il projetait en
gouttelettes entre ses lèvres, convenablement tourné par
rapport au soleil, pour provoquer un arc-en-ciel. C'est
dans ces conditions qu'il a construit une méthodologie
de la « science expérimentale » — expression qu'il est
peut-être le premier à avoir employée.

La science expérimentale vient au dernier rang d'une
liste qui comprend avant elle la physique générale
(*communia naturalium*), la perspective, l'astronomie, la
science des poids, l'alchimie, la médecine. Elle ne
consiste donc pas en une méthode générale : c'est une
spécialité. Mais son objet n'est pas pour autant
particulier; elle a pour fonction de parfaire et de prolonger les autres sciences de la nature. Elle a trois pré-
rogatives (*dignitates*). D'abord, elle fait apparaître la
vérité pleine et indubitable de ces autres sciences : elle
fait voir, par un recours direct et constant à l'expérience,
ce dont les autres traitent d'une façon purement spéculative, même si leur point de départ est expérimental.
En second lieu, elle parvient à des résultats que ces
autres sciences échouent à atteindre, bien qu'en droit
ils dépendent d'elles : c'est à elle que revient la découverte d'un moyen de prolonger la vie humaine, ce que
la médecine n'a pu réaliser; à elle, la construction d'un
astrolabe qui, sous l'action de la seule force magnétique,
suivrait de lui-même tous les mouvements des sphères

célestes. Enfin, selon sa troisième prérogative, elle doit permettre de connaître le passé, le présent et le futur (rôle de l'astronomie expérimentale), et de réaliser des machines étonnantes, dont certaines, assure Bacon, sont déjà construites, et qui changeront considérablement les conditions de la vie humaine : lampes perpétuelles, explosifs, navires sans rameurs ni voiles, voitures qui se déplacent d'elles-mêmes, appareils volants, appareils de levage, machines submersibles, ponts sans piles, etc.

Ce n'est pas là un simple projet de félicité terrestre : Roger Bacon lui donne une place dans son plan de réorganisation de l'univers. En face des infidèles de toute sorte, des religions fausses dont l'astronomie, en en dressant les horoscopes, démontre l'absurdité, la chrétienté doit se livrer à une apologétique d'un genre particulier : étaler aux yeux des incroyants les prodiges de la science et se défendre militairement, voire exterminer les plus endurcis, au moyen d'inventions appropriées. Il va sans dire que la métaphysique et la philosophie morale ont aussi leur rôle à jouer dans la vaste entreprise de conversion du monde au christianisme. L'idée générale est celle d'une absorption de la Cité terrestre par l'Église : ainsi serait constituée une « république chrétienne » fondée, organisée et maintenue par une sagesse spirituelle dispensée par les clercs. Cette sagesse est la théologie, à laquelle la philosophie doit être entièrement subordonnée, comme le droit civil doit l'être au droit canon. Une réforme intellectuelle et morale est donc ici nécessaire ; notamment, une réforme des mœurs des clercs, de l'organisation ecclésiastique, de l'enseignement de la théologie. C'est là le foyer de la pensée de Bacon, c'est ce dont il a voulu persuader le pape, de qui seul dépend ce redressement radical, et qui doit donc en être le promoteur : car c'est lui qui a le dépôt de la Sagesse, et le gouvernement de l'Église. Dans ce cadre, toute la doctrine dont on a vu les grandes lignes se place et s'ordonne clairement : aussi bien la théorie de l'illumination, qui rend compte de l'unicité de la sagesse et du privilège scientifique attribué aux chrétiens, bénéficiaires de la révélation divine, que la théorie de la science, dont la valeur véritable est dans son utilité (car le Bien est la cause finale suprême, et l'intellect tend vers l'utile : la science est pour le salut). Même l'humeur inquiète et

critique du franciscain anglais, mécontent de la théologie
parisienne, prend ainsi un sens positif. Et l'on voit
aussi s'articuler logiquement l'un à l'autre un programme
d'études original, axé sur la géométrie et les langues, et
une noétique qui trouve son expression dans le verset
johannique : « le Verbe est la vraie lumière qui éclaire
tout homme venant en ce monde. »

L'ŒUVRE D'ALBERT LE GRAND

Vers le milieu du XIIIe siècle, se produit un événement
capital pour la pensée médiévale et, par voie de conséquences historiques, pour la pensée philosophique en
général : l'œuvre entière d'Aristote, et sa pensée prise
dans son ensemble, sont intégrées à l'enseignement des
universités, à la culture de l'Occident chrétien. L'entreprise était vaste et hardie. Vaste, cela va de soi. Hardie,
et difficile, parce qu'Aristote était tenu en suspicion par
les théologiens traditionalistes et les autorités ecclésiastiques : les œuvres de ce païen, progressivement
traduites, et accompagnées de celles de ses commentateurs
arabes, contenaient des thèses bien étrangères aux dogmes
de la foi chrétienne, sinon opposées. Sûre vision de
parentés doctrinales maintenant obscurcies, ou pratique
d'une méthode d'amalgame familière à tous les pouvoirs,
les condamnations qui frappèrent Amaury de Bène et
David de Dinant atteignirent aussi Aristote; en 1210,
on défend de *lire,* c'est-à-dire de prendre comme texte à
commenter dans les cours, la « philosophie naturelle » et
ses commentaires. En 1215, en même temps qu'Amaury,
David, et un mystérieux « Mauritius Hispanus », qu'on
n'a pas encore su identifier, Aristote est à nouveau visé,
avec la *Métaphysique,* la *Physique,* et les « sommes » qui en
sont faites — c'est-à-dire des paraphrases d'Avicenne, et
peut-être d'al-Fârâbî (F. van Steenberghen). On notera
que si Aristote était interdit à Paris, il ne l'était pas en
Angleterre, ni à Toulouse : cette dernière université s'en
fera même un mérite, et un appât pour attirer à elle les
étudiants. Mais l'hostilité des théologiens de Paris était
partagée en haut lieu. Aristotélicienne ou non, la philosophie n'a pas bonne presse à la cour pontificale : en 1228,
Grégoire IX conseille aux théologiens de s'en méfier. À
la même époque, le cardinal Jacques de Vitry met en

garde contre Platon, pour qui les planètes sont des dieux, et contre Aristote, qui enseigne l'éternité du monde : il est dangereux de lire ses livres de philosophie naturelle. Cette dernière remarque, Grégoire IX la reprend à son compte en 1231, à la fin de la grève scolaire de Paris; il y ajoute un tempérament : qu'on ne les lise pas « avant qu'ils n'aient été examinés et purgés de tout soupçon d'erreur »; en même temps, il constitue une commission de trois membres chargée de ce travail, dont on voit mal comment il aurait pu être accompli. En 1245, cette interdiction sera étendue à Toulouse par Innocent IV; mais déjà les défenses antérieures sont tombées en désuétude, Paris s'est accoutumé à Aristote : vers 1245, Roger Bacon, qui l'a pratiqué en Angleterre, le commente sans difficultés. Vers 1250, on a toute son œuvre, ou presque, en traductions latines. Depuis une quinzaine d'années, les maîtres franciscains — Jean de La Rochelle notamment, mais aussi saint Bonaventure — ne l'ignorent pas et en font plus ou moins usage.

Mais la partie n'est pas gagnée pour la philosophie aristotélicienne. Plus que les Mineurs, les dominicains s'en méfient. Le premier de leurs maîtres à Paris, Roland de Crémone (1229-1232), la connaît et l'utilise; mais il n'en est pas de même de ses collègues ou successeurs à l'une ou l'autre des deux chaires dominicaines : Jean de Saint-Gilles, Hugues de Saint-Cher, Guerric de Saint-Quentin; le premier, qui enseigne en même temps que Roland de Crémone, critique vivement « certains » de ses contemporains « qui ne peuvent, en théologie, se séparer d'Aristote, et à la place de l'or mettent du laiton, c'est-à-dire des questions et opinions philosophiques ». S'il faut prendre à la lettre ce texte, on en induira qu'à Paris, en 1230 (c'est sa date), certains maîtres, et non des moindres, refusaient d'introduire de la philosophie dans l'enseignement théologique, et qu'ils estimaient, sans doute avec ceux-là mêmes dont ils rejetaient la méthode, qu'Aristote et la philosophie, c'était tout un. La seconde de ces idées restera; quant à la première, le Prêcheur Albert de Cologne travaillera, par son exemple même, à la faire abandonner.

Né en 1206 ou 1207, il entre dès 1223 dans l'ordre dominicain. En 1243, il est maître en théologie à Paris; en 1248, régent du *studium generale* dominicain de Cologne,

où il a pour élève Thomas d'Aquin. De 1260 à 1261,
il est évêque de Ratisbonne, puis retourne à sa chaire et
à des tâches théoriques et pratiques de tous ordres.
Il meurt en 1280, après une vie toute consacrée à l'étude,
à l'enseignement, et aussi aux affaires, voyages et missions
exigés par ses diverses charges. C'est avant tout un
théologien : à chaque extrémité de sa carrière, une
somme, la *Somme des créatures,* composée entre 1240
et 1250, partie d'un ensemble incomplètement publié,
et la *Somme théologique* (commencée en 1270); il a aussi
commenté les *Sentences* de Pierre Lombard, les œuvres de
Denys. En 1256, il écrit contre la doctrine philosophique
de l'unité de l'intellect, selon laquelle il y aurait un seul
intellect pour le genre humain, ce qui va à nier radicalement l'immortalité personnelle; doctrine généralement
philosophique, et non spécialement averroïste, car le
traité d'Albert est dirigé en réalité contre un « arabisme
ambiant », contre un ensemble de thèses qui ne font pas
un ensemble systématique, plutôt que contre Averroès
(D. Salman). Mais surtout, à une date encore controversée, qui en tout cas ne doit pas être antérieure à 1243,
il entame la composition d'une vaste encyclopédie où
il fait entrer toute l'œuvre d'Aristote. Ce n'est pas une
suite de commentaires, c'est un travail inspiré de celui
d'Avicenne, une philosophie complète, où, « sans faire
mention du texte », il récrit les traités d'Aristote, en
ajoutant les digressions qui lui semblent nécessaires,
en suppléant aux parties manquantes des œuvres ina-
chevées, et même aux livres qu'Aristote n'a jamais écrits.
C'est donc vraiment une reprise totale du corpus aristotélicien, complété, mis à jour, et qui conserve l'esprit
et même l'ordre, les titres, de l'original. Énorme travail,
qui exigeait de son auteur, avec beaucoup de courage,
une érudition et une science immenses. Albert l'a mené
à bien, et ce seul fait est assez considérable. Car il ne
suffisait pas d'avoir lu et compris Aristote, il fallait
encore l'imiter, c'est-à-dire faire des expériences. C'est
à quoi Albert s'employa activement, n'avançant, dit-il,
que ce qu'il a lui-même expérimenté, ou appris d'autres
dont il sait qu'ils n'ont rien dit qui ne fût prouvé par
l'expérience; car « en de telles matières [ici, la botanique],
l'expérience seule apporte le certitude, parce qu'on ne
peut procéder par raisonnement *(syllogismus)* à propos

de matières aussi particulières ». Il était d'ailleurs très curieux de faits naturels. Roger Bacon, qui ne l'aimait pas, le loue d'avoir beaucoup vu, travaillé, dépensé, ce qui lui a permis de tirer de la science de « l'océan infini des faits ». La renommée scientifique d'Albert a été reprise par la légende, qui lui attribue même la connaissance des sciences occultes : *le Grand Albert* a été le titre d'un recueil de recettes magiques; on en trouve mention, par exemple, dans tel conte de Gérard de Nerval *(la Main enchantée)*.

Ainsi un maître en théologie se mettait dans le sillage d'Aristote, non pas pour lui emprunter seulement tel ou tel détail de doctrine, mais pour y trouver le système complet du savoir, achevé ou peu s'en faut. Ce n'est pas qu'Albert ait pensé que le philosophe grec fût infaillible :

Celui qui croit, dit-il, qu'Aristote a été un dieu, doit croire qu'il ne s'est jamais trompé; s'il croit qu'il a été un homme, sans doute il a pu se tromper, tout comme nous.

Mais il reste que dans l'ensemble Aristote a vu juste, notamment pour tout ce qui relève de la connaissance de la nature. Dans son *Commentaire des Sentences,* Albert explique en quoi il est une autorité; et, l'expliquant, il expose du même coup que la physique a sa consistance propre, que ce n'est pas à la théologie d'en inspirer les conclusions :

Dans ce qui concerne la foi, il vaut mieux en croire Augustin que les philosophes, s'ils sont en désaccord. Mais si l'on parlait médecine, j'en croirais plutôt, quant à moi, Galien et Hippocrate; et si l'on parle des natures des choses, j'en crois plutôt Aristote, ou tel autre qui connaît par expérience les natures des choses.

Ce parallèle entre Augustin et Aristote est plein de sens : il existe bien, si l'on veut, une physique augustinienne, mais c'est surtout en son fond une méditation sur la causalité divine, partout à l'œuvre; une physique où la causalité est homogène au miracle : pourquoi s'étonner que Jésus ait changé l'eau en vin à Cana, écrit saint Augustin, puisque nous voyons tous les ans la même chose se renouveler dans la croissance de la vigne et la maturation du raisin? Aristote ne s'occupe évidemment pas de telles choses, ni de la signification mystique du

monde sensible : il le considère en lui-même et pour
lui-même. En reprenant la physique d'Aristote, Albert
prouve par l'exemple qu'une science autonome des
causes secondes a sa valeur et sa place dans la culture
même d'un théologien; sur ce point, il est dans la ligne
chartraine. Mais c'est en même temps donner droit de cité
à une philosophie qui n'a plus à se plier par système
aux exigences de la théologie, une philosophie qui
peut et doit se développer dans sa propre sphère, et sous
sa propre responsabilité. L'entreprise d'Albert pouvait
donc se prolonger dans au moins deux directions : l'une,
où la théologie parviendra à maintenir l'unité du savoir
en s'assimilant une philosophie dont l'autonomie restera
sauve; ce sera la voie de Thomas d'Aquin. L'autre, où
l'on admettra deux ordres séparés de conclusions, l'un
qui vaut en matière de foi, l'autre qui vaut en matière
philosophique, le premier seul étant d'ailleurs tenu pour
vrai; ou, pour parler en termes d'institutions, l'un pour
la Faculté de Théologie, l'autre pour la Faculté des
Arts; c'est ce que feront les « averroïstes », ou, comme on
dit encore, les « aristotéliciens intégraux ». Saint Albert
n'a pas admis qu'il puisse y avoir un tel « conflit des
Facultés »; R. A. Gauthier a pourtant montré que sur
certains détails de philosophie morale, par exemple, il
a pu frayer la voie aux interprétations dichotomiques
de l'« aristotélisme intégral ». Mais il a aussi critiqué des
thèses aristotéliciennes contraires à la foi : celle de l'unité
de l'intellect, celle de l'éternité du monde. Sur ce dernier
point, il admet toutefois qu'on ne puisse démontrer rigoureusement le pour ou le contre : car la création échappe à
la physique, à la philosophie, puisqu'elle est l'effet de la
volonté de Dieu. On remarquera que la théologie ne
s'oppose point ici à une démonstration philosophique,
puisqu'on est hors du domaine de la preuve rationnelle :
la raison et la foi ne sont donc pas, à proprement parler,
en contradiction, Aristote, selon Albert, n'ayant pas
réellement *prouvé* que le monde fût éternel.

L'Aristote d'Albert, il importe de le noter, n'est pas le
philosophe que nous désignons par ce nom; outre les
œuvres que la critique moderne lui attribue, il est aussi
l'auteur du *Liber de causis*. Tout le monde le pensait à
l'époque. C'était donc un philosophe néoplatonicien,
puisque le *Liber de causis* est formé d'extraits de Proclus.

Cela faisait en réalité moins de difficulté qu'on ne pourrait croire, car Aristote était entré en Occident escorté d'un certain nombre de commentateurs arabes qui eux-mêmes relevaient plus ou moins du néoplatonisme, et étaient persuadés de l'authenticité aristotélicienne du *Liber de causis*. Comme les néoplatoniciens, comme Boèce, lui-même formé à leur école, Albert pense « qu'on n'est pas un philosophe accompli si l'on ne connaît Aristote et Platon ». Enfin, comme tous les autres théologiens, il tient pour une autorité de premier ordre Denys l'Aréopagite, c'est-à-dire un Grec inconnu des ve et vi^e siècles, tout nourri de philosophie néoplatonicienne, et notamment de Proclus. On voit que les sources d'Albert le Grand ne devaient pas l'entraîner dans un sens fort éloigné de la métaphysique dont s'était accommodée, à cause d'Augustin, la théologie traditionnelle, même remise au goût du jour, c'est-à-dire enrichie des traductions que l'Occident avait commencé à recevoir un siècle auparavant.

Cela est particulièrement visible dans sa théorie de l'âme et de la connaissance. Bien que le détail historique de la pensée d'Albert soit nuancé, que la *Somme des créatures* soit plus aristotélicienne, et la *Somme théologique,* plus augustinienne, sa doctrine de l'âme est ferme dans ses grandes lignes. Si l'on veut définir l'âme en elle-même, on dira, d'accord avec Platon, qu'elle est une substance spirituelle et immortelle. Elle a d'autre part une tendance à être l'acte d'un corps : tendance inscrite certes en elle, mais qui n'est pas de son essence. Être une âme, au sens où cela signifie animer un corps, est donc simplement une de ses fonctions, et même la plus basse. C'est dans cette mesure seulement qu'on peut suivre Aristote : on voit la différence avec saint Thomas, dont la *Somme de théologie* est antérieure à la dernière *Somme* de son maître, qui pose toutefois, il faut l'avouer, de graves problèmes d'authenticité ; saint Albert s'est donc très consciemment distingué de son disciple (que pourtant il a défendu en 1277 contre les attaques qui compromettaient le thomisme avec l'averroïsme). Donc, l'âme est en soi une substance, non un acte. Elle est donc composée ; mais Albert n'admet pas que l'âme humaine, ni l'ange, aient une matière, fût-elle spirituelle. La composition des substances immatérielles est celle d'un sujet et d'une forme ; en termes repris de

Boèce, d'un *quod est* et d'un *quo est*. Dans le cas de l'âme humaine, le *quo est* est l'intellect : c'est lui la formalité dernière qui détermine toutes les autres, faisant que l'âme n'est pas seulement un « moteur » (Aristote) mais aussi un « pilote » (Platon); c'est par lui qu'elle existe en tant qu'âme — âme définie comme on l'a vu. On est donc tout près d'Avicenne — aristotélicien certes, mais aussi platonicien; au bout du compte, la doctrine d'Albert n'est pas éloignée de celle de saint Augustin.

L'âme est douée de diverses puissances, qu'il faut énumérer. Albert dispose, là comme ailleurs, d'une immense documentation, puisée chez les philosophes, anciens et arabes, et les auteurs chrétiens. Il est parfois malaisé de faire se correspondre ses divers textes; d'autre part le détail en est complexe. On peut toutefois retrouver un schéma d'ensemble identique dans son *De homine* (partie de la *Somme des créatures*) et son *De anima*. Pour classer les puissances de l'âme, il ne se satisfait pas du tableau proposé par Avicenne (à partir de la division en végétatif, sensible, rationnel), ni de celui de Jamblique (rationnel et irrationnel). Il suit Aristote, qui distingue la puissance végétative, la sensitive, l'intellect, le mouvement, l'appétit. Il examine ensuite chaque terme de cette division, en y introduisant les subdivisions et les discussions qui s'imposent; on ne refera pas avec lui tout ce chemin (on reviendra tout à l'heure sur la connaissance intellectuelle). Après cette liste empruntée aux « philosophes », Albert en donne une autre que, dans le *De homine,* il attribue aux « saints » : sensualité, raison (supérieure et inférieure), libre arbitre, syndérèse (rectrice de l'action morale), « image » (ressemblance divine imprimée en l'âme, principe de son mouvement vers Dieu). Le *De anima* procède différemment : il ne parle plus ici de puissances, mais ajoute à celles qu'énumère Aristote des *habitus* innés qui leur confèrent des qualifications morales; en outre le détail de l'énumération n'est plus exactement identique. Mais l'idée directive reste la même : distinction de principe entre la science et la spiritualité, entre le jeu naturel des facultés et la « vocation surnaturelle » (P. Michaud-Quantin); comme la physique, la psychologie s'installe à l'extérieur de la théologie.

L'analyse de la connaissance intellectuelle s'inspire de

l'averroïsme : un intellect matériel et un intellect incorruptible, celui-ci se différenciant en intellect possible et intellect agent; Albert précisera plus loin que le premier vient de l'âme en tant que puissance, de son *quod est*, et le second, de son *quo est;* c'est lui qui fait passer le premier de la puissance à l'acte, selon le schéma aristotélicien. La description des progrès de la connaissance se fait en des termes qu'on trouve déjà chez divers philosophes arabes : la connaissance des principes premiers s'appelle intellect *in habitu;* l'intellect *demonstrans* acquiert des connaissances nouvelles; parvenu aux conclusions, c'est l'intellect *adeptus.* Dans le *De intellectu et intelligibili,* le vocabulaire est différent, de même que dans le *Commentaire des Sentences;* mais surtout ces deux œuvres ajoutent une idée nouvelle : pour qu'il y ait connaissance, la lumière de l'intellect agent ne suffit pas, il faut que s'y « applique » celle de l'Intellect incréé; Albert invoque ici diverses autorités : Denys, Augustin, des philosophes néoplatoniciens. Cette « application » n'est pas une révélation particulière, c'est le mode d'action générale de Dieu en tant que source ultime de la connaissance, dans une perspective plus philosophique que théologique — encore que ce don de la lumière puisse être appelé une grâce, dans la mesure où il est gratuit.

On voit donc qu'Albert, si aristotélicien soit-il, est soucieux de conserver tout ce qui lui paraît juste dans d'autres systèmes — de constituer une philosophie complète en unissant Platon à Aristote; tendance qui, on l'a vu, s'explique fort bien si l'on pense à la nuance particulière de son aristotélisme et à ses préoccupations de théologien. On le voit, dans cette ligne, énumérer trois situations diverses des universaux :

[Il y a] trois genres de formes : l'un, qui existe avant la chose *(ante rem),* c'est la cause formative; l'autre est le genre même des formes qui flottent dans la matière; le troisième est le genre des formes que l'intellect, en les abstrayant, sépare des choses.

Le premier de ces genres désigne évidemment les Idées divines, contenues dans l'entendement divin, qui est ainsi la raison des choses en même temps que le principe de l'illumination.

L'héritage albertiste est donc fort mêlé; on a déjà noté que le thomisme et l'aristotélisme intégral s'y trouvaient également préformés. Cette richesse en faits et en idées, parfois un peu confuse, a été cause de la grosse influence exercée par Albert. « De son vivant, il a eu une autorité que jamais homme n'a eue en matière de doctrine »; ainsi parle Roger Bacon, qui dit ailleurs qu'il est « allégué comme un auteur ». Dans la suite du Moyen âge, sa pensée a eu un long et vaste retentissement, dont M. Grabmann a fait l'histoire jusqu'au XVe siècle. Son disciple Hugues de Strasbourg (Hugues Ripelin) le suit de si près que le *Compendium theologiae* (1268), dont il est sans doute l'auteur, a été attribué à Albert lui-même.

ULRICH DE STRASBOURG

Plus intéressant est Ulrich de Strasbourg, mort en 1277, car on voit chez lui se développer à l'extrême la tendance néoplatonicienne de son maître; sa métaphysique dépend largement du *Liber de causis*, dont il exploite le célèbre axiome : « la première des choses créées est l'être. » L'être *(esse)*, précise-t-il, non l'étant *(ens)*, ou l'entité *(entitas)*, « car il est l'émanation première et propre du premier principe », la « première forme », fondement des autres, que sa « détermination » constitue, et en qui elles se « résolvent » (selon le double mouvement caractéristique du néoplatonisme). Il est par création; tout le reste est par information. Comme dans la cosmogonie philosophique d'Avicenne, ce premier effet du premier principe a en lui une multiplicité qui n'est pas une composition essentielle, mais une « atténuation de sa simplicité » *(diminutionem simplicitatis)*; elle tient à son triple rapport : au néant, d'où il vient *(ex quo est)*; à la puissance du Premier, d'où il procède *(a qua est)*; à ce qui le suit, et dont il est le principe. En outre, il est à la fois fini et infini : fini selon son rapport au premier principe, « parce qu'il est une intellection simple d'une chose, ou une conception qui réside dans la lumière de l'intellect qui le produit »; c'est parce qu'il est fini qu'il peut être, pour tout le reste, terme de la résolution et principe de la composition. Et son rapport à ce qui le suit lui donne l'infinité en puissance : sa division ultérieure en être par soi et être

en un autre peut procéder à l'infini. Plus proche du
premier principe que tout le reste, il est par là plus un
que tout ce qui vient après lui : il n'y a en lui nulle
diversité de déterminant et de déterminé, nulle différence
dans l'intelligence qu'on en a, et c'est pourquoi il peut
être prédiqué de tout sans restriction. On voit ici se
conjoindre l'ontologie et la logique, par le moyen terme
du concept de forme; que l'être, forme et principe des
formes, émane d'un premier principe qui est intellect,
cela fait coïncider d'emblée le plan de l'être et celui de
l'intelligibilité :

> Comme dit Alfarabi, la lumière de l'intellect premier est
> la substance *(hypostasis)* des formes comme la lumière de l'art
> est la substance des formes artificielles et la lumière corporelle
> est la substance des couleurs; de là vient que toutes les formes
> sont intelligibles et peuvent être dans l'intellect possible.

Mais la forme est aussi substance, au sens de quiddité,
de la substance première, c'est-à-dire de l'individu : elle
en est donc le principe. Ses caractères métaphysiques
sont tels, que connaître la quiddité d'une substance
première conduit à la connaissance de la cause première :

> Toute forme, par soi et dans sa nature, est simple, immaté-
> rielle, invariable, intelligible par soi; cela, elle le tient de ce
> qu'elle est un rayon et une lumière de la première forme, qui est
> l'intellect divin; ainsi par le moyen de la connaissance qu'on
> en a, il se produit dans notre intellect une similitude *(similitudo)*
> de cette première forme, par laquelle elle est connue.

On voit ici le thème, classique entre tous, de la connaissance de Dieu par ses effets, se transposer tout entier
dans la sphère de la métaphysique, puisque c'est la
structure de toute forme en général qui est le ressort de
cette dialectique. D'autre part, la connaissance de Dieu
définit le plus haut degré de perfection dont l'intellect
soit capable : celui de l'*intellectus assimilatus* (on a noté
plus haut le mot *similitudo*). Il est alors éclairé d'une
lumière dont la source est triple : elle provient de l'intellect
agent de l'homme, des intelligences séparées, de Dieu;
comme pour l'illumination telle que la concevait Albert
le Grand, on reste d'ailleurs dans le domaine de la
connaissance naturelle. Il y a donc une descente de la

lumière divine qui emprunte le canal des intelligences séparées, comme les formes dérivent de l'être, « première des choses créées ». L'identité de la lumière et de la forme peut être reprise ici comme fil conducteur : la cause première est « une pure lumière formelle et intellectuelle », dont l'effet est « nécessairement une diffusion de cette lumière et de cette formalité », et cette diffusion est « l'être formel de toutes choses ». L'efficace divine est celle d'un intellect agent, « cause de l'ordre total et de tout ce qui est ordonné » : c'est l'Idée première de Platon, si on le prend dans son unité, le monde archétype, si on le considère du côté de ses effets. Et de même que les intelligences transmettent la lumière divine, « toutes les formes se transportent dans les choses hors de Dieu par l'intermédiaire des moteurs des sphères. Tous les moteurs ont cette causalité instrumentale en tant qu'ils sont informés par la vertu de la lumière de la cause première, à qui ils doivent d'être et d'être causes ». Au cœur de toute cette spéculation, il y a l'équation être = forme = lumière; et le schéma qui l'inspire est celui de la hiérarchie néo-platonicienne et dionysienne. Or, Ulrich de Strasbourg est l'élève d'Albert le Grand, qui a donné droit de cité à Aristote dans la théologie médiévale, et qui fut le maître de Thomas d'Aquin.

Ne le quittons pas sans signaler un autre aspect de sa doctrine qui d'un côté l'apparente à Boèce, aussi à Alain de Lille, et de l'autre tient aux préoccupations de son siècle, soucieux de définir la « théologie comme science ». Ulrich a cherché à en dégager l'axiomatique. Au-dessus de ses « articles », il place « les principes absoluments universels et premiers de cette science, par lesquels on prouve tous les articles et tous les autres [énoncés] de cette science; ils nous sont connus par eux-mêmes, et même sans la foi ». Cette dernière clause montre qu'on est ici sur le plan d'une réflexion formelle, telle que pourrait la pratiquer du dehors n'importe quel logicien qui analyserait les conditions de validité d'une théologie fondée, par hypothèse, sur une révélation. Ces principes sont au nombre de quatre :

Dieu est la vérité suprême et la cause de toute vérité. Cette première vérité ne peut se tromper ni tromper; donc tout ce qu'elle atteste est vrai, et il faut le croire. Il faut croire, en tout ce qu'ils disent, ceux dont Dieu prouve qu'il nous parle par eux, en confirmant leur discours par des signes qui l'accompagnent. L'Écriture est vraie, puisque Dieu nous l'a révélée de cette façon.

Ensuite viennent les articles de foi, qui ne sont pas connus de soi, mais « sont prouvés par les principes susdits avec la coopération de la foi » : on arrive donc à la partie de la théologie qui n'est accessible qu'aux fidèles. Ces articles sont des « principes du second genre »; ce qui les suit à leur tour, ce sont les « conclusions de la science ». Cette rigueur dans l'analyse, l'ampleur et la fermeté de sa métaphysique, nous invitent à voir dans Ulrich de Strasbourg un esprit d'une qualité rare; qu'il ait été l'élève préféré d'Albert le Grand en est d'ailleurs une garantie.

SAINT THOMAS
DISCIPLES ET CONTEMPORAINS

Redisons-le : le XIIIᵉ siècle, particulièrement dans ses deux derniers tiers, s'est trouvé contraint d'assumer un double héritage, celui des « philosophes » ajouté à celui des « saints ». Il n'était plus possible d'ignorer, même en théologie, Aristote et sa suite (si diverse que les choses en étaient fort compliquées); et dans un régime intellectuel où la Faculté de Théologie régnait sur les autres, il était malaisé de s'en tenir à la philosophie pure, comme on le verra plus loin. Restait à lier les deux termes; mais comment? Albert le Grand lui-même n'avait pas osé renoncer à des thèses traditionnelles, concernant l'âme et la connaissance humaines, qui étaient étrangères, et même opposées, à l'aristotélisme. Son disciple Thomas d'Aquin, Frère Prêcheur comme lui, réussit un coup de maître : acceptant entièrement l'ontologie et la théorie de la connaissance aristotéliciennes, il leur donne un sens nouveau en les intégrant à une théologie qui s'assimile en outre tout ce qui, du platonisme, est exigé par la foi chrétienne, transmis d'ailleurs par des saints comme Augustin et Denys, et compatible d'autre part avec la philosophie d'Aristote. Synthèse étonnante d'ampleur et de justesse, dont le pivot est une doctrine de l'être entièrement originale, et qui suppose une force et une

clarté d'esprit exceptionnelles, sensibles jusque dans le
style de son auteur aussi bien que dans l'économie
générale de l'œuvre. Or elle heurtait la tradition qui se
réclamait principalement d'Augustin — Augustin qui
« en beaucoup de choses suit l'opinion de Platon autant
que le permet la vérité de la foi », dit Thomas lui-même.
Il s'emploiera donc à en assimiler la doctrine théologique
à la sienne propre, comme il fera celle de Denys, cet
autre platonicien. Mais on fut surtout sensible au désaccord philosophique : ainsi la préférence accordée à
Aristote exclut radicalement toute possibilité de connaissance *a priori,* d'intuition intellectuelle; du point de vue
strictement philosophique, le thomisme ne peut convenir
à ceux qui admettent une vue des essences; Henri de
Gand, Duns Scot, en seront d'illustres exemples. Sur
d'autres points encore — être et essence, structure métaphysique de l'homme — l'enseignement de saint Thomas
suscitera de vives et longues controverses; au vrai, elles
n'ont pas cessé, bien qu'en 1879 le « Docteur angélique »
ait été proclamé « Docteur commun » de l'Église catholique. Au XIIIe siècle sa doctrine a donc été l'objet de
critiques très vives, et compromise même dans la condamnation de l' « averroïsme » (1277), comme on le verra.
À cette date d'ailleurs Thomas d'Aquin (qui deviendra
saint Thomas en 1323) était mort depuis trois ans.

Il était né en 1225 à Roccasecca, près d'Aquin (non
loin de Naples). De 1230 à 1235, il est oblat à l'abbaye
bénédictine du Mont-Cassin. Il étudie à l'Université de
Naples, et, en 1244, entre dans l'ordre dominicain,
malgré les obstacles qu'y met sa famille. Étudiant à
Paris de 1245 à 1248, il suit son maître Albert le Grand à
Cologne, où il reste jusqu'en 1252. C'est à Paris qu'il
enseigne d'abord, comme « bachelier biblique » (1252-
1254), puis comme « bachelier sententiaire » (1254-1256),
puis comme maître en théologie (1256-1259). De 1259
à 1268, il enseigne la théologie dans diverses villes
d'Italie, puis de nouveau à Paris, de 1269 à 1272. À cette
date, il retourne à Naples pour y enseigner, et meurt
en 1274, en se rendant au concile de Lyon. En cette
vie courte il a composé un bon nombre d'œuvres : il
a commenté une douzaine de traités d'Aristote, dont les
plus importants, ainsi que le *Livre des causes,* et des
traités de Denys, de Boèce; il a composé des opuscules

en grand nombre, notamment *l'Être et l'Essence* (*De ente et essentia*, vers 1256), *De l'unité de l'intellect*, *De l'éternité du monde* (deux problèmes rendus brûlants par la controverse anti-averroïste); de ces opuscules on peut rapprocher les recueils de questions (*Questions disputées* et *Questions quodlibétales*), entre autres *De la puissance* (*De potentia*), *Du mal*, *De l'âme*, *De la vérité*. Ses quatre œuvres principales sont le *Commentaire des Sentences* (vers 1254-1257), la *Somme contre les Gentils* (*Summa contra Gentiles*, vers 1258-1264), l'*Abrégé de théologie* (*Compendium theologiae*, vers 1260-1266), la *Somme de théologie* (*Summa theologiae*, vers 1266-1273, inachevée).

Bien que saint Thomas n'ait pas donné d'exposé systématique de sa philosophie, que ce qu'elle contient d'original soit consigné dans ses œuvres théologiques plutôt que dans ses commentaires d'Aristote, et que l'ordre d'exposition le plus naturel soit en conséquence celui de la *Somme de théologie* (É. Gilson), il nous est loisible de partir de la « décision philosophique pure » (pour reprendre une expression du même auteur) qui lui fait préférer Aristote à Platon. On y perd l'ordonnance de la synthèse, ce qui est regrettable, mais l'est moins toutefois dans un exposé succinct que ce ne le serait dans une étude plus ample. En outre, on met ainsi en relief ce qui a paru d'emblée le plus neuf et le plus provocant dans l'enseignement du maître dominicain. Il refuse ce qui est au cœur de la philosophie de Platon, ce qu'Aristote avait déjà combattu de toute la force de sa dialectique : la doctrine des Idées. Préparée par une critique de la perception sensible, cette doctrine, on le sait, fait refluer dans un monde ouvert au seul entendement toute l'intelligibilité, toute l'efficace, refusées aux choses de ce monde. Rompre vraiment avec le platonisme — et il le faut bien si l'on se réclame sérieusement d'Aristote — c'est donc poser que les objets naturels, les causes secondes en langage théologique, ont une consistance et une action réelles; et encore, qu'elles sont intelligibles pour l'homme, qu'elles sont même seules intelligibles — que « la quiddité de la chose matérielle » est l'objet naturel de l'entendement humain, qui, doué d'activité propre comme toute cause seconde, est capable de connaître sans qu'intervienne quelque illumination. De cette décision initiale sort la réfutation, par réduction critique à son origine, de la philosophie qu'elle repousse : si Platon et ses disciples, dit saint Thomas, professent l'existence des Idées, c'est qu'ils raisonnent « logiquement », qu'ils transposent directement dans leur interprétation du réel les données de la connaissance : « ils posent que les choses qui peuvent être séparées selon l'intellection sont aussi séparées selon l'être. » Ils attribuent l'existence aux genres et aux espèces, qui résultent simplement des lois de la connaissance humaine et n'ont d'être que logique. D'autres philosophes sont tombés dans la même erreur : Parménide, Pythagore, Avicebron, etc. Mais on voit bien aussi qu'en attribuant aux choses matérielles et à l'intellect humain ce qu'il refusait aux idées platoniciennes, Thomas d'Aquin rompait avec toute une tradition qui se réclamait de saint Augustin; et cela, son maître Albert le Grand lui-même ne l'avait pas fait.

Il faut donc s'attacher aux principes de la philosophie d'Aristote, tels qu'ils sont. L'expérience sensible nous apprend qu'il existe des êtres qui existent par soi, chacun défini par l'essence, ou quiddité, qui le détermine à être ce qu'il est. On appelle ces êtres des substances; outre leurs déterminations essentielles, il s'y attache des déterminations complémentaires, ou accidents, qui ne peuvent exister hors des substances : leur *esse* est un *inesse,* ils ne peuvent être que dans quelque chose. D'un autre point de vue, on peut appeler forme ce qui nous permet d'avoir un concept de la substance, de la ranger dans tel genre et telle espèce. Un individu sera alors l'unité d'une forme et d'une matière : la matière, c'est ce qui le distingue des individus de même espèce, et ce qui permet de rendre compte du changement, de la succession des êtres dans un monde voué à la génération et à la corruption. Déterminée par une forme, et sujet du changement, la matière est une potentialité; la forme qu'elle reçoit est acte. Ainsi c'est par sa forme qu'une substance est ce qu'elle est.

Jusqu'ici on reste dans un horizon purement aristotélicien, où rendre compte d'un être revient à dire ce qu'il est : la forme de la substance y est un principe d'explication ultime et satisfaisant. Mais, aiguisée par la réflexion théologique, l'analyse de saint Thomas va plus loin : elle dépasse *ce qu'est* tel être, pour aller jusqu'au fait qu'il *soit.*

Au-delà et au-dessus de l'essence, elle pose l'existence : « l'*esse* est l'actualité de tous les actes, et à cause de cela la perfection de toutes les perfections » (et non pas seulement, comme chez Avicenne, un « quasi-accident » de l'essence). Il y a ainsi, dans un sujet donné, composition, donc distinction de l'essence et de l'existence. En Dieu seul les deux se confondent : son essence est d'exister, comme il l'a enseigné à Moïse qui lui demandait son nom (« Je suis celui qui suis », *Exode,* iii, 14). Hors ce cas unique, il n'y a que des substances dont la forme spécifie la matière; elles sont en vertu de leur « exister » *(ipsum esse),* qui est « comme l'acte même à l'égard de la forme »; *esse* déterminé par la forme qu'il actue, ou plutôt qui se détermine lui-même selon telle forme, puisque sans lui la forme n'existe pas, et que l'existence ne peut être déterminée par l'inexistant. En d'autres termes, l'essence est un « mode d'être » : formule qui exprime bien la priorité sur elle de l'*esse.*

Puisqu'il y a dans la créature composition d'essence et d'existence il n'est pas nécessaire de supposer chez les anges une matière intelligible pour éviter d'en faire des êtres absolument simples : nouvelle rupture avec la doctrine traditionnelle. Les intelligences séparées sont des formes sans matière; c'est pourquoi chacune peut être considérée comme une espèce. Quant à l'âme humaine, elle est forme du corps, et pas du tout une intelligence, de soi séparée, qui lui serait jointe par un lien accidentel, ou par une tendance qui ne serait pas de son essence, comme pour saint Albert : elle y tient intimement, comme la forme à la matière. Certes elle survit à leur séparation, puisqu'elle est douée d'une existence qui est son acte; mais cet état d'isolement ne lui est pas naturel. On est loin, ici encore, des spéculations platonisantes sur la patrie supracéleste de l'âme, sur son exil dans le monde des corps. La connaissance humaine naît du contact des sens avec les objets sensibles : ceux-ci y impriment des « espèces »; il ne faut pas entendre par là quelque chose d'analogue aux « simulacres » de la psychologie épicurienne; l'espèce est le résultat immatériel de l'action de l'objet sur l'organe apte à le percevoir. Elle contient un élément intelligible qui se révèle non au sens qui ne la saisit que dans son individualité, mais à l'intellect : celui-ci, d'une part, ne contient pas actuellement les

intelligibles, mais est capable de les recevoir (intellect
possible, ou passif); d'autre part, il peut les dégager
des « phantasmes », qui sont les « similitudes des choses »,
images sensibles qui résultent de la sensation. On parle
en ce dernier sens d'un intellect agent; c'est lui qui est
l'élément actif de la connaissance, une lumière intellectuelle qui participe de la lumière incréée où résident les
essences éternelles. C'est de cette façon seulement qu'on
peut parler d'illumination : dire que l'âme humaine est
illuminée par Dieu, c'est dire qu'elle en a reçu un intellect
agent, capable de faire passer à l'acte l'intelligible qui
est en puissance dans le sensible. Sans la présence de
ce dernier, l'intellect ne peut rien connaître : il a bien
en lui les principes premiers, « germes des sciences »,
mais en puissance seulement; il ne les conçoit qu'à partir
de l'expérience, encore qu'il les conçoive alors immédiatement. L'homme ne connaît donc ni « par des espèces
naturellement présentes » en son âme, ni par des espèces
qui « s'écoulent de formes séparées » : nul *a priori* n'est
admis, toute connaissance résulte de l'expérience sensible.

Le platonisme est donc entièrement évacué; Platon,
dit saint Thomas, « affirmait que ces formes séparées
[les Idées] étaient participées par notre âme et par la
matière des corps : par notre âme, pour connaître; par
la matière des corps, pour être ». Aristote a réintégré
dans le monde sensible le principe qui rend compte
de la nature des choses et de la connaissance qu'on en a :
c'est le sens d'une philosophie de la forme; elle repousse
toute participation des Idées. Mais il se passe ici ce qui
se passait à propos de l'analyse métaphysique de la
substance : saint Thomas suivait Aristote jusqu'au bout,
et continuait seul son chemin en poussant jusqu'à l'acte
d'être; de même, il va s'interroger sur le rapport des
existences finies à l'existence absolue, et retrouver une
certaine forme de participation, différente de celle qu'il
a rejetée.

L'existence de Dieu doit être démontrée, car elle n'est
pas perçue, et elle n'est pas non plus évidente : le concept
d'un être infini ne nous est pas donné, nous ne pouvons
donc en déduire son existence. Il reste à interroger
l'expérience sensible, qui nous permettra de conclure,
non par simple inspection d'essences, mais par des raisonnements qui saisissent le réel existant, à cette vérité

fondamentale. Les deux *Sommes* offrent l'une et l'autre cinq « voies ». La première part de l'expérience du mouvement; l'être qui se meut ne peut être à la fois moteur et mû; il faut donc chercher hors de lui son moteur, à propos duquel la même question se posera à nouveau, et ainsi de suite. Admettre qu'on puisse aller ainsi à l'infini, ce serait poser une série de causes sans premier terme, et le mouvement resterait alors inexpliqué. Il faut donc qu'il y ait une cause motrice première, qui est Dieu.

La deuxième preuve, proche de la première, est fondée sur la notion de cause efficiente : rien ne peut se causer soi-même, non plus que se mouvoir; or, le monde sensible nous offre un ordre de causes efficientes. Il faut donc, par la même raison que plus haut, en poser une qui soit la première de toutes, donc non causée.

Troisième preuve : le fait que les choses naissent et périssent montre que leur existence n'est pas nécessaire. Or, s'il n'y avait rien de nécessaire, sur quoi se fonderaient ces êtres qui, n'étant que possibles, ne pouvant donc exister toujours, seraient déjà retournés au néant sans que rien, par hypothèse, pût à nouveau leur conférer l'être ? Il y a donc un être nécessaire par soi.

En quatrième lieu, on peut raisonner sur les degrés d'être. Les choses sont inégalement bonnes, nobles, vraies, etc.; or, ces différences impliquent l'existence d'un terme de comparaison où se trouve réalisé suprêmement ce qui n'apparaît ailleurs que d'une façon relative.

Dernière voie : la tendance harmonieuse des corps naturels vers une fin, dans un univers réglé, exclut toute explication par le hasard et conduit à affirmer l'existence d'une intelligence ordonnatrice du monde.

On voit que dans toutes ces preuves, on part de la constatation empirique d'êtres incapables de se fonder eux-mêmes pour passer à un être absolu, seul capable d'en rendre raison; ce passage n'est pas réductible à une analyse conceptuelle qui irait du conditionné à sa condition dans une sphère purement logique : il va d'existences perçues à une existence inférée; d'où le rôle que le principe de causalité joue à cinq reprises. Dans le *De ente et essentia,* saint Thomas avait placé d'emblée le problème sur le plan de l'existence prise en elle-même : « il faut que toute chose dont l'être est autre que sa nature doive

son être à un autre. » Dans les *Sommes,* l'existence n'est
pas mise en jeu directement, mais à partir de divers ordres
d'expérience. Or, la dépendance des existants finis à
l'égard de l'existant absolu, jointe à l'infranchissable
distance ontologique qui les en sépare, implique une
véritable participation d'être : rapport particulièrement
visible dans la quatrième preuve, mais qui se trouve
aussi bien dans toutes les autres, parce qu'il définit
d'abord le rapport de l'univers à Dieu (É. Gilson, L.B.
Geiger).

Les choses finies doivent tout à Dieu, qui *est* ce qu'elles
ont : cela est vrai d'abord de l'existence, mais aussi de
toute perfection. En d'autres termes, elles sont le résultat
d'une création, d'une action divine qui produit la totalité
de l'être, avec son ordre et sa variété. Cette création est
ex nihilo, puisque rien ne lui préexiste, hors Dieu. On
ne peut démontrer, comme le croyait saint Bonaventure,
que l'univers ait commencé dans le temps; ni, à l'inverse,
qu'il soit éternel. On a prouvé qu'il doit son existence
à Dieu, mais rien, ni dans l'essence des créatures, ni
dans ce qu'on peut savoir de Dieu, ne permet de décider
si le monde a toujours existé, ou non; la révélation seule
nous instruit sur ce point : il a commencé d'être. D'autre
part, il ne procède pas de Dieu comme d'une nature
qui produirait nécessairement son effet : contingent, il
est posé par un acte libre, et n'ajoute rien, par son être,
à l'infinité de l'être divin. Enfin, il ne faut pas imaginer,
à la suite d'Avicenne entre autres, un déroulement de
la création, tel que de Dieu sortirait une première créature,
qui à son tour en produirait une autre, etc., le multiple
ne pouvant, prétend-on, sortir directement de l'un. Tous
les intelligibles préexistent en Dieu : ce sont les Idées
divines, que Dieu connaît en connaissant son essence
en tant qu'elle est participable par les créatures, de sorte
que l'universalité des choses peut être préformée en lui
et en résulter sans préjudice de sa parfaite unité. Ainsi,
en sens inverse, « nous connaissons l'essence de Dieu
selon qu'elle est représentée dans la perfection des créatures », bien que nous ne puissions en cette vie « la
connaître selon ce qu'elle est en soi ». Dieu, étant leur
cause, est « éminemment » tout ce que sont les créatures;
comment l'est-il, nous n'en savons rien. Il nous est donc
à la fois connu et inconnu; quand nous disons qu'il est

juste, sage, etc., ces noms que nous lui attribuons n'ont pas la même signification que lorsque nous les attribuons à un esprit créé; en termes de logique, ils ne sont pas « univoques » à la créature et à Dieu. Ils ne sont pas non plus « équivoques », car ils ne sont pas arbitrairement choisis, Dieu étant réellement cause de la justice, de la sagesse. Nous nommons Dieu selon « un mode intermédiaire » entre l'univoque et l'équivoque : selon l'« analogie », qui n'implique ni unité de sens, ni multiplicité absolue, mais signifie une certaine « proportion » entre les termes qu'elle relie. Nous pouvons donc énoncer des jugements vrais à propos de Dieu, sans pour autant connaître son essence, qui consiste en l'existence pure. Revenant à ce point central, que Dieu est la cause de l'être, on voit que se tiennent étroitement les notions de création, de participation, d'analogie : c'est le même rapport de la créature à Dieu qu'elles impliquent toutes trois, mais considéré soit comme relation de l'effet à la cause, soit comme relation ontologique, soit du point de vue de la connaissance; et on y retrouve toujours une synthèse de ressemblance et de différence, avec un accent plus fort sur la seconde.

Dans l'univers de saint Thomas comme dans celui d'Aristote, tout être tend vers sa fin, terme ultime de ses opérations. La fin de l'homme, c'est le bien comme tel; mais c'est par sa volonté qu'il s'y porte, non par une tendance aveuglément nécessaire. En outre, le Souverain Bien lui demeure caché en cette vie. Il entre donc de la contingence dans son action; notamment, il peut élire tout bien particulier qui se présente à lui, même si cette élection est finalement contraire au désir fondamental qui le porte vers sa fin suprême. La morale est la partie de la philosophie qui permet de voir clair dans la complexité des situations concrètes, de discerner ce qui est ou non compatible avec la recherche du Souverain Bien. Saint Thomas analyse longuement la nature et la variété des vertus, dispositions stables, acquises ou perfectionnées par l'exercice, et qui sont à la fois le fruit et le principe de l'activité moralement bonne. On retrouve encore ici chez lui l'influence d'Aristote, en particulier dans le rôle capital qu'il attribue à l'intelligence : la vertu est rationnelle par essence; la prudence, qui est la perfection de la raison, éclaire et conditionne l'exercice

des autres vertus; et l'activité la plus parfaite de l'homme,
c'est la connaissance spéculative. Mais à la sagesse
naturelle étudiée par les philosophes se lie l'action de
la grâce, source des « vertus théologales ». On quitte
ici le plan de la philosophie. Il faut noter toutefois que
pour saint Thomas, l'action de Dieu en l'homme n'est
pas superposée, ou juxtaposée, à l'activité humaine,
mais l'enveloppe et la pénètre sans lui ôter son caractère
propre, la porte au meilleur d'elle-même en la laissant
intacte. C'est de la même façon que la théologie inspire
et promeut la réflexion philosophique tout en en respec-
tant les principes et les règles. Partout dans la doctrine
thomiste on retrouve le souci de maintenir dans leur
intégrité les droits de la nature, au nom même du respect
dû à Dieu; ce qu'exprime la formule souvent citée :
« enlever aux choses leurs actions propres, c'est porter
atteinte à la bonté divine. » De ce point de vue apparaît
clairement la cohérence de la synthèse doctrinale
construite par saint Thomas.

ROBERT KILWARDBY

On a déjà dit que son enseignement avait soulevé
de nombreux et larges remous. Il a d'abord contre lui
les maîtres ès arts qui veulent s'en tenir à la philosophie
d'Aristote. Ensuite, les disciples de saint Bonaventure,
et en général ceux qui professent des thèses inspirées
de l'esprit augustinien; on en verra plus loin la brillante
série. Ce sont en général des Mineurs; mais parmi les
Prêcheurs eux-mêmes, l'adoption de la doctrine thomiste
n'est pas immédiate. Le cas le plus spectaculaire est celui
de Robert Kilwardby, le second maître dominicain
d'Oxford (il succède en 1248 à Richard Fishacre, dont
la doctrine est tout à fait conforme au schéma traditionnel,
et d'ailleurs peu élaborée). Archevêque de Cantorbéry en
1272, il s'associe, en 1277, à la contre-offensive déclenchée
par l'évêque de Paris, Étienne Tempier, contre l'aristotélisme et la philosophie gréco-arabe en général : il
condamne seize propositions qui s'en inspirent, atteignant
ainsi la doctrine thomiste. Lui-même tient pour la
pluralité des formes dans l'homme, la présence de raisons
séminales dans la matière, la nécessité d'une illumination
divine pour la connaissance.

Mais, dès 1278, l'ordre dominicain dans son ensemble avait adopté la doctrine de Thomas d'Aquin, et ses membres la soutenaient contre les diverses attaques menées contre elle. Cela ne signifie pas que tous l'aient parfaitement comprise et adoptée, ni qu'ils en défendent les thèses essentielles avec des arguments et pour des raisons entièrement conformes à l'esprit du thomisme (É. Gilson). On peut toutefois parler d'une école thomiste, sans trop se faire d'illusions sur l'exactitude d'une classification qui néglige bien des nuances. Il faudrait ici citer de nombreux noms, analyser bien des œuvres dont beaucoup d'ailleurs sont encore mal connues. On se contentera d'énumérer quelques personnalités plus ou moins impliquées dans les controverses de la fin du siècle, en terminant par des théologiens d'une originalité assez forte pour que leur rapport au thomisme ne soit chez eux qu'un caractère secondaire.

À Oxford, le dominicain Richard Klapwell adopte peu à peu les thèses thomistes, et réagit contre les condamnations qui les frappent. Gilles de Lessines (né vers 1230; élève d'Albert le Grand; mort après 1304) compose un traité *De l'unité de la forme* dirigé contre Kilwardby; il use d'arguments personnels pour soutenir la doctrine de saint Thomas. Jean Quidort (mort en 1306) la défend contre le *Correctorium* du franciscain Guillaume de La Mare; Thomas de Sutton (maître en théologie à Oxford en 1300), contre Henri de Gand, puis contre Duns Scot. Parmi les dominicains allemands, Jean de Lichtenberg (mort après 1313) admet la distinction de l'essence et de l'existence, tandis que Jean de Sterngassen la rejette. Entre les dominicains italiens fidèles au thomisme, citons Romano de Rome (mort en 1319), élève de saint Thomas et maître de Dante. Maître en théologie à Paris en 1307, Hervé de Nédellec, maître général de l'ordre dominicain en 1318, défend le thomisme contre de nombreux adversaires, mais n'admet pas lui-même la distinction de l'essence et de l'existence, tandis que Pierre de La Palu (mort en 1342) a sa propre doctrine de l'être, et que l'Anglais Nicolas Triveth (mort après 1330) n'est pas non plus sur ces deux points en accord avec saint Thomas.

GILLES DE ROME

Tous ces théologiens étaient des Prêcheurs. Hors de l'ordre, d'autres ont recueilli certaines thèses thomistes, quitte à les modifier dans leur esprit même (ce que, on vient de le voir, des dominicains faisaient tout aussi bien). Ainsi, Gilles de Rome, des Ermites de saint Augustin. Né à Rome vers 1247, il compose en 1277 un *Livre contre les degrés et la pluralité des formes,* et quitte Paris pour n'avoir pas voulu se rétracter comme l'exigeait Étienne Tempier. Il y revient en 1285, enseigne la théologie jusqu'en 1291. Ministre général de son ordre en 1292, archevêque de Bourges en 1295, il meurt à Avignon en 1316. Depuis 1287, sa doctrine était la doctrine officielle des Ermites. Il a commenté les principaux traités d'Aristote, les *Sentences,* le *Liber de causis;* son œuvre comprend encore des *Questions disputées,* des *Questions quodlibétales,* des *Questions sur l'être et l'essence,* des *Theoremata,* etc. Pour lui comme pour saint Thomas, l'essence et l'existence diffèrent; en effet, supposé qu'elles ne diffèrent pas, l'essence serait d'elle-même « actuelle et complète », et ne pourrait pas ne pas exister; or, cela est contradictoire avec le fait que les êtres finis sont créés. La création met donc en évidence la distinction de l'existence et de l'essence, tout comme la génération fait celle de la matière et de la forme. Mais essence et existence « sont deux choses *(res)* réellement différentes », et non plus, comme chez saint Thomas, une forme (l'essence) et l'acte de cette forme (l'existence). On peut donc distinguer deux êtres dans la créature : un être qui lui vient de sa forme et qui en fait une substance; et l'existence proprement dite. Ce schéma métaphysique est évidemment très différent de celui que propose saint Thomas. Il sera quelque peu modifié par le successeur de Gilles de Rome à sa chaire de théologie de Paris, Jacques de Viterbe (né vers 1255, mort en 1308) : essence et existence ne s'unissent pas comme deux choses; un être existe par un *aliquid* qui lui est ajouté.

HENRI DE GAND

Hors de la voie aristotélicienne et thomiste (il a joué un rôle dans la condamnation de 1277), sans qu'on puisse pourtant le ranger dans la lignée bonaventurienne, on trouve un des maîtres les plus profonds de la fin du XIIIᵉ siècle : le séculier Henri de Gand, qui enseigne la théologie à l'Université de Paris de 1276 à 1292, et meurt en 1293. Son climat mental est platonicien : il procède d'Augustin et aussi, peut-être surtout, d'Avicenne. À ce dernier, il emprunte sa notion fondamentale d'essence absolue, qui n'est de soi ni universelle ni particulière — ni dans l'âme ni dans la nature — et se définit uniquement comme un contenu intelligible, indifférent à tout le reste; interprétation authentique, pense Henri, de l'idée platonicienne. Adopter ce point de vue signifie qu'on s'installe d'emblée dans l'ordre des essences, indépendant de l'ordre physique : en ce sens, Henri est bien loin d'Aristote et de saint Thomas. Ces essences sont douées d'une objectivité qui s'impose à l'intellect; il les saisit par une intuition spéciale. Elles ont un être qui leur est particulier : l'être d'essence, *esse essentiae,* placé à un niveau ontologique propre. Fondée en Dieu, l'essence, comme imitation possible de l'essence divine, s'appelle une Idée : son être ne s'ajoute pas à celui de Dieu, mais s'en distingue pourtant en tant qu'elle est objet pour la connaissance. Elle résulte de Dieu qui en est la cause formelle — mais non le créateur : ce serait là une thèse érigénienne condamnée; Dieu en un premier moment pense son essence, et la pense en un second moment comme essence exemplaire imitable; d'où l'Idée, avec l'être et l'objectivité qui lui sont particuliers; et l'essence est ce dont il y a Idée en Dieu. On saisit là l'effort d'un théologien platonisant, ou avicennisant, qui veut donner consistance à l'intelligible en le posant comme indépendant du sensible, sans l'élever au niveau de l'essence divine, en laquelle toutefois il a son existence.

Second trait avicennien, lié d'ailleurs au précédent : l'objet premier de l'entendement est l'être. Mais l'idée d'être se sépare en deux : on peut penser sous ce nom l'être qui n'est que l'être — Dieu — ou l'être à quoi « être » convient, ou peut convenir : l'être fini. Cela ne veut pas dire que l'idée d'être soit univoque, mais seulement que le mot « être » signifie soit l'un, soit l'autre, de ces êtres, et ne peut rien signifier d'autre. De l'être infini à l'être fini, il y a dérivation : dans l'ordre des essences, une émanation selon un processus résumé plus haut; dans l'ordre des existences, une création (qui dépend d'abord de la volonté divine : l'entendement divin ne connaît les existences que par la médiation de l'acte créateur). Quel est le rapport de ces deux ordres, étant donné que l'essence a déjà son propre *esse,* et qu'elle est en droit indifférente à l'existence ? Il ne faut pas croire qu'essence et existence soient réellement différentes dans le concret; il y a seulement entre elles une « distinction intentionnelle » : plus qu'une distinction de raison, moins qu'une distinction réelle. Quant au problème de l'individuation, Henri l'élude plus qu'il ne le pose; partant de l'*essentia absoluta,* et procédant par analyse métaphysique, il ne donne guère qu'une définition de l'individu, obtenue par une double négation : est individuel tout ce qui refuse, *ab intra,* de se diviser, et, *ab extra,* de s'identifier à un autre.

En noétique, Henri de Gand pense que les sens nous font bien connaître quelque chose de vrai, mais non la vérité de la chose, c'est-à-dire son essence intelligible. Pour la saisir, il faut partir de l'idée d'être, et bénéficier d'une illumination divine *(illustratio specialis luminis divini)* qui n'est pas donnée à tous : l'homme ne peut saisir naturellement la vérité pure des choses. La démarche abstractive nous donne donc *du* vrai, mais c'est la spéculation sur l'intelligible, divinement réglée, qui donne *le* vrai.

On retrouve encore ici l'attitude fondamentale d'Henri : une méfiance (platonicienne et augustinienne) du sensible, qui entraîne corrélativement un besoin de fonder la certitude dans l'intelligible. Ou, pour reprendre les expressions d'un interprète récent (J. Paulus), sentiment d'une dualité du physique et du métaphysique, de l'empirique et de l'innéisme, et tentative de faire absorber les premiers termes de ces couples par les seconds.

GODEFROID DE FONTAINES

Citons enfin Godefroid de Fontaines, né à Liège, maître en théologie à Paris de 1285 à 1304, mort en 1306. Il s'oppose sur de nombreux points à Henri de Gand et se tient volontiers dans la ligne du thomisme. Toutefois, il conserve une grande liberté, et se sépare de saint Thomas en plusieurs doctrines importantes. Notamment, il refuse de distinguer, dans un être créé, l'essence de l'existence. L'essence est, comme l'enseigne Avicenne, soit singulière (dans la matière), soit universelle (dans l'intellect), soit indifférente (en soi). Dans le premier de ces cas, on ne peut concevoir une actualité qui lui soit propre si elle est réellement distincte de l'existence; et si elle ne l'est pas, on le peut encore moins : ainsi elle ne saurait nullement être indifférente à l'être et au non-être, et elle n'est pas distincte de l'existence, dans la créature (qui a donc plusieurs *esse* : autant que de formes accidentelles, outre celui qui correspond à sa forme substantielle). De celle-ci, en conséquence, il n'y a pas d'idée en Dieu antérieure à la décision créatrice : l'essence de la créature est donc, en ce sens, subordonnée au vouloir divin.

Dans la connaissance, l'intellect agent n'a pas de rôle réellement positif : il opère « par mode de séparation et d'abstraction », libérant pour ainsi dire l'élément intelligible contenu dans le phantasme, et lui permettant d'agir sur l'intellect possible. Aussi Duns Scot reprochera-t-il à Godefroid d'« avilir » la nature de l'âme en faisant du phantasme la cause réelle de l'acte intellectuel. Tout au moins, Godefroid maintient, contre Henri de Gand, qu'il n'est pas besoin d'une « illumination spéciale » pour que soient connues les réalités d'ordre supérieur : il n'y a pas lieu de conserver la distinction augustinienne entre la « raison inférieure » et la « raison supérieure ».

Pas plus que l'intellect, la volonté ne se meut elle-même : elle est mue par l'objet qui se présente à elle comme un bien (alors que pour Henri de Gand, l'objet n'est qu'une cause *sine qua non* : la volonté a en elle-même le principe de son mouvement); mais seul le Souverain Bien la meut d'une façon nécessaire : les autres biens lui laissent la possibilité de choisir l'opposé.

Sur la question, fort débattue à l'époque, de la pluralité des formes, Godefroid reste dans l'incertitude : il penche pour la thèse thomiste de l'unité de la forme substantielle; mais les arguments avancés de l'autre part ne lui paraissent pas tous réfutables; en tout cas, il ne peut admettre la doctrine d'Henri de Gand, qui enseignait que la forme substantielle était unique, sauf dans le cas de l'homme, où il distinguait l'âme et la « forme de corporéité ».

LA LIGNÉE DE SAINT BONAVENTURE

Hors les personnalités isolées qui suivent leur voie propre, indépendante du thomisme, les disciples de saint Bonaventure maintiennent le mode ancien de spéculation. Ce sont aussi des franciscains : ce point n'est pas négligeable, car les thomistes sont en général des dominicains, et la rivalité d'ordres aggrave le conflit intellectuel; on verra un peu plus loin des exemples de cela. Toutefois, le plus important, c'est que ce bloc d'adversaires du thomisme exploite une tradition théologique et philosophique fort riche : leur résistance aux nouveautés doctrinales n'en est qu'une face.

MATTHIEU D'ACQUASPARTA

Il est le plus illustre représentant du moment où l'école bonaventurienne se pose délibérément en face de l'aristotélisme inclus dans la doctrine de saint Thomas. Né vers 1240 à Acquasparta, près de Todi, en Ombrie, il fait ses études à Paris, peut-être sous Jean Peckham, régent de l'école franciscaine de cette ville vers 1269-1272. En 1275-1276, il est maître à Paris; il enseigne ensuite à Bologne; lecteur en Curie romaine de 1279 à 1287, il est élu à cette date maître général de l'ordre franciscain, et ne le reste que jusqu'en 1289, car en 1288 il est créé cardinal. Il meurt à Rome en 1302. Sa doctrine suit de près celle de Bonaventure, et s'attache, au delà, à celle de saint Augustin, qu'il voit menacée par l'aristotélisme que professent « certains *philosophants* » *(quidam philosophantes)* : car Augustin est « le docteur principal, que doivent suivre tous les docteurs catholiques, et surtout les théologiens ». Contre saint Thomas, il maintient la pluralité des formes :

Dans le même homme, il y a plusieurs *êtres (plura esse)*, parce qu'il y a plusieurs formes substantielles qui le parfont selon divers degrés d'être, et par lesquelles il se range sous divers genres hiérarchisés.

C'est là, ajoute-t-il, « la doctrine commune des maîtres parisiens ». Il affirme de même que l'intellect connaît les singuliers « proprement, et non par accident »; et encore, que l'âme se connaît, elle et ses *habitus,* « intuitivement, par leurs essences, et formellement par les espèces qui en sont exprimées »; ce sont là encore des façons de s'opposer à Thomas d'Aquin.

Sa théorie de la connaissance comporte une description psychologique précise de la « genèse de l'intelligible » (J. Rohmer) à partir du sensible, et une analyse noétique de la connaissance certaine : l'une et l'autre débouchent sur une doctrine de l'illumination.

Contrairement à ce qu'enseignent Bonaventure et Thomas, Matthieu d'Acquasparta estime que le sens n'est pas passif; mais il ne faut pas dire inversement que l'âme s'assimile les mouvements reçus par le corps, car ce serait supprimer le rôle de l'objet dans la connaissance. L'âme s'assimile les sensibles, en ce sens qu'elle va au-devant d'eux et leur confère son propre mode d'être. Lorsqu'un sensible atteint un organe des sens, il y produit un changement *(immutatio),* que s'assimile la puissance propre à cet organe; que cette première réaction du sujet à l'égard de l'objet soit nécessaire est mis en évidence par certains faits de distraction : saint Augustin avait déjà noté que si l'*intentio* manque, l'œil par exemple peut bien être touché, on ne voit pas ce qui le touche.

L'ébranlement de l'organe est transféré au sens commun, puis à l'imagination, ou fantaisie, par le moyen « d'esprits très subtils ». Dans ce trajet, ce ne sont pas les mêmes espèces qui circulent d'un lieu à l'autre : de nouvelles naissent à chaque relais, de plus en plus spirituelles. À la dernière étape, l'espèce est toute prête à être reprise par l'intellect, mais ce n'est plus celle qui était dans le sens : c'est celle qu'ont élaborée, chacune à son tour, les diverses puissances de l'âme. Mais dans ces conditions, on voit que le singulier doit être intelligible avant l'universel, parce qu'il est d'abord appréhendé par l'intellect, alors que l'universel, « recueilli » à partir des espèces singulières, « n'est pas dans les choses particulières à titre absolu, mais résulte d'une comparaison de l'une à l'autre » — idée qui se trouve déjà dans Avicenne, cité par Matthieu. Donc, l'abstraction ne résulte pas, comme dans la doctrine thomiste, du mécanisme de l'intellect; mettant en

jeu une comparaison, une sorte de prise de position de
l'âme à l'égard de ses objets, elle pose le problème de sa
vérité et requiert donc une illumination : notre âme voit
par et dans la lumière des vérités éternelles. Il y faut bien
cette lumière divine, car toute connaissance certaine
doit avoir pour moyen quelque chose de certain, c'est-à-
dire de « commun, immuable et infaillible » : ce que rien
de créé ne peut être.

Le problème est posé d'un autre point de vue par
la première des *Questions sur la connaissance* : « est-ce que
pour la connaissance d'une chose est requise l'existence
de cette même chose, ou le non-étant *(non ens)* peut-il
être objet de l'intellect ? »

Éliminant trois cas où l'on pense ce qui n'est pas (prophétie, disposition de ce qu'on va faire, souvenir),
Matthieu conserve celui de la quiddité. Si l'on pense
une chose dans un temps déterminé, son existence est
requise — cas de l'« intellection concrète et composante »;
mais non s'il y a « intellection simple, absolue et pure » —
c'est-à-dire abstraction faite de toute condition temporelle. En effet, Avicenne l'a déjà remarqué, « même s'il
n'existe aucun homme, la proposition *l'homme est un animal*
est vraie ». D'autre part, et l'on voit ici encore l'influence
d'Avicenne :

Quand on pense « abstractivement », on appréhende la
chose seulement, l'homme seulement *(rem tantum, hominem
tantum)*. Donc : quand on pense l'homme, alors que l'homme
existe, on n'a pas pour objet l'homme existant, car on n'en
tient pas compte; de même si on le pense, alors que l'homme
n'existe pas. Et il n'y a pas plus de difficulté ici que là.

Ici se pose un problème : l'intellect peut-il avoir pour
terme ce qui n'est pas ? On répondra que le « non-étant
pris absolument » *(non ens simpliciter)* ne peut être l'objet
de l'intellect, mais que « ce qui n'est pas en acte » *(non
ens actu)* peut l'être. Cette réponse est-elle satisfaisante ?
À moitié. Elle est « philosophique et correcte », dit
Matthieu d'Acquasparta, « mais je ne pense pas qu'elle
suffise; peut-être qu'ici les principes de la philosophie
sont en défaut, et qu'il faut recourir aux principes de
la théologie ». Car le « vrai nécessaire » que je pense
doit être fondé en quelque chose : « les vrais immuables »
sont connaissables seulement « dans l'art éternel » (de

Dieu), « par une application et une relation à l'exemplaire éternel » (Avicenne réapparaît ici). Est-ce là fermer toute autre voie que celles du scepticisme ou de la théologie — notamment celle de la philosophie ? Pas exactement, car le scepticisme est éliminé par la seule expérience de la connaissance vraie : Matthieu « ne se demande pas si une connaissance scientifique est possible en laissant ouverte la possibilité du scepticisme ; il part du fait d'un tel savoir pour en étudier le fondement dans son univers » (P. Vignaux, dans un cours inédit). Ainsi, « en connaissant, l'âme ou l'intellect atteint cette lumière et les raisons idéales, et en quelque façon les voit ; non comme un objet qui lui donne le repos, la termine et la conduit en lui, mais comme un objet qui lui donne du mouvement et la conduit à autre chose » : on ne voit pas la lumière, on voit par elle. Et cette illumination n'est pas une « opération surnaturelle ou miraculeuse » : à toute œuvre de l'âme, qui est *image* (on a vu le sens précis de ce terme à propos de saint Bonaventure), Dieu coopère d'une façon particulière — plus spéciale que l'influence qu'il exerce sur les créatures qui ne sont que *vestiges*.

JEAN PECKHAM

Il fut élève de saint Bonaventure à Paris, où il enseigna lui-même vers 1270 ; en 1279, il succéda à Robert Kilwardby au siège archiépiscopal de Cantorbéry, et mourut en 1292. On a de lui, entre autres, des œuvres de mathématiques et d'astronomie *(Perspective commune, Traité de la sphère, Théorie des planètes)*, des *Questions disputées,* des *Quodlibets,* un commentaire du premier livre des *Sentences.* Sur le plan doctrinal, c'est un adversaire acharné du thomisme : maître à Paris, il dispute contre saint Thomas ; archevêque, il renouvelle (1284) la condamnation portée par Kilwardby et censure le thomiste anglais Richard Klapwell (1286). Il insinue que la théorie de l'unité de la forme substantielle vient de l'« averroïste » Siger de Brabant ; en 1285, dans une lettre à l'évêque de Lincoln, il critique les « nouveautés profanes de langage » qui se sont introduites en théologie depuis vingt ans (ce qui nous reporte à l'époque des commentaires d'Albert le Grand et de Thomas d'Aquin sur Aristote, et de la

Somme contre les Gentils), et qui sont aussi bien, dit-il,
contraires à la « vérité philosophique »; il conviendrait
de s'en tenir aux doctrines d'Alexandre de Halès et de
Bonaventure, qui eux-mêmes suivent l'enseignement de
saint Augustin sur « les règles éternelles et la lumière
incommutable, les puissances de l'âme, les raisons
éternelles enfermées dans la matière, etc. ». Il affirme,
quant à lui, que la matière peut être créée à part de la
forme, qu'elle est commune aux êtres corporels et spirituels : l'âme est composée de matière et de forme. Elle
est d'autre part unie au corps par des esprits vitaux, et
se connaît elle-même par mode de présence. Sa noétique
a pour centre l'idée que la lumière divine est au principe
de toute connaissance, et il le prouve de diverses façons.
Il y a, dit-il, une seule Vérité, comme il y a un seul
Souverain Bien; d'autre part, les êtres ne peuvent exister
par eux-mêmes.

Or, la raison du connaître est la même que celle de l'être;
mais les principes de nul être ne suffisent à fonder sa subsistance, si l'essence divine ne le soutient immédiatement.
Donc ils ne suffisent pas non plus à fonder sa connaissance si
la lumière divine ne l'illumine pas.

En outre :

Toute passion commune a une cause commune. Mais con-
naître c'est pâtir *(intelligere est pati)*, et les intellects connaissent,
par leur nature, les mêmes choses, car ce qui est connu de soi
est identique pour tous. C'est donc par quelque cause identique. Mais la cause du connaître n'est que la lumière qui
illumine pour que l'on connaisse.

Ainsi, le fait que deux personnes comprennent la même
démonstration implique l'unicité de la cause de cette
intellection. La raison selon laquelle on juge de la rectitude
ne peut être créée, car il faudrait alors demander ce qui
fait juger de sa propre rectitude, et ainsi de suite : il
faut s'arrêter à une « raison première et éternelle, par
laquelle et dans laquelle on voit toute rectitude ». Si l'on
ne peut suivre Averroës qui supprime tout intellect
particulier, agent et possible, ni Avicenne qui ne laisse
à chaque homme qu'un intellect possible, on ne peut
non plus suivre ceux qui, attribuant un intellect agent à

chacun, ne peuvent plus faire sortir de la contingence individuelle la nécessité universelle du vrai, et s'écartent ainsi d'Aristote :

Le Philosophe dit de l'intellect agent qu'il est séparé, non mêlé, ni passible; qu'il est action dans sa substance; qu'il n'est pas dans le temps; qu'il n'y a pas des moments où il connaît et des moments où il ne connaît pas. Ces conditions ne conviennent qu'à Dieu; il est donc lui-même, et seul, l'intellect agent et la lumière intellectuelle. Notre intellect particulier forme les espèces, juge des choses, mais s'il passe à l'acte c'est sous l'influence de l'intellect divin. Quand nous connaissons la vérité d'une proposition, il y a dans cette connaissance quelque chose de quasi matériel : les termes extrêmes et leur composition, et cela vient de l'opération de l'intellect; et quelque chose de quasi formel : la vérité de la proposition, et cela, on le tient de la lumière éternelle.

Ainsi, Jean Peckham, qui n'est nullement hostile à la philosophie, mais seulement à celle du thomisme, pense concilier avec Augustin, Avicenne (pour qui les formes intelligibles passent d'en haut dans l'intellect) et Aristote (pour qui l'espèce est abstraite du phantasme).

EUSTACHE D'ARRAS

La doctrine de l'illumination s'affirme encore dans toute sa vigueur chez Eustache d'Arras et Roger Marston. Le premier (mort en 1291) marque le parallélisme entre l'action de Dieu comme conservateur des créatures, et son action comme illuminateur des esprits : « toujours la lumière incréée brille et irradie sur l'âme humaine et sur notre cognitive, comme toujours elle influe pour conserver la nature. »

On vient de voir la même idée exprimée par Jean Peckham. Il ajoute aussitôt que ses « règles ou irradiations » permettent à l'âme de « juger de toutes choses », sans pourtant qu'elle voie la Vérité incréée elle-même : deux autres thèmes communs à toute cette lignée bonaventurienne, qui précisent et nuancent le sens de sa noétique. Dire que l'illumination permet des *jugements,* c'est poser le problème de la connaissance en termes augustiniens : l'esprit connaissant est au-dessus du sensible, le percevoir

c'est pour lui le comparer à une norme éternelle; c'est
donc sortir dès le principe de la perspective d'Aristote,
pour qui le fait de connaître est immanent à la nature.
D'autre part, nier que l'ouverture de l'esprit à la lumière
divine lui fasse voir Dieu, c'est réserver à la mystique
sa place et sa structure propres. Décrivant la perception
sensible, Eustache d'Arras, fidèle à ses sources, attribue
au sens un pouvoir de juger, mais distingue entre la
saisie de l'accident et celle de la substance : quand l'espèce
de la forme accidentelle passe dans l'organe du sens :

Elle le meut et est appréhendée par lui, si bien que le sens en
juge, en tant qu'elle est sensible; mais l'espèce de la forme
substantielle est là en tant que concomitante, coexistante, et
de passage, non comme ce qui meut *(ut concomitans et coexistens
et ut transiens, non ut movens)*; [ces espèces] ne s'arrêtent pas
dans le sens, elles vont plus loin, elles passent à l'intellect.

C'est là un essai de décomposition psychologique inspiré
de l'analyse logique et métaphysique des objets sensibles.

ROGER MARSTON

Il s'oppose vivement à la doctrine thomiste de la
connaissance, notamment à cette sorte de subterfuge
doctrinal par lequel elle tentait de concilier les thèses
d'Augustin et celles d'Aristote; lui, voit clairement
l'habileté, et la dénonce :

Ceux qui disent que toutes choses sont vues dans la lumière
éternelle, parce qu'elles sont vues par une lumière qui en
dérive, pervertissent la doctrine d'Augustin, et tournent en
leur propre sens des citations tronquées *(truncatas auctoritates)* :
c'est faire injure au Saint.

Ailleurs il reprend cette critique en la précisant :

Certains enivrés du nectar philosophique, nient que l'intellect agent soit la lumière première, et détournent en leur
sens toutes les citations d'Augustin sur la lumière immuable
et les règles éternelles.

Il accepte donc de retenir la terminologie d'Aristote,
et une partie de sa psychologie, mais dans un contexte
augustinien; l'expression d'« intellect agent » a pour lui

deux sens : c'est une partie de l'âme en tant qu'il illumine l'intellect possible « d'une certaine façon, bien qu'incomplètement »; mais en tant qu'il l'illumine « complètement et principalement, c'est Dieu lui-même »; c'est en d'autres termes « la lumière incréée dans laquelle nous percevons toutes les vérités que nous voyons avec certitude ». Cette interprétation d'Aristote par Augustin implique, comme le fait remarquer É. Gilson, une double adaptation : l'intellect agent d'Aristote n'a plus pour rôle de rendre compte de l'abstraction, mais de la certitude (mouvement analogue à celui qu'on a signalé à propos d'Eustache d'Arras); ensuite, « le Dieu illuminateur d'Augustin va devenir la substance séparée illuminatrice qu'Aristote nomme l'intellect agent ». Il faut bien que Roger Marston ait lu Aristote autrement que ne le lisait saint Thomas, ou à travers d'autres interprètes : de fait, il invoque les autorités d'al-Fârâbî et d'Avicenne, se plaçant ainsi dans le courant de « l'augustinisme avicennisant » qu'on a vu se former quelques décades plus tôt.

L'analyse de la connaissance certaine montre donc que l'illumination divine n'est pas exclusive d'une activité de l'esprit, bien que celle-ci soit insuffisante. Si l'on met en jeu l'objet connu, on verra aussi se dédoubler les causes de la certitude : « du côté des choses connues », « du côté de la lumière où elle sont connues ». La seconde reste égale à elle-même, quel que soit l'objet. Mais il en va autrement pour l'autre terme : « il y a une plus grande certitude dans les mathématiques; la raison en est que la mathématique fait abstraction du mouvement naturel », alors que la physique ne peut se dispenser d'en tenir compte; aussi est-elle moins certaine. Roger Marston reprend certes une idée d'Averroës. Mais il ne faut pas oublier qu'avant de devenir ministre de son ordre pour la province d'Angleterre, il a enseigné à Oxford, et que dans cette école la géométrie était fort en honneur : pensons à Robert Grosseteste et à son influence.

PIERRE OLIEU

Les conditions de l'illumination apparaissent moins claires à Pierre Olieu (né vers 1248 en Languedoc, mort en 1298, après avoir été contraint, en 1283, de rétracter plusieurs propositions relatives à la pauvreté). Ce n'est

pas qu'il ait tendu à faire de la connaissance intellectuelle
un phénomène étroitement lié à l'activité des sens, comme
l'enseigne Aristote. Au contraire, il refuse d'admettre
que l'âme intellective soit directement forme du corps :
pour lui, ce sont les âmes végétative et sensitive qui le
sont, sans que pour autant il faille compter plusieurs
âmes; on reconnaît là un corollaire de la thèse de la
pluralité des formes (corollaire qui sera d'ailleurs
condamné en 1311). D'autre part, cette théorie de l'âme
permet de comprendre la genèse de l'espèce la plus
haute de la connaissance à partir de l'inférieure, si l'on
admet encore, avec la tradition bonaventurienne, que
même les substances spirituelles ont une matière; cette
matière de l'âme est cause de la liaison *(colligantia)* entre
ses diverses puissances :

L'impression faite directement dans le corps [par l'objet
sensible] est suivie d'un certain effet dans l'âme, comme si la
première impression faite sur le corps était une motion de
l'âme elle-même; il y a bien en effet une motion de l'âme,
pour autant qu'il y a une motion de l'âme corporelle.

C'est là chercher une explication de la connaissance des
choses qui tienne compte du rôle de l'objet et de l'unité
de l'âme, mais qui maintienne aussi la transcendance de
l'âme intellective : il est donc naturel que Pierre Olieu
conserve la doctrine de l'illumination. Mais il y voit
des difficultés qui l'embarrassent, notamment celle-ci :
on sait que rien de créé ne peut fonder une certitude
complète, saint Bonaventure l'a dès longtemps fait remarquer; or, l'analyse de la connaissance ne nous met jamais
en présence que de facteurs créés : c'est le cas de l'acte
de connaître, de l'espèce venue de la raison éternelle,
de l'irradiation qui éclaire l'âme; d'ailleurs l'illumination
de l'esprit par Dieu n'est pas l'acte d'une nature, mais
l'effet d'une volonté; tout cela semble nous conduire
au scepticisme, tout au moins nous faire douter de la
solution traditionnellement admise par l'école franciscaine. Pierre Olieu, au bout du compte, se rallie quand
même à la doctrine augustinienne comme à la meilleure,
non sans signaler qu'il est difficile d'expliquer le «comment»
de l'illumination.

PIERRE DE TRABES

Son disciple, ou du moins son contemporain, Pierre de Trabes, franciscain comme lui, retient ses principales thèses : l'âme est composée de matière et de forme; l'âme végétative et la sensitive sont formes du corps, non l'intellective; les diverses facultés de l'âme sont liées par l'identité de leur matière. En noétique, il doute qu'il soit nécessaire de distinguer un intellect possible et un intellect agent, et en conséquence d'identifier le second à la lumière divine. Car saint Augustin n'a jamais parlé de tout cela, bien qu'il ait enseigné que Dieu éclaire notre âme; il n'a jamais dit non plus que notre intellect puisse être passif. Il vaut mieux parler à son propos d'une « possibilité active » (car il n'agit pas constamment). Il est d'autre part difficile de comprendre ce qu'est au juste la vision dans les raisons éternelles. « Voir en Dieu », cela signifie que Dieu « forme l'intellect, en lui donnant l'être et la vertu qui lui permet de connaître. C'est là le mode commun de la connaissance naturelle ». On retrouve ici le rapprochement, déjà observé, entre la cause de l'être et la cause du connaître, mais dans un horizon tout différent; alors que chez Jean Peckham par exemple cela servait à prouver que la cause de la connaissance devait être transcendante à l'âme, ici c'est l'inverse : il s'agit de montrer qu'elle lui est immanente. On aurait l'impression d'être tout près du thomisme, si l'on oubliait les déclarations de Pierre de Trabes sur l'activité de l'intellect, son refus de distinguer en lui le possible et l'agent. D'autre part sa métaphysique de l'être est loin de celle de saint Thomas : pour lui la distinction de l'être et de l'essence n'est pas de l'ordre de la réalité, mais seulement de l'ordre du langage; l'être n'ajoute à l'essence qu'« une autre façon de signifier et de dire ». Il semble que Pierre de Trabes ait surtout repensé l'augustinisme en tenant compte des doctrines et des controverses de son temps.

GUILLAUME DE WARE

Mais d'autres franciscains tendaient à se dégager de l'influence de saint Bonaventure. Ainsi Guillaume de

Ware, qui n'admet plus l'existence d'une matière spirituelle, ni la nécessité, pour qu'il y ait connaissance, d'une
lumière surnaturelle : « l'âme peut voir tout ce qui est
naturellement connaissable par le moyen de la lumière
naturelle, sans aucune lumière surnaturelle, en supposant
l'influence divine générale.» En effet, « l'âme doit avoir ses
propres instruments à l'aide desquels elle puisse accomplir
son action naturelle, qui est de connaître ».

Quant à l'exercice de cette connaissance, à l'impression
des espèces dans la mémoire et dans l'intellect, on ne
saurait en rendre compte sans mettre en jeu l'action de
la volonté, qui assure l'union entre les puissances de
l'âme — union telle qu'il n'y a pas plus de distinction
entre l'essence de l'âme et ses facultés, qu'il n'y en a
entre les attributs divins. Cette analyse de la connaissance reprend un thème augustinien (*De Trinitate,* X, xi).
La volonté doit d'autre part être placée au-dessus de
l'intellect.

Guillaume se sépare encore de saint Bonaventure lorsqu'il critique la preuve de l'existence de Dieu telle qu'on
la trouve dans le *Proslogion* de saint Anselme. Certes, dit-il,
la proposition *Dieu est* est « comme par soi », disons, si
l'on veut, qu'elle est en soi un jugement analytique. Mais
il faut distinguer entre les propositions connues de soi.
En certaines, « ce que signifient les termes est connu sans
travail, sensiblement et expérimentalement»; par exemple:
le tout est plus grand que la partie; « car l'homme connaît
sensiblement ce qu'est un tout et ce qu'est une partie ».
Dans d'autres cas, « la proposition est moins connue par
soi, quand ce que signifient les termes n'est pas connu
sensiblement, mais avec un grand travail »; c'est précisément le cas de la proposition *Dieu est*. On voit ici que
Guillaume de Ware fait sortir l'argument anselmien de la
sphère de la métaphysique, dans laquelle l'existence de
Dieu peut bien être incluse dans sa définition, pour le
faire passer dans celle de la psychologie de la démonstration et de l'assentiment : ce qui doit impliquer que la
connaissance et la preuve se font moins par concepts que
selon l'expérience. Quant aux arguments proposés par
Guillaume lui-même pour démontrer l'existence de Dieu,
les uns sont d'ordre physique (preuve par le mouvement,
par l'ordre des causes, par l'ordre de l'univers; Aristote
est invoqué dans ces trois cas); d'autres sont d'ordre

métaphysique (par l'imperfection des êtres : Anselme; par
la possibilité et la nécessité : Richard de Saint-Victor
et Avicenne; par les vérités éternelles : Augustin).
L'unité de Dieu n'est pas matière de démonstration,
mais de foi : Duns Scot, dont Guillaume de Ware a
peut-être été le maître, se jugera tenu d'argumenter
longuement pour prouver le contraire.

RICHARD DE MEDIAVILLA

Auprès de Guillaume de Ware il faut placer Richard
de Mediavilla (qu'on appellera Richard de Middleton si
l'on admet qu'il fut anglais). Travaillant lui aussi tout à
la fin du XIIIᵉ siècle, il a l'occasion de réfléchir sur les
événements intellectuels de l'époque — polémiques
autour du thomisme, condamnation par Étienne Tempier,
évêque de Paris, d'un certain nombre de thèses plus ou
moins directement inspirées du péripatétisme arabe (1277).
Son œuvre reflète son temps, en ce sens qu'il a voulu
tenir compte de ce que le mouvement des idées pouvait
apporter d'utilisable, dans le cadre de la pensée augustinienne et bonaventurienne à laquelle il est fidèle dans
l'ensemble. Il en conserve un certain nombre de thèmes
caractéristiques : pluralité des formes (en faveur de
laquelle il multiplie les arguments tirés de la biologie);
composition de matière et de forme en toute créature,
même spirituelle; primat du bien sur l'être et la vérité;
non-distinction de l'essence et de l'existence; connaissance
intellectuelle du singulier (indirecte, il est vrai, après saisie
de l'universel). Mais d'un autre côté il admet certains
éléments doctrinaux qui lui sont bien étrangers : identification de l'illumination divine à la connaissance naturelle;
abstraction pratiquée par l'intellect agent, qui forme
ainsi les concepts à partir du sensible; démonstration
a posteriori de l'existence de Dieu, dont il n'y a pas d'idée
innée. En matière de philosophie naturelle, il affirme que
Dieu pourrait former un univers susceptible de s'accroître
ou de décroître à l'infini, aussi bien qu'il pourrait créer
plusieurs mondes ou imprimer au dernier ciel un mouvement de translation : ces thèses sont contraires à la
philosophie d'Aristote, mais elles résultent de la condamnation de 1277, qui frappait un certain nombre de
propositions qui tendaient à limiter la toute-puissance

de Dieu au nom des lois des choses. Ainsi, comme le
fait remarquer P. Duhem, la physique aristotélicienne
allait être critiquée de deux côtés : par les théologiens
soucieux de réserver les droits de l'initiative divine;
par les savants, particulièrement les astronomes, qui ne
trouvaient pas dans le système des sphères de quoi
exprimer exactement les phénomènes, et préféraient le
système des épicycles. Richard de Mediavilla ne s'est
pas contenté de spéculations théologiques et métaphysiques sur ces problèmes, puisqu'il aurait établi que la
vitesse de la chute d'un corps est liée au temps écoulé
et à l'espace parcouru, et nullement, comme l'enseignait
Aristote, à sa distance au centre de la terre (c'est-à-dire
à son « lieu naturel »).

À mesure que les années passent, que les doctrines peu
à peu se transforment, on arrive au moment où l'école
franciscaine subira sa grande mutation, avec la venue
de Duns Scot. Après la revue qu'on vient de passer,
bien sommairement, il faudrait ajouter les noms de
plusieurs personnages encore mal connus : Barthélemy
de Bologne, qui bâtit sur le thème de la lumière toute
une théologie symbolique; Guillaume de Falguières;
Nicolas d'Occam; Raymond Rigaut, mort en 1296;
Gautier de Bruges, mort en 1307, qui s'occupe surtout
de théologie morale, et dont les preuves de l'existence
de Dieu s'appuient sur des autorités platoniciennes
(Algazel, Boèce, le *Timée*); Gonsalvus Hispanus (mort
en 1313), Alexandre d'Alexandrie (mort en 1314), qui
spéculent l'un et l'autre sur l'identification de l'intellect
agent à Dieu, et dont le premier énonce, à propos des
rapports de l'intellect et de la volonté, des thèses voisines
de celles de Scot.

On peut faire une place moins étroite au cardinal Vital
du Four (mort en 1327), mieux étudié. En métaphysique,
il nie qu'il y ait distinction réelle entre l'essence et l'existence : « l'être (*esse*) ne désigne pas un absolu ajouté à
l'essence de la créature, qui en différerait et lui inhérerait
par une création comme la forme adhère à la matière par
une génération »; il est absolument identique à l'essence;
il ne faut même pas dire qu'il soit une relation : l'existence,
c'est l'essence elle-même dans son rapport à la cause efficiente. L'âme intellective est la vraie forme du corps, mais
comme elle n'est pas sa forme en tant précisément qu'il

est corps organique, elle lui est moins étroitement unie que ne l'est l'âme sensitive. L'intellect connaît directement les singuliers : son objet, c'est l'existence actuelle de la chose saisie par la sensation, et c'est à partir du singulier connu d'abord que l'universel est formé. L'âme peut d'autre part se percevoir elle-même intuitivement, pourvu que sa pureté morale le lui permette. Si elle n'était pas douée d'un sens interne, il ne pourrait y avoir de science de l'âme (on connaît la formule d'Aristote : « ôtez un sens, vous ôtez une science »). Extérieure ou intérieure, la connaissance suppose une illumination divine, qu'on ne doit pas concevoir comme une impression que Dieu ferait sur l'âme, mais comme une insinuation, une pénétration *(illapsus),* par laquelle il y entre plus intimement que ne saurait le faire une espèce ou un *habitus :* « et ainsi sa présence intime à l'intellect fait tout ce que ferait une espèce ou une lumière sensible », lui conférant une « connaissance pure » *(notitiam sinceram).*

On a vu tantôt Jean Peckham protester contre les doctrines nouvelles qui s'écartaient de saint Augustin ; il leur oppose, comme la prudence et la vérité à l'aventure douteuse, celle « des fils de saint François » : c'était mettre en contraste, au moins au plan philosophique et théologique, l'ordre franciscain et l'ordre dominicain, auquel appartenait saint Thomas. Comme cette querelle devient plus vive à la fin du XIIIe siècle, il convient de rappeler, dans cette courte histoire de la lignée bonaventurienne, la littérature des « correctoires » *(correctoria),* qui sont des recueils de critiques dirigées contre les thèses thomistes. Nommons ici Guillaume de La Mare (mort vers 1285), dont le *Correctorium* fut adopté officiellement par le chapitre général de l'ordre franciscain, en 1282, à Strasbourg. Sa discussion ne s'astreint pas à un plan méthodique, et ne remonte pas non plus à la racine des doctrines contestées. On y voit énumérés un certain nombre de traits qui dessinent, dans ses grandes lignes, la pensée communément admise dans l'ordre à cette époque, du moins en tant qu'elle se sait et se veut autre que celle des Prêcheurs : pluralité des formes ; présence d'une matière spirituelle dans les âmes humaines et les anges ; entité propre à la matière, ainsi qu'aux genres : donc, en Dieu, idée distincte de l'une comme des autres ; contradiction dans le concept d'un monde éternel créé.

Les correctoires franciscains suscitent naturellement des réponses de la part des thomistes : ainsi celle du dominicain Jean Quidort (Joannes Dormiens), intitulée *Correctorium corruptorii* (transposition polémique du titre de Guillaume de La Mare : ce n'est pas un correctoire, mais un « corruptoire », si l'on peut dire, qu'il aurait composé); l'*Apologie* de Rambert de Bologne (Ramberto de' Primadizzi), dominicain lui aussi; et d'autres dont les auteurs ne sont pas sûrement déterminés. Tous ces écrits, franciscains ou dominicains, ne tendent pas à faire avancer positivement la recherche philosophique et théologique, mais seulement à opposer des thèses jugées vraies à des thèses jugées fausses. Ils éclairent moins l'esprit profond des doctrines antagonistes que leur capacité de résistance aux assauts dialectiques; leur existence et leur histoire ne sont pas non plus sans intérêt pour la psychologie des groupes.

L'« AVERROÏSME LATIN » AU XIIIe SIÈCLE

La philosophie d'Aristote introduite chez les Latins avait suscité la méfiance de beaucoup de théologiens; Albert le Grand, puis Thomas d'Aquin, chacun à sa manière, se sont employés à intégrer ses doctrines à la théologie. Or, avec Aristote, il faut considérer un autre philosophe, qui lui paraît d'autant plus lié qu'il est l'auteur de nombreux commentaires aristotéliciens : « le Commentateur », c'est ainsi qu'on nommera, par excellence, le musulman d'Espagne Averroës (Ibn Roshd, 1126-1198). Mais son interprétation d'Aristote, prise telle quelle, est fort peu assimilable par la foi chrétienne. On s'en apercevra progressivement, car Averroës est connu relativement tard. Il est traduit principalement par Michel Scot, qui réside à la cour de Frédéric II de Hohenstaufen, dont l'importance dans l'histoire de la culture médiévale est fort grande. C'est peu après 1230 que les œuvres d'Averroës commencent à être connues à Paris; noyé d'abord dans le nombre des philosophes nouvellement introduits, on y prête assez peu d'attention, et d'ailleurs on l'interprète mal, jusque vers 1250 : Roger Bacon, vers 1245-1250, Albert le Grand, vers 1242-1244, lui attribuent l'idée que l'intellect agent est une partie de l'âme, alors que c'est précisément l'inverse de cette thèse qui fera scandale plus tard.

Mais la structure même de l'université fournit l'occasion d'un conflit entre la philosophie et la théologie : des maîtres de la Faculté des Arts, chargés de commenter Aristote, se mettent à enseigner une philosophie pure, insoucieux de ce qu'en peut penser la Faculté de Théologie. De cet enseignement émerge peu à peu ce qu'on appelle, depuis Renan, l'averroïsme latin, et qu'on a aussi proposé de nommer « aristotélisme intégral ». En 1256, Albert le Grand (*De l'unité de l'intellect*), vers 1258, Thomas d'Aquin (*Somme contre les Gentils*), critiquent bien Averroès, mais avec d'autres philosophes païens. Dix ans plus tard, les choses se précisent : Averroès se détache; les maîtres ès arts doivent avoir vu en lui le meilleur interprète d'Aristote, la philosophie qu'ils répandent tend à prendre une nuance nettement averroïste. Saint Bonaventure part à l'attaque, en 1267, avec ses *Exposés sur les dix commandements,* la poursuit en 1268 dans ses *Leçons sur les dons du Saint-Esprit;* en 1273, un an avant sa mort, il y reviendra dans ses *Leçons sur l'Hexaméron.* Dans l'intervalle, d'autres maîtres en théologie se sont émus : vers 1270, saint Thomas écrit son traité *De l'unité de l'intellect, contre les averroïstes;* Gilles de Lessines donne une liste raisonnée des *Erreurs des philosophes* (où Averroès n'est d'ailleurs pas spécialement mis en vedette); peu avant 1277, il adressera à Albert le Grand une lettre où sont énumérés quinze « articles que proposent, dans les écoles de Paris, les maîtres qu'on estime les plus grands en philosophie »; ces articles ont pour la plupart une allure averroïste très nette. Albert y répondra en détail, en restant sur le plan de la pure philosophie.

Ce sont toujours en gros les mêmes thèses qui reviennent dans ces traités, ainsi que dans un acte important de l'autorité ecclésiastique, à la fin de l'année 1270 : la condamnation de treize articles par l'évêque de Paris Étienne Tempier. De ces divers documents on peut inférer l'allure générale de la philosophie enseignée par les « averroïstes » : le monde est éternel, donc aussi l'espèce humaine, entre autres; il y a un seul intellect pour tous les hommes; la volonté humaine n'est pas libre dans ses choix; Dieu ne connaît rien d'autre que soi,

ce qui entraîne la négation de la providence. La décision
épiscopale de 1270 n'a pas mis fin au développement
de l'averroïsme, puisqu'on a vu plusieurs théologiens
écrire encore contre lui après cette date. Le grand coup
est frappé en 1277 : le même Étienne Tempier, après
une correspondance avec la cour de Rome dont le détail
est encore mal éclairci, condamne deux cent dix-neuf
propositions enseignées, dit le document, à la Faculté
des Arts; il excommunie ceux qui persisteraient à les
soutenir. La préface dénonce le principe dialectique dont
se seraient prévalus les maîtres ès arts pour se mettre
à couvert : « ils disent que cela est vrai selon la philosophie, mais non selon la foi catholique, comme s'il y
avait deux vérités contraires, et comme s'il y avait,
opposée à la vérité de l'Écriture sacrée, une vérité dans
ce que disent les païens damnés. » C'est ce que les historiens ont appelé la doctrine de la double vérité : les
maîtres averroïstes auraient affirmé qu'ils se contentaient
de la vérité philosophique, sans préjudice de la vérité
théologique. En fait, on n'a pas encore trouvé un auteur
de cette tendance qui ait énoncé explicitement cette
dualité du vrai : le texte de l'évêque de Paris exprime
probablement en termes impropres une méthode sur
le sens de laquelle on reviendra à propos de Siger de
Brabant et de Boèce de Dacie. Quant aux deux cent dix-
neuf propositions, elles sont présentées en désordre;
certaines portent contre le *Livre de l'amour* d'André le
Chapelain (fin du XIIe siècle); il s'y mêle aussi des thèses
thomistes — une vingtaine, d'après les estimations les
plus modestes : il est clair que, dans le conflit entre les
écoles théologiques, des adversaires de Thomas d'Aquin
ont profité de l'occasion pour le compromettre avec les
averroïstes. D'ailleurs, n'avait-il pas écrit que l'idée d'un
monde éternel créé n'était pas contradictoire? Et bien
qu'il ait placé l'intellect agent dans l'âme, le fait qu'il
l'ait lié à l'intellect possible ne pouvait-il pas inquiéter
ceux qui séparaient l'un de l'autre, en leur rappelant d'un
certain point de vue ce qu'enseigne le Commentateur?
Dans l'interprétation d'Aristote, Thomas se tient plus près
d'Averroës que d'Avicenne; que certains points de sa doctrine aient été touchés en 1277 n'est pas nécessairement
le résultat du seul mauvais vouloir de ses adversaires :
cela résulte peut-être aussi d'un effet de perspective.

Quant au reste, les sources en sont multiples, bien qu'apparentées, Averroës n'en est pas la seule; il est difficile de démêler, dans cet amas de thèses d'inspirations diverses, une ligne doctrinale unique. Toutefois, à l'aide de ce qu'on peut savoir d'ailleurs de l'« averroïsme », il est possible d'en tirer quelques thèmes caractéristiques : s'occuper de philosophie est l'état le plus excellent (proposition 40); les philosophes seuls sont sages (154); la connaissance de la théologie n'est rien (153); elle est même nuisible au savoir (175), parce que pleine de fables et d'erreurs (152, 174); il faut donc rejeter les croyances en la résurrection (18) et en la création (184, 185, 217), qui ne sont pas fondées en raison; Dieu ne peut connaître que soi (3) — donc, ni directement les contingents (56), ni les futurs contingents (42); ce qu'il fait immédiatement, il le fait nécessairement (53); il ne peut produire directement des effets nouveaux (43, 48, 54, 63), mais un seul effet (44, 64) : ainsi la production de l'être passe par des intermédiaires (38, 73, 84). Tout cela tient à la cosmologie arabo-aristotélicienne, comme aussi ces deux propositions dont, avance P. Duhem, la condamnation aurait donné l'essor aux recherches des physiciens et des astronomes : que la cause première ne peut faire plusieurs mondes (34); que Dieu ne peut mouvoir le ciel d'un mouvement rectiligne, parce que cela laisserait un vide (49). Le monde est éternel, comme le démontre le Philosophe (91); il y a donc eu dans le passé une infinité de révolutions du ciel (101), dont le retour tous les trente-six mille ans ramène les mêmes effets (6). Les espèces contenues dans le monde sont également éternelles (87) — et en particulier « il n'y a pas eu de premier homme, il n'y en aura pas de dernier, mais il y a eu et il y aura toujours génération d'un homme par un homme » (9). Dans un tel monde, tout événement est nécessaire (21). Dieu ne peut faire plusieurs âmes numériquement distinctes (27). L'intellect est un; il peut être disjoint de tel corps, mais non de tout corps (32); ce qui ne signifie pas qu'il soit la forme du corps, car il lui vient de l'extérieur (111), et ne fait pas, avec l'âme sensitive de l'homme, une essence unique (13). La substance de l'âme, l'intellect agent, l'intellect possible, sont éternels (109). Dans toutes ses actions, l'homme suit l'appétit dominant (164); et l'appétit, s'il ne rencontre pas d'obstacle, est

mû nécessairement par le désirable (134); à moins qu'on
ne dise que la volonté suit nécessairement ce que croit
fermement et lui dicte la raison (163) : dans un cas comme
dans l'autre, la volonté est déterminée de l'extérieur.
On retrouve au plan de la morale l'intellectualisme
inclus dans la dernière proposition : tout le bien que
peut atteindre l'homme consiste dans les vertus intellectuelles (144); cette félicité peut d'ailleurs être atteinte
dès cette vie (176). À côté de ces thèses, on en trouve
d'autres qui relèvent d'un pur humanisme à l'antique :
la continence n'est pas essentiellement une vertu (168);
l'abstinence complète de l'acte de chair corrompt la
vertu et l'espèce (169); l'humilité n'est pas une vertu
(171). Il est clair qu'au cœur de cet ensemble doctrinal
on trouve l'inspiration d'Aristote : saint Bonaventure,
en 1273, déduisait tout l'« averroïsme » de l'idée que
Dieu ne peut connaître que lui-même, ce qui entraîne
directement la négation des Idées; en 1270, Gilles de
Lessines écrivait que toutes les erreurs d'Aristote procèdent de ce que pour lui rien de nouveau ne peut venir
à l'être que par un mouvement précédent : on retrouve
là le principe des thèses qui nient la création et posent un
monde éternel. De toutes façons, on reste dans le même
climat philosophique. Climat dans lequel beaucoup
d'esprits semblent s'être trouvés particulièrement à l'aise.
L'enthousiasme de la philosophie pure a dû être répandu
à la Faculté des Arts, pour que tant de controverses et
d'actes ecclésiastiques ne l'aient pas éteint (on verra le
courant « averroïste » persister en divers lieux du monde
chrétien). Il s'exprime naïvement dans cette note relevée
par Renan dans un exemplaire d'Averroës : « Ces commentaires ont coûté trente florins. Mais ils sont sans
prix, puisqu'ils contiennent la vérité pleine et entière
de la philosophie naturelle et de la philosophie première. »
Quel était l'état d'esprit des maîtres ès arts, et de leurs
étudiants, qui acceptaient, pour l'amour d'Aristote et
d'Averroës, d'entrer en conflit, de façon plus ou moins
aiguë, avec la Faculté de Théologie, soucieuse de maintenir l'unité d'une sagesse ordonnée par la foi? Il est
imprudent de parler de libre pensée, ou d'inconséquence,
ou de décider d'une interprétation généralement valable
pour tous les averroïstes, connus ou inconnus, quand
les historiens ne s'accordent pas sur ce que voulaient au

fond deux maîtres dont on a conservé plusieurs écrits, et qui furent principalement visés par la condamnation de 1277 : Siger de Brabant et Boèce de Dacie.

SIGER DE BRABANT

Le premier (né à une date inconnue) est maître ès arts à Paris en 1266. Il est impliqué dans la condamnation de 1270, inquiété en 1272; en 1277 il est convoqué, avec un autre maître nommé Bernier de Nivelles, devant l'inquisiteur de France; mais il avait déjà quitté ce pays. Il meurt à Orvieto, à la cour pontificale où il était interné, avant la fin de 1284 (une lettre de Jean Peckham datée du 10 novembre le donne comme déjà mort); il aurait été assassiné par son secrétaire à demi fou. Tel qu'il apparaît dans son style, Siger devait être un esprit clair, ordonné, profond, habile à discuter sans verser dans la polémique. Quand son raisonnement le conduit à des difficultés, il le reconnaît loyalement : ses *Questions sur l'âme intellective* s'achèvent sur un aveu de ce genre assorti d'un encouragement (inspiré de Sénèque) à chercher davantage : « Veille, étudie, lis, pour que ce doute qui te reste t'excite à étudier et à lire, puisque vivre éloigné des lettres est, pour l'homme, mort et sépulture vile. »

L'intellectualisme averroïste est ici solidaire d'un caractère. Ses écrits témoignent d'une érudition philosophique sûre, mais assez restreinte; outre Aristote et Averroès, il cite encore quelques Arabes, et aussi Proclus, à qui par exemple il emprunte un axiome pour prouver la simplicité de Dieu (« la cause est universellement plus noble que le causé »); dans ses *Questions sur la métaphysique,* il le cite explicitement quatre fois.

Par méthode, Siger développe le contenu et les conséquences de la philosophie d'Aristote, et s'en tient là : nous avons donc un cas du fameux parti pris averroïste de s'en tenir au plan philosophique, son étude pourra peut-être nous instruire sur l'esprit du groupe. Quand la philosophie est en désaccord avec la foi, Siger le note, mais ne dit jamais que toutes deux sont vraies. Au contraire, il réserve à la seconde le nom de *vérité,* la qualification de *vraie :* « notre intention principale n'est pas de chercher ce qu'est la vérité, mais quelle fut l'opinion du

Philosophe »; c'est là, dit-il ailleurs, « procéder philosophiquement ». La préférence, précise-t-il, doit aller à « la sainte foi catholique ». Donc, Siger ne parle pas de double vérité, et fait passer la foi avant la philosophie : on ne peut rien tirer d'autre de ses œuvres. Qu'on ne puisse parvenir rationnellement qu'à des positions philosophiques ne doit pas étonner : « Selon la foi le monde et le mouvement ont commencé. Il n'y a pas de raison qui le prouve, car celui qui donne une raison ne pose pas la foi. »

Aristote a suivi des raisons naturelles; les contenus respectifs de la philosophie et de la foi se définissent donc comme deux ordres, l'un naturel, l'autre surnaturel, dont le premier est connu par des raisons et l'autre par une révélation :

Ici nous cherchons seulement l'intention des philosophes, principalement d'Aristote, même si par hasard le sentiment du Philosophe ne correspond pas à la vérité, et même si la révélation nous a enseigné sur l'âme certaines choses qu'on ne peut conclure par des raisons naturelles. Mais pour l'instant les miracles de Dieu ne nous concernent pas, puisque nous traitons naturellement de choses naturelles.

Donc, ce qu'enseigne la foi est vrai; ce que démontre la philosophie n'est pas faux pour autant — du moins Siger ne le dit pas. Saint Thomas a développé dialectiquement les conséquences de cette attitude : pour Siger, « la foi porte sur des propositions dont les contraires peuvent être conclues nécessairement. Mais on ne peut conclure nécessairement que du vrai nécessaire, dont l'opposé est faux et impossible; donc il résulte de ce qu'il dit que la foi porte sur du faux et de l'impossible. » Le raisonnement est fort, mais n'est peut-être pas contraignant. Pour saint Thomas, qui estime d'ailleurs que la philosophie ne doit pas « s'occuper de ce qu'ont pensé des hommes, mais de la vérité des choses », foi et raison naturelle s'accordent, en ce sens que ce qui est vrai selon l'une ne peut être faux selon l'autre. Pour Siger, il y a deux sphères : celle de la foi, de l'ordre surnaturel, du vrai; celle des raisons, des conséquences logiques, de la nature — et, dirions-nous, du non-faux. Si bien qu'il a en somme une logique à trois valeurs; elle reste évidemment implicite; tirée au clair, elle lui permettrait de parer la critique de saint Thomas, alors qu'au contraire Siger est parfois embarrassé des oppositions qu'il met au jour entre la foi et la philosophie. Tel que l'averroïsme se présente historiquement, et la logique des conséquences étant du côté de l'ordre naturel, on voit qu'il peut déboucher sur deux voies, que Siger semble refuser l'une et l'autre : sur un fidéisme hostile à la philosophie, si l'on s'attache d'abord à la vérité; sur l'incrédulité, si l'on tient surtout à la logique. Pris en lui-même, dans sa réalité vécue, il pourrait en être autrement.

Cette analyse ne suffit pas à justifier métaphysiquement l'attitude de Siger, mais elle permet peut-être d'échapper aussi bien à la malheureuse formule de la « double vérité », héritée d'Étienne Tempier, qu'à la réfutation thomiste, qui ne vaut qu'en fonction de ses propres principes. Ce n'est pas le lieu d'étudier les ultimes fondements des deux axiomatiques opposées; mais il n'est pas prudent de conclure trop vite que Siger, ou tel averroïste, n'a le choix qu'entre l'impiété et l'absurdité.

Avec Aristote et Averroës, Siger ne pense pas qu'on puisse séparer l'*essentia* de l'*esse;* ou, comme il dit, « l'homme ne peut demeurer dans son être essentiel sans demeurer dans son être actuel, car l'actualité de l'être appartient à l'être essentiel de l'homme ». Ou encore, dire « l'homme est », c'est lui attribuer son être substantiel, tout comme dire « l'homme est homme »; sans quoi l'être lui serait un accident (c'est ce que professait Avicenne), et il n'y aurait pas de différence de fond entre la proposition « l'homme est » et la proposition « l'homme est blanc, ou noir »; donc, « l'être est de l'essence de la chose »; qu'elle soit, résulte de sa forme même. Cela ne vaut pas évidemment pour tel homme déterminé, mais pour « la nature humaine »; on rejoint ici une des thèses condamnées en 1277 : les espèces sont éternelles, il n'y a jamais eu nul homme qui n'ait été engendré par un autre. C'est cette éternité qui fonde la nécessité des propositions vraies (comme « l'homme est animal »). D'autre part, dans ce monde éternel, « nul aspect de l'être ne passe à l'acte qu'il n'y ait autrefois passé; ainsi, sous le même aspect qu'elles ont eu reviennent circulairement les opinions, les lois, les religions »; l'actualité éternelle du premier moteur cause un retour cyclique des configurations du ciel et des événements qu'elles déterminent.

L'âme intellective, ou intellect, existe séparée du corps, n'en est pas la forme, ne lui confère pas l'être, contrairement à ce qu'ont dit « deux hommes éminents en philosophie, Albert et Thomas »; ce qu'a dit là-dessus le Philosophe, ce qu'on peut en induire, le démontre. Toutefois, c'est bien à l'homme, non à l'intellect, qu'il faut attribuer l'acte de connaître : car « l'intellect, en comprenant, opère intrinsèquement dans le corps » de l'homme, et c'est ce rapport intrinsèque qui nous autorise à dire que « l'homme comprend ». Ajoutons que l'âme intellective est toujours jointe à un corps : quand tel corps se corrompt, dont elle était l'acte de la façon susdite, elle devient l'acte d'un autre (on se rappelle que l'espèce humaine est éternelle). Cela ne va pas contre la justice qui veut que les bons soient récompensés et les méchants punis, au moins après la mort : car, au vrai, dès cette vie les bonnes actions sont à elles-mêmes leurs récompenses, et les mauvaises leurs peines, comme il est dit aux livres I et IV de l'*Éthique*.

On voit aussitôt que dans ces conditions il peut bien n'y avoir pour tous les hommes qu'une seule « âme intellective » : car, séparée de la matière dans son être, elle ne peut se multiplier. Siger le démontre en se fondant sur des textes d'Aristote; mais il s'avoue embarrassé par des autorités contraires, qui ne sont pas sans poids : Avicenne, Algazel, Themistius. Il y a longtemps, dit-il, qu'il est en doute à ce sujet, et même sur ce qu'en a pensé réellement le Philosophe; « dans un tel doute, il faut se tenir à la foi, qui dépasse toute raison humaine ».

Ces thèses sont tirées des *Questions sur l'âme intellective*. Mais on sait (B. Nardi), par des citations faites au début du XVIe siècle par Agostino Nifo, que Siger, qu'il appelle le fondateur de l'averroïsme, a écrit un traité *De l'intellect*, où l'intellect est distingué de l'âme intellective. Cette dernière comprend, outre le premier, l'âme sensitive et la végétative; si bien que l'intellect est « comme une demi-âme » *(quasi semianima)*, « la moitié de l'âme intellective ». L'intellect est un pour tous, mais l'âme intellective, multipliée numériquement, est forme du corps. Ainsi, toujours selon Nifo, Siger a occupé une position intermédiaire entre celle des Latins et celle des averroïstes. Dans un autre écrit *(De felicitate)*, Siger pose que la félicité, c'est Dieu, et que « l'intellection par laquelle Dieu est connu est Dieu lui-même » : de sorte que l'intellect agent est Dieu.

La doctrine de Siger a donc évolué sur certains points, et cela pose le problème de l'authenticité de plusieurs écrits que certains estiment devoir lui attribuer, et d'autres non ; le détail de cette question est complexe, on ne saurait s'y arrêter (à l'état qui en a été dressé assez récemment par le Père A. Maurer, il faut ajouter un article de G. Sajó sur Boèce de Dacie). Disons en gros que certains textes relatifs à la physique, d'autres qui concernent l'intellect, témoigneraient, si leur attribution à Siger devait être confirmée, d'une profonde modification de sa pensée ; sur le second point spécialement, il aurait fini par occuper une position toute voisine de celle de saint Thomas. Rien n'est impossible, mais on n'a trouvé jusqu'ici aucun texte de l'époque qui porte témoignage d'un changement aussi important. On ne saurait s'abstenir de signaler l'hypothèse, ni consentir à l'accepter pour vraie tant qu'elle n'est pas pleinement confirmée.

BOÈCE DE DACIE

Sa vie est moins connue que celle de Siger ; on n'a ni la date de sa naissance, ni celle de sa mort ; en 1283, il était à Orvieto, à la cour pontificale, et il avait été impliqué dans la condamnation de 1277 : on n'en sait guère plus. Il a écrit sur l'ensemble de la philosophie, mais il nous reste peu d'œuvres de lui. Toutefois, le nombre s'en est récemment accru : G. Sajó a publié un traité *De l'éternité du monde,* et le même érudit a restitué à Boèce des commentaires sur Aristote *(De la génération et de la corruption, Physique)* qu'on attribuait à Siger de Brabant. Cela vient s'ajouter à trois écrits publiés antérieurement par M. Grabmann : un traité *Du souverain bien,* un autre *Des songes,* ainsi qu'un *sophisma,* ou discussion dialectique, consacré à la proposition « tout homme est nécessairement animal ». Peu de chose au total, mais assez pour qu'on puisse esquisser les traits principaux d'une doctrine.

Le *De mundi aeternitate* se propose de montrer que la philosophie et la foi ne sont pas en désaccord à propos de l'éternité du monde, et que d'autre part il n'y a pas de force dans les raisons par lesquelles des « hérétiques » cherchent à prouver que le monde est éternel. Pour satisfaire à ce programme, Boèce commence par établir qu'on ne peut prouver philosophiquement la contra-dictoire de cette dernière thèse; il le fait sous la forme classique d'une dispute dialectique : les raisons *pour* sont énumérées, puis équilibrées par des raisons *contre*. Ensuite, la solution prend le problème à sa racine : le philosophe a' le droit de discuter et de résoudre toute question susceptible d'un examen rationnel. Mais aucun philosophe ne peut montrer par des raisons que le mouvement et le monde aient commencé. Le physicien *(naturalis)* ne le peut, car il doit se tenir dans les limites de sa science, d'après laquelle la nature ne peut produire un mouvement nouveau qui ne soit précédé d'un autre comme de sa cause, non plus qu'il ne peut y avoir de changement dans un être sans une « transmutation » qui le précède : cela exclut qu'il y ait eu un premier mouvement — selon la nature s'entend, qui, sans être principe premier au sens absolu, l'est du moins « dans le genre des choses naturelles ». Elle ne connaît que la génération, elle ignore la création; le physicien ne peut « poser un premier homme », qui par définition ne serait pas engendré. Pourtant il est bien vrai qu'il y en a eu un, que le monde a été créé, etc.; mais nul spécialiste *(artifex)* n'a le droit de dépasser les limites de sa science, ni pour en inférer les vérités des autres sciences, ni pour les nier. Il doit en revanche nier ce qui contredit ses propres principes : le physicien doit donc nier ce qui n'est pas possible par des causes naturelles, par exemple, la résurrection des morts. Mais le chrétien admet qu'elle est possible « selon une cause supérieure qui est la cause de toute la nature » (Boèce dit ailleurs — dans ses *Questions sur la physique* — que « s'il n'y avait de production que naturelle, il n'y aurait pas de production du tout » : la nature est un principe subordonné). Ce n'est donc pas par des causes naturelles que le monde a commencé; c'est pourquoi le physicien, borné à cet ordre, n'a pas le droit de dire que le monde n'a pas commencé; mais il peut dire que cela n'a pas été possible « par des causes et des principes naturels »; sous couvert de cette clause, cela est vrai. Concluons donc qu'il n'y a pas contradiction entre la foi et la physique au sujet de l'éternité du monde, et qu'on

ne peut montrer par des raisons naturelles que le monde
a commencé (Boèce dira plus loin que si ce qui dépend
de la foi pouvait se démontrer, il n'y aurait plus foi,
mais science). D'autre part, la mathématique n'est concer-
née en aucune de ses parties par l'éternité ou la
« nouveauté » du monde. Et le métaphysicien ne peut
démontrer que le monde a commencé, parce que le monde
dépend de la volonté divine, et que nul ne peut la
connaître. Ensuite, Boèce répond à toutes les raisons
qu'il avait énumérées en faveur de l'éternité du monde ;
quant aux raisons adverses, il les concède « à cause
de la conclusion », mais note qu'elles sont sophistiques.
Et il conclut en rappelant quels sont les rapports entre
le philosophe et la foi : ils ne sont pas en désaccord,
parce que le philosophe, en tant que tel, n'a pas à s'occuper de la révélation et des miracles, mais doit s'en tenir
aux raisons que l'homme peut découvrir. Le chrétien
de son côté n'a pas à « murmurer contre le philosophe »,
qui « ne contredit pas à la vérité de la foi catholique »,
comme on l'a vu ; il ne doit pas non plus chercher à
fonder sa foi sur des raisons quelconques — sophistiques,
dialectiques, ou démonstratives — mais « sauver foi et
philosophie, en n'adultérant ni l'une ni l'autre ».

Boèce occupe donc la même position que Siger : naturel
et surnaturel sont deux ordres différents ; la philosophie
et la foi, qui leur correspondent, doivent rester chacune
dans son domaine. La vérité absolue *(veritas simpliciter)*
est du côté de la seconde ; mais la première ne peut sortir
du champ de validité défini par les principes qui la fondent. Il n'y a donc pas de conflit, ni de « double vérité » :
il y a la vérité révélée d'une part, et un système rationnel
cohérent de l'autre.

En morale, Boèce procède avec la même netteté : son
intellectualisme aristotélicien s'arrête à la frontière de la
religion chrétienne ; peut-être sur un point fait-il un pas
au-delà. Dans le *De somniis*, il propose une division
tripartite des vertus : naturelles, morales, intellectuelles ;
des actions : naturelles, morales, contemplatives ; des
biens : naturels, moraux, intellectuels. Dans chacun de
ces trois derniers ordres, il y a un souverain bien ; le
souverain bien naturel se dédouble en conservation de
l'individu et continuation de l'espèce ; le souverain bien
qui procède des actions morales est la « félicité politique »,

fin de tous les biens moraux; le bien ultime dans les actes
de l'intellect est « la connaissance parfaite de la vérité,
sa contemplation, et la délectation intellectuelle qui est
jointe à cette contemplation ». Ce thème se développe
dans le *De summo bono* : la vertu la meilleure de l'homme
étant la raison et l'intellect, le bien le plus haut qu'il
puisse atteindre sera celui de l'intellect, que le Philosophe
appelle « quelque chose de divin en l'homme ». Mais
l'intellect est spéculatif et pratique : donc « le bien
suprême dont l'homme soit capable est la connaissance
du vrai, l'opération du bien, et la délectation dans l'une
et l'autre »; c'est, d'un autre nom, sa béatitude.

C'est là le plus grand bien que l'homme puisse recevoir
de Dieu et que Dieu puisse donner à l'homme en cette vie;
il est raisonnable pour un homme de désirer une vie longue,
s'il la désire pour devenir plus parfait en ce bien. En effet :
qui est plus parfait en la béatitude dont la raison nous apprend
qu'elle est possible en cette vie humaine, celui-là est plus
proche de la béatitude que la foi nous fait attendre dans la vie
future.

C'est ici qu'une autre voix se joint à celle d'Aristote,
comme on le faisait prévoir plus haut. Toutes les actions
de l'homme doivent tendre à ce souverain bien. Celui
qui arrive au plus haut degré de la vertu intellectuelle est
dans l'état le meilleur où l'homme puisse être : « tels
sont les philosophes, qui consacrent leur vie à l'étude
de la sagesse » (ici en revanche on se rappelle une
proposition condamnée par Étienne Tempier : « il
n'y a pas de meilleur état que de vaquer à la philosophie »). Les autres hommes, dont les vertus, les opérations, les délectations, sont inférieures, « pèchent contre
l'ordre naturel ». Le philosophe s'élève à la connaissance de la cause première, « être premier selon les
philosophes, Dieu béni selon les saints »; il l'admire et
l'aime, comme la source de tous les biens. C'est là sa
délectation, et la seule qui soit « droite ». Et Boèce de
conclure :

C'est la vie du philosophe; celui qui en mène une autre ne
mène pas une vie droite. Or j'appelle philosophe tout homme
qui vit selon l'ordre de la nature et qui a acquis la meilleure

et l'ultime fin de la vie humaine. Le premier principe dont on a parlé, c'est le Dieu glorieux et sublime qui est béni dans les siècles des siècles. Amen.

C'est sur des formules analogues que se terminent d'autres traités de cet auteur : par exemple, le *De mundi aeternitate* (il est même là question du Christ). Serait-il raisonnable d'y voir des paratonnerres plantés sur des œuvres trop hardies, pour en écarter les condamnations ? Qui Boèce eût-il espéré tromper ainsi ? D'ailleurs il suspend les productions naturelles à une première cause radicale. En outre, le *De mundi aeternitate* affirme, d'accord avec la foi, que le monde a commencé; il nie seulement qu'on puisse le démontrer rationnellement. Le plus sage est de croire Boèce sur parole : il traite en spécialiste de sa spécialité, qui est la philosophie; il n'infère donc rien qui dépende d'autres principes que les philosophiques. Mais cela ne l'empêche pas de rappeler, hors de la ligne de son raisonnement, et comme en de brefs scolies marginaux, quelque proposition qui vient directement de la foi, source de la *veritas simpliciter*. On pourra toujours prétendre que sa pensée de derrière la tête était autre, et que l'interprétation qu'on avance ici est fausse. Elle est pourtant la plus simple.

JEAN DE SÉCHEVILLE

À la même époque, d'autres maîtres font au moins une grande place au Commentateur, sans qu'on puisse décidément les rattacher au courant « averroïste » : citons Jacques de Douai, Gilles d'Orléans. On observe une tendance plus nette dans le traité *Des principes de la nature*, récemment publié, de Jean de Sécheville, Anglais, recteur de la Faculté des Arts en 1256, et qui a peut-être écrit encore un opuscule *De l'excellence de la philosophie*. Il s'affirme « sectateur de la vérité péripatétique », utilise abondamment Averroès, critique Avicenne pour avoir mêlé de la théologie à sa philosophie, affirme qu'il y a un seul intellect pour l'espèce humaine, que le temps et la génération sont éternels : ensemble de thèmes bien caractéristique.

DANTE

Il n'est pas incongru d'évoquer Dante en résumant l'histoire de l'« aristotélisme intégral ». Non que Dante ait soutenu les thèses averroïstes dont on vient tout juste d'énumérer les principales, ni qu'il ait dissocié la vérité de la foi des constructions rationnelles de la philosophie. Mais dans sa *Monarchie* il distingue deux béatitudes de l'homme : l'une, terrestre, déduite par les philosophes, assurée par l'exercice des vertus naturelles, et que doit garantir l'autorité de l'empereur, chef unique du genre humain qu'il conduit à sa félicité temporelle; l'autre, céleste, rattachée à la foi et à la révélation de l'Esprit saint, et obtenue par les vertus théologiques; c'est le pape, chef unique dans l'ordre spirituel, qui a pour tâche de mener le genre humain à la vie éternelle. Cette division nette n'est pas sans rappeler la dichotomie méthodique de Siger et de Boèce de Dacie; et d'autre part Dante définit la fin du genre humain en termes inspirés d'Averroës : « l'œuvre propre du genre humain pris dans sa totalité est d'actualiser toujours la puissance de l'intellect possible »; le philosophe règle les opérations de l'intellect, l'empereur, celles de la volonté, soumise aux lois civiles. Cela évoquerait le classement des vertus proposé par Boèce de Dacie, si Dante ne disait rien de la béatitude éternelle et des vertus théologiques. Or, on a vu qu'il ne les oubliait pas; il dit encore que l'empereur doit au pape la révérence qu'un fils doit à son père, puisque « la félicité mortelle est en quelque façon ordonnée à l'immortelle ». Du point de vue averroïste, c'est là mélanger la foi et la philosophie; du point de vue de Thomas d'Aquin, qui soumet entièrement le pouvoir temporel au spirituel, et plus encore du point de vue de Roger Bacon, c'est affranchir indûment l'autorité civile. Il est certain que sur ce point Dante occupe une position bien personnelle dans l'histoire de la pensée politique à cette époque; on a pu soutenir (É. Gilson) avec beaucoup de vraisemblance que s'il place Siger au paradis, c'est qu'il approuve la séparation que le maître ès arts brabançon trace entre les ordres — philosophie et théologie, puissance impériale et autorité du pape. Dans cette mesure il est légitime de rattacher Dante à l'averroïsme, ou tout au moins à la philosophie politique d'Aristote et à ses vues sur le bien suprême de l'homme, qu'il associe à la doctrine chrétienne sans les y intégrer à la manière de saint Thomas.

JEAN LESAGE

Citons à côté de Dante un auteur peu connu, Jean Lesage, qui, dans une question quodlibétale disputée tout au début du XIVe siècle (peut-être en 1303), examine « s'il est licite aux prélats de quitter leurs diocèses pour assister les souverains séculiers ». Dans sa discussion, il distingue une fin surnaturelle qui est celle des prélats, et à laquelle ils doivent ordinairement se tenir : diriger dans les choses surnaturelles ceux qui leur sont soumis. Le prince doit régir la cité pour permettre aux citoyens d'atteindre la fin qui leur convient : la félicité. Il doit donc « être parfait en la prudence universelle qui est la science de l'*Éthique* et de la *Politique,* et en la prudence particulière qui est acquise par l'expérience. Et puisque cette prudence universelle est une partie de la philosophie, il faut que les princes soient en quelque façon philosophes ». Il y a une félicité et une suffisance par soi de la vie civile, mais « l'acte et la fin du prélat est plus excellent que l'acte et la fin du prince ». À travers le texte très court de Jean Lesage, il semble que s'expriment les mêmes idées qu'on a trouvées chez Dante.

GRAMMAIRE ET LOGIQUE
DU XIIe AU XIVe SIÈCLE

Le XIIe siècle était, dans l'ensemble, épris des belles-lettres : on se rappelle qu'à Chartres les auteurs anciens étaient soigneusement étudiés; Bernard de Chartres, Guillaume de Conches, Jean de Salisbury, étaient des humanistes. Saint Bernard lui-même use d'un style extrêmement éloquent et soigné. Au début du XIIIe déjà, la dialectique commence à triompher à Paris : développement du germe qu'y avait semé Abélard. On a vu comment s'était constituée une méthode pédagogique et une méthode théologique qu'avaient rendu possibles les travaux des logiciens. Ainsi le contenu du *trivium* se modifie : par un résultat du progrès de la dialectique, on voit se transformer la grammaire, « origine de toutes

les disciplines libérales, berceau de la philosophie entière »,
disait Jean de Salisbury; ainsi l'esprit de la culture change
d'aspect. Car si à Orléans on étudie les auteurs classiques
comme par le passé, Chartres perd beaucoup de son
importance; et Paris, centre intellectuel du monde chrétien, est gagné entièrement aux méthodes nouvelles. Jean
de Garlande (né en 1195) est le dernier à y défendre la
tradition des lettrés. Dans un poème français composé
avant le milieu du siècle, *la Bataille des sept arts,* Henri
d'Andelys raconte le combat de la Grammaire d'Orléans
contre la Dialectique de Paris, appuyée d'une autre
Grammaire, passée du côté de la logique.

Déjà au XIIᵉ siècle s'était amorcée une liaison de la
grammaire et de la dialectique. Cela éclate chez Abélard,
qui, logicien avant tout, mêle fréquemment à ses exposés
des analyses ou des réflexions qui portent sur des faits
grammaticaux. Inversement, le grammairien Pierre Hélie
cherche à mettre son art en accord avec la logique, à
concilier Priscien et Aristote; il sera par la suite appelé
« le Commentateur » (de Priscien), par excellence, ce qui
montre que les grammairiens du XIIIᵉ siècle voient en
lui un précurseur. Jourdain de Saxe, le deuxième maître
général des Frères Prêcheurs, mort en 1237, fait un pas
de plus, car il utilise, pour commenter Priscien, le
« nouvel Aristote », c'est-à-dire les traités de logique
qu'ignorait encore Pierre Hélie. Mais c'est surtout à
partir de la seconde moitié du XIIIᵉ siècle que règne la
« grammaire spéculative », qui est au vrai une théorie
de la signification; les grammairiens intitulent volontiers
leurs traités « Des modes de signifier » *(De modis significandi).* Sous les différences secondaires, on peut démêler
chez ces auteurs une doctrine commune. D'abord, on
ne connaît vraiment un objet que par sa cause (Aristote);
enseigner la grammaire, c'est donc rendre raison des
faits grammaticaux. L'inventeur de la grammaire n'a
pu être un grammairien, mais bien un philosophe,
« considérant avec attention les natures propres des
choses, à partir desquelles on connaît les modes d'être
appropriés aux diverses choses » (Michel de Marbais). Le
langage est donc fondé sur l'être, d'où cette deuxième
idée, que la grammaire est générale, et qu'on peut
l'étudier en faisant abstraction des langues particulières;
Pierre Hélie pensait qu'il y avait autant de grammaires

que de langues, Michel de Marbais professe la thèse contraire : « celui qui sait la grammaire dans un langage la sait dans un autre, quant à tout ce qui est essentiel à la grammaire »; en effet « la diversité des mots et leurs formes diverses sont accidentelles ». Les lois du langage sont partout les mêmes, comme celles de l'être et de la pensée. C'est à elles que s'attachent les grammairiens. Un seul exemple : le nom et le pronom signifient la substance, ou ce qui est stable à la façon de la substance (ainsi, on parle de la blancheur; or, ce nom ne désigne pas une substance, mais un accident : c'est que l'accident participe de la stabilité du sujet); mais le nom a une signification déterminée; le pronom, une signification confuse. De la même façon, on s'interrogera sur le verbe, et sur les parties secondaires du discours (adverbes, prépositions, etc.), appelées syncatégorèmes *(syncategoremata)*; on distinguera la signification de la consignification, qui la nuance; on classera les significations en générales (les parties du discours), accidentelles (genre, cas, nombre, etc.), spéciales (divisions des deux premières classes), etc. Au cours de ses recherches sur ce sujet, M. Grabmann a rencontré un grand nombre d'auteurs qui ont écrit des traités de ce style; il énumère, pour la seconde moitié du XIIIᵉ siècle et le début du XIVᵉ, Roger Bacon, Thomas d'Erfurt (auteur d'une *Grammatica speculativa* longtemps attribuée à Duns Scot, et étudiée par M. Heidegger), Siger de Courtrai, Michel de Marbais, Jean Josse de Marville, Martin de Dacie, Jean de Dacie, Boèce de Dacie, Jean l'Orfèvre (Johannes Aurifaber), Hubertus (ou Lambertus) Hoggensis, Johannes Avicula de Lotharingia, Matthieu de Bologne, Thomas Occam, Echardus Knab de Zwiefalten, etc. Et il a trouvé de nombreux traités anonymes.

Parmi ces auteurs, certains sont aussi des logiciens; par exemple, Siger de Courtrai. Citons aussi Raoul le Breton (Radulfus Brito), qui, maître ès arts, puis en théologie, à Paris, a commenté la *Logique* d'Aristote, et écrit un *Tractatus de modis significandi*. La logique a mué en même temps que la grammaire, bien que dans un contexte immédiat un peu différent : l'usage de la *disputatio* comme exercice scolaire a amené un développement de l'art de discuter, c'est-à-dire de la dialectique proprement dite, et une étude plus poussée de la sophistique; d'où des analyses beaucoup plus détaillées des rapports entre propositions et du sens des termes. Ainsi les logiciens composent des traités *De obligatione* (ou *De arte exercitativa*), qui donnent les règles à suivre dans les *disputationes,* mais dont le sens pour l'histoire de la logique est sans doute plus important : « il serait inexact de ne voir dans ces traités qu'un ensemble de règles pour ces exercices scolaires, car ils enferment un noyau de règles pour une méthode axiomatique, bien que sous une forme assez peu élaborée » (P. Böhner). Rangeons avec eux, d'une part les traités « des conséquences » *(de consequentiis)*, qui étudient les inférences entre propositions simples ou composées, et d'autre part les *sophismata.* Un *sophisma* n'est pas un « sophisme », comme on pourrait croire, ou du moins ne l'est pas nécessairement (comme la *fallacia*); c'est une proposition qui contient quelque difficulté, par une faute ou une ambiguïté de construction, ou pour toute autre raison; elle est étudiée pour elle-même, et dans la pratique scolaire c'est souvent l'occasion pour le maître de développer un point particulier de la discipline qu'il enseigne (le grammairien aussi connaît les *sophismata* : on en a de Siger de Courtrai). Cas particuliers de *sophismata* : les « insolubles » *(insolubilia)*, ou propositions qui, prises à la lettre, se contredisent (comme le fameux « je dis faux », avec toutes les variantes qu'on en peut tirer); les « impossibles » *(impossibilia)*, où la contradiction ne se laisse pas lever par une simple distinction logique, comme dans le cas des « insolubles ».

Tout cela concerne la théorie des conséquences, mais les logiciens se sont aussi occupés des termes et de leurs rapports dans la proposition. Ils ont énuméré et analysé des mots tels que *chaque, tout, et, ou, non...; leur caractère* commun est de ne pas signifier par eux-mêmes, mais de se lier à des termes qui ont une signification propre, ou « catégorèmes » *(categoremata) :* d'où leur nom de « syncatégorèmes » *(syncategoremata)*, qui nous remet en mémoire les travaux des grammairiens; preuve nouvelle des rapports étroits, au moins d'origine, entre la spéculation logique et la grammaticale. Autre concept important : celui de « supposition » *(suppositio)*; on appelle ainsi l'acception dans laquelle est pris un nom. Par exemple, dans la phrase « l'homme est animal », le mot homme « suppose pour » *(supponit pro)* une espèce; dans

« l'homme court », pour un individu ; dans « homme est
un substantif », pour un mot. À la supposition il faut
rattacher la « copulation » *(copulatio)*, qui concerne, de
la même façon, le prédicat. Citons encore l'« amplification » *(ampliatio)*, cas où un nom est employé pour
désigner non seulement des objets présents, mais encore
passés, futurs, possibles : ce qui affecte nécessairement le
sens de la proposition où il se trouve, etc. On voit que
bien des erreurs dans le raisonnement ou la discussion
proviennent de la méconnaissance de toute cette logique
du sens, étroitement apparentée à la grammaire ; on
remarquera la clarté d'esprit et la vigueur d'analyse
dont témoignent des travaux dont on n'a pu donner
qu'un très lointain aperçu (en laissant de côté bien d'autres
thèmes). On voit aussi ce que signifie ce moment de
la logique médiévale, que parfois on accuse, bien à
tort, de subtilité excessive. En réalité, il s'agissait d'étudier
dans son détail le seul outil de raisonnement dont on
disposait alors : la langue latine. Les logiciens ont
construit en somme une algèbre du langage, et se sont
donné beaucoup de peine pour en dissiper les ambiguïtés
et dégager les règles de son usage exact. Juger qu'ils
ont perdu leur temps, c'est ignorer ce qu'est la logique,
et que la logique moderne est proche par certains côtés
de celle des XIIIᵉ et XIVᵉ siècles (P. Böhner).

Parmi les logiciens du XIIIᵉ siècle certains sont encore
peu étudiés ; citons Jean le Page, Guillaume de Saint-
Amour, Nicolas de Paris, qui ont commenté Aristote.
D'autres le sont davantage. Guillaume de Shyreswood,
maître à Paris, mort après 1267, auteur d'*Introductions
à la logique,* ou *Petites Sommes logiques (Summulae logicales)*,
et d'un traité des *Syncategoremata*, a été le maître de Roger
Bacon. Lambert d'Auxerre a composé vers 1250 des
Summulae logicales principalement orientées, comme celles
de Guillaume de Shyreswood, vers la pratique de la
discussion. Mais il voit encore autre chose dans la dialectique : elle est « l'art des arts, qui conduit aux principes
de toutes les méthodes ; car seule la dialectique prouve,
et dispute des principes de tous les arts » ; c'est là son
côté pleinement positif ; en le rappelant Lambert ne fait
d'ailleurs que suivre l'enseignement d'Aristote (*Topiques*,
I, 2 ; 101 a 36-b 4). Pierre d'Espagne, né à Lisbonne,
maître à Paris jusque vers 1246, devenu pape en 1276

sous le nom de Jean XXI et mort en mai 1277 (au fort
de la controverse anti-averroïste), écrit, outre un *Livre
de l'âme* fortement teinté d'augustinisme et d'avicennisme,
des *Syncategoremata*, un *Traité des principaux sophismes
(Tractatus majorum fallaciarum)*, et surtout un traité
élémentaire de logique, les *Summulae logicales*, qui sera
cité par des maîtres de toutes tendances jusqu'au début
du xvie siècle. Pierre d'Espagne, instruit en médecine,
a encore écrit des commentaires sur plusieurs traités
d'Aristote consacrés à des questions de physiologie.
Siger de Courtrai, maître à Paris au début du xive siècle,
mort en 1341, est l'auteur de commentaires sur l'*Isagoge,*
les *Catégories,* l'*Interprétation;* d'une *Ars priorum* (traité
du syllogisme précédé d'une longue introduction à la
logique), de *Fallaciae,* de *Sophismata;* en outre, d'une
Ars obligatoria perdue. Guillaume d'Occam, qu'on
retrouvera, a composé une *Somme de toute la logique
(Summa totius logicae),* où il se révèle un des meilleurs
logiciens du Moyen âge; il y donne notamment une
théorie complète des propositions modales. Walter
Burleigh, mort après 1343, « le premier logicien scolastique qui, pour autant que nous sachions, ait présenté un
système de logique scolastique entièrement satisfaisant »
(P. Böhner), auteur d'un *De puritate artis logicae;* Albert
de Saxe (mort en 1390), dont l'œuvre a reçu le nom de
Perutilis logica (« logique très utile »), terminent la liste
des grands maîtres de logique médiévaux.

RAYMOND LULLE

S'il y a une place ici pour Raymond Lulle (Ramon
Llull, mort en 1316 à plus de quatre-vingts ans), ce n'est
pas à cause de ses ouvrages mystiques, objets d'une
autre discipline; ni de sa métaphysique, qui ne le distingue
pas sensiblement des maîtres de la tradition franciscaine;
ni de son rôle dans l'histoire de l'orientalisme; ni de
l'activité passionnée qu'il a déployée pour la conversion
des infidèles (il a accompli plusieurs voyages mission-
naires). C'est que son œuvre immense (deux cent quatre-
vingts titres, d'après le dernier dénombrement, en latin
et en catalan) comprend divers traités où il s'efforce
de constituer et d'appliquer une méthode de démonstration logique fondée sur une sorte d'analyse combinatoire,

qui permette de construire des raisonnements invincibles, et aide ainsi à la propagation de la foi chrétienne. Si le détail en est complexe, les principes de base sont assez nets. Par exemple, dans son *Ars inventiva veritatis,* appelée aussi, par substitution de titres, *Ars compendiosa inveniendi veritatem,* il donne d'abord un formulaire de neuf lettres, dont chacune représente un attribut divin, une relation logique ou quantitative (différence, égalité...), et un type de question (est-ce que ?, quoi ?...). Puis il décrit quatre « figures », c'est-à-dire des représentations spatiales de certains rapports entre ces termes, et d'autres connexes; les troisième et quatrième sont composées respectivement de trente-six cases et de quatre-vingt-quatre cercles : ces nombres sont ceux des combinaisons, deux à deux ou trois à trois, des neufs termes primitifs. Puis il donne dix-huit définitions (celles des attributs et des relations abstraites nommés dans la liste de base); puis, dix règles, qui correspondent à dix « questions générales » (les neuf qu'il a énumérées, auxquelles il ajoute celle du mode). Tels sont les principes; ensuite vient la mise en œuvre. Elle comporte deux moments : d'abord, il faut « réduire les termes implicites des questions » aux principes d'abord énumérés; c'est donc une analyse logique qui ramène le complexe à ses éléments simples. Ensuite, en faire autant pour les règles : aller encore « de l'implicite à l'explicite »; réduction, ici, de rapports complexes à des rapports simples. Enfin, Lulle donne une « table » de quatre-vingt-quatre colonnes constituées de symboles littéraux : matrices qui permettent, un problème étant donné, d'en épuiser toute la matière d'une façon rigoureuse. Il étudie entièrement quelques questions à titre d'exemples, et en énumère plus de trois cents autres. Ailleurs, Lulle énonce l'idée d'une « science générale », qui aurait « ses principes généraux, dans lesquels les principes des autres sciences, les particulières, seraient implicitement contenus, comme le particulier dans l'universel ». Il a donc au moins entrevu une organisation systématique du savoir, fondée sur un petit nombre de termes et de règles absolument premiers. À ce titre, et aussi pour avoir construit des schèmes de raisonnement définis *a priori* par des arrangements de termes, il occupe un rang particulier dans l'histoire de la logique. Leibniz, qui le cite, ne s'y est pas trompé : il a vu en lui un de ses précurseurs.

MULTIPLICATION DES RECHERCHES
(XIVe SIÈCLE)

Le XIIe siècle est plein de sève, de promesses, il explore curieusement de nombreuses voies; au XIIIe, de grands édifices doctrinaux s'élèvent, pleins de sérénité et d'harmonie. C'est une tentation, et on y a parfois succombé, de voir dans le XIVe un siècle de vieillissement, qui succéderait à la jeunesse et à la maturité du Moyen âge. Ce tarissement des forces se manifesterait par exemple dans son goût pour la critique, dans une perte du sens de la synthèse : ses penseurs ne s'occuperaient que de quelques questions de théologie et de philosophie, toujours les mêmes, sans prendre garde qu'ils faussent les perspectives; ainsi, leurs commentaires des *Sentences* sont souvent mal équilibrés, au détriment des derniers livres. Ces remarques de fait peuvent être justes, le schéma d'ensemble où elles se placent ne l'est pas. Car si le XIIIe siècle a vu beaucoup trop de controverses pour qu'on en fasse l'âge de la raison théologique triomphant dans l'accord des esprits, le XIVe ne lui cède en rien pour la vigueur de la pensée : affaibli, il n'eût pas remué tant d'idées, essayé tant de solutions nouvelles. Si l'on s'y est beaucoup occupé de critique, cela ne vient pas d'un goût décadent pour de vaines subtilités, mais d'un sens très exigeant de la démonstration. Il est certain qu'au XIVe siècle commence, à l'intérieur même de la scolastique, le travail qui la fera éclater; mais pourquoi y voir une perte brute pour l'esprit, et non la simple décadence d'un genre ? Au lieu de dresser les actes d'un jugement dernier, contentons-nous d'observer des hommes diversement occupés, dans des situations diverses.

QUELQUES INDÉPENDANTS

JACQUES DE METZ

À la fin du XIIIe siècle, trois grands ensembles doctrinaux au moins se laissent distinguer : la tradition augustinienne et bonaventurienne, très souple mais attachée à

quelques thèmes essentiels; le thomisme, qui autorise
moins de variations, et l'averroïsme, qui en principe
n'en admet aucune. Il faudra y ajouter, au début du siècle
suivant, le jeune scotisme, avant la forte poussée de
la pensée occamiste. La plupart des maîtres de l'époque
se répartissent dans ces divers groupes. Mais non tous :
des esprits distingués élaborent, avec plus ou moins
de vigueur, des enseignements qui leur sont propres.
Ainsi Jacques de Metz, contemporain de Duns Scot
(il commente deux fois les *Sentences* entre 1295 et 1302).
Ce dominicain ne s'est pas rallié au thomisme; déjà,
à propos de la nature de la théologie, il s'en sépare :
pour lui la théologie est bien une science, mais seulement
au sens large, car elle consiste à tirer des conclusions de
principes tenus par la foi (alors que pour saint Thomas
elle est une science au sens propre, « subalternée » à
celle de Dieu et des bienheureux). Cette façon d'interpréter le caractère déductif de la doctrine sacrée est
intéressante; au XIVe siècle on s'occupera beaucoup de
la structure formelle des savoirs et de leur organisation
dialectique, en même temps qu'on insistera sur la diversité originelle de leurs contenus. Mais sur plusieurs autres
points encore Jacques de Metz refuse la doctrine adoptée
communément dans son ordre (Hervé de Nédellec écrira
contre lui un « correctoire », sans toujours être fidèle
lui-même au thomisme). Rencontrant le problème de
la distinction entre l'essence et l'existence, il le laisse
en suspens. Sur la question de l'individuation, il s'oppose
à saint Thomas. Ce qui pour lui fait l'individu, ce n'est
pas la matière, mais la forme : deux âmes humaines, après
la mort, restent distinctes, d'une distinction qui n'est pas
spécifique, mais numérique; or, en l'absence du corps,
la matière n'y est pour rien. En ce qui concerne la théorie
de la connaissance, il adopte une position de compromis
entre ceux qui disent que la connaissance est l'œuvre
de l'intellect avec intervention de l'espèce sensible (saint
Thomas), et ceux pour qui elle résulte directement de
la présence de l'objet; selon Jacques de Metz, ces derniers
ont raison, mais il faut ajouter que quelquefois, selon
l'objet, une espèce est requise, et quelquefois non : ainsi,
« Dieu et les autres agents immatériels » n'ont pas besoin
d'espèce pour être principes, chez l'homme, d'un acte
d'intellection. De cette façon, ajoute Jacques, on « sauve »

à la fois « le recours aux phantasmes » (auxquels conclut
l'analyse aristotélicienne de la connaissance) et « ce que
disent les Docteurs » (autorités qu'on ne peut négliger).
Plutôt aristotélicien dans sa philosophie, Jacques de
Metz reste augustinien dans sa théologie : on a pu parler
à son propos d'un « augustinisme post-thomiste ». D'autre
part, on retrouve chez lui l'influence de Pierre d'Auvergne
(thomiste soucieux de ne pas s'écarter d'Aristote), et
il a été le maître de Durand de Saint-Pourçain; ces deux
perspectives historiques (ouvertes par J. Koch) donnent
quelque idée de la complexité des enchevêtrements
doctrinaux à cette époque, et du travail qu'il reste à
faire pour déterminer toutes les lignes d'influence.

DURAND DE SAINT-POURÇAIN

Dominicain comme son maître, et non plus thomiste
que lui, Durand de Saint-Pourçain a eu davantage de
difficultés avec son ordre, où l'on ne tolérait plus que
l'autorité de saint Thomas fût contestée. Son premier
Commentaire des Sentences (1307-1308) lui ayant attiré
des observations, il le remanie (1312-1313); devenu
évêque (1317), il en donne une troisième rédaction
(entre 1317 et 1327), qui se rapproche de la première :
son épiscopat, l'estime du pape Jean XXII à qui il le
devait, le mettaient plus au large. En 1314, en 1316, un
certain nombre de ses thèses avaient été censurées par
des commissions constituées par les dominicains; en
1333, un an avant sa mort, son traité *Sur la vision de Dieu*
est condamné par une commission pontificale; dans
l'intervalle il avait lui-même participé à l'examen du
Commentaire des Sentences de Guillaume d'Occam, dont
un certain nombre d'articles furent censurés. Il a donc
passé un quart de siècle au milieu de querelles théologiques, ce qui donne une idée de l'activité et de la passion
intellectuelles du temps. Sa propre doctrine ne se laisse
guère classer : on y trouve des éléments augustiniens,
mais aussi l'idée que l'objet de l'entendement est la chose
matérielle, ce qui est thomiste. Sa conception de l'individu
paraît annoncer celle d'Occam; mais sa doctrine de la
relation fait penser à celle de Scot, en même temps qu'elle
se rattache à Henri de Gand, à travers Jacques de Metz.

Pour Durand comme pour ces deux maîtres, la relation est un mode de l'être, qui « l'incline » vers un autre ; elle se distingue réellement du sujet où elle se fonde, sans toutefois se composer avec lui comme une chose avec une autre chose. On est ici loin d'Occam, et tout près de la distinction formelle des scotistes.

Ces comparaisons ne doivent pas faire penser que Durand se satisfait d'un quelconque éclectisme. Il semble qu'au centre de sa pensée il y ait le désir d'alléger la métaphysique d'un certain nombre de concepts qui lui paraissent superflus. Dans ce travail de simplification, qui nous fait penser encore à Guillaume d'Occam, il lui arrive souvent de heurter l'enseignement de saint Thomas. Ainsi, il n'y a pour lui d'autre distinction, entre l'essence et l'existence, que celle de deux « modes de signifier » : nulle différence d'être entre l'existence actuelle et l'étant en acte. Dans l'âme, on ne peut séparer l'intellect et le vouloir en eux-mêmes, mais seulement selon leurs actes ; en outre il n'est pas nécessaire de supposer des *habitus* intellectuels ou moraux ; les « *habitus* acquis » sont simplement des « modes habituels » de l'âme — cette notion de mode permettant à la psychologie l'économie d'une entité. Il est vain de chercher à rendre raison de l'individuation, dont le principe ne saurait être la matière, mais bien celui-là même de la nature et de la quiddité : en effet, le seul être réel est l'être individuel. Seule la « singularité » est dans les choses : l'universalité y est mise par l'intellect, comme l'enseigne Averroès. Quant au concept universel, il n'est pas dans l'âme comme une forme dans un sujet : il y est « à titre d'objet » *(objective)*, en rapport avec le connu selon que celui-ci est pris sous tel ou tel point de vue (genre, espèce, etc.). Dès lors, la vérité ne peut être un accord entre l'objet connu et une forme produite dans l'acte de connaissance *(verbum mentis)* ; c'est un accord entre l'objet en tant que connu et le même en tant qu'existant.

Dans son analyse de la connaissance, Durand fait une véritable hécatombe des concepts les plus communément acceptés. Il supprime les espèces, sensibles ou intelligibles : ce qu'on voit, ce qu'on connaît, ce n'est pas des espèces, mais des couleurs, des choses ; il est absurde d'imaginer des objets de la connaissance qui ne soient pas connus. De plus, pourquoi parler d'un « sentir », d'un « comprendre », qui « feraient une composition réelle » avec le sens et l'intellect ? S'il en était ainsi, ils pourraient en être séparés, au moins par la puissance divine ; mais il ne peut y avoir de « sentir » sans le sens, de « comprendre » sans l'intellect ; en outre, l'intellect étant forme, le « comprendre » serait forme d'une forme, ce qui est impossible. L'intellect n'est pas plus parfait, quand il connaît, qu'avant de connaître, sinon par accident, tout comme le corps grave ne l'est pas plus, quand il est descendu, qu'avant de l'avoir fait ; entre l'intellect et le connaître il n'y a donc pas plus de différence « qu'entre *chaleur* et *chaudement* : l'un signifie nominalement, l'autre adverbialement » (cette comparaison rapportée par Pierre de La Palu nous ramène, par le détour de la grammaire, au concept de mode, qui a donc un rôle important dans la pensée de Durand de Saint-Pourçain). Éliminons encore l'idée d'un intellect agent : s'il était toujours nécessaire de poser un principe actif en face d'un principe passif dans chaque puissance qui est tantôt en acte, tantôt en puissance, il faudrait alors qu'il y ait un « sens agent » ; d'autre part, la suppression de l'intellect agent ne force pas à admettre une action de l'objet singulier matériel, ou du phantasme, sur l'intellect : l'objet ne meut pas la puissance sensitive ou intellective, il est seulement « cause *sine qua non* » de la connaissance. Quant à la cause principale, c'est « Celui qui donne le sens et l'intellect, c'est-à-dire qui crée et engendre ».

En définitive, la connaissance est simplement un mode de l'intellect, le résultat d'un « rapport de la puissance à l'objet », et dont celui-ci n'est en somme que l'occasion ; comme Durand reprend d'autre part la théorie augustinienne de la sensation, on voit que sa pensée intègre des éléments traditionnels à une entreprise critique d'inspiration nouvelle (*Doctor modernus* : ainsi l'appelaient ses contemporains) ; et des recherches récentes font apparaître dans ce critique de saint Thomas un précurseur du nominalisme (J. Roig-Gironella).

PIERRE AURIOL

Franciscain, auteur d'un *Traité des principes* et d'un commentaire des *Sentences,* mort en 1322 archevêque d'Aix (depuis 1321), après avoir enseigné à Bologne,

Toulouse, et enfin Paris (de 1317 à 1320), Pierre Auriol échappe lui aussi aux classifications doctrinales. Ainsi que Durand, il rejette comme mal posé le problème de l'individuation :

Toute chose, du fait qu'elle est, est singulière, comme du fait qu'elle est une raison indifférente et commune, elle est conçue. Donc, chercher ce par quoi la chose qui est hors de l'intellect est singulière, c'est ne chercher rien *(nihil est quaerere)*.

Ce texte semble impliquer une identité de la chose existante et de la chose connue : de fait, Pierre Auriol n'admet pas l'existence d'espèces intelligibles; ce n'est pas une espèce qu'on connaît, non plus qu'un acte, ni un accident, de l'intellect, non plus qu'une idée platonicienne, ni qu'une espèce (au sens logique) considérée comme l'ensemble de ses individus. Le concept résulte d'une assimilation de l'intellect à la chose, par quoi celle-ci même nous est présente sous un mode d'être original : « Les choses mêmes sont vues par l'esprit, et ce que nous voyons, c'est la chose même ayant un être d'apparence *(res habens esse apparens)*, et c'est cela le concept mental, ou connaissance objective. »

Toutefois, ce n'est pas l'individuel que nous concevons : « Celui qui conçoit la rose expérimente dans son intuition quelque chose d'absolument un, qui est évidemment une chose absolument la même que les roses particulières qui sont en dehors (de l'esprit) »; ce n'est pas non plus une réalité mentale : « les roses qui existent au-dehors, lorsqu'elles sont posées par l'intellect — de là vient *la rose,* tout court *(rosa simpliciter)* — n'acquièrent rien d'absolu, mais seulement l'être d'apprence »; ni, comme on le saisit à travers ce texte même, une « nature » avicennienne : car une telle nature n'est d'elle-même ni dans l'âme, ni dans les choses, alors que pour Pierre Auriol « la rose, tout court », est solidaire de la « conception passive », que les concepts « incluent » aussi bien qu'ils incluent « les réalités des choses qui sont au-dehors ». On se trouve donc devant une doctrine à part : on n'y retrouve ce qu'ont dit ni Aristote et saint Thomas, ni Platon, ni Avicenne, Henri de Gand, Duns Scot, non plus que ce que dira Occam. L'idée fondamentale est celle de l'« être d'apparence », intentionnel, qui est certes, selon l'analyse psychologique, le résultat de l'assimilation d'une ressemblance entre les

choses, mais en même temps ce dont participent les êtres
réels; de sorte que la vérité de la chose — sa quiddité :
« être vrai, c'est suivre sa propre quiddité » — n'existe
pas hors de la pensée : « nulle quiddité n'est subsistante. »
La solution de ce paradoxe est dans un double rapport à
Dieu : « les concepts sont vrais dans la mesure où ils ont
leur exemplaire dans la Déité », dont les choses créées
sont, de leur côté, des imitations.

Ici donc l'équilibre d'une philosophie est assuré par
une théologie, de même que sa fécondité : pour Pierre
Auriol, les vérités de foi conduisent le métaphysicien
à faire avancer sa science, à découvrir des vérités qu'Aristote n'a pas connues parce qu'il n'a pas eu de telles
occasions de les rechercher. Ainsi, la doctrine de la
connaissance de Pierre Auriol est liée étroitement à ses
spéculations sur la Trinité (P. Vignaux). Voulant l'exposer clairement *(declarare)*, il refuse, pour mieux suivre
saint Augustin, de distinguer entre l'âme et ses facultés,
et décrit une double activité de l'esprit : l'acte d'intellection, par quoi « la chose connue est posée dans un être
intentionnel, visible, et apparent », et l'amour, par lequel
« l'aimant se porte en être intentionnel vers l'aimé »;
l'âme est-elle pour soi-même l'objet de ces deux actes,
elle devient alors « triplement subsistante » : en soi,
devant soi, hors de soi. Mais ce qui chez l'homme
n'émane qu'intentionnellement (les deux derniers modes),
émane réellement en Dieu : d'où les deux Personnes
du Fils et de l'Esprit. Il est curieux de noter que Pierre
Auriol n'est pas toujours aussi bien placé pour retrouver
et illustrer le dogme : sa doctrine de la matière et de la
forme (pas de matière sans forme, pas de forme sans
matière) lui rend difficile, et même impossible, de rendre
compte du rapport de l'âme humaine à son corps, et
de son immortalité : sur ces deux points, et particulièrement après la décision du concile de Vienne (1311-1312)
qui obligeait de tenir l'âme raisonnable pour la forme
du corps, il est contraint de s'en remettre à la foi, sans
prétendre à nulle démonstration. On mesure ainsi combien il s'écarte de la voie suivie par un Thomas d'Aquin,
un Duns Scot : sa réflexion psychologique débouche
magistralement sur le contenu du dogme, dans la tradition
de saint Augustin, saint Anselme, Richard de Saint-
Victor; son interprétation de la physique aristotélicienne

l'en éloigne et le fait se replier sur le terrain de la foi pure : on pense alors à la position averroïste, malgré la différence des doctrines. Cette manière de porte-à-faux illustre un des problèmes du xive siècle commençant : le besoin d'une doctrine radicale qui remplace les grands systèmes scolastiques, considérés, pour des raisons diverses, comme mal fondés.

WALTER BURLEIGH

Un cas assez frappant de rencontre entre des doctrines d'origines différentes nous est offert par Walter Burleigh (mort après 1343), qui écrit sur la logique, sur la philosophie naturelle, et est l'auteur d'un traité *Des vies et des mœurs des philosophes,* où il s'inspire de Diogène Laërce. À vrai dire, on connaît encore assez mal sa pensée : mais ce qu'on en connaît est curieux. D'un côté, il se serait opposé au nominalisme, en soutenant que « les universaux du genre de la substance sont hors de l'âme » et que « la proposition est composée de choses extérieures à l'âme ». Mais d'autre part, il s'accorde avec Occam sur plusieurs points : notamment, il considère que l'individu est l'objet direct de l'acte d'intellection, et que la preuve aristotélicienne d'un seul premier moteur immobile n'est pas concluante (L. Baudry). Or, cette dernière critique du Philosophe ne l'empêche pas de soutenir, dans un commentaire inédit du *De anima,* l'exactitude philosophique de thèses averroïstes, entre autres celle de l'unité de l'intellect possible (A. Maier). Il est évidemment bien difficile, dans l'état actuel de la science, de déterminer le centre de perspective d'où apparaîtrait l'unité d'une telle pensée.

HENRI DE HARCLAY

De même, les historiens jugent diversement de la place qu'il convient d'attribuer à Henri de Harclay (né vers 1270; il étudie à l'Université d'Oxford, dont il devient chancelier en 1312, après avoir lu les *Sentences* à Paris; évêque de Lincoln, il meurt en 1317 au cours d'un voyage à Avignon). On peut, d'un premier point de vue, voir en lui l'auteur d'une doctrine « intermédiaire entre le réalisme scotiste et le nominalisme occamiste »

(J. Kraus). Il critique la conception de Scot, selon laquelle
l'individu serait composé d'une nature commune, indifférente de soi à l'universalité comme à la singularité, et
d'une « heccéité » qui lui conférerait l'individualité. On
ne peut imaginer de nature commune dans l'individu,
dont la singularité est absolue : « toute chose posée hors
de l'âme est singulière par là même. » L'universel, si
l'on s'en tient à la définition d'Aristote, n'est rien, ou
est postérieur à la chose — œuvre de l'intellect, selon
le commentaire d'Averroës; le genre, l'espèce, ne signifient rien d'autre que l'individu confusément conçu. C'est
sur une telle conception vague de l'être que se fonde
son univocité, dont Henri admet le principe à la suite
de Duns Scot, mais dans un horizon différent : cette
notion de l'être est évidemment autre que l'*entitas*
scotiste, de même qu'en général le « formalisme » de
Duns Scot est étranger à la pensée de Henri (A. Maurer).
Pourtant, d'un autre côté, et en se fondant sur des textes
récemment découverts, on a pu noter des points de
contact entre les deux doctrines, dont certaines thèses
sont étroitement apparentées, voire identiques (C. Balić);
citons, parmi les plus importantes, la façon de concevoir
la possibilité de la théologie (« connaissance scientifique
de vérités nécessaires purement théologiques »); l'univocité de l'être, déjà notée, avec les réserves convenables;
la distinction formelle en Dieu entre l'essence et la relation, fondement de la théologie scotiste de la Trinité;
la volonté comme cause effective de la volition... Il n'y
a pas nécessairement contradiction entre ces perspectives
différentes prises sur l'œuvre d'un même auteur; mais
il reste à en découvrir l'équilibre d'ensemble.

GÉRARD DE BOLOGNE — GUIDO TERRENI
GUILLAUME FARINIER

D'autres penseurs de la même époque soutiennent,
sur la nature de l'individu, sur celle de l'universel, des
thèses voisines de celles de Henri de Harclay. Ainsi, le
carme Gérard de Bologne (général de son ordre en
1297, mort en 1317 à Avignon) : pour lui, l'universel
résulte d'une conception confuse du singulier. L'individuation n'est pas le fait de la matière, mais de la forme.
De l'enseignement de Godefroid de Fontaines, Gérard

retient la passivité de l'intellect et du vouloir. Un autre carme, le Catalan Guido Terreni (mort en 1342), a une doctrine sensiblement pareille, peut-être plus vigoureusement développée. La connaissance est un effet de la présence de l'objet à un intellect passif, et il n'y a pas besoin de supposer des espèces pour en rendre compte. Le concept universel est fondé sur une ressemblance entre les choses, « relation réelle » qui n'est pas elle-même une chose : « conçu d'une intellection distincte, Socrate a la raison de singulier; conçu d'une intellection confuse, sans qu'on le distingue d'un homme quelconque, il a la raison du terme qui lui est supérieur » (c'est-à-dire de l'espèce). C'est donc toujours au singulier qu'il faut revenir, même quand il s'agit de définir la science, qui porte « sur une chose identique au singulier, mais sous un concept confus et universel ». Signalons encore le cas du franciscain Guillaume Farinier (mort en 1361) : des substances « totalement différentes » sont conçues soit comme individuelles, soit comme universelles; ce second mode de conception s'explique par une « imitation », « plus grande, de par la nature de la chose, entre le feu et le feu qu'elle ne l'est entre le feu et l'eau ». En refusant toute existence réelle à ce qui n'est pas un individu, notamment à l'universel, qui a pour eux un fondement psychologique, et même à la nature commune des scotistes, ces divers auteurs se rapprochent évidemment du nominalisme.

JEAN DE RODINGTON

Vers 1348, meurt le franciscain Jean de Rodington, chez qui l'usage des arguments sceptiques et la critique de la théologie naturelle ont pour contrepartie une doctrine de l'illumination. Les sens sont faillibles; l'intellect est capable d'en corriger le témoignage, mais il n'est pas à l'abri de l'erreur. Si le démon peut nous faire voir une chose autrement qu'elle n'est, Dieu le peut aussi bien. La philosophie ne peut s'élever plus haut que le probable, de sorte qu'on ne peut prouver que Dieu connaisse autre chose que lui, ni qu'il soit doué d'aucun des attributs qui lui sont généralement reconnus. Notamment, on ne peut démontrer qu'il soit créateur : ainsi tombe du même coup la preuve de son existence. Reste que dans certains cas une « illumination spéciale » peut nous donner une connaissance certaine — et cela dans l'ordre de la morale aussi bien que dans celui du savoir théorique.

HUGOLIN D'ORVIETO

Même attitude générale chez Hugolin d'Orvieto (Hugolin Malebranche), ermite de saint Augustin, qui lisait les *Sentences* à Paris en 1352. Bien qu'il ne dédaigne pas de raisonner sur des questions telles que l'intensité des degrés d'être (ce qu'on retrouvera chez Jean de Ripa) et la nature du signifié de la proposition (problème qui concerne l'objet de la science en général, et donc de la théologie), il n'a aucune confiance dans les conclusions de la philosophie : « elle est, à parler proprement, non une science, mais un mélange de faussetés. » Il n'y a rien à attendre d'Aristote : ni de sa métaphysique, car il ne sait pas que Dieu est trine ni que son être est infini; ni de sa psychologie, ni de sa morale. Le peu de vrai qu'ont pu dire les philosophes, ils le tenaient d'une illumination divine spéciale : car toute connaissance vient de Dieu, qui est notre véritable intellect agent. On est loin de l'harmonie entre la connaissance naturelle et la révélation que postulait la théologie thomiste.

JEAN DUNS SCOT
ET LES PREMIERS SCOTISTES

Duns Scot compose en une brève carrière (1266-1308) une œuvre considérable par l'étendue et la profondeur. Les lieux de son enseignement — Oxford, Paris — sont marqués par les titres de ses deux ouvrages les plus importants : *Opus Oxoniense*, vers 1300; *Reportata Parisiensia*, 1302-1303. Tous deux sont des commentaires des *Sentences,* ce qui prouve qu'une pensée originale peut s'exprimer pleinement dans ce genre.

Cette pensée est, non sans doute asservie, mais alertée, par le décret de 1277, qui atteint, à travers la série de thèses condamnées, tout l'esprit de la philosophie aristotélicienne telle que l'assumait et l'interprétait particulièrement l'« averroïsme » : un naturalisme dont les corollaires concernaient aussi bien la théologie (nécessité de l'action divine) que la morale (sagesse philosophique). La conception chrétienne d'une histoire contingente du monde, liée à la liberté divine, et d'un salut suspendu à la foi en un Dieu personnel et incarné, est la raison principale de ce refus opposé à la spéculation des philosophes; or, on a pu dire que la théologie de Duns Scot s'ordonnait toute à la foi en l'Incarnation, ou à la formule johannique : Dieu est amour. D'un autre côté, son attachement à la tradition augustinienne contribue à lui faire interpréter en termes d'histoire les questions qui concernent l'homme et sa destinée : son « état » n'est pas le même selon qu'on le considère avant la chute, après la chute, ou dans la béatitude. On peut attribuer à la même influence, ou si l'on veut à la même affinité spirituelle, l'option philosophique qui lui fait concevoir la métaphysique comme l'étude des rapports entre des essences. On rencontre ici, en outre, Avicenne, le philosophe que Duns Scot suit le plus volontiers : ainsi s'ordonnent en un ensemble cohérent les antécédents qu'il trouve ou choisit, et qui forment l'horizon de sa propre doctrine. Mais, s'il ne peut que refuser des conceptions étrangères au christianisme, il est conduit aussi à se distinguer d'autres théologiens, également orthodoxes, mais dont la ligne de pensée n'est pas la sienne. On pense aussitôt à ses discussions des thèses thomistes : ce qui présente un intérêt philosophique certain, car du point où il se plaçait Duns Scot apercevait derrière saint Thomas l'Aristote averroïste qui avait été condamné, et auquel tout contribuait à lui faire préférer l'Aristote avicennien, moins étranger à son esprit nourri d'augustinisme. Plus curieuse au premier abord, plus explicable encore au fond, est son opposition à Henri de Gand : à la racine des critiques particulières, qui concernent plusieurs thèses importantes, il y a la nécessité inéluctable de prendre ses distances à l'égard d'un théologien dont les options philosophiques fondamentales sont extrêmement voisines des siennes; de là vient que l'adversaire historique principal de Duns Scot est Henri de Gand, dont il est si proche sur bien des points, plutôt que Thomas d'Aquin, dont la voie est si bien différente.

L'allure philosophique de la pensée de Duns Scot est commandée par la conception avicennienne de l'essence, indifférente à l'universel et au particulier; la métaphysique sera une réflexion sur les structures essentielles. Deux corollaires de ce principe permettent de mieux le saisir : d'un côté, celui du plus particulier, l'individuation est placée au niveau de l'essence, car elle se définit comme « l'ultime actualité de la forme »; de l'autre, celui du plus commun, l'être est conçu comme « univoque »; c'est-à-dire que, toujours et partout identique à lui-même, il est impliqué dans tout intelligible, donc dans toute essence. D'où résulte qu'il est « l'objet commun » de l'intellect, ouvert ainsi naturellement sur l'être, et non pas restreint à la « quiddité de la chose matérielle », comme le voulaient Aristote et Thomas d'Aquin. L'influence d'Avicenne est ici perceptible, mais plus significative est la justification théologique de cette thèse : comment l'intellect humain pourrait-il être gratifié de la vision béatifique, s'il avait pour destination naturelle de connaître la chose matérielle ? « Un théologien ne peut soutenir » une telle limitation, bien que des philosophes l'aient enseignée, dans leur ignorance des fins dernières de l'homme. Ainsi la révélation instruit la raison naturelle d'une vérité de son domaine, mais qu'en fait elle n'avait pas su découvrir, comme le montre l'histoire de la philosophie. Elle lui ouvre les yeux du même coup sur une inconséquence assez surprenante : comment un métaphysicien peut-il affirmer que l'intellect n'opère que sur l'être sensible, alors que l'existence même de sa science, qui porte sur l'être en tant qu'être, prouve qu'il en est autrement ?

Faut-il conclure de tout cela que pour Duns Scot la métaphysique ne peut s'achever seule, ni même se fonder, puisque c'est la révélation qui lui désigne son objet (É. Gilson) ? ou que, si la théologie en soi est un « savoir absolu », la métaphysique conserve une certaine cohérence propre (P. Vignaux) ? L'interprétation est délicate. Quelle qu'elle doive être, elle laisse intacte la conception de la place et de la nature de la métaphysique.

Celle-ci est science de l'être et de ses propriétés : elle se distingue donc de la physique aussi bien que de la théologie. La première de ces deux disciplines établit l'existence d'une intelligence motrice suprême; la métaphysique prouve qu'il s'agit là de Dieu, dont une connaissance plus précise est fournie par la théologie. Ici encore, Duns Scot suit un schéma avicennien; il refuse la conception averroïste d'une physique qui prouverait l'existence de Dieu, et d'une métaphysique qui en étudierait la nature, absorbant ainsi la théologie : ce serait là inclure Dieu dans le monde, refuser sa place à la révélation, et aussi méconnaître l'objet et le statut propres de la métaphysique, science de l'être commun. Celle-ci, dans la situation présente de l'homme *(pro statu isto)*, est certes « connaissance abstractive », ce qui signifie qu'elle saisit son objet en faisant abstraction de l'existence, par opposition à la « connaissance intuitive » qui nous est présentement refusée (du singulier même, nous ne saisissons intuitivement que l'existence, non la nature). Mais l'être commun n'est pas un genre, il a un degré propre de réalité, comme toute essence, ce qui rend légitimes les preuves métaphysiques de l'existence de Dieu. Il le faut bien d'autre part, car les prétendues « preuves physiques » de cette existence tirent leur force vraie de ce qu'elles contiennent, implicitement, de métaphysique. Si par exemple on remonte du mouvement donné dans l'expérience à un premier moteur, qu'on identifie à Dieu, on ne se tient pas, quoi qu'on en dise, dans la sphère de la physique, car : « il faut être plus métaphysicien pour prouver que ce moteur est premier, que physicien pour prouver qu'il est moteur. »

Transposons comme il convient la preuve de Dieu par ses effets; il s'agira alors d'effets métaphysiques, dans cette sphère de l'essence qu'on a désignée : on saisira dans le mouvement une mobilité, une « causalité », détermination réelle de l'être, qui permet de passer à cette autre, la « causalité », et enfin à la « causalité première ». On n'est pas dans le domaine de l'existence, ni de l'abstraction, mais dans celui de la quiddité, de la nature comme telle, douée de cette réalité originale qui permet de dire que la métaphysique est une science réelle, et non une logique. C'est pour cela qu'elle peut rejoindre, par sa méthode propre, le Dieu de la théologie, au moyen de démonstrations *a posteriori — quia,* dit Duns Scot — car la connaissance *a priori — propter quid* — nous en est interdite.

On voit se préciser la notion d'être univoque : la métaphysique n'est pas une logique, l'être dont elle traite n'est pas un genre, c'est un « commun réel ». Les preuves de l'existence de Dieu ne reposent pas sur le concept d'être univoque, mais sur l'être univoque saisi par ce concept (É. Gilson). Elles reviennent à montrer que dans l'être il y a de l'infini, premier par rapport au fini : on reste dans une sphère unique, car de l'être fini à l'être infini la différence n'est que de modalité; c'est ce que signifie encore l'univocité, par opposition à la notion thomiste d'analogie. D'autre part, il serait faux de penser que cet être univoque s'identifie à l'existence, à un acte d'exister dont tous les existants participeraient : « il est absolument faux que l'être (esse) soit autre chose que l'essence. »

L'existence accompagne chaque essence de la façon et dans la mesure définie et supportée par cette dernière — dont la première est « comme un accident ». Nouvelle résurgence de la pensée d'Avicenne, à qui cette dernière formule est empruntée; mais en même temps retour à Augustin, métaphysicien de l'essence. Un tel rapport entre essence et existence implique qu'elles sont réellement identiques, mais « formellement » distinctes : bien que l'essence réalisée par sa cause ne diffère plus de son existence, la première n'est pas, comme telle, la seconde. C'est là un cas particulier de la fameuse « non-identité formelle », qui, plus forte que la distinction de raison, moins forte que la distinction réelle, repose sur des différences essentielles. Concept dont ne peut se passer une pensée pour qui la structure du réel est dessinée par les rapports d'essences : refuser une consistance propre aux distinctions entre « formalités » serait brouiller cette structure et renoncer à la connaissance métaphysique. Mais concept qui offre aussi au théologien de quoi formuler la relation entre l'essence divine et ses attributs : ceux-ci (sagesse, bonté...) sont différents formellement, quidditativement; mais, infinis de l'infinité même de l'essence dont ils sont attributs, ils sont, dans l'être, identiques entre eux et à cette essence; modalité de l'être — qui est inclus dans toute quiddité — l'infinité unit ce que la raison formelle sépare. Or, Duns Scot exploite ainsi, dans sa technique très élaborée, les indications fournies par saint Augustin dans son De Trinitate : on observe ici un nouveau contact de la théologie et de la métaphysique, qui utilisent toutes deux le même arsenal théorique. Cela n'est pas un hasard, mais tient aux rapports fondamentaux de ces deux disciplines : la révélation ne porte pas sur des concepts, mais sur des liaisons de concepts (par exemple, à propos de la Trinité) : à la métaphysique revient le soin de les élaborer de telle sorte que la théologie puisse exprimer le contenu de la foi.

Posons donc que Dieu est une *essence* simple, une « entité réelle actuelle », infinie, immuable. Ce Dieu est le créateur d'un monde contingent, bien que les philosophes l'aient jugé nécessaire : car cette contingence n'est justifiable, et même pensable, qu'à la lumière de la révélation chrétienne. Elle suppose un jeu complexe de l'entendement et de la volonté divins — et d'abord la production des idées, dont Duns Scot décrit le processus :

> Dieu en un premier instant conçoit son essence sous une raison purement absolue; en un second, il produit la pierre dans l'être intelligible et conçoit la pierre.

Il peut par la suite (une suite métaphysique, non temporelle) poser la relation de son intellect à la pierre, et enfin connaître cette relation. Mais l'idée est là dès le second « instant », ce qui veut dire qu'elle n'est pas la connaissance par Dieu de son essence en tant qu'imitable : par rapport à cette dernière thèse (thomiste), l'idée prend ici une sorte de réalité. Mais Duns Scot refuse de lui attribuer un être d'essence (il se sépare ici d'Henri de Gand), ni bien entendu un être d'existence; il parlera à son propos d'être relatif *(ens secundum quid)*, d'être diminué *(ens diminutum)* : l'idée est en tant que connue, et n'a pas d'être distinct *réellement* de celui de Dieu qui la connaît; mais qu'une idée soit telle idée (ce que désigne le mot *talitas*), cela lui appartient en propre, elle n'est donc pas *formellement* identique à l'essence divine, et elle a le minimum d'être que requiert sa relation d'objet connu à l'intellect qui la connaît. Tout ce qui a une « entité » propre, espèces, relations, parties des composés, matière, individus, a son idée en Dieu; le système entier du possible se fonde donc dans l'entendement divin. Mais l'acte de l'entendement n'est pas libre, il est naturel : tout l'intelligible est nécessairement contenu dans l'intellection divine. La racine de la contingence est donc dans la volonté de Dieu, qui librement élit des possibles; de cette élection résulte enfin la connaissance, par son intellect, des futurs contingents. On échappe

ainsi à la conception gréco-arabe d'un univers nécessaire :
si le possible comme tel enferme de la nécessité, son
existence actuelle est radicalement contingente. En ce
sens seulement la théologie scotiste est « volontariste » ;
elle ne met nul arbitraire dans les idées, elle n'identifie
même pas, comme le fera Descartes, la volonté et l'entendement divins ; elle n'attribue finalement à la volonté
que ce qu'il faut pour rompre le nécessitarisme philosophique. Telle est d'ailleurs cette contingence, qu'elle
rend vaine toute spéculation sur le caractère éternel ou
temporel de la création : à un fait qui résulte d'une
décision libre, on ne peut suspendre aucune démonstration nécessaire. En outre, puisque l'ordre du monde
a été librement choisi et créé par Dieu, on peut distinguer
la puissance divine absolue *(potentia Dei absoluta)* de la
puissance divine ordonnée *(potentia Dei ordinata)*. À la
seconde se rattachent les lois de fait ; la première s'étend
à tout ce qui n'enferme pas de contradiction, donc Dieu
peut toujours suspendre l'ordre contingent qu'il a lui-
même instauré, et le théologien doit en tenir compte.
Ce concept de puissance divine absolue jouera un rôle
très important dans la spéculation ultérieure.

Dans l'univers, les êtres individuels le sont par leur
essence même, comme on l'a vu ; autre conséquence
du postulat essentialiste : dans tout composé, les formes
des composants subsistent, non d'une existence réelle,
mais en tant qu'elles sont concevables chacune à part
des autres ; cette pluralité des formes doit s'entendre selon
la distinction formelle. De même, et bien que nous ne
puissions la connaître sans la forme, la matière est
concevable séparément, en tant qu'elle est une entité
distincte, qu'elle a donc son idée en Dieu ; de cela résulte
en outre que Dieu pourrait la créer à part, puisque la
possibilité de l'existence est réglée selon les schémas des
essences. Mais dans le concret, ce qui est pleinement
réel, et intelligible (en droit), c'est l'individu, où la composition des formes est réduite à l'unité par la plus
haute : la distinction formelle n'empêche pas qu'il y
ait par exemple en l'homme identité actuelle entre les
âmes végétative, sensitive, et intellective. Cette dernière
âme est l'image de la Trinité, Augustin nous l'enseigne :
cela implique en elle distinction des puissances (mémoire,
intellect, volonté) dans l'unité réelle de l'essence ; cette

unité est garantie encore par le fait que l'âme bienheureuse l'est par son essence, et non par une puissance prise à part. Pour Duns Scot, c'est la volonté qui est la faculté principale de la béatitude. Elle est plus noble que l'intellect, qui est de l'ordre de la nature, alors qu'elle a pour raison formelle la liberté, et qu'elle est cause totale de la volition : elle garde son autonomie à l'égard de l'objet que lui présente l'intellect. Celui-ci, on l'a vu, n'a pas pour objet premier la quiddité de la chose matérielle, mais la nature commune : donc, s'il cause l'universel, il ne l'abstrait pas du sensible, il universalise une nature qui d'elle-même n'est ni singulière, ni universelle, mais indifférente. Dans la situation présente de l'homme, l'intelligible n'est pas connu intuitivement : la « connaissance abstractive » suppose la présence du sensible. L'intellect agent y trouve la nature commune et engendre l'espèce intelligible dans l'intellect possible, c'est-à-dire qu'il lui présente la nature commune universalisée : alors s'opère l'intellection. Telle est la situation de fait; en droit, il pourrait y avoir connaissance sans images, l'objet intelligible serait alors directement reçu par l'intellect possible, qui le connaîtrait donc intuitivement. On le sait déjà, puisqu'on a vu que la vision béatifique suppose une connaissance intuitive, et non abstractive. Ainsi est prouvé, par l'analyse de la révélation, ce qu'avait dit le musulman Avicenne : l'intellect humain n'est pas rivé au sensible par sa nature; mais cela, il l'avait vu en tant que croyant, non en tant que philosophe. Il appartient à un chrétien instruit par la révélation de tracer le tableau complet du réel, ce que les philosophes n'avaient pu faire; il lui revient, en sens inverse, de faire servir à une compréhension meilleure de la foi tout l'outillage conceptuel hérité de leur travail, et affiné encore par un « Docteur subtil » soucieux de construire une « théologie passionnée d'intellection » (É. Gilson). Car le cœur de cette vaste spéculation, dont l'économie précise et complexe ne se laisse que très imparfaitement saisir à partir de ses grandes lignes, est sans doute la volonté de faire entrer le plus d'intelligibilité métaphysique possible dans l'exposé de la foi — programme commun jusque-là aux médiévaux — tout en restant au plus loin des erreurs des philosophes, dénoncées en 1277 : problème, si l'on veut, de maximum et de minimum, dont la solution

élégante consistait à recueillir la tradition d'un philosophe
croyant — Avicenne — traitée comme moyen terme
entre celle d'Aristote et celle d'Augustin.

FRANÇOIS DE MEYRONNES

L'enseignement de Duns Scot fructifie rapidement :
il se forme très tôt, sinon une école scotiste à proprement
parler, tout au moins une famille d'esprits dont les membres adoptent la méthode de pensée et certaines thèses du
Docteur subtil, sans s'astreindre à les conserver et
défendre toutes ; de l'un à l'autre, on observe sur ce point
une grande variété. Il s'en faut de beaucoup que tous
soient bien connus ; mais on peut en citer plusieurs qui
sont des penseurs vigoureux. Parmi eux, François de
Meyronnes, franciscain d'origine provençale, mort après
1325 à moins de quarante ans ; il laissait une œuvre où
l'on retrouve les genres classiquement pratiqués par les
maîtres (commentaires d'Aristote, des *Sentences* — en
deux rédactions sensiblement différentes —; des *Quodlibets*), et un certain nombre de traités de logique, de
philosophie première, de politique (il défend dans ceux-
ci la prééminence du pape sur l'empereur, même dans
le domaine temporel). « Docteur pénétrant » *(Doctor
acutus)*, « maître des abstractions » : la pensée de celui
qu'on a ainsi désigné ne se laisse pas saisir sans effort.
C'est d'après des cours inédits de P. Vignaux qu'on en
expose ici certains aspects. Au cœur de sa méthode
théologique et philosophique, il y a la volonté de constituer une doctrine de l'être qui soit valable à la fois pour
le créé et pour l'incréé : ce qui d'une part suppose une
adhésion à la thèse scotiste de l'univocité de l'être —
entendue toutefois en un sens sur lequel il faudra revenir
— et d'autre part est solidaire d'un certain platonisme.
Le fondement de la définition et de la démonstration
par la quiddité *(propter quid)*, c'est « l'être d'essence »
(esse essentiae) des créatures possibles : ni réalité existante,
ni simple fait psychologique, mais « être réel en puissance » ; comme chez les penseurs qui se réclament
d'Avicenne, l'intelligibilité a ainsi sa sphère propre,
irréductible à toute autre. François de Meyronnes
n'accepte pas la doctrine scotiste des idées « produites
dans l'être intelligible » par l'entendement divin, car le

théologien définit les idées, avec saint Augustin, comme
des réalités adorables, ce que ne peut être l'intelligible
de Scot; le métaphysicien, avec Platon, comme des quid-
dités qu'on ne peut considérer comme produites — et
c'est ainsi qu'il faut interpréter les essences scotistes.
En effet, les idées platoniciennes ne sont ni singulières,
ni localisées, ni actuelles, ni subsistantes : c'est à tort
qu'Aristote leur a attribué ces caractères qui impliquent
séparation spatiale. Elles ne sont nulle part — ce qui
n'est incompréhensible qu'à un esprit très grossier, *rudis
multum*. François de Meyronnes rappelle la fameuse
formule d'Avicenne : *equinitas est equinitas tantum;* de
soi l'idée n'est ni un produit de l'entendement, ni logée
dans la nature des choses; c'est une essence pure, dont
la nécessité propre ne doit pas être prise au sens positif,
mais comme une « absence de contingence », liée au fait
qu'elle est étrangère à l'existence.

Sur la question de l'être, de son rapport à Dieu, de
son univocité, le « prince des scotistes » se sépare de
son maître. Pour celui-ci, l'être est attribuable à Dieu
« quidditativement »; pour François de Meyronnes, non;
l'« entité » est formellement distincte de la divinité, qui
est « la racine des perfections divines » (Denys). Toutefois,
l'entité ne diffère pas, en Dieu et dans les créatures, par
elle-même, mais par des déterminations secondes *(per
posteriora)* : ainsi, elle est infinie, nécessaire... en Dieu,
finie, contingente... dans le créé. Donc, d'une part,
divinité et entité sont deux « formalités », et celle-là est
première par rapport à celle-ci; d'autre part, il faut bien
que l'entité recouvre d'une certaine façon la divinité,
pour qu'il y ait une ontologie qui vaille pour l'incréé
comme pour le créé. Il n'y aurait là une contradiction
que si l'être était une « partie essentielle et quidditative »
de la divinité : on a vu qu'il ne l'était pas; d'autre part,
l'infinité des perfections divines les identifie toutes en
une même réalité, sans qu'elles cessent par là d'être
formellement distinctes. Ainsi, l'entité est la plus communicable des perfections divines — communicable « à
l'extérieur », d'où la création (et, d'un autre point de
vue, l'universalité de l'ontologie), tandis que la divinité
n'est communicable qu'« à l'intérieur », d'où les processions trinitaires. Ainsi, l'univocité de l'être n'est pas
quidditative, parce que, au départ pour ainsi dire, l'entité

ne se prédique pas *in quid* de la divinité; et l'identité
de ces deux formalités, dont l'une *(divinitas)* est la racine
de l'autre *(entitas)*, est une identité d'un type unique,
puisqu'elle résulte de l'infinité. Ainsi encore, la métaphysique est enveloppée dans la théologie, qui en définit
le principe et lui assigne sa place. Or, cette théologie
est liée étroitement à la révélation chrétienne, puisque
c'est une théologie trinitaire. Elle est donc le lieu et la
source d'une intelligibilité que l'esprit n'aurait pu atteindre seul, mais qu'il est capable, en revanche, de mettre
en évidence et de défendre : ainsi, dit François de Meyronnes, on peut défendre un royaume qu'on a reçu en
héritage, même si l'on eût été incapable de le conquérir.

JEAN DE BASSOLES

Franciscain catalan, qui achève en 1313 son commentaire
des *Sentences,* il professe un réalisme des natures, dans
la ligne de la distinction formelle : genre et différence
sont des « réalités distinctes », « plusieurs choses ». On
trouve chez lui un trait caractéristique de bien des esprits
du XIVe siècle : une réaction contre le finitisme aristoté-
cien, suite probable des récentes condamnations de
l'« averroïsme ». Dieu, pense-t-il, aurait pu créer une
infinité de mondes distincts. De même, une remontée
à l'infini dans la série des causes n'est pas nécessairement
impossible. Mais dire cela, c'est ébranler les preuves qui
conduisent à poser l'existence d'un être premier : c'est
refuser d'y voir de vraies démonstrations. De même,
la foi seule nous donne la certitude que Dieu est unique,
tout-puissant, partout présent... Cette critique de la
théologie naturelle n'est pas nouvelle dans le scotisme :
on la trouvait déjà dans un ouvrage intitulé *Theoremata,*
traditionnellement attribué à Duns Scot, et que la critique,
externe comme interne, n'autorise pas, semble-t-il, à
lui retirer. L'auteur de cet écrit construit une ontologie
de l'être univoque, appuyée sur la notion avicennienne
de « nature commune ». Il aboutit à un « Dieu des philosophes » et à un univers fort proche de celui des Arabes.
Ce n'est donc pas uniquement du côté des averroïstes et
des occamistes qu'on trouve une tendance, et plus qu'une
tendance, à couper les ponts entre le philosophique et le
révélé : le scotisme le plus authentique y mène aussi;

les présupposés doctrinaux et méthodologiques peuvent n'être pas les mêmes, leurs conséquences participent du même état d'esprit.

Dans cette première génération scotiste, on pourrait citer encore d'autres noms : Antonius Andreas, mort vers 1320, et très proche du maître; François de Marchia, qui lit les *Sentences* à Paris en 1319-1320, et s'enfuit d'Avignon avec Occam en 1328; Guillaume d'Alnwick, mort en 1333, pour qui l'immortalité de l'âme n'est pas strictement démontrable (François de Marchia soutenait la même thèse), et qui déclare ne pas comprendre ce que désigne la notion scotiste d'*esse cognitum;* Gauthier de Chatton, qui enseigne à Oxford entre 1320 et 1330, et meurt à Avignon en 1344; il critique souvent Occam, et aurait ainsi contribué, contre son dessein, à en répandre la doctrine; Jean de Reading (commente les *Sentences* à Oxford en 1319-1323), autre critique d'Occam; Petrus Thomae, qui enseigne entre 1319 et 1322, et critique Pierre Auriol. Nommons encore Landulfus Carraciolo, Robert Cowton, Guillaume de Nottingham. Autant de personnages, tous franciscains, sur lesquels les historiens ont déjà recueilli un certain nombre de données, mais sur lesquels aussi il reste beaucoup à apprendre — comme sur bien d'autres de leurs contemporains, d'ailleurs, quelle qu'en soit la famille doctrinale.

NÉOPLATONISME ET MYSTIQUE

DIETRICH DE FREIBERG

On a vu qu'Ulrich de Strasbourg exprimait l'esprit de saint Albert aussi bien que le faisait Thomas d'Aquin, et en un sens plus fidèlement : car le néoplatonisme tient une grande place dans la pensée du maître de Cologne. Cette influence se retrouve, renforcée par une connaissance plus étendue de l'œuvre de Proclus grâce aux traductions de Guillaume de Moerbeke, chez le dominicain Dietrich de Freiberg (ou Thierry de Fribourg, né vers 1250, mort après 1310). Il a laissé une œuvre abondante; c'est non seulement un théologien, un métaphysicien, mais un homme de science; il a particulièrement étudié l'optique, et donné une théorie de

l'arc-en-ciel presque entièrement exacte. Mais ce sont
surtout ses doctrines de l'être et de l'intellect qui doivent
nous retenir. Tout en utilisant le vocabulaire d'Aristote,
et en en retenant certains principes, il est trop nourri
d'Augustin, d'Avicenne, de Denys, aussi bien que de
Proclus, pour que ses théories ne diffèrent pas profondément de celles de son confrère Thomas d'Aquin. Il
admet certes avec lui qu'un être n'a qu'une seule forme
substantielle, que Dieu aurait pu créer le monde de toute
éternité. Mais il nie qu'il y ait entre l'essence et l'existence
d'autre distinction que dans la façon de parler *(in modis
dicendi)* : l'existence signifie en termes d'acte ce que
l'essence signifie en termes de possession habituelle.
L'*esse,* « première des choses créées », selon Proclus, ne
peut être autre que l'essence, qui est ce qu'il y a de plus
noble. Dietrich suit encore Proclus dans sa distinction
des quatre modes de l'être : ce sont, de bas en haut, les
corps, les âmes, la « nature intellectuelle » et « l'Un
lui-même ». En celui-ci, il y a « une circulation interne »
(quandam interiorem respectivam transfusionem) : vie des
intelligibles, dont la nature divine « dans sa fécondité,
déborde au-dehors dans l'être entier, qu'elle constitue
à partir de rien en le créant et le régissant ». Or, on sait
que la création se fait par le Verbe; Proclus d'autre
part enseigne que « tout intellect, dans son intellection,
produit ce qui est après lui », qu'il y a ici identité entre
penser et faire *(et factio intelligere et intelligentia facere).*
Ainsi, l'Intellect vient avant l'Être : on retrouvera cela
chez Maître Eckhart.

Cette métaphysique ne peut manquer d'avoir des conséquences, ou au moins des correspondances, à l'intérieur
de la théorie du connaître. Dietrich identifie l'intellect
agent, hérité d'Aristote, et le « fond secret de l'âme »
(abditum mentis), la « profondeur cachée de la mémoire »
(abstrusior profunditas nostrae memoriae) dont parle saint
Augustin. Là « brille toute vérité » que, toujours selon le
même docteur, on « trouve », bien loin de la « faire » ou
de l'« engendrer » : car un acte temporel de l'esprit ne
peut engendrer quelque chose d'éternel. C'est en même
temps une image de ce Dieu-Intellect dont nous avons
entrevu plus haut le mode d'activité. Ainsi, l'intellect
agent, ou *abditum mentis,* « est vraiment une substance »;
« il se tient dans la lumière de l'Intelligence en acte et

connaît toujours en acte » ; « il se connaît par son essence » ;
il est « une similitude de l'Être, car il connaît l'Être et
toutes choses », et cela « par son essence, de la même
manière qu'il se connaît, et par la même action simple » ;
Il n'est donc pas une puissance de l'âme : au contraire,
il est la cause de son essence même, il est en elle « principe
intrinsèque, comme le cœur dans l'animal ». Émanation
de Dieu, sans cesse tourné vers lui, il est « le principe de
la béatitude » : c'est par lui que l'homme est uni à Dieu
dans la vision béatifique. C'est certes une thèse tenue communément par les Prêcheurs qui apparaît en ce dernier
point ; mais ce qui précède est bien éloigné du thomisme.

MAÎTRE ECKHART

L'esprit du néoplatonisme imprègne encore l'œuvre
extrêmement originale de Maître Eckhart. Mystique et
scolastique à la fois, il puise à diverses sources doctrinales,
mais s'approprie si bien chaque élément qu'il emprunte,
qu'il lui donne un sens neuf, strictement eckhartien.
D'où la difficulté de le comprendre, aussi ancienne que
lui, puisqu'elle est cause de la condamnation dont le
pape Jean XXII a frappé plusieurs de ses thèses deux
ans après sa mort, survenue en 1327 ; c'est en 1326 que
l'instruction avait commencé. Pourtant ce dominicain,
né vers 1260 en Thuringe, avait peut-être été l'élève
d'Albert le Grand à Cologne, et avait étudié et enseigné
à Paris en 1300-1302, comme plus tard à Cologne, après
avoir été provincial de Saxe en 1303-1307 ; ce qui laisse
penser que son savoir était de bon aloi, et que ses
confrères le tenaient en estime. D'autre part, il reste
toujours en contact étroit avec l'Écriture. Mais à ses
traités, à ses sermons (en latin et en allemand), il demande
d'exprimer des intuitions théologiques et mystiques complexes, en usant de concepts travaillés, voire écartelés,
par une dialectique puissante. Une partie de son œuvre
est perdue ; de ce qui reste, la chronologie n'est pas toujours sûre. Il faut donc l'aborder avec prudence. On
peut toutefois en dégager plusieurs thèmes.

En 1302-1303, disputant à Paris contre le franciscain
Gonzalve de Valbonne, il affirme qu'en Dieu l'intellect
est d'une certaine façon premier par rapport à l'être :
« Dieu est parce qu'il connaît » ; « son connaître est le

fondement de son être ». L'être, en effet, se détermine
selon les dix catégories, alors qu'à l'intellect et à son
acte il faut attribuer une « indétermination », une « infinité », sans lesquelles précisément il ne saurait connaître
tout : on peut tirer cela du *De anima* d'Aristote. L'être
déterminé, en même temps que l'absence d'unité, est
du côté des créatures; chez les êtres intellectuels il y a
distinction de l'être et du connaître, qui chez Dieu sont
identiques. L'Écriture nous enseigne d'autre part que
la Sagesse est incréée; que ce qui était au commencement,
ce n'est pas l'être, mais le Verbe. Quant au texte de l'*Exode*
qu'on invoque pour prouver que le nom de Dieu est
« Celui qui est », Eckhart l'interprète dans un sens tout
opposé : si Dieu répond *Ego sum qui sum* à Moïse qui lui
demande son nom, c'est qu'il veut le lui cacher, et non
le lui dire; comme quelqu'un que l'on rencontrerait dans
la nuit et qui, interrogé, répondrait : « Je suis qui je suis ».

Mais au début de son grand ouvrage (dont il ne reste
qu'assez peu de chose), l'*Opus tripartitum,* Maître Eckhart
énonce une « proposition » toute différente : « l'être est
Dieu » *(esse est Deus).* Cette nouvelle perspective peut
se découvrir à partir d'une doctrine de la création :
« Il est certain que toutes choses tiennent leur être de l'être
même, comme toutes [les choses blanches] sont blanches
par la blancheur. Si donc l'être est autre que Dieu, le
créateur sera autre que Dieu. » Cet *esse* divin n'est pas
existence, au sens thomiste, mais plutôt essence, qui se
suffit à soi-même en sa « pureté et plénitude d'être »
(puritas et plenitudo essendi); c'est aussi bien le Père, en
un Dieu trine où l'unité engendre l'unité et se retourne
vers soi : « une *Essentia* en action réflexive » (V. Lossky).
Échappant à toute distinction, cette Essence est inconnaissable, innommable; le premier nom qu'on puisse lui
donner, c'est celui d'*Un* (à l'inverse de ce qui se passe
chez Plotin, pour qui l'Un est au delà de l'Être). « Sous
la raison d'être et d'essence », Dieu est « caché en soi-
même »; en disant qu'il est Un, on lui donne le nom
qui lui convient « le plus immédiatement » — plus encore
que ceux de Vrai et de Bien, qui en sont des déterminations déjà moins proches — car l'Un est négation de la
multiplicité, propre aux êtres particuliers où se mêle le
non-être : de sorte que, niant cette négation de l'être
qu'est le multiple, « l'Un dit négativement » *(unum negative*

dictum) affirme la pureté de l'Être et retrouve le *sum qui sum* de l'*Exode*. En regard de ces textes tirés de commentaires sur divers livres de l'Écriture, il faut placer un sermon latin selon lequel l'Être même serait un « voile » de Dieu, destiné à disparaître, après ceux du Bien et du Vrai, dans la vision béatifique; un autre sermon précise que, comme cause de l'Être, Dieu lui est supérieur.

Faut-il voir dans la pensée d'Eckhart un tissu d'inconséquences? Prises dans leur sens littéral, les formules s'opposent. Mais l'ensemble doit être compris dans le mouvement d'une dialectique qui, étroitement liée à une mystique, est constamment tendue vers un dépassement des contraires, tout au long d'une « voie négative », c'est-à-dire d'« une recherche où l'on se voit obligé de rejeter successivement tout ce qui peut être trouvé et nommé, en niant finalement la recherche même, pour autant qu'elle implique encore l'idée de ce qui est cherché » (V. Lossky). La théologie négative est certes connue des scolastiques occidentaux — et par exemple de saint Thomas, à qui il faut bien comparer le dominicain Eckhart : mais chez celui-ci elle a un sens plus proche des sources néoplatoniciennes. L'unité divine exclut le multiple, et l'inclut en tant qu'elle le fonde; indistinction et distinction, similitude et dissemblance, entre Dieu et la créature, doivent être tenues ensemble, comme le montre une dialectique complexe dont la doctrine de la création et du Verbe est, en dernière analyse, le ressort. Ce va-et-vient entre l'union et l'opposition s'exprime autrement dans la théorie de l'analogie, différente elle aussi de l'analogie thomiste, qui est une « analogie de proportionnalité », reliant des rapports entre des termes considérés comme homologues; instituant une comparaison entre Dieu et la créature, elle suppose en celle-ci ce qu'il lui faut de consistance pour fournir un appui à une telle mise en relation. L'analogie eckhartienne est une « analogie d'attribution », c'est-à-dire qu'elle est posée seulement entre les concepts qu'on attribue à Dieu et à la créature; ainsi la différence éclate dans toute sa force, et c'est finalement une négation qui se révèle en sein de l'analogie : on ne peut affirmer de Dieu ce qui convient à la créature, ni de la créature ce qui convient à Dieu. Si Dieu est, elle n'est pas; inversement, dire que Dieu est bon au sens où on le dit des créatures est aussi impropre que si l'on disait que le soleil est noir. On peut donc parler indifféremment du non-être de Dieu et de celui de la créature, selon qu'on prend l'un ou l'autre comme terme principal de l'analogie. Ici encore, on voit la spéculation épouser l'expérience vécue de la mystique, sensible aussi bien à l'inconnaissabilité de Dieu qu'à l'indigence du créé.

Maître Eckhart parle à ce propos d'une « mendicité » de l'essence créée, qui demande à Dieu, continuellement, l'être, sans qu'elle en soit pénétrée. Il ne lui est pas vraiment conféré : il y a seulement présence de Dieu à la créature; c'est, chez l'homme, ce « fond secret de l'âme », dont on peut dire que « si l'âme tout entière était telle, elle serait incréée ». Ce n'est pas, précise Eckhart en réponse à une accusation, que « quelque chose de l'âme soit incréé et incréable » : elle est tout entière créée. Ce qui est vrai, c'est que « si l'âme était une intelligence par essence, elle serait incréée » : autrement dit, si elle était ce Dieu qui lui est seulement présent. Mais en fait, toute créature est « un pur néant » — en tant que détachée de l'Être, extérieure à l'Un. Toutefois, cette extériorité est pour elle, non pour Dieu; celui-ci crée « dans le principe », donc en lui-même; la génération du Fils est simultanée à la production des raisons éternelles des choses — donc à la création du monde. Cette génération et cette création sont un acte unique, qui ne se dédouble que pour qui le considère de l'extérieur. Du point de vue de Dieu, il n'y a qu'intériorité : « Dieu n'a pas créé toutes choses de telle sorte qu'elles se tiennent hors de lui, près de lui, devant lui, comme font les autres artisans; son appel les a fait passer du néant *(vocavit ex nihilo)*, c'est-à-dire du non-être, à l'être, pour qu'elles le trouvent, le reçoivent, l'aient, en elles. »

Du point de vue de Dieu, il n'y a qu'éternité : « il a créé dans le principe; pourtant toujours il est au principe de la création, et commence de créer. »

Ce schéma se transpose, par une manière de symétrie, dans le domaine de la grâce : la destinée naturelle de la créature se confond avec celle de la Trinité. Dans l'âme qui s'est dépouillée d'elle-même, le Père engendre son Verbe, « de la même façon qu'il l'engendre dans l'éternité ». Cette intériorité en quelque sorte redoublée équivaut à une identité : « le Père m'engendre en tant que son

Fils, le même Fils » que celui qu'il engendre éternellement (proposition condamnée, qui en fait exploite le thème paulinien de l'adoption divine). Le mouvement trinitaire ainsi commencé dans l'âme se poursuit dans la spiration de l'Esprit, amour qui unit le Père et le Fils. Et comme la Trinité est une, l'âme ainsi transportée dans l'éternité atteint l'unité indicible où elle « se retrouve ». C'est « le désert de la Déité », au-dessus de « la Trinité qui la manifeste », comme disent des sermons allemands. Ce terme extrême de l'union n'est qu'un autre aspect de Dieu, il ne s'en distingue pas, sinon par « l'agir et le non-agir » : « Dieu opère, la Déité n'opère pas. » C'est le *Deus absconditus*, inconnaissable, inexprimable, « Dieu dépouillé des noms divins et des propriétés des Personnes », et qui seulement ainsi « pénètre de son regard » le « château » de l'âme, son « fond » (formules tirées de sermons latins).

Ainsi est désignée l'union mystique. On a vu qu'Eckhart lui donne pour cadre conceptuel une théologie rigoureuse. On n'analysera pas les méthodes qu'il recommande pour y parvenir. On se contentera de noter un seul point, pour son intérêt propre et parce qu'il précise la physionomie de ce maître profond, à la pensée difficile. C'est une phrase tirée des *Instructions spirituelles* :

> Je l'ai dit bien des fois : si quelqu'un était dans un ravissement comme saint Paul et savait qu'un malade attend qu'il lui porte un peu de soupe, je tiendrais pour bien préférable que, par amour, tu sortes de ton ravissement et serves le nécessiteux dans un plus grand amour (trad. de Mme J. Ancelet-Hustache).

HENRI SUSO — JEAN TAULER

Eckhart a laissé des disciples, qui ont joué un grand rôle dans le foisonnement religieux qui précède le milieu du siècle (« Amis de Dieu » en Bavière, en Alsace, en Suisse; importance des monastères de dominicaines). Henri Suso (Seuse; vers 1296-1366) est près de lui, à Cologne, vers 1320. Mystique richement doué, il a beaucoup moins de vigueur théorique que son maître, dont il reprend la doctrine en la tempérant — probablement pour la protéger contre les incompréhensions et les attaques qui avaient abouti à la condamnation de 1329. Jean Tauler (vers 1300-1361), dominicain comme Suso,

est, du point de vue philosophique, plus intéressant.
Lecteur de Proclus, il y trouve que même des païens —
Platon, Proclus lui-même — ont pu parvenir à une
vision claire de la lumière divine, en se tournant vers
le fond de leur âme. Mais, parlant à des chrétiens, c'est
la spiritualité de saint Bonaventure qu'il leur recommande. À saint Augustin, mais aussi à Albert le Grand,
Dietrich de Freiberg, Maître Eckhart, nommément cités,
il emprunte sa doctrine de la « cime de l'âme », ou « fond
de l'âme », qui, dans le silence, l'immobilité, l'absence
de toute image, s'offre comme un réceptable passif à
l'illumination de Dieu. Mais on ne saurait dire si, pour
lui-même comme pour Eckhart, ce fond de l'âme est
incréé. Il dit seulement que cette « étincelle de l'âme »,
selon une autre comparaison, tend à retourner dans la
profondeur divine où elle résidait « dans son état d'incréée ». La conduite de l'homme à l'égard de ses possibilités spirituelles et morales est réglée par le *Gemüt;*
selon qu'il se tourne vers le fond de l'âme ou qu'il s'en
détourne, l'âme et ses facultés s'orientent vers Dieu ou
s'en écartent.

JEAN DE RUYSBROECK

On s'éloigne de la philosophie avec le Brabançon Jean
de Ruysbroeck (1293-1381), « l'Admirable », auteur de
l'*Ornement des noces spirituelles,* du *Livre des douze béguines.*
C'est bien plutôt chez lui la description raisonnée d'un
mouvement spirituel vers la grâce que Dieu envoie vers
l'homme. Celui-ci doit dépasser les vertus morales, les
exercices intérieurs, la contemplation elle-même, pour
arriver à l'expérience mystique. Il retrouve alors son
être originaire en Dieu, l'exemplaire selon lequel il a
été créé, et en lequel il est « né éternellement »; ainsi il
redevient un avec Dieu « selon son existence essentielle » :
union sans mode, sans intermédiaire, dans la « mer sans
fond » de la déité, atteinte par le non-savoir; tout cela
est proche d'Eckhart. À la même époque, les Pays-Bas
voyaient se développer quantité de mouvements religieux
plus ou moins hérétiques : Béghards, Frères du libre
esprit, etc. Ruysbroeck s'y oppose en distinguant fortement
la nature et la grâce : si tout homme, bon ou mauvais,
a en lui une image éternelle de Dieu, qui le rend capable

d'en recevoir la lumière « à la façon d'un miroir sans tache », ce n'est encore là qu'un fait naturel; on ne peut s'en prévaloir sans risquer la chute. Autre est la grâce, source authentique de sainteté et de béatitude. Cette doctrine, conceptuellement et pratiquement rigoureuse, s'oppose aux faciles satisfactions affectives des spirituels hétérodoxes, à leur relâchement, corollaire d'une bonne conscience acquise au prix de la confusion dénoncée par Ruysbroeck. Mais cette prolifération d'une piété peu structurée inquiétait, et les doctrines de l'union à Dieu, même équilibrées, en devenaient suspectes. Le chancelier Gerson réagira défavorablement d'abord aux écrits de Ruysbroeck, notamment à l'idée d'un retour de l'âme à son exemplaire éternel, pour arriver, à la fin de sa vie, à un jugement plus nuancé.

L'influence de Ruysbroeck, dont Jean de Schoonhoven (mort en 1432) défendra la pensée contre Gerson, s'exerce sur un mouvement d'une grande importance pour la vie spirituelle aux confins du Moyen âge et des Temps modernes : ce qu'on appelle d'un terme général la *devotio moderna,* dont l'expression la plus connue est *l'Imitation de Jésus-Christ,* où Michelet voyait « le plus beau livre chrétien après l'Évangile ». Son auteur probable, Thomas a Kempis (Thomas de Kempen, 1380-1471), a appartenu à la congrégation des « Frères de la vie commune ». Or, cette congrégation avait été fondée par Gerhart Groote (né et mort à Deventer; 1340-1384), et Gerhart était allé chercher l'enseignement de Ruysbroeck au monastère de Groenendael, dont ce dernier était prieur. Les Frères vivaient en communauté, dans la pauvreté, mais sans prononcer de vœux ni s'astreindre à une véritable règle. Ce n'était évidemment pas le cas des chanoines réguliers de Windesheim (Pays-Bas), dont la congrégation avait été instituée par un disciple de Gerhart Groote, Florent Radewijns. Plus tard Érasme sera élève des Frères de la vie commune; l'esprit, et certaines méthodes, de la *devotio moderna* s'intégreront à la spiritualité d'Ignace de Loyola.

GUILLAUME D'OCCAM
ET SES PREMIERS DISCIPLES

La défiance à l'égard des vastes synthèses scolastiques, les tentatives pour bâtir en dehors d'elles des ensembles doctrinaux plus ou moins complexes et cohérents, trouvent leur expression la plus achevée, et proprement géniale, dans la pensée du franciscain Guillaume d'Occam. Dans la pratique comme dans la spéculation, sa vie est celle d'un critique intrépide. Né en Angleterre avant 1300, il fait ses études à l'Université d'Oxford, où il lit les *Sentences* en 1318-1320. En 1324, il est à Avignon, où il avait été convoqué pour s'expliquer sur certains articles, jugés suspects, tirés de ce commentaire. Il ne semble pas qu'il ait été condamné; mais il est troublé par le spectacle de la cour pontificale, son besoin de richesses, ses appétits politiques, les polémiques et les actes d'autorité suscités par la querelle sur la pauvreté évangélique qui divisait l'ordre franciscain, dont une partie des membres s'opposait au pape. En 1328, il s'enfuit d'Avignon avec le ministre général de l'ordre, Michel de Cézène; ils se réfugient auprès de Louis de Bavière, empereur d'Allemagne, mais non reconnu par Jean XXII (contre qui il suscite à Rome un antipape). Jusqu'à sa mort à Munich (1349 ou 1350), il restera auprès de l'empereur, multipliant les écrits pour la défense des droits de l'Empire contre les empiétements de la papauté. Parmi ses ouvrages philosophiques et théologiques, citons, outre son *Commentaire des Sentences,* des *Quodlibets,* des commentaires sur la *Logique* et la *Physique* d'Aristote, et la *Somme de toute la logique.*

Cet auteur, dont on a souvent dit qu'il frayait la voie au scepticisme et détruisait la théologie laborieusement édifiée par ses prédécesseurs, est avant tout un théologien qui cherche une rigueur logique absolue, impitoyable pour tout ce qui n'y satisfait pas. Le *Traité des principes de la théologie,* probablement écrit par un de ses contemporains, mais qui exprime très fidèlement sa pensée, en déduit toutes les thèses de deux axiomes fondamentaux : « Dieu peut faire tout ce qui peut être fait sans contradiction », et « on ne doit pas multiplier les êtres sans nécessité ». Le premier ne fait que reprendre le premier article du Credo : « je crois en un Dieu tout-puissant »; on verra comment il peut être invoqué par le philosophe, le logicien, qui entend distinguer de l'ordre contingent des faits (voire des faits métaphysiques) un ordre essentiel, le seul contraignant pour l'esprit, réglé par le seul principe de contradiction (ce principe, on s'en souvient,

avait déjà été posé par Duns Scot). Quant au second, il
n'est pas propre à Guillaume; Duns Scot encore, Durand
de Saint-Pourçain, Pierre Auriol, l'avaient déjà utilisé;
mais il a pris dans sa critique un sens si fondamental,
qu'il sera désigné après lui sous le nom de « rasoir
d'Occam » : c'est l'instrument dialectique qui sert à retrancher tout concept superflu. L'envers positif de ce principe,
c'est l'idée qu'il n'existe que des individus dont chacun
est absolument un : on y reviendra à propos du rejet
du réalisme et des distinctions formelle et de raison.
Notons qu'il concerne le régime de la pensée plus que
la réalité de l'être : Dieu, en vertu même de sa toute-
puissance (premier axiome), n'est nullement astreint à
s'y conformer; mais au plan de la réfutation philosophique, il garde toute sa valeur. Cette juxtaposition illustre
à sa manière la différence que l'on met volontiers, au
xive siècle, entre ce qui relève de la raison nue, dans son
usage dialectique, et ce qu'on tient par la foi — ceci
devant, en cas de conflit, l'emporter sur cela.

Le monde d'Occam est un ensemble de choses individuelles dont l'être et l'agir sont immédiatement soumis
à la connaissance et au vouloir de Dieu — qui ne sont
pas d'ailleurs distincts l'un de l'autre, étant tous deux
identiques à l'essence divine. Que Dieu connaisse quelque
chose hors de lui, cela peut être montré par des raisons
probables (mais non à la rigueur); qu'il le connaisse
immédiatement, cela implique qu'il n'existe pas d'idées,
ou plutôt, que « les idées sont les choses elles-mêmes
que Dieu peut produire »; à la doctrine scotiste d'un
« être-connu » de la créature dans l'intellect divin, Occam
oppose que « l'être-connu de la créature est la créature
même ou son exister (esse existere), et il est ainsi la même
chose en réalité que la créature »; ainsi l'idée n'est pas
moyen, mais objet de connaissance, puisqu'elle s'identifie
à la créature : « Dieu connaît les choses mêmes qu'il
produit ensuite, et les voit en les produisant. » En
d'autres termes encore, on ne peut rien imaginer qui
s'interpose « entre Dieu et la pierre qu'il connaît », et
surtout pas des « universaux » qui, on le verra, ne sont
que des signes mentaux; puisque l'idée n'est autre que
la créature « producible », il faut dire qu'il n'y a d'idées
que des êtres singuliers, et non des genres, des espèces,
des différences. La théorie occamiste de la connaissance

divine, donc de la création, est ainsi en rapport étroit avec sa critique du réalisme.

Toute doctrine pour qui l'universel est, à un titre quelconque, distinct du singulier, sacrifie au réalisme, même celles qu'on n'a pas coutume de ranger sous ce chef. Pour Occam, l'universel ne saurait être une chose hors de l'âme, ni se distinguer de l'individu, seul doué d'existence, de quelque façon que ce soit. C'est à ce dernier point que s'articule sa critique. Met-on une distinction réelle entre l'universel et l'individu? On peut alors poser celui-là, d'un premier point de vue, comme une chose qui existerait dans une pluralité de sujets tout en restant identique à elle-même; mais une telle chose, numériquement une par hypothèse, aurait un statut ontologique comparable à celui de Dieu, ou de l'intellect possible d'Averroës : elle serait un individu; et voici la chose universelle convertie en chose singulière. Parle-t-on d'un universel multiplié selon les sujets, on se heurte à une autre absurdité : si cette chose universelle est une partie essentielle de l'individu, comment concevoir que celui-ci enferme du plus singulier et du moins singulier? Tout en lui doit l'être également.

À l'universel-chose, le scotisme substitue la nature commune, indifférente à la singularité comme à l'universalité, douée d'une unité moindre que l'unité numérique qui est celle de l'individu, dont cette nature se distinguerait, non réellement, mais formellement. Mais on ne sort pas ainsi du réalisme : on ne peut supposer dans l'individu du plus et du moins indifférent, du plus et du moins un; cela suppose qu'il ait besoin d'un principe qui le fasse être individuel, alors qu'il l'est, de plein droit et sans faille, du simple fait qu'il existe. Socrate « convient avec » Platon davantage qu'avec un âne; cela ne veut pas dire qu'il convienne plus ou moins avec l'un et l'autre *dans quelque chose* : ces rapports sont d'un individu à un autre, par la totalité de leur être, sans qu'on puisse les analyser en un élément singulier et un élément commun qui serait le fondement de leur convenance ou de leur disconvenance. La « non-identité formelle » de Scot offre un contenu, comme toute autre forme de distinction, à des propositions contradictoires : *a* est identique à *b,* *a* n'est pas identique à *b;* mais il n'y a pas de degrés dans la contradiction, on ne peut faire tenir ensemble l'identité et la distinction; la forme logique, « qui vaut en toute matière », fait la même différence entre *être a* et *ne pas être a* qu'entre *être* et *ne pas être* : toute distinction se ramène donc à la distinction réelle, quoi qu'on en dise. On ne peut non plus admettre la « distinction de raison » thomiste entre l'individuel et l'universel, qui y serait en puissance, et que l'intellect en dégagerait; cette potentialité ne supprime pas la contradiction entre la possibilité et l'impossibilité d'être attribué à plusieurs sujets; la première définit l'universel, l'individu n'admet que la seconde : il ne peut souffrir en lui l'universalité, même à l'état de possible. Il n'y a donc pas de milieu entre la conception occamiste de l'universel et toutes les autres, qui ne sont finalement que des aspects du réalisme; même des doctrines comme celles de Pierre Auriol, d'Henri de Harclay, s'y ramènent, dans la mesure où elles identifient en quelque façon l'individuel et l'universel en conférant à ce dernier comme une ombre d'existence : celle d'une essence, ou de l'objet d'une perception confuse.

En face de toutes ces spéculations, un principe net, auquel il faut se tenir : « l'universel est, par nature, signe d'une pluralité » *(universale natum est esse signum plurium)*; le signe peut être signe naturel — la fumée signifie le feu, le rire signifie la joie — ou signe institué : c'est alors le mot, à propos duquel Occam retrouve une distinction faite par Abélard (avec lequel il s'était déjà rencontré en plusieurs points de sa critique du réalisme) : en soi, le mot est singulier, il est une chose; mais il peut être universel par sa signification, et son aptitude à être un prédicat. Les universaux, ce sont donc les *termes* de la proposition, qui « tiennent la place des choses » — *supponunt pro rebus* — d'où le nom de « terminisme » qu'on a donné à la philosophie d'Occam et de ses disciples. Quant à l'existence qu'ils peuvent avoir dans l'âme, il faut bien se garder, ici encore, de la « réaliser », pourrions-nous dire : « leur être est d'être connus »; ou encore, « l'universel n'existe à titre de sujet ni dans l'âme ni hors de l'âme, il a seulement un *être d'objet (esse objectivum)* dans l'âme, et c'est une fiction *(fictum)* ». On peut bien admettre, si l'on préfère, que c'est une qualité de l'âme, qu'on l'assimile à l'intellection même ou qu'on y voie son résultat. On peut alors concéder qu'il existe

comme un sujet *(subjective)*, puisqu'il est une qualité.
Occam n'attache pas tellement d'importance à ce point
de psychologie; ce qui lui importe, c'est qu'on s'en
tienne à une conception telle de l'universel, qu'on n'en
fasse pas autre chose qu'un signe, un prédicat. D'un côté
les individus, de l'autre les termes qui les désignent;
seuls les premiers sont des choses; il n'y a pas à sortir
de là.

À cette perspective ontologique, il faut ordonner
d'autres refus. Occam n'admet pas que la relation soit
réelle : si elle l'était, elle se distinguerait du sujet qui la
supporte, de telle sorte que Dieu pourrait la créer à part,
et, par exemple, conférer la paternité à qui n'aurait jamais
engendré, ce qui est contradictoire; seules existent les
substances et les qualités. Le même recours dialectique
à la puissance divine, dans le but d'éprouver la solidité
des concepts, amène à rejeter la distinction de l'essence
et de l'existence : si c'étaient là « deux choses », Dieu
pourrait sans contradiction conserver « une entité sans
existence » ou « une existence sans entité » — ce qui est
impossible. Si « les saints et d'autres » ont dit que Dieu
était « l'être même », ce que n'est pas la créature, cela
veut dire simplement que Dieu n'est pas par quelque chose
d'autre que lui, tandis que, pour la créature, ce qu'elle
est et ce qui la fait être diffèrent absolument — comme
Dieu et la créature. Cette distinction n'autorise donc
pas à séparer métaphysiquement l'essence de l'existence.
Dans le domaine de la physique, le souci de ne pas
multiplier inutilement les êtres conduit Occam à identifier
le mouvement et le corps : celui-ci est en tel point à
tel instant, en tel autre ensuite; cela suffit à exprimer le
fait qu'il se meut, sans supposer autre chose que lui et
l'agent qui le meut. Cette réduction vaut non seulement
dans le cas du mouvement local, mais aussi pour l'altération, ainsi que pour l'accroissement et la diminution :
il suffit de poser les choses qui changent, et rien d'autre.

Passons à la situation, extrêmement simple, qui fonde
la connaissance. Les choses sont présentes à l'intellect;
de là naît le concept, par « une opération secrète de la
nature » *(natura occulte operatur in universalibus)*, qui forme
dans l'âme un « nom mental » dont la fonction est de
tenir lieu de *(supponere pro)* la chose extérieure, qui n'est
pas un signe; ces noms mentaux, ou « intentions premiè-

res », peuvent à leur tour être signifiés par d'autres concepts, ou « intentions secondes » : on retrouvera cela en étudiant la structure de la proposition, car termes et concepts se correspondent, le concept étant lui-même un signe commun à tous les hommes, à la différence des mots propres aux divers langages : c'est « un mot qui n'appartient à aucune langue » *(verbum nullius linguae)*. Sa formation ne requiert pas l'opération, ni donc l'existence, d'un intellect agent, d'autant que l'universel, qui n'a aucune réalité dans les choses, n'a pas à en être tiré : parler d'un intellect agent, c'est dire simplement que l'âme connaît la chose. Cette connaissance peut être de deux espèces : « intuitive » ou « abstractive ». La première est « celle en vertu de laquelle on peut savoir évidemment, d'une chose contingente, si elle existe ou non »; en vertu de la seconde, « on ne peut pas » le savoir : « elle ne considère pas l'existence ni la non-existence »; c'est pourtant sur la chose qu'elle porte, non sur quelque représentation que l'esprit s'en donnerait. La présence d'un objet à la pensée est donc séparable, et souvent séparée en fait, de son existence, ici et maintenant, en face du sujet connaissant. Or, cela vaut même dans le cas de la connaissance intuitive : elle peut porter sur une chose qui n'existe pas. Ainsi Dieu voit ses créatures intuitivement, avant même qu'elles soient. Il peut aussi, de sa puissance absolue, donner à un esprit créé une connaissance de ce type : car la causalité divine peut se substituer à toute cause seconde pour en produire l'effet; donc, notamment, causer une connaissance intuitive dont l'objet qui en est normalement la cause aurait disparu. Ce qui distingue ainsi les deux types de connaissance, intuitive et abstractive, ce n'est pas quelque chose d'extérieur à elles, comme la présence ou l'absence de l'objet : « elles diffèrent par elles-mêmes... bien que selon la nature la connaissance intuitive requière l'existence de la chose. » La stricte logique des définitions, jointe au sens aigu de la toute-puissance divine qui lui permet d'aller jusqu'au bout de ses exigences, nous mène jusqu'à ce paradoxe : l'intuition du non-existant, sur le sens dernier duquel les historiens ne s'accordent pas; les divers textes d'Occam à son propos ne se laissent d'ailleurs pas toujours bien accorder (L. Baudry).

Peut-il y avoir une connaissance scientifique d'un

univers suspendu à l'initiative de la volonté divine,
toujours substituable en principe à l'action des causes
secondes ? Occam ne le nie pas, il y a un ordre des choses
que l'on peut très bien observer et décrire. La science
se présente comme un ensemble de propositions : « toute
science... est seulement composée de propositions comme
de ce qui est su, car seules les propositions sont sues » ;
et elles sont composées soit de mots, prononcés ou écrits,
soit de concepts : mais entre les propositions parlées,
écrites, conçues, le parallélisme est rigoureux. Si la science
se divise en propositions, celles-ci s'analysent en parties,
qui sont, on le sait, des signes. Le rapport du signe à
la chose est de signification ou de supposition ; ces deux
notions ne sont pas équivalentes : par exemple, le mot
« aveugle » signifie d'une certaine façon la vue (négativement), le mot « blanc » signifie la blancheur (le mot
concret signifie la même forme que le mot abstrait) ;
mais il n'y a pas supposition dans l'un ni l'autre de ces
cas. Un terme « suppose pour » une chose quand il lui
sert de substitut dans une proposition, en fonction à la
fois des liaisons réelles et de la structure du langage.

Des multiples distinctions faites par Occam à ce propos,
retenons les trois types principaux de supposition : il y a
supposition personnelle quand le terme tient la place
de son signifié — quelque chose d'existant, hors de l'âme
ou en elle — et qu'il le signifie ; ainsi, dans la proposition
« l'homme court », où *homme* désigne des individus
(Socrate, Platon...). On dit que la supposition est simple
quand le terme désigne un concept, mais sans le signifier
(comme une chose mentale individuelle ; car on revien-
drait alors au cas précédent) ; exemple : « l'homme est
une espèce. » Enfin, la supposition est dite matérielle
quand le terme suppose pour son propre son ou sa
propre graphie, toujours sans les signifier (comme plus
haut) : « homme est un nom. » À ces trois formes de
suppositions correspondent trois types de science :
science réelle, « quand les parties des propositions tiennent
la place des choses du dehors » (ce qui ne veut pas dire,
rappelons-le, que ce sont ces choses qui sont sues :
seules les propositions le sont ; la science réelle est science
« des intentions qui tiennent la place des choses ») ;
lorsque les parties des propositions « tiennent la place
des concepts mentaux », ou « des mots eux-mêmes », on

a respectivement science rationnelle, ou logique, et science grammaticale. Enfin, la connaissance d'un énoncé s'appelle « connaissance complexe »; la « connaissance incomplexe » a pour objet un terme, ou la chose que ce terme signifie; ainsi, pour rattacher cela à des concepts déjà examinés, on peut (selon l'ordre usuel des choses) avoir de Socrate deux connaissances incomplexes distinctes : intuitive, s'il est présent, abstractive, s'il est absent.

La science, comme on vient de le dire, est certaine : « Les conclusions de la science, en toute science, sont nécessaires, perpétuelles, incorruptibles. C'est-à-dire qu'elles ne peuvent jamais être fausses, mais sont toujours vraies, pourvu qu'on les forme. » C'est que « la science naît de l'évidence de la chose ». De quelle évidence, de quelle chose s'agit-il ? Les individus n'ont qu'une existence contingente, objet de la connaissance intuitive. Mais l'abstractive, précisément parce qu'elle fait abstraction de cette contingence, permet d'atteindre des rapports nécessaires — d'une nécessité garantie par l'épreuve dialectique que constitue la référence à la puissance divine absolue : Dieu peut bien supprimer tel objet individuel, ou agir à sa place, il ne peut enfreindre le principe de contradiction; il ne peut faire, par exemple, qu'un singulier se communique réellement à plusieurs êtres. Car les incompatibilités formelles, structurelles, ne sont pas concernées par l'existence ou l'inexistence; et comme c'est la chose même qui s'offre à la connaissance abstractive, on comprend que celle-ci soit le moyen d'une science certaine. En termes de logique, on dira que nulle proposition affirmative qui exprime une inhérence présente n'est nécessaire, même si elle attribue une définition à un défini : ainsi, la proposition « l'homme est un animal raisonnable »; car si nul homme n'existait, elle serait fausse; et il n'est pas contradictoire que nul homme n'existe. En revanche, les propositions conditionnelles, celles qui portent sur le possible, expriment une nécessité : « si l'homme existe, l'homme est un animal raisonnable »; ou « tout homme peut être un animal raisonnable ».

Abélard avait déjà développé ce thème : cela fait plusieurs fois déjà que l'on observe des ressemblances frappantes entre le nominalisme du XIIᵉ siècle et celui du XIVᵉ, sans que rien prouve que le premier ait influé directement sur le second. Toutefois, Abélard admettait l'existence des

idées; Occam, non : c'est la puissance divine, c'est-à-dire
Dieu lui-même, qui pose les connexions que la science a
pour objets. D'un autre côté, la conception occamiste de
la nécessité scientifique est différente de celle d'Aristote,
pour qui, l'éternité du monde impliquant l'éternité des
espèces, une proposition comme « l'homme est un animal
raisonnable » est une proposition nécessaire. Occam n'y
voit qu'un jugement de fait, puisque les choses dont ces
termes tiennent la place ont été posées dans l'être par
une libre décision divine. C'est un des points où éclate
le plus vivement le conflit entre une théologie qui a
pour principe la foi en un Dieu créateur, et la philosophie
condamnée en 1277.

On peut maintenant se demander ce que signifient les
propositions qui constituent la « science naturelle », et
ce qui permet de les énoncer; ou plus particulièrement,
la façon dont Occam conçoit la causalité et dont il justifie
l'induction.

Dire qu'un objet est cause d'un autre, c'est dire que la
présence du second suit celle du premier : pure constatation empirique, et qui ne porte point sur une relation
réelle, puisque de telles relations n'existent pas. Il n'y a
rien à chercher hors des choses dont l'une est appelée
cause, et l'autre effet; et d'autre part, « l'ordre et la dépendance » qui sont entre elles ne se laissent nullement
prévoir avant l'expérience :

La connaissance incomplexe d'une chose ne contient pas la
connaissance incomplexe d'une autre... Si parfaitement qu'on
connaisse une chose, jamais on ne formera une pensée simple
et propre d'une autre, qu'on n'aurait pas d'abord saisie par le
sens ou par l'intellect.

Formules qui pourraient être approuvées par Hume,
on l'a sans doute remarqué. Chaque observation correctement conduite nous donne l'expérience d'un cas singulier
(*experimentum de singulari*) : ainsi, « parce qu'on a vu
qu'après avoir mangé d'une certaine herbe, un fiévreux
a retrouvé la santé, et si l'on a écarté toutes les autres
causes de guérison, on sait avec évidence que cette
herbe en a été la cause ». Mais cela ne suffit pas à fonder
l'induction : il faut encore « savoir que tous les individus
de même nature (*ejusdem rationis*) sont aptes à produire
les mêmes effets sur un patient de mêmes nature et dispo-

sition » que le premier. Or, c'est là un principe évident, qui exprime une « nécessité de nature », et qui garantit la valeur de l'induction : tous les agents d'une même espèce ont des effets identiques. C'est pourquoi, au moins en droit, une seule observation bien faite autorise à énoncer une loi valable pour toute l'espèce à laquelle appartient l'agent étudié. En fait, il est souvent nécessaire de procéder à plusieurs expériences, un même effet pouvant avoir plusieurs causes spécifiquement différentes. Normalement, il en faut autant qu'il y a d'espèces contenues dans le genre commun à toutes ces causes possibles; mais il en faut moins si plusieurs de ces espèces ont en commun une même propriété susceptible d'être la cause de l'effet considéré.

Occam a donc bien conçu les principes de la méthode expérimentale, et fait penser en cela à Grosseteste et à Roger Bacon — encore que ceux-ci, en liant le raisonnement mathématique à l'observation des événements naturels, anticipent mieux que lui le développement ultérieur de la science. Toutefois, il réserve toujours les droits de la toute-puissance divine : on ne peut démontrer à la rigueur que quelque chose soit cause, puisqu'on ne peut prouver qu'un effet soit posé par une cause seconde; en soi, l'induction est une « conséquence formelle », donc nécessaire; mais chaque cas particulier est affecté d'une contingence radicale, comme tout ce qui existe.

Pour Occam, si difficile à satisfaire en matière de démonstration, la théologie naturelle ne contient que bien peu de choses vraiment prouvées : c'est souvent une simple probabilité qu'il reconnaît à ses arguments. Ainsi, l'existence de Dieu peut bien être conclue de l'impossibilité de poser une série infinie de causes; mais il faut distinguer. La preuve par la hiérarchie des causes (par les causes « essentiellement ordonnées ») ne vaut pas : l'idée d'un ordre essentiel nécessaire dans l'existant est évidemment étrangère à l'occamisme. Pas davantage, celle qui se tire des causes efficientes (qui doivent être en nombre fini), si on les considère dans leur succession temporelle : car « on ne peut prouver contre les philosophes qu'une série infinie de causes de même nature soit impossible ». Tout ce qu'on peut prouver, c'est qu'il y a une première cause, qui maintient dans l'être tout ce qui existe actuellement. L'unité de Dieu ne peut faire

l'objet d'une démonstration : elle est seulement probable.
Quant à son infinité, elle pose bien des problèmes. En
effet, on peut d'abord, de ce point de vue, définir Dieu
comme « quelque chose de plus noble et de meilleur que
tout autre que lui »; on pourrait en conclure que ce
quelque chose est unique, supposé qu'on en prouve l'existence : mais cette preuve-ci ne peut être administrée.
Autre façon de dire que Dieu est infini : le présenter
comme « un être tel que rien n'existe qui soit meilleur
que lui, de plus haut rang, ni plus parfait »; on ne peut
alors nier son existence sans s'engager dans une régression
à l'infini; elle est donc démontrée. Mais il n'en résulte
pas que cet être soit unique : cela, c'est la foi seule qui
nous le fait affirmer. Quant à la connaissance que Dieu
a des créatures, quant à son vouloir, à son action, la
raison ne peut rien en dire que de probable; ici encore
c'est la foi qui nous fournit en connaissances certaines.
Ici s'éclaire d'un nouveau jour ce qu'on disait en commençant : le Dieu tout-puissant de la dialectique d'Occam
lui vient de la révélation, et d'elle seule; c'est bien le
Credo qui lui en apprend l'existence, puisque la théologie
naturelle ne peut l'atteindre. Si l'on oublie ce point,
on verra mal le sens général de la doctrine occamiste,
qui n'est pas une philosophie au sens moderne du mot,
ni une synthèse théologique comme en avaient construit
saint Bonaventure, saint Thomas, et même Duns Scot.

En morale, la négation des idées divines mène Occam
à des conséquences extrêmes : les préceptes de l'action
sont tout autant soumis au pur vouloir divin que les
lois de la nature, de sorte que ce pourrait être un acte
méritoire de haïr Dieu, s'il en avait ainsi décidé. De même
aussi que l'action divine peut se substituer aux causes
secondes, rien n'empêche Dieu d'agréer une âme qui ne
serait pas douée de l'*habitus* de charité, ni de repousser
une âme qui en serait douée. Mais dans cet ordre encore
de la morale et de la justification, l'affirmation sans
restriction de la toute-puissance de Dieu, de sa parfaite
liberté, ne doit pas faire oublier l'identité de sa volonté
à son essence : « puissance absolue » ne veut pas dire
caprice, mais plutôt gratuité et liberté; en outre, si elle
se distingue de l'ordre établi par Dieu, ou « puissance
ordonnée », c'est comme l'absolu d'un ordre purement
logique se distingue d'un fait, contingent certes, mais

rationnel; c'est encore au premier article du Credo qu'il faut revenir. De toute façon, pour l'homme, il y a un « précepte naturel » obligatoire, infaillible, sans dispense. Les actes qui lui sont contraires sont « mauvais de soi ». Il faut les distinguer des actes « mauvais parce que interdits », qui s'y ajoutent : en ce sens, la loi divine comprend des préceptes de loi naturelle, et d'autres qui n'en sont pas.

En droit et en morale comme ailleurs, seuls les individus existent : un tout n'est pas autre chose que ses éléments. La relation n'étant rien de réel, celles que les membres d'un corps social contractent avec leur roi, ou entre eux, ne font pas de leur ensemble une chose numériquement une. Ainsi, l'ordre des Fères mineurs n'est ni une vraie personne, ni une personne imaginaire : « il est vraiment les personnes réelles », les Mineurs eux-mêmes; ainsi encore, l'Église n'est rien d'autre que l'ensemble des fidèles. Conception qui s'oppose à celle de beaucoup de juristes du temps, mais la seule qui soit cohérente avec la philosophie de Guillaume d'Occam.

Cette pensée, prise dans son ensemble, peut être diversement considérée. Si on la compare à celle de ses prédécesseurs et si l'on considère son influence sur l'histoire ultérieure de la théologie, on sera frappé par sa force corrosive : refusant l'union étroite du savoir et de la foi, niant que la théologie soit une science, elle rompt cette harmonie qui caractérisait l'épanouissement de la scolastique au XIIIᵉ siècle. En un sens, elle tire les conséquences du décret de 1277, inspiré, entre autres motifs, par le souci de défendre la cause de la toute-puissance divine contre la philosophie, qui se plaît aux connexions nécessaires de la nature. Mais, pris en lui-même, l'occamisme révèle son côté positif : s'il élimine une bonne part de l'héritage conceptuel qu'il trouvait devant lui, c'est pour bâtir un système qui résiste à toute controverse, aussi poussée qu'on la suppose, à l'intérieur d'une foi commune dont le principe fondamental sert aussi de pierre de touche à ses analyses critiques. La nécessité dont il dépouille l'ordre de fait que la pensée grecque jugeait éternel, il la cherche dans les structures posées par Dieu, et que règle l'irrévocable principe de contradiction. Certes, le scepticisme est souvent amateur de dialectique, si même il ne s'y réduit pas. Mais précisé-

ment, si Occam était un sceptique, on comprendrait
mal qu'il se fût préoccupé de fonder en droit le raisonnement inductif. C'est sans doute que la distinction qu'il
pose entre la puissance ordonnée et la puissance absolue
était autre chose qu'un instrument de démolition ; de
même, son paradoxe sur la connaissance intuitive d'une
chose non existante n'est probablement pas destiné à
jeter la suspicion sur toute connaissance des choses.
S'il n'est pas facile de donner une interprétation définitive
de sa doctrine, on peut au moins méditer les points
suivants : en rejetant en fait toute une part de la philosophie aristotélicienne, il a en même temps renoncé à ce
qui peut y rester de platonisme, même atténué ; cette
élimination va de pair avec son nominalisme. En outre,
les plus grands de ses prédécesseurs avaient lié à leur
théologie une physique et une métaphysique qui en
recevaient une inspiration neuve et la fournissaient en
retour de concepts où la raison trouvait prise : c'est à la
logique qu'il fait, lui, jouer ce rôle ; or, les structures
formelles peuvent paraître moins aptes à soutenir une
« intelligence de la foi » que les spéculations sur l'être.
Occam n'en met pas moins la science profane au service de
la science sacrée : il n'y a pas lieu de le détacher du
courant médiéval ; mais sa démarche est assez neuve pour
que ses contemporains aient vu en lui l'initiateur de la
« méthode moderne » *(via moderna)*.

L'influence de la pensée d'Occam s'exerce vite ; on
l'observe chez ses élèves, bien sûr (tel Adam Woodham,
franciscain anglais, qui en 1340 enseigne la théologie à
Oxford), mais aussi chez des maîtres qui l'ont assimilée
d'une façon originale. On peut ainsi parler d'un groupe
de « nominalistes », ou « terministes », opposés aux
« réalistes » *(reales)*, qui gardent la tradition de saint
Thomas ou de Duns Scot (sans compter ceux qui, comme
Richard FitzRalph, en restent à un stade antérieur,
« pré-scotiste », comme dit G. Leff) ; on les nomme
encore, respectivement, « modernes » et « anciens »
(antiqui). Occam fait donc réellement figure d'« initiateur »
(inceptor ; c'est là un jeu de mots, car ce nom désigne aussi,
dans le vocabulaire universitaire, le candidat au doctorat :
Occam en était resté là ; ses disciples étaient donc doublement fondés à le nommer le *Venerabilis Inceptor)*.
Si différentes que soient les unes des autres les doctrines

qu'on fait dériver de la sienne, elles ont assez de traits communs pour qu'il ne soit pas arbitraire de les ranger dans un même groupe. Ajoutons toutefois que le XIVe siècle est encore mal connu, et que les découvertes futures feront peut-être réviser certaines classifications aujourd'hui admises; pour l'instant, il serait vain de ne pas s'en contenter.

ROBERT HOLKOT

Dominicain de Cambridge, mort en 1349, Robert Holkot brise violemment et radicalement avec l'aristotélisme, et nie du même coup la possibilité de l'utiliser en théologie. La métaphysique d'Aristote, et sa physique dans la mesure du moins où elle en dépend, est ruineuse : on ne peut aucunement prouver l'existence d'êtres incorporels. Toute connaissance vient du sensible, toute démonstration doit s'y borner. On ne peut donc démontrer philosophiquement l'existence de Dieu, ni ses attributs. Pour le faire, il faudrait avoir un concept de Dieu naturellement acquis : or, seule la révélation *(doctrina)* nous en fournit un. Il ne faut donc pas espérer de joindre la philosophie et la théologie. Cela n'est même pas possible au plan de la pure logique : « la logique rationnelle de la foi doit être autre que la logique naturelle »; en effet, la foi nous oblige à tenir des vérités qui échappent aux lois dégagées par Aristote :.« Peu, ou aucune, des règles que pose Aristote dans les *Premiers Analytiques* et ailleurs, valent en toute matière. La raison en est qu'Aristote n'a pas vu qu'une chose est une et trois. » Donc, « il faut poser une logique de la foi »; se donner un tel programme, c'est rompre évidemment avec la philosophie.

GRÉGOIRE DE RIMINI

Né probablement vers 1300, Grégoire de Rimini, qui commente les *Sentences* à Paris dans la décade qui précède 1350, et qui meurt en 1349 général des Ermites de saint Augustin, se place au confluent de l'augustinisme et de l'occamisme. Bien des points de sa doctrine, en eux-mêmes aussi bien que par les arguments dont il les soutient, illustrent cette situation. Par exemple, s'il affirme que l'âme n'est pas distincte de ses puissances, il emprunte

des raisons à saint Augustin, mais invoque aussi le
principe selon lequel il ne faut pas poser une pluralité
d'êtres si l'on n'y est forcé par l'expérience, le raisonnement fondé sur elle, ou « l'autorité sacrée ». Il distingue,
comme Occam, connaissance intuitive et connaissance
abstractive; mais selon lui la première a lieu « sans
intermédiaire connu », la seconde, « par un intermédiaire
connu », qui représente l'objet. C'est ce caractère médiat
ou immédiat qui fait toute la différence : l'objet de la
connaissance intuitive peut fort bien ne pas exister;
inversement, ce n'est pas de l'existence que la connaissance abstractive fait abstraction — l'existence peut elle-
même être connue abstractivement — c'est de « la
présence, à titre d'objet, de la chose connue ». En outre,
le « représentatif » de la chose connue abstractivement
est lui-même connu intuitivement. Le premier objet de la
connaissance, intellectuelle et sensible, c'est le singulier,
et le singulier sensible avant le non sensible. La saisie
des objets présents ne requiert pas d'espèce; les objets
non sensibles présents, tels que les espèces de l'intellect,
les actes de penser et de vouloir, le savoir du savoir,
sont également perçus immédiatement. En revanche, on
ne peut sans espèces connaître les objets absents. Le
concept universel n'existe que dans l'âme, et c'est un
signe qui tient la place d'une pluralité d'individus.
Mais nous pouvons former, à propos de Dieu, des
concepts qui nous font atteindre davantage qu'un *quid
nominis*. Quant à l'objet de la science, Grégoire le conçoit
d'une façon originale, du moins par rapport à ses prédécesseurs immédiats. Pour lui, ce n'est ni la démonstration
entière, ni la chose extérieure, mais « le signifié total
et adéquat de la conclusion ». Ce « signifié complexe »
est bien, si l'on veut, « quelque chose », mais rien d'existant. Ainsi, la connaissance a un objet qui n'est pas un
être : on l'exprime par une proposition infinitive
(« l'homme pouvoir rire », « Dieu être »). Rappelons
qu'Abélard avait déjà proposé une semblable théorie :
ce que dit la proposition est un « rien », une « façon d'être
des choses ». Encore un point commun aux spéculations
logiques du XIIᵉ et du XIVᵉ siècle.

JEAN DE MIRECOURT

Le cistercien Jean de Mirecourt, maître à Paris, dont quarante propositions tirées de son commentaire des *Sentences* sont condamnées en 1347, joint à des traits occamistes un penchant pour la virtuosité dialectique, en matière de théologie, parfois déconcertant. Il admet, comme Occam, l'immédiateté de la connaissance sensible : inutile de supposer « une image de l'homme par le moyen de laquelle l'homme serait saisi par l'intellect » (chez Occam déjà la connaissance intuitive est d'emblée « intellective »). La perception nous donne une « évidence naturelle », à laquelle « on peut acquiescer sans crainte »; car, « pourvu que Dieu maintienne son influence générale et ne fasse pas de miracle », il est impossible qu'elle nous induise en erreur. Toutefois, et dans la sphère même de l'expérience, il y a un degré d'évidence supérieur : celui de la connaissance interne, de l'existence de soi, dont on ne peut douter sans poser par là même qu'on est; ce thème augustinien acquiert une nuance nouvelle, bien caractéristique de l'époque et du milieu intellectuel, lorsqu'on ajoute que, dans ce cas particulier de la conscience de soi, le principe de contradiction confirme l'expérience. Quant à ce principe lui-même, son évidence est la plus parfaite : la pensée ne peut aucunement s'y refuser; on sait que pour Occam il était la seule borne à la puissance absolue de Dieu.

Dans les explications qu'il a données de ses thèses condamnées, Jean de Mirecourt fait un grand usage de la logique pure, des analyses conceptuelles et des subtils enchaînements de conséquences. Se demandant « si Dieu peut vouloir ou faire que le monde n'ait jamais été », il précise notamment qu'il est faux qu'il puisse le faire; qu'il est évident qu'il ne peut le faire, au sens positif du mot; mais qu'il ne l'est pas qu'il ne puisse le faire au sens impropre, « privatif », selon lequel on dit, par exemple, qu'avant que le monde fût, Dieu faisait qu'il ne fût pas :

Pour moi, cela [cette impossibilité] n'est ni évident, ni une conséquence de la foi...; mais l'opposé non plus : je ne saurais conduire ceux qui le tiennent à se contredire, ni à nier soit la foi, soit des expériences, soit des conclusions démontrées. Je sais pourtant qu'il suit de la foi que cela est faux.

Il semble donc qu'il y ait pour Jean de Mirecourt deux
façons d'apprécier les conséquences de la foi : celle du
croyant et celle du dialecticien ; le premier doit se contenter, comme par un acte de foi en leur validité, de conséquences que le second peut juger insuffisantes. Cela
paraît la seule façon d'interpréter ce curieux texte. On
peut bien évoquer la distinction averroïste entre la vérité
de la foi et la cohérence philosophique, mais en remarquant qu'il ne s'agit pas seulement ici, semble-t-il, du
contenu des jugements, mais aussi, et peut-être surtout,
de la valeur de leurs enchaînements. On a passé du
raisonnement démonstratif, sur lequel se fondaient les
averroïstes et les théologiens leurs adversaires, au
raisonnement dialectique, qui requiert principalement un
examen formel. C'est un des traits du XIVᵉ siècle qui
apparaît ici, et qui se manifeste encore lorsque Jean de
Mirecourt nous dit ailleurs que l'opposé d'un article de
foi peut être plus probable que lui : « Si l'on dit : cela n'est
pas probable, parce que la foi dit l'opposé, je réponds :
cette conséquence n'est pas bonne ; bien qu'on puisse
dire en bonne logique : la foi est à l'opposé, donc cela
n'est pas vrai, il n'en suit pourtant pas que l'opposé
soit probable ; bien plus, les opposés de certains articles
de foi sont plus probables pour nous que les articles
eux-mêmes. » On ne saurait dissocier plus nettement
la foi de la raison, prise ici dans son usage dialectique.
Dans le domaine de la morale, des distinctions sur le
faire et le *vouloir* divins conduisent à poser que Dieu
veut et fait que tout pécheur pèche : non qu'il le lui
ordonne, mais en un sens le pécheur se conforme au bon
plaisir divin, car :

Si Dieu ne voulait pas qu'il n'y eût pas de rectitude dans
l'acte du pécheur... celui-ci ne pécherait pas ; donc il se
conforme au signe de la *volonté de bon plaisir* — qui est la
permission [divine] — et par conséquent à la volonté
de Dieu.

Il semble que ces thèses, et d'autres voisines, s'expliquent moins par une référence systématique à la toute-
puissance positive de Dieu (comme chez Bradwardine),
qu'à un désir d'analyser, beaucoup plus abstraitement,
des concepts théologiques. On peut en dire autant de
cette aporie morale :

La bonne intention diminue d'autant [la faute] que sa présence supprime une circonstance mauvaise qui pourrait s'y ajouter; mais elle l'aggrave d'autant qu'elle est un bienfait divin, qu'en le recevant on en est plus obligé à l'égard de Dieu, et qu'ainsi en péchant on se rend plus ingrat.

On connaît encore trop mal l'époque et ses courants doctrinaux pour savoir au vrai si Jean de Mirecourt s'abandonne à une dialectique gratuite, ou si les problèmes qu'il pose ont un sens plus grave (comme lorsqu'il parle de tentations invincibles, sauf miracle, de sorte qu'on ne pèche pas en y succombant). Il est clair en revanche qu'il s'inspire d'Occam quand il soutient que la haine du prochain n'est une faute que parce que Dieu l'a voulu ainsi « temporellement », et qu'il pourrait faire que cette haine, et celle de Dieu même, ne fût pas opposée au mérite.

NICOLAS D'AUTRECOURT

Sur la fin de la même année 1347, où quarante articles de Jean de Mirecourt sont censurés, semblable disgrâce arrive à un autre Parisien, maître ès arts et licencié en théologie : Nicolas d'Autrecourt est condamné à brûler publiquement des lettres qu'il avait adressées au franciscain Bernard d'Arezzo, et son traité *Exigit ordo executionis,* où il se demande « si les discours des péripatéticiens sont démonstratifs ». Ils ne le sont pas, répond-il, ils sont seulement probables; on peut trouver des raisons qui fassent soutenir des thèses contraires avec autant de probabilité; ainsi, dit Nicolas dans une de ses lettres à Bernard, « que cela plaise ou non..., Aristote, dans toute sa philosophie naturelle et sa métaphysique, est à peine parvenu à une connaissance évidente de deux conclusions, et peut-être même pas d'une »; et un peu plus bas, il ajoute : « Bien que je ne le prenne pas à mon compte, un raisonnement que je ne sais réfuter conclut qu'il n'a même pas eu de connaissance probable. » Nicolas d'Autrecourt se range donc parmi ces rigoureux critiques qui, soucieux de ne donner leur accord qu'à des propositions démontrées, révoquent en doute tout ce qui n'est que vraisemblable : « la certitude d'évidence n'a pas de degré. » Où la trouverons-nous ? Dans l'expérience externe et interne : « je suis certain avec évidence des

objets des cinq sens et de mes actes » — mais réduite à
elle-même, c'est-à-dire aux « apparences naturelles », qui
ne nous donnent « comme aucune certitude des choses ».
Car toute inférence qui l'excède doit être soumise à
l'épreuve du principe de contradiction (ou « premier
principe »); or : « dans toute conséquence réduite immédiatement au premier principe, le conséquent et l'antécédent entier, ou une partie de l'antécédent, sont réellement
identiques ».

L'application d'un tel critère laissera subsister peu de
chose des raisonnements et des concepts communément
acceptés par les philosophes et les théologiens : elle nous
donnera souvent « l'évidence d'une ignorance » (nescimus
evidenter).

La conséquence principale en est la suivante :

De ce qu'on sait qu'une chose existe, on ne peut évidemment
inférer, d'une évidence réduite au premier principe ou à la
certitude du premier principe, qu'une autre chose soit.

De là résulte la critique du concept de substance :

Jamais Aristote n'a eu la connaissance évidente d'une
substance autre que son âme, en entendant par substance une
chose autre que les objets des cinq sens et que nos expériences
formelles. En effet, il aurait eu alors une connaissance d'une
telle chose avant tout raisonnement — ce qui n'est pas vrai,
car les substances n'apparaissent pas à l'intuition, et en outre
les paysans sauraient qu'il y a de telles choses; mais on ne
les connaît pas non plus par un raisonnement, en inférant de
ce qu'on perçoit qu'elles existent avant tout discours : car d'une
chose on ne peut inférer qu'une autre chose soit.

D'autre part, la puissance divine peut causer des apparences sans substance : on ne peut donc passer logiquement, dans la lumière naturelle, des premières à la dernière. Quand on conclut de l'existence de l'accident à
celle d'un sujet, de deux choses l'une : ou bien l'on
conçoit l'un et l'autre au niveau de l'expérience des sens,
et alors « le conséquent est réellement le même que
l'antécédent »; la conséquence est bonne, mais ne nous
fait pas sortir de l'expérience; ou bien on pense à une
chose où résiderait l'accident : mais « elle n'est évidente
ni de soi ni par l'expérience ». Un raisonnement de ce
type est aussi peu probant que si l'on posait d'abord

« *homme* signifie *homme et âne* », pour conclure : « il y a un homme, donc il y a un âne ». On pourrait ainsi prouver n'importe quoi. Et cela vaut même pour les données de l'expérience interne : « Ces conséquences ne sont pas évidentes : il y a un acte d'intellection, donc il y a un intellect ; il y a un acte de vouloir, donc il y a une volonté. » Dans tous ces cas qu'on a examinés, le raisonnement dépasse le strict donné sans respecter le premier principe.

Le concept de causalité était déjà mis en jeu par la critique de celui de substance, quand on disait que Dieu pouvait bien être la cause d'une apparence ; plus généralement, « nous ignorons évidemment que des choses autres que Dieu puissent être la cause de quelque effet ». Mais ici comme plus haut, la critique par la puissance absolue s'accompagne d'une critique faite en vertu du premier principe et de sa conséquence fondamentale. La génération n'implique pas « un sujet, mais seulement la succession du non-être et de l'être ». Restant ainsi au plan du sensible, comme l'exige la rigueur logique, on ne peut admettre que l'anticipation causale soit certaine : « cette conséquence n'est pas évidente d'une évidence déduite du premier principe : on approche du feu de l'étoupe, il n'y a pas d'obstacle entre eux, donc l'étoupe brûlera » ; il est seulement « probable pour moi que, si j'approchais ma main du feu, je me chaufferais », comme cela m'est déjà arrivé.

Il est traditionnel de citer Hume quand on parle de Nicolas d'Autrecourt ; il est certain que plusieurs de ses analyses évoquent celles du philosophe écossais ; mais il faut rappeler que Nicolas ne réduit pas la causalité à une habitude mentale ; que s'il nie que l'existence des substances soit évidente, c'est en termes de rapports entre choses qu'il exprime des conséquences déductibles ou non du premier principe ; enfin, qu'il fait usage de la dialectique *de potentia absoluta*.

S'il n'y a pas d'évidence de la causalité efficiente, il ne saurait y en avoir de la causalité finale, ni des degrés de perfection entre les êtres : « on ignore évidemment qu'une chose soit la fin d'une autre » ; « on ne peut montrer avec évidence qu'une chose l'emporte en noblesse sur une autre ». Avec ces trois ressorts classiques des preuves de l'existence de Dieu, disparaît le point principal de la théologie naturelle : seule la foi — dont la certitude est expressé-

ment distinguée de celle du premier principe — peut nous
assurer qu'il y a un Dieu ; car de l'inexistence d'une chose
on ne peut inférer l'inexistence d'une autre : supposé que
Dieu n'existe pas, on ne peut en inférer évidemment que
le monde n'existerait pas non plus. Puisque la certitude
n'a pas de degrés, tout ce qui n'est pas rigoureusement
démontré, et dans les conditions qu'on a dites, demeure
en suspens : c'est le sort de toute la philosophie d'Aristote.

Mais il ne faut pas croire à l'inverse que cette philosophie soit évidemment fausse : à ses probabilités, qu'elle
prend indûment pour des certitudes, on ne peut opposer
que d'autres probabilités, nullement des démonstrations.
Le probable admet des degrés, selon lesquels on peut
comparer les conclusions qui s'affrontent. Il est donc
permis à Nicolas d'Autrecourt de proposer sa propre
idée de l'univers, de la mettre en balance avec celle
des aristotéliciens. La cause finale n'est pas un principe de
démonstration, mais elle peut bien fonder une probabilité :
étant donné qu'on ne peut montrer évidemment le contraire, « il est meilleur de dire que les choses sont éternelles », dans un monde dont la disposition est bonne,
et l'est toujours également, où tout se tient, et où il n'y
a d'autre changement que local. Ce sont là les postulats
de l'atomisme de Nicolas, qui s'efforce de montrer
l'accord de cette hypothèse probable avec les certitudes
de la foi. Rien d'ailleurs ne contraint à penser qu'elle ne
sera pas renversée par une autre, plus probable encore ;
mais présentement, c'est elle qui offre le plus de vraisemblance. Et il faut de toute façon « adhérer à la loi du
Christ ».

Ce n'est point là un averroïsme (d'ailleurs sans
Averroës), puisque cette loi ne se pose pas en face d'une
philosophie considérée comme certaine dans son ordre :
elle coexiste, ferme dans sa certitude, avec une vision
du monde qui n'atteint qu'à la probabilité. Ce qui fâche
Nicolas d'Autrecourt, il nous l'explique dans le prologue
de son traité *Exigit ordo executionis* : c'est qu'on vieillisse
dans l'étude d'Aristote et d'Averroës en négligeant celle
de la morale et de la religion. Quand « un ami de la vérité
se lève et fait sonner sa trompette pour tirer les dormeurs
de leur sommeil », ceux-ci se fâchent et le combattent ;
ils feraient mieux d'acquérir « la modeste certitude »
qu'on peut avoir touchant les choses — c'est l'affaire de

peu de temps. L'exigence d'une parfaite rigueur logique, instrument de la critique des doctrines, se lie donc au souci du réel et des tâches pratiques.

JEAN BURIDAN

Dans le courant occamiste, ou sur ses bords, on remarque encore divers auteurs, qu'il reste à mieux connaître : le cistercien Gottschalk de Pomuk; le dominicain Crathorn, qu'on a comparé à Nicolas d'Autrecourt; le franciscain Richard Brinkel; Richard Billingham, pour qui l'existence des substances est seulement probable, nullement démontrée. On est mieux instruit de ce qu'a soutenu un plus grand personnage : Jean Buridan, deux fois recteur de l'Université de Paris, mort après 1358, et qu'on reverra quand il sera question de la science au XIVᵉ siècle. Ce chef de file des terministes garde ses distances à l'égard d'Occam (dont il condamne même plusieurs thèses en 1340), notamment quand il traite de l'universel. Associant la grammaire à la logique, comme l'avait fait Abélard, il distingue deux sortes de concepts, qui correspondent à deux sortes de noms : les noms propres, qui signifient l'individu considéré comme sujet (*individuum pro subjecto*), et les noms communs, qui le signifient quant à sa forme (*individuum pro forma*). Les uns comme les autres désignent des êtres réels, mais conçus sous des aspects différents. Une réflexion sur ce premier ordre de signification nous fait passer au concept universel (genre ou espèce) — c'est-à-dire, soit ce qui signifie universellement des choses réelles, soit ce qui signifie ce mode même de les concevoir; cette distinction est symétrique de celle qu'on a posée plus haut, car elle est celle de l'universel pris pour les choses (*universale pro subjecto*) et de l'universel pris comme structure indépendante de l'individuel (*universale pro forma*). C'est sur des concepts de ce genre — concepts de concepts, ou « de seconde intention » — que porte la logique; la science porte sur les concepts « de première intention », ceux qui signifient les individus (*pro subjecto* ou *pro forma*). Elle ne se déduit pas du premier principe : c'est-à-dire qu'on peut reconnaître une valeur scientifique réelle à bien des propositions qu'on pourrait nier sans se contredire — mais non sans aller contre l'expérience, qui fournit une ample matière. Il est parfaitement correct de supposer un ordre naturel à l'intérieur duquel joue une évidence hypothétique *(evidentia ex suppositione)*, moins rigoureuse que l'évidence logique réductible au premier principe *(evidentia simplex)*, satisfaisante pourtant, suffisante à fonder des inférences de ce qu'on voit à ce qu'on ne voit pas. Buridan était un homme de science, Nicolas d'Autrecourt un dialecticien : d'où la différence de leurs points de vue. Mais le mouvement scientifique, dans lequel Buridan tient une grande place, mérite une étude à part.

SCIENCE ET THÉOLOGIE

On a vu au chapitre précédent que le XIVe siècle avait contribué au progrès de la logique. Il en a fait autant pour les sciences mathématiques. Sans s'être sans doute autant approchés que le pensait P. Duhem des mathématiques de Galilée et de Descartes, un certain nombre de maîtres ès arts et même de théologiens ont élaboré des concepts et des techniques mentales tout à fait remarquables. Pour faire accomplir à la science un progrès décisif, il leur a toutefois manqué deux choses : d'affranchir complètement le calcul du langage usuel, et de rompre entièrement avec la conception qualitative de la physique. C'est à Oxford et à Paris que les spéculations scientifiques ont été les plus actives, de façons d'ailleurs différentes : à Oxford, avec Bradwardine (mort en 1349) et tout un groupe de « calculateurs », parmi lesquels William de Heytesbury (vers 1313-1372), Jean de Dumbleton, Richard Swineshead, ou Suiseth, surnommé par excellence « le Calculateur », et que Cardan mettra au même rang qu'Euclide, Aristote et Archimède. Bradwardine a écrit une *Géométrie spéculative,* un *Traité du continu,* un *Livre des proportions* (1338); Heytesbury, des *Règles pour résoudre les sophismes* (1355); Swineshead, un *Livre des calculs (Liber calculationum,* après 1328). Citons, pour Paris : Jean Buridan (mort après 1358), Albert de Saxe (mort en 1390), Nicole Oresme (mort en 1382); ils ont laissé notamment des commentaires de divers textes d'Aristote relatifs à la physique et à la cosmologie. On peut leur joindre Henri de Hainbuch qui enseigne à Paris, puis à Vienne, où il meurt en 1397.

Outre un commentaire des *Sentences,* des écrits ascétiques, politiques, et d'autres relatifs au Grand Schisme, il a laissé plusieurs traités de physique et d'astronomie. Les Oxfordiens se sont principalement occupés du calcul, les Parisiens, de la mécanique; ce qui ne signifie pas que les uns ni les autres se soient étroitement spécialisés dans un de ces deux domaines : Bradwardine et Oresme en témoignent.

Le détail de ces recherches serait la matière d'une histoire des sciences. Retenons trois sujets principaux : le problème des variations des formes, avec leur expression graphique; celui de l'infini; celui du mouvement.

Le premier peut se présenter ainsi : certaines qualités, ou « formes », augmentent ou diminuent; ainsi la chaleur, la vitesse. Celle-ci n'a pas de contraire, mais la première en a un : le froid, ce qui fait une difficulté de plus; laissons-la de côté. Remarquons seulement que la notion d'intensité est plus ou moins nettement présente derrière celle de variation qualitative. En présence de ces faits, on élabore un certain nombre de concepts exprimés par un vocabulaire spécial, dont les principaux termes sont les suivants : *latitudo,* ou ensemble des degrés d'une « forme » qui augmente, diminue, ou reste stable; *intensio, remissio* : augmentation, diminution; comme elles peuvent se représenter graphiquement, on traduira par « croissance » et « décroissance ». La « latitude » peut être constante, ou « uniforme » *(uniformis),* variée, ou « difforme » *(difformis),* et encore « uniformément difforme », « difformément difforme », etc., selon tous les modes qu'on pourra imaginer. Les problèmes de variations ainsi posés amènent les « calculateurs », et particulièrement Swineshead, à introduire des raisonnements qui équivalent à des sommations de séries infinies; ce dernier toutefois n'en donne pas de formulation mathématique, et préfère même l'idée de contraires à celle de degrés. Mais on peut aussi exprimer géométriquement les variations des formes. L'Oxfordien Jean de Dumbleton est un des premiers à y avoir songé, mais c'est surtout Nicole Oresme qui fera progresser cette méthode, avec son *Traité de la représentation des puissances et des mesures* (écrit probablement avant 1361). Il trace deux axes rectangulaires, dont l'un (que nous appellerions abscisse) s'appelle « longitude », et l'autre (l'ordonnée)

« latitude ». On peut ainsi figurer, par exemple, la variation d'une vitesse; la longitude correspond au temps, la latitude, à l'« intensité » de cette vitesse; sa croissance *(intensio)* sera donc représentée par une ligne montante, sa décroissance *(remissio)* par une ligne descendante. Ce n'est pas là réellement une première forme de la géométrie analytique, comme le voulait P. Duhem : Oresme cherche avant tout à donner une représentation intuitive d'une variation qualitative, et ne pense nullement, et pour cause, à faire se correspondre réciproquement une courbe et une équation (si l'on tient absolument à retrouver chez Descartes quelque chose de cette méthode, et bien que ce ne soit pas nécessaire, on doit plutôt penser à la quatorzième des *Règles pour la direction de l'esprit*). La croissance de la qualité est simplement rendue sensible à l'œil par l'allure d'une ligne, qui permet de former un raisonnement géométrique : ainsi Oresme a pu retrouver par cette voie tel résultat acquis par le calcul à Oxford, et qu'on verra plus loin.

La question de l'infini intéresse évidemment la Faculté de Théologie autant que la Faculté des Arts; en outre, à l'intérieur de celle-ci, elle se pose au géomètre — à cause notamment de la nature de l'espace et des problèmes de commensurabilité — et au physicien — à cause des propriétés du cosmos aristotélicien, infini dans le temps et fini dans l'espace. On conçoit que tout se complique encore si l'on compare l'espace du géomètre à celui du physicien, et la position scientifique du problème dans son ensemble aux exigences de l'enseignement théologique et à l'opposition à l'aristotélisme marquée par le décret de 1277, et activement soutenue par certains maîtres tandis que d'autres restaient réticents — jusqu'au moment où la canonisation de saint Thomas (1323) a permis d'oublier les anathèmes d'Étienne Tempier. On ne saurait entrer dans le détail d'une histoire complexe et incomplètement connue. On retiendra seulement la façon dont le concept d'infini a reçu une élaboration plus précise, en fonction des problèmes qu'il soulevait et des moyens intellectuels dont on disposait pour le résoudre. Traditionnellement on distinguait avec Aristote l'infini en acte et l'infini en puissance. Le premier est contradictoire, pour Aristote, Averroës, saint Thomas (au moins dans la créature); quant au second, c'est ou

bien l'infini de division (l'étendue géométrique est
divisible à l'infini), ou bien l'infini d'addition (celui de
la suite des nombres). Le développement de la réflexion
sur la mathématique et la grammaire conduit à poser une
autre distinction : celle de l'infini catégorématique et de
l'infini syncatégorématique. Elle a donné lieu à beaucoup
de développements et les auteurs ne sont pas tous
d'accord sur les problèmes qu'elle pose et les conclusions
qu'elle autorise — ni même sur la définition précise des
deux termes. Pour en comprendre le sens général, ce qui
suffit ici, il faut se rappeler que pour le grammairien et le
dialecticien le catégorème est un des termes signifiants
de la proposition, et le syncatégorème, un mot qui ajoute
à l'un de ces termes une signification secondaire qui
modifie l'attribution exprimée par la phrase. Partant de
là, on peut concevoir que la formule « infini catégorématique » désigne, non une infinité actuelle, mais une
infinité d'état, tandis que l'infini syncatégorématique
n'est pas exactement un infini potentiel, mais celui d'une
opération. Ainsi, une droite est infinie au sens catégorématique, mais quand on parle d'une grandeur qui peut
dépasser toute grandeur finie donnée, on est dans le cas
de l'infini syncatégorématique. On exprimerait assez
exactement ces concepts, au moins dans leur rapport à
leur origine grammaticale, par les formules d'« infini
adjectif » et d'« infini adverbial ». Quels que soient les
termes qu'on utilise, il est clair que cette nouvelle
distinction a précisé et compliqué les discussions sur
l'infini que soutenaient les maîtres en théologie aussi
bien que les maîtres ès arts. On voit aussi que cet
approfondissement de notions mathématiques est d'abord
un affinement du langage.

La mécanique du xive siècle prolonge une étude
critique de celle d'Aristote. Celui-ci distinguait deux
sortes de mouvement local : le naturel, par lequel un
corps tend à rejoindre son « lieu naturel » (le haut pour
le feu, le bas pour la pierre, par exemple), et le mouvement
violent (tel celui d'une pierre qu'on lance vers le haut).
D'où résultent au moins deux problèmes : celui d'expliquer la possibilité de cette seconde forme de mouvement,
où le moteur n'est pas la forme du mobile, et celui de
déterminer les conditions dans lesquelles il cesse pour
être remplacé par un mouvement naturel (lorsque la

pierre retombe). Aristote résolvait le premier en supposant un ébranlement de l'air provoqué par le jet de la
pierre, et qui, se communiquant de proche en proche,
déplacerait le corps lancé. Pour le second, il posait que la
vitesse était directement proportionnelle à la force qui
chasse le corps mû, et inversement proportionnelle à la
résistance que lui oppose le milieu : leur rapport dimi-
nuant progressivement, le mouvement violent finit par
cesser. Bradwardine a mené une discussion mathématique
pénétrante de cette hypothèse, et sa conclusion revient à
dire qu'une vitesse double d'une vitesse donnée n'est pas
exprimée par le double du rapport (de la force à la résistance) qui exprime la première vitesse, mais par
l'élévation à la deuxième puissance de ce même rapport.
Quant à la solution du premier problème, elle avait été
dès longtemps contestée : Jean Philopon (VIᵉ siècle)
parlait d'un élan *(impetus)* communiqué au corps mû ;
Occam, toujours attentif à ne pas briser l'unité des
individus en supposant en eux des vertus qui s'en distinguent de quelque façon que ce soit, refusait radicalement le principe aristotélicien selon lequel le moteur
est toujours distinct du mobile : un corps se meut parce
qu'il se meut, le mouvement ne requiert pas d'autre explication. À Paris, on garde plus de respect pour Aristote ;
Jean Buridan revient à l'idée exprimée par Philopon, l'expérience prouvant que l'air n'entretient nullement le
mouvement du projectile. Le moteur donne au mobile un
impetus proportionnel à la vitesse communiquée par le
moteur et à la quantité de la matière du mobile (on lance
une pierre plus loin qu'une plume). On arrive ainsi à
rendre compte des lois du mouvement violent (retardé
par la résistance de l'air et la pesanteur, qui finissent par
l'emporter), et de celles du mouvement naturel (un
corps qui tombe reçoit continuellement, du fait de sa
chute, des *impetus* de plus en plus intenses). On peut
également poser, dans cette hypothèse, que le mouvement
des sphères célestes n'a pas besoin d'être entretenu par des
intelligences angéliques : elles ont reçu à la création un
impetus que nulle résistance de la part du milieu ne con-
trarie, et leur rotation ne peut que continuer d'elle-
même.

Pour les questions connexes du centre du monde et des
mouvements astronomiques, Albert de Saxe et Nicole

Oresme apportent des vues nouvelles. Le premier, poursuivant l'étude de la chute des corps, énonce deux solutions possibles : que la vitesse acquise soit proportionnelle à l'espace parcouru ou qu'elle le soit au temps; mais il n'est pas allé, malheureusement, jusqu'à préférer la seconde. D'autre part, il distingue dans un corps pesant un « centre de volume » et un centre de gravité; ils coïncident dans le corps homogène, mais non dans les autres : par exemple, dans le cas de la Terre, dont le centre de gravité, non le centre de volume, est le centre du monde.

Nicole Oresme est le premier physicien connu qui ait non seulement évoqué, mais développé avec des arguments précis, l'idée que la Terre se meut dans un Ciel immobile, en montrant inversement que la thèse classique d'une rotation du Ciel autour de la Terre ne peut être prouvée ni par l'expérience, ni par la raison. Étudiant la chute des corps, il établit la proportionnalité de l'espace parcouru au temps, et démontre que l'espace parcouru par un corps de vitesse « uniformément difforme » est égal à celui que parcourrait en un même temps un corps doué d'une vitesse uniforme égale à celle du premier considéré à l'instant médian de sa chute (c'est la démonstration géométrique à laquelle on a fait allusion plus haut).

On a remarqué que le problème de l'infini intéressait les théologiens autant que les maîtres ès arts; il ne faut pas croire qu'il soit le seul parmi ceux qu'on a évoqués. Certains concernent assez naturellement le contenu de la révélation : Oresme s'efforce de montrer que l'hypothèse d'une Terre en mouvement peut servir à la défense de la foi; Buridan remarque qu'aucun texte biblique ne contraint à supposer des intelligences chargées de mouvoir les sphères. Mais d'autres spéculations résultent de données théologiques au moins autant que de difficultés mathématiques. Ainsi, le problème de l'infini se pose en christologie : Duns Scot (mort en 1308, rappelons-le) se demande « si au Christ a pu être conférée la plus grande grâce qui ait pu être conférée à une créature », et si « l'âme du Christ a pu jouir au plus haut degré de Dieu, c'est-à-dire de la plus grande grâce qui soit ». Quant à la question de la croissance et de la décroissance des formes, elle concerne les théologiens qui ont à s'occuper de celles de la grâce lorsqu'ils commentent les *Sentences*

(livre I, distinction 17). Inversement, on se posera par
la suite des questions théologiques en termes de « calcul » :
par exemple, on raisonnait à Oxford sur « un amour de
Dieu et un amour du prochain qui, tous deux, décroissent
en progression géométrique de raison $\frac{1}{2}$ »; on se demandait si l'intensité du péché pouvait s'acquérir d'une
manière uniformément difforme (P. Duhem). À Paris,
on ne dédaigne pas non plus ce genre de spéculation;
ainsi, Jean de Mirecourt :

> Posons que Socrate a un *habitus* [vertueux] d'intensité A,
> sans acte, pendant une heure; Platon, un *habitus* d'intensité
> deux fois moindre au début de l'heure, et que par un acte son
> *habitus* croisse uniformément jusqu'à atteindre à la fin de
> l'heure une intensité double de A : Platon sera à ce moment
> deux fois meilleur que Socrate, et pourtant toute la bonté
> que Socrate a eue pendant cette heure a été égale à toute
> la bonté qu'a eue Platon pendant cette heure.

On tendait donc à mettre autant de mathématique en
théologie qu'on y mettait de grammaire au IXe siècle, de
logique au XIIe, de philosophie au XIIIe. Les cas qu'on
vient d'évoquer frisent le comique; mais il est au moins
un personnage qui, dans la première moitié du siècle, a su
lier et maintenir en un sain équilibre une théologie et une
science également profondes : c'est Thomas Bradwardine.

THOMAS BRADWARDINE

Né vers 1290, il fait ses études à Oxford, où il est
maître en théologie en 1323, et prorecteur de l'université
en 1325. Chapelain et confesseur du roi Édouard III,
qu'il accompagne à la bataille de Crécy, il meurt de la
peste noire en 1349, au moment de monter sur le siège
archiépiscopal de Cantorbéry. Outre les écrits scientifiques
dont on a parlé, il a notamment composé une *Défense
de Dieu contre Pélage... (De causa Dei contra Pelagium et de
virtute causarum)*, où il se propose de réfuter les « pélagiens
modernes », et aussi bien ceux pour qui l'activité humaine
est réglée par la nécessité : point qu'il importe de noter,
car pour mener ce combat sur deux fronts Bradwardine
devra poser le problème du libre arbitre hors de la
sphère philosophique. Son raisonnement est d'allure
mathématique : il pose des principes *(suppositiones)* d'où

il tire des « corollaires ». Les deux principes initiaux renvoient à deux traditions, celle de saint Anselme et celle d'Aristote : « 1) Dieu est suprêmement parfait et suprêmement bon, tellement qu'il ne peut rien y avoir de plus parfait et de meilleur; 2) il n'y a pas de procès infini dans les êtres, mais il y a un premier dans chaque genre ». Dieu est donc posé d'une part comme Souverain Bien, d'autre part comme cause première. Mais il faut prendre cette double position dans son unité synthétique, pour bien voir que tout s'enracine en Dieu : « Si Dieu cessait d'être, rien ne serait passé ni futur, vrai ni faux, possible ou impossible, nécessaire ou contingent, ni même ne pourrait être. » D'autre part, la toute-puissance divine n'est bornée par rien (sinon par la contradiction, comme chez Duns Scot et Occam). De là résulte une conséquence dans le domaine de la physique : Bradwardine réalise l'« espace imaginaire », l'espace infini qui est au-delà des limites de l'univers. En effet, Dieu est présent partout où il agit, et partout où il peut agir : qu'une création soit possible — et qui empêcherait Dieu de créer? — cela implique l'existence en acte d'un lieu qui en serait le cadre (A. Koyré). Dans le domaine moral, de même, « Dieu met la main à tout ce qui se fait », il ne se contente pas de mouvoir les astres, qui ensuite influeraient sur les actions humaines. Il concourt immédiatement à tout, même au péché : « l'action de pécher » est « un certain être », elle est donc « de Dieu », qui nécessairement coopère à tout acte de la volonté créée; et « puisque tout ce qu'il veut, ne peut pas ne pas être, lorsqu'il veut que la volonté de l'homme ne soit forcée ou empêchée, par nulle nécessité, de vouloir ou de ne vouloir pas, et qu'il veut que l'effet suive la volonté, alors il est nécessaire que la volonté soit libre, et que ce qu'elle veut soit ». La liberté humaine est donc fondée sur l'absolue toute-puissance de Dieu : point de vue purement théologique — et très consciemment tel; Bradwardine construit sa théorie de la volonté en fonction de celle de la grâce, au lieu de suivre la voie inverse, comme Occam et les nominalistes (H.A. Oberman). Croire avec les pélagiens que l'homme doit parvenir à la perfection par ses propres moyens, c'est, dit-il aussi, se condamner au désespoir; savoir au contraire qu'on est entre les mains de Dieu, voilà le seul moyen de se sentir en sécurité.

On admet d'ordinaire que Bradwardine, par sa doctrine de la liberté et de la justification, est un précurseur de Luther; un examen plus détaillé des doctrines conduirait à penser qu'il n'en est rien (H. A. Oberman). Quoi qu'il en soit de ce point particulier, il est certain que ce mathématicien, qui a écrit le *De causa Dei,* est un des grands noms du XIVe siècle, avec sa position théologique radicale et sa façon d'interpréter la pensée augustinienne en fonction des problèmes nouveaux qui se posaient en son temps. De ce point de vue, il est intéressant de le comparer à Occam, pour observer la façon dont un même principe — celui de la puissance absolue de Dieu — se développe en des conclusions fort éloignées, en fonction de deux contextes doctrinaux différents.

L'AVERROÏSME AU XIVe SIÈCLE

Ni les réfutations, ni les condamnations, n'avaient pu arrêter le mouvement averroïste. Gilles de Rome, avant 1285, traite de la pluralité de l'intellect possible; en 1298, Raymond Lulle écrit un dialogue contre les opinions condamnées par Étienne Tempier : la question n'était donc pas résolue. En 1367, paraît un traité contre les « aristotéliciens » *(Sur ma propre ignorance et celle de beaucoup d'autres) :* c'est l'œuvre de Pétrarque — qui appartient déjà à la Renaissance. En fait, on trouvera des averroïstes jusqu'au XVIIe siècle; les derniers ne sont pas les plus intéressants, car leur fidélité obstinée au Commentateur en fait des conservateurs attardés dans un monde intellectuel en plein changement. Au XIVe siècle, il en va autrement; comme au XIIIe, l'averroïsme a de la vigueur et du sens.

JEAN DE JANDUN

Jean de Jandun (mort en 1328) en est un des meilleurs représentants. Il est curieux de trouver chez lui des thèses qui le rapprochent de l'augustinisme. Ainsi dans sa théorie de la sensation : l'espèce reçue dans le sens passif n'est qu'une « préparation immédiate » à la sensation; ce qui en est le « principe effectif », c'est un « sens agent », « vertu active » et naturelle de l'âme. S'il en était autrement, l'espèce serait plus noble que l'âme, car, cause de la sensation, elle serait active, et l'âme, passive. Jean de Jandun estime, d'accord avec Siger, que l'âme intellective est forme du corps en tant qu'elle opère en lui *(operans intrinsecum)*. Elle ne s'en distingue pas par le lieu, ni par le « sujet », et son acte propre en dépend; mais ils ne sont pas à eux deux « un dans l'être » *(unum in esse)* : ils sont seulement « un dans l'œuvre propre qui dépend immédiatement de l'un comme de l'autre ». En d'autres termes, l'âme intellective est « séparée de l'homme quant à l'être ». Mais ici surgit une difficulté : le composé du corps et de l'âme semble perdre son unité, si ses composants sont ainsi disjoints. On y échappe grâce à la doctrine de la pluralité des formes : la forme du genre est différente de celle de l'espèce « réellement et en soi ». Appliquant ce principe au problème de l'âme, forme du corps dans les conditions qu'on a vues plus haut, on peut alors poser que l'âme sensitive et l'intellect sont des substances diverses. D'autre part cet intellect est unique pour tous les hommes, comme l'enseigne Averroës : s'il était individué par la matière du corps, il ne pourrait, sinon par miracle, avoir une compréhension universelle distincte de la sensation. Mais la substance de l'âme intellective humaine n'est pas une forme liée à la matière : elle est donc non seulement unique, mais encore éternelle. Ces considérations conformes au plus pur averroïsme n'empêchent pas Jean de Jandun d'affirmer aussi qu'il admet la doctrine chrétienne de l'âme, bien qu'il n'y en ait pas de raison démonstrative : il faut y croire « par simple foi ».

On retrouve donc, comme on pouvait s'y attendre, le problème des rapports entre la foi et la philosophie dans un contexte averroïste. Jean de Jandun distingue deux sources de savoir, d'où coulent naturellement des conclusions opposées; ainsi, que le ciel ait été créé, c'est là matière de foi, et aussi vérité; mais les philosophes ne l'ont pas su, parce qu'ils n'ont pu étudier que la production à partir des choses sensibles; la production à partir du néant, qui est surnaturelle, leur a évidemment échappé. Souvent revient la même phrase : « Cela ne peut être démontré à partir des choses sensibles. » Quelques remarques ironiques ont fait soupçonner Jean de Jandun d'être incroyant. Ce qui est sûr, c'est qu'il se moque des théologiens qui pensent lier la philo-

sophie, qui raisonne à partir de l'expérience constante,
à la foi, qui accepte des récits invérifiables de faits uniques
— comme, précisément, la création. Cette distinction des
ordres était déjà clairement détaillée chez Boèce de Dacie ;
en outre, bien d'autres penseurs du XIVe siècle se sont
occupés de séparer de façon bien tranchée ce qu'on doit
croire et ce qu'on peut prouver. Le défi permanent porté
par les averroïstes à la « foi qui cherche l'intellection » a
probablement joué son rôle dans cette histoire (et d'autant
plus que la condamnation de 1277 en avait souligné la
portée). Jean de Jandun et les philosophes de la même
lignée ont occupé la position diamétralement opposée à
celle de saint Anselme, et fort éloignée encore, bien que
diversement, de celles de saint Bonaventure, de saint
Thomas, de Duns Scot. On ne peut en conclure qu'ils
ne furent pas chrétiens, à moins de penser qu'on ne peut
point l'être hors d'un quelconque de ces systèmes.

D'autres que Jean de Jandun ont cherché à lier
l'enseignement d'Augustin à celui d'Averroës : ainsi,
Richard FitzRalph, déjà cité, primat d'Irlande, mort en
1360, et augustinien pour l'essentiel de sa doctrine.
D'après lui, ce qui, selon le Commentateur, est séparé,
c'est la forme de l'intellect ; il en résulte que l'intellect
agent est Dieu, « pour autant qu'il se joint à l'esprit de
l'homme afin de le préparer à recevoir l'effet des intellections dans les facultés matérielles de l'homme ».

Parmi les averroïstes de la première moitié du siècle,
on cite encore deux Anglais : Jean Baconthorp et Thomas
Wilton ; mais le premier a critiqué Averroës, et nié
l'unité de l'intellect agent. Le second en revanche repré-
senterait, d'après W. Senko, « le type d'un averroïsme
radical ».

On doit également faire des réserves sur l'averroïsme
de deux Italiens : Pierre d'Abano et Marsile de Padoue.
Le premier, professeur à Padoue après 1307, se contente
de revendiquer pour la science humaine une méthode
et des principes propres, et de considérer que le miracle
s'insère dans la chaîne des agents naturels sans la briser :
de ce biais il donne prise à la science (B. Nardi). Médecin
en même temps que philosophe, Pierre d'Abano pouvait
être plus sensible que d'autres à ce que requiert l'explication scientifique des choses. Quant à Marsile de Padoue
(mort entre 1336 et 1343), qui enseigne à Paris en même

temps que Jean de Jandun et s'enfuit avec lui à la cour de Louis de Bavière en lutte contre le pape Jean XXII, c'est avant tout un théoricien de la politique. Dans son *Defensor pacis* (1324), il critique vivement les prétentions de l'Église à exercer un pouvoir séculier, et même à se donner comme une institution : le spirituel est de soi individuel, et l'association des croyants se fonde en réalité dans la société civile. On peut le dire averroïste dans la mesure précise où, s'inspirant d'Aristote pour analyser le fait social, il refuse toute action temporelle de l'Église et dégage ainsi le principe de l'État laïque.

TADDEO DE PARME

Enseignant à Padoue autour de 1320, Taddeo de Parme en revanche se rattache nettement à l'averroïsme. Astronome et philosophe, on a de lui des *Questions* sur des sujets variés (l'âme, les éléments...), et un commentaire sur la *Théorie des planètes* de Gérard de Crémone. Il nie que l'âme intellective soit une forme substantielle inhérente au corps : il soutient, comme Siger de Brabant et Jean de Jandun, qu'elle « opère intrinsèquement » dans le corps, et qu'elle en est la forme seulement de cette façon. La connaissance résulte d'une action des phantasmes sur l'intellect possible; cette action a lieu grâce à l'intellect agent. Celui-ci agit comme cause universelle : il faut donc qu'il y ait des phantasmes, à titre de causes particulières, pour que l'homme connaisse; mais ceux-ci, étant matériels, ne pourraient rien à eux seuls à l'égard de l'intellect possible, qui est spirituel. Intellect possible et intellect agent sont des puissances de l'âme rationnelle, qui est une intelligence séparée, unique pour toute l'espèce humaine. Taddeo se conforme à l'usage des averroïstes en précisant, après l'énoncé de chaque thèse hétérodoxe, qu'il ne la prend pas à son compte, mais simplement la répète *(non asserendo, sed recitando)*.

ANGELO D'AREZZO

Maître à la Faculté des Arts de Bologne en 1325, Angelo d'Arezzo a écrit surtout sur la logique, au moins selon ce qui nous reste de lui. À propos du mode de

subsistance des universaux (en soi, ou dans l'intellect?),
il rappelle que « selon ce que veulent le Commentateur
et Aristote, l'intellect est numériquement un dans les
hommes — bien que ce soit contre la foi »; il est donc
séparé du corps et perpétuel. Notons qu'il s'agit de l'intellect possible, défini plus haut comme « universel
connaissant »; la méthode concordiste de FitzRalph ne
saurait donc s'appliquer ici. Plus loin, Angelo se demande
si le nombre des individus dans l'espèce humaine est
infini. La question, dit-il, peut se prendre en deux sens :
si l'on considère les individus qui sont, furent ou seront,
ils sont en nombre infini, puisque selon le Philosophe
il n'y a pas eu de premier homme, et il n'y en aura pas de
dernier. Mais on ne peut l'admettre, car cela est « erroné
et contre la foi »; *aussi*, on se posera seulement la question
à propos des individus actuellement existants. Or, ils
sont en nombre fini, puisqu'il ne peut y avoir d'infini en
acte. Ainsi, notre maître bolonais aime mieux se dérober
et laisser un problème pendant, plutôt que de mettre en
conflit direct la philosophie et la foi.

PAUL DE VENISE

Jusqu'à la Renaissance, et bien plus tard comme on
l'a dit, l'averroïsme subsiste en Italie, plus ou moins
proche de ses positions originales. Citons ici, aux confins
des xive et xve siècles, Paul de Venise, Ermite de saint
Augustin, mort en 1429. Distinguant l'information et
l'inhérence, il explique que l'âme intellective informe le
corps humain sans lui inhérer : en effet, elle n'en dépend
pas, car elle est éternelle, et inhérence implique dépendance de la forme par rapport au sujet, au contraire de
l'information, qui confère à celui-ci l'être actuel. « Ingéné-
rable et incorruptible », l'âme intellective est unique pour
tous les hommes, et comprend en elle, comme deux
différences accidentelles, l'intellect agent et l'intellect
possible. Notons que Paul de Venise était très au courant
des spéculations parisiennes sur la logique et la physique;
il connaît notamment les recherches sur la « latitude des
formes », dont on a parlé plus haut.

SPÉCULATION ET RECHERCHE
D'UN ÉQUILIBRE À LA FIN DU XIVᵉ SIÈCLE

JEAN DE RIPA

On a déjà dit que la connaissance de la pensée au XIVᵉ siècle était encore très incomplète; des auteurs ne sont connus que par quelques extraits, quelques données traditionnellement recueillies et communiquées. Vers le milieu du siècle notamment on rencontre un trou que les chercheurs n'ont pas encore comblé. Il semble pourtant qu'au cours de ces années l'activité intellectuelle ne se soit pas ralentie; il serait particulièrement intéressant de savoir avec précision ce qu'on enseignait à la Faculté des Arts, et la façon dont cela pouvait se lier à l'enseignement de la théologie. L'attention est en effet attirée sur ce point par l'œuvre du personnage le plus curieux de cette époque, qui est en même temps un des penseurs les plus originaux et les plus profonds du Moyen âge : le franciscain Jean de Ripa (de Ripatransone; appelé aussi Jean de La Marche). Les travaux de Mgr A. Combes ont récemment mis en lumière ce théologien mal connu, classé parfois parmi les nominalistes, alors qu'il se place dans la lignée de Scot, et qui commentait les *Sentences* à Paris en 1357-1358. L'abord de son œuvre est épineux : il procède par développements massifs, d'une dialectique complexe et serrée; ce maître, qui estime que Duns Scot n'a pas poussé assez loin la subtilité, a reçu les surnoms de « Docteur supersubtil », de « Docteur difficile ». Mais l'infini détail de son *Commentaire* (ou de ce qui en reste), comme celui des *Determinationes* (où il met au point quelques thèmes qui avaient été mal compris), est ordonné avec beaucoup de fermeté autour d'un certain nombre de centres d'intérêt théologiques et de perspectives métaphysiques bien déterminées. Pour qui la prend telle qu'il la présente, sa doctrine est avant tout une « élucidation de la sagesse », une méditation sur la béatitude conçue comme un mode particulier de communication de l'essence divine : celle-ci est, pour l'âme bienheureuse, « connaissance formelle » *(notitia formalis);* non qu'il y ait là « information » à proprement parler (Jean de Ripa, malgré tous ses efforts, n'a pu éviter que sur ce point sa pensée ne fût interprétée à contresens); mais elle agit sur l'âme par mode d'« immutation vitale » : c'est-à-dire que, se présentant à elle à titre d'objet, comme « lumière immense », elle y détermine une modification dans son être, en s'unissant à la faculté de connaître qui tend vers elle. C'est pour l'essence divine une façon de se communiquer, par grâce, à distinguer de la communication formelle (incarnation) et de la communication efficiente, par participation (création). Il semble que ce soit autour de ce point que s'équilibre toute la spéculation de Jean de Ripa.

Mais la philosophie qu'il y fait collaborer est bien particulière. En premier lieu, elle interprète la notion scotiste de degrés de perfection en termes, empruntés à la Faculté des Arts, de croissance et de décroissance de formes. On a vu que, pour exprimer les variations d'intensité des formes qui en sont susceptibles (chaleur, vitesse), les « artiens » avaient élaboré une sorte d'algèbre; Jean de Ripa l'utilise pour exprimer sa métaphysique, et c'est en ce langage, institué en vue de la physique, qu'il décrit un univers dont le trait le plus étonnant aux yeux de l'historien est d'admettre l'infini créable comme une condition fondamentale. Sur la ligne d'une perfection donnée, les êtres s'étagent selon une gradation *(latitudo entium)* au sommet de laquelle se situe « l'espèce suprême créable », qui peut contenir une pluralité d'individus distincts essentiellement; elle est caractérisée par un degré *infini* de perfection — ce qui implique qu'elle soit infinie dans le genre de la substance intellectuelle. Elle est le « terme inclusif » de cette série, qui s'y récapitule entièrement *(in ipsum unitive concurrit)*. Mais au-delà encore de ce degré infini il faut placer le « terme exclusif », c'est-à-dire Dieu. À ce plan, on ne parle plus d'infinité, mais d'« immensité »; on change d'ordre, de sorte que le terme inclusif peut bien être « immédiat » au terme exclusif, sans que corresponde à celui-ci une *latitudo* où il serait métaphysiquement situable : immédiateté ne veut pas dire simple différence de degré.

Jean de Ripa propose ici l'image d'une droite infinie, qui est « immédiate » à l'espace. Donc, dans l'univers ripien, le *fini* s'oriente à un *infini,* au moins possible, qui lui-même renvoie, au delà de toute dimension ontologi-

quement mesurable, à l'*immense*. Cela entraîne un changement important dans la façon de concevoir l'ordre de
l'existence et la démonstration de l'existence de Dieu. En
effet, entre la cause première et une cause seconde quelconque, il y a place, au moins théoriquement, pour une
infinité de causes intermédiaires ; c'est même ce processus
infini dans la série des causes qui fonde la véritable preuve
de l'existence de Dieu, et pas du tout, comme l'ont enseigné jusque-là philosophes et théologiens, la nécessité
de l'éviter. Ce qu'il faut dire au contraire, c'est que, dans
une série de causes essentiellement ordonnées, il peut
toujours y en avoir une qui soit deux fois plus parfaite
que la moindre, et trois fois plus, et ainsi à l'infini ; plus
est grande l'« intensité quant au degré d'être », plus est
étroite la dépendance, à l'égard de Dieu, de la cause qui
en est douée ; ainsi on montre « que dans la série *(latitudo)*
des êtres il y en a un qui est nécessaire par soi et absolument premier ». De fait, la *latitudo formarum* peut bien
être finie : nous sommes, avec Jean de Ripa, dans une
perspective « formaliste », où les possibilités structurelles
peuvent porter le poids d'une démonstration métaphysique ; c'est bien le même climat que chez Duns Scot.

Pourtant, puisque Jean de Ripa met l'infini du côté de
la créature, il est contraint de s'écarter de l'ontologie
scotiste. Pour Duns Scot, l'infinité des attributs divins
fonde leur identité réelle, bien qu'il y ait entre eux
« non-identité formelle ». Dans une métaphysique où
l'infinité se situe sur une ligne de perfection dont elle
n'est que le « terme inclusif », il ne peut plus en être de
même : et la logique de l'immense, n'étant pas celle de
l'infini, va supporter une autre théologie. Pour Jean de
Ripa, la distinction formelle substituée à la non-identité
formelle de Scot est en Dieu affectée de ce coefficient
d'immensité : entre deux attributs, entre tout ce qui en
Dieu peut se distinguer formellement, il y a une différence
immense. En outre, l'univocité scotiste ne peut subsister :
sagesse créée et sagesse incréée n'ont pas même raison
formelle. Disciple de Scot, Jean de Ripa l'est bien dans
une certaine mesure, mais avec une telle liberté qu'il ne
craint pas de rompre avec son maître sur ces points
capitaux. En outre, il intègre à sa pensée des courants
d'autres provenances : l'algèbre des formes, on l'a vu,
mais aussi des éléments averroïstes. Méditant, dans la

première partie du prologue de son *Commentaire,* sur la connaissance béatifique, donc sur le rapport de l'intellect créé à l'essence divine, il se demande « si, selon ce que posent le Philosophe et son commentateur Averroës, la première Intelligence est, pour toute intelligence inférieure à elle, connaissance théologique béatifique » (question 2). Non que l'aristotélisme et l'averroïsme vaillent comme tels en théologie : mais celle-ci requérant une préparation philosophique, il convient d'interroger spécialement, parmi les philosophes, ceux qui, sans tenir aucunement au christianisme, ont d'autre part réfléchi sur les rapports des intellects hiérarchisés.

Il est surprenant qu'un penseur d'une telle stature soit resté aussi longtemps mal connu; surprenant aussi qu'il n'ait pas laissé une école importante — encore que la difficulté de son œuvre puisse expliquer en partie ce dernier fait. Pourtant, le XIVe siècle finissant, le XVe commençant, ne redoutaient pas l'abstraction : Gerson critique à plusieurs reprises les *formalisants,* c'est-à-dire des maîtres et des étudiants qui poussaient jusqu'à l'abus la spéculation sur les formes; en 1402 notamment, il les rattache explicitement à Jean de Ripa. Ce dernier a donc exercé une influence. Des recherches dans une période encore mal connue ont permis de citer quelques noms : Richard Barbara, Jean de Bâle, François de Pérouse (H. Schwamm). On sait aussi qu'en 1362 le franciscain Louis de Padoue dut rétracter quatorze thèses dont la plupart venaient de Jean de Ripa — non telles quelles, mais exagérées, déformées, ou transposées sans précaution par un disciple imprudent, ou peu perspicace. Ainsi, il soutient qu'« il n'y a pas d'inconvénient à ce que quelque chose soit Dieu selon son être réel, et ne soit pourtant pas Dieu selon son être formel »; parlant de Dieu au lieu de parler de déité ou d'essence, il fait sortir de son champ de validité la pratique de la distinction formelle.

PIERRE DE CANDIE

Autre scotiste, plus ou moins fidèle, de la même époque : Pierre de Candie, franciscain, maître en théologie à Paris de 1378 à 1381, pape en 1409 sous le nom d'Alexandre V, mort en 1410. Il se réclame de Platon, à qui il attribue

une doctrine des idées réellement identiques à l'entendement divin, où elles gardent cependant leurs différences
formelles, « se rencontrant dans l'identité, gardant
toutefois entièrement leurs formalités ineffaçables »; son
platonisme s'exprime donc au moyen d'un vocabulaire
scotiste. Il n'a rien toutefois d'un disciple exclusif : s'il
remarque que Guillaume d'Occam traite en logicien de
la « nature commune », et Duns Scot, en métaphysicien,
cette façon de mettre une différence de point de vue
à l'origine de dissensions doctrinales ne révèle-t-elle pas
un désir de concorde, ou tout au moins de rapprochement? Toutefois il soutient, contre son maître Gérard
de Kalkar, que « dans l'essence superinfinie de la déité
il y a des *raisons* variées formellement différentes *ex natura
rei* » : c'est refuser la doctrine d'Occam pour se ranger
à celle de Scot; et le concept de « superinfinité » doit
probablement être rapproché de l'immensité du Dieu
de Jean de Ripa. Sur la question de l'univocité, capitale
pour le scotisme, il flotte, et même se contredit; il le
sait, et le reconnaît avec un humour tout proche du
scepticisme. À tout le moins, on peut voir en lui « l'un
des premiers témoins d'une lassitude spéculative dont,
vers la fin du XIVe siècle, les marques commencent à
se multiplier » (É. Gilson).

JEAN WYCLIF

Dans la suite de Scot, et aussi de Bradwardine par
certains côtés, mais en une position extrême par rapport
à l'un comme à l'autre, représentant plutôt une forme
spécialement élaborée de l'augustinisme (« un augustinisme du XIVe siècle », écrit É. Gilson), nous trouvons
Jean Wyclif (1320-1384), le maître de Jérôme de Prague
et de Jean Hus, condamnés par le concile de Constance
(1415). Il professe le réalisme : les universaux existent
ex parte rei, ils sont réellement dans les singuliers; tout
universel est singulier, et réciproquement. D'après
Gerson, ils sont, pour Wyclif, hors de l'âme, mais non
en Dieu : ce qui était revenir à Jean Scot Érigène et à
Amaury de Bène. Wyclif reprend aussi le thème, inspiré
de saint Augustin, selon lequel toute vérité est affirmation
de Dieu : il y a contradiction formelle à ce que quelque
chose soit ou puisse être, et que Dieu ne soit pas. Toutes

les vérités sont contenues en Dieu comme en un livre;
en ce sens, on a de Dieu « une connaissance intuitive
par la connaissance du sens de la vérité, présente à titre
d'objet ». La prédestination de chaque homme au salut
ou à la damnation est une vérité éternelle, connue de
Dieu par le moyen des idées.

ALBERT DE SAXE — SWINESHEAD — JEAN BRAMMART

Si le scotisme reste vigoureux dans la seconde moitié
du XIVe siècle, le terminisme ne l'est pas moins. Albert
de Saxe, déjà mentionné pour ses travaux logiques
et scientifiques, manifeste un « occamisme prononcé »
(B. Geyer). Pour le « Calculateur » Swineshead, on ne peut
prouver en rigueur l'existence d'un être unique et supérieur à tout autre, contre les objections d'un opposant
que nul respect n'arrête : un *protervus;* assigner un rôle
à cet interlocuteur imaginaire et le désigner de ce nom,
c'est se placer dans une suite inaugurée sans doute par
Duns Scot, mais où les nominalistes ne manquent pas :
c'est le *protervus* qui est chargé de dépister toutes fautes
de logique, et de ne laisser subsister que les démonstrations absolument contraignantes. À Cologne, l'université
subit une forte influence nominaliste à la fin du siècle,
avec le carme Jean Brammart, qui avait lu les *Sentences*
à Paris en 1380. Les universités de Vienne (fondée en
1365, avec Albert de Saxe pour premier recteur) et
d'Erfurt étaient deux fiefs exclusifs des « modernes »;
il est vrai qu'à Prague, Cologne, Leipzig, Greifswald,
les « anciens », ou réalistes, étaient chez eux. Partout
ailleurs, les deux tendances coexistaient.

MARSILE D'INGHEN

Comme celle de Vienne, l'Université de Heidelberg
eut pour premier recteur un maître parisien : Marsile
d'Inghen, élève de Buridan à Paris, où il est maître ès
arts en 1362, et recteur en 1367 et 1371. Il quitte cette
ville après 1378, première année du Grand Schisme :
car il soutient le pape romain Urbain VI, alors que
Charles V a reconnu Clément VII. C'est en 1386 qu'il
s'installe à Heidelberg. Maître en théologie en 1395, il
meurt en 1396. Il est l'auteur de traités de logique dans

l'esprit terministe, qui se répandirent abondamment en Allemagne; il a composé aussi un commentaire de la *Métaphysique* d'Aristote, et un des *Sentences*. Il distingue divers ordres d'évidence : l'évidence absolue, qui est celle qu'on a de son existence propre et des principes formels; c'est elle qui caractérise les mathématiques; mais elle ne peut servir dans l'ordre théologique. Puis vient l'évidence naturelle, dont le physicien se contente, bien qu'elle ne soit pas rigoureuse. On peut en inférer avec une bonne probabilité l'existence d'un premier moteur de l'univers — mais non la création *ex nihilo*. Quant à la métaphysique, son évidence est moindre que celle de la physique; mais elle n'est pas inutile à la défense de la foi, en mettant ses probabilités à son service. Adversaire du réalisme, comme il convient, Marsile retrouve l'universalité dans les lois naturelles : « un agent capable de chauffer, pris individuellement, peut naturellement communiquer sa chaleur à n'importe quel corps susceptible de la recevoir. » Cela n'a rien de contraire à l'occamisme, pour qui existe un ordre de la nature soutenu par la « puissance ordonnée » de Dieu. L'exemple de Marsile, comme celui de Buridan, montre bien que la doctrine d'Occam n'engendre pas nécessairement le scepticisme. Quand Marsile d'Inghen raisonne, à la suite d'Oresme, sur la croissance des formes, quand il recueille d'Albert de Saxe la distinction du centre de gravité et du centre géométrique, il ne procède sûrement pas en sceptique, mais en homme de science qui sait bien que ses raisonnements sont hétérogènes à ceux du mathématicien, sans renoncer pour autant à les poursuivre.

PIERRE D'AILLY

Luther s'est initié à l'occamisme en étudiant les œuvres de Gabriel Biel (qu'on retrouvera plus loin), et aussi celles de Pierre d'Ailly. Celui-ci fut un personnage important; né en 1350 à Compiègne, il commente les *Sentences* en 1375, est docteur en théologie en 1380; puis il étend son vol, suivant une carrière administrative et politique brillante; il est notamment délégué du roi de France auprès de Benoît XIII, évêque du Puy (1395), de Cambrai (1396), cardinal (1411); il joue un rôle important au concile de Constance (1414-1418), et meurt

à Avignon, légat pontifical, en 1420. Citons, parmi
son œuvre abondante, un commentaire de la *Consolation*
de Boèce, un des *Sentences,* des traités de logique, de
géographie (*Imago mundi,* dont Christophe Colomb anno-
tera un exemplaire), de spiritualité. Sa philosophie est
celle d'un disciple d'Occam, qui distingue la « lumière
naturelle », source d'évidences irréfutables, de la « raison
naturelle », qui conduit à des conclusions probables. La
puissance divine est radicalement absolue *(posse abso-*
lutum); elle peut ainsi susciter des apparences sans objets;
elle est aussi à l'origine de deux ordres : celui des vérités
révélées, et le « cours naturel des choses »; on parle alors
de « puissance conditionnée ». Les lois que nous observons sont donc le résultat d'une institution divine —
même celles de la morale : la bonté d'une chose n'est pas
un caractère nécessaire de sa nature; si elle est juste,
c'est que Dieu « l'accepte ». Les preuves de l'existence
de Dieu ne peuvent être que probables, car elles se
fondent sur un ordre physique contingent, que la puissance divine absolue peut toujours bouleverser. La meilleure d'entre elles est, comme pour Occam, celle qui
raisonne sur la conservation des êtres actuellement
existants. Mais la seule connaissance évidente de l'existence divine vient de « l'union gratuite de Dieu avec
notre âme par mode d'objet visible et de lumière suffisamment brillante d'elle-même ». Ainsi la foi l'emporte
en certitude sur la philosophie, ou plus particulièrement
sur Aristote, dont « la doctrine doit être nommée une
opinion plutôt qu'une science », puisqu'elle se place
dans le cadre de la « puissance naturellement conditionnée », ce qui la restreint à la probabilité.

GERSON

En face de ces deux groupes, et bien qu'il se rapproche
plutôt du second, il s'est trouvé un théologien pour
souhaiter « un accord entre les formalisants et les terministes ». Il s'agit de Gerson (Jean Charlier, né à
Gerson, près de Rethel, en 1363, licencié ès arts en 1381,
bachelier biblique en 1388; il lit les *Sentences* vers 1390,
est docteur en 1393; chancelier de l'Université de Paris
en 1395, succédant ainsi à Pierre d'Ailly, il est lui aussi
un membre important du concile de Constance; il meurt

à Lyon en 1429). S'il veut apaiser le conflit entre les écoles rivales, ce n'est évidemment pas en tant que philosophe : chancelier, il s'inquiète du sort de l'Université et des étudiants; théologien, plus incliné vers la spiritualité et la mystique que vers la spéculation, il réprouve l'ambition de la raison humaine qui veut aller trop loin dans son inspection des choses divines, multipliant les « formalités » pour y trouver une prise. Le nominalisme est un bon antidote contre ce dernier défaut, par son exigence de rigueur absolue, son refus de toute pluralité intérieure aux êtres, et d'abord à l'être divin (mise à part, bien entendu, celle des Personnes de la Trinité, dont il ne cherche pas d'autre part une reconstruction logique). Toutefois, Gerson n'a rien d'un sectateur d'Occam : il tolère le scotisme modéré d'un Henri d'Oyta (Henri Totting d'Oyta, mort en 1397); et le docteur dont il recommande l'étude, c'est saint Bonaventure. Avec lui, il pense que les hommes ont une idée innée de Dieu, être tel qu'il n'en peut exister de plus grand, et qui est tout ce qu'il est meilleur d'être que de n'être pas. Ce point de départ doit suffire à une théologie équilibrée, et qui se garde de la « vaine curiosité » dont Jean de Ripa donne un exemple aussi éclatant que répréhensible. D'autre part, il faut se garder de la philosophie païenne qui, raisonnant sur un Dieu conçu comme une nature, lui refuse nécessairement la liberté (ici encore, la leçon du nominalisme est utile à entendre). La méfiance de Gerson à l'égard du néoplatonisme ne l'a pas détourné de Denys, qui est une de ses sources principales; mais il l'a abordé à travers Albert le Grand, donc sous un éclairage particulier, et comme modéré, celui qui convenait le mieux à sa propre vision des choses. S'il critique, d'un autre côté, la confusion des genres qui fait mêler la logique à la grammaire et à la métaphysique, et ces trois disciplines à la théologie, ce souci de méthode n'est associé à nul dédain pour la culture profane. Au contraire, ami des lettres, il admet parfaitement qu'on lise et cite les écrivains païens, pourvu qu'on réserve à la théologie « l'honneur principal et l'autorité suprême ». Dans une période où les conflits spéculatifs étaient aigus, Gerson cherche un moyen d'installer la paix et la stabilité, sans rien perdre de ce qu'ont de bon les diverses sciences et doctrines. Il a d'autre part beaucoup contribué à élaborer

la théologie mystique, qui étudie systématiquement les
expériences des contemplatifs; c'est au cours de cet
effort, aussi long que sa vie, qu'il rencontre notamment
la pensée de Ruysbroeck; Mgr A. Combes s'est attaché
à retracer l'histoire complexe de ses réactions devant
cette doctrine du retour de l'âme à Dieu.

LE TARISSEMENT (XVe SIÈCLE)

Le xve siècle est, sur le plan des doctrines, beaucoup
moins original que les trois précédents. Les traditions
ne s'y perdent pas, mais, au moins selon l'état actuel
des connaissances, elles subsistent seules : il y a beaucoup
de disciples des maîtres « anciens » et « modernes », mais
ils se sont contentés de ce rôle. Un seul penseur vraiment
grand : Nicolas de Cues; mais il fait craquer les cadres
médiévaux, et il sera étudié dans celui de la Renaissance.
Pour le reste, il suffit presque d'énumérer des noms,
selon les écoles ou les aires géographiques.

Dans l'école thomiste du xve siècle, on trouve le
premier disciple qui se soit résolument consacré à la
seule tâche d'interpréter la pensée du maître dans son
intégrité : c'est Johannes Capreolus (né vers 1380 à
Rodez, où il meurt en 1444; lit les *Sentences* à Paris de
1408 à 1411, puis à Toulouse). Dans ses *Défenses* de la
théologie de saint Thomas, chaque « question » est divisée
en trois articles : exposé de la thèse thomiste, exprimée
par les textes mêmes; énoncé des objections; leur réfutation, par des textes encore de saint Thomas. Travail
dont il définit ainsi l'esprit et la méthode :

Je n'ai pas l'intention d'apporter rien qui vienne de mon
propre fonds, mais seulement de répéter des opinions qui me
semblent avoir été celles de saint Thomas, et de ne prouver ses
conclusions par rien d'autre que ses propres mots, à de rares
exceptions près. Quant aux objections de [Pierre] Auriol, de
Scot, de Durand [de Saint-Pourçain], de Jean de Ripa,
d'Henri [de Gand], de Guido du Carmel [Guido Terreni], de
Garro [Guillaume de Ware], d'Adam [Woodham], et d'autres
adversaires de saint Thomas, je me propose de les amener
en leur lieu et de les résoudre par ce qu'a dit saint Thomas.

On voit l'intérêt historique de cette œuvre, et son utilité pour l'école thomiste : elle sera résumée par Paulus Barbus Soncinas (mort en 1494), augmentée par Silvestre Prierias (mort en 1523), et utilisée par Cajétan, Silvestre de Ferrare, Chrysostome Javelli (mort après 1538), etc. Cajétan (Thomas de Vio), né en 1468, ministre général de l'ordre dominicain en 1508, cardinal en 1517, mort en 1534, a défendu et illustré le thomisme par son enseignement (de la métaphysique à Padoue, de la théologie à Pavie) et ses commentaires de la *Somme de théologie* (1507-1522). Mais aussi, plus proche d'Aristote que de saint Thomas, il abandonne la position philosophique la plus originale de celui-ci : sa notion de l'acte d'être (É. Gilson).

Parmi les scotistes, citons le franciscain Guillaume de Vaurouillon (mort en 1463), qui compose un commentaire des *Sentences* « conformément à la doctrine de saint Bonaventure et de Scot »; il reprend la thèse de l'illumination, et critique François de Meyronnes pour avoir attribué trop d'être aux idées. À partir de 1468, Trombetta enseigne la métaphysique scotiste à Padoue. Dans la même université, on trouve, en 1491 Mauritius de Portu (mort en 1513). À la même époque (1490), Pierre Tartaret est recteur de l'Université de Paris. En 1520 mourra Franciscus Lychetus.

JOANNES DE NOVA DOMO

Depuis le XIVᵉ siècle, les *moderni*, qui suivent Occam de plus ou moins près, s'opposent aux *antiqui*. Ces derniers sont eux-mêmes divisés : outre les thomistes et les scotistes, il faut y compter les albertistes. Des luttes complexes opposent ces divers groupes. À Paris, les nominalistes s'exilent après l'assassinat de Louis d'Orléans, pour revenir en 1437. De 1407 à 1437, la place qu'ils laissent vacante est occupée par les albertistes, dont le chef de file est Joannes de Nova Domo (de la « nation picarde »; mais les « nations » entre lesquelles se divisait l'université étaient souvent plus larges que l'aire géographique strictement désignée par leur nom, et notamment la nation picarde; de sorte qu'on ne sait si le nom latin du maître albertiste doit s'interpréter en « Maisonneuve » ou « Nieuwenhuyze »). Il est l'auteur

d'un *Traité de l'être et de l'essence,* où il s'oppose à la thèse
fondamentale de l'ontologie thomiste. Pour lui, l'être
(esse), acte de l'essence, s'appelle « être d'essence » *(esse
essentiae)* si on le rapporte « à l'essence d'où il coule »; il
s'appelle « être d'existence actuelle » *(esse actualis existentiae)*
en tant qu'il est participé par ce qui est, à qui la cause
efficiente donne l'être. Ou encore, selon qu'on rapporte
l'être à la cause première considérée « sous la raison de
forme » ou « sous la raison de cause efficiente », on l'appellera être d'essence ou être d'existence, « mais la première
expression est la plus formelle ». Ainsi, les mots « essence »
et « être » désignent diversement la même chose : il
n'y a entre ces deux mots que la différence du nom au
verbe. Au plan ontologique, la distinction de l'essence
et de l'être est purement modale : de ces deux principes
de chaque chose, le premier est à la manière d'une source,
le second à la manière de ce qui en sort *(essentia enim
habet modum principii fontalis, esse vero principii fluentis).*

Vers 1422, Jean va à Cologne, où de 1423 à 1460 se
poursuit une lutte entre thomistes et albertistes; le chef
de ceux-ci est Heymeric de Campo (1395-1460). Il
s'attache à énumérer les points de désaccord entre Albert
et Thomas, alors que le thomiste Gerhard ter Steghen
(mort en 1480) cherche au contraire à prouver leur
« concorde ».

LES AVERROÏSTES

Partisans d'Albert, de Thomas, ou d'Occam, tous se
réclamaient d'Aristote, et estimaient être les seuls,
respectivement, à l'interpréter de façon correcte. Mais
dans le même temps le courant averroïste continuait
de couler, moins impétueux sans doute qu'auparavant :
ainsi, Cajétan de Tiène (1387-1465) abandonne des thèses
capitales du Commentateur, comme celles de l'éternité
du monde et de l'unité de l'intellect agent. Nicoletto
Vernia, qui comme lui enseigne à Padoue (entre 1471
et 1499), est aussi un « averroïste modéré ». Il est le
maître du célèbre averroïste de la Renaissance Pietro
Pomponazzi (1462-1525).

L'averroïsme semble jouer un rôle important à l'Université Jagellone, de Cracovie, fondée en 1364, et dont
l'activité, au xv⁰ siècle, est débordante. On y travaille

intensément dans le domaine de la théologie et de la philosophie (tous les courants y sont représentés), mais aussi dans celui des sciences, et encore dans celui de la philologie et de la littérature : accents humanistes qui répondent à ceux qu'on entend ailleurs. Citons ici le nom de Jean de Glogow (mort en 1507), qui a tenu un rôle éminent dans l'activité de cette université à la fin du siècle.

LES UNIVERSITÉS À LA FIN DU XVᵉ SIÈCLE

Les divergences concernant le sens à donner au texte d'Aristote, les problèmes que cela pouvait poser aux autorités universitaires, se reflètent dans le statut de l'Université de Louvain (1447) : l'enseignement de la théologie est séparé de celui de la philosophie; il est interdit de lire Aristote en l'interprétant comme l'ont fait Occam, Wyclif, etc. On peut suivre des maîtres unanimement appréciés, comme Albert le Grand, Thomas d'Aquin, Gilles de Rome, et même Averroës « là où il ne combat pas la foi ». Ces prudentes mesures n'empêchent pas un conflit (1465-1473) entre le maître ès arts Pierre de Rivo, qui enseigne que les propositions qui expriment des futurs contingents ne sont ni vraies ni fausses, et le maître en théologie Henri de Zoemeren, pour qui elles sont l'un ou l'autre. Chacun a raison dans son ordre : le premier suit fidèlement Aristote, le second se fonde sur le dogme de la prescience divine. Pierre de Rivo se rétracte à deux reprises (1473, 1476), ce qui est beaucoup. Ainsi l'esprit des controverses qui animèrent jadis l'Université de Paris agit encore à Louvain, deux cents ans après le décret d'Étienne Tempier.

Vers le moment où s'achevait cette querelle, était fondée l'Université de Tübingen (1477), où en 1484 Gabriel Biel fut appelé à enseigner. Il se donne pour tâche de résumer le *Commentaire* de Guillaume d'Occam sur les *Sentences,* et de recueillir, là où sa source est insuffisante, les doctrines d'autres docteurs qui n'y contredisent pas (d'où le titre de son œuvre principale : *Epitome et collectorium circa quatuor Sententiarum libros*). Cela ne veut pas dire qu'il manque d'originalité; H.A. Oberman voit dans son œuvre « la moisson de la théologie médiévale »; et il montre notamment comment Biel, associé aux Frères de la vie commune, et qui accordait à Gerson une grande autorité, a lié l'occamisme et la théologie mystique. L'esprit de son enseignement, sa pensée, d'une haute valeur, représentaient si bien aux yeux de ses contemporains le point le plus parfait de la spéculation terministe, qu'à Wittenberg, à Erfurt, on appelait « gabriélistes » les « modernes ». On a vu plus haut que c'est la lecture de Pierre d'Ailly et de Gabriel Biel qui a initié Luther au nominalisme.

Pendant que tous ces maîtres ont les yeux fixés sur Aristote et sur leurs prédécesseurs médiévaux, en Italie le platonisme rayonne; ce n'est pas le lieu d'en parler. Tournons-nous plutôt vers Paris, où dans le dernier tiers du xve siècle, et au début du suivant, il se fait un travail considérable dans les domaines de la philosophie et de la théologie; le Moyen âge sur le point de s'éteindre pousse un dernier retour de flamme, vite épuisé. Depuis la mort de Pierre d'Ailly (1420) et de Gerson (1423), on n'enregistre aucun nom vraiment important à l'Université de Paris. Certes l'érudition moderne s'attaque à cette période mal connue, et ses travaux nous révéleront peut-être des faits intéressants (S. Swiezawski). Mais ce qu'on en sait actuellement ne concerne guère que la seconde moitié du siècle. Après 1460, on donne des éditions d'auteurs des xiiie et xive siècles (Grégoire de Rimini, Occam, Robert Holkot...); il naît un nouvel intérêt pour la physique et pour la morale (on découvre de nouveaux manuscrits de l'*Éthique à Nicomaque*), aussi bien que pour les *Sentences* de Pierre Lombard. Vers 1500, Paris est redevenu un centre culturel international : on y trouve des Écossais, des Allemands, des Espagnols — non toutefois des Italiens; en Italie, un autre effort se poursuit, promis à un avenir plus beau, mais qui ne doit pas faire entièrement oublier celui-là. On peut s'en donner une idée en faisant défiler un certain nombre de maîtres de l'Université de Paris, dont H. Élie a étudié la carrière. D'abord, Jean Raulin (1443-1514) : ce nominaliste, commentateur de la logique d'Aristote, a vu clairement qu'il fallait réformer les ordres monastiques (il se rencontre sur ce point avec Jean Standonck, le fondateur du collège de Montaigu); docteur en théologie en 1480, il entre chez les bénédictins de Cluny en 1497. Jean Dullaert, de Gand, né vers 1470, mort en 1513, illustre bien le double intérêt pour la philosophie antique et les grands médiévaux : il commente des traités d'Aristote (*Physique, Du ciel, Du monde*), *Interprétation, Météores*), et se fait l'éditeur de la *Somme de philosophie naturelle* de Paul de Venise; il meurt en laissant un commentaire inachevé des *Premiers Analytiques,* et, en préparation, une édition des œuvres complètes d'Albert le Grand. Même orientation chez Thomas Bricot (doyen de la Faculté de Théologie en 1506, mort après 1515) : il donne un abrégé des œuvres d'Aristote sur la physique et la philosophie naturelle, et édite les *Summulae logicales* de Buridan, ainsi que Pierre d'Espagne. Citons encore Jean de Celaya, né à Valence, qui enseigne à Paris les arts, puis la théologie.

JEAN MAIR

Mais le plus grand personnage de ce groupe est l'Écossais Jean Mair, mort à plus de quatre-vingts ans dans son pays natal, après 1531, après avoir été le maître, notamment, d'Érasme, de Guillaume Farel, d'Ignace de Loyola, et avoir accompli, et fait accomplir autour de lui, un très gros travail. Au milieu du temps nouveau dont il n'admet pas tous les aspects (il est ennemi de la Réforme), il tient fermement au Moyen âge : en 1523, il se plaint que les théologiens abandonnent les *Sentences* et ne « lisent » plus que l'Écriture. Organisateur de travaux collectifs, il réédite, aidé par ses étudiants, des œuvres scolastiques; il fait imprimer en 1512 le commentaire d'Adam Woodham sur les *Sentences;* en 1517 et 1518, les *Reportata* du cours de Duns Scot sur le même texte. Son œuvre personnelle est abondante : outre un traité *De la puissance de l'Église* et une *Histoire de la Grande-Bretagne* (1521), elle comprend des commentaires sur les *Sentences,* sur les quatre Évangiles; des questions de logique, des commentaires d'Aristote *(Éthique, Physique, Métaphysique);* une logique complète, dans l'esprit terministe. Sa théologie est également dans la ligne de la scolastique nominaliste. Auteur d'un *Traité de l'infini,* il fait aussi passer dans son enseignement la tradition scientifique des maîtres parisiens du XIVe siècle (Buridan, Albert de Saxe, Oresme), et est l'un des premiers, sinon le premier, à poser de nouveau le problème de

la « latitude des formes », oublié depuis Marsile d'Inghen
(P. Duhem).

LES ÉLÈVES DE JEAN MAIR

Parmi les nombreux élèves de Jean Mair, plusieurs
méritent d'être mentionnés. Ainsi, Pierre Crockaert
(Pierre de Bruxelles), né entre 1460 et 1470. Dominicain,
il remet en honneur les études thomistes : ainsi, il donne
en 1503 un commentaire du *De ente et essentia* de saint
Thomas; en 1510, il édite la dernière partie de la *Somme de
théologie*. Il s'occupe aussi de la logique et de la physique
d'Aristote, ainsi que de la logique de Pierre d'Espagne.

Jacques Almain, autre élève de Jan Mair, mort jeune
(1480-1515), a traité de logique (*Traité des conséquences*,
1508), de morale, de théologie scolastique (*Dictata* sur le
Commentaire des Sentences de Robert Holkot, 1512), de politique ecclésiastique; il est, comme Jean Mair, d'esprit
gallican (H. Élie), écrit contre Cajétan sur ces matières,
et commente le traité d'Occam *Sur la puissance du souverain
pontife* (1512). Après sa mort, ses élèves publient son
cours sur le *Commentaire* de Gabriel Biel au troisième livre
des *Sentences* (1516). Citons enfin deux Espagnols, les
frères Coronel. Antoine Coronel est surtout un logicien :
il publie des commentaires sur les *Seconds Analytiques*
(1510), sur les *Catégories* (1518); attentif aux différences
doctrinales, il avait donné en 1509 des *Questions de logique
selon la méthode des réalistes et des nominalistes (secundum viam
realium et nominalium)*; en 1512, paraît son *Rosarium logicae*,
où il traite des propositions et des propriétés des termes.
Luis Nuño Coronel qui, licencié en 1514, retourne ensuite
en Espagne et est évêque de Las Palmas, aux Canaries,
en 1527, apparaît moins spécialisé : il s'occupe de logique,
comme son frère (*Traité des syllogismes*, 1507), mais aussi
de philosophie de la nature (*Études physiques*, 1511; il
reprend les idées d'Albert de Saxe, Buridan, Oresme, Jean
Mair). Surtout, il est considéré comme un « théologien
très accompli » par Érasme, qui déclare avoir tiré profit
des critiques de Luis Nuño à ses *Paraphrases du Nouveau
Testament*.

Enregistrons, de la part d'un des champions du retour
à l'Écriture et aux Pères, cet hommage décerné à un

élève de Jean Mair — ce maître que chagrine l'abandon
où sont tenus Pierre Lombard et ses *Sentences*. Une
mêlée assez confuse fait la transition du « Moyen âge »
aux « Temps modernes ». Ceux-ci sont précédés et préparés par un mouvement d'enthousiasme pour la culture
antique; mais si l'on se demande qui est l'initiateur de
ce mouvement, on désigne volontiers Pétrarque, bien
installé dans le monde médiéval; et le XIIᵉ siècle n'était-il
pas déjà un siècle « humaniste »? En outre, si grossière-
ment que l'on résume et schématise le mouvement
intellectuel et spirituel qui succède à l'« automne du
Moyen âge », une dualité subsiste toujours entre un aspect
païen — celui du culte de l'antique et de la « volonté
de puissance » qui est un trait de l'homme de la Renaissance — et un aspect chrétien — celui de la Réforme et
en général du retour à l'Écriture. Mais le Moyen âge
avait rencontré le paganisme sur son chemin, en la personne notamment des philosophes; il avait tenté de l'écarter ou de le réduire; pourtant, Luther, Érasme, lui
reprochent d'en avoir contaminé sa théologie, d'avoir
fait la part trop belle à la nature et aux penseurs antiques.
Les siècles tiennent l'un à l'autre par des attaches vivantes,
on ne peut les séparer sans violence; encore faut-il,
comme le bon « écuyer tranchant » de Platon, savoir
en trouver les articulations; sans doute les schémas
traditionnels nous en donnent une représentation trop
sommaire. Toutefois, un fait doit nous frapper, qu'on a
relevé un peu plus haut : le XVᵉ siècle finissant réédite,
fait imprimer des commentaires des *Sentences* vieux d'un
ou deux siècles (et cet effort est la suite logique d'une
pauvreté d'invention qui laissait s'affronter les écoles
sans qu'il se trouvât un maître génial pour les mettre
d'accord en proposant une synthèse nouvelle). Il semble
là qu'une époque à son déclin se retourne sur sa culture,
pour s'y retremper. Réaction de défense devant une
figure nouvelle de l'histoire, ou préparation d'un renouveau? Celui-ci, en tous cas, ne s'est pas produit; ou
plutôt il s'est produit dans un autre climat que celui du
Moyen âge. Jusqu'au bout l'esprit médiéval aura été
fidèle à lui-même, dans sa vénération pour les textes;
mais ceux qu'il reprend maintenant n'ont plus pour lui
de fécondité. Il coule un suc nouveau de ceux-là mêmes
dont, dans ses meilleures années, il avait nourri sa force ·

l'Écriture, les auteurs classiques. Mais, encombré de lui-
même, il ne sait plus en tirer un sens neuf et « moderne »
en les confrontant aux problèmes réels. Ce secret a passé
à d'autres qu'aux fidèles de la scolastique. Certes le
Moyen âge s'est survécu d'une certaine façon dans les
siècles qui l'ont suivi, puisqu'il a contribué à les former ;
mais il a fallu pour cela que lui-même s'abolisse. Et rien
ne pouvait mieux marquer cet abolissement que son
recours ultime et inutile à sa propre histoire.

Jean JOLIVET.

BIBLIOGRAPHIE

La bibliographie qui suit doit avant tout être commode, seul
trait qui puisse en compenser l'insuffisance. On n'a pu trouver
un principe unique capable de guider en toute occasion le
choix des titres à recommander : cela tient à la contingence
des travaux d'édition et d'histoire. En général on a été au
plus bref, observant que les études citées donnent chacune
quelque bibliographie, et que les ouvrages généraux indiqués ci-dessous, notamment le premier et le cinquième,
contiennent des listes fort riches ; pour les mettre à jour en
une certaine mesure, on a tenu à citer quelques livres et articles
plus récents.

LISTE DES ABRÉVIATIONS

« Archives »... : Archives d'histoire doctrinale et littéraire
    du Moyen Age, Paris.
« *Beiträge* »... : Beiträge zur Geschichte der Philosophie des
    Mittelalters, Münster i. W.
DTC : Dictionnaire de théologie catholique, Paris.
MG : Mittelalterliches Geistesleben (recueils d'articles de
    M. Grabmann), 3 vol., Munich, 1926, 1936, 1956.
MM : Miscellanea Mediaevalia ; 1, Antike und Orient im
    Mittelalter, Berlin, 1962 ; 2, Die Metaphysik im Mittelalter,
    Berlin, 1963.
MS : Mediaeval Studies, Toronto.
PL : Patrologie latine, 221 vol., Paris, 1844-1864.

RMAL : « Revue du Moyen âge latin », Strasbourg.

RSPT : « Revue des sciences philosophiques et théologiques », Le Saulchoir.

OUVRAGES GÉNÉRAUX

P. F. Copleston, *A History of Philosophy*, II-III, Londres, 1950, 1953.

P. Delhaye, *La philosophie chrétienne au Moyen âge*, Paris, 1959.

A. Forest, F. Van Steenberghen, M. de Gandillac, *Le mouvement doctrinal du IXe au XIVe siècle* (*Histoire de l'Église* Fliche et Martin, 13), Paris, 1951.

B. Geyer, *Die Patristische und Scholastische Philosophie* (*Friedrich Ueberwegs Grundriss der Geschichte der Philosophie*, 2), Berlin, 1928.

É. Gilson, *La philosophie au Moyen âge, des origines patristiques à la fin du XIVe siècle*, 3e éd., Paris, 1947.

É. Gilson, *History of Christian Philosophy in the Middle Ages*, New York, 1955.

E. Jeauneau, *La philosophie médiévale*, Paris, 1963.

P. Vignaux, *Philosophie au Moyen âge*, Paris, 1958.

É. Gilson, *L'esprit de la philosophie médiévale*, 2e éd., Paris, 1944.

J. Le Goff, *Les intellectuels au Moyen âge*, Paris, 1957.

H. de Lubac, *Exégèse médiévale*, 4 vol., Paris, 1959-1964.

R. Roques, *Structures théologiques, de la gnose à Richard de Saint-Victor*, Paris, 1962.

À LA FIN DU MONDE ANTIQUE

E. Amann, *Lactance*, DTC, 8 (1925), 2425-2444.

Saint Ambroise, Œuvres, dans PL, 14 à 17.

Arnobe, Œuvres, dans PL, 5.

Saint Augustin, Œuvres, dans PL, 32 à 47.

Saint Augustin, édition en cours des Œuvres complètes, avec introductions, traductions et notes; Paris (Desclée, De Brouwer).

G. Bardy, *Tertullien*, DTC, 15 (1943), 130-171.

H. J. Baylis, *Minucius Felix and His Place among the Fathers of the Latin Church*, Londres, 1928.

Boèce, Œuvres, dans PL, 63-64.

R. Carton, *Le christianisme et l'augustinisme de Boèce*, dans *Mélanges augustiniens*, Paris, 1931.

Cassiodore, Œuvres, dans PL, 69-70.

M. Chastaing, *Descartes, Fauste de Riez, et le problème de la connaissance d'autrui*, « Rencontres », 30, 187-212.

Claudien Mamert, Œuvres, dans PL, 53, et dans *Corpus scriptorum ecclesiasticorum latinorum*, 11.

P. Courcelle, *Les lettres grecques en Occident. De Macrobe à Cassiodore*, Paris, 1943.

P. Courcelle, *Recherches sur les « Confessions » de saint Augustin*, Paris, 1950.

Fauste de Riez, Œuvres, dans PL, 53 et 58, et dans *Corpus scriptorum ecclesiasticorum latinorum*, 21.

E. L. Fortin, *Christianisme et culture philosophique au Ve siècle. La querelle de l'âme humaine en Occident*, Paris, 1959.

F. Gabarrou, *Arnobe, son œuvre*, Paris, 1921.

É. Gilson, *Introduction à l'étude de saint Augustin*, 3e éd., Paris, 1949.

P. Hadot, *La distinction de l'être et de l'étant dans le « De hebdomadibus » de Boèce*, MM, 2, 147-153.

Saint Hilaire, Œuvres, dans PL, 9-10.

P. de Labriolle, *Histoire de la littérature latine chrétienne*, 2e éd., Paris, 1924.

Lactance, Œuvres, dans PL, 6-7.

X. Le Bachelet, *Hilaire (saint)*, DTC, 6 (1925), 2388-2462.

Marius Victorinus, *Ars grammatica*, éd. Keil, *Grammatici Latini*, 6, Leipzig, 1874.

Marius Victorinus, *Explanationes in Ciceronis Rhetoricam*, éd. Halm, *Rhetores latini minores*, Leipzig, 1863.

Marius Victorinus, *Liber de definitionibus*, éd. Stangl, Munich, 1888.

Marius Victorinus, *Traités théologiques sur la Trinité*, texte établi par P. Henry, introduction, traduction et notes par P. Hadot, 2 vol., Paris, 1960.

H. I. Marrou, *L'ambivalence du temps de l'histoire chez saint Augustin*, Montréal-Paris, 1950.

H. I. Marrou, *Saint Augustin et la fin de la culture antique*, 2e éd., augmentée d'une *Retractatio*, Paris, 1949.

Minucius Felix, Œuvres, dans PL, 3.

P. Monceaux, *Histoire littéraire de l'Afrique chrétienne depuis les origines jusqu'à l'invasion arabe*, 7 vol., Paris, 1901-1923.

P. Smulders, *La doctrine trinitaire de S. Hilaire de Poitiers*, Rome, 1944.

M. Spanneut, *Le stoïcisme des Pères de l'Église*, Paris, s.d. (1957).

Tertullien, Œuvres, dans PL, 1-2.

ESSOR, DÉCLIN, REPRISE (VIIe - Xe SIÈCLES)

Alcuin, Œuvres, dans PL, 100-101.

M. Cappuyns, *Jean Scot Érigène, sa vie, son œuvre, sa pensée*, Paris, 1933.

P. Courcelle, *Étude critique sur les « Commentaires » de Boèce (IXe - XVe siècle)*, « Archives... », 12 (1939), 5-140.

P. Delhaye, *Une controverse sur l'âme universelle au IXe siècle*, Namur, 1950.

H. F. Dondaine, *Les « Expositiones super Hierarchiam Caelestem » de Jean Scot Érigène, texte inédit, d'après Douai 202*, « Archives... », 18 (1950-1951), 245-302.

J. Fontaine, *Isidore de Séville et la culture classique dans l'Espagne wisigothique*, 2 vol., Paris, 1959.

Frédégise, *Epistola de nihilo et tenebris*, PL, 105, 751-756.

Gerbert, Œuvres, dans PL, 139.

Grégoire le Grand, Œuvres, dans PL, 75-79.

Grégoire le Grand, *Morales sur Job*, éd. R. Gillet et A. de Gaudemaris, Paris, 1952.

Isidore de Séville, Œuvres, dans PL, 81-84.

Isidore de Séville, *Etymologiae*, éd. M. Lindsay, 2 vol., Oxford, 1911.

Jean Scot Érigène, Œuvres, dans PL, 132. - Cf. H.F. Dondaine, H. Silvestre.

J. Jolivet, *Godescalc d'Orbais et la Trinité. La méthode de la théologie à l'époque carolingienne*, Paris, 1958.

Dom C. Lambot, *Œuvres théologiques et grammaticales de Godescalc d'Orbais*, Louvain, 1954.

Dom C. Lambot, *Ratramne de Corbie, « De anima ad Odonem Bellovacensem »*, Namur-Lille, s.d.

J. Leclercq, *Smaragde et la grammaire chrétienne*, RMAL, 4 (1948), 15-22.

R. S. Lopez, *The Xth Century. How dark the Dark Ages ?*, New York, 1959.

Loup de Ferrières, *Correspondance*, éd. L. Levillain, 2 vol., Paris, 1927.

Raban Maur, Œuvres, dans PL, 111.

P. Riché, *Éducation et culture dans l'Occident barbare, VIe-VIIIe siècle*, Paris, 1962.

H. Silvestre, *Le commentaire inédit de Jean Scot Érigène au mètre IX du livre III du « De consolatione philosophiae » de Boèce*, « Revue d'histoire ecclésiastique », 47 (1952), 44-122.

A. Van de Vyver, *Les étapes du développement philosophique du haut Moyen âge*, « Revue belge de philologie et d'histoire », 8 (1929), 425-442.

P. Vossen, *Der Libellus Scolasticus des Walther von Speyer*, Berlin, 1962.

A. Wilmart, *La lettre philosophique d'Almanne et son contexte littéraire*, « Archives... », 3 (1928), 125-169.

RENAISSANCE (XIe - XIIe SIÈCLES)

Abélard, Œuvres théologiques, dans PL, 178.

Abélard, *Historia calamitatum*, éd. J. Monfrin, Paris, 1959. Cf. L. Minio-Paluello, H. Ostender, Peter Abaelard, Petrus Abaelardus, Pietro Abelardo.

Adélard de Bath, *De eodem et diverso*, éd. H. Willmer, « Beiträge... », 4, 1 (1903).

Adélard de Bath, *Quaestiones naturales*, éd. M. Müller, « Beiträge... », 31 (1934).

Alain de Lille, Œuvres, dans PL, 210. - Cf. M. T. d'Alverny, R. Bossuat, P. Glorieux.

M. T. d'Alverny, *Achard de Saint-Victor. De Trinitate - De unitate et pluralitate creaturarum*, « Recherches de théologie ancienne et médiévale », 21 (1954), 299-306.

M. T. d'Alverny, *Deux traductions latines du Coran au Moyen âge*, « Archives... », 16 (1947-1948), 69-131.

M. T. d'Alverny, *Notes sur les traductions médiévales des œuvres philosophiques d'Avicenne;* « Archives... », 19 (1952), 337-358.

M. T. d'Alverny, *Les pérégrinations de l'âme dans l'autre monde d'après un anonyme de la fin du XIIe siècle;* « Archives... », 13 (1940-1942), 239-299.

M. T. d'Alverny, *Textes inédits d'Alain de Lille et de son école*, Paris, 1965.

Saint Anselme, Œuvres, dans PL, 158-159.

Saint Anselme, Œuvres, éd. F. S. Schmitt, 6 vol., 1938-1961.

Saint Anselme, *Pourquoi Dieu s'est fait homme*, texte latin, introduction, bibliographie, traduction et notes de R. Roques, Paris, 1963.

ARISTOTELES LATINUS, en cours de publication *(Corpus philosophorum medii aevi)*, Bruges-Paris.

R. BARON, *Science et sagesse chez Hugues de Saint-Victor*, Paris, 1957.

M. BAUMGARTNER, *Die Philosophie des Alanus de Insulis, im Zusammenhange mit den Anschauungen des 12. Jahrhunderts dargestellt*, « Beiträge »... 2, 4 (1893).

Saint BERNARD, *Œuvres*, dans PL, 182-185.

F. BLIEMETZRIEDER, *Adelard von Bath*, Munich, 1935.

R. BOSSUAT, *Alain de Lille, « Anticlaudianus »*, texte critique avec une introduction et des tables, Paris, 1955.

F. BRUNNER, *Études sur le sens et la structure des systèmes réalistes, l'école de Chartres ;* « Cahiers de Civilisation médiévale », 1 (1958), 309-317.

J. CHÂTILLON, *De Guillaume de Champeaux à Thomas Gallus : chronique d'histoire littéraire et doctrinale de l'école de Saint-Victor*, RMAL, 8 (1952), 139-162, 247-272.

M. D. CHENU, *La théologie au XIIe siècle*, Paris, 1957.

Congrès international du IXe centenaire de l'arrivée d'Anselme au Bec, Paris, 1959.

M. DAL PRA, *Il problema del fondamento del significato nella controversia fra Anselmo e Gaunilone*, « Rivista critica di storia della filosofia », 9 (1954), 132-155.

M. DAL PRA, *« Cogitatio vocum » e « cogitatio rerum » nel pensiero di Anselmo*, ibid., 309-343.

M. DAL PRA, *Gaunilone e il problema logico del linguaggio*, ibid., 456-484.

M. M. DAVY, *Théologie et mystique chez Guillaume de Saint-Thierry*, in *La connaissance de Dieu*, Paris, 1954.

J. M. DÉCHANET, *Amor ipse intellectus est. La doctrine de l'amour-intellection chez Guillaume de Saint-Thierry*, RMAL, 1 (1945), 349-374.

J. DE GHELLINCK, *Le mouvement théologique du XIIe siècle*, 2e éd., Bruges-Bruxelles-Paris, 1948.

P. DELHAYE, *Le « Microcosmus » de Godefroy de Saint-Victor. Étude théologique*, Lille-Gembloux, 1951.

P. DELHAYE, *Nature et grâce chez Godefroy de Saint-Victor*, RMAL, 3 (1947), 225-244.

P. DELHAYE, *Pierre Lombard, sa vie, ses œuvres, sa morale*, Montréal-Paris, 1961.

J. A. Endres, *Forschungen zur Geschichte der frühmittelalter-lichen Philosophie*, « Beiträge... », 17, 2-3 (1915).

J. A. Endres, *Petrus Damiani und die weltliche Wissenschaft*, « Beiträge »..., 8, 3 (1910).

M. T. Fumagalli, *Note sulla logica di Abelardo*, « Rivista critica di storia della filosofia », 13 (1958), 12-26, 281-290; 14 (1959), 3-27; 15 (1960), 14-21; 18 (1963), 131-146.

Garlandus Compotista, *Dialectica*, éd. L. M. De Rijk; Assen, 1959.

É. Gilson, *La cosmogonie de Bernardus Silvestris*, « Archives... », 3 (1928), 5-24.

É. Gilson, *Héloïse et Abélard*, Paris, 1938.

É. Gilson, *Pourquoi saint Thomas a critiqué saint Augustin*, « Archives... », 1 (1926-1927); III, 3 : *L'augustinisme avicennisant* (80-111).

É. Gilson, *Les sources gréco-arabes de l'augustinisme avicennisant*, « Archives... », 4 (1929-1930), 5-107.

É. Gilson, *La théologie mystique de saint Bernard*, Paris, 1934.

P. Glorieux, *Le « Contra quatuor labyrinthos Franciae » de Gauthier de Saint-Victor*, « Archives... », 19 (1952), 187-335.

P. Glorieux, *La somme « Quoniam homines » d'Alain de Lille*, « Archives... », 20 (1953), 113-364.

Godefroy de Saint-Victor, *Fons philosophiae*, éd. P. Michaud-Quantin, Namur-Louvain-Lille, 1956 (« Analecta Mediaevalia Namurcensia », 8).

Godefroy de Saint-Victor, *Microcosmus*, éd. P. Delhaye, Lille-Gembloux, 1951.

M. Grabmann, *Aristoteles im 12. Jahrhundert*, MS, 12 (1950), 123-162; MG, 3, 64-127.

T. Gregory, *Anima mundi : la filosofia di Guglielmo di Conches e la scuola di Chartres*, Florence, 1955.

T. Gregory, *Platonismo medievale*, Rome, 1958.

Guillaume de Saint-Thierry, *Œuvres*, dans PL, 180 et 184.

Guillaume de Saint-Thierry, *Traité de la contemplation de Dieu*, éd. J. Hourlier, Paris, 1959.

F. Guimet, *Caritas ordinata et Amor discretus dans la théologie trinitaire de Richard de Saint-Victor*, RMAL, 4 (1948), 225-236.

F. Guimet, *Notes en marge d'un texte de Richard de Saint-Victor*, « Archives... », 14 (1943-1945), 371-394.

N. Haring, *A Commentary on Boethius' « De hebdomadibus » by Clarenbaldus of Arras*, dans *Nine Mediaeval Thinkers*, Toronto, 1955, 1-21.

N. Haring, *A Commentary on Boethius' « De Trinitate » by Thierry of Chartres* (Anonymus Berolinensis), « Archives... », 23 (1956), 257-325.

N. Haring, *The Commentaries of Gilbert, Bishop of Poitiers (1142-1154), on the Two Boethian « Opuscula Sacra » on the Holy Trinity*, dans *Nine Mediaeval Thinkers*, Toronto, 1955, 23-98.

N. Haring, *The Creation and Creator of the World according to Thierry of Chartres and Clarenbaldus of Arras*, « Archives... », 22 (1955), 137-216.

N. Haring, *A hitherto unknown Commentary on Boethius' « De hebdomadibus » written by Clarenbaldus of Arras*, MS, 15 (1953), 212-221.

N. Haring, *The Lectures of Thierry of Chartres on Boethius' « De Trinitate »*, « Archives ... », 25 (1958), 113-226.

N. Haring, *Two Commentaries on Boethius (« De Trinitate » et « De hebdomadibus »), by Thierry of Chartres*, « Archives... », 27 (1960), 65-136.

Hugues de Saint-Victor, Œuvres, dans PL, 175-177.

J. Isaac, *Le « Peri Hermeneias » en Occident, de Boèce à saint Thomas. Histoire littéraire d'un traité d'Aristote*, Paris, 1953.

W. Jansen, *Der Kommentar des Clarenbaldus von Arras zu Boethius « De Trinitate »*, Breslau, 1926.

R. Javelet, *Ontologie et connaissance chez Thomas Gallus*, MM, 2, 282-288.

R. Javelet, *La vertu dans l'œuvre d'Isaac de L'Étoile;* « Cîteaux », 11 (1960), 252-267.

Jean de Salisbury, Œuvres, dans PL, 199.

Jean de Salisbury, *Metalogicon*, éd. C. C. Webb, Oxford, 1929.

Jean de Salisbury, *Policraticus*, éd. C. C. Webb, Oxford, 1909.

E. Jeauneau, *Deux rédactions des gloses de Guillaume de Conches sur Priscien*, « Revue de théologie ancienne et médiévale », 27 (1960), 212-247.

E. Jeauneau, *Le « Prologus in Eptatheucon » de Thierry de Chartres*, MS, 16 (1954), 171-175.

E. Jeauneau, *Un représentant du platonisme au XIIᵉ siècle, Maître Thierry de Chartres*, « Mémoires de la Société archéologique d'Eure-et-Loir », 20 (1954), 1-10.

E. Jeauneau, *Simples notes sur la cosmogonie de Thierry de Chartres*, « Sophia », 13 (1955), 172-183.

E. Jeauneau, *L'usage de la notion d'integumentum à travers les gloses de Guillaume de Conches*, « Archives... », 24 (1957), 35-100.

J. Jolivet, *Sur quelques critiques de la théologie d'Abélard*, « Archives... », 30 (1963), 7-51.

G. Lefèvre, *Les variations de Guillaume de Champeaux et la question des universaux*, Lille, 1898.

L. Minio-Paluello, *Note sull'Aristotele latino medievale*, « Rivista critica di filosofia neo-scolastica », 42 (1950) - 46 (1954).

L. Minio-Paluello, *Twelfth Century Logic, Texts and Studies, II : Abaelardiana inedita...*, Rome, 1958.

U. Monneret de Villard, *Lo studio dell'Islam in Europa nel XII e nel XIII secolo*, Cité du Vatican, 1944.

H. Ostlender, *Peter Abälards Theologia « Summi Boni »*, « Beiträge... », 35, 2-3 (1939).

G. Paré, A. Brunet, P. Tremblay, *La Renaissance du XIIe siècle*, Paris, 1933.

J. M. Parent, *La doctrine de la création dans l'École de Chartres*, Paris, 1938.

Peter Abaelards *Philosophische Schriften*, éd. B. Geyer, « Beiträge... », 21 (1919-1933).

Petrus Abaelardus, *Dialectica*, éd. L. M. De Rijk, Assen, 1956.

Pietro Abelardo, *Scritti filosofici*, éd. M. Dal Pra, Milan, 1954.

G. Raynaud de Lage, *Alain de Lille, poète du XIIe siècle*, Paris, 1951.

J. Reiners, *Der Nominalismus in der Frühscholastik*, « Beiträge... », 8, 5 (1910).

Richard de Saint-Victor, Œuvres, dans PL, 196.

Richard de Saint-Victor, *De Trinitate*, éd. J. Ribaillier, Paris, 1958.

Richard de Saint-Victor, *De Trinitate*, éd. G. Salet, Paris, 1959.

H. Schipperges, *Einflüsse arabischer Medizin auf die Mikrokosmosliteratur des 12. Jahrhunderts*, MM, 1, 129-153.

M. A. Schmidt, *Gottheit und Trinität nach dem Kommentar des Gilbert Porreta zu Boethius « De Trinitate »*, Bâle, 1956.

J. G. Sikes, *Peter Abailard*, Cambridge, 1932.

T. Silverstein, *The Fabulous Cosmogony of Bernardus Silvestris*, « Modern Philology », 46 (1948), 92-116.

R. W. Southern, *Saint Anselm and his Biographer*, Cambridge, 1963.

R. de Vaux, *Notes et textes sur l'avicennisme latin aux confins des XIIe-XIIIe siècles*, Paris, 1934.

M. H. VICAIRE, *Les porrétains et l'avicennisme avant 1215,* RSPT, 26 (1937), 449-482.

ÉPANOUISSEMENT (XIIIe SIÈCLE)

ALBERT LE GRAND, *Opera omnia,* éd. Borgnet, 38 vol., Paris, 1890-1899.

F. ALESSIO, *Un secolo di studi su Ruggero Bacone,* « Rivista critica di storia della filosofia », 19 (1954), 81-102.

ALEXANDRE DE HALÈS, *Summa theologica,* 4 vol., Quaracchi, 1924-1948.

M. T. D'ALVERNY, *Note sur deux manuscrits du « De aeternitate mundi »,* « Archives... », 22 (1955), 101-112.

M. BAUMGARTNER, *Die Erkenntnislehre des Wilhelm von Auvergne,* « Beiträge... », 2, 1 (1895).

L. BAUR, *Die philosophischen Werke des Robert Grosseteste, Bischof von Lincoln,* « Beiträge... », 9 (1912).

P. BOEHNER, *Medieval Logic. An Outline of its Development from 1250 - c 1400,* Manchester, 1952.

Saint BONAVENTURE, *Opera omnia,* 10 vol., Quaracchi, 1882-1902.

J. G. BOUGEROL, *Introduction à l'étude de S. Bonaventure,* Paris, 1961.

L. CAPELLE, *Autour du décret de 1210. III, Amaury de Bène, étude sur son panthéisme formel,* Paris, 1932.

R. CARTON, *L'expérience mystique de l'illumination chez Roger Bacon,* Paris, 1924.

R. CARTON, *L'expérience physique chez Roger Bacon,* Paris, 1924.

R. CARTON, *La synthèse doctrinale de Roger Bacon,* Paris, 1924.

M. D. CHENU, *Introduction à l'étude de saint Thomas d'Aquin,* 2e éd., Paris, 1954.

M. D. CHENU, *Saint Thomas d'Aquin et la théologie,* Paris, 1959.

A. C. CROMBIE, *Robert Grosseteste and the Origins of Experimental Science,* Oxford, 1953.

DAVIDIS DE DINANTO, *Quaternulorum fragmenta,* éd. M. Kurdzialek, « Studia Mediewistyczne », 3, Varsovie, 1963.

M. DE WULF, *Le traité « De unitate formae » de Gilles de Lessines,* Louvain, 1901.

J. J. DUIN, *La doctrine de la providence dans les écrits de Siger de Brabant,* Louvain, 1954.

S. C. Easton, *Roger Bacon and His Search for a Universal Science*, Oxford, 1952.

R. A. Gauthier, *Trois commentaires « averroïstes » sur l'« Éthique à Nicomaque »*, « Archives... », 16 (1947-1948), 188-336.

L. B. Geiger, *La participation dans la philosophie de S. Thomas d'Aquin*, 2ᵉ éd., Paris, 1953.

É. Gilson, *L'âme raisonnable chez Albert le Grand*, « Archives... », 14 (1943-1945), 5-72.

É. Gilson, *Boèce de Dacie et la double vérité*, « Archives... », 22 (1955), 81-99.

É. Gilson, *Dante et la philosophie*, 2ᵉ éd., Paris, 1953.

É. Gilson, *Les métamorphoses de la Cité de Dieu*, Paris, 1952.

É. Gilson, *La notion d'existence chez Guillaume d'Auvergne*, « Archives... », 15 (1946), 55-91.

É. Gilson, *La philosophie de saint Bonaventure*, 2ᵉ éd., Paris, 1943.

É. Gilson, *Roger Marston : un cas d'augustinisme avicennisant*, « Archives... », 8 (1933), 37-42.

É. Gilson, *Le thomisme*, 5ᵉ éd. revue et augmentée, Paris, 1945.

A. J. Gondras, *Les « Quaestiones de anima VI », manuscrit de la bibliothèque communale d'Assise nᵒ 159, attribuées à Matthieu d'Aquasparta*, « Archives... », 24 (1957), 203-352.

M. Grabmann, *Aristoteles im Werturteil des Mittelalters*, MG, 2, 62-102.

M. Grabmann, *Die Aristoteleskommentatoren Adam von Bocfeld und Adam von Bouchermefort. Die Anfänge der Erklärung des « Neuen Aristoteles » in England*, MG, 2, 138-182.

M. Grabmann, *Der Einfluss Alberts des Grossen auf das mittelalterliche Geistesleben. Das deutsche Element in der mittelalterlichen Scholastik und Mystik*, MG, 2, 325-412.

M. Grabmann, *Einzelgestalten aus der mittelalterlichen Dominikaner- und Thomistenschule*, MG, 2, 512-612.

M. Grabmann, *Die Entwicklung der mittelalterlichen Sprachlogik (Tractatus de modis significandi)*, MG, 1, 104-146.

M. Grabmann, *Forschungen über die lateinischen Aristotelesübersetzungen des XIII. Jahrhunderts*, « Beiträge... », 17, 4 (1916).

M. Grabmann, *Forschungen zur Geschichte der ältesten deutschen Thomistenschule des Dominikanerordens*, MG, 1, 391-431.

M. Grabmann, *Die geschichtliche Entwicklung der mittel-*

alterlichen Sprachphilosophie und Sprachlogik. Ein Ueberlick, MG, 3, 243-253.

M. GRABMANN, *Die italienische Thomiſtenschule des XIII. und beginnenden XIV. Jahrhunderts*, MG, 1, 332-390.

M. GRABMANN, *Kaiser Friedrich II. und sein Verhältnis zur ariſtotelischen und arabischen Philosophie*, MG, 2, 103-137.

M. GRABMANN, *Studien über Ulrich von Stra sburg. Bilder wissenschaftlichen Lebens und Strebens aus der Schule Alberts des Grossen*, MG, 1, 147-221.

R. J. HENLE, *Saint Thomas and Platonism*, La Haye, 1956.

E. HOCEDEZ, *Richard de Middleton, sa vie, ses œuvres, sa doctrine*, Paris, 1925.

JEAN LESAGE, *Quodlibet I*, à la suite de P. GLORIEUX, *Jacques de Thérines, Quodlibets I et II*, Paris, 1958.

JEAN DE SÉCHEVILLE, *De principiis naturae*, éd. R. M. Giguère, Montréal-Paris, 1956.

J. LEGOWICZ, *La « Métaphysique » d'Ariſtote dans l'œuvre de saint Bonaventure...*, MM, 2, 499-503.

A. LLINARÈS, *Raymond Lulle, philosophe de l'action*, Paris, 1963.

P. MANDONNET, *Siger de Brabant et l'averroïsme latin au XIIIe siècle*, 2 vol., Louvain, 1908, 1911.

MATTHIEU D'AQUASPARTA, *Œuvres*, en cours de publication, Quaracchi.

MATTHIEU D'ACQUASPARTA, *Quaeſtiones disputatae de anima XIII*, éd. A. J. Gondras, Paris, 1961. — Cf. A. J. GONDRAS.

A. MAURER, *Adam of Buckfield « Sententia super Secundum Metaphysicae »*, dans *Nine Mediaeval Thinkers*, Toronto, 1955, 99-144.

A. MAURER, *The State of Hiſtorical Research in Siger of Brabant*, « Speculum », 36 (1956), 49-56.

P. MICHAUD-QUANTIN, *La double vérité des averroïſtes. Un texte nouveau de Boèce de Dacie*, « Theoria », 22 (1956), 167-184.

B. NARDI, *Sigieri di Brabante nel pensiero del Rinascimento italiano*, Rome, 1945.

C. OTTAVIANO, *L'« Ars compendiosa » de R. Lulle*, Paris, 1930.

J. PAULUS, *Henri de Gand et l'argument ontologique*, « Archives... », 10 (1935-1936), 265-323.

J. PAULUS, *Henri de Gand. Essai sur les tendances de sa métaphysique*, Paris, 1938.

J. ROHMER, *La théorie de l'abſtraction dans l'école franciscaine, d'Alexandre de Halès à Jean Peckham*, « Archives... », 3 (1928), 105-184.

F. Ruello, *Un commentaire dionysien en quête d'auteur*, « Archives »..., 19 (1952), 141-181.

F. Ruello, *Les « noms divins » et leurs « raisons » selon saint Albert le Grand, commentateur du « De divinis nominibus »*, Paris, 1963.

G. Sajó, *Boèce de Dacie et les commentaires anonymes inédits de Munich sur la « Physique » et la « Génération » attribués à Siger de Brabant*, « Archives... », 25 (1958), 21-58.

G. Sajó, *Boetius de Dacia und seine philosophische Bedeutung*, MM, 2, 454-463.

G. Sajó, *Boetii de Dacia Tractatus De aeternitate mundi*, Berlin, 1964.

D. Salman, *Albert le Grand et l'averroïsme latin*, RSPT, 24 (1935), 38-64.

D. Salman, *Note sur la première influence d'Averroès*, « Revue néo-scolastique de philosophie », 40 (1937), 203-212.

G. Théry, *Autour du décret de 1210. I, David de Dinant, étude sur son panthéisme matérialiste*, Paris, 1925.

Thomas d'Aquin. *Opera omnia*, 25 vol., Parme, 1862-1870.

Thomas d'Aquin, *Opera omnia*, en cours, Rome.

Thomas d'Aquin, *Somme théologique*, texte, trad. française, commentaire, en cours, Paris.

S. Vanni-Rovighi, *Alberto Magno e l'unità della forma sostanziale nell'uomo*, dans *Medioevo e Rinascimento, Studi in onore di Bruno Nardi*, Florence, s. d. (1955), 753-778.

F. Van Steenberghen, *Aristote en Occident. Les origines de l'aristotélisme parisien*, Louvain, 1946.

F. Van Steenberghen, *Siger de Brabant d'après ses œuvres inédites*, 2 vol., Louvain, 1931, 1942.

F. Van Steenberghen, *Le « De quindecim problematibus » d'Albert le Grand*, dans *Mélanges Auguste Pelzer*, Louvain, 1947, 415-439.

R. de Vaux, *La première entrée d'Averroès chez les Latins*, RSPT, 22 (1933), 193-243.

Walter Burleigh, *De puritate artis logicae tractatus longior*, éd. P. Böhner, St. Bonaventure-Louvain-Paderborn, 1955.

MULTIPLICATION DES RECHERCHES (XIVe SIÈCLE)

LE TARISSEMENT (XVe SIÈCLE)

J. Ancelet-Hustache, *Maître Eckhart et la mystique rhénane*, Paris, 1956.

C. BALIĆ, *Henricus de Harcley et Ioannes Duns Scotus,* dans *Mélanges offerts à Étienne Gilson,* Paris, 1959, 93-121.

L. BAUDRY, *Guillaume d'Occam. Sa vie, ses œuvres, ses idées sociales et politiques. I, L'homme et les œuvres,* Paris, 1950.

L. BAUDRY, *Lexique philosophique de Guillaume d'Ockham,* Paris, 1958.

L. BAUDRY, *La querelle des futurs contingents (Louvain 1465-1475). Textes inédits,* Paris, 1950.

L. BAUDRY, *Les rapports de Guillaume d'Occam et de Walter Burleigh,* « Archives... », 9 (1934), 155-173.

L. BAUDRY, *Les rapports de la raison et de la foi selon Guillaume d'Occam,* « Archives... », 37 (1962), 33-92.

L. BAUDRY, *Le « Tractatus de principiis theologiae » attribué à Guillaume d'Occam,* Paris, 1936.

P. BOEHNER, *Collected Articles on Ockham,* éd. E. M. Buytaert, St. Bonaventure-Louvain-Paderborn, 1958.

C. B. BOYER, *The History of the Calculus and its Conceptual Development,* New York, 1959.

A. COMBES, *Essai sur la critique de Ruysbroek par Gerson,* 3 vol. parus, Paris, 1945, 1948, 1959.

A. COMBES, *Gerson et l'humanisme,* RMAL, 1 (1945), 259-284.

A. COMBES, *Jean de Montreuil et le chancelier Gerson. Contribution à l'histoire des rapports de l'humanisme et de la théologie en France au début du XVe siècle,* Paris, 1942.

A. COMBES, *La métaphysique de Jean de Ripa,* MM, 2, 543-557.

A. COMBES, *Présentation de Jean de Ripa,* « Archives... », 23 (1956), 145-242.

H. L. CROSBY Jr, *Thomas of Bradwardine. His « Tractatus de proportionibus ». Its Significance for the Development of Mathematical Physics,* Madison, 1955.

.S. DA VALSANZIBIO, *Vita e dottrina di Gaetano di Thiene, filosofo dello Studio di Padova (1387-1465),* Vérone, 1948.

P. DUHEM, *Le système du monde,* t. 7 à 9, Paris, 1956-1958.

DUNS SCOT, *Opera omnia,* éd. Vivès, 12 vol., Paris, 1891-1895.

DUNS SCOT, *Opera omnia,* éd. critique en cours de publication (Commission scotiste dirigée par C. Balić), Rome.

Maître ECKHART, *Traités et sermons,* trad. J. Molitor et F. Aubier, introd. de M. de Gandillac, Paris, 1942.

H. ÉLIE, *Le complexe significabile,* Paris, 1937.

H. ÉLIE, *Quelques maîtres de l'Université de Paris vers l'an 1500.* « Archives... », 25-26 (1950-1951), 193-243.

François de Meyronnes, Pierre Roger, *Disputatio (1320-1321)*, éd. J. Barbet, Paris, 1961.

M. de Gandillac, *Valeur du temps dans la pédagogie spirituelle de Jean Tauler*, Montréal-Paris, 1956.

M. de Gandillac, *De l'usage et de la valeur des arguments probables dans les Questions du cardinal Pierre d'Ailly sur le « Livre des Sentences »*, « Archives... », 8 (1933), 43-91.

Jean Gerson, *Œuvres complètes*, éd. P. Glorieux, en cours, Paris.

Jean Gerson, *De mystica theologia*, éd. A. Combes, Lugano-Padoue, 1958.

É. Gilson, *Cajétan et l'humanisme théologique*, « Archives... », 30 (1955), 113-136.

É. Gilson, *Études de philosophie médiévale*, Strasbourg, 1921 (51-75 : *La doctrine de la double vérité*).

É. Gilson, *Jean Duns Scot. Introduction à ses positions fondamentales*, Paris, 1952.

M. Grabmann, *Der Bologneser Averroïst Angelo d'Arezzo*, MG, 2, 261-271.

M. Grabmann, *Johannes Capreolus O. P., der Princeps Thomistarum († 1144), und seine Stellung in der Geschichte der Thomistenschule*, MG, 3, 370-410.

M. Grabmann, *Die Stellung des Kardinals Cajetan in der Geschichte des Thomismus und der Thomistenschule*, MG, 2, 602-613.

M. Grabmann, *Studien über den Averroïsten Taddeo da Parma (ca. 1320)*, MG, 2, 239-260.

R. Guelluy, *Philosophie et théologie chez Guillaume d'Ockham*, Louvain-Paris, 1947.

F. Hoffmann, *Robert Holcot. Die Logik in der Theologie*, MM, 2, 624-639.

Jean de Ripa, *Conclusiones*, publié par A. Combes, préface de P. Vignaux, Paris, 1957.

Jean de Ripa, *Lectura super Primum Sententiarum, Prologi quaestiones 1 et 2*, éd. A. Combes, Paris, 1961.

Jean de Ripa, *Quaestio de gradu supremo*, éd. A. Combes, Paris, 1964.

J. Koch, *Durandus de S. Porciano, O. P., Forschungen zum Streit um Thomas von Aquin zu Beginn des 14. Jahrhunderts. Literargeschichtliche Grundlegung*, « Beiträge... », 26, 1 (1927).

J. Koch, *Jakob von Metz, O. P., der Lehrer des Durandus de S. Porciano, O. P.*, « Archives... », 4 (1929-1930), 169-232.

A. Koyré, *Le vide et l'espace infini au XIVe siècle*, « Archives... », 24 (1949), 45-91.

J. KRAUS, *Die Universalienlehre des Oxforder Kanzlers Heinrich von Harclay in ihrer Mittelstellung zwischen skotistischen Realismus und ockhamistischen Nominalismus;* « *Divus Thomas (Freiburg)* », 10 (1932), 36-58, 475-508, 11 (1933), 76-96, 288-314.

E. KREBS, *Meister Dietrich (Theodoricus Teutonicus de Vriberg). Sein Leben, seine Werke, seine Wissenschaft,* « Beiträge... », 5, 5-6 (1906).

E. KREBS, *Le Traité « De esse et essentia » de Thierry de Fribourg,* « Revue néo-scolastique », 18 (1911), 516-536.

G. DE LAGARDE, *Un exemple de logique ockhamiste,* RMAL, 1 (1945), 237-258.

G. DE LAGARDE, *La naissance de l'esprit laïque au déclin du Moyen Age. II, Marsile de Padoue,* St-Paul-Trois-Châteaux, 1934.

J. LAPPE, *Nicolaus von Autrecourt. Sein Leben, seine Philosophie, seine Schriften,* « Beiträge... », 6, 2 (1908).

G. LEFF, *Bradwardine and the Pelagians,* Cambridge, 1957.

G. LEFF, *Gregory of Rimini, Tradition and Innovation in XIVᵗʰ Century Thought,* Manchester, 1961.

G. LEFF, *Richard FitzRalph Commentator of the « Sentences »,* Manchester, 1963.

E. LONGPRÉ, *La philosophie du bienheureux Duns Scot,* Paris, 1924.

V. LOSSKY, *Théologie négative et connaissance de Dieu chez Maître Eckhart,* Paris, 1960.

St. MACCLINTOCK, *Perversity and Error. Studies on the « Averroist » John of Jandun,* Bloomington, 1956.

A. MAIER, *Ein unbeachteter « Averroïst » des XIV. Jahrhunderts : Walter Burley,* dans *Medioevo e Rinascimento, Studi in onore di Bruno Nardi,* Florence, s. d. (1955), 475-499.

A. MAIER, *Studien zur Naturphilosophie der Spätscholastik,* 5 vol., Rome, 1949-1958.

A. MAURER, *The « De Quidditatibus entium » of Dietrich of Freiberg and its Criticism of Thomistic Metaphysics,* MS, 18 (1956), 173-203.

A. MAURER, *Henry of Harclay's Question on the Univocity of Being,* MS, 16 (1954), 1-18.

A. MAURER, *Henry of Harclay's Questions on Immortality,* MS, 19 (1957), 79-107.

A. MAURER, *Henry of Harclay, Disciple or Critic of Duns Scotus?,* MM, 2, 563-571.

G. MEERSSEMAN, *Les origines parisiennes de l'albertisme colonais,* « Archives... », 7 (1932), 121-142.

G. Meersseman, *Geschichte des Albertismus. I, Die Pariser Anfänge des Kölner Albertismus*, Paris, 1933; II, *Die erften Kölner Kontroversen*, Rome, 1935.

La Myftique rhénane. Colloque de Strasbourg, 16-19 mai 1961, Paris, 1963.

B. Nardi, *Saggi sull'Ariftotelismo padovano del secolo XIV al XVI*, Florence, 1958.

H. A. Oberman, *Archbishop Thomas Bradwardine. A XIVth Century Auguftinian*, Utrecht, 1957.

H. A. Oberman, *The Harveft of Medieval Theology. Gabriel Biel and Late Medieval Nominalism*, Cambridge (Mass.), 1963.

H. A. Oberman, *Thomas Bradwardine, un précurfeur de Luther?* « Revue d'hiftoire et de philosophie religieuses », 40 (1960), 146-151.

Ockham, *Philosophical Writings,* éd. P. Böhner, Édimbourg, 1957.

Petri Aureoli *Scriptum super Primum Sententiarum*, éd. E. M. Buytaert, 2 vol. parus, Saint-Bonaventure-Louvain-Paderborn, 1953, 1956.

J. Roig-Gironella, *Para la hiftoria del nominalismo...;* « Pensamiento », 17 (1961), 279-310.

M. L. Roure, *Le traité « Des propositions insolubles » de Jean de Celaya,* « Archives »..., 37 (1962), 235-338.

H. Schwamm, *Magiftri Ioannis de Ripa O. F. M. Doctrina de praescientia divina*, Rome, 1930.

W. Senko, *La « Quaeftio disputata de anima intellectiva » de Thomas Wilton...*, MM, 2, 464-471.

F. Stegmueller, *Meifter Dietrich von Freiberg über die Zeit und das Sein,* « Archives... », 13 (1940-1942), 153-221.

F. Stegmueller, *Meifter Dietrich von Freiberg über den Ursprung der Kategorien,* « Archives... », 24 (1957), 115-201.

S. Swiezawski, *Matériaux servant aux recherches sur Jean de Glogów,* dans *Mélanges offerts à Étienne Gilson*, Paris, 1959, 613-650.

S. Swiezawski, *La philosophie à l'université de Cracovie des origines au XVIe siècle,* « Archives... », 30 (1963), 71-109.

S. Swiezawski, *Les reflets des problèmes métaphysiques du Moyen âge tardif dans le « Commentaire des Sentences » de Gilles Charlier († 1472),* MM, 2, 737-742.

S. Vanni-Rovighi, *Le « Quaeftiones de anima » di Taddeo da Parma*, Milan, 1951.

P. Vignaux, *Dogme de l'Incarnation et métaphysique de la forme chez Jean de Ripa (Sent. Prol. Q. 1)*, dans *Mélanges offerts à Étienne Gilson*, Paris, 1959, 661-672.

P. Vignaux, *Justification et prédestination au XIVe siècle. Duns Scot, Pierre d'Auriole, Guillaume d'Occam, Grégoire de Rimini*, Paris, 1934.

P. Vignaux, *Nominalisme*, DTC, 11 (1931), 717-784.

P. Vignaux, *Nominalisme au XIVe siècle*, Montréal-Paris, 1948.

P. Vignaux, *Note sur la relation du conceptualisme de Pierre d'Auriole à sa théologie trinitaire*, « Annuaire de l'École pratique des hautes études, Section des sciences religieuses », Melun, 1935, 5-23.

P. Vignaux, *Occam*, DTC, 11 (1931), 523-528.

P. Vignaux, *Sur l'histoire de la philosophie au XIVe siècle*, « Rencontres » 30, Paris, 1949, 143-156.

Nous citerons également, parmi les ouvrages récents :

La filosofia della natura nel Medioevo, dans *Atti del terzo congresso internazionale di filosofia medioevale*, Milan, 1966.

Guillaume de Conches, *Glosae super Platonem*, éd. E. Jeauneau, Paris, 1965.

P. Michaud-Quantin, *La psychologie de l'activité chez saint Albert le Grand*, Paris, 1965.

R. Thomas, *Der philosophisch-theologische Erkenntnisweg Peter Abaelards im Dialogus inter Philosophum, Judaeum et Christianum*, Bonn, 1966.

A. Zimmermann, *Ontologie oder Metaphysik? Die Diskussion über den Gegenstand der Metaphysik im 13. und 14. Jahrhundert*, Leyde-Cologne, 1965.

TABLEAUX SYNCHRONIQUES

	INDE	CHINE
600		Décadence des Tcheou.
	Les *Upaniṣad*.	
	Vers 563 Naissance du Buddha.	
		Vers 551 Naissance de Confucius.
	545 Cyrus en Inde.	
	Les *Abhidarma* bouddhiques.	
500		

ANTIQUITÉ CLASSIQUE

600

Thalès de Milet.

592 Réformes de Solon à Athènes.

585 Éclipse prédite par Thalès.

Vers 570 Naissance de Pythagore et de Xénophane.

Anaximène.

560(?) Mort de Solon.

545 Prise de Sardes et de Colophon par Cyrus II.
Vers 545 Mort d'Anaximandre.
Vers 545 Naissance d'Héraclite.

540 Fondation d'Élée.

538 Fin de la captivité des Juifs.

532(?) Pythagore en Grande-Grèce.

512(?) Mort de Pythagore.
Fin des Pisistratides.

510(?) Naissance de Parménide.

509 Fondation de la République romaine.

500

498 Destruction de Milet par Darius.

490 Bataille de Marathon.
490(?) Naissance d'Empédocle.

Vers 488 Naissance de Protagoras et de Zénon d'Élée.

485(?) Naissance de Mélissos. Mort de Xénophane.

	INDE	CHINE
	483(?) Mort du Buddha.	
		481 Période des Royaumes combattants.
		479(?) Mort de Confucius. L'école de Lou groupe ses disciples.
		Le *Tchong-yong*, attribué à Tseng tseu.
		Le *Ta Hiue*, attribué à Tseng tseu ou à Tseu-sseu.
		Le *Tao kia*.
400		
	Pāṇini. L'école de grammaire sanskrite.	

ANTIQUITÉ CLASSIQUE

480(?) Mort d'Héraclite.

478 Arrivée d'Anaxagore à Athènes.
Acmé de Parménide.

Vers 470(?) Naissance de Démocrite.

469(?) Naissance de Socrate et de Gorgias.

Vers 454 Procès d'Anaxagore.

443 Périclès.

431 Guerre du Péloponnèse.

430(?) Mort d'Empédocle.

429 Naissance de Platon.

411(?) Mort de Protagoras.

Vers 405 Euclide fonde l'école mégarique.

404 Régime des Trente à Athènes.

400

399 Mort de Socrate. Aristippe fonde une école à Cyrène.

    Antisthène fonde l'école cynique.

Avant 388 *Apologie de Socrate, Protagoras, Gorgias,* de Platon.

387 Platon fonde l'Académie.

	INDE	CHINE
		Vers 381 Mort de Mo tseu.
		Yang Tchou, l'un des premiers maîtres taoïstes.
		Vers 371 Naissance de Mencius.
		Les légistes divisés en trois groupes dirigés respectivement par Chen Tao, Chen Pou-hai et Chang Yang.
		Houei Che.
	327-325 Alexandre en Inde.	
	Vers 320 Avènement de la dynastie des Maurya.	
		319-301 Le roi Siuan de Ts'i, protège les lettrés.

ANTIQUITÉ CLASSIQUE

Phédon, le Banquet, Phèdre, début de *la République*, de Platon.

Vers 385 Naissance d'Aristote.

367 *Parménide, Théétète, le Sophiste*, de Platon.

Après 361 *Timée, Critias, les Lois*, de Platon.

359 Avènement de Philippe de Macédoine.

Eubulide de Milet.

348-339 Speusippe, scolarque de l'Académie.

347 Mort de Platon. Aristote rompt avec l'Académie.

Cratès de Thèbes.

339-315 Xénocrate, scolarque de l'Académie.

335 Aristote fonde le Lycée à Athènes.

332 Fondation d'Alexandrie. Pyrrhon et Anaxarque accompagnent Alexandre en Asie.

323 Mort de Diogène le Cynique.
323 Mort d'Alexandre. Aristote, suspect de macédonisme, se réfugie à Chalcis.

322 Mort d'Aristote.

Vers 320 Stilpon de Mégare enseigne à Athènes. Il aura pour élèves Timon de Phlionte et Zénon de Cittium.

	INDE	CHINE
	Les *Mīmāṃsāsūtra* et les *Vedān-tasūtra*.	
		Tchouang Tcheou.
		Le *Lao-tseu*.
		Scission de l'école de Mo tseu. Création du *Pie Mo*.
300	Début probable de la rédaction du *Mahābhārata*.	Tseou Yen. L'école du *Yin* et du *Yang*.
		Kong-souen Long.
	Traité d'art politique de Kauṭilya.	
		Les « canons » du *Mo-tseu*.
	L'empereur Aśoka se convertit au bouddhisme.	
		Vers 238 Mort de Siun tseu.
		233 Mort de Han Fei.

ANTIQUITÉ CLASSIQUE

Diodore Cronos.

315-269 Polémon, scolarque de l'Académie.

306 Épicure s'installe à Athènes où il fonde l'école du Jardin.

Vers 300 Zénon de Cittium fonde le Portique, à Athènes.   300

Timon de Phlionte, disciple de Pyrrhon.

277 Mort de Métrodore, disciple d'Épicure.

276 Persée de Cittium, Philonide de Thèbes et Aratos de Soles propagent le stoïcisme à la cour d'Antigone Gonatas.

Vers 276 Mort de Ménédème et fin de l'école d'Érétrie.

270 Hermarque succède à Épicure, à la tête de l'école.

269-268 Cratès d'Athènes, scolarque de l'Académie. Arcésilas lui succède.

262 Cléanthe d'Assos succède à Zénon, à la tête de l'école stoïcienne.

La Bible des Septante.

240 Mort d'Arcésilas.

	INDE	CHINE
		213 Le Premier Empereur, Tsin Che Houang-ti, établit la censure.
		206 Lieou Pang fonde la dynastie des Han.
200	Vers 187 Fin de la dynastie des Maurya.	
		179 Naissance de Tong Tchong-chou.
		140 Avènement de Wou ti. Triomphe du confucianisme.

ANTIQUITÉ CLASSIQUE

Vers 232 Chrysippe de Soles succède à Cléanthe, à la tête de l'école stoïcienne.

218 Deuxième guerre punique.
217 Première guerre de Macédoine.

Vers 204 Mort de Chrysippe.

200

169 Guerre entre les Séleucides de Syrie et les Juifs de Palestine.

Alexandrie, lieu de rencontre de la pensée juive et de la pensée grecque.

156 Carnéade, ambassadeur à Rome. Diogène de Babylone et Critolaos l'accompagnent.

148 La Macédoine, province romaine.

146 Destruction de Carthage.
146 La Grèce, province romaine. Panétius rejoint Polybe à Rome.

133 Tribunat de Tiberius Gracchus. Le stoïcien Blossius de Cumes sera son conseiller.

129 Scipion Émilien assassiné à Rome.

Vers 129 Antipater confie à Panétius de Rhodes la direction de l'école stoïcienne.

Vers 129 Clitomaque, scolarque de l'Académie.

	INDE	CHINE
100	Le *Mahābhāṣya*, de Patañjali.	122 Mort de Lieou Ngan, roi de Houai-nan et auteur du *Houai-nan-tseu*. 104 Mort de Tong Tchong-chou. Vers 86 Le *Che-ki*, de Sseu-ma Tsien.

ANTIQUITÉ CLASSIQUE

110 Philon de Larissa, scolarque de l'Académie.

100

Vers 91 Guerre sociale en Italie.

Vers 87 Guerre de Mithridate. Philon de Larissa se réfugie à Rome où Cicéron suit ses cours.

85 Antiochus d'Ascalon, scolarque de l'Académie.

Syron et Philodème de Gadara fondent, à Naples, un centre de diffusion de l'épicurisme.

78 Cicéron suit, à Rhodes, les cours de Posidonius d'Apamée.

La *Sagesse de Salomon*.

70 Consulat de Pompée.

69 Mort d'Antiochus d'Ascalon.

67 et 62 Pompée suit, à Rhodes, les conférences de Posidonius d'Apamée.

63 Consulat de Cicéron.

59 Consulat de César.
Guerre des Gaules.

Vers 54-53 *De natura rerum*, de Lucrèce.
54-52 *De republica*, de Cicéron.

De lingua latina, de Varron.

45 *Académiques*, de Cicéron.

30 L'Égypte, province romaine.

27 Avènement d'Auguste.

	INDE	CHINE
1		6 Fin de la dynastie des Han Antérieurs.
	Le *Pravacanasāra*, de Kunda-kundācārya.	
		25 La dynastie des Han Posté-rieurs.
	Le *Tattvārthādhighamasūtra*, d'Umāsvāti.	
	Le *Śraddhotpādaśāstra* d'Aśva-ghoṣa.	
	Début de la philosophie du Mahāyāna.	
50	Règne de Kaniṣka.	
		Le *Louen-heng*, de Wang Tch'ong.
		76 Naissance de Ma Jong.

ANTIQUITÉ CLASSIQUE

I

8 Mort de Mécène.

14-37 Règne de Tibère.

Entre 37 et 41 Ambassade de Philon d'Alexandrie auprès de Caligula.

50 Naissance de Plutarque.

Vers 50(?) Naissance d'Épictète.

54-68 Règne de Néron.

De la clémence, de Sénèque.

Vie d'Énésidème.

63-64 *Lettres à Lucilius*, de Sénèque.

64(?) Mort de saint Paul.

Vers 66 Le stoïcien Thrasea Paetus, victime de Néron.

70 Prise de Jérusalem par Titus.

71 Musonius Rufus échappe seul à la mesure d'exil prise contre les philosophes par Vespasien.

81-96 Règne de Domitien. Dion de Pruse, proscrit, regagne Rome à l'avènement de Nerva.

	INDE	CHINE
		Décadence des Han. Déclin du confucianisme.
100	Fin de la rédaction du *Mahā-bhārata*. *Lettre amicale*, de Nāgārjuna.	
	Les *Yogasūtra*.	127 Naissance de T'cheng Hiuan
150	Les *Nyāyasūtra*.	Le *tao kiao* ou « religion taoïste ».
		Ngan Che-kao organise, à Lo-Yang, un centre de traduction des livres bouddhiques.
		184 Soulèvement des Turbans Jaunes, fomenté par le *T'ai ping tao*.

ANTIQUITÉ CLASSIQUE

94(?) Épictète, expulsé par Domitien, se retire à Nicopolis.

97 Mort d'Apollonios de Tyane.

100

Plutarque conseiller de Trajan, puis d'Hadrien, pour les affaires grecques.

117 Fin du règne de Trajan.

135 Diaspora des Juifs.

138 Fin du règne d'Hadrien.

Vers 150 *Apologies*, de Justin. 150

Nouménios d'Apamée.

161-180 Règne de Marc Aurèle.

179 Pantainos dirige l'école catéchétique d'Alexandrie.

Les *Stromates*, de Clément d'Alexandrie.

185 Naissance d'Origène.

Vers 190 Tertullien se convertit au christianisme.

Hypotyposes pyrrhoniennes, de Sextus Empiricus.

197 *Apologétique*, de Tertullien.

Avant 200 *Octavius*, de Minucius Felix.

	INDE	CHINE
200	Fin de la rédaction du *Rā-māyaṇa*.	
		220 Fin de la dynastie des Han Postérieurs. Division de l'Empire en trois royaumes.
		Date possible du *Lie-tseu*.
		Premières traductions chinoises des *sūtra* du Mahāyāna.
250		249 Mort de Wang Pi.
		Livre de la conversion des Hou par Lao tseu.
		Polémique entre les taoïstes et les bouddhistes.
		265 La dynastie des Tsin tente de rétablir l'unité chinoise.

ANTIQUITÉ CLASSIQUE

200

203 Origène dirige l'école catéchétique d'Alexandrie.

Septime Sévère confie à Alexandre d'Aphrodise une chaire de philosophie péripatéticienne.

Vies et opinions des philosophes, par Diogène Laërce.

212 Caracalla donne droit de cité romaine à tous les habitants de l'Empire.

213 Tertullien adhère au montanisme.

233 Plotin, disciple d'Ammonios à Alexandrie.

244 Plotin accompagne l'armée de l'empereur Gordien III dans son expédition contre le roi de Perse Sapor.
Après la mort de Gordien, Plotin ouvre une école à Rome.

250

258-268 Invasion des Francs, des Alamans et des Goths en Occident.

Vers 260 Fondation de l'école d'Antioche.

263 Porphyre s'installe à Rome et devient le disciple de Plotin.

Isagoge, de Porphyre.

	INDE	CHINE
		Commentaire du Tchouang-tseu, par Hiang Sieou et Kouo Siang.
		L'école du mystère *(Hiuan-hiue)*.
300		
		317 Reconstitution d'un gouvernement impérial à Kien-k'ang (Nankin).
	320 Avènement de la dynastie des Gupta.	
	Vie d'Asaṅga.	
350	Avènement de la dynastie des Pallava dans l'Inde du Sud.	

ANTIQUITÉ CLASSIQUE

296 Conversion d'Arnobe.

Jamblique, élève de Porphyre.

Vers 300 *Adversus gentes*, d'Arnobe.   300

Vers 301 Porphyre publie les *Ennéades* de Plotin.

306 Avènement de Constantin Ier.

Entre 307 et 311 Les *Institutions divines*, de Lactance.

313 Édit de Milan.
314 Concile d'Arles.

325 Arius est excommunié par le concile de Nicée.

329 Naissance de Basile de Césarée.

330 Naissance de Grégoire de Nazianze.
330 Byzance prend le nom de Constantinople.

De mysteriis, attribué à Jamblique.

Vers 350 *De la Trinité*, d'Hilaire de Poitiers.   350

354 Libanios, maître de Basile de Césarée et de Jean Chrysostome,
enseigne à Antioche.

357-363 *Adversus Arium*, de Marius Victorinus.

	INDE	CHINE
	Commentaire sur les *Nyāya-sūtra*, de Vātsyāyana.	
400	Vers 400 Le *Nyāyabhāṣya*. Développement de l'école du Vijñānavāda.	401 Kumārajīva s'installe à Tch'ang-ngan où il se consacre à la traduction et à l'enseignement.
	Abhidharmakośa, de Vasubandhu.	
		Seng Tchao fonde l'école du Vide ou des Trois Dissertations.
		Houei-Yuan et Tsong Ping.
		420-479 Dynastie des Lieou Song.
		L'empereur Ming reconnaît officiellement l'école du mystère.
	Le *Commentaire* de Śabarasvāmin sur les *sūtra* de la Mīmāṃsā.	
450		450 Naissance de Fan Tchen.
	Bhartṛhari. La philosophie de la grammaire.	

ANTIQUITÉ CLASSIQUE

361 Julien l'Apostat. Réaction antichrétienne.

363 Fondation de l'école des Perses, à Édesse.

370 Ambroise, évêque de Milan.

383 *Contra Eunomios*, de Grégoire de Nysse.

386 *De officiis ministrorum*, d'Ambroise de Milan.
386 Conversion de saint Augustin. Il écrit le *Contra Academicos*.

400 Les *Confessions*, de saint Augustin.   400

410 Prise et sac de Rome par les Wisigoths d'Alaric.

413-426 *De Civitate Dei*, de saint Augustin.

431 Le nestorianisme condamné au concile d'Éphèse.

Vers 438 Proclos succède à Syrianos, à la tête de l'école néoplatonicienne.

Vers 440 *Commentaire sur le Timée de Platon*, de Proclos.

448 Le traité *Contre les chrétiens*, de Porphyre, est détruit sur l'ordre
de Théodose II.

                                                              450

451 Mort de Nestorius.

	INDE	CHINE
	Les *Sāṃkhyakārikā*, d'Iśvarakṛṣṇa.	
	494 Les Huns Hephthalites en Hindoustan.	
	Le *Nyāyapraveśa*, de Diṅnāga.	
500	Commentaire de Praśastapāda sur les *sūtra* du Vaiśeṣika.	
	Vie de Siddhāsena Divākara.	
		Bodhidharma débarque en Chine. Il fonde le monastère du Chao-lin sseu.
	529 Fin de la dynastie des Gupta.	
	Les *Māṇḍūkyakārikā*, de Gauḍapāda.	
		Tche-yi fonde, sur les monts T'ien-t'ai, l'école du Lotus.
	La *Prasannapadā*, de Candrakīrti.	
	Fin du Mādhyamika en Inde.	

ANTIQUITÉ CLASSIQUE

Vers 469 *De statu animae*, de Claudien Mamert.

Vers 475 *Contre l'opinion qui reconnaît d'autres êtres incorporels que Dieu*, de Fauste de Riez.

476 Fin de l'Empire d'Occident. Prise de Rome par les Hérules.

489 L'empereur byzantin Zénon ferme l'école des Perses. Les nestoriens se réfugient à Nisibe.

496 Conversion de Clovis.

Libri tres adversus Nestorianos et Eutychianos, de Léonce de Byzance.

Theophrastos, d'Énée de Gaza.

500

520 Damascios succède à Zénodote, à la tête de l'école néoplatonicienne.

Vers 524 La *Consolation*, de Boèce.

529 Justinien ferme l'école d'Athènes. Sept philosophes néoplatoniciens se réfugient en Iran.

533 Chosroës Ier exige la réintégration des néoplatoniciens.

543-555 *Institutiones divinarum et saecularium litterarum*, de Cassiodore.

	INDE	CHINE
550	Vie de Bhadrabāhu.	
		589 Avènement de la dynastie des Souei. Réunification de la Chine.
		593(?) Mort de Houei-k'o, successeur de Bodhidharma.

	INDE ET CHINE	MOYEN ÂGE OCCIDENTAL
600	(I) Vers 600 Division de la Mīmāṃsā en deux écoles dirigées respectivement par Kumārila Bhaṭṭa et par Prabhākara.	
	(C) 602-675 Hong-jen, cinquième patriarche de la secte *Tch'an*.	
	(I) 606-647 Règne de Harṣavardhana.	
	(C) 618 Avènement de la dynastie des T'ang. K'ong Ying-ta est chargé d'établir une édition officielle des classiques.	
	(C) 626-649 L'empereur T'aitsong accueille le christianisme nestorien et le mazdéisme.	
	(C) 630 Hiuan-tsang fonde l'école *Fa-siang*. Échange de pèlerins et de missionnaires bouddhistes entre l'Inde et la Chine.	630 Les *Étymologies*, d'Isidore de Séville.

ANTIQUITÉ CLASSIQUE	

550

Vers 560 Naissance d'Isidore de Séville.

Vers 566 Mort de Jean Philopon.

596 Grégoire Ier le Grand envoie le moine Augustin évangéliser l'Angleterre.

EMPIRE BYZANTIN	ISLAM	

600

Vers 606 Mort de Jean Climaque.

610 Avènement d'Héraclius Ier. Stéphane d'Alexandrie appelé à enseigner au Pandidactirion de Constantinople.

622 L'hégire : fuite de Mahomet à Médine.

	INDE ET CHINE	MOYEN ÂGE OCCIDENTAL
	(I) Vie de Dharmakīrti, logicien bouddhiste. Le *Nyāyavārttika*, d'Uddyota-kara.	649 Concile de Latran : condamnation des monothélites.
	(C) La secte *Tch'an* se divise en deux écoles dirigées respectivement par Chen-sieou et Houei-neng.	
	(C) 671-690 Yi-tsing fait un pèlerinage en Inde et en Asie du Sud-Est.	
	(C) Fa-tsang, fondateur de l'école *Houa-yen*.	
700	(C) 709 Naissance de Ma-tsou.	
	(J) L'école du Lotus introduite au Japon.	711 L'Espagne, dépendance du califat omeyyade de Damas.
	(C) Le *T'san t'ong ki*, de Hi-sien.	
		732 Victoire de Charles Martel sur les Arabes, à Poitiers.

EMPIRE BYZANTIN	ISLAM	
	632 Mort de Mahomet. Abû Bakr, premier calife.	
	656 Assassinat d'Othman, troisième calife.	
	661 Mo'awîa fonde la dynastie des Omeyyades.	
673 Constantinople résiste aux attaques de Mo'awîa.		
685 Avènement de Justinien II.		700
711 Assassinat de Justinien II. Anarchie dans l'Empire.		
	714 Mort de Alî Zaynol-'Abidîn, IVᵉ Imâm des shî'ites.	
726 Léon III l'Isaurien ordonne la destruction des images. Début de la querelle des iconoclastes.		
Entre 726 et 737 Jean Damascène compose trois discours contre les iconoclastes.		
	733 Mort de Mohammad al-Bâqir, Vᵉ Imâm des shî'ites.	

	INDE ET CHINE	MOYEN ÂGE OCCIDENTAL
		735 Mort de Bède le Vénérable.
	Śāntarakṣita, polémiste Mā-dhyamika.	
750	(C) Hégémonie chinoise en Asie centrale.	
		768 Charlemagne, roi des Francs.
	(I) Vers 782 Fin de la dynastie des Pallava.	
	(I) 788 Naissance de Śaṅkara.	
		793 Charlemagne confie à Alcuin la réorganisation de l'enseigne-ment.
800		800 Charlemagne, empereur d'Oc-cident.
	(I) 820 Mort de Śaṅkara.	
		822 Candide de Fulda succède à Raban Maur, à la tête de l'école de Fulda.
	(C) 824 Mort de Han Yu, auteur des *Origines de la vérité*.	

EMPIRE BYZANTIN	ISLAM	
741 Avènement de Constantin V.		
	748 Mort de Wâsil ibn 'Atâ', fondateur de l'école mo' tazilite.	
	750 Avènement de la dynastie des Abbassides.	750
	765 Fondation de Bagdad. 765 Mort de Ja'far al-Sâdiq, VIe Imâm des shî'ites. Naissance de l'ismaélisme.	
	786 Avènement de Harûn al-Rashîd. Début de l'œuvre de traduction du pehlevi en arabe.	
787 Le concile de Nicée condamne les iconoclastes.		
		800
	La théorie de la Balance, attribuée à Jâbir ibn Hayyân.	
	813-833 Règne d'al-Mamûn.	
Vers 820 Naissance de Photius.	Les écoles linguistiques de Basra et de Koufa.	
829 Avènement de Théophile.		

	INDE ET CHINE	MOYEN ÂGE OCCIDENTAL
		Vers 830 *De nihilo et tenebris*, de Frédégise.
		831 *De corpore et sanguine Domini*, de Paschase Ratbert.
	(I) Vie de Maṇḍana Miśra et de Sureśvara.	
		842-862 Loup, abbé de Ferrières.
	(C) 844 Mort de Li Ngao, auteur de l'*Essai sur le retour à la nature*.	Vers 844 *De rerum naturis*, de Raban Maur.
	(C) 845 Proscription de l'Église bouddhique.	
	(I) Vers 846 La dynastie des Cola dans l'Inde du Sud.	
		846-847 Scot Érigène à la cour de Charles le Chauve. Il enseigne à l'École palatine.
		848 Godescalc condamné par le concile de Mayence. En prison, il poursuit sa controverse avec Hincmar.
850		
		855 *De praedestinatione*, de Scot Érigène.
	(I) Vie de Māṇikya Nandi, logicien jaïna. Vie de Dharmottara, logicien bouddhiste.	
		862-866 *De divisione naturae*, de Scot Érigène.

EMPIRE BYZANTIN	ISLAM	
	832 Le calife al-Mamûn fonde, à Bagdad, la « Maison de la sagesse » dont il confie la direction à Ibn Mâsûyeh. Début de la grande œuvre de traduction d'ouvrages grecs en syriaque et en arabe. 833-842 Règne d'al-Mo'tasim, protecteur d'al-Kindî.	
		850
856-867 Règne de Michel III. Cyrille et Méthode, apôtres des Slaves. 862 Bardas réorganise l'École supérieure de Constantinople. Il fait appel à Léon le Mathématicien.		

	INDE ET CHINE	MOYEN ÂGE OCCIDENTAL
		867 *Contra Graecorum opposita*, de Ratramne.
	(C) 869 Mort du maître Leang Kiai, du *Tong-Chan*.	
	(I) Vie de Vācaspati Miśra et de Padmapāda.	
	(C) La secte *Tch'an* compte cinq écoles.	
900		
	(I) Śrīharṣa, disciple de Śaṅkara. Sarvajñātmanuni, disciple de Sureśvara.	
		902-908 Remi d'Auxerre commente la *Consolation*, de Boèce.
	(C) 907 Chute des T'ang. La Chine divisée en dix États indépendants.	
		910 Fondation de l'abbaye de Cluny.
		911 Cession de la Normandie à Rollon.

EMPIRE BYZANTIN	ISLAM	
	Vers 864 Naissance de Rhazès.	
867 Basile Ier, fondateur de la dynastie macédonienne.		
	870 Naissance d'al-Fârâbî.	
	873 Mort du XIe Imâm Hasan al-'Askarî; début de l'occultation mineure. 873 Naissance d'al-Ash'arî. Vers 873 Mort d'al-Kindî.	
886 Avènement de Léon VI le Sage.		
891 Mort de Photios.		
	896 Hallâj rompt avec les maîtres soufis. Il se consacre à la prédication publique.	
	899 Mort de Sarakhshî, élève d'al-Kindî.	
		900
	901 Mort de Thâbit ibn Qorra, auteur des *Institutions d'Hermès*.	
	L'Encyclopédie des Ikhwân al-Safâ.	

	INDE ET CHINE	MOYEN ÂGE OCCIDENTAL
	(I) 918(?) Naissance de Yāmunā-cārya.	
	(I) Udayana, brahmaniste anti-bouddhiste.	
950		
	(C) 960 Avènement de la dynastie des Song. Deux écoles bouddhistes subsistent : *Ts'ao-tong* et *Lin-ts'i*.	
		972 Gerbert d'Aurillac enseigne la dialectique à l'école de Reims.
	(I) La grande invasion musulmane.	
		Essor, en France, des écoles cathédrales.
		999 Gerbert d'Aurillac, pape sous le nom de Sylvestre II.
1000		
		Les monographies de Boèce se répandent dans les bibliothèques des écoles claustrales et cathédrales.

EMPIRE BYZANTIN	ISLAM	
912 Avènement de Constantin VII Porphyrogénète.	*Kitâb al-Ibâna*, d'Ash'ari.	
	931 Mort d'Ibn Maʿarra (en Espagne).	
	940 La « grande occultation » du XIIᵉ Imâm.	
	940 Mort de Kolaynî.	
Époque des encyclopédies, des anthologies et des lexiques.	944 Mort de Matorîdî.	
	944 Mort de Hakaym ibn 'Isâ, dernier chef des Sabéens.	
		950
963 Fin de la dynastie macédonienne.		
	973 Les Fâtimides ismaéliens, au Caire.	
	980 Naissance d'Avicenne.	
	991 Mort d'Ibn Bâbûyeh.	
	997 Avènement de Mahmûd de Ghazna. Bîrûnî l'accompagne dans sa conquête de l'Inde.	
	997 Mort de l'encyclopédiste Khwârezmî.	
		1000
	1013 Mort d'Abû Bakr al-Baqillânî, auteur du *Kitâb al-Tawhîd*.	
	Introduction aux devoirs des cœurs, d'Ibn Paqûda.	

INDE ET CHINE	MOYEN ÂGE OCCIDENTAL
(C) 1017 Naissance de Tcheou Touen-yi.	
(C) 1020 Naissance de Tchang Tsai.	
	Avant 1026 Notker Labeo traduit en allemand et commente des ouvrages d'Aristote.
(I) 1038(?) Mort de Yamunâcârya.	
	1042 Lanfranc, futur archevêque de Cantorbéry, dirige l'école du monastère du Bec.
	Vers 1050 *Rhetorimachia*, d'Anselme de Besate.
	Salomon Ibn Gabirol rédige, en arabe, *la Source de vie*.
1050	
(C) *Discipline correcte pour les débutants*, de Tchang Tsai.	

EMPIRE BYZANTIN	ISLAM	
	1015 *Nahj al-Balâgha*, de Sharîf Râzî.	
1022 Mort de Syméon, le Nouveau Théologien.		
	Vers 1028 *Le Collier de la colombe*, d'Ibn Hazm de Cordoue.	
	1030 Au cours du pillage d'Ispahan par Mas'ûd de Ghazna, l'encyclopédie d'Avicenne est presque entièrement détruite.	
	1030 Mort d'Ibn Maskûyeh, auteur du traité *De la réforme des mœurs*.	
	1037 Mort d'Avicenne.	
	1038 Mort d'Ibn al-Haytham.	
1042-1055 Règne de Constantin Monomaque. Il confie à Michel Psellos les fonctions de secrétaire d'État et de professeur de philosophie à l'Université de Constantinople.		
1048 Première invasion des Turcs Seldjoukides.		
		1050
1054 Séparation de l'Église romaine et de l'Église byzantine.		

INDE ET CHINE	MOYEN ÂGE OCCIDENTAL
(C) L'enseignement de Tch'eng Hao et de Tch'eng Yi.	
	1066 Guillaume de Normandie, roi d'Angleterre.
	1067 *De divina omnipotentia*, de Pierre Damien.
	1070-1073 *Proslogion*, de saint Anselme.
	1070-1080 *Défense de l'insensé*, de Gaunilon.
(C) 1073 Mort de Tcheou Touen-yi.	1073-1080 *Apologie*, de saint Anselme.
	Après 1073 *De sacra cena adversus Lanfrancum*, de Béranger de Tours.
(C) 1077 Mort de Tchang Tsai. 1077 Mort de Chao Yong.	
	1079 Naissance d'Abélard.
(I) 1086 Naissance de Devasūri.	
	1093 Saint Anselme, archevêque de Cantorbéry.

EMPIRE BYZANTIN	ISLAM
	1060 Les Seldjoukides prennent le pouvoir. Le vizir Nizâm al-Molk fonde les universités de Bagdad et de Nishâpour. L'ash'arisme, doctrine officielle.
1077 Jean Italos succède à Michel Psellos, dans l'office d'*hypatos* (philosophe en chef).	
1081 Avènement d'Alexis Ier, fondateur de la dynastie des Comnènes. Les Turcs Seldjoukides conquièrent une partie de l'Empire et établissent une capitale à Nicée.	
	1085 Mort d'al-Jowaynî, auteur du *Kitâb al-Irshâd*.
	1091 Ghazâlî, professeur à l'université de Bagdad. Il rédige *les Intentions des philosophes*.
	1094 Mort d'al-Mostansir Bi'llâh. Scission de la communauté ismaélienne.

	INDE ET CHINE	MOYEN ÂGE OCCIDENTAL
		1095 Concile de Plaisance. Urbain II prêche la croisade.
1100		
		1105-1116 *De eodem et diverso*, d'Adélard de Bath.
		1108 Guillaume de Champeaux quitte l'école cathédrale de Paris et fonde le monastère de Saint-Victor où il reprend son enseignement.
		1115 Saint Bernard fonde Clairvaux.
		1119 Bernard, chancelier de l'école de Chartres.
		Vers 1120-1130 Adélard de Bath traduit les *Éléments* d'Euclide et divers traités d'al-Khwârezmî.
		1121 Le *Traité de l'unité et de la Trinité divines*, d'Abélard, est condamné par le concile de Soissons. Il est défendu par Thierry de Chartres.
	(C) 1125 Fin de la dynastie des Song du Nord.	
	(C) 1127 Avènement de la dynastie des Song Méridionaux.	

EMPIRE BYZANTIN	ISLAM	
1095 Alexis Ier Comnène appelle à l'aide la papauté.	1095 *Autodestruction des philosophes*, de Ghazâlî.	
	1096 L'imâm Nizâr assassiné, avec son fils, au Caire.	
1098 Prise d'Antioche par les Croisés.		
		1100
	Almeria devient la métropole des soufis espagnols. Ibn al-'Arîf élabore une nouvelle règle de vie spirituelle.	
	Naissance d'Ibn Tofayl, à Cadix.	
	1111 Mort de Ghazâlî.	
	1118 Ibn Bâjja se réfugie au Maroc, après la prise de Saragosse par Alphonse Ier d'Aragon.	
Vers 1120 Mort d'Eustrate de Nicée.		
	1126 Naissance d'Averroës, à Cordoue.	
	1126 Mort d'Ahmad Ghazâlî, en Iran.	

INDE ET CHINE	MOYEN ÂGE OCCIDENTAL
	1128 Naissance d'Alain de Lille.
(C) 1130 Naissance de Tchou Hi.	
	1134 Thierry de Chartres enseigne à Paris.
	1136 Jean de Salisbury, à Paris, auditeur d'Abélard.
(I) 1137 Mort de Rāmānuja.	Avant 1137(?) *Didascalicon*, de Hugues de Saint-Victor.
(C) 1139 Naissance de Lou Siang-chan.	
(I) Développement du viṣnuisme.	1141 Gilbert de La Porrée enseigne la dialectique et la théologie à Paris. Pierre le Vénérable, voyageant en Espagne, encourage la traduction d'œuvres arabes.
	1145 Gundissalinus traduit en latin, à Tolède, les *Intentions des philosophes*, de Ghazâlî. 1145 Mort de Juda Hallévi, auteur du *Kouzari*.
	Des six principes, de Gilbert de La Porrée.
	1148-1152 Le *Livre des sentences*, de Pierre Lombard.
1150	
	Lettre sur l'âme, d'Isaac de Stella.
	Tolède, centre de traduction de textes arabes en latin.

EMPIRE BYZANTIN	ISLAM	
	1131 'Ayn al-Qozât Hamadânî, disciple d'Ahmad Ghazâlî, exécuté.	
	1138 Mort d'Ibn Bâjja.	
	1141 Ibn Qasyî fonde la milice religieuse des Muridîn, au Portugal.	
1143 Manuel Ier Comnène cherche un rapprochement avec l'Église d'Occident.		
1146 Chute d'Édesse. Deuxième croisade.		
	1150 Le calife Mostanjid ordonne qu'on brûle tous les exemplaires de l'Encyclopédie des Ikhwân al-Safâ, et des ouvrages d'Avicenne.	1150

INDE ET CHINE	MOYEN ÂGE OCCIDENTAL
(C) 1158 Mort de Li Tong.	1158-1159 Abraham ben Ezra fait un séjour en Angleterre.
	1160 L'ensemble des traités d'Aristote existe en traduction.
(C) Tchou Hi devient l'adversaire déclaré du bouddhisme.	
(I) 1169 Mort de Devasūri.	
	1173 Mort de Richard de Saint-Victor.
	Vers 1175 *Metalogicon*, de Jean de Salisbury.
	1190 *Guide des Égarés*, de Moïse Maïmonide.
(I) Gaṅgeśa, fondateur de la Nouvelle Logique.	
(I) 1199 Naissance de Madhva.	

EMPIRE BYZANTIN	ISLAM
	1155 Naissance de Sohrawardî.
	Vers 1163 Ibn Tofayl, au Maroc, vizir et médecin d'Abû Ya'qûb Yûsof, de la dynastie des Almohades.
	1164 L'Imâm Hasan proclame, à Alamût, la Grande Résurrection.
	1169-1170 *Commentaire sur le Traité des animaux* et *Commentaire moyen sur la Physique*, d'Averroës.
	1174 Saladin, sultan d'Égypte et de Syrie.
	Commentaires moyens sur la Rhétorique et sur la Métaphysique, d'Averroës.
	1178 Averroës au Maroc.
1185 Fin de la dynastie des Comnènes de Byzance. Rivalités et divisions dans l'Empire.	
	1188 Conquête des États francs par Saladin.
1190-1192 Troisième croisade.	
	1191 Mort mystérieuse de Sohrawardî, dans la citadelle d'Alep.
	Autodestruction de l'autodestruction, d'Averroës.
	1198 Mort d'Averroës, au Maroc.

MOYEN ÂGE

	PHILOSOPHIE ET ENSEIGNEMENT
1200	Vers 1200 Robert Grosseteste, vice-chancelier de l'Université d'Oxford, compose ses commentaires sur Aristote.
	1200 Fusion des écoles cathédrales de Paris.
	1206(?) Mort d'Amaury de Bène.
	1209 Première communauté franciscaine.
	Vers 1215 Création de l'Université de Salamanque.
	1215 Le concile de Latran approuve les *Sentences* de Pierre Lombard.
	Interdiction, à Paris, de commenter Aristote.
	1220 L'Anglais Alexandre de Halès, maître en théologie à Paris, commente les *Sentences* de Pierre Lombard.
	1222 Création de l'Université de Padoue.
	1225 Le pape Honorius III condamne le *De divisione naturae* de Scot Érigène.
	1225 Naissance de Thomas d'Aquin.

OCCIDENTAL

ÉVÉNEMENTS HISTORIQUES	
	1200

1202-1204 Quatrième croisade.

Interventions politiques du pape dans toute l'Europe.

1209 Innocent III prêche la croisade contre les Albigeois.

1212 Victoire chrétienne de Las Navas sur les Musulmans.

1214 Bataille de Bouvines.

1215 La Grande Charte en Angleterre. Innocent III refuse de la reconnaître.

1216 Henri III Plantagenêt, roi d'Angleterre.

1216 L'ordre dominicain confirmé par le pape.

1216-1221 Cinquième croisade.

1223 Mort de Philippe Auguste. Rupture franco-anglaise.

1228-1229 Sixième croisade.

PHILOSOPHIE ET ENSEIGNEMENT

1229 Raymond VII fonde une université à Toulouse. On y commente Aristote.

1229-1231 Grève des maîtres séculiers pour défendre l'autonomie de l'Université de Paris.

Vers 1230 *Somme des créatures*, d'Albert le Grand.

1231 Le pape Grégoire IX charge une commission d'expurger la *Physique* d'Aristote.

Vers 1243 Albert le Grand commence une encyclopédie où il inclut toute l'œuvre d'Aristote.

1247-1250 Adam de Marsh enseigne à la Faculté de Théologie d'Oxford.

1248 Commentaire des *Sentences*, de saint Bonaventure.

1250 | Vers 1250 *Summulae logicales*, de Lambert d'Auxerre.

1251-1257 Roger Bacon enseigne à Oxford.

1253 Ouverture de la Sorbonne.

1254-1257 *Commentaire des Sentences*, de saint Thomas d'Aquin.

1255 Le *Liber de causis* commenté à la Faculté des Arts de Paris.

1256 *De l'unité de l'intellect*, d'Albert le Grand.

1258-1264 *Somme contre les Gentils*, de saint Thomas d'Aquin.

1259 *Itinéraire de l'âme à Dieu*, de saint Bonaventure.

1260-1266 *Abrégé de théologie*, de saint Thomas d'Aquin.

Sous l'influence de la dialectique, apparition de la « grammaire spéculative ». Divers traités *De modis significandi*.

ÉVÉNEMENTS HISTORIQUES

1229 Instauration de l'Inquisition.

1241-1243 Interrègne pontifical.

1242 Henri III d'Angleterre débarque à Royan.

1245 Concile de Lyon : déposition de l'empereur germanique Frédéric II. Début du Grand Interrègne.

1248-1252 Septième croisade.

1250 Mort de l'empereur Frédéric II. Désagrégation de l'Empire.

1254 Retour de Louis IX en France.

1259 Traité de Paris entre Louis IX et Henri III.

1262 Prise de Cadix.

1250

PHILOSOPHIE ET ENSEIGNEMENT

1264 Mort de Vincent de Beauvais, auteur du *Miroir du monde*.

1266-1273 *Somme de théologie*, de saint Thomas d'Aquin.

1267 *Opus majus* et *Opus minus*, de Roger Bacon.

1270 *Ars inventiva veritatis*, de Raymond Lulle.
1270 Albert le Grand commence la rédaction de sa *Somme théologique*.

Vers 1270 *De l'unité de l'intellect contre les averroïstes*, de saint Thomas d'Aquin.

Questions sur l'âme intellective, de Siger de Brabant.

1275-1276 Matthieu d'Acquasparta enseigne à Paris.

1276 Pierre d'Espagne, auteur de *Summulae logicales*, pape sous le nom de Jean XXI.

1277 *Livre contre les degrés et la pluralité des formes*, de Gilles de Rome.
1277 Étienne Tempier condamne deux cent dix-neuf propositions enseignées à la Faculté des Arts de Paris. Siger de Brabant et Boèce de Dacie principalement visés. Thomas d'Aquin compromis.
1277 Mort d'Ulrich de Strasbourg, disciple d'Albert le Grand.

La littérature des « correctoires ». Polémique entre les franciscains et les thomistes.

1282-1328 Le philosophe byzantin Théodore Métochite, conseiller d'Andronic II Paléologue.

1285-1304 Godefroid de Fontaines enseigne à Paris.

1286 Jean Peckham, archevêque de Cantorbéry, censure le thomiste Richard Klapwell.

1289 Fondation de l'Université de Montpellier.

1295-1302 Commentaires des *Sentences*, par Jacques de Metz.

1297 Dietrich de Freiberg, maître en théologie à Paris.

ÉVÉNEMENTS HISTORIQUES

1266 Conquête du royaume de Sicile par Charles d'Anjou qui domine Rome et l'Italie centrale.

1270 Huitième croisade.

	PHILOSOPHIE ET ENSEIGNEMENT
1300	Vers 1300 *Opus Oxoniense*, de Duns Scot. Vers 1300 *Opus tripartitum*, de Maître Eckhart. 1302-1303 *Reportata Parisiensia*, de Duns Scot. La doctrine de saint Thomas d'Aquin, objet de controverses en Angleterre, en Allemagne, en Italie. *La Monarchie universelle*, de Dante. 1312 Après avoir enseigné à Paris, Henri de Harclay est nommé chancelier de l'Université d'Oxford. 1313 Marsile de Padoue, recteur de l'Université de Paris. 1317-1320 Pierre Auriol enseigne à Paris. 1318 L'Université de Cambridge est reconnue officiellement par le pape Jean XXII. Vers 1320 *Somme de toute la logique*, de Guillaume d'Occam. Vers 1320 L'averroïste Taddeo de Parme enseigne à Padoue. 1323 Canonisation de saint Thomas d'Aquin. 1325 Bradwardine, auteur de la *Défense de Dieu contre Pélage*, pro-recteur de l'Université d'Oxford. 1327 Jean Buridan, recteur de l'Université de Paris. 1328 Guillaume d'Occam se réfugie auprès de Louis de Bavière non reconnu par Jean XXII. Après 1328 *Livre des calculs*, de Swineshead. 1329 Le pape Jean XXII condamne plusieurs thèses de Maître Eckhart.

ÉVÉNEMENTS HISTORIQUES

1300

1306 Philippe le Bel bannit les Juifs et confisque leurs biens.

1307 Philippe le Bel fait arrêter les Templiers et confisque leurs biens.

1309 Début de la papauté d'Avignon.

1312 Henri VII de Luxembourg, empereur germanique.

1314 Mort de Philippe le Bel.
1314 Double élection en Allemagne : Frédéric de Habsbourg et Louis de Bavière.

1323 Début du conflit de Louis de Bavière avec la papauté soutenue par la France.

1327 Édouard III, roi d'Angleterre.

1328 Extinction des Capétiens directs. Édouard III d'Angleterre réclame la couronne de France.
1328 Philippe VI de Valois, roi de France.
1328 Louis de Bavière, empereur germanique.

PHILOSOPHIE ET ENSEIGNEMENT

1333 Une commission pontificale condamne *Sur la vision de Dieu*, de Durand de Saint-Pourçain.

1337 L'Université de Paris condamne l'occamisme.

1338 *Livre des proportions*, de Bradwardine.

1340 Byzance : polémique entre Barlaam le Calabrais et Grégoire Palamas; début de la querelle des hésychastes.

Avant 1343 *De puritate artis logicae*, de Walter Burleigh.

1344 Mort du philosophe juif Gersonide, auteur des *Guerres de l'Éternel*.

1346 Fondation de l'Université Charles à Prague.

1347 Quarante propositions formulées par Jean de Mirecourt sont condamnées.
Nicolas d'Autrecourt est obligé de brûler publiquement son traité *Exigit ordo executionis*.

1348 Oresme fait ses études à Paris, sous la direction de Buridan et d'Albert de Saxe.

1350

1355 *Règles pour résoudre les sophismes*, de William de Heytesbury.

1357-1358 Jean de Ripa commente les *Sentences*, à Paris.

1360 Fondation de l'Université de Pavie.
1360 Byzance : mort de Nicéphore Grégoras, adversaire de Grégoire Palamas.

Avant 1361 *Traité de la représentation des puissances et des mesures*, d'Oresme.

1364 Fondation de l'Université Jagellone de Cracovie. Tous les courants de la philosophie y seront représentés.

1365 Albert de Saxe, premier recteur de l'Université de Vienne.

1375 Pierre d'Ailly commente les *Sentences*, à Paris.

ÉVÉNEMENTS HISTORIQUES

1331 Jean de Bohême, fils d'Henri VII de Luxembourg, devient seigneur d'une partie de l'Italie du Nord; alliance avec la papauté.

1339 Début de la guerre de Cent Ans.

1347-1351 Après la capitulation de Calais, trêve franco-anglaise.

1350 Jean II le Bon, roi de France.   1350

1356 La Bulle d'or. L'Allemagne, monarchie élective et fédérale.

1364 Charles V, roi de France. Les campagnes de Duguesclin.

1375 Florence forme une ligue contre le pape; révolte des États de l'Église.

PHILOSOPHIE ET ENSEIGNEMENT

1386 Marsile d'Inghen, premier recteur de l'Université de Heidelberg.

1389 Pierre d'Ailly, chancelier de l'Université de Paris.

1395 Gerson succède à Pierre d'Ailly comme chancelier de l'Université de Paris.

400

1407 Les philosophes nominalistes quittent Paris. Ils sont remplacés par les albertistes.

1408-1411 Le thomiste Johannes Capreolus enseigne à Paris.

1409 Pierre de Candie, ancien maître en théologie à Paris, pape sous le nom d'Alexandre V.

1410 Mort du philosophe juif Hasdaï Crescas, auteur de *la Lumière de l'Éternel.*

1414-1418 Concile de Constance : Pierre d'Ailly et Gerson attaquent l'autorité du pape. Condamnation de Jean Hus et de Jérôme de Prague.

1421 Leonardo Bruni traduit le *Phèdre,* de Platon.

ÉVÉNEMENTS HISTORIQUES

1377 Richard II, roi d'Angleterre.

1378 Début du Grand Schisme d'Occident.

1380 Charles VI, roi de France.

1399 Henri IV, roi d'Angleterre, fondateur de la dynastie des Lancastre.

1404 Mort de Philippe de Bourgogne.

1407 Assassinat de Louis d'Orléans. Guerre entre les Armagnacs et les Bourguignons.

1400

Vers 1412 Persécution des juifs et des musulmans en Espagne.

1413 Henri V, roi d'Angleterre.

1415 Bataille d'Azincourt.

1416 Alphonse V, roi d'Aragon et de Sicile.

1419 Assassinat de Jean Sans Peur.

1421 Début de la puissance des Médicis à Florence.

1422 Mort du roi de France Charles VI. Henri VI, roi d'Angleterre, proclamé roi de France.
1422 Charles VII à Bourges.

PHILOSOPHIE ET ENSEIGNEMENT

1423-1460 À Cologne, lutte entre les thomistes et les albertistes.

1432(?) *Libri defensionum*, de Johannes Capreolus.
1432 Bedford, régent de France, fonde l'Université de Poitiers.

1437 Les philosophes nominalistes rentrent à Paris.

1438 Le philosophe byzantin Gémiste Pléthon envoyé au concile de Florence. Sous son influence, Côme de Médicis conçoit le projet de son Académie platonicienne.

Sur les différences entre Platon et Aristote, de Gémiste Pléthon.

1447 Statut de l'Université de Louvain : l'enseignement de la théologie est séparé de celui de la philosophie.

ÉVÉNEMENTS HISTORIQUES

1431 Supplice de Jeanne d'Arc à Rouen.

1438 La Pragmatique Sanction de Bourges, charte du gallicanisme.

1453 Prise de Constantinople par les Turcs.

1455 En Angleterre, début de la guerre des Deux Roses.

INDEX

INDEX DES NOMS

langue latine, seconde moitié XIIᵉ
siècle : 1388.

ADAM de Marsh, théologien de langue
latine, † 1257 ou 1258 : 1393, 1395.

ADAM du Petit Pont, prélat et philosophe de langue latine, XIIᵉ siècle :
1348.

ADAM Pulchrae Mulieris (ADAM
Bellefemme ?), théologien français,
de langue latine, première moitié
XIIIᵉ siècle : 1372.

ADÉLARD de Bath, philosophe et
mathématicien, traducteur de
l'arabe en latin, 1070? † 1142? :
1310-1313, 1321, 1329, 1351,
1387.

ADIMANTE, frère de Platon, ∼ Vᵉ-
∼ IVᵉ siècle : 493.

AETIUS, hérésiarque grec, † 367? :
965.

AETIUS, médecin d'Amida, en Mésopotamie, VIᵉ siècle : 821.

AGATHODAIMÔN, dieu grec : 1056,
1119.

AGATHON, auteur dramatique grec,
∼ 448 † ∼ 400 : 489.

AGOBARD, théologien latin, archevêque de Lyon, 769 † ? : 1238.

AGRIPPA, philosophe sceptique grec,
fin Iᵉʳ siècle : 718.

AGRIPPINE, épouse de l'empereur
romain Claude et mère de Néron,
16 † 59 : 835.

AHMAD, prince abbasside, IXᵉ siècle :
1138.

AHMAD, Imâm ismaélien, IXᵉ-Xᵉ siècle : 1087.

AHMAD AHSÂ'Î (Shaykh), théologien
arabe, 1735 † 1826 : 1068.

AHMAD 'ALAWÎ (Sayyed), philosophe
arabe, XVIIᵉ siècle : 1068, 1151.

AHMAD ibn KHEZRÂYEH, mystique
iranien, IXᵉ siècle : 1161.

AHRIMAN, génie du mal dans la religion iranienne : 1091.

AHÛDEMMEH, traducteur de l'arabe
en syriaque, † 575 : 1055.

AÏDÈS, divinité grecque : 440.

AILLY (Pierre d'), prélat, humaniste
et théologien français, de langue
latine, 1350 † 1420 : 1535, 1536,
1542.

AKBAR, Grand Moghol de l'Inde,
1542 † 1605 : 214, 1054, 1176.

AKHENATON, pharaon égyptien de la
XVIIIᵉ dynastie, ∼ 1372- ∼ 1354 :
10, 14.

ALAIN de Lille, théologien et canoniste de langue latine, 1128?
† 1203 : 1259, 1357-1362, 1367,
1374, 1412.

'ALÂODDAWLEH, prince daylamide
d'Ispahan, † 1041 : 1147, 1151.

ALARIC, roi des Wisigoths, 370 † 410 :
1221.

ALBERT de Cologne, voir : ALBERT
le Grand.

ALBERT de Saxe, philosophe de

langue latine, 1316 † 1390 : 1462,
1516, 1520, 1534, 1535, 1543, 1544.

ALBERT le Grand (saint), philosophe
et théologien allemand, de langue
latine, 1206 ou 1207 † 1280 : 1150,
1182, 1316, 1339, 1354, 1367, 1392-
1394, 1402-1414, 1416, 1417, 1423,
1431, 1442, 1443, 1450, 1485, 1487,
1492, 1537, 1540, 1541, 1543.

ALBINOS, philosophe grec, IIᵉ siècle :
821.

ALBO (Joseph), philosophe et théologien juif d'Espagne, 1370 † 1444 :
1038, 1043.

ALCHER de Clairvaux (ALCHERO di
Chiaravalle, ou), théologien italien,
de langue latine, † 1180? : 1337,
1339, 1374, 1375.

ALCIBIADE, homme d'État athénien,
∼ 450 † ∼ 404 : 451, 459, 490,
702.

ALCUIN (Albinus ALCHAINE, dit),
savant et écrivain anglo-saxon, de
langue latine, 738? † 804 : 1238-
1242, 1244, 1245, 1270, 1273, 1339.

ALDHELM de Malmesbury, écrivain
anglo-saxon, de langue latine, 639?
† 709 : 1235, 1236.

ALEXANDRE III (Roland BANDINELLI),
pape, † 1181 : 1304.

ALEXANDRE V (Pierre de Candie),
théologien italien, pape en 1409,
1340 † 1410 : 1532.

ALEXANDRE d'Alexandrie (Alessandro
BONINI), philosophe de langue
latine, † 1314 : 1440.

ALEXANDRE d'Aphrodise, philosophe
péripatéticien grec, fin IIᵉ † début
IIIᵉ siècle : 631, 670, 687, 872-877,
958, 1056, 1139, 1191, 1192, 1352,
1371.

ALEXANDRE de Halès, théologien et
philosophe de langue latine, avant
1186 † 1245 : 1339, 1373, 1374,
1378, 1393, 1432.

ALEXANDRE le Grand, roi de Macédoine, ∼ 356 † ∼ 323 : 410, 621,
622, 710, 712, 713, 717, 725, 846,
1058.

ALEXANDRE LYSIMAQUE, collecteur
d'impôts juif, début Iᵉʳ siècle : 828.

ALEXANDRE POLYHISTOR, compilateur
grec, ∼ Iᵉʳ siècle : 816, 827, 868.

ALEXINOS d'Élis, philosophe grec de
l'école mégarique, début ∼ IVᵉ
siècle : 695.

ALFARABI, voir : al-FÂRÂBÎ.

ALFRED le Grand, roi anglo-saxon du
Wessex, 848? † 900? : 1251.

ALFRED de Sareshel (Alfredus Anglicus), philosophe et naturaliste,
traducteur de l'arabe en latin,
début XIIIᵉ siècle : 1351, 1388, 1398.

ALGAZEL, voir : al-GHAZÂLÎ (Mohammad).

ALHAZEN, voir : IBN al-HAYTHAM.

'ALÎ, ou 'ALÎ ibn ABÎ TÂLIB,
Iᵉʳ Imâm des shî'ites, cousin et

CABASILAS (Nicolas), théologien byzantin, archevêque de Thessalonique, 1300? † 1370? : 988, 992-994.

CADMOS, roi de Béotie, fondateur légendaire de Thèbes : 441.

CAECILIUS NATALIS, personnage de l'œuvre de Minucius Felix : 1203, 1204.

CAÏN, personnage biblique : 1221.

CAIUS, écrivain ecclésiastique latin, début IIe siècle : 1015.

CAJÉTAN (Thomas de VIO, dit), théologien italien, de langue latine, 1468 † 1534 : 1539, 1544.

CAJÉTAN de Tiène, philosophe italien, de langue latine, 1387 † 1465 : 1540.

CALECAS (Manuel), grammairien et théologien grec, † 1410 : 992.

CALIGULA, empereur romain, 12 † 41 : 73, 829, 835, 837, 862, 1014.

CALLICLÈS, sophiste grec, ~ Ve siècle : 459, 484-486, 492, 701, 789.

CALPURNIUS PISON (Lucius), homme d'État romain, ~ Ier siècle : 784.

CĀLUKYA (les), dynastie de l'Inde, du milieu du VIe siècle à 757, et de 973 au XIIe siècle : 170.

CAMUS (Albert), écrivain français, 1913 † 1960 : 793.

CANDIDE de Fulda, théologien de langue latine, † 845 : 1245.

CANDIDUS, théologien arien latin, IVe siècle : 1211, 1212.

CANDRAKĪRTI, philosophe bouddhiste, VIe siècle : 121, 123, 211.

CAPREOLUS (Johannes), théologien de langue latine, 1380? † 1444 : 1538.

CARACALLA, empereur romain, 188 † 217 : 869.

CARACCIOLO (Landulfus), philosophe italien, de langue latine, † 1351 : 1485.

CARAKA, médecin hindou, Ier siècle : 85.

CARDAN (Gerolamo CARDANO, dit), médecin, mathématicien et philosophe italien, 1501 † 1576 : 1516.

CARNÉADE, philosophe grec de la Nouvelle Académie, ~ 219? † ~ 129 : 613-618, 774, 777, 794, 796-801, 811, 814, 817, 821, 822, 880.

CASANOVA (Giacomo), aventurier et écrivain italien, 1725 † 1798 : 1229.

CASSIODORE (Flavius Magnus Aurelius), polygraphe et homme d'État romain, 490? † 580? : 1223, 1231-1237, 1241, 1244, 1308, 1336, 1339.

CASTELLINO (Giorgio), historien italien, né en 1903 : 31, 32.

CASTRICIUS, personnage romain cité par Porphyre : 906.

CATILINA, conspirateur romain, ~ 108 † ~ 62 : 787, 806, 807.

CATON l'Ancien, homme d'État et écrivain romain, ~ 234 † ~ 149 : 615, 774, 776, 816.

CATON d'Utique, homme d'État romain, ~ 95 † ~ 46 : 836, 847, 862, 868.

CATULLE, poète latin, ~ 84? † ~ 54? : 787, 788.

CÉBÈS, philosophe grec, disciple de Socrate, ~ Ve siècle : 461, 472, 474, 691.

CÉPHALE, personnage de l'œuvre de Platon : 493.

CÉPHAS, voir : PIERRE (saint).

CÉSAR (Caius Julius), homme d'État romain, ~ 101 † ~ 44 : 787, 790, 808, 817.

CÉSARS (les Douze), dynastie romaine formée par Jules César et les princes qui le suivirent, ~ 101-96 : 728, 862.

CHAEREMON, écrivain égyptien, Ier siècle : 8.

CHALCIDIUS, philosophe néoplatonicien latin, première moitié IVe siècle : 1271, 1316, 1324, 1326, 1331.

CHANG (les), dynastie chinoise, ~ XVIIIe ?-~ XIe ? siècle : 268, 269, 271, 274, 289, 303, 305, 307, 322, 340, 344, 354, 387.

CHANG YANG, ou KONG-SOUEN YANG, légiste et homme politique chinois, † ~ 338 : 323, 324.

CHAO YONG, philosophe chinois, 1011 † 1077 : 389.

CHARLEMAGNE, roi des Francs, empereur d'Occident; 742 † 814 : 1237-1241, 1245, 1264.

CHARLES II le Chauve, roi de France et empereur d'Occident, 823 † 877 : 1246, 1250, 1251, 1264.

CHARLES V le Sage, roi de France, 1337 † 1380 : 1534.

CHARMADAS, rhéteur grec, ~ IIe siècle : 617, 794.

CHARMIDE, oncle de Platon, ~ 450? † ~ 404? : 460, 464, 467, 468.

CHARRON (Pierre), moraliste français, 1541 † 1603 : 724.

CHÂTILLON (Jean), prélat français, historien de la philosophie, né en 1912 : 1305, 1346.

CHEN-HOUEI, philosophe chinois, 668 † 760 : 381.

CHEN POU-HAI, légiste et homme politique chinois, † ~ 337 : 323, 324.

CHEN-SIEOU, religieux chinois, † 706 : 373, 380-382.

CHEN TAO, légiste chinois, ~ IVe siècle : 323, 324, 327.

CHENU (Marie Dominique), théologien et historien français de la philosophie, 1895 † 1990 : 88, 1310.

CHEOU, roi semi-légendaire de Chine, ~ XIe siècle? : 289, 303, 307.

CHE-WEN, musicien chinois, personnage du Lie-tseu : 300.

CHOSROÈS Ier, roi sassanide de Perse, 531-579 : 929, 1055.

DESCARTES (René), philosophe français, 1596 † 1650 : 55, 88, 198, 454, 491, 498, 507, 524, 604, 724, 749, 813, 839, 1046, 1282, 1284, 1342, 1375, 1480, 1516, 1518.

DEVASŪRI, philosophe jaïna, 1086 † 1169 : 187.

DEXIPPE, philosophe grec néoplatonicien, IVᵉ siècle : 912.

DEYCKS (Ferdinand), philologue allemand, 1802 † 1867 : 693.

DHARMAKĪRTI, philosophe bouddhiste, VIᵉ-VIIᵉ siècle : 105, 171, 175, 178, 186, 187.

DHARMAPALA, philosophe bouddhiste, Vᵉ-VIᵉ siècle : 374.

DHARMOTTARA, philosophe bouddhiste, IXᵉ siècle : 171, 174.

DHŪ-l-NŪN MISRĪ, mystique arabe, † 859 : 1121.

DIADOQUE de Photiqué, écrivain mystique grec, milieu Vᵉ siècle : 980.

DICÉARQUE, philosophe grec péripatéticien, ~ 347 ? † ~ 285 ? : 686, 807.

DIDEROT (Denis), écrivain français, 1713 † 1784 : 42, 461.

DIELS (Hermann), philologue allemand, 1848 † 1922 : 405, 821.

DIÈS (Auguste), helléniste français, 1875 † 1958 : 551.

DIETRICH de Freiberg (Thierry de Fribourg ou), théologien et physicien de langue latine, 1250 ? † après 1310 : 1485, 1486, 1492.

DIKÉ, déesse grecque : 425.

DIÑNĀGA, philosophe bouddhiste, fin Vᵉ siècle : 90, 105, 106, 127, 135, 136, 149, 169-191, 229.

DIOCLÈS de Caryste, médecin grec, ~ IVᵉ siècle : 726.

DIOCLÉTIEN, empereur romain, 245 † 313 : 1209.

DIODORE de Tarse, théologien grec, † 394 : 954.

DIODORE le Mégarique, ou DIODORE CRONOS, philosophe grec de l'école mégarique, † ~ 296 : 612, 695-698.

DIODOTE, philosophe stoïcien latin, ~ Iᵉʳ siècle : 801, 803.

DIOGÈNE de Babylone, philosophe stoïcien grec, ~ IIᵉ siècle : 614, 774.

DIOGÈNE d'Oenoanda, philosophe épicurien grec, IIᵉ siècle : 768, 771, 820.

DIOGÈNE le Cynique, philosophe grec, ~ 404 † ~ 323 ? : 694, 699, 704, 710-712, 841, 852, 857, 858, 864.

DIOGÈNE LAËRCE, historien grec de la philosophie, première moitié IIIᵉ siècle : 412, 451, 453, 460, 609, 612, 622, 691-693, 698, 703, 708, 720, 752, 755, 768, 769, 781, 871, 880, 1471.

DIOMÈDE, héros légendaire grec, personnage de l'œuvre d'Homère : 420.

DION de Pruse, rhéteur grec, 30 † 117 : 820, 839, 841, 842, 857, 859, 862.

DION de Syracuse, homme d'État grec, ~ 409 ? † ~ 354 ? : 465, 507, 508, 609.

DIONYSODORE, sophiste grec, ~ Vᵉ siècle : 508-513.

DIONYSOS, philosophe épicurien grec, ~ IIᵉ siècle : 770.

DIONYSOS, dieu grec : 922.

DIOPHANTE, mathématicien grec, 325 ? † 409 : 46.

DIOTIME de Mantinée, personnage du Banquet, de Platon : 489.

DIOTOGÈNE, philosophe grec pythagoricien, ~ Vᵉ siècle ? : 816.

DJEDEFHOR, fils du pharaon égyptien Khéops, vers ~ 2800 ? : 14.

DJOSER, fondateur de la IIIᵉ dynastie memphite, vers ~ 2800 : 15.

DODDS (Eric Robertson), historien américain de la philosophie, né en 1893 : 871, 888.

DOMITIEN, empereur romain, 51 † 96 : 840, 851, 857.

DONAT, grammairien latin, IVᵉ siècle : 786, 1240, 1243, 1244, 1262, 1278.

DOROTHÉE (saint), archimandrite du monastère de Majume en Palestine, VIᵉ siècle : 980.

DRAGON (le), animal de la mythologie grecque : 441.

DRAMIDĀCĀRYA, philosophe hindou, VIIIᵉ siècle ? : 133.

DROGO, rhéteur de langue latine, XIᵉ siècle : 1272.

DUHEM (Pierre), historien français des sciences, 1861 † 1916 : 1440, 1445, 1516, 1518, 1522, 1544.

DULLAERT (Jean), philosophe flamand, de langue latine, 1470 ? † 1513 : 1542.

DUMÉRY (Henri), philosophe français né en 1920 : 825.

DUMONT (Jean-Paul), historien français de la philosophie, né en 1933 : 880, 881.

DUNS SCOT (John), philosophe et théologien, de langue latine, 1266 ? † 1308 : 1191, 1414, 1423, 1427, 1439, 1440, 1459, 1465, 1466, 1469, 1470, 1472, 1474-1484, 1495, 1496, 1504, 1506, 1521, 1523, 1526, 1529, 1531, 1533, 1538, 1539, 1543.

DURAN (Yishaq ben Moshe), dit PROFIAT, écrivain juif de Cordoue, XIVᵉ-XVᵉ siècle : 1038.

DURAND de Saint-Pourçain, théologien de langue latine, 1270-1275 † 1334 : 1466-1469, 1495, 1538.

DÜRING (Ingemar), philologue suédois contemporain : 620.

DU VAIR (Guillaume), homme d'État et philosophe français, 1556 † 1621 : 724.

NESTORIOS, théologien grec, patriarche de Constantinople, 380 ? † 451 : 912, 954.

NGAN CHE-KAO, religieux et traducteur parthe, milieu IIᵉ siècle : 366.

NICAGORAS, ambassadeur grec, ∼ IIᵉ siècle : 776.

NICÉPHORE, patriarche de Constantinople, 758 † 829 : 985.

NICÉPHORE le Calabrais, moine grec, XIVᵉ siècle : 991.

NICÉTAS STÉTHATOS, théologien byzantin, XIᵉ siècle : 988, 990.

NICOLAS III (Giovanni Gaetano ORSINI), pape, 1210-1220 ? † 1280 : 1042.

NICOLAS d'Amiens, écrivain de langue latine, XIᵉ-XIIᵉ siècle : 1357.

NICOLAS d'Autrecourt, philosophe et théologien, de langue latine, 1300 ? † après 1350 : 1511-1516.

NICOLAS de Cues (Jean KREBS, dit), philosophe et mathématicien allemand, de langue latine, 1401 † 1464 : 975, 1538.

NICOLAS de Damas, historien grec, ∼ 40 ? † 20 ? : 687.

NICOLAS d'Occam, théologien de langue latine, XIIIᵉ siècle : 1440.

NICOLAS de Paris, philosophe de langue latine, † après 1263 : 1461.

NICOMAQUE, médecin de Philippe, roi de Macédoine, et père d'Aristote, ∼ IVᵉ siècle : 621.

NICOMAQUE, fils d'Aristote, fin ∼ IVᵉ siècle : 622, 629.

NICOMAQUE de Gérasa, mathématicien grec, fin Iᵉʳ siècle : 818.

NIE-K'IUE, personnage du Tchouang-tseu : 299.

NIETZSCHE (Friedrich), philosophe allemand, 1844 † 1900 : 405, 451, 455, 460, 461, 554, 570, 740, 879, 880.

NIFO (Agostino), philosophe italien, de langue latine, 1469-1470 ? † 1539-1546 ? : 1450.

NIGIDIUS FIGULUS, sénateur et écrivain romain, avant ∼ 98 † ∼ 45 : 814, 816.

NI'MATOLLÂH WALÎ, théologien et alchimiste iranien, † 1431 : 1067, 1125, 1159.

NIMBÂRKA, philosophe hindou, XIIIᵉ siècle ? : 229.

NINHURSAG, déesse assyro-babylonienne : 34.

NÎSHÂPÛRÎ (Ahmad ibn Ibrâhim), philosophe iranien, XIᵉ siècle : 1087.

NIU KOUA, épouse du roi mythique chinois Fou Hi, ∼ IIIᵉ millénaire : 260.

NIZÂM al-MOLK, écrivain iranien, vizir des sultans Seldjoukides, † 1093 : 1115, 1153.

NIZÂR, prince fâtimide, 1045 † 1096 : 1097.

NOÉ, patriarche biblique : 1026, 1061, 1077, 1083.

NO'MÂNÎ, théologien arabe, Xᵉ siècle : 1083.

NORVIN (William), philologue danois, 1878 † 1940 : 929.

NOTKER Labeo (Notker le Lippu), poète latin chrétien, 950 ? † 1026 : 1266, 1270.

NOUMÉNIOS, voir : NUMENIUS.

NOUN, dieu égyptien : 6, 11.

NOVALIS (Friedrich von HARDENBERG, dit), poète allemand, 1772 † 1801 : 605.

NÛH ibn MANSÛR, sultan samanide de Transoxiane, † 997 ? : 1146.

NUMA POMPILIUS, roi sabin de Rome, ∼ 715 ? † ∼ 672 ? : 816, 817.

NUMENIUS d'Apamée, philosophe grec néoplatonicien, IIᵉ siècle : 800, 871, 886-888, 891, 907.

NÛR 'ALÎ-SHÂH, mystique iranien, 1756-1757 ? † 1797-1798 ? : 1125.

NÛROLLÂH SHOSHTARÎ, écrivain arabe, 1549 † 1610 : 1151.

NUYENS (F.), historien belge de la philosophie, contemporain : 630.

NYBERG (Henrik Samuel), arabisant suédois, 1889 † 1976 : 1106.

NYKL (Alois Richard), arabisant anglais, né en 1885 : 1181.

'OBAYDALLÂH al-MAHDÎ, fondateur de la dynastie fâtimide en Égypte, 874 † 933 : 1065, 1087, 1127.

OBERMAN (Heiko Augustinus), théologien et historien hollandais de la philosophie, né en 1930 : 1523, 1524, 1541.

OCCAM (Thomas), grammairien et philosophe anglais, de langue latine, début XIVᵉ siècle : 1459.

OCTAVIUS, personnage de l'œuvre de Minucius Felix : 1203, 1204.

ODON, évêque de Beauvais, IXᵉ siècle : 1247.

ODON de Cambrai, philosophe de langue latine, † 1113 : 1292.

ODON de Cluny (saint), deuxième abbé de Cluny, 879 ? † 942 : 1267.

ŒDIPE, roi légendaire de Thèbes : 461.

OLIEU (Pierre), philosophe et théologien français, de langue latine, 1248 ? † 1298 : 1435, 1436.

OLYMPIODORE, philosophe grec néoplatonicien, VIᵉ siècle : 929.

OMEYYADES d'Espagne (les), dynastie arabe de Cordoue, issue de celle des Omeyyades de Damas, 756-1031 : 1180.

ONÉSICRITE, historien et philosophe grec, ∼ 375 ? ∼ 300 ? : 712.

ONKHSHESHONQY, scribe égyptien, ∼ VIᵉ siècle ? : 19.

ORESME (Nicole), philosophe et mathématicien français, 1323 ? † 1382 : 1200, 1516-1518, 1521, 1535, 1543, 1544.

INDEX DES TITRES

Les références en italique se rapportent à des commentaires
de l'œuvre.

TABLES

TABLE ANALYTIQUE

LA PHILOSOPHIE HÉBRAÏQUE ET JUIVE DANS L'ANTIQUITÉ, par *André* NEHER.

PHILON D'ALEXANDRIE: Un travail de trois siècles. Philon et la tradition. Le Juif, citoyen du monde, conquérant et missionnaire. Vivre dans la Cité, avec la nostalgie du désert. Comment Philon

philosophe. L'inconnaissabilité de Dieu : une thèse métaphysique.
La contrepartie logique : vacuité, dépossession de l'homme. Création
et prophétie : macrocosme et microcosme, images de Dieu; la notion
de don. Le mécanisme de la révélation : Logos, Puissances, Anges.
Une synthèse, sous le signe du judaïsme   72

PHILOSOPHIES DE L'INDE, *par Madeleine BIARDEAU.*

PHILOSOPHIA PERENNIS : Le brahmane, prêtre et penseur par grâce de
naissance. La théorie de la discussion; de l'inférence. Science et
révélation. Orthodoxie des écoles philosophiques. Quelques non-
conformistes. La relation de maître à disciple. Aucun progrès possible. Une littérature de commentaires. Le niveau pré-conceptuel.
Problématique occidentale. Ce qu'est la connaissance pour le penseur indien. Perception immédiate et Parole révélée. Une logique
interne. La Révélation; les *Veda* et leurs subdivisions. La Tradition
écrite; une société séculière et sacrale. Les quatre étapes de l'initiation. Les quatre « buts de l'homme ». La caste, porteuse de valeurs.
Les six doctrines principales, ou « points de vue »   83

HISTOIRE MALGRÉ ELLE : La réinterprétation des mythes. Deux ordres
de croyances. L'Absolu ou Brahman. Le Puruṣa. L'individu dédou-
blé. Intégration des valeurs religieuses dans l'univers du séculier.
Buddha. Une doctrine de moines; quatre vérités saintes. Le bouddhisme opposé aux philosophies de l'être. Compassion à l'égard des
créatures; les *bodhisattva*. La voie du détachement. Homogénéité
des valeurs et des devoirs; l'*ahiṃsā*. Le jaïnisme. Origine probable
de l'hindouisme contemporain. La *Bhagavadgītā;* la participation
au Seigneur. Des affirmations difficilement conciliables. *Cujus regio,
hujus religio.* Divorce entre le bouddhisme philosophique et la religion populaire. Diṅnāga; une lutte à mort sur le plan épistémologique. Victoire des philosophies hindous. Dialogue avec un fantôme.
Multiplication et rapprochement des systèmes brahmaniques. Un
exposé qui ne va pas de soi   96

*FORMATION DES SYSTÈMES DES ORIGINES À LA FIN
DU Vᵉ SIÈCLE DE NOTRE ÈRE :* Des témoignages épars. Les
cultes théistes dans le brahmanisme. Le mouvement laïque au sein
du bouddhisme. Petit Véhicule et Grand Véhicule; évolution de la
conception du Buddha. Du mysticisme à l'épanouissement des
philosophies; l'âge classique. La notion d'instantanéité, dans le
brahmanisme et dans le bouddhisme. Des catégories de pensée
analogues. Le jaïnisme : raisons de sa stabilité, de son relatif isolement; des concepts très primitifs. Premiers textes philosophiques   107

LE BOUDDHISME :

Le Petit Véhicule (Hīnayāna): Abhidharma et *Abhidhamma.* Les
Sarvāstivādin et les Sautrāntika. Ambiguïté de la parole du Buddha.
Les diverses classes de *dharma.* Les « formations détachées de la
pensée ». Aspect objectif du langage; une théorie atomique. Recherche d'une continuité : la notion des trois temps; deux solutions
antagonistes du même problème. Les Sautrāntika et le refus de la
permanence. La notion de « personne »; les Vātsīputrīya. Diverses
conceptions de l'« inconditionné »; le nirvāṇa. L'ascèse morale et
mystique   114

Le Grand Véhicule (Mahāyāna):

Le Mādhyamika ou Śūnyavāda : Un chassé-croisé philosophico-
religieux. La juxtaposition des effets et des causes. Affirmation
religieuse et négation philosophique. La doctrine de Nāgārjuna; la
« vacuité d'être propre », ou « voie du milieu »; l'envers du nirvāṇa;
une morale austère et humaine   119

LA PHILOSOPHIE CHINOISE DES ORIGINES AU XVIIe SIÈCLE, par Nicole VANDIER-NICOLAS.

NOTIONS GÉNÉRALES:

LES PRÉSOCRATIQUES, *par* Clémence RAMNOUX.

SOCRATE,, *par Yvon* BELAVAL.

Quel Socrate ? Des témoignages directs. Son portrait. Une sorte de
clochard. Un cosmopolite sédentaire. Ses contrastes. Sa formation
intellectuelle. Existe-t-il une philosophie de Socrate ? Le sens du :
« Connais-toi toi-même ». Une raison irréductible à tout psycholo-
gisme. Le substitut de la preuve métaphysique : l'expérience du

L'ACADÉMIE, *par Jean* BRUN.

ARISTOTE ET LE LYCÉE, *par Pierre* AUBENQUE.

LES SOCRATIQUES, *par Jean BRUN.*

PYRRHON ET LE SCEPTICISME ANCIEN, *par Jean-Paul DUMONT.*

L'ANCIEN STOÏCISME, *par Victor GOLDSCHMIDT.*

ÉPICURE ET SON ÉCOLE, *par Graziano* ARRIGHETTI.

LA PHILOSOPHIE EN GRÈCE ET À ROME DE ~ 130 À 250, *par Alain* MICHEL.

LA PHILOSOPHIE GRECQUE PATRISTIQUE ET BYZANTINE, par Basile TATAKIS.

LA PHILOSOPHIE JUIVE MÉDIÉVALE, *par André NEHER.*

LA PHILOSOPHIE ISLAMIQUE DES ORIGINES À LA MORT D'AVERROÈS, *par Henry CORBIN, Osman YAHIA et Sayyed Hosseïn NASR.*

LA PHILOSOPHIE MÉDIÉVALE EN OCCIDENT,
par *Jean* JOLIVET.

TABLE GÉNÉRALE

Impression Bussière
à Saint-Amand (Cher),
le 10 octobre 2006.
Dépôt légal : octobre 2006.
1ᵉʳ dépôt légal dans la collection : juillet 2001.
Numéro d'imprimeur : 06372/1.
ISBN 2-07-040778-0./Imprimé en France.